Sandra Zajonz
Demosthenes, *Gegen Aristokrates*

TEXTE UND KOMMENTARE

Eine altertumswissenschaftliche Reihe

Herausgegeben von

Michael Dewar, Karla Pollmann, Ruth Scodel,
Alexander Sens

Band 71

De Gruyter

Demosthenes, *Gegen Aristokrates*
Einleitung, Text, Übersetzung und Kommentar

von

Sandra Zajonz

De Gruyter

ISBN 978-3-11-153671-2
e-ISBN (PDF) 978-3-11-079381-9
ISSN 0563-3087

Library of Congress Control Number: 2022941767

Bibliografische Information der Deutschen Nationalbibliothek
Die Deutsche Nationalbibliothek verzeichnet diese Publikation in der Deutschen Nationalbibliogra ie; detaillierte bibliogra ische Daten sind im Internet über http://dnb.dnb.de abrufbar.

© 2024 Walter de Gruyter GmbH, Berlin/Boston
Dieser Band ist text- und seitenidentisch mit der 2022 erschienenen gebundenen Ausgabe.
Druck und Bindung: CPI books GmbH, Leck

www.degruyter.com

Vorwort

Die *Aristocratea* des Demosthenes stieß bislang vornehmlich bei Alt- und Rechtshistorikern als Quelle für die Geschichte Thrakiens in der ersten Hälfte des 4. Jahrhunderts bzw. als Materialsammlung archaischer Gesetzestexte auf einiges Interesse, während sie in der Klassischen Philologie kein großes Echo fand. Zwar gibt es mit Ernst Wilhelm Webers umfangreichem, in lateinischer Sprache verfasstem Kommentar aus dem Jahr 1845 sowie mit den kommentierten Ausgaben von Robert Whiston (1868), Henri Weil (1886) und Anton Westermann (1890) wenn auch nicht ganz aktuelle, so doch nützliche Lektürebegleiter, die das Textverständnis durch sprachliche Einzelerklärungen befördern, sowie mit Terry Papillons Monographie zur rhetorischen Technik der *Aristocratea* eine neuere Studie, die die Rede als Ganze in den Blick nimmt, doch vermag auch die kombinierte Verwendung dieser Hilfsmittel dem Leser nicht vollends die Verwirrung zu nehmen, die die stellenweise geradezu rabulistische ‚Beweisführung' des Demosthenes hervorruft. Mit dem vorliegenden Kommentar wird der Versuch unternommen, durch detaillierte sprachliche und inhaltliche Erläuterungen, verbunden mit einer kritischen Analyse der Argumentationsstruktur, zumindest ein wenig mehr Licht in die absichtsvolle Obskurität der *Aristocratea* zu bringen – in der Hoffnung, damit den Zugang zu einer rhetorisch brillanten Rede zu erleichtern, die ein größeres Publikum verdient hat.

Um den Kommentar bestmöglich vor Spuren der Betriebsblindheit zu bewahren, ließ es sich nicht vermeiden, die Leidensfähigkeit von Freunden und Kollegen zu strapazieren. So gaben mir René Nünlist und Jan Felix Gaertner die Gelegenheit, ausgewählte Passagen in Forschungskolloquien vorzustellen; ihnen sowie allen Teilnehmern sei für ihre konstruktiven Diskussionsbeiträge gedankt. Sehr zu würdigen ist ferner die Bereitschaft der Studierenden meiner Lektüreübung, sich ein Semester lang nicht nur mit dem widerspenstigen Text der *Aristocratea* auseinanderzusetzen, sondern dabei auch den (fast) fertiggestellten Kommentar einem Praxistest zu unterziehen. Für die daraus hervorgegangenen Ergänzungen, Präzisierungen und Korrekturen danke ich Marius Fleischli, Jana Klasberg, Marion

Mathieu, Jonas Müller, Albert Richenhagen, Friedhelm Risse und ganz besonders Simon Hartl.

Mit Stephan Schröder durfte ich einzelne textkritische Probleme erörtern; sein Sprachgefühl und seine profunde Sachkenntnis haben mir zu mancher wertvollen Einsicht verholfen. Gar nicht genug danken kann ich Bernd Manuwald, der die Mühe auf sich nahm, die gesamte Arbeit mit der ihm eigenen analytischen Gründlichkeit durchzusehen. Zahlreiche substanzielle Verbesserungen gehen auf ihn zurück.

Schließlich gilt mein Dank den Herausgebern für die Aufnahme in die Reihe ‚Texte und Kommentare' sowie Florian Ruppenstein für seine engagierte und kompetente Unterstützung in technischen Fragen.

Köln, im Mai 2022   S.Z.

Inhalt

Einleitung 1
1. Demosthenes, Athen und die außenpolitischen Brennpunkte in
   der Mitte des 4. Jahrhunderts 1
2. Der Antrag des Aristokrates und die Paranomieklage des
   Euthykles 10
3. Zur Bewertung des Paranomievorwurfs 17
4. Die Anklagerede gegen Aristokrates: Aufbau und
   Argumentation 23
5. Datierung 29
6. Redaktion, Publikation und eingelegte Dokumente 32
7. Text und Überlieferung 36
8. Abweichungen von Dilts' Text 40
9. Addenda und Corrigenda zu Dilts' Apparat 42
10. Hinweise zur Benutzung von Übersetzung und Kommentar 44
11. Gliederung der Rede 45

Text und Übersetzung 47

Kommentar 163
I. Proömium (§§1–5) 163
II. ‚Explicatio' (§§8–17) 180
III. Partitio (§§18–21) 203
IV. Argumentatio (§§22–186) 213
   1. Die Gesetzwidrigkeit des Antrags (§§22–99) 213
   2. Die Schädlichkeit des Antrags (§§102–143) 412
   3. Die Unangemessenheit des Antrags (§§148–186) 494
V. Epilog (§§187–220) 571

Literaturverzeichnis 635

Register 655
1. Stellen (in Auswahl) 655
2. Sachen und Personen 686
3. Sprachliches und Stilistisches 687

Einleitung

1. Demosthenes, Athen und die außenpolitischen Brennpunkte in der Mitte des 4. Jahrhunderts

Zur Abfassungszeit der *Aristocratea* befindet sich Demosthenes, 384 als Sohn eines wohlhabenden Fabrikbesitzers gleichen Namens und dessen Frau Kleobule in Athen geboren,[1] in einer Phase der beruflichen Neuorientierung und Weiterentwicklung; der Schwerpunkt seiner Tätigkeit verlagert sich von der forensischen zur politischen Rede. Vor Gericht hatte seine Karriere begonnen, und es ist in gewisser Weise bezeichnend für den steinigen Lebensweg des wohl bedeutendsten der attischen Redner,[2] dass den

---

1   Das Geburtsjahr errechnet sich aus der Angabe des Demosthenes, er sei gleich nach der Hochzeit seines Cousins Aphobos, die unter dem Archontat des Polyzelos (i.e. 366) geschlossen wurde, in die Bürgerliste aufgenommen worden (Dem. 30,15). Er war also zu diesem Zeitpunkt 18 Jahre alt. Die davon abweichende Altersangabe in der Rede gegen Meidias (21,154) ist allem Anschein nach fehlerhaft; vgl. MacDowell 1990 z.St. (S. 370f.) und Schaefer I 269 Anm. 2.
2   Während Demosthenes von vielen seiner Zeitgenossen vor allem aufgrund seiner politischen Tätigkeit eher kritisch beurteilt wurde, wandelte sich das Bild mit der stärkeren Fokussierung auf seine rhetorische Kunst in der Folgezeit so sehr, dass er im 1 Jh. v. Chr. als d e r Redner schlechthin galt. Vgl. etwa Cic. Brut. 35 *nam plane quidem perfectum et cui nihil admodum desit Demosthenem facile dixeris*; 141 *a doctis oratorum est princeps iudicatus* sowie Anastassiou 1966. Geradezu hymnisches Lob wurde ihm auch in der modernen Philologie bis weit ins 19. Jh. zuteil, vgl. z.B Rehdantz/Blass I 1, 71: „Demosthenes war der hochherzigste Grieche und tiefstblickende Staatsmann seiner Zeit, der letzte große Redner, den Griechenland, und der größte, den die Erde geboren hat." Dagegen sahen andere, insbesondere Historiker, in ihm nicht den aufopferungsvoll für die Bewahrung der griechischen Freiheit kämpfenden Patrioten, sondern eher einen des Weitblicks ermangelnden, starrsinnigen Provinzpolitiker, der die unaufhaltsame Dynamik der historischen Entwicklungen mitsamt der ihnen innewohnenden Chancen verkannte: „... und dennoch zeigt die Geschichte wenig so traurige Gestalten wie die des großen Redners von Athen; er mißkannte seine Zeit, sein Volk, seinen Gegner und sich selbst: sein Leben, die ermüdende Consequenz eines Grundirrtums, hat keinen andern Erfolg gehabt, als den Sieg Macedoniens nur entschiedener und erfolgreicher zu machen; und mit dem Eigensinn der Ohnmacht und Gewohnheit ließ er selbst nach dem vollkommenen Sieg Macedoniens, nach dem Beginn einer neuen, die Welt umgestaltenden Aera, seine alten Pläne und Hoffnungen nicht, die mit ihm sich

Anlass dazu die Ungunst des Schicksals gab: Im Alter von nur sieben Jahren verlor er seinen Vater. Der testamentarischen Verfügung des Verstorbenen gemäß wurden Therippides, Aphobos und Demophon, ersterer ein alter Freund, letztere Neffen des Vaters, mit der Vormundschaft sowie mit der Verwaltung des Vermögens betraut.[3] Diese Entscheidung erwies sich als fatal, zeigten doch die Vormünder keinerlei Bemühen, den in sie gesetzten Erwartungen gerecht zu werden. Vielmehr mussten der junge Demosthenes, seine Schwester und seine Mutter jahrelang hilflos dabei zusehen, wie das Familienvermögen durch die Leichtfertigkeit und Habgier derjenigen Menschen aufgezehrt wurde, die ihnen eigentlich schützenden Beistand hätten leisten sollen. Das erlittene Unrecht brachte bei Demosthenes Eigenschaften an den Tag, die sein weiteres Leben und Wirken prägen sollten: ein tief verwurzeltes Misstrauen, einen allen Widrigkeiten trotzenden Willen und eine außergewöhnliche Begabung, seinen Überzeugungen mit den Mitteln der Sprache zur Geltung zu verhelfen. Die erste Probe seines Könnens gab er der Öffentlichkeit, nach Jahren akribischer Vorbereitung, 364 im Prozess gegen seinen unredlichen Vormund Aphobos.[4] Auch wenn die Streitsumme, die sich auf stattliche 30 Talente belief, letztlich verloren blieb – Aphobos war es gelungen, große Teile des Vermögens beiseite zu schaffen –, errang der junge Demosthenes einen beeindruckenden Erfolg in der Sache. Gleich mit seinem ersten Auftreten hatte er sich einen Namen als Redner gemacht, und so lag es nahe, den einmal eingeschlagenen Weg fortzusetzen.

Demosthenes arbeitete in den folgenden Jahren zunächst als Logograph, d.h., er schrieb Reden für Personen, die, sei es als Kläger, sei es als Beklagte, in einen Gerichtsprozess involviert waren, bei dem sie nach attischem Recht in eigener Sache sprechen mussten und allenfalls einen Unterstützer, einen sogenannten *Synégoros* (συνήγορος), beiziehen durften. Die Logographentätigkeit brachte ihn in Kontakt zu führenden Persönlichkeiten der Stadt, hatte aber das Odium einer niederen Beschäftigung, die zwar für Metöken wie Lysias und Isaios angemessen sein mochte, sich auf Dauer aber nicht als ‚Hauptberuf' für einen athenischen Vollbürger

---

  selbst überlebt hatten" (Droysen 1833, 13f.). Eine kompakte Zusammenfassung der Nachwirkung des Demosthenes bietet Schindel 1987 in der Einleitung des von ihm herausgegebenen Sammelbandes. Wie stark das jeweilige Urteil über Demosthenes vom historischen und ideologischen Umfeld der Urteilenden beeinflusst ist, zeigen Paulsen 1999, 9–13 und, auf das 18. Jh. bezogen, Schindel 1963.
3 Vgl. Dem. 27,4–5.
4 Erhalten sind uns in dieser Angelegenheit drei Reden gegen Aphobos (orr. 27–29) sowie zwei Reden gegen dessen Schwager Onetor (orr. 30 u. 31).

schickte.⁵ Eine Möglichkeit, mit seinem rhetorischen Talent auf einem weitaus prestigeträchtigeren Feld zu brillieren, bot die Politik. Allerdings stellte der Auftritt vor der Volksversammlung, der Ekklesia, andere Anforderungen an einen Redner als der vor dem Geschworenengericht, der Heliaia. Während man vor Gericht je nach Prozessart zu 201 bis 1001, selten zu 1501 Geschworenen sprach, die den Reden, ebenso wie die Zuschauer, schweigend zu folgen hatten, versammelten sich zur Ekklesia auf dem Pnyxhügel alle volljährigen, männlichen Bürger Athens, und es musste jederzeit mit Zwischenrufen gerechnet werden, die eine spontane Reaktion verlangten. Ein Politiker bedurfte somit einiger Stimmgewalt und Schlagfertigkeit – beides hatte die Natur Demosthenes verwehrt. Man sagt ihm eine schwächliche Konstitution, einen leichten Sprachfehler, eine linkische Gestik und mangelnde Improvisationsfähigkeit nach. Gegen diese Defizite soll er mit eiserner Disziplin angekämpft haben, was ihn bei seinen Zeitgenossen zur Zielscheibe manchen Spotts werden ließ, letztlich aber seine Wirkung nicht verfehlte.⁶

Auf inhaltlicher Ebene fiel der Übergang von der Gerichtsrede zur politischen Rede vergleichsweise leichter, denn insbesondere öffentliche Strafverfahren waren oftmals nur vordergründig juristisch, im Kern aber politisch motiviert. In eben solchen Prozessen engagierte sich Demosthenes in den 50er-Jahren: 355 verfasste er für Diodor die Anklagerede gegen Androtion (or. 22) und trat als *Synégoros* im Verfahren gegen Leptines auf (or. 20); 353 schrieb er, wiederum für Diodor, die Anklagerede gegen Timokrates (or. 24). In all diesen Fällen ging es um die Rechtswidrigkeit eines von den Beklagten eingebrachten Dekrets (or. 22) bzw. Gesetzes (orr. 20 u. 24). Etwa gleichzeitig präsentierte sich Demosthenes der Volksversammlung mit der Rede *Über die Symmorien* im Jahr 354. Es folgte 353 die Rede *Für die Megalopoliten*, in der er erstmals zu einer Frage der Außenpolitik Stellung bezog. Dieses Ressort sollte in der Folge zum Zentrum seines Wirkens werden.

---

5   So hatte z.B. auch der junge Isokrates mit der Abfassung von Gerichtsreden sein Geld verdient, dies aber später energisch von sich zu weisen versucht (Isokr. 15,38.41). Aischines verwendet den Begriff *Logógraphos* als Schmähung gegen Demosthenes (Aischin. 2,180; 3,173), ebenso Deinarch (1,111).

6   Vgl. Plut. Dem. 4; 6–8; 11. Eine gewisse Anfälligkeit für ‚Lampenfieber' scheint er jedoch nicht überwunden zu haben – sofern man der genüsslichen Schilderung des Aischines glauben darf, wonach Demosthenes völlig aus dem Konzept geraten sei, als er im Rahmen der Gesandtschaft des Jahres 346 vor Philipp II. sprechen sollte (Aischin. 2,34f.).

Kluge außenpolitische Entscheidungen wurden im Athen des 4. Jahrhunderts oft benötigt und selten getroffen. Nachdem man sich in der Blütezeit zwischen dem Sieg über die Perser und der Niederlage im Peloponnesischen Krieg einer stabilen Vormachtstellung erfreut hatte, musste man diese zunächst an die Spartaner abtreten, von denen sie nach der Schlacht bei Leuktra 371 auf Theben überging. Als schließlich Athen im Bunde mit Sparta 362 bei Mantineia über die Thebaner gesiegt hatte, stellte sich unter den griechischen Poleis infolge der langen, auszehrenden Kriege gegeneinander ein Zustand der Erschöpfung ein.

Damit ist der Boden für den Aufstieg einer neuen Großmacht im Norden bereitet: 359 übernimmt der durch seine Erziehung in Theben mit griechischer Kultur und Politik vertraute Philipp II. die Herrschaft über Makedonien. Er zeigt sich den Athenern zunächst gewogen und schließt ein Bündnis, in welchem er unter anderem ihren Anspruch auf die Stadt Amphipolis anerkennt, die von seinem Vorgänger Perdikkas III. unter makedonischen Schutz gestellt worden war. Im selben Jahr zieht er jedoch gegen eben jenes Amphipolis, dessen Bewohner Athen die freiwillige Unterwerfung anbieten. Glaubt man den athenischen Quellen (das Fehlen einer makedonischen Gegendarstellung erschwert den objektiven Blick auf die Ereignisse), lassen sich daraufhin athenische Gesandte auf ein geheimes Abkommen mit Philipp ein: Dieser verspricht, Amphipolis an Athen abzutreten, verlangt dafür aber Pydna.[7] Was auch immer vereinbart wurde – 357 fallen Amphipolis und Pydna durch Verrat an Philipp. Außerdem schließt er ein Bündnis mit den Olynthiern, zu dessen Bekräftigung er ihnen, nach Vertreibung der dort ansässigen athenischen Kleruchen, Poteidaia schenkt. Derweil spalten sich Chios, Kos, Rhodos und Byzantion aus Protest gegen das zunehmend drückende Joch Athens vom Zweiten Attischen Seebund ab. Es kommt zum Bundesgenossenkrieg (357–355), der die athenischen Kräfte stark in Anspruch nimmt, ohne dass die Abtrünnigen am Ende zurückgewonnen werden können. Kurz darauf unterstreicht Philipp abermals seine Ambitionen, bestimmenden Einfluss auf die Geschicke Griechenlands zu nehmen: 355 erobert er Methone, dessen Hafen als athenischer Stützpunkt diente; 354 greift er auf der Seite der Thebaner in den Phokischen Krieg ein. Nach zwei verlorenen Gefechten besiegt er die Phoker in der Schlacht auf dem Krokusfeld und dringt in der Folge bis zu den Thermopylen vor, wo ihn der Widerstand athenischer Truppen zum Rückzug zwingt.[8] Aus dem Süden vorläufig zurückgedrängt, führt Philipp

---

7   Vgl. dazu Komm. zu §116 Ἀμφίπολιν ... Ποτείδαιαν.
8   Diod. 16,35 und 38.

seine Streitkräfte nach Osten. Er fällt in Thrakien ein und wird auf seinem Durchmarsch erst bei Maroneia aufgehalten.[9]

Makedonien ist indes nicht der einzige Schauplatz, auf den sich zu jener Zeit die Blicke der Athener richten. Aufmerksamkeit verlangt auch die thrakische Chersones, die, unmittelbar entlang des Seewegs zum Hellespont und damit zum Schwarzen Meer gelegen, für die Getreideversorgung Athens von existenzieller Bedeutung ist.[10] Demosthenes war mit der Örtlichkeit durch eine militärische Mission persönlich vertraut: 359 hatte er für die Hellespont-Expedition des Kephisodotos eine Triere ausgestattet und die Fahrt selbst begleitet.[11]

Die Bemühungen Athens, die Kontrolle über die Meerenge zu gewinnen, reichen bis in die Zeit des Peisistratos zurück. Bedroht von den nördlich der Chersones lebenden Apsinthiern ersuchten die Dolonker, nach Herodot einem Orakelspruch folgend, den Athener Miltiades, Sohn des Kypselos, um Hilfe. Miltiades zog mit einer Gruppe von athenischen Siedlern auf die Chersones, wurde von den Dolonkern zum König ernannt und sicherte das Gebiet durch eine von Kardia bis Paktye reichende Mauer gegen die Angriffe der Apsinthier ab. Nachfolger des Miltiades war der Sohn seines Stiefbruders Kimon, Stesagoras; auf Stesagoras folgte dessen Bruder Miltiades d.J.[12] Im Zuge des Ionischen Aufstands musste Miltiades die Chersones räumen, bis zum Ende der Perserkriege gehörte sie zum Herrschaftsbereich des Großkönigs. Danach wurden die Städte sukzessive von Athen zurückgewonnen und traten dem Attischen Seebund bei.[13] Als dieser nach dem Ende des Peloponnesischen Krieges aufgelöst wurde, rangen Thraker, Spartaner, Athener und Perser um die Vormacht auf der Halbinsel.

Erst die Schwächung des Artaxerxes durch die sogenannten Satrapenaufstände in den 60er-Jahren des 4. Jhs. bot den Athenern die Gelegenheit,

---

9 Vgl. §183 mit Komm. zu Φιλίππου γὰρ εἰς Μαρώνειαν ἐλθόντος ἔπεμψε ... πίστεις δοὺς ἐκείνῳ καὶ Παμμένει.
10 So soll Peitholaos die Stadt Sestos als ‚Brotteller des Piräus' bezeichnet haben (Aristot. rhet. 3,10. 1411a14f. Σηστὸν ... τηλίαν τοῦ Πειραιέως). Vgl. auch Garnsey 1988, 107ff.; 117ff. Zur allgemeinen strategischen Bedeutung vgl. Dem. 19,180 δύο χρησιμωτέρους τόπους τῆς οἰκουμένης οὐδ' ἂν εἷς ἐπιδείξαι τῇ πόλει, κατὰ μὲν γῆν Πυλῶν, ἐκ θαλάττης δὲ τοῦ Ἑλλησπόντου.
11 Aischin. 3,51f.
12 Vgl. Hdt. 6,34–39 sowie Heskel 1997, 16.
13 Kahrstedt 1954, 17.

den Anspruch auf ihre früheren Besitzungen auf der Chersones zu erneuern. Die in diesen Zeitraum fallenden Ereignisse spielen in der *Aristocratea* eine zentrale Rolle, weshalb sie ausführlicher zur Sprache kommen sollen. Ein erhebliches Problem besteht allerdings darin, dass wir bei der Rekonstruktion der Abläufe in weiten Teilen auf die stark tendenziöse Darstellung des Demosthenes angewiesen sind. Das Folgende steht daher unter entsprechendem Vorbehalt.[14]

Den ersten Anstoß zu einer verstärkten Wiederaufnahme der athenischen Bemühungen um die Chersones gibt der Satrap Ariobarzanes, der sich durch Gebietsgewinne in Kleinasien (darunter das strategisch wichtige Lampsakos) eine Machtbasis schafft, die ihn zum Aufstand gegen den Großkönig Artaxerxes ermutigt. Ohne seine wahren Pläne zu erkennen zu geben, schickt er (wahrscheinlich im Jahr 366) Gesandte mit der Bitte um militärische Unterstützung nach Athen. Die Athener geben dem Gesuch statt und senden Timotheos als Strategen mit einer Flotte aus. In der Zwischenzeit hat Ariobarzanes zur Vorbereitung des Aufstands ein Bündnis mit Samos geschlossen, woraufhin der Großkönig Verdacht schöpft und auf Samos eine Garnison errichten lässt. Als Gerüchte über einen geplanten Aufstand des Ariobarzanes nach Athen dringen, steht man dort vor einer schwierigen Entscheidung. Man möchte weder Ariobarzanes noch Artaxerxes verstimmen, und so erweitert man den Beschluss zur Aussendung des Timotheos um die Zusatzklausel, er dürfe bei seinen Unternehmungen nicht gegen den mit dem Großkönig geschlossenen Vertrag verstoßen.[15] Timotheos nimmt von der unmittelbaren Unterstützung des Ariobarzanes Abstand, als dieser offen von Artaxerxes abfällt, bleibt aber in der Ägäis und befreit die Insel Samos von der Besatzung.[16] Ob er sich, wie Isokrates berichtet,[17] von Samos direkt zur Chersones begibt, wo er

---

14 Dies gilt insbesondere für die sehr komplizierte Chronologie, die zuletzt Julia Heskel zu entwirren unternommen hat; zu Schwächen ihrer Arbeit, die vor allem durch die schwierige Quellenlage bedingt sind, vgl. Engels 2000.

15 Dem. 15,9 ὑμεῖς ἐξεπέμψατε Τιμόθεον ... βοηθήσοντα Ἀριοβαρζάνῃ προσγράψαντες τῷ ψηφίσματι μὴ λύοντα τὰς σπονδὰς τὰς πρὸς τὸν βασιλέα. Gemeint ist wohl der nach der Schlacht bei Leuktra abgeschlossene Friedensvertrag, der in seinen Grundzügen dem Königsfrieden von 386 entsprach; vgl. Radicke 1995 zu 15,9 (S. 92).

16 Dem. 15,9; Isokr. 15,111. Da Samos nicht zum Herrschaftsbereich des Großkönigs gehörte, verstieß Timotheos damit nicht gegen den Vertrag; vgl. Heskel 1997, 134 u. Xen. hell. 5,1,31.

17 Isokr. 15,112.

1. Demosthenes, Athen und die außenpolitischen Brennpunkte im 4. Jh.   7

Sestos, das zu jenem Zeitpunkt dem Ariobarzanes gehört, aber vom Thrakerkönig Kotys belagert wird, und Krithote in athenischen Besitz bringt (sei es durch Eroberung, sei es durch Schenkung des Ariobarzanes)[18], oder ob er zunächst als Nachfolger des glücklosen Iphikrates mit dem Kommando gegen Amphipolis betraut wird,[19] ist unklar.

Unter Iphikrates hatte drei Jahre lang der Söldnerführer Charidemos gedient. Nach der Absetzung des Strategen (366/65?)[20] soll Charidemos dem Bericht des Demosthenes zufolge gegen den ausdrücklichen Befehl der Athener die ihm anvertrauten amphipolitischen Geiseln freigelassen und damit ein wichtiges Druckmittel im Kampf um die Stadt preisgegeben haben. Gleichwohl versucht Timotheos, Charidemos anzuwerben; dieser zieht es jedoch vor, sich mitsamt den athenischen Schiffen zu Kotys zu begeben.[21] Dorthin hat sich auch Iphikrates zurückgezogen. Er unterstützt seinen Schwager Kotys bei der Beschaffung von Geld und Truppen, vermutlich, um einer Anklage wegen seiner gescheiterten militärischen Mission zu entgehen.[22] Die Möglichkeit einer Rückkehr nach Athen will Iphikrates sich freilich bewahren, und so muss er zwischen den Loyalitätsforderungen seiner Heimatstadt und seines Schwagers lavieren.[23] Deeskalierend wirkt zunächst, dass Athen seine Anstrengungen auf die Einnahme von Amphipolis richtet. Charidemos, den Kotys für einen möglichen Krieg gegen Athen angeheuert hat, ist damit ohne Aufgabe. Er entschließt sich – so jedenfalls behauptet es Demosthenes –, gemeinsam mit den Olynthiern Amphipolis zu verteidigen, wird aber auf dem Weg dorthin von athenischen Trieren aufgegriffen, weshalb er schließlich doch auf der Seite des Timotheos an der Belagerung teilnimmt. Als Kotys Athen durch den Kampf um Amphipolis geschwächt sieht, erkennt er die Chance, sich selbst

---

18 Die Quellen sind in diesem Punkt nicht ganz eindeutig, einiges spricht aber dafür, dass Kotys beim Eintreffen des Timotheos die Belagerung von Sestos abbrach und Ariobarzanes die Stadt zum Dank an Athen abtrat; vgl. Radicke 1995, 176ff.
19 So lässt sich Dem. 23,149 verstehen. Heskel 1997, 80 vermutet, dass Timotheos Sestos und Krithote erst 362 von Ariobarzanes als Geschenk erhält; vgl. Nep. Timoth. 2,1.
20 Heskel 1997, 26.
21 Dem. 23,149.
22 Vgl. Harris 1989, 269 gegen Kallet 1983, 244f., die vermutet, dass Iphikrates den Auftrag hatte, im Interesse Athens die freundschaftliche Beziehung zum Odrysenkönig aufrechtzuerhalten, die durch das drohende athenische Ausgreifen auf die Chersones einer Belastungsprobe ausgesetzt war.
23 So erklärt es sich wohl, dass Iphikrates zwar zur Verteidigung des Kotys gegen athenische Generäle zur See kämpfte, aber nicht bereit war, ihn bei einem Angriff auf athenische Besitzungen zu unterstützen (Dem. 23,130f.). Vgl. Harris 1989, 267.

der Chersones zu bemächtigen. Sein Stratege Miltokythes greift zunächst Sestos an. Da das Heer des Timotheos bei Poteidaia gebunden ist, entsenden die Athener Ergophilos zur Chersones, der freilich weder die Kapitulation von Sestos noch die Eroberung von Krithote durch Miltokythes verhindern kann. In Athen erwartet ihn deswegen ein Prozess wegen Verrats, der mit einem Freispruch endet. Miltokythes plant indes den Abfall von Kotys. Er nimmt Hieron Oros ein und bemächtigt sich der dort gelagerten Schätze. Zum Verbündeten gewinnt er Ariobarzanes, sucht aber zusätzlich auch in Athen um Unterstützung nach, indem er als Gegenleistung die Übergabe der Chersones in Aussicht stellt.[24] Kotys trifft seinerseits Maßnahmen, indem er sich mit Autophradates, dem Gegenspieler des Ariobarzanes, verbündet und ebenfalls in Athen um Hilfe bittet – wobei vermutlich auch er zusagt, im Erfolgsfall den Athenern die Chersones zu überlassen. Diese sehen sich in einer ähnlichen Situation wie beim Abfall des Ariobarzanes und formulieren offenbar wieder einen halbherzigen Beschluss, der Miltokythes entmutigt.[25] Der Aussicht auf wirksame athenische Hilfe beraubt, überlässt er Ariobarzanes Sestos und Krithote,[26] um alle Kräfte auf die Verteidigung von Hieron Oros zu richten. Kotys sieht zunächst von einem Angriff auf Sestos und Krithote ab, Priorität hat für ihn die Niederschlagung des Aufstands. 361 nimmt er Hieron Oros ein, Miltokythes flieht.[27] Kotys' nächstes Ziel sind die Städte auf der Chersones. Ariobarzanes erhält Hilfe durch Agesilaos aus Sparta und durch Timotheos aus Athen; es gelingt, Kotys zurückzudrängen.

360 erobert Kotys Sestos zurück, bald darauf wird er ermordet. Seine Nachfolge tritt sein Sohn Kersobleptes an, die Odrysenfürsten Berisades und Amadokos erheben aber gleichfalls Anspruch auf den Thron. In dieser kritischen Lage unterstützt Charidemos den jungen Kersobleptes bei der Führung der Staatsgeschäfte.[28] Kephisodotos wird zum Hellespont entsandt, Demosthenes und wahrscheinlich auch Euthykles, der spätere An-

---

24 [Dem.] 50,5 Μιλτοκύθης δὲ ἀφειστήκει ἀπὸ Κότυος καὶ πρέσβεις ἐπεπόμφει περὶ συμμαχίας, βοηθεῖν κελεύων καὶ τὴν Χερρόνησον ἀποδιδούς.
25 Dem. 23,104. Heskel 1997, 83 nimmt an, dass es zwei Beschlüsse gegeben habe: Zunächst habe man Miltokythes Hilfe zugesagt, nach dem Brief des Kotys diese Zusage aber teilweise zurückgenommen.
26 Heskel 1997, 79f.
27 Dem. 23,104.
28 Ob Charidemos bereits zu diesem Zeitpunkt mit der Schwester des Kersobleptes verheiratet war (vgl. §129 mit Komm. zu ὅτι κηδεστὴς ἦν Ἰφικράτει τὸν αὐτὸν τρόπον ὅνπερ Χαριδήμῳ Κερσοβλέπτης), ist nicht bekannt.

kläger des Aristokrates, begleiten die Ausfahrt als Trierarchen.[29] Die Athener werden von Charidemos nicht als Freunde empfangen, vielmehr verteidigt dieser die Chersones erfolgreich und kann bei den anschließenden Vertragsverhandlungen mit Kephisodotos, der sich aufgrund unzureichender Mittel militärisch geschlagen geben muss, die Bedingungen bestimmen. Kephisodotos wird daraufhin in Athen angeklagt und zu einer hohen Geldstrafe von fünf Talenten verurteilt.[30]

Die Situation in Thrakien scheint eine für Athen günstige Wendung zu nehmen, als sich nach der Ermordung des Miltokythes Amadokos und Berisades gegen Kersobleptes verbünden. Der im Dienst des Berisades stehende Athenodoros diktiert Kersobleptes einen Vertrag, in dem auch die Ansprüche Athens auf die Chersones berücksichtigt werden. Da es jedoch an militärischen Mitteln zur Durchsetzung mangelt, ignoriert Kersobleptes die Vereinbarungen und setzt mit Chabrias einen neuen Vertrag auf, der in Athen als inakzeptabel abgelehnt wird.[31]

Einen zufriedenstellenden Vertragsschluss erwirkt erst Chares im Jahr 357: Die griechischen Poleis der Chersones sind demnach sowohl den drei thrakischen Königen als auch den Athenern zu Geldzahlungen verpflichtet; ansonsten haben sie den Status freier und autonomer Verbündeter Athens.[32] Nach dem Abzug der athenischen Truppen aus dem Gebiet um den Hellespont setzt Kersobleptes jedoch seine Bemühungen fort, die beiden anderen Könige aus der Herrschaft zu verdrängen.[33] 353 wird Sestos von Chares brutal erobert, die waffenfähigen Männer werden getötet, die übrige Bevölkerung versklavt.[34] In den Städten der Chersones werden at-

---

29 Aischin. 3,51f.; Dem. 23,5 mit Komm. zu ὅτ' ἔπλευσα τριηραρχῶν εἰς Ἑλλήσποντον.
30 Dem. 23,167; 19,180.
31 Dem. 23,169ff.
32 Vgl. IG II² 126 sowie Komm. zu §173 συνθήκας πρὸς τὸν Χάρητα.
33 Dem. 23,179.
34 Diod. 15,34,3f.: Χάρης δὲ ὁ τῶν Ἀθηναίων στρατηγὸς εἰσπλεύσας εἰς Ἑλλήσποντον καὶ Σηστὸν πόλιν ἑλὼν τοὺς μὲν ἡβῶντας ἀπέσφαξεν, τοὺς δ' ἄλλους ἐξηνδραποδίσατο. Κερσοβλέπτου δὲ τοῦ Κότυος διά τε τὴν πρὸς Φίλιππον ἀλλοτριότητα καὶ τὴν πρὸς Ἀθηναίους φιλίαν ἐγχειρίσαντος τοῖς Ἀθηναίοις τὰς ἐν Χερρονήσῳ πόλεις πλὴν Καρδίας ἀπέστειλεν ὁ δῆμος κληρούχους εἰς τὰς πόλεις. Zu möglichen Motiven des Chares siehe Cargill 1995, 26f. Dieses Vorgehen dürfte von Kersobleptes als Provokation empfunden worden sein; vgl. Kahrstedt 1911, 466. So erklärt sich wohl auch, warum Demosthenes die Einnahme von Sestos in der *Aristocratea* mit keinem Wort erwähnt.

tische Kleruchen angesiedelt, so dass man nun auch für den Schutz der einheimischen Bevölkerung am Hellespont Verantwortung trägt.[35]

2. Der Antrag des Aristokrates und die Paranomieklage des Euthykles

Vor dem oben skizzierten politischen Hintergrund wird in den späten 50er-Jahren des 4. Jhs. in der Volksversammlung der Athener der Beschlussantrag eines gewissen Aristokrates[36] zur Abstimmung gestellt. Gegenstand des Dekrets ist eine in einer Schutzklausel bestehende Gunstbezeugung Athens gegenüber dem Söldnerführer Charidemos, dem Schwager und engen Vertrauten des Thrakerkönigs Kersobleptes. Aus den in der *Aristocratea* zitierten Passagen lässt sich der Inhalt des Antrags etwa folgendermaßen rekonstruieren (vgl. bes. §16 und §91):

> ἐάν τις ἀποκτείνῃ Χαρίδημον, ἀγώγιμον ἐκ τῶν συμμάχων εἶναι, ἐὰν δέ τις ἀφέληται ἢ πόλις ἢ ἰδιώτης, ἔκσπονδον εἶναι.
>
> Wenn jemand den Charidemos tötet, soll er aus dem Gebiet der Bundesgenossen abgeführt werden dürfen; wenn ihn [sc. den Täter] aber jemand [der Verhaftung] entzieht, sei es ein Staat oder eine Privatperson, soll er aus dem Bündnis ausgeschlossen sein.

Ehrendekrete für Herrscher und Repräsentanten anderer Staaten waren in Athen ein wichtiges Instrument der Diplomatie. Mit der Verleihung eines Kranzes, des Titels eines Proxenos oder gar des Bürgerrechts belohnte man öffentlichkeitswirksam vergangene Leistungen, bekräftigte bestehende Bündnisse und warb um Loyalität und Unterstützung für die Zukunft.[37] So hatte auch Charidemos, gemeinsam mit Kersobleptes, bereits ehrenhalber das athenische Bürgerrecht erhalten, wahrscheinlich anlässlich des im Jahr 357 mit Chares ausgehandelten Vertrags.[38] Der Antrag des Aristokrates – sei es, dass er von Charidemos unter der Zusage, die Rückgewinnung der von Philipp in Besitz genommenen Stadt Amphipolis zu bewerkstelligen,

---

35 Vgl. Dem. 23,103 ταὐτὸ τοίνυν νομίζετε τοῦτο καὶ τοῖς Χερρόνησον οἰκοῦσι τῶν πολιτῶν συμφέρειν.
36 Über die Person des Antragstellers ist uns weiter nichts bekannt.
37 Vgl. Hansen 1995, 162f.
38 Vgl. Komm. zu §23 τὴν γὰρ τοῦ δήμου δωρεάν ... κυρίαν αὐτῷ δίκαιόν ἐστιν εἶναι und §173 συνθήκας πρὸς τὸν Χάρητα.

2. Der Antrag des Aristokrates und die Paranomieklage des Euthykles

selbst ‚angeregt' wurde,[39] sei es, dass die Initiative von einer bestimmten Gruppierung in Athen ausging – zielte offenbar darauf ab, die bestehenden Beziehungen noch enger zu knüpfen und Charidemos zum Bindeglied einer athenisch-thrakischen Entente gegen Philipp von Makedonien zu machen. Zugleich musste den Athenern daran gelegen sein, die Kontrolle über die Chersones zu behalten, um die Getreideversorgung zu sichern und die Unversehrtheit der dort angesiedelten Kleruchen zu gewährleisten. Die Partei um Aristokrates sah offenbar die Wahrung der athenischen Interessen im nordägäischen Raum am ehesten durch ein stabiles freundschaftliches Verhältnis zu Kersobleptes und Charidemos garantiert.

Zur Abstimmung über diesen Antrag kam es aber gar nicht erst, da Euthykles von Thria[40] Einspruch einlegte und eine Paranomieklage (*graphé paranómōn* / γραφὴ παρανόμων) ankündigte. Dabei handelt es sich um eine öffentliche Klage, die jeder rechtsfähige athenische Bürger erheben konnte, wenn nach seiner Überzeugung ein Beschluss oder ein Beschlussantrag formal oder inhaltlich gegen bestehendes Recht verstieß.[41] Die in der Fachterminologie als ‚Hypomosie'[42] bezeichnete, durch einen Eid bekräftigte Ankündigung, eine Paranomieklage zu erheben, hatte, wenn sie, wie in

---

39 So MacDowell 2009, 197; Kahrstedt 1911, 466f. Zum ‚Köder' Amphipolis vgl. 23,14.
40 Vgl. die 2. Hypothesis zur *Aristocratea* (§4); Dion. Hal. ad Amm. 1,4; Schol. Aischin. 3,52 (Nr. 113 Dilts); Schol. Dem., in or. 23 Arg. (S. 295, Z. 7 Dilts).
41 Seit wann es die Möglichkeit der Paranomieklage in Athen gab, lässt sich nicht genau bestimmen. Lipsius 383 sieht sie im Zusammenhang mit den Reformen des Ephialtes, andere führen sie bis auf Solon zurück; vgl. dazu Gerner 1949, 1281. Der erste Paranomieprozess, dessen Datierung gesichert ist, fällt in das Jahr 415 (Leogoras gegen Speusippos, belegt bei And. 1,17.22). Wolff 1970, 15–22, gefolgt von Yunis 1988, 380f. Anm. 59 und Hansen 1995, 213, nimmt an, dass das Klagerecht nicht sehr viel früher, etwa zwischen 427 und 415, von Nikias eingeführt worden sei. Während der kurzen Phasen oligarchischer Herrschaft 411 und 403 wurde die Paranomieklage aus naheliegenden Gründen abgeschafft; vgl. Aristot. Ath. pol. 29,4 und Aischin. 3,191. Anfangs konnte die γραφὴ παρανόμων sowohl gegen Dekrete (ψηφίσματα) als auch gegen Gesetze (νόμοι) erhoben werden. Wohl um 403 wurde sie auf Dekrete beschränkt, während für die Anfechtung von Gesetzesanträgen die γραφὴ νόμον μὴ ἐπιτήδειον θεῖναι eintrat. Vgl. Hansen 1995, 181 und 220 sowie Aristot. Ath. pol. 59,2 und Pollux 8,87. Beispiele für Klagen gegen Gesetzesanträge sind die Prozesse gegen Leptines (Dem. or. 20) und Timokrates (Dem. or. 24). Einen Katalog von Zeugnissen zu Paranomieprozessen bietet Hansen 1974, nr. 4–39 (ohne nr. 8).
42 Vgl. Pollux 8,56: ὑπωμοσία δέ ἐστιν, ὅταν τις ἢ ψήφισμα ἢ νόμον γραφέντα γράψηται ὡς ἀνεπιτήδειον· τοῦτο γὰρ ὑπομόσασθαι λέγουσιν. καὶ οὐκ ἦν μετὰ τὴν ὑπωμοσίαν τὸ γραφὲν πρὶν κριθῆναι κύριον.

diesem Fall,[43] noch vor der Abstimmung ausgesprochen wurde, den unmittelbaren Abbruch des weiteren Prozedere zur Folge. Wurde sie nach bereits erfolgter Abstimmung ausgesprochen,[44] so blieb der Beschluss so lange außer Kraft, bis über die Klage entschieden war. Innerhalb eines Jahres nach der Einbringung bzw. Annahme des Antrags konnte der Antragsteller persönlich angeklagt werden, danach erlosch seine Verantwortlichkeit.[45] Verhandelt wurde ein solcher Fall vor dem Volksgericht, der Heliaia.[46] Das Urteil fällten Geschworene, *Dikastaí* (δικασταί) oder auch *Hēliastaí* (ἡλιασταί) genannt, die sich aus der Bürgerschaft Athens rekrutierten. Jeder männliche Athener, der das dreißigste Lebensjahr vollendet hatte, konnte sich um das Amt bewerben.[47] Alljährlich wurden 6000 Geschworene durch das Los bestimmt und durch ein ausgeklügeltes System, das jede Möglichkeit der Bestechung und sonstiger Einflussnahme unterbinden sollte, auf die verschiedenen Gerichtshöfe verteilt.[48] Bei öffentlichen Klagen saßen in der Regel 501 Geschworene zu Gericht, in besonders bedeutsamen Fällen konnte ihre Zahl auf 1001 oder sogar auf 1501 erhöht werden.[49] Eine bestimmte Strafe für Paranomievergehen war gesetzlich nicht festgelegt; die

---

43 Dass die Klage erhoben wurde, bevor in der Ekklesia über den Antrag abgestimmt worden war, geht aus mehreren Stellen in der Rede hervor, an denen statt des doppeldeutigen Begriffs ψήφισμα, der sowohl den Antrag als auch den Beschluss bezeichnen kann, die eindeutige Benennung προβούλευμα verwendet ist, die für den vom Rat geprüften, aber noch nicht zur Abstimmung gelangten Antrag steht. Vgl. insbesondere Dem. 23,92 sowie 23,14.16.18.186; zur Ambiguität des Begriffs ψήφισμα vgl. Hansen 1987, 68f.

44 So z.B. im Prozess gegen Androtion; vgl. Dem. 22,5.

45 Vgl. 20,144 διὰ γὰρ τὸ τελευτῆσαι Βάθιππον τὸν τουτουὶ πατέρα Ἀψεφίωνος, ὃς αὐτὸν ἔτ᾽ ὄντα ὑπεύθυνον ἐγράψατο, ἐξῆλθον οἱ χρόνοι, καὶ νυνὶ περὶ αὐτοῦ τοῦ νόμου πᾶς ἐστιν ὁ λόγος, τούτῳ δ᾽ οὐδείς ἐστι κίνδυνος, wozu es in der Hypothesis 2,3 heißt: νόμος γὰρ ἦν τὸν γράψαντα νόμον ἢ ψήφισμα μετὰ ἐνιαυτὸν μὴ εἶναι ὑπεύθυνον. ὅμως ἐπειδὴ καὶ οὕτως κατὰ τῶν νόμων ἐξῆν ποιεῖσθαι τὰς κατηγορίας, κἂν οἱ γράψαντες ἔξω κινδύνων ὦσι κτλ. Für Klagen gegen Gesetze, wie im Prozess gegen Leptines, ist diese Regelung auch anderweitig bezeugt. Die Aussage der Hypothesis, dass bei Dekreten ebenso verfahren wurde, wird durch die ganz ähnliche Formulierung Dem. 23,104 gestützt. Vgl. MacDowell 1978, 50; Hansen 1995, 215 und ausführlich Giannadaki 2014. Fraglich ist allerdings, ob nach Ablauf der Frist auch ein Psephisma noch als solches angefochten werden konnte; vgl. Carawan 2007, 33ff.

46 Gerner 1949, 1286.

47 Vgl. Aristot. Ath. pol. 63,3 und Lipsius 134.

48 Zu diesem Verfahren und seinen Modifikationen im Verlauf des 4. Jhs. vgl. ausführlich Lipsius 139–149 sowie Hansen 1995, 189.

49 Lipsius 155. And. 1,17 zufolge richtete über Speusippos sogar die Gesamtheliaia von 6000 Geschworenen.

2. Der Antrag des Aristokrates und die Paranomieklage des Euthykles

Prozesse waren sogenannte *agónes timētoí* (ἀγῶνες τιμητοί), in denen die Geschworenen, wenn sie den Angeklagten für schuldig befanden, in einem zweiten Schritt über die Höhe der Strafe entscheiden mussten.[50] Für die Verhandlung öffentlicher Klagen wurde ein ganzer Tag angesetzt, von dem je ein Drittel auf die Anklage, die Verteidigung und die Abstimmung sowie gegebenenfalls das Schätzungsverfahren entfielen.[51] Damit die Redezeit für die Streitparteien nicht je nach Jahreszeit variierte, wurde der Einteilung ein ‚Standardtag' von etwas mehr als 9 Stunden Länge zugrundegelegt.[52] Auf Anklage- und Verteidigungsrede entfielen somit jeweils etwa drei Stunden.

Nach den Reden der Prozessparteien wurden die Geschworenen zur geheimen Abstimmung aufgerufen, ohne dass zuvor ein Meinungsaustausch unter ihnen stattfand.[53] Dem Angeklagten drohte eine Geldstrafe,[54] bei dreimaliger Verurteilung wegen desselben Delikts verlor er das Recht, Anträge im Rat oder in der Volksversammlung zu stellen. Der Kläger wiederum musste für den Fall, dass er nicht wenigstens ein Fünftel der Stimmen erhielt, eine Sukkumbenzbuße von 1000 Drachmen entrichten und verlor das Recht, in Zukunft weitere Paranomieklagen zu erheben.[55] Welche Folgen das Gerichtsurteil für den Antrag selbst hatte, ist nicht für alle denkbaren Fälle sicher geklärt. Wurde der Antrag für gesetzwidrig befunden, trat er selbstverständlich nicht in Kraft. Wurde die Paranomieklage gegen einen bereits von der Volksversammlung gebilligten Antrag abgewiesen, so dürfte dieser mit der Urteilsverkündung Gültigkeit erlangt haben. War ein Antrag vor der Abstimmung angefochten, vom Gericht aber für gesetzeskonform erklärt worden, ist zu vermuten, dass es zu seiner Annahme einer erneuten Vorlage in der Volksversammlung bedurfte.[56]

---

50 Gerner 1949, 1287.
51 Lipsius 912; Hansen 1995, 193.
52 Maßstab waren die kürzesten Tage im Monat Poseideon (Aristot. Ath. pol. 67,4). Die Länge der Verhandlung bemisst Aischines 2,126 auf ‚elf Amphoren', d.h. die Zeit, in der elf Amphoren Wasser durch die Wasseruhr fließen. Vgl. dazu Lipsius 913ff. und Hansen 1995, 193.
53 Lipsius 920.
54 Zur Höhe der Beträge vgl. Gerner 1949, 1288. Für die Einbringung eines rechtswidrigen Gesetzesantrags war sogar die Verhängung der Todesstrafe möglich; vgl. Dem. 24,138.
55 Gerner 1949, 1289.
56 Letzteres wird von Hansen 1987 (gestützt vor allem auf Dem. 24,9–24) und 1995, 218 in Zweifel gezogen: „Die Billigung eines beantragten Dekrets durch das Gericht hatte ... nicht bloß die Wirkung, daß seine Verfassungsmäßigkeit festgestellt war, sondern daß es als verabschiedet galt. Bei dieser Sachlage scheint sich also

Für Euthykles galt es nun, sich auf den anstehenden Prozess vorzubereiten. Vor Gericht musste er selbst auftreten, die schriftliche Abfassung der Anklagerede übertrug er aber einem anderen: Demosthenes. Da Euthykles wahrscheinlich ebenfalls die Hellespont-Mission des Kephisodotos als Trierarch begleitet hatte, war er mit dem aufstrebenden Redner persönlich bekannt. Sofern Demosthenes damals am anschließenden Gerichtsverfahren gegen den Strategen beteiligt gewesen war, hatte Euthykles darüber hinaus einen Eindruck von seiner juristisch-rhetorischen Expertise gewinnen können.[57] Demosthenes seinerseits bot sich die Chance, mit einem erfolgreichen Einsatz gegen Aristokrates weitere öffentliche Aufmerksamkeit auf sich zu ziehen und sich als Meinungsführer auf dem Gebiet der Außenpolitik zu etablieren. Der Prozess eignete sich dafür umso mehr, als die Klage zwar formal gegen die Rechtswidrigkeit des Antrags, in Wahrheit aber gegen seinen ‚Geist' und seine politische Tendenz gerichtet war.[58] Nach Ansicht des Klägers empfahl es sich im Interesse Athens nämlich gerade nicht, Charidemos und mit ihm Kersobleptes durch die Verleihung von Privilegien ostentativ zu umwerben, da dies unweigerlich die Schwächung der beiden anderen thrakischen Könige zur Folge gehabt hätte. Ein Machtgleichgewicht zwischen mehreren, sich gegenseitig in Schach haltenden Herrschern sei aber, so die in der *Aristocratea* vertretene Auffassung, für Athen weitaus vorteilhafter als die unangefochtene Dominanz eines einzelnen – zumal dann, wenn dieser Einzelne, wie Kersobleptes bzw. sein Handlanger Charidemos, sich als notorischer Betrüger erwiesen habe. Die Anklage setzte also der ‚Pro-Kersobleptes-Fraktion' in Athen ein klares Contra entgegen.

Inwieweit sich Demosthenes persönlich mit dem im Namen des Euthykles bezogenen Standpunkt identifizierte, ist umstritten. Beloch sieht in der Rede eine reine Auftragsarbeit, die über die wahren Überzeugungen des Demosthenes nichts aussage.[59] Schaefer nimmt an, dass Demosthenes zwar

---

    das Gericht die Entscheidungsgewalt des Volkes selber angeeignet zu haben." Hansens verfassungsrechtlich problematische These fand allerdings wenig Zuspruch; vgl. Hannick 1981 und zuletzt Harris 2018, 21.

57 Vgl. §167 mit Komm. zu ἀπεχειροτονήσατε ... τὸν στρατηγόν.

58 Das dürfte bei Paranomieklagen keine Seltenheit gewesen sein. Man denke an den Kranzprozess, in dem – obwohl es formal nur um die Frage der Rechtswidrigkeit von Ktesiphons Bekränzungsantrag geht – faktisch nicht weniger als das politische Lebenswerk des Demosthenes verhandelt wird. Vgl. Wankel 1976, 15.

59 Beloch 1922, 489 Anm. 2: „Demosthenes' Rede würde ein merkwürdiges Denkmal politischer Kurzsichtigkeit sein, wenn er sie nicht als Advokat im Interesse seines

2. Der Antrag des Aristokrates und die Paranomieklage des Euthykles

im Auftrag des Euthykles handelte, dessen Position aber auch selbst teilte.[60] Jaeger hingegen hält Demosthenes für den eigentlichen Initiator der Klage, für die Euthykles nur als Strohmann fungiert habe.[61] Als Beweis gilt ihm, dass sich einzelne Passagen der *Aristocratea* in wenig später von Demosthenes gehaltenen Volksreden wiederfinden.[62] Dieses Argument ist nicht allzu tragfähig, denn bei den betreffenden Stellen handelt es sich um eine vom konkreten Thema gelöste, allgemeine Kritik am Gebaren der agierenden Politiker, die quasi zum rhetorischen Repertoire gehörte und sehr variabel verwendbar war.[63] Dennoch ist Jaeger im Grundsatz zuzustimmen: Es ist schwer vorstellbar, dass sich Demosthenes in einer Phase, in der er sein politisches Profil schärfen wollte, für eine Sache engagiert hätte, die seinen persönlichen Ansichten zuwiderlief. Ein Indiz für die ‚demosthenische' Prägung der Rede könnte der für die Argumentation konstitutive Gedanke des Machtgleichgewichts unter den Gegnern Athens sein, der kurz zuvor auch in der Rede *Für die Megalopoliten* eine zentrale Rolle spielte.[64] Ob aber bei der Klage gegen Aristokrates Demosthenes selbst oder doch Euthykles die treibende Kraft war, lässt sich nicht mit letzter Sicherheit ermitteln.

Geht man davon aus, dass die in der *Aristocratea* eingenommene Haltung zur thrakischen Frage genuin demosthenisch ist, schließt sich die Überlegung an, wie diese zu bewerten und in die ‚parteipolitische' Konstellation einzuordnen ist. Engelbert Drerup und in seiner Folge sein Schüler Liborius

---

    Klienten Euthykles verfasst hätte; denn seit Philipps thessalischen Siegen war es ja klar, dass Athen seine Stellung in Thrakien nur auf Kersobleptes gestützt behaupten konnte. Demosthenes selbst hat diese Politik später vertreten, freilich zu einer Zeit, wo diese Weisheit sehr billig geworden war." Als Argument taugt diese Überlegung nur unter der – fragwürdigen – Voraussetzung, dass jedwede Anfälligkeit des Demosthenes für Irrtümer und politische Fehleinschätzungen sicher auszuschließen ist.

60 Schaefer I 424.
61 Da mit einer Paranomieklage immer das Risiko verbunden war, im Falle einer deutlichen Niederlage vor Gericht für die Zukunft das Klagerecht zu verlieren (siehe oben, S. 13), bedienten sich die Politiker gern solcher Strohmänner; vgl. Hansen 1995, 215f.
62 Jaeger 1939, 99f. mit Anm. 4. Aus dem echten Dem. führt Jaeger die Entsprechung von 23,206ff. mit 3,25ff. an; im (unwahrscheinlichen) Falle der Echtheit von Περὶ συντάξεως kämen weitere Stellen hinzu (gemeint sind wohl 23,196f. / 13,31ff. und 23,206ff / 13,28ff.).
63 Vgl. Westermann zu 23,196: „Das sind herkömmliche Gemeinplätze, die mit wenig Veränderungen an passenden Stellen in die Reden eingelegt wurden."
64 Vgl. Papillon 1998, 92f.

Vorndran[65] wollten in der Rede eine ‚pazifistische' Tendenz erkennen, die auf eine noch bestehende Nähe des Demosthenes zu Eubulos, dem Exponenten des auf einen friedlichen Ausgleich mit Makedonien bedachten Flügels, hindeute. Der Antrag sei von der radikalen Kriegspartei ausgegangen, die mit einem starken vereinigten Thrakien im Rücken und Charidemos als Strategen den militärischen Konflikt mit Philipp im Kampf um Amphipolis gesucht habe. In Opposition dazu rate Demosthenes ganz im Sinne des auf die Sanierung der Staatsfinanzen bedachten Eubulos zur Zurückhaltung und Neutralität. So erkläre sich auch, warum Philipp, dessen Bekämpfung Demosthenes wenig später zu seiner Lebensaufgabe machen sollte, in der *Aristocratea* kaum Erwähnung finde. Das Thema ‚Krieg versus Frieden' wird vom Kläger freilich nirgends direkt angesprochen, was Vorndran damit erklärt, dass Eubulos die durch den Erfolg bei den Thermopylen euphorisierte Masse nur „in verschleierter Form" zur Mäßigung habe aufrufen können.[66] Insgesamt vermag diese Theorie nicht ganz zu überzeugen, zumal man in der Kritik an der Prunksucht mancher Politiker (23,206ff.) wohl eher eine Spitze g e g e n den wohlhabenden Eubulos erkennen muss.[67] Aus eben dieser Kritik und aus der Verurteilung des um sich greifenden Personenkults (23,196ff.) schließen andere auf einen Übertritt des Demosthenes ins Lager der radikalen Demokraten.[68] Es ist jedoch zu bedenken, dass die Ablehnung übertriebener Ehrbezeugungen gegenüber Einzelpersonen ganz im Dienst des übergeordneten Argumentationsziels steht – noch in der *Leptinea* hatte Demosthenes eine durchaus andere Ansicht vertreten. Die Bereitschaft der forensischen Redner, ihre ‚Prinzipien' flexibel an die Erfordernisse des jeweiligen Falles anzupassen, darf nicht unterschätzt werden. Den politischen Standpunkt des Demosthenes anhand der *Aristocratea* exakt verorten zu wollen, scheitert daher an der unsicheren Beweislage.[69]

---

65 Vorndran 1922, 60–64. Vgl. auch Drerup 1916, 63f. mit Anm. 64.
66 Vorndran 1922, 63.
67 So schon Schwartz 1893, 27 Anm. 3; Jaeger 1939, 103; vgl. auch Papillon 1998, 105–111.
68 So Schwartz 1893, 27, der in der Schmähung des Charidemos eine indirekte Unterstützungsmaßnahme für dessen Rivalen Chares erkennt; Pokorny 1913, 81, 95.
69 Zu einem ähnlichen Ergebnis kommt auch Jaeger 1939, 104. Demosthenes vollziehe mit der *Aristocratea* keinen „Übertritt in eine historisch gegebene Partei", sondern führe „einen Kampf in zunächst vollkommen isolierter Stellung, der auf die Dauer zur Bildung einer eigenen Gefolgschaft führen muß, einer sozusagen demosthenischen Partei".

Weitgehende Einigkeit besteht indes darüber, dass das Credo, man müsse im Interesse Athens für ein Machtgleichgewicht unter den thrakischen Herrschern sorgen, nicht unbedingt von politischer Weitsicht zeugte. Schon Ende des Jahres 352, also kurz nach dem Prozess gegen Aristokrates, schloss sich Amadokos Philipp an und ermöglichte ihm, bis nach Heraion Teichos vorzudringen. Kersobleptes musste sich in der Folge der makedonischen Übermacht beugen und als Unterpfand seiner Loyalität seinen Sohn als Geisel an Philipps Hof entsenden.[70] Von da an hatten die Athener die Chersones nicht mehr gegen Kersobleptes, sondern gegen den weitaus stärkeren König von Makedonien zu verteidigen. Demosthenes hatte mit einer solchen Entwicklung offenbar nicht gerechnet – sei es, weil er die von Philipp ausgehende Gefahr tatsächlich unterschätzte, sei es, weil er irrtümlich darauf vertraute, dass Athen im Ernstfall starke Verbündete beispringen würden.[71]

3. Zur Bewertung des Paranomievorwurfs

Wenn auch die Motive des Euthykles politischer Natur waren, konnte der Antrag, sofern man nicht auf seine Ablehnung in der Ekklesia hoffen durfte, nur über den juristischen Ansatzpunkt der Paranomieklage ausgehebelt werden. Um uns dem Verständnis der *Aristocratea* anzunähern, gilt es also zunächst Klarheit in der Kernfrage zu gewinnen, ob der Antrag tatsächlich gegen geltendes Recht verstieß.

Da Charidemos bereits über das Bürgerrecht verfügte, war von den Antragstellern zur Überbietung dieser Ehre eine gewisse Kreativität gefordert. Schutzklauseln, die einem Freund des athenischen Volkes zusicherten, Verletzungen seiner körperlichen Unversehrtheit mit aller Strenge zu ahnden, waren durchaus verbreitet, bezogen sich aber in der Regel entweder auf Proxenoi, also Nicht-Bürger,[72] oder waren Teil von Dekreten zur Verleihung des Bürgerrechts.[73] Die dafür übliche Formel lautete, dass die etwaige

---

70 Vgl. Aischin. 2,81 mit dem Scholion z.St. (Nr. 178ab Dilts).
71 Kahrstedt 1910, 111f. und 1911, 467ff. denkt dabei an die Perser (dagegen argumentiert Pokorny 1913, 99–103), Lehmann 2004, 85f. an die Olynthier.
72 Vgl. die von Koch 1989, 549f. angeführten Beispiele IG I³ 19,7–11; 27,13–17; 28,13–16; 156,13–17; 162,9–12; 164,23–27; 57,9–12; 161,3–6; 227,23–24; 91,16–20; 179,6–10; 228,9–14.
73 Vgl. IG II² 226,34–40; 222,31–35 (Koch 1989, 551).

Tötung des Proxenos bzw. Ehrenbürgers strafrechtlich wie die eines Atheners behandelt werde.[74] Den Hintergrund für derartige Klauseln bildete vermutlich die besondere Gefährdung von Athenern und ihren Sympathisanten im verbündeten Ausland.[75] Um die Sicherheit der eigenen Landsleute zu erhöhen, griffen die Athener teils erheblich in die Jurisdiktion anderer Staaten ein.[76] So hatten verbündete Städte, in denen ein Athener getötet wurde, eine Strafe von fünf Talenten zu bezahlen, wie aus einem Proxeniedekret hervorgeht.[77] In einem Beschluss für die euböische Stadt Chalkis wurde verfügt, unter der eigenen Bevölkerung die gleichen Strafen zu verhängen, wie sie in Athen üblich seien, und Fälle, in denen es um Verbannung, Hinrichtung oder den Verlust der bürgerlichen Rechte gehe, an die athenische Gerichtsbarkeit zu verweisen.[78] Vergleichen wir das mit dem Antrag des Aristokrates, so scheint die Steigerung gegenüber dem Schutz, den Charidemos als athenischer Bürger ohnehin schon genoss, vor allem in der massiveren Strafandrohung gegen diejenigen zu liegen, die die Ergreifung des mutmaßlichen Täters zu vereiteln versuchen sollten. Eine Parallele dazu finden wir in einem Bericht zur Herrschaft der Dreißig bei Plutarch, Lys. 27,5: Λακεδαιμόνιοι ... δύναμιν καὶ φόβον αὐτοῖς (sc. den Dreißig) προστιθέντες ἐψηφίσαντο τοὺς φεύγοντας ἐξ Ἀθηνῶν ἀγωγίμους εἶναι πανταχόθεν, ἐκσπόνδους δὲ τοὺς ἐνισταμένους τοῖς ἄγουσι („Die Lakedaimonier verliehen den Dreißig Macht und Schrecken durch die Verfügung, die athenischen Flüchtlinge sollten aus jedem Ort abgeführt werden dürfen und die, die sich den Verfolgern in den Weg stellten, aus dem Bündnis ausgeschlossen sein"). Diese Anordnung galt offenbar als drastisch. Aber liegt der Grund dafür in ihrer Rechtswidrigkeit oder nur in ihrer Unverhältnismäßigkeit (insofern mit Gegnern der Oligarchie umgegangen

---

74 Henry 1983, 168–171; de Ste Croix 1961, 274f.
75 Vgl. Phillips 2008, 245f.
76 Vgl. Meiggs 1972, 220–233; Phillips 2008, 245f.; Henry 1983, 163–171; ausführlich de Ste Croix 1961. Die Ausweitung des Geltungsbereichs attischen Rechts auf andere Staaten wurde offenbar weder vom Antragsteller noch vom Kläger grundsätzlich als problematisch empfunden; vgl. Wohl 2018, 236, 241.
77 IG I³ 19,7–11: ἐὰν δέ τις ἀπο[κτένει Ἀχελοῖον]-|[α ἒ τ]ὸν παῖδον τιν[ὰ ἕν τινι τὸν πόλε]-|[ον ὅ]σον Ἀθεναῖο[ι κρατὸσιν, τὲν πόλ]-|[ιν π]έντε τάλαντ[α ὀφέλεν ὁς ἐὰν Ἀθε]-|[ναί]ον τις ἀποθά[νει· γραφὲν δὲ Ἀθέν]-|[εσι ἒ]ναι κατὰ τ[ὸ αὐτὸ ὅσπερ Ἀθεναί]-|[ο ἀπο]θανόγ[τος - - - - - - -]; dazu de Ste Croix 1961, 268 Anm. 7. Vgl. auch Aristoph. Pax 169ff.
78 IG I³ 40, 71–76. Antiphon, or. 5 ist zu entnehmen, dass Ähnliches für Mytilene galt: Euxytheos, in Mytilene des Mordes am Athener Herodes angeklagt, muss sich in Athen vor Gericht verantworten. Vgl. Gagarin 1997, 173; de Ste Croix 1961, 271.

wird wie mit Schwerverbrechern)? Indirekte Hinweise darauf, wie der Antrag des Aristokrates einzuschätzen ist, bietet die Argumentation des Klägers.

Die Anklage setzt nämlich nicht etwa am Punkt der den Verbündeten angedrohten Sanktionen an, sondern stützt sich in erster Linie auf ein spezielles Verständnis des Begriffes *agógimos* (ἀγώγιμος). Das Adjektiv bedeutet, auf Menschen bezogen, im reinen Wortsinn nicht mehr, als dass jemand weggeführt bzw. abgeführt werden kann. In den Quellen begegnet es zum einen im staatsrechtlichen, zum anderen im zivilrechtlichen Kontext: Wer vor politischer oder strafrechtlicher Verfolgung aus seinem Heimatland geflohen ist, kann per Dekret für *agógimos* erklärt werden (vgl. neben der bereits zitierten Stelle Plut. Lys. 27,5 noch Xen. hell. 7,3,11; Diod. 14,6,1; 16,60,1; 17,14,3); wenn ein Schuldner das geliehene Geld zum festgesetzten Termin nicht zurückzahlt, wird er automatisch *agógimos*, was in vorsolonischer Zeit bedeutete, dass sein Gläubiger nach Belieben mit ihm verfahren konnte (vgl. Aristot. Ath. pol. 2,2; Plut. Sol. 13,2; Diod. 1,79,3.5 sowie Komm. zu §35 ἐν γε τῷ ποιεῖν ἀγώγιμον πάνθ' ὅσα ἀπείρηκεν ὁ νόμος δέδωκας).

Der Kläger legt nun die Formulierung in dem Sinne aus, dass damit denjenigen, die den mutmaßlichen Mörder[79] aufgreifen, erlaubt werde, ihn eigenmächtig zu bestrafen oder ihn den Angehörigen des Opfers zur Bestrafung zu übergeben. In der Forschung wurde diese Interpretation zunächst relativ unkritisch übernommen. Im Rahmen eines Beitrags über die Ächtung kam Heinrich Swoboda auf der Grundlage der inschriftlichen und literarischen Quellen zu dem Ergebnis, dass mit *agógimos* eine abgeschwächte Form der Vogelfreiheit bezeichnet werde: Der für *agógimos* erklärte Straftäter dürfe von jedermann getötet werden, anders als bei der üblichen Form der Atimie bestehe dazu aber keine Verpflichtung.[80] Alternativ könne der Gefangene der zuständigen Behörde ausgeliefert werden, die ihn dann ohne Gerichtsverfahren hinrichten lasse.[81] Diese Auffassung begegnet auch noch in neuerer Zeit.[82] Begründeten Widerspruch erhob u.a.

---

79 In Ermangelung eines Oberbegriffs wird hier und im Folgenden mit ‚Mörder' eine Person bezeichnet, die eine andere getötet hat – unabhängig davon, ob das Delikt alle Merkmale eines Mordes im Sinne des modernen deutschen Strafrechts aufweist.
80 Swoboda 1905, 22, 26.
81 Swoboda 1905, 24.
82 Sie findet ihren Niederschlag noch in der Gleichsetzung von ἀγώγιμος mit ἄτιμος bei Hansen 1976, 76 und Velissaropoulos-Karakostas 1991, 100. Vgl. auch Will 2013, 57, wo ἀγώγιμος mit „vogelfrei" übersetzt wird.

Susanne Koch, die ihre Argumentation aus einem Vergleich mit anderen Dekreten zum Schutz einer Einzelperson entwickelt. Sie legt dem Begriff *agógimos* den Sinn „der *apagōgḗ* unterworfen" bei,[83] was den Paranomievorwurf gegen Aristokrates entkräften würde, da es sich bei der Apagoge um ein klar definiertes Rechtsverfahren handelte. Als Beleg für ihre These führt Koch ein Dekret Alexanders des Großen gegen die flüchtigen Verräter von Chios an (Syll.³ 283,10–15; 333/32 v.Chr.): Τῶν δὲ προδόντων τοῖς βαρβάροις τὴν πόλιν ὅσοι μὲν προεξέλθωσιν φεύγειν | αὐτοὺς ἐξ ἁπασῶν τῶν πόλεων τῶν τῆς εἰρήνης κοινωνου|σῶν καὶ εἶναι ἀγωγίμους κατὰ τὸ δόγμα τὸ τῶν Ἑλλήνων· ὅσο[ι] δ' ἂν ἐγκαταλειφθῶσιν, ἐνάγεσθαι καὶ κρίνεσθαι ἐν τῷ τῶν Ἑλ[λ]ήνων συνεδρίωι („Von denen, die die Stadt an die Barbaren verrieten, sollen die, die entkommen sind, aus allen Städten, die am Frieden teilhaben, verbannt und gemäß dem Beschluss der Griechen *agógimoi* sein; die aber, die [in der Stadt?] geblieben sind, sollen angeklagt werden und im Synhedrion der Griechen ihr Urteil erhalten"). Koch zieht zu Recht den Schluss, dass für die Gruppe derer, die für *agógimoi* erklärt wurden, mit großer Wahrscheinlichkeit ebenso ein Prozess vorgesehen war wie für diejenigen, die innerhalb (der Stadt?) aufgegriffen wurden.[84] Ein direkter Zusammenhang zwischen dem Begriff *agógimos* und dem Verfahren der Apagoge ist damit allerdings nicht bewiesen. Unterzieht man die Belege für das Wort *agógimos* einer genaueren Betrachtung, lässt sich aber zumindest Kochs Skepsis gegenüber Swobodas Interpretation untermauern.

Am ehesten für eine mit der Verfügung *agógimon eínai* erteilte Tötungserlaubnis scheint auf den ersten Blick Xen. hell. 7,3,11 zu sprechen. Der Tyrann Euphron, der die Macht in Sikyon verloren hatte und sie durch Bestechung seiner einstigen Gegner, der Thebaner, wiederzuerlangen suchte, wurde von Oppositionellen in Theben getötet. Die Mörder werden daraufhin von der thebanischen Ratsversammlung angeklagt. Von den Beschuldigten bekennt sich nur einer zu der Tat. Er verteidigt sich zunächst unter Berufung auf Präzendenzfälle: Die Thebaner hätten schon andere Verräter und Tyrannen ohne Urteil getötet, Euphron aber sei offenkundig ein Verräter und Tyrann. Wäre er außerhalb Thebens getötet worden, hätten die Thebaner dem Täter Lob gezollt; daher sei es absurd, seine Ermordung innerhalb der Stadt für unrechtmäßig zu befinden (7,3,7–10). Wohl um diesen Widerspruch durch eine Analogie zu illustrieren (Euphron war

---

83   Koch 1989, 555; vgl. auch Thür 1991, 67.
84   Koch 1989, 554 Anm. 39.

nicht aus Theben verbannt), erinnert der Angeklagte die Thebaner an einen von ihnen gefassten Beschluss: πρὸς δὲ τούτοις ἀναμνήσθητε ὅτι καὶ ἐψηφίσασθε δήπου τοὺς φυγάδας ἀγωγίμους εἶναι ἐκ πασῶν τῶν συμμαχίδων. ὅστις δὲ ἄνευ κοινοῦ τῶν συμμάχων δόγματος κατέρχεται φυγάς, τοῦτον ἔχοι τις ἂν εἰπεῖν ὅπως οὐ δίκαιόν ἐστιν ἀποθνήσκειν; („Außerdem erinnert euch daran, dass ihr ja auch per Dekret angeordnet habt, die Verbannten sollten im gesamten Bundesgebiet *agógimoi* sein. Wenn aber ein Verbannter ohne den gemeinsamen Beschluss der Bundesgenossen heimkehrt, könnte da wohl einer sagen, dass diesen zu töten nicht rechtens sei?").[85] Man könnte darin eine Gleichsetzung von ‚*agógimos* sein' und ‚getötet werden dürfen' sehen. Dass es sich bei *agógimos* aber um einen im Sinne der ‚Vogelfreiheit' verwendeten Rechtsbegriff handelt, ist damit nicht erwiesen. Eher setzt wohl der Angeklagte als selbstverständlich voraus, dass im Bundesgebiet festgenommene Verbannte bei ihrer Auslieferung an die Justiz nichts anderes als die Todesstrafe erwartet.

Ganz ähnlich verhält es sich mit der bereits oben zitierten Belegstelle Plut. Lys. 27,5. Dort ist von der Option einer sofortigen Tötung der Gefangenen nicht die Rede; vgl. auch auch 27,6, wonach es die Thebaner ihrerseits unter Strafe stellten, einem Flüchtigen, der abgeführt wurde (τῷ ἀγομένῳ φυγάδι), **nicht** zu helfen. Noch deutlicher ist die Formulierung bei Diodor 14,5,1, die Gefangenen seien **den Dreißig zu übergeben**, also nicht von den Verfolgern zu töten: ἐψηφίσαντο (sc. die Lakedaimonier) ... τοὺς Ἀθηναίων φυγάδας ἐξ ἁπάσης τῆς Ἑλλάδος **ἀγωγίμους τοῖς τριάκοντα εἶναι**, τὸν δὲ κωλύσοντα πέντε ταλάντοις ἔνοχον εἶναι („Die Lakedaimonier verfügten, die athenischen Flüchtlinge sollten aus ganz Griechenland zu den Dreißig abgeführt werden dürfen, wer sie aber daran hindern wolle, solle einer Buße von fünf Talenten unterliegen"). Dass ihre Auslieferung in diesem speziellen Fall eine Hinrichtung ohne vorheriges Gerichtsverfahren zur Folge haben dürfte, liegt im mangelnden Rechtsbewusstsein derer begründet, denen sie ausgeliefert werden, nicht aber im Begriff *agógimos* an sich.

Auch die übrigen Belege bieten keinen positiven Beweis dafür, dass ein für *agógimos* Erklärter ungestraft getötet werden durfte; vgl. Diod. 16,60,1 (sc. ἔδοξεν οὖν τοῖς συνέδροις) τοὺς ... πεφευγότας τῶν Φωκέων καὶ τῶν ἄλλων τῶν μετεσχηκότων τῆς ἱεροσυλίας ἐναγεῖς εἶναι καὶ ἀγωγίμους πάντοθεν („Die Ratsversammlung beschloss, es sollten diejenigen von den Phokern und den anderen am Tempelraub Beteiligten, die auf der Flucht waren, mit einem Fluch beladen und an jedem Ort *agógimoi* sein"); Diod.

---

85 Xen. hell. 7,3,11.

17,14,3 παρώξυναν τὰς τῶν συνέδρων ψυχὰς κατὰ τῶν Θηβαίων καὶ πέρας ἐψηφίσαντο τὴν μὲν πόλιν κατασκάψαι, τοὺς δ' αἰχμαλώτους ἀποδόσθαι, τοὺς δὲ φυγάδας τῶν Θηβαίων ἀγωγίμους ὑπάρχειν ἐξ ἁπάσης τῆς Ἑλλάδος καὶ μηδένα τῶν Ἑλλήνων ὑποδέχεσθαι Θηβαῖον („Sie stachelten die Gemüter der Ratsherren gegen die Thebaner auf, und am Ende stand der Beschluss, dass ihre Stadt zerstört, die Kriegsgefangenen verkauft und die flüchtigen Thebaner in ganz Griechenland *agógimoi* sein sollten und kein Grieche einen Thebaner beherbergen dürfe").

Der Begriff *agógimos* allein bezeichnete also mit großer Wahrscheinlichkeit n i c h t die Ächtung – auch nicht in der von Swoboda postulierten abgemilderten Form –, sondern bedeutete lediglich, dass jemand innerhalb des im jeweiligen Beschluss festgelegten Gebiets verfolgt, festgenommen und abgeführt werden durfte. Wohin er abzuführen ist, wird nur in Ausnahmefällen ausdrücklich gesagt. Mit Swoboda 1905, 24 darf man es für selbstverständlich halten, dass die Gefangenen den jeweils zuständigen Behörden des Staates überstellt werden, der ihre Festnahme angeordnet hat. Swobodas Ansichten zum weiteren Verfahren wird man hingegen nicht folgen können, zumal sie sich allein auf die Ausführungen des Demosthenes in der *Aristocratea* zu stützen scheinen: „Daß sich an die Auslieferung kein Gerichtsverfahren anschloß, ist daraus ersichtlich, daß Demosthenes wiederholt und mit Emphase betont, daß gegen einen etwaigen Mörder des Charidemos ἄνευ κρίσεως [i.e. ohne gerichtliches Urteil] vorgegangen würde ... Die Auslieferung erfolgt also nicht zum Zwecke einer gerichtlichen Verhandlung und Entscheidung, sondern der Verbrecher wurde sogleich zur Hinrichtung geführt."[86] Hier wird allzu leichtgläubig einem Redner vertraut, der die Geschworenen mit allen Mitteln von seiner Position zu überzeugen sucht und zumindest im Verdacht steht, dabei stark manipulativ vorzugehen. Sieht man von der *Aristocratea* ab, erfährt Swobodas These keine Bestätigung. Es scheint vielmehr so zu sein, dass im Begriff *agógimos* überhaupt keine Aussage darüber liegt, was mit dem Gefangenen nach seiner Auslieferung zu geschehen hat.

---

86 Swoboda 1905, 24. Der von Swoboda 25 zur Stützung dieser These zitierte Passus aus Lykurg 121 τῶν ἐν τῷ πολέμῳ μεταστάντων εἰς Δεκέλειαν κατέγνωσαν (sc. als Vaterlandsverräter) καὶ ἐψηφίσαντο, ἐάν τις αὐτῶν ἐπανιὼν ἁλίσκηται, ἀπαγαγεῖν Ἀθηναίων τὸν βουλόμενον πρὸς τοὺς θεσμοθέτας, παραλαβόντας δὲ παραδοῦναι τῷ ἐπὶ τοῦ ὀρύγματος hat keine Beweiskraft, da dort das Wort ἀγώγιμος nicht verwendet wird.

Bei unvoreingenommener Betrachtung besagt der Antrag des Aristokrates somit nichts anderes, als dass ein etwaiger mutmaßlicher Mörder des Charidemos nicht im Gebiet der Bundesgenossen vor der Strafverfolgung Zuflucht finden, sondern auch dort der Fahndung und Ergreifung ausgesetzt sein soll. Diese Bestimmung war offenbar nicht rechtswidrig, da der Kläger sonst nicht den Umweg über eine maliziöse Auslegung des Begriffs *agógimos* hätte nehmen müssen. Die Androhung, Staaten, die dem Flüchtigen Schutz gewähren, aus dem Bündnis auszuschließen – auch wenn sich nur ein einzelner Bürger (ἰδιώτης) dessen schuldig mache –, wirkt massiv, der Kläger empört sich jedoch weniger über die Härte der Sanktion als über die vermeintlich falsche Verfahrensweise (vgl. §§82–85), was darauf schließen lässt, dass auch dieser Punkt nicht als rechtswidrig zu erweisen war.[87]

4. Die Anklagerede gegen Aristokrates: Aufbau und Argumentation

Der juristische Vorwurf, auf dem die Klage beruht, ist, wie dargelegt, kaum haltbar. Nicht zuletzt deshalb begnügt sich der Kläger nicht damit, die Rechtswidrigkeit des Antrags zu ‚beweisen', sondern erklärt darüber hinaus – unter Einbeziehung der politischen Dimension des Falles – in aller Ausführlichkeit, warum der Antrag der Stadt nicht zum Nutzen gereiche und warum Charidemos eine solche Ehrung nicht verdiene.

Diesen drei Teilen der Argumentation wurden schon in der Antike die Charakteristika der drei von Aristoteles (rhet. 1,3. 1358a36–1358b29) unterschiedenen Gattungen der Rede zugeordnet: dem Paranomienachweis die der Gerichtsrede (*génos dikanikón*; γένος δικανικόν), der Frage des Nutzens für Athen die der beratenden Rede (*génos symbouleutikón*; γένος συμβουλευτικόν) und der Frage nach den Verdiensten des Charidemos die der Prunkrede (*génos epideiktikón*; γένος ἐπιδεικτικόν).

---

87 Eine ganz andere Frage ist, wie man sich die praktische Umsetzung des Dekrets in einer Zeit vorzustellen hat, in der es keine Personalausweise, Steckbriefe, Phantombilder etc. gab, anhand derer ein flüchtiger Verbrecher im Ausland identifiziert werden konnte. Konkret nachzuweisen, dass jemand w i s s e n t l i c h einen gesuchten Mordverdächtigen beherbergte, dürfte unter diesen Umständen schwierig gewesen sein. Auch hierin zeigt sich der vorwiegend symbolische Charakter des Dekrets

Vgl. dazu Ps.-Aristides, ars rhet. 1,12,2,4 (p. 503,5–21 Sp.):

Τριῶν τοίνυν ὄντων εἰδῶν τοῦ λόγου καὶ τῆς περὶ ταῦτα τύχης τῶν πραγμάτων, φημὶ ἐμπίπτειν εἰς τὸ αὐτὸ ἄλλα εἴδη, ἃ δεῖ ἀναλαμβάνοντα κεραννύναι, ὥσπερ καὶ ὁ τοῦ Δημοσθένους λόγος {ἔχει οὕτως} ὁ τὴν φυλακὴν δοὺς Χαριδήμῳ τῶν τριῶν που μετέχει γενῶν· τὸ μὲν γὰρ τῶν παρανόμων μέρος ἄντικρυς ἐφ᾿ ἑαυτοῦ δικανικόν ἐστιν ἔλεγχον τὸν Ἀριστοκράτην ὅτι παρὰ τοὺς νόμους εἴρηκε· τὸ δὲ αὖ περὶ τοῦ συμφέροντος συμβουλευτικόν τινα ἔχει τύπον, ὡς οὐ χρὴ Κερσοβλέπτην ἐᾶν μείζω γενέσθαι· τρίτον δὲ ἐπὶ τούτοις ἐστὶ τῷ ἐγκωμιαστικῷ τρόπῳ προσῆκον, Χαριδήμου ψόγος. ταῦτα πάντα εἰς ἓν περιίσταται τὸ δικανικὸν καὶ γέγονέ τις αὐτῶν κρᾶσις καὶ μῖξις τοιαύτη καὶ οὔτε τὸ ἕτερόν ἐστιν οἷον τὸ ἕτερον, ἀλλ᾿ ὅσον τὸ πρᾶγμα ἐθέλει, τοσοῦτον διαφέρει, καὶ οὐδὲ ἀπέρρωγεν ἀλλήλων τὰ εἴδη, ὡς μὴ ὁμολογούμενον αὐτὸν ἑαυτῷ τὸν ἅπαντα εἶναι λόγον.

Da es drei Arten der Rede gibt und der sie jeweils begleitenden Umstände, so sage ich, dass verschiedene Formen, die man aufnehmen und vermischen sollte, in ein und dieselbe Komposition einfließen; wie z.B. die Rede des Demosthenes, die Charidemos Schutz gewährt, von allen drei Arten etwas hat. Denn der die Gesetzwidrigkeit betreffende Teil ist für sich ausdrücklich juristisch, da er den Aristokrates überführt, mit seinem Antrag gegen die Gesetze verstoßen zu haben. Der Teil aber, in dem es um den Nutzen geht, hat einen gewissen beratenden Einschlag, dahingehend, dass man den Kersobleptes nicht mächtiger werden lassen dürfe. Der dazu hinzutretende dritte Teil gehört dem enkomiastischen Genre an, als Tadel des Charidemos. All dies verbindet sich mit dem juristischen Teil zu einer Einheit, und die Teile sind dergestalt vermischt und vermengt, und das eine ist nicht wie das andere, sondern es unterscheidet sich insoweit, wie es die Sache erfordert, und in keiner Weise sind die Arten der Rede voneinander abgespalten, so dass die Gesamtkomposition nicht in sich harmonisch wäre.

In neuerer Zeit hat Papillon,[88] unter Verweis auf den zitierten Passus, der Mischung der Redegattungen in der *Aristocratea* einige Aufmerksamkeit gewidmet. Während aber die Bezüge des ersten und zweiten Teils zum *génos dikanikón* bzw. zum *génos symbouleutikón* auf der Hand liegen, ist bei der Zuordnung des dritten Teils, der militärischen Biographie des Charidemos, zum *génos epideiktikón* in Anbetracht der aristotelischen Definition Vorsicht geboten. Aristoteles geht bei der Unterteilung der Redegattungen von der Rezeptionshaltung des Zuhörers aus, der bei Gerichtsreden und beratenden Reden als Richter (κριτής) über Vergangenes (vor Gericht) oder Zukünftiges (in einer Volksversammlung) entscheidet, bei den epideiktischen Reden hingegen als Zuschauer (θεωρός) die Fähigkeiten des Redners bewertet. Mit der Aufzählung der Missetaten des Charidemos möchte der Kläger (bzw. Demosthenes als Verfasser der Rede) aber gewiss nicht die Zuhörer in den Genuss seines rhetorischen Könnens bringen,

---

88 Papillon 1998, 14–18 u. passim.

4. Die Anklagerede gegen Aristokrates: Aufbau und Argumentation

sondern – auf einem dritten Argumentationsweg – in der Sache überzeugen. Dementsprechend fehlen auch weitgehend die für die epideiktische Rede charakteristischen Elemente wie z.B. *amplificatio* und *comparatio*; vielmehr bietet Demosthenes eine stilistisch relativ schmucklose Chronik der Ereignisse, die die Unzuverlässigkeit des Charidemos zu belegen geeignet sind.

Treffender als die Zuordnung der drei Argumentationsteile zu Gattungen ist daher ihre Unterteilung in die Themenbereiche Recht (*tò nómimon*; τὸ νόμιμον), Nutzen (*tò symféron*; τὸ συμφέρον) und Verdienst (*tò díkaion*; τὸ δίκαιον), wie sie sich bereits in dem mit den Scholien überlieferten Argumentum zur Rede findet.[89]

In groben Zügen lassen sich die Argumentation und ihre Schwachpunkte wie folgt zusammenfassen; für eine detaillierte Interpretation sei auf die Einleitungen zu den einzelnen Abschnitten der Rede im Kommentarteil verwiesen.

a) Der Aspekt des Rechtes (τὸ νόμιμον)

Im ersten Teil der Rede führt der Kläger den eigentlichen Paranomienachweis, indem er insgesamt elf Gesetze verlesen lässt und jeweils im Anschluss daran darlegt, inwiefern der Antrag gegen das geltende Recht verstoße.[90] Dabei legt er ein Verständnis des Dekrets zugrunde, wonach es im Falle einer Tötung des Charidemos erlaubt werde, den mutmaßlichen Mörder überall im Bundesgebiet festzunehmen u n d n a c h B e l i e b e n m i t i h m z u v e r f a h r e n. Dies ist eine bewusste Fehlinterpretation.[91] Aristokrates wird es als selbstverständlich vorausgesetzt haben, dass der gefasste Mordverdächtige der athenischen Justiz zu überantworten ist. Ausdrücklich gesagt wird das im Antragstext aber nicht, und auf dieser fehlenden Präzisierung fußt beinahe die komplette Beweisführung. Im Einzelnen zeigt sich, dass der Kläger noch weitere unlautere Mittel zur Hilfe nehmen muss, um die Rechtswidrigkeit des Antrags plausibel zu machen.[92]

---

89 Schol. Dem., in or. 23 Arg., S. 295, Z. 11f. Dilts, übernommen von Westermann 8.
90 Dieses Verfahren wird als Paragraphe bezeichnet; vgl. Komm. zu §51 παρεγραψάμην.
91 Siehe oben, Kap. 3.
92 Dies wurde in der Forschung lange Zeit verkannt; selbst ein mit den Winkelzügen des Demosthenes bestens vertrauter Philologe wie Vorndran stellte die Gesetzwidrigkeit des Antrags nicht in Frage (1905, 12).

b) Der Aspekt des Nutzens (τὸ συμφέρον)

Im Zentrum dieses Abschnitts steht die Maxime, dass zwischen potenziellen Feinden ein Kräftegleichgewicht herzustellen bzw. zu erhalten sei, damit keiner von ihnen zu einer Bedrohung für Athen werden könne. In Anwendung auf die Verhältnisse auf der Chersones bedeute dies, die Machtentfaltung des Kersobleptes durch die beiden anderen thrakischen Könige einhegen zu lassen. Das beantragte Dekret bewirke aber eine Stärkung des Kersobleptes, da es seinen Gegnern die Hände binde. Konkret äußert der Kläger die Befürchtung, die Strategen des Amadokos und der Söhne des Berisades könnten davor zurückschrecken, sich gegen Charidemos zur Wehr zu setzen.[93] Das ist kaum realistisch, da in der gegebenen Konstellation an eine militärische Auseinandersetzung, nicht an ein politisches Attentat zu denken ist, die Tötung eines Kriegsfeindes aber keine Strafverfolgung wegen Mordes nach sich zog. Einen entscheidenden Einfluss auf das Machtgefüge in Thrakien hätte das Dekret, wenn auch eine gewisse symbolische Wirkung von ihm ausgegangen wäre, also nicht gehabt.

Als weiteres Argument bringt der Kläger unter Aufbietung einer Fülle von historischen Beispielen in Anschlag, dass in der Außenpolitik nicht selten Freunde unversehens zu Feinden würden. In Anbetracht der Unberechenbarkeit des menschlichen Faktors sei deshalb von Schutzgarantien grundsätzlich abzuraten. Dem lässt sich entgegenhalten, dass Beschlüsse von der Volksversammlung auch wieder aufgehoben bzw. durch ein anderes Dekret ersetzt werden konnten.[94] Das Risiko, Charidemos auch dann noch unter Schutz stellen zu müssen, wenn er athenischen Interessen offen zuwiderhandelte, ist mithin stark überzeichnet.

c) Der Aspekt des Verdienstes (τὸ δίκαιον).

Im letzten Hauptteil seiner Rede führt der Kläger aus, warum Charidemos der für ihn beantragten Ehre unwürdig sei. Er zeichnet dessen militärische Karriere von den Anfängen bis zur Gegenwart in einer Weise nach, die den Eindruck entstehen lässt, Charidemos habe permanent darauf hingearbeitet, Athen zu schaden, und werde dies auch in Zukunft tun. Da uns für den Großteil der in diesem Abschnitt geschilderten Ereignisse keine anderen, von Demosthenes unabhängigen Quellen zur Verfügung stehen,

---

93 §103; vgl. auch §12.
94 Man denke z.B. an die Diskussion um die Aufhebung des berühmten ‚Megarischen Psephismas'; vgl. Thuk. 1,139.

gestaltet es sich schwierig, den Wahrheitsgehalt der gegen Charidemos erhobenen Vorwürfe im Einzelnen zu überprüfen. Die mitunter massiven Manipulationen, die in den ersten beiden Teilen der Rede zutage treten, mahnen jedoch zu einem kritischen Umgang mit den vom Kläger gebotenen ‚Fakten' und mehr noch mit den daraus abgeleiteten Interpretationen.[95] An manchen Stellen sind Plausibilitätsdefizite deutlich erkennbar. So fragt man sich z.B., warum Charidemos, wenn er denn wirklich durch die eigenmächtige Rückgabe von Geiseln das Scheitern bei Amphipolis verschuldet hatte, postwendend von Timotheos für die nächste Mission im athenischen Dienst angeworben wurde.[96] Quasi als Leitmotiv durchzieht die Schmähung des Charidemos der Vorwurf, er habe immer wieder auch die Gegner Athens unterstützt. Das aber lag schlicht in der Natur seines ‚Berufes'. Von einem Söldnerführer war nichts anderes zu erwarten, als dass er für sich und seine Soldaten den jeweils lukrativsten Auftrag annahm. Einen Sinn für Loyalität scheint er gleichwohl besessen zu haben, da er zum einen seinem Dienstherrn Iphikrates nach Thrakien folgte,[97] zum anderen nach der Verleihung des athenischen Bürgerrechts allem Anschein nach nicht mehr gegen die Interessen Athens gehandelt hat.[98]

Die Überzeugungskraft der Anklagerede ist somit für den Leser, der die Argumente sorgfältig analysieren und bewerten kann, begrenzt. Die Wirkung des mündlichen Vortrags mag aber eine andere gewesen sein: Beim Anhören der Rede in ‚Echtzeit' blieb den Geschworenen kaum eine Gelegenheit zur kritischen Reflexion; über politisch-historische Fakten war in Ermangelung verlässlicher Medien nicht jeder gut unterrichtet, so dass man Gerüchten, Falschmeldungen und tendenziösen Verzerrungen relativ schutzlos ausgeliefert war; schließlich wird die Rezeptionssteuerung durch rhetorische Mittel ihre Wirkung auf die Geschworenen, die ja Laien waren, nicht verfehlt haben.[99]

---

95 Vgl. dazu auch Archibald 1998, 220–222.
96 Vgl. §149 mit Komm. zu ἔδωκε φυλάττειν αὐτῷ ... παρέδωκεν Ἀμφιπολίταις.
97 Vgl. §149 mit Komm. zu ἐπειδὴ τὸν μὲν Ἰφικράτην ... Τιμόθεον δὲ ...
98 Andernfalls hätte Demosthenes es sicher nicht versäumt, auch dies in den ‚Sündenkatalog' aufzunehmen. Vgl. auch Pritchett 1974, II 97: „Charidemos ... transferred his allegiance frequently until he was made an Athenian citizen; but there is no reason to question his fealty thereafter as an elected Athenian official."
99 Harris 2018, 12f. hält angesichts der hohen Anzahl von Prozessen, denen ein durchschnittlicher Geschworener beiwohnte, die Begriffe „amateur" bzw. „juror" für deplatziert und übersetzt ἄνδρες δικασταί deshalb mit „judges". Exakt treffend ist aber das eine so wenig wie das andere. Erfahrung allein wiegt eine systematische

Über den Ausgang des Prozesses ist uns nichts bekannt; aber selbst wenn die Paranomieklage Erfolg gehabt haben sollte, beschränkte sich dieser auf die rein juristische Ebene, d.h. auf die Ungültigkeit des Dekrets. Das Vertrauen in Charidemos war jedenfalls nicht beschädigt, denn schon 351 wurde er als Oberbefehlshaber einer Flotte nach Thrakien entsandt (Dem. 3,5), 349/48 kämpfte er als Stratege gemeinsam mit Chares und Phokion an der Seite der Olynthier gegen Philipp.[100] Offenbar war er ein vorbildlicher Ehrenbürger: Mehrfach wurde ihm ein goldener Kranz verliehen,[101] und er leistete etliche Leiturgien.[102] Bis zur Niederlage bei Chaironeia zeigte er sich als erbitterter Gegner der Makedonen, weshalb ihn Alexander 335 aus Athen verbannte (Arrian 1,10,6). Er flüchtete nach Persien an den Hof des Dareios III., der ihn 333 hinrichten ließ (Diod. 17,30,4).

Auch der gegen Kersobleptes geschürte Argwohn fand keine Bestätigung: Vermutlich 351 in Abhängigkeit von Philipp gezwungen (Aischin. 2,81), erhob sich Kersobleptes wenige Jahre später gegen den Makedonen und musste im April 346 bei Hieron Oros vor dessen Übermacht kapitulieren (Aischin. 2,90–92). Seine Versuche, als Verbündeter Athens in den im gleichen Jahr geschlossenen Frieden des Philokrates aufgenommen zu werden, ließen die verantwortlichen Politiker aus Sorge, das Abkommen dadurch zu gefährden, scheitern. Kersobleptes wurde von den Athenern also gewissermaßen den eigenen Interessen ‚geopfert'. Die Schuld daran schoben sich in der Rückschau Aischines und Demosthenes gegenseitig zu (Aischin. 2,83ff.; 3,73ff. und Dem. 19,174).[103]

---

fachliche Ausbildung nicht auf, zumal bei der Entscheidungsfindung ein Korrektiv (z.B. in Form einer Diskussion der Geschworenen untereinander oder der Heranziehung von ‚Experten') fehlte, das einen Lerneffekt hätte erzeugen können. Dass die Redner auf eine gewisse Unbedarftheit zumindest eines Teils der Geschworenen spekulierten, zeigt sich nicht zuletzt in der Art der Argumentation, die oft deutliche logische Schwächen aufwies, aber offenbar trotzdem als erfolgversprechend empfunden wurde.

100 Pritchett II 87f.
101 Dem. 18,114; IG II² 1496,28–39.
102 IG II² 1623,321; IG II² 1627,207ff.
103 Cargill 1981, 91; Sealey 1993, 147f. sowie Wankel zu Dem. 18,27 (S. 251f.) und Hajdú zu Dem. 4,8 (S. 136–139).

5. Datierung

Dionys von Halikarnass zufolge schrieb Demosthenes die Rede gegen Aristokrates unter dem Archontat des Aristodemos, im Jahr 352/51 v.Chr.[104] Diese Angabe fügt sich gut in die historischen Eckdaten, die in der Rede Erwähnung finden:

Terminus post quem: In §124 werden exempli gratia zwei einflussreiche Persönlichkeiten namentlich genannt, die Anspruch auf dieselben Privilegien erheben könnten, wie sie Aristokrates dem Charidemos einräumen möchte. Während über den einen, Menestratos aus Eretria, nichts weiter bekannt ist, wissen wir von dem anderen, dem Phoker Phayllos, dass er, nachdem sein Bruder Onomarchos in der Schlacht auf dem Krokusfeld umgekommen war, den Oberbefehl über die phokische Streitmacht übernahm und nicht viel später an einer langwierigen Krankheit starb.[105] Diodor datiert die Amtsübernahme des Phayllos in das gleiche Archontenjahr, in dem laut Dionys die *Aristocratea* abgefasst wurde, also 352/51.[106] Die Schlacht auf dem Krokusfeld, in der die Thessaler unter Philipps Führung über die Phoker siegten, fällt wohl in den Frühling oder Sommer des Jahres 352.[107]

---

104 ad Amm. 1,4: μετὰ δὲ Θούδημον ἔστιν Ἀριστόδημος ἄρχων [...] ἐν τούτῳ τῷ χρόνῳ καὶ τὸν κατὰ Ἀριστοκράτους ἔγραψε (sc. Demosthenes) λόγον Εὐθυκλεῖ τῷ διώκοντι παρανόμων τὸ ψήφισμα. Vgl. auch Sealey 1955, 118.

105 Zur Übernahme des Strategenamts vgl. Diod. 16,36,1: Μετὰ δὲ τὴν Ὀνομάρχου τελευτὴν διεδέξατο τὴν Φωκέων ἡγεμονίαν ὁ ἀδελφὸς Φάυλλος und Paus. 10,2,6: Ὀνομάρχῳ μὲν τέλος τοῦ βίου τοιοῦτον ἐπήγαγεν ὁ δαίμων, στρατηγὸν δὲ αὐτοκράτορα εἵλοντο ἀδελφὸν τοῦ Ὀνομάρχου Φάυλον. Zum Tod des Phayllos Diod. 16,38,5–6: ἐπανιόντων δ' αὐτῶν (sc. die Boioter) καὶ τῇ Ναρυκαίων πόλει πολιορκουμένῃ βοηθούντων ἐπιφανεὶς ὁ Φάυλλος τούτους μὲν ἐτρέψατο, τὴν δὲ πόλιν ἑλὼν κατὰ κράτος διήρπασε καὶ κατέσκαψεν. αὐτὸς δὲ περιπεσὼν νόσῳ φθινάδι καὶ πολὺν χρόνον ἀρρωστήσας ἐπιπόνως καὶ τῆς ἀσεβείας οἰκείως κατέστρεψε τὸν βίον, καταλιπὼν τῶν Φωκέων στρατηγὸν Φάλαικον τὸν Ὀνομάρχου υἱὸν τοῦ τὸν ἱερὸν πόλεμον ἐκκαύσαντος, ἀντίπαιδα τὴν ἡλικίαν ὄντα.

106 Diod. 16,37,1: Ἐπ' ἄρχοντος δ' Ἀθήνησιν Ἀριστοδήμου Ῥωμαῖοι κατέστησαν ὑπάτους Γόιον Σολπίκιον καὶ Μάρκον Οὐαλέριον, ὀλυμπιὰς δ' ἤχθη ἑβδόμη πρὸς ταῖς ἑκατόν, καθ' ἣν ἐνίκα στάδιον Μικρίνας Ταραντῖνος. ἐπὶ δὲ τούτων Φάυλλος μὲν ὁ Φωκέων στρατηγὸς μετὰ τὴν τοῦ ἀδελφοῦ τελευτήν τε καὶ ἧτταν προσανέλαβε τὰ τῶν Φωκέων πράγματα τεταπεινωμένα διά τε τὴν ἧτταν καὶ τὴν φθορὰν τῶν στρατιωτῶν. Eine gewisse Unsicherheit bei der Datierung ergibt sich daraus, dass zwar der Archontenname auf das Jahr 352/51 weist, die Namen der römischen Konsuln aber auf 353. Vgl. Samuel 1972, 209 und 259.

107 Lane Fox 1997, 185, 194; Hammond 1937, 57. Anders Buckler 1989, 185, der die Schlacht auf dem Krokusfeld und Philipps Marsch zu den Thermopylen in das Jahr 353 setzt.

Terminus ante quem: In §183 heißt es, Amadokos habe Philipp, der bereits bei Maroneia stand, ein weiteres Vordringen in den Osten Thrakiens verwehrt. Dieser Widerstand ließ sich nicht lange aufrechterhalten, denn bald darauf erreichte die Athener die Nachricht, dass Heraion Teichos, eine Festung am Hellespont nahe Perinth, von Philipp belagert werde.[108] Dieses Ereignis wird gemeinhin in den November des Jahres 352 datiert.[109]

Damit ergibt sich für die Abfassung der Rede und die Durchführung des Prozesses ein zeitlicher Korridor zwischen Sommer und November 352. Dies war lange die opinio communis,[110] wurde aber in jüngerer Zeit von Robin Lane Fox[111] (gefolgt u.a. von Joseph Roisman)[112] in Zweifel gezogen. Lane Fox nimmt vor allem daran Anstoß, dass Demosthenes nach Philipps Sieg auf dem Krokusfeld, der in der Rede gänzlich unerwähnt bleibe, unter Verkennung der vom Makedonenkönig ausgehenden Gefahr für eine Schwächung des Kersobleptes eingetreten sein sollte. Auch passe das, was er 23,111–12 über Philipps Verhältnis zu den Thessalern sage, nicht zu dem 352 mit ihnen gemeinsam errungenen Triumph. Daher tendiert Lane Fox dazu, die Rede ein halbes Jahr früher (Ende 353 / Anfang 352) anzusetzen. Das durch die Nennung des Phayllos gegebene Hindernis räumt er aus dem Weg, indem er den Rangunterschied zwischen Onomarchos und seinem Bruder nivelliert.[113] Die für eine frühere Datierung angeführten Gründe sind jedoch nicht zwingend. Auf Philipps Sieg über die Phoker war noch im gleichen Jahr sein maßgeblich durch die Athener erzwungener Rückzug bei den Thermopylen gefolgt, was dazu verleitet haben mochte, ihn zu unterschätzen.[114] Und selbst wenn sich Demosthenes der von Philipp ausgehenden Gefahr bewusst war, musste er darüber im Interesse seines Argumentationszieles tunlichst schweigen: Je mehr Bedrohungspotenzial er

---

108 Dem 3,4.
109 Worthington 2013, 114. Anders Lane Fox 1997, 195: November 351.
110 Ausführlich Schaefer I 439–445, bestätigt von Sealey 1993, 118 und Papillon 1998, 11 Anm. 41. Papillon, der die Arbeit an seinem Buch im Frühjahr 1997 abschloss (vgl. Papillon 1998, ix), konnte den Aufsatz von Lane Fox nicht mehr zur Kenntnis nehmen.
111 Lane Fox 1997, 183–187.
112 Roisman 2006, 99 und 165–167.
113 „Perhaps details of the Phocian high command were more fluid than we usually infer" (Lane Fox 1997, 185).
114 Vgl. Dem. 19,86; Jaeger 1939, 108; Lehmann 2004, 85; Worthington 2013, 109.

5. Datierung

Philipp zugestanden hätte, desto berechtigter wäre das Bestreben der Prozessgegner erschienen, sich mit Charidemos (und Kersobleptes) starke Verbündete an die Seite zu stellen.[115]

Wann genau der Antrag des Aristokrates in der Volksversammlung vorgelegt wurde, ist nicht sicher zu ermitteln. Wir wissen lediglich, dass der Prozess mehr als ein Jahr später stattfand.[116] Eine Frist, binnen derer die Paranomieklage verhandelt werden musste, scheint es nicht gegeben zu haben,[117] so dass der Zeitpunkt der Antragstellung theoretisch beliebig weit vor dem des Prozesses gelegen haben kann. So setzt ihn Paul Cloché aufgrund der in §§10–14 geschilderten Ereignisfolge kurz nach dem Tod des Berisades zwischen Ende 357 und Mitte 356 an.[118] In dem Passus der Rede, auf den Cloché seine Annahme stützt, möchte der Kläger beweisen, dass eine Störung des Machtgleichgewichts in Thrakien unmittelbar zu einer Stärkung des Kersobleptes und damit zu einer Gefährdung der athenischen Interessen auf der Chersones führe. Den Vertragsbruch des Kersobleptes als direkte Folge von Berisades' Tod darzustellen, könnte daher auch eine bewusste Manipulation sein. Dieser Verdacht erhärtet sich mit Blick auf §179, wo es der (frühestens Ende 355 vollzogene) Abzug der athenischen Flotte vom Hellespont ist, der den Beginn von Kersobleptes' neuerlichen Bemühungen um die Alleinherrschaft markiert. Cloché bleibt zudem eine Erklärung dafür schuldig, warum der Prozess vier Jahre lang verschleppt und dann wieder aufgenommen worden sein sollte.

---

115 Vgl. Vorndran 1905, 42.
116 Vgl. Dem. 23,92 mit Komm. zu ὁ νόμος δ' ἐπέτεια κελεύει τὰ τῆς βουλῆς εἶναι ψηφίσματα und Giannadaki 2014, 22 Anm. 42, die gegen Rhodes 1972, 63 und MacDowell 2009, 197 wahrscheinlich macht, dass sich die Angabe nicht auf das A m t s j a h r des Rates bezieht. Kahrstedts Hypothese, Charidemos habe Athen angesichts der unmittelbaren makedonischen Bedrohung im Herbst 352, nicht lange vor der Belagerung von Heraion Teichos, ein Bündnisangebot unterbreitet und als Gegenleistung das Strategenamt mitsamt der daraufhin von Aristokrates beantragten Schutzgarantie gefordert (Kahrstedt 1910, 108ff.), ist daher allein schon aus diesem Grund zu verwerfen.
117 Vgl. Lipsius 395; Wankel 14. Giannadaki 2014, 24 sieht den Grund dafür darin, dass ein Angeklagter sonst die Möglichkeit gehabt hätte, sich durch eine Verschleppung des Prozesses der Klage zu entziehen.
118 Cloché 1932, 218; zustimmend Lane Fox 1997, 184; ähnlich Carawan 2020, 108 (Mitte der 50er-Jahre).

Es hindert folglich nichts an der Annahme, dass die Hypomosie und das damit ausgelöste Gerichtsverfahren, wie es der Regelfall gewesen sein dürfte, zeitlich nicht sehr weit auseinanderlagen.[119]

6. Redaktion, Publikation und eingelegte Dokumente

Bei den Gerichtsreden des Demosthenes, insbesondere bei denen, die er für andere verfasste, darf man mit einiger Sicherheit annehmen, dass sie vor dem Prozess schriftlich ausgearbeitet und dem jeweiligen Klienten in Manuskriptform zur Vorbereitung auf den freien Vortrag übergeben wurden.[120] Aber ist Text der *Aristocratea*, der uns vorliegt, mit dem Manuskript des Euthykles identisch? Oder gibt es Spuren einer späteren Redaktion? Die kaum seriös zu beantwortende Frage, inwieweit ein Laie überhaupt in der Lage war, einen so langen und diffizilen Text Wort für Wort auswendig zu lernen – also die Frage nach dem Verhältnis von Manuskript und tatsächlich gehaltener Rede –, kann dabei außer Betracht bleiben.[121]

Ein Indiz dafür, dass an die Rede nachträglich Hand angelegt wurde, sind die im ersten Teil zitierten Gesetzestexte, die in sämtlichen uns erhaltenen mittelalterlichen Handschriften überliefert sind.[122] Als Beweismittel angeführte Dokumente wurden nicht von der jeweiligen Prozesspartei, sondern vom Gerichtsdiener verlesen.[123] Es gab daher keine Veranlassung, sie im Manuskript vollständig auszuschreiben.[124] In vielen uns überlieferten Gerichtsreden findet sich an solchen Stellen schlicht ein Lemma wie z.B. ‚Gesetz' (Νόμος) als Platzhalter. Die prozessrelevanten Dokumente

---

119 So z.B. Kahle 1909, 11–13: Anfang 353; Schaefer I 445: 353/52.
120 Vgl. Trevett 2018, 423. Angesichts der defizitären Improvisationsfähigkeit des Demosthenes ist dies auch für die Demegorien wahrscheinlich; vgl. Trevett 2018, 425f.; ausführlich zur Forschungsgeschichte Canfora 2014.
121 Vgl. dazu MacDowell 2009, 3.
122 Zur Frage der Echtheit vgl. die Einleitung zu §§22–99.
123 Die Wasseruhr, die die Redezeit bemaß, wurde dabei angehalten; vgl. Aristot. Ath. pol. 67,2–3.
124 Vgl. Canevaro 2013a, 3.

waren in einem eigenen Dossier gesammelt, das dem Gerichtsdiener übergeben wurde.[125] Hat nun Demosthenes nach dem Prozess gegen Aristokrates die Gesetzestexte selbst eingefügt, um eine ‚lückenlose' Lesefassung zu schaffen? Dagegen spricht, dass andere Dokumente nicht ergänzt wurden (§88, §115, §151, §§159ff., §§174ff., §183), Demosthenes mithin aus schwer erklärbaren Gründen nur halbe Arbeit geleistet hätte. Der uneinheitliche Befund führt auf eine andere Spur: Es fehlen bezeichnenderweise die Texte von Briefen, Dekreten und Verträgen – von Dokumenten also, die, anders als die öffentlich ausgestellten Gesetze zur Blutgerichtsbarkeit,[126] nicht jedermann zugänglich waren. Das legt die Annahme nahe, dass die Gesetzestexte von einer Person eingelegt wurden, die keinen Zugriff auf das dem Gerichtsdiener übergebene Dossier hatte. Demosthenes und andere Prozessbeteiligte scheiden damit aus. Wenn sich auch nicht sicher bestimmen lässt, w e r die Gesetzestexte eingefügt hat, so haben wir doch immerhin einen Anhaltspunkt, w a n n dies geschehen ist. In einem Teil der mittelalterlichen Handschriften findet sich eine Zeilenzählung (Stichometrie), die nicht mit der tatsächlichen Zeilenzahl im jeweiligen Codex übereinstimmt, wohl aber in allen Codices ungefähr die gleiche Textmenge bemisst.[127] Folglich dürfte sie aus einer früheren Edition übernommen worden sein. Da die verschiedenen Handschriftenfamilien zum einen die gleichen stichometrischen Angaben bieten, zum anderen nicht auf einen gemeinsamen mittelalterlichen Archetypus, sondern auf unterschiedliche antike Vorlagen zurückgehen,[128] muss die Zählung bereits vor der Spaltung der Überlieferung in einer als ‚Urexemplar' zu betrachtenden Ausgabe vorhanden gewesen sein.[129] Während in anderen Reden eingelegte Dokumente die Stichometrie ‚sprengen', offenbar also nicht im ‚Urexemplar' enthalten waren, lässt sich für die Gesetzestexte der *Aristocratea* teils nachweisen,

---

125 Vgl. MacDowell 1990, 46. Die Prozessparteien hatten zur Voranhörung die entsprechenden Unterlagen mitzubringen, die dann bis zum Verhandlungsbeginn in einem Behältnis, dem sogenannten Echinus, versiegelt wurden; vgl. Aristot. Ath. pol. 53,2; Dem. 45,17; [Dem.] 48,48; Theophr. char. 6,8 sowie Canevaro 2013a, 1f.
126 Vgl. Komm. zu §22 Νόμος ἐκ τῶν φονικῶν νόμων τῶν ἐξ Ἀρείου πάγου.
127 Markiert wurden Abschnitte von jeweils hundert Zeilen, wobei eine Zeile 15–17 Silben umfasste (als Maßstab diente wahrscheinlich der epische Hexameter); vgl. MacDowell 1990, 44 und Canevaro 2013a, 10. Für die *Aristocratea* findet sich eine solche Zählung in den Handschriften S, F und B; nicht angegeben ist jeweils die Gesamtzeilenzahl (vgl. Canevaro 2013a, 17).
128 Canevaro 2013a, 7 unter Verweis auf Pasquali 1934, 271–278.
129 Canevaro 2013a, 11, der dieses Urexemplar zugleich für die erste Edition des Corpus Demosthenicum hält.

teils zumindest nicht ausschließen, dass sie in die Zählung einbezogen waren.[130] Sie waren also mit großer Wahrscheinlichkeit bereits im ‚Urexemplar' enthalten. Da Kallimachos im Museion von Alexandria nachweislich mit einer stichometrischen Ausgabe arbeitete, sind als *terminus ante quem* für die Einfügung der Dokumente die 40er-Jahre des 3. Jhs. anzusetzen. Der Versuch einer engeren Eingrenzung führt uns auf die Frage nach Redaktion und Publikation zurück.

Abgesehen von den eingelegten Gesetzestexten weist die *Aristocratea* keine eindeutigen Anzeichen einer nachträglichen Überarbeitung auf. Dies gilt auch für die übrigen Gerichtsreden des Demosthenes mit Ausnahme der ihn persönlich betreffenden *orationes* 18 und 19.[131] Es ist also zumindest nicht unwahrscheinlich, dass wir den Text in der Form vor uns haben, wie er für den Vortrag vor Gericht bestimmt war. Ebenso gibt es keinen Hinweis auf eine weite Verbreitung der Reden des Demosthenes zu seinen Lebzeiten, die auf eine gezielte Publikation durch den Verfasser hindeuten würde.[132] Im speziellen Fall der *Aristocratea* sprechen zwei Gründe sogar eher dagegen, dass Demosthenes an der Herstellung und Veröffentlichung einer Lesefassung interessiert war: Erstens hängt vor allem der juristische Teil der Rede, der ganz auf ‚Überrumpelung' angelegt ist, davon ab, dass der Rezipient keine Gelegenheit zur kritischen Reflexion erhält. Das funktioniert beim fortlaufenden mündlichen Vortrag, während bei sorgfältiger, gegebenenfalls wiederholter Lektüre des Textes die Argumente schnell als substanzlos entlarvt wären.[133] Zweitens hatte der Lauf der Geschichte den Gegenstand der *Aristocratea* sehr bald obsolet werden lassen und ihre Kernaussagen als irrig erwiesen (Philipp drang nach Thrakien vor; Charidemos bewährte sich als loyaler Freund Athens; Makedonien wurde zum neuen Machtfaktor). Rhetorisch zweifellos von hoher Qualität, war die Rede inhaltlich nicht als ‚Werbung' für ihren nach politischem Einfluss strebenden Verfasser geeignet.

Private Abschriften der *Aristocratea* wie auch anderer Reden dürften gleichwohl in interessierten Kreisen Athens kursiert haben, zu einer systematischen Publikation kam es aber wohl erst nach dem Tod des Demosthenes. Denkbar ist, dass eine Person aus seinem Umfeld, die auf den

---

130 Eine detaillierte Analyse bietet Canevaro 2013a, 16ff.
131 Dazu ausführlich Trevett 2018, 423ff.; vgl. auch MacDowell 2009, 8: „In the majority of cases I think it likely that Demosthenes did not revise or distribute the texts of his speeches but simply kept them at home."
132 Trevett 2018, 428.
133 Dies gilt freilich in gewissem Grade für alle Gerichtsreden.

6. Redaktion, Publikation und eingelegte Dokumente 35

Nachlass Zugriff und zugleich ein Interesse daran hatte, sein Andenken zu bewahren, eine Ausgabe mit ‚Gesammelten Schriften' veröffentlichte; als möglicher Kandidat wird in der Forschung Demosthenes' Neffe Demochares (ca. 355–275) gehandelt.[134] Andere vermuten, die erste Gesamtedition sei unter der Ägide des Kallimachos in Alexandria entstanden.[135] In jüngerer Zeit hat sich Mirko Canevaro eingehend mit dieser Frage beschäftigt. Er spricht sich nicht nur für die erste Option aus, sondern hält es auch für wahrscheinlich, dass die Zeilenzählung bereits in der postulierten athenischen Gesamtedition, und nicht erst in Alexandria, vorgenommen wurde, da andernfalls alle uns erhaltenen mittelalterlichen Handschriften von der einen alexandrinischen Ausgabe abstammen müssten (und das athenische ‚Urexemplar' keine Spuren in der Überlieferung hinterlassen hätte).[136] Die Gesetzestexte der *Aristocratea* wären demnach vom Erstherausgeber schätzungsweise zu Beginn des dritten Jahrhunderts ergänzt worden. Da aber auch unter dem Namen des Demosthenes überlieferte nicht-demosthenische Reden mit stichometrischen Angaben versehen sind, impliziert Canevaros Theorie, dass diese Reden bereits in der athenischen Edition enthalten waren, der (Demosthenes nahestehende) Herausgeber also hinsichtlich der Autorschaft einigen Irrtümern erlegen wäre.[137] Ferner leuchtet der Nutzen der Zeilenzählung in einer ‚philologischen' Institution wie dem Museion von Alexandria unmittelbar ein, während sie sich in einer für die Allgemeinheit bestimmten Leseausgabe nur als Notiz des Schreibers, der nach dem Umfang des kopierten Textes bezahlt wurde, erklären lässt.[138] Das von Canevaro gegen die Erstellung der stichometrischen Fassung in Alexandria vorgebrachte Argument wäre wiederum hinfällig, wenn es gar kein in der Überlieferung konkurrierendes athenisches ‚Urexemplar' des Corpus Demosthenicum gegeben hätte, sondern die Zusammenführung der demosthenischen (und nicht-demosthenischen) Werke zu einer Gesamtausgabe erst in Alexandria vollzogen worden wäre.[139] In Anbetracht dieser unsicheren Sachlage gebietet es die Vorsicht, am oben genannten

---

134 Zuletzt Canevaro 2013a, 319–327 und Trevett 2018, 429.
135 So z.B. MacDowell 2009, 8; vgl. auch Trevett 1996, 441 Anm. 85.
136 Canevaro 2013a, 325f.
137 Canevaro 2013a, 327f. Dass in das Corpus Demosthenicum nicht-demosthenische Reden, die außerhalb Athens keine Verbreitung gefunden haben dürften, eindrangen, gilt Canevaro als ein Hauptargument für den athenischen Ursprung des Corpus (323f.).
138 Vgl. MacDowell 1990, 44.
139 Die Möglichkeit einer ‚kumulativen' Entstehung des Corpus Demosthenicum „from smaller collections of speeches" zieht auch Scafuro 2016, 78 in Betracht.

terminus ante quem (40er-Jahre des 3. Jhs.) für die Einfügung der Gesetzestexte in die *Aristocratea* festzuhalten.

7. Text und Überlieferung

Der dem Kommentar vorangestellte, mit einem Kurzapparat versehene griechische Text der *Aristocratea* orientiert sich an der Edition von Mervin R. Dilts (Oxford 2005).[140] Anders als die Mehrzahl seiner Vorgänger, die die Druckfassung des Textes an das mutmaßliche Klangbild des mündlichen Vortrags anzunähern suchten und hiat- bzw. tribrachysbildende Vokale gemäß der von Benseler und Blass ermittelten Regeln durch Elision, Krasis oder Aphärese auch dort beseitigten, wo die Codices übereinstimmend *scriptio plena* bieten,[141] räumt Dilts dem handschriftlichen Befund größeres Gewicht ein: „[W]here **S** and **A** allow hiatus or the juxtaposition of a word ending with a vowel or diphthong and a word beginning with a vowel or diphthong, the text has *scriptio plena*; and where **S** and **A** are at variance, hiatus is retained."[142]

Argumente für diese Verfahrensweise hatte bereits Douglas M. MacDowell in seiner kommentierten Ausgabe der *Midiana* (Oxford 1990) dargelegt:

---

140 Dabei wurden die Angaben im Apparat noch einmal an Digitalisaten der Handschriften SAFY überprüft. Zu den Addenda und Corrigenda, die sich daraus ergaben, siehe unten, Kap. 9.

141 Vgl. Benseler 1841, 62–167 und Blass, AB 100–112. Blass hat sich in seiner Überarbeitung der Dindorfschen Teubneriana (Leipzig 1885–1889) dazu verleiten lassen, den Demosthenestext mitunter gewaltsam an seine Theorie des Prosarhythmus ‚anzupassen'. Von diesem radikalen Verfahren ist man längst abgerückt; wo aber mehrere überlieferte Varianten zur Wahl stehen, können rhythmische Kriterien durchaus zur Entscheidungsfindung beitragen. Vgl. auch MacDowell 1990, 81.

142 Dilts 2005, viii. In der Praefatio des ersten Bandes (Oxford 2001, xvii) heißt es hingegen: „[W]here two primary manuscripts allow hiatus, hiatus is introduced into the text, and where two primary manuscripts are at variance, I adopt the reading that a v o i d s hiatus or the succession of more than two short syllables" (meine Hervorhebung). Gründe für die (vermeintliche) Modifikation des Verfahrens nennt Dilts nicht. Stichproben der Handschriften legen allerdings die Vermutung nahe, dass das für den ersten Band formulierte Prinzip auch für die *Aristocratea* Bestand hat; so druckt Dilts z.B. in §27 mit **S** ἀλλ' ἀνελὼν ..., obwohl **A** ἀλλὰ ἀνελὼν ... ausschreibt; in §29 hat **S** σφόδρα εὐσεβῶς, Dilts schreibt aber mit **A** σφόδρ' εὐσεβῶς.

1) Versepigramme aus klassischer Zeit, in denen Vokale auch dort ausgeschrieben wurden, wo das Metrum ihre Elision verlangt, lassen vermuten, dass Demosthenes in der schriftlichen Fassung seiner Reden auch an solchen Stellen *scriptio plena* gehabt haben könnte, wo er im mündlichen Vortrag den Vokal nicht sprach.

2) Möglicherweise gibt es Fälle, in denen Demosthenes auch im mündlichen Vortrag einen Hiat bzw. Tribrachys zuließ oder aus rhetorischen Gründen sogar bewusst herstellte.

3) Weitere Forschungen zum Prosarhythmus werden behindert, wenn die Ausgaben den handschriftlichen Befund nicht korrekt widerspiegeln.[143]

Da in modernen Editionen antiker Dichtertexte üblicherweise hiatbildende Vokale elidiert sind, auch wenn die Handschriften *scriptio plena* bieten, stellt Punkt 1) an sich kein valides Argument dar, beim Abdruck einer für den mündlichen Vortrag bestimmten Rede anders zu verfahren;[144] die Punkte 2) und 3) werfen die Frage auf, inwieweit die Schreibweise, die wir in den Codices finden, überhaupt noch Rückschlüsse auf das demosthenische ‚Original' zulässt und nicht vielmehr von den Arbeitsumständen und persönlichen Gewohnheiten der jeweiligen Kopisten abhängt: Wurde der Text z.B. in einer frühen Phase der Überlieferung mündlich diktiert, dürfte eine Differenzierung zwischen Elision, Verschleifung und Bewahrung hiatbildender Vokale qua Gehör äußerst schwierig gewesen sein. Sprach der Diktant nicht ausreichend akzentuiert, wurde ein ursprünglich ausgeschriebener Vokal womöglich in der schriftlichen Fassung ausgelassen; bemühte er sich darum, Wortgrenzen deutlich hörbar zu machen, konnte umgekehrt ein eigentlich zu elidierender auslautender Vokal in die schriftliche Fassung eindringen. Zweifel daran, dass sich aus den Codices ein System rekonstruieren lässt, werden genährt durch Stellen wie z.B. §18 ... τρία ἐπιδείξειν, ἓν μὲν ὡς παρὰ τοὺς νόμους τὸ ψήφισμα εἴρηται, δεύτερον δὲ ὡς ἀσύμφορόν ἐστι τῇ πόλει, τρίτον δ' ὡς ἀνάξιος τυχεῖν τούτων ᾧ γέγραπται: δεύτερον δὲ und τρίτον δ' stehen in exakt dem gleichen syntaktischen Umfeld. Welcher tiefere rhetorische Sinn sollte darin liegen, im ersten Fall den Hiat zuzulassen, im zweiten aber nicht?

---

143 MacDowell 1990, 81.
144 Vgl. Blass 1893, 101: „Ob nun die Elisionen in der Schrift ausgedrückt sind oder nicht, ist sehr gleichgültig, indem ja auch bei den Dichtern von den Alten beliebig voll und nicht voll geschrieben wurde." Daraus folgt für Blass (ebd. 104): „Sehr verkehrt ist es, wenn Herausgeber auf die Autorität einzelner Handschriften Hiaten in den Text hineinbringen; unzulässig auch die Vertheidigung durch Annahme von Pausen und durch Interpunction mitten im Kolon."

Bei aller persönlichen Skepsis hinsichtlich des Erkenntniswerts der von Dilts gewählten Textgestaltung soll dem Leser gleichwohl die Möglichkeit geboten werden, sich ein eigenes Bild zu machen. Deshalb wird Dilts' Editionsprinzip, das gegenüber früheren Ausgaben vielleicht ein Defizit an ‚Einheitlichkeit', dafür aber ein Plus an Information bietet, hier beibehalten.[145]

Die für die Überlieferung der *Aristocratea* maßgeblichen Handschriften sind der Parisinus 2934 (**S**; 9./10. Jh.), der Monacensis 485 (**A**; 9./10. Jh.),[146] der Marcianus 416 (**F**; 10. Jh.) und der Parisinus 2935 (**Y**; 10. Jh.).[147] Darüber hinaus ist die Rede in 53 weiteren Codices enthalten,[148] die in Dilts' Apparat aber nur in den seltenen Fällen erwähnt sind, wo sie eine plausible Lesart bieten, die sich in den führenden Handschriften nicht findet.

Als zuverlässigster Textzeuge gilt der Codex **S**, da er an vielen Stellen als einziger frei von Zusätzen erklärenden oder vervollständigenden Charakters ist und damit die *lectio difficilior* bietet.[149] So z.B. §2 προσέχειν S : προσέχειν τὸν νοῦν AFY; §60 νόμος S : νόμος διὰ ταῦτα AFY; §69 προστέτακται S : προστέτακται ταῦτα AFY; §87 γέγραφέν S : γέγραφέ τι AFY.

Besonders reich an solchen Zusätzen ist der Codex **A**[150]; vgl. z.B. §8 τἀδίκημα SFY : τἀδίκημα ὅ φημί A; §36 τῶν ἐν αἰτίᾳ SFY : τῶν ἐν αἰτίᾳ

---

145 Wem dies Unbehagen bereitet, der sei auf den ‚Therapievorschlag' von MacDowell (1990, 81f.) verwiesen: „[T]hose who believe that Demosthenes would in fact have elided where possible are free to make elisions themselves as they read the speech." Zur Handhabung der *scriptio plena* in Dilts' Ausgabe vgl. die Rezensionen von I. Hajdú, Gnomon 76, 2002, 200, der mit Recht bemängelt, dass die unterschiedlichen Schreibweisen der Codices nicht im Apparat dokumentiert werden; vgl. auch P. Demont, REG 115, 2002, 842f. und M. Weissenberger, BMCR 2006.09.28.
146 Der Codex **A** wurde lange Zeit übereinstimmend in das 10. Jh. datiert; Mondrain 2014, 202 erkennt jedoch paläographische Indizien für eine Abfassung um die Mitte des 9. Jhs., womit **A** älter wäre als **S**.
147 Eine ausführliche Beschreibung der Handschriften bietet Grusková 2014, 267–270 (S), 270–273 (A), 273–276 (Y), 278–281 (F).
148 Canfora 1968, 89.
149 Als erster benutzte Bekker **S** für seine Edition (1824). In der Folge neigte man dazu, den Wert der Handschrift zu überschätzen, wie sich etwa an einer Äußerung Cobets ablesen lässt: „Nil curo reliquos libros Demosthenis dum Parsinum S habeam" (Cobet 1873, xxiv). Nachdem Irmer in seinen ‚Beobachtungen zur Demosthenesüberlieferung' (1968) das Pendel in die andere Richtung hatte ausschlagen lassen, ist man sich heute einig, dass **S** „in großen Teilen des Corpus Demosthenicum den ersten Platz unter den Codices beanspruchen darf" (Wankel 67; zu einer ‚Kritik der Kritik' an **S** siehe ebd. 66ff.).
150 Vgl. Wankel 70f. und MacDowell 50f.

ὄντων A; §61 τὸν κοινὸν ἁπάντων ἀνθρώπων SFY : τὸν κοινὸν ἁπάντων ἀνθρώπων νόμον A; §79 εἰ ... τοσαύτη σπουδή SY : εἰ ... τοσαύτη σπουδὴ γίνεται A; §79 ἐκδοτέον τοῖς ἐγκαλοῦσιν SFY : ἐκδοτέον τοῖς ἐγκαλοῦσιν αὐτοῖς προ δίκης A; §114 πρέσβεις πέμπων SFY : πρέσβεις πέμπων πρὸς ἡμᾶς A; §141 πολλὰ καὶ δεινὰ SFY : πολλὰ καὶ δεινὰ ἔργα A; Ergänzung von Partikeln: §20 ὅταν μὲν SFY : ὅταν μὲν γὰρ A; §144 οὐ μόνον SFY : οὐ μόνον γὰρ A; §146 ἔπειτ᾽ SFY : ἔπειτα δὲ A; §160 λέγ᾽ SFY : λέγε δὲ A; §177 λαβὲ SFY : λαβὲ δὴ A; Ergänzung von Pronomina: §89 μεταδοῦναι SFY : μεταδοῦναί τινι A; §161 ἐξαπατῶν SFY : ἐξαπατῶν ὑμᾶς A; §212 ἀποκρίνασθαι SY : ἀποκρίνασθαι αὐτοὺς A. Neben Ergänzungen bietet A auch oft eine abweichende Wortstellung; vgl. z.B. §28 und §73 πάντα ταῦτ᾽ SFY : ταῦτα πάντα A; §88 ἀκούειν ὑμῖν SFY : ὑμῖν ἀκούειν A; §89 ἀξίων ὄντων FY : ὄντων ἀξίων A; §101 δικαίως δεῖξαι SFY : δεῖξαι δικαίως A; §102 γνώριμον πᾶσιν SFY : πᾶσι γνώριμον A; §115 δίκην δοῦναι SFY : δοῦναι δίκην A; §122 ὠφληκότες ἦτε παρανομίαν SFY : παρανομίαν ὠφληκότες ἦτε A; u.v.m.

Neben den mittelalterlichen Codices sind für folgende Abschnitte Papyrusfragmente erhalten:

§§28, 53, 198, 205: P. Berolin. 5008 (4./5. Jh.)
§§51–54: P. Mich. III 142 (2. Jh.)
§53: P. Colon. VII 309 (3. Jh.)
§§79–84: P. Rain. I 9 (3. Jh.)
§§110–119: P. Oxy. III 459 (3. Jh.)
§§149–150: P. Oxy. VI 883 (3. Jh.)
§§166–173: P. Mich. inv. 5472 (2. Jh.)

8. Abweichungen von Dilts' Text

	Dilts	diese Ausgabe
§3	τὴν ὡς ἀληθῶς δὲ δικαίαν καὶ βεβαίαν φυλακὴν	ὡς ἀληθῶς δὲ τὴν δικαίαν καὶ βεβαίαν φυλακὴν
§17	τούτων δ' ἄν τίς ἐστιν	τούτων ἄν τίς ἐστιν
§22	ΝΟΜΟΣ ΕΚ ΤΩΝ ΦΟΝΙΚΩΝ ΝΟΜΩΝ ΤΩΝ ΕΞ ΑΡΕΙΟΥ ΠΑΓΟΥ	ΝΟΜΟΣ {ΕΚ ΤΩΝ ΦΟΝΙΚΩΝ ΝΟΜΩΝ ΤΩΝ ΕΞ ΑΡΕΙΟΥ ΠΑΓΟΥ}
§28	εἰσφέρειν δὲ ⟨εἰς⟩ τοὺς ἄρχοντας, ὧν ἕκαστοι δικασταί εἰσι, τῷ βουλομένῳ. τὴν δ' ἡλιαίαν διαγιγνώσκειν.	{εἰσφέρειν δὲ τοὺς ἄρχοντας, ὧν ἕκαστοι δικασταί εἰσι, τῷ βουλομένῳ. τὴν δ' ἡλιαίαν διαγιγνώσκειν.}
§33	τὰ γὰρ ἄποινα χρήματα	τὰ γὰρ χρήματα ἄποινα
§35	σὺ δίδως ἄγειν πανταχόθεν;	σὺ δίδως ἄγειν;
§35	κακοῦν ἔχοντα, αὐτὸν ἀποκτιννύναι	†κακοῦν ἔχοντα,† αὐτὸν ἀποκτιννύναι
§36	πῶς δεινότερ' ἂν γράφων ἢ τοῦτον τὸν τρόπον;	πῶς δεινότερ' ἂν γράφων; {ἢ τοῦτον τὸν τρόπον}
§49	οὐκ ἐλαύνειν ..., ἀλλ' οὐδ' ἄγειν ἐᾷ	οὐ μόνον οὐκ ἐλαύνειν ..., ἀλλ' οὐδ' ἄγειν ἐᾷ
§51	ἐνταυθὶ	ἐνταυθοῖ
§52	τοῦτο δ' οὐκ ἔστ' ἐπενεγκεῖν ἄλλῃ πόλει	τοῦτο δ' οὐκ ἔστ' ἐπενεγκεῖν ἄλλῃ πόλει τοὔνομα
§56	οὐκοῦν	οὔκουν
§56	ἐξέσται {ἀποκτεῖναι}	ἐξέσται ἀποκτεῖναι
§60	{κελεύει}	κελεύει
§62	αἴτιος ᾖ ⟨τοῦ⟩	αἴτιος ᾖ
§66	Ποσειδῶν'	Ποσειδῶν
§66	οὐ τύραννος	οὐχὶ τύραννος
§72	†αἰδέσηταί τινα†	αἰδέσηταί τις
§89	τὴν δωρεὰν ᾖ	τὴν δωρεὰν ἐν ᾖ
§94	ἴσως ἂν ἦν τοῦτο	ἴσως ἂν ἧττον ἦν δεινόν

8. Abweichungen von Dilts' Text

§103	τοῦτο ... ταὐτὸ	ταὐτὸ ... τοῦτο
§109	τοὺς ⟨τῷ⟩ περὶ πραγμάτων ἐπίστασθαι βουλεύσασθαι δοκοῦντας προέχειν	τοὺς περὶ πραγμάτων ἐπίστασθαι βουλεύσασθαι δοκοῦντας {προέχειν}
§113	τί δή ποτε τὸ αἴτιον;	τί δή ποτ' αἴτιον;
§114	εἶτα καὶ εἰς ἡμᾶς	εἶτα καὶ εἰς ὑμᾶς
§118	ἡγούμενοι καὶ φίλον	ἡγούμενοι
§125	δεύτερον δὲ ⟨τῷ⟩ μηδ'	δεύτερον δὲ μηδ'
§125	ὑπὲρ τοῦ μή ⟨τι⟩ παθεῖν	ὑπὲρ τοῦ μὴ παθεῖν
§128	τοὐναντίον ἢ τἀληθὲς ὑπάρχει	τοὐναντίον ἢ τἀληθὲς ἔχει
§128	τοῦτον εὑρίσκω	αὐτὸν εὑρίσκω
§140	διῄρηται	διείρηται
§143	ἂν ἐμοὶ πίθησθε	ἂν ἐμοὶ πείθησθε
§153	οὐδὲν	οὐκ ἂν
§155	οἷον οὐχ ὅτι στρατηγὸς ἂν {ἠγνόησέ} τις εἶναι φάσκων	οἷον οὐχ ὅτι στρατηγὸς ἂν ἠγνόησέ τις εἶναι φάσκων
§156	φιλανθρωπίαν	φιλανθρωπία
§160	ποιησειν.	ποιήσειν. λέγε.
§163	ὧν ἐκεῖνός φησιν {προσποιεῖται}	ὧν ἐκεῖνός φησιν ⟨καὶ⟩ προσποιεῖται
§170	καθ' ἃς ἀναγκάζει τὸν Κερσοβλέπτην ὀμόσαι	{καθ'} ἃς ἀναγκάζει τὸν Κερσοβλέπτην ὀμόσαι
§172	ἐν μὲν ταῖς πρὸς Ἀθηνόδωρον συνθήκαις {ὁ Κερσοβλέπτης}	ἐὰν μὲν ἐμμένῃ ταῖς πρὸς Ἀθηνόδωρον συνθήκαις ὁ Κερσοβλέπτης
§173	τριβόντων τούτων	διατριβόντων τούτων
§175	τοῖς βασιλεῦσι {τοῖν δυοῖν}	τοῖς βασιλεῦσι τοῖν δυοῖν
§184	χάριν ἐστὶ δίκαιον ὀφείλειν Κερσοβλέπτῃ	χάριν ἐστὶ δίκαιον ὀφείλειν {Κερσοβλέπτῃ}
§184	Χαρίδημος διαπράττεται	{Χαρίδημος} διαπράττεται
§186	⟨κ⟩εἰ μὴ	εἰ μὴ

§186	{τὸ τοῦ} μισθοφόρου καὶ θεραπεύοντος ἐκεῖνον ἔργον	τὸ τοῦ μισθοφόρου καὶ θεραπεύοντος ἐκεῖνον ἔργον
§189	τοὺς Θρᾷκας τοὺς δύο, τοὺς βασιλέας,	τοὺς Θρᾷκας τοὺς δύο, {τοὺς βασιλέας,}
§191	ὁ Κερσοβλέπτης καὶ ⟨ὁ⟩ Χαρίδημος	ὁ Κερσοβλέπτης καὶ Χαρίδημος
§191	νῦν δὲ φίλοι	νῦν δέ γ' εἰσι φίλοι
§194	πάντα {τ}ἀγαθὰ	πάντα τἀγαθὰ
§197	κεκρίσθαι πρῶτον	κεκρίσθαι πρώτους
§202	οὐδ' ἐλευθέρους, ὀλέθρους	οὐδ' ἐλευθέρους, ἀλλ' ὀλέθρους
§208	{πολλῶν} δημοσίων οἰκοδομημάτων	πολλῶν δημοσίων οἰκοδομημάτων

9. Addenda und Corrigenda zu Dilts' Apparat

§1, S. 263, Z. 6 Dilts: ἀσφαλῶς fehlt nicht in Y
§8, 265,13: τὸ om. A und Y
§11, 266,9: ὁ τῷ Κερσοβλέπτῃ F
§18, 268,4: A hat ὑπησχημένον (sic!) ὑμῖν τρία
§19, 268, 12: γ' om. A und F[a]
§28, 271,16: δ' om. Y und S
§28, 271,17: δ' ἀναγινώσκειν Y : τὴν ἡλι[αι]αν [δι]αγινώσκειν S
§34, 272,24: ὅς γε] ὡς γε Y
§36, 273,9: ἐν αἰτίᾳ ὄντων] ἐναντία ὄντων A
§40, 274,21: auch F hat πεπονθότι (nicht παθόντι)
§49, 276,25: πέρα τῶν ὅρων Y
§56, 279,10: μόνον ἄνθρωπον F
§58, 279,25: οὑτωσὶ A
§61, 280,16: βίᾳ fehlt nicht in A
§61, 280,22: ἐμοὶ SFY
§62, 281,2: ἢ αἴτιος ᾖ A
§62, 281,5: ὦ om. A
§63, 281,18: οὐ om. Y
§65, 282,14: ἰδιαίτερον SF[γρ]
§76, 286,13: οὐδέν om. F
§80, 287,21: πρὶν om. Y

9. Addenda und Corrigenda zu Dilts' Apparat 43

§80, 287,23: ὁ ἀπάγων Y
§82, 288,12: τῶν νόμων F
§84, 288,27: ὑπέχωσινA und F
§85, 289,1: παραφῆκε Y
§86, 289,18: ἴσω°ν F
§88, 290,11: ὑμῖν nur A, nicht F
§89, 290,17: ὦ om. S und Y
§92, 291,17: ὁ δὲ νόμος A
§96, 292,20: γε γραφὲν] γέγραφεν SAY und F
§106, 295,19: ὑμῖν A (nicht ἡμῖν)
§110, 296,23: ἐχθρὸς ἡμῖν A
§114, 298,3: εἰς ὑμᾶς SAFY
§116, 298,19: Angabe zu S ungenau; besser Butcher: „του in rasura S; post hoc vocabulum tres vel quattuor litterae erasae"
§120, 299,24: τῷ A und Y
§125, 301,1: δοτέον τι] δέον τι A
§125, 301,6: τοῦτο δοτέον F[a]
§127, 301,23: ᾐτήσατο F
§127, 302,1: τούτων] τοῦτον F
§130, 302,15: σκεψόμεθα A
§130, 302,15: οὕτως Y
§130, 302,24: ἄνθρωπον F
§131, 302,27: ἀποδώσῃ A
§134, 303,15: αὐτόν fehlt nicht in A
§143, 306,6 κατεψηφίζεσθε A und F[γρ]
§146, 307,2 ἐθῶν F[c] (rasura inter θ et ῶ)
§156, 310,5 καὶ εἰ A
§156, 310,13: ταῦτα] ταὐτὰ F
§157, 310,15: παρὰ ταῦτα F
§160, 311, 22: ποιήσειν. λέγε. SAFY
§164, 313,9: προσῆκον ἦν A
§164, 313,10: ἂν om. SF und Y
§166, 313,29: οὐδαμοῖ S (nicht οὐδαμοῦ)
§170, 315,14: συνθήκας καθ' ἃς ἀναγκάζει SFY : συνθήκας ἀναγκάζει S[a] ut videtur : συνθήκας ἐν αἷς ἀναγκάζει AF[γρ]
§174, 316,19: ὄνθ' ὑμῖν F (nicht F[c])
§174, 316,26: ἐπιστολή om. Y
§175, 317,9: ἐγχειρῆσαι S (nicht A)
§176, 317,16: μόνον] μόνῃ F (nicht statt μιᾷ)
§182, 319,17: ποιεῖται A, om. Y[a]

§187, 320,27: ἐπῃνεῖτο A
§196, 323,11: εἰδῇτ' A
§200, 324,20: πολίτας A und F
§203, 325,21: τοιγάρτοι] καὶ γάρ τοι F
§203, 325,21: ἃ om. Aᵃ und Y
§208, 327,3: οἰκοδομεῖται F
§210, 327,20: τῶν ὑμετέρων ἀγαθῶν F (nicht auch Y)

10. Hinweise zur Benutzung von Übersetzung und Kommentar

In der Übersetzung findet folgendes Klammersystem Verwendung:

{ }   in den Handschriften überlieferte Buchstaben / Wörter, die in der Edition des griechischen Textes getilgt sind
⟨ ⟩   in den Handschriften nicht überlieferte Buchstaben / Wörter, die in der Edition des griechischen Texts ergänzt sind
[ ]   im griechischen Text nicht vorhandene Zusätze, die das Verständnis der Übersetzung erleichtern sollen

Im Kommentarteil werden den einzelnen Sinnabschnitten jeweils kurze Inhaltsparaphrasen und gegebenenfalls weitere erklärende oder interpretierende Bemerkungen vorangestellt. Diese Einleitungen sind so konzipiert, dass sie auch für Leser, die nicht über Kenntnisse des Altgriechischen verfügen, verständlich sind.

Da die Rede gegen Aristokrates zwar von Demosthenes verfasst, aber von Euthykles gehalten wurde, wird vom ‚Kläger' gesprochen, wenn man an den konkreten Auftritt vor Gericht zu denken hat, bei dem die schriftliche Vorbereitung und die mündliche Ausführung eine untrennbare Einheit bildeten; auf ‚Demosthenes' wird verwiesen, wo es um Fragen des Ausdrucks, des Stils, der Komposition etc. geht.

Sekundärliteratur wird mit dem Verfassernamen und, sofern es sich nicht um Standardwerke handelt, dem Erscheinungsjahr zitiert; die vollständigen bibliographischen Angaben finden sich im Literaturverzeichnis.

11. Gliederung der Rede

I. Proömium (§§1–5)
   §§1–3: Die ‚wahre' Bedeutung des Dekrets
   §§4–5: Der Kläger wirbt um Vertrauen und Unterstützung

Überleitung (§§6–7)

II. ‚Explicatio' (§§8–17)
   §§8–10: Die Situation in Thrakien
   §§11–12: Die Motive
   §§13–17: Die Beweise
      §§13–15: Der Auftritt des Aristomachos
      §§16–17: Der Text des Dekrets

III. Partitio (§§18–21)

IV. Argumentatio (§§22–186)

1. Die Gesetzwidrigkeit des Antrags (§§22–99)
   §§22–27: Gesetz 1
   §§28–36: Gesetz 2
   §§37–43: Gesetz 3
   §§44–50: Gesetz 4
   §§51–52: Gesetz 5
   §§53–59: Gesetz 6
   §§60–61: Gesetz 7
   §62: Gesetz 8
   §§63–81: Die fünf Blutgerichtshöfe
      §§63–64: Überleitung
      §§65–70: Der Areopag
      §§71–73: Der Gerichtshof beim Palladion
      §§74–75: Der Gerichtshof beim Delphinion
      §76: Der Gerichtshof beim Prytaneion
      §§77–79: Der Gerichtshof ‚in Phreatto'
   §§80–81: Die Apagoge
   §§82–85: Gesetz 9
   §86: Gesetz 10
   §87: Gesetz 11
   §§88–89: Musterdekrete

§§90–99: Occupatio
  §§90–91: Erstes Argument der Verteidigung
  §§92–94: Zweites Argument der Verteidigung
  §§95–99: Drittes Argument der Verteidigung

ÜBERLEITUNG (§§100–101)

2. Die Schädlichkeit des Antrags (§§102–143)
  §§102–109: Destabilisierung des Machtgleichgewichts durch das Dekret
  §§110–117: Zurückweisung des möglichen Einwands, von Kersobleptes gehe kein Risiko aus
  §§118–122: Politische Freunde könnten eines Tages zu Feinden werden
  §§123–124: Despoten zu schützen, wäre eine Schande für Athen
  §125: ‚Bedingungskatalog' mit Überleitung zum konkreten Fall
  §§126–137: Die gegenwärtigen politischen Freunde Charidemos und Kersobleptes könnten eines Tages zu Feinden werden
  §§138–143: Das Dekret schadet dem Ansehen Athens in der griechischen Welt

ÜBERLEITUNG (§§144–147)

3. Die Unangemessenheit des Antrags (§§148–186)
  §§148–152: Charidemos unterstützte die Gegner Athens im Kampf um Amphipolis
  §§153–162: Charidemos brach sein Versprechen, die Chersones für Athen zurückzugewinnen
  §§163–178: Charidemos nutzte Schwächephasen Athens gnadenlos aus
  §§179–183: Weitere Indizien für die schlechten Absichten des Charidemos
  §§184–186: Fazit

V. Epilog (§§187–220)
  §§187–195: Occupatio
  §§196–210: Vergleich mit den Vorfahren
  §§211–214: Vergleich mit anderen Poleis
  §§215–218: Zusammenfassung der juristischen Argumente gegen den Antrag
  §§219–220: Abschließender Appell an die Geschworenen

Text und Übersetzung

ΚΑΤΑ ΑΡΙΣΤΟΚΡΑΤΟΥΣ

(1) Μηδεὶς ὑμῶν, ὦ ἄνδρες Ἀθηναῖοι, νομίσῃ μήτε ἰδίας ἔχθρας ἐμὲ μηδεμιᾶς ἔνεχ' ἥκειν Ἀριστοκράτους κατηγορήσοντα τουτουί, μήτε μικρὸν ὁρῶντά τι καὶ φαῦλον ἁμάρτημα ἑτοίμως οὕτως ἐπὶ τούτῳ προάγειν ἐμαυτὸν εἰς ἀπέχθειαν, ἀλλ' εἴπερ ἄρ' ὀρθῶς ἐγὼ λογίζομαι καὶ 5 σκοπῶ, ὑπὲρ τοῦ Χερρόνησον ἔχειν ὑμᾶς ἀσφαλῶς καὶ μὴ παρακρουσθέντας ἀποστερηθῆναι πάλιν αὐτῆς, περὶ τούτου μοί ἐστιν ἅπασα ἡ σπουδή. (2) δεῖ δὴ πάντας ὑμᾶς, εἰ βούλεσθε ὀρθῶς περὶ τούτων μαθεῖν καὶ κατὰ τοὺς νόμους δικαίως κρῖναι τὴν γραφήν, μὴ μόνον τοῖς γεγραμμένοις ἐν τῷ ψηφίσματι ῥήμασιν προσέχειν, ἀλλὰ καὶ τὰ συμβησόμενα ἐξ 10 αὐτῶν σκοπεῖν. εἰ μὲν γὰρ ἦν ἀκούσασιν εὐθὺς εἰδέναι τὰ κεκακουργημένα, τὴν ἀρχὴν ἴσως ἂν οὐκ ἐξηπάτησθε· (3) ἐπειδὴ δὲ τοῦθ' ἕν ἐστι τῶν ἀδικημάτων, τὸ τοῦτον τὸν τρόπον καὶ λέγειν καὶ γράφειν ἐνίους ὃν ἂν ἥκιστα ὑμεῖς ὑπίδοισθέ τι καὶ φυλάξαισθε, προσήκει μὴ πάνυ θαυμάζειν, εἰ καὶ τοῦτο τὸ ψήφισμα ἡμεῖς οὕτω γεγραμμένον ἐπιδείξομεν ὥστε δοκεῖν 15 μὲν Χαριδήμῳ φυλακήν τινα τοῦ σώματος διδόναι, ὡς ἀληθῶς δὲ τὴν δικαίαν καὶ βεβαίαν φυλακὴν Χερρονήσου τῆς πόλεως ἀποστερεῖν. (4) εἰκότως δ' ἄν, ὦ ἄνδρες Ἀθηναῖοι, καὶ προσέχοιτέ μοι τὸν νοῦν καὶ μετ' εὐνοίας ἀκούσαιθ' ἃ λέγω. ἐπειδὴ γάρ, οὐχὶ τῶν ἐνοχλούντων ὑμᾶς οὐδὲ τῶν πολιτευομένων καὶ πιστευομένων παρ' ὑμῖν ὤν, πρᾶγμα 20 τηλικοῦτόν φημι δείξειν πεπραγμένον, ἐάν, ὅσον ἐστὶν ἐν ὑμῖν, συναγωνίσησθέ μοι καὶ προθύμως ἀκούσητε, τοῦτό τε σώσετε καὶ ποιήσετε μὴ κατοκνεῖν, ἐάν τίς τι καὶ ἡμῶν οἴηται δύνασθαι ποιῆσαι τὴν πόλιν ἀγαθόν. οἰήσεται δέ, ἂν μὴ χαλεπὸν εἶναι νομίζῃ τὸ παρ' ὑμῖν λόγου τυχεῖν. (5) νῦν δὲ πολλοῖς τοῦτο φοβουμένοις, λέγειν μὲν ἴσως οὐ δεινοῖς, 25 βελτίοσι δ' ἀνθρώποις τῶν δεινῶν, οὐδὲ σκοπεῖν ἐπέρχεται τῶν κοινῶν οὐδέν. ἐγὼ γοῦν (ὀμνύω τοὺς θεοὺς ἅπαντας) ἀπώκνησ' ἄν, εὖ ἴστε, καὶ

---

6 ἀσφαλῶς del. Blass   10 προσέχειν τὸν νοῦν AFY   16 ὡς ἀληθῶς δὲ τὴν Weil : τὴν ὡς ἀληθῶς δὲ SAFY   17 βέβαιον A   φυλακὴν Χερρονήσου del. Rosenberg : Χερρονήσου del. Sykutris   τὴν πόλιν Dobree   24 νομίσῃ F^aY

GEGEN ARISTOKRATES

(1) Niemand von euch, Athener, soll meinen, dass ich wegen irgendeiner persönlichen Animosität hier bin, um Aristokrates, der da sitzt, anzuklagen, noch [soll jemand glauben], dass ich mich, weil ich eine geringfügige und belanglose Verfehlung bemerkt habe, d e s h a l b so bereitwillig selbst zum Objekt des Hasses mache. Vielmehr richtet sich meine gesamte Sorge, wenn denn meine Erwägungen und Überlegungen tatsächlich richtig sind, darauf, dass ihr die Chersones sicher in Besitz haltet und ihrer nicht durch Betrug wieder beraubt werdet. (2) Ihr müsst nun alle, wenn ihr über diese Dinge die richtigen Erkenntnisse gewinnen und den Gesetzen gemäß gerecht über die Klage urteilen wollt, nicht nur eure Aufmerksamkeit auf die Worte richten, die im Antrag geschrieben stehen, sondern auch die Folgen bedenken, die sich daraus ergeben werden. Wenn es nämlich möglich wäre, nach einmaligem Anhören sofort über die Schurkereien im Bilde zu sein, wäret ihr vielleicht von vornherein nicht der Täuschung erlegen. (3) Da aber eine der Erscheinungsformen der Unredlichkeit gerade darin besteht, dass einige Leute auf solche Art reden und Anträge verfassen, dass ihr euch nicht im geringsten zu Misstrauen und Vorsicht veranlasst sehen dürftet, sollte es euch nicht sehr verwundern, wenn wir nachweisen werden, dass auch dieser Antrag so formuliert ist, dass er den Anschein erweckt, Charidemos einen gewissen leiblichen Schutz gewähren zu wollen, in Wirklichkeit aber den legitimen und stabilen Schutz der Chersones unserer Stadt entzieht. (4) Mit gutem Grund, Athener, möchtet ihr mir wohl eure Aufmerksamkeit schenken und mit Wohlwollen anhören, was ich sage. Denn da ich als jemand, der nicht zu denen gehört, die eure Geduld zu strapazieren pflegen, und auch nicht zu denen, die in ihrem politischen Wirken bei euch Vertrauen genießen, euch, wie ich meine, zeigen werde, dass etwas von so großer Tragweite ins Werk gesetzt wurde, werdet ihr, wenn ihr mich, soweit es auf euch ankommt, unterstützt und mir bereitwillig zuhört, sowohl diese Sache zum Guten wenden als auch dafür sorgen, dass es kein Zögern gibt, wenn einmal aus u n s e r e n Reihen jemand meint, er könne der Stadt etwas Gutes tun. Er wird es aber meinen, wenn er keine Schwierigkeit darin sieht, bei euch Gehör zu finden. (5) Jetzt aber kommt es vielen, weil sie davor Angst haben, – Leuten, die vielleicht nicht besonders gut reden können, aber bessere Menschen sind als die, die es können – gar nicht erst in den Sinn, sich mit irgendeiner Angelegenheit von öffentlichem Interesse zu befassen. Ich jedenfalls – das schwöre ich bei allen Göttern! – wäre

αὐτὸς τὴν γραφὴν ταύτην ἀπενεγκεῖν, εἰ μὴ πάνυ τῶν αἰσχρῶν ἐνόμιζον
εἶναι νῦν μὲν ἡσυχίαν ἄγειν καὶ σιωπῆσαι, πρᾶγμ᾽ ἀλυσιτελὲς τῇ πόλει
κατασκευάζοντας ὁρῶν τινας ἀνθρώπους, πρότερον δ᾽, ὅτ᾽ ἔπλευσα
τριηραρχῶν εἰς Ἑλλήσποντον, εἰπεῖν καὶ κατηγορῆσαί τινων, οὓς ἀδικεῖν
ὑμᾶς ἡγούμην. 5
(6) Οὐκ ἀγνοῶ μὲν οὖν ὅτι τὸν Χαρίδημον εὐεργέτην εἶναί τινες τῆς
πόλεως οἴονται· ἐγὼ δέ, ἄν περ ἃ βούλομαί τε καὶ οἶδα πεπραγμένα
ἐκείνῳ δυνηθῶ πρὸς ὑμᾶς εἰπεῖν, οἴομαι δείξειν οὐ μόνον οὐκ εὐεργέτην,
ἀλλὰ καὶ κακονούστατον ἀνθρώπων ἁπάντων καὶ πολὺ τἀναντία ἢ
προσῆκεν ὑπειλημμένον. (7) εἰ μὲν οὖν, ὦ ἄνδρες Ἀθηναῖοι, τοῦτο 10
μέγιστον Ἀριστοκράτης ἠδίκει, τὸ τοιούτου, οἷον ἐγώ φημι δείξειν τὸν
Χαρίδημον ὄντα, τοσαύτην πεποιῆσθαι πρόνοιαν ἐν τῷ ψηφίσματι ὥστε
ἰδίαν παρὰ τοὺς νόμους, ἄν τι πάθῃ, τιμωρίαν αὐτῷ δεδωκέναι, ταῦτ᾽ ἂν
ἤδη λέγειν πρὸς ὑμᾶς ἐπεχείρουν, ἵν᾽ εἰδῆτε πολλοῦ δεῖν ἄξιον ὄντα
τυχεῖν τοῦ ψηφίσματος αὐτὸν τουτουί. νυνὶ δ᾽ ἕτερον τούτου μεῖζον διὰ 15
τοῦ ψηφίσματος ἔστ᾽ ἀδίκημα, ὃ δεῖ πρότερον καὶ μαθεῖν ὑμᾶς καὶ φυλάξασθαι.
(8) Ἀνάγκη δὲ ἐστι πρῶτον ἁπάντων εἰπεῖν καὶ δεῖξαι τί ποτ᾽ ἐστὶ τὸ
Χερρόνησον ὑμᾶς ἀσφαλῶς ἔχειν πεποιηκός· διὰ γὰρ τοῦ μαθεῖν τοῦτο
καὶ τἀδίκημα σαφῶς ὄψεσθε. ἔστι τοίνυν, ὦ ἄνδρες Ἀθηναῖοι, τοῦτο, τὸ 20
τελευτήσαντος Κότυος Βηρισάδην καὶ Ἀμάδοκον καὶ Κερσοβλέπτην
τρεῖς ἀνθ᾽ ἑνὸς γενέσθαι Θρᾴκης βασιλέας· συμβέβηκε γὰρ ἐκ τούτου
αὐτοῖς μὲν ἀντιπάλους εἶναι τούτους, ὑμᾶς δὲ ὑπέρχεσθαι καὶ θεραπεύειν. (9) τοῦτο τοίνυν, ὦ ἄνδρες Ἀθηναῖοι, βουλόμενοί τινες παῦσαι, καὶ
καταλῦσαι μὲν τοὺς ἑτέρους βασιλέας, παραδοῦναι δ᾽ ἑνὶ τῷ Κερσοβλέ- 25
πτῃ τὴν ἀρχὴν ἅπασαν, διαπράττονταί σφισι τοῦτο γενέσθαι τὸ προβούλευμα, τῷ μὲν ἀκοῦσαι κεχωρισμένοι τοῦ τι τοιοῦτον δοκεῖν διαπράξασθαι, τῷ δ᾽ ἔργῳ πάντων μάλιστα τοῦτο περαίνοντες, ὡς ἐγὼ διδάξω.
(10) ἐπειδὴ γὰρ ἑνὸς τελευτήσαντος τῶν βασιλέων Βηρισάδου, παραβὰς

---

2 ἀγαγεῖν AF   9 ἄνθρωπον S   14 ᾔδειτε Dobree   20 τἀδίκημα ὅ φημι A   τὸ om. AY
27 κεχωρισμένον SAFY : corr. Feliciana

auch selbst davor zurückgeschreckt – da dürft ihr euch sicher sein! –, diese Klage einzureichen, wenn ich nicht der Ansicht wäre, dass es zu den ganz verwerflichen Verhaltensweisen zählte, jetzt untätig zu bleiben und nicht den Mund aufzumachen, obwohl ich sehe, dass gewisse Leute etwas für unsere Stadt Schädliches aushecken, während ich zuvor, als ich als Trierarch in den Hellespont fuhr, meine Stimme erhoben und einige Leute angeklagt habe, die euch meiner Meinung nach durch rechtswidriges Handeln Schaden zufügten.

(6) Mir ist sehr wohl bekannt, dass einige Charidemos für einen Wohltäter unserer Stadt halten. Ich hingegen, wenn es mir denn gelingt, euch zu vermitteln, was ich vermitteln möchte und was ich von seinen Taten weiß, glaube, den Beweis liefern zu werden, dass er nicht nur kein Wohltäter ist, sondern sogar der böswilligste aller Menschen, und dass die Einschätzung seiner Person ganz im Gegensatz zu der Einschätzung steht, die eigentlich angebracht wäre. **(7)** Wenn nun, Athener, dies das schlimmste Vergehen des Aristokrates wäre, einen Mann von solcher Wesensart, wie ich sie dem Charidemos – so meine ich – nachweisen werde, in seinem Antrag mit so großer Fürsorge bedacht zu haben, dass er ihm, falls ihm etwas passiert, ein gegen die bestehenden Gesetze verstoßendes, auf seine Person zugeschnittenes Recht auf Vergeltung garantiert hat, würde ich mich sofort daranmachen, euch dies zu erläutern, damit ihr wisst, dass er es nicht im Entferntesten verdient hat, in den Genuss dieses Beschlusses zu kommen. Nun aber bringt der Antrag ein anderes, größeres Unrecht als dieses mit sich, welches ihr zuvor erkennen und verhüten müsst.

(8) Zuallererst jedoch ist es notwendig zu erklären und darzulegen, was es denn überhaupt ist, das euch den sicheren Besitz der Chersones verschafft hat; denn diese Erkenntnis wird dazu führen, dass ihr auch das Unrecht deutlich vor Augen seht. Es ist, Athener folgendes: dass nach dem Tod des Kotys mit Berisades und Amadokos und Kersobleptes drei Männer statt eines einzigen Könige über Thrakien wurden. Daraus hat sich nämlich die Situation ergeben, dass diese miteinander rivalisieren, euch aber umschmeicheln und umgarnen. **(9)** Weil nun, Athener, gewisse Leute diesem Zustand ein Ende machen und die anderen Könige stürzen, dem Kersobleptes allein aber die gesamte Macht übergeben wollen, arbeiteten sie darauf hin, dass ihnen dieser Vorbeschluss zustande kam – wobei sie, wenn man nur den Wortlaut des Dekrets hört, außer Verdacht stehen, etwas derartiges betrieben zu haben, in Wirklichkeit aber vor allen Dingen dies erreichen wollen, wie ich darlegen werde. **(10)** Als nämlich nach dem Tod eines der Könige, des Berisades, Kersobleptes unter Bruch der

τοὺς ὅρκους καὶ τὰς συνθήκας ἃς μεθ' ὑμῶν ἐποιήσατο, Κερσοβλέπτης
ἐξέφερεν πόλεμον πρός τε τοὺς Βηρισάδου παῖδας καὶ πρὸς Ἀμάδοκον,
εὔδηλον ἦν ὅτι τοῖς μὲν Βηρισάδου παισὶν Ἀθηνόδωρος βοηθήσοι, τῷ δ'
Ἀμαδόκῳ Σίμων καὶ Βιάνωρ· ὁ μὲν γὰρ Βηρισάδου κηδεστής, οἱ δὲ
Ἀμαδόκου γεγόνασιν. (11) ἐσκόπουν οὖν τίν' ἂν τρόπον ἡσυχίαν μὲν   5
ἔχειν ἀναγκασθεῖεν οὗτοι, ἐρήμων δὲ ὄντων ἐκείνων ὁ Κερσοβλέπτῃ
πράττων τὴν ἀρχὴν Χαρίδημος ἀσφαλῶς πάντα καταστρέψαιτο. εἰ
πρῶτον μέν, ἄν τις αὐτὸν ἀποκτείνῃ, ψήφισμα ὑμέτερον γένοιτο ἀγώγιμον εἶναι· δεύτερον δέ, εἰ χειροτονηθείη στρατηγὸς ὑφ' ὑμῶν {Χαρίδημος}.
(12) οὔτε γὰρ ὑμετέρῳ στρατηγῷ προχείρως ἐναντία θήσεσθαι τὰ ὅπλα 10
ἔμελλεν ὁ Σίμων οὐδ' ὁ Βιάνωρ, πολῖται γεγενημένοι καὶ ἄλλως ἐσπουδακότες πρὸς ὑμᾶς· ὁ δὲ δὴ γένει πολίτης Ἀθηνόδωρος οὐδὲ βουλεύσεσθαι·
οὔτε τὴν διὰ τοῦ ψηφίσματος αἰτίαν ὑποδύσεσθαι, ἢ πρόδηλος ἦν ἐπ'
ἐκείνους ἥξουσα, εἴ τι πάθοι Χαρίδημος. ἐκ δὲ τούτου τοῦ τρόπου τῶν μὲν
ἐρήμων ὄντων βοηθῶν, αὐτοῖς δ' ἀδείας δοθείσης, ῥᾳδίως ἐκβαλεῖν   15
ἐκείνους καὶ κατασχήσειν τὴν ἀρχήν. (13) καὶ ὅτι ταῦθ' οὕτως ᾤοντο καὶ
τοῦτ' ἦν τὸ κατασκεύασμα αὐτοῖς, τὰ πραχθέντα αὐτὰ κατηγορεῖ. ἅμα
γὰρ τῷ πολέμῳ τε ἐνεχείρουν αὐτοὶ καὶ πρὸς ὑμᾶς ἧκεν Ἀριστόμαχος
πρεσβευτὴς παρ' αὐτῶν ὁ Ἀλωπεκῆθεν οὑτοσί, ὃς ἄλλα τε ἐδημηγόρει
παρ' ὑμῖν ἐπαινῶν καὶ διεξιὼν τὸν Κερσοβλέπτην καὶ τὸν Χαρίδημον, ὡς 20
φιλανθρώπως ἔχουσι πρὸς ὑμᾶς, (14) καὶ μόνον ἀνθρώπων ἂν ἔφη
Χαρίδημον Ἀμφίπολιν κομίσασθαι τῇ πόλει δύνασθαι, καὶ παρῄνει
στρατηγὸν χειροτονῆσαι. ἡτοίμαστο δ' αὐτοῖς τοῦτο τὸ προβούλευμα καὶ
προδιῴκητο, ἵν' εἰ πεισθείητε ἐκ τῶν ὑποσχέσεων καὶ τῶν ἐλπίδων ἃς
ὑπέτεινεν ὁ Ἀριστόμαχος, εὐθὺς ἐπικυρώσειεν ὁ δῆμος καὶ μηδὲν   25
ἐμποδὼν εἴη. (15) καίτοι πῶς ἂν τεχνικώτερον ἢ κακουργότερον συμπαρεσκεύασαν ἄνθρωποι, ὅπως οἱ μὲν ἐκπεσοῦνται τῶν βασιλέων, εἷς δ' ὃν

---

3 βοηθήσει F   5 μὲν om. SY   6 τῷ Κερσοβλέπτῃ F   7 post καταστρέψαιτο lac. statuit Wolf   8 ἄν ... ἀποκτείνῃ transp. post εἶναι Schäfer, post γένοιτο Cobet   9 Χαρίδημος del. Dobree   10 τῷ ὑμετέρῳ A   13 οὔτε Weil : οὐδὲ SAFY   20 τὸν¹] τόν τε AFY   25 κυρώσειεν Blass coll. §18

Eide und des Vertrags, den er mit euch geschlossen hatte, einen Krieg gegen die Söhne des Berisades und gegen Amadokos zu beginnen suchte, war klar, dass den Söhnen des Berisades Athenodoros helfen werde, dem Amadokos aber Simon und Bianor. Der eine ist nämlich der Schwager des Berisades, die anderen sind die [Schwäger] des Amadokos. (11) Sie [sc. die Parteigänger des Kersobleptes] überlegten nun, auf welche Weise diese [sc. die mutmaßlichen Helfer der anderen Könige] gezwungen werden könnten, sich zurückzuhalten, und wie, wenn jene [sc. Amadokos und die Söhne des Berisades] isoliert wären, Charidemos, der Kersobleptes die Herrschaft zu verschaffen suchte, alles ungefährdet in seine Gewalt bringen könnte. [Nämlich dann,] wenn, erstens, für den Fall, dass ihn jemand töte, es bei euch einen Beschluss gäbe, dass er [sc. der Mörder] festgenommen werden dürfe; zweitens aber, wenn er von euch zum Strategen gewählt würde. (12) Es war nämlich nicht zu erwarten, dass Simon und auch Bianor gegen einen eurer Strategen leichthin zu den Waffen greifen würden, da sie Ehrenbürger unserer Stadt und überhaupt sehr um euch bemüht sind. Der gebürtige Athener Athenodoros aber würde nicht einmal mit dem Gedanken spielen. Auch [war nicht zu erwarten], dass sie sich der durch den Beschluss ermöglichten Anklage aussetzen würden, von der klar vorauszusehen war, dass sie auf sie zukommen würde, falls Charidemos etwas passieren sollte. [Zu erwarten war hingegen,] dass sie auf diese Weise, wenn die einen [sc. Amadokos und die Söhne des Berisades] ohne Helfer sind, sie [sc. Kersobleptes und seine Gefolgsleute] aber nichts zu befürchten haben, jene mit Leichtigkeit vertreiben und sich selbst der Herrschaft bemächtigen würden. (13) Und dass sie sich das so vorstellten und dass sie diesen Plan hatten, das verraten ihre Handlungen selbst. Denn zur gleichen Zeit, als sie sich selbst zum Kriege anschickten, kam zu euch als ihr ‚Gesandter' unser Aristomachos aus Alopeke, der bei euch in der Volksversammlung neben anderen Lobhudeleien über Kersobleptes und Charidemos und einer detaillierten Unterrichtung, wie überaus gütig sie zu euch seien, (14) insbesondere sagte, dass Charidemos wohl die einzige Person sei, die Amphipolis für die Stadt wiedererlangen könne, und dazu aufrief, ihn [sc. den Charidemos] zum Strategen zu wählen. Dieser Vorbeschluss aber war von ihnen bereits vollständig vorbereitet, damit, wenn ihr den Versprechungen und den Hoffnungen, die euch Aristomachos machte, erläget, die Volksversammlung das Dekret sofort in Kraft setze und nichts im Wege stehe. (15) Und wie hätten Menschen auf eine raffiniertere oder verschlagenere Weise dafür sorgen können, dass von den Königen die einen vertrieben werden, ein einzelner aber, den sie

αὐτοὶ βούλονται πᾶσαν ὑφ' αὑτῷ ποιήσεται τὴν ἀρχήν, ἢ τοὺς μὲν τοῖν
δυοῖν βοηθήσαντας ἂν εἰς φόβον καὶ συκοφαντίας εὐλάβειαν καθιστάν-
τες, {ἣν εἰκὸς προσδοκᾶν ἐκείνους ἐφ' ἑαυτοὺς ἐλθεῖν ἂν διὰ τοῦ
ψηφίσματος τουτουί,} τῷ δ' ἑνὶ πράττοντι τὴν ἀρχὴν καὶ πάντα τἀναντία
τοῖς ὑμῖν συμφέρουσι κατασκευάζοντι τοσαύτην ἐξουσίαν διδόντες τοῦ   5
ταῦτ' ἀδεῶς πράττειν;
(16) οὐ τοίνυν μόνον ἐκ τούτων δῆλόν ἐσθ' ὅτι τούτων ἕνεκ' ἐρρήθη τὸ
προβούλευμα ὧν λέγω, ἀλλὰ καὶ ἐκ τοῦ ψηφίσματος αὐτοῦ μαρτυρία τίς
ἐστιν εὐμεγέθης. "ἂν γὰρ ἀποκτείνῃ τις Χαρίδημον" γράψας καὶ παραβὰς
τὸ τί πράττοντα εἰπεῖν, πότερ' ἡμῖν συμφέροντα ἢ οὔ, γέγραφεν εὐθὺς   10
"ἀγώγιμον ἐκ τῶν συμμάχων εἶναι". (17) οὐκοῦν τῶν μὲν ἐχθρῶν ὁμοίως
ἡμῖν τε κἀκείνῳ οὐδέποτ' εἰς τοὺς ἡμετέρους ἥξει συμμάχους οὐδείς, οὔτ'
ἀποκτείνας ἐκεῖνον οὔτε μή, ὥστε οὐ κατὰ τούτων γέγραφεν ταύτην τὴν
τιμωρίαν. τῶν δὲ ἡμετέρων μὲν φίλων, ἐκείνου δέ, ὅταν ἐγχειρῇ τι
πράττειν ἐναντίον ὑμῖν, ἐχθρῶν, τούτων ἄν τίς ἐστιν ὁ τοῦτο τὸ ψήφισμα   15
φοβηθεὶς καὶ φυλαξάμενος μὴ δι' ἀνάγκην ἡμῖν εἰς ἔχθραν ἐλθεῖν. ἔστι
τοίνυν οὗτος Ἀθηνόδωρος, Σίμων, Βιάνωρ, οἱ Θρᾴκης βασιλεῖς, ἄλλος
ὅστις ἂν εἰς εὐεργεσίας μέρος καταθέσθαι βούλοιτο τὸ πράττειν ὑπεναντία ἐκεῖνον ἐγχειροῦνθ' ὑμῖν ἐπισχεῖν.
(18) Ὧν μὲν τοίνυν ἕνεκ' ἐρρήθη τὸ προβούλευμα, ἵνα κυρώσειεν ὁ δῆμος   20
ἐξαπατηθείς, καὶ δι' ἃ τὴν γραφὴν ἐποιησάμεθα ἡμεῖς ταυτηνί, βουλόμενοι κωλῦσαι, ταῦτ' ἐστίν, ὦ ἄνδρες Ἀθηναῖοι. δίκαιον δ' ἐστὶν ἴσως ἐμὲ
ὑπεσχημένον τρία ἐπιδείξειν, ἓν μὲν ὡς παρὰ τοὺς νόμους τὸ ψήφισμα
εἴρηται, δεύτερον δὲ ὡς ἀσύμφορόν ἐστι τῇ πόλει, τρίτον δ' ὡς ἀνάξιος
τυχεῖν τούτων ᾧ γέγραπται, πάντων αἵρεσιν ὑμῖν δοῦναι τοῖς ἀκουσομέ-   25
νοις, τί πρῶτον ἢ τί δεύτερον ἢ τί τελευταῖον βουλομένοις ἀκούειν ὑμῖν
ἐστιν. (19) ὅ τι δὴ βούλεσθε, ὁρᾶτε, ἵνα τοῦτο λέγω πρῶτον ὑμῖν. περὶ τοῦ
παρανόμου βούλεσθε πρῶτον; τοῦτο τοίνυν ἐροῦμεν. ἃ δὴ δέομαι καὶ
ἀξιῶ παρὰ πάντων ὑμῶν τυχεῖν, δίκαια, ὥς γ' ἐμαυτὸν πείθω· μηδεὶς

---

1 ὑφ' αὑτὸν SAY   3-4 ἣν ... τουτουί del. Dobree coll. §12   4 τουτουί] τούτου εἴ τι
πάθοι Χαρίδημος A   ⟨τῷ⟩ ἑνὶ Dobree   12 τε om. A   14 τι om. SY   15-16 τούτων δή
τίς ἐστιν ὁ τοῦτο τὸ ψήφισμα φοβηθεὶς ἂν S^yp : τούτων δ' ἄν τίς ἐστιν κτλ. Dilts
21-22 βουλόμενοι κωλῦσαι del. Cobet   23 ὑπησχημένον ὑμῖν τρία A   24 ἐστι om. A,
supra lineam inser. F   25 ᾧ] ὧν FY   πάντων] ἁπάντων τούτων AF   26 ἢ ... ἢ] καὶ ...
καὶ Cobet   26-27 ὑμῖν ἐστιν ἀκούειν AF : ἀκούειν del. Weil : ἀκούειν ὑμῖν del. Blass
28 δέομαί τε AFY   29 γ' om. AF^a

selbst wollen, die gesamte Herrschaft für sich gewinnt, als dadurch, dass sie die, die den beiden helfen würden, in die Situation bringen, sich ängstigen und vor Denunziation in Acht nehmen zu müssen {von der jene mit Recht annehmen, dass sie wegen dieses Beschlusses auf sie zukommen werde}, dem aber, der einem einzelnen die Macht zu verschaffen sucht und dessen Machenschaften euren Interessen sämtlich zuwiderlaufen, in solchem Umfang ermöglichen, dabei nichts befürchten zu müssen?
(16) Es ist jedoch nicht nur aufgrund dieser Indizien klar, dass der Vorbeschluss zu dem von mir benannten Zweck verfasst wurde, sondern auch aus dem Antrag selbst ergibt sich ein sehr gewichtiger Beweis. Denn nachdem er [sc. Aristokrates] geschrieben hat „wenn einer den Charidemos tötet" und dabei unerwähnt ließ, bei welchem Tun und Treiben [des Charidemos], ob bei einem für uns nützlichen oder nicht nützlichen, hat er gleich festgelegt „soll man ihn aus dem Gebiet der Bundesgenossen abführen können". **(17)** Es wird nun niemals einer von denen, die gleichermaßen uns und ihm feind sind, zu unseren Bundesgenossen kommen, ganz unabhängig davon, ob er den Charidemos getötet hat oder nicht. Nicht gegen diesen Personenkreis zielt folglich diese Vergeltungsmaßnahme. Unter denen aber, die unsere Freunde sind, aber seine Feinde – sofern er versucht, gegen eure Interessen zu handeln –, unter denen gibt es Leute, die dieser Beschluss wohl in Angst versetzen dürfte und die auf der Hut sein müssten, sich nicht unweigerlich unsere Feindschaft zuzuziehen. So jemand ist Athenodoros, ist Simon, ist Bianor, sind die thrakischen Könige, jeder andere, der den Wunsch hegen könnte, es als Wohltat auf seinem Konto zu verbuchen, jenem Einhalt zu gebieten, wenn er versucht, gegen eure Interessen zu handeln.
(18) Zu welchem Zweck der Vorbeschluss verfasst wurde, damit die Bürgerschaft, dem Betrug zum Opfer gefallen, ihn in Kraft setze, und aus welchen Gründen wir diese Klage erhoben haben in dem Bestreben, das zu verhindern, ist hiermit dargelegt, Athener. Es gehört sich aber vielleicht, da ich versprochen habe, drei Dinge zu beweisen – erstens, dass der Inhalt des Beschlusses gegen die Gesetze verstößt, zweitens, dass er der Stadt schadet, und drittens, dass der, für den er gemacht ist, unwürdig ist, diese Vorteile zu erlangen –, euch, die ihr euch das anhören werdet, unter all diesen Punkten wählen zu lassen, was ihr als erstes oder was als zweites oder was als letztes hören wollt. **(19)** Schaut also, was ihr [hören] wollt, damit ich euch dies zuerst darlege. – Über den Aspekt der Gesetzwidrigkeit wollt ihr zuerst [etwas hören]? So werden wir denn darüber sprechen. Was ich aber von euch allen erbitte und wünsche – billigerwei-

ὑμῶν, ὦ ἄνδρες Ἀθηναῖοι, τῷ διεψεῦσθαι τοῦ Χαριδήμου καὶ νομίζειν εὐεργέτην εἶναι φιλονικῶν δυσχερέστερον τοὺς περὶ τῶν νόμων λόγους ἀκούσῃ μου, μηδ' ἀποστερήσῃ διὰ τοῦτο μήθ' ἑαυτὸν τοῦ θέσθαι τὴν ψῆφον εὔορκον μήτ' ἐμὲ τοῦ διδάξαι περὶ πάντων ὑμᾶς ὡς βούλομαι. ἀλλὰ ποιησάσθω τὴν ἀκρόασιν ὡδί· καὶ σκοπεῖσθε ὡς δίκαια ἐρῶ· 5
(20) ὅταν μὲν λέγω περὶ τῶν νόμων, ἀφελὼν ὅτῳ τὸ ψήφισμα εἴρηται καὶ ποίῳ τινί, σκοπείσθω πότερον παρὰ τοὺς νόμους ἢ κατ' αὐτοὺς εἴρηται, καὶ μηδὲν ἄλλο· ὅταν δ' ἐλέγχω τὰ πεπραγμένα καὶ διεξίω τὸν τρόπον ὃν πεφενάκισθε ὑπ' αὐτοῦ, τὰς πράξεις σκοπείσθω, πότερον γεγονυίας ἢ ψευδεῖς ἐρῶ· (21) ὅταν δ' ἐξετάζω περὶ τοῦ συμφέρειν ἢ μὴ τῇ πόλει 10
ταῦτα ψηφίσασθαι, πάντα τἆλλα ἀφεὶς τοὺς λογισμοὺς ὁράτω τοὺς περὶ τούτων, πότερ' ὀρθῶς ἔχοντας ποιοῦμαι ἢ οὔ. ἐὰν γὰρ τοῦτον ἔχοντες τὸν τρόπον ἀκροάσησθέ μου, αὐτοί τε ἄριστα ἃ προσήκει συνήσετε, χωρὶς ἕκαστα σκοποῦντες καὶ οὐχ ἅμα πάντα ἀθρόα ἐξετάζοντες, κἀγὼ ῥᾷστα ἃ βούλομαι δυνήσομαι διδάξαι. ἔσονται δὲ βραχεῖς περὶ πάντων οἱ 15
λόγοι.
(22) Λαβὲ δὴ τοὺς νόμους αὐτοὺς καὶ λέγε, ἵν' ἐξ αὐτῶν ἐπιδεικνύω τούτων τὸ παράνομον.

ΝΟΜΟΣ {ΕΚ ΤΩΝ ΦΟΝΙΚΩΝ ΝΟΜΩΝ ΤΩΝ ΕΞ ΑΡΕΙΟΥ ΠΑΓΟΥ}

Δικάζειν δὲ τὴν βουλὴν τὴν ἐν Ἀρείῳ πάγῳ φόνου καὶ τραύματος ἐκ προνοίας 20
καὶ πυρκαϊᾶς καὶ φαρμάκων, ἐάν τις ἀποκτείνῃ δούς.

(23) Ἐπίσχες. ἠκούσατε μὲν τοῦ τε νόμου καὶ τοῦ ψηφίσματος, ὦ ἄνδρες Ἀθηναῖοι· ὡς δ' ἂν μοι δοκεῖτε τοὺς περὶ τοῦ παρανόμου λόγους αὐτοὺς ῥᾷστα μαθεῖν, τοῦθ' ὑμῖν φράσω· εἰ σκέψαισθε ἐν τίνι τάξει ποτ' ἔστιν

---

1 νομίζειν del. Weil   2 φιλονεικῶν SAFY : corr. Weil   3 ἀκούσῃ μου SY : ἡμῶν ἀκούσῃ AF   6 μὲν γὰρ A   7 σκοπεῖν AF : om. S^yp : σκοπείσθω et εἴρηται del. Rosenberg πότερον παρὰ τοὺς νόμους ἢ κατ' αὐτοὺς εἴρηται] περὶ τοῦ (πότερα A) παρὰ τοὺς νόμους ἢ κατὰ τοὺς νόμους εἴρηται σκοπείσθω S^ypAF   13 ἀρκροᾶσθε AF   ἄριστα ... συνήσετε] ῥᾷστα ... συνίετε A   14 ἕκαστον AF^a   19 ΝΟΜΟΣ om. F   ἐκ ... πάγου om. V : del. Dindorf coll. §51   22 τε om. A   24 σκέψασθε SA

se, jedenfalls nach meiner Überzeugung: Niemand von euch, Athener, soll deshalb, weil er sich in Charidemos täuscht und ihn für einen Wohltäter hält, meine Ausführungen über die Gesetze unwilliger [, als er es bei neutraler Einstellung tun würde,] anhören, indem er starrsinnig an seiner Meinung festhält, und er soll dadurch weder sich selbst der Möglichkeit berauben, seine Stimme dem Eid gemäß abzugeben, noch mich, euch über alles so in Kenntnis zu setzen, wie ich will. Vielmehr soll er auf folgende Art und Weise zuhören (und seht, wie gerecht ich spreche): (20) Wenn ich über die Gesetze spreche, soll er unter völliger Ausblendung der Frage, für wen und für was für einen Menschen der Antrag gestellt ist, prüfen, ob er gesetzwidrig oder gesetzeskonform ist, und nichts anderes. Wenn ich zeige, was er getan hat, und im einzelnen die Art und Weise beschreibe, wie ihr von ihm hinters Licht geführt wurdet, soll er die Taten [des Charidemos] betrachten, unter dem Aspekt, ob das, was ich darüber sagen werde, der Realität entspricht oder erlogen ist. (21) Wenn ich die Frage untersuche, ob es der Stadt nützt oder nicht, diesen Beschluss zu fassen, soll er sich, indem er alles andere beiseite lässt, meine diesbezüglichen Überlegungen daraufhin ansehen, ob sie richtig sind oder nicht. Wenn ihr mir nämlich mit dieser Grundhaltung zuhört, werdet zum einen ihr selbst am besten begreifen, was ihr begreifen müsst, indem ihr jeden einzelnen Punkt isoliert betrachtet und nicht alles auf einmal gesammelt der Prüfung unterzieht, zum anderen werde ich am einfachsten erklären können, was ich erklären will. Es werden aber die Ausführungen zu allen Punkten kurz sein.
(22) So nimm denn die Gesetzestexte selbst zur Hand und lies sie vor, damit ich auf ihrer Grundlage das gesetzwidrige Verhalten dieser Leute evident machen kann.

GESETZ {AUS DER SAMMLUNG
DER BLUTSCHULDGESETZE VOM AREOPAG}

DER RAT AUF DEM AREOPAG SPRICHT RECHT ÜBER [VORSÄTZLICHEN] MORD UND VORSÄTZLICHE KÖRPERVERLETZUNG UND BRANDSTIFTUNG UND GIFTMISCHEREI, WENN EINER DURCH DIE GABE [VON GIFT] TÖTET.

(23) Halt ein! Ihr habt sowohl den Gesetzestext als auch den Antrag vernommen, Athener. Wie ihr aber meiner Meinung nach die auf die Frage der Rechtswidrigkeit zielenden Argumente als solche am leichtesten verstehen dürftet, das will ich euch sagen: Wenn ihr euch überlegt, welchen Status denn der hat, in dessen Interesse der Antrag gestellt ist, ob

ὑπὲρ οὗ τὸ ψήφισμα εἴρηται, πότερα ξένος ἢ μέτοικος ἢ πολίτης ἐστίν. εἰ μὲν δὴ μέτοικον φήσομεν, οὐκ ἐροῦμεν ἀληθῆ, εἰ δ' αὖ ξένον, οὐχὶ δίκαια ποιήσομεν· τὴν γὰρ τοῦ δήμου δωρεάν, ἐν ᾗ πολίτης γέγονεν, κυρίαν αὐτῷ δίκαιόν ἐστιν εἶναι. ὡς ὑπὲρ πολίτου τοίνυν, ὡς ἔοικε, ποιητέον τοὺς λόγους. (24) θεάσασθε δὴ πρὸς Διὸς ὡς ἁπλῶς καὶ δικαίως χρήσο- 5
μαι τῷ λόγῳ, ὃς εἰς μὲν ταύτην τίθεμαι τὴν τάξιν αὐτὸν ἐν ᾗ πλείστης ἂν τυγχάνοι τιμῆς, ἃ δ' οὐδ' ἡμῖν τοῖς γένει πολίταις ἐστίν, οὐδ' ἐκείνῳ δεῖν οἶμαι γενέσθαι παρὰ τοὺς νόμους. τίν' οὖν ἐστι ταῦτα; ἃ νυνὶ γέγραφεν οὑτοσί. γέγραπται γὰρ ἐν μὲν τῷ νόμῳ "τὴν βουλὴν δικάζειν φόνου καὶ τραύματος ἐκ προνοίας καὶ πυρκαϊᾶς καὶ φαρμάκων, ἐάν τις ἀποκτείνῃ 10
δούς". (25) καὶ προσειπὼν ὁ θεὶς τὸν νόμον "ἐὰν ἀποκτείνῃ", κρίσιν πεποίηκεν ὅμως, οὐ πρότερον τί χρὴ πάσχειν τὸν δεδρακότα εἴρηκεν, καλῶς, ὦ ἄνδρες Ἀθηναῖοι, τοῦθ' ὑπὲρ εὐσεβείας ὅλης τῆς πόλεως προϊδών. πῶς; οὐκ ἔνεστιν ἅπαντας ἡμᾶς εἰδέναι τίς ποτ' ἐστὶν ὁ ἀνδροφόνος. τὸ μὲν δὴ τὰ τοιαῦτα ἄνευ κρίσεως πιστεύειν, ἄν τις ἐπαιτιάσηται, 15
δεινὸν ἡγεῖτο, δεῖν δ' ὑπελάμβανεν, ἐπειδήπερ ἡμεῖς τιμωρήσομεν τῷ πεπονθότι, πεισθῆναι καὶ μαθεῖν ἡμᾶς διδασκομένους ὡς δέδρακεν· τηνικαῦτα γὰρ εὐσεβὲς ἤδη κολάζειν εἰδόσιν εἶναι, πρότερον δ' οὔ. (26) καὶ ἔτι πρὸς τούτῳ διελογίζετο, ὅτι πάντα τὰ τοιαῦτα ὀνόματα, οἷον ἐάν τις ἀποκτείνῃ, ἐάν τις ἱεροσυλήσῃ, ἐάν τις προδῷ, καὶ τὰ τοιαῦτα 20
πάντα πρὸ μὲν τοῦ κρίσιν γενέσθαι αἰτιῶν ὀνόματα ἐστίν, ἐπειδὰν δὲ κριθείς τις ἐξελεγχθῇ, τηνικαῦτα ἀδικήματα γίγνεται. οὐ δὴ δεῖν ᾤετο τῷ τῆς αἰτίας ὀνόματι τιμωρίαν προσγράφειν, ἀλλὰ κρίσιν. καὶ διὰ ταῦτα, ἄν τις ἀποκτείνῃ τινά, τὴν βουλὴν δικάζειν ἔγραψεν, καὶ οὐχ ἅπερ, ἂν ἁλῷ, παθεῖν εἶπεν. (27) ὁ μὲν δὴ τὸν νόμον τιθεὶς οὕτως, ὁ δὲ τὸ ψήφισμα 25

5–6 χρήσομαι] θήσομαι A   11 προειπὼν A   18 εἰδόσιν susp. van Herwerden   19 τοῦτο A   25 παθεῖν εἶπεν] εἶναι S^a

er ein Fremder oder ein Metöke oder ein Stadtbürger ist. Wenn wir nun behaupten „ein Metöke", werden wir nicht die Wahrheit sagen; wenn aber wiederum „ein Fremder", werden wir ihm durchaus unrecht tun: Denn gerecht ist, dass das Geschenk des Volkes, durch das er Stadtbürger ist, für ihn Gültigkeit hat. Wie über einen Stadtbürger, so scheint es, müssen wir also sprechen. (24) Seht, bei Zeus, wie lauter und gerecht ich sprechen werde, da ich ihn einerseits dem Stand zurechne, in dem ihm wohl die meiste Ehre zuteil werden dürfte, andererseits aber der Ansicht bin, dass das, was nicht einmal uns, die wir von Geburt Stadtbürger sind, beschieden ist, auch jenem nicht zuteil werden darf wider die Gesetze. Was ist das? Das, was der Angeklagte jetzt beantragt hat. Denn im Gesetz steht geschrieben: „Der Rat spricht Recht über [vorsätzlichen] Mord und vorsätzliche Körperverletzung und Brandstiftung und Giftmischerei, wenn einer durch die Gabe [von Gift] tötet." (25) Und obgleich der Gesetzgeber [genau wie der Antragsteller] [zur Benennung des Tatbestands] die Formulierung „wenn er tötet" wählte, hat er trotzdem für einen Prozess gesorgt, und nicht [schon] vorher gesagt, was dem Täter widerfahren soll, wobei er auf treffliche Weise, Athener, diese Vorkehrung im Interesse des gottgefälligen Verhaltens der gesamten Stadt traf. Wie [meine ich das]? Es ist nicht möglich, dass wir alle wissen, wer denn eigentlich der Mörder ist. Derartigen Anschuldigungen ohne Gerichtsverhandlung Glauben zu schenken, wenn sie irgendjemand erhoben hat, hielt der Gesetzgeber für eine gewaltige Verfehlung; vielmehr war er der Ansicht, dass wir, da w i r es ja sind, die für das Opfer Rache nehmen werden, durch Unterrichtung überzeugt werden und zu der Erkenntnis gelangen müssen, dass er [sc. der Beschuldigte] der Täter ist. Erst dann nämlich sei es gottgefällig zu strafen, wenn man über ein sicheres Wissen verfüge, vorher aber nicht. (26) Und außerdem hat er noch genau bedacht, dass alle Formulierungen dieser Art, wie „wenn einer tötet", „wenn einer einen Tempel plündert", „wenn einer Verrat begeht" und alles dergleichen, Bezeichnungen für Anschuldigungen sind, bevor ein Prozess stattgefunden hat, [erst] dann aber, wenn einer vor Gericht überführt wurde, zu [Bezeichnungen für] Straftaten werden. Er war nun der Ansicht, die Benennung der Anschuldigung sei nicht mit [der Anordnung] einer Strafe, sondern mit der eines Prozesses zu verbinden. Und deshalb legte er fest, dass der Rat [sc. auf dem Areopag] Recht sprechen solle, wenn einer jemanden getötet habe, und ordnete nicht [sc. wie der Antragsteller] just das an, was [dem Täter] [erst dann] zu widerfahren hat, wenn er überführt wurde. (27) Der Gesetzgeber hat es also so gemacht. Der Antragsteller aber wie? „Wenn einer

γράφων πῶς; "ἐάν τις ἀποκτείνῃ" φησὶν "Χαρίδημον". τὴν μὲν δὴ προσηγορίαν τοῦ πάθους τὴν αὐτὴν ἐποιήσατο, "ἄν τις ἀποκτείνῃ" γράψας,
ἥνπερ ὁ τὸν νόμον τιθείς· μετὰ ταῦτα δ' οὐκέτι ταὐτά, ἀλλ' ἀνελὼν τὸ
δίκην ὑπέχειν ἀγώγιμον εὐθὺς ἐποίησεν, καὶ παραβὰς τὸ διωρισμένον ἐκ
τοῦ νόμου δικαστήριον, ἄκριτον τοῖς ἐπαιτιασαμένοις παρέδωκεν ὅ τι ἂν 5
βούλωνται χρῆσθαι τὸν οὐδ' εἰ πεποίηκέ πω φανερόν. (28) καὶ λαβοῦσιν
ἐκείνοις ἐξέσται στρεβλοῦν, αἰκίσασθαι, χρήματα πράξασθαι. καίτοι
πάντα ταῦτ' ἀπείρηκεν ἄντικρυς καὶ σαφῶς ὁ κάτωθεν νόμος μηδὲ τοὺς
ἑαλωκότας καὶ δεδογμένους ἀνδροφόνους ἐξεῖναι ποιεῖν. λέγε δ' αὐτοῖς
αὐτὸν τὸν νόμον τὸν μετὰ ταῦτα. 10

ΝΟΜΟΣ

Τοὺς δ' ἀνδροφόνους ἐξεῖναι ἀποκτείνειν ἐν τῇ ἡμεδαπῇ καὶ ἀπάγειν, ὡς ἐν
τῷ ἄξονι ἀγορεύει, λυμαίνεσθαι δὲ μή, μηδὲ ἀποινᾶν, ἢ διπλοῦν ὀφείλειν ὅσον
ἂν καταβλάψῃ. {εἰσφέρειν δὲ τοὺς ἄρχοντας, ὧν ἕκαστοι δικασταί εἰσι, τῷ
βουλομένῳ. τὴν δ' ἡλιαίαν διαγιγνώσκειν.} 15

(29) Ἠκούσατε μὲν τοῦ νόμου, σκέψασθε δέ, ὦ ἄνδρες Ἀθηναῖοι, καὶ
θεωρήσατε ὡς καλῶς καὶ σφόδρ' εὐσεβῶς ἔθηκεν ὁ τιθεὶς τὸν νόμον.
"τοὺς ἀνδροφόνους" φησίν. πρῶτον μὲν δὴ τοῦτον ἀνδροφόνον λέγει, τὸν
ἑαλωκότα ἤδη τῇ ψήφῳ. οὐ γάρ ἐστ' οὐδεὶς ὑπὸ ταύτῃ τῇ προσηγορίᾳ,
πρὶν ἂν ἐξελεγχθεὶς ἁλῷ. (30) ποῦ τοῦτο δηλοῖ; ἔν τε τῷ προτέρῳ νόμῳ 20
καὶ τούτῳ. ἐν μὲν γὰρ ἐκείνῳ γράψας "ἐάν τις ἀποκτείνῃ", τὴν βουλὴν
δικάζειν εἶπεν, ἐν δὲ τούτῳ τὸν ἀνδροφόνον προσειπών, ἃ χρὴ πάσχειν
εἴρηκεν· οὗ μὲν γὰρ ἦν αἰτία τὸ πρᾶγμα, τὴν κρίσιν εἴρηκεν, οὗ δ' ὁ
ἁλοὺς ἔνοχος τῷ προσρήματι τούτῳ καθέστηκεν, τὴν τιμωρίαν ἔγραψεν.
περὶ μὲν δὴ τῶν ἑαλωκότων ἂν λέγοι. λέγει δὲ τί; "ἐξεῖναι ἀποκτείνειν καὶ 25
ἀπάγειν." (31) ἆρ' ὡς αὐτόν; ἢ ὡς ἂν βούληταί τις; πολλοῦ γε καὶ δεῖ.

---

8 ταῦτα πάντα A   9 δεδειγμένους Υ   δ'] δὴ A   12 δ' om. A   12–13 ἐν τῷ ⟨α⟩ ἄξονι
Cobet   13 ἀπαγορεύει A   14–15 delevi   15 τὴν ἡλιαίαν δ' ἀναγινώσκειν Υ : τὴν
ἡλι^αι^αν ^δι^αγινώσκειν S   21 τούτῳ] ἐν τούτῳ F

den Charidemos tötet", sagt er. Er hat dieselbe Bezeichnung für das zugefügte Leid verwendet wie der Gesetzgeber, da er schrieb „wenn einer tötet". Danach aber hat er nicht mehr dasselbe [gemacht], sondern er hat unter Aufhebung der Möglichkeit, sich vor Gericht zu verantworten, [den mutmaßlichen Täter] gleich zur Abführung freigegeben. Und indem er den vom Gesetz bestimmten Gerichtshof überging, hat er ihn ohne Prozess den Anklägern übergeben, mit ihm zu machen, was immer sie wollen – ihn, von dem noch nicht einmal feststeht, ob er der Täter ist. (28) Und jenen wird es, nachdem er ihnen in die Hände gefallen ist, freistehen, ihn zu foltern, ihn zu misshandeln, Geld von ihm zu fordern. Und dabei hat doch das Gesetz, das als nächstes der Liste zu entnehmen ist, klar und deutlich all dies sogar den überführten und erwiesenen Mördern anzutun verboten.
Lies ihnen das Gesetz vor, das direkt darauf folgt.

GESETZ

Es ist erlaubt, die Mörder in unserem Land zu töten und abzuführen, wie es das Gesetz auf der Tafel sagt, nicht aber, sie zu misshandeln, und nicht, Lösung von ihnen zu fordern; andernfalls muss man den Schaden, den man verursacht hat, doppelt erstatten. {Jedem, der das möchte, ist es erlaubt, bei den Archonten, gemäß ihrer jeweiligen Zuständigkeit, eine Klage einzureichen (?). Es entscheidet die Heliaia.}

(29) Das Gesetz habt ihr vernommen. Prüft aber, Athener, und führt euch vor Augen, auf wie treffliche und überaus gottgefällige Weise der Gesetzgeber es verfasst hat. „Die Mörder" sagt er. Zunächst einmal nennt er also denjenigen einen Mörder, der bereits durch das Votum der Richter verurteilt ist. Denn niemand fällt unter diese Bezeichnung, bevor er nicht überführt und verurteilt wurde. (30) An welcher Stelle macht er das klar? Im vorherigen Gesetz und in diesem. Denn in jenem hat er auf die Formulierung „wenn einer tötet" die Anordnung folgen lassen, dass der Rat Recht sprechen solle, in diesem aber hat er von ‚dem Mörder' gesprochen und dann die Maßnahmen genannt, die dieser erleiden muss. Wo es nämlich um die Beschuldigung ging, ordnete er den Prozess an, wo aber der überführte [Mörder] zutreffend als solcher bezeichnet wird, legte er die Strafe fest. Über die verurteilten Mörder dürfte er also sprechen. Er sagt aber was? „Es ist erlaubt, sie zu töten und abzuführen." (31) In sein eigenes Haus? Oder wie man gerade will? Weit gefehlt! Sondern wie?

ἀλλὰ πῶς; "ὡς ἐν τῷ ἄξονι εἴρηται" φησίν. τοῦτο δ' ἐστὶν τί; ὃ πάντες ἐπίστασθ' ὑμεῖς. οἱ θεσμοθέται τοὺς ἐπὶ φόνῳ φεύγοντας κύριοι θανάτῳ ζημιῶσαί εἰσι, καὶ τὸν ἐκ τῆς ἐκκλησίας πέρυσιν πάντες ἑωρᾶτε ὑπ' ἐκείνων ἀπαχθέντα. ὡς τούτους οὖν ἀπάγειν λέγει. **(32)** διαφέρει δὲ τί τοῦτο τοῦ ὡς αὑτὸν ἄγειν; ὅτι ὁ μὲν ἀπάγων, ὦ ἄνδρες Ἀθηναῖοι, ὡς τοὺς θεσμοθέτας, τοὺς νόμους κυρίους ποιεῖ τοῦ δεδρακότος, ὁ δὲ ὡς αὑτὸν ἄγων ἑαυτόν. ἔστι δ' ἐκείνως μέν, ὡς ὁ νόμος τάττει, δοῦναι δίκην, οὕτω δέ, ὡς ὁ λαβὼν βούλεται. πλεῖστον δὲ δήπου διαφέρει τὸν νόμον κύριον τῆς τιμωρίας ἢ τὸν ἐχθρὸν γίγνεσθαι. **(33)** "λυμαίνεσθαι δὲ" φησὶ "μή, μηδὲ ἀποινᾶν." ταῦτα δέ ἐστιν τί; τὸ μὲν δὴ μὴ λυμαίνεσθαι γνώριμον οἶδ' ὅτι πᾶσιν μὴ μαστιγοῦν, μὴ δεῖν, μὴ τὰ τοιαῦτα ποιεῖν λέγει, τὸ δὲ "μηδ' ἀποινᾶν" μὴ χρήματα πράττεσθαι· τὰ γὰρ χρήματα ἄποινα ὠνόμαζον οἱ παλαιοί. **(34)** ὁ μὲν δὴ νόμος οὕτως τὸν ἀνδροφόνον καὶ τὸν ἑαλωκότα ἤδη διώρισεν ὡς κολαστέον καὶ οὔ, τὴν τοῦ πεπονθότος εἰπὼν πατρίδα, καὶ περὶ τοῦ μηδέν' ἄλλον τρόπον ἢ τοῦτον μηδ' ἄλλοθι πλὴν ἐνταῦθα ἄντικρυς εἴρηκεν. ὁ δὲ τὸ ψήφισμα γράφων πολλοῦ γε δεῖ διώρισεν, ὅς γε πάντα τούτοις τἀναντία εἴρηκεν· γράψας γὰρ "ἐάν τις ἀποκτείνῃ Χαρίδημον", "ἀγώγιμος ἔστω" φησὶν – πανταχόθεν. **(35)** τί λέγεις; τῶν νόμων οὐδὲ τοὺς ἑαλωκότας διδόντων ἀπάγειν πλὴν ἐν τῇ ἡμεδαπῇ, σὺ γράφεις ἄνευ κρίσεώς τινα ἀγώγιμον ἐκ τῆς συμμαχίδος πάσης; καὶ οὐδ' ἐν τῇ ἡμεδαπῇ ἄγειν κελευόντων τῶν νόμων, σὺ δίδως ἄγειν; καὶ μὴν ἕν γε τῷ ποιεῖν ἀγώγιμον πάνθ' ὅσα ἀπείρηκεν ὁ νόμος δέδωκας, χρήματα πράξασθαι, ζῶντα λυμαίνεσθαι, †κακοῦν ἔχοντα,† αὐτὸν ἀποκτιννύναι. **(36)** πῶς οὖν ἄν τις μᾶλλον ἐλεγχθείη παράνομα εἰρηκὼς ἢ πῶς δεινότερ' ἂν γράφων {ἢ τοῦτον τὸν τρόπον}; ὃς δυοῖν ὑποκειμένων ὀνομάτων, κατὰ μὲν τῶν ἐν αἰτίᾳ, "ἐάν τις ἀποκτείνῃ", κατὰ δὲ τῶν ἑαλωκότων, "ἐάν τις ἀνδροφόνος ᾖ", ἐν μὲν τῇ προσηγορίᾳ τὸ τοῦ τὴν αἰτίαν ἔχοντος ἔλαβες

---

1 ἐν τῷ ⟨α'⟩ ἄξονι Cobet   **7** πράττει F : προστάττει Cobet   **12** τὰ γὰρ χρήματα ἄποινα Theon, progymn. p. 81,21f. Sp. (recepit Reiske) : τὰ γὰρ ἄποινα χρήματα SAFY   **12–13** τὰ ... παλαιοί del. Dobree   **16** γε καὶ δεῖ A   ὅς] ὡς Y   **18** πανταχόθεν del. Weil   **21** ἄγειν²] ἄγειν πανταχόθεν A   **22** ἅπανθ' A   **23** κακοῦν del. van Herwerden   **25** delevi   ὅς] ὡς Y   δυεῖν FY   ὑποκειμένοιν ὀνομάτοιν F   **26** τῶν ἐν αἰτίᾳ] τῶν ἐναντία ὄντων A

„Wie es auf der Tafel steht", sagt das Gesetz. Das ist aber was? Das, was ihr alle wisst. Die Thesmotheten sind ermächtigt, die, die wegen Mordes verbannt sind, mit dem Tod zu bestrafen, und ihr habt letztes Jahr alle gesehen, wie der Mann bei der Volksversammlung von ihnen abgeführt wurde. Das Gesetz sagt also, dass man sie [sc. die Mörder] zu ihnen bringen muss. (32) Worin aber unterscheidet sich dies davon, sie in sein eigenes Haus zu bringen? Darin, dass derjenige, Athener, der sie zu den Thesmotheten führt, den Gesetzen die Gewalt über den Täter überträgt, der aber, der sie in sein eigenes Haus bringt, sich selbst. Das bedeutet, dass sie auf jene Weise so bestraft werden, wie es das Gesetz vorschreibt, auf diese Weise aber so, wie es der will, der sie ergriffen hat. Es macht aber doch wohl einen sehr großen Unterschied, ob das Gesetz über die Bestrafung entscheidet oder der Feind. (33) „Misshandeln aber nicht", sagt [das Gesetz], „und nicht Lösung fordern". Das heißt aber was? „Nicht misshandeln" meint – das ist euch natürlich allen bekannt – nicht peitschen, nicht fesseln, nichts derartiges tun, „und nicht Lösung fordern" aber meint kein Geld fordern. Die Alten nannten nämlich das Geld ‚Lösung'. (34) Das Gesetz hat nun auf diese Weise klar definiert, wie der Mörder, d.h. der bereits Verurteilte, bestraft werden muss und wo, indem es die Heimat des Opfers nennt, und hat eine explizite Aussage darüber gemacht, dass es auf keine andere Art als diese und an keinem anderen Ort als dort geschehen darf. Der Antragsteller aber hat es ganz und gar nicht definiert, ja er hat das genaue Gegenteil davon angeordnet. Nachdem er nämlich geschrieben hat „wenn einer den Charidemos tötet", sagt er „soll er weggeführt werden können" – von jedem Ort. (35) Was sagst du? Obwohl die Gesetze nicht einmal die Verurteilten abzuführen erlauben, außer in der Heimat, beantragst du, dass jemand ohne Prozess aus dem gesamten Gebiet der Bundesgenossen abzuführen sein solle? Und obwohl die Gesetze jemanden sogar im Heimatland [ins eigene Haus] zu verschleppen verbieten, gibst du die Erlaubnis, eben dies zu tun? Und damit nicht genug: Dadurch, dass du ihn zur Festnahme freigibst, hast du alles erlaubt, was das Gesetz untersagt: Geld zu fordern, ihn bei lebendigem Leibe zu misshandeln, †ihn zu quälen, wenn du ihn hast†, ihn eigenhändig zu töten. (36) Wie nun könnte einer überführt werden, Gesetzwidrigeres formuliert zu haben, oder wie könnte einer überführt werden, Schändlicheres beantragt zu haben {als auf diese Weise}, als du, der du, da doch zwei Formulierungen zur Verfügung stehen – gegen die, die beschuldigt werden: „wenn einer tötet", gegen die Verurteilten aber: „wenn einer ein Mörder ist" – bei der Benennung den Ausdruck für den Beschuldigten

ὄνομα, τὴν δὲ τιμωρίαν, ἣν οὐδὲ κατὰ τῶν ἐξεληλεγμένων διδόασιν οἱ νόμοι, ταύτην κατὰ τῶν ἀκρίτων ἔγραψας, καὶ τὸ μέσον τούτων ἐξεῖλες. μέσον γάρ ἐστιν αἰτίας καὶ ἐλέγχου κρίσις, ἣν οὐδαμοῦ γέγραφεν οὗτος ἐν τῷ ψηφίσματι.
(37) Λέγε τοὺς ἐφεξῆς νόμους.

ΝΟΜΟΣ

Ἐὰν δέ τις τὸν ἀνδροφόνον κτείνῃ ἢ αἴτιος ᾖ φόνου, ἀπεχόμενον ἀγορᾶς ἐφορίας καὶ ἄθλων καὶ ἱερῶν Ἀμφικτυονικῶν, ὥσπερ τὸν Ἀθηναῖον κτείναντα, ἐν τοῖς αὐτοῖς ἐνέχεσθαι, διαγιγνώσκειν δὲ τοὺς ἐφέτας.

Τουτονὶ δεῖ μαθεῖν ὑμᾶς, ὦ ἄνδρες Ἀθηναῖοι, τὸν νόμον τί ποτ' ἐβούλεθ' ὁ θείς· ὄψεσθε γὰρ ὡς ἅπαντ' εὐλαβῶς διώρισε καὶ νομίμως. (38) "ἐάν τις ἀποκτείνῃ τὸν ἀνδροφόνον" φησὶν "ἢ αἴτιος ᾖ φόνου, ἀπεχόμενον ἀγορᾶς ἐφορίας καὶ ἄθλων καὶ ἱερῶν Ἀμφικτυονικῶν, ὥσπερ τὸν Ἀθηναῖον κτείναντα, ἐν τοῖς αὐτοῖς ἐνέχεσθαι, διαγιγνώσκειν δὲ τοὺς ἐφέτας." τί δὴ ταῦτ' ἐστίν; ἐκεῖνος ᾤετο τὸν πεφευγότα ἐπ' αἰτίᾳ φόνου καὶ ἑαλωκότα, ἐάνπερ ἅπαξ ἐκφύγῃ καὶ σωθῇ, εἴργειν μὲν τῆς τοῦ παθόντος πατρίδος δίκαιον εἶναι, κτείνειν δὲ οὐχ ὅσιον πανταχοῦ. τί σκοπῶν; ὅτι καὶ τοὺς δεῦρο πεφευγότας, ἂν ἡμεῖς τοὺς ἑτέρωσε ἀποκτιννύωμεν, ἀποκτενοῦσιν ἕτεροι. (39) εἰ δὲ τοῦτ' ἔσται, ἡ μόνη λοιπὴ τοῖς ἀτυχοῦσιν ἅπασι σωτηρία διαφθαρήσεται. ἔστι δ' αὕτη τίς; ἐκ τῆς τῶν πεπονθότων μεταστάντα εἰς τὴν τῶν μηδὲν ἠδικημένων ἀδεῶς μετοικεῖν. ἵνα δὴ μὴ τοῦτο ᾖ μηδ' ἀπέραντοι τῶν ἀτυχημάτων αἱ τιμωρίαι γίγνωνται, ἔγραψεν "ἐάν τις τὸν ἀνδροφόνον κτείνῃ ἀπεχόμενον" φησὶν "ἀγορᾶς ἐφορίας". τί τοῦτο λέγων; τῶν ὁρίων τῆς χώρας· ἐνταῦθα γάρ, ὥς γ' ἐμοὶ δοκεῖ,

---

7 δέ om. SY   9 ἐν del. van Herwerden   10 βούλεται A   14 ἐν del. van Herwerden
17 ἀπανταχοῦ SFY   19 μόνη καὶ λοιπὴ A   22 ἀδικημάτων Aᵃ

gewählt hast, aber die Strafe, die die Gesetze nicht einmal für die überführten Mörder erlauben, für die, über die noch kein Urteil gesprochen wurde, beantragt und das, was dazwischen liegt, aufgehoben hast. Denn zwischen Beschuldigung und Überführung liegt der Gerichtsprozess, von dem dieser Mann hier nirgendwo im Antrag etwas geschrieben hat.
(37) Lies die folgenden Gesetze vor.

GESETZ

WENN ABER EINER DEN MÖRDER TÖTET ODER SEINE TÖTUNG VERURSACHT, OBWOHL DIESER SICH FERNHIELT VON DER GRENZVERSAMMLUNG UND VON DEN ATHLETISCHEN WETTKÄMPFEN UND VON DEN OPFERFESTEN DER AMPHIKTYONIE, SO SOLL ER DER GLEICHEN BESTRAFUNG UNTERLIEGEN WIE EINER, DER EINEN ATHENISCHEN STAATSBÜRGER TÖTET. DAS URTEIL SPRECHEN DIE EPHETEN.

Bei diesem Gesetz müsst ihr verstehen, Athener, was derjenige beabsichtigte, der es erließ. Denn dann werdet ihr erkennen, wie umsichtig und rechtskonform er alles bestimmt hat. (38) „Wenn einer den Mörder tötet", sagt er, „oder seine Tötung verursacht, obwohl dieser sich fernhielt von der Grenzversammlung und von den athletischen Wettkämpfen und von den Opferfesten der Amphiktyonie, soll er der gleichen Bestrafung unterliegen, wie einer, der einen athenischen Staatsbürger getötet hat. Das Urteil sprechen die Epheten". Was heißt das? Der Gesetzgeber war der Ansicht, dass es gerecht sei, jemanden, der wegen einer Blutschuld in der Verbannung lebt und verurteilt wurde, wenn er denn einmal entkommen ist und sich in Sicherheit gebracht hat, von der Heimat des Opfers fernzuhalten, dass es aber nicht mit heiligem Recht vereinbar sei, ihn an jedem beliebigen Ort zu töten. Was hatte er dabei im Blick? Dass andere auch die, die bei uns Zuflucht gefunden haben, töten werden, wenn wir unsererseits die töten, die woanders Zuflucht gefunden haben. (39) Wenn aber dies der Fall sein wird, wird die einzige verbliebene Rettung für all die, denen ein Missgeschick unterlaufen ist, zerstört werden. Welche ist das? Vom Land der Opfer in das Land solcher Menschen umzusiedeln, denen kein Unrecht geschehen ist, und dort ohne Furcht als Zugezogener zu leben. Damit also dies nicht der Fall ist und damit nicht die Strafen für die unglücklichen Verfehlungen kein Ende kennen, hat er geschrieben „wenn einer den Mörder tötet, obwohl dieser sich fernhielt", so sagt er, „von der Grenzversammlung". Was meint er damit? Von den Grenzen des Landes. Denn dort kamen, wie mir scheint, in alter Zeit die Anwohner aus unse-

τἀρχαῖα συνῇσαν οἱ πρόσχωροι παρά τε ἡμῶν καὶ τῶν ἀστυγειτόνων, ὅθεν ὠνόμακεν "ἀγορὰν ἐφορίαν". **(40)** καὶ πάλιν "ἱερῶν Ἀμφικτυονικῶν". τί δήποτε καὶ τούτων ἀπέκλεισε τὸν ἀνδροφόνον; ὅσων τῷ παθόντι ζῶντι μετῆν, τούτων εἴργει τὸν δεδρακότα, πρῶτον μὲν τῆς πατρίδος καὶ τῶν ἐν ταύτῃ πάντων καὶ ὁσίων καὶ ἱερῶν, τὴν ἐφορίαν ἀγορὰν ὅρον προσγρά- 5 ψας ἧς εἴργεσθαί φησιν, εἶτα τῶν ἱερῶν τῶν ἐν Ἀμφικτύοσιν· καὶ γὰρ τούτων, εἴπερ ἦν Ἕλλην ὁ παθών, μετῆν αὐτῷ. "καὶ ἄθλων". διὰ τί; ὅτι κοινοὶ πᾶσίν εἰσιν οἱ κατὰ τὴν Ἑλλάδα ἀγῶνες, κατὰ δὲ τὴν πάντων μετουσίαν μετῆν καὶ τούτων τῷ πεπονθότι· καὶ τούτων οὖν ἀπεχέσθω. **(41)** τούτων μὲν δὴ τὸν εἰργασμένον εἴργει. ἂν δ' ἔξω τούτων κτείνῃ τις 10 αὐτὸν ἄλλοθι, τὴν αὐτὴν ὑπὲρ αὐτοῦ δίκην δέδωκεν ἥνπερ ἂν τὸν Ἀθηναῖον κτείνῃ. τὸν γὰρ φυγάδα τὸ τῆς πόλεως οὐ προσεῖπεν ὄνομα, ἧς οὐκ ἔστι μετουσία αὐτῷ, ἀλλὰ τὸ τοῦ πράγματος, ᾧ κατέστησεν αὐτὸν ἐκεῖνος ἔνοχον· καὶ διὰ ταῦτ' "ἄν τις ἀποκτείνῃ" φησὶ "τὸν ἀνδροφόνον". εἶτ' εἰπὼν ὧν εἰργόμενον, ἐπὶ τῷ τὴν τιμωρίαν νομίμως ἐπιθεῖναι τὸ τῆς 15 πόλεως ὄνομα ὠνόμασεν, "τοῖς αὐτοῖς ἐνεχέσθω καθάπερ ἂν τὸν Ἀθηναῖον ἀποκτείνῃ" γράψας, ἀνομοίως, ὦ ἄνδρες Ἀθηναῖοι, τῷ τουτὶ τὸ ψήφισμα εἰρηκότι. **(42)** καίτοι πῶς οὐχὶ δεινὸν εἰ, οἷς ὁ νόμος δέδωκεν, ἐὰν ὧν εἶπον εἴργωνται, μετ' ἀσφαλείας ζῆν φεύγουσιν, τούτους ἐκδότους τις εἶναι γράφει, καὶ ἀφαιρεῖται τὸ τῆς συγγνώμης ὠφέλιμον, ὃ τοῖς 20 ἀτυχοῦσιν ὑπάρχειν εἰκὸς παρὰ τῶν ἔξω τῶν ἐγκλημάτων ὄντων, ὅτῳ ποτὲ τῶν πάντων ἀπόκειται ἄδηλον ὄν, μὴ προδήλου τῆς ἐπιούσης τύχης οὔσης ἑκάστῳ; καὶ νυνὶ τὸν ἀποκτείναντα Χαρίδημον, ὄντως ἂν ἄρα τοῦτο γένηται, ἂν ἀνταποκτείνωσί τινες λαβόντες ἔκδοτον, πεφευγότα καὶ τῶν νομίμων εἰργόμενον, **(43)** ἔνοχοι μὲν αὐτοὶ ταῖς φονικαῖς δίκαις 25 ἔσονται, ἔνοχος δὲ σύ· καὶ γὰρ "ἄν τις αἴτιος ᾖ" γέγραπται, ἔσῃ δ' αἴτιος τὴν διὰ τοῦ ψηφίσματος ἐξουσίαν δεδωκώς. οὐκοῦν εἰ μὲν ἐάσομεν ὑμᾶς

---

1 τἀρχαῖον Cobet   **4–5** ἐν αὐτῇ A   **11** ἄλλοθι] ἢ ἄλλοθί που AF : ἄλλοθί που Y
12 οὐ ante τὸ A   προσειπεῖν A   **14** τοῦτ' F^a **15** εἶτ' εἰπών] ἐπειπὼν SY   **17** ἀνόμοιος ὢν AF   **19** εἶπεν F   **22** ὄν om. S   **27** ἐξουσίαν] αἰτίαν F

rem Gebiet und aus dem der Nachbarn zusammen, weshalb er die Bezeichnung „Grenzversammlung" verwendet hat. **(40)** Und wiederum von den „Opferfesten der Amphiktyonie". Warum hat er den Mörder denn auch von diesen ausgeschlossen? Er hält den Täter von all dem fern, woran das Opfer zu Lebzeiten teilhatte, zunächst einmal von seiner Heimat und von allen Einrichtungen dort, sowohl von den profanen als auch von den religiösen, da er als Grenzlinie, von der sich, wie er sagt, der Mörder fernhalten soll, „die Grenzversammlung" hinzusetzt, dann von den Opferfesten bei den Amphiktyonen. Denn auch an diesen hatte das Opfer, wenn es Grieche war, Anteil. „Und von den athletischen Wettkämpfen". Weshalb? Weil an den in Griechenland stattfindenden Wettkämpfen alle teilhaben können, und gemäß der Teilhabe aller hatte das Opfer auch daran Anteil. Auch davon soll er sich also fernhalten.
(41) Davon nun hält er den Täter fern. Wenn ihn aber außerhalb dieser Versammlungsstätten einer anderswo tötet, hat er [sc. der Gesetzgeber] dafür dieselbe Strafe verhängt, wie wenn er einen Bürger Athens tötet. Er hat nämlich den Verbannten nicht mit dem Namen der Stadt benannt, aus der er ausgeschlossen ist, sondern mit der Bezeichnung der Tat, welcher er sich schuldig gemacht hat. Und deshalb sagt er „wenn einer den Mörder tötet". Dann, nachdem er gesagt hat, wovon ausgeschlossen, hat er, damit die Strafe in rechtmäßiger Weise verhängt werde, den Namen der Stadt genannt, indem er schrieb „er soll der gleichen Bestrafung unterliegen wie einer, der einen athenischen Staatsbürger tötet"; anders, Athener, als der, der diesen Antrag formuliert hat. **(42)** Und ist es etwa nicht ungeheuerlich, wenn jemand den Antrag stellt, dass diejenigen, denen das Gesetz erlaubt hat, sofern sie sich von den genannten Orten fernhalten, nach gelungener Flucht in Sicherheit zu leben, ausgeliefert werden sollen, und wenn er sie der Gunst der Vergebung beraubt, die den Unglücklichen zusteht von Seiten derer, die ihnen nichts vorzuwerfen haben – obwohl es ungewiss ist, für wen unter allen Menschen sie bereitliegt [d.h., wer selbst einmal auf diese Gunst angewiesen sein wird], da niemand im Voraus das Schicksal kennt, das auf ihn zukommt? Und wenn nun irgendwelche Leute den, der den Charidemos ermordet hat – sollte dies denn tatsächlich geschehen –, ausgeliefert bekommen und ihn zur Vergeltung töten, obwohl er im Exil lebt und sich von dem fernhält, wovon sich fernzuhalten ihm das Gesetz vorschreibt, **(43)** werden sie selbst der Blutgerichtsbarkeit unterliegen, unterliegen wirst ihr aber auch du: Es steht nämlich geschrieben „wenn einer verursacht", du aber wirst Verursacher sein, weil du die in Form des Beschlusses bestehende Erlaubnis erteilt hast. Wenn wir euch

τούτων συμβάντων, οὐ καθαροῖς οὖσιν ὁμοῦ διατρίψομεν· εἰ δ' ἐπέξιμεν, οἷς ἐγνώκαμεν αὐτοὶ τἀναντία πράττειν ἀναγκασθησόμεθα. ἆρά γε μικρὸν ἢ τὸ τυχόν ἐστιν ὑπὲρ οὗ δεῖ λῦσαι τὸ ψήφισμ' ὑμᾶς; (**44**) Λέγε δὴ τὸν μετὰ ταῦτα νόμον.

ΝΟΜΟΣ

Ἐάν τίς τινα τῶν ἀνδροφόνων τῶν ἐξεληλυθότων, ὧν τὰ χρήματα ἐπίτιμα, πέρα ὅρου ἐλαύνῃ ἢ φέρῃ ἢ ἄγῃ, τὰ ἴσα ὀφείλειν ὅσα περ ἂν ἐν τῇ ἡμεδαπῇ δράσῃ.

Ἄλλος οὗτος, ὦ ἄνδρες Ἀθηναῖοι, νόμος ἀνθρωπίνως καὶ καλῶς κείμενος, ὃν παραβὰς οὗτος ὁμοίως φανήσεται. (**45**) "ἐάν τίς τινα τῶν ἀνδροφόνων" φησὶ "τῶν ἐξεληλυθότων, ὧν τὰ χρήματα ἐπίτιμα". τῶν ἐπ' ἀκουσίῳ φόνῳ λέγει μεθεστηκότων. τῷ τοῦτο δῆλον; τῷ τε "ἐξεληλυθότων" εἰπεῖν, ἀλλὰ μὴ φευγόντων, καὶ τῷ διορίζειν "ὧν τὰ χρήματα ἐπίτιμα"· τῶν γὰρ ἐκ προνοίας δεδήμευται τὰ ὄντα. περὶ μὲν δὴ τῶν ἀκουσίων ἂν λέγοι. (**46**) λέγει δὲ τί; "ἐὰν πέρα ὅρου" φησὶν "ἐλαύνῃ ἢ φέρῃ ἢ ἄγῃ". τοῦτο δέ ἐστιν τί, τὸ "πέρα ὅρου"; ἔστι πᾶσιν ὅρος τοῖς ἀνδροφόνοις τῆς τοῦ παθόντος εἴργεσθαι πατρίδος. ἐκ μὲν δὴ ταύτης δίδωσιν ἐλαύνειν καὶ ἄγειν, πέρα δ' οὐκ ἐᾷ τούτων οὐδέτερον ποιεῖν. ἐὰν δέ τις παρὰ ταῦτα ποιῇ, τὴν αὐτὴν ἔδωκεν ὑπὲρ αὐτοῦ δίκην ἥνπερ ἂν εἰ μένοντα ἠδίκει {οἴκοι}, γράψας ταὐτὰ ὀφείλειν ἅπερ ἂν οἴκοι δράσῃ. (**47**) εἰ δή τις ἔροιτ' Ἀριστοκράτην τουτονί (καὶ μὴ νομίσητε εὔηθες τὸ ἐρώτημα) πρῶτον μὲν εἰ οἶδεν εἴ τις ἀποκτενεῖ Χαρίδημον, ἢ καὶ ἄλλως πως τελευτήσει, οὐκ ἄν, οἶμαι, φαίη. θήσομεν τοίνυν ἀποκτενεῖν. πάλιν οἶσθ', ἑκὼν ἢ ἄκων, καὶ ξένος ἢ πολίτης ὁ τοῦτο ποιήσων ἔσται; οὐκ

---

1 συνδιατρίψομεν A 2 αὐτοῖς Y 3 δεῖ λῦσαι] διαλῦσαι A 6 τινα om. SF^aY 7 ἢ φέρῃ del. van Herwerden ὀφείλει SFY 13 πεφευγότων FY 15–16 ἢ φέρῃ del. van Herwerden 18 τούτων δὲ SF^aY 20 del. Blass 23 ἀποκτείνειν S

also davonkommen lassen, nachdem dies eingetreten ist, werden wir unser Leben in der Gesellschaft Unreiner verbringen. Wenn wir aber [sc. dann] dagegen vorgehen, werden wir gezwungen werden, das Gegenteil von dem zu tun, was wir selbst beschlossen haben. Ist es nun etwa ein geringfügiger oder nebensächlicher Grund, weshalb ihr den Antrag zurückweisen sollt?
(44) Lies das nächste Gesetz vor.

GESETZ

WENN EINER EINEM DER AUßER LANDES GEGANGENEN MÖRDER, DEREN VERMÖGEN NICHT KONFISZIERT IST, JENSEITS DER GRENZE ZUSETZT ODER (SEINEN BESITZ) WEGTRÄGT ODER FORTTREIBT, SOLL ER MIT DERSELBEN BUßE BELEGT WERDEN, MIT DER ER BELEGT WIRD, WENN ER ES IN UNSEREM LAND GETAN HAT.

Dies, Athener, ist ein weiteres human und gut verfasstes Gesetz, gegen welches dieser Mann hier, wie sich zeigen wird, gleichermaßen verstoßen hat. (45) „Wenn einer einem der außer Landes gegangenen Mörder", heißt es, „deren Vermögen nicht konfisziert ist". Es ist die Rede von denen, die wegen unabsichtlicher Tötung das Land verlassen haben. Wodurch wird das deutlich? Sowohl durch den Ausdruck „der außer Landes gegangenen" statt „der verbannten" als auch durch die nähere Bestimmung „deren Vermögen nicht konfisziert ist". Das Eigentum derer, die mit Vorsatz getötet haben, ist nämlich konfisziert. Von denen, die unabsichtlich getötet haben, dürfte also die Rede sein. (46) Und was sagt das Gesetz? „Wenn einer jenseits der Grenze", so sagt es, „verjagt oder wegträgt oder forttreibt". Was heißt das aber: „jenseits der Grenze"? „Grenze" bedeutet für alle Mörder, sich von der Heimat des Opfers fernzuhalten. Aus der Heimat also erlaubt das Gesetz zu verjagen und wegzuführen, außerhalb aber erlaubt es keines von beidem zu tun. Wenn aber einer dem zuwiderhandelt, so hat der Gesetzgeber dafür dieselbe Strafe verhängt, wie wenn er einem, der {zu Hause} in der Heimat lebt, Unrecht getan hätte, da er geschrieben hat, dass er mit derselben Buße belegt wird, mit der er belegt wird, wenn er es zu Hause getan hat. (47) Wenn nun einer den Aristokrates hier fragte (und haltet die Frage nicht für einfältig), zunächst einmal, ob er wisse, ob einer den Charidemos töten werde oder ob er auf irgendeine andere Weise sterben werde, würde er das, so will ich meinen, wohl verneinen müssen. Wir wollen nun annehmen, dass ihn jemand töten wird. Weißt du dann wiederum, ob mit Absicht oder ohne Absicht und ob es ein Fremder oder

ἔνεστ' εἰπεῖν ὡς οἶσθα. (48) οὐκοῦν ταῦτά γε δήπου προσῆκε γράψαι
"ἐάν τις ἀποκτείνῃ" γράφοντα, ἄκων ἢ ἑκών, ἀδίκως ἢ δικαίως, ξένος ἢ
πολίτης, ἵν' ὅτῳ ποτὲ τοὔργον ἐπράχθη, τούτῳ τὰ ἐκ τῶν νόμων ὑπῆρχε
δίκαια, μὴ μὰ Δί' αὐτὸ τὸ τῆς αἰτίας ὄνομ' εἰπόντα "ἀγώγιμος ἔστω"
προσγράψαι. τίνα γὰρ σὺ λέλοιπας ὅρον τῷ γράμματι τούτῳ, τοῦ νόμου 5
σαφῶς οὑτωσὶ λέγοντος μὴ πέρα ὅρων ἐλαύνειν, ὃς πανταχόθεν δίδως
ἄγειν; (49) ὁ νόμος δὲ οὐ μόνον οὐκ ἐλαύνειν τῶν ὅρων πέρα, ἀλλ' οὐδ'
ἄγειν ἐᾷ. ἐκ δὲ τοῦ σοῦ ψηφίσματος ὁ βουλόμενος ἄξει τὸν ἄκοντα
ἀπεκτονότα, ἔκδοτον λαβών, εἰς τὴν τοῦ παθόντος βίᾳ πατρίδα. ἆρ' οὐ
πάντα συγχεῖς τἀνθρώπινα, καὶ ἀφαιρεῖ τὴν πρόφασιν μεθ' ἧς ἢ καλόν 10
ἐστιν ἕκαστον τῶν ἔργων ἢ αἰσχρόν; (50) ὁρᾶτε γὰρ ὡς ἐπὶ πάντων, οὐκ
ἐπὶ τῶν φονικῶν μόνον, οὕτω τοῦτ' ἔχει. "ἄν τις τύπτῃ τινά" φησὶν
"ἄρχων χειρῶν ἀδίκων", ὡς, εἴ γε ἠμύνατο, οὐκ ἀδικεῖ. "ἄν τις κακῶς
ἀγορεύῃ", "τὰ ψευδῆ" προσέθηκεν, ὡς, εἴ γε τἀληθῆ, προσῆκον. "ἄν τις
ἀποκτείνῃ", "ἐκ προνοίας", ὡς, εἴ γε ἄκων, οὐ ταὐτόν. {"ἄν τις καταβλάψῃ 15
τινά", "ἑκὼν ἀδίκως".} πανταχοῦ τὴν πρόφασιν βεβαιοῦσαν τὸ πρᾶγμα
εὑρήσομεν. ἀλλ' οὐ σοί, ἀλλ' ἁπλῶς, "ἄν τις ἀποκτείνῃ Χαρίδημον,
ἀγέσθω", κἂν ἄκων, κἂν δικαίως, κἂν ἀμυνόμενος, κἂν ἐφ' οἷς διδόασιν
οἱ νόμοι, κἂν ὁπωσοῦν.
(51) Λέγε τὸν μετὰ ταῦτα νόμον. 20

ΝΟΜΟΣ

Φόνου δὲ δίκας μὴ εἶναι μηδαμοῦ κατὰ τῶν τοὺς φεύγοντας ἐνδεικνύντων, ἐάν
τις κατίῃ ὅποι μὴ ἔξεστιν.

---

2 γράφοντα om. F   4 αὐτὸ del. Schäfer   7 οὐ μόνον οὐκ] οὐκ S : οὐχ ὅτι Cobet   πέρα
τῶν ὅρων Y   7–8 οὐ μόνον ... ἐᾷ] οὐκ ἄγειν ... ἀλλ' οὐδ' ἐλαύνειν ἐᾷ Weil   10 τὰ
ἀνθρώπεια A   ἀφαιρῇ AFY   12 μόνων cod. B   15 ἀποκτείνῃ] τρώσῃ Weil
15–16 delevi   17 παρὰ σοί S^{c}F^c : συ A   ἀλλ' ἄν τις ἁπλῶς Y

ein Stadtbürger sein wird, der dies tun wird? Du kannst unmöglich sagen, dass du es weißt. (48) Folglich hätte es sich doch wohl gehört, wenn man „wenn einer getötet hat" schreibt, d i e s zu schreiben: „ohne Vorsatz" oder „mit Vorsatz", „zu Unrecht" oder „mit Recht", „ein Fremder" oder „ein Stadtbürger", damit demjenigen, durch wen auch immer einst die Tat verübt würde, sein durch die Gesetze festgeschriebenes Recht zuteil würde; nicht aber, beim Zeus, wenn man bloß die Bezeichnung der Anschuldigung nennt, hinzuzuschreiben „er soll abgeführt werden dürfen". Denn welche Grenze lässt du durch diesen Passus bestehen, da doch das Gesetz so klar sagt, man dürfe [den Verbannten] nicht jenseits der Grenze fortjagen, du, der du erlaubst, [ihn] von jedem Ort abzuführen? (49) Das Gesetz lässt aber nicht nur nicht zu, [ihn] jenseits der Grenze fortzujagen, sondern auch nicht, [ihn] festzunehmen. Gestützt auf deinen Antrag aber wird jeder, der das will, den, der unabsichtlich zum Mörder geworden ist, wenn er ihn ausgeliefert bekommen hat, gewaltsam in die Heimat des Opfers bringen. Setzt du dich nicht über alles hinweg, was menschlich ist, und blendest den Beweggrund vollständig aus, der bei einer jeden Handlung dafür ausschlaggebend ist, ob sie entweder gut oder schlecht ist? (50) Denn ihr seht ja, dass es bei allen Gesetzen, nicht nur bei denen, die Tötungsdelikte betreffen, so ist: „Wenn einer jemanden schlägt", so heißt es, „indem er den ersten Schlag führt" – denn wenn er sich verteidigt hat, ist er nicht im Unrecht. „Wenn einer eine Beleidigung ausspricht", „fälschlich" hat er [sc. der Gesetzgeber] hinzugesetzt – denn wenn es der Wahrheit entspricht, ist es gerechtfertigt. „Wenn einer getötet hat", „mit Vorsatz" – denn wenn unabsichtlich, ist es nicht dasselbe. {„Wenn einer jemandem Schaden zugefügt hat", „mit Absicht ungerechterweise".} Überall, so werden wir feststellen, bestimmt das Motiv das Wesen der Tat. Aber nicht bei dir, denn da heißt es schlicht „Wenn einer den Charidemos getötet hat, soll er abgeführt werden", auch wenn ohne Absicht, auch wenn zu Recht, auch wenn in Selbstverteidigung, auch wenn unter den Bedingungen, unter denen es die Gesetze erlauben, auch wenn sonst wie.
(51) Lies das nächste Gesetz vor.

GESETZ

WEGEN MORDES ABER DÜRFEN NIRGENDWO DIEJENIGEN ZUR RECHENSCHAFT GEZOGEN WERDEN, DIE DIE VERBANNTEN ANZEIGEN, WENN EINER AN DEN ORT ZURÜCKKEHRT, WOHIN ER NICHT ZURÜCKKEHREN DARF.

Ὁ μὲν νόμος ἐστὶν οὗτος Δράκοντος, ὦ ἄνδρες Ἀθηναῖοι, καὶ οἱ ἄλλοι δὲ ὅσους ἐκ τῶν φονικῶν νόμων παρεγραψάμην· δεῖ δὲ ἃ λέγει σκέψασθαι. "κατὰ τῶν ἐνδεικνύντων" φησὶ "τοὺς κατιόντας ἀνδροφόνους ὅποι μὴ ἔξεστι δίκας φόνου μὴ εἶναι". ἐνταυθοῖ δύο δηλοῖ δίκαια, ἃ παρ' ἀμφότερα οὗτος εἴρηκεν τὸ ψήφισμα, ὅτι τε ἐνδεικνύναι δίδωσι τὸν ἀνδροφόνον 5
καὶ οὐκ αὐτὸν ἀγώγιμον οἴχεσθαι λαβόντα, καὶ ὅτι, ἐὰν κατίῃ τις ὅποι μὴ ἔξεστι, καὶ αὐτὸ τοῦτο δίδωσιν, οὐχ ὅπου βούλεταί τις. (52) οὐκ ἔξεστι δὲ ποῖ; ἐξ ἧς ἂν φεύγῃ τις πόλεως. ποῦ καὶ σφόδρα τοῦτο δηλοῖ· "ἐάν τις κατίῃ" φησί. τοῦτο δ' οὐκ ἔστ' ἐπενεγκεῖν ἄλλῃ πόλει τοὔνομα πλὴν ἣν ἂν φεύγῃ τις· ὅθεν γὰρ μηδ' ἐξέπεσέν τις τὴν ἀρχήν, οὐκ ἔνι δήπου 10
κατελθεῖν εἰς ταύτην. ὁ μὲν τοίνυν νόμος ἔνδειξιν δέδωκεν, καὶ ταύτην, "ἂν κατίῃ ὅποι μὴ ἔξεστιν"· ὁ δὲ "ἀγώγιμος ἔστω" γέγραφεν κἀντεῦθεν, ὅποι φεύγειν οὐδεὶς κωλύει νόμος.
(53) Λέγ' ἄλλον νόμον.

ΝΟΜΟΣ 15

Ἐάν τις ἀποκτείνῃ ἐν ἄθλοις ἄκων, †ἢ ἐν ὁδῷ καθελών† ἢ ἐν πολέμῳ ἀγνοήσας, ἢ ἐπὶ δάμαρτι ἢ ἐπὶ μητρί ἢ ἐπὶ ἀδελφῇ ἢ ἐπὶ θυγατρί, ἢ ἐπὶ παλλακῇ ἣν ἂν ἐπὶ ἐλευθέροις παισὶν ἔχῃ, τούτων ἕνεκα μὴ φεύγειν κτείναντα.

Πολλῶν, ὦ ἄνδρες Ἀθηναῖοι, νόμων ὄντων, παρ' οὓς εἴρηται τὸ ψήφισμα, παρ' οὐδένα μᾶλλον ἢ παρὰ τοῦτον τὸν ἀνεγνωσμένον νῦν εἴρηται. 20
διδόντος γὰρ τοῦ νόμου σαφῶς οὑτωσὶ καὶ λέγοντος ἐφ' οἷς ἐξεῖναι κτεῖναι, οὗτος ἅπαντα παρεῖδε ταῦτα, καὶ γέγραφεν, οὐδὲν ὑπειπὼν ὅπως, ἄν τις ἀποκτείνῃ, τὴν τιμωρίαν. (54) καίτοι σκέψασθε ὡς ὁσίως καὶ καλῶς ἕκαστα διεῖλεν ὁ ταῦτ' ἐξ ἀρχῆς διελών. ἄν τις ἐν ἄθλοις ἀποκτεί-

---

4 ἐνταυθὶ SAᵃFᵃY 7 ὅποι SAFY : corr. Weil 9 ἀπενεγκεῖν A τοὔνομα SᶜFʸᵖ Π₁₄₂ : om. SᵃAFY 10 μηδ'] μὴ A 12 κατίῃ τις Π₁₄₂ γέγραφεν] ὁ ἀνδροφό]νος Π₁₄₂ 17 ἢ ἐπὶ μητρὶ om. S 18 τὸν κτείνοντα Π₁₄₂ 20 τουτονὶ A Π₁₄₂ 23 ὅπως] πῶς A 24 διελών] διεξελθών Π₁₄₂

Dieses Gesetz stammt von Drakon, Athener, und auch all die anderen, die ich aus der Sammlung der Blutgesetze dem Antrag gegenübergestellt habe. Wir müssen aber untersuchen, was es besagt. „Diejenigen, die die Mörder anzeigen", so heißt es, „die zurückkehren an den Ort, wohin sie nicht zurückkehren dürfen, dürfen nicht wegen Mordes zur Rechenschaft gezogen werden". Hier offenbart das Gesetz zwei Rechtsgrundsätze, gegen welche beide dieser Mann hier in seinem Antrag verstoßen hat, nämlich insofern es erlaubt, den Mörder anzuzeigen, und nicht, ihn eigenhändig zu ergreifen und sich mit ihm als Gefangenem davonzumachen, und insofern es, wenn einer an einen Ort zurückkehrt, wohin er nicht zurückkehren darf, eben genau dies erlaubt, [hingegen] nicht, wo immer einer will. (52) Wohin aber darf er nicht zurückkehren? In die Stadt, aus der er verbannt ist. Wo zeigt sich dies ganz klar? „Wenn einer zurückkehrt", heißt es. Diese Formulierung kann man auf keine andere Stadt beziehen als auf die, aus der einer verbannt ist. Denn in eine Stadt, aus der einer gar nicht erst verbannt wurde, kann er ja wohl nicht zurückkehren. Das Gesetz nun erlaubt die Anzeige, und zwar „wenn er an den Ort zurückkehrt, wohin er nicht zurückkehren darf". Er [sc. Aristokrates] aber hat beantragt, „er soll abgeführt werden können" auch von da, wohin zu fliehen kein Gesetz verbietet.
(53) Lies ein weiteres Gesetz vor.

GESETZ

WENN EINER JEMANDEN OHNE ABSICHT BEI SPORTLICHEN WETTKÄMPFEN TÖTET ODER †AUF DER STRAßE, INDEM ER IHN ZU FALL BRINGT,† ODER IM KRIEG, WEIL ER IHN NICHT ERKANNT HAT, ODER BEIM SEXUELLEN VERKEHR MIT DER GATTIN ODER DER MUTTER ODER DER SCHWESTER ODER DER TOCHTER ODER DER PALLAKÉ, DIE ER ZUR ZEUGUNG FREI GEBORENER KINDER HAT, SOLL ER, WENN ER AUS DIESEN GRÜNDEN GETÖTET HAT, NICHT VERBANNT WERDEN.

Viele Gesetze gibt es, Athener, gegen die der Antrag verstößt, aber gegen keines verstößt er mehr als gegen dieses soeben verlesene. Denn obwohl das Gesetz so unmissverständlich eine Erlaubnis zu töten gibt und die Bedingungen nennt, unter denen es erlaubt sein soll, hat dieser Mensch all das missachtet und für den Fall, dass einer tötet, die Strafe festgeschrieben, ohne irgendeine Bemerkung über die näheren Umstände hinzuzusetzen. (54) Doch schaut euch an, wie gottgefällig und gut derjenige, der dies zu Anfang präzise festlegte, jede Einzelheit differenziert auseinander-

νῃ τινά, τοῦτον ὥρισεν οὐκ ἀδικεῖν. διὰ τί; οὐ τὸ συμβὰν ἐσκέψατο, ἀλλὰ τὴν τοῦ δεδρακότος διάνοιαν. ἔστι δ' αὕτη τίς; ζῶντα νικῆσαι καὶ οὐκ ἀποκτεῖναι. εἰ δ' ἐκεῖνος ἀσθενέστερος ἦν τὸν ὑπὲρ τῆς νίκης ἐνεγκεῖν πόνον, ἑαυτῷ τοῦ πάθους αἴτιον ἡγήσατο, διὸ τιμωρίαν οὐκ ἔδωκεν ὑπὲρ αὐτοῦ. (55) πάλιν "ἂν ἐν πολέμῳ" φησὶν "ἀγνοήσας", καὶ τοῦτον εἶναι 5 καθαρόν. καλῶς· εἰ γὰρ ἐγώ τινα τῶν ἐναντίων οἰηθεὶς εἶναι διέφθειρα, οὐ δίκην ὑπέχειν, ἀλλὰ συγγνώμης τυχεῖν δίκαιός εἰμι. "ἢ ἐπὶ δάμαρτι" φησὶν "ἢ ἐπὶ μητρὶ ἢ ἐπ' ἀδελφῇ ἢ θυγατρί, ἢ ἐπὶ παλλακῇ ἣν ἂν ἐπ' ἐλευθέροις παισὶν ἔχῃ", καὶ τὸν ἐπὶ τούτων τινὰ κτείναντα ἀθῷον ποιεῖ, πάντων γε ὀρθότατα, ὦ ἄνδρες Ἀθηναῖοι, τοῦτον ἀφιείς. (56) τί δήποτε; 10 ὅτι ὑπὲρ ὧν τοῖς πολεμίοις μαχόμεθα, ἵνα μὴ πάσχωσιν ὑβριστικὸν μηδ' ἀσελγὲς μηδέν, ὑπὲρ τούτων καὶ τοὺς φιλίους, ἐὰν παρὰ τὸν νόμον εἰς αὐτοὺς ὑβρίζωσι καὶ διαφθείρωσιν, ἔδωκεν ἀποκτεῖναι. ἐπειδὴ γὰρ οὐ γένος ἐστὶν φιλίων καὶ πολεμίων, ἀλλὰ τὰ πραττόμενα ἐξεργάζεται τούτων ἑκάτερον, τοὺς ἐχθρὰ ποιοῦντας ἐν ἐχθροῦ μέρει κολάζειν 15 ἀπέδωκεν ὁ νόμος. οὔκουν δεινόν, εἰ τοσούτων ὄντων ἐφ' οἷς τοὺς ἄλλους ἔξεστιν ἀποκτιννύναι, μόνον ἀνθρώπων ἐκεῖνον μηδ' ἐπὶ τούτοις ἐξέσται ἀποκτεῖναι; (57) φέρε, ἂν δέ τι συμβῇ τοιοῦτον οἷον ἴσως ἤδη τῳ καὶ ἄλλῳ, ἀπαλλαγῇ μὲν ἐκ Θρᾴκης, ἐλθὼν δ' εἰς πόλιν οἰκῇ που, τῆς μὲν ἐξουσίας μηκέτι κύριος ὢν δι' ἧς πολλὰ ποιεῖ τῶν ἀπειρημένων ὑπὸ τῶν 20 νόμων, τοῖς δ' ἔθεσιν καὶ ταῖς ἐπιθυμίαις ταῦτ' ἐπιχειρῶν πράττειν, ἄλλο τι ἢ σιγῶντα δεήσει Χαρίδημον ἐᾶν αὐτὸν ὑβρίζειν; οὐ γὰρ ἀποκτεῖναί γε ἀσφαλὲς οὐδὲ τιμωρίαν λαβεῖν ἣν δίδωσιν ὁ νόμος, διὰ τὸ ψήφισμα τουτί. (58) καὶ μὴν εἴ τις ἐκεῖνο ὑπολαμβάνει· "ποῦ δὲ γένοιτ' ἂν ταῦτα;" τί κωλύει κἀμὲ λέγειν· "τίς δ' ἂν ἀποκτείναι Χαρίδημον;" ἀλλὰ μὴ τοῦτο 25

---

1 τὸ] τι Π₁₄₂   8 ἐπὶ θυγατρί A   9 τινὰ S^cAF : τῳ Y^c : τινι τούτων Taylor : [SY]   10 τοῦτον ἀφιείς del. Weil   12 φίλους SAFY : corr. Bekker   14 φίλων AY   15 ἑκάτερα A   16 Denniston GP 433 : οὐκοῦν codd.   17 ἄνθρωπον F   18 ἀποκτεῖναι del. Blass   24 δὲ om. A

setzt hat. Wenn einer jemanden bei sportlichen Wettkämpfen tötet, hat dieser, so hat er es bestimmt, kein Unrecht getan. Weshalb? Er hat nicht das Ergebnis in den Blick genommen, sondern die Absicht des Täters. Und das ist welche? [Seinen Gegner] bei lebendigem Leibe zu besiegen, und nicht, ihn zu töten. Wenn aber jener zu schwach war, die im Kampf um den Sieg erforderliche Anstrengung zu ertragen, dann, so meinte er, sei er selbst für das verantwortlich, was ihm passiert sei, weshalb er für ihn keine Vergeltung vorsah. (55) Weiter sagt er, „wenn im Krieg, weil er ihn nicht erkannt hat", dass auch der frei von Befleckung sei. Richtig so: Denn wenn ich jemanden in der Meinung, er gehöre zu den Feinden, getötet habe, habe ich es nicht verdient, bestraft zu werden, sondern Vergebung zu erlangen. „Wenn beim sexuellen Verkehr mit der Gattin", sagt er, „oder der Mutter oder der Schwester oder der Tochter oder der Pallaké, die er zur Zeugung freigeborener Kinder hat", und enthebt auch den, der jemanden beim Geschlechtsverkehr mit diesen Personen getötet hat, der Bestrafung – und mit allergrößter Berechtigung, Athener, lässt er ihn unbehelligt. (56) Warum? Weil er [sc. dadurch] zugelassen hat, dass wir zum Schutze derer, für die wir gegen die Feinde Krieg führen, damit sie keinen Akt der Entwürdigung und der Brutalität erleiden, auch unsere eigenen Leute töten, wenn sie sich wider das Gesetz an ihnen zu vergreifen und sie zu vernichten suchen. Da einer nämlich nicht von Geburt Freund oder Feind ist, sondern seine Taten ihn zu einem von beiden machen, erlaubt das Gesetz diejenigen, die wie Feinde handeln, wie Feinde zu bestrafen. Ist es daher etwa nicht skandalös, wenn man, obwohl es so viele Fälle gibt, in denen es erlaubt ist, andere Leute zu töten, jenen [sc. Charidemos] als einzigen Menschen selbst unter diesen Umständen nicht wird töten dürfen? (57) Sagt mir bitte: Wenn ihm etwas von der Art widerfährt, wie es vielleicht auch schon einem anderen widerfahren ist, wenn er Thrakien verlässt, in eine Polis kommt und sich irgendwo niederlässt, und wenn er zwar nicht mehr über die Machtposition verfügt, unter deren Schutz er vieles von dem tut, was die Gesetze verbieten, er aber, weil er es nicht anders kennt und weil es ihn danach verlangt, versucht, es zu tun, wird man es dann nicht stillschweigend über sich ergehen lassen müssen, von Charidemos gedemütigt zu werden? Denn ihn zu töten ist nicht ungefährlich, und ihn zu bestrafen, wie es das Gesetz erlaubt – wegen dieses Beschlusses. (58) Und wenn jemand folgendes einwendet: „Wie könnte das denn wohl passieren?", was hindert mich daran, die Gegenfrage zu stellen: „Wer sollte wohl Charidemos töten?" Aber nicht dies soll Gegenstand unserer Überlegung sein. Vielmehr, da ja der Antrag, über den das

σκοπῶμεν· ἀλλ' ἐπειδήπερ ἐστὶ τὸ φεῦγον ψήφισμα οὐκ ἐπ' ἤδη γεγενημένῳ τινὶ πράγματι, ἀλλ' ἐπὶ τοιούτῳ ὃ μηδ' εἰ γενήσεται μηδεὶς οἶδεν, τὸ
μὲν τοῦ μέλλοντος ἔσεσθαι κοινὸν ἀμφοῖν ὑπαρχέτω, πρὸς δὲ τοῦτο
ὑποθέντες ἀνθρωπίνως τὰς ἐλπίδας οὕτω σκοπῶμεν, ὡς τάχ' ἄν, εἰ τύχοι,
καὶ τούτων κἀκείνων συμβάντων. (59) λύσασι μὲν τοίνυν τὸ ψήφισμα, ἂν   5
ἄρα συμβῇ τι παθεῖν ἐκείνῳ, εἰσὶν αἱ κατὰ τοὺς νόμους ὑπὲρ αὐτοῦ
τιμωρίαι· ἐῶσι δέ, ἂν ἄρα ἐκεῖνος ζῶν ἀδικῇ τινα, ἀνῄρηται τοῖς ὑβριζομένοις ἡ μετὰ τῶν νόμων δίκη. ὥστε πανταχῇ καὶ ἐναντίον ἐστὶ τοῖς
νόμοις τὸ ψήφισμα καὶ λῦσαι συμφέρει.
(60) Λέγε τὸν μετὰ ταῦτα νόμον.   10

ΝΟΜΟΣ

Καὶ ἐὰν φέροντα ἢ ἄγοντα βίᾳ ἀδίκως εὐθὺς ἀμυνόμενος κτείνῃ, νηποινεὶ
τεθνάναι.

Ἄλλα ταῦτα ἐφ' οἷς ἔξεστι κτεῖναι. "ἐὰν ἄγοντα ἢ φέροντα βίᾳ ἀδίκως
εὐθὺς ἀμυνόμενος κτείνῃ, νηποινεὶ τεθνάναι" κελεύει. θεάσασθε πρὸς   15
Διὸς ὡς εὖ· τῷ μὲν ὑπειπών, ἐφ' οἷς ἐξεῖναι κτείνειν, προσγράψαι τὸ
"εὐθὺς" ἀφεῖλε τὸν τοῦ βουλεύσασθαί τι κακὸν χρόνον· τῷ δὲ "ἀμυνόμενος" γράψαι δηλοῖ τῷ πάσχοντι διδοὺς τὴν ἐξουσίαν, οὐκ ἄλλῳ τινί. ὁ
μὲν δὴ νόμος εὐθὺς ἀμυνομένῳ δέδωκεν ἀποκτιννύναι, ὁ δ' οὐδὲν εἴρηκεν,
ἀλλ' ἁπλῶς "ἐάν τις ἀποκτείνῃ", κἂν ὡς οἱ νόμοι διδόασιν. **(61)** ἀλλὰ νὴ   20
Δία συκοφαντοῦμεν τὸ πρᾶγμα· τίνα γὰρ οἴσει ἢ ἄξει βίᾳ ἀδίκως Χαρίδημος; πάντας ἀνθρώπους. ἴστε γὰρ δήπου τοῦθ' ὅτι πάντες οἱ στράτευμ'
ἔχοντες, ὧν ἂν οἴωνται κρείττους ἔσεσθαι, ἄγουσι καὶ φέρουσι χρήματ'

---

4 οὑτωσὶ A   14 κρῖναι AF^{γρ}   15 κελεύει om. cod. T : del. Dobree   16 προσγράψας AF^c
17 ἀφείλετο A   19 νόμος διὰ ταῦτα εὐθὺς AFY   20 ἀποκτείνῃ κἂν δικαίως κἂν ὡς οἱ
νόμοι διδόασιν A   22–23 στρατεύματ' ἔχοντες οὗτοι A

Gericht zu entscheiden hat, nicht etwas bereits Geschehenes betrifft, sondern etwas, wovon niemand weiß, ob es überhaupt geschehen wird, soll der Umstand, dass es sich um ein zukünftiges Geschehen handelt, die beiden Seiten gemeinsame Ausgangsbasis bilden; indem wir aber angesichts dessen in einer den Menschen angemessenen Weise unsere Erwartungen als Hypothesen zugrunde legen, wollen wir unsere Überlegungen so anstellen, als ob vielleicht, wenn es der Zufall will, sowohl dieses als auch jenes eintreffen könnte. (59) Wenn wir den Antrag zurückweisen, gibt es, falls dem Charidemos ein Leid geschieht, die gesetzlich vorgesehenen Maßnahmen, für ihn Vergeltung zu üben. Wenn wir den Antrag aber durchgehen lassen, so ist, wenn jener zu seinen Lebzeiten jemandem Unrecht tut, seinen Opfern die Möglichkeit genommen, ihn der Bestrafung, die das Recht auf ihrer Seite hat, zuzuführen. Daher verstößt der Beschluss in jeder Hinsicht gegen die Gesetze, und es empfiehlt sich, ihn nicht zu genehmigen.
(60) Lies das nächste Gesetz vor.

GESETZ

UND WENN EINER JEMANDEN, DER IHN MIT GEWALT WIDERRECHTLICH SEINES BESITZES ZU BERAUBEN VERSUCHT, AUF DER STELLE IN SELBSTVERTEIDIGUNG TÖTET, SO SOLL DESSEN TOD UNGESTRAFT BLEIBEN.

Dies sind weitere Bedingungen, unter denen es erlaubt ist zu töten. „Wenn einer jemanden, der ihn widerrechtlich mit Gewalt seines Besitzes zu berauben versucht, auf der Stelle in Selbstverteidigung tötet, so soll dessen Tod ungestraft bleiben", ordnet der Gesetzgeber an. Seht euch an, beim Zeus, wie gut [sc. er das angeordnet hat]. Dadurch, dass er, wenn er erklärt, unter welchen Bedingungen es erlaubt ist zu töten, „auf der Stelle" hinzusetzt, hat er ausgeschlossen, dass die zur bewussten Planung eines Verbrechens nötige Zeit vorhanden ist. Dadurch, dass er „in Selbstverteidigung" schreibt, macht er deutlich, dass er [nur] dem Opfer die Erlaubnis gibt, nicht einem anderen. Das Gesetz also erlaubt, auf der Stelle in Selbstverteidigung zu töten, er [sc. Aristokrates] aber hat kein Wort davon gesagt, sondern einfach „wenn einer getötet hat", auch wenn in einer Weise, die die Gesetze erlauben. (61) Aber, beim Zeus, wir üben kleinliche Kritik an der Sache. Denn wen wird Charidemos widerrechtlich mit Gewalt seines Besitzes berauben? Alle Menschen! Denn das wisst ihr ja wohl, dass alle, die über ein Heer verfügen, diejenigen, die sie überwältigen zu können glauben, um ihren Besitz bringen, indem sie Geld fordern.

αἰτοῦντες. εἶτ' οὐ δεινόν, ὦ γῆ καὶ θεοί, καὶ φανερῶς παράνομον, οὐ μόνον παρὰ τὸν γεγραμμένον νόμον, ἀλλὰ καὶ παρὰ τὸν κοινὸν ἁπάντων ἀνθρώπων, τὸν ἄγοντα ἢ φέροντα βίᾳ τἀμὰ ἐν πολεμίου μοίρᾳ μὴ ἐξεῖναί μοι ἀμύνεσθαι, εἴ γε μηδὲ τοῦτον τὸν τρόπον ἐξέσται Χαρίδημον ἀποκτεῖναι, ἀλλά, ἐὰν ἀδικῶν ἄγῃ καὶ φέρῃ βίᾳ τά τινος ληζόμενος, ἀγώγιμος ὁ κτείνας ἔσται, τοῦ νόμου διδόντος, ἐὰν ἐπὶ τούτοις, ἀθῷον εἶναι; **(62)** Λέγε τὸν μετὰ ταῦτα νόμον.

ΝΟΜΟΣ

Ὃς ἂν ἄρχων ἢ ἰδιώτης αἴτιος ᾖ τὸν θεσμὸν συγχυθῆναι τόνδε, ἢ μεταποιήσῃ αὐτόν, ἄτιμον εἶναι καὶ παῖδας {ἀτίμους} καὶ τὰ ἐκείνου.

Ἠκούσατε μὲν τοῦ νόμου λέγοντος ἄντικρυς, ὦ ἄνδρες Ἀθηναῖοι, "ὃς ἂν ἄρχων ἢ ἰδιώτης αἴτιος ᾖ τὸν θεσμὸν συγχυθῆναι τόνδε, ἢ μεταποιήσῃ αὐτόν, ἄτιμος ἔστω καὶ οἱ παῖδες καὶ τὰ ἐκείνου". ἆρ' οὖν μικρὰν ἢ φαύλην πρόνοιαν ἔχειν ὑμῖν ὁ θεὶς τὸν νόμον δοκεῖ, ὅπως κύριος ἔσται καὶ μήτε συγχυθήσεται μήτ' αὖ μεταποιηθήσεται; ἀλλ' Ἀριστοκράτης οὑτοσὶ μικρὰ φροντίσας αὐτοῦ μεταποιεῖ καὶ συγχεῖ. τί γὰρ ἄλλ' ἐστὶν τὸ μεταποιεῖν ἢ ὅταν ἔξω τῶν τεταγμένων δικαστηρίων καὶ ὅρων, ὧν εἴργεσθαι δεῖ, διδῷ τις τὰς τιμωρίας, καὶ τὸ λόγου τυχεῖν ἀναιρῶν ἐκδότους ποιῇ; τί δ' ἄλλο τὸ συγχεῖν ἢ ὅταν ἑξῆς οὑτωσὶ πάντα τἀναντία τῶν ἐν τοῖς νόμοις τις γεγραμμένων γράφῃ;
(63) Οὐ τοίνυν τούτους μόνον τοὺς νόμους, ὦ ἄνδρες Ἀθηναῖοι, παραβέβηκεν, ἀλλὰ καὶ ἄλλους πολλοὺς οὓς οὐ παραγεγράμμεθα διὰ τὸ πλῆθος. ἀλλ' ἐν κεφαλαίῳ λέγω· ὁπόσοι νόμοι περὶ τῶν φονικῶν δικαστηρίων εἰσίν, καλεῖσθαι λέγοντες ἢ μαρτυρεῖν ἢ διόμνυσθαι τοὺς ἀγωνιζομένους ἢ ἄλλ' ὁτιοῦν προστάττοντες, πάντας ὑπερβέβηκε τούτους καὶ πᾶσιν

---

3 ἀνθρώπων νόμον A   ἢ φέροντα om. Y   **4** ἐμοὶ SFY   ἀμύνασθαι AF^c   γε om. A   τὸν τρόπον τοῦτον Y   **9** ᾖ αἴτιος ἢ A   τοῦ τὸν Lambinus   **10** del. Taylor   **11** μὲν om. A   ὦ om. A   **12** τοῦ τὸν Lambinus   **13** ἔσται Y   **16** μικρὸν AF^c Π₄₇   **17–18** ὧν εἴργεσθαι δεῖ del. Dobree

Und dann ist es nicht ungeheuerlich, o Erde und Götter, und evidentermaßen gegen das Gesetz – nicht nur gegen das geschriebene Gesetz, sondern auch gegen das universell geltende Recht –, dass es mir nicht erlaubt ist, mich gegen den, der meinen Besitz nach Art eines Kriegsfeindes mit Gewalt zu rauben versucht, zur Wehr zu setzen, wenn es tatsächlich nicht einmal in dieser Situation erlaubt sein wird, Charidemos zu töten, sondern wenn der, der ihn, wenn er [sc. Charidemos] widerrechtlich dessen Besitz gewaltsam plündernd zu rauben versucht, tötet, der Festnahme ausgesetzt sein wird, obwohl das Gesetz ihm, wenn er unter diesen Umständen [getötet hat], Straffreiheit gewährt?
(62) Lies das nächste Gesetz vor.

GESETZ

WER ALS AMTSINHABER ODER PRIVATMANN DAFÜR VERANTWORTLICH IST, DASS DIESE SATZUNG AUFGEHOBEN WIRD, ODER WER SIE VERÄNDERT, SOLL VON DEN BÜRGERLICHEN RECHTEN AUSGESCHLOSSEN SEIN, UND AUCH SEINE KINDER UND SEIN BESITZ.

Ihr habt gehört, Athener, dass das Gesetz klar sagt „wer als Amtsinhaber oder Privatmann dafür verantwortlich ist, dass diese Satzung aufgehoben wird, oder wer sie verändert, soll von den bürgerlichen Rechten ausgeschlossen sein, und auch seine Kinder und sein Besitz". Scheint euch der, der das Gesetz erlassen hat, geringe oder schlechte Vorkehrungen dafür getroffen zu haben, dass es in Kraft bleibe und weder aufgehoben noch auch verändert werde? Aber Aristokrates hier schert sich wenig um ihn und verändert es und hebt es auf. Denn was sonst bedeutet ‚verändern', wenn nicht, dass man außerhalb der vorgeschriebenen Gerichtshöfe und der Grenzen, von denen sich [die Täter] fernhalten müssen, die Strafen verhängt und sie ausliefert, indem man ihnen das Recht nimmt, angehört zu werden? Was sonst aber bedeutet ‚aufheben', wenn nicht, dass man so ausnahmslos ganz das Gegenteil von dem beantragt, was in den Gesetzen geschrieben steht?
(63) Er hat nun nicht nur diese Gesetze missachtet, Athener, sondern auch viele andere, die wir wegen ihrer großen Zahl nicht dem Antrag gegenübergestellt haben. Aber die Quintessenz will ich zusammenfassen: Über alle Gesetze, die die Blutgerichtshöfe betreffen, indem sie eine gerichtliche Vorladung anordnen oder Zeugenaussagen oder die Vereidigung der Prozessparteien oder was auch immer sonst vorschreiben, hat er sich hinweggesetzt und ihnen allen zuwider diesen Antrag gestellt. Denn wie könnte

ἐναντίον εἴρηκεν τὸ ψήφισμα τουτί. οὐ γὰρ οὐ κλῆσις, {οὐ κρίσις,} οὐ
μαρτυρία συνειδότος, οὐ διωμοσία, ἀλλ' ἀπ' αἰτίας εὐθὺς ἡ τιμωρία
γέγραπται, καὶ αὕτη ἣν ἀπαγορεύουσιν οἱ νόμοι, τί ἂν ἄλλο τις εἴποι;
καίτοι ταῦτα πάντα ἐπὶ πέντε δικαστηρίοις γίγνεται προστεταγμένα τοῖς
νόμοις. (64) "νὴ Δί'," ἴσως εἴποι τις ἄν, "ἀλλὰ ταῦτα μὲν οὐδενός ἐστ'   5
ἄξια οὐδὲ δικαίως εὑρημένα, ἃ δ' ἔγραψεν οὗτος, δίκαια καὶ καλά." ἀλλὰ
τοὐναντίον τούτου μὲν τοῦ ψηφίσματος οὐκ οἶδ' εἴ τι δεινότερον γέγονεν
πώποτε ἐν ὑμῖν, τούτων δὲ τῶν πάντων ὁπόσα ἐστὶ δικαστήρια ἐν ἀνθρώποις οὐδὲν οὔτε σεμνότερον οὔτε δικαιότερον φανήσεται. βούλομαι δ'
εἰπεῖν διὰ βραχέων ἃ καὶ ζῆλόν τινα καὶ τιμὴν φέρει τῇ πόλει ῥηθέντα 10
καὶ ἡδίους ἔσεσθε ἀκούσαντες. ἄρξομαι δ' ἐντεῦθεν ὅθεν μάλιστα
μαθήσεσθε, ἐπὶ τὴν δωρεὰν ἐπανελθὼν ἣ τῷ Χαριδήμῳ δέδοται.
(65) Ἡμεῖς, ὦ ἄνδρες Ἀθηναῖοι, Χαρίδημον ἐποιησάμεθα πολίτην, καὶ διὰ
τῆς δωρειᾶς ταύτης μετεδώκαμεν αὐτῷ καὶ ἱερῶν καὶ ὁσίων καὶ νομίμων
καὶ πάντων ὅσων περ αὐτοῖς μέτεστιν ἡμῖν. πολλὰ μὲν δὴ παρ' ἡμῖν ἐστι 15
τοιαῦτα οἷα οὐχ ἑτέρωθι, ἓν δ' οὖν ἰδιώτατον πάντων καὶ σεμνότατον, τὸ
ἐν Ἀρείῳ πάγῳ δικαστήριον, ὑπὲρ οὗ τοσαῦτ' ἔστιν εἰπεῖν καλὰ παραδεδομένα καὶ μυθώδη καὶ ὧν αὐτοὶ μάρτυρές ἐσμεν, ὅσα περὶ οὐδενὸς
ἄλλου δικαστηρίου· ὧν ὡσπερεὶ δείγματος ἕνεκ' ἄξιόν ἐστιν ἓν ἢ δύο
ἀκοῦσαι. (66) τοῦτο μὲν τοίνυν τὰ παλαιά, ὡς ἡμῖν ἀκούειν παραδέδοται, 20
ἐν μόνῳ τούτῳ τῷ δικαστηρίῳ δίκας φόνου θεοὶ καὶ δοῦναι καὶ λαβεῖν
ἠξίωσαν καὶ δικασταὶ γενέσθαι διενεχθεῖσιν ἀλλήλοις, ὡς λόγος· λαβεῖν
μὲν Ποσειδῶν ὑπὲρ Ἁλιρροθίου τοῦ υἱοῦ παρὰ Ἄρεως, δικάσαι δ' Εὐμενίσιν καὶ Ὀρέστῃ οἱ δώδεκα θεοί. καὶ τὰ μὲν δὴ παλαιὰ ταῦτα· τὰ δ'
ὕστερον, τοῦτο μόνον τὸ δικαστήριον οὐχὶ τύραννος, οὐκ ὀλιγαρχία, οὐ 25
δημοκρατία τὰς φονικὰς δίκας ἀφελέσθαι τετόλμηκεν, ἀλλὰ πάντες
ἀσθενέστερον ἂν τὸ δίκαιον εὑρεῖν ἡγοῦνται περὶ τούτων αὐτοὶ τοῦ παρὰ
τούτοις εὑρημένου δικαίου. πρὸς δὲ τούτοις τοιούτοις οὖσιν, ἐνταυθοῖ
μόνον οὐδεὶς πώποτε οὔτε φεύγων ἁλοὺς οὔτε διώκων ἡττηθεὶς ἐξήλεγξεν
ὡς ἀδίκως ἐδικάσθη τὰ κριθέντα. (67) ταύτην τοίνυν τὴν φυλακὴν καὶ 30

---

1 del. Reiske   6 εἰρημένα F^c   7 τούτου μὲν ψήφισμα A   16 τοιαῦτα] ταῦτα A   ἰδιαίτα-
τον SF^γρ   19 ἐστι δι]καστηρίου Π_{47}   21 θεοὶ λαβεῖν κ]αὶ Π_{47}   23 ποσειδῶν' Y :
ποσειδῶ A   24 τοὺς δώδεκα θεούς Hermog. 330,9 R., Blass   25 οὐχὶ] οὐ Y   28 ἐνταυθοῖ
Weil : ἐνταῦθα Dindorf

man das sonst nennen, wo keine Vorladung, {kein Urteil,} keine Zeugenaussage eines Mitwissers, keine Vereidigung, sondern unmittelbar auf die Beschuldigung folgend die Strafe festgeschrieben ist, und noch dazu eine, die die Gesetze verbieten? Während doch all das an fünf Gerichtshöfen geschieht, gemäß der gesetzlichen Vorschrift. (64) „Beim Zeus", könnte vielleicht einer sagen, „aber das ist doch nichts wert und nicht im Sinne der Gerechtigkeit erdacht; was hingegen dieser Mann hier beantragt hat, das ist gerecht und gut." Im Gegenteil: Ich weiß nicht, ob es jemals bei euch etwas Schlimmeres gab als diesen Antrag, und es wird sich erweisen, dass von allen Gerichtsstätten, die es bei den Menschen gibt, keine ehrwürdiger und gerechter ist als die hiesigen. Ich möchte aber mit wenigen Worten ausführen, was zu erzählen der Stadt einigen Glanz und einige Ehre bringt und was zu hören eure Stimmung heben wird. Beginnen will ich aber an dem Punkt, von dem aus ihr es am besten verstehen werdet, indem ich auf das Geschenk zurückkomme, das dem Charidemos verliehen ist.

(65) Wir, Athener, haben den Charidemos zu einem Bürger unserer Stadt gemacht, und durch dieses Geschenk haben wir ihm Anteil gegeben am Heiligen und Profanen und am Recht und an allem, woran wir selbst Anteil haben. Es gibt bei uns vieles, was es so nicht woanders gibt, eines aber ist von allem das eigentümlichste und ehrwürdigste, nämlich der Gerichtshof auf dem Areopag, über welchen man so viele schöne Dinge erzählen kann, sowohl tradierte und märchenhafte als auch von uns selbst erlebte, wie über keinen anderen Gerichtshof. Es lohnt sich, von diesen Geschichten, gewissermaßen um eine Kostprobe zu erhalten, eine oder zwei anzuhören. (66) Zum einen waren in alter Zeit, wie uns durch Erzählungen überliefert ist, allein vor diesem Gericht Götter gewillt, als Kläger oder Beklagte Prozesse um Tötungsdelikte zu führen und füreinander im Streitfall Richter zu sein, so sagt man: Buße erhalten wollte Poseidon für seinen Sohn Halirrhothios von Ares, ein Urteil über die Eumeniden und Orest zu sprechen waren die zwölf olympischen Götter bereit. Soweit die alten Geschichten. Später aber hat es allein bei diesem Gerichtshof nicht ein Alleinherrscher, nicht das oligarchische und nicht das demokratische Regime gewagt, ihm die Blutgerichtsbarkeit zu entziehen, sondern alle sind der Meinung, dass ihre eigene Urteilsfindung in diesen Fällen weniger Autorität hätte als die Rechtsauffassung, zu der man auf dem Areopag gelangt ist. Zu dieser Tatsache kommt hinzu: Nur dort hat niemand, weder ein überführter Angeklagter noch ein unterlegener Kläger, je nachgewiesen, dass das Urteil zu Unrecht ergangen ist. (67) Indem der Antrag-

τὰς ἐν ταύτῃ νομίμους τιμωρίας παραβὰς ὁ γράφων τὸ ψήφισμα τοδὶ ζῶντι μὲν ἐξουσίαν γέγραφεν τῷ Χαριδήμῳ ποιεῖν ὅ τι ἂν βούληται, παθόντος δέ τι τοῖς οἰκείοις συκοφαντίαν δέδωκεν. σκέψασθε γὰρ οὑτωσί. ἴστε δήπου τοῦθ' ἅπαντες, ὅτι ἐν Ἀρείῳ πάγῳ, οὗ δίδωσιν ὁ νόμος καὶ κελεύει τοῦ φόνου δικάζεσθαι, πρῶτον μὲν διομεῖται κατ' 5
ἐξωλείας αὑτοῦ καὶ γένους καὶ οἰκίας ὅ τινα αἰτιώμενος εἰργάσθαι τι τοιοῦτον, (68) εἶτ' οὐδὲ τὸν τυχόντα τρόπον τοῦτο ποιήσει ἀλλ' ὃν οὐδεὶς ὄμνυσιν ὑπὲρ οὐδενὸς ἄλλου, στὰς ἐπὶ τῶν τομίων κάπρου καὶ κριοῦ καὶ ταύρου, καὶ τούτων ἐσφαγμένων ὑφ' ὧν δεῖ καὶ ἐν αἷς ἡμέραις καθήκει, ὥστε καὶ ἐκ τοῦ χρόνου καὶ ἐκ τῶν μεταχειριζομένων ἅπαν, ὅσον ἔσθ' 10
ὅσιον, πεπρᾶχθαι. καὶ μετὰ ταῦτα ὁ τὸν τοιοῦτον ὅρκον ὀμωμοκὼς οὔπω πεπίστευται, ἀλλ' ἐὰν ἐξελεγχθῇ μὴ λέγων ἀληθῆ, τὴν ἐπιορκίαν ἀπενεγκάμενος τοῖς αὑτοῦ παισὶν καὶ τῷ γένει πλέον οὐδ' ὁτιοῦν ἕξει. (69) ἂν δὲ δόξῃ τὰ δίκαια ἐγκαλεῖν καὶ ἕλῃ τὸν δεδρακότα τοῦ φόνου, οὐδ' οὕτω κύριος γίγνεται τοῦ ἁλόντος, ἀλλ' ἐκείνου μὲν οἱ νόμοι κύριοι κολάσαι 15
καὶ οἷς προστέτακται, τῷ δὲ ἐπιδεῖν διδόντα δίκην ἔξεστιν, ἣν ἔταξεν ὁ νόμος, τὸν ἁλόντα, πέρα δ' οὐδὲν τούτου. καὶ τῷ μὲν διώκοντι ὑπάρχει ταῦτα, τῷ δὲ φεύγοντι τὰ μὲν τῆς διωμοσίας ταὐτά, τὸν πρότερον δ' ἔξεστιν εἰπόντα λόγον μεταστῆναι, καὶ οὔθ' ὁ διώκων οὔθ' οἱ δικάζοντες οὔτ' ἄλλος ἀνθρώπων οὐδεὶς κύριος κωλῦσαι. (70) τί δήποτε, ὦ ἄνδρες 20
Ἀθηναῖοι, τοῦθ' οὕτως ἔχει; ὅτι οἱ ταῦτ' ἐξ ἀρχῆς τὰ νόμιμα διαθέντες, οἵτινές ποτ' ἦσαν, εἴθ' ἥρωες εἴτε θεοί, οὐκ ἐπέθεντο τοῖς ἀτυχήσασιν, ἀλλ' ἀνθρωπίνως ἐπεκούφισαν, εἰς ὅσον εἶχε καλῶς, τὰς συμφοράς. ταῦτα μέντοι πάντα οὕτω καλῶς καὶ νομίμως ἔχοντα ὁ γράφων τὸ ψήφισμα τουτὶ παραβεβηκὼς φαίνεται· ἓν γὰρ οὐδ' ὁτιοῦν ἔνι τούτων ἐν 25
τῷ ψηφίσματι τῷ τούτου. καὶ πρῶτον μὲν παρ' ἑνὸς τούτου δικαστηρίου

---

1 τοδὶ] τουτὶ A   **7** τρόπον Bernard : τιν' ὅρκον SAFY   τοῦτον ποιήσει F : τοῦτο ποιήσει del. Butcher   **16** προστέτακται ταῦτα AFY   **17** τούτων F^c **20** οὐ]δεὶς κωλῦ[σαι κύριος Π$_{47}$ **22** ἀτυχήμασιν SAFY Π$_{47}$: corr. Weil   **23** τὰς συμφορὰς del. Rosenberg   **26** παρ' ἑνὸς τούτου τοῦ δικαστηρίου A : εἰ παρ' ἓν τοῦτο δικαστήριον (-ίου F^c) F : παρ' ἑνὸς τοῦτο τὸ δικαστήριον Y

steller über diese Schutzinstanz und die vom Gesetz vorgesehenen Strafen, die von ihr verhängt werden, hinweggeht, hat er für Charidemos die Erlaubnis festgeschrieben, zu Lebzeiten zu tun, was er will; sollte ihm aber etwas passieren, hat er seinen Angehörigen die Möglichkeit gegeben, falsche Beschuldigungen zu erheben. Betrachtet es folgendermaßen: Ihr wisst ja wohl alle, dass auf dem Areopag, wo dem Gesetz nach über die Bluttat gerichtet werden darf und muss, zuerst der, der jemanden beschuldigt, etwas derartiges getan zu haben, einen Schwur leisten wird bei der Strafe der Auslöschung der eigenen Person und der Familie und des Hauses, (68) dann, dass er dies auch nicht auf irgendeine beiläufige Weise tun wird, sondern so, wie niemand irgendetwas anderes beschwört, indem er sich auf die zerschnittenen Teile eines Ebers und eines Widders und eines Stieres stellt, und zwar, nachdem diese von den Leuten geschlachtet wurden, von denen sie geschlachtet werden müssen, und an den Tagen, an denen es sich gehört, so dass sowohl von der Zeit als auch von den handelnden Personen her alles, was den religiösen Regularien entspricht, getan ist. Und danach genießt derjenige, der einen solchen Eid geschworen hat, noch kein blindes Vertrauen, sondern wenn er überführt wird, nicht die Wahrheit zu sagen, wird er, da er die Schande des Meineids seinen Kindern und seiner Familie ins Haus gebracht hat, nicht den geringsten Vorteil haben. (69) Wenn man aber den Eindruck gewinnt, dass seine Beschuldigungen gerechtfertigt sind, und wenn er den Täter des Mordes überführt, erhält er auch in diesem Fall nicht die Verfügungsgewalt über den Verurteilten, sondern die Befugnis, jenen zu bestrafen, liegt bei den Gesetzen und bei denen, die damit betraut sind. Der Kläger aber kann sich davon überzeugen, dass der Verurteilte so bestraft wird, wie es das Gesetz angeordnet hat; darüber hinaus aber ist ihm nichts gestattet. Für den Ankläger gelten diese Bedingungen, für den Angeklagten sind die Modalitäten der Vereidigung dieselben, er darf aber, nachdem er seine erste Rede gehalten hat, das Land verlassen, und weder der Ankläger noch die Richter noch sonst irgendwer ist befugt, ihn daran zu hindern. (70) Warum, Athener, ist das so? Weil diejenigen, die diese Rechtsgrundsätze zu Anfang aufgestellt haben, wer immer sie auch waren, ob Heroen oder Götter, nicht über die, die ins Unglück geraten waren, herfielen, sondern, soweit es vertretbar war, im Sinne der Menschlichkeit ihr schweres Schicksal leichter machten. All dies, so gut und rechtmäßig es ist, hat der Antragsteller offenkundig missachtet. Denn auch nicht ein einziger Punkt davon findet sich in seinem Antrag. Und das ist zunächst einmal nur ein

καὶ {παρὰ} τοὺς γεγραμμένους νόμους καὶ ⟨τὰ⟩ ἄγραφα νόμιμα τὸ ψήφισμα εἴρηται.
(71) Δεύτερον δ' ἕτερον δικαστήριον τὸ τῶν ἀκουσίων φόνων φανήσεται συγχέων, τὸ ἐπὶ Παλλαδίῳ, καὶ τοὺς παρὰ τούτῳ νόμους παραβαίνων. καὶ γὰρ ἐνταῦθ' ὑπόκειται πρῶτον μὲν διωμοσία, δεύτερον δὲ λόγος, τρίτον δὲ γνῶσις τοῦ δικαστηρίου, ὧν οὐδέν ἐστιν ἐν τῷ τούτου ψηφίσματι. ἂν δ' ἁλῷ καὶ δοκῇ τοὔργον εἰργάσθαι, οὔθ' ὁ διώκων τοῦ δεδρακότος κύριος οὔτ' ἄλλος οὐδεὶς πλὴν ὁ νόμος. (72) τί οὖν ὁ νόμος κελεύει; τὸν ἁλόντα ἐπ' ἀκουσίῳ φόνῳ ἔν τισιν εἰρημένοις χρόνοις ἀπελθεῖν τακτὴν ὁδόν, καὶ φεύγειν ἕως ἂν αἰδέσηταί τις τῶν ἐν γένει τοῦ πεπονθότος. τηνικαῦτα δ' ἥκειν δέδωκεν ἔστιν ὃν τρόπον, οὐχ ὃν ἂν τύχῃ, ἀλλὰ καὶ θῦσαι καὶ καθαρθῆναι καὶ ἄλλ' ἄττα διείρηκεν ἃ χρὴ ποιῆσαι, ὀρθῶς, ὦ ἄνδρες Ἀθηναῖοι, πάντα ταῦτα λέγων ὁ νόμος. (73) καὶ γὰρ τὸ τῶν ἀκουσίων ἐλάττω τὴν τιμωρίαν ἢ τῶν ἑκουσίων τάξαι δίκαιον, καὶ τὸ παρασχόντ' ἀσφάλειαν ἀπελθεῖν οὕτω προστάττειν φεύγειν ὀρθῶς ἐστιν ἔχον, καὶ τὸ τὸν κατιόνθ' ὁσιοῦν καὶ καθαίρεσθαι νομίμοις τισί, καὶ τὸ τοὺς νόμους κυρίους ἁπάντων εἶναι, καὶ πάντα ταῦτα ἔχει καλῶς. ταῦτα τοίνυν ἅπαντα δικαίως οὕτω διορισθέντα ὑπὸ τῶν ἐξ ἀρχῆς νομοθετησάντων παρέβη γράφων τὸ ψήφισμα οὑτοσί.
ταῦτα μὲν δὴ δύο τηλικαῦτα καὶ τοιαῦτα δικαστήρια καὶ νόμιμα ἐκ παντὸς τοῦ χρόνου παραδεδομένα οὕτως ἀναιδῶς ὑπερπεπήδηκεν.
(74) Τρίτον δ' ἕτερον πρὸς τούτοις δικαστήριον, ὃ πάντων ἁγιώτατα τούτων ἔχει καὶ φρικωδέστατα, ἄν τις ὁμολογῇ μὲν κτεῖναι, ἐννόμως δὲ φῇ δεδρακέναι. τοῦτο δ' ἐστὶ τὸ ἐπὶ Δελφινίῳ. δοκοῦσι γάρ μοι, ὦ ἄνδρες δικασταί, ζητῆσαι τοῦτο πρῶτον ἁπάντων οἱ περὶ τούτων ἐν ἀρχῇ τὰ δίκαια ὁρίσαντες, πότερ' οὐδένα χρὴ φόνον ὅσιον εἶναι νομίζειν ἢ τινά γ' ἔσθ' ὅσιον νομιστέον, λογιζόμενοι δ' ὅτι μητέρα Ὀρέστης ἀπεκτονὼς

---

1 del. Reiske   νόμους om. SY^a τὰ add. Reiske   **8** ὁ νόμος^2 om. A   **10** αἰδέσηταί τις Lamb.^{c} : αἰδέσηταί τινα codd. : αἰδεσθῇ παρὰ Blass   **12** διήρηκεν Dobree   **17–18** ταῦτα πάντα A   **21** ὑπερβέβηκεν F^{γρ}

Gerichtshof, zu dessen geschriebenen Gesetzen und ungeschriebenen Rechtsgrundsätzen der Antrag in Widerspruch steht.
(71) Er macht aber auch, wie sich erweisen wird, einen weiteren, zweiten Gerichtshof, nämlich den, der für unbeabsichtigte Tötung zuständig ist, den beim Palladion, null und nichtig und missachtet die bei diesem geltenden Gesetze. Denn auch dort ist erstens eine Vereidigung, zweitens eine Anhörung, drittens ein Urteil des Gerichts vorgeschrieben. Nichts davon steht in seinem Antrag. Wenn aber einer überführt wurde und allem Anschein nach die Tat verübt hat, liegt die Gewalt über den Täter weder beim Ankläger noch bei irgendeinem anderen, sondern allein beim Gesetz. (72) Was fordert nun das Gesetz? Dass der, der der unabsichtlichen Tötung überführt wurde, innerhalb eines gewissen vorgeschriebenen Zeitraums auf einem vorgegebenen Weg die Stadt verlässt und in der Verbannung lebt, bis sich einer aus der Familie des Opfers seiner erbarmt. Dann aber erlaubt es ihm zurückzukommen – auf eine ganz bestimmte Weise, nicht auf irgendeine beliebige, sondern es schreibt [ihm] ausdrücklich vor, zu opfern und sich reinigen zu lassen und einiges andere zu tun, was notwendig ist. Und richtigerweise, Athener, ordnet das Gesetz all dies an. (73) Es ist nämlich gerecht, die Strafe für unabsichtliche Tötung geringer zu veranschlagen als die für vorsätzlichen Mord, und es ist richtig, freies Geleit zu gewähren und unter diesen Konditionen die Verbannung anzuordnen, und dass der Heimkehrende den Forderungen der Religion nachkommt und sich reinigen lässt nach gewissen rituellen Vorgaben und dass die Gesetze über allem stehen, auch all dies ist gut so. Dies alles nun, obwohl es von denen, die am Anfang die Gesetze gemacht haben, so gerecht festgelegt wurde, hat dieser Mann hier bei der Formulierung seines Antrags missachtet.
Damit hat er sich also über zwei dermaßen bedeutende Gerichtshöfe und über vom Beginn der Zeit an überlieferte Rechtsgrundsätze so schamlos hinweggesetzt.
(74) Es gibt aber neben diesen einen weiteren, dritten Gerichtshof, der von ihnen allen am meisten heilige Scheu und Schauder erregt, wenn einer zwar zugibt, getötet zu haben, aber behauptet, es in Übereinstimmung mit dem Gesetz getan zu haben. Dies ist der Gerichtshof beim Delphinion. Diejenigen, die am Anfang die Rechtsgrundsätze für diese Fälle festgeschrieben haben, scheinen mir, Athener, zuallererst die Frage untersucht zu haben, ob man glauben muss, dass kein Tötungsdelikt göttliches Recht unverletzt lässt, oder ob man anzunehmen hat, dass irgendeines mit göttlichem Recht vereinbar ist. Indem sie in Rechnung stellten,

ὁμολογῶν θεῶν δικαστῶν τυχὼν ἀποφυγγάνει, νομίσαι δίκαιόν τιν' εἶναι
φόνον· οὐ γὰρ ἂν τά γε μὴ δίκαια θεοὺς ψηφίσασθαι. ὡς δὲ τοῦτ'
ἐνόμισαν, γράφουσιν ἤδη καὶ διορίζουσι σαφῶς ἐφ' οἷς ἐξεῖναι ἀποκτιννύναι. (75) ἀλλ' οὐχ οὗτος οὐδὲν ἀφεῖλεν, ἀλλ' ἁπλῶς, ἐάν τις ἀποκτείνῃ
Χαρίδημον, κἂν δικαίως, κἂν ὡς οἱ νόμοι διδόασιν, ἔκδοτον ποιεῖ. καίτοι 5
πᾶσίν εἰσι πράγμασι καὶ λόγοις δύο προσθῆκαι, ἡ τοῦ δικαίου καὶ
ἀδίκου· ἃς ἅμα μὲν ταὐτὸ πρᾶγμα οὐδὲν ἂν δύναιτο σχεῖν οὐδὲ λόγος
οὐδείς (πῶς γὰρ ἂν δίκαια ἅμα ταὐτὰ καὶ μὴ γένοιτο;) τὴν ἑτέραν δ'
ἕκαστον ἔχον δοκιμάζεται, κἂν μὲν τὴν ἄδικον φανῇ, πονηρὸν κρίνεται,
ἂν δὲ τὴν δικαίαν, χρηστὸν καὶ καλόν. σὺ τοίνυν οὐδετέραν προσέθηκας 10
τούτων, "ἄν τις ἀποκτείνῃ" γράφων· ἀλλ' ἀόριστον εἰπὼν αὐτὴν τὴν
αἰτίαν, καὶ μετὰ ταῦτα εὐθὺς προσγράψας ἀγώγιμον εἶναι, τρίτον τουτὶ
δικαστήριον καὶ τὰ τούτου νόμιμα παραβεβηκὼς φαίνει.
(76) Τέταρτον τοίνυν ἄλλο πρὸς τούτοις τὸ ἐπὶ Πρυτανείῳ. τοῦτο δ'
ἐστὶν ἐὰν λίθος ἢ ξύλον ἢ σίδηρος ἤ τι τοιοῦτον ἐμπεσὸν πατάξῃ, καὶ τὸν 15
μὲν βαλόντα ἀγνοῇ τις, αὐτὸ δ' εἰδῇ καὶ ἔχῃ τὸ τὸν φόνον εἰργασμένον,
τούτοις ἐνταῦθα λαγχάνεται. εἰ τοίνυν τῶν ἀψύχων καὶ μὴ μετεχόντων
τοῦ φρονεῖν οὐδέν ἐσθ' ὅσιον, τοιαύτην ἔχον αἰτίαν, ἐᾶν ἄκριτον, ἦ που
τόν γε ἀδικοῦντα μὲν οὐδέν, ἐὰν τύχῃ, θήσω δὲ ἀδικοῦντα, ἀλλ' ἄνθρωπόν γε ὄντα καὶ μετειληφότα {τῇ τύχῃ} τῆς αὐτῆς ἡμῖν φύσεως, ἀνόσιον 20
καὶ δεινὸν ἄνευ λόγου καὶ ψήφου ποιεῖν ἔκδοτον ἐπ' αἰτίᾳ τοιαύτῃ.
(77) Ἔτι τοίνυν πέμπτον δικαστήριον ἄλλο θεάσασθε οἷον ὑπερβέβηκε,
τὸ ἐν Φρεαττοῖ. ἐνταῦθα γάρ, ὦ ἄνδρες Ἀθηναῖοι, κελεύει δίκας ὑπέχειν ὁ
νόμος, "ἐάν τις ἐπ' ἀκουσίῳ φόνῳ πεφευγώς, μήπω τῶν ἐκβαλόντων

---

4 οὐδὲν ἀφεῖλεν susp. Weil : διεῖλεν coni. Butcher 5 ὡς οὐχ οἱ Y 6 ἡ τε F 8 τὴν δ'
ἑτέραν δ' S : τὴν δ' ἑτέραν F 9 ἕκαστον αἰτίαν F 15 ἐστὶν] ἐστὶ τί A 16 ἴδῃ AY
17 λαγχάνει S^{yp}A 19 οὐδέν om. F 20 del. Taylor 21 λόγου καὶ om. A 22 ἄλλο om.
S 23 φρεαττοῦ S (in ras. ut vid.) : φρεάτου Harp. ε 61 24 ἐκβαλλόντων S^a

dass Orest als bekennender Muttermörder seine Richter in Göttern fand und freigesprochen wurde, scheinen sie mir zu der Ansicht gelangt zu sein, dass es einen gerechten Mord gebe. Denn Götter dürften wohl kein Urteil gefällt haben, das nicht gerecht ist. Da sie aber zu dieser Ansicht gelangt waren, legten sie schriftlich fest, unter welchen Bedingungen es erlaubt sei zu töten. (75) Dieser Mann hier hat aber nichts ausgeklammert, sondern verfügt ohne weiteren Zusatz „wenn einer Charidemos getötet hat" – auch wenn gerechtermaßen, auch wenn so, wie es die Gesetze erlauben –, dessen Auslieferung. Dabei gibt es doch für alles, was getan und gesagt wird, zwei Attribute, nämlich ‚gerecht' und ‚ungerecht'. Diese dürften wohl nicht gleichzeitig für dieselbe Handlung oder dieselbe Äußerung gelten können (denn wie könnte dasselbe zugleich sowohl gerecht als auch nicht gerecht sein?). Vielmehr erweist sich, dass einer Sache nur das eine von beiden Attributen zukommt, und wenn ihr offenkundig das Attribut ‚ungerecht' zukommt, wird sie für schlecht befunden, wenn aber das Attribut ‚gerecht', für gut und schön. Du hast keinen dieser beiden Begriffe hinzugesetzt, da du „wenn einer getötet hat" schreibst. Indem du aber nur die Beschuldigung ohne nähere Bestimmung genannt und direkt danach dazugeschrieben hast, er solle abgeführt werden können, hast du offenkundig als dritten Gerichtshof diesen und seine Rechtsgrundsätze übergangen.
(76) Neben diesen gibt es einen weiteren, vierten Gerichtshof, den beim Prytaneion. Der ist zuständig, wenn ein Stein oder ein Gegenstand aus Holz oder Eisen oder etwas von dieser Art jemanden getroffen und erschlagen hat und wenn man den, der [den Gegenstand] geworfen hat, nicht kennt, die Sache selbst, die die Tötung bewirkt hat, aber kennt und ihrer habhaft ist – für diese Dinge wird dort ein Prozess eingeleitet. Wenn es nun gegen göttliches Recht verstößt, irgendeinem von den unbeseelten und der Vernunft nicht teilhaftigen Dingen einen Prozess zu verwehren, wenn es einer solchen Beschuldigung ausgesetzt ist, dann ist es doch wohl erst recht gottlos und ungeheuerlich, jemanden, der unter Umständen gar kein Unrecht getan hat, – meinetwegen aber einen, der Unrecht getan hat, aber doch immerhin ein Mensch ist und {durch die Gunst des Schicksals} mit uns dieselbe Natur teilt, ohne Recht auf Verteidigung und ohne Urteil wegen einer solchen Beschuldigung der Auslieferung preiszugeben.
(77) Seht euch an, was für einen weiteren, fünften Gerichtshof er noch übergangen hat, nämlich den in Phreatto. Denn dort, Athener, verlangt das Gesetz, sich zu verantworten, „wenn einer, während er wegen einer unabsichtlichen Tötung in Verbannung lebt und die, die ihn verbannt haben,

αὐτὸν ἠδεσμένων, αἰτίαν ἔχῃ ἑτέρου φόνου ἑκουσίου". καὶ οὐχ ὅτι δεῦρο οὐχ οἷόν τε ἐλθεῖν αὐτῷ, παρεῖδεν αὐτὸν ὁ ταῦτα ἕκαστα τάξας, οὐδ', ὅτι καὶ πρότερόν τι τοιοῦτον ἐποίησε, καὶ δὴ τὴν ὁμοίαν ἐποιήσατο πιστὴν αἰτίαν κατ' αὐτοῦ, (78) ἀλλὰ τό τε εὐσεβὲς εὗρεν ὅπως ἔσται, κἀκεῖνον οὐκ ἀπεστέρησε λόγου καὶ κρίσεως. τί οὖν ἐποίησεν; ἤγαγε τοὺς δικάσοντας οἷ προσελθεῖν οἷόν τε ἐκείνῳ, τῆς χώρας ἀποδείξας τόπον τινὰ ἐν Φρεαττοῖ καλούμενον ἐπὶ θαλάττῃ. εἶθ' ὁ μὲν ἐν πλοίῳ προσπλεύσας λέγει τῆς γῆς οὐχ ἁπτόμενος, οἱ δ' ἀκροῶνται καὶ δικάζουσιν ἐν τῇ γῇ· κἂν μὲν ἁλῷ, τὴν ἐπὶ τοῖς ἑκουσίοις φόνοις δίκην ἔδωκε δικαίως, ἐὰν δ' ἀποφύγῃ, ταύτης μὲν ἀθῷος ἀφίεται, τὴν δ' ἐπὶ τῷ πρότερον φόνῳ {φυγὴν} ὑπέχει. (79) τίνος οὖν ποτε εἵνεκα ταῦθ' οὕτω διεσπούδασται; ἴσον ἡγεῖτο ἀσέβημ' ὁ ταῦτα διαιρῶν τόν τε ἀδικοῦντα ἐᾶν καὶ τὸν ἀναίτιον ἐκδιδόναι πρὸ δίκης. καίτοι εἰ περὶ τῶν ἀνδροφόνων τῶν ἤδη κεκριμένων τοσαύτη σπουδή, ὅπως λόγου καὶ κρίσεως καὶ πάντων ὁπόσ' ἐστὶ δίκαια τεύξονται περὶ τῶν ὕστερον αἰτιῶν, ἦ που περί γε τοῦ μήθ' ἑαλωκότος μήτ' ἐγνωσμένου πότερον δέδρακεν ἢ οὒ καὶ πότερ' ἄκων ἢ ἑκών, πάνδεινον γράφειν ὡς ἐκδοτέον τοῖς ἐγκαλοῦσιν.

(80) Ἔτι τοίνυν ἔστιν ἕκτη τιμωρία πρὸς ἁπάσαις ταύταις, ἣν ὁμοίως παραβὰς γέγραφεν τὸ ψήφισμα οὑτοσί. εἰ πάντα ταῦτά τις ἠγνόηκεν, ἢ καὶ παρεληλύθασιν οἱ χρόνοι ἐν οἷς ἔδει τούτων ἕκαστα ποιεῖν, ἢ δι' ἄλλο τι οὐχὶ βούλεται τούτους τοὺς τρόπους ἐπεξιέναι, τὸν ἀνδροφόνον δ' ὁρᾷ περιόντα ἐν τοῖς ἱεροῖς καὶ κατὰ τὴν ἀγοράν, ἀπάγειν ἔξεστιν εἰς τὸ δεσμωτήριον, οὐκ οἴκαδε οὐδ' ὅποι βούλεται, ὥσπερ σὺ δέδωκας. κἀνταῦθ' ἀπαχθεὶς οὐδ' ὁτιοῦν, πρὶν ἂν κριθῇ, πείσεται, ἀλλ' ἐὰν μὲν

---

1 οὐδ' ὅτι SF^a : οὐ διότι S^{c}Y   **6** ἐκεῖσε οἷ F   τε ἦν AF   **7** φρεαττοῦ S (in ras. ut vid.): Φρεάτου Y Harp. ε 61   **10** προτέρῳ AF : ἑτέρῳ Harp. ε 61   **11** del. Dobree : δίκην A   **13** πρὸ δίκης del. Weil   τῶν^2 om. A   **14** σπουδὴ γίνεται A : γίνεται σπουδή F   **17** ἐγκαλοῦσιν αὐτοῖς πρὸ δίκης A   **23** βούλεταί τις F   **24** πρὶν om. Y

sich noch nicht mit ihm versöhnt haben, eines weiteren, vorsätzlichen Mordes beschuldigt wird". Und der, der diese detaillierte Anordnung getroffen hat, hat ihn nicht, weil es ihm nicht möglich ist, hierher zu kommen, unbehelligt gelassen und hat nicht, weil er auch früher schon ein Tötungsdelikt begangen hatte, dann auch gleich die ähnliche Beschuldigung gegen ihn für glaubhaft gehalten, (78) sondern er fand einen Weg, dem Gebot des Respekts vor Göttern und Menschen gerecht zu werden, und beraubte jenen nicht des Rechts auf Verteidigung und einer richterlichen Entscheidung. Was hat er also getan? Er führte die, die das Urteil fällen sollen, zu einem Ort, dem sich zu nähern dem Angeklagten möglich ist, indem er ihnen einen Punkt des Landes, „in Phreatto" genannt, am Meer anwies. Dann fährt der Angeklagte auf einem Boot heran und hält seine Rede, ohne das Festland zu berühren, die Richter aber hören ihn an und fällen ihr Urteil an Land. Und wenn er verurteilt wird, büßt er rechtsgemäß die auf vorsätzlichen Mord ausgesetzte Strafe, wenn er aber freigesprochen wird, kommt er ohne d i e s e Strafe davon, büßt aber die für das frühere Tötungsdelikt. (79) Weshalb ist darauf so viel Mühe verwandt worden? Derjenige, der dies festlegte, war der Ansicht, dass es gleichermaßen frevelhaft sei, den, der ein Unrecht begangen hat, nicht zur Rechenschaft zu ziehen, wie den, der unschuldig ist, auszuliefern, bevor ein Prozess stattgefunden hat. Und wenn man sich im Fall der bereits verurteilen Mörder so große Mühe gibt, dass sie bei den späteren Anklagen die Möglichkeit der Verteidigung und ein richterliches Urteil und alles, was ihnen von Rechts wegen zusteht, erhalten, dann ist es doch wohl erst recht im Fall eines Mannes, der nicht überführt ist und von dem man nicht weiß, ob er der Täter ist oder nicht und ob er ohne Absicht oder vorsätzlich gehandelt hat, ganz und gar ungeheuerlich, den Antrag zu stellen, er müsse den Anklägern ausgeliefert werden.
(80) Es gibt nun noch eine sechste Art der Bestrafung neben all diesen, die in gleicher Weise missachtend dieser Mann hier seinen Antrag gestellt hat: Wenn jemand über all diese Verfahrensweisen in Unkenntnis ist oder wenn die Frist, innerhalb welcher er eine jede dieser Maßnahmen hätte treffen müssen, verstrichen ist oder wenn er aus irgendeinem anderen Grund nicht diese Wege der Klage beschreiten will, er aber den Mörder an den heiligen Stätten und auf der Agora herumlaufen sieht, dann ist es möglich, ihn ins Gefängnis abzuführen – nicht nach Hause und nicht, wohin er will, wie du es gestattet hast. Und nachdem er dorthin abgeführt wurde, wird ihm nicht das geringste Leid geschehen, bevor über ihn nicht das Urteil gesprochen wurde, sondern wenn er überführt wird, wird er

ἁλῷ, θανάτῳ ζημιωθήσεται, ἐὰν δὲ μὴ μεταλάβῃ τὸ πέμπτον μέρος τῶν ψήφων ὁ ἀπαγαγών, χιλίας προσοφλήσει. **(81)** ἀλλ' οὐχ οὗτος ἔγραψε ταῦτα, ἀλλὰ τὸν μὲν ἀθῷον αἰτιᾶσθαι, τὸν δὲ ἄκριτον παραχρῆμα ἐκδίδοσθαι. ἐὰν δέ τις ἀνθρώπων ἢ καὶ ὅλη πόλις τοσούτοις νομίμοις ἀναιρουμένοις ὅσοις ἐγὼ διεξελήλυθα, καὶ τοσούτοις δικαστηρίοις 5
καταλυομένοις ὅσοις εἴρηκα, ἃ θεοὶ κατέδειξαν καὶ μετὰ ταῦτα ἄνθρωποι χρῶνται πάντα τὸν χρόνον, βοηθήσῃ καὶ τὸν ὑβριζόμενον καὶ παρανομούμενον ἀφέληται, ἔκσπονδον ἔγραψεν εἶναι, καὶ οὐδὲ τούτῳ λόγον οὐδὲ κρίσιν πεποίηκεν, ἀλλὰ καὶ τοῦτον εὐθὺς ἄνευ κρίσεως κολάζει. πῶς ἂν ἢ δεινότερον γένοιτο ἢ παρανομώτερον τούτου ψήφισμα; 10
(82) Ἆρά τις ἡμῖν ἔτι λοιπός ἐστι νόμος; δεῖξον. οὑτοσί. λέγε τοῦτον.

ΝΟΜΟΣ

Ἐάν τις βιαίῳ θανάτῳ ἀποθάνῃ, ὑπὲρ τούτου τοῖς προσήκουσιν εἶναι τὰς ἀνδροληψίας, ἕως ἂν ἢ δίκας τοῦ φόνου ὑπόσχωσιν ἢ τοὺς ἀποκτείναντας ἐκδῶσι. τὴν δὲ ἀνδροληψίαν εἶναι μέχρι τριῶν, πλέον δὲ μή. 15

Πολλῶν, ὦ ἄνδρες Ἀθηναῖοι, καλῶς ἐχόντων νόμων οὐκ οἶδ' εἴ τινος ἧττον οὗτος ἔχει καλῶς καὶ δικαίως ὁ νόμος. σκέψασθε γὰρ ὡς νομίμως καὶ σφόδρα ἀνθρωπίνως κεῖται. **(83)** "ἐάν τις βιαίῳ θανάτῳ ἀποθάνῃ", φησίν. πρῶτον μὲν δὴ τοῦτο προσγράψας τὸ "βιαίως", σύμβολον πεποίηκεν ᾧ γιγνώσκομεν ὅτι, ἂν ἀδίκως, λέγει. "ὑπὲρ τούτου" φησὶ "τοῖς 20
προσήκουσιν εἶναι τὰς ἀνδροληψίας, ἕως ἂν ἢ δίκας τοῦ φόνου ὑπόσχωσιν ἢ τοὺς ἀποκτείναντας ἐκδῶσιν". σκοπεῖσθε ὡς καλῶς. πρότερον μὲν ὑποσχεῖν δίκας ἀξιοῖ, μετὰ ταῦτα δέ, ἂν τοῦτο μὴ βούλωνται, προσέταξεν ἐκδοῦναι· ἐὰν δὲ μηδέτερον τούτων ἐθέλωσι, "τὸ ἀνδρολήψιόν" φησιν "εἶναι μέχρι τριῶν, πλέον δὲ μή". παρὰ τοίνυν ὅλον τοῦτον τὸν νόμον 25

---

2 ἀπάγων Υ   3 αἰτιάσασθαι SAFY : corr. Cobet   16 τῶν νόμων F   19 βιαίῳ A
20 λέγῃ SAFY : corr. Dindorf

mit dem Tod bestraft werden, wenn aber derjenige, der die *Apagogé* vorgenommen hat, nicht ein Fünftel der Stimmen erhält, wird er 1000 Drachmen zahlen müssen. **(81)** Aber dieser Mann hier hat nicht solches beantragt, sondern dass der eine ungestraft Anschuldigungen erhebt, der andere aber auf der Stelle ohne Urteil ausgeliefert wird. Wenn aber eine Einzelperson oder auch eine ganze Stadt gegen die Aufhebung all der Rechtsgrundsätze, die ich aufgezählt habe, und die Entmachtung all der Gerichtshöfe, die ich genannt habe, welche die Götter eingeführt und welche danach die Menschen für alle Zeit in Gebrauch haben, einschreitet und den, der Frevel und Unrecht leidet, dieser Behandlung entzieht, dann, so hat er beantragt, soll dieser aus dem Bündnis ausgeschlossen werden, und auch für ihn hat er keine Möglichkeit der Verteidigung und kein richterliches Urteil vorgesehen, sondern auch ihn bestraft er sofort ohne Urteil. Wie könnte es wohl einen schlimmeren und gesetzloseren Antrag geben als diesen?
(82) Haben wir noch ein Gesetz? Zeig mal her. Das da. Lies das vor.

GESETZ

> WENN JEMAND EINES GEWALTSAMEN TODES GESTORBEN IST, SOLL ES SEINEN ANGEHÖRIGEN ERLAUBT SEIN, ZUR VERGELTUNG GEISELN ZU NEHMEN, SOLANGE, BIS SIE SICH ENTWEDER FÜR DEN MORD ZUR RECHENSCHAFT ZIEHEN LASSEN ODER DIE MÖRDER HERAUSGEBEN. DAS RECHT AUF GEISELNAHME ERSTRECKT SICH AUF BIS ZU DREI PERSONEN, AUF MEHR ABER NICHT.

Viele Gesetze sind vortrefflich, Athener, und ich weiß nicht, ob dieses irgendeinem von ihnen an Vortrefflichkeit und Gerechtigkeit nachsteht. Schaut euch an, wie es mit den allgemeinen Rechtsnormen übereinstimmt und wie überaus human es ist. **(83)** „Wenn jemand eines gewaltsamen Todes gestorben ist", heißt es. Zunächst einmal hat er [sc. der Gesetzgeber], indem er dieses Wort „gewaltsam" hinzugefügt hat, ein Zeichen gegeben, woran wir erkennen, dass gemeint ist: „wenn auf unrechtmäßige Weise". „Zur Vergeltung", so heißt es, „soll es den Angehörigen erlaubt sein, Geiseln zu nehmen, solange, bis sie sich entweder für den Mord zur Rechenschaft ziehen lassen oder die Mörder herausgeben". Seht, wie gut [er das gemacht hat]. Zuerst verlangt er von ihnen, sich zur Rechenschaft ziehen zu lassen, danach aber, wenn sie das nicht wollen, hat er die Auslieferung angeordnet. Wenn sie aber zu keinem dieser beiden Schritte bereit sind, sagt er: „Das Recht auf Geiselnahme erstreckt sich auf bis zu drei Personen, auf mehr aber nicht." Der Antrag verstößt gegen dieses

εἴρηται τὸ ψήφισμα. **(84)** πρῶτον μὲν γάρ, "ἐάν τις ἀποκτείνῃ" γράφων, οὐ προσέγραψεν ἀδίκως οὐδὲ βιαίως οὐδ᾽ ὅλως οὐδέν. εἶτα πρὸ τοῦ δίκην ἀξιῶσαι λαβεῖν εὐθὺς ἔγραψεν ἀγώγιμον εἶναι. πρὸς δὲ τούτοις ὁ μὲν νόμος, ἐὰν μήτε δίκας ὑπόσχωσι παρ᾽ οἷς ἂν τὸ πάθος γένηται, μήτε τοὺς δεδρακότας ἐκδῶσι, κελεύει κατὰ τούτων εἶναι μέχρι τριῶν τὸ ἀνδρολή- 5
ψιον· **(85)** ὁ δὲ τούτους μὲν ἀθῴους παρῆκε, καὶ οὐδὲ λόγον πεποίηται περὶ αὐτῶν οὐδένα, τοὺς δὲ τὸν ἤδη πεφευγότα (θήσω γὰρ οὕτω) κατὰ τὸν κοινὸν ἁπάντων ἀνθρώπων νόμον, ὃς κεῖται τὸν φεύγοντα δέχεσθαι, {τοὺς} ὑποδεξαμένους ἐκσπόνδους εἶναι γράφει, ἐὰν μὴ τὸν ἱκέτην ἔκδοτον διδῶσιν. οὐκοῦν καὶ τῷ μὴ προσθεῖναι πῶς, ἐὰν ἀποκτείνῃ, καὶ 10
τῷ μηδεμίαν κρίσιν εἰπεῖν, καὶ τῷ μὴ δίκας αἰτεῖν, καὶ τῷ πανταχόθεν διδόναι λαβεῖν, καὶ τῷ τοὺς ὑποδεξαμένους, ἀλλὰ μὴ παρ᾽ οἷς ἂν τὸ πάθος γένηται κολάζειν, καὶ πᾶσιν οὑτωσὶ φανερῶς καὶ παρὰ τοῦτον εἴρηκε τὸν νόμον.
(86) Λέγε δὴ τὸν ἐφεξῆς. 15

ΝΟΜΟΣ

Μηδὲ νόμον ἐπ᾽ ἀνδρὶ ἐξεῖναι θεῖναι, ἐὰν μὴ τὸν αὐτὸν ἐπὶ πᾶσιν Ἀθηναίοις.

Ἔστι μὲν οὐκέτι τῶν φονικῶν ὅδ᾽ ὁ νῦν ἀνεγνωσμένος νόμος, ὦ ἄνδρες δικασταί, οὐδ᾽ ὁτιοῦν δ᾽ ἧττον ἔχει καλῶς, εἴπερ καὶ ἄλλος τις. ὥσπερ γὰρ τῆς ἄλλης πολιτείας ἴσον μέτεστιν ἑκάστῳ, οὕτως ᾤετο δεῖν καὶ τῶν 20
νόμων ἴσον μετέχειν πάντας ὁ θεὶς αὐτόν, καὶ διὰ ταῦτ᾽ ἔγραψεν "μηδὲ νόμον ἐπ᾽ ἀνδρὶ ἐξεῖναι θεῖναι, ἐὰν μὴ τὸν αὐτὸν ἐφ᾽ ἅπασιν Ἀθηναίοις". ὁπότε τοίνυν τὰ ψηφίσματα δεῖν κατὰ τοὺς νόμους ὁμολογεῖται γράφειν, ὁ γράφων ἰδίᾳ τι Χαριδήμῳ τοιοῦτον ὃ μὴ πᾶσι καὶ ὑμῖν ἔσται, σαφῶς παρὰ τοῦτον ἂν εἰρηκὼς εἴη τὸν νόμον. οὐ γὰρ δήπου, ἃ μηδὲ νομοθετεῖν 25
ἔξεστιν, ταῦτα ἐν ψηφίσματι γράψας τις ἔννομ᾽ ἂν εἰρηκὼς εἴη.

---

4 ὑπέχωσι AF   5 ἐκδίδωσι SAFY : corr. van Herwerden   6 παραφῆκε Y   9 del. Feliciana   21 ἴσω°ν F   25 καὶ παρὰ A

Gesetz in allen Punkten. **(84)** Denn zunächst hat er [sc. Aristokrates], wenn er schreibt „wenn einer tötet", nicht hinzugesetzt „auf unrechtmäßige Weise" oder „gewaltsam" oder überhaupt irgendetwas. Dann hat er, noch bevor er verlangt hat, Vergeltung zu erhalten, sofort geschrieben, er [sc. der mutmaßliche Täter] solle abgeführt werden können. Außerdem besagt das Gesetz, dass gegen die, bei denen die Tat geschah, wenn sie sich weder zur Rechenschaft ziehen lassen noch die Täter herausgeben, das Recht auf die Festnahme von bis zu drei Geiseln bestehe. **(85)** Aristokrates aber hat diese Leute ungestraft gelassen und nicht einmal ein Wort über sie verloren, beantragt aber, dass die, die dem bereits Entkommenen (denn ich will einmal diesen Fall annehmen) nach dem universell geltenden Recht, welches gebietet, einen Flüchtling aufzunehmen, Aufnahme gewährt haben, vom Bündnis ausgeschlossen sein sollen, wenn sie nicht den Schutzflehenden ausliefern. Er hat also, indem er nicht hinzusetzt, wie [sc. einer getötet hat], wenn er getötet hat, und indem er keinen Prozess erwähnt und indem er keine Rechenschaft fordert und indem er erlaubt, [den mutmaßlichen Täter] überall aufzugreifen, und indem er die, die ihn aufgenommen haben, nicht aber die, bei denen die Tat geschah, bestraft, und überhaupt mit allem so offenkundig auch dieses Gesetz verletzt. **(86)** Lies nun das nächste [Gesetz] vor.

GESETZ

Und es soll nicht erlaubt sein, ein Gesetz gegen eine Einzelperson zu erlassen, wenn nicht dasselbe für alle Athener gilt.

Dieses eben verlesene Gesetz gehört nicht mehr zu den Blutgesetzen, ihr Herren Geschworene, es ist aber nicht im geringsten weniger gut – wenn man das von irgendeinem Gesetz behaupten kann, dann von diesem. Der, der es erlassen hat, war der Ansicht, dass so, wie jeder in gleichem Maße am übrigen politischen Leben partizipiert, auch alle im gleichen Maße an den Gesetzen partizipieren müssen, und schrieb deshalb: „Und es ist nicht erlaubt, ein Gesetz gegen eine Einzelperson zu erlassen, wenn nicht dasselbe [Gesetz] für alle Athener gilt." Da nun darüber Einigkeit besteht, dass die Anträge den Gesetzen entsprechend gestellt werden müssen, dürfte der, der für Charidemos persönlich etwas von der Art beantragt hat, was nicht auch für euch alle gelten wird, offenkundig im Widerspruch zu diesem Gesetz stehen. Denn wenn einer das, was man nicht einmal als Gesetz erlassen darf, in einem Dekret beantragt, dürfte er sich doch wohl kaum im Einklang mit den Gesetzen befinden.

(87) Λέγε τὸν μετὰ ταῦτα νόμον. ἦ οὗτοι πάντες εἰσίν;

ΝΟΜΟΣ

Ψήφισμα δὲ μηδὲν μήτε βουλῆς μήτε δήμου νόμου κυριώτερον εἶναι.

Κατάθου. Πάνυ μικρὸν ὑπείληφά μοι τὸν λόγον, ὦ ἄνδρες δικασταί, καὶ ῥᾴδιον εἶναι περὶ τοῦ παρὰ τοῦτον εἰρῆσθαι τὸν νόμον τὸ ψήφισμα. ὃς 5 γὰρ ὑπαρχόντων τοσούτων νόμων πάντας ὑπερβὰς τούτους γέγραφεν καὶ κατέκλεισεν ἴδιον πρᾶγμα ψηφίσματι, τοῦτον τί τις ἄλλο ποιεῖν φήσει πλὴν ψήφισμα νόμου κυριώτερον ἀξιοῦν εἶναι;
(88) Βούλομαι τοίνυν ὑμῖν καὶ ἓν ἢ δύο ψηφίσματα δεῖξαι τῶν γεγραμμένων τοῖς ὡς ἀληθῶς εὐεργέταις τῆς πόλεως, ἵν' εἰδῆτε ὅτι ῥᾴδιόν ἐστι 10 γράφειν τὰ δίκαια, ὅταν αὐτοῦ τις εἵνεκα τούτου γράφῃ, τοῦ τιμῆσαί τινα καὶ μεταδοῦναι τῶν ἡμῖν ὑπαρχόντων, καὶ μὴ διὰ τοῦ ταῦτα δοκεῖν ποιεῖν βούληται κακουργεῖν καὶ παρακρούεσθαι. λέγε τὰ ψηφίσματα ταυτί. ἀλλ' ἵνα μὴ μακρὸν ἀκούειν ὑμῖν ᾖ, ἐξ ἑκάστου τῶν ψηφισμάτων αὐτὸ τοῦτο ἐξείλεκται περὶ οὗ τούτου κατηγορῶ. λέγε. 15

ΨΗΦΙΣΜΑΤΑ

(89) Ὁρᾶθ' ὅτι πάντες, ὦ ἄνδρες Ἀθηναῖοι, τὸν αὐτὸν τρόπον γεγράφασιν. "ἔστω" φησὶν "ὑπὲρ αὐτοῦ ἡ αὐτὴ τιμωρία καθάπερ ἂν τὸν Ἀθηναῖον ἀποκτείνῃ", κυρίους μὲν ἐῶντες τοὺς περὶ τούτων ὑπάρχοντας ὑμῖν νόμους, σεμνοὺς δ' ἀποφαίνοντες, οἵ γε ἐν δωρεᾶς ἐποιήσαντο τάξει τὸ 20 τούτων μεταδοῦναι. ἀλλ' οὐκ Ἀριστοκράτης, ἀλλὰ προπηλακίζει μὲν καθ' ὅσον δύναται τούτους (ὡς γοῦν οὐδενὸς ἀξίων ὄντων ἴδιόν τι γράφειν ἐπεχείρησεν), μικρὰν δ' ἀποφαίνει κἀκείνην τὴν δωρεὰν ἐν ᾗ τὴν πολιτείαν δεδώκατε τῷ Χαριδήμῳ. ὃς γάρ, ὡς ἀγαπώντων τοῦθ' ὑμῶν καὶ προσοφειλόντων χάριν αὐτῷ, γέγραφεν καὶ πρὸς φυλάττειν ὑμᾶς 25 ἐκεῖνον, ὅπως ἀδεῶς ὅ τι ἂν βούληται ποιῇ, πῶς οὐ τοῦθ' ὃ λέγω διαπράττεται;
(90) Οὐκ ἀγνοῶ τοίνυν, ὦ ἄνδρες Ἀθηναῖοι, ὅτι ὡς μὲν οὐ παρὰ τοὺς νόμους φανερῶς γέγραφεν τὸ ψήφισμα Ἀριστοκράτης οὐχ ἕξει δεῖξαι, ὃ

---

3 νόμου om. F   5 καὶ παρὰ AF   6 γέγραφέ τι AFY   12 ὑμῖν A   14 ὑμῖν ἀκούειν A   15 λέγε ἐκ τῶν ψηφισμάτων A   17 ὦ om. SY   21 μεταδοῦναί τινι A   22 δύναται τρόπον A   ὄντων ἀξίων A : ὄντων om. S   23 ἐν ᾗ AF^γρY : ᾗ SF   23–24 τῆς πολιτείας F^γρY   25 προσφυλάττειν SY : corr. Reiske : πρός, φυλάττειν F : προσέτι φυλάττειν A

(87) Lies das nächste Gesetz vor. Oder sind das alle?

GESETZ

Kein Dekret, weder des Rates noch des Volkes, darf mehr Geltung haben als ein Gesetz.

Lege [das Dokument] beiseite. Ich habe den Eindruck, ihr Herren Geschworene, sehr kurz und sehr leicht darlegen zu können, dass der Antrag diesem Gesetz widerspricht. Wer nämlich bei der vorhandenen Menge an Gesetzen all diese in seinem Antrag missachtet und über eine private Angelegenheit durch ein Dekret verfügt hat, was wird man sagen tut dieser anderes als zu verlangen, dass ein Dekret mehr Geltung habe als ein Gesetz?
(88) Ich möchte euch noch ein oder zwei Dekrete aus der Zahl derer vorstellen, die für die wahren Wohltäter der Stadt verfasst wurden, damit ihr seht, dass es einfach ist, einen rechtmäßigen Antrag zu stellen, wenn man ihn zu eben dem Zweck stellt, jemanden zu ehren und ihn an den Rechten teilhaben zu lassen, die wir selbst genießen, und wenn man nicht die Absicht hat, dadurch, dass man sich den Anschein gibt, dies zu tun, Schaden zu stiften und zu betrügen. Lies diese Dekrete vor. Damit euch aber das Zuhören nicht zu lang wird, ist aus jedem der Dekrete genau der Teil ausgewählt, um den es bei meiner Anklage gegen den hier geht. Lies.

DEKRETE

(89) Ihr seht, Athener, dass alle die gleiche Formulierung gewählt haben. „Es soll", so heißt es, „zur Vergeltung dieselbe Strafe verhängt werden, wie wenn jemand einen Athener tötet". Dabei lassen sie zum einen die bei euch für diese Fälle bestehenden Gesetze in Kraft und erweisen sie zum anderen als ehrwürdig, da sie ja der Teilhabe daran den Stellenwert eines Geschenks gegeben haben. Nicht so Aristokrates, sondern er tritt diese Gesetze nach Kräften in den Schmutz (jedenfalls hat er so, als ob sie nichts wert wären, etwas Eigenes zu beantragen versucht), macht aber auch jenes Geschenk zu einer Petitesse, das ihr Charidemos mit dem Bürgerrecht verliehen habt. Wer nämlich so, als ob dies e u c h am Herzen läge und als ob ihr ihm dafür zusätzlichen Dank schuldetet, beantragt hat, dass ihr noch dazu auf ihn aufpassen sollt, damit er unbesorgt tun kann, was immer er will, wie hat der nicht das getan, wovon ich spreche?
(90) Ich weiß genau, Athener, dass Aristokrates nicht in der Lage sein wird zu beweisen, dass er seinen Antrag nicht eindeutig unter Verstoß

δὲ δεινότατον πάντων ἐστίν, τὸ μηδεμίαν κρίσιν ἐν παντὶ ποιῆσαι τῷ ψηφίσματι τοιαύτης αἰτίας, τοῦθ᾽ ὑφαιρεῖσθαι πειράσεται. ἐγὼ δὲ περὶ αὐτοῦ τούτου πολλὰ μὲν λέγειν οὐκ οἶμαι δεῖν, ἐκ δὲ τοῦ ψηφίσματος αὐτοῦ δείξω σαφῶς οὐδ᾽ αὐτὸν τοῦτον ἡγούμενον εἶναι κρίσιν οὐδεμίαν τῷ τὴν αἰτίαν ἔχοντι. (91) γέγραφεν γὰρ "ἐάν τις ἀποκτείνῃ Χαρίδημον, ἀγώγιμος ἔστω, ἐὰν δέ τις ἀφέληται ἢ πόλις ἢ ἰδιώτης, ἔκσπονδος ἔστω", οὐκ "ἐὰν μὴ παράσχῃ εἰς κρίσιν τὸν ἀφαιρεθέντα", ἀλλ᾽ ὅλως εὐθύς. καίτοι εἴ γε ἐδίδου κρίσιν καὶ μὴ ἀφῃρεῖτο, τότ᾽ ἂν προσέγραψεν κατὰ τῶν ἀφελομένων τὴν τιμωρίαν, ὁπότε εἰς τὴν κρίσιν μὴ παρέσχον ὃν ἐξείλοντο.
(92) Οἶμαι τοίνυν αὐτὸν κἀκεῖνον ἐρεῖν τὸν λόγον, καὶ σφόδρα ταύτῃ ζητήσειν ἐξαπατᾶν ὑμᾶς, ὡς ἄκυρόν ἐστι τὸ ψήφισμα· προβούλευμα γάρ ἐστιν, ὁ νόμος δ᾽ ἐπέτεια κελεύει τὰ τῆς βουλῆς εἶναι ψηφίσματα, ὥστε κἂν αὐτοῦ νῦν ἀποψηφίσησθε, ἥ γε πόλις φλαῦρον οὐδὲν πείσεται κατὰ τὸ ψήφισμα τοῦτο. (93) ἐγὼ δὲ πρὸς ταῦτ᾽ οἶμαι δεῖν ὑμᾶς ἐκεῖνο ὑπολαμβάνειν, ὅτι τὸ ψήφισμα τοῦθ᾽ οὗτος ἔγραψεν οὐχ ἵνα ὄντος ἀκύρου μηδὲν ἀηδὲς ὑμῖν συμβῇ (τὴν ἀρχὴν γὰρ ἐξῆν αὐτῷ μὴ γράφειν, εἴ γε τὸ βέλτιστον τῇ πόλει σκοπεῖν ἐβούλετο) ἀλλ᾽ ἵν᾽ ἐξαπατηθέντων ὑμῶν διαπράξαιντό τινες τἀναντία τοῖς ὑμῖν συμφέρουσιν. οἱ δὲ γραψάμενοι καὶ χρόνους ἐμποιήσαντες καὶ δι᾽ οὓς ἄκυρόν ἐστιν, ἡμεῖς ἐσμεν. ἄτοπον δὴ γένοιτ᾽ ἄν, εἰ ὧν ἡμῖν χάριν εἰκὸς ὑπάρχειν, ταῦτα τούτοις εἰς σωτηρίαν ὑπάρξειεν. (94) ἔτι τοίνυν οὐδ᾽ ἁπλοῦν τοῦθ᾽ οὕτως ἐστίν, ὥς τις οἴεται. εἰ μὲν γὰρ μηδεὶς ἄλλος ἦν ὅστις ἔμελλεν ὁμοίως τούτῳ τῶν συμφερόντων ὑμῖν ὀλιγωρήσας γράφειν, ἴσως ἂν ἧττον ἦν δεινόν· νῦν δ᾽ ὄντων οὐκ ὀλίγων οὐχὶ καλῶς ἔχει μὴ λῦσαι τὸ ψήφισμα ὑμῖν. τίς γὰρ οὐ γράψει θαρρῶν πάλιν, ἡνίκ᾽ ἂν ᾖ τοῦτο ἀποπεφευγός; τίς δ᾽ οὐκ ἐπιψη-

---

2 δὴ F^c   8 καὶ] ἢ SF^a   ἔγραψεν A   10 ἀφείλοντο A   12 ζητεῖν AF^{γρ}   13 ὁ νόμος δ᾽] ὁ δὲ νόμος A   15 τοῦτο τὸ ψήφισμα SFY   16 οὕτως Y   20 καὶ² del. Schäfer   ἐστι τὸ ψήφισμα A   22 ὑπάρξει A   24 ἡμῖν A   ἧττον ἦν δεινόν] ἧττον ἦν τοῦτο FY : ἦν τοῦτο S : φορητὸν ἦν τοῦτο Dindorf   26 ἂν om. S

gegen die Gesetze gestellt hat. Was aber das Schlimmste von allem ist, dass er nämlich im gesamten Antrag keinen Gerichtsprozess für eine solche Beschuldigung vorgesehen hat, das wird er zu unterschlagen versuchen. Ich glaube nicht, über eben diesen Punkt viel sagen zu müssen, will aber anhand des Antrags selbst zweifelsfrei nachweisen, dass auch er selbst nicht von einem Prozess für den Beschuldigten ausgeht. (91) Er hat nämlich geschrieben: „Wenn jemand Charidemos tötet, soll er abgeführt werden dürfen, wenn ihn aber jemand dem Zugriff entzieht, sei es eine Stadt oder eine Privatperson, so soll sie aus dem Bündnis ausgeschlossen sein", nicht „wenn sie den, den sie dem Zugriff entzogen hat, nicht für einen Prozess herausgibt", sondern ohne Einschränkung sofort. Dabei hätte er doch, wenn er denn einen Prozess gewährte und nicht verweigerte, gegen die, die [den Täter] dem Zugriff entzogen haben, die Strafe erst für den Fall festgeschrieben, dass sie den, den sie dem Zugriff entzogen haben, nicht für einen Prozess herausgegeben haben.

(92) Ich glaube, dass er auch folgendes Argument vorbringen und sehr bestrebt sein wird, euch auf diesem Wege an der Nase herumzuführen, dass nämlich der Antrag nicht rechtswirksam ist: Es handelt sich um einen Vorbeschluss, und das Gesetz sieht vor, dass die Beschlüsse des Rates nur für ein Jahr gelten. Daher wird, auch wenn ihr ihn nun freisprecht, die Stadt jedenfalls keinen Schaden durch diesen Beschluss erleiden. (93) Ich aber bin der Ansicht, dass ihr darauf folgendes erwidern solltet: Der Angeklagte hat diesen Antrag nicht gestellt, damit er unwirksam sei und euch so nichts Unerfreuliches widerfahre (er hätte ja die Möglichkeit gehabt, erst gar keinen Antrag zu stellen, wenn er auf das Beste für die Stadt hätte abzielen wollen), sondern damit ihr hinters Licht geführt würdet und gewisse Leute das Gegenteil von dem, was für euch von Vorteil ist, durchsetzen könnten. Die aber, die Anklage erhoben und für Verzögerungen gesorgt haben und derentwegen der Antrag unwirksam ist, das sind wir. Es dürfte also widersinnig sein, wenn das, was uns zum Dank gereichen sollte, diesen Leuten zur Rettung gereichte. (94) Außerdem ist die Sache nicht so einfach, wie man denkt. Wenn es sonst niemanden gäbe, der die Absicht hätte, in gleicher Weise wie der Angeklagte unter Missachtung eurer Interessen Dekrete zu beantragen, wäre es vielleicht nicht ganz so schlimm. Da es nun aber nicht wenige [von dieser Sorte] gibt, ist es gar nicht günstig für euch, den Antrag nicht zurückzuweisen. Denn wer wird nicht voller Zuversicht wieder einen [solchen] stellen, wenn dieser [vom Vorwurf der Gesetzwidrigkeit] freigesprochen ist? Wer wird ihn nicht zur Abstimmung zulassen? Und wer wird dagegen Klage erheben? Daher ist

φιεῖ; τίς δὲ γράψεται; οὐ τοίνυν τοῦτο σκεπτέον, εἰ τοῦτ' ἔστιν ἄκυρον τοῖς χρόνοις, ἀλλ' ἐκεῖνο, ὅτι τῇ περὶ τούτου ψήφῳ, νῦν ἐὰν ἀποψηφίσησθε, τοῖς ἀδικεῖν βουλομένοις αὖθις ὑμᾶς ἄδειαν δώσετε. (95) Οὐ τοίνυν οὐδ' ἐκεῖνό με, ὦ ἄνδρες Ἀθηναῖοι, λέληθεν, ὅτι ἁπλῆν μὲν οὐδὲ δικαίαν οὐδ' ἡντινοῦν ἀπολογίαν Ἀριστοκράτης ἕξει λέγειν, παραγωγὰς δέ τοιαύτας τινὰς ἐρεῖ, ὡς ἄρα πολλὰ τοιαῦτ' ἤδη γέγονε ψηφίσματα πολλοῖς. ἔστι δ' οὐδέν, ὦ ἄνδρες Ἀθηναῖοι, τοῦτο σημεῖον τοῦ τοῦτον ἔννομα εἰρηκέναι· πολλαὶ γὰρ προφάσεις εἰσὶν δι' ἃς πολλάκις ὑμεῖς ἐξηπάτησθε. (96) οἷον εἴ τι τῶν ἑαλωκότων ψηφισμάτων παρ' ὑμῖν μὴ ἐγράφη, κύριον ἂν δήπουθεν ἦν· καὶ μὴν παρὰ τοὺς νόμους γ' ἂν εἴρητο. καὶ εἴ τί γε γραφὲν ἢ καθυφέντων τῶν κατηγόρων ἢ μὴ δυνηθέντων μηδὲν διδάξαι ἀπέφυγεν, καὶ τοῦτο οὐδὲν κωλύει παράνομον εἶναι. οὐκ ἄρ' εὐορκοῦσιν οἱ δικάσαντες αὐτό; ναί. πῶς; ἐγὼ διδάξω. γνώμῃ τῇ δικαιοτάτῃ δικάσειν ὀμωμόκασιν, ἡ δὲ τῆς γνώμης δόξα ἀφ' ὧν ἂν ἀκούσωσι παρίσταται· ὅτε τοίνυν κατὰ ταύτην ἔθεντο τὴν ψῆφον, εὐσεβοῦσιν. (97) πᾶς γὰρ ὁ μήτε δι' ἔχθραν μήτε δι' εὔνοιαν μήτε δι' ἄλλην ἄδικον πρόφασιν μηδεμίαν παρ' ἃ γιγνώσκει θέμενος τὴν ψῆφον εὐσεβεῖ· εἰ γὰρ ἠγνόησέν τι διδασκόμενος, τοῦ μὴ συνεῖναι δίκην οὐκ ὀφείλει δοῦναι· ἀλλ' εἴ τις εἰδὼς ἐκείνους προδέδωκεν ἢ ἐξαπατᾷ, οὗτός ἐστ' ἔνοχος τῇ ἀρᾷ. διόπερ καταρᾶται καθ' ἑκάστην ἐκκλησίαν ὁ κῆρυξ, οὐκ εἴ τινες ἐξηπατήθησαν, ἀλλ' εἴ τις ἐξαπατᾷ λέγων ἢ βουλὴν ἢ δῆμον ἢ τὴν ἡλιαίαν. (98) μὴ δὴ τοῦθ' ὑμῖν ἐᾶτε λέγειν, ὡς γέγονεν, ἀλλ' ὡς ἔστι δίκαιον γίγνεσθαι, μηδ' ὡς ἕτεροι δικάσαντες ἐκύρωσαν ἐκεῖνα, ἀλλ' ὑμᾶς αὐτοὺς ἀξιοῦτε διδάσκειν ὡς δικαιότερ' ἡμῶν περὶ τοῦδε λέγουσιν. εἰ δὲ τοῦτο μὴ δυνήσονται, οὐχὶ καλῶς ἔχειν ὑμῖν ἡγοῦμαι τὴν ἑτέρων

---

2 ἐκεῖνο ὁρᾶν FY 3 βουλησομένοις A 4 λέληθεν ante ὦ A 6 τινας τοιαύτας A 9 παρ' ἡμῖν SFY 11 γε γραφὲν] γέγραφεν SAFY 15 κατὰ ταύτην] adn. τὴν γνώμην διὰ λόγου F^{γρ} 19 ἐκεῖνο προὔδωκεν A 23 γενέσθαι A 25 ὑμῖν om. A

der Blick nicht auf die Frage zu richten, ob dieser Antrag durch Verstreichen der Frist unwirksam ist, sondern auf die Tatsache, dass ihr durch euer Urteil über den Angeklagten, wenn ihr ihn jetzt freisprecht, denen, die euch in Zukunft Schaden zufügen wollen, allen Grund zur Furcht nehmen werdet.

(95) Auch Folgendes, Athener, ist mir nicht verborgen, dass Aristokrates zwar nicht imstande sein wird, auch nur irgendeine aufrichtige und gerechte Verteidigung vorzubringen, dass er euch aber Irreführendes auftischen wird, etwa von der Art, dass es ja schon viele solcher Beschlüsse für viele Personen gibt. Es ist dies, Athener, aber kein Beweis dafür, dass der Angeklagte einen gesetzeskonformen Antrag gestellt hat: Es gibt nämlich viele vorgeschobene Gründe, durch welche ihr euch schon oft habt täuschen lassen. **(96)** Wenn zum Beispiel einer der bei euch für rechtswidrig befundenen Anträge nicht angefochten worden wäre, dann wäre er doch wohl gültig. Und doch wäre er rechtswidrig gewesen. Und wenn ein Antrag, der angefochten wurde, freigesprochen wurde, entweder weil die Ankläger aufgaben oder weil sie nicht in der Lage waren, irgendeinen Beweis zu führen, dann kann auch dieser Beschluss durchaus rechtswidrig sein. Sind also die, die dieses Urteil gesprochen haben, ihrem Eid nicht treu? Doch. Wie das? Ich will es erklären. Sie haben geschworen, nach bestem Wissen und Gewissen im Sinne der Gerechtigkeit zu urteilen; was sie aber für dieses Wissen halten, ergibt sich aus dem, was sie hören. Wenn sie dieser Einschätzung gemäß ihre Stimme abgeben, handeln sie in Übereinstimmung mit dem Eid. **(97)** Denn jeder, der nicht aus Hass oder aus Sympathie oder aus irgendeinem anderen unberechtigten Grund wider besseres Wissen seine Stimme abgibt, hält den Eid. Wenn ihm etwas entgangen ist bei der Anhörung, gebührt ihm dafür, dass er es nicht verstanden hat, keine Strafe. Wenn aber einer den Richtern wissentlich seinen Beitrag zur Klärung des Falles vorenthält oder sie betrügt, so trifft diesen der Fluch. Deshalb spricht bei jeder Volksversammlung der Herold die Verfluchung aus, nicht für den Fall, dass Leute betrogen werden, sondern für den Fall, dass jemand mit seiner Rede den Rat oder das Volk oder die Heliaia betrügt. **(98)** Lasst euch also nicht auf das Argument ein, dass es früher schon zu solchen Beschlüssen gekommen sei, sondern [verlangt Argumente dafür], dass es rechtens ist, wenn es dazu kommt, und lasst euch nicht auf das Argument ein, dass andere Richter jene [früheren] Anträge für gültig erklärt haben, sondern verlangt von ihnen, e u c h plausibel zu machen, dass sie zu diesem Beschluss gerechtere Argumente anführen als wir. Wenn sie dazu nicht imstande sein werden, ist es meines

ἀπάτην κυριωτέραν ποιήσασθαι τῆς ὑμετέρας αὐτῶν γνώμης. **(99)** ἔτι τοίνυν ἔμοιγε δοκεῖ καὶ σφόδρ' ἀναιδὴς ὁ τοιοῦτος εἶναι λόγος, ὡς γέγονεν καὶ πρότερόν τισιν ἄλλοις τοιαῦτα ψηφίσματα. οὐ γὰρ εἴ τι πώποτε μὴ κατὰ τοὺς νόμους ἐπράχθη, σὺ δὲ τοῦτ' ἐμιμήσω, διὰ τοῦτ' ἀποφεύγειν σοι προσήκει, ἀλλὰ τοὐναντίον πολὺ μᾶλλον ἁλίσκεσθαι διὰ 5
ταῦτα. ὥσπερ γάρ, εἴ τις ἐκείνων ἑάλω, σὺ τάδ' οὐκ ἂν ἔγραψας, οὕτως, ἐὰν σὺ νῦν ἁλῷς, ἄλλος οὐ γράψει.
(100) Ὡς μὲν τοίνυν οὐ παρὰ πάντας τοὺς νόμους φανερῶς γέγραφεν τὸ ψήφισμα Ἀριστοκράτης, οὐκ οἶμαι λέγειν αὐτὸν ἕξειν· ἤδη δέ τιν' εἶδον, ὦ ἄνδρες Ἀθηναῖοι, γραφὴν ἀγωνιζόμενον παρανόμων τοῖς νόμοις μὲν 10
ἁλισκόμενον, ὡς δὲ συμφέρονθ' ὑμῖν γέγραφεν λέγειν ἐπιχειροῦντα καὶ ταύτῃ βιαζόμενον, εὐήθη μέν, οἶμαι, μᾶλλον δὲ ἀναιδῆ λόγον. **(101)** εἰ γὰρ καὶ κατὰ τἄλλα πάντα συμφέρει τὰ εἰρημένα, ᾗ γε ὀμωμοκότας κατὰ τοὺς νόμους δικάσειν ὑμᾶς ἀξιοῖ κυροῦν ἃ μηδ' αὐτὸς ἔχει δικαίως δεῖξαι γεγραμμένα, ἀσύμφορα ἂν εἴη, εἴπερ τὸ εὐορκεῖν περὶ πλείστου πᾶσίν 15
ἐστι ποιητέον. "οὐ μὴν ἀλλ' ἔχει τιν' ὅμως ἡ ἀναίδεια αὕτη λόγον." τούτῳ τοίνυν οὐδ' οὗτος ἐνέσται πρὸς ὑμᾶς ὁ λόγος· οὕτω γὰρ σφόδρα ἐναντίον ὂν τοῖς νόμοις τὸ ψήφισμα μᾶλλον ἀσύμφορόν ἐστιν ἢ παράνομον.
(102) βούλομαι δ' ἤδη καὶ τοῦθ' ὑμῖν ἐπιδεικνύναι. ἵνα δ' ὡς διὰ βραχυτάτου λόγου δῆλον ὃ βούλομαι ποιήσω, παράδειγμά τι γνώριμον πᾶσιν 20
ὑμῖν ἐρῶ. ἴσθ' ὅτι συμφέρει τῇ πόλει μήτε Θηβαίους μήτε Λακεδαιμονίους ἰσχύειν, ἀλλὰ τοῖς μὲν Φωκέας ἀντιπάλους, τοῖς δ' ἄλλους τινὰς εἶναι· ἐκ γὰρ τοῦ ταῦθ' οὕτως ἔχειν ἡμῖν ὑπάρχει μεγίστοις οὖσιν ἀσφαλῶς οἰκεῖν.
(103) ταὐτὸ τοίνυν νομίζετε τοῦτο καὶ τοῖς Χερρόνησον οἰκοῦσι τῶν πολιτῶν συμφέρειν, μηδένα εἶναι τῶν Θρᾳκῶν ἰσχυρόν· ἡ γὰρ ἐκείνων 25
πρὸς ἀλλήλους ταραχὴ καὶ ὑποψία φρουρὰ Χερρονήσου μεγίστη τῶν πασῶν ἐστιν καὶ βεβαιοτάτη. τὸ τοίνυν ψήφισμα τουτὶ τῷ μὲν ἡγουμένῳ

---

5 ἀποφυγεῖν SFY   13 συμφέροι A   14 δεῖξαι δικαίως A   15 ἀσύμφορον SFY   17 οὗτος] οὕτως Y   ὁ om. S   19 βούλομαι δ' ὑμῖν καὶ τοῦτ' ἐπιδεικνύναι A   δ' ἤδη] δὲ δὴ F[γρ]   20 πᾶσι γνώριμον A   23 ὑμῖν A   24 ταὐτὸ ... τοῦτο F[c] : ταὐτὸν ... τοῦτο A : τοῦτο ... ταὐτὸ SYF[a]

Erachtens für euch nicht gut, euch von der Täuschung, der andere erlegen sind, stärker leiten zu lassen als von eurer eigenen Einsicht. **(99)** Ferner scheint mir dieses Argument, dass es auch früher schon derartige Beschlüsse für gewisse andere Leute gegeben hat, in höchstem Grade unverschämt zu sein. Denn wenn irgendwann einmal in irgendeiner Angelegenheit nicht gemäß den Gesetzen gehandelt wurde und du das nachgemacht hast, hast du deshalb kein Anrecht darauf, freigesprochen zu werden, sondern es ist im Gegenteil deswegen umso mehr geboten, dass du verurteilt wirst. Denn wie, wenn einer von jenen [früheren Antragstellern] verurteilt worden wäre, du diesen Antrag nicht gestellt hättest, so wird, wenn du jetzt verurteilt wirst, [in Zukunft] kein anderer ihn stellen.
(100) Dass Aristokrates seinen Antrag nicht eindeutig unter Verstoß gegen sämtliche Gesetze gestellt hat, wird er, so will ich wohl meinen, nicht behaupten können. Ich habe es aber schon erlebt, Athener, dass ein Angeklagter in einem Paranomieprozess zwar de iure überführt wurde, sich aber darauf zu berufen versuchte, er habe den Antrag zu eurem Wohle gestellt, und seine Sache auf diesem Wege durchsetzen wollte – ein dümmliches Argument, wie ich finde, mehr aber noch ein unverschämtes.
(101) Denn wenn der Antrag auch im Hinblick auf alles andere nützlich ist, so dürfte er doch jedenfalls insofern, als der Beklagte von euch, die ihr einen Eid geleistet habt, den Gesetzen gemäß zu urteilen, verlangt, einen Antrag in Kraft zu setzen, dessen Rechtmäßigkeit nicht einmal er selbst beweisen kann, schädlich sein – da ja alle auf die Einhaltung von Eiden größten Wert zu legen haben. „Und doch hat diese ‚Unverschämtheit' gleichwohl etwas für sich." Nun, dem Angeklagten wird auch diese Behauptung euch gegenüber nicht möglich sein. Denn so eklatant der Antrag auch gegen die Gesetze verstößt, ist er doch in noch höherem Grade schädlich als gesetzwidrig. **(102)** Ich möchte euch nun aber auch dies erläutern. Um in größtmöglicher Kürze deutlich zu machen, worum es mir geht, werde ich ein euch allen bekanntes Beispiel anführen. Ihr wisst, dass es für unsere Stadt von Vorteil ist, wenn weder die Thebaner noch die Lakedaimonier stark sind, sondern wenn zu den einen die Phoker, zu den anderen andere ein Gegengewicht bilden. Denn aufgrund dieser Konstellation können wir als die größte Macht in Sicherheit leben. **(103)** Geht nun davon aus, dass genau das Gleiche auch für unsere Mitbürger, die die Chersones bewohnen, von Vorteil ist, nämlich, dass keiner von den Thrakern stark ist. Denn deren Reibereien und deren Misstrauen untereinander bilden die allerwirksamste und allerstabilste Schutzwache für die Chersones. Dieser Antrag aber macht, indem er dem Mann, der in führen-

τῶν Κερσοβλέπτου πραγμάτων ἀσφάλειαν διδόν, τοῖς δὲ τῶν ἑτέρων βασιλέων στρατηγοῖς φόβον καὶ δέος μή τιν' αἰτίαν ἔχωσι παριστάν, τοὺς μὲν ἀσθενεῖς, τὸν δ' ἕνα ὄντα ἰσχυρὸν καθίστησιν. (104) ἵνα δὲ μὴ πάνυ θαυμάζητε εἰ τὰ παρ' ὑμῖν ψηφίσματα τηλικαύτην ἔχει δύναμιν, γεγονὸς καὶ ὃ πάντες ἐπίστασθε πρᾶγμα ὑμᾶς ὑπομνήσω. ὅτε Μιλτοκύ- 5
θης ἀπέστη Κότυος, συχνὸν ἤδη χρόνον ὄντος τοῦ πολέμου, καὶ ἀπηλλαγμένου μὲν Ἐργοφίλου, μέλλοντος δ' Αὐτοκλέους ἐκπλεῖν στρατηγοῦ, ἐγράφη τι παρ' ὑμῖν ψήφισμα τοιοῦτον, δι' οὗ Μιλτοκύθης μὲν ἀπῆλθε φοβηθεὶς καὶ νομίσας ὑμᾶς οὐ προσέχειν αὐτῷ, Κότυς δ' ἐγκρατὴς τοῦ τε ὄρους τοῦ ἱεροῦ καὶ τῶν θησαυρῶν ἐγένετο. καὶ γάρ τοι μετὰ ταῦτα, ὦ 10
ἄνδρες Ἀθηναῖοι, Αὐτοκλῆς μὲν ἐκρίνετο ὡς ἀπολωλεκὼς Μιλτοκύθην, οἱ δὲ χρόνοι κατὰ τοῦ τὸ ψήφισμα εἰπόντος τῆς γραφῆς ἐξεληλύθεσαν, τὰ δὲ πράγματ' ἀπωλώλει τῇ πόλει. (105) εὖ τοίνυν ἴστε ὅτι καὶ νῦν, εἰ μὴ λύσετε τὸ ψήφισμα τοδί, καὶ τοῖς βασιλεῦσι θαυμαστὴ γενήσεται δι' αὐτὸ ἀθυμία καὶ τοῖς στρατηγοῖς αὐτῶν· ὅλως γὰρ ἡγήσονται παρεῶσθαι μὲν 15
αὐτοί, πρὸς Κερσοβλέπτην δ' ἀποκλίνειν ὑμᾶς. εἰ δ' ἐκ τοῦ ταῦτα γνῶναι παραχωρήσονται τῆς ἀρχῆς ἐπὶ καιροῦ τινος αὐτοῖς ἐπιθεμένου τοῦ Κερσοβλέπτου, πάλιν ὁρᾶτε τί συμβήσεται. (106) φέρε γὰρ πρὸς θεῶν, ἂν ἡμᾶς ἀδικῇ Κερσοβλέπτης, ὃ μᾶλλον ἐλπὶς ἢ μὴ δυνηθέντα ποιῆσαι, οὐκ ἐπ' ἐκείνους ἴμεν καὶ δι' ἐκείνων ἀσθενῆ ποιεῖν αὐτὸν ζητήσομεν; ἂν 20
οὖν εἴπωσιν ἡμῖν ὅτι "ὑμεῖς, ὦ ἄνδρες Ἀθηναῖοι, οὐ μόνον ἡμῖν ἀδικουμένοις οὐκ ἐβοηθήσατε, ἀλλὰ καὶ φόβον, ἂν ὑπὲρ ἡμῶν αὐτῶν ἀμυνώμεθα, θαυμαστὸν παρεστήσατε, ψήφισμα ποιησάμενοι, τὸν ἐναντία τοῖς ὑμῖν συμφέρουσι καὶ ἡμῖν πράττοντα ἐάν τις ἀποκτείνῃ, ἀγώγιμον εἶναι· οὔκουν ἐστὲ δίκαιοι βοηθοὺς καλεῖν ἡμᾶς, ἐφ' οἷς καὶ περὶ ὑμᾶς αὐτοὺς 25
καὶ περὶ ἡμᾶς κακῶς ἐβουλεύσασθε", εἰπέ μοι, ταῦτ' ἐὰν λέγωσιν, οὐ δικαιότερ' ἡμῶν ἐροῦσιν; ἔγωγ' οἶμαι.
(107) Καὶ μὴν οὐδ' ἐκεῖνό γ' ἔστιν εἰπεῖν, ὅτι νὴ Δί' εἰκότως ἐφενακίσθητε καὶ παρεκρούσθητε. εἰ γὰρ μηδὲν εἴχετε τῶν ἄλλων λογίσασθαι, μηδ' ἐφ'

---

8 ἡμῖν A   10 καὶ γάρ τοι om. A   13 ἀπολώλει SAF^aY   14 λύσητε SAFY : corr. Aldina
15 παρεωρᾶσθαι S^aAFY   19 ἐλπὶς αὐτὸν A   20 πάλιν ἀσθενῆ AF   ζητήσομεν] ἐπιχειρήσομεν A   21 ὅτι] πρὸς ταῦτα ἐκεῖνοι A   ὑμεῖς δὲ A   22–23 φόβον, ἂν ὑπὲρ ὑμῶν αὐτῶν ἀμυνώμεθα, θαυμαστὸν παρεστήσατε SF : φόβον θαυμαστὸν παρεστήσατε Y : φόβον ἀνυπέρβλητον καὶ θαυμαστόν, ἂν ὑπὲρ ὑμῶν αὐτῶν ἀμυνώμεθα, παρεστήσατε S^{yp}A (παρεστήσατε post θαυμαστὸν A)   22 ἡμῶν cod. k   24 ὑμῖν A
28 ἔνεστιν A

der Position die Geschäfte des Kersobleptes besorgt, Sicherheit gibt, die Strategen der anderen Könige hingegen von der ständigen Angst vor irgendeiner Anschuldigung begleitet sein lässt, letztere [sc. die Könige] schwach und den ersteren, einzelnen [sc. Kersobleptes], stark. (104) Damit ihr euch aber nicht ganz verwundert fragt, ob die bei euch beschlossenen Dekrete denn eine so große Wirkung haben, will ich euch an einen Fall erinnern, der sich tatsächlich ereignet hat und euch allen bekannt ist. Als Miltokythes von Kotys abgefallen war – der Krieg dauerte schon lange an, und nach der Absetzung des Ergophilos stand Autokles kurz davor, als Stratege in See zu stechen –, wurde bei euch ein Antrag von der Art gestellt, dass Miltokythes verängstigt und in dem Glauben, er sei euch gleichgültig, abzog, Kotys aber den Heiligen Berg und die Kultschätze unter seine Kontrolle brachte. Und danach, Athener, wurde denn auch Autokles zwar vor Gericht gestellt, weil er Miltokythes ins Verderben gestürzt habe, die Frist für eine Klage gegen den Antragsteller aber war verstrichen, und für die Stadt war die Sache verloren. (105) Seid nun gewiss, dass sich auch jetzt, wenn ihr diesen Antrag nicht zurückweist, seinetwegen sowohl bei den Königen als auch bei ihren Strategen eine gewaltige Demoralisierung einstellen wird. Sie werden nämlich meinen, sie selbst seien gänzlich beiseite gedrängt und ihr neigtet euch dem Kersobleptes zu. Wenn sie aber aufgrund dieser Erkenntnis ihre Machtstellung abtreten, sobald Kersobleptes sie bei irgendeiner günstigen Gelegenheit angreift – schaut wiederum, was dann passieren wird. (106) Also, bei den Göttern: Wenn Kersobleptes uns Gewalt antut – was eher zu erwarten ist, als dass er es nicht tut, wenn er die Möglichkeit dazu hat –, werden wir uns dann nicht an diese wenden und versuchen, sie als Mittel zu seiner Schwächung einzusetzen? Wenn sie uns nun sagen: „Ihr, Athener, habt uns, als uns Unrecht geschah, nicht nur nicht geholfen, sondern uns auch für den Fall, dass wir uns zu unserem eigenen Schutz verteidigen, eine unglaubliche Angst eingeflößt, da ihr ein Dekret erlassen habt, dass, wer den, der eurem und unserem Nutzen zuwiderhandle, töte, festgenommen werden dürfe. Es steht euch überhaupt nicht zu, uns um Beistand anzurufen in einer Angelegenheit, in der ihr eine sowohl für euch selbst als auch für uns fatale Entscheidung getroffen habt" – sag mir: Wenn sie das vorbringen, werden sie damit nicht eher das Recht auf ihrer Seite haben als wir? Ich jedenfalls sehe das so.
(107) Und es bleibt euch nicht einmal die Ausrede, dass ihr dem Lug und Trug, beim Zeus, verständlicherweise aufgesessen seid. Wenn ihr nämlich eure Überlegungen auf sonst nichts stützen könntet und wenn ihr nicht in

ὑμῶν αὐτῶν οἷοί τε ἦτε ταῦτα συνεῖναι, ἦν ἰδεῖν παράδειγμα Ὀλυνθίους τουτουσί, οἳ τί πεποιηκότος αὐτοῖς Φιλίππου πῶς αὐτῷ χρῶνται; ἐκεῖνος ἐκείνοις Ποτείδαιαν οὐχὶ τηνικαῦτ' ἀπέδωκεν, ἡνίκ' ἀποστερεῖν οὐκέθ' οἷός τ' ἦν, ὥσπερ ὑμῖν Κερσοβλέπτης Χερρόνησον· ἀλλὰ πρὸς ὑμᾶς πολεμῶν χρήματα πολλὰ ἀναλώσας, ἑλὼν καὶ δυνηθεὶς ἂν αὐτὸς ἔχειν, 5 εἴπερ ἐβουλήθη, παρέδωκεν καὶ οὐδ' ἐπεχείρησεν ἄλλο ποιεῖν οὐδέν. (108) ἀλλ' ὅμως ἐκεῖνοι, τέως μὲν ἑώρων αὐτὸν τηλικοῦτον, ἡλίκος ὢν καὶ πιστὸς ὑπῆρχεν, σύμμαχοί τε ἦσαν καὶ δι' ἐκεῖνον ἡμῖν ἐπολέμουν, ἐπειδὴ δὲ εἶδον μείζω τῆς πρὸς αὐτοὺς πίστεως γιγνόμενον, τοσοῦτ' ἀπέχουσι τοῦ ψηφίσασθαι, ἐάν τις ἀποκτείνῃ τινὰ τῶν ἐκείνῳ συγκατε- 10 σκευακότων τὴν ἀρχήν, ἐκ τῶν ἑαυτῶν συμμάχων ἀγώγιμον εἶναι, (109) ὥσθ' ὑμᾶς, οὓς ἴσασιν ἁπάντων ἀνθρώπων ἥδιστ' ἂν καὶ τοὺς ἐκείνου φίλους καὶ αὐτὸν τὸν Φίλιππον ἀποκτείναντας, φίλους πεποίην- ται, φασὶ δὲ καὶ συμμάχους ποιήσεσθαι. εἶτ' Ὀλύνθιοι μὲν ἴσασι τὸ μέλλον προορᾶν, ὑμεῖς δὲ ὄντες Ἀθηναῖοι ταὐτὸ τοῦτο οὐχὶ ποιήσετε; 15 ἀλλ' αἰσχρὸν τοὺς περὶ πραγμάτων ἐπίστασθαι βουλεύσασθαι δοκοῦν- τας {προέχειν} ἧττον Ὀλυνθίων τὸ συμφέρον εἰδότας ὀφθῆναι. (110) Ἀκούω τοίνυν αὐτὸν καὶ τοιοῦτόν τιν' ἐρεῖν λόγον, οἷον καὶ πρότε- ρόν ποτε Ἀριστόμαχος παρ' ὑμῖν ἐδημηγόρει, ὡς οὐκ ἔστιν ὅπως ποτὲ Κερσοβλέπτης αἱρήσεται Χερρόνησον ἀποστερεῖν ἐπιχειρῶν ἐχθρὸς ὑμῖν 20 εἶναι· οὐδὲ γὰρ εἰ λάβοι καὶ κατάσχοι, λυσιτελήσειν αὐτῷ. ἐκ μέν γε ἐκείνης οὐκ ἔστιν ὑπὲρ τριάκοντα τάλαντα ἡ πρόσοδος μὴ πολεμουμένης, εἰ πολεμήσεται δέ, οὐδέν· ἐκ δὲ τῶν ἐμπορίων, ἃ τότ' ἂν κλεισθείη, πλέον ἢ διακόσια τάλαντά ἐσθ' ἡ πρόσοδος· ὥστε τί βουλόμενος μικρὰ λαμβά- νειν καὶ πολεμεῖν ἂν ἕλοιτο, ἐξὸν τὰ πλείω καὶ φίλος εἶναι, θαυμάζειν 25 φήσουσιν. (111) ἐγὼ δ' οὐκ ἀπορῶ μὲν εἰπεῖν πολλὰ ἅ μοι δοκεῖ μᾶλλον

---

1 ἦτε om. A **2** κέχρηνται A **4** ὁ Κερσοβλέπτης A **7** τηλικοῦτον αὐτόν A **8** καὶ[1] om. A **9** μεῖζον SFY **13** ἀποκτείνοντας F[c]Y **16** τοὺς] τῷ Blass : τοὺς ⟨τῷ⟩ Wolf **17** del. Cobet **18** αὐτοὺς A **19** ἡμῖν A **20** ἡμῖν A **23** πολεμήσετε Y οὐδὲ ἕν Blass **24** τριακόσια AF[γρ] τί] εἰ S[c]F[a] : ἢ SY **24–25** λαμβάνων πολεμεῖν A

der Lage wäret, diese Sache anhand eurer eigenen Erfahrungen zu durchschauen, hättet ihr mit den Bewohnern von Olynth ein Beispiel vor Augen, die, nachdem Philipp was für sie getan hat, wie mit ihm umgehen? Er hat ihnen Poteidaia nicht zu einem Zeitpunkt überlassen, als er es ihnen nicht mehr vorenthalten konnte (wie Kersobleptes euch die Chersones), sondern er hat, obwohl er die unter Aufwendung großer Geldmengen im Krieg gegen euch eroberte Stadt selbst hätte behalten können, wenn er denn gewollt hätte, sie übergeben und nicht einmal den Versuch unternommen, etwas anderes zu tun. (108) Aber trotzdem waren die Olynthier zwar so lange, wie sie ihn in einer so bescheidenen Position sahen, dass auf ihn denn auch Verlass war, seine Verbündeten und führten seinetwegen gegen uns Krieg; da sie aber erkannten, dass ihm eine Machtfülle zuwuchs, die ihn der Treue zu ihnen überhob, sind sie so weit davon entfernt, ein Dekret zu erlassen, wonach jemand, der einen der Männer tötet, die Philipp zur Macht verholfen haben, aus dem Gebiet ihrer eigenen Bundesgenossen abgeführt werden darf, (109) dass sie euch, von denen sie wissen, dass ihr wohl am liebsten von allen Menschen Philipps Freunde und ihn selbst töten würdet, zu ihren Freunden gemacht haben und bekunden, dass sie euch sogar zu Verbündeten machen wollen. Dann verstehen sich also die Olynthier darauf, vorauszusehen, was kommen wird, während ihr, die ihr doch Athener seid, ebendies nicht tun wollt? Es ist aber eine Schande, wenn diejenigen, die in dem Ruf stehen, in der Entscheidung über politische Fragen Experten zu sein, offensichtlich schlechter um ihren eigenen Nutzen wissen als die Olynthier.
(110) Ich habe erfahren, dass er auch ein Argument geltend machen wird, wie es auch bei früherer Gelegenheit Aristomachos bei euch in der Volksversammlung vorgebracht hat: Es sei undenkbar, dass Kersobleptes jemals den Entschluss fassen werde, sich durch den Versuch, euch die Chersones wegzunehmen, eure Feindschaft zuzuziehen. Denn selbst, wenn es ihm gelinge, sie einzunehmen und in seinen Besitz zu bringen, werde er davon keinen Nutzen haben. Die Einkünfte von dort betrügen nicht mehr als dreißig Talente, wenn dort kein Krieg herrsche; wenn aber Krieg herrschen werde, gar nichts. Die Einkünfte seiner Handelsplätze aber, die dann wohl blockiert würden, beliefen sich auf mehr als zweihundert Talente. Deshalb, so werden sie sagen, fragten sie sich, was Kersobleptes wohl dazu motivieren sollte, sich für geringen Gewinn und Krieg zu entscheiden, wenn es ihm möglich sei, den größeren Gewinn zu haben und euer Freund zu sein. (111) Ich könnte mühelos eine ganze Reihe von Punkten aufzählen, in Anbetracht derer man, wie mir scheint, mit größe-

ἄν τις ἰδὼν ἀπιστεῖν εἰκότως ἢ τούτοις πιστεύων ἐκεῖνον ἐᾶν μέγαν γίγνεσθαι· οὐ μὴν ἀλλ' ὃ μάλιστα πρόχειρον ἔχω, τοῦτ' ἐρῶ. ἴστε δήπου Φίλιππον, ἄνδρες Ἀθηναῖοι, τουτονὶ τὸν Μακεδόνα, ᾧ πολὺ δήπου μᾶλλον ἐλυσιτέλει τὰς ἐξ ἁπάσης Μακεδονίας προσόδους ἀδεῶς λαμβάνειν ἢ μετὰ κινδύνων τὰς ἐξ Ἀμφιπόλεως, καὶ χρῆσθαι φίλοις αἱρετώτερον ἦν αὐτῷ τοῖς πατρικοῖς ὑμῖν ἢ Θετταλοῖς, οἳ τὸν πατέρ' αὐτοῦ ποτ' ἐξέβαλον. (112) ἄνευ γὰρ τούτου κἀκεῖνο ἔστιν ἰδεῖν· ὑμεῖς μέν, ὦ ἄνδρες Ἀθηναῖοι, οὐδένα προὐδώκατε πώποτε τῶν φίλων, Θετταλοὶ δὲ οὐδένα πώποθ' ὅντιν' οὔ. ἀλλ' ὅμως οὕτως ἐχόντων τούτων μικρὰ λαμβάνειν καὶ τοὺς ἀπίστους φίλους καὶ τὸ κινδυνεύειν ἀντὶ τοῦ μετ' ἀσφαλείας ζῆν ὁρᾶτε προηρημένον αὐτόν. (113) τί δή ποτ' αἴτιον; οὐ γὰρ δὴ λόγον γε τὸ πρᾶγμα οὑτωσὶ πρόχειρον ἔχει. ὅτι, ὦ ἄνδρες Ἀθηναῖοι, δυοῖν ἀγαθοῖν ὄντοιν πᾶσιν ἀνθρώποις, τοῦ μὲν ἡγουμένου καὶ μεγίστου πάντων, τοῦ εὐτυχεῖν, τοῦ δὲ ἐλάττονος μὲν τούτου, τῶν δ' ἄλλων μεγίστου, τοῦ καλῶς βουλεύεσθαι, οὐχ ἅμα ἡ κτῆσις παραγίγνεται τοῖς ἀνθρώποις, οὐδ' ἔχει τῶν εὖ πραττόντων οὐδεὶς ὅρον οὐδὲ τελευτὴν τῆς τοῦ πλεονεκτεῖν ἐπιθυμίας· δι' ὅπερ πολλοὶ πολλάκις μειζόνων ἐπιθυμοῦντες τὰ παρόντα ἀπώλεσαν. (114) καὶ τί δεῖ Φίλιππον λέγειν ἤ τιν' ἄλλον; ἀλλ' ὁ πατὴρ αὐτὸς ὁ Κερσοβλέπτου, Κότυς, ἡνίκα μὲν στασιάζοι πρός τινας, πρέσβεις πέμπων ἅπαντα ποιεῖν ἕτοιμος ἦν, καὶ τότε ᾐσθάνετο ὡς ἀλυσιτελὲς τὸ τῇ πόλει πολεμεῖν· ἐπειδὴ δ' ὑφ' αὑτῷ τὴν Θρᾴκην ἔχοι, κατελάμβανε τὰς πόλεις, ἠδίκει, μεθύων ἐπαρῴνει μάλιστα μὲν εἰς αὑτόν, εἶτα καὶ εἰς ὑμᾶς, τὴν χώραν ἐποιεῖθ' ἑαυτοῦ, τὸ πρᾶγμα ἀμήχανον ἦν. τῶν γὰρ ὑπὲρ τοῦ πλεονεκτεῖν ἐπιχειρούντων οἷς οὐ χρὴ οὐ τὰ δυσχερέστατα ἕκαστος εἴωθε λογίζεσθαι, ἀλλ' ἃ κατορθώσας διαπράξεται. (115) ἐγὼ δὴ δεῖν ὑμᾶς οἶμαι τοῦτον τὸν τρόπον βεβουλεῦσθαι, ὅπως, ἂν μὲν ἃ χρὴ περὶ ὑμῶν γιγνώσκῃ Κερσοβλέπτης, μηδὲν ὑφ' ὑμῶν ἀδικήσεται, ἂν δὲ ἀλόγως ἀδικεῖν ἐπιχειρῇ, μὴ μείζων ἔσται τοῦ δίκην δοῦναι.

---

3 ὦ ἄνδρες A Π₄₅₉ 5 ἐξ] ἐπ' Π₄₅₉ᵃ 6 ὑμῖν om. Π₄₅₉ᵃ 7 γὰρ] δὲ Π₄₅₉ 11 τὸ αἴτιον Π₄₅₉
15 βουλεύσα]σθαι Π₄₅₉ 16 εὖ om. A οὐδὲ] ἢ S 17 ἐπιθυμήσαντες F τὰ] καὶ τὰ Π₄₅₉
20 πέμπων πρὸς ἡμᾶς A 21 πολεμεῖν ἐστι Π₄₅₉ εἶχεν Π₄₅₉ᵃ et Wolf 22 τὴν πόλιν A
23 εἶτα] ἔπειτα δὲ A ὑφ' ἑαυτῷ A Π₄₅₉ (ut videtur) 27 μηδὲν om Sᵃ 27–28 ἀδικηθήσεται FY 28 ἀδικεῖν del. Rosenberg δοῦναι δίκην A

rer Berechtigung daran zweifeln dürfte als im Vertrauen auf diese Leute Kersobleptes zu einem bedeutenden Machtfaktor werden zu lassen. Aber ich will mich auf das Nächstliegende beschränken: Ihr kennt ja doch Philipp, Athener, diesen Makedonen, für den es doch wohl viel nützlicher gewesen wäre, ohne Risiko die Einkünfte aus ganz Makedonien zu erhalten als unter Gefahren die aus Amphipolis, und für den es die bessere Wahl gewesen wäre, mit euch, wie es schon sein Vater tat, in Freundschaft zu verkehren als mit den Thessalern, die seinen Vater einst vertrieben haben. (112) Denn abgesehen davon lässt sich auch folgendes erkennen: Ihr, Athener, habt niemals irgendeinen eurer Freunde verraten, die Thessaler hingegen haben niemals einen Freund n i c h t verraten. Aber, wie ihr seht, hat er trotzdem, obwohl die Dinge so liegen, geringem Gewinn und den treulosen Freunden und der Gefahr anstelle eines Lebens in Sicherheit den Vorzug gegeben. (113) Was in aller Welt ist der Grund dafür? Denn die Sache ist ja durchaus nicht so ohne weiteres zu verstehen. Der Grund ist, Athener, dass es bei zwei Dingen, die für alle Menschen ein Gut darstellen – wovon das eine an erster Stelle steht und das größte von allen ist, nämlich das Glück, und das andere zwar geringer ist als dieses, von den übrigen Gütern aber das größte, nämlich ein gutes Urteilsvermögen –, dass es also bei diesen Gütern den Menschen nicht beschieden ist, sie beide gleichzeitig zu besitzen, und dass keiner, der vom Glück verwöhnt ist, eine Grenze und eine Sättigung seiner Gier nach noch mehr kennt. Deshalb haben schon viele Leute viele Male durch ihre Gier nach Größerem den vorhandenen Besitz verloren. (114) Und warum soll ich von Philipp sprechen oder einem anderen? Hat doch der Vater des Kersobleptes selbst, Kotys, jedes Mal, wenn er mit jemandem im Streit lag, Gesandte geschickt und war bereit, alles zu tun, und war sich in diesen Situationen gewahr, dass es ungünstig sei, gegen unsere Stadt Krieg zu führen. Wann immer er aber Thrakien unter Kontrolle hatte, nahm er die Städte ein, beging Verbrechen, randalierte betrunken, vor allem zu seinem eigenen, sodann auch zu eurem Schaden, reklamierte das Land für sich – und man konnte der Situation nicht Herr werden. Denn von denen, die aus Gewinnsucht unternehmen, was man nicht unternehmen sollte, pflegt ein jeder nicht an die größten Widrigkeiten zu denken, sondern an das, was er im Erfolgsfall erreichen wird. (115) Meiner Ansicht nach muss daher eure politische Strategie von der Art sein, dass Kersobleptes, wenn er so über euch denkt, wie er soll, kein Unrecht von euch erleiden wird, wenn er aber wider alle Vernunft versucht, euch Unrecht zu tun, nicht zu mächtig sein wird, als dass man ihn bestrafen könnte. Ich will euch aber den

ἀναγνώσομαι δ' ὑμῖν τὴν ἐπιστολὴν ἥν, ὅτε ἀφειστήκει Μιλτοκύθης, Κότυς ἔπεμψεν, καὶ ἣν {ὅτε} πᾶσαν ἔχων τὴν ἀρχὴν πέμψας Τιμομάχῳ τὰ χωρία ὑμῶν ἐξεῖλεν.

ΕΠΙΣΤΟΛΑΙ

(116) Τοῦτο, ὦ ἄνδρες Ἀθηναῖοι, τὸ παράδειγμα ἑορακότες, ἂν ἐμοὶ πείθησθε, κἀκεῖνο εἰδότες, ὅτι Φίλιππος, ὅτε μὲν Ἀμφίπολιν ἐπολιόρκει, ἵν' ὑμῖν παραδῷ πολιορκεῖν ἔφη, ἐπειδὴ δ' ἔλαβεν, καὶ Ποτείδαιαν προσαφείλετο, ἐκείνην τὴν πίστιν βουλήσεσθ' ἔχειν, ἥνπερ φασὶ πρὸς Λακεδαιμονίους ποτ' εἰπεῖν Φιλοκράτην τὸν Ἐφιάλτου. (117) καὶ γὰρ ἐκεῖνόν φασιν, ἐξαπατώντων τι τῶν Λακεδαιμονίων καὶ προτεινόντων πίστιν ἥντινα βούλεται λαμβάνειν, εἰπεῖν ὅτι πίστιν ἂν οἴεται γενέσθαι μόνην, εἰ δείξειαν ὅπως, ἂν ἀδικεῖν βούλωνται, μὴ δυνήσονται, ἐπεὶ ὅτι γ' ἀεὶ βουλήσονται εὖ εἰδέναι· ἕως ἂν οὖν δύνωνται, πίστιν οὐκ εἶναι. ταύτην, ἂν ἐμοὶ χρῆσθε συμβούλῳ, φυλάξετε τὴν πίστιν πρὸς τοῦτον τὸν Θρᾷκα, καὶ μὴ βουλήσεσθε εἰδέναι τίνα ἄν, εἰ πάσης ἄρξειε Θρᾴκης, πρὸς ὑμᾶς σχοίη γνώμην.
(118) Ὅτι τοίνυν ὅλως οὐδ' ὑγιαινόντων ἐστὶν ἀνθρώπων τοιαῦτα γράφειν ψηφίσματα καὶ διδόναι τισὶ τοιαύτας δωρεάς, καὶ τοῦτ' ἐκ πολλῶν ῥᾴδιον γνῶναι. ἴστε γὰρ δήπου πάντες, ὦ ἄνδρες Ἀθηναῖοι, τοῦτο ὁμοίως ἐμοί, ὅτι τὸν Κότυν ποτ' ἐκεῖνον ἐποιήσασθε πολίτην, δῆλον ὡς κατ' ἐκεῖνον τὸν χρόνον εὔνουν ἡγούμενοι. καὶ μὴν καὶ χρυσοῖς στεφάνοις ἐστεφανοῦτε, οὐκ ἄν, εἴ γ' ἐχθρὸν ἡγεῖσθε. (119) ἀλλ' ὅμως, ἐπειδὴ πονηρὸς καὶ θεοῖς ἐχθρὸς ἦν καὶ μεγάλα ὑμᾶς ἠδίκει, τοὺς ἀποκτείναντας ἐκεῖνον Πύθωνα καὶ Ἡρακλείδην, τοὺς Αἰνίους, πολίτας ἐποιήσασθε ὡς εὐεργέτας καὶ χρυσοῖς στεφάνοις ἐστεφανώσατε. εἰ δὴ τότε, ὅθ' ὑμῖν οἰκείως ἔχειν ὁ Κότυς ἐδόκει, ἔγραψέ τις, ἄν τις ἀποκτείνῃ Κότυν, ἔκδοτον αὐτὸν εἶναι, πότερα ἐξέδοτ' ἂν τὸν Πύθωνα καὶ τὸν ἀδελφόν, ἢ παρὰ τὸ ψήφισμα τοῦτο πολίτας ἐποιεῖσθε καὶ ὡς εὐεργέτας

---

2 del. Reiske 3 ἐξεῖλε. λέγε Π₄₅₉ 4 ἐπιστολαί Π₄₅₉ et Reiske : ἐπιστολή SAFY 5 τοῦτο τοίνυν Π₄₅₉ᶜ   ἐμοὶ μὴ SFᵃY : ἐμοὶ μὲν cod. B 6 πεισθῆτε SF Π₄₅₉ : πίθησθε Cobet 5–6 ἂν ἐμοὶ πείθησθε post Ποτείδαιαν προσαφείλετο transp. Cobet 6 ἐπολιόρκει Ἀμφίπολιν A 9 ἰφικράτην AF 12–13 γ' ἀεὶ om. Π₄₅₉ᵃ 13 βουλήσονται ἀδικεῖν Π₄₅₉ᵃ 15 βούλη[σθ]ε Π₄₅₉ : βούλεσθε Bekker : βουλεύ(ευ?)σθε A   τῆς θρᾴκης A 21 ἡγούμενοι καὶ φίλον AFY Π₄₅₉ᵃ 26 ποτε S 27 πότερον SFY

Brief vorlesen, den Kotys schickte, als Miltokythes abgefallen war, und den, den er im Besitz der gesamten Macht dem Timomachos schickte, bevor er eure Gebiete einnahm.

BRIEFE

(116) Mit diesem warnenden Beispiel vor Augen, Athener, und in dem Wissen, dass Philipp, als er Amphipolis belagerte, behauptete, er belagere es, um es euch zu übergeben, dass er aber, als er es erobert hatte, euch noch dazu Poteidaia wegnahm, solltet ihr, wenn ihr meine Worte beherzigt, jene Treuegarantie haben wollen, die, wie man sagt, einst Philokrates, der Sohn des Ephialtes, den Lakedaimoniern gegenüber nannte. (117) Jener soll nämlich, als die Lakedaimonier ihn in irgendeiner Angelegenheit zu betrügen versuchten und ihm anboten, jede Garantie ihrer Treue zu erhalten, die er wolle, gesagt haben, ihre Treue dürfte seiner Meinung nach einzig und allein dann garantiert sein, wenn sie ihm zeigten, wodurch sie, wenn sie Unrecht tun wollten, daran gehindert sein würden; denn dass sie es immer wollen würden, wisse er genau. Solange sie also dazu in der Lage seien, gebe es keine Garantie ihrer Treue. An dieser Art der Treuegarantie solltet ihr, wenn ihr meinem Rat folgt, im Umgang mit diesem Thraker festhalten, und ihr solltet nicht darauf neugierig sein, welche Gesinnung er wohl euch gegenüber zeigte, wenn er über ganz Thrakien herrschte.

(118) Dass es zudem grundsätzlich nicht dem Verhalten geistig gesunder Menschen entspricht, solche Anträge zu stellen und irgendwelchen Leuten derartige Ehrengeschenke zu verleihen, auch das kann man an zahlreichen Beispielen leicht erkennen. Denn ihr wisst doch wohl alle so gut wie ich, Athener, dass ihr einst besagtem Kotys das Bürgerrecht verliehen habt, natürlich, weil ihr zu jener Zeit glaubtet, er sei euch wohlgesinnt. Und noch dazu habt ihr ihn mit goldenen Kränzen bedacht – was ihr nicht getan hättet, wenn ihr ihn für einen Feind gehalten hättet. (119) Gleichwohl aber habt ihr, nachdem sich herausgestellt hatte, dass er ein gottverhasster Schurke war und euch massives Unrecht zufügte, seinen Mördern Python und Herakleides aus Ainos, da sie euch als Wohltäter galten, das Bürgerrecht verliehen und sie mit goldenen Kränzen bedacht. Wenn nun damals, als Kotys mit euch auf gutem Fuße zu stehen schien, einer beantragt hätte, dass, wenn jemand den Kotys töte, er ausgeliefert werden müsse, hättet ihr Python und seinen Bruder ausgeliefert oder ihnen diesem Beschluss zuwider das Bürgerrecht verliehen und sie als Wohltäter

ἐτιμᾶτε; (120) τί δ'; Ἀλέξανδρον ἐκεῖνον τὸν Θετταλόν, ἡνίκα εἶχε μὲν
αἰχμάλωτον δήσας Πελοπίδαν, ἐχθρὸς δ' ὡς οὐδεὶς ἦν Θηβαίοις, ὑμῖν δ'
οἰκείως διέκειτο οὕτως ὥστε παρ' ὑμῶν στρατηγὸν αἰτεῖν, ἐβοηθεῖτε δ'
αὐτῷ καὶ πάντ' ἦν Ἀλέξανδρος, πρὸς Διὸς εἴ τις ἔγραψεν, ἄν τις ἀποκτείνῃ Ἀλέξανδρον, ἀγώγιμον εἶναι, ἆρ' ἂν ὧν μετὰ ταῦθ' ὕβρισεν καὶ 5
προὐπηλάκισεν ἀσφαλὲς ἦν τῷ παρ' αὐτοῦ δίκην πειρᾶσθαι λαβεῖν;
(121) τί δὲ τἄλλα λέγοι τις ἄν; ἀλλ' ὁ μάλιστα δοκῶν νῦν ἡμῖν ἐχθρὸς
εἶναι Φίλιππος οὑτοσί, εἰ τότε, ὅτ' Ἀργαῖον κατάγοντας λαβὼν τῶν
ἡμετέρων τινὰς πολιτῶν ἀφῆκε μὲν αὐτούς, ἀπέδωκε δὲ πάνθ' ὅσ' ἀπώλεσαν αὐτοῖς, πέμψας δὲ γράμματα ἐπηγγέλλετο ἕτοιμος εἶναι συμμαχίαν 10
ποιεῖσθαι καὶ τὴν πατρικὴν φιλίαν ἀνανεοῦσθαι, εἰ τότε ἠξίωσε τυχεῖν
τούτων καί τις ἔγραψε τῶν ἀφεθέντων ὑπ' αὐτοῦ, ἐάν τις ἀποκτείνῃ
Φίλιππον, ἀγώγιμον εἶναι, καλήν γ' ὕβριν ἦμεν ἂν ὑβρισμένοι. (122) ἆρά
γε ὁρᾶτε καὶ καταμανθάνετε, ὦ ἄνδρες Ἀθηναῖοι, ἐφ' ἑκάστου τούτων
ἡλίκην ἂν ὠφληκότες ἦτε παράνοιαν, εἴ τι τοιοῦτον ἐτυγχάνετε ἐψηφι- 15
σμένοι; ἔστι γὰρ οὐχ ὑγιαινόντων, οἶμαι, ἀνθρώπων, οὔθ' ὅταν τινὰ
ὑπειλήφωσι φίλον, οὕτω πιστεύειν ὥστε, ἂν ἀδικεῖν ἐπιχειρῇ, τὸ ἀμύνασθαι σφῶν αὐτῶν ἀφελέσθαι, οὔθ' ὅταν ἐχθρόν τινα ἡγῶνται, οὕτως αὖ
μισεῖν ὥστε, ἂν παυσάμενος βούληται φίλος εἶναι, τὸ ποιεῖν ἐξεῖναι
ταῦτα κωλῦσαι· ἀλλ' ἄχρι τούτου καὶ φιλεῖν, οἶμαι, χρὴ καὶ μισεῖν, 20
μηδετέρου τὸν καιρὸν ὑπερβάλλοντας.
(123) Οὐ τοίνυν ἔγωγε οὐδ' ἐκεῖνο ἰδεῖν δύναμαι, ὡς οὐχὶ πάντες ἄνθρωποι τούτων ἀξιώσουσι τυχεῖν, ὅσοις πέρ ἐστι καὶ ἡτισοῦν εὐεργεσίας
πρόφασις πρὸς ὑμᾶς, εἰ Χαριδήμῳ δώσετε, οἷον, εἰ βούλεσθε, Σίμων,
Βιάνωρ, Ἀθηνόδωρος, ἄλλοι μυρίοι. εἰ μὲν τοίνυν πᾶσι ψηφιούμεθα 25
ταῦτα, λήσομεν, ὡς ἔοικε, μισθοφόρων ἔργον ἀνθρώπων ποιοῦντες τὴν

---

2 Θηβαίοις ἦν Α   6 τῷ ΑΥ   7 ὑμῖν Α   9-10 ἀπώλεσεν S   15 παρανομίαν ὠφληκότες
ἦτε Α   16 οἶμαι ἀνδρῶν F^γρ : ἀνδρῶν οἶμαι Α   17-18 ἀμύνεσθαι Α   19 φίλος εἶναι
βούληται F   23 ὁπόσοις Α   ἡτισοῦν] εἴ τις οὖν SY   26 ταὐτά Y

geehrt? **(120)** Und wie steht es mit folgendem? Als der Thessaler Alexandros Pelopidas als Kriegsgefangenen in Ketten hielt und den Thebanern ein Feind war wie sonst keiner, mit euch aber auf so gutem Fuße stand, dass er von euch einen Strategen anfordern konnte, und ihr ihm zu Hilfe kamt und Alexandros euer ein und alles war – wenn da, beim Zeus, einer beantragt hätte, dass es, wenn jemand den Alexandros töte, erlaubt sein solle, ihn festzunehmen und abzuführen, hätte dann jemand gefahrlos versuchen können, ihn für das zu bestrafen, was er danach an überheblichen Freveltaten und demütigenden Misshandlungen verübt hat? **(121)** Aber warum sollte man die übrigen Beispiele aufzählen? Vielmehr [genügt folgendes]: Derjenige, der uns gegenwärtig am feindlichsten gesinnt zu sein scheint, der schon erwähnte Philipp, wenn der damals, als er einige unserer Mitbürger, die er bei dem Versuch, dem Argaios zur Heimkehr aus dem Exil zu verhelfen, gefangen genommen hatte, nicht nur frei ließ, sondern ihnen auch alles zurückgab, was sie verloren hatten, und einen Brief schickte, in dem er sich bereit erklärte, ein Bündnis zu schließen und die vom Vater gepflegte Freundschaft zu erneuern, wenn der also damals gefordert hätte, dass ihm diese Ehrungen zuteil würden, und wenn einer von denen, die von ihm freigelassen worden waren, beantragt hätte, dass es, wenn einer Philipp töte, erlaubt sein solle, ihn festzunehmen und abzuführen, dann hätten wir eine schöne Schmach erlitten. **(122)** Seht ihr und versteht ihr, Athener, welch gewaltige geistige Umnachtung ihr euch in jedem einzelnen dieser Fälle hättet vorwerfen lassen müssen, wenn ihr tatsächlich etwas derartiges beschlossen hättet? Denn es entspricht weder dem Verhalten geistig gesunder Menschen, so will ich wohl meinen, jemandem, wenn man ihn für einen Freund hält, so sehr zu vertrauen, dass man sich, sollte er etwas Unrechtes zu tun versuchen, der Möglichkeit der Gegenwehr beraubt, noch umgekehrt jemanden, wenn man ihn für einen Feind hält, so sehr zu hassen, dass man ihm, sollte er die Feindschaft beilegen und ein Freund sein wollen, die Möglichkeit verbaut, dies zu tun. Vielmehr muss man, so glaube ich, bis zu dem Grad sowohl lieben als auch hassen, dass man das rechte Maß für beides nicht überschreitet.
(123) Auch vermag ich nicht zu erkennen, wie nicht alle Leute, die auch nur irgendwie für sich reklamieren können, euch etwas Gutes getan zu haben, verlangen sollten, diese Ehrungen zu erhalten, wenn ihr sie dem Charidemos gewähren werdet – wie etwa, wenn ihr [konkrete Beispiele hören] wollt, Simon, Bianor, Athenodoros, zigtausend andere. Wenn wir nun diese Beschlüsse für alle fassen, werden wir, wie es aussieht, ohne es selbst zu merken, die Arbeit von Söldnern verrichten, da wir über das

ἑκάστου σωτηρίαν τούτων δορυφοροῦντες· εἰ δὲ τῷ μέν, τοῖς δ' οὔ, δικαίως ἐγκαλοῦσιν οἱ μὴ τυχόντες. **(124)** φέρ', ἐὰν δὲ δὴ καὶ Μενέστρατος ἡμᾶς ὁ Ἐρετριεὺς ἀξιοῖ ταὐτὰ καὶ αὑτῷ ψηφίσασθαι, ἢ Φάυλλος ὁ Φωκεὺς ἤ τις ἄλλος δυνάστης (πολλοῖς δὲ δήπου διὰ καιρούς τινας πολλάκις φίλοι γιγνόμεθα), πότερον ψηφιούμεθα πᾶσιν ἢ οὔ; "ψηφιούμεθα νὴ Δία." καὶ τί φήσομεν, ὦ ἄνδρες Ἀθηναῖοι, {καλόν,} εἰ τῶν Ἑλλήνων ἐπ' ἐλευθερίᾳ προεστάναι φάσκοντες τοὺς ἰδίᾳ δυνάμεις ἐπὶ τοῖς πλήθεσι κεκτημένους δορυφοροῦντες φανούμεθα; **(125)** εἰ γάρ ἐστί τῳ δοτέον τι τοιοῦτον, ὡς ἔγωγε οὔ φημι, πρῶτον μὲν τῷ μηδὲν ἠδικηκότι πώποτε, δεύτερον δὲ μηδ' ἂν ἀδικεῖν βούληται δυνησομένῳ, ἔπειθ' ὡς ἀληθῶς ὅστις ἅπασιν ἀνθρώποις ἔσται φανερὸς ὑπὲρ τοῦ μὴ παθεῖν ταῦτα εὑρισκόμενος, καὶ οὐκ ἐπὶ τῷ ποιεῖν μετ' ἀδείας ἑτέρους κακῶς, τούτῳ δοτέον. ὅτι μὲν τοίνυν ὁ Χαρίδημος οὔτε τῶν ἀναμαρτήτων ἐστὶ πρὸς ὑμᾶς οὔτε τῶν ἵνα μή τι πάθῃ ταῦτα εὑρισκομένων, ἐάσω· ἀλλ' ὡς οὐδὲ πιστὸς εἰς τὸν ἔπειτα χρόνον, ἀκούσατέ μου, καὶ σκοπεῖτε, ἂν ὑμῖν ὀρθῶς ἐξετάζειν δοκῶ.
(126) Ἐγὼ νομίζω, ὦ ἄνδρες Ἀθηναῖοι, ὅσοι μὲν τῶν ἡμετέρων ἐθῶν καὶ νόμων ἐπιθυμηταὶ γενόμενοι πολῖται ἐσπούδασαν γενέσθαι, ἅμα τ' αὐτοὺς ἂν τυγχάνειν τούτων καὶ παρ' ἡμῖν οἰκεῖν καὶ μετέχειν ὧν ἐπεθύμησαν· ὅσους δὲ τούτων μὲν μηδενὸς μήτ' ἐπιθυμία μήτε ζῆλος εἰσέρχεται, τὴν πλεονεξίαν δ' ἀγαπῶσιν ἣν διὰ τοῦ δοκεῖν ὑφ' ὑμῶν τιμᾶσθαι καρποῦνται, τούτους δ' οἴομαι, μᾶλλον δὲ οἶδα σαφῶς, ὅταν ποτὲ μείζονος πλεονεξίας ἑτέρωθεν ἐλπίδα ἴδωσιν, οὐδ' ὁτιοῦν ὑμῶν φροντίσαντας ἐκείνην θεραπεύσειν. **(127)** οἷον, ἵν' εἰδῆτε καὶ ὑμεῖς πρὸς ὃ ταῦτ' ἐγὼ βλέπων λέγω, Πύθων οὑτοσί, ὅτε μὲν Κότυν εὐθὺς ἀπεκτονὼς οὐκ ἀσφαλὲς ἡγεῖτο ἀπελθεῖν ὅποι τύχοι, ἦλθεν ὡς ὑμᾶς καὶ πολιτείαν

---

1 τῷ] τοῖς A   2 ἐγκαλέσουσιν SAFY : corr. Cobet   5 πότερα A   6 del. Cobet   7 ἰδίας Y   8 φανούμεθα; ἐγὼ μὲν οὐχ ὁρῶ AF^γρ : φανούμεθα; ἐγὼ μὲν οὐκ ἔχω FY   δοτέον τι] δέον τι A   9 τῷ πρῶτον μὲν Weil : τῷ del. Cobet   10 δεύτερον δὲ del. Cobet : δεύτερον δὲ ⟨τῷ⟩ Lambinus   11 ⟨τι⟩ παθεῖν Markland   12–13 τοῦτο δοτέον F^a : del. Cobet   15 ἔπειτα] ἅπαντα A   18 γενέσθαι ἐσπούδασαν AF   20 ὅσοις AFY   21 ἡμῶν A   22 δ' om. AF   23 ἡμῶν SFY   24–25 πρὸς ἃ βλέπων ἐγὼ ταῦτα A   26 ἡγεῖτο τὸ S   ὅπου A

Wohl eines jeden dieser Männer als Leibgarde wachen. Wenn wir die Ehrung aber dem einen gewähren, den anderen nicht, werden die, die sie nicht erhalten haben, sich mit Recht beschweren. (124) Sagt mir bitte: Wenn nun auch Menestratos aus Eretria von uns verlangt, dieselben Ehrungen auch für ihn zu beschließen, oder Phayllos aus Phokis oder ein anderer Machthaber (wir schließen aber ja doch wohl mit vielen Leuten aufgrund gewisser Zeitumstände vielfach Freundschaften), werden wir diese Beschlüsse für alle fassen oder nicht? „Wir werden sie fassen, beim Zeus!" Und was werden wir sagen, Athener, wenn wir, obwohl wir doch behaupten, unsere Führungsposition unter den Griechen um der Verteidigung der Freiheit willen innezuhaben, vor aller Augen als Leibwächter derjenigen fungieren werden, die als Einzelpersonen über Machtmittel zur Unterdrückung der Volksmenge verfügen? (125) Denn wenn überhaupt irgendwem eine solche Ehre erwiesen werden soll – was ich, wie gesagt, ablehne –, dann erstens jemandem, der sich niemals eines Unrechts schuldig gemacht hat und zweitens selbst dann, wenn er Unrecht tun will, nicht dazu in der Lage sein wird, schließlich fürwahr jemandem, bei dem für alle Menschen außer Zweifel stehen wird, dass er diese Ehrungen erhält, damit ihm keine Misshandlung widerfährt, und nicht, damit er andere ohne Angst vor Konsequenzen misshandeln kann. So einem mag man sie erweisen. Dass nun Charidemos weder zu denen gehört, die sich nicht gegen euch verfehlt haben, noch zu denen, die diese Ehrungen erlangen, damit ihm nichts passiert, will ich beiseite lassen. Dass ihm aber auch für die Zukunft nicht zu trauen ist, das sollt ihr von mir hören; und schaut, ob ich es euch korrekt zu analysieren scheine.
(126) Ich glaube, Athener, dass alle, die sich eifrig um das Bürgerrecht bemüht haben, weil sie zu Anhängern unserer Einrichtungen und Gesetze geworden sind, mit Erlangung dieser Ehre zugleich auch bei uns zu leben und an dem zu partizipieren pflegen, was sie so heftig wollten. All die aber, die weder das Verlangen noch das Streben nach einer dieser sozialen Errungenschaften anwandelt, sondern denen nur an dem Vorteil gelegen ist, den sie durch den Anschein, bei euch in Ehre zu stehen, genießen, diese Leute, so glaube ich – vielmehr: ich weiß es genau – werden, wann immer sich ihnen einmal eine Aussicht auf größeren Vorteil von anderer Seite bietet, diesem nachjagen, ohne sich um euch auch nur im Geringsten zu kümmern. (127) Wie zum Beispiel – damit ihr auch wisst, was ich bei dieser Aussage im Blick habe – der erwähnte Python, da er es gleich nach dem Mord an Kotys nicht für sicher hielt, sich an irgendeinen beliebigen Ort zurückzuziehen, zu euch kam, um das Bürgerrecht bat und euch vor

ᾔτησεν καὶ πάντων ἐποιήσατο πρώτους ὑμᾶς, ἐπειδὴ δὲ οἴεται τὰ Φιλίππου πράγματα συμφέρειν αὐτῷ μᾶλλον, οὐδ' ὁτιοῦν ὑμῶν φροντίσας τἀκείνου φρονεῖ. οὐ γὰρ ἔστιν, οὐκ ἔστιν, ὦ ἄνδρες Ἀθηναῖοι, παρὰ τούτοις τοῖς ἐπὶ τῇ τοῦ πλεονεκτεῖν προαιρέσει ζῶσιν οὐδὲν οὔτε βέβαιον οὔθ' ὅσιον, ἀλλὰ δεῖ τούτων, ὅστις εὖ φρονεῖ, φυλαττόμενον περιεῖναι, μὴ 5 προπιστεύσαντα κατηγορεῖν. (128) εἰ τοίνυν, ὦ ἄνδρες Ἀθηναῖοι, τοὐναντίον ἢ τἀληθὲς ἔχει, θείημεν τὸν Χαρίδημον αὐτὸν καὶ γεγενῆσθαι περὶ ἡμᾶς σπουδαῖον καὶ εἶναι καὶ ἔσεσθαι, καὶ μηδέποτ' ἄλλην γνώμην ἢ ταύτην σχήσειν, οὐδὲν μᾶλλον ἔχει καλῶς ταῦτ' αὐτῷ ψηφίσασθαι. εἰ μὲν γὰρ ἐπ' ἄλλο τι ταύτην τὴν ἄδειαν ἐλάμβανε, τὴν ἐκ τοῦ ψηφίσματος, ἢ 10 τὰ Κερσοβλέπτου πράγματα, ἧττον ἂν ἦν δεινόν· νῦν δέ, ὑπὲρ οὗ καταχρήσεται τῇ διὰ τοῦ ψηφίσματος πλεονεξίᾳ, οὐκ ἀξιόπιστον οὔθ' ἡμῖν οὔτ' ἐκείνῳ λογιζόμενος αὐτὸν εὑρίσκω. (129) σκέψασθε δὲ ὡς δικαίως ἕκαστα ἐξετάζω, καὶ σφόδρα γε εἰκότως δεδιώς· ἐγὼ σκοπῶ Κότυν, ὅτι κηδεστὴς ἦν Ἰφικράτει τὸν αὐτὸν τρόπον ὅνπερ Χαριδήμῳ 15 Κερσοβλέπτης, καὶ τὰ πεπραγμένα ὁρῶ πολλῷ μείζονα καὶ χάριτος πλείονος ἄξια ὑπὲρ Κότυος Ἰφικράτει ἢ ὑπὲρ Κερσοβλέπτου Χαριδήμῳ. (130) σκεψώμεθα δ' οὑτωσί. ἴστε δήπου τοῦτ', ἄνδρες Ἀθηναῖοι, ὅτι χαλκῆς εἰκόνος οὔσης παρ' ὑμῖν Ἰφικράτει καὶ σιτήσεως ἐν πρυτανείῳ καὶ δωρεῶν καὶ τιμῶν ἄλλων, δι' ἃς εὐδαίμων ἐκεῖνος ἦν, ὅμως ἐτόλμη- 20 σεν ὑπὲρ τῶν Κότυος πραγμάτων ἐναντία τοῖς ὑμετέροις στρατηγοῖς ναυμαχεῖν, καὶ περὶ πλείονος ἐποιήσατο τὴν ἐκείνου σωτηρίαν ἢ τὰς ὑπαρχούσας ἑαυτῷ παρ' ὑμῖν τιμάς. καὶ εἰ μὴ μετριωτέραν ἔσχετε τὴν ὀργὴν ὑμεῖς τῆς ἐκείνου προπετείας, οὐδὲν ἂν αὐτὸν ἐκώλυεν ἀθλιώτατον ἀνθρώπων ἁπάντων εἶναι. (131) ἀλλ' ὅμως ὁ Κότυς, ὑπ' ἐκείνου 25 σωθεὶς καὶ λαβὼν ἔργῳ τῆς ἐκείνου φιλίας πεῖραν, ἐπειδὴ βεβαίως ἡγήσατο σῶς εἶναι, οὐχ ὅπως ἀποδώσει χάριν ἐσπούδασεν αὐτῷ καὶ πρὸς ὑμᾶς δι' ἐκείνου τι φιλάνθρωπον ἔπραξεν, ἵνα συγγνώμης ἐπὶ τοῖς πεπραγμένοις τύχῃ, ἀλλὰ πᾶν τοὐναντίον ἠξίου μὲν αὐτὸν συμπολιορκεῖν τὰ λοιπὰ τῶν ὑμετέρων χωρίων, (132) οὐκ ἐθέλοντος δ' ἐκείνου, 30

---

1 ᾐτήσατο F   ἐποιεῖτο A   5 τοῦτον F   7 ἔχει] ὑπάρχει SFY   13 αὐτὸν] τοῦτον Blass : om. cod. Wb : del. Taylor   14 γε om. A   18 σκεψόμεθα A   οὕτως Y   21 ἡμετέροις S   23 ὑμῶν A   23–24 ὑμεῖς ἔσχετε τὴν ὀργὴν A   24 ἐκώλυσεν FY   24–25 ἀθλιώτατον ἄνθρωπον ἁπάντων F : ἀνθρώπων ἁπάντων ἀθλιώτερον A   26 τότε σωθεὶς F   27 ἀποδώσῃ A   28 ἐκεῖνον Y

allen anderen in den Himmel hob, jetzt aber, nachdem er zu der Ansicht gelangt ist, dass ihm Philipps Sache mehr nütze, auf dessen Seite steht, ohne sich um euch auch nur im Geringsten zu kümmern. Denn es gibt nichts, nein, es gibt nichts, Athener, was bei diesen Leuten, die ihr Leben nach der Maxime des persönlichen Vorteils ausrichten, verlässlich und heilig ist, sondern wer klug ist, muss ihnen durch Wachsamkeit voraus sein, anstatt ihnen voreilig zu vertrauen und sie hinterher anzuklagen.
(128) Wenn wir nun, Athener, von der – ganz im Gegensatz zur Realität stehenden – Annahme ausgehen wollten, dass Charidemos selbst redlich um uns bemüht war und ist und sein wird und dass er niemals eine andere Gesinnung als diese annehmen wird, würde es dadurch definitiv kein bisschen richtiger, ihm diese Ehre zu bewilligen. Wenn er nämlich diese Handlungsfreiheit (die, die aus dem Dekret resultiert) zu einem anderen Zweck erhielte als für die Geschäfte des Kersobleptes, wäre es weniger gefährlich. Nun aber muss ich, wenn ich es recht bedenke, feststellen, dass der Mann, zu dessen Gunsten Charidemos den Vorteil, der ihm durch das Dekret entsteht, ausnutzen wird, weder für uns noch für ihn vertrauenswürdig ist **(129)** Schaut aber, wie gerecht ich alles im Einzelnen analysiere – und mit wie sehr berechtigter Furcht. Ich sehe bei Kotys, dass er mit Iphikrates durch Heirat verwandt war, genau so, wie Kersobleptes mit Charidemos durch Heirat verwandt ist, und ich erkenne, dass das, was von Iphikrates für Kotys geleistet wurde, viel bedeutender ist und größeren Dank verdient als das, was von Charidemos für Kersobleptes geleistet wurde. **(130)** Lasst uns nun die Sache folgendermaßen betrachten: Ihr wisst ja wohl, Athener, dass Iphikrates, obwohl er bei euch ein bronzenes Standbild hatte und die Speisung im Prytaneion sowie weitere Privilegien und Ehren genoss, die ihn zu einem rundum glücklichen Menschen machten, sich gleichwohl erdreistete, für die Interessen des Kotys gegen eure Strategen zur See zu kämpfen, und dass er dessen Wohlergehen für wichtiger hielt als die Ehren, die ihm bei euch geboten wurden. Und wäre nicht euer Zorn moderater gewesen, als es seiner Frechheit angemessen war, hätte ihn nichts davor bewahrt, der unglücklichste Mensch der Welt zu sein. **(131)** Aber dennoch hat Kotys, obwohl er von Iphikrates gerettet worden war und dadurch einen manifesten Beweis seiner Freundschaft erhalten hatte, sich, als er sich in stabiler Sicherheit glaubte, nicht bemüht, ihm Dank zu bezeigen, und ließ euch nicht durch ihn irgendeine Geste der Freundlichkeit erweisen, damit er Verzeihung für seine Taten erlange, sondern er forderte ganz im Gegenteil von ihm, mit ihm zusammen eure restlichen Stellungen zu belagern. **(132)** Als Iphikrates sich weigerte,

λαβὼν αὐτὸς τήν τε βαρβαρικὴν δύναμιν καὶ τὴν ὑπ' ἐκείνου συνειλεγμένην, καὶ τὸν Χαρίδημον τοῦτον προσμισθωσάμενος, προσέβαλλε τοῖς ὑμετέροις χωρίοις, καὶ εἰς τοῦτο κατέστησε τὸν Ἰφικράτην ἀπορίας, ὥστε ἀπελθόντα εἰς Ἄντισσαν οἰκεῖν καὶ πάλιν εἰς Δρῦν, ἡγούμενον ὡς μὲν ὑμᾶς οὐχὶ καλῶς ἔχειν ἐλθεῖν, οὓς ὑστέρους ἐπεποίητο τοῦ Θρᾳκὸς καὶ τοῦ βαρβάρου, παρ' ἐκείνῳ δ' οὐκ ἀσφαλὲς εἶναι μένειν, ὃν οὕτως ὀλιγωροῦνθ' ἑώρα τῆς ἑαυτοῦ σωτηρίας. (133) ἂν οὖν, ὦ ἄνδρες Ἀθηναῖοι, καὶ Κερσοβλέπτης ἐκ τῆς τῷ Χαριδήμῳ νῦν ἀδείας κατασκευαζομένης αὐξηθεὶς ὀλιγωρῇ μὲν ἐκείνου, νεωτερίζῃ δέ τι καὶ κινῇ πρὸς ὑμᾶς, ἐξαρκεῖ τοῦθ' ὑμῖν, ἐὰν Χαρίδημος ἐξαπατηθῇ, τὸν Θρᾷκα ἰσχυρὸν ἐφ' ὑμᾶς αὐτοὺς κατεσκευακέναι; ἐγὼ μὲν οὐκ ἀξιῶ. καὶ γὰρ ἐκεῖνο νομίζω δίκαιον· εἰ μὲν αἰσθάνεται ταῦτα καὶ προορᾷ Χαρίδημος, εἶθ' ὅπως τοιούτων ψηφισμάτων τεύξεται διαπράττεται, (134) ὡς ἐπιβουλεύοντι μὴ ἐπιτρέπειν αὐτῷ, εἰ δὲ λέληθεν αὐτόν, ὅσῳ μᾶλλον εὔνουν τις αὐτὸν ὑπείληφεν εἶναι, τοσούτῳ μᾶλλον προϊδέσθαι καὶ ὑπὲρ αὐτοῦ καὶ ὑπὲρ ἐκείνου. ἔστι γὰρ φίλων ἀγαθῶν οὐ τὰ τοιαῦτα χαρίζεσθαι τοῖς εὔνοις, ἐξ ὧν κἀκείνοις καὶ σφίσιν αὐτοῖς ἔσται τις βλάβη, ἀλλ' ὃ μὲν ἂν μέλλῃ συνοίσειν ἀμφοῖν, συμπράττειν, ὃ δ' ἂν αὐτὸς ἄμεινον ἐκείνου προορᾷ, πρὸς τὸ καλῶς ἔχον τίθεσθαι καὶ μὴ τὴν ἤδη χάριν τοῦ μετὰ ταῦτα χρόνου παντὸς περὶ πλείονος ἡγεῖσθαι. (135) οὐ τοίνυν οὐδ' ἐκεῖνο λογιζόμενος δύναμαι κατιδεῖν, ὡς, εἰ καὶ βάρβαρος καὶ ἄπιστος ὁ Κερσοβλέπτης, ὅμως προνοηθείη γ' ἂν μὴ τὰ τηλικαῦτα ἀδικῆσαι Χαρίδημον. ὅταν γὰρ πάλιν ἐξετάσω ἡλίκων Κότυς Ἰφικράτην ἀποστερήσειν μέλλων οὐδὲν ἐφρόντισεν, παντελῶς τούτῳ γε οὐδὲν ἂν ἡγοῦμαι μελῆσαι τῶν ἀπολουμένων Χαριδήμῳ. (136) ὁ μέν γε ἐκεῖνον τιμάς, σίτησιν, εἰκόνας, πατρίδα ἢ ζηλωτὸν αὐτὸν ἐποίησεν, ὀλίγου δέω λέγειν πάνθ' ὧν ἄνευ ζῆν οὐκ ἄξιον ἦν Ἰφικράτει, νομίζων ἀποστερήσειν οὐκ ἐπεστράφη· οὗτος δ' ὡς ἀληθῶς τίνος ἂν καὶ λόγον σχοίη μὴ {τίνος} Χαρίδημον ἀποστερή-

---

2–3 τοῖς ὑμετέροις προσέβαλλε A   8 ὁ Κερσοβλέπτης A   9 τι om. S^a 11 αὐτοὺς om. A   16 ἐκείνων A   23 πηλίκων Y   ἀποστερεῖν A   25 εἰκόνας σίτησιν A : εἰκόνα Blass   27 ἀπεστράφη A   28 del. Taylor

nahm Kotys sein Barbarenheer und die von Iphikrates zusammengestellte Streitmacht, heuerte noch dazu den Charidemos an und führte selbst den Angriff auf eure Stellungen. Und er brachte Iphikrates in solche Bedrängnis, dass er sich nach Antissa zurückzog und dort lebte, und dann wiederum nach Drys, weil er glaubte, es sei einerseits nicht recht, zu euch zu kommen, denen er den Thraker und den Barbaren vorgezogen hatte, und andererseits nicht sicher, bei Kotys zu bleiben, dem, wie er erkennen musste, sein Wohlergehen so gleichgültig war. (133) Wenn nun, Athener, auch Kersobleptes, nachdem er mit Hilfe der Immunität, die man dem Charidemos jetzt zu verschaffen sucht, seine Macht erweitert hat, jenen achtlos seinem Schicksal überlässt, gegen euch aber aufbegehrt und an den bestehenden Verhältnissen rüttelt, seid ihr, wenn denn Charidemos betrogen wurde, damit zufrieden, dem Thraker zu eurem eigenen Nachteil Stärke verschafft zu haben? Mir jedenfalls schiene das falsch. Denn ich halte folgendes für gerecht: Wenn Charidemos diese Gefahr spürt und voraussieht und dann trotzdem darauf hinarbeitet, in den Genuss derartiger Dekrete zu kommen, (134) sie ihm nicht zu gewähren in der Überzeugung, dass er Böses im Schilde führt; wenn er es aber nicht merkt, sich, je fester man von seiner freundlichen Gesinnung überzeugt ist, desto mehr sowohl im eigenen als auch in seinem Interesse vorzusehen. Es gehört sich nämlich für gute Freunde, denen, die ihnen zugetan sind, nicht solche Gefälligkeiten zu erweisen, durch welche sowohl jenen als auch ihnen selbst ein Schaden entstehen wird, sondern das, was voraussichtlich beiden nützen wird, gemeinsam zu tun, und das, was man selbst besser vorhersieht als der Freund, zum Guten zu wenden und nicht die Gunst, die man für den Moment erwirbt, höher zu schätzen als die, die man in der gesamten Zeit danach genießt. (135) Auch dies vermag ich bei rationaler Überlegung nicht einzusehen, dass Kersobleptes, sei er auch ein Barbar und jemand, dem nicht zu trauen ist, sich gleichwohl davor in Acht nehmen dürfte, Charidemos so großes Unrecht anzutun. Denn wenn ich mir wiederum ansehe, wie bedeutender Güter Kotys Iphikrates zu berauben sich anschickte, ohne irgendwelche Skrupel zu hegen, dann glaube ich, dass es erst recht den Kersobleptes ganz und gar nicht kümmern dürfte, was Charidemos verloren gehen wird. (136) Kotys hat sich, obwohl er annehmen musste, er werde Iphikrates seiner Privilegien berauben, der öffentlichen Speisung, der Standbilder, der Heimat, die ihn zu einem beneidenswerten Menschen gemacht hatte, – ich möchte fast sagen: all dessen, ohne das es sich für Iphikrates nicht zu leben lohnte – nicht daran gekehrt. Kersobleptes aber, fürwahr, welches Gut sollte er sich denn

ση; οὐδ' ὁτιοῦν ἐστι γὰρ παρ' ὑμῖν αὐτῷ, οὐ παῖδες, οὐκ εἰκών, οὐ συγγενεῖς, οὐκ ἄλλ' οὐδέν. (137) καὶ μὴν εἰ μήτε φύσει πιστὸς ὁ Κερσοβλέπτης, ἔκ τε τῶν γεγενημένων πρότερον δικαίως ἄπιστος, μηδέν τε τοιοῦτον ὑπάρχει τοῖς πράγμασιν δι' ὃ κἂν παρὰ γνώμην καὶ φύσιν προνοηθείη τι τοῦ Χαριδήμου, τίνος ἕνεκα ἁπλῶς καὶ κομιδῇ τετυφωμένως οὕτως, ἃ βούλεται διαπράξασθαι, συλλάβωμεν αὐτῷ, καὶ ταῦτα ἐφ' ἡμῖν ὄντα; ἐγὼ μὲν οὐχ ὁρῶ.
(138) Ὅτι τοίνυν ἄνευ τοῦ τοῖς πράγμασι μὴ συμφέρειν τὸ ψήφισμα, οὐδὲ πρὸς δόξαν συμφέρει τῇ πόλει τοιοῦτον οὐδὲν ἐψηφισμένῃ φαίνεσθαι, καὶ τοῦτο δεῖ μαθεῖν ὑμᾶς. εἰ μὲν γάρ, ὦ ἄνδρες Ἀθηναῖοι, πόλιν οἰκοῦντί τῳ καὶ νόμοις πολιτευομένῳ τὸ ψήφισμα ἐγέγραπτο, δεινὸν ὂν ἧττον ἂν ἦν αἰσχρόν· νῦν δὲ γέγραπται Χαριδήμῳ τῷ πόλιν μὲν οὐδ' ἡντινοῦν οἰκοῦντι, Θρᾳκὶ δὲ ἀνθρώπῳ {βασιλεῖ} στρατηγοῦντι καὶ διὰ τῆς ἐκείνου βασιλείας πολλοὺς ἀδικοῦντι. (139) ἴστε γὰρ δήπου τοῦθ' ὅτι πάντες οἱ ξεναγοῦντες οὗτοι πόλεις καταλαμβάνοντες Ἑλληνίδας ἄρχειν ζητοῦσιν, καὶ πάντων, ὅσοι περ νόμοις οἰκεῖν βούλονται τὴν αὑτῶν ὄντες ἐλεύθεροι, κοινοὶ περιέρχονται κατὰ πᾶσαν χώραν, εἰ δεῖ τἀληθὲς εἰπεῖν, ἐχθροί. ἆρ' οὖν, ὦ ἄνδρες Ἀθηναῖοι, καλὸν ἢ πρέπον ὑμῖν τοῦ μὲν ἕνεκα τῆς ἑαυτοῦ πλεονεξίας ἐπιβουλεύσοντος οἷς ἂν τύχῃ τοιαύτην φυλακὴν ἐψηφισμένους φαίνεσθαι, τοῖς δ' ὑπὲρ τῆς ἑαυτῶν ἐλευθερίας ἀμυνουμένοις εἴργεσθαι τῆς ὑμετέρας συμμαχίας προειρηκέναι; (140) ἐγὼ μὲν οὐχ ὑπολαμβάνω τοῦτο οὔτε καλῶς ἔχειν οὔθ' ὑμῶν ἀξίως. πῶς γὰρ οὐκ αἰσχρὸν Λακεδαιμονίοις μὲν ἐγκαλεῖν ὅτι τοὺς τὴν Ἀσίαν οἰκοῦντας Ἕλληνας ἔγραψαν ἐξεῖναι δρᾶσαι πᾶν ὅ τι ἂν θέλῃ βασιλεύς, αὐτοὺς δ' ἐκδοῦναι καὶ τοὺς τὴν Εὐρώπην οἰκοῦντας Κερσοβλέπτῃ καὶ πάντας ὅσων περ ἂν οἴηται κρείττων Χαρίδημος ἔσεσθαι; οὐ γὰρ ἄλλο τι ποιεῖ τὸ ψήφισμα τουτί, ὅτε τῷ μὲν ἐκείνου στρατηγῷ οὐ διείρηται τί πρακτέον ἢ μή, πᾶσι δέ, ἄν τις ἀμύνηται, τοσοῦτος ἐπήρτηται φόβος.

---

1 γάρ ἐστι A   **6–7** ἐγὼ μὲν γὰρ S^{c}AF   **12** Χαριδήμῳ del. Weil   **13** del. Cobet   **25** ἐκδεδωκέναι A   **26** ἔσεσθαι Χαρίδημος A : Χαρίδημος del. Weil   **26–27** ποιεῖ τὸ ψήφισμα τουτί] τὸ ψήφισμα ποιεῖ ἢ τοῦτο A   **27** ὅτε om. A : οὔ γε Y : [S^a]   τῷ μὲν γὰρ A   διῄρηται A

überhaupt dem Charidemos wegzunehmen scheuen? Denn er besitzt ja nicht das Geringste bei euch: keine Kinder, kein Standbild, keine Verwandten, nicht sonst irgendetwas. **(137)** Und wenn Kersobleptes von seinem Naturell her nicht zuverlässig ist und aufgrund der früheren Ereignisse zu Recht kein Vertrauen genießt und die Sachlage keinen Grund bietet, weswegen er entgegen seiner Denkweise und seinem Naturell in irgendeiner Weise für Charidemos Sorge tragen könnte, weshalb sollten wir ihm so arglos und so völlig benebelt im Geiste helfen bei dem, was er erreichen will – und das, obwohl es gegen uns gerichtet ist? Ich jedenfalls vermag das nicht zu erkennen.

(138) Dass es nun, abgesehen davon, dass der Antrag politisch keinen Nutzen bringt, für die Stadt auch mit Blick auf ihren guten Ruf nicht von Vorteil ist, als Urheberin eines solchen Beschlusses dazustehen, auch das müsst ihr erkennen. Wenn nämlich, Athener, der Antrag für jemanden gestellt wäre, der in einer [griechischen] Polis wohnt und als Bürger dem Gesetz unterworfen ist, wäre das zwar auch schlimm, aber doch eine geringere Schande. Nun aber ist er für Charidemos gestellt, der nicht einmal irgendeine Stadt bewohnt, sondern einem Thraker als Heerführer dient und mithilfe von dessen königlicher Macht vielen Menschen Gewalt antut. **(139)** Denn ihr wisst ja wohl, dass all diese Söldnerführer griechische Städte einzunehmen und über diese zu herrschen trachten und dass sie über jedes Gebiet dahinziehen – für all die, die nach Recht und Gesetz ihr eigenes Land als freie Menschen bewohnen wollen, gemeinsame, wenn ich die Wahrheit sagen soll: Feinde. Ist es nun, Athener, eurem Ruf förderlich oder angemessen, für einen Mann, der um seines persönlichen Profits willen Anschläge planen wird, gegen wen es sich gerade ergibt, vor den Augen der Öffentlichkeit eine solche Schutzgarantie beschlossen, gegen diejenigen aber, die sich im Interesse ihrer eigenen Freiheit verteidigen werden, den Ausschluss aus eurer Bündnisgemeinschaft verfügt zu haben? **(140)** Ich meine nicht, dass dies rühmlich ist und eurer würdig. Denn wie sollte es nicht schändlich sein, den Lakedaimoniern vorzuwerfen, vertraglich festgeschrieben zu haben, dass den in Kleinasien lebenden Griechen der Großkönig alles antun darf, was immer er möchte, während man selbst die in Europa lebenden Griechen und alle, die Charidemos überwältigen zu können glaubt, dem Kersobleptes ausliefert? Denn nichts anderes bewirkt dieser Beschluss, da dem Strategen des Kersobleptes nicht dezidiert angeordnet ist, was er zu tun oder zu lassen hat, über allen aber für den Fall, dass sich jemand zur Wehr setzt, eine so große Furcht schwebt.

(141) Καὶ μήν, ὦ ἄνδρες Ἀθηναῖοι, καὶ γεγονός τι πρᾶγμα φράσαι πρὸς ὑμᾶς βούλομαι, δι' οὗ μᾶλλον ἔθ' ὑμῖν γενήσεται δῆλον ὡς σφόδρα δεῖ λῦσαι τὸ ψήφισμα τουτί. ὑμεῖς ἐποιήσασθε ἔν τισι καιροῖς καὶ χρόνοις Ἀριοβαρζάνην πολίτην καὶ δι' ἐκεῖνον Φιλίσκον, ὥσπερ νῦν διὰ Κερσοβλέπτην Χαρίδημον. ὢν δ' ὅμοιος ἐκεῖνος τούτῳ τῇ προαιρέσει τοῦ βίου, 5
διὰ τῆς Ἀριοβαρζάνου δυνάμεως πόλεις κατελάμβανεν Ἑλληνίδας, εἰς ἃς εἰσιὼν πολλὰ καὶ δεινὰ ἐποίει, παῖδας ἐλευθέρους ἀδικῶν καὶ γυναῖκας ὑβρίζων, καὶ πάντα ποιῶν ὅσ' ἂν ἄνθρωπος ποιήσειεν ἄνευ νόμων καὶ τῶν ἐν πολιτείᾳ καλῶν τεθραμμένος εἰς ἐξουσίαν ἐλθών. (142) ἐν δὴ Λαμψάκῳ τινὲς ἄνθρωποι γίγνονται δύο· Θερσαγόρας ὄνομ' αὐτῶν 10
θατέρῳ, τῷ δὲ Ἐξήκεστος· οἳ παραπλήσια τοῖς παρ' ἡμῖν γνόντες περὶ τῶν τυράννων ἀποκτιννύασι τὸν Φιλίσκον δικαίως, τὴν αὑτῶν πατρίδα οἰόμενοι δεῖν ἐλευθεροῦν. εἰ δὴ τῶν τότε ὑπὲρ Φιλίσκου λεγόντων, ὅτε ἐμισθοδότει μὲν τοῖς ἐν Περίνθῳ ξένοις, εἶχεν δ' ὅλον τὸν Ἑλλήσποντον, μέγιστος δ' ἦν τῶν ὑπάρχων, ἔγραψέ τις ὥσπερ οὗτος νυνί, ἐάν τις 15
ἀποκτείνῃ Φιλίσκον, ἀγώγιμον αὐτὸν ἐκ τῶν συμμάχων εἶναι, πρὸς Διὸς θεάσασθε εἰς ὅσην αἰσχύνην ἂν ἡ πόλις ἡμῶν ἐληλύθει. (143) ἧκε μὲν γὰρ ὁ Θερσαγόρας καὶ ὁ Ἐξήκεστος εἰς Λέσβον καὶ ᾤκουν ἐκεῖ· εἰ δ' ἐφήπτετό τις τῶν Φιλίσκου φίλων ἢ παίδων, ἐξεδίδοντ' ἂν ὑπὸ τοῦ ὑμετέρου ψηφίσματος. πῶς οὖν οὐκ αἰσχρὸν καὶ δεινὸν ἂν ἦτε πεποιηκότες, 20
ἄνδρες Ἀθηναῖοι, εἰ τοὺς μὲν παρ' ὑμῖν τοιοῦτό τι πράξαντας χαλκοῦς ἱστάντες καὶ ταῖς μεγίσταις δωρεαῖς τιμῶντες ἐφαίνεσθε, τοὺς δ' ἑτέρωθί που τὴν αὐτὴν τούτοις διάνοιαν ὑπὲρ τῆς αὑτῶν πατρίδος ἔχοντας ἐκδότους εἶναι κατεψηφισμένοι; τοῦτο τοίνυν ἐπ' ἐκείνου μέν, εὖ ποιοῦν, οὐ συνέβη φενακισθεῖσιν ὑμῖν αἰσχύνην ὀφλεῖν· ἐπὶ τούτου δέ, ἂν ἐμοὶ 25
πείθησθε, φυλάξεσθε. μὴ γὰρ ὡρισμένου μηδενός, ἀλλ' ἁπλῶς "ἄν τις ἀποκτείνῃ Χαρίδημον" γεγραμμένου, τάχ' ἄν, εἰ τύχοι, καὶ τοιοῦτόν τι συμβαίη.

---

3 καὶ χρόνοις om. A   7 δεινὰ ἔργα A   ἀδικῶν del. Reiske   8 ἂν om. SAY   10–11 αὐτῶν θατέρῳ, τῷ δὲ] αὐτῷ θατέρῳ, τῷ δὲ Aᵃ : αὐτῷ, θατέρῳ δὲ SFY : αὐτῶν θατέρῳ, θατέρῳ δὲ van Herwerden   12 τὸν τύρραννον SAF   τὸν om. A   15 νῦν οὗτος A   17 ἂν αἰσχύνην A   ὑμῶν SFY   19 τῶν τοῦ Φιλίσκου (φίλων ἢ om.) F   ἐξεδίδοτο SAFY : corr. Seager   19–20 ἡμετέρου SAFY : corr. Wolf   21 μὲν om. Sᵃ   τι om. Y   22 φαίνεσθε SY   24 κατεψηφίζεσθε AFʸᵖ   26 πεισθῆτε A

(141) Und ich will euch, Athener, auch einen Fall schildern, der sich tatsächlich ereignet hat, wodurch euch noch klarer werden wird, wie dringend es nötig ist, diesen Antrag abzuweisen. Ihr habt zu einer bestimmten Zeit, in einer bestimmten Situation dem Ariobarzanes das Bürgerrecht verliehen und seinetwegen dem Philiskos, wie jetzt wegen Kersobleptes dem Charidemos. Dem Charidemos in den Prinzipien seiner Lebensführung ähnlich, nahm Philiskos mithilfe der Macht des Ariobarzanes griechische Städte ein, in die er einmarschierte und viele Schandtaten beging, indem er gegen frei geborene Kinder Gewalt übte und sich an Frauen verging und all das tat, was ein Mensch, der ohne Gesetze und ohne die in einem freiheitlichen Staat vorhandenen guten Einrichtungen aufgewachsen ist, wohl tun dürfte – wenn er die Möglichkeit dazu erhält. (142) In Lampsakos treten nun zwei Männer hervor, der eine von ihnen Thersagoras geheißen, der andere Exekestos. Diese urteilen ganz ähnlich über die Tyrannen wie die Leute bei uns und töten den Philiskos mit Recht in der Meinung, ihre Heimat befreien zu müssen. Wenn nun einer von denen, die sich seinerzeit für Philiskos stark machten, als er die Söldner in Perinthos bezahlte, den gesamten Hellespont in seiner Gewalt hatte und der mächtigste der Unterbefehlshaber war, einen Antrag gestellt hätte wie der da jetzt, dass, wenn einer Philiskos töte, er aus dem Gebiet der Bundesgenossen abzuführen sei, schaut euch an, beim Zeus, eine wie große Schmach unsere Stadt auf sich gezogen hätte! (143) Es kamen nämlich Thersagoras und Exekestos nach Lesbos und lebten dort. Wenn aber einer der Freunde oder Söhne des Philiskos Anstalten gemacht hätte, sie in seine Gewalt zu bringen, hätte man sie ausliefern müssen – infolge eures Beschlusses. Wie also wäre euer Handeln nicht schändlich und skandalös, Athener, wenn sich zeigte, dass ihr von denjenigen, die bei euch etwas derartiges vollbracht haben, Bronzestatuen aufstellt und sie mit den größten Ehren belohnt, während ihr für diejenigen, die an irgendeinem anderen Ort dieselbe Gesinnung zum Besten ihrer Heimat an den Tag legen wie diese, per Dekret die Auslieferung angeordnet habt? Das also ist euch bei jenem [sc. Philiskos] glücklicherweise nicht passiert, dass ihr euch habt betrügen lassen und Schande auf euch gezogen habt. Bei diesem [sc. Charidemos] aber solltet ihr euch, wenn ihr meine Worte beherzigt, davor in Acht nehmen. Wenn es nämlich keine genaueren Bestimmungen gibt, sondern es einfach nur heißt „wenn jemand Charidemos tötet", könnte vielleicht gegebenenfalls tatsächlich etwas derartiges passieren.

(144) Βούλομαι τοίνυν ἤδη καὶ τὰ πεπραγμένα ἐξετάσαι τῷ Χαριδήμῳ διὰ βραχέων, καὶ δεῖξαι τὴν ὑπερβολὴν τῆς ἀναιδείας τῶν ἐπαινούντων αὐτόν. ἓν δ' ὑμῖν ἐκεῖνο ὑπισχνοῦμαι, καί μου μηδεὶς ἀχθεσθῇ τῇ ὑποσχέσει· οὐ μόνον ὑμῖν ἐπιδείξω τῆς φυλακῆς οὐκ ἄξιον ἦν γέγραφεν οὗτος, ἀλλὰ καὶ δίκην δόντ' ἂν δικαίως τὴν μεγίστην, εἴπερ οἱ κακόνοι καὶ 5
φενακίζοντες ὑμᾶς καὶ διὰ παντὸς ἐναντία πράττοντες κολάζοιντ' ἂν δικαίως. (145) ἴσως δέ τισιν λογιζομένοις ὑμῶν ὅτι πρῶτον μὲν πολίτης γέγονεν ἄνθρωπος, εἶτα πάλιν χρυσοῖς στεφάνοις ὡς εὐεργέτης ἐστεφάνωται, θαυμάζειν ἐπελήλυθεν εἰ τὰ τηλικαῦτα οὕτως ἐξηπάτησθε ῥᾳδίως. εὖ τοίνυν ἴστε, ὦ ἄνδρες Ἀθηναῖοι, ὅτι ἐξηπάτησθε. καὶ δι' ἅ γε εἰκότως 10
τοῦτο πεπόνθατε, ἐγὼ πρὸς ὑμᾶς φράσω. ὅτι, ὦ ἄνδρες Ἀθηναῖοι, πολλὰ γιγνώσκοντες ὀρθῶς ὑμεῖς οὐ διὰ τέλους αὐτοῖς χρῆσθε. (146) οἷον τί λέγω; εἴ τις ὑμᾶς ἔροιτο τί πονηρότατον νομίζετε τῶν ἐν τῇ πόλει πάντων ἐθνῶν, οὔτε τοὺς γεωργοὺς οὔτε τοὺς ἐμπόρους οὔτε τοὺς ἐκ τῶν ἀργυρείων οὔτε τῶν τοιούτων οὐδὲν ἂν εἴποιτε, ἀλλ' εἰ τοὺς ἐπὶ μισθῷ 15
λέγειν καὶ γράφειν εἰωθότας εἴποι τις, εὖ οἶδ' ὅτι συμφήσαιτ' ἂν ἅπαντες. μέχρι μὲν δὴ τούτου καλῶς ἐγνώκατε, ἔπειτ' οὐκέτ' ὀρθῶς τὸ λοιπόν. (147) οὓς γὰρ πονηροτάτους νομίζετε πάντων, τούτοις περὶ τοῦ ποῖόν τιν' ἕκαστον χρὴ νομίζειν πεπιστεύκατε· οἱ δ' ὃν ἂν αὐτοῖς λυσιτελῇ, καὶ χρηστὸν καὶ πονηρὸν εἶναί φασιν, οὐχ ὃν ἂν ᾖ δίκαιον καὶ ἀληθές. ὅπερ 20
πεποιήκασι τὸν Χαρίδημον τοῦτον οἱ ῥήτορες πάντα τὸν χρόνον, ὡς καὶ ὑμεῖς ὁμολογήσετε, ἐπειδὰν ἀκούσητέ μου τὰ πεπραγμένα αὐτῷ.
(148) Ὅσα μὲν δὴ στρατιώτης ὢν ἐν σφενδονήτου καὶ ψιλοῦ μέρει τὸ ἀπ' ἀρχῆς ἐναντία ἐστράτευται τῇ πόλει, οὐ τίθημι ἐν ἀδικήματος μέρει, οὐδ' ὅτι λῃστικόν ποτε πλοῖον ἔχων ἐλῄζετο τοὺς ὑμετέρους συμμάχους, ἀλλ' 25
ἐῶ ταῦτα. διὰ τί; ὅτι, ὦ ἄνδρες Ἀθηναῖοι, αἱ ἀναγκαῖαι χρεῖαι τοὺς τοῦ τί πρακτέον ἢ μὴ λογισμοὺς ἀναιροῦσιν ἅπαντας, ὥστ' οὐ πάνυ ταῦτα ἀκριβολογεῖσθαι δεῖ τὸν δικαίως ἐξετάζοντα. ἀλλ' ὅθεν ἀρξάμενος

---

4 μόνον γὰρ A   ἄξιον αὐτὸν F   5 διδόντ' A   8–9 ἐστεφάνωτο A   11 ταῦτα A φράσω πρὸς ὑμᾶς A   13 ἔροιτο ὑμᾶς A   πονηρὸν Y   14 ἐθῶν F^c (rasura inter θ et ῶ) γεωργοῦντας A   17 ἔπειτα δὲ A   18 γὰρ αὐτοὶ AF : γὰρ ὑμεῖς αὐτοὶ S^c (m.a.) : γὰρ αὖ Y : γὰρ αὐτοὺς Dobree   19–20 καὶ πονηρὸν καὶ χρηστὸν A   23 μέρει] τάξει Cobet 25 λῃστρικόν AF   27 οὐ] οὐ μὴ S

(144) Ich möchte nun auch die Taten des Charidemos einer kurzen Betrachtung unterziehen und die grenzenlose Unverschämtheit derer sichtbar machen, die ihn loben. Dieses eine aber verspreche ich euch – und niemand soll verärgert sein über mein Versprechen: Ich werde euch zeigen, dass er nicht nur den Schutz nicht verdient, den dieser Mann hier beantragt hat, sondern sogar bestraft gehörte, mit vollem Recht, und zwar auf das Härteste, da doch diejenigen, die euch Böses wollen und euch betrügen und fortwährend gegen euch arbeiten, wohl mit Recht bestraft werden dürften. (145) Vielleicht hat sich nun bei einigen von euch mit Blick auf die Tatsache, dass der Kerl erst mit dem Bürgerrecht, dann, wie ein Wohltäter, mit goldenen Kränzen versehen wurde, die verwunderte Frage eingestellt, ob ihr euch in so bedeutenden Dingen wirklich so leicht habt täuschen lassen. Ihr dürft euch sicher sein, Athener, d a s s ihr getäuscht wurdet. Und w a r u m euch dies ganz folgerichtig widerfahren ist, will ich euch sagen: Weil ihr, Athener, obwohl ihr vieles richtig erkennt, diese Erkenntnisse nicht mit letzter Konsequenz anwendet. (146) Was meine ich damit? Wenn euch jemand fragte, welchen Berufsstand ihr für den schlechtesten von allen in der Stadt haltet, würdet ihr wohl nicht die Bauern nennen und nicht die Kaufleute und nicht die Männer, die in den Silberminen arbeiten, und keinen Stand von dieser Art. Aber wenn einer sagte „die, die gegen Bezahlung zu reden und Anträge zu stellen pflegen", dann würdet ihr, das weiß ich genau, wohl alle zustimmen. Bis hierhin liegt ihr richtig, im Weiteren dann nicht mehr. (147) Denn denen, die ihr für die schlechtesten von allen haltet, gehört euer Vertrauen, wenn es um die Frage geht, wie man jeden einzelnen Menschen einzuschätzen hat. Diese Leute sagen, dass der gut oder schlecht sei, wen [jeweils so zu bezeichnen] ihnen selbst nützt, nicht, wen [so zu bezeichnen] gerechtfertigt und wahr ist. Genau das haben die Redner die ganze Zeit lang mit Charidemos gemacht, wie auch ihr zugeben werdet, wenn ich euch seine Taten zu Gehör gebracht habe.

(148) All die militärischen Unternehmungen, an denen er als Soldat im Range eines Schleuderers und Leichtbewaffneten am Anfang gegen die Interessen unserer Stadt beteiligt war, rechne ich ihm nicht als Unrecht an, und auch nicht, dass er einst auf einem Piratenschiff eure Verbündeten ausgeraubt hat, sondern das lasse ich beiseite. Warum? Weil, Athener, die drückende Not jegliches Nachdenken über die Frage, was man tun oder was man unterlassen soll, unmöglich macht, so dass man diese Handlungen, wenn man die Dinge gerecht betrachten will, nicht allzu sehr in den Fokus rücken darf. Was aber seine ersten Missetaten gegen euch waren in

ξεναγῶν ἤδη καί τινων ἄρχων στρατιωτῶν κακῶς ὑμᾶς ἐποίει, ταῦτ᾽ ἀκούσατέ μου. (149) οὗτος ἓν μὲν ἁπάντων πρῶτον, μισθωθεὶς ὑπὸ Ἰφικράτους καὶ πλεῖν ἢ τρία ἔτη μισθοφορήσας παρ᾽ ἐκείνῳ, ἐπειδὴ τὸν μὲν Ἰφικράτην ἀποστράτηγον ἐποιήσατε, Τιμόθεον δὲ ἐπ᾽ Ἀμφίπολιν καὶ Χερρόνησον ἐξεπέμψατε στρατηγόν, πρῶτον μὲν τοὺς Ἀμφιπολιτῶν ὁμήρους, οὓς παρ᾽ Ἁρπάλου λαβὼν Ἰφικράτης ἔδωκε φυλάττειν αὐτῷ, ψηφισαμένων ὑμῶν ὡς ὑμᾶς κομίσαι παρέδωκεν Ἀμφιπολίταις· καὶ τοῦ μὴ λαβεῖν Ἀμφίπολιν τοῦτ᾽ ἐμποδὼν κατέστη. δεύτερον δέ, μισθουμένου Τιμοθέου πάλιν αὐτὸν καὶ τὸ στράτευμα, τούτῳ μὲν οὐ μισθοῖ, πρὸς δὲ Κότυν πλέων ᾤχετο ἔχων τὰς ὑμετέρας τριακοντόρους, ὃν ἀκριβῶς ᾔδει τῶν ὄντων ἀνθρώπων ἐχθρότάθ᾽ ὑμῖν διακείμενον. (150) καὶ μετὰ ταῦτα, ἐπειδὴ τὸν πρὸς Ἀμφίπολιν πόλεμον πρότερον πολεμεῖν εἵλετο Τιμόθεος τοῦ πρὸς Χερρόνησον, καὶ οὐδὲν εἶχε ποιεῖν ὑμᾶς ἐκεῖ κακόν, μισθοῖ πάλιν αὐτὸν Ὀλυνθίοις τοῖς ὑμετέροις ἐχθροῖς καὶ τοῖς ἔχουσιν Ἀμφίπολιν κατ᾽ ἐκεῖνον τὸν χρόνον. καὶ πλέων ἐκεῖσε, ἐκ Καρδίας ἀναχθείς, ἵνα τἀναντία τῇ πόλει πολεμῇ, ὑπὸ τῶν ἡμετέρων τριήρων ἑάλω. διὰ τὸν παρόντα δὲ καιρὸν καὶ τὸ δεῖν ξένων ἐπὶ τὸν πόλεμον τὸν ἐπ᾽ Ἀμφίπολιν, ἀντὶ τοῦ δίκην δοῦναι ὅτι οὐκ ἀπεδεδώκει τοὺς ὁμήρους καὶ διότι πρὸς Κότυν ἐχθρὸν ὄνθ᾽ ὑμῖν ηὐτομόλησεν ἔχων τὰς τριακοντόρους, πίστεις δοὺς καὶ λαβὼν ἐστράτευσε μεθ᾽ ὑμῶν. (151) ὧν δ᾽ ἐκεῖνον δίκαιον ἦν χάριν ὑμῖν ἔχειν οὐκ ἀπολωλότα, τοῦτο παθόντ᾽ ἂν δικαίως, ἀντὶ τούτων ὡς ὀφείλουσα ἡ πόλις αὐτῷ στεφάνους καὶ πολιτείαν καὶ ἃ πάντες ἐπίστασθε δέδωκε. καὶ ὅτι ταῦτ᾽ ἀληθῆ λέγω, τό τε ψήφισμα ἀνάγνωθί μοι τὸ περὶ τῶν ὁμήρων, καὶ τὴν Ἰφικράτους ἐπιστολὴν καὶ τὴν Τιμοθέου, καὶ μετὰ ταῦτα τὴν μαρτυρίαν ταυτηνί· ὄψεσθε γὰρ οὐ λόγους οὐδ᾽ αἰτίας, ἀλλ᾽ ἀλήθειαν οὖσαν ὧν λέγω. λέγε.

---

8 ἐμπόδιον A   11 τῶν ὄντων] πάντων A Π₈₈₃ : τῶν ὄντων ἁπάντων F   διακείμενον ἐχθρότατα ὑμῖν Π₈₈₃   12 πρότερον] πάλιν Π₈₈₃   προείλετο A Π₈₈₃ ut videtur   12–13 Τιμόθεος τοῦ πρὸς om. Π₈₈₃   15 ἐκεῖθεν A   17 δεῖσθαι Sʸᵖ Aꜰʸᵖ   18 ὅτι] δι᾽ ὅτι A   ἀπέδωκε A   20 ὧν οὐκ ἦν δίκαιον ἐκεῖνον Sʸᵖ   21 ἀντὶ τούτων om. A   22 ἃ πάντες] ἅπανθ᾽ ὅσα A   25 λόγον A   26 αἰτίαν SY   λέγε Reiske : λέγε τὴν μαρτυρίαν SY : λέγε τὴν ἐπιστολὴν AF

der Zeit, als er bereits Söldnerführer war und ein paar Soldaten befehligte, das sollt ihr von mir hören. **(149)** Charidemos hat zuallererst eines [getan]: Von Iphikrates angeworben und mehr als drei Jahre lang in seinem Dienst, hat er, nachdem ihr Iphikrates abgesetzt und Timotheos als Strategen gegen Amphipolis und die Chersones ausgesandt hattet, zuerst die Geiseln der Amphipoliten, die Iphikrates von Harpalos erhalten und Charidemos zur Bewachung anvertraut hatte, den Amphipoliten übergeben, obwohl ihr per Dekret angeordnet hattet, sie zu euch zu bringen – und das verhinderte die Einnahme von Amphipolis. Dann, als Timotheos seinerseits Charidemos und sein Heer anzuwerben versuchte, verpflichtete sich dieser nicht ihm, sondern fuhr mit euren Dreißigruderern zu Kotys davon, von dem er genau wusste, dass er euch von allen Menschen auf der Welt am meisten hasste. **(150)** Und danach, da sich Timotheos dafür entschieden hatte, den Krieg gegen Amphipolis vor dem Krieg gegen die Chersones zu führen, und Charidemos euch dort keinen Schaden zufügen konnte, stellte er sich wiederum in den Dienst der Olynthier, die eure Feinde waren und zu jener Zeit Amphipolis in Besitz hielten. Und als er, von Kardia aus in See gestochen, auf dem Weg dorthin war, um gegen unsere Stadt zu kämpfen, wurde er von unseren Trieren aufgegriffen. Aufgrund der damaligen Situation und weil man Söldner für den Krieg gegen Amphipolis brauchte, zog er, statt dafür bestraft zu werden, dass er euch die Geiseln nicht ausgehändigt hatte und dass er mit den Dreißigruderern zu Kotys, der doch euer Feind war, übergelaufen war, nach dem Austausch von Eiden auf eurer Seite in den Krieg. **(151)** Dafür, wofür Charidemos euch hätte dankbar sein müssen, weil er nicht getötet wurde – obwohl er das verdient hätte –, hat ihm die Stadt, als wäre sie ihm etwas schuldig, Kränze und das Bürgerrecht und das, wovon ihr alle wisst, verliehen. Und zum Beweis, dass ich damit die Wahrheit sage, lies mir den Beschluss über die Geiseln vor und den Brief des Iphikrates und den des Timotheos und danach diese Zeugenaussage hier. Ihr werdet sehen, dass ich nicht bloße Worte und Anschuldigungen vorbringe, sondern dass das, was ich sage, sich tatsächlich so verhält. Lies vor.

ΨΗΦΙΣΜΑ ἘΠΙΣΤΟΛΑΙ ΜΑΡΤΥΡΙΑ

(152) Ὅτι μὲν τοίνυν καὶ τὸ πρῶτον, οὐ πολεμεῖν ὑμῖν ᾤετο, ἐκεῖσε ἐμίσθωσεν αὐτὸν πολλαχόσε ἄλλοσε μισθῶσαι παρόν, καὶ μετὰ ταῦτα, ὡς οὐδὲν ἐκεῖ κακὸν εἶχε ποιεῖν ὑμᾶς, ἔπλει δεῦρο πάλιν οὗ τἀναντί᾽ ἔμελλε πράξειν τῇ πόλει, καὶ τοῦ μὴ λαβεῖν Ἀμφίπολιν πάντων οὗτος 5 αἰτιώτατός ἐστιν, ἀκηκόατ᾽ ἐκ τῆς ἐπιστολῆς καὶ τῆς μαρτυρίας. καὶ τὰ μὲν πρῶτα τοιαῦτ᾽ ἐστὶν τῶν ἔργων τῶν Χαριδήμου, μετὰ ταῦτα δὲ ἄλλα θεάσασθε. (153) χρόνου γὰρ διελθόντος καὶ τοῦ πολέμου πρὸς Κότυν ὄντος ἤδη, πέμπει πρὸς ὑμᾶς ἐπιστολήν (μᾶλλον δ᾽ οὐχὶ πρὸς ὑμᾶς, ἀλλὰ πρὸς Κηφισόδοτον· οὕτω σφόδρ᾽ ὑπ᾽ αὐτοῦ γε οὐκ ἂν ἐξαπατηθῆναι τὴν 10 πόλιν ἡγεῖτο, συνειδὼς ἃ πεποίηκεν) ἐν ᾗ Χερρόνησον ὑπέσχετο τῇ πόλει κομιεῖσθαι, πάντα τούτοις τἀναντί᾽ ἐγνωκὼς ποιεῖν. δεῖ δ᾽ ὑμᾶς τὸ πρᾶγμ᾽ οἷον ἦν τὸ περὶ τὴν ἐπιστολὴν ἀκοῦσαι (καὶ γάρ ἐστι βραχύ) καὶ θεωρῆσαι τὸν τρόπον τἀνθρώπου, ὡς ὑμῖν ἀπ᾽ ἀρχῆς κέχρηται. (154) ἐκεῖνος ὡς ἀπόμισθος γίγνεται παρὰ τοῦ Τιμοθέου τότε, ἀπ᾽ Ἀμφιπόλεως ἀναχω- 15 ρῶν, διαβὰς εἰς τὴν Ἀσίαν, διὰ τὴν σύλληψιν τὴν Ἀρταβάζῳ συμβᾶσαν τότε ὑπ᾽ Αὐτοφραδάτου μισθοῖ τὸ στράτευμα καὶ αὐτὸν τοῖς Ἀρταβάζου κηδεσταῖς, λαβὼν δὲ πίστεις καὶ δούς, ὀλιγωρήσας τῶν ὅρκων καὶ παραβὰς αὐτούς, ἀφυλάκτων ὄντων ὡς ἂν πρὸς φίλον τῶν ἐν τῇ χώρᾳ, καταλαμβάνει Σκῆψιν καὶ Κεβρῆνα καὶ Ἴλιον αὐτῶν. (155) ἐγκρατὴς δὲ 20 γενόμενος τούτων τῶν χωρίων πρᾶγμ᾽ ἔπαθεν τοιοῦτον οἷον οὐχ ὅτι στρατηγὸς ἂν ἠγνόησέ τις εἶναι φάσκων, ἀλλ᾽ οὐδ᾽ ὁ τυχὼν ἄνθρωπος. οὐδ᾽ ὁτιοῦν γὰρ χωρίον ἔχων ἐπὶ θαλάττῃ οὐδ᾽ ὅθεν ἂν σιτοπομπίας εὐπόρησε τοῖς στρατιώταις, οὐδ᾽ αὖ σῖτον ἔχων ἐν τοῖς χωρίοις, ὑπέμεινεν ἐν τοῖς τείχεσιν καὶ οὐ διαρπάσας ᾤχετο, ἐπειδή γε ἀδικεῖν ἔγνω. ὡς 25 δὲ συλλέξας δύναμιν παρῆν ὁ Ἀρτάβαζος, ἀφειμένος παρὰ τοῦ Αὐτοφραδάτου, τῷ μὲν ὑπῆρχεν ἐπισιτισμὸς ἐκ τῆς ἄνωθεν Φρυγίας καὶ Λυδίας

---

1 Ψήφισμα Ἐπιστολαί Μαρτυρία Reiske : Ψήφισμα Ἐπιστολή Μαρτυρία SFY : Ἐπιστολή Ψήφισμα Μαρτυρία A   2 πολεμήσειν AF^c   5 πράξαι A   πάντων om. A   6 ἐκ τῆς ἐπιστολῆς καὶ τοῦ ψηφίσματος καὶ AF^c   7 δὲ ταῦτα A   8 βραχέος διελθόντος A   9 οὐχί] οὐ A   10 γε om. A   οὐκ ἂν Dobree : οὐδ᾽ ἂν SAFY : οὐδὲν ἂν Weil   12 διεγνωκὼς F   13 τὸ περὶ τὴν ἐπιστολὴν del. van Herwerden   17 μισθοῦ S : μισθοῦται S^cY   τό τε A   18–19 παραβὰς αὐτούς del. van Herwerden   21 τούτων γενόμενος A   22 ἠγνόησέ del. Dobree   23 ἔχων χωρίον A   ἐπὶ τῇ θαλάττῃ A   οὐδ᾽² del. Cobet   24 εὐπορήσειε A : εὐπορήσει Y   27 ἄνω A

BESCHLUSS. BRIEFE. ZEUGENAUSSAGE

(152) Dass er sich also auch am Anfang dort als Söldner anwerben ließ, wo er gegen euch Krieg zu führen glaubte, obwohl der Söldnerdienst an vielen anderen Orten möglich gewesen wäre, und dass er danach, weil er euch dort nichts Schlimmes anzutun vermochte, wiederum dahin fuhr, wo er die Aussicht hatte, den Interessen unserer Stadt zu schaden, und dass von allen er die größte Schuld daran trägt, dass wir Amphipolis nicht eingenommen haben, habt ihr aus dem Brief und der Zeugenaussage vernommen. Und die ersten Taten des Charidemos sind von dieser Art; schaut euch aber weitere an, die darauf folgten.

(153) Als nämlich einige Zeit verstrichen und der Krieg gegen Kotys schon im Gange war, schickte er euch einen Brief – vielmehr: nicht euch, sondern Kephisodotos; so sehr war er davon überzeugt, dass die Stadt sich jedenfalls von ihm nicht würde täuschen lassen; denn er war sich seiner Taten bewusst –, in welchem er versprach, die Chersones für unsere Stadt zurückzugewinnen, obwohl er ganz das Gegenteil davon zu tun gedachte. Ihr sollt aber die Sache hören, wie sie sich verhielt, die mit dem Brief (es dauert nicht lange), und euch den Charakter des Kerls vor Augen führen, wie er von Anfang an mit euch umgegangen ist. (154) Als er damals von Timotheos entlassen worden war, zog er sich aus Amphipolis zurück, setzte nach Kleinasien über und stellte, da gerade zu dieser Zeit Artabazos von Autophradates gefangen genommen worden war, sein Heer und sich selbst in den Dienst der Schwäger des Artabazos. Nachdem er aber Treueschwüre sowohl empfangen als auch geleistet hatte, schlug er seine Eide in den Wind, setzte sich über sie hinweg und nahm, da die Menschen im Land ungeschützt waren, wie man es wohl einem Freund gegenüber sein dürfte, ihre Städte Skepsis, Kebren und Ilion ein. (155) Nachdem er diese Gebiete in seine Gewalt gebracht hatte, passierte ihm etwas von der Art, wie es, was die dafür ursächliche Fehleinschätzung anbelangt, nicht nur einem vorgeblichen Strategen nicht passiert wäre, sondern auch nicht irgendeinem x-beliebigen [anderen] Menschen. Denn obwohl er nicht einen einzigen Stützpunkt am Meer hatte und keine [andere] Quelle, von der er Getreidelieferungen für seine Soldaten hätte beziehen können, und auch andererseits über keinen Nahrungsvorrat vor Ort verfügte, verharrte er innerhalb der Mauern, anstatt die Städte zu plündern und dann zu verschwinden, nachdem er ja nun einmal den Entschluss gefasst hatte, Unrecht zu tun. Als aber Artabazos, von Autophradates freigelassen, mit versammelter Streitmacht vor den Toren stand, konnte dieser auf Getrei-

καὶ Παφλαγονίας οἰκείας οὔσης, τῷ δ' οὐδ' ὁτιοῦν ἄλλο πλὴν πολιορκία περιειστήκει. (156) αἰσθόμενος δ' οὗ ἦν κακοῦ καὶ λογισμὸν λαβὼν ὅτι ληφθήσεται, κἂν μηδενὶ τῶν ἄλλων, τῷ γε λιμῷ, εἶδεν, εἴτε δή τινος εἰπόντος εἴτ' αὐτὸς συνείς, ὅτι σωτηρία μόνη γένοιτ' ἂν αὐτῷ ἥπερ ἅπαντας ἀνθρώπους σῴζει. ἔστι δ' αὕτη τίς; ἡ ὑμετέρα, ὦ ἄνδρες Ἀθηναῖοι, 5 εἴτε χρὴ φιλανθρωπία λέγειν εἴθ' ὅ τι δήποτε. γνοὺς δὲ τοῦτο πέμπει τὴν ἐπιστολὴν ὑμῖν, ἧς ἄξιόν ἐστιν ἀκοῦσαι, βουλόμενος διὰ τῆς ὑποσχέσεως τοῦ κομιεῖσθαι Χερρόνησον ὑμῖν, καὶ διὰ τοῦ τὸν Κηφισόδοτον δοκεῖν ἐχθρὸν ὄντα τοῦ Κότυος καὶ τοῦ Ἰφικράτους ταῦτα βούλεσθαι, τριήρων εὐπορήσας παρ' ὑμῶν ἀσφαλῶς ἐκ τῆς Ἀσίας ἀποδρᾶναι. (157) τί δὴ 10 συμβαίνει παραυτά, ὅθεν ἐξηλέγχθη τὸ πρᾶγμ' ἐπ' αὐτοφώρῳ; ὁ Μέμνων καὶ ὁ Μέντωρ, οἱ κηδεσταὶ τοῦ Ἀρταβάζου, ἄνθρωποι νέοι καὶ κεχρημένοι ἀπροσδοκήτῳ εὐτυχίᾳ τῇ τοῦ Ἀρταβάζου κηδείᾳ, βουλόμενοι τῆς χώρας ἄρχειν εὐθὺς ἐν εἰρήνῃ καὶ τιμᾶσθαι καὶ μὴ πολεμεῖν μηδὲ κινδυνεύειν, πείθουσι τὸν Ἀρτάβαζον τοῦ μὲν τιμωρεῖσθαι τὸν Χαρίδημον 15 ἀφέσθαι, ἀποστεῖλαι δ' ὑπόσπονδον, διδάσκοντες ὡς ὑμεῖς, κἂν ἐκεῖνος μὴ 'θέλῃ, διαβιβᾶτε καὶ οὐ δυνήσεται κωλύειν. (158) ὡς δὲ τυγχάνει ταύτης τῆς ἀλόγου καὶ ἀπροσδοκήτου σωτηρίας ὁ Χαρίδημος, διαβὰς εἰς τὴν Χερρόνησον ἐφ' αὑτοῦ διὰ τὰς σπονδάς, τοσούτου ἐδέησεν ἐπελθεῖν τῷ Κότυϊ, γεγραφὼς ὅτι οὐχ ὑπομενεῖ Κότυς αὐτὸν ἐπιόντα, ἢ τὴν Χερρό- 20 νησον ὅπως κομιεῖσθε ὑμεῖς συμπρᾶξαι, ὥστε πάλιν μισθώσας αὑτὸν τῷ Κότυϊ τὰ ὑπόλοιπα τῶν ὑμετέρων χωρίων Κριθώτην καὶ Ἐλαιοῦντα ἐπολιόρκει. καὶ ὅτι ταῦτα, καὶ ἡνίκα ἔτ' ἦν ἐν τῇ Ἀσίᾳ καὶ τὴν ἐπιστολὴν ἔπεμπε πρὸς ὑμᾶς, ἐγνωκὼς ποιεῖν ἐφενάκιζεν ὑμᾶς, ἀπὸ τῆς διαβάσεως ἣν ἐποιήσατο γνώσεσθε· ἐκ γὰρ Ἀβύδου τῆς τὸν ἅπαντα χρόνον ὑμῖν 25 ἐχθρᾶς καὶ ὅθεν ἦσαν οἱ Σηστὸν καταλαβόντες, εἰς Σηστὸν διέβαινεν, ἣν εἶχε Κότυς. (159) καίτοι μὴ νομίζετε μήτ' ἂν τοὺς Ἀβυδηνοὺς αὐτὸν ὑποδέχεσθαι μήτ' ἂν τοὺς ἐν τῇ Σηστῷ, τῆς ἐπιστολῆς ὑμῖν ἐκείνης πεπεμμένης, εἰ μὴ συνῄδεσαν φενακίζοντι αὐτῷ τότε καὶ συνεξηπάτων

---

2 δ' om. SᵃAᵃY   3 κἂν] καὶ εἰ A   6 φιλανθρωπίαν AY   λέγειν αὐτὴν Y : αὐτὴν λέγειν Alex. rhet. fig. III 24,28 Sp.   9 ταὐτὰ F   10 ὑμῖν A   11 παραυτά] παρὰ ταῦτα F ἐξηλέγχθη φανερῶς SY   16 ἀφεῖσθαι A : corr. Cobet : ἀφεῖσθαι καὶ μὴ πολεμεῖν SFY   22 ἐλεοῦντα SAF   24 τἀναντία ἐγνωκὼς A   25 ἣν] ᾗ Dobree   26 ἣν] ὃν SᵃFᵃY   28 τῇ Lamb.ᶜ : τῷ SAFY   29 πεμφθείσης A   αὐτῷ φενακίζοντι A

dezufuhr aus dem oberen Phrygien und Lydien und Paphlagonien, da es ja heimisches Gebiet war, zurückgreifen, während es um Charidemos herum nichts anderes gab als Belagerung. (156) Als er merkte, in welch übler Lage er sich befand, und sich ausgerechnet hatte, dass seine Stellung eingenommen werden würde – wenn auch durch nichts anderes, so doch gewiss durch den Hunger –, sah er ein, sei es, weil es ihm einer sagte, sei es, weil er es selbst begriff, dass ihm zur Rettung einzig das werden könne, was alle Menschen rettet. Und das ist was? Eure, Athener, sei es als ‚Humanität' zu bezeichnen, sei es als was auch immer. Als er das erkannt hatte, schickte er euch den besagten Brief, den anzuhören sich lohnt, in der Absicht, sich durch sein Versprechen, er werde für euch die Chersones wiedererlangen, und dadurch, dass Kephisodotos, als Feind des Kotys und des Iphikrates, dies aller Wahrscheinlichkeit nach wollte, von euch mit Trieren ausgestattet ungefährdet aus Kleinasien davonzustehlen. (157) Was passiert unmittelbar darauf, wodurch die Sache eindeutig durchschaubar wurde? Memnon und Mentor, die Schwäger des Artabazos, junge Leute, die in der Verwandtschaft mit Artabazos über ein unverhofftes Glück verfügten, wollten sofort im Frieden über ihr Land herrschen und Ansehen genießen und nicht Krieg führen und kein Risiko eingehen; sie überredeten deshalb den Artabazos, von einer Bestrafung des Charidemos abzusehen und ihn unter der verbindlichen Zusicherung freien Geleits aus dem Land zu schicken, indem sie ihm erklärten, dass i h r , auch wenn er sich weigere, Charidemos hinüberbringen würdet und dass er das nicht werde verhindern können. (158) Als Charidemos diese Rettung zuteil wurde, mit der nicht zu rechnen und die nicht zu erwarten war, dachte er, nachdem er dank der vereinbarten Waffenruhe ohne fremde Hilfe zur Chersones übersetzen konnte, so wenig daran, Kotys anzugreifen (obwohl er doch geschrieben hatte, Kotys werde seinem Angriff nicht standhalten) oder euch dabei zu helfen, die Chersones wiederzuerlangen, dass er wieder in den Dienst des Kotys trat und die euch verbliebenen Gebiete, Krithote und Elaious, belagerte. Und dass sein Entschluss, dies zu tun, auch schon zu der Zeit, als er noch in Kleinasien war und jenen Brief an euch richtete, feststand und er euch folglich betrogen hat, werdet ihr an der von ihm gewählten Form der Überfahrt erkennen. Er setzte nämlich von Abydos, das die ganze Zeit über mit euch verfeindet war und von wo die Eroberer von Sestos stammten, nach Sestos hinüber, das Kotys in seiner Gewalt hatte. (159) Und glaubt nicht, dass die Abydener und die Leute in Sestos ihn aufgenommen hätten, nachdem jener Brief an euch gesandt war, wenn sie damals nicht Mitwisser seines Betrugs gewesen wären und

αὐτοί, βουλόμενοι τοῦ μὲν διαβῆναι τὸ στράτευμα ὑμᾶς παρέχειν τὴν ἀσφάλειαν, διαβάντος δέ, ὅπερ συνέβη δόντος Ἀρταβάζου τὴν ἄδειαν, αὐτοῖς ὑπάρξαι τὴν χρείαν. ὅτι τοίνυν οὕτω ταῦτ' ἔχει, λέγε τὰς ἐπιστολάς, ἥν τ' ἔπεμψεν ἐκεῖνος καὶ τὰς παρὰ τῶν ἀρχόντων τῶν ἐκ Χερρονήσου· γνώσεσθε γὰρ ἐκ τούτων ὅτι ταῦθ' οὕτως ἔχει. 5

ΕΠΙΣΤΟΛΗ

(160) Ἐνθυμεῖσθε ὅθεν οἳ διέβη, ἐξ Ἀβύδου εἰς Σηστόν. ἆρ' οὖν οἴεσθ' ἂν ὑποδέξασθαι τοὺς Ἀβυδηνοὺς ἢ τοὺς Σηστίους, εἰ μὴ συνεξηπάτων ὅτε τὴν πρὸς ὑμᾶς ἔπεμπεν ἐπιστολήν; Λέγε αὐτοῖς τὴν ἐπιστολὴν αὐτήν. καὶ θεωρεῖτε, ὦ ἄνδρες Ἀθηναῖοι, τὰς ὑπερβολὰς ὧν αὐτὸς περὶ αὑτοῦ πρὸς 10 ὑμᾶς ἔγραψεν ἐπαίνων, {καὶ} τὰ μὲν ὡς πεποίηκε λέγων, τὰ δ' ὑπισχνούμενος ποιήσειν. λέγε.

ΕΠΙΣΤΟΛΗ

(161) Καλά γε, οὐ γάρ; ὦ ἄνδρες Ἀθηναῖοι, τὰ γεγραμμένα καὶ χάριτος πολλῆς ἄξια, εἴ γ' ἦν ἀληθῆ. νῦν δέ, ὅτε μὲν τῶν σπονδῶν οὐκ ᾤετο 15 τεύξεσθαι, ταῦτ' ἔγραφεν ἐξαπατῶν· ἐπειδὴ δ' ἔτυχεν, λέγε οἷα ἐποίησεν.

ΕΠΙΣΤΟΛΗ

Οὐκοῦν τοῦ κομιεῖσθαι τὰ ἀπολωλότα χωρία ὑποσχομένου Χαριδήμου διαβάντος φησὶν ὁ ἄρχων Κριθώτης περὶ τῶν ὑπαρχόντων γεγενῆσθαι μείζους τῶν πρότερον τοὺς κινδύνους. λέγ' ἐξ ἑτέρας ἐπιστολῆς ἐπιδεί- 20 ξας.

ΕΠΙΣΤΟΛΗ

Λέγ' ἐξ ἑτέρας.

---

1 παρασχεῖν A 2 διδόντος Y 3 ταῦθ' οὕτως A 4 τῶν² om. S 5 ἔχει. λέγε. AF
6 ἐπιστολαί AFY 7 οἳ om. SY 8 ἀβυδηνοὺς αὐτὸν FY 9 λέγε δὲ A αὐτὴν τὴν ἐπιστολήν A 11 ἐπαινῶν SAFY : corr. Reiske καὶ del. Reiske 14 οὐ γάρ om. Sᵃ
15 μὲν om. SY 16 ἐξαπατῶν ὑμᾶς A 17 ἐπιστολή om. S 18 Χαριδήμου del. Weil
20-21 ἐπιδείξας λέγε A 22 ἐπιστολή om. Y 23-132,1 Λέγ' ἐξ ἑτέρας. ἐπιστολή om. A

selbst bei der Täuschung mitgewirkt hätten, weil sie wollten, dass für die Überfahrt des Heeres i h r die Sicherheit gewährleistet, dass aber nach vollendeter Überfahrt – und genau das trat ein, da Artabazos die Immunität garantierte – s i e s e l b s t den Nutzen davon hätten. Als Beweis dafür, dass es so ist, verlies die Briefe, sowohl den, den jener schickte, als auch die von unseren Archonten auf der Chersones. Anhand dessen werdet ihr erkennen, dass es so ist.

BRIEF

(160) Macht euch bewusst, von wo aus er wohin übersetzte: von Abydos nach Sestos! Glaubt ihr, die Abydener oder die Sestier hätten ihn aufgenommen, wenn sie nicht bei dem Betrug mitgewirkt hätten, als er euch den Brief schrieb?
Lies ihnen den besagten Brief selbst vor. Und führt euch, Athener, die übertriebenen Lobeshymnen vor Augen, die er euch über sich selbst schrieb, indem er das eine geleistet zu haben behauptete, das andere zu tun versprach.

BRIEF

(161) Vortrefflich – oder etwa nicht, Athener? – ist das, was da geschrieben steht, und großen Dankes würdig – wenn es denn wahr wäre. In Wirklichkeit aber hat er dies in betrügerischer Absicht geschrieben, als er nicht daran glaubte, dass er freies Geleit erhalten würde. Als er es aber erhalten hatte, lies, was er da getan hat.

BRIEF

Nachdem also der Mann, der die verlorenen Gebiete zurückzugewinnen versprochen hatte, Charidemos, den Hellespont überquert hat, teilt uns der Archon von Krithote mit, dass die Gefahr für die vorhandenen Gebiete nunmehr größer sei als vorher. Lies aus einem anderen Brief – lass mich mal sehen.

BRIEF

Lies aus einem anderen vor.

ΕΠΙΣΤΟΛΗ

(162) Ὁρᾶτε ὅτι πανταχόθεν τὸ πρᾶγμα μαρτυρεῖται, ὅτι διαβὰς οὐκ ἐπὶ τὸν Κότυν, ἀλλ' ἐφ' ἡμᾶς μετ' ἐκείνου ἐπορεύετο. ἔτι τοίνυν ταύτην μόνην ἀνάγνωθί μοι τὴν ἐπιστολήν, τὰς δ' ἄλλας ἔα· δῆλον γάρ που ὑμῖν γέγονεν ὡς πεφενάκικεν ὑμᾶς. λέγε.

ΕΠΙΣΤΟΛΗ

Ἐπίσχες. ἐνθυμεῖσθε ὅτι γράψας μὲν ὡς ἀποδώσει Χερρόνησον, τὰ λοιπὰ ἀφελέσθαι μισθώσας αὐτὸν τοῖς ὑμετέροις ἐχθροῖς ἐπεχείρει, γράψας δὲ ὡς Ἀλεξάνδρου πρεσβευσαμένου πρὸς αὐτὸν οὐ προσεδέξατο, τοῖς λῃσταῖς φαίνεται τοῖς παρ' ἐκείνου ταὐτὰ πράττων. εὔνους γε, οὐ γάρ; ἁπλῶς ὑμῖν, καὶ οὐδὲν ἂν ἐπιστείλας ψεῦδος οὐδ' ἐξαπατήσας. (163) Οὐ τοίνυν ἐκ τούτων πω δῆλόν ἐσθ', οὕτω σαφῶς δῆλον ὄν, ὡς οὐδὲν πιστόν ἐσθ' ὧν ἐκεῖνός φησιν ⟨καὶ⟩ προσποιεῖται τῇ πόλει προσέχειν, ἀλλ' ἐκ τῶν μετὰ ταῦτα συμβάντων ἔσται φανερώτερον. τὸν μὲν γὰρ Κότυν, εὖ ποιῶν, ὄντα γ' ἐχθρὸν ἡμῖν καὶ πονηρὸν ἀποκτίννυσιν ὁ Πύθων, ὁ δὲ Κερσοβλέπτης ὁ νυνὶ βασιλεύων μειρακύλλιον ἦν καὶ πάντες οἱ τοῦ Κότυος παῖδες, τῶν δὲ πραγμάτων κύριος διὰ τὴν παρουσίαν καὶ τὸ δύναμιν ἔχειν ὁ Χαρίδημος ἐγεγόνει, ἧκε δὲ Κηφισόδοτος στρατηγῶν, πρὸς ὃν αὐτὸς ἔπεμψε τὴν ἐπιστολὴν ἐκείνην, καὶ αἱ τριήρεις, αἵ, ὅτ' ἦν ἄδηλα τὰ τῆς σωτηρίας αὐτῷ, καὶ μὴ συγχωροῦντος Ἀρταβάζου σῴζειν ἔμελλον αὐτόν. (164) τί δὴ προσῆκεν, ὦ ἄνδρες Ἀθηναῖοι, τὸν ὡς ἀληθῶς ἁπλοῦν καὶ φίλον, παρόντος μὲν στρατηγοῦ οὐχ ὧν ἐκεῖνος ἔφησεν ἂν αὐτῷ φθονεῖν οὐδενός, ἀλλ' ὃν αὐτὸς ἑαυτοῦ φίλον προείλετο τῶν παρ' ὑμῖν, καὶ πρὸς ὃν τὴν ἐπιστολὴν ἐπεπόμφει, τετελευτηκότος δὲ Κότυος, κύριον δ' ὄντα τῶν πραγμάτων; οὐκ ἀποδοῦναι μὲν τὴν χώραν εὐθέως ὑμῖν, κοινῇ δὲ μεθ' ὑμῶν καθιστάναι τὸν βασιλέα τῆς Θρᾴκης, δηλῶσαι δ' ὡς εἶχεν εὐνοϊκῶς ὑμῖν, καιροῦ τοιούτου λαβόμενον; (165) ἔγωγ' ἂν φαίην. ἆρ' οὖν ἐποίησέ τι τούτων; πολλοῦ

---

3 ἐφ' ὑμᾶς A   4 πού ὑμῖν S : ὑμῖν δήπου A : ὑμῖν del. Weil   9 πρὸς αὐτὸν οὐ om. S^a
10 ταῦτα A   11 ἂν om. A   12 δῆλον ὄν om. Y   13 φησιν ⟨καὶ⟩ Feliciana : φησιν SF : φησιν ἢ AY   προσποιεῖται del. van Herwerden   14 ἀλλ'] ἀλλὰ καὶ AFY   15 ὑμῖν A
17 τοῦ om. A   18 ἥκει δὲ ὁ A   19 αὐτός] οὗτος van Herwerden   21 προσῆκον ἦν A
22 φίλον ποιῆσαι A   23 ὧν] ὃν S^c : [S]   ἂν om. SFY : post ἔφησεν inser. Reiske : φθονεῖν αὐτῷ ἔφησεν ἂν A   25 τοῦ κότυος A   26–27 τὸν βασιλέα καθιστάναι A

BRIEF

(162) Ihr seht, dass der Tatbestand von allen Seiten bezeugt wird: Nach seiner Überfahrt zog er nicht gegen Kotys, sondern mit ihm gegen uns. Lies mir nur noch diesen einen Brief vor, die anderen lass beiseite. Es ist euch ja klar geworden, dass er euch betrogen hat. Lies.

BRIEF

Halt ein! Macht euch bewusst, dass er sich, obwohl er geschrieben hatte, er werde euch die Chersones zurückgeben, als Söldner in den Dienst eurer Feinde gestellt und den Versuch unternommen hat, euch den Rest [sc. der Chersones] wegzunehmen, und dass er, obwohl er geschrieben hatte, er habe eine von Alexander zu ihm geschickte Gesandtschaft nicht empfangen, offenkundig dasselbe tat wie dessen Piraten. In aufrichtigem Wohlwollen euch gegenüber – nicht wahr? – und ohne dass er eine Lügenbotschaft gesendet und euch betrogen hätte!
(163) Es ist nun daraus noch nicht klar ersichtlich – obwohl es so sonnenklar ist –, dass nichts von dem, was er sagt, glaubwürdig ist ⟨und⟩ dass er nur vorgibt, unserer Stadt zugetan zu sein; aber aus dem, was danach geschah, wird es deutlicher zu erkennen sein. Den Kotys tötete nämlich Python, woran er gut tat, da Kotys unser Feind und ein Schurke war; Kersobleptes, der jetzige König, war ein junges Bürschchen wie alle Söhne des Kotys; zum Herrn über die politischen Entscheidungen wurde, da er vor Ort war und über ein Heer verfügte, Charidemos; es war aber Kephisodotos als Stratege gekommen, dem er [sc. Charidemos] selbst jenen Brief geschickt hatte, und die Trieren, die ihn, als er noch nicht wusste, wie er davonkommen würde, auch ohne das Einlenken des Artabazos retten sollten. (164) Was hätte sich nun gehört, Athener, für jemanden, der wirklich aufrichtig und ein wahrer Freund ist, wenn ein Stratege vor Ort ist, und zwar nicht einer von denen, von denen Charidemos hätte behaupten können, dass sie ihm missgünstig seien, sondern der, den er sich selbst zu seinem Freund gewählt hat unter euren Leuten und an den er seinen Brief gerichtet hatte, und da Kotys tot war, er selbst aber Herr über die politischen Entscheidungen? Etwa nicht, euch das Land sofort zurückzugeben, gemeinsam mit euch den König über Thrakien einzusetzen und zu zeigen, dass er euch wohlgesinnt war, indem er eine solche Gelegenheit beim Schopfe packte? (165) Ich jedenfalls möchte das wohl meinen. Hat er nun irgendetwas davon getan? Mitnichten! Vielmehr verbrachte er die

γε δεῖ. ἀλλὰ τὸν μὲν ἅπαντα χρόνον μῆνας ἑπτὰ διήγαγεν ἡμᾶς πολεμῶν, ἐκ προφανοῦς ἐχθρὸς ὢν καὶ οὐδὲ λόγον φιλάνθρωπον διδούς. καὶ κατ' ἀρχὰς μὲν ἡμῶν δέκα ναυσὶ μόναις εἰς Πέρινθον ὁρμισαμένων, ἀκηκοότων ὅτι πλησίον ἐστὶν ἐκεῖνος, ὅπως συμμείξαιμεν αὐτῷ καὶ περὶ τούτων εἰς λόγους ἔλθοιμεν, ἀριστοποιουμένους φυλάξας τοὺς στρατιώτας 5
ἐπεχείρησε μὲν ἡμῶν τὰ σκάφη λαβεῖν, πολλοὺς δ' ἀπέκτεινε τῶν ναυτῶν, κατήραξε δ' εἰς τὴν θάλατταν ἅπαντας, ἱππέας ἔχων καὶ ψιλούς τινας. (166) μετὰ ταῦτα δὲ πλευσάντων ἡμῶν – οὐκ ἐπὶ τῆς Θρᾴκης τόπον οὐδένα οὐδὲ χωρίον· οὐδὲ γὰρ τοῦτό γ' ἂν εἴποι τις "νὴ Δί', ἀμυνόμενος γὰρ ὑπὲρ τοῦ μὴ παθεῖν ἐποίει τι κακόν"· οὐκ ἔστι τοῦτο· οὐ γὰρ 10
ἤλθομεν οὐδαμοῖ τῆς Θρᾴκης, ἀλλ' ἐπ' Ἀλωπεκόννησον, ἣ Χερρονήσου μέν ἐστι καὶ ἦν ὑμετέρα, ἀκρωτήριον δ' ἀνέχον πρὸς τὴν Ἴμβρον ἀπωτάτω τῆς Θρᾴκης, λῃστῶν δὲ ἦν μεστὴ καὶ καταποντιστῶν – (167) ἐνταῦθα δ' ἐλθόντων ἡμῶν καὶ πολιορκούντων τούτους, πορευθεὶς διὰ Χερρονήσου πάσης τῆς ὑμετέρας ἡμῖν μὲν προσέβαλλεν, ἐβοήθει δὲ τοῖς λῃσταῖς 15
καὶ καταποντισταῖς. καὶ πρότερον προσκαθήμενος τὸν ὑμέτερον στρατηγὸν ἔπεισε καὶ ἠνάγκασε μὴ τὰ βέλτισθ' ὑπὲρ ὑμῶν πράττειν, ἢ αὐτὸς ὑπὸ τούτου ἐπείσθη ὧν ὡμολογήκει καὶ ὑπέσχητό τι πρᾶξαι, καὶ γράφει δὴ τὰς συνθήκας ταύτας τὰς πρὸς Κηφισόδοτον, ἐφ' αἷς ὑμεῖς οὕτως ἠγανακτήσατε καὶ χαλεπῶς ἠνέγκατε, ὥστε ἀπεχειροτονήσατε μὲν τὸν 20
στρατηγόν, πέντε ταλάντοις δ' ἐζημιώσατε, τρεῖς δὲ μόναι ψῆφοι διήνεγκαν τὸ μὴ θανάτου τιμῆσαι. (168) καίτοι πηλίκην τινὰ χρὴ νομίζειν, ὦ ἄνδρες Ἀθηναῖοι, ταύτην τὴν ἀλογίαν, ὅταν τις ἴδῃ διὰ τὰς αὐτὰς πράξεις τὸν μὲν ὡς ἀδικοῦντα κολασθέντα πικρῶς οὕτως, τὸν δ' ὡς εὐεργέτην ἔτι καὶ νῦν τιμώμενον; ὅτι τοίνυν ταῦτ' ἀληθῆ λέγω, τῶν μὲν 25
τῷ στρατηγῷ συμβάντων δήπου μάρτυρες ὑμεῖς ἐστέ μοι· καὶ γὰρ ἐκρίνεθ' ὑμεῖς καὶ ἀπεχειροτονεῖτε καὶ ὠργίζεσθε, καὶ πάντα ταῦτα σύνισθ' ὑμεῖς· τῶν δ' ἐν Περίνθῳ καὶ τῶν ἐν Ἀλωπεκοννήσῳ κάλει μοι τοὺς τριηράρχους μάρτυρας.

---

1 γε καὶ δεῖ AF   ἄλλον ἅπαντα A   ἡμῖν A : ⟨πρὸς⟩ ἡμᾶς Cobet   3 ὁρμησαμένων S^{a}AF
6 ἐνεχείρησε A   9 γ' om. A   11 οὐδαμοῦ AF, fort. S^a (-ῖ in ras.)   14 δ' om. AF Π$_{5472}$
ἐλθόντων μὲν Π$_{5472}$ τούτους om. Π$_{5472}$ λαθὼν καὶ πορευθεὶς A   15 ὑμῖν A Π$_{5472}$
16 προσκαθήμενος om. Π$_{5472}$: οὐ πρότερον προσκαθήμενος ἐπαύσατο πρὶν F^{γρ} 17 μὴ
πράττειν Π$_{5472}$ 18 ὑπέσχετό AF   τι om. S^{a}Y   19 τὰς^2 om. AF   22 τὸ] τοῦ S   23 τὴν
del. Dobree   24 ἀδικήσαντα A   28 δ' om. Y

gesamte Zeit – sieben Monate! – damit, ununterbrochen gegen uns Krieg zu führen, als Feind, der sich offen zu erkennen gab, und ohne auch nur ein Wort der Freundlichkeit an uns zu richten. Und als wir anfangs mit nur zehn Schiffen in Perinthos vor Anker gegangen waren, um, da wir gehört hatten, dass er in der Nähe sei, mit ihm zusammenzukommen und Gespräche über die Lage aufzunehmen, passte er den Zeitpunkt ab, als die Soldaten zu Mittag aßen, und unternahm den Versuch, unsere Schiffe in seinen Besitz zu bringen, tötete viele der Seeleute und jagte alle in wilder Flucht zum Meer hin, mit Reitern und einigen Leichtbewaffneten. (166) Als wir uns aber danach auf den Weg gemacht hatten – nicht auf irgendein Gebiet oder einen Ort in Thrakien zu; denn auch das könnte wohl niemand vorbringen: „Beim Zeus, aus Selbstschutz, um Schaden von sich abzuwenden, hat er etwas Schlechtes getan." Das ist nicht der Fall. Wir fuhren nämlich an keinen Ort in Thrakien, sondern nach Alopekonnesos, das auf der Chersones liegt und euch gehörte, ein Kap, das sich nach Imbros hin ins Meer erstreckt, ganz weit entfernt von Thrakien, voll von Seeräubern und Piraten – (167) als wir also dorthin gekommen waren und sie belagerten, zog Charidemos über die gesamte Chersones – euer Territorium! – und griff uns an, während er den Seeräubern und Piraten seine Unterstützung zuteil werden ließ. Und eher kam es dazu, dass er euren Strategen, da er ihm ständig im Nacken saß, durch Zwang dazu überredete, nicht das zu tun, was für euch das Beste war, als dass er sich selbst von diesem überreden ließ, etwas von dem zu tun, was von ihm bewilligt und versprochen war. Und so setzte er denn diesen Vertrag – den mit Kephisodotos – auf, über den ihr euch so sehr empört und geärgert habt, dass ihr den Strategen abgesetzt und ihn mit einer Geldbuße von fünf Talenten bestraft habt, wobei nur eine Differenz von drei Stimmen verhinderte, dass gegen ihn die Todesstrafe verhängt wurde. (168) Und für wie absurd, Athener, soll man das halten, wenn man sieht, dass wegen derselben Taten der eine wie ein Verbrecher dermaßen hart bestraft wurde, der andere aber wie ein Wohltäter auch jetzt noch geehrt wird? Dafür, dass ich damit die Wahrheit sage, seid, was die Geschicke des Strategen anbelangt, doch wohl ihr meine Zeugen – denn ihr habt über ihn zu Gericht gesessen und ihn abberufen und ihm gezürnt, und ihr wisst das alles so gut wie ich. Was aber die Ereignisse in Perinthos und Alopekonnesos betrifft, dafür rufe mir die Trierarchen als Zeugen auf.

ΜΑΡΤΥΡΕΣ

(169) Μετὰ ταῦτα τοίνυν, ἐπειδὴ Κηφισόδοτος μὲν ἀπηλλάγη τοῦ στρατηγεῖν, ὑμῖν δ' οὐκ ἐδόκουν καλῶς ἔχειν οὐδὲ δικαίως αἱ πρὸς ἐκεῖνον γραφεῖσαι συνθῆκαι, τὸν μὲν Μιλτοκύθην, τὸν διὰ παντὸς εὔνουν ὑμῖν τοῦ χρόνου, λαβὼν προδοθέντα ὑπὸ τοῦ Σμικυθίωνος ὁ χρηστὸς 5 οὗτος Χαρίδημος, οὐκ ὄντος νομίμου τοῖς Θρᾳξὶν ἀλλήλους ἀποκτιννύναι, γνοὺς ὅτι σωθήσεται πρὸς Κερσοβλέπτην ἂν ἀχθῇ, παραδίδωσι Καρδιανοῖς τοῖς ὑμετέροις ἐχθροῖς. κἀκεῖνοι λαβόντες καὶ αὐτὸν καὶ τὸν υἱόν, ἀναγαγόντες εἰς τὸ πέλαγος ἐν πλοίῳ, τὸν μὲν υἱὸν ἀπέσφαξαν, ἐκεῖνον δ' ἐπιδόντα τὸν υἱὸν ἀποσφαττόμενον κατεπόντισαν. (170) τῶν 10 δὲ Θρᾳκῶν ἁπάντων χαλεπῶς ἐνεγκόντων ἐπὶ τούτοις, καὶ συστραφέντων τοῦ τε Βηρισάδου καὶ τοῦ Ἀμαδόκου, ἰδὼν τὸν καιρὸν τοῦτον Ἀθηνόδωρος, συμμαχίαν ποιησάμενος πρὸς τούτους οἷος ἦν πολεμεῖν. ἐν φόβῳ δὲ καταστάντος τοῦ Κερσοβλέπτου γράφει ὁ Ἀθηνόδωρος συνθήκας, ἃς ἀναγκάζει τὸν Κερσοβλέπτην ὀμόσαι πρός τε ὑμᾶς καὶ τοὺς βασιλέας, 15 εἶναι μὲν τὴν ἀρχὴν κοινὴν τῆς Θρᾴκης εἰς τρεῖς διῃρημένην, πάντας δ' ὑμῖν ἀποδοῦναι τὴν χώραν. (171) ὡς δ' ἐν ἀρχαιρεσίαις ὑμεῖς Χαβρίαν ἐπὶ τὸν πόλεμον τοῦτον κατεστήσατε, καὶ τῷ μὲν Ἀθηνοδώρῳ συνέβη διαφεῖναι τὴν δύναμιν χρήματα οὐκ ἔχοντι παρ' ὑμῶν οὐδ' ἀφορμὴν τῷ πολέμῳ, τῷ Χαβρίᾳ δὲ μίαν ναῦν ἔχοντι μόνην ἐκπλεῖν, τί πάλιν ποιεῖ 20 οὗτος ὁ Χαρίδημος; ἃς μὲν ὤμοσε πρὸς τὸν Ἀθηνόδωρον συνθήκας ἔξαρνος γίγνεται καὶ τὸν Κερσοβλέπτην ἀρνεῖσθαι πείθει, γράφει δ' ἑτέρας πρὸς τὸν Χαβρίαν ἔτι τῶν πρὸς Κηφισόδοτον δεινοτέρας· οὐκ ἔχων δ' ἐκεῖνος, οἶμαι, δύναμιν στέργειν ἠναγκάζετο τούτοις. (172) ἀκούσαντες δ' ὑμεῖς ταῦτα, ἐν τῷ δήμῳ λόγων ῥηθέντων πολλῶν καὶ τῶν 25 συνθηκῶν ἀναγνωσθεισῶν, οὔτε τὴν Χαβρίου δόξαν αἰσχυνθέντες οὔτε τῶν συναγορευόντων οὐδένα, ἀπεχειροτονήσατε καὶ ταύτας πάλιν τὰς συνθήκας, καὶ ἐψηφίσασθε ψήφισμα Γλαύκωνος εἰπόντος ἑλέσθαι πρέσβεις δέκα ἄνδρας ἐξ ὑμῶν αὐτῶν, τούτους δέ, ἂν μὲν ἐμμένῃ ταῖς πρὸς Ἀθηνόδωρον συνθήκαις ὁ Κερσοβλέπτης, ὁρκίσαι πάλιν αὐτόν, εἰ 30

---

7 ἂν ἀναχθῇ A   8–9 καὶ τὸν υἱὸν καὶ αὐτόν A   13 πρὸς τούτους om. S^a : τούτοις F^a οἷός τε S^{c}F : [Π$_{5472}$]   14 ὁ om. A   14–15 συνθήκας ἃς ἀναγκάζει scripsi : συνθήκας καθ' ἃς ἀναγκάζει SFY : συνθήκας ἀναγκάζει S^a ut videtur : συνθήκας ἐν αἷς ἀναγκάζει AF^{γρ} 15 ἡμᾶς SFY   πρὸς τοὺς AY   19 παρ' ὑμῶν om. Π$_{5472}$ ἀφορμὴν οὐδεμίαν F   20 τῷ om. A   δ[ὲ χαβρίᾳ] μίαν Π$_{5472}$ ποιεῖ πάλιν A Π$_{5472}$ 21 οὗτος post Χαρίδημος Π$_{5472}$ 23 τὸν om. A   25 τῶν λό[γων ἐν] τῷ δήμῳ Π$_{5472}$ 26 παραναγνωσθεισῶν AY   27 καὶ ταύτας om. Π$_{5472}$ 28 ψηφίζεσθε A   29 ἂν μὲν ἐμμένῃ S$^{c(m.a.)}$ F : ἂν ἐμμένῃ A : ἐν μὲν S^{a}Y   30 ὁ Κερσοβλέπτης S$^{c(m.a.)}$ AF : om. S^{a}Y : del. Weil

ZEUGEN

(169) Danach, als Kephisodotos vom Strategenamt abgesetzt worden war, euch aber der mit ihm aufgesetzte Vertrag nicht gut und nicht gerecht zu sein schien, fiel unserem tüchtigen Charidemos Miltokythes, der euch die ganze Zeit hindurch freundlich zugetan war, durch den Verrat des Smikythion in die Hände. Weil Charidemos erkannte, dass Miltokythes mit dem Leben davonkommen würde, wenn man ihn zu Kersobleptes brächte – denn unter den Thrakern war es nicht üblich, einander zu töten –, übergab er ihn den Kardianern, euren Feinden. Und diese nahmen ihn und seinen Sohn, brachten sie in einem Boot auf das offene Meer hinaus und schlachteten den Sohn ab; Miltokythes aber ließen sie zuerst die grausame Ermordung seines Sohnes mitansehen und ertränkten ihn dann im Meer. (170) Da sich aber alle Thraker darüber empörten und Berisades und Amadokos sich zusammentaten, erkannte Athenodoros diese Gelegenheit, schloss mit ihnen ein Bündnis und war in Kriegsbereitschaft. Das ließ Kersobleptes in Angst geraten, und so setzte Athenodoros einen Vertrag auf, den er Kersobleptes sowohl euch als auch den Königen gegenüber zu beeiden zwang, dass die Herrschaft über Thrakien, auf drei Personen aufgeteilt, eine gemeinsame sein und sie euch alle euer Land zurückgeben sollen. (171) Als ihr aber bei der Magistratswahl Chabrias für diesen Krieg [zum Strategen] ernanntet und es sich ergab, dass zum einen Athenodoros sein Heer auflöste, weil er kein Geld von euch hatte und keine Mittel für den Krieg, zum anderen Chabrias mit nur einem einzigen Schiff hinausfuhr, was machte da wiederum dieser Charidemos? Er leugnete den Vertrag, den er Athenodoros gegenüber durch seinen Eid anerkannt hatte, und überredete den Kersobleptes, ihn zu leugnen, setzte aber einen anderen mit Chabrias auf, der noch schlimmer war als der mit Kephisodotos. Und da Chabrias keine Streitmacht hatte, musste er sich, so will ich wohl meinen, notgedrungen damit zufrieden geben. (172) Als ihr davon hörtet und in der Volksversammlung viele Reden gehalten und der Vertrag verlesen worden war, habt ihr ohne Ehrfurcht vor dem Ansehen des Chabrias und irgendeinem seiner Fürsprecher auch diesen Vertrag wieder abgelehnt und auf Antrag des Glaukon den Beschluss gefasst, zehn Männer aus euren eigenen Reihen als Gesandte zu wählen. Diese sollten, wenn Kersobleptes sich zu dem mit Athenodoros geschlossenen Vertrag bekenne, ihn erneut einen Eid darauf ablegen lassen, wenn nicht, den beiden Königen den Eid

δὲ μή, παρὰ μὲν τοῖν δυοῖν βασιλέοιν ἀπολαβεῖν τοὺς ὅρκους, πρὸς δ' ἐκεῖνον ὅπως πολεμήσετε βουλεύεσθαι. (173) ἐκπεπλευκότων δὲ τῶν πρέσβεων συμβαίνει τοῖς χρόνοις εἰς τοῦθ' ὑπηγμένα τὰ πράγματα ἤδη, διατριβόντων τούτων καὶ οὐδὲν ἁπλοῦν οὐδὲ δίκαιον ὑμῖν ἐθελόντων πρᾶξαι, ὥστ' ἐβοηθοῦμεν εἰς Εὔβοιαν, καὶ Χάρης ἧκεν ἔχων τοὺς ξένους, 5
καὶ στρατηγὸς ὑφ' ὑμῶν αὐτοκράτωρ εἰς Χερρόνησον ἐξέπλει. οὕτω γράφει πάλιν συνθήκας πρὸς τὸν Χάρητα, παραγενομένου Ἀθηνοδώρου καὶ τῶν βασιλέων, ταύτας αἵπερ εἰσὶν ἄρισται καὶ δικαιόταται. καὶ ἔργῳ ἑαυτὸν ἐξήλεγξεν ὅτι καιροφυλακεῖ τὴν πόλιν ἡμῶν, καὶ οὐδὲν ἁπλοῦν ἔγνωκε ποιεῖν οὐδ' ἴσον. (174) εἶθ' ὃν ὁρᾶτε ἐκ προσαγωγῆς ὑμῖν φίλον, 10
καὶ ὅπως ἂν ὑμᾶς δύνασθαι νομίσῃ, οὕτω πρὸς ὑμᾶς εὐνοίας ἔχοντα, τοῦτον οἴεσθε δεῖν ἰσχυρόν ποτ' ἐᾶσαι γενέσθαι, καὶ ταῦτα δι' ὑμῶν; οὐκ ἄρ' ὀρθῶς ἐγνώκατε. ἵνα τοίνυν εἰδῆτε ὅτι τὰ ἀληθῆ λέγω, λαβέ μοι τὴν ἐπιστολὴν ἣ μετὰ τὰς πρώτας συνθήκας ἦλθεν, εἶτα τὴν παρὰ Βηρισάδου· μάλιστα γὰρ οὕτω γνώσεσθε διδασκόμενοι. 15

ΕΠΙΣΤΟΛΗ

Λέγε καὶ τὴν ἐπιστολὴν τὴν τοῦ Βηρισάδου.

ΕΠΙΣΤΟΛΗ

(175) Ἡ μὲν τοίνυν συμμαχία τοῖς βασιλεῦσι τοῖν δυοῖν τοῦτον τὸν τρόπον μετὰ τὴν παράκρουσιν τὴν διὰ τῶν πρὸς Κηφισόδοτον συνθηκῶν 20
συνεστάθη, ἤδη Μιλτοκύθου μὲν ἀνῃρημένου, Χαριδήμου δ' ἔργῳ φανεροῦ γεγενημένου ὅτι τῆς πόλεως ἐχθρός ἐστιν. ὃς γὰρ ὃν ᾔδει διὰ παντὸς τοῦ χρόνου πάντων τῶν Θρᾳκῶν εὐνούστατον ὄνθ' ὑμῖν, τοῦτον ἠξίωσεν ὑποχείριον λαβὼν τοῖς ὑμετέροις ἐχθροῖς Καρδιανοῖς ἐγχειρίσαι, πῶς οὐ μεγάλης ἔχθρας δεῖγμα πρὸς ὑμᾶς ἐξέφερεν; ἃς δὴ τὸν πόλεμον 25
δεδιὼς τὸν πρὸς τοὺς Θρᾷκας καὶ πρὸς Ἀθηνόδωρον ἐποιήσατο συνθήκας μετὰ ταῦτα ὁ Κερσοβλέπτης, λέγε.

---

3 ἤδη om. S[a] 4 διατριβόντων S[c(m.a.)] : τριβόντων SAFY 5 ἧκε τοὺς ξένους ἄγων A 7 πάλιν γράφει A 8 ἄρισται] βέλτισται A 10 ἴσον] ὅσιον S[c(m.a.)]F[yp] ὃν om. S[a] ὄνθ' ὑμῖν F 11 νομίζῃ F[c] 13 τὰ] ταῦτ' AF 17–18 λέγε ... ἐπιστολή om. A : ἐπιστολή om. Y 17 παρὰ τοῦ F 19 τοῖν βασιλέοιν τοῖν δυοῖν A : τοῖν δυοῖν βασιλέοιν F : τοῖν δυοῖν del. Baiter-Sauppe 24 ὑποχείριον ἠξίωσεν SFY ἐγχειρῆσαι S, fort. Y[a] (-ί- in ras.) 25 δὴ] δὲ A 27 καὶ μετὰ F

abnehmen, was aber Kersobleptes betraf, [mit ihnen] beraten, wie der Krieg gegen ihn zu führen sei. **(173)** Als die Gesandten fort waren, traf es sich zur gleichen Zeit, dass die Lage, während diese Männer [sc. Kersobleptes und Charidemos] die Sache verschleppten und nichts Lauteres und Gerechtes für euch zu tun bereit waren, sich nunmehr unversehens dahin entwickelt hatte, dass wir in Euboia Hilfe leisteten, Chares mit den Söldnern zurückkehrte und in eurem Auftrag als Stratege mit alleiniger Befehlsgewalt hinaus zur Chersones fuhr. Unter diesen Umständen setzte er [sc. Charidemos] wiederum einen Vertrag mit Chares auf, in Anwesenheit des Athenodoros und der Könige – den Vertrag, der der beste und gerechteste ist. Und durch sein Handeln hat er sich selbst entlarvt, dass er unsere Stadt auf eine für ihn günstige Gelegenheit hin belauert und nichts Lauteres und Gerechtes zu tun gedachte. **(174)** Und da glaubt ihr, man dürfe zulassen, dass der, der, wie ihr seht, nur unter Zwang euer Freund ist und euch jeweils nur in dem Maße, wie er eure Stärke gerade einschätzt, Wohlwollen entgegenbringt, einmal Macht gewinnt, und das auch noch durch euch? Dann liegt ihr falsch. Damit euch klar ist, dass ich die Wahrheit sage, nimm mir den Brief zur Hand, der nach dem ersten Vertrag ankam, dann den Brief von Berisades. Denn auf diese Weise über die Fakten unterrichtet werdet ihr es am besten erkennen.

BRIEF

Lies auch den Brief des Berisades vor.

BRIEF

(175) Das Bündnis mit den beiden Königen kam also auf diese Weise nach dem durch den Vertrag mit Kephisodotos begangenen Betrug zustande, als Miltokythes bereits ermordet war und Charidemos durch sein Handeln klar als Feind der Stadt zu erkennen war. Denn wer es für richtig hielt, denjenigen, von dem er wusste, dass er euch die ganze Zeit über von allen Thrakern am meisten gewogen war, euren Feinden, den Kardianern, in die Hände zu spielen, nachdem er ihn in seine Gewalt gebracht hatte, hat der etwa nicht eine Demonstration tiefer Feindschaft gegen euch geboten? Lies den Vertrag vor, den Kersobleptes danach aus Angst vor dem Krieg gegen die Thraker und Athenodoros geschlossen hat.

ΣΥΝΘΗΚΑΙ

(176) Ταῦτα τοίνυν γράψας καὶ συνθέμενος, καὶ τὸν ὅρκον ὃν ὑμεῖς ἠκούσατε ὀμόσας, ἐπειδὴ τὴν μὲν Ἀθηνοδώρου δύναμιν διαφειμένην εἶδεν, μιᾷ δὲ μόνον τριήρει Χαβρίαν ἥκοντα, οὔτε τὸν Ἰφιάδου παρέδωκεν υἱὸν ἡμῖν οὔτ᾽ ἄλλ᾽ οὐδὲν ὧν ὤμοσ᾽ ἐποίησεν, ἀλλὰ καὶ περὶ τῶν ἄλλων τῶν γεγραμμένων ἐν ταῖς συνθήκαις ἔξαρνος γίγνεται, καὶ γράφει ταύτας τὰς συνθήκας. λαβέ μοι καὶ λέγε ταυτασί.

ΣΥΝΘΗΚΑΙ

(177) Ἐνθυμεῖσθ᾽ ὅτι καὶ τέλη καὶ δεκάτας ἠξίου λαμβάνειν, καὶ πάλιν ὡς αὑτοῦ τῆς χώρας οὔσης τοὺς λόγους ἐποιεῖτο, τοὺς δεκατηλόγους ἀξιῶν τοὺς αὑτοῦ τῶν τελῶν κυρίους εἶναι, καὶ τὸν ὅμηρον τὸν υἱὸν τὸν Ἰφιάδου, ὃν ὑπὲρ Σηστοῦ ἔχων ὤμοσε πρὸς τὸν Ἀθηνόδωρον παραδώσειν, οὐδ᾽ ὑπισχνεῖται παραδώσειν ἔτι. λαβὲ τὸ ψήφισμα ὃ πρὸς ταῦθ᾽ ὑμεῖς ἐψηφίσασθε. λέγε.

ΨΗΦΙΣΜΑ

(178) Ἐλθόντων τοίνυν μετὰ ταῦτα τῶν πρέσβεων εἰς Θρᾴκην, ὁ μὲν Κερσοβλέπτης ὑμῖν ἐπιστέλλει ταυτί, καὶ οὐδ᾽ ὁτιοῦν ὡμολόγει δίκαιον, οἱ δ᾽ ἕτεροι ταυτί. λέγε αὐτοῖς.

ΕΠΙΣΤΟΛΗ

Λέγε δὴ τὴν παρὰ τῶν βασιλέων. καὶ σκοπεῖτε εἰ ἄρα ὑμῖν δοκοῦσι μηδὲν ἐγκαλεῖν.

ΕΠΙΣΤΟΛΗ

Ἆρα γ᾽ ὁρᾶτε καὶ συνίετε, ὦ ἄνδρες Ἀθηναῖοι, τὴν πονηρίαν καὶ τὴν ἀπιστίαν, ὡς ἄνω καὶ κάτω; τὸ πρῶτον ἠδίκει Κηφισόδοτον, πάλιν

2–3 ἠκούσατε ὑμεῖς A   4 μόνον] μόνῃ F   5 ὑμῖν A : ἡμῖν υἱὸν Υ   11 τὸν³] τοῦ SY
13 λαβὲ δὴ A   14 ἐψηφίσασθε ὑμεῖς A   20 βασιλέων ἐπιστολήν F   23 ἆρα γ᾽ om. SY : γ᾽ om. A   ὁρᾶτε καὶ del. Cobet

VERTRAG

(176) Obwohl er dies niedergeschrieben und vereinbart und den Eid geschworen hatte, dessen Inhalt ihr vernommen habt, übergab er, als er sah, dass das Heer des Athenodoros aufgelöst und Chabrias mit nur einer Triere gekommen war, uns weder den Sohn des Iphiades noch tat er irgendetwas anderes von dem, was er geschworen hatte. Vielmehr leugnete er auch die anderen Vereinbarungen, die im Vertrag festgehalten waren, und verfasste diesen Vertrag. Nimm ihn mir zur Hand und lies ihn vor.

VERTRAG

(177) Führt euch vor Augen, dass er beanspruchte, Abgaben und Wegezölle zu erhalten, und außerdem so redet, als gehöre das Land ihm, wenn er verlangt, dass seine eigenen Zollpächter für die Abgaben zuständig sein sollen, und dass er seine Geisel, den Sohn des Iphiades, der [als Unterpfand] für Sestos in seiner Gewalt war und den zu übergeben er dem Athenodoros g e s c h w o r e n hatte, nicht einmal mehr zu übergeben i n A u s s i c h t   s t e l l t. Nimm das Dekret, das ihr dazu beschlossen habt. Lies vor.

DEKRET

(178) Nachdem daraufhin die Gesandten nach Thrakien gekommen waren, lässt Kersobleptes euch dies mitteilen, und er machte nicht das geringste Zugeständnis, das die Gerechtigkeit gebot. Die anderen [thrakischen Könige] aber äußerten dies. Lies es ihnen vor.

BRIEF

Lies den von den Königen gesandten Brief vor. Und schaut, ob sie euch einen nichtigen Vorwurf zu erheben scheinen.

BRIEF

Seht ihr und erkennt ihr, Athener, seine Schlechtigkeit und Treulosigkeit, wie [er] hin und her [laviert]? Zuerst hat er den Kephisodotos schlecht behandelt, dann wiederum hörte er aus Angst vor Athenodoros damit auf.

φοβηθεὶς Ἀθηνόδωρον ἐπαύσατο· αὖθις ἠδίκει Χαβρίαν, πάλιν ὡμολόγει Χάρητι. πάντ' ἄνω καὶ κάτω {πεποίηκεν}, καὶ οὐδὲν ἁπλῶς οὐδὲ δικαίως ἔπραξεν.
(179) Μετὰ ταῦτα τοίνυν ὅσον μὲν χρόνον ἡ ὑμετέρα δύναμις παρῆν ἐν Ἑλλησπόντῳ, κολακεύων καὶ φενακίζων ὑμᾶς διαγέγονεν· ἐπεὶ δὲ εἶδε τάχιστα τὸν Ἑλλήσποντον ἔρημον δυνάμεως, εὐθὺς ἐνεχείρει καταλύειν καὶ ἀπαλλάξαι τοὺς δύο {τῆς ἀρχῆς} καὶ πᾶσαν ὑφ' ἑαυτῷ ποιήσασθαι τὴν ἀρχήν, ἔργῳ πεῖραν ἔχων ὅτι τῶν πρὸς ὑμᾶς οὐδὲν μὴ δυνηθῇ πρότερον λῦσαι, πρὶν ἂν ἐκβάλῃ τούτους. (180) ἵνα δ' ὡς ῥᾷστα τοῦτο περάνειε, ψήφισμα τοιοῦτο παρ' ὑμῶν εὕρετο ἐξ οὗ κυρωθέντος ἄν, εἰ μὴ δι' ἡμᾶς καὶ ταύτην τὴν γραφήν, ἠδίκηντο μὲν φανερῶς οἱ δύο τῶν βασιλέων, ἡσυχίαν δ' ἂν ἦγον οἱ στρατηγοῦντες αὐτοῖς, ὁ Βιάνωρ, ὁ Σίμων, ὁ Ἀθηνόδωρος, φοβούμενοι τὴν διὰ τοῦ ψηφίσματος συκοφαντίαν, ὁ δὲ ταύτης τῆς ἐξουσίας ἀπολαύσας καὶ πᾶσαν ὑφ' αὑτῷ λαβὼν τὴν ἀρχὴν ἰσχυρὸς ἂν ἐχθρὸς ὑπῆρχεν ὑμῖν.
(181) Ἔχει δ' ὁρμητήριον παρὰ πάντα τὸν χρόνον αὐτῷ τετηρημένον τὴν Καρδιανῶν πόλιν, ἣν ἐν ἁπάσαις μὲν ταῖς συνθήκαις ἐξαίρετον αὐτῷ γέγραφεν, τὸ τελευταῖον δὲ καὶ φανερῶς αὐτὴν ἀφείλετο παρ' ὑμῶν. καίτοι τοῖς ἀπηλλαγμένοις μὲν τοῦ περὶ ἡμῶν τι φρονεῖν ἄδικον, μετὰ πάσης δ' ἀληθείας ἁπλῶς εὐνοεῖν ἡμῖν ᾑρημένοις τί προσῆκεν αὐτοῖς ὁρμητήριον καταλείπειν χρήσιμον τοῦ πρὸς ἡμᾶς πολέμου; (182) ἴστε γὰρ δήπου τοῦτο, οἱ μὲν ἀφιγμένοι σαφῶς, οἱ δ' ἄλλοι τούτων ἀκούοντες, ὅτι τῆς Καρδιανῶν πόλεως ἐχούσης ὡς ἔχει, εἰ γενήσεται τὰ πρὸς τοὺς Θρᾷκας εὐτρεπῆ τῷ Κερσοβλέπτῃ, παρ' ἡμέραν ἔξεστιν αὐτῷ βαδίζειν ἐπὶ Χερρόνησον ἀσφαλῶς. ὥσπερ γὰρ Χαλκὶς τῷ τόπῳ τῆς Εὐβοίας πρὸς τῆς Βοιωτίας κεῖται, οὕτω Χερρονήσου κεῖται πρὸς τῆς Θρᾴκης ἡ Καρδιανῶν πόλις. ἣν ὃν ἔχει τόπον ὅστις οἶδεν ὑμῶν, οὐδ' ἐκεῖν' ἀγνοεῖ, τίνος εἵνεκα καιροῦ περιπεποίηται καὶ διεσπούδασται μὴ λαβεῖν ὑμᾶς. (183) ὃν οὐ συμπαρασκευάσαι καθ' ὑμῶν αὐτῶν ὀφείλετε, ἀλλὰ κωλῦσαι καθ' ὅσον δυνατὸν καὶ σκοπεῖν ὅπως μὴ γενήσεται, ἐπεὶ ὅτι γε οὐδ' ἂν ὁντινοῦν καιρὸν παρείη, δεδήλωκεν. Φιλίππου γὰρ εἰς Μαρώνειαν ἐλθόν-

---

2 πεποίηκεν del. Cobet   5 ἐπειδὴ δὲ A   5–6 τάχιστα ἔρημον τὸν ἑλλήσποντον εἶδε A   6–7 καταλύσας καὶ ἀλλάξας A   7 τῆς ἀρχῆς del. Dobree   καὶ² om. A   8 τὴν ἀρχήν del. Blass   10 τοιοῦτόν τι F   παρ' ὑμῶν τοιοῦτον A   16 εἶχε AF^{γρ} 18 αὐτὴν om. A   19 ὑμῶν A   20 ὑμῖν προηρημένοις τί προσῆκον A   21 καταλιπεῖν AF : καταλειπεῖν S   ὑμᾶς A   24 εὐπρεπῆ A   25 ἀσφαλῶς ἐπὶ χερρόνησον A   25–26 πρὸς ... πρός] πρὸ ... πρὸ A Greg. Cor. VII 1150,25 W.   28 ποιεῖται A, om. Y^a ὃν ὑμεῖς F   30 γενήσεται] δυνήσεται S^{c}F^c

Dann hat er wieder Chabrias schlecht behandelt, dann wiederum dem Chares Zugeständnisse gemacht. Alles hat er im Schlingerkurs und nichts geradlinig und in Einklang mit dem Recht gemacht.

(179) Danach hat er euch, solange eure Streitmacht im Hellespont präsent war, fortwährend in trügerischer Absicht umschmeichelt. Sobald er aber den Hellespont von Militär frei sah, traf er sofort Anstalten, den Sturz der beiden Könige zu betreiben und sich ihrer zu entledigen und die gesamte Herrschaft an sich zu reißen, da er ja die Erfahrung gemacht hatte, unmöglich eine der mit euch getroffenen Vereinbarungen auflösen zu können, wenn er nicht jene zuvor vertriebe. (180) Und um dieses Ziel auf möglichst bequeme Weise zu erreichen, verschaffte er sich von euch ein solches Dekret, das im Falle seines Inkrafttretens – wäre dies nicht durch uns und diese Klage vereitelt worden – dazu geführt hätte, dass den beiden Königen vor aller Augen Unrecht widerfahren wäre und ihre Strategen, Bianor, Simon, Athenodoros, stillhalten müssten aus Angst vor der durch das Dekret ermöglichten Denunziation, während er im Genuss dieser Handlungsfreiheit und im Besitz der gesamten Herrschaft euch als ein mächtiger Feind gegenüberstünde.

(181) Er hat aber als Operationsbasis – die ganze Zeit über von ihm gehütet – die Stadt der Kardianer, die er sich in allen Verträgen exklusiv vorbehalten und schließlich sogar ganz offen von euch gestohlen hat. Aber warum sollten die, die davon Abstand genommen haben, gegen uns auf etwas Unrechtes zu sinnen, und entschlossen sind, uns mit aller Aufrichtigkeit ohne Trug Gutes zu wollen, sich eine brauchbare Operationsbasis für einen Krieg gegen uns zurückbehalten? (182) Denn ihr wisst ja wohl – die einen ganz genau, weil sie schon dort waren, die anderen, weil sie es von denen hörten –, dass, da es sich mit der Stadt der Kardianer so verhält, wie es sich verhält, Kersobleptes, wenn die Sache mit den Thrakern für ihn geregelt sein wird, die Möglichkeit hat, innerhalb eines Tages gefahrlos gegen die Chersones zu ziehen. Denn so, wie Chalkis auf Euboia örtlich zu Boiotien liegt, so liegt die Stadt der Kardianer auf der Chersones zu Thrakien. Wer von euch weiß, welche Lage die Stadt hat, weiß auch, mit Blick auf welchen Vorteil er sie in Besitz genommen und größten Eifer darauf verwendet hat, dass ihr sie nicht bekommt. (183) Zu dieser Gelegenheit dürft ihr ihm nicht zu eurem eigenen Schaden verhelfen, sondern es ist eure Pflicht, sie mit allen Kräften zu verhindern und dafür zu sorgen, dass sie nicht zustande kommt; denn dass er sich auch nicht die geringste Chance entgehen lassen dürfte, hat er bewiesen. Als nämlich Philipp nach Maroneia gekommen war, schickte er Apollonides

τος ἔπεμψε πρὸς αὐτὸν Ἀπολλωνίδην, πίστεις δοὺς ἐκείνῳ καὶ Παμμένει· καὶ εἰ μὴ κρατῶν τῆς χώρας Ἀμάδοκος ἀπεῖπε Φιλίππῳ μὴ ἐπιβαίνειν, οὐδὲν ἂν ἦν ἐν μέσῳ πολεμεῖν ἡμᾶς πρὸς Καρδιανοὺς ἤδη καὶ Κερσοβλέπτην. καὶ ὅτι ταῦτ' ἀληθῆ λέγω, λαβὲ τὴν Χάρητος ἐπιστολήν.

ΕΠΙΣΤΟΛΗ

(184) Ταῦτα μέντοι δεῖ σκοπουμένους ἀπιστεῖν καὶ μὴ τετυφῶσθαι, μηδ' ὡς εὐεργέτῃ προσέχειν τὸν νοῦν. οὐ γὰρ ὦν ἀναγκαζόμενος φίλος εἶναί φησι φενακίζων ὑμᾶς, χάριν ἐστὶ δίκαιον ὀφείλειν {Κερσοβλέπτῃ}, οὐδ' ὧν μικρὰ ἀναλίσκων ἰδίᾳ καὶ τοῖς στρατηγοῖς καὶ τοῖς ῥήτορσι {Χαρίδημος} διαπράττεται πρὸς ὑμᾶς ἐπαίνους αὑτοῦ γράφεσθαι· ἀλλ' ὧν, ὁσαχοῦ κύριος γέγονεν τοῦ πράττειν ὅ τι βούλεται, πανταχοῦ κακῶς ἐπιχειρῶν ἡμᾶς ποιεῖν φαίνεται, τούτων πολὺ μᾶλλον ὀργίζεσθαι προσήκει. (185) οἱ μὲν τοίνυν ἄλλοι πάντες, ὅσοι τι παρ' ὑμῶν εὕρηνται πώποτε, ἐφ' οἷς εὖ πεποιήκασιν ὑμᾶς τετίμηνται, οὗτος δὲ εἷς ἁπάντων τῶν ἄλλων μόνος ἐφ' οἷς ἐγχειρῶν οὐ δεδύνηται κακῶς ποιῆσαι. καίτοι τῷ τοιούτῳ τὸ δίκης, ἣν ἔδωκε δικαίως ἄν, ἀφεῖσθαι, μεγάλη δωρεὰ παρ' ὑμῶν ἦν. ἀλλ' οὐ ταῦτα δοκεῖ τοῖς ῥήτορσιν, ἀλλὰ πολίτης, εὐεργέτης, στέφανοι, δωρεαί, δι' ἃ τούτοις ἰδίᾳ δίδωσιν· οἱ δ' ἄλλοι πεφενακισμένοι κάθησθε, τὰ πράγματα θαυμάζοντες. (186) τὸ τελευταῖον δὲ νυνὶ καὶ φύλακας κατέστησαν ὑμᾶς ἐκείνου διὰ τοῦ προβουλεύματος τούτου, εἰ μὴ τὴν γραφὴν ἐποιησάμεθ' ἡμεῖς ταυτηνί, καὶ τὸ τοῦ μισθοφόρου καὶ θεραπεύοντος ἐκεῖνον ἔργον ἡ πόλις ἂν διεπράττετο, ἐφρούρει Χαρίδημον. καλόν γε, οὐ γάρ; ὦ Ζεῦ καὶ θεοί, ὃς αὐτός ποτε τοὺς ὑμετέρους ἐχθροὺς μισθὸν λαμβάνων ἐδορυφόρει, τοῦτον ὑφ' ὑμετέρου ψηφίσματος φανῆναι φυλαττόμενον.
(187) Ἴσως τοίνυν ἐκεῖνο ἄν τίς μ' ἔροιτο, τί δήποτε ταῦτ' εἰδὼς οὕτως ἀκριβῶς ἐγὼ καὶ παρηκολουθηκὼς ἐνίοις τῶν ἀδικημάτων εἴασα, καὶ οὔθ' ὅτ' αὐτὸν ἐποιεῖσθε πολίτην οὐδὲν ἀντεῖπον, οὔθ' ὅτ' ἐπῃνεῖτε, οὔθ' ὅλως πρότερον, πρὶν τὸ ψήφισμα τουτὶ γενέσθαι, λόγον ἐποιησάμην οὐδένα. ἐγὼ δ', ὦ ἄνδρες Ἀθηναῖοι, πρὸς ὑμᾶς ἅπασαν ἐρῶ τὴν ἀλήθειαν.

---

3 ἂν om. A   ἡμῖν A   ἤδη om. A   3–4 κερσοβλέπτῃ S   4 λαβέ μοι AF   8 Κερσοβλέπτῃ del. Baiter-Sauppe 'ut Charidemus intellegi posset'   9–10 Χαρίδημος del. Weil   12 ὑμᾶς A   15 ποιῆσαι κακῶς A   19 καὶ] κἂν Cobet   20 φύλακας ἂν S^{c}F   ⟨κ⟩εἰ Weil   21 τὸ τοῦ del. Dobree   22–23 ἐφρούρει Χαρίδημον del. Cobet   23 ὅς γε F^c ἡμετέρους A   24 τοῦτον om. S^a ἡμετέρου AF^c 25 φυλαττόμενον φανῆναι A   26 τις ἂν A   26–27 ἀκριβῶς οὕτως A   28 ἐπῃνεῖτο A   29 γενέσθαι τουτί A   29–30 οὐδένα ἐποιησάμην A

zu ihm und ließ ihm und Pammenes Versicherungen seiner Treue übermitteln. Und hätte nicht Amadokos als Gebieter über das Land Philipp den Zutritt verwehrt, dann hätte uns nichts davor bewahrt, bereits damals gegen die Kardianer und Kersobleptes Krieg zu führen. Und zum Beweis dafür, dass ich damit die Wahrheit sage, lies den Brief des Chares vor.

BRIEF

(184) In Anbetracht dessen müsst ihr misstrauisch sein und nicht verblendet, und ihr dürft ihn nicht wie einen Wohltäter verehren. Ihr seid ihm nämlich nicht dafür zum Dank verpflichtet, dass er notgedrungen und in betrügerischer Absicht behauptet, euer Freund zu sein, und auch nicht dafür, dass er mit geringfügigen privaten Aufwendungen für die Strategen und die Redner erwirkt, dass für eure Ohren bestimmte Lobreden über ihn geschrieben werden. Viel eher solltet ihr darüber zornig sein, dass er bei jeder Gelegenheit, wann immer es in seiner Macht liegt, zu tun, was er will, uns offensichtlich zu schaden versucht. (185) Alle anderen, die je irgendeine Ehrung von euch erhalten haben, wurden für das geehrt, was sie euch Gutes getan haben, dieser eine aber als einziger von allen anderen für das, was er euch an Bösem nicht antun konnte, obwohl er es versucht hat. Und dabei war es für einen solchen Menschen schon ein großes Geschenk von eurer Seite, auf die Strafe, die er zu Recht gebüßt hätte, zu verzichten. Aber nicht dies scheint den Rednern angemessen, sondern ‚Mitbürger', ‚Wohltäter', Kränze, Privilegien, wofür er ihnen unter vier Augen Geld zahlt. Ihr anderen aber sitzt als die Genarrten da und staunt über die Vorgänge. (186) Und am Ende haben sie euch jetzt sogar zu seinem Wachpersonal gemacht durch diesen Vorbeschluss – wenn w i r nicht diese Klage erhoben hätten! Und unsere Stadt würde dann den Dienst seines Söldners und seines Lakaien versehen: Sie würde Wache schieben für Charidemos! Das ist doch großartig – nicht wahr, Zeus und ihr Götter –, dass durch euren Beschluss offensichtlich der beschützt wird, der selbst einst gegen Bezahlung eure Feinde beschützt hat.
(187) Vielleicht könnte mich nun jemand folgendes fragen, warum ich denn, wenn ich das so genau weiß und einige seiner Missetaten aus nächster Nähe beobachtet habe, nichts dagegen unternahm und warum ich weder bei der Bürgerrechtsverleihung Widerspruch äußerte noch bei seiner öffentlichen Belobigung und warum ich überhaupt in der Zeit, bevor dieser Antrag gestellt wurde, keinen Ton von mir gegeben habe. Ich will euch, Athener, ganz und gar die Wahrheit sagen: Ich wusste, dass er

καὶ γὰρ ὡς ἀνάξιος ἦν ᾔδειν, καὶ παρῆν ὅτε τούτων ἠξιοῦτο, καὶ οὐκ ἀντεῖπον· ὁμολογῶ. (188) διὰ τί; ὅτι, ὦ ἄνδρες Ἀθηναῖοι, πρῶτον μὲν ἀσθενέστερον ἡγούμην ἔσεσθαι πολλῶν ψευδομένων ἑτοίμως περὶ αὑτοῦ πρὸς ὑμᾶς ἕνα τἀληθῆ λέγοντ' ἐμαυτόν· ἔπειθ' ὧν μὲν ἐκεῖνος εὑρίσκετο ἐξαπατῶν ὑμᾶς, μὰ τὸν Δία καὶ θεοὺς πάντας, οὐδενὸς εἰσῄει μοι φθονεῖν, κακὸν δ' οὐδὲν ἑώρων ὑπερφυὲς πεισομένους ὑμᾶς, εἴ τιν' ἠδικηκότα πολλὰ ἀφίετε καὶ προὐκαλεῖσθέ τι τοῦ λοιποῦ ποιεῖν ὑμᾶς ἀγαθόν· ἐν γὰρ τῷ πολίτην ποιεῖσθαι καὶ στεφανοῦν ταῦτ' ἐνῆν ἀμφότερα. (189) ἐπειδὴ δὲ ὁρῶ προσκατασκευαζόμενόν τι τοιοῦτον δι' οὗ, ἂν μόνον εὐτρεπίσηται τοὺς ἐνθάδε ἐξαπατήσοντας ὑμᾶς ὑπὲρ αὑτοῦ, τῶν γ' ἔξω φίλων καὶ βουλομένων ἄν τι ποιεῖν ὑμᾶς ἀγαθὸν κἀκεῖνον κωλύειν ἐναντία πράττειν ὑμῖν, οἷον Ἀθηνόδωρον λέγω, Σίμωνα, Βιάνορα, Ἀρχέβιον τὸν Βυζάντιον, τοὺς Θρᾷκας τοὺς δύο, {τοὺς βασιλέας,} τούτων μηδενὶ μήτ' ἐναντιωθῆναι μήτε κωλύειν ἐκεῖνον ἐξέσται, τηνικαῦθ' ἥκω καὶ κατηγορῶ. (190) καὶ νομίζω τὸ μέν, οἷς ἔμελλεν ἐκεῖνος λαβὼν μηδὲν ὑπερμέγεθες τὴν πόλιν βλάψειν, ἀντιλέγειν ἢ κακῶς ἰδίᾳ πεπονθότος ἢ συκοφαντοῦντος εἶναι, τὸ δέ, ἐφ' οἷς μέγα πρᾶγμα ἀλυσιτελὲς τῇ πόλει κατεσκευάζετο, ἐναντιοῦσθαι χρηστοῦ καὶ φιλοπόλιδος ἀνδρὸς ἔργον εἶναι. διὰ ταῦτ' ἐπ' ἐκείνοις οὐδὲν εἰπὼν νῦν λέγω.
(191) Ἔστιν τοίνυν τις αὐτοῖς τοιοῦτος λόγος δι' οὗ προσδοκῶσι παράξειν ὑμᾶς, ὡς ὁ Κερσοβλέπτης καὶ Χαρίδημος ἴσως ἐναντί' ἔπραττον τῇ πόλει τότε ὅτ' ἦσαν ἐχθροί, νῦν δέ γ' εἰσὶ φίλοι καὶ χρησίμους παρέχουσιν ἑαυτούς. οὐ δὴ δεῖ μνησικακεῖν· οὐδὲ γὰρ Λακεδαιμονίους ὅτ' ἐσῴζομεν, οὐκ ἀνεμιμνῃσκόμεθα εἴ τι κακῶς ἐποίησαν ἡμᾶς ὄντες ἐχθροί, οὐδὲ Θηβαίους, οὐδ' Εὐβοέας τὰ τελευταῖα νυνί. (192) ἐγὼ δ' ἡγοῦμαι τοῦτον τὸν λόγον, εἰ μὲν ἔν τινι καιρῷ, βοηθείας γεγραμμένης τῷ Κερσοβλέπτῃ καὶ τῷ Χαριδήμῳ, κωλυόντων ἡμῶν ταύτην, ἔλεγον, ὀρθῶς ἂν λέγεσθαι·

---

1 ἦν om. S   4 εὑρίσκετο] ἐφαίνετο F   5 τοὺς θεοὺς A   ἐπῄει A   6 ὑμᾶς πεισομένους F   9 προκατασκευαζόμενόν A   10 ὑμᾶς om. A   13 τοὺς βασιλέας del. Dobree : τοὺς βασιλεῖς SA   21 ⟨ὁ⟩ Χαρίδημος Schäfer   22 γ' εἰσὶ om. SY

unwürdig war, und ich war dabei, als er diese Würdigungen erhielt, und ich habe keinen Einspruch erhoben. Das gebe ich zu. **(188)** Weshalb? Weil ich, Athener, zunächst einmal glaubte, ich würde mich nicht durchsetzen können gegen eine Masse von Leuten, die euch eifrig Lügengeschichten über ihn erzählten, wenn ich als einzelner die Wahrheit sagte. Ferner kam es mir – beim Zeus und allen Göttern – nicht in den Sinn, ihm irgendetwas zu missgönnen von dem, was er sich durch den Betrug an euch verschaffte, und ich konnte nicht erkennen, dass ihr einen übermäßigen Schaden erleiden würdet, wenn ihr einem Mann, der viel Unrecht getan hatte, die Strafe erließet und ihn dazu motiviertet, euch in Zukunft etwas Gutes zu tun. Denn in der Verleihung des Bürgerrechts und der Bekränzung war dies beides inbegriffen. **(189)** Als ich aber sehe, dass er sich noch dazu mit einem solchen Mittel auszustatten sucht, welches, wenn er nur die Leute, die euch hier über ihn täuschen sollen, für sich in Stellung bringt, keinem von euren auswärtigen Freunden, die euch gegebenenfalls etwas Gutes tun und ihn daran hindern wollen, euren Interessen zuwider zu handeln, ich meine zum Beispiel Athenodoros, Simon, Bianor, Archebios aus Byzanz, die beiden Thraker {, die Könige} – welches also von diesen Leuten keinem die Möglichkeit lassen wird, ihm entgegenzutreten und ihm Einhalt zu gebieten, da bin ich hierher gekommen und erhebe Anklage. **(190)** Und ich glaube, dass einerseits ein Einspruch gegen die Privilegien, durch deren Besitz er der Stadt keinen übermäßig großen Schaden zuzufügen drohte, Sache eines Menschen ist, der entweder privat [von ihm] Leid erfahren musste oder ein Denunziant ist, dass aber andererseits der Widerstand gegen Privilegien, mit deren Hilfe er etwas für unsere Stadt sehr Schädliches ins Werk zu setzen drohte, Aufgabe eines tüchtigen Menschen und eines Patrioten ist. Deshalb melde ich mich jetzt zu Wort, nachdem ich mich bei den früheren Gelegenheiten nicht geäußert habe.
(191) Sie haben außerdem folgendes Argument, mit dem sie euch in die Irre zu führen hoffen, dass nämlich Kersobleptes und Charidemos vielleicht damals gegen die Stadt arbeiteten, als sie Feinde waren, nun aber Freunde sind und sich als nützlich erweisen. Man dürfe also nicht nachtragend sein. Schließlich hätten wir ja auch bei den Lakedaimoniern, als wir sie retteten, nicht daran gedacht, ob sie uns, als sie unsere Feinde waren, etwas Böses angetan haben, und nicht bei den Thebanern und nicht jetzt zuletzt bei den Euboiern. **(192)** Ich glaube, dass dieses Argument, wenn sie es in einer ganz bestimmten Situation vorbrächten, wenn nämlich für Kersobleptes und Charidemos Hilfe beantragt wäre und wir diese zu verhindern suchten, berechtigt wäre. Wenn sie es aber, ohne dass eine

εἰ δὲ τοιούτου μὲν μηδενὸς ὄντος μηδὲ γεγραμμένου, βουλόμενοι δὲ μείζω τοῦ δέοντος ποιῆσαι διὰ τοῦ παρ' ὑμῶν ἄδειαν λαβεῖν τοὺς ἐκείνου στρατηγοὺς ἐροῦσι, δεινὰ ποιεῖν αὐτοὺς ἡγοῦμαι. οὐ γάρ ἐστι δίκαιον, ἄνδρες Ἀθηναῖοι, τοὺς τῶν σωθῆναι ζητούντων λόγους πρὸς ὑμᾶς λέγειν ὑπὲρ τῶν ὅπως ἀδικεῖν αὐτοῖς ἐξέσται πραττόντων. (193) χωρὶς δὲ τούτων, εἰ μὲν ἐχθρὸς ὢν κακῶς ἐποίει, φίλος δὲ φήσας μετεβέβλητο, τάχ' ἂν ταῦτά τις ἤκουεν· ἐπειδὴ δ' οὐ τοιοῦτ' ἐστίν, ἀλλ' ἐξ οὗ φίλος εἶναι προσποιεῖται, ἐκ τούτου πλεῖστα καὶ ὑμᾶς ἐξηπάτηκεν, εἰ μὴ καὶ δι' ἐκεῖνα μισεῖν, διά γε ταῦτ' ἀπιστεῖν δήπου προσήκει. καὶ μὴν περὶ τοῦ γε μὴ μνησικακεῖν ἔγωγε ὡδί πως λέγω· ὁ μὲν εἵνεκα τοῦ κακόν τι ποιεῖν τὰ τοιαῦτ' ἐξετάζων μνησικακεῖ, ὁ δ' ὑπὲρ τοῦ μὴ παθεῖν, ἀλλὰ φυλάξασθαι σκοπῶν σωφρονεῖ.

(194) Ἴσως τοίνυν καὶ τοιαύτην τιν' ἐροῦσιν ὑπόνοιαν, ὡς ὡρμηκότα νῦν τὸν ἄνθρωπον φίλον εἶναι καὶ βουλόμενόν τι ποιεῖν ἀγαθὸν τὴν πόλιν εἰς ἀθυμίαν τρέψομεν, εἰ καταψηφιούμεθα, καὶ ποιήσομεν ὑπόπτως ἔχειν πρὸς ἡμᾶς. ἐγὼ δ', ὦ ἄνδρες Ἀθηναῖοι, θεάσασθ' ὡς ἔχω. εἰ μετ' ἀληθείας ἁπλῶς ἦν ἡμῖν φίλος καὶ νὴ Δία πάντα τἀγαθὰ ἔμελλεν ἡμᾶς ποιήσειν, οὐδ' ἂν οὕτως ᾤμην δεῖν τοῦτον ἀκούειν τὸν λόγον· οὐδένα γὰρ ἂν νομίζω τοσαῦτ' ἀγαθὰ ποιῆσαι, δι' ὃν ὑμῖν προσήκειν ἐπιορκῆσαι καὶ παρ' ἃ φαίνεται δίκαια τὴν ψῆφον θέσθαι. (195) ἐπειδὴ δὲ καὶ φενακίζων καὶ οὐδ' ὁτιοῦν ὑγιὲς πράττων ἐξελέγχεται, δυοῖν ἀγαθοῖν θάτερον ὑμῖν, ἂν καταψηφίσησθε, συμβήσεται· ἢ γὰρ ἐξαπατῶν παύσεται νομίσας οὐκέτι λανθάνειν, ἢ εἴπερ αὐτῷ βουλομένῳ πρὸς ὑμᾶς ἐστιν οἰκείως ἔχειν ὡς ἀληθῶς, ἀγαθόν τι ποιεῖν πειράσεται, γνοὺς ὅτι τῷ φενακίζειν οὐκέθ' ἃ βούλεται πράξει. ὥστε καὶ εἰ μηδὲ δι' ἕν τῶν ἄλλων, διὰ τοῦτο καταψηφίσασθαι συμφέρει.

---

2 ποιῆσαι τοῦ δέοντος F 3 ἐροῦσι om. A 4 ὦ ἄνδρες AF 5 ἔσται A 6 ὢν χαρίδημος A φήσας εἶναι AF 7 ταῦτά om. A 8 καὶ¹ om. AF : καὶ πλεῖστα Butcher καὶ² om. A 9 δεῖ μισεῖν F ταῦτά γε F καὶ μὴν καὶ περὶ F γε² om. AF 10 τι κακὸν AF 15–16 πρὸς ἡμᾶς ἔχειν F 16 ὑμᾶς A 17 ἀγαθὰ Dobree 18 οὕτω τοῦτον ᾤμην δεῖν F ἂν² om. F : ἂν ante ποιῆσαι cod. V 20 δίκαια εἶναι FY 25 διά γε τοῦτο A : διὰ τοῦτό γε F

solche Situation gegeben ist oder ein solcher Antrag vorliegt, anführen werden, weil sie ihn mächtiger machen wollen, als er sein sollte, indem seinen Strategen von euch Immunität gewährt wird, dann, glaube ich, tun sie Furchtbares. Es ist nämlich nicht recht, Athener, vor euch die Argumente, die den Schutzsuchenden vorbehalten sind, zugunsten derer vorzubringen, die auf die Möglichkeit aus sind, selbst Unrecht zu tun. **(193)** Abgesehen davon: Wenn er als Feind Schlechtes getan, als angeblicher Freund sich aber gewandelt hätte, würde man diesen Worten vielleicht Gehör schenken. Da dies aber nicht der Fall ist, sondern er euch von dem Moment an, seit er ein Freund zu sein vorgibt, am meisten betrogen hat, muss man ihn, wenn schon nicht wegen der früheren Vergehen hassen, so doch wohl wenigstens wegen der gegenwärtigen für nicht vertrauenswürdig halten. Und über den Grundsatz, dass man nicht nachtragend sein soll, denke ich in etwa folgendermaßen: Wer dergleichen [sc. jemandes Verhalten in der Vergangenheit] zu dem Zweck, [ihm] etwas Böses anzutun, genau unter die Lupe nimmt, der ist nachtragend, wer es sich aber vor Augen hält, um keinen Schaden zu erleiden, sondern um sich zu schützen, der ist vernünftig.
(194) Vielleicht werden sie auch eine dahingehende Vermutung ins Feld führen, dass wir den Mann, da er jetzt bestrebt ist, unser Freund zu sein, und der Stadt etwas Gutes tun will, demoralisieren werden, wenn wir gemäß der Anklage den Antrag für unrechtmäßig erklären, und dass wir bei ihm Argwohn gegen uns hervorrufen werden. Ich aber, Athener, seht, wie ich dazu stehe. Wenn er in Wahrheit aufrichtig unser Freund wäre und, beim Zeus, uns alles Gute dieser Welt bescheren wollte, nicht einmal dann wäre ich der Meinung, dass man diesem Argument Gehör schenken sollte. Ich glaube nämlich, niemand könnte wohl so viel Gutes tun, dass ihr seinetwegen euren Eid brechen und im Widerspruch zu dem, was offenkundig gerecht ist, eure Stimme abgeben dürftet. **(195)** Und da er als Betrüger und als jemand, der in seinem Handeln keine Spur von Redlichkeit an den Tag legt, überführt ist, wird sich für euch, wenn ihr den Antrag für unrechtmäßig erklärt, einer der beiden folgenden Vorteile ergeben: Entweder wird er mit seinen Lügen aufhören, weil er festgestellt hat, damit nicht mehr unbemerkt durchzukommen, oder er wird, wenn es denn wirklich sein Wunsch ist, freundschaftlich mit euch zu verkehren, versuchen, etwas Gutes zu tun, weil er eingesehen hat, dass er seine Ziele nicht länger durch Betrug erreichen wird. Daher ist es, selbst wenn es aus keinem anderen Grund wäre, allein schon aus diesem von Nutzen, den Antrag für unrechtmäßig zu erklären.

(196) Ἄξιον τοίνυν, ὦ ἄνδρες Ἀθηναῖοι, κἀκεῖνο ἐξετάσαι, πῶς ποθ' οἱ πάλαι τὰς τιμὰς ἔνεμον καὶ τὰς δωρεὰς τοῖς ὡς ἀληθῶς εὐεργέταις, καὶ ὅσοι πολῖται τύχοιεν ὄντες καὶ ὅσοι ξένοι. κἂν μὲν ἴδητ' ἐκείνους ἄμεινον ὑμῶν, καλὸν τὸ μιμήσασθαι, ἂν δ' ὑμᾶς αὐτούς, ἐφ' ὑμῖν ἔσται τὸ πράττειν. πρῶτον μὲν τοίνυν ἐκεῖνοι Θεμιστοκλέα τὸν τὴν ἐν Σαλαμῖνι 5 ναυμαχίαν νικήσαντα καὶ Μιλτιάδην τὸν ἡγούμενον Μαραθῶνι καὶ πολλοὺς ἄλλους, οὐκ ἴσα τοῖς νῦν στρατηγοῖς ἀγαθὰ εἰργασμένους, οὐ χαλκοῦς ἵστασαν οὐδ' ὑπερηγάπων. (197) οὐκ ἄρα τοῖς ἑαυτοὺς ἀγαθόν τι ποιοῦσιν χάριν εἶχον; σφόδρα γε, ὦ ἄνδρες Ἀθηναῖοι, καὶ ἀπεδίδοσάν γε καὶ αὐτῶν κἀκείνων ἀξίαν· ὄντες γὰρ πολλοῦ πάντες ἄξιοι προὔκρι- 10 νον ἐκείνους αὑτῶν ἡγεῖσθαι. ἔστι δὲ σώφροσιν ἀνθρώποις καὶ πρὸς ἀλήθειαν βουλομένοις σκοπεῖν πολὺ μείζων τιμὴ τῆς χαλκῆς εἰκόνος τὸ καλῶν κἀγαθῶν ἀνδρῶν κεκρίσθαι πρώτους. (198) καὶ γάρ τοι τῶν ἔργων τῶν τότε, ἄνδρες Ἀθηναῖοι, οὐδενὸς ἀπεστέρησαν ἑαυτούς, οὐδ' ἔστ' οὐδεὶς ὅστις ἂν εἴποι τὴν ἐν Σαλαμῖνι ναυμαχίαν Θεμιστοκλέους, 15 ἀλλ' Ἀθηναίων, οὐδὲ τὴν Μαραθῶνι μάχην Μιλτιάδου, ἀλλὰ τῆς πόλεως. νῦν δ', ἄνδρες Ἀθηναῖοι, πολλοὶ τοῦτο λέγουσιν, ὡς Κέρκυραν εἷλε Τιμόθεος καὶ τὴν μόραν κατέκοψεν Ἰφικράτης καὶ τὴν περὶ Νάξον ἐνίκα ναυμαχίαν Χαβρίας· δοκεῖτε γὰρ αὐτοὶ τῶν ἔργων τούτων παραχωρεῖν τῶν τιμῶν ταῖς ὑπερβολαῖς αἷς δεδώκατ' ἐπ' αὐτοῖς ἑκάστῳ τούτων. 20 (199) τὰς μὲν δὴ πολιτικὰς δωρεὰς οὕτως ἐκεῖνοί τε καλῶς καὶ λυσιτε- λούντως αὑτοῖς ἐδίδοσαν καὶ ἡμεῖς οὐκ ὀρθῶς· τὰς δὲ τῶν ξένων πῶς; ἐκεῖνοι Μένωνι τῷ Φαρσαλίῳ δώδεκα μὲν τάλαντα ἀργυρίου δόντι πρὸς τὸν ἐπ' Ἠιόνι τῇ πρὸς Ἀμφιπόλει πόλεμον, τριακοσίοις δ' ἱππεῦσι πενέσταις ἰδίοις βοηθήσαντι, οὐκ ἐψηφίσαντ', αὐτὸν ἄν τις ἀποκτείνῃ, 25 ἀγώγιμον εἶναι, ἀλλὰ πολιτείαν ἔδοσαν καὶ ταύτην ἱκανὴν ὑπελάμβανον εἶναι τὴν τιμήν. (200) καὶ πάλιν Περδίκκᾳ τῷ κατὰ τὴν τοῦ βαρβάρου ποτ' ἐπιστρατείαν βασιλεύοντι Μακεδονίας, τοὺς ἀναχωροῦντας ἐκ Πλαταιῶν τῶν βαρβάρων διαφθείραντι καὶ τέλειον τἀτύχημα ποιήσαντι τῷ βασιλεῖ, οὐκ ἐψηφίσαντο ἀγώγιμον, ἄν τις ἀποκτείνῃ Περδίκκαν, ᾧ 30

---

3 εἰδῆτ' A   4 ὑμῶν χρωμένους A   ἔστι Υ   8 ἑαυτοὺς post ποιοῦσιν AF   10 ἀξίαν] ἄξια SY   13 ἀνδρῶν om. Υ   πρῶτον A   14 τῶν τότε ... οὐδενὸς] οὐδενὸς ... τῶν τότε F   ἀπέστησαν αὐτοῖς Cobet   17 ὦ ἄνδρες AF   18–19 ναυμαχίαν ἐνίκα F   20 τῶν τιμῶν ταῖς ὑπερβολαῖς om. Sᵃ   ἐπ' om. F 13,22 (SYᶜ)   21 δωρεὰς om. S   22 ἐδίδοσαν αὐτοῖς F   ὑμεῖς F 13,23   25 ἄν τις αὐτὸν A   26 ὑπελάμβανον] ἐνόμιζον Sʸʳ   30 ἀγώγιμον εἶναι A

(196) Es lohnt sich, Athener, auch jene Frage zu erörtern, wie einst unsere Vorväter die Ehrungen und Privilegien an die wahren Wohltäter vergeben haben, seien es Mitbürger oder Fremde. Und wenn ihr seht, dass sie es besser gemacht haben als ihr, dann wäre es gut, sie nachzuahmen, wenn ihr aber seht, dass ihr selbst es besser macht, so soll das Heft des Handelns in eurer Hand liegen. Zunächst einmal haben jene von Themistokles, der in der Seeschlacht bei Salamis siegte, und von Miltiades, der bei Marathon das Heer führte, und von vielen anderen, deren Leistungen von ganz anderer Qualität sind als die der heutigen Strategen, keine Bronzestatuen aufgestellt und sie nicht über die Maßen verehrt. **(197)** Waren sie also denen nicht dankbar, die ihnen Gutes getan haben? Das waren sie sehr wohl, Athener, und sie erwiesen ihnen Dank, der sowohl ihrer selbst als auch jener würdig war. Denn obwohl sie alle sehr verdiente Bürger waren, erkoren sie jene dazu aus, an ihrer Spitze zu stehen. Es bedeutet aber für Menschen, die nüchtern denken und bei ihren Überlegungen den Blick auf die Fakten richten wollen, eine viel größere Ehre als so ein Bronzebildnis, wenn man als der erste unter trefflichen Menschen gilt. **(198)** So haben sie sich denn auch, Athener, keiner der damaligen Erfolge entäußert, und es gibt niemanden, der die Seeschlacht bei Salamis als die des Themistokles bezeichnen würde, sondern [jeder bezeichnet sie] als die der Athener, oder die Schlacht bei Marathon als die des Miltiades, sondern [jeder bezeichnet sie] als die unserer Stadt. Heutzutage aber, Athener, sagen viele, dass Timotheos Kerkyra eingenommen und Iphikrates die spartanische Mora zerschlagen habe und Chabrias in der Seeschlacht bei Naxos siegreich gewesen sei. Ihr selbst scheint nämlich euren Anspruch auf diese Leistungen aufzugeben durch das Übermaß der Ehrungen, die ihr einem jeden von diesen Männern dafür verliehen habt.
(199) Die Ehrengeschenke für ihre Mitbürger pflegten jene also so geschickt und für sich selbst zuträglich zu vergeben, und wir so verquer. Und die für die Fremden in welcher Weise? Jene haben für Menon aus Pharsalos, nachdem er zwölf Silbertalente für den Krieg in Eion bei Amphipolis gegeben hatte und mit dreihundert berittenen Penesten zu Hilfe gekommen war, nicht den Beschluss gefasst, dass, wer ihn töte, festgenommen und abgeführt werden dürfe, sondern sie haben ihm das Bürgerrecht verliehen und diese Ehre für ausreichend gehalten. **(200)** Und ferner haben sie für Perdikkas, der zur Zeit des einstigen Einfalls der Barbaren König von Makedonien war, als er den aus Plataiai abziehenden Teil der Barbaren vernichtet und die Katastrophe für den Großkönig perfekt gemacht hatte, nicht beschlossen, dass festgenommen und abgeführt werden

βασιλεὺς ὁ Περσῶν ἐχθρὸς δι᾽ ἡμᾶς ἀπεδέδεικτο, ἀλλὰ πολιτείαν ἔδωκαν μόνον. καὶ γάρ τοι τότε μὲν οὕτω τίμιον ἦν πᾶσιν ἀνθρώποις τὸ γενέσθαι πολίταις παρ᾽ ὑμῖν ὥσθ᾽ ὑπὲρ τοῦ τυχεῖν τούτου τηλικαῦτα ὑμᾶς ἀγαθὰ ἤθελον ποιεῖν, νῦν δ᾽ οὕτως ἄτιμον ὥστε τῶν τετυχηκότων πολλοὶ πλείω κακὰ τῶν φανερῶς ἐχθρῶν εἰσιν ὑμᾶς εἰργασμένοι. (201) οὐ μόνον δ᾽ αὕτη τῆς πόλεως ἡ δωρεὰ προπεπηλάκισται καὶ φαύλη γέγονεν, ἀλλὰ καὶ πᾶσαι διὰ τὴν τῶν καταράτων καὶ θεοῖς ἐχθρῶν ῥητόρων, τῶν τὰ τοιαῦτα γραφόντων ἑτοίμως, πονηρίαν, οἳ τοσαύτην ὑπερβολὴν πεποίηνται τῆς αὑτῶν αἰσχροκερδείας ὥστε τὰς τιμὰς καὶ τὰς παρ᾽ ὑμῶν δωρεάς, ὥσπερ οἱ τὰ μικρὰ καὶ κομιδῇ φαῦλα ἀποκηρύττοντες, οὕτω πωλοῦσιν ἐπευωνίζοντες καὶ πολλοῖς ἀπὸ τῶν αὐτῶν λημμάτων γράφοντες πᾶν ὅ τι ἂν βούλωνται. (202) πρῶτον μέν, ἵνα τῶν τελευταίων πρώτων μνησθῶμεν, Ἀριοβαρζάνην ἐκεῖνον οὐ μόνον αὐτὸν καὶ τοὺς υἱεῖς τρεῖς ὄντας πάντων ἠξίωσαν ὅσων ἐβουλήθησαν, ἀλλὰ καὶ δύο Ἀβυδηνούς, μισαθηναιοτάτους καὶ πονηροτάτους ἀνθρώπους, προσέθηκαν αὐτῷ Φιλίσκον καὶ Ἀγαυόν. πάλιν Τιμοθέου δόξαντός τι ποιῆσαι τῶν δεόντων ὑμῖν, πρὸς τῷ πάνθ᾽ ἃ μέγιστα ἦν αὐτῷ δοῦναι προσέθηκαν αὐτῷ Φρασιηρίδην καὶ Πολυσθένην, ἀνθρώπους οὐδ᾽ ἐλευθέρους, ἀλλ᾽ ὀλέθρους καὶ τοιαῦτα πεποιηκότας οἷα λέγειν ὀκνήσειεν ἄν τις εὖ φρονῶν. (203) τὸ τελευταῖον δὲ νῦν, ἐπειδὴ Κερσοβλέπτην ἠξίουν ὧν αὐτοῖς ἐδόκει, καὶ περὶ τούτων ἦν ἡ σπουδή, προστιθέασιν δύο αὐτῷ, τὸν μὲν ὅσα ὑμεῖς ἀκηκόατε εἰργασμένον κακά, τὸν δ᾽ ὅλως οὐδεὶς οἶδεν ἀνθρώπων τίς ἐστιν, Εὐδέρκην ὄνομα. τοιγάρτοι διὰ ταῦτα, ὦ ἄνδρες Ἀθηναῖοι, μικρά, ἃ πρὸ τοῦ μεγάλα ἦν, φαίνεται, καὶ τὸ πρᾶγμα ἤδη καὶ πορρωτέρω βαδίζει καὶ οὐκέτι ταῦτα ἀπόχρη, ἀλλ᾽ εἰ μὴ καὶ φυλάξετε ἕκαστον τούτων, ἐκείνων γε οὐδεμία χάρις, ὡς ἔοικεν.
(204) Τοῦ μέντοι ταῦθ᾽ οὕτως αἰσχρῶς προεληλυθέναι, εἰ δεῖ μετὰ παρρησίας εἰπεῖν τἀληθῆ, οὐδένες ὑμῶν, ὦ ἄνδρες Ἀθηναῖοι, μᾶλλόν εἰσιν αἴτιοι. οὐδὲ γὰρ δίκην ἔτι λαμβάνειν ἐθέλετε παρὰ τῶν ἀδικούντων, ἀλλὰ

---

1 ὁ Περσῶν om. cod. B   ὑμᾶς AF   **3** πολίτας AF   ἡμᾶς F   **4** ἔνιοι πολλῷ πλείω S^yp
5 ὑμᾶς εἰσιν F : ἡμᾶς εἰσιν A   **12** μὲν τοίνυν F   **13** πρῶτον SAFY : corr. Lobeck
17 τῷ] τὸ F   **18** αὐτῷ] αὖ τούτῳ S^a : αὐτῷ δύο A   ἀλλ᾽ om. S^aA   **22** ὃν οὐδεὶς AF
23 καὶ γάρ τοι F   **24** μικρὰ ἃ om. S^a : ἃ om. A^aY   **25** μὴ καὶ Cobet : καὶ μὴ SAFY : μὴ om. F^a

dürfe, wer den Perdikkas töte, dem der Perserkönig unseretwegen zum erklärten Feind geworden war, sondern sie verliehen ihm nur das Bürgerrecht. Und so war es denn damals für alle Menschen so wertvoll, bei euch das Bürgerrecht zu erhalten, dass sie um dieses Zieles willen bereit waren, euch so große Wohltaten zu erweisen; nun hingegen ist es so wertlos, dass von den Leuten, die im Besitz dieses Privilegs sind, viele euch mehr Schlimmes angetan haben als die, die zu euch in offener Feindschaft stehen. (201) Es ist aber nicht nur dieses Ehrengeschenk der Stadt in den Schmutz getreten und verächtlich geworden, sondern alle, wegen der Verdorbenheit der verfluchten und den Göttern verhassten Redner, die mit Eifer solche Anträge stellen. Diese haben ihre eigene Gier dermaßen auf die Spitze getrieben, dass sie die Ehrungen und die von euch gewährten Privilegien so, wie die Leute, die Kleinkram und völlig wertloses Zeug bei Versteigerungen feilbieten, verkaufen, indem sie den Preis herabsetzen und für eine Menge von Leuten gegen die gleiche Vergütung alles beantragen, was sie wollen. (202) Erstens, um die letzten Fälle als erste zu erwähnen, haben sie jenen Ariobarzanes, nicht nur ihn selbst und seine Söhne, drei an der Zahl, mit allen Ehrungen bedacht, die sie wollten, sondern haben ihm auch noch zwei Abydener dazugegeben, Kerle, die Athen zutiefst hassen und völlig verdorben sind, Philiskos und Agauos. Dann, als euch Timotheos etwas von dem, was die Situation erforderte, getan zu haben schien, verliehen sie ihm nicht nur sämtliche Ehren, die am höchsten angesehen waren, sondern gaben ihm noch Phrasierides und Polysthenes dazu, Männer, die nicht einmal frei geboren waren, vielmehr Landplagen und verantwortlich für Taten, die auszusprechen ein vernünftiger Mensch sich scheuen dürfte. (203) Zuletzt nun, als sie dabei waren, den Kersobleptes mit den Ehrungen zu bedenken, die sie für angemessen hielten, und sich darauf ihr Interesse richtete, gaben sie ihm zwei Männer dazu, zum einen den, der all die Schandtaten begangen hat, die euch zur Kenntnis gebracht wurden, von dem anderen aber weiß überhaupt kein Mensch, wer er ist, Euderkes mit Namen. Und so erscheint denn deswegen, Athener, gering, was früher bedeutend war, und die Entwicklung geht nun sogar weiter, und diese Ehrungen reichen nicht mehr aus, sondern wenn ihr nicht auch noch jeden einzelnen dieser Männer beschützen werdet, gibt es für sie [sc. die Ehrungen], wie es scheint, keine Dankbarkeit.
(204) Daran, dass dies eine so schmähliche Entwicklung genommen hat, trägt, wenn ich frei heraus die Wahrheit sagen soll, niemand größere Schuld als ihr, Athener. Ihr seid nämlich auch nicht mehr willens, diejenigen, die Unrecht getan haben, zur Rechenschaft zu ziehen, sondern auch

καὶ τοῦτ' ἐξελήλυθεν ἐκ τῆς πόλεως. καίτοι σκέψασθε ὡς ἐκόλαζον οἱ πρόγονοι τοὺς ἀδικοῦντας ἑαυτούς, εἰ παραπλησίως ὑμῖν. **(205)** ἐκεῖνοι Θεμιστοκλέα λαβόντες μεῖζον αὑτῶν ἀξιοῦντα φρονεῖν ἐξήλασαν ἐκ τῆς πόλεως καὶ μηδισμὸν κατέγνωσαν· καὶ Κίμωνα, ὅτι τὴν πάτριον μετεκίνησε πολιτείαν ἐφ' ἑαυτοῦ, παρὰ τρεῖς μὲν ἀφεῖσαν ψήφους τὸ μὴ θανάτῳ 5
ζημιῶσαι, πεντήκοντα δὲ τάλαντα ἐξέπραξαν. καὶ τοῦτον τὸν τρόπον προσεφέροντο τηλικαῦτ' αὐτοὺς ἀγαθὰ εἰργασμένοις ἀνθρώποις. δικαίως· οὐ γὰρ αὐτοῖς ἀπεδίδοντο τὴν αὑτῶν ἐλευθερίαν καὶ μεγαλοψυχίαν τῶν ἔργων, ἀλλὰ χρηστοὺς μὲν ὄντας ἐτίμων, ἀδικεῖν δ' ἐπιχειροῦσιν οὐκ ἐπέτρεπον. **(206)** ὑμεῖς δ', ὦ ἄνδρες Ἀθηναῖοι, τοὺς τὰ μέγιστ' 10
ἀδικοῦντας καὶ φανερῶς ἐξελεγχομένους, ἂν ἓν ἢ δύο ἀστεῖα εἴπωσιν καὶ παρὰ τῶν φυλετῶν τινες ᾑρημένοι σύνδικοι δεηθῶσιν, ἀφίετε· ἂν δὲ καὶ καταψηφίσησθέ του, πέντε καὶ εἴκοσι δραχμῶν ἐτιμήσατε. καὶ γάρ τοι τότε τὰ μὲν τῆς πόλεως ἦν εὔπορα καὶ λαμπρὰ δημοσίᾳ, ἰδίᾳ δὲ οὐδεὶς ὑπερεῖχε τῶν πολλῶν. **(207)** τεκμήριον δέ· τὴν Θεμιστοκλέους μὲν οἰκίαν 15
καὶ τὴν Μιλτιάδου καὶ τῶν τότε λαμπρῶν, εἴ τις ἄρα ὑμῶν οἶδεν ὁποία ποτ' ἐστίν, ὁρᾷ τῶν πολλῶν οὐδὲν σεμνοτέραν οὖσαν, τὰ δὲ τῆς πόλεως οἰκοδομήματα καὶ κατασκευάσματα τηλικαῦτα καὶ τοιαῦτα ὥστε μηδενὶ τῶν ἐπιγιγνομένων ὑπερβολὴν λελεῖφθαι, προπύλαια ταῦτα, νεώσοικοι, στοαί, Πειραιεύς, τἆλλα οἷς κατεσκευασμένην ὁρᾶτε τὴν πόλιν. **(208)** νῦν 20
δὲ ἰδίᾳ μὲν ἑκάστῳ τῶν τὰ κοινὰ πραττόντων τοσαύτη περιουσία ἐστὶν ὥστε τινὲς μὲν αὐτῶν πολλῶν δημοσίων οἰκοδομημάτων σεμνοτέρας τὰς ἰδίας κατεσκευάκασιν οἰκίας, γῆν δ' ἔνιοι πλείω πάντων ὑμῶν τῶν ἐν τῷ δικαστηρίῳ συνεώνηνται· δημοσίᾳ δ' ὑμεῖς ἃ μὲν οἰκοδομεῖτε καὶ κονιᾶτε, ὡς μικρὰ καὶ γλίσχρα, αἰσχύνη λέγειν. ἀλλ' ἔχετ' εἰπεῖν ὅ τι κοινῇ 25
κτησάμενοι καταλείψετε, ὥσπερ ἐκεῖνοι Χερρόνησον, Ἀμφίπολιν, δόξαν ἔργων καλῶν; ἣν οἱ τοιοῦτοι πολῖται πάντ' ἀναλίσκοντες τρόπον οὐχ οἷοί τε εἰσὶν ἀφανίσαι, ὦ ἄνδρες Ἀθηναῖοι. **(209)** εἰκότως· τότε μὲν γὰρ

---

2 πρόγονοι] πρότερον Fᵃ   4 πάτριον] παρίων SᵃY   6 εἰσέπραξαν AFʸᵖ : ἐπράξαντο Sʸᵖ : ἔπραξαν F   11 καὶ¹ del. Dobree   15 μὲν γὰρ A   16 τὴν om. SAY   οἶδεν ὑμῶν F   21 ἑκάστων SᵃY   22 πολλῶν del. Rosenberg : πολλῶν τῶν F   24 οἰκοδομεῖται F

das hat sich aus unserer Stadt verabschiedet. Denkt aber mal darüber nach, wie eure Vorfahren diejenigen zu bestrafen pflegten, von denen sie Schaden erlitten hatten, ob sie es ganz ähnlich machten wie ihr. (205) Sie haben den Themistokles, als sie ihn dabei ertappten, dass er sich für etwas Besseres als sie zu halten anmaßte, aus der Stadt vertrieben und ihn der Kollaboration mit den Persern beschuldigt. Und Kimon haben sie, weil er auf eigene Faust die von unseren Vorvätern eingesetzte Staatsordnung veränderte, um die Differenz von drei Stimmen vor der Todesstrafe bewahrt, forderten aber eine Geldbuße von fünfzig Talenten von ihm ein. Und auf diese Weise verhielten sie sich den Menschen gegenüber, die ihnen so viel Gutes getan hatten. Zu Recht! Denn sie gaben nicht ihre eigene Freiheit und ihr Selbstwertgefühl als Preis für deren Taten her, sondern erwiesen ihnen Ehre, wenn sie tüchtig waren, ließen sie aber nicht gewähren, wenn sie Unrecht zu tun versuchten. (206) Ihr hingegen, Athener, lasst die, die die schlimmsten Untaten verübt haben und zweifelsfrei überführt werden, laufen, wenn sie ein oder zwei geistreiche Bemerkungen machen und aus den Reihen der Phylengenossen einige ausgewählte Rechtsbeistände ein gutes Wort für sie einlegen. Wenn ihr aber doch mal einen verurteilt, bemesst ihr die Strafe auf fünfundzwanzig Drachmen. Und so waren denn auch damals die Einrichtungen der Stadt opulent und glanzvoll im öffentlichen Raum, im Privaten aber ragte niemand aus der Menge heraus. (207) Der Beweis: Beim Haus des Themistokles und des Miltiades und der damaligen Berühmtheiten sieht man – sofern denn überhaupt einer von euch weiß, welches es wohl ist –, dass es um nichts luxuriöser ist als die Häuser der breiten Masse; die Bauten und Einrichtungen der Stadt hingegen sind von solcher Größe und Beschaffenheit, dass keinem der später Geborenen eine Möglichkeit bleibt, sie zu übertreffen: die Propyläen dort oben, die Schiffshäuser, die Wandelhallen, der Piräus, das übrige, womit ihr die Polis ausgestattet seht. (208) Heutzutage hingegen lebt im privaten Bereich jeder der Politiker in so großem Überfluss, dass manche von ihnen die eigenen Häuser luxuriöser ausgestattet haben als viele öffentliche Gebäude und einige mehr Land aufgekauft haben als ihr alle, die ihr hier im Gerichtssaal sitzt, zusammen. Im öffentlichen Bereich aber, was ihr da baut und mit Putz überzieht, wie mickrig und ärmlich das ist, schämt man sich zu sagen. Könnt ihr aber etwas nennen, was ihr als gemeinsame Errungenschaft hinterlassen werdet, so wie jene die Chersones, Amphipolis, den Ruhm glanzvoller Taten? Den solche Mitbürger, obwohl sie ihn auf jede Art aufzehren, nicht auszulöschen vermögen, Athener. (209) Recht so! Denn damals hat sich

τῷ κυρίῳ τῶν φόρων γενομένῳ τάξαι Ἀριστείδῃ οὐδὲ μιᾷ δραχμῇ πλείω τὰ ὑπάρχοντα ἐγένετο, ἀλλὰ καὶ τελευτήσαντ' αὐτὸν ἔθαψεν ἡ πόλις· ὑμῖν δέ, εἴ τι δέοισθε, χρήματα ὑπῆρχε κοινῇ πλεῖστα τῶν πάντων Ἑλλήνων, ὥσθ' ὁπόσου χρόνου ψηφίσαισθ' ἐξιέναι, τοσούτου μισθὸν ἔχοντες ἐξῇτε. νῦν δ' οἱ μὲν τὰ κοινὰ διοικοῦντες ἐκ πτωχῶν εὔποροι καὶ πολλοῦ χρόνου τροφὴν ἄφθονόν εἰσιν ἠτοιμασμένοι· ὑμῖν δὲ οὐδὲ μιᾶς ἡμέρας ἐφόδι' ἐστὶν ἐν τῷ κοινῷ, ἀλλ' ἅμα δεῖ τι ποιεῖν, καὶ πόθεν οὐκ ἔχετε. τότε μὲν γὰρ ὁ δῆμος ἦν δεσπότης τῶν πολιτευομένων, νῦν δ' ὑπηρέτης. (210) αἴτιοι δ' οἱ τὰ τοιαῦτα γράφοντες, καὶ συνεθίζοντες ὑμᾶς ὑμῶν μὲν αὐτῶν καταφρονεῖν, ἕνα δ' ἢ δύο θαυμάζειν ἀνθρώπους. εἶθ' οὗτοι κληρονομοῦσι τῆς ὑμετέρας δόξης καὶ τῶν ἀγαθῶν, ὑμεῖς δ' οὐδ' ὁτιοῦν ἀπολαύετε, ἀλλὰ μάρτυρές ἐστε τῶν ἑτέρων ἀγαθῶν, οὐδενὸς ἄλλου μετέχοντες ἢ τοῦ ἐξαπατᾶσθαι. καίτοι πηλίκον τί ποτ' ἂν στενάξαιεν οἱ ἄνδρες ἐκεῖνοι, οἱ ὑπὲρ δόξης καὶ ἐλευθερίας τελευτήσαντες, καὶ πολλῶν καὶ καλῶν ἔργων ὑπομνήματα καταλιπόντες, εἰ ἄρα αἴσθοινθ' ὅτι νῦν ἡ πόλις εἰς ὑπηρέτου σχῆμα καὶ τάξιν προελήλυθεν, καὶ Χαρίδημον εἰ χρὴ φρουρεῖν βουλεύεται; Χαρίδημον; οἴμοι. (211) Ἀλλ' οὐ τοῦτ' ἐστὶ τὸ δεινόν, εἰ τῶν προγόνων, οἳ διενηνόχασιν ἁπάντων ἀρετῇ, χεῖρον βουλευόμεθα, ἀλλ' ὅτι καὶ πάντων ἀνθρώπων. πῶς γὰρ οὐκ αἰσχρὸν Αἰγινήτας μὲν τουτουσί, νῆσον οἰκοῦντας οὕτω μικρὰν καὶ οὐδὲν ἔχοντας ἐφ' ᾧ μέγα χρὴ φρονεῖν αὐτούς, Λάμπιν, ὃς μέγιστα ναυκλήρια κέκτηται τῶν Ἑλλήνων καὶ κατεσκεύακε τὴν πόλιν αὐτοῖς καὶ τὸ ἐμπόριον, μηδέπω καὶ τήμερον πολίτην πεποιῆσθαι, ἀλλὰ μόλις τῆς ἀτελείας αὐτὸν ἠξιωκέναι τῆς τοῦ μετοικίου· (212) καὶ Μεγαρέας τουτουσὶ τοὺς καταράτους οὕτως εὖ τὰ παρ' αὐτοῖς σεμνύνειν ὥστε Ἕρμωνα τὸν κυβερνήτην, τὸν μετὰ Λυσάνδρου λαβόντα τριήρεις διακοσίας ὅτ' ἐν Αἰγὸς ποταμοῖς ἠτυχήσαμεν ἡμεῖς, πεμψάντων Λακεδαιμονίων καὶ κελευόντων ποιήσασθαι πολίτην ἀποκρίνασθαι ὅτι, ὅταν αὐτοὺς ἴδωσι Σπαρτιάτην αὐτὸν πεποιημένους, τότε καὶ αὐτοὶ Μεγαρέα

---

1 γενομένῳ om. S^a   2 ἐγένοντο F   5 εἰσιν εὔποροι F   6 ἠτοιμασμένοι ἄφθονόν (εἰσιν om.) F   7 ἐφόδιον A   οὐκ om. S^a   10 ἀνθρώπους θαυμάζειν F   11 τῶν ὑμετέρων ἀγαθῶν F   12 ἀλλὰ om. S^a   13 τί om. AF   15 καταλείποντες S   16 προσελήλυθεν A Greg. Cor. VII 1197,19 W.   18 οὐ τοῦτ' ἔστι τὸ δεινόν, οὐ τοῦτο F   26–27 τριακοσίας F   28 ἀποκρίνασθαι αὐτοὺς A : ἀποκρίνασθαι αὐτοῖς F   29 καὶ om. S^aAY

für denjenigen, der mit der Festsetzung der Tribute betraut worden war, für Aristeides, sein Besitz nicht einmal um eine Drachme vermehrt, sondern es kam sogar nach seinem Tod die Stadt für sein Begräbnis auf. Euch aber stand, sooft ihr etwas benötigtet, das größte Staatsvermögen der gesamten griechischen Welt zur Verfügung, so dass ihr, für wie lange auch immer ihr ins Feld zu ziehen beschlosst, mit dem für diesen Zeitraum ausreichenden Sold auszurücken pflegtet. Heutzutage hingegen sind diejenigen, die die Staatsgeschäfte verwalten, von Bettlern zu reichen Leuten geworden und haben sich mit Lebensunterhalt in Hülle und Fülle für lange Zeit versorgt. Für euch aber befindet sich nicht einmal Kriegsgeld für einen einzigen Tag in der Staatskasse, sondern sobald man etwas unternehmen muss, wisst ihr nicht, aus welchen Mitteln. Damals war das Volk Herr der Politiker, nun ist es ihr Diener. (210) Schuld daran sind die, die solche Anträge stellen und euch angewöhnen, euch selbst zu verachten, ein oder zwei Personen aber zu bewundern. Dann nehmen diese Leute euren Ruhm und eure Güter als Erbe in Besitz, ihr aber habt nicht den geringsten Nutzen davon, sondern seid Zeugen des Wohlergehens anderer, und das einzige, was dabei für euch abfällt, ist, betrogen zu werden. Und wie heftig würden wohl jene Männer aufseufzen, die für Ruhm und Freiheit ihr Leben gaben und Erinnerungen an viele großartige Taten hinterließen, wenn zu ihrer Kenntnis gelangte, dass unsere Stadt jetzt die Rolle und den Rang eines Dieners angenommen hat und darüber berät, ob sie den Charidemos beschützen solle? Charidemos? Weh mir! (211) Aber das Schlimme ist nicht, dass wir schlechtere Entscheidungen treffen als unsere Vorfahren, die in ihrer Vortrefflichkeit einzigartig sind, sondern dass wir sogar schlechtere Entscheidungen treffen als alle Menschen um uns herum. Denn ist es etwa nicht beschämend, dass diese Aigineten da, obwohl sie eine so winzige Insel bewohnen und nichts haben, worauf sie stolz sein dürfen, Lampis, der unter den Griechen die größte Reederei besitzt und ihnen die Stadt und den Handelshafen ausgebaut hat, auch bis auf den heutigen Tag noch nicht das Bürgerrecht verliehen, sondern es mit Mühe und Not für angemessen befunden haben, ihn von der Metökensteuer zu befreien? (212) Und dass diesen verfluchten Megarern das Leben in ihrer Stadt in so löblicher Weise heilig ist, dass sie im Falle des Hermon, des Steuermanns, der mit Lysander zweihundert Trieren kaperte, als wir bei Aigospotamoi unterlagen, auf die Forderung einer spartanischen Gesandtschaft, ihm das Bürgerrecht zu verleihen, zur Antwort gaben, sie würden ihn genau dann, wenn sie sähen, dass jene ihn zum Spartaner gemacht hätten, auch ihrerseits zum Megarer machen?

ποιήσονται· (213) καὶ Ὠρείτας ἐκείνους, μέρος τέταρτον Εὐβοίας οἰκοῦντας, τὸν Χαρίδημον τοῦτον αὐτόν, ᾧ μήτηρ μὲν ὑπάρχει πολῖτις ἐκεῖ, πατὴρ δ' οὐκ ἐρῶ τίς ἢ πόθεν (οὐδὲν γὰρ δεῖ πλείω τῶν ἀναγκαίων αὐτὸν ἐξετάζεσθαι), ἀλλ' ὅμως, τὸ ἥμισυ τοῦ γένους αὐτοῦ συμβαλλομένου, τοῦ ἡμίσεος μέχρι τῆς τήμερον ἡμέρας οὐκ ἠξιώκασιν, ἀλλ' εἰς τοὺς νόθους 5
ἐκεῖ συντελεῖ, καθάπερ ποτ' ἐνθάδε εἰς Κυνόσαργες οἱ νόθοι· (214) ὑμεῖς
δ', ὦ ἄνδρες Ἀθηναῖοι, πάσης τῆς πόλεως μεταδόντες αὐτῷ καὶ τετιμηκότες ἄλλοις, ἔτι καὶ τοῦτ' αὐτῷ προσθήσετε; ὅτι τί; ποίας ἔλαβεν ναῦς
ὑμῖν δι' ἃς ὑπὸ τῶν ἀπολωλεκότων ἐπιβουλεύεται; ἢ ποίαν πόλιν
παρέδωκεν αἰχμάλωτον λαβών; ἢ τίνας κινδύνους ὑπὲρ ὑμῶν κεκινδύνευ- 10
κεν; ἢ τίνας ἐχθροὺς τοὺς αὐτοὺς ὑμῖν ᾕρηται; οὐδεὶς ἂν εἰπεῖν ἔχοι.
(215) Περὶ δὴ τῶν νόμων ὧν παραγεγράμμεθα, ὦ ἄνδρες δικασταί,
βούλομαι μικρὰ πρὸς ὑμᾶς εἰπὼν καταβαίνειν, ἃ νομίζω μνημονεύοντας
ὑμᾶς ἄμεινον φυλάττειν, ἂν παράγειν καὶ φενακίζειν οὗτοι ζητῶσιν. ὁ
πρῶτος νόμος ἄντικρυς εἴρηκεν, ἄν τις ἀποκτείνῃ, τὴν βουλὴν δικάζειν· ὁ 15
δέ, ἄν τις ἀποκτείνῃ, εὐθὺς ἔγραψεν ἀγώγιμον εἶναι. τοῦτο φυλάττετε καὶ
μέμνησθε, ὅτι πάντων ἐστὶν ἐναντιώτατον τῷ κρίνειν τὸ μὴ διδόντα
κρίσιν ἔκδοτον ποιεῖν. (216) οὐκ ἐᾷ μετὰ ταῦτα ὁ δεύτερος νόμος οὐδὲ
τὸν ἑαλωκότα ἀνδροφόνον λυμαίνεσθαι οὐδὲ χρήματα πράττεσθαι· ὁ δ'
ἐν τῷ ποιεῖν ἀγώγιμον πάντα ταῦτα δέδωκεν· ἐπὶ γὰρ τοῖς λαβοῦσιν 20
ἔσται ποιεῖν ὅ τι ἂν βούλωνται. ἀπάγειν ὁ νόμος ὡς τοὺς θεσμοθέτας
κελεύει, καὶ τοῦτ', ἂν ἐν τῇ τοῦ πεπονθότος λάβῃ τις πατρίδι· ὁ δ' ἀγώγιμον αὐτῷ τῷ τὴν αἰτίαν ἐπενεγκόντι δίδωσιν ὡς αὐτόν, κἂν τῆς ἀλλοτρίας που λάβῃ. (217) ἔστιν ἐφ' οἷς ἀδικήμασιν δέδωκεν ἀποκτείνειν ὁ
νόμος· ὁ δ' οὐδὲν ὑπειπών, κἂν ἐπὶ τούτοις τις κτείνῃ, δίδωσιν ἔκδοτον 25
τὸν ἀθῷον ἀφειμένον ἐν τοῖς νόμοις. ἄν τις πάθῃ τι τοιοῦτον, δίκας ὁ
νόμος κελεύει αἰτεῖν πρῶτον· ὁ δὲ τοὐναντίον οὐδεμίαν κρίσιν οὔτ' αὐτὸς

---

4 αὐτῷ A   συμβαλομένου SY   9 ἡμῖν SAY   10 παραδέδωκεν A   11 ὑμῖν om. A   οὐδ' ἂν εἷς F   12 μὲν δὴ A : δὲ δὴ F   14 ἂν ὑμᾶς A   ζητῶσιν ὑμᾶς AFY   15 ἀποκτείνῃ τινὰ FY   17 ἐναντιώτατόν ἐστι SY   τὸ] τὸν F   δόντα AF   20 ἐν om. Y   27 ἀπαιτεῖν FY

(213) Und dass jene Oreiten, die doch nur einen von vier Teilen Euboias bewohnen, eben diesen Charidemos, dessen Mutter dort Bürgerin ist, vom Vater aber will ich nicht sagen, wer er ist oder woher (denn man sollte nicht mehr als nötig über ihn in Erfahrung zu bringen suchen), – aber gleichwohl, obwohl er selbst die eine Hälfte seiner Abkunft beisteuert, ihn der anderen Hälfte bis zum heutigen Tage nicht für würdig befunden haben, sondern er dort zu den Bastarden gehört, wie einst hier die Bastarde zum Kynosarges-Gymnasium gehörten? (214) Ihr aber, Athener, wollt, nachdem ihr ihm die vollen staatsbürgerlichen Rechte verliehen und ihn mit anderen Ehren bedacht habt, ihm auch noch das dazugeben? Weil [er] was [geleistet hat]? Welche Schiffe hat er für euch gekapert, wegen derer ihm die, die sie verloren haben, Böses wollen? Oder welche Stadt hat er eingenommen und sie euch als Kriegsbeute übergeben? Oder welche Gefahren hat er für euch ausgestanden? Oder welche gemeinsamen Feinde hat er mit euch? Das dürfte wohl niemand beantworten können.

(215) Ich möchte nun über die Gesetze, die ich dem Antrag gegenübergestellt habe, ihr Herren Geschworene, wenige Worte an euch richten und dann meine Rede beenden – Worte, von denen ich glaube, dass ihr, wenn ihr euch an sie erinnert, wachsamer seid, wenn diese Leute zu täuschen und zu betrügen versuchen.

Das erste Gesetz besagt eindeutig, dass der Rat [auf dem Areopag] Recht spricht, wenn einer jemanden tötet. Der aber hat beantragt, es solle, wenn einer jemanden tötet, dieser sofort abgeführt werden dürfen. Diesen Punkt behaltet im Blick und bewahrt im Gedächtnis, dass es der denkbar größte Gegensatz zur Durchführung eines Gerichtsprozesses ist, jemanden, ohne ihm einen Prozess zu gewähren, auszuliefern. (216) Das zweite Gesetz erlaubt dann nicht einmal einen verurteilten Mörder zu misshandeln oder Geld von ihm zu fordern. Er aber hat, indem er die Abführung erlaubt, all dies zugelassen. Denn es wird denen, die ihn in ihre Hände bekommen haben, freistehen, zu tun, was immer sie wollen. Das Gesetz verlangt, ihn zu den Thesmotheten abzuführen, und zwar dann, wenn ihn einer in der Heimat des Opfers ergreift. Er aber erlaubt demjenigen selbst, der die Beschuldigung gegen ihn gerichtet hat, ihn in sein eigenes Haus abzuführen, auch wenn er ihn irgendwo in der Fremde ergreift. (217) Es gibt Verbrechen, bei denen das Gesetz [den Täter] zu töten zulässt. Er aber erlaubt ohne irgendeine zusätzliche Bemerkung, auch wenn jemand unter diesen Umständen getötet hat, den, der dem Gesetz nach straflos davonkommt, auszuliefern. Wenn aber jemandem etwas derartiges widerfährt, verlangt das Gesetz, zuerst Rechenschaft zu fordern. Er aber hat im Gegenteil, ohne

εἰπὼν οὔτε παρ' ὧν ἀξιοῖ λαβεῖν αἰτήσας, ἀγώγιμον εὐθὺς ἔγραψεν, κἄν τις ἀφαιρῆται, παραχρῆμα ἔκσπονδον ποιεῖ. (218) τὸ ἀνδρολήψιον, παρ' οἷς ἂν ὁ δράσας ᾖ, ἂν μὴ διδῶσι δίκας, κελεύουσιν οἱ νόμοι μέχρι τριῶν εἶναι· ὁ δέ, ἂν ἀφέληταί τις τὸν ἄγοντα μὴ βουλόμενος πρὸ δίκης ἐκδοῦναι, εὐθὺς ἔκσπονδον ποιεῖ. οὐκ ἐᾷ νόμον, ἂν μὴ τὸν αὐτὸν ἐπὶ πᾶσι τιθῇ 5 τις, εἰσφέρειν· ὁ δ' ἐπ' ἀνδρὶ γράφει ψήφισμα ἴδιον. οὐκ ἐᾷ ψήφισμα ὁ νόμος κυριώτερον εἶναι νόμου· ὁ δ' ὑπαρχόντων τοσούτων νόμων ψήφισμα ποιεῖ κύριον τοὺς νόμους ἀναιρῶν. (219) ταῦτα φυλάττετε καὶ μεμνημένοι κάθησθε. καὶ τὰς μὲν παραγωγάς, ἃς οὗτοι ποιήσονται, χαίρειν ἐᾶτε καὶ μὴ ἐπιτρέπετε λέγειν αὐτοῖς, κελεύετε δὲ δεῖξαι ποῦ 10 γέγραφεν κρίσιν, ἢ ποῦ γέγραφεν, ἄν τις ἁλῷ φόνου, κατὰ τούτου τὰς τιμωρίας εἶναι. εἰ γὰρ ἢ τὸν ἄλλοθί που κριθέντα καὶ ἑαλωκότα ὅτι δεῖ κολάζειν ἔγραψεν, ἢ αὐτὸς ἔγραψεν κρίσιν εἰ πεποίηκεν ἢ οὒ καὶ εἰ δικαίως ἢ ἀδίκως, οὐκ ἂν ἠδίκει. (220) εἰ δὲ τὸ τῆς αἰτίας ὄνομα αὐτὸ γράψας "ἄν τις ἀποκτείνῃ", καὶ ὑπερβὰς τὸ "καὶ ἁλῷ φόνου", καὶ τὸ 15 "δόξῃ ἀπεκτονέναι", καὶ τὸ "δίκας ὑπεχέτω τοῦ φόνου", καὶ τὸ "τὰς τιμωρίας εἶναι κατ' αὐτοῦ τὰς αὐτὰς ἅσπερ ἂν τὸν Ἀθηναῖον κτείνῃ", καὶ πάνθ' ὅσ' ἐστὶ δίκαια ὑπερβὰς ἀγώγιμον εἶναι γέγραφεν, μὴ φενακίζεσθε, ἀλλ' εὖ ἴστε ὅτι πάντων παρανομώτατα εἴρηκεν.

1 αὐτὸς ἀξοῖ F   εὐθὺς ἔγραψεν] ἐποίησεν Y   2 ποιεῖ. τὸ om. S^a 3 οἷς] ὧν S   ἂν δὲ FY   7 τοσούτων om. SA   11 τις ἀποκτείνει καὶ S^{yp} 12 εἶναι om. S^{a}A   14–15 αὐτὸ γράψας] ὑπογράψας A   15 καὶ^2] κἂν A: καὶ ἐὰν F   19 πάντων ἀνθρώπων FY

selbst einen Prozess zu erwähnen und ohne ihn von denen zu fordern, von denen er die Auslieferung [des Mörders] verlangt, beantragt, er solle sofort abgeführt werden können; und wenn ihn jemand der Festnahme entzieht, schließt er diesen auf der Stelle aus dem Bündnis aus. **(218)** Die Gesetze schreiben vor, dass das Recht auf Geiselnahme unter denen, bei denen sich der Täter aufhält, wenn sie nicht Genugtuung leisten, sich auf maximal drei Personen erstreckt. Er aber schließt den, der [den Täter] dem Verfolger entzieht und ihn nicht vor dem Prozess herausgeben will, sofort aus dem Bündnis aus. Es ist nicht erlaubt, ein Gesetz zur Abstimmung zu bringen, das nicht für alle gleichermaßen gilt. Er aber beantragt einen personenbezogenen Beschluss für einen Einzelnen. Das Gesetz lässt nicht zu, dass ein Beschluss höhere Geltung hat als ein Gesetz. Er aber versucht, ungeachtet so vieler bestehender Gesetze, einen Beschluss in Kraft treten zu lassen, mit dem er die Gesetze aufhebt. **(219)** Darauf sollt ihr achtgeben und dessen eingedenk zu Gericht sitzen. Und lasst euch nicht auf die Täuschungsmanöver ein, die diese Leute unternehmen werden; ja gebt ihnen gar nicht erst die Möglichkeit, darüber zu sprechen, sondern fordert sie auf zu zeigen, wo [im Antrag] etwas von einem Prozess geschrieben steht oder wo geschrieben steht, dass die Strafen für den gelten, der des Mordes überführt wurde. Denn wenn er in Bezug auf jemanden, der irgendwo anders vor Gericht gestellt und für schuldig befunden wurde, beantragt hätte, dass man ihn bestrafen müsse, oder wenn er selbst einen Prozess angeordnet hätte [zur Entscheidung über die Frage], ob [der Beklagte] der Täter ist oder nicht und ob er mit Recht gehandelt hat oder zu Unrecht, dann hätte er nicht gegen das Recht verstoßen. **(220)** Wenn er aber, indem er mit „wenn einer getötet hat" nur die Anschuldigung benennt und [die notwendigen Zusätze] „und wenn er des Mordes überführt ist" und „wenn er für den Mörder befunden wurde" und „er soll für den Mord Genugtuung leisten" und „die Strafen für ihn sollen dieselben sein, wie wenn er einen Athener getötet hat" einfach beiseite lässt und sich über all das, was das Recht verlangt, hinwegsetzt, beantragt, [der Täter] solle festgenommen und abgeführt werden dürfen, dann lasst euch nicht hinters Licht führen, sondern seid euch ganz sicher, dass sein Antrag an Gesetzwidrigkeit nicht zu überbieten ist.

Kommentar

I. Proömium (§§1–5)

Das Proömium erfüllt geradezu musterhaft die Funktionen, die ihm nach der antiken Rhetoriktheorie (am prägnantesten formuliert bei Quint. inst. 4,5,1) zukommen: Mit der Ankündigung, eine Angelegenheit von großer Bedeutung zu verhandeln (§1), sichert sich der Kläger die Aufmerksamkeit seiner Zuhörer (*attentos parare*), mit der Behauptung, der Prozessgegner handle in betrügerischer Absicht (§1, §2, §3), weckt er ihr Interesse, sich aufklären zu lassen (*dociles parare*), und das Wohlwollen des Publikums (*benevolos parare*) versucht er dadurch zu gewinnen, dass er sich als einen selbstlosen Patrioten in Szene setzt, der, moralisch integer, doch ohne Geltungsdrang, die Öffentlichkeit zu meiden pflegt, in Notsituationen aber sogar persönliche Nachteile in Kauf nimmt, um das Gemeinwesen vor Schaden zu bewahren (§§4–5).

§§1–3: Die ‚wahre' Bedeutung des Dekrets

Gleich im ersten Satz führt der Kläger den Geschworenen die politische Tragweite der Entscheidung vor Augen, die sie in der juristischen Frage zu treffen haben: Nicht aufgrund persönlicher Abneigung gegen Aristokrates führe er Klage und nicht wegen eines geringfügigen Vergehens riskiere er, sich verhasst zu machen, sondern es stehe nicht weniger auf dem Spiel als der Besitz der Chersones.

Die Behauptung, der Ausgang des Prozesses entscheide letztlich über den Besitz der Chersones, mag unter den Geschworenen neben Erschrecken auch Verwunderung ausgelöst haben, da der Zusammenhang mit dem Antrag des Aristokrates nicht unmittelbar auf der Hand liegt. Der Kläger mahnt deshalb, bei der Urteilsfindung nicht nur den Wortlaut des Dekrets, sondern auch die aus ihm resultierenden Konsequenzen in den Blick zu nehmen. Es sei nämlich Teil der auf Täuschung angelegten Strategie der Gegenpartei, ihre wahren Absichten hinter scheinbar harmlosen Anträgen zu verbergen. So bedeute der von Aristokrates geforderte Schutz für Charidemos de facto die Destabilisierung der athenischen Machtstellung auf der Chersones.

§1

ὦ ἄνδρες Ἀθηναῖοι: Die Geschworenen werden von Demosthenes in politischen Prozessen in der Regel als ἄνδρες Ἀθηναῖοι, seltener als ἄνδρες δικασταί angesprochen (nach der Statistik von Martin 2006 findet sich die Anrede ὦ ἄνδρες Ἀθηναῖοι in orr. 18–24 348mal, die Anrede ὦ ἄνδρες δικασταί lediglich 83mal). In Privatprozessen verhält es sich umgekehrt (in orr. 27–58 [ohne 46, 49, 50, 51, 52, 53] 121mal ὦ ἄνδρες Ἀθηναῖοι, 405mal ὦ ἄνδρες δικασταί). Vgl. auch Wankel zu 18,1 (S. 108).

ἰδίας ἔχθρας ... μηδεμιᾶς ἕνεχ': In der Regel stützt es die Glaubwürdigkeit eines Klägers, wenn dieser erklärt, von persönlichen Gefühlen gegenüber dem Prozessgegner frei zu sein; so erklärt Demosthenes mit Blick auf Neoptolemos mit ganz ähnlichen Worten 5,6 παρελθὼν εἶπον εἰς ὑμᾶς οὐδεμιᾶς ἰδίας οὔτ' ἔχθρας οὔτε συκοφαντίας ἕνεκα. Anders verhält es sich in der Rede *Gegen Androtion*. Dort bekennt der Sprecher freimütig, ein persönlicher Feind des Angeklagten zu sein, und schildert die ihm durch diesen widerfahrenen Kränkungen, um den Charakter des Gegners an den Pranger zu stellen (22,1–3); zu weiteren möglichen Motiven für dieses Vorgehen vgl. Giannadaki 2020, 115–118.

ἥκειν: Vom Auftreten (des Anklägers) vor Gericht auch 45,1 δίκην παρὰ τῶν αἰτίων ἥκω ληψόμενος παρ' ὑμῖν.

Ἀριστοκράτους κατηγορήσαντα τουτουί: Über Aristokrates wissen wir sonst nichts. Möglicherweise fungierte er als Strohmann der den Charidemos umwerbenden Gruppierung, deren führende Vertreter das Risiko scheuten, im Falle einer deutlichen Niederlage im Prozess das Klagerecht zu verlieren; vgl. Einleitung, S. 13.

Zum Demonstrativum οὗτος in Bezug auf den anwesenden Prozessgegner vgl. KG I 645.

ἑτοίμως οὕτως: Durch die Nachstellung ist οὕτως weniger stark betont, der Hauptakzent liegt auf ἑτοίμως; vgl. KG II 596, Rehdantz, Index II s.v. οὕτως und Wankel zu Dem. 18,126 (S. 673). Die Verbindung ἑτοίμως οὕτως findet sich im Corpus Demosthenicum sonst nur 46,28; zu nachgestelltem οὕτως vgl. in unserer Rede noch §§48, 53, 62, 73, 137, 168.

προάγειν ἐμαυτὸν εἰς ἀπέχθειαν: Die Befürchtung oder gar Überzeugung zu äußern, sich durch seine in bester Absicht vorgetragenen Worte unbeliebt zu machen, ist ein rhetorischer Topos; vgl. z.B. Dem. 3,13; 4,38; 6,3; 9,3; Isokr. 8,38; 11,3. An unserer Stelle erfüllt die Bemerkung zwei Funktionen: Zum einen wird der ‚Beweis' erbracht, dass es sich tatsächlich nicht um einen Bagatellfall handelt – sonst hätte die Abwägung von Nutzen und Schaden zu einem Verzicht auf die Anklage geführt; zum anderen präsentiert sich der Kläger als vorbildlicher Polisbürger, der sein persönliches Wohlergehen dem öffentlichen Interesse unterzuordnen bereit ist.

Die, etwa im Vergleich zum einfachen Verb ἀπεχθάνομαι, umständlich anmutende Formulierung ist bewusst gewählt, um den Aspekt der Opferbereitschaft hervorzuheben: Um der Sache willen richtet der Sprecher sein Handeln aktiv und sehenden Auges gegen sich selbst. Zur Verbindung von προάγειν (‚etw. vorantreiben'; ‚jmdn. hintreiben/hinführen/verführen') mit dem Reflexivum vgl. Hdt. 2,173,2 ὦ βασιλεῦ, οὐκ ὀρθῶς σεωυτοῦ προέστηκας ἐς τὸ ἄγαν φαῦλον προάγων σεωυτόν.

εἴπερ ἄρ': Zu der durch ἄρα hergestellten Distanz zum Inhalt der Protasis vgl. Komm. zu §42 ἂν ἄρα. Es äußert sich hierin kein wirklicher Zweifel des Klägers an der Richtigkeit seiner Einschätzung, vielmehr soll die Attitüde höflicher Bescheidenheit die Geschworenen gewogen stimmen; vgl. z.B. auch 22,1 τοῦτο κἀγὼ πειράσομαι ποιεῖν, ἐὰν ἄρα οἷός τε ὦ mit Giannadaki 2020 z.St. (S. 118). Dieser Effekt wird durch εἴπερ (‚wenn wirklich') verstärkt. Die Kombination εἴπερ ἄρα ist bei Demosthenes und den anderen attischen Rednern sonst nicht belegt; vgl. aber z.B. Aristot. metaph. 7,4. 1044b4 und 14,1. 1087b28.

λογίζομαι καὶ σκοπῶ: Die beiden Begriffe bilden ein Hendiadyoin wie [Dem.] 13,2; Isokr. 15,169; Dein. 1,33; Plat. rep. 553d3.

Dionys von Halikarnass (comp. 25, p. 124,10ff. Us.-R.) schreibt der Erweiterung durch καὶ σκοπῶ an unserer Stelle auch eine wichtige rhythmische Wirkung zu. Er analysiert die Kola προάγειν ἐμαυτὸν εἰς ἀπέχθειάν τινα (τινα ist in den Handschriften des Demosthenes-Textes nicht überliefert) und ἀλλ' εἴπερ ἄρ' ὀρθῶς ἐγὼ λογίζομαι (mit lang gemessenem Alpha in ἄρ') als iambische Trimeter. Das eingeschobene καὶ σκοπῶ durchbreche den iambischen Rhythmus (καί τί γε δὴ διὰ μέσου παρεμπεσὸν τὸ καὶ σκοπῶ, ὑφ' οὗ δὴ τὸ μέτρον ἐπισκοτούμενον ἠφάνισται;). Diese Brechung ist wiederum erwünscht, da gefällig rhythmisierte Prosa zwar aus der Dichtung bekannte Metren e n t h a l t e n, aber nicht a u s i h n e n b e s t e h e n soll: ὅπερ οὖν ἔφην, οὐ δύναται ψιλὴ λέξις ὁμοία γενέσθαι τῇ ἐμμέτρῳ καὶ ἐμμελεῖ, ἐὰν μὴ περιέχῃ μέτρα καὶ ῥυθμούς τινας ἐγκατατεταγμένους ἀδήλως. οὐ μέντοι προσήκει γε ἔμμετρον οὐδ᾽ ἔρρυθμον αὐτὴν εἶναι δοκεῖν (ποίημα γὰρ οὕτως ἔσται καὶ μέλος ἐκβήσεταί τε ἁπλῶς τὸν αὑτῆς χαρακτῆρα), ἀλλ᾽ εὔρυθμον αὐτὴν ἀπόχρη καὶ εὔμετρον φαίνεσθαι μόνον· οὕτως γὰρ ἂν εἴη ποιητικὴ μέν, οὐ μὴν ποίημά γε, καὶ ἐμμελὴς μέν, οὐ μέλος δέ (comp. 25, p. 124,21–125,7 Us.-R.).

ὑπὲρ ... περὶ: Nach Rosenberg ad loc. liegt hier „nicht bedeutungsloser Wechsel der Präposition" vor, „sondern ὑπέρ zeigt mehr Herzensbeteiligung als περί. Das erstere ist causa c. gen., das zweite de, vgl. 20,124" (ähnlich Westermann). Da aber, anders als 20,124 (οὐδ᾽ ὁ πλεῖστος ἔμοιγε λόγος περὶ τῆς ἀτελείας ἐστίν, ἀλλ᾽ ὑπὲρ τοῦ πονηρὸν ἔθος τὸν νόμον εἰσάγειν), τούτου exakt den Inhalt des substantivierten Infinitivs aufgreift, ist nicht einzusehen, warum jeweils eine andere Bedeutung der Präpositionen angenommen werden sollte. Es dürfte sich vielmehr um einen der nicht seltenen Fälle unterschiedsloser Verwendung von περί und ὑπέρ handeln. Vgl. dazu Rehdantz, Index I s.v. ‚Wechsel' und Ind. II s.v. ὑπέρ.

ἀσφαλῶς: Das Adverb wird von Blass getilgt. Für ἀσφαλῶς spricht jedoch die Wiederaufnahme des Sicherheitsgedankens in §3 (φυλακὴν Χερρονήσου) und insbesondere die fast wörtliche Wiederholung in §8 (τί ποτ᾽ ἐστὶ τὸ Χερρόνησον ὑμᾶς ἀσφαλῶς ἔχειν πεποιηκός).

Anders als im Apparat von Dilts verzeichnet, fehlt ἀσφαλῶς n i c h t in der Handschrift Y.

παρακρουσθέντας: Der Antrag des Aristokrates ist unter anderem deshalb so gefährlich, weil er auf den ersten Blick völlig harmlos wirkt. Dafür versucht der Kläger sein Publikum gleich zu Beginn der Rede zu sensibilisieren, indem er mehrfach explizit von Betrug spricht (hier und §2 ἐξηπάτησθε) und zwischen dem Wortlaut des Antrags und seiner tatsächlichen Bedeutung differenziert (§2 μὴ μόνον τοῖς γεγραμμένοις ἐν τῷ ψηφίσματι ῥήμασιν προσέχειν, ἀλλὰ καὶ τὰ συμβησόμενα ἐξ αὐτῶν σκοπεῖν und §3 δοκεῖν μὲν ... ὡς ἀληθῶς δὲ ...).

Die übertragene Bedeutung von παρακρούεσθαι (wörtl. ‚an der Seite schlagen') erklärt Harpokration s.v. παρακρούεται (π 28) folgendermaßen: μετῆκται δὲ τοὔνομα ἀπὸ τοῦ τοὺς ἱστάντας τι ἢ μετροῦντας κρούειν τὰ μέτρα καὶ διασείειν ἕνεκα τοῦ πλεονεκτεῖν, „also eigtl. an die Wagschale oder das Maaß schlagen und dadurch betrügen" (Pape s.v.). Vgl. auch Wankel zu 18,147 (S. 794f.): „Das metaphorische παρακρούεσθαι ist bei D. besonders häufig ..., es kommt im Corp. Dem. 51mal vor, vgl. Harp. s.v.: πολὺ δ' ἐστὶ παρά τε τοῖς ἄλλοις Ἀττικοῖς καὶ παρὰ Δημοσθένει ἐν τοῖς Φιλιππικοῖς. Aber in den Phil. Reden ist es doch selten, häufiger in den Privatreden und vor allem in den politischen Prozeßreden." Der Betrugsvorwurf gegen den Prozessgegner zieht sich leitmotivisch durch die gesamte Rede.

ἀποστερηθῆναι πάλιν αὐτῆς: Athen hatte die Chersones am Ende des Peloponnesischen Krieges und erneut durch die Eroberung des Kotys verloren. Vgl. Einleitung, S. 5–9.

περὶ τούτου μοί ἐστιν ἅπασ' ἡ σπουδή: Vgl. zur Formulierung Dem. 8,2 ἡ μὲν οὖν σπουδὴ περὶ τῶν ἐν Χερρονήσῳ πραγμάτων ἐστὶ καὶ τῆς στρατείας ..., wo σπουδή als ‚der eigentliche Gegenstand der Sorge' mit den λόγοι kontrastiert wird, die um andere Themen kreisen. Vgl. auch Wankel zu 18,5 (S. 133).

§2

περὶ τούτων μαθεῖν: περί c. gen. bei μανθάνειν bezeichnet allgemeiner und umfassender als das direkte Akkusativobjekt den Bereich, auf den sich die Erkenntnis bezieht. Nicht zufällig finden sich auch die beiden anderen Belege für diese Konstruktion bei Demosthenes jeweils am Beginn der Rede und umreißen deren gesamten Inhalt: ὅθεν οὖν ῥᾷστα μαθήσεσθε περὶ αὐτῶν, ἐντεῦθεν ὑμᾶς καὶ ἐγὼ πρῶτον πειράσομαι διδάσκειν (27,3 = 30,5). Keine exakte Parallele ist 27,40, da dort die Angabe der Personen durch περί c. gen. mit der Angabe der Sache im Akkusativ kombiniert wird.

κατὰ τοὺς νόμους δικαίως: κατὰ τοὺς νόμους scheint neben δικαίως überflüssig zu sein, hat aber im Kontext eines Paranomieprozesses insofern ein eigenes Gewicht, als es im Kern um den Abgleich des beantragten ψήφισμα mit den bestehenden νόμοι geht.

τὴν γραφήν: Die Paranomieklage zählt zu den öffentlichen Klagen (δίκαι δημοσίαι), die von jedem athenischen Vollbürger erhoben werden können, während Privatklagen (δίκαι ἰδίαι) nur den unmittelbar von der Straftat Geschädigten erlaubt sind. Die Privatklagen werden verkürzt als δίκαι bezeichnet; eine γραφή ist immer eine öffentliche Klage (aber nicht jede öffentliche Klage ist eine γραφή); vgl. dazu Lipsius 238ff. sowie zu weiteren Unterschieden zwischen privaten und öffentlichen Klagen die Übersicht bei Hansen 1995, 199.

μὴ μόνον τοῖς γεγραμμένοις ἐν τῷ ψηφίσματι ῥήμασιν προσέχειν, ἀλλὰ καὶ τὰ συμβησόμενα ἐξ αὐτῶν σκοπεῖν: Die Lesart προσέχειν (S) ist der von AFY gebotenen grammatikalisch ‚vollständigen' Variante προσέχειν τὸν νοῦν als lectio difficilior vorzuziehen. Zu προσέχειν ohne direktes Objekt vgl. bei Dem. z.B. 10,3.

Scheinbar unverfängliche ῥήματα und ihre realen Auswirkungen stellt Dem. auch 24,191 einander gegenüber, dort liegt der Schwerpunkt allerdings auf dem Kontrast zwischen gezielt ausgewählten Textpassagen und dem zusammenhängenden Ganzen: μὴ δὴ ταῦθ' ὑμῖν τῶν ἐκ τοῦ νόμου ῥημάτων ἐκλέξας λεγέτω, ἃ φιλανθρωπότατ' ἐστὶν ἀκοῦσαι· ἀλλ' ὅλον δεικνύτω τὸν νόμον ἐξῆς, καὶ τὰ συμβαίνοντ' ἐξ αὐτοῦ σκοπεῖν ἐάτω.

ἀκούσασιν εὐθύς: Zur näheren Bestimmung des Zeitverhältnisses durch ein Adverb beim Partizip vgl. KG II 82 Anm. 4. Wie in der deutschen Wendung ‚auf den ersten Blick' schwingt die Bedeutung des Oberflächlichen, möglicherweise Täuschenden mit; vgl. Plat. Krat. 396b3f. τοῦτον (sc. Zeus) δὲ Κρόνου υἱὸν ὑβριστικὸν μὲν ἄν τις δόξειεν εἶναι ἀκούσαντι ἐξαίφνης.

τὴν ἀρχὴν ἴσως ἂν οὐκ ἐξηπάτησθε: Der Antrag kam nicht zur Abstimmung (vgl. unten, Komm. zu §14 προβούλευμα), wurde aber vom Rat nicht beanstandet und wäre wahrscheinlich von der Volksversammlung beschlossen worden (vgl. §14). Indem der Kläger konstatiert, dass die mit dem Dekret verfolgten Absichten nicht auf den ersten Blick zu durchschauen seien, belegt er nicht nur den Täuschungsvorsatz seiner Gegner, sondern distanziert sich auch von dem Eindruck, denjenigen, die den Antrag bislang für harmlos hielten, mangelnden Intellekt vorwerfen zu wollen.

Zum adverbialen τὴν ἀρχήν (‚von vornherein'; ‚überhaupt') vgl. KG I 315 Anm. 15 sowie bei Dem. 22,5.9.32; 23,52.93; 24,120 (immer mit dem Artikel; ohne Artikel z.B. Aischin. 3,117; Xen. Kyr. 1,6,16).

§3

τοῦθ' ἕν εστιν τῶν ἀδικημάτων: Gemäß KG I 372 Anm. 1 tritt zum Genitiv ἕν gewöhnlich dann hinzu, „wenn der Begriff der Zahl besonders hervorgehoben werden soll". Hier liegt jedoch ein etwas anderer Fall vor: Ein Phänomen wird dadurch charakterisiert, dass man es als e i n e s von vielen zu einer bestimmten Kategorie gehörigen Elemente ausweist. Vgl. Dem. 20,135 τοῦθ' ἕν τι τῶν αἰσχρῶν ἐστιν; Isokr. 6,97 ἔστιν ἕν τῶν αἰσχρῶν; 13,2 τοῖς ἀνθρώποις ἕν τοῦτο τῶν ἀδυνάτων ἐστίν sowie Zingg 2017 zu Isokr. 6,97 (S. 669), der die Funktion des Numerale an jener Stelle als „Betonung der Eigenständigkeit des Subjektes gegenüber einer Vielzahl" beschreibt. Zum häufigen Ausdruck τῶν αἰσχρῶν εἶναι (ohne Zahlwort) vgl. Komm. zu §5 πάνυ τῶν αἰσχρῶν ... εἶναι.

καὶ λέγειν καὶ γράφειν: Die stereotype Verbindung steht für die Tätigkeiten des Politikers, nämlich (meinungsbildend) zu reden und Beschlussanträge zu stellen. Vgl. Wankel zu 18,66 (S. 394).

θαυμάζειν, εἰ: Zur Verwendung von εἰ statt ὅτι nach θαυμάζειν (und anderen Verben der Gemütsstimmung) vgl. KG II 369: „Die attische Urbanität, welche ihrer Sprache gern die Farbe des Zweifels und einer gewissen Unentschiedenheit beimischt, bedient sich dieser Form des Ausdrucks sehr häufig und selbst bei ausgemachten und unbezweifelten Thatsachen."

Χαριδήμῳ: Dass der Name des Mannes, um den es im Antrag des Aristokrates (scheinbar) ausschließlich geht, verhältnismäßig spät genannt wird, spiegelt die sachliche Priorität, die den Implikationen des Dekrets gegenüber seinem bloßen Wortlaut zukommt. So wird auch in §§ 6 und 7 die Auseinandersetzung mit der Person des Charidemos ausdrücklich zugunsten der wichtigeren Darlegung der politischen Dimension des Beschlusses zurückgestellt.

Was uns über Charidemos bekannt ist, geht größtenteils auf die zu seinen Ungunsten verzerrte Darstellung in der *Aristocratea* zurück. Demnach besaß er in seiner Heimatstadt Oreos auf Euboia nicht das Bürgerrecht, da sein Vater Philoxenos (zum Namen vgl. IG II² 1496,28), über dessen Herkunft Demosthenes mit beredtem Schweigen hinweggeht (siehe §213), kein Vollbürger war. Geboren in den 90er-Jahren des 4. Jhs. (Davies, APF 571) diente er zunächst in den unteren militärischen Rängen (23,148), stieg aber bald zu einem erfolgreichen Söldnerführer auf. Seine ‚Laufbahn' bis zur

Verleihung des athenischen Bürgerrechts im Jahre 357 rekonstruiert Pritchett 1974, 85, gestützt auf die Angaben in der *Aristocratea*, folgendermaßen: 368/67–364 unter Iphikrates in athenischen Diensten (23,149); 364 (?) bei Kotys in Thrakien, ebenfalls 364 (?) zunächst von den Olynthiern, dann von den Athenern (Timotheos) angeheuert (23,150); 360 mit Memnon und Mentor in Asien (23,154), nach Eroberung von drei Städten in der Troas, von Artabazos bedrängt, Hilfsersuchen an Athen (23,154–156); 359 erst im Dienste des Kotys (23,158), dann des Kersobleptes in Thrakien (23,163), sieben Monate währender Kampf gegen Athen (23,165); 359–357 in Verhandlungen zwischen Kersobleptes und Athen involviert (23,167–173). Zur späteren Karriere des Charidemos vgl. Einleitung, S. 28.

ὡς ἀληθῶς δὲ τὴν δικαίαν καὶ βεβαίαν φυλακὴν: Die überlieferte Wortstellung τὴν ὡς ἀληθῶς δὲ δικαίαν καὶ βεβαίαν φυλακὴν ist suspekt. δέ ist extrem weit nachgestellt, ohne dass eine der bei Denn. GP 185ff. aufgeführten Lizenzen für ‚postponement‘ gegeben wäre. Vor allem aber erwartet man, dass sich der δοκεῖν μὲν entgegengesetzte Ausdruck ὡς ἀληθῶς δὲ prädikativ auf den gesamten Satzinhalt bezieht und nicht nur, wie durch seine Position zwischen Artikel und Bezugswort angezeigt, das Attribut δικαίαν näher bestimmt, zu welchem es im μέν-Satz keinen expliziten Gegensatz gibt. Weil versetzt deshalb τὴν hinter δέ. Der dadurch entstehende Hiat (διδόναι, ὡς) ist nach Kolonende tolerabel; vgl. Blass, AB 101. Zwar bezieht sich ὡς ἀληθῶς bei Dem. (und auch bei den anderen attischen Rednern) sonst nie im Sinne von ‚in Wirklichkeit‘ auf den Inhalt eines ganzen Satzes, sondern nur im Sinne von ‚wirklich‘ auf einzelne Satzglieder – sei es adverbial, wie z.B. in §195, sei es attributiv, wie z.B. in §88 –, doch gibt es mit Plat. Krit. 46d4 eine Parallele, die der Verwendung von ὡς ἀληθῶς an unserer Stelle recht nahe kommt: ... ἢ πρὶν μὲν ἐμὲ δεῖν ἀποθνῄσκειν καλῶς ἐλέγετο, νῦν δὲ κατάδηλος ἄρα ἐγένετο ὅτι ἄλλως ἕνεκα λόγου ἐλέγετο, ἦν δὲ παιδιὰ καὶ φλυαρία ὡς ἀληθῶς;

Die Genese des Ausdrucks ὡς ἀληθῶς ist nicht sicher geklärt; wahrscheinlich handelt es sich um einen zur Formel erstarrten Ausruf („wie wahr!" → „in Wahrheit"). Vgl KG II 415f. Anm. 15, Schwyzer II 577 mit Anm. 3 sowie Wankel zu 18,63 (S. 383).

Mit **β ε β α ί α ν** φυλακὴν Χερρονήσου wird Χερρόνησον ἔχειν **ἀ σ φ α-λ ῶ ς** (§1) wieder aufgegriffen; δικαία (,zu Recht bestehend'; ,legitim') ist die φυλακή, insofern sie auf dem vertraglich festgeschriebenen Kräftegleichgewicht in Thrakien basiert (vgl. §§8ff. und §170). Indem der für Charidemos vorgesehenen φυλακή eine δικαία φυλακή entgegengesetzt wird, entsteht zudem der Eindruck, erstere sei ἄδικος – ohne dass dies ausdrücklich gesagt werden muss.

Statt βεβαίαν hat A βέβαιον. Nach LSJ s.v. findet sich die zweiendige Form immer bei Thukydides und Platon. Bei Demosthenes ist die weibliche Endung an fünf Stellen einhellig überliefert (1,7; 2,10; 16,10; 36,2; 45,41), Belege für die zweiendige Form finden sich lediglich exord. 39,2 und [Dem.] ep. 3,23. In 24,37 ist die Überlieferung gespalten (δικαία καὶ βέβαιος SFY : καὶ βεβαία καὶ δίκαιος A). Da in den Handschriften insgesamt die dreiendige Form klar überwiegt, ist der Variante βεβαίαν der Vorzug zu geben.

Die Attribute δικαία und βέβαιος werden auch 24,37 mit φυλακή verbunden: τίς οὖν μόνη φυλακὴ καὶ δικαία καὶ βέβαιος τῶν νόμων; ὑμεῖς οἱ πολλοί· οὔτε γὰρ τὸ γνῶναι καὶ δοκιμάσαι τὸ βέλτιστον ἐξελέσθαι δύναιτ' ἂν ὑμῶν οὐδείς, οὔτε ἀπαλλάξας καὶ διαφθείρας πεῖσαι τὸν χείρω θέσθαι νόμον ἀντὶ τοῦ κρείττονος. Da es dort aber Menschen sind, die die Schutzfunktion ausüben, ergibt sich für βέβαιος eher die Bedeutung ‚zuverlässig', für δίκαιος ‚den Rechtsgrundsätzen folgend', ‚unbestechlich'.

φυλακὴν Χερρονήσου τῆς πόλεως ἀποστερεῖν: ἀποστερεῖν wird in der Regel entweder mit dem doppelten Akkusativ oder mit dem Akkusativ der Person und dem Genitiv der Sache konstruiert. Die Verbindung mit dem Akkusativ der Sache und dem Genitiv der Person in der hier gut passenden Bedeutung ‚jmdm. etw. entziehen' findet sich jedoch auch (vgl. KG I 328 Anm. 10 (c) γ sowie z.B. Xen. hell. 4,1,41 παρεσκευάζετο ... πορευσόμενος ὡς δύναιτο ἀνωτάτω νομίζων ὁπόσα ὄπισθεν ποιήσατο ἔθνη πάντα ἀποστερήσειν βασιλέως), so dass es, wenn es auch keine Parallele bei Demosthenes gibt, nicht notwendig ist, mit Dobree τὴν πόλιν zu lesen, was im übrigen einen Tribrachys erzeugen würde (πόλιν ἀπ-), den Demosthenes nach Möglichkeit zu meiden pflegt (vgl. Blass, AB 105ff.).

Durch die Tilgung von φυλακὴν Χερρονήσου (Rosenberg) bzw. Χερρονήσου (Sykutris) τῆς πόλεως zu einem attributiven Genitiv zu machen, stellt keine befriedigende Lösung dar: Die Antithese würde ihrer Symmetrie und die Aussage ihres Schlüsselbegriffs Χερρονήσου beraubt.

§§4–5: Der Kläger wirbt um Vertrauen und Unterstützung

Nachdem die Dringlichkeit der Sache dargelegt ist, wirbt der Kläger um Aufmerksamkeit und Wohlwollen für seine Person. Ihm, der nicht zum

Kreis der üblichen Redner zähle, zuzuhören und seine Klage zu unterstützen, werde nicht nur Schaden verhüten, sondern auch bewirken, dass in Zukunft andere, die zwar keine guten Redner, aber anständige Menschen seien, sich nicht scheuen würden, für die Interessen der Stadt einzutreten. Der Sprecher bekennt, er wäre auch selbst davor zurückgeschreckt, die Anklageschrift einzureichen, wenn er es nicht als schändlich empfunden hätte, angesichts so großer Gefahr für die Stadt zu schweigen, nachdem er zuvor schon einmal in einer anderen wichtigen Angelegenheit Anklage erhoben hatte.

§4

εἰκότως δ' ἄν ... καὶ προσέχοιτέ μοι τὸν νοῦν καὶ μετ' εὐνοίας ἀκούσαιθ': Das Vorgehen des Klägers steht ganz im Einklang mit der rhetorischen Theorie: Aufgabe des Proömiums ist es, die Zuhörer aufmerksam und wohlwollend zu stimmen. Vgl. u.a. Aristot. rhet. 3,14. 1415a35ff.; Anaxim. ars rhet. 29,1; Auct. ad Herenn. 1,4,6; Cic. inv. 1,20; top. 97; Quint. inst. 4,1,5.

Zu den Verbalaspekten vgl. Westermann z.St.: „Das Präsens verhält sich zum Aorist wie das Allgemeine zum Besonderen, wie der dauernde Zustand zu der dadurch bedingten einzelnen Handlung." Der Kläger bittet seine Zuhörer also um eine durchgehend aufmerksame Haltung und eine jeweils wohlwollende Aufnahme der einzelnen Argumente. Vgl. 55,2 δέομαι δὴ πάντων ὑμῶν ἀκοῦσαί μου καὶ προσέχειν τὸν νοῦν und Wankel zu 18,173 (S. 865f.), der im Sprachgebrauch der Redner für das Verb προσέχειν eine klare Bevorzugung der präsentischen Formen nachweist (immer beim Infinitiv nach δέομαι, immer beim Imperativ, immer beim Partizip), oft in Kombination mit einem zweiten Verb im Aorist.

Der Potentialis nähert sich hier einer höflichen Form der Aufforderung an; ganz ähnlich 18,160 ἃ πολλῶν μὲν ἕνεκ' ἂν εἰκότως ἀκούσαιτέ μου. Vgl. auch KG I 233,4.

οὐχὶ τῶν ἐνοχλούντων ὑμᾶς οὐδὲ τῶν πολιτευομένων καὶ πιστευομένων παρ' ὑμῖν: Die durch καί zu einem Hendiadyoin verbundenen Partizipien πολιτευομένων und πιστευομένων stehen als positive Beschreibung öffentlichen Wirkens dem negativen ἐνοχλούντων gegenüber. Der Sprecher will also nicht in erster Linie darauf hinaus, dass er kein u n a n g e n e h m e r Politiker ist, sondern darauf, dass er ü b e r h a u p t k e i n Politiker ist. Das Partizipialgefüge im ἐπειδή-Satz enthält somit die Begründung für den zweiten Teil des Hauptsatzes: Da der Kläger als politischer

Laie einen so wesentlichen Beitrag zur Rettung des Staates leistet, werden künftig auch andere den Mut aufbringen, sich für das Gemeinwohl zu engagieren. Beide Teile des Hauptsatzes, sowohl die in Aussicht stehende Abwendung von Übeln als auch die Ermutigung der Mitbürger zu staatsdienlichem Handeln, begründen wiederum, warum der Sprecher Aufmerksamkeit und Wohlwollen verdient.

Zu ἐνοχλεῖν als der vox propria (Wankel zu 18,4 [S. 127]) für die Belästigung der Zuhörer durch Reden vgl. Dem. 14,41; 18,4; 21,189; 22,21; 24,189; [Dem.] 25,95 und Isokr. 4,7; 5,12.59; 15,29. Zu πιστεύεσθαι παρά τινι [Dem.] 58,44 πιστεύονται μᾶλλον παρ' ὑμῖν.

φημι δείξειν: φημί heißt hier wohl nicht ‚behaupten', was fast einem selbstbewussten δείξω entspräche, sondern in ‚rollengerechter' Bescheidenheit ‚meinen'; vgl. οἴομαι δείξειν in §6.

ὅσον ἐστὶν ἐν ὑμῖν: ‚soweit es von euch abhängt / auf euch ankommt'; vgl. 21,227 πάντ' ἐστὶν ἐν ὑμῖν μιᾷ ψήφῳ διαπράξασθαι; exord. 12,2; Lys. 1,34.

τοῦτό ... σώσετε: „τοῦτο ist nicht unmittelbar auf πρᾶγμα, sondern auf dessen Inhalt zu beziehen: das dadurch gefährdete Interesse." (Westermann)

τι ... ἀγαθόν: Die weite Sperrung zusammengehöriger Satzteile ist bei Dem. keine Seltenheit; vgl. Blass, AB 143f.; Rehdantz, Index I s.v. ὑπερβατόν und Ps.-Longinus, de subl. 22,3, der über Dem. sagt, er sei πάντων ἐν τῷ γένει τούτῳ κατακορέστατος. Vgl. aber auch Isokr. 6,6 ζητεῖν, εἴ τίς τι δύναται περὶ τῶν παρόντων πραγμάτων εἰπεῖν ἀγαθόν.

καὶ ἡμῶν: Durch καί wird das Pronomen hervorgehoben (‚von uns', sc. die wir uns normalerweise zurückhalten). Zu dieser Verwendung als „particle of emphasis" vgl. Denn. GP 316–321, bei Pronomina 320, (5).

λόγου τυχεῖν: Diese Wendung findet sich bei Dem. vergleichsweise häufig (bei den Rednern sonst nur noch Aischin. 2,2), speziell von der Anhörung vor Gericht (21,90; 23,62; 24,208; 45,6.19), aber auch, wie hier, von anderen Formen der Meinungsäußerung (18,13; 19,26.94; 30,2).

§5

ἐγὼ γοῦν (ὀμνύω τοὺς θεοὺς ἅπαντας) ἀπώκνησ᾽ ἄν, εὖ ἴστε: Der Sprecher versichert mit großer Emphase, dass ihm die Rolle des Anklägers zuwider sei, und distanziert sich damit auch von der Vielzahl seiner Mitbürger, die für ihre Prozessfreudigkeit berühmt waren (vgl. Thuk. 1,77,1; Aristoph. Nub. 207f.; Vesp. passim). Umso ernster muss die Anklage genommen werden, zu der er sich gegen seinen inneren Widerstand durchzuringen verpflichtet fühlte. Der letzte Paragraph dieses Abschnitts nimmt damit den Grundgedanken des ersten Paragraphen auf, so dass sich eine geschlossene Ringkomposition ergibt.

Mit γοῦν führt sich der Kläger selbst als Beispiel für die zuvor beschriebene Beobachtung an. Zu dieser Funktion der Partikel vgl. Denn. GP 451, ii („part proof"), zur Diskussion über die korrekte Schreibweise (γ᾽ οὖν oder γοῦν) vgl. Denn. GP 448 Anm. 1.

Zur Vorliebe des Demosthenes für Schwurformeln und Götteranrufungen vgl. Blass, AB 82f. Bei Isokrates findet sich dergleichen gar nicht, bei den älteren attischen Rednern nur vereinzelt.

πάνυ τῶν αἰσχρῶν ... εἶναι: Die Bedeutung ist mit πάνυ αἰσχρόν εἶναι identisch, die Formulierung wirkt aber anschaulicher; vgl. Weber ad loc.: „Tum notanda frequens loquutio τῶν αἰσχρῶν εἶναι, cui subiacet graecae linguae virtus rem aperte ponendi ante oculus, quum αἰσχρόν ἐστι solum iudicium contineat". Vgl. bei Dem. 1,26; 2,2; 5,4; 20,2.16.65.135.

ἡσυχίαν ἄγειν καὶ σιωπῆσαι: Zu den Aspekten vgl. Komm. zu §4 εἰκότως δ᾽ ἄν ... καὶ προσέχοιτέ μοι τὸν νοῦν καὶ μετ᾽ εὐνοίας ἀκούσαιθ᾽.

ἀλυσιτελὲς: Wie ἀνώφελος, ἀσύμφορος etc. nicht nur ,nicht nützlich', sondern ,schädlich, nachteilig'.

κατασκευάζοντας: Zur Bedeutung ,listig ersinnen' vgl. LSJ s.v. I 4 („of fraudulent transactions") und bei Dem. z.B. 2,6; 21,92.103.110. Das Verb gehört zum festen Bestand des ,Verschwörungsvokabulars'; vgl. Roisman 2006, 97.

ὅτ᾽ ἔπλευσα τριηραρχῶν εἰς Ἑλλήσποντον: Westermann und Weil vermuten, es habe sich hierbei um die in §167 geschilderte Expedition des Kephisodotos, an der auch Demosthenes als Trierarch teilnahm (Aischin.

3,52), und den anschließenden Prozess gehandelt. Letzte Gewissheit darüber besteht allerdings nicht. Mit Sicherheit darf man aber annehmen, dass der erwähnte Prozess einen für den Kläger günstigen Ausgang hatte und ihm eine gewisse Popularität bescherte, da er sich offenbar einen Vorteil davon verspricht, seine Mitbürger daran zu erinnern.

εἰπεῖν καὶ κατηγορῆσαι: Die Verben korrespondieren syntaktisch parallel und semantisch chiastisch mit ἡσυχίαν ἄγειν καὶ σιωπῆσαι im μέν-Satz. Zur rhetorischen Parataxe, deren logische Aussage im Deutschen klarer durch eine Hypotaxe hervortritt, vgl. KG II 232f. An unserer Stelle liegt der seltenere Fall vor, dass „der Hauptgedanke mit μέν vorausgeschickt wird, der untergeordnete Gedanke mit δέ nachfolgt" (KG II 233). Gewöhnlich verhält es sich umgekehrt.

ἀδικεῖν: Vgl. die Aristot. rhet. 1,10. 1368b6f. gegebene Definition: ἔστω ... τὸ ἀδικεῖν τὸ βλάπτειν ἑκόντα παρὰ τὸν νόμον.

ÜBERLEITUNG (§§6–7)

Von der Schilderung seiner Beweggründe, Klage zu erheben, kehrt der Sprecher zum Inhalt des Antrags zurück. Er zeigt sich zuversichtlich, nicht nur die Ansicht einiger Mitbürger, Charidemos sei ein Wohltäter der Stadt, widerlegen, sondern sogar das Gegenteil beweisen zu können. Die Unwürdigkeit des Charidemos darzutun, habe aber nicht die oberste Priorität: Aus dem Antrag des Aristokrates ergebe sich ein weiteres, größeres Unrecht, über welches zuerst zu sprechen sei.

§6

τὸν Χαρίδημον: Hier und in §7 mit dem Artikel, um zu kennzeichnen, dass es um d e n Charidemos geht, auf den sich der Antrag bezieht. Ohne Artikel hingegen in indirekter Rede und Zitaten wie z.B. §§12, 14, 16.

ἄν περ ... δυνηθῶ: δύναμαι heißt ‚können' im Sinne von ‚die Kraft haben', ‚imstande sein'. Es geht hier also nicht um die von anderen gewährte M ö g l i c h k e i t, frei zu sprechen, wie sie oft von Rednern erbeten wird (vgl. z.B. Dem. 8,32; 15,1), sondern um die in der eigenen Person liegende, Mut und Eloquenz fordernde F ä h i g k e i t, sein Anliegen zu vertreten. Der Kläger hält damit den Eindruck aufrecht, weder über reiche rhetorische Erfahrung (vgl. §§4 und 5) noch über eine große Neigung zu Auftritten vor Gericht (vgl. §§1 und 5) zu verfügen.

Zu der bescheiden-vorsichtigen Einleitung des Kondizionalsatzes mit ἄν περ vgl. Komm. zu §1 εἴπερ ἄρ'.

ἃ ... οἶδα πεπραγμένα ἐκείνῳ: Wörtl. ‚das, wovon ich weiß, dass es von ihm getan wurde'.

βούλομαί τε καὶ οἶδα: In unmittelbarer Aufeinanderfolge steht τε καί (anders als τε ... καί) bei den Rednern selten; vgl. Denn. GP 512 und Fuhr 1878, 577ff. (580f. speziell zu Demosthenes, bei dem sich in den echten Reden nur vierzehn Belege finden). Fuhr erklärt das Phänomen, das auch in amtlichen Inschriften zu beobachten ist, damit, dass bei der Verknüpfung zweier einzelner Wörter durch καί der enge Zusammenhang hinlänglich deutlich, ein zusätzliches τε mithin redundant sei, während bei der Trennung der zusammengehörigen Begriffe durch andere Wörter bzw. Wortgruppen ein vorausweisendes τε durchaus seine Berechtigung habe (583f.). Die von Fuhr 581 erwogene Emendation zu βούλομαί γε καὶ οἶδα empfiehlt sich nicht, da sie βούλομαι zu starkes Gewicht gäbe.

οἴομαι δείξειν: Vgl. Komm. zu §4 φημι δείξειν.

τἀναντία ἢ ... ὑπειλημμένον: Zu adverbialem τοὐναντίον/τἀναντία mit Anschluss des Vergleichsgliedes durch ἢ vgl. 8,33 ἐχρῆν γάρ ... τοὐναντίον ἢ νῦν ἅπαντας τοὺς πολιτευομένους ... πράους καὶ φιλανθρώπους ὑμᾶς ἐθίζειν εἶναι sowie Thuk. 2,17,2; 6,68,3; 7,80,1; Lys. 12,2. Zur Verbindung des persönlich konstruierten Passivs ὑπολαμβάνεσθαι mit einem Adverb vgl. 18,269 ... ὅπως ποθ' ὑπείλημμαι περὶ τούτων, ἀρκεῖ μοι und Wankel z.St. (S. 1173).

§7

εἰ μὲν οὖν ... νυνὶ δ' ...: Zu diesem bei den Rednern weit verbreiteten Schema ἀπὸ τοῦ ἐναντίου vgl. z.B. 18,9, wo es ebenfalls dazu dient, eine Abweichung von der erwarteten Argumentationsfolge zu rechtfertigen und die Schuld an diesem ‚Umweg' dem Prozessgegner anzulasten. Vgl. auch Wankel zu 18,9 (S. 147f.), der auf die reiche Beispielsammlung bei Gebauer 1380, 389–416, verweist.

ἐν τῷ ψηφίσματι: Die räumliche Bedeutung der Präposition geht hier in die instrumentale über: Aristokrates trägt Sorge für Charidemos durch die im Antrag fixierten Bestimmungen, also mit dem Antrag. Vgl. KG I 464f.

ἰδίαν ... τιμωρίαν: Der Antrag bezieht sich exklusiv auf die Person des Charidemos; mit seinem potenziellen Mörder soll – jedenfalls nach dem Verständnis des Klägers – strenger verfahren werden dürfen als mit anderen.

Mit der Einführung des Begriffs τιμωρία im Zusammenhang mit dem Dekret ebnet der Kläger einem zentralen Element seiner Argumentation den Weg. Die Bedeutung von τιμωρία oszilliert je nach Perspektive zwischen der Rache, die ein Verbrechensopfer oder seine Angehörigen vollziehen, und der Strafe, die den Täter als Vergeltung trifft. Von einer Bestrafung des Täters ist im Antrag aber nicht die Rede, es geht dort lediglich um die zu seiner Ergreifung zulässigen Maßnahmen. An unserer Stelle wird der manipulative Charakter der Wortwahl noch einigermaßen dadurch kaschiert, dass mit τιμωρία auch das ‚Recht auf Vergeltung' bezeichnet sein kann (vgl. LSJ s.v. I), zu welchem der Antrag den Rächern des Charidemos durch die Ausweitung des Bannkreises für den Mörder leichter verhilft als anderen. Im weiteren Verlauf der Rede verwendet der Kläger den Begriff τιμωρία aber eindeutig im Sinne von ‚Strafe' und versucht dem Antrag damit eine Aussage unterzuschieben, die ihn als gesetzwidrig erscheinen lässt; vgl. Komm. zu §36 τὴν δὲ τιμωρίαν ... ταύτην.

παρὰ τοὺς νόμους: Was im Paranomieverfahren erst noch zu beweisen ist (vgl. §18), wird hier kühn vorweggenommen.

ἄν τι πάθῃ: Zur euphemistischen Umschreibung vgl. Rehdantz/Blass zu 4,12: „Bei Ereignissen, die von höherer als menschlicher Macht abhängen, drückt sich der maßvolle Grieche mit euphemistischer Scheu aus, und zumal der Redner wahrt so τὸ σεμνόν"; bei Dem. z.B. 4,11; 23,12.59; 24,201; vgl. auch Rehdantz, Index I s.v. ‚Euphemismos'.

ἵν' εἰδῆτε: Innerhalb eines irrealen Gefüges steht ἵνα gewöhnlich nicht mit dem Konjunktiv, sondern mit dem Indikativ einer historischen Zeitform; vgl. KG II 388f. Dobree konjizierte daher ᾔδειτε für εἰδῆτε. Der Konjunktiv ist jedoch auch im Irrealis möglich, wenn „der Redende die Irrealität des Finalsatzes absichtlich ausser Betracht lässt" (KG II 390 Anm. 8; vgl. auch Goodwin, MT §336). Die engste Parallele ist Lys. 3,44: ἐβουλόμην δ' ἂν ἐξεῖναί μοι παρ' ὑμῖν καὶ ἐκ τῶν ἄλλων ἐπιδεῖξαι τὴν τούτου πονηρίαν, ἵνα ἐπίστησθε, ὅτι πολὺ ἂν δικαιότερον αὐτὸς περὶ θανάτου ἠγωνίζετο. Auch hier blieb allerdings der überlieferte Text nicht unangefochten: Bernhardy konjizierte ἠπίστασθε für ἐπίστησθε, was Carey in seiner Lysias-Ausgabe übernimmt. Da beide Stellen geeignet sind, sich gegenseitig zu stützen, erscheint ein Eingriff in den Text aber nicht notwendig. Ähnlich sind ferner Lykurg. 141 ἐχρῆν ... ὅσιον εἶναι τοῦτο πράττειν, ὅπως ὁπόσοι τοῦ κινδύνου μετεῖχον ... πικροτέρας τὰς γνώσεις κατὰ τοῦ ἀδικοῦντος παρασκευάζωσιν und Dem. 24,44 καίτοι χρῆν σε ... ἢ τοῦτον μὴ γράφειν ἢ ἐκεῖνον λύειν, οὐχ, ἵνα ὃ βούλει σὺ γένηται, πάντα τὰ πράγματα συνταράξαι.

πολλοῦ δεῖν: Absoluter Infinitiv in Analogie zum häufiger vorkommenden ὀλίγου δεῖν; unsere Stelle scheint der einzige Beleg zu sein.

διὰ τοῦ ψηφίσματος: In feiner Abgrenzung zu ἐν τῷ ψηφίσματι (siehe oben) bezeichnet διὰ τοῦ ψηφίσματος den Antrag sehr anschaulich als Vehikel zu einem außerhalb seiner selbst liegenden Ziel. Zu διά c. gen. in der Bedeutung ‚unter Vermittlung von' vgl. KG I 483. Die bereits in §2 und §3 vorgenommene Differenzierung zwischen dem unmittelbaren Zweck, dem der Antrag seinem bloßen Wortlaut nach dient, und den sich mittelbar daraus ergebenden Folgen, denen das wahre Interesse der Antragsteller gelte, klingt hier wieder an.

II. ‚EXPLICATIO' (§§8–17)

Auf das Proömium bzw. Exordium folgt bei Gerichtsreden in der Regel die Narratio, die Darlegung des Sachverhalts, der Anlass und Gegenstand des Prozesses ist. In unserem Fall weicht der Kläger insofern vom üblichen Schema ab, als er nicht den unmittelbaren Prozessgegenstand, das inkriminierte Dekret selbst, in den Blick nimmt, sondern ausführlich seine These erläutert, der eigentliche Zweck des Antrags sei die Schwächung des athenischen Einflusses auf der Chersones. Dazu muss er zum einen erklären, welche Auswirkungen das Dekret auf die Situation in Thrakien hätte, und zum anderen beweisen, dass die Antragsteller bewusst auf eben diese Auswirkungen abzielten. Da die argumentierenden Elemente dabei die erzählenden überwiegen, wäre dieser Teil der Rede mit dem Begriff ‚Narratio' nicht ganz zutreffend charakterisiert. Eher ist von einer ‚Explicatio' oder mit Weil von einer „exposition préparatoire" zu sprechen (vgl. Papillon 1998, 26f.).

§§8–10: Die Situation in Thrakien

Der Punkt, der aufgrund seiner sachlichen Priorität auch innerhalb der Rede prioritär behandelt werden muss, ist der schon in §1 als eigentlicher Kern der Auseinandersetzung genannte sichere Besitz der Chersones. Dieser werde dadurch gewährleistet, dass nach dem Tod des Kotys drei Könige miteinander um die Macht konkurrierten und jeweils an einem guten Verhältnis zu Athen interessiert seien. Um dieses Gleichgewicht zu stören und dem Kersobleptes zur Alleinherrschaft zu verhelfen, sei der Antrag gestellt worden, der freilich bei oberflächlicher Betrachtung nichts davon erahnen lasse. Der Kläger rekapituliert kurz die Ereignisse, durch die die für Athen so günstige Machtkonstellation in Thrakien aus der Balance geraten ist: Nach dem Tod des Berisades habe Kersobleptes unter Bruch seines Vertrages mit Athen einen Krieg gegen die Söhne des Berisades und gegen Amadokos begonnen, und es sei zu erwarten gewesen, dass den Söhnen des Berisades ihr Onkel Athenodoros, dem Amadokos wiederum dessen Schwäger Simon und Bianor helfen würden.

Indem der Kläger das Machtgleichgewicht in Thrakien apodiktisch als einzige Garantie für den Besitz der Chersones darstellt, weicht er einer inhaltlichen Auseinandersetzung mit der politischen Opposition aus, die den größeren Nutzen für Athen darin sieht, mit Kersobleptes bzw. seinem einflussreichen Strategen Charidemos zu kooperieren. Während in Wahrheit beide Fraktionen auf unterschiedlichen Wegen das gleiche Ziel erreichen wollen, lässt der Kläger das Bild entstehen, es bemühte sich nur eine, nämlich die eigene, Seite um das Wohl Athens, Vertreter eines anderen Standpunkts aber seien von fremden Mächten bestochene Feinde der Stadt.

§8

πρῶτον ἁπάντων: Die Komplexität der Sachlage zwingt den Kläger dazu, immer weiter auszuholen. Unmittelbar geboten erscheint durch den Wortlaut des Antrags die Prüfung der Person des Charidemos. Zuvor (πρότερον, §7 Ende) muss aber das dem Antrag unter der Oberfläche innewohnende größere Unrecht aufgedeckt werden. Damit wiederum dieses erkennbar wird, bedarf es zuallererst (πρῶτον ἁπάντων) der Klärung der Frage, was den Besitz der Chersones sichert. Jeder dieser gedanklichen Schritte führt weiter von dem weg, was die Geschworenen als Thema der Rede erwarten, und muss deshalb für alle nachvollziehbar begründet werden.

εἰπεῖν καὶ δεῖξαι: Bezogen auf ein gemeinsames Objekt in dieser Kombination bei Demosthenes nur hier. Das εἰπεῖν besteht in der Konstatierung des Faktums (ἔστι τοίνυν ... βασιλέας), das δεῖξαι in der Erklärung seiner Bedeutung (συμβέβηκε γὰρ ... θεραπεύειν).
Bezogen auf zwei Objekte mit spürbarem semantischen Unterschied 18,126 δεῖ δέ με ... αὐτὰ τὰ ἀναγκαιότατ᾽ εἰπεῖν περὶ αὐτοῦ, καὶ δεῖξαι, τίς ὢν καὶ ⟨ἐκ⟩ τίνων ῥᾳδίως οὕτως ἄρχει τοῦ κακῶς λέγειν und 21,175 βούλομαι τοίνυν ὑμῖν ... καὶ ὅσων ἤδη ὑμεῖς ... κατεγνώκατε εἰπεῖν, καὶ δεῖξαι τί πεποιηκότες αὐτῶν ἔνιοι τίνος ὀργῆς τετυχήκασι παρ᾽ ὑμῶν.

τί ποτ᾽ ἐστὶ: Vgl. KG II 518 Anm. 3: „Das Adverb ποτέ tritt, wie das Lat. *tandem*, zu direkten sowohl wie indirekten Fragewörtern, um das Verlangen des Fragenden nach Aufschluss oder eine Verwunderung oder überhaupt Leidenschaft zu bezeichnen." Der Kläger nimmt hier die Perspektive seines Publikums ein, das sich bereits ungeduldig fragen mag, ‚was denn nun eigentlich' den sicheren Besitz der Chersones garantiere.

ἔστι τοίνυν, ὦ ἄνδρες Ἀθηναῖοι: Indem der Sprecher die ‚Auflösung' durch die eingeschobene Anredeformel retardiert, erhöht er die Spannung und sichert sich die Aufmerksamkeit seiner Zuhörer.

τοῦτο, τὸ: In den Handschriften A und Y fehlt τὸ. Grundsätzlich kann auf ein präparatives Demonstrativum sowohl ein Inf./A.c.I. mit Artikel als auch ein Inf./A.c.I. ohne Artikel folgen; vgl. KG I 658f., speziell zu Dem. Rehdantz, Index II s.v. ‚Artikel' (S. 51f.). Schreibtechnische Erwägungen geben keinen Aufschluss: Nach τοῦτο kann der Artikel entweder durch Dittographie fälschlich hinzugefügt oder durch Haplographie fälschlich ausgelassen worden sein. Für τό spricht jedoch, dass es dem Infinitiv, der ja die entscheidende Aussage enthält, ein größeres Gewicht verleiht (vgl. Goodwin, MT §788). Vgl. 18,123 ἐγὼ λοιδορίαν κατηγορίας τούτῳ διαφέρειν ἡγοῦμαι, τῷ τὴν μὲν κατηγορίαν ἀδικήματ' ἔχειν, ... τὴν δὲ λοιδορίαν βλασφημίας ...

τελευτήσαντος Κότυος: Der Odrysenkönig Kotys wurde um 360 von Python und Herakleides aus Ainos ermordet; vgl. Komm. zu §119 τοὺς ἀποκτείναντας ἐκεῖνον Πύθωνα καὶ Ἡρακλείδην.

Βηρισάδην καὶ Ἀμάδοκον καὶ Κερσοβλέπτην: Berisades und Amadokos, Fürsten aus dem Hause der Odrysen, erhoben nach der Ermordung des Kotys Anspruch auf dessen Erbe, verbündeten sich gegen seinen Sohn Kersobleptes und zwangen ihn unter Mithilfe des Atheners Athenodoros zu einem Vertrag, der sie an der Herrschaft über Thrakien beteiligte (vgl. §173 mit Komm. zu συνθήκας πρὸς τὸν Χάρητα).

ὑπέρχεσθαι καὶ θεραπεύειν: Beide Begriffe bezeichnen verächtlich Kriechertum und Schmeichelei, worin sich deutlich die Distanz zu den thrakischen Herrschern äußert. Ehrliche Freundschaft wird weder von ihnen erwartet noch ihnen entgegengebracht; sie dienen lediglich als Instrumente zur Wahrung athenischer Machtinteressen. Auch spiegelt sich hier des Klägers Verständnis der ‚natürlichen Weltordnung': Die stolzen Athener werden von anderen umworben; sich selbst bei jemandem anzubiedern, wie es die Unterstützer des Charidemos tun, ist eine Schande für die Stadt (vgl. §210).

§9

τοῦτο τοίνυν, ὦ ἄνδρες Ἀθηναῖοι, βουλόμενοί τινες παῦσαι: Rhetorisch effektvoll wird über die Szenerie des für Athen so günstigen Zustands jäh der Schatten des drohenden Verlustes geworfen: „Und das will man euch nehmen!"

Zur Wirkung der vor der entscheidenden Aussage eingeschobenen Anrede vgl. Komm. zu §8 ἔστι τοίνυν, ὦ ἄνδρες Ἀθηναῖοι.

καὶ καταλῦσαι μὲν ... παραδοῦναι δ': Nachdem das den Gegnern unterstellte Handlungsziel (τοῦτο ... παῦσαι) ausgesprochen ist, werden nun, grammatikalisch gleichgeordnet, logisch aber eigentlich untergeordnet, die konkreten Mittel genannt, die zu diesem Ziel führen. Da der Kläger für den sicheren Besitz der Chersones als alleinigen Grund die Verteilung der Macht auf drei Könige anstelle von einem genannt hat, muss es die Zuhörer überzeugen, dass die Umkehrung dieser Situation, die Entmachtung der übrigen Könige zugunsten eines einzigen, notwendig die akute Gefährdung dieses Besitzes zur Folge hat.

προβούλευμα: Vgl. Komm. zu §14 προβούλευμα.

τῷ μὲν ἀκοῦσαι ..., τῷ δ' ἔργῳ: Erneut werden die Geschworenen eindringlich darauf hingewiesen, dass in dem zu beurteilenden Fall zwischen Schein und Sein zu unterscheiden ist; vgl. §3 δοκεῖν μὲν ... ὡς ἀληθῶς δέ.

τῷ ἀκοῦσαι (‚beim [bloßen] Hören [des Antragstextes]') verweist auf §2 ἀκούσασιν εὐθὺς zurück (vgl. Komm. z.St.). Zu ähnlichen Antithesen mit ἀκοῦσαι vgl. 20,18 ἔστι δὲ τοῦτο οὑτωσὶ μὲν ἀκοῦσαι λόγον τιν' ἔχον· εἰ δέ τις αὐτὸ ἀκριβῶς ἐξετάσειε, ψεῦδος ἂν φανείη u. 19,47.

κεχωρισμένοι: Überliefert ist κεχωρισμένον, was von Westermann unter Verweis auf den Sprachgebrauch des Demosthenes, bei dem sonst nie Personen, sondern immer Dinge Subjekt von κεχωρίσθαι sind (vgl. 20,13; 22,22; 45,26; exord. 45,1), favorisiert wird. Der Übergang zu περαίνοντες im δέ-Satz störe „einigermassen das Ebenmass der Rede", sei aber „für das Ohr ausreichend schon durch διαπράξασθαι vorbereitet". Da aber, wenn das Subjekt des substantivierten Infinitivs nicht mit dem Subjekt des übergeordneten Satzes identisch ist, ein Subjektsakkusativ zum Infinitiv hinzutreten muss, schafft das von Westermann zugrunde gelegte Verständnis von διαπράξασθαι im Sinne von αὐτοὺς διαπράξασθαι keinen sanfteren Übergang, sondern eine zusätzliche grammatikalische Härte. Andererseits ist es schwierig, grammatikalisch ‚korrekt' das Probouleuma als Subjekt von διαπράξασθαι aufzufassen, da das Verb von Demosthenes wiederum nur von Personen, nicht von Dingen verwendet wird. Dieses Problem kann auch Reiskes Überlegung, durch die Änderung von περαίνοντες zu περαῖνον Subjektsgleichheit zwischen den beiden korrespondierenden Partizipien herzustellen, nicht beheben. Zudem stellt Reiskes Vorschlag einen größeren Eingriff in den Text dar als die von Felicianus vorgenommene Korrektur des Neutrums κεχωρισμένον zu κεχωρισμένοι, die die Syntax erheblich glättet. Ein Beleg für die Verwendung von κεχωρίσθαι mit Personen als Subjekt findet sich, wenn nicht bei Demosthenes, so doch bei Aischines (1,141): θεωρήσατε ... ὅσον κεχωρίσθαι ἐνόμισαν τοὺς σώφρονας καὶ τῶν ὁμοίων ἐρῶντας καὶ τοὺς {ἀκρατεῖς} ὧν οὐ χρὴ καὶ {τοὺς} ὑβριστάς.

§10

τελευτήσαντος ... Βηρισάδου: Ketriporis, der Sohn des Berisades, schloss im Jahr 356 als thrakischer König mit Athen ein Bündnis gegen Philipp II. (IG II² 127 = Tod 157); der Tod seines Vaters wird daher auf Ende 357 / Anfang 356 datiert.

παραβὰς τοὺς ὅρκους καὶ τὰς συνθήκας, ἃς μεθ' ὑμῶν ἐποιήσατο, ... ἐξέφερεν πόλεμον: Der nach dem Tod des Kotys zwischen Kersobleptes, Berisades und Amadokos entbrannte Streit um die Thronfolge wurde zunächst 359 unter Vermittlung Athenodors (vgl. §170), 358 unter Vermittlung des Chares (vgl. §173) im Sinne Athens durch die Aufteilung des Gebiets unter den drei Prätendenten vorübergehend beigelegt, flammte danach aber wieder auf. Der Kläger stellt einen unmittelbaren Zusammenhang zwischen dem Tod des Berisades und den Kriegsrüstungen des Kersobleptes her, um seine Zuhörer von der durch eine Störung des Machtgleichgewichts drohenden Gefahr zu überzeugen. Angesichts des zugrunde liegenden argumentativen Interesses können daraus keine sicheren Folgerungen für die Chronologie der Ereignisse gezogen werden; vgl. Einleitung, S. 31.

Durch das betont vorangestellte Partizipialgefüge soll zweifelsfrei deutlich gemacht werden, was vom Charakter des Kersobleptes zu halten ist und für welche Seite man im thrakischen Konflikt Partei zu ergreifen hat. Kersobleptes zeigt sich nicht nur als machtgieriger Aggressor gegen seine Mitregenten, sondern erlaubt sich durch Eid- und Vertragsbruch auch einen Affront gegen das stolze athenische Volk. Der Zuhörer gewinnt den Eindruck, persönlich von Kersobleptes betrogen worden zu sein, was das Gefühl der Solidarität mit den anderen ‚Opfern', den Söhnen des Berisades, Amadokos und ihren jeweiligen Helfern, verstärkt.

Zum Plural συνθῆκαι vgl. LSJ s.v. 2: „*articles of agreement, and hence, convenant, treaty*". Der Begriff bezeichnet ohne weiteren Zusatz nur die Bestimmungen, auf die man sich bei den Verhandlungen geeinigt hat, also eine Art „Unterhändlerurkunde" (Heuß 1934, 30 = 1995, 356). Der rechtsgültige Vertragsabschluss erfolgt nicht durch die Unterzeichnung dieser Urkunde, sondern erst mit dem von beiden Parteien geleisteten Eid (Heuß 1934, 28ff. = 1995, 354ff.). Dieser besteht „in der Anrufung der Götter zu Zeugen und in der daraus resultierenden Beschwörung der Verfluchung, falls einer der Vertragspartner wortbrüchig wird" (Heuß 1934, 23 = 1995, 349). Die Verbindung οἱ ὅρκοι καὶ αἱ συνθῆκαι steht als fester Terminus für den ratifizierten Vertrag; vgl. Heuß 1934, 29 mit Anm. 2 = 1995, 355 und bei den Rednern u.a. Isokr. 6,21.27; 8,96; 14,12.17.23; Aischin. 3,66.70; bei Dem. (abgesehen von den unechten Reden) sonst nur noch 15,26 (vgl. auch Radicke 1995 z.St. [S. 145]).

τοὺς Βηρισάδου παῖδας: Namentlich bekannt ist nur der oben erwähnte Ketriporis

Ἀθηνόδωρος: Athenodoros aus Athen hatte in Persien und Thrakien als Söldnerführer gedient. Er heiratete die Schwester des Berisades und gründete eine Stadt in Thrakien (Isokr. 8,24). Nach dem Tod des Kotys unterstützte er seinen Schwager im Streit um die Thronfolge und handelte im Jahr 359 einen sowohl für diesen als auch für Athen günstigen Vertrag zwischen den thrakischen Königen aus. Vgl. §170.

Σίμων καὶ Βιάνωρ: Zu beiden liegen keine über unsere Rede hinausgehenden Informationen vor.

οἱ δὲ Ἀμαδόκου γεγόνασιν: Es ist hier κηδεσταί zu ergänzen.

§§11–12: Die Motive

Auf die Darlegung der Fakten folgt eine Unterstellung: Die Initiatoren des Antrags hätten nach einem Weg gesucht, die Konkurrenten des Kersobleptes handlungsunfähig zu machen und dadurch dem Charidemos, der Kersobleptes zur Macht verhelfen wolle, die Durchsetzung seiner Interessen zu erleichtern. Dies habe man durch das Dekret, einen potenziellen Mörder des Charidemos einer verschärften Strafverfolgung auszusetzen, und durch die Wahl des Charidemos zum Strategen zu erreichen gehofft. Es wird dann begründet, inwiefern die genannten Maßnahmen tatsächlich geeignet sind, Kersobleptes einen Vorteil zu verschaffen: Simon und Bianor würden sich als athenische Ehrenbürger nicht einem von den Athenern gewählten Strategen widersetzen, erst recht nicht der gebürtige Athener Athenodoros. Alle drei würden sich nicht im Sinne des Beschlusses schuldig machen wollen, was einträte, falls Charidemos etwas zustieße. Da auf diese Weise die Söhne des Berisades und Amadokos keine Helfer, Kersobleptes und seine Gefolgsleute aber unbeschränkte Handlungsfreiheit hätten, würden letztere mit Leichtigkeit die Herrschaft an sich bringen.

§11

ἐσκόπουν: Subjekt sind die Antragsteller.

οὗτοι ... ἐκείνων: Mit οὗτοι sind die Helfer, Athenodoros, Simon und Bianor, gemeint, mit ἐκεῖνοι die direkten Konkurrenten des Kersobleptes, die Söhne des Berisades und Amadokos.

πράττων τὴν ἀρχήν: Die einzige Parallele bei Dem. findet sich 23,15; vgl. aber Dion. Hal. ant. 10,14,1 καταλῦσαι τὴν Ῥωμαίων ἡγεμονίαν ἐπεβάλετο εἴθ' ἑαυτῷ τυραννίδα κατασκευαζόμενος εἴτε τῷ Σαβίνων ἔθνει πράττων ἀρχὴν καὶ κράτος ...

εἰ πρῶτον μέν ... εἶναι: Das Ergebnis der Überlegungen folgt ohne verbindende Partikel in Form von zwei Halbsätzen. Das Asyndeton ist selbst für Demosthenes, der sich dieses Stilmittels gern bediente (vgl. Denniston 1952, 99), außergewöhnlich hart. Wolf vermutete daher eine Lücke nach καταστρέψαιτο, worin ihm Dilts in seiner Ausgabe folgt. Bezeichnenderweise gibt es keine Ergänzungsvorschläge. Eine große Textmenge kann nicht ausgefallen sein, und denkbare Übergänge wie ηὗρον οὖν, ὅτι ταῦτ' ἂν γένοιτο, εἰ ... oder ἃ γενέσθαι ἂν ἐνόμισαν, εἰ ... mindern den rhetorischen Effekt. Der Kläger ist innerhalb seiner Argumentationskette beim letzten Glied angelangt, indem er den Zusammenhang zwischen der aktuellen Machtkonstellation in Thrakien und dem von Aristokrates beantragten Beschluss herstellt. Die kurzen, auf das Wesentliche reduzierten Halbsätze wirken wie ein Paukenschlag, der dem Höhepunkt der Beweisführung die gebührende Aufmerksamkeit sichert. Der Redner hatte die Möglichkeit, seine Zuhörer, anders als den Leser, durch Stimmmodulation, Mimik und Gestik auf den unvermittelten Übergang vorzubereiten. So hat er vielleicht die indirekte Frage (τίν' ἂν τρόπον ... καταστρέψαιτο) wie eine direkte Frage intoniert, eine kurze Pause eingelegt, sein Publikum durch einen entsprechenden Gesichtsausdruck oder eine Handbewegung zu einer Antwort herausgefordert, um schließlich selbst die mit Spannung erwartete Lösung zu präsentieren.

Nicht nur der Satzanschluss, sondern auch die Wortstellung wurde als problematisch empfunden. Schäfer versetzte ἄν τις αὐτὸν ἀποκτείνῃ hinter ἀγώγιμον εἶναι, Cobet hinter γένοιτο. Doch auch hier dürfte die Abweichung von der Norm ein bewusst eingesetztes rhetorisches Mittel sein: Im Fokus steht die Person des Charidemos, die als Bindeglied zwischen den durch Kersobleptes bestimmten Verhältnissen auf der Chersones und dem Antrag des Aristokrates fungiert. Das entscheidende Wort ist also αὐτόν, und dieses erhält sein volles Gewicht, wenn der ἄν-Satz so weit wie möglich vorgezogen wird.

ἀγώγιμον: Zur Sache und zum Begriff siehe Einleitung, Kap. 3.

εἰ χειροτονηθείη στρατηγός: Da das Amt der Strategen hohe militärische Kompetenz erforderte, wurden sie nicht, wie die Mehrzahl der Magistrate, durch das Los bestimmt, sondern in der Volksversammlung durch Heben der Hände (χειροτονία) gewählt. Vgl. zur Wahl und zu den Aufgaben der zehn Strategen Aristot. Ath. pol. 61,1–2. Im 4. Jh. wurden die kriegerischen Auseinandersetzungen zunehmend von Söldnertruppen und nicht mehr vom Bürgerheer ausgetragen. In der Folge überließ man den Oberbefehl über diese Söldnertruppen nicht selten Militärführern aus anderen Staaten. So konnte auch der Euboier Charidemos vom athenischen Volk zum Strategen gewählt werden, zumal ihm ehrenhalber das Bürgerrecht verliehen worden war. Vgl. Hansen 1995, 280 und ausführlich Pritchett 1971, 59–116.

{Χαρίδημος}: Der Name wird zu Recht von Dobree getilgt (übernommen von Dilts). Es ist eindeutig, wer gemeint ist, und der redundante Zusatz passt nicht zu der ansonsten auf das Wesentliche reduzierten Formulierung. Vermutlich ist eine erklärende Randglosse in den Text eingedrungen.

§12

οὔτε ... οὔτε: Die beiden in §11 genannten Vorhaben werden in chiastischer Form aufgegriffen: Zuerst wird der Effekt der Wahl des Charidemos zum Strategen beschrieben, dann der Effekt des beantragten Dekrets. Der Gegenstand der Klage, der Antrag des Aristokrates, nimmt damit die exponiertere Anfangs- und Endposition in der chiastischen Struktur ein. Grundsätzlich sind die beiden Glieder, analog zu §11, aber inhaltlich gleichberechtigt, so dass Weils Konjektur οὔτε anstelle des einhellig überlieferten οὐδὲ zu übernehmen ist (so auch Dilts). Die Verbindung οὔτε ... οὐδὲ findet sich nach KG II 290 nur dann, „wenn das zweite Glied zu dem ersten in dem Verhältnisse eines Gegensatzes oder einer Steigerung steht". Die Verschreibung kann leicht durch das vorangehende οὐδὲ vor βουλεύσεσθαι entstanden sein.

ὑμετέρῳ στρατηγῷ: Die allgemein gehaltene Formulierung (gegen einen von euch benannten Strategen = gegen jedweden von euch benannten Strategen) ist der von der Handschrift A gebotenen Lesart τῷ ὑμετέρῳ στρατηγῷ (gegen den von euch benannten Strategen = gegen Charidemos) vorzuziehen, da das den Widerstand hemmende Element nicht in der Person des Strategen, sondern in dem Umstand liegt, dass er über ein Mandat der Athener verfügt. Eine ähnliche Gewichtsverlagerung auf das Possessivum bewirkt das Fehlen des Artikels auch in §186 καλόν γε, οὐ γάρ; ... τοῦτον ὑφ᾽ ὑμετέρου ψηφίσματος φανῆναι φυλαττόμενον.

θήσεσθαι τὰ ὅπλα: ‚die Waffen anlegen', ‚kämpfen' wie 21,145 αὐτὸς ὑπὲρ τοῦ δήμου θέμενος τὰ ὅπλα δὶς μὲν ἐν Σάμῳ, τρίτον δ᾽ ἐν αὐτῇ τῇ πόλει, τῷ σώματι τὴν εὔνοιαν, οὐ χρήμασιν οὐδὲ λόγοις ἐνεδείξατο τῇ πατρίδι. Vgl. LSJ s.v. τίθημι A.II.10.b.

οὔτε ... ἔμελλεν ὁ Σίμων οὐδ᾽ ὁ Βιάνωρ, πολῖται γεγενημένοι: Nachdrücklicher als οὔτε ἔμελλον ὅ τε Σίμων καὶ ὁ Βιάνωρ; vgl. Isaios 4,24 οὐκ ἔστιν ὁ Ἅγνων οὐδ᾽ ὁ Ἁγνόθεος τοῦ Νικοστράτου συγγενής. Zum Übergang vom Singular zum Plural vgl. KG I 79 mit zahlreichen Beispielen.

Simon und Bianor sind im Unterschied zum γένει πολίτης Athenodoros athenische Bürger ‚geworden', haben das Bürgerrecht also ehrenhalber erhalten.

καὶ ἄλλως: ‚und außerdem', ‚und überhaupt'; vgl. 21,34 καὶ γὰρ εὔορκα ταῦθ᾽ ὑμῖν ἐστιν καὶ ἄλλως δίκαια.

ἐσπουδακότες πρὸς ὑμᾶς: Zu σπουδάζειν πρός mit dem Akkusativ der Person vgl. 21,4 οὐ γὰρ ἂν καταγνοίην ὑμῶν ... ὡς περὶ ὧν πρὸς ἐμὲ ἐσπουδάσατε αὐτοί, τούτων ἀμελήσετε. Gemeint ist dort das flehentliche Eindringen einiger Mitbürger auf Demosthenes, Meidias vor Gericht zu bringen.

ὁ δὲ δή: Zur Partikelkombination vgl. Denn. GP 259, zur Abgrenzung von δ' οὖν ebd. 460: „Whereas δή added to δέ merely sharpens a contrast or stresses an addition, οὖν marks the opposed idea as essential." An unserer Stelle hat δή eine steigernd-bekräftigende Nuance, ähnlich wie Hdt. 8,142,2 οὔτε γὰρ δίκαιον οὐδαμῶς οὔτε κόσμον φέρον οὔτε γε ἄλλοισι Ἑλλήνων οὐδαμοῖσι, ὑμῖν δὲ δὴ καὶ διὰ πάντων ἥκιστα u. Plat. Charm. 154c1–2 ἐκεῖνος ἐμοὶ θαυμαστὸς ἐφάνη τό τε μέγεθος καὶ τὸ κάλλος, οἱ δὲ δὴ ἄλλοι πάντες ἐρᾶν ἔμοιγε ἐδόκουν αὐτοῦ.

τὴν διὰ τοῦ ψηφίσματος αἰτίαν: Durch das Dekret wird – nach der Interpretation des Klägers – ein neuer Straftatbestand geschaffen, insofern für eine Einzelperson vom geltenden Recht abweichende Sonderregelungen getroffen werden: Wer Charidemos tötet, macht sich unabhängig von seinen Motiven und den äußeren Umständen der Tat schuldig (vgl. §§16f. und §§53–61), also auch dann, wenn er ihn z.B. zum Schutze Athens durch ein Attentat aus dem Weg räumt.

ὑποδύσεσθαι: Hier, wie auch zu ἐκβαλεῖν und κατασχήσειν im folgenden Satz, ist ἔμελλον zu ergänzen.

πρόδηλος: ‚klar vorauszusehen; im Voraus erkennbar'; vgl. Dem. 18,196 εἰ μὲν γὰρ ἦν σοὶ πρόδηλα τὰ μέλλοντα, Αἰσχίνη, μόνῳ τῶν ἄλλων, ὅτε ἐβουλεύεθ' ἡ πόλις περὶ τούτων, τότ' ἔδει προλέγειν.

ἐπ' ἐκείνους ἥξουσα: Zur Verbindung von Abstrakta mit Verben der Bewegung vgl. Soph. El. 374f. εἰ μὴ κακὸν μέγιστον εἰς αὐτὴν ἰὸν / ἤκουσ'; Ant. 9f. ἤ σε λανθάνει / πρὸς τοὺς φίλους στείχοντα τῶν ἐχθρῶν κακά; Xen. hell. 6,5,43 εἴ ποτε πάλιν ἔλθοι τῇ Ἑλλάδι κίνδυνος ὑπὸ βαρβάρων.

εἴ τι πάθοι Χαρίδημος: Vgl. Komm. zu §7 ἄν τι πάθῃ.

ἐκ δὲ τούτου τοῦ τρόπου ... κατασχήσειν τὴν ἀρχήν: Hier schließt sich der ‚Binnenargumentationskreis': Ausgangspunkt war die Überlegung, wie Kersobleptes durch Isolierung seiner Gegner ungefährdet zur Macht gelangen könne (§11, 1. Satz); zwei Mittel zu diesem Zweck werden genannt (§11, 2. Satz), ihre hemmende Wirkung auf die Helfer der Gegner wird nachgewiesen (§12, 1. Satz) und als Ergebnis der Isolierung der Gegner der sichere Erfolg des Kersobleptes vorausgesagt (§12, 2. Satz). Die Ringstruktur dürfte auch für den weniger aufmerksamen Zuhörer unverkennbar gewesen sein, da der Kläger die zentralen Begriffe der Ausgangsüberlegung am Ende wieder aufgreift: ἐρήμων δ' ὄντων ἐκείνων (§11) ~ τῶν μὲν ἐρήμων ὄντων βοηθῶν (§12); ἀσφαλῶς (§11) ~ ἀδείας δοθείσης (§12); πράττων τὴν ἀρχὴν ... πάντα καταστρέψαιτο (§11) ~ κατασχήσειν τὴν ἀρχήν (§12).

τῶν μὲν: Sc. die Söhne des Berisades und Amadokos.

αὐτοῖς δ': Sc. Kersobleptes und seine Gefolgsleute.

ἐκβαλεῖν: Der Sturz eines Herrschers hat in der Regel zur Folge, dass er das Land verlassen muss. Es ist daher nicht sicher zu entscheiden, ob man zu ἐκβαλεῖν gedanklich ἐξ ἀρχῆς oder ἐκ τῆς γῆς zu ergänzen hat. In gleicher Weise bezeichnet ἐκβάλλειν die Tateinheit von Entmachtung und Vertreibung auch 1,13; 6,22; 8,65 (= 10,67); 20,162; 21,144; 23,111.179.

κατασχήσειν: Punktueller Aspekt im Unterschied zu dem vom Präsensstamm gebildeten linearen Futur ἕξω; vgl. KG I 170.

§§13–17: Die Beweise

§§13–15: Der Auftritt des Aristomachos

Als Beweis dafür, dass Aristokrates und seine Hintermänner tatsächlich die ihnen unterstellte Strategie verfolgen, gilt dem Kläger ihr Handeln. So habe, erstens, unmittelbar bei Kriegsausbruch Aristomachos auf ihren Auftrag hin in der Volksversammlung Lobreden über Kersobleptes und Charidemos gehalten und zur Wahl des Charidemos zum Strategen aufgerufen, da allein dieser Amphipolis für Athen zurückgewinnen könne. Zu diesem Zeitpunkt habe das Probouleuma schon zur Abstimmung bereitgelegen, damit das Volk unter dem Eindruck der Worte des Aristomachos sofort den Beschluss ratifiziere.

Der Beweis mündet in die abermalige Skizzierung der politischen Auswirkungen in Form einer rhetorischen Frage, so dass die Bedeutung des

Antrags für die Situation in Thrakien förmlich in das Bewusstsein der Zuhörer eingemeißelt wird. Systematischer als zu Beginn von §11 und am Ende von §12 werden die vier beteiligten Gruppen, die mittelbar vom Antrag betroffenen direkten Konkurrenten um die Macht (die Söhne des Berisades und Amadokos auf der einen, Kersobleptes auf der anderen Seite) und ihre unmittelbar betroffenen Helfer (Athenodoros, Simon und Bianor auf der einen, Charidemos auf der anderen Seite) in den Blick genommen: Wie hätte man auf raffiniertere Weise dazu beitragen können, dass die Söhne des Berisades und Amadokos vertrieben werden, Kersobleptes hingegen die Alleinherrschaft gewinnt, als dadurch, dass man Athenodoros, Simon und Bianor am Eingreifen hindert, Charidemos hingegen unbeschränkte Handlungsfreiheit gewährt?

Die Überlegung ist unbestreitbar in sich stimmig, macht aber zunächst nur plausibel, dass es einen Zusammenhang zwischen dem Dekret und dem Wunsch gibt, Kersobleptes in der Auseinandersetzung mit seinen Konkurrenten zu stärken. Der Vorwurf raffinierter Hinterlist (§15) greift erst in Kombination mit dem in §§8–10 aufgestellten Axiom, eine Stärkung des Kersobleptes gereiche Athen zum Schaden. Der Auftritt des Aristomachos zeigt nur, dass man das Volk mit allen Mitteln, einschließlich verlockender Versprechungen, für die Annahme des Antrags gewinnen wollte. Dies wird in der attischen Demokratie alltägliche Praxis gewesen sein.

§13

ταῦθ' οὕτως ᾤοντο: Die Konstruktion von οἴομαι mit dem bloßen Akkusativ (im Sinne von ‚erwarten') findet sich bei Homer, ist aber im Attischen auf Fälle beschränkt, wo sich gedanklich ein Infinitiv ergänzen lässt; vgl. bei Dem. z.B. 18,229 ἡ γὰρ ἐμὴ πολιτεία, ἧς οὗτος κατηγορεῖ, ἀντὶ μὲν τοῦ Θηβαίους μετὰ Φιλίππου συνεμβαλεῖν εἰς τὴν χώραν, ὃ πάντες ᾤοντο (sc. γενέσθαι), μεθ' ἡμῶν παραταξαμένους ἐκεῖνον κωλύειν ἐποίησεν; 8,18 ἐγὼ μὲν οἴομαι τοῦτο (sc. κρεῖττον εἶναι). So hat man sich wohl auch hier γενέσθαι oder Ähnliches hinzuzudenken.

κατασκεύασμα: Von einer mit hinterhältigen Absichten verbundenen gedanklichen Konstruktion (vgl. Komm. zu §5 κατασκευάζοντας) auch Dem. 10,60 αἱ μὲν ἐλπίδες αἱ τούτων αὗται καὶ τὸ κατασκεύασμα τὸ τῶν αἰτιῶν, ὡς ἄρα βούλονταί τινες πόλεμον ποιῆσαι; dagegen 23,207 von wirklichen Bauwerken.

τὰ πραχθέντα αὐτὰ κατηγορεῖ: Zu κατηγορεῖν in der Bedeutung ‚zeigen', ‚beweisen' vgl. Hdt. 3,115,2 αὐτὸ κατηγορέει τὸ οὔνομα ὡς ἔστι Ἑλληνικόν, ähnlich 4,189. Zur Personifizierung vgl. Denniston 1952, 33 u. Radford 1901, 33f. sowie Dem. 21,9 ὡς τὸ πρᾶγμ' αὐτὸ μαρτυρεῖ; 21,110 ὡς τὸ πρᾶγμα αὐτὸ ἐδήλωσεν; 19,81 ἡ γὰρ ἀλήθεια καὶ τὰ πεπραγμένα αὐτὰ βοᾷ; 19,167 τὰ ἔργα καὶ τὰ πεπραγμέν' αὐτὰ δηλώσει; 24,16 μαρτυρεῖ δ' ὅτι ταῦθ' οὕτως ἔχει τοὔργον αὐτό; [Dem.] 35,17 ὡς αὐτὸ τὸ ἔργον ἐδήλωσεν.

ἅμα ... τῷ πολέμῳ τε ἐνεχείρουν αὐτοὶ καὶ: Zur Parataxe anstelle der Hypotaxe im Sinne von ‚sobald' vgl. KG II 231 und bei Dem. z.B. 4,36 ἅμα ἀκηκόαμέν τι καὶ τριηράρχους καθίσταμεν; 18,32; 23,209. Zur (selteneren) Stellung von τε hinter der als Einheit aufgefassten Verbindung von Artikel und Substantiv vgl. KG II 245 Anm. 5. Die Junktur πολέμῳ ἐγχειρεῖν findet sich sonst nur noch bei Polyb. 18,35,1 πρότερον ἢ τοῖς διαποντίοις αὐτοὺς ἐγχειρῆσαι πολέμοις; hier ist das Imperfekt (wie schon ἐξέφερεν in §10) wohl konativ im Sinne von Kriegsrüstungen bzw. -plänen zu verstehen.

Wer Subjekt von ἐνεχείρουν ist, bleibt in der Schwebe. Die Rede war bislang von den Fürsprechern des Kersobleptes in Athen (vgl. §9 τοῦτο ... βουλόμενοί τινες παῦσαι ...), auch das vorausgehende ᾤοντο lässt sich auf diese beziehen. Selbst (αὐτοί) in Kriegsvorbereitungen (sc. gegen die Söhne des Berisades und gegen Amadokos, vgl. §10) involviert können aber eigentlich nur Kersobleptes und seine Leute gewesen sein. Zur Problematik vgl. Gernet im Apparat z.St. „haud scio an legendum sit οὗτοι vel αὐτοὶ ⟨οὗτοι⟩ (non iidem qui res Athenis moliebantur)". Harris 2018, 32 verbindet offenbar ἅμα mit τῷ πολέμῳ und übersetzt „They tried to do this during the war". Dies ist jedoch aufgrund der Stellung von τε sprachlich kaum möglich.

Ἀριστόμαχος πρεσβευτὴς παρ' αὐτῶν ὁ Ἀλωπεκῆθεν: Zur Wortstellung vgl. 21,64 Φιλόστρατον πάντες ἴσμεν τὸν Κολωνῆθεν (Westermann).

Der Begriff πρεσβευτής bezeichnet eigentlich den offiziellen Gesandten eines Staates, der mit einem Mandat für politische Unterhandlungen betraut ist. Hier wird er spöttisch-verächtlich auf den Athener Aristomachos, Sohn des Kritodemos (vgl. auch [Dem.] 58,35 und 59,25, wo er jeweils als Zeuge erwähnt wird; an letzterer Stelle tilgt freilich Dilts den Passus mit Westermann), angewandt, der sich für die Interessen anderer einspannen lässt. Ganz ähnlich heißt es Dem. 45,64 von Stephanos: Φορμίωνα δὲ πάλιν ἑώρακεν καὶ τούτῳ γέγονεν οἰκεῖος ... καὶ ὑπὲρ τούτου πρεσβευτής ... ᾤχετο εἰς Βυζάντιον πλέων.

Der Demos Alopeke war die städtische Trittys der Phyle Antiochis, etwas mehr als 2 km (10 bis 12 Stadien; vgl. Aischin. 1,99) südöstlich von Athen gelegen. Aus Alopeke stammen u.a. Aristides (Plut. Arist. 1), Sokrates (Diog Laert. 2,13) sowie dessen wohlhabende Zeitgenossen Kriton (Plat. apol. 33e1) und Kallias (Davies, APF 256).

οὑτοσί: Das Demonstrativum weist auf Aristomachos als eine anwesende (so Westermann) oder als eine bekannte bzw. berüchtigte Person (so Weil) hin; vgl. KG I 645,5.

ἐδημηγόρει: Dasselbe Verb wird in Verbindung mit Aristomachos auch in §110 verwendet; in beiden Fällen dürfte die pejorative Nuance der ‚Volksverführung' mitschwingen (vgl. LSJ s.v. II und bei Dem. z.B. 21,202). Meist heißt δημηγορεῖν aber ganz wertfrei ‚vor der Volksversammlung sprechen'; vgl. z.B. Dem. 18,60.

τὸν Κερσοβλέπτην καὶ τὸν Χαρίδημον: Die Akkusative bilden die direkten Objekte zu ἐπαινῶν und sind als Subjekte des von διεξιών abhängigen ὡς-Satzes diesem proleptisch vorangestellt. Die beiden Namen werden dadurch stärker hervorgehoben als in der ‚normalen' Wortfolge ἐπαινῶν τὸν Κερσοβλέπτην καὶ τὸν Χαρίδημον καὶ διεξιών, ὡς ... ἔχουσι. Zur Prolepsis vgl. KG II 577ff.

ὡς φιλανθρώπως ἔχουσιν: Der Begriff φιλανθρωπία, der bei Dem. in den politischen Prozessreden auffällig oft Verwendung findet, bezeichnet ein hohes zivilisatorisches Gut, welches in Kombination mit Tugenden wie Gerechtigkeit (6,1; 7,31; 20,109.165; 36,55.59), Sanftmut (8,33; 21,49; 24,51. 193.196; 41,2), Frömmigkeit (21,12), Maß (21,128) und Mitleid ([Dem.] 25,76. 81) genannt wird; vgl. Wankel zu 18,5 (S. 135) mit Literaturangaben. Nachdem der Kläger Kersobleptes Eidbruch (§10) und Charidemos schlimmste Niedertracht (§6) bescheinigt hat, muss die Wortwahl des Aristomachos als absurde Übertreibung empfunden werden.

§14

... ὑμᾶς, καὶ μόνον ἀνθρώπων ἂν ἔφη Χαρίδημον: Westermann weist darauf hin, dass die Wortfolge einen Hexameter bildet. Der klare Sinneinschnitt nach ὑμᾶς und die damit verbundene kurze Sprechpause dürften den Rhythmus jedoch kaschiert haben. Zur Vermeidung vollständiger Verse in der Redekunst vgl. Komm. zu §1 λογίζομαι καὶ σκοπῶ.

ἀνθρώπων steht ohne Artikel zur Bezeichnung der Gattung; vgl. KG I 589.

Ἀμφίπολιν κομίσασθαι: Zu κομίζεσθαι (,wiedererlangen') vgl. 19,149 τὰ ἑαυτῶν κομίσασθαι καὶ τὰ τῶν ἐχθρῶν προσλαβεῖν; 2,28; 5,21; 8,36; 19,252; 23,153.156. Zu Amphipolis vgl. Komm. zu §116 Ἀμφίπολιν ... Ποτείδαιαν.

στρατηγὸν χειροτονῆσαι: Vgl. Komm. zu §11 εἰ χειροτονηθείη στρατηγός.

ἡτοίμαστο ... καὶ προδιῴκητο: D.h. der Vorbeschluss war vom Rat genehmigt und lag fertig ausformuliert zur Verlesung und Abstimmung vor. Die beiden Verben bilden ein intensivierendes Hendiadyoin.

προβούλευμα: Jede Angelegenheit, die in der Volksversammlung debattiert werden sollte, musste zuvor vom Rat der Fünfhundert (βουλή) als ein vorläufiges Dekret (προβούλευμα) verabschiedet werden (vgl. Aristot. Ath. pol. 45,4; Hansen 1995, 142). Die προβουλεύματα waren entweder offen, d.h. als bloße Benennung des Diskussionsgegenstands, oder, wie in unserem Fall, konkret formuliert (Rhodes 1972, 52–82; Hansen 1995, 143). Die Anträge wurden dann in der Volksversammlung vorgestellt und, sofern nicht sofort Hypomosie (vgl. Einleitung, S. 11f.) eingelegt wurde, zur Abstimmung gebracht.

Der Ablauf der Ereignisse lässt sich somit folgendermaßen rekonstruieren: Aristokrates reichte seinen Vorschlag beim Rat ein, welcher ein entsprechendes προβούλευμα verabschiedete, das von den Prytanen auf die Tagesordnung für die nächste Volksversammlung gesetzt wurde. In eben dieser Volksversammlung ließ man den Aristomachos auftreten und Lobreden über Charidemos halten, weil man sich erhoffte, dadurch die Zuhörer dazu verleiten zu können, jedem Beschluss zugunsten des Charidemos zuzustimmen. Euthykles durchkreuzte diese Pläne, indem er während der Versammlung eine Paranomieklage ankündigte. Die Abstimmung über den Antrag wurde somit verhindert.

πεισθείητε ἐκ τῶν ὑποσχέσεων καὶ τῶν ἐλπίδων: Sc. die Rückgewinnung von Amphipolis betreffend. Zum instrumentalen ἐξ bei πείθεσθαι vgl. Isokr. 5,65; Lys. 23,5.

ἃς ὑπέτεινεν: Vgl. [Dem.] 13,19 τὰς ἐλπίδας ὑμῖν ὑποτείνων.

ἐπικυρώσειεν: Blass konjizierte unter Verweis auf §18 (ἵνα κυρώσειεν ὁ δῆμος) das Simplex κυρώσειεν. Schon Westermann verteidigte aber den überlieferten Text mit der Begründung, ἐπι-κυρώσειεν schärfe den Gegensatz zu προ-βούλευμα und προ-διῴκητο. An der einzigen anderen Stelle, an der ἐπικυροῦν in den Reden des Demosthenes begegnet, korrespondiert es ebenfalls mit einer mit προ zusammengesetzten Verbform, wiewohl dort der zeitliche Aspekt nicht im Vordergrund steht: 15,34 ἀλλ᾽ ἐὰν ἃ προῄρησθε δυνηθῆτ᾽ ἐπικυρῶσαι συμφερούσῃ τινὶ πράξει, καὶ τἄλλ᾽ ἂν ἴσως καθ᾽ ἓν ἀεὶ βέλτιον ἔχοι.

ὁ δῆμος: Gemeint ist hier die Bürgerschaft als beschlussfähige Instanz, also die Volksversammlung; vgl. neben der Formel ἔδοξε τῇ βουλῇ καὶ τῷ δήμῳ z.B. auch 18,13.141; 20,2.100; 22,10; 23,97; 24,47 und [Dem.] 7,18.22.

§15

καίτοι: Zu logisch folgerndem καίτοι vgl. Denn. GP 561ff.; eine rhetorische Frage einleitend auch 23,42.168.

πῶς ἂν τεχνικώτερον ἢ κακουργότερον συμπαρεσκεύασαν ἄνθρωποι: Vgl. 19,69 πῶς ἂν ἄνθρωποι κακίους ἢ μᾶλλον ἀπονενοημένοι τούτων γένοιντο;, [Dem.] 35,42 πῶς ἂν γένοιντο πονηρότεροι ἄνθρωποι;, 43,78 πῶς ἂν γένοιντο τούτων ἄνθρωποι παρανομώτεροι ἢ βιαιότεροι;, Antiph. 6,47; Lys. 55,33. Zum Potentialis der Vergangenheit vgl. KG I 212f.

τεχνικώτερον: τεχνικός, eigentlich ‚handwerklich geschickt' im positiven Sinne, hat hier die negative Nuance der zu einem unredlichen Zweck eingesetzten Fertigkeit. Auch an den beiden anderen Stellen, an denen Demosthenes den Begriff verwendet, charakterisiert er das raffiniert-manipulative Vorgehen des Prozessgegners; vgl. 22,5 (Androtion) ἔστι γὰρ εἷς μὲν ὃν οἴεται τεχνικῶς ἔχειν αὐτῷ λόγος περὶ τοῦ ἀπροβουλεύτου (vgl. auch 22,4 τεχνίτης τοῦ λέγειν mit Giannadaki 2020 z.St. [S. 134]) und 24,28 (Timokrates) ἐνθυμήθητε τοῦ ψηφίσματος ὡς τεχνικῶς ὁ γράφων αὐτὸ τὴν διοίκησιν καὶ τὸ τῆς ἑορτῆς προστησάμενος κατεπεῖγον, ἀνελὼν τὸν ἐκ τῶν νόμων χρόνον, αὐτὸς ἔγραψεν αὔριον νομοθετεῖν.

κακουργότερον: Zum Begriff vgl. 20,125 und 22,4, dort jeweils als Attribut zu λόγοι, die darauf abzielen, die Zuhörer zu täuschen.

οἱ μὲν: Sc. die Söhne des Berisades und Amadokos.

εἷς: Sc. Kersobleptes.

ὑφ' αὑτῷ ποιήσεται: Die Handschriften SAY haben ὑφ' αὑτὸν ποιήσεται. Zwar begegnet die Wendung Thuk. 4,60,2 und Plat. rep. 348d6 mit dem Akkusativ, ist aber bei Demosthenes, abgesehen von einigen Varianten in der Sekundärüberlieferung, ohne Parallele; zur Konstruktion mit dem Dativ vgl. 6,7; 8,60; 9,21; 10,10 (acc. Priscian); 10,62; 16,4.28; 18,40.44 (acc. Hermogenes); 18,71 (acc. Alexander); 19,67.77 (acc. A[c]); 23,179; [Dem.] 59,94.

τοὺς ... βοηθήσαντας ἄν: Sc. Athenodoros, Simon und Bianor. Der Irrealis ist gewählt, da es – aus der Perspektive der Antragsteller – zu der Hilfeleistung gar nicht erst kommen soll.

τοῖν δυοῖν: Sc. die Söhne des Berisades (die in der Nachfolge ihres Vaters als e i n e Person betrachtet werden) und Amadokos.

συκοφαντίας: An die Stelle des in §11 verwendeten neutralen Begriffs αἰτία (Beschuldigung) tritt hier συκοφαντία (falsche Beschuldigung), wodurch die Zwangslage der Helfer um so viel dramatischer erscheint, wie es schwieriger ist, sich vor willkürlicher Verleumdung zu schützen.
Zu συκοφαντία vgl. Komm. zu §61 συκοφαντοῦμεν τὸ πρᾶγμα.

{ἣν ... τουτουί}: Dobree tilgt den Relativsatz unter Verweis auf §12 (ἡ πρόδηλος ἦν ἐπ' ἐκείνους ἥξουσα). Die nahezu wörtliche Wiederholung bereits geäußerter Gedanken ist allerdings in diesem Abschnitt kein hinreichendes Argument. Für die Tilgung sprechen eher stilistische Erwägungen. Mit dem Relativsatz erhält das dritte Glied der beiden Gegensatzpaare eine Sonderstellung: Es ist als einziges komplex hypotaktisch strukturiert (ἣν abhängig von συκοφαντίας, προσδοκᾶν abhängig von εἰκός, ἐλθεῖν ἂν abhängig von προσδοκᾶν) und beträchtlich länger als die drei anderen. Durch die Länge und Komplexität dieses Gliedes büßt auch die Antithese τοὺς μὲν – τῷ δὲ an Prägnanz ein. Ohne den Relativsatz bilden die vier Gruppen eine einheitliche syntaktische Ebene, und die Komposition folgt dem Gesetz der wachsenden Glieder. Möglicherweise verspürte ein Abschreiber das Bedürfnis nach einer erklärenden Erweiterung und ließ sich dabei von der Formulierung in §12 inspirieren.

τῷ δ' ... τοσαύτην ἐξουσίαν διδόντες τοῦ ταῦτ' ἀδεῶς πράττειν: Zur Sache vgl. Komm. zu §67 ζῶντι μὲν ἐξουσίαν γέγραφεν τῷ Χαριδήμῳ ποιεῖν ὅτι ἂν βούληται.

ἑνὶ: Sc. Kersobleptes. Wegen der Analogie zu τοῖν δυοῖν ergänzte Dobree ⟨τῷ⟩ ἑνὶ, doch dürfte Demosthenes die misstönende, hiatbildende Wortfolge τῷ δὲ τῷ ἑνὶ vermieden haben. Möchte man das in der Tat ungewöhnliche Fehlen des Artikels (denn es wird von ‚dem einen' als einer bestimmten Person gesprochen) nicht akzeptieren, wäre eine – freilich auf Kosten der strengen Parallelität zu τοὺς τοῖν δυοῖν βοηθήσαντας gehende – Korrektur zu τῷ δ' ἑνὶ ⟨τῷ⟩ πράττοντι zu erwägen; vgl. zu dieser Wortstellung bei substantivierten Partizipien KG I 616,2 und z.B. Thuk. 6,64,3 εἶναι δὲ ταῦτα τοὺς ξυνδράσοντας πολλούς u. Xen. mem. 1,6,13 καὶ τὴν σοφίαν ὡσαύτως τοὺς μὲν ἀργυρίου τῷ βουλομένῳ πωλοῦντας σοφιστὰς ἀποκαλοῦσιν.

πράττοντι τὴν ἀρχὴν: Vgl. Komm. zu §11 πράττων τὴν ἀρχὴν.

πάντα τἀναντία τοῖς ὑμῖν συμφέρουσι κατασκευάζοντι: Zunächst ist konkret an die Störung des für Athen günstigen Machtgleichgewichts in Thrakien zu denken; der Kläger wird Charidemos, immerhin einem Ehrenbürger der Stadt, in der Folge aber auch eine grundsätzlich ‚athenfeindliche' Gesinnung unterstellen (angekündigt bereits in §6, in aller Breite ausgeführt ab §144).

§§16–17: Der Text des Dekrets

Als zweiter Beweis für die wahren Absichten der Antragsteller wird der Wortlaut des Dekrets angeführt. Dass der potenzielle Mörder des Charidemos ausdrücklich im Gebiet der Bundesgenossen festgenommen werden dürfe, zeige, gegen welchen Personenkreis sich der Antrag richte: nicht gegen die gemeinsamen Feinde der Athener und des Charidemos, die kaum bei den Bundesgenossen Zuflucht suchen würden, sondern gegen die Freunde der Athener, die Charidemos daran hindern wollen, Athen zu schaden. Zu diesen Personen zählen Athenodor, Simon, Bianor und die thrakischen Könige.

Die Ausdehnung des Bannkreises auf das Gebiet der Bundesgenossen ist in Dekreten dieser Art durchaus üblich (vgl. Einleitung, Kap. 3); sie ist Ausdruck der besonderen Wertschätzung für die mit dem Dekret geehrte Person. Über die Grenzen der verbündeten Staaten hinaus hatte Athen keinen Einfluss auf die Verfolgung von Straftätern. Für Aristokrates gab es daher gar keine Möglichkeit, den Geltungsbereich des Dekrets so zu definieren, dass es sich auch gegen diejenigen, die nicht im Gebiet der Bundesgenossen Zuflucht suchen würden, also der Logik des Klägers folgend gegen die Feinde Athens, richtete. Aus dem unzulässigen Schluss (ὥστε οὐ κατὰ τούτων γέγραφε ταύτην τὴν τιμωρίαν, §17) entwickelt der Kläger die Suggestion, Aristokrates ziele bewusst auf Freunde Athens ab, die sich Charidemos im Interesse der Stadt entgegenstellen könnten. Wer kein Feind ist, muss aber nicht notwendig ein Freund sein, und selbst ein Freund Athens könnte Charidemos aus anderen Motiven als dem Wunsch, Athen vor Schaden zu bewahren, töten. Der Beweis, dass die Initiatoren des Antrags wissentlich und willentlich den athenischen Interessen zuwiderhandeln, ist damit nicht erbracht. Für das Ziel des Klägers, die Verabschiedung des Dekrets zu verhindern, reicht es aber aus zu zeigen, dass das von ihm entworfene Szenario zumindest nicht auszuschließen ist.

§16

τοίνυν: „Introducing a fresh item in a series: a new example or a new argument" (Denn. GP 575).

ἐρρήθη: Vgl. Komm. zu §18 εἴρηται ... γέγραπται.

γὰρ: Die Partikel ist nicht Teil des Antragstextes, sondern des Satzes, in dem der Antragstext als Beweismittel zitiert wird. Hinter γράψας wäre γάρ erheblich zu weit vom Satzanfang entfernt, so dass, wenn der Redner den Satz mit dem Zitat beginnen möchte, nur die hier gewählte Position der Partikel möglich ist.

παραβὰς τὸ τί πράττοντα εἰπεῖν: Dieser Punkt wird ausführlich in §§53–61 behandelt. παραβάς heißt hier, anders als in §10, ‚übergehen', ‚unerwähnt lassen'. Subjekt von πράττοντα ist Charidemos.

πότερ' ἡμῖν συμφέροντα ἢ οὔ: Was hier durch den kontradiktorischen Gegensatz nur angedeutet ist, wird in §17 durch den konträren Gegensatz deutlich ausgesprochen: τι πράττειν ἐναντίον ὑμῖν und πράττειν ὑπεναντίον ὑμῖν.

Demosthenes meidet die Aufeinanderfolge von mehr als zwei kurzen Silben (vgl. Blass, AB 105ff.) und wählt daher das elisionsfähige πότερα anstelle von πότερον, das vor vokalischem Anlaut einen Tribrachys bildet.

Bei συμφέροντα handelt es sich entweder um den Singular des Maskulinums (parallel zu πράττοντα) oder um den Plural des Neutrums (Objekt zu πράττοντα). Personen sind bei Dem. nur ganz selten Subjekt von συμφέρειν (eine kursorische Durchsicht lieferte nur einen einzigen Beleg: 14,36 εἴθ' ὃν ἡ τύχη καὶ τὸ δαιμόνιον φίλον μὲν ἀλυσιτελῆ, συμφέροντα δ' ἐχθρὸν ἐμφανίζει, τοῦτον ἡμεῖς φοβώμεθα;), und auch die Wiederaufnahme des Gedankens durch τι πράττειν ἐναντίον ὑμῖν und πράττειν ὑπεναντίον ὑμῖν spricht eher dafür, das Partizip als Objekt aufzufassen.

ἀγώγιμον ἐκ τῶν συμμάχων: Erweiterung des Zitats gegenüber §11; genau auf diesen Zusatz hebt die Argumentation im folgenden ab. Zu ἀγώγιμος ἐκ vgl. Xen. hell. 7,3,11 ἐψηφίσασθε δήπου τοὺς φυγάδας ἀγωγίμους εἶναι ἐκ πασῶν τῶν συμμαχίδων.

§17

οὐκοῦν: Die Partikel leitet hier keine Folgerung ein, sondern einen gedanklichen Zwischenschritt, aus dem sich die Folgerung ergibt. Dennistons Zuordnung unserer Stelle zur Rubrik „progressive, going on to a new stage in narration or argument" (GP 439, iii) ist daher nicht ganz glücklich. Stattdessen liegt die von Denniston unter Punkt iv beschriebene Funktion – „introducing minor premise of enthymeme" – vor. Vgl. als engste Parallele 24,53 εἰ τοίνυν τις ἔροιθ' ὑμᾶς ποτέροις μᾶλλον ἂν εἰκότως ποιήσαιθ' ὁτιοῦν, τοῖς δεομένοις ἢ τοῖς ἐπιτάττουσιν, οἶδ' ὅτι φήσαιτ' ἂν τοῖς δεομένοις· τὸ μὲν γὰρ χρηστῶν, τὸ δ' ἀνάνδρων ἀνθρώπων ἔργον ἐστίν. οὐκοῦν οἱ νόμοι μὲν ἅπαντες προστάττουσιν ἃ χρὴ ποιεῖν, οἱ τιθέντες δὲ τὰς ἱκετηρίας δέονται. εἰ τοίνυν ἱκετεύειν οὐκ ἔξεστιν, ἦ που νόμον γ' ἐπίταγμα ἔχοντα εἰσφέρειν; ἐγὼ μὲν οὐκ οἶμαι. Ähnlich 18,247; 19,286.

ὁμοίως ἡμῖν τε κἀκείνῳ: Für die Argumentation entscheidend ist der Kontrast zwischen denen, die gleichermaßen Feinde der Athener und des Charidemos sind, und denen, die nur Feinde des Charidemos sind. Die von der Mehrzahl der Handschriften gebotene Lesart ἡμῖν τε κἀκείνῳ ist daher der blasseren Variante ἡμῖν κἀκείνῳ (A) vorzuziehen. Zu τε καί vgl. Komm. zu §6 βούλομαί τε καὶ οἶδα.

οὐδέποτ᾽ ... οὐδείς: Zur Häufung der Negationen ohne verstärkende Wirkung vgl. KG II 203f.: „Die unbestimmten Pronomen, wie irgend jemand, irgend wo, irgend wann, irgend wie u.s.w. werden im Griechischen, wenn sie in einem negativen Satze stehen, sämtlich negativ ausgedrückt. Diese negativen Ausdrücke heben weder einander auf, noch verstärken sie einander, indem sie in keiner gegenseitigen Beziehung stehen, sondern jeder derselben für sich aufgefasst sein will." Eine Verstärkung erfährt οὐδέποτε jedoch durch die Erweiterung οὔτ᾽ ἀποκτείνας ἐκεῖνον οὔτε μή.

οὔτ᾽ ἀποκτείνας ἐκεῖνον οὔτε μή: wörtl. ‚weder wenn er ihn getötet hat noch wenn er ihn nicht getötet hat'; d.h. in keinem Fall. Ähnlich Plat. Tht. 199c5–7 καὶ γὰρ τοῦ μὲν ἃ ἐπίστανται μὴ ἐπίστασθαι ἀπηλλάγμεθα· ἃ γὰρ κεκτήμεθα μὴ κεκτῆσθαι οὐδαμοῦ ἔτι συμβαίνει, οὔτε ψευσθεῖσί τινος οὔτε μή.

τιμωρίαν: Zur manipulativen Anwendung des Begriffs der Bestrafung auf den Inhalt des Dekrets vgl. Komm. zu §7 ἰδίαν ... τιμωρίαν und zu §36 τὴν δὲ τιμωρίαν ... ταύτην.

ἡμετέρων ... ἐκείνου: Variatio gegenüber dem μέν-Satz. Wird ἐχθρός/φίλος mit dem Dativ konstruiert, ist es ein Adjektiv, steht es mit dem Genitiv oder dem Possessivpronomen, ist es ein Substantiv; vgl. KG I 416 Anm. 17.

τούτων ἄν τίς ἐστιν: Zur Wiederaufnahme des Substantivs durch das Demonstrativum vgl. KG I 660f.

Auffällig ist die Stellung von ἄν, welches von den Partizipien, zu denen es gehört, ungewöhnlich weit entfernt ist (und auch nicht, wie es in solchen Fällen oft geschieht, der Deutlichkeit halber wiederholt wird; vgl. KG I 246f.). Frühere Herausgeber übernahmen deshalb das in S als Variante verzeichnete τούτων δή τίς ἐστιν ὁ τοῦτο τὸ ψήφισμα φοβηθεὶς ἄν καὶ ..., das diesen Anstoß beseitigt, durch die Hinzufügung von δή hinter τούτων aber eine neue Anomalie schafft; vgl. Denn. GP 225f.: „Closely allied to the apodotic use is the resumptive, where δή emphasizes a pronoun or repeated word, usually one which picks up the thread of a train of thought that is beginning to wander. This rather rare use is mainly confined to the more naive style of Herodotus, Xenophon, and the private speeches of the orators, and to the awkward and involved style of Plato's *Laws*. The appearance of an example (apparently sound textually) in a formal speech like the *Aristocrates* is remarkable." Dilts konjiziert δ' anstelle von δή, was laut Denn. GP 184 zwar auch ohne „a firm footing in the orators", aber immerhin an etlichen Stellen belegt ist; vgl. z.B. Dem. 28,6 αὐτὴν δὲ τὴν διαθήκην, δι' ἧς καὶ τούτων ὧν ἐσημήναντο γραμμάτων καὶ τῶν ἄλλων ἁπάντων χρημάτων ἐγίγνοντο κύριοι ..., ταύτην δ' οὐκ ἐσημήναντο und Isokr. 4,1. Insofern ist Dilts' Konjektur der von S[yp] gebotenen varia lectio überlegen; ihre Schwäche liegt aber darin, dass ἄν an der Position bleibt, die den überlieferten Text überhaupt erst verdächtig gemacht hat, und so nicht ersichtlich ist, was durch die Konjektur gewonnen wird. Da die Stellung von ἄν in §23 (ὡς δ' ἄν μοι δοκεῖτε τοὺς περὶ τοῦ παρανόμου λόγους αὐτοὺς ῥᾷστα μαθεῖν) eine gewisse Parallele hat, bereitet der mehrheitlich überlieferte Text letztlich die wenigsten Probleme.

εἰς εὐεργεσίας μέρος καταθέσθαι: καταtίθεσθαι bezeichnet das Zurücklegen/Anlegen von i.d.R. materiellen Gütern, oft zum Zwecke einer späteren Verwendung bzw. in der Hoffnung auf zukünftige Rendite; vgl. Hdt. 1,202 1 καρποὺς δὲ ἀπὸ δενδρέων ἐξευρημένους σφι ἐς φορβὴν κατατίθεσθαι ὡραίους καὶ τούτους σιτέεσθαι τὴν χειμερινήν. Zum hier vorliegenden metaphorischen Gebrauch vgl. LSJ s.v. κατατίθημι II.4.b und Dem. 15,11 οὐ τῇ βασιλέως εὐνοίᾳ, ἀλλὰ τῷ βούλεσθαι πλησίον αὐτῆς διατρίβοντος ἐκείνου μεγάλην εὐεργεσίαν καταθέσθαι πρὸς αὐτόν (mit Radicke 1995 z.St. [S. 99f.]), Thuk. 1,128,4 εὐεργεσίαν ... ἐς βασιλέα κατέθετο sowie (mit dem Objekt χάριτα bzw. χάριν) Hdt. 6,41,3; 7,178,2; Dem. 19,240 u. [Dem.] 59,21. Zu εἰς μέρος τινός (‚unter die Kategorie von etwas', ‚als etwas') vgl. LSJ s.v. μέρος IV.3.

In der syntaktischen Struktur sehr ähnlich, aber ohne die Nuance des Eigeninteresses bei κατατίθεσθαι Aeschin. Socr. Alk. fr. 9 Dittmar καὶ οὐ κακῶς λέγει τὸν Θεμιστοκλέα παρόντος ἐκείνου, ὅπως μὴ ἔτι μᾶλλον ἀκούων διαφθείροιτο, οὐδέ γε εἰς παραμυθίας μέρος αὐτῷ κατατίθεται τὸ μὴ μόνον αὐτὸν τῇ ἀμαθίᾳ συνοικεῖν, ἀλλὰ καὶ πάντας εἶναι τοιούτους, ὅσοι τὰ τῆς πόλεως πράττουσιν.

τὸ πράττειν ὑπεναντία ἐκεῖνον ἐγχειροῦνθ' ὑμῖν ἐπισχεῖν: Der Abschnitt schließt mit einer kunstvoll verschachtelten Konstruktion: Objekt des substantivierten Infinitivs τὸ ἐπισχεῖν ist ἐκεῖνον, zu dem das prädikative Partzip ἐγχειροῦντα tritt, von dem wiederum der Infinitiv πράττειν ὑπεναντία ὑμῖν abhängt.

III. PARTITIO (§§ 18–21)

Da nunmehr als geklärt gelten darf, mit welcher Absicht der Antrag gestellt und weshalb die Paranomieklage erhoben wurde, überlässt der Kläger seinen Zuhörern die Entscheidung, welchen der drei im folgenden zu erbringenden Beweise sie zuerst hören möchten: dass der Antrag den Gesetzen widerspreche, dass er der Stadt schade oder dass der, zu dessen Gunsten er verfasst wurde, dieser Ehre unwürdig sei. Die Wahl des zuerst zu behandelnden Gegenstands fällt auf den Beweis der Gesetzwidrigkeit.

Nachdem diese Entscheidung gefallen ist, bittet der Kläger die Geschworenen um größtmögliche Objektivität: Niemand soll in der fälschlichen Annahme, Charidemos sei ein Wohltäter der Stadt, die folgenden Ausführungen über die Gesetze mit innerem Widerstand anhören und weder sich selbst der Möglichkeit berauben, seine Stimme dem Eid gemäß abzugeben, noch den Sprecher daran hindern, die Dinge so darzulegen, wie er es möchte. Der falschen und unbedingt zu vermeidenden Einstellung beim Zuhören wird detailliert die richtige gegenübergestellt: Die Geschworenen sollen jeden einzelnen der zu behandelnden Punkte isoliert und auf seinen Kern reduziert betrachten: Bei der Frage nach der Gesetzmäßigkeit soll, ohne Rücksicht auf die Person des Charidemos, nur beurteilt werden, ob der Antrag den Gesetzen widerspreche oder nicht. Bei der Frage nach den Taten des Charidemos soll nur darauf geachtet werden, ob ihre Darstellung zutreffe oder nicht. Bei der Frage nach den Folgen des Antrags für die Stadt soll nur geprüft werden, ob die vom Sprecher vorgebrachten Überlegungen richtig seien oder nicht. Auf diese Weise würden die Zuhörer am besten verstehen, was sie verstehen müssen, und der Kläger am einfachsten darlegen können, was er darlegen möchte.

§18

ὧν μὲν ... ταῦτ' ἐστίν: Dem. ist sichtlich bemüht, bei der Formulierung des Resümees Monotonie zu vermeiden: In den Relativsätzen variiert die Angabe des Zwecks (ὧν ἕνεκα) mit der Angabe des Grundes (δι' ἅ), das Passiv (ἐρρήθη) mit dem Aktiv (ἐποιησάμεθα), und der finale Nebensatz (ἵνα ...) korrespondiert mit dem kausalen Partizip (βουλόμενοι).

ὧν ... ἕνεκ᾽ ἐρρήθη τὸ προβούλευμα: Mit beinahe denselben Worten wurde der zweite Teil der Beweisführung eingeleitet (§16 ... ὅτι τούτων ἕνεκα ἐρρήθη τὸ προβούλευμα ...). Die Wiederholung macht sinnfällig, dass das angestrebte Beweisziel nunmehr als erreicht zu betrachten ist.

ἐξαπατηθείς: Der klare Vorwurf des Betrugs ersetzt hier die vorsichtigere Formulierung in §14 εἰ πεισθείητε ἐκ τῶν ὑποσχέσεων καὶ τῶν ἐλπίδων ἃς ὑπέτεινεν ὁ Ἀριστόμαχος.

βουλόμενοι κωλῦσαι: Cobet tilgt diese Worte. Zwar sind sie inhaltlich entbehrlich, bilden aber syntaktisch das Gegengewicht zu ἵνα ... ἐξαπατηθείς (vgl. auch oben, Komm. zu ὧν μὲν ... ταῦτ᾽ ἐστίν). Im Falle einer Tilgung würde zudem die unschöne Wortfolge ταυτηνὶ ταῦτα entstehen, die nur in 30,24 διὰ τοῦτο τοῦτον εἵλοντο ἐξ ἀνάγκης ψεύδεσθαι τὸν τρόπον und in 21,211 "... μὴ εὐορκεῖτε· ἡμῖν δότε τὴν χάριν ταύτην." ταῦτα γάρ, ἄν τι δέωνται περὶ τούτου, δεήσονται ... Parallelen hat, wobei es sich an der ersten Stelle um ein bewusst eingesetztes Stilmittel handeln könnte (vgl. 30,23 μόνοι μόνῳ) und an der zweiten Stelle die Assonanz durch die Sprechpause nach Zitatende gemildert wird.

ἐμὲ ὑπεσχημένον τρία ἐπιδείξειν: Der Sprecher bezieht sich hier auf die schriftlich eingereichte Klage, in der die drei Beweisverfahren systematisch aufgelistet waren; vgl. Westermann und das Scholion z.St. (Nr. 22 Dilts). Die Gesetzwidrigkeit des Antrags wird in §§22–99 aufgezeigt, der Schaden für die Stadt in §§102–143 und die Unwürdigkeit des Charidemos in §§148–186. Der Kläger stellt die drei Punkte somit in der Reihenfolge vor, in der sie in der Rede behandelt werden.

ἓν μὲν ... δεύτερον δὲ ...: ἓν μέν statt πρῶτον μέν nur hier in den allgemein als echt anerkannten Reden des Demosthenes. Vgl. aber 56,21 u. exord. 56,3 sowie Aischin. 3,29.

εἴρηται ... γέγραπται: In Bezug auf den Antrag werden die Formen von λέγω und γράφω, wie an dieser Stelle gut zu erkennen ist, unterschiedslos verwendet. Vgl. auch ᾧ γέγραπται hier mit §20 ὅτῳ τὸ ψήφισμα εἴρηται.

ἀσύμφορόν: Wie ἀνώφελος und ἀλυσιτελής nicht nur ‚nicht nützlich', sondern ‚schädlich', ‚nachteilig'. Vgl. bei Dem. 19,2.5.183; 20,112; 23,101; 24,25.90.187.

τούτων ᾧ γέγραπται: F und Y haben τούτων ὧν γέγραπται. Der Subjektswechsel im letzten Kolon verlangt aber nach der Angabe der Person, die ἀνάξιος ist. Die Verschreibung von ᾧ zu ὧν ist nach dem Genitiv τούτων leicht erklärbar. Zu ᾧ im Sinne von ‚zu dessen Gunsten' vgl. §20 ὅτῳ τὸ ψήφισμα εἴρηται καὶ ποίῳ τινί.

πάντων: A und F haben ἁπάντων τούτων. Die Ergänzung des Demonstrativums kommt dem Sprachgefühl auf den ersten Blick entgegen, doch findet sich am Ende von §21 mit ἔσονται δὲ βραχεῖς περὶ πάντων οἱ λόγοι eine exakte Parallele für die Verwendung von rückverweisendem πᾶς ohne den Zusatz eines Pronomens. Zum Genitiv vgl. 19,188 δυοῖν δ' αἱρέσεως οὔσης μοι νυνί und 22,48 ἔστι τριῶν αἵρεσις ὑμῖν.

αἵρεσιν ὑμῖν δοῦναι τοῖς ἀκουσομένοις: Zur Wendung αἵρεσιν διδόναι τινί vgl. Dem. 2,22; 4,9; 22,19; 24,38.89; 37,27; [Dem.] 48,13.
Die Entscheidung über die Reihenfolge der zu behandelnden Punkte stellt der Redner seinem Publikum auch 21,130 und 24,19 (scheinbar) anheim. Dass die Frage, was man zuerst hören wolle, tatsächlich ‚ergebnisoffen' gestellt wurde, Euthykles also sowohl darauf vorbereitet als auch willens war, die einzelnen Teile seiner Argumentation kurzfristig zu vertauschen, ist eher unwahrscheinlich, zumal die Rede sich durch besonders geschickt gestaltete Übergänge zwischen den einzelnen Teilen auszeichnet (vgl. Einleitung zu §§100–101 sowie Blass, AB 295, 296 und Papillon 1998, 28). Das Risiko eines ‚ungelegenen' Votums war jedoch überschaubar. Zum einen galt in einem Paranomieprozess das Interesse vorrangig dem vielleicht nicht zufällig auch zuerst genannten Punkt der Gesetzwidrigkeit, zum anderen gab es Möglichkeiten, das Ergebnis im gewünschten Sinne zu manipulieren: Herrscht unter den Zuhörern für einen Moment überraschtes Schweigen, kann der Kläger selbst die Initiative übernehmen (so Westermann ad loc.; vgl. auch das Scholion z.St. [Nr. 24 Dilts]: ἐνδοὺς τὴν σκέψιν ἁρπάζει τὴν ἐπίκρισιν); gibt es mehrere Zurufe, kann er auf denjenigen reagieren, der ihm zupasskommt; will er ganz sicher gehen, kann er jemanden im Publikum platzieren, der sofort mit der gewünschten Antwort aufwartet (das Wahlangebot richtet sich ausdrücklich nicht nur an die Geschworenen, sondern an alle Zuhörer [τοῖς ἀκουσομένοις], vgl. Westermann ad loc.). Dem vergleichsweise geringen Risiko stehen folgende Vorteile gegenüber: Der Kläger belebt durch das dialogische Element den Vortrag, sichert sich durch das scheinbare Eingehen auf die Wünsche der Zuhörer deren Wohlwollen und suggeriert durch die selbst-

bewusste Überzeugung, in einer so wichtigen Angelegenheit improvisieren zu können, dass die Fakten, wie immer man sie auch dreht und wendet, eindeutig für sich sprechen.

ἢ ... ἢ: Cobet konjiziert καὶ ... καὶ. In der Tat ist ἢ ... ἢ strenggenommen unlogisch, doch ist der Anstoß nicht so groß, dass ein Eingriff in einen einhellig überlieferten Text gerechtfertigt wäre. Die Disjunktion dürfte durch den übergeordneten Begriff αἵρεσις veranlasst sein, auf den in der Regel die Auffächerung von verschiedenen Alternativen folgt. So betont ἢ ... ἢ noch einmal die Wahlmöglichkeit.

τί ... βουλομένοις ἀκούειν ὑμῖν ἐστιν: ‚... was zu hören eurem Wunsch entspricht'. Zur Verbindung des Partizips von Verben des Wollens und Wünschens im Dativ mit Formen von εἶναι, γίγνεσθαι u.ä. vgl. KG I 425f. Wenn auch die Abweichung der Wortstellung in A und F (ὑμῖν ἐστιν ἀκούειν) Verdacht erregen könnte, so sprechen doch gegen die Tilgung von ἀκούειν (Weil) oder ἀκούειν ὑμῖν (Blass) die engen Parallelen 24,19 εἶτα (sc. ἐρῶ) τῶν ἄλλων ἑξῆς ὅ τι ἂν βουλομένοις ὑμῖν ἀκούειν ᾖ; 10,46 ἃ εἰ βουλομένοις ὑμῖν ἀκούειν ἐστίν, ἐθέλω λέγειν und 21,130 λέξω δ' ὅ τι ἂν πρῶτον ἀκούειν βουλομένοις ὑμῖν ᾖ, τοῦτο πρῶτον. Anders liegt der Fall an Stellen wie 16,3 τὰ μὲν οὖν ἄλλ' ὕστερον, ἂν ὑμῖν βουλομένοις (ἀκούειν A) ᾖ, δείξω und 18,11 ... τῆς δὲ πομπείας ταύτης τῆς ἀνέδην γεγενημένης ὕστερον, ἂν βουλομένοις (ἀκούειν SAF^γρ) ᾖ τουτοισί (ἀκούειν Y^c), μνησθήσομαι, wo der Infinitiv nicht von einem Objekt, wie hier von τί, gefordert wird. Vgl. Wankel zu 18,11 (S. 164).

§19

βούλεσθε: Hier und im folgenden Satz ist der Infinitiv ἀκούειν gedanklich zu ergänzen.

περὶ τοῦ παρανόμου βούλεσθε πρῶτον: Ob der Kläger hiermit auf allgemeines Schweigen, auf den Zuruf einer Mehrheit, auf die selektiv wahrgenommenen Zurufe dessen, was er hören möchte, oder vielleicht auf einen von ihm selbst ‚bestellten' Zuruf reagiert, bleibt ungewiss. Vgl. Komm. zu §18 αἵρεσιν ὑμῖν δοῦναι τοῖς ἀκουσομένοις.

δέομαι καὶ ἀξιῶ: Die Verbindung findet sich in der Reihenfolge ἀξιῶ καὶ δέομαι bei Dem. in ganz ähnlichem Kontext 18,6 und 54,2 (Bitte um unparteiische Anhörung); als Bitte um Verständnis für die vom Ankläger zu verantwortende Ausführlichkeit der Verteidigung 18,34; in der Reihenfolge δέομαι καὶ ἀξιῶ mit zwei verschiedenen Objekten (μέτρια δ. und δίκαια ἀ.) im Epilog 39,41; vgl. Wankel zu 18,6 (S. 135). An all diesen Stellen verknüpft der Redner die höfliche Form der Bitte (δέομαι) mit dem implizit mahnenden Hinweis, dass es gegen Recht und Billigkeit verstoßen würde, seiner Bitte nicht nachzukommen (ἀξιῶ). Letzteres wird an unserer Stelle durch das hinzugesetzte δίκαια noch verstärkt.

Zu dem in AFY überlieferten δέομαί τε καὶ ἀξιῶ vgl. Komm. zu §6 βούλομαί τε καὶ οἶδα.

δίκαια: Es handelt sich hier um eine prädikative Apposition, nicht um ein Prädikatsnomen, zu dem gedanklich ἐστίν zu ergänzen wäre. Zur Struktur vgl. 20,152 ὃ δὲ δὴ μέγιστον ἁπάντων καὶ κοινὸν ὑπάρχει κατὰ πάντων τῶν συνδίκων· τούτων πολλάκις εἷς ἕκαστος πρότερόν τισι πράγμασι σύνδικος γέγονεν.

ὥς γ᾽ ἐμαυτὸν πείθω: Der Kläger wirkt mit diesem Zusatz dem Eindruck entgegen, er wolle den Zuhörern seine Ansicht aufdrängen (das ist m e i n e Überzeugung), durch die Entschiedenheit seines Urteils fördert er aber gleichzeitig die Neigung, sich ihm anzuschließen (das ist meine Ü b e r - z e u g u n g). Höflichkeit und Beeinflussung verbinden sich auf ähnliche Weise wie in der Formel δέομαι καὶ ἀξιῶ. Vgl. auch 24,6 ἵνα δ᾽ ὑμῶν μηδεὶς θαυμάζῃ τί δή ποτ᾽ ἐγὼ μετρίως, ὥς γ᾽ ἐμαυτὸν πείθω, τὸν ἄλλον χρόνον βεβιωκὼς νῦν ἐν ἀγῶσι καὶ γραφαῖς δημοσίαις ἐξετάζομαι, βούλομαι μικρὰ πρὸς ὑμᾶς εἰπεῖν.

τῷ διεψεῦσθαι τοῦ Χαριδήμου καὶ νομίζειν εὐεργέτην εἶναι: Dass einer Täuschung unterliegt, wer Charidemos für einen Wohltäter hält, muss noch bewiesen werden, wird aber hier wie selbstverständlich als Faktum präsentiert. Die suggestive Wirkung würde durch die von Weil vorgeschlagene Tilgung von νομίζειν geschwächt. Auch sprachlich ergäbe sich eine Schwierigkeit: εὐεργέτην εἶναι müsste von φιλονικῶν abhängig gemacht werden. Die Konstruktion dieses Verbs mit dem Infinitiv oder A.c.I. ist aber bei Dem. ohne Parallele.

φιλονικῶν: Der zweite Teil des Kompositums leitet sich von νίκη, nicht von νεῖκος ab (vgl. LSJ s.v. φιλόνικος fin.). Das handschriftlich überlieferte φιλονεικῶν ist also mit Weil zu φιλονικῶν zu korrigieren. Ein φιλονικῶν möchte siegen bzw., wie hier, Recht behalten und auf seiner vorgefassten Meinung beharren. Vgl. zum unliebsamen φιλονικεῖν in einer Diskussion z.B. Plat. Gorg. 457d4. Demosthenes fordert von seinen Zuhörern das Abrücken vom φιλονικεῖν als Voraussetzung dafür, dass seine Rede dem Gemeinwohl dienen kann, auch 5,3 (sc. οἴομαι), ἂν ἐθελήσετε τοῦ θορυβεῖν καὶ φιλονικεῖν ἀποστάντες ἀκούειν, ὡς ὑπὲρ πόλεως βουλευομένοις καὶ τηλικούτων πραγμάτων προσήκει, ἕξειν καὶ λέγειν καὶ συμβουλεύειν δι' ὧν καὶ τὰ παρόντ' ἔσται βελτίω καὶ τὰ προκείμενα σωθήσεται und 18,176 ἂν μέντοι πεισθῆτέ μοι καὶ πρὸς τῷ σκοπεῖν, ἀλλὰ μὴ φιλονικεῖν περὶ ὧν ἂν λέγω γένησθε, οἶμαι καὶ τὰ δέοντα λέγειν δόξειν καὶ τὸν ἐφεστηκότα κίνδυνον τῇ πόλει διαλύσειν.

δυσχερέστερον: Das Adverb in Verbindung mit ἀκούειν auch 6,20; ähnlich 57,35. Zum Fehlen des zweiten Glieds des Vergleichs beim Komparativ vgl. KG II 305 Anm. 7. In der Regel ist in solchen Fällen ein allgemeiner Gedanke wie „als recht ist" zu ergänzen; hier erlaubt der Kontext die konkretere Ergänzung „als ihr es ohne Voreingenommenheit tun würdet".

μηδ' ἀποστερήσῃ διὰ τοῦτο ... ἑαυτὸν τοῦ θέσθαι τὴν ψῆφον εὔορκον: Zur Wendung εὔορκον τὴν ψῆφον τίθεσθαι vgl. Dem. 20,167; 21,24; 29,4; an den beiden zuletzt genannten Stellen ist εὔορκος mit δίκαιος verbunden.

Die für das Volksgericht ausgelosten Geschworenen mussten den sogenannten Heliasteneid ablegen, der Dem. 24,149–151 zitiert wird (zur Diskussion um die Echtheit vgl. Hansen 1995, 188 mit Anm. 39 und Harris 2013, 101 mit Anm. 1 u. 2). Der Passus, auf den sich der Kläger hier bezieht, lautet: καὶ ἀκροάσομαι τοῦ τε κατηγόρου καὶ τοῦ ἀπολογουμένου ὁμοίως ἀμφοῖν, καὶ διαψηφιοῦμαι περὶ αὐτοῦ, οὗ ἂν ἡ δίωξις ᾖ (Dem. 24,151; bei allen berechtigten Zweifeln, ob Demosthenes den Originalwortlaut des Eides wiedergibt, ist durch andere Rednerstellen gesichert, dass die Heliasten auf Unparteilichkeit eingeschworen wurden; vgl. Hansen 1995, 188 und Fränkel 1878, 457f.). Ein Verstoß gegen diesen Grundsatz war freilich nicht objektiv nachzuweisen, doch durfte man auf die Gottesfurcht der Vereidigten zählen, die Zeus, Apollon und Demeter als Zeugen ihres Schwures anriefen (vgl. Hansen 1995, 189).

Der Kläger geht psychologisch sehr geschickt vor, indem er den Geschworenen nicht formalistisch ihre eidliche Verpflichtung vorhält, sondern sie mit seiner Bitte davor zu bewahren sucht, sich durch einen Verstoß gegen den Eid selbst zu schaden. Sie gewinnen so den Eindruck, dem Redner sei nicht weniger an ihrem Vorteil gelegen als an seinem eigenen.

τὴν ψῆφον: Im engeren Sinne bezeichnet ψῆφος den Stimmstein, im weiteren Sinne die abgegebene Stimme, das Votum. Der Stimmstein war eine kreisrunde Bronzescheibe mit einem Durchmesser von etwa 5 cm. Quer durch ihren Mittelpunkt verlief eine an beiden Seiten überstehende zylinderförmige Achse. Im Anschluss an die Reden der Prozessgegner erhielt jeder Geschworene je zwei Stimmsteine: einen mit hohler Achse und einen mit gefüllter Achse. Die beiden Steine waren auf zwei Urnen zu verteilen. Eine bronzene Urne nahm die gültigen Stimmen auf, eine hölzerne die ungültigen. Stimmte ein Geschworener für den Angeklagten, warf er den Stein mit gefüllter Achse in die bronzene Urne, den Stein mit hohler Achse in die hölzerne Urne. Stimmte er für den Kläger, machte er es umgekehrt. Dabei deckte er mit Daumen und Zeigefinger beide Seiten der Achse ab, damit seine Entscheidung für die anderen Geschworenen nicht zu erkennen war. Vgl. Aristot. Ath. pol. 68f. und Hansen 1995, 209.

ποιησάσθω τὴν ἀκρόασιν: Periphrastisch für ἀκροασάσθω wie z.B. λόγους ποιεῖσθαι für λέγειν; vgl. LSJ s.v. ποιέω A.II.5 mit weiteren Beispielen. Die Wendung findet sich bei Dem. nur hier; vgl. aber Isokr. 8,3; ep. 1,2; And. 1,9; Aischin. 3,59.207, wo es jeweils auch um die Art und Weise des Zuhörens geht. Offenbar wird in diesem Zusammenhang die Umschreibung mit dem Substantiv als nachdrücklicher empfunden.

Der Kläger setzt die mit μηδείς begonnene Aufforderung an die dritte Person fort. Die folgenden Anweisungen wirken so weniger schulmeisterlich, als wenn sie in der 2. Pers. Pl. direkt an die Zuhörer gerichtet würden.

σκοπεῖσθε ὡς δίκαια ἐρῶ: In der Aufforderung zur Prüfung ist das vom Sprecher gewünschte Ergebnis schon vorweggenommen. Eine derartige Lenkung des Publikums ist bei den Rednern weit verbreitet. Vgl. bei Dem. z.B. 18,10.233.252; 21,154; 23,24.129; daneben z.B. Antiph. 1,21; Aischin. 1,39.120; Lykurg. 28 (vgl. Wankel zu 18,10 [S. 155]).

§20

ὅταν μὲν λέγω: A hat ὅταν μὲν γὰρ λέγω. Erklärendes γάρ ist an Stellen wie dieser, der im Deutschen ein Doppelpunkt vorausgeht, die Regel (vgl.

Denn. GP 58ff.), oft ist der Anschluss aber auch asyndetisch (vgl. KG II 344f.). Parallelen für letzteres gibt es bei Dem. in großer Zahl; vgl. z.B. 16,27; 18,10; 20,131; 21,152f.154; 22,60; 23,83.193. Die Herausgeber folgen daher zu Recht der Mehrheit der Handschriften. Die Lesart von A geht wahrscheinlich auf den Versuch zurück, den Text der stilistischen Norm anzupassen.

ἀφελὼν ὅτῳ ... καὶ μηδὲν ἄλλο: Dass sich die Geschworenen von ihren Sympathien für Charidemos leiten lassen, sieht der Kläger als die größte Gefahr für den Ausgang des Prozesses an (vgl. §19); darum wird gleich zu Beginn konkret und ausdrücklich die Anweisung gegeben, die Person, um die es im Antrag geht, aus der Betrachtung auszuklammern. Mit καὶ μηδὲν ἄλλο folgt die Ergänzung, dass auch alle anderen Erwägungen, die nicht unmittelbar mit der Frage der Gesetzmäßigkeit zusammenhängen, fernzuhalten sind.

Zu ἀφαιρεῖν in der Bedeutung ‚aus der Betrachtung ausschließen', ‚nicht berücksichtigen' vgl. 8,1 ὑμᾶς ... τοὺς πολλοὺς δεῖ πάντα τἄλλ' ἀφελόντας, ἃ τῇ πόλει νομίζετε συμφέρειν, ταῦτα καὶ ψηφίζεσθαι καὶ πράττειν; vgl. auch exord. 56,2.

σκοπείσθω πότερον παρὰ τοὺς νόμους ἢ κατ' αὐτοὺς εἴρηται: S und Y bieten hier den besten Text. A und F haben σκοπεῖν περὶ τοῦ (πότερα A) παρὰ τοὺς νόμους ἢ κατὰ τοὺς νόμους εἴρηται σκοπείσθω. Daran ist stilistisch dreierlei zu beanstanden: (1) σκοπεῖν müsste von ἀφελών abhängig gemacht werden (‚davon absehend, zu prüfen, für wen ...'), was ohne Parallele ist. (2) Es ergäben sich mehrere unschöne Wortwiederholungen: (a) περὶ τῶν νόμων – περὶ τοῦ; (b) σκοπεῖν – σκοπείσθω; (c) περὶ τῶν νόμων – παρὰ τοὺς νόμους – κατὰ τοὺς νόμους. (3) Der in dieser ‚Anleitung' zum Zuhören wahrscheinlich bewusst zu didaktischen Zwecken eingesetzte Parallelismus σκοπείσθω, πότερον ... σκοπείσθω, πότερον ... ὁράτω πότερ' würde zerstört. Die in S von einem Schreiber als varia lectio notierte Auslassung von σκοπεῖν befreit den Text nur von den Anstößen (1) und (2b).

ὅταν δ' ἐλέγχω τὰ πεπραγμένα ... ἐρῶ: Es geht in diesem Abschnitt um die Frage, ob Charidemos der ihm zugedachten Ehren würdig ist. Dieser Punkt ist am wenigsten geeignet, ohne Ansehung der Person behandelt zu werden. Umso mehr bemüht sich der Kläger, den Blick der Geschworenen vom handelnden Subjekt Charidemos weg auf die objektiv zu konstatierenden Fakten hinzulenken. Er sagt τὰ πεπραγμένα statt τὰ αὐτῷ πεπραγμένα und τὰς πράξεις statt τὰς πράξεις αὐτοῦ. Besonders auffällig ist, dass bei der Beurteilung dieser Taten nicht zu der – bis zu einem gewissen Grade diskutablen – moralischen Wertung aufgefordert wird, ob sie gut oder schlecht, gerecht oder ungerecht sind, sondern lediglich geprüft werden soll, ob der Kläger von Tatsachen spricht oder nicht. Das impliziert, dass sich über Charidemos so unbestreitbar Schändliches berichten lässt, dass sich jede Diskussion um die Bewertung seiner Taten erübrigt und er nur dann entlastet werden kann, wenn sich die Berichte als unwahr erweisen.

Der zweite und der dritte Punkt der Untersuchung sind gegenüber §18 und dem tatsächlichen Aufbau der Rede vertauscht. Möglicherweise wird hier mit Absicht der Ankündigung des heiklen Unterfangens, dem von vielen hoch geschätzten Charidemos seine ‚Ehrwürdigkeit' abzusprechen, der Platz zwischen zwei weniger problematischen Themen zugewiesen.

τὸν τρόπον ὃν πεφενάκισθε ὑπ' αὐτοῦ: Nicht d a s s die Athener von Charidemos betrogen wurden, sondern w i e sie betrogen wurden, will der Kläger zeigen. Inhaltlich dürfte beides auf dasselbe hinauslaufen, die Formulierung suggeriert aber, dass das Faktum selbst außer Frage steht, und bildet somit einen weiteren Baustein der subtilen psychologischen Beeinflussung der Zuhörer. Vgl. Komm. zu §19 τῷ διεψεῦσθαι τοῦ Χαριδήμου καὶ νομίζειν εὐεργέτην εἶναι.

Das Verb φενακίζειν „stammt aus der derben Komödie" (Blass/Fuhr 1910 zu 18,41) und ist „eine grobe Bezeichnung" für einen Betrug (Wankel zu 18,43 [S. 294]). Während die übrigen Redner es selten verwenden, kommt es bei Dem. sehr häufig vor, allein 14 Mal in der *Aristocratea* (§§107, 143, 144, 158, 159, 162, 179, 184, 185, 195b, 215, 220); vgl. Wankel a.a.O.

τὰς πράξεις σκοπείσθω, πότερον ... τοὺς λογισμοὺς ὁράτω ..., πότερ': Die Prolepsis gibt den Imperativen ein direktes Objekt, wodurch die Aussage unterstrichen wird, dass sich der Zuhörer jeweils auf einen einzigen Gegenstand konzentrieren soll.

§21

ἐξετάζω περὶ τοῦ: Das Verb bei Dem. nur hier mit περί. Vgl. aber [Dem.] 7,39 und Isaios 4,2.11.

πάντα τἆλλα ἀφείς: Eine beliebte Formel bei Demosthenes (vgl. 18,69. 149; 19,205.288), bei den anderen attischen Rednern des 4. Jhs. so nicht belegt. Vgl. aber Ael. Arist. 13, p. 173,29 Jebb und Lib. epist. 1473,4; or. 1,219; decl. 41,40.

πότερ' ὀρθῶς: Vgl. Komm. zu §16 πότερ' ἡμῖν συμφέροντα ἢ οὐ.

τοῦτον ἔχοντες τὸν τρόπον: τοῦτον τὸν τρόπον ist adverbialer Akkusativ zu ἔχοντες; vgl. 1,2 ἡμεῖς δ' οὐκ οἶδ' ὅντινά μοι δοκοῦμεν ἔχειν τρόπον πρὸς αὐτά. Der Akzent liegt nicht auf der Art des Zuhörens, wie dies in der Formulierung ἐὰν τοῦτον τὸν τρόπον ἀκροάσησθέ μου der Fall wäre, sondern auf der inneren Einstellung beim Zuhören.

αὐτοί ... ἄριστα ἃ προσήκει συνήσετε: In §19 wurde noch damit geworben, dass die vom Sprecher postulierte Art des Zuhörens die Geschworenen in die Lage versetzt, ihrem Eid treu zu bleiben. Hier wird vordergründig nur das bessere Verständnis der Fakten in Aussicht gestellt. Der Pflichtgedanke schimmert jedoch in ἃ προσήκει (sc. συνεῖναι) durch: Die Heliasten müssen ihrer Verantwortung auch dadurch Rechnung tragen, dass sie sich um die bestmögliche intellektuelle Durchdringung des Sachverhalts bemühen.

χωρὶς: Adverbial in ganz ähnlichem Zusammenhang 4,20 ἐγὼ φράσω, καθ' ἕκαστον τούτων διεξιὼν χωρίς; 24,19 νῦν δ' ἀνάγκη καθ' ἕκαστον, χωρὶς περὶ ἑκάστου διελόμενον, λέγειν; 27,12 ἀνάγκη χωρὶς ἕκαστον διελεῖν ἐστίν; [Dem.] 58,61 χωρὶς κρίνειν.

καὶ οὐχ ἅμα πάντα ἀθρόα ἐξετάζοντες: Zur Erweiterung durch die Verneinung des Gegenteils vgl. Rehdantz, Index I s.v. ‚Erweiterung' und s.v. ἄρσις. πάντα kontrastiert mit ἕκαστα, ἅμα und ἀθρόα mit χωρίς.

ἔσονται δὲ βραχεῖς περὶ πάντων οἱ λόγοι: Die Ankündigung, dass die folgenden Ausführungen kurz sein werden, ist ein rhetorischer Topos; vgl. 2,5; 3,23; 6,6; 18,9.95.196.229; 20,11.75; 21,77.160.184 u.v.m. Vor allem soll dadurch die Aufnahmebereitschaft des Publikums gesteigert werden; zugleich entsteht der Eindruck, die Sachlage sei so eindeutig, dass es nur weniger Worte bedürfe, um die Zuhörer von der eigenen Sichtweise zu überzeugen.

In einem Paranomieprozess stand jeder Partei eine Redezeit von etwa drei Stunden zur Verfügung (vgl. Einleitung, S. 13). Euthykles wird dieses Limit mit der *Aristocratea* nicht wesentlich unterschritten haben. Sein Versprechen, sich kurz zu fassen, ist also ein rein rhetorisches.

IV. ARGUMENTATIO (§§22–186)

1. Die Gesetzwidrigkeit des Antrags (§§22–99)

Wie in der Einleitung (Kap. 3) dargelegt, macht sich die Anklage bei ihrer Argumentation zunutze, dass im Antrag des Aristokrates nicht ausdrücklich gesagt wird, was mit dem mutmaßlichen Mörder nach seiner Ergreifung zu geschehen habe. Der Paranomienachweis wird im Wesentlichen aus den Interpretationsmöglichkeiten entwickelt, die die Formulierung des Antrags, insbesondere der Begriff *agógimos*, zulässt.

Zu diesem Zweck lässt der Kläger vom Gerichtsdiener insgesamt elf Gesetze verlesen, die er einzeln interpretiert und dem Antrag gegenüberstellt (sog. *paragraphé* / παραγραφή; vgl. Komm. zu §51 παρεγραψάμην). Nach der Verlesung des fünften Gesetzes erklärt er, dass jenes und alle anderen zuvor zitierten von Drakon stammen (ὁ μὲν νόμος ἐστὶν οὗτος Δράκοντος ... καὶ οἱ ἄλλοι δὲ ὅσους ἐκ τῶν φονικῶν νόμων παρεγραψάμην, §51). Drakon hatte im Jahr 621/20 v.Chr. erstmals in Athen Rechtsbestimmungen schriftlich kodifizieren lassen (Aristot. Ath. pol. 4,1; 41,2). Fragmente eines drakontischen Gesetzes über nicht vorsätzliche Tötung sind uns in einer Inschrift aus dem Jahr 409/08 überliefert (IG I³ 104 = IG I² 115; hrsg. und mit epigraphischem und inhaltlichem Kommentar versehen von Stroud 1968). Obwohl der Erhaltungszustand der Inschrift insgesamt schlecht ist und vor allem im unteren Teil des Steins nur die Entzifferung einzelner Buchstaben erlaubt, lässt sich wahrscheinlich machen, dass der Gesetzestext an einigen Stellen mit dem Text der in unserer Rede eingelegten Gesetze übereinstimmt (IG I³ 104, 26–29 ~ §37; IG I³ 104, 37–38 ~ §60). Daher sind diese Einlagen, wenn sie auch sicher nicht im Originalmanuskript des Redners zu finden waren (vgl. Einleitung, Kap. 6), so doch insofern als ‚echt' anzusehen, als sie den Wortlaut der geltenden, im Prozess verlesenen Gesetze wiedergeben und nicht etwa nur aus dem Text der Rede rekonstruiert sind (wie vor der Entdeckung der Inschrift vermutet von Franke 1848; weithin als echt anerkannt sind die Gesetze seit der umfassenden Untersuchung von Drerup 1898, 221–365).

Über die Bestrafung von Tötungsdelikten in der Zeit vor Drakon haben wir keine sichere Kenntnis. Die Reflexe in den homerischen Epen erlauben aber immerhin einige vage Rückschlüsse auf die außerliterarische Realität.

Demnach scheint die übliche Strafe für Mord die Tötung durch die Verwandten des Opfers gewesen zu sein, der sich der Täter durch Flucht und dauerhaften Verbleib in einem anderen Land entziehen konnte (vgl. Gagarin 1981, 10). Eine Alternative zum Exil (oder eine Möglichkeit, das Exil zu beenden) war die Zahlung eines Wergelds (*poinḗ* / ποινή), über die mit den Angehörigen des Ermordeten zu verhandeln war. Bei der Bemessung der Strafe wurde, soweit sich dies auf der Grundlage der literarischen Quellen beurteilen lässt, nicht zwischen vorsätzlicher und nicht vorsätzlicher Tötung differenziert (Gagarin 1981, 11). Eben diese Unterscheidung dürfte eine der wesentlichen Innovationen Drakons gewesen sein. Die ersten Worte der Gesetzesinschrift lauten: „Und/Auch, wenn einer jemanden nicht vorsätzlich tötet, wird er verbannt" (καὶ ἐὰμ μὲ 'κ [π]ρονοί[α]ς [κ]τ[είνει τις τινα, φεύγ]ε[ν). Warum der Fall der nicht vorsätzlichen Tötung dem der vorsätzlichen vorangestellt ist und warum der erste Satz mit καί beginnt, sind bislang ungelöste Fragen. Soweit sich der Text rekonstruieren lässt, obliegt die Rechtsprechung über Tötung ohne Vorsatz dem Richterkollegium der Epheten unter Vorsitz des Archon Basileus. Der Täter kann von den Verwandten des Opfers durch ein einstimmiges Votum begnadigt werden; gibt es keine Verwandten, so können zehn von den Epheten benannte Männer aus der Phratrie die Begnadigung aussprechen (Z. 11–19). Für alles Weitere sind wir auf die bei Demosthenes und anderen Rednern überlieferten Zitate angewiesen.

Die drakontischen Blutschuldgesetze hatten, wie die Berufung der Redner auf sie beweist, bis in das 4. Jh. Bestand (vgl. Antiph. 5,14 = 6,2). Es gibt jedoch deutliche Indizien dafür, dass sie durch Zusätze den veränderten Zeitumständen angepasst wurden; vgl. die Einleitung zu §§28–36; Gagarin 1981, 22–29; Schmitz 2001, 11, der im Übrigen die bei Aristot. Ath. pol. 7,1 und Plut. Sol. 17,1 gebotene und in der Forschung für historisch gehaltene Darstellung, Solon habe Drakons Gesetze, mit Ausnahme der Bestimmungen zu Tötungsdelikten, wegen ihrer Härte aufgehoben, grundsätzlich in Zweifel zieht, da Drakon gar keine anderen Gesetze erlassen habe; vgl. bes. Schmitz 2001, 9.

§§22–27: Gesetz 1

Das erste Gesetz, gegen das der Antrag nach Ansicht des Klägers verstößt, besagt, dass für die Rechtsprechung über vorsätzliche Tötung, vorsätzliche Körperverletzung, Brandstiftung und die Verabreichung von Gift mit Todesfolge der Areopag zuständig sei.

Der Inhalt des Gesetzes wird beglaubigt durch die fast wörtliche Parallele Aristot. Ath. pol. 57,3: „Die Rechtsprechung über Tötung und Körperverletzung, wenn man vorsätzlich tötet oder verletzt, liegt beim Areopag, und über Vergiftung, wenn man durch die Gabe (von Gift) tötet, und über Brandstiftung. Denn nur darüber richtet der Rat (vom Areopag)." (εἰσὶ δὲ φόν[ου] δίκαι καὶ τραύματος, ἂν μὲν ἐκ προνοίας ἀποκτείνηι ἢ τρώσηι, ἐν Ἀρείῳ πάγωι, καὶ φαρμάκων, ἐὰν ἀποκτείνηι δούς, καὶ πυρκαϊᾶς· [τ]αῦτα γὰρ ἡ βουλὴ μόνα δικάζει.) Allerdings darf bezweifelt werden, dass das Gesetz Teil des drakontischen Corpus war, wie es der Kläger in §51 behauptet. Eher handelt es sich um eine Bestimmung, die die Zuständigkeiten der Gerichtshöfe definiert und aus nachsolonischer Zeit stammt; vgl. Carawan 1998. 89; Canevaro 2013a, 43. Ein Indiz dafür ist die Verwendung des Verbs *dikazein* für das Urteilen der Richter, die erst später gebräuchlich wurde (vgl. Komm. zu §22 Δικάζειν δέ). Auch spricht einiges dafür, dass erst Solon dem Areopag die hier beschriebenen Aufgaben zuwies; vgl. dazu Carawan 1998, 13f.; Gagarin 1981, 125–132 und Komm. zu §37 διαγιγνώσκειν δὲ τοὺς ἐφέτας.

Nach Verlesung des Gesetzes wird zunächst geklärt, dass Charidemos rechtlich nicht als Xenos und nicht als Metöke, sondern als Vollbürger Athens zu behandeln sei. Diese Feststellung ist zum einen grundlegend für die Argumentation, da Charidemos damit der Gesetzgebung der Stadt unterliegt, zum anderen gibt sie dem Kläger die Möglichkeit zu einer positiven Selbstdarstellung: Er möchte es als Beweis seiner Lauterkeit gewertet wissen, dass er Charidemos das Bürgerrecht nicht streitig mache, das ihm ein Maximum an gesetzlichem Schutz garantiere, ihm aber nicht widergesetzliche Ehren zugestehen möchte, die selbst den gebürtigen Athenern verwehrt seien. Genau dies sei aber Gegenstand des Antrags. Das Gesetz sehe nämlich vor, dass vor der Bestrafung ein Gerichtsverfahren stattfinde – und diese Bestimmung bewahre die gesamte Stadt davor, gegen göttliches Recht zu verstoßen. Solange nicht alle wüssten, wer wirklich der Mörder sei, dürfe man niemanden auf eine bloße Anschuldigung hin bestrafen, sondern erst dann, wenn man in einem Prozess von seiner Schuld überzeugt worden sei. Der Gesetzgeber habe außerdem bedacht, dass Formulierungen wie „wenn jemand tötet" vor dem Prozess nur die Anschuldigung wiedergäben und erst dann, wenn der Angeklagte überführt sei, das tatsächlich verübte Delikt benennten. In der Meinung, man müsse bei einer Anschuldigung keine Strafe, sondern einen Prozess vorsehen, habe er festgelegt, dass im Falle eines Tötungsdelikts der Areopag richte – und nicht (sc. wie der Antragsteller) das angeordnet, was dem Täter erst dann widerfahren dürfe, wenn er überführt wurde (sc. eine Bestrafung).

Während der ‚Interpretation' des Gesetzes war der Antrag des Aristokrates als Vergleichsobjekt nur im Hintergrund präsent. Nun wird sein Inhalt explizit dem Gesetz entgegengehalten: Für denselben Sachverhalt, „wenn einer jemanden getötet hat", sehe der Antrag völlig andere Konsequenzen vor als das Gesetz. Der Antragsteller gewähre dem Beschuldigten keinen Prozess, sondern gebe ihn sofort zur Festnahme frei und überlasse ihn unter Umgehung des dafür zuständigen Gerichtshofes den Anklägern zu willkürlicher Behandlung, obwohl seine Schuld noch nicht erwiesen sei.

Wie im ‚juristischen' Teil der Beweisführung fast durchgehend zu beobachten sein wird, scheut sich Dem. nicht, die Fakten mit Gewalt seinem Argumentationsziel anzupassen. So ist der Kern des ersten zitierten Gesetzes bei objektiver Betrachtung der, dass über Gewalttaten gegen Leib und Leben der Areopag richtet. Indem Dem. den Bedingungssatz „wenn jemand tötet" (ἐάν τις ἀποκτείνῃ), der im Gesetz nur der Präzisierung des letzten Glieds der Aufzählung dient, aus seinem Kontext löst und zugleich aus der Bestimmung „Recht spricht der Rat auf dem Areopag" (δικάζειν τὴν βουλὴν τὴν ἐν Ἀρείῳ πάγῳ) die Anordnung eines Prozesses herausliest (§25), deutet er den Gesetzestext in ein kondizionales Gefüge der Form „wenn jemand tötet, muss er vor Gericht gestellt werden" um. (Aus dem ‚Umweg', den er hier nimmt, lässt sich erschließen, dass es in Athen kein Gesetz gab, welches ausdrücklich vorschrieb, jedem Beschuldigten einen Prozess zu gewähren und niemanden vor seiner rechtskräftigen Verurteilung zu bestrafen.) Diese Manipulation wird ablenkend flankiert von einem subtilen Appell an das Verantwortungsgefühl der Geschworenen. Dem. wertet nämlich die Anordnung eines Prozesses als fürsorgliche Maßnahme des Gesetzgebers, die die gesamte Stadt vor religiösem Frevel bewahren solle. Damit sind die Heliasten, die stellvertretend für die Polisgemeinschaft ein Urteil zu fällen haben, dazu ermahnt, der ihnen vom Gesetzgeber übertragenen Aufgabe gerecht zu werden – im vorliegenden Fall also die Mitbürger vor dem Zorn der Götter zu bewahren, der unweigerlich drohe, wenn ein Antrag für rechtsgültig befunden würde, der die Bestrafung eines Verdächtigen ohne entsprechendes Gerichtsurteil zulasse. Davon ist jedoch im Antrag gar keine Rede, sondern es wird lediglich definiert, welche Mittel zur Ergreifung des Tatverdächtigen erlaubt sein sollen. Was mit ihm nach seiner Festnahme zu geschehen habe, wird nicht ausdrücklich gesagt – weil es sich offenbar von selbst verstand, ihn geltendem Recht gemäß zur Einleitung eines Strafprozesses an die zuständige Behörde zu übergeben.

Die Nicht-Erwähnung des Selbstverständlichen macht sich Dem. zunutze. Daraus, dass in Gesetz und Antrag auf die jeweils identische Protasis („wenn einer tötet") unterschiedliche Apodoseis folgen, leitet er einen Verstoß des Antrags gegen das Gesetz ab – offenbar in der Hoffnung, die Geschworenen darüber hinwegtäuschen zu können, dass die Protaseis trotz gleicher Formulierung verschiedene Phasen der Strafverfolgung bezeichnen: im Antrag die Phase vor der Ergreifung des Tatverdächtigen, im Gesetz die Phase nach seiner Ergreifung und vor dem Prozess.

Zu der wenig überzeugenden ‚Beweisführung' vgl. Whiston 1868, 407: „We are therefore [sc. da dem Antragstext nicht die Verweigerung eines Prozesses zu entnehmen ist] obliged to conclude that his [sc. des Klägers] statements on this point are without sufficient foundation, though it is difficult to understand how he could have dared so far to misrepresent and exaggerate before an intelligent audience, and in the face of opponents who it is to be presumed were ready and able to expose his sophistry." (Zum letztgenannten Aspekt vgl. Einleitung, S. 27 mit Anm. 99.)

§22

Λαβὲ δή: Angesprochen ist der Gerichtsdiener, der Gesetzestexte und andere Dokumente, die ihm die Prozessparteien in einem eigenen Dossier zusammengestellt hatten, zu verlesen pflegte (vgl. Einleitung, Kap. 6).

δή ist hier nicht, wie oft beim Imperativ, „emphatic" (vgl. Denn. GP 204 und 216 sowie Komm. zu §24 θεάσασθε δή ... ὡς ἁπλῶς καὶ δικαίως χρήσομαι τῷ λόγῳ), sondern „connective" (vgl. Denn. GP 238: δή „marks a new stage in a narrative").

τοὺς νόμους αὐτοὺς ... ἵν᾽ ἐξ αὐτῶν ἐπιδεικνύω: Die Gesetze selbst werden als der einzig gültige Maßstab für die juristische Beurteilung des Antrags von den vorausgegangenen Bemerkungen abgegrenzt. Die ausdrückliche Verankerung der Argumentation im Gesetzestext soll den Anschein unanfechtbarer Objektivität erwecken.

λέγε: λέγειν hier in der Bedeutung ‚vorlesen'; vgl. LSJ s.v. III.13. Zum ‚aspektlosen' Imperativ Präsens vgl. Schwyzer II 341 (Besonderheiten des Imper. Präs. 2) sowie Wankel zu 18,28 (S. 260), der sowohl die bei KG I 191 als auch die bei Schwyzer II 341 (Besonderheiten des Imper. Präs. 1) gegebenen Erklärungen, Imperative dieser Art bezeichneten nicht abgeschlossene bzw. iterative Handlungen, zurückweist.

τούτων τὸ παράνομον: Das Demonstrativum verweist auf die Antragsteller (Westermann u.a.). τούτων mit αὐτῶν zu verbinden („aufgrund dieser [sc. Gesetze] selbst'), wie es Weil und Rosenberg tun, liegt bei der gegebenen Wortstellung eher fern. Zudem fragt sich, ob nach τοὺς νόμους αὐτοὺς die abermalige Hervorhebung desselben Aspekts durch ausschließendes αὐτός stilistisch elegant und inhaltlich sinnvoll ist.

τὸ παράνομον ist gleichbedeutend mit ἡ παρανομία. Zur Umschreibung eines abstrakten Begriffs durch das Neutrum eines Adjektivs vgl. KG I 267. Wenn in einem einzelnen Wort mehr als drei kurze Silben aufeinanderfolgen, ist der Tribrachys natürlich nicht vermeidbar. Demosthenes weicht in solchen Fällen gern auf Synonyme aus (vgl. Blass, AB 108), doch kann auf Begriffe vom Stamm παράνομ- in einem Paranomieprozess aus nachvollziehbaren Gründen nicht vollständig verzichtet werden.

ΝΟΜΟΣ {ΕΚ ΤΩΝ ΦΟΝΙΚΩΝ ΝΟΜΩΝ ΤΩΝ ΕΞ ΑΡΕΙΟΥ ΠΑΓΟΥ}: In den Codices S und Y ist das Wort ΝΟΜΟΣ in Großbuchstaben als Überschrift abgesetzt (in S mit roter Tinte, wie auch bei den folgenden Gesetzen), während die ‚Quellenangabe' in Normalschrift dem Gesetzestext vorangestellt ist. A schreibt die gesamte Wortfolge in Großbuchstaben, in F fehlt ΝΟΜΟΣ, die jüngere Handschrift V (15. Jh.) bietet wiederum nur ΝΟΜΟΣ ohne den zweiten Teil. Letzteres dürfte dem entsprechen, was sich im Manuskript des Euthykles fand. Die Quellenangabe wurde später hinzugefügt, wobei der Interpolator sich entweder auf eigene Kenntnisse oder auf die Aussage des Klägers in §51 stützte. Falls im folgenden Gesetz die attributive Bestimmung τὴν ἐν Ἀρείῳ πάγῳ abweichend vom Originaltext hinzugefügt wurde, um die βουλή eindeutig zu definieren (vgl. unten, Komm. zu τὴν βουλὴν τὴν ἐν Ἀρείῳ πάγῳ), ließe dies die Folgerung zu, dass die Quellenangabe, die die Verbindung zum Areopag herstellt und damit einen erklärenden Zusatz überflüssig macht, zu jenem Zeitpunkt noch nicht in den Text eingedrungen war. Da sich die Interpolation somit nicht auf gleicher Ebene befände wie die eingelegten Gesetze, wäre sie mit Dindorf zu tilgen; vgl. Canevaro 2013a, 44ff. Aber auch unabhängig von dieser Hypothese deutet der handschriftliche Befund auf einen Zusatz hin, der erst in einer späteren Phase der Überlieferung Eingang in den Text fand; vgl. Canevaro 2013, 45.

Zur Angabe der Quelle vgl. Lys. 1,30 ἀνάγνωθι δέ μοι καὶ τοῦτον τὸν νόμον ⟨τὸν⟩ ἐκ τῆς στήλης τῆς ἐξ Ἀρείου πάγου und 6,15 ⟨κατὰ⟩ τοὺς νόμους τοὺς ἐξ Ἀρείου ⟨πάγου⟩. Die beiden Stellen lassen darauf schließen, dass eine Abschrift der drakontischen Blutschuldgesetze (samt Ergänzungen) in Form einer Stele beim Areopag als der für diese Delikte zuständigen

Behörde aufgestellt war. Dabei handelt es sich nicht um die 409/08 angefertigte Inschrift, die dem auf demselben Stein notierten Beschluss zufolge bei der Stoa Basileios auf der Agora ihren Platz hatte (vgl. IG I³ 104, 7-8 und Gagarin 1981, 27).

Δικάζειν δὲ: An der verbindenden Partikel ist zu erkennen, dass das Zitat in einen größeren Textzusammenhang eingebettet war, also nur einen Ausschnitt bildet.

Zu dem in Gesetzestexten häufigen Infinitiv im Hauptsatz ist ein Ausdruck wie ἔδοξε oder κελεύεται zu ergänzen; vgl. Goodwin, MT §750. Zur Konstruktion von δικάζειν mit dem Genitiv der Sache vgl. KG I 380,8.

Zur Zeit Drakons und Solons war der Terminus für die Tätigkeit der Körperschaft, die mit der Urteilsfindung betraut war, διαγιγνώσκειν. Mit δικάζειν wurde hingegen die Tätigkeit der Magistrate, die den Gerichtshöfen vorstanden und wahrscheinlich das Urteil offiziell verkündeten, bezeichnet. Erst um 450 v.Chr. werden die Begriffe δικάζειν und δικαστής auf die Richter angewandt. Vgl. Ruschenbusch 1960, 131f.; Stroud 1968, 44f.; MacDowell 1963, 38; Gagarin 1981, 47 sowie IG I³ 104,10; Dem. 23,28; [Dem.] 43,71; Plut. Sol. 19,4. Das Gesetz stammt demnach, zumindest in dieser Formulierung, nicht von Drakon, wie der Kläger in §51 erklärt, sondern aus nachsolonischer Zeit. Vermutlich gab die Stele beim Areopag, anders als die Axones und die Inschrift vor der Stoa Basileios, eine durch Ergänzungen aktualisierte Fassung der drakontischen Gesetzgebung wieder, die im allgemeinen Sprachgebrauch nach wie vor als ‚Drakons Gesetz' bezeichnet wurde; vgl. Gagarin 1981, 26-28, Schmitz 2001, 35 und die Einleitung zu §§28-36.

τὴν βουλὴν τὴν ἐν Ἀρείῳ πάγῳ: Zum Begriff vgl. Aischin. 3,20, wo die ‚eigentliche' βουλή, der Rat der Fünfhundert, zur klareren Unterscheidung als ἡ βουλὴ οἱ πεντακόσιοι bezeichnet wird. Alternativ heißt der Areopag ἡ βουλὴ ἡ ἐξ Ἀρείου πάγου (u.a. Dem. 18,133.134) oder, wo ein Missverständnis durch den Kontext ausgeschlossen ist, nur ἡ βουλή (Aristot. Ath. pol. 57,3; Dein. 1,6). Auch der Kläger verwendet bei der Paraphrase des Gesetzes den Begriff ἡ βουλή ohne weiteren Zusatz (§24), was darauf hindeuten könnte, dass die Präzisierung τὴν ἐν Ἀρείῳ πάγῳ nicht Teil des originalen Wortlauts war, sondern um der Eindeutigkeit willen entweder von demjenigen, der das Gesetz in die schriftliche Fassung einfügte, oder von einem späteren Bearbeiter ergänzt wurde; vgl. Canevaro 2013a, 46f. Da wir jedoch nicht wissen, ob der Kontext bzw. der Standort des Gesetzes eine eindeutige Zuordnung zum Areopag erlaubte, bleibt diese Überlegung spekulativ.

Zum Areopag vgl. Komm. zu §65 τὸ ἐν Ἀρείῳ πάγῳ δικαστήριον.

ἐκ προνοίας: Die Angabe ist mit MacDowell 1963, 45f. ἀπὸ κοινοῦ auf φόνου und τραύματος zu beziehen, da, wie aus §71 hervorgeht, unabsichtliche Tötungsdelikte vor dem Palladion verhandelt wurden. Vgl. auch die Paraphrase bei Aristot. Ath. pol. 57,3 ἂν μὲν ἐκ προνοίας ἀποκτείνῃ ἢ τρώσῃ.

πυρκαϊᾶς: Vgl. Lipsius 123f.: „Die Einreihung der Klage wegen Brandstiftung unter die Blutklagen erklärt sich daraus, daß man in ihr ein Verbrechen gegen Leib und Leben erblickte, wie aus dem gleichen Gesichtspunkt auch im römischen Strafrecht böswillige Brandstiftung in das Mordgesetz einbezogen war."

φαρμάκων, ἐάν τις ἀποκτείνῃ δούς: Nach Lipsius 124 liegt der entscheidende Akzent auf dem Partizip δούς, wodurch die Voraussetzung formuliert werde, „daß das Gift eigenhändig dargereicht sein mußte". Dagegen spricht jedoch, dass der Giftmord, der Gegenstand von Antiph. or. 1 ist, offenbar vor dem Areopag verhandelt wurde (vgl. Antiph. 1,22 ὑμεῖς δ᾽ οὐ τῶν ἀποκτεινάντων ἐστὲ βοηθοί, ἀλλὰ τῶν ἐκ προνοίας ἀποθνησκόντων mit Gagarin 1997 z.St.; anders MacDowell 1963, 66; Plastow 2020, 7f.), obwohl die Angeklagte das Gift nicht persönlich verabreicht hat. Und überhaupt fragt sich, warum nur bei der Tötung durch Gift die Anklage eines möglichen Anstifters vor dem Areopag ausgeschlossen sein sollte und nicht auch in den anderen Fällen, in denen eine indirekte Tatbeteiligung möglich ist (vgl. Komm. zu §37 κτείνῃ ἢ αἴτιος ᾖ φόνου). Mit Recht äußert sich MacDowell 1963, 45 skeptisch: „I suspect that Lipsius draws more significance from the word than the author of the law intended it to have." Die wesentliche Aussage liegt m.E. in ἐὰν ἀποκτείνῃ – wenn also die Verabreichung des Giftes tatsächlich zum Tode geführt hat –, in Abgrenzung einerseits zum Mordversuch und andererseits zur πυρκαϊά, die offenbar unabhängig vom verursachten Schaden vor dem Areopag verhandelt wurde.

Dass die Tötung durch Gift als ein eigener Straftatbestand neben φόνος genannt wird, erklären sowohl Lipsius 124 als auch Thiel 1928, 91f. damit, dass unter φόνος ursprünglich ein gewaltsamer, blutiger Mord verstanden wurde. Vielleicht wird der Giftmord aber auch deshalb separat aufgeführt und mit dem Zusatz ἐάν τις ἀποκτείνῃ δούς versehen, weil eine etwa durch eine zu geringe Dosis herbeigeführte Beeinträchtigung nicht als Körperverletzung (τραῦμα) galt und daher nicht in den Zuständigkeitsbereich des Areopags fiel. Dass Mordversuche durch Gift fehlschlugen, dürfte zur Abfassungszeit des Gesetzes mangels wissenschaftlicher Untersuchungsmethoden zur Wirkungsweise von toxischen Substanzen ebenso vorgekommen sein wie der umgekehrte Fall, die versehentliche Überdosierung eines zu therapeutischen Zwecken dargereichten φάρμακον, der uns in Antiphons Rede *Über den Chorknaben* (or. 6) begegnet und wohl beim Palladion als dem für unabsichtliche Tötung zuständigen Gerichtshof verhandelt wurde (vgl. Gagarin 1997, 221).

§23

Ἐπίσχες: Der Kläger möchte das gerade vorgetragene Gesetz zunächst erläutern, bevor der Gerichtsdiener das in der Papyrusrolle unmittelbar darauffolgende (vgl. §28 λέγε δ᾽ αὐτοῖς αὐτὸν τὸν νόμον τὸν μετὰ ταῦτα) verliest. Dass der Gerichtsdiener unterbrochen wird, bevor er das Gesetz vollständig zitiert hat, darf angesichts der Wiedergabe bei Aristoteles (vgl. die Einleitung zu §§22–27) als ausgeschlossen gelten.

Zu ἐπίσχες („Halt ein!') vgl. auch 23,162; 24,57.72.

ἠκούσατε μὲν τοῦ τε νόμου καὶ τοῦ ψηφίσματος: Im Anschluss an die Verlesung der Gesetze fehlt grundsätzlich die verbindende Partikel; vgl. in der *Aristocratea* §§29, 37, 44, 51, 53, 60, 62, 82, 86, 87. Zu ἀκούειν mit dem Genitiv der Sache in der über die bloße akustische Wahrnehmung hinausgehenden Bedeutung ‚anhören', ‚zuhören' vgl. KG I 359 Anm. 6.

Der Antragstext (τὸ ψήφισμα) war wahrscheinlich Teil der Klageschrift, die zu Beginn des Prozesses verlesen wurde; vgl. Aischin. 1,2 εἰδὼς δ᾽ αὐτὸν ἔνοχον ὄντα οἷς ὀλίγῳ πρότερον ἠκούσατε ἀναγιγνώσκοντος τοῦ γραμματέως.

In A fehlt τε vor νόμου. Da aber das Gesetz und der Antrag die vollständige Einheit dessen bilden, worauf die folgende Beweisführung aufbaut, bietet die Mehrheit der Handschriften die attraktivere Variante, denn durch τε ... καί wird ausgedrückt, „dass das erstere und das durch καί hinzugefügte Glied in einer i n n i g e n o d e r n o t w e n d i g e n Verbindung mit einander stehen" (KG II 249).

τοὺς περὶ τοῦ παρανόμου λόγους αὐτούς: Mit dem Zusatz αὐτούς signalisiert der Kläger, dass die Berücksichtigung des rechtlichen Status des

Charidemos, über den im Folgenden gehandelt wird, nicht die Aufforderung entkräftet, den Paranomienachweis unter Ausblendung der durch das Dekret begünstigten Person isoliert für sich zu betrachten (vgl. §20).

εἰ σκέψαισθε ἐν τίνι τάξει ποτ' ἔστιν ...: Da Charidemos zwar aus Euboia stammt, aber Ehrenbürger Athens ist, bedarf es einer ‚methodischen Vorbemerkung', welche dieser Eigenschaften der folgenden Argumentation zugrunde gelegt wird. Vgl. auch unten, Komm. zu πότερα ξένος ἢ μέτοικος ἢ πολίτης.

Zum Anschluss ohne eine verbindende Partikel vgl. Komm. zu §20 ὅταν μὲν λέγω sowie die Parallelstelle 19,4 ὡς δή μοι δοκεῖτ' ἂν ὅμως ἐκ τούτων καὶ γνῶναι τὰ δίκαια καὶ δικάσαι νυνί, τοῦθ' ὑμῖν λέξω· εἰ σκέψαισθε παρ' ὑμῖν αὐτοῖς ...

πότερα ξένος ἢ μέτοικος ἢ πολίτης: Die Aufzählung bildet eine gerade Linie von geringer hin zu größtmöglicher Zugehörigkeit zur Polis. Xenoi sind freie Bürger fremder Staaten, die sich vorübergehend und ohne festen Wohnsitz in Athen aufhalten (παρεπιδημοῦντες). Dauerte der Aufenthalt eines Xenos länger als einen Monat an, so musste er sich durch die Vermittlung eines persönlichen Bürgen (προστάτης) als Metöke registrieren lassen, was die Pflicht nach sich zog, eine Steuer von zwölf Drachmen im Jahr (für Frauen sechs Drachmen) zu entrichten. Ein Metöke durfte einen festen Wohnsitz beziehen, ihn aber nicht als Eigentum erwerben. Von den Vollbürgern unterschied sich die Metöken außerdem signifikant dadurch, dass sie nicht an der Ekklesia teilnehmen durften, von den politischen Ämtern und Entscheidungen also ausgeschlossen waren; vgl. Cartledge 2000; Welwei 2002 und Hansen 1995, 119–122.

Für Bluttaten gegen Vollbürger war der zuständige Gerichtshof der Areopag, für Bluttaten gegen Metöken und Fremde das Palladion (vgl. Aristot. Ath. pol. 57,3). Zum jeweiligen Strafmaß für den Täter bieten unsere Quellen keine zuverlässigen Angaben. Die Ermordung eines Metöken wurde wahrscheinlich, wie die eines Vollbürgers, mit Verbannung geahndet. Die Strafe für den Mord an einem Fremden muss milder gewesen sein, wie sich aus Dekreten erschließen lässt, in denen Fremden ehrenhalber zugesichert wird, dass ihre Tötung in gleicher Weise gerächt werde wie die eines Atheners; vgl. MacDowell 1963, 126 und die Einleitung zu §§88–89.

εἰ μὲν δὴ μέτοικον φήσομεν ... ποιήσομεν: Die Reihenfolge der voraufgegangenen Aufzählung wird hier umgestellt. Der Kläger lässt auf den Gedanken, Charidemos sei ein Metöke, den Gedanken, er sei ein Fremder, folgen, um die Vehemenz der Zurückweisung steigern zu können: ἐροῦμεν ἀληθῆ tritt δίκαια ποιήσομεν gegenüber, der Verneinung οὐκ die emphatische Form οὐχί.

τὴν γὰρ τοῦ δήμου δωρεάν ... κυρίαν αὐτῷ δίκαιόν ἐστιν εἶναι: Statt schlicht zu sagen „denn ihm wurde das Bürgerrecht verliehen", wählt der Kläger eine Formulierung, die eine implizite Wertung dieser Ehrung enthält: Ein vom Volk dargebrachtes Geschenk darf dem Beschenkten nicht wieder aberkannt werden – dahinter steht der unausgesprochene Gedanke „selbst wenn er das Geschenk nicht verdient hat".

Das Bürgerrecht konnte in Athen ehrenhalber an Xenoi oder Metöken verliehen werden. Dazu bedurfte es eines Antrags in der Volksversammlung und seiner Ratifizierung in der unmittelbar darauffolgenden Volksversammlung, für die ein Quorum von 6000 Teilnehmern vorgeschrieben war (vgl. [Dem.] 59,89f.). Für die Zeit von 368–322 sind fünfzig Bürgerrechtsverleihungen, überwiegend an Staatsmänner, belegt; vgl. Hansen 1995, 96 und 134.

Wann exakt Charidemos das Bürgerrecht erhielt, lässt sich nicht mit letzter Sicherheit bestimmen. In §141 heißt es, er habe die Ehre „wegen Kersobleptes" erhalten. Daraus ergibt sich als terminus post quem das Jahr 360, in dem Kersobleptes Nachfolger des Kotys wurde. Kersobleptes erkannte 357 in dem mit Chares ausgehandelten Vertrag die athenischen Ansprüche auf die Chersones an; die Bürgerrechtsverleihung dürfte in diesem Zusammenhang stehen, also um 357 erfolgt sein. Vgl. dazu Parke 1928, 170; Davies, APF 570–572, Kelly 1990, 96–109 und Liddel 2020, I 336f. (zu D85). Gegen eine Datierung in die 60er-Jahre (so zuletzt Osborne, Nat. II, 77f. und III, 56–58 aufgrund der Erwähnung des Charidemos in IG II^2 207) spricht neben den von Kelly 1990 dargelegten Argumenten nicht zuletzt auch, dass Dem. es bei der Schilderung der vermeintlich ‚antiathenischen' Aktivitäten des Charidemos vor 357 sicher nicht unerwähnt gelassen hätte, wenn dieser damals schon athenischer Bürger gewesen wäre; vgl. Bianco 2014, 22.

Zum Begriff δωρεά für vom Volk verliehene Ehrungen vgl. z.B. 18,53.113.293; 20,2.7.15.17 u.ö.; in unserer Rede auch §§64, 65, 89, 118, 130, 143, 185, 196, 201.

ἐν ᾗ: ἐν c. dat. hier instrumental ‚auf welchem beruhend', ‚durch welches'. Vgl. 20,131 κελεύετ᾽ ... τὰ ψηφίσματα, ἐν οἷς ἀτελεῖς εἰσιν οὗτοι, δεῖξαι; 20,158; 23,35.216.

ὡς ὑπὲρ πολίτου τοίνυν ... ποιητέον τοὺς λόγους: Wird das Verbaladjektiv eines transitiven Verbs, wie hier, unpersönlich konstruiert, so liegt der Nachdruck auf diesem selbst, während bei persönlicher Konstruktion der Nachdruck auf dem Subjekt liegt; vgl. KG I 447.

ὡς ἔοικε: Ähnlich ‚ironisch' im sokratischen Sinne einer vorgeblichen Unsicherheit auch 18,227 θεάσασθε τοίνυν ὡς σαθρόν, ὡς ἔοικεν, ἔστι φύσει πᾶν ὅ τι ἂν μὴ δικαίως ᾖ πεπραγμένον. Wankel z.St. (S. 1029) weist darauf hin, dass durch die Unterbrechung des Satzes eine stärkere Betonung auf das unmittelbar Voraufgehende fällt. Diese Wirkung dürfte auch an unserer Stelle beabsichtigt sein.

§24

θεάσασθε δὴ ... ὡς ἁπλῶς καὶ δικαίως χρήσομαι τῷ λόγῳ: Vgl. Komm. zu §19 σκοπεῖσθε ὡς δίκαια ἐρῶ.

Der Gebrauch des Verbs θεᾶσθαι im Sinne einer geistigen Wahrnehmung ist typisch demosthenisch; „die übrigen Redner verwenden nur σκοπεῖτε bzw. σκέψασθε (wie auch D. gewöhnlich in den kurzen, syntaktisch isolierten Aufforderungen)" (Wankel zu 18,10 [S. 155]).

Zu δή beim Imperativ vgl. Denn. GP 216: „It is rare in tragedy, and, though not wholly foreign to the grand style, appears to have been mainly colloquial in the fifth and fourth centuries."

Das Bedeutungsspektrum von ἁπλῶς reicht von ‚einfach' im Sinne einer klar verständlichen Darstellung (vgl. z.B. 24,68) bis hin zur ethischen Dimension ‚ohne Falsch' (in negativer Auslegung auch ‚einfältig'), wobei der Umstand, dass sich hinter mangelnder Verständlichkeit eine Täuschungsabsicht verbergen kann, einen stufenlosen Übergang schafft. Diesen Übergang veranschaulicht 24,79 οὐδὲ ἃ δίκαια ὡρίσατο αὐτὸς ἐν τῷ νόμῳ καὶ προσέταξε τοῖς ὠφληκόσιν, οὐδὲ ταῦτα ἁπλῶς οὐδ' ἀδόλως φανήσεται γεγραφώς, ἀλλ' ὡς ἂν μάλιστά τις ὑμᾶς ἐξαπατῆσαι καὶ παρακρούσασθαι βουλόμενος in Kombination mit 24,68 οἶμαι δὴ πάντας ἂν ὑμᾶς ὁμολογῆσαι, δεῖν τὸν ὀρθῶς ἔχοντα νόμον καὶ συνοίσειν μέλλοντα τῷ πλήθει πρῶτον μὲν ἁπλῶς καὶ πᾶσι γνωρίμως γεγράφθαι, καὶ μὴ τῷ μὲν εἶναι ταυτὶ περὶ αὐτοῦ νομίζειν, τῷ δὲ ταυτί. An unserer Stelle dominiert die ethische Bedeutung, die die ἐπιείκεια des Redners hervorheben soll (vgl. Hermog. Id. 2,6 [p. 346,4–9 R.] und Wankel zu 18,10 [S. 155]); ähnlich 18,10.58. Nach Wankel (ibd.) verwendet Dem. „das Adj. (und Adverb) weitaus am häufigsten von den Rednern, und dessen direkte Verbindung mit δίκαιος ist sogar auf ihn beschränkt" (vgl. 19,201 u. 22,4, zitiert im Komm. zu §95 ὅτι ἁπλῆν μὲν οὐδὲ δικαίαν οὐδ' ἡντινοῦν ἀπολογίαν Ἀριστοκράτης ἕξει λέγειν). In ἁπλῶς καὶ δικαίως klingen somit die Begriffe ἀληθῆ und δίκαια aus dem vorangegangenen Paragraphen wieder an.

χρήσομαι τῷ λόγῳ ist hier eine Umschreibung für ἐρῶ wie z.B. auch 18,233 καὶ σκοπεῖτε, εἰ δικαίως χρήσομαι τῷ λόγῳ. Anders z.B. 5,8 τούτῳ τῷ λόγῳ πλείστῳ χρησάμενος, ὡς δεινὸν εἴ τις ..., wo λόγος ‚Argument' heißt (ähnlich 20,1).

πρὸς Διός: Vgl. Komm. zu §5 ἐγὼ γοῦν (ὀμνύω τοὺς θεοὺς ἅπαντας) ἀπώκνησ' ἄν, εὖ ἴστε.

ὃς εἰς μὲν ... ἃ δ': Die rechtschaffene Haltung, die der Kläger für sich reklamiert, zeigt sich darin, dass er Charidemos nicht mehr und nicht weniger zugesteht, als ihm gebührt. Letzteres wird durch das μέν-Glied, ersteres durch das δέ-Glied ausgedrückt: Das Bürgerrecht mit allen damit verbundenen Vorteilen wird Charidemos nicht abgesprochen (dies verstieße gegen die ἁπλότης, weil man die Wahrheit verfälschen würde); darüber hinausgehende individuelle Sonderrechte dürfen ihm aber nicht gewährt werden (dies verstieße gegen die δικαιότης im Sinne der Gleichbehandlung der Bürger und der Achtung vor dem Gesetz).

ἐν ᾗ πλείστης ἂν τυγχάνοι τιμῆς: Zu den Privilegien der Vollbürger gegenüber Metöken und Xenoi vgl. Komm. zu §23 πότερα ξένος ἢ μέτοικος ἢ πολίτης.

οὐδ' ἡμῖν τοῖς γένει πολίταις: Juristisch bestand kein Unterschied zwischen dem Bürgerrecht, das man durch Geburt erwarb, und dem Bürgerrecht, das ehrenhalber verliehen wurde. Das a-fortiori-Argument („wenn nicht einmal wir, dann erst recht nicht er") hat also keine sachliche, sondern lediglich eine emotionale Grundlage: Der Athener, dessen Familie seit Generationen das Bürgerrecht besaß, dürfte einen ‚Neubürger' wie Charidemos nicht als seinesgleichen anerkannt haben. Indem sich der Kläger in den elitären Kreis der gebürtigen Athener einschließt (ἡμῖν τοῖς γένει πολίταις), schafft er eine Gemeinschaft zwischen sich und seinen Zuhörern, die die Distanz zum nicht Zugehörigen (ἐκείνῳ) noch stärker fühlbar macht.

παρὰ τοὺς νόμους: Die an sich schon überzeugende Aussage wird durch diesen gewichtigen Abschluss vollends unanfechtbar. Zudem lenkt das Signalwort νόμους die Aufmerksamkeit der Zuhörer auf die nun zu behandelnde Frage nach der Gesetzmäßigkeit des Antrags zurück.

οὑτοσί: Das Demonstrativum dürfte von einer auf den Angeklagten weisenden Geste des Redners begleitet gewesen sein; zu Formen von οὗτος in Bezug auf den anwesenden Prozessgegner vgl. KG I 645.

ἐν μὲν τῷ νόμῳ: Der korrespondierende Gedanke folgt erst in §27 mit rekapitulierender Aufnahme des μέν-Teils: ὁ μὲν δὴ τὸν νόμον τιθεὶς οὕτως, ὁ δὲ τὸ ψήφισμα γράφων πῶς;

§25

καὶ προσειπὼν ὁ θεὶς τὸν νόμον "ἐὰν ἀποκτείνῃ", κρίσιν πεποίηκεν ὅμως: Der Sinn dieses schwierigen Satzes erhellt aus §27, wo προσειπών durch das Substantiv προσηγορία aufgenommen wird (womit im übrigen die von A gebotene Variante προειπών ausscheidet). Der Kläger will darauf hinaus, dass sowohl im Gesetz als auch im Antrag der Tatbestand mit ἐὰν ἀποκτείνῃ benannt sei, Gesetzgeber und Antragsteller aber eklatant voneinander abweichende Konsequenzen verfügten – was die Gesetzwidrigkeit des Antrags evident mache. Es erleichtert das Verständnis, wenn man den unausgesprochenen Vergleich mit dem Antragsteller gedanklich ergänzt: „Und obwohl der Gesetzgeber (genau wie der Antragsteller) zur Benennung des Tatbestands die Formulierung ‚wenn er getötet hat' wählte, hat er gleichwohl (anders als der Antragsteller) für ein Gerichtsverfahren gesorgt, und nicht (wie der Antragsteller) (schon) vorher gesagt, was dem Täter widerfahren soll."
   D a s s der Gesetzgeber einen Prozess anordne, entnimmt der Kläger dem Verb δικάζειν. Freilich ist die entscheidende Aussage des zitierten Gesetzes nicht, dass überhaupt ein Prozess stattfindet, sondern dass für bestimmte Strafprozesse der Areopag zuständig ist. Vgl. auch die Einleitung zu §§22–27.

οὐ πρότερον τί χρὴ πάσχειν τὸν δεδρακότα εἴρηκεν: Der asyndetische Anschluss eines mit οὐ bzw. μή eingeleiteten Gegensatzes ist nicht ungewöhnlich (vgl. KG II 342,4), allerdings sind die Gegensatzpaare sonst kürzer als hier. Unter den von Rehdantz, Index I s.v. ‚Asyndeton' angeführten Belegstellen ist die inhaltlich engste Parallele 4,14 ἐπειδὰν ἅπαντα ἀκούσητε κρίνατε, μὴ πρότερον προλαμβάνετε.

καλῶς, ὦ ἄνδρες Ἀθηναῖοι: Die eingeschobene Anrede hebt das unmittelbar vorausgehende Wort hervor.

ὑπὲρ εὐσεβείας ὅλης τῆς πόλεως: Bei Abstrakta, insbesondere bei den Bezeichnungen von Tugenden und Lastern, fehlt oft auch dann der Artikel, wenn sie, wie hier durch das Attribut ὅλης τῆς πόλεως, als konkrete Erscheinungsformen bestimmt sind; vgl. KG I 606f.

Die Rechtsprechung ist nicht nur das Feld zwischenmenschlichen Ringens um δικαιοσύνη, sondern berührt auch – wie es in dem bei Zeus, Apollon und Demeter zu schwörenden Heliasteneid manifest wird – die Sphäre der Götter, denen man εὐσέβεια schuldet (vgl. Komm. zu §19 μηδ᾽ ἀποστερήσῃ διὰ τοῦτο ... ἑαυτὸν τοῦ θέσθαι τὴν ψῆφον εὔορκον). Ein gerichtliches Fehlurteil ist somit ein Akt der Unfrömmigkeit; vgl. Antiph. 5,88 (= 6,6) φονέα δὲ τὸν μὴ αἴτιον ψηφισθῆναι ἁμαρτία καὶ ἀσέβειά ἐστιν εἴς τε τοὺς θεοὺς καὶ εἰς τοὺς νόμους. Wenn der Gesetzgeber also Maßnahmen trifft, um solche Fehlurteile und die daraus resultierende Bestrafung Unschuldiger so weit wie möglich auszuschließen, bewahrt er die gesamte Stadt, in deren Namen das Urteil vollstreckt wird, vor religiösem Frevel. Zur Aufgabe der Gesetze, dem Volk zur Wahrung von Gerechtigkeit und Frömmigkeit zu verhelfen, vgl. 24,34 σκέψασθε γὰρ ὡς δικαίως καὶ σφόδρα ὑ π ὲ ρ τ ο ῦ δ ή μ ο υ κεῖται (sc. οὗτος ὁ νόμος). οὐκ ἐᾷ τοῖς ὑπάρχουσι νόμοις ἐναντίον εἰσφέρειν, ἐὰν μὴ λύσῃ τὸν πρότερον κείμενον. τίνος ἕνεκα; πρῶτον μὲν ἵν᾽ ὑμῖν ἐξῇ τ ὰ δ ί κ α ι α ψηφίζεσθαι μετ᾽ ε ὐ σ ε β ε ί α ς ...

προϊδών: Das Aktiv im Sinne von ‚Vorsorge treffen' ist ungewöhnlich. In der Regel heißt προορᾶν bei Demosthenes ‚vorhersehen' (vgl. z.B. 4,41; 6,6; 23,133.134), während das Medium sowohl die Bedeutung ‚vorhersehen' (vgl. z.B. 18,45) als auch ‚Vorsorge treffen' (z.B. 18,301; 19,250; 23,134) haben kann. Die einzige Parallele zu unserer Stelle bei Dem. ist 19,285 ... τοῦτον ἀπώλεσεν ... οὐχὶ τῶν ὑμετέρων παίδων, ὅπως ἔσονται σώφρονες, προορῶν ...

πῶς;: Es wird nicht nach der Art und Weise des προϊδεῖν gefragt (dass dies in der Anordnung eines Prozesses besteht, wurde bereits gesagt), sondern, wie die anschließende Erklärung zeigt, nach dem Zusammenhang zwischen dem Gesetz und der εὐσέβεια der Bürger. πῶς; steht also im Sinne von πῶς τοῦτο λέγω; ‚Wie meine ich das?', ‚Wie ist das zu verstehen?'; ähnlich 23,96.

τίς ποτ': Zu ποτέ vgl. Komm. zu §8 τί ποτ' ἐστί.

ὁ ἀνδροφόνος: Vgl. Komm. zu §29 τοῦτον ἀνδροφόνον λέγει ... πρὶν ἂν ἐξελεγχθεὶς ἁλῷ.

τὰ τοιαῦτα: Sc. Anschuldigungen, einen Mord begangen zu haben.

δεινὸν: Als δεινόν im negativen Sinne wird ein eklatanter Verstoß gegen Recht, Moral oder Anstand qualifiziert, der die Empörung der Rechtschaffenen herausfordert (‚ungeheuerlich'). Bei Dem. begegnet das Adjektiv oft in Kombination mit σχέτλιον, ‚widerwärtig' (u.a. 19,226; 20,156; 21,61.104) und im Zusammenhang mit Ausdrücken des ‚Schändlichen' (20,47; 23,138. 211). 23,76 und 24,152 findet sich die Verbindung δεινὸν καὶ ἀνόσιον, die mit unserer Stelle, an der δεινόν den Gegensatz zu εὐσεβές bildet, eng verwandt ist.

πεισθῆναι καὶ μαθεῖν ... διδασκομένους: Der Ausdruck umschreibt den idealen Ablauf einer Gerichtsverhandlung, in der die beiden Prozessparteien den Richtern durch Information und Argumentation in ihren jeweiligen Darlegungen zu einer – im Gegensatz zum unkritischen πιστεύειν – wissensbasierten Urteilsfindung verhelfen (vgl. εἰδόσιν).

ἐπειδήπερ ἡμεῖς τιμωρήσομεν τῷ πεπονθότι: Die Betonung liegt auf ἡμεῖς. Während bei privaten Gerichtsverfahren die siegreiche Partei selbst die Bestrafung vornehmen durfte, oblag bei öffentlichen Prozessen die Vollstreckung des Urteils dem Staat, der die Gesamtheit aller Bürger repräsentierte; vgl. Lipsius 942.

ὁ πεπονθώς oder ὁ παθών, ‚der Leidtragende', bezeichnet das Opfer des Verbrechens wie auch §§34, 39, 40, 46, 72, 216.

τηνικαῦτα ... ἤδη: Zur Bedeutung ‚erst dann' vgl. LSJ s.v. ἤδη I.4.d. und Dem. 45,9; ebenso τότ' ἤδη 16,27; 18,193; 21,55 u.ö.

εἰδόσιν: Der Zusatz ist inhaltlich nicht notwendig und syntaktisch sperrig, sollte aber dennoch nicht getilgt werden (wie von van Herwerden erwogen). Mit der Zusammenführung der Begriffe εὐσεβές und εἰδόσιν wird auf den Ausgangspunkt des Gedankengangs zurückverwiesen (vgl. εὐσεβείας und εἰδέναι) und das Argument erkennbar zum Abschluss gebracht.

§26

διελογίζετο, ὅτι ... γίγνεται: Diese Überlegung des Gesetzgebers wird offenbar vom Ergebnis her erschlossen. Da das Gesetz einen Prozess vor dem Areopag vorsehe, „wenn einer jemanden tötet", müsse der Gesetzgeber die Formulierung als Beschuldigung, nicht als bereits erwiesene Verfehlung interpretiert haben. Der Kläger behandelt diese Beobachtung im Folgenden wie eine feste Regel der Gesetzessprache, wodurch er stillschweigend dem möglichen, wenn auch nicht treffenden, Einwand vorbeugt, der Antragsteller könnte mit derselben Formulierung einen anderen Sachverhalt, nämlich die bereits bewiesene Straftat, gemeint haben. Dass Formulierungen vom Typ ἐάν τις ... in der drakontischen Gesetzessprache sehr wohl auch bei erwiesenen Straftaten verwendet und mit der Festsetzung einer Strafe verbunden werden können, zeigt IG I³ 104, 11: καὶ ἐὰμ μὲ 'κ [π]ρονοί[α]ς [κ]τ[είνει τις τινα, φεύγ]ε[ν. Es folgt dort allerdings unmittelbar der Verweis auf den Gerichtshof, der zuvor über den Fall zu befinden hat.

πάντα τὰ τοιαῦτα ὀνόματα ... καὶ τὰ τοιαῦτα πάντα: Durch die chiastische Stellung ergibt sich eine spiegelsymmetrische Rahmung der Beispiele.

ὄνομα bezeichnet i.d.R. ein einzelnes Wort (Ggs. ῥῆμα); zur Anwendung auf eine mehrteilige ‚Benennung', wie hier, vgl. LSJ s.v. V und Dem. 19,187 ... ἵν' εἰδῆτε ὅτι τὸ ψυχρὸν τοῦτο ὄνομα, τὸ „ἄχρι κόρου", παρελήλυθ' ἐκεῖνος φενακίζων ὑμᾶς.

ἐάν τις ἀποκτείνῃ: Der Kläger macht sich den Umstand zunutze, dass sich sowohl im Gesetz als auch im Antrag die Formulierung „wenn jemand tötet" findet, und kontrastiert auf der Grundlage dieser (scheinbar) identischen Voraussetzung die Maßnahmen, die der Gesetzgeber einerseits und der Antragsteller andererseits anordnen. Vgl. die Einleitung zu §§22–27.

ἐάν τις ἀποκτείνῃ, ἐάν τις ἱεροσυλήσῃ, ἐάν τις προδῷ: Dieselbe Trias besonders schwerer Verbrechen wird Antiph. 5,10 aufgezählt: φασὶ δὲ αὖ τό γε ἀποκτείνειν μέγα κακούργημα εἶναι, καὶ ἐγὼ ὁμολογῶ μέγιστόν γε, καὶ τὸ ἱεροσυλεῖν καὶ τὸ προδιδόναι τὴν πόλιν (Westermann).

ἀδικήματα: Analog zu den αἰτιῶν ὀνόματα müsste es eigentlich ἀδικημάτων ὀνόματα heißen. Durch die Verkürzung wird aber der Unterschied zwischen den verbalen Anschuldigungen und den realen Straftaten noch prägnanter ausgedrückt.

τιμωρίαν προσγράφειν: wörtl. ‚eine Strafe zuschreiben'; hier ‚mit der Anordnung einer Strafe verknüpfen'. Etwas anders 24,88 in Verbindung mit der Person, die mit einer Strafe belegt wird: τῷ δὲ μὴ καθιστάντι (sc. ἐγγυητάς) ... οὐδεμίαν οὔτε δίκην οὔτε τιμωρίαν προσγέγραφεν.

καὶ οὐχ ἅπερ, ἂν ἁλῷ, παθεῖν εἶπεν: Den Gesetzgeber zeichnet aus, dass er für den Beschuldigten einen Prozess, für den Verurteilten eine Strafe vorsieht (vgl. §30), und nicht, wie der Antragsteller, genau die Maßnahme, die erst im Falle der Verurteilung anzuwenden ist (ἅπερ, ἂν ἁλῷ, παθεῖν), über den noch nicht überführten Beschuldigten verhängt. Zum Infinitiv im Relativsatz vgl. Goodwin, MT §756 und KG II 550.

Die Handschrift S bietet ante correctionem die Variante εἶναι statt παθεῖν εἶπεν, was inhaltlich auf das Gleiche hinausläuft, sprachlich aber zusätzliche Schwierigkeiten schafft: Von ἔγραψεν müsste entweder neben dem Infinitiv δικάζειν (unter Wechsel der Konstruktion) ein als Bezugswort zu ἅπερ gedanklich zu ergänzendes Akkusativobjekt („... und nicht das, was gilt / erlaubt ist, wenn er überführt wurde') oder (unter Beibehaltung der Konstruktion) analog der Infinitiv εἶναι abhängig gemacht, in der Konsequenz aber die ungewöhnliche Verbindung von ἁλίσκειν mit dem Akkusativ angenommen werden (so Weil, der οὐχ, ἅπερ ἂν ἁλοίη, εἶναι schreibt: „le législateur n'a pas anticipé sur le verdict en traitant de réels les délits dont le prévenu pourra être convaincu").

Es gilt zu beachten, dass es sich bei ἅπερ um ein (betontes) Relativpronomen, nicht um ein indirektes Fragepronomen handelt. Wird dieser Unterschied in der Übersetzung nicht hinlänglich markiert, ergibt sich kein Gegensatz zum Antrag des Aristokrates; vgl. z.B. Vince: „he did not lay down what should be done to the culprit if found guilty" und Goodwin, MT §756: „and he did not enact what should be done if he should be convicted", Harris 2018: „but did note state what was to happen to him if the defendant was convicted".

§27

τιθείς: Der Präsensstamm variiert mit dem Aorist in §25 (ὁ θεὶς τὸν νόμον). Dort wurde die Tätigkeit des Gesetzgebers von ihrem Ergebnis her, hier wird sie in ihrem Verlauf in den Blick genommen. Der Bedeutungsunterschied ist freilich marginal; vgl. Wankel zu 18,6 ὁ τιθείς (S. 136): „Im Aspekt wird ... bisweilen so schnell gewechselt..., daß der Unterschied überhaupt verwischt erscheint. Das zeitlose Präsens ὁ τιθείς ist synomym mit ὁ νομοθέτης."

ὁ δὲ τὸ ψήφισμα γράφων πῶς;: Die Endstellung des Fragepronomens verdankt sich dem strengen Parallelismus zum μέν-Glied. Vgl. 21,157 ἐγὼ μὲν οὖν οὕτως ὑμῖν προσενήνεγμαι, Μειδίας δὲ πῶς; ähnlich 14,18; 18,235; 23,199 und Aischin. 3,33 (möglicherweise in Anspielung auf unsere Stelle?) ὁ μὲν οὖν νομοθέτης οὕτως· ὁ δὲ Κτησιφῶν πῶς; Zur Vorliebe des Dem. für Inversionsfragen vgl. Komm. zu §30 λέγει δὲ τί;.

ἀνελὼν τὸ δίκην ὑπέχειν ... φανερόν: Dass der Antragsteller dem Beschuldigten einen Prozess verweigert, wird nicht weniger als vier Mal, jeweils mit anderen Worten, festgestellt, um alle berechtigten Zweifel an dieser für die Argumentation konstitutiven These durch deren penetrante Wiederholung im Keim zu ersticken und sie als Faktum im Bewusstsein der Zuhörer zu verankern: (1) ἀνελὼν τὸ δίκην ὑπέχειν; (2) παραβὰς τὸ διωρισμένον ἐκ τοῦ νόμου δικαστήριον; (3) ἄκριτον; (4) τὸν οὐδ' εἰ πεποίηκε φανερόν.

τὸ δίκην ὑπέχειν: ‚sich vor Gericht verantworten' wie 19,95.182; 21,112; hingegen ‚bestraft werden' 6,37; 19,281; 22,29; 23,55; 24,206.

ἐποίησεν ... παρέδωκεν: Dem. verwendet den Aorist, als seien die Handlungen durch die Abfassung eines entsprechenden Antrags bereits ausgeführt. Das vermeintliche Unrecht tritt den Geschworenen somit als ein real bestehendes und sofortige Gegenmaßnahmen erforderndes, nicht als ein für die Zukunft eventuell zu erwartendes vor Augen.

τὸ διωρισμένον ἐκ τοῦ νόμου δικαστήριον: Sc. der Areopag.

ἐκ τοῦ νόμου bzw. ἐκ τῶν νόμων begegnet bei Dem. in attributiver Funktion überwiegend ohne Zusatz des vermittelnden Verbalbegriffs; vgl. 18,13 ταῖς ἐκ τῶν νόμων τιμωρίαις παρ' αὐτὰ τἀδικήματα χρῆσθαι; 19,70.281; 21,166; 23,48; 24,28.32.48.99; 39,8; 54,18. Der Verbalbegriff ist wie an unserer Stelle hinzugesetzt 24,2 τῶν προστιμημάτων τῶν ἐπὶ τοῖς ἀδικήμασιν ἐκ τῶν νόμων ὡρισμένων; 21,26; 24,83. Zu Präpositionalausdrücken in attributiver Funktion vgl. KG I 260f. mit Anm.

ἄκριτον τοῖς ἐπαιτιασαμένοις παρέδωκεν ὅ τι ἂν βούλωνται χρῆσθαι: Die Grenze zwischen dem, was tatsächlich im Antrag steht (ἀγώγιμον ἐποίησεν), und dem, was der Kläger in maliziöser Ausdeutung konstruiert, wird durch die schlichte Beiordnung (ἐποίησεν ... καὶ παρέδωκεν) für die Zuhörer unkenntlich gemacht.

ὅ τι nimmt einen inneren Akkusativ auf, der zu χρῆσθαι zu ergänzen ist (‚den Gebrauch zu machen, den ...'); vgl. den vollständigen Ausdruck bei Isokr. 12,107 ... διαρρήδην γράψαντες χρῆσθαι τοῦτ', ὅ τι ἂν αὐτὸς βούληται. Zum finalen Infinitiv nach παραδιδόναι vgl. KG II 16. Ganz ähnlich Lys. 6,32 παρέδωκεν αὐτὸν ὑμῖν χρῆσθαι ὅ τι ἂν βούλησθε.

Während die vermeintliche Verweigerung eines Prozesses zu dem bereits zitierten Gesetz in Widerspruch steht, bereitet die im folgenden Satz durch Beispiele veranschaulichte Feststellung, dass der Antragsteller den Beschuldigten der Willkür seiner Ankläger ausliefere, den Übergang zum nächsten Gesetz vor, welches genau dies verbietet.

τὸν οὐδ' εἰ πεποίηκέ πω φανερόν: Zur Verbindung des substantivierten Adjektivs mit einem indirekten Fragesatz vgl. 24,74 τοὺς μηδ' εἰ κρίσεως ἄξιον ἐργάσονταί τι δήλους (Westermann).

§§28–36: Gesetz 2

Der Kläger führt konkrete Beispiele für Willkürakte der Rächer an, die der Antrag nach seiner Interpretation ermögliche: Ihnen sei es, wenn sie des Tatverdächtigen habhaft würden, erlaubt, diesen zu foltern, zu misshandeln und Geld von ihm zu verlangen. Nach geltendem Recht sei es aber sogar verboten, dies überführten Mördern anzutun.

In dem daraufhin zum Beweis verlesenen Gesetz heißt es, es sei erlaubt, Mörder im eigenen Land zu töten und sie abzuführen, nicht aber, sie zu misshandeln und Wergeld von ihnen zu fordern. Andernfalls sei als Strafe das Doppelte des verursachten finanziellen Schadens zu entrichten. Jedermann dürfe bei den jeweils zuständigen Behörden Anklage erheben; das Urteil fälle das Volksgericht.

Der zitierte Gesetzestext ist in mehrfacher Hinsicht problematisch:

(1) Dem (aus seinem Kontext gelösten) Gesetz ist nicht eindeutig zu entnehmen, auf welche Personengruppe es sich bezieht. Es geht um Mörder, die sich straffällig machen, wenn sie in Attika (ἐν τῇ ἡμεδαπῇ) angetroffen werden; offenbar also um solche, die im Exil leben müssen. Wie aus §44f. hervorgeht, trifft dies u.a. auf diejenigen zu, die ohne Vorsatz getötet haben. Das Gesetz wurde deshalb den drakontischen Bestimmungen zu nicht vorsätzlichen Tötungsdelikten zugeordnet, und Köhler 1867, 35 schlug den Text als mögliche Ergänzung der Zeilen 30–31 von IG I^3 104 vor. Diese Rekonstruktion wurde in der Folge von allen Herausgebern übernommen (sie findet sich noch bei MacDowell 1963, 119), bis Ronald S. Stroud die Inschrift nach gründlicher Reinigung des Steins persönlich in Augenschein nahm und zu dem Ergebnis gelangte, dass die Ergänzung in dieser Form nicht mit dem epigraphischen Befund vereinbar sei (Stroud 1968, 2 und 54f.). Der Bezug des Gesetzes auf Fälle nicht vorsätzlicher Tötung ist also nicht gesichert, und es spricht vieles dafür, dass die Bestimmungen zumindest a u c h für Mörder galten, die mit Vorsatz getötet hatten. Für sie sah das Gesetz die Todesstrafe oder ewige Verbannung unter Verlust ihres Besitzes vor; vgl. Dem. 21,43: „Die Gesetze, die Bluttaten betreffen, bestrafen diejenigen, die vorsätzlich getötet haben, mit dem Tod und mit ewiger Verbannung und mit der Beschlagnahmung ihres Vermögens" (οἱ φονικοὶ [sc. νόμοι] τοὺς ... ἐκ προνοίας ἀποκτιννύντας θανάτῳ καὶ ἀειφυγίᾳ καὶ δημεύσει τῶν ὑπαρχόντων ζημιοῦσιν). Dies ist wohl in dem Sinne zu verstehen, dass vorsätzlicher Mord grundsätzlich mit der Todesstrafe geahndet wurde, es aber dem Angeklagten erlaubt war, sich durch die Flucht ins Exil dieser Strafe zu entziehen (so Harrison 1968, 198; anders Gagarin 1981, 112–115, der Tod und Verbannung als zwei alternative Urteile ansieht). So ließ man den vor dem Areopag wegen vorsätzlichen Mordes Angeklagten die Möglichkeit, nach ihrer Verteidigungsrede ungehindert zu entkommen: „Dem Angeklagten steht es frei, sich nach seiner ersten Rede zu entfernen, und weder der Kläger noch die Richter noch irgendein anderer sind befugt, ihn daran zu hindern" (τῷ δὲ φεύγοντι ... τὸν πρότερον ... ἔξεστιν εἰπόντα λόγον μεταστῆναι, καὶ οὔθ' ὁ διώκων οὔθ' οἱ δικάζοντες οὔτ' ἄλλος ἀνθρώπων οὐδεὶς κύριος κωλῦσαι, Dem. 23,69; vgl. auch Antiph. 4,4,1; 5,13). Das zitierte Gesetz dürfte die Funktion gehabt haben, die unerlaubte Rückkehr des Verbannten und die damit einhergehende Befleckung zu verhindern, indem man ihn einem maximalen Risiko aussetzte: Wurde er innerhalb des Bannkreises angetroffen, hatte jeder Bürger das Recht, die für das Delikt vorgesehene Strafe entweder stellvertretend für den Staat selbst zu vollstrecken oder den Mörder durch

Festnahme und Auslieferung an die zuständigen Behörden dieser Strafe zuzuführen. Ein ganz ähnlicher Gedanke findet sich in Platons *Nomoi*: „Der Verurteilte soll mit dem Tod bestraft und nicht im Land des Opfers begraben werden, weil dies nicht nur ein Frevel gegen die Götter, sondern auch ein Akt der Schamlosigkeit wäre (anders Schöpsdau 2011, 56: ‚um neben der Vermeidung eines religiösen Frevels auch die Verweigerung der Verzeihung sichtbar zu machen'). Wenn er aber flieht und sich dem Urteil nicht stellen mag, soll er für immer verbannt sein. Wenn aber einer von diesen Leuten das Land des Ermordeten betritt, soll ihn von den Verwandten des Toten oder auch von den Mitbürgern der erste, der ihm begegnet, ungestraft töten oder gefesselt den Beamten, die das Urteil gefällt haben, zur Vollsteckung der Todesstrafe übergeben." (ὁ δὲ ὀφλὼν θανάτῳ ζημιούσθω καὶ μὴ ἐν τῇ τοῦ παθόντος χώρᾳ θαπτέσθω, ἀναιδείας ἕνεκα πρὸς τῷ ἀσεβεῖν. φυγὼν δὲ καὶ μὴ 'θελήσας κρίσιν ὑποσχεῖν φευγέτω ἀειφυγίαν· ἐὰν δέ τις ἐπιβῇ που τῶν τῆς τοῦ φονευθέντος χώρας, ὁ προστυχὼν πρῶτος τῶν οἰκείων τοῦ ἀποθανόντος ἢ καὶ τῶν πολιτῶν ἀνατὶ κτεινέτω, ἢ δήσας τοῖς ἄρχουσι τῶν τὴν δίκην κρινάντων κτεῖναι παραδότω, Plat. leg. 871d3–e2.)

(2) Es mutet eigenartig an, dass es zwar erlaubt sein soll, jemanden zu töten oder töten zu lassen, nicht aber, ihm körperlichen Schmerz oder auch nur finanziellen Schaden zuzufügen. Möglicherweise ist das Gesetz kein einheitliches Ganzes, sondern ein Kompositum aus ursprünglichem drakontischen Kern und späterer Ergänzung (Stroud 1968, 55 und Gagarin 1981, 26). Ein Indiz dafür ist der Einschub ‚wie es das Gesetz auf der Tafel sagt' (ὡς ἐν τῷ ἄξονι ἀγορεύει). Der Verweis auf den (drakontischen) Axon (zum Begriff vgl. Komm. zu §28 ὡς ἐν τῷ ἄξονι ἀγορεύει) kann schwerlich zum Text des Axon selbst gehören; vielmehr dürfte uns eine ‚Novelle' des Gesetzes vorliegen, die die drakontische Bestimmung (i.e. die Erlaubnis, verbannte Mörder in Attika zu töten oder abzuführen) zwar dem Wunsch ihres Urhebers gemäß (vgl. §63) unverändert lässt (ὡς ἐν τῷ ἄξονι ἀγορεύει), sie aber durch einen Zusatz ergänzt (i.e. das Verbot, zu foltern und Geld zu fordern). Diese Ergänzung könnte durch Fälle von Gewaltexzessen oder Erpressung notwendig geworden sein.

Gagarin 1981, 26 nimmt an, dass der erweiterte Gesetzestext innerhalb des Corpus der drakontischen Gesetze aufgezeichnet war, da nur so der Verweis auf ‚den Axon' eindeutig auf die drakontischen, und nicht etwa auf die solonischen, Axones bezogen werden konnte.

Ausführlich zum Einschub Canevaro 2013a, 50–52; zu der von Canevaro befürworteten Ergänzung des Zahlzeichens α' vor ἄξονι vgl. Komm. zu §28 ὡς ἐν τῷ ἄξονι ἀγορεύει.

(3) Die beiden letzten Sätze (εἰσφέρειν ... διαγιγνώσκειν) setzen die Einführung der Popularklage (vgl. Komm. zu §28 {τῷ βουλομένῳ}) und der Heliaia (vgl. Komm. zu §28 {τὴν δ' ἡλιαίαν διαγιγνώσκειν}) voraus, können also frühestens aus solonischer Zeit stammen. Dies wäre beim uneinheitlichen Charakter des Gesetzes nicht weiter verwunderlich. Auffällig ist aber, dass der Kläger weder den Wortlaut dieses Abschnitts aufgreift noch inhaltlich auf ihn Bezug nimmt, obwohl er sich gut in seinem Sinne hätte instrumentalisieren lassen: Statt umständlich auf den Axon zu verweisen, hätte er suggerieren können, dass sich das hier beschriebene Verfahren auf den gefassten Mörder bezieht (so verstand es sogar noch Reiske, app. 1034). Es sind also Zweifel daran erlaubt, ob der vor Gericht verlesene Gesetzestext die beiden letzten Sätze enthielt – zumal sprachliche Probleme hinzukommen; vgl. Komm. zu §28 {εἰσφέρειν δὲ τοὺς ἄρχοντας}.

Im Anschluss an die Verlesung des Gesetzes (§§29–30) weist der Kläger zunächst nach, dass sich dieses auf bereits überführte Mörder bezieht, wie er es zuvor (vgl. §28) behauptet hatte. Dabei knüpft er an seine Ausführungen zum ersten Gesetz an. Jenes sehe für den, der des Mordes angeklagt sei, einen Gerichtsprozess, aber noch keine Bestrafung vor. Im zweiten Gesetz werde hingegen eine Bestrafung festgelegt, was sich nur auf den verurteilten Täter beziehen könne.

Abgesehen von der leichten Unschärfe, dass das Gesetz nicht die Strafe für das Vergehen selbst, sondern für einen Verstoß gegen die Strafauflagen bestimmt, treffen die Ausführungen des Klägers in diesem Punkt zu. Im Weiteren aber bedient er sich eines ganzen Arsenals unlauterer Mittel. Der Gesetzestext ist mit einiger Sicherheit so zu verstehen, dass man einen flüchtigen Mörder bei dessen unerlaubter Rückkehr in sein Heimatland sowohl eigenhändig töten als auch, alternativ dazu, den zuständigen Behörden zur Vollstreckung der Todesstrafe überstellen durfte; vgl. u.a. Hansen 1976, 107f., Carawan 1998, 90. Diesen Sachverhalt muss der Kläger nach Kräften verschleiern. Würde den Zuhörern nämlich bewusst, dass das Gesetz die Bestrafung durch Privatpersonen, zumindest in einem bestimmten Fall, ausdrücklich erlaubt, ließe sich aus dem Text nicht mehr die Absicht des Gesetzgebers herauslesen, Selbstjustiz zu verhindern. Der Kläger geht deshalb folgendermaßen vor (§31f.): Nachdem er den für ihn heiklen Passus des Gesetzes („es ist erlaubt, zu töten und abzuführen", ἐξεῖναι ἀποκτείνειν καὶ ἀπάγειν) korrekt zitiert hat, übergeht er das erste Element („töten", ἀποκτείνειν) vollständig und lenkt mit der Frage „in das eigene Haus?" (ἆρ' ὡς αὐτόν;) die Aufmerksamkeit ausschließlich auf das letzte Wort des vorausgegangenen Zitats („abführen", ἀπάγειν). An die Frage nach dem ‚Wohin' schließt sich sodann die Frage nach dem ‚Wie' an, die der Kläger durch den Verweis auf den Axon in dem Sinne beantwortet sehen will, dass, wie man es auch vor kurzem in der Volksversammlung habe beobachten können, die Vollstreckung der Todesstrafe an denjenigen, die wegen Mordes verbannt sind, in die Zuständigkeit der Thesmotheten falle. In deren Kompetenzbeschreibung („sie sind befugt, die Todesstrafe zu vollziehen", κύριοι θανάτῳ ζημιῶσαί εἰσιν) schimmert der im Gesetz explizit erwähnte Aspekt des Tötens immerhin durch. Das Fazit aber nimmt wieder nur den Akt des Abführens in den Blick („zu ihnen also ordnet das Gesetz abzuführen an", ὡς τούτους οὖν ἀπάγειν λέγει), woran nahtlos der auf gemeinsamen Formulierungen (ἀπάγειν und ἀγώγιμον εἶναι) beruhende Vergleich zwischen dem Gesetz und dem Antrag anknüpft (zu diesem Verfahren vgl. Komm. zu §26 ἐάν τις ἀποκτείνῃ). Der Unterschied zwischen den in Gesetz und Antrag vorgeschriebenen Verfahrensweisen liege darin, dass derjenige, der den Gefangenen den Thesmotheten übergebe, ihn einer Bestrafung gemäß den Gesetzen zuführe, während der, der ihn zu sich nach Hause verschleppe, nach eigenem Gutdünken strafen könne. Mit dem direkt im Anschluss zitierten Verbot der Misshandlung und Geldforderung (§33) suggeriert der Kläger, dass eben dies zu erwarten sei, wenn man dem Geschädigten selbst die Rache überlasse.

Auf den ersten Blick scheint es, als versuche der Kläger, das im Gesetz erteilte Recht auf eigenhändige Tötung durch konsequentes Verschweigen aus dem Bewusstsein der Geschworenen zu verdrängen. Vertraut man aber dem in §35 überlieferten Text (vgl. dort den Komm. zu †κακοῦν ἔχοντα,† αὐτὸν ἀποκτιννύναι), ergibt sich ein anderes Bild. Offenbar soll ein ganz spezielles Verständnis der Junktur „töten und abführen" (ἀποκτείνειν καὶ ἀπάγειν) insinuiert werden: Die Behauptung, der Gesetzgeber untersage es, einen Mörder unter den gegebenen Umständen selbst zu töten (αὐτὸν ἀποκτιννύναι, §35), ist nämlich nur haltbar, wenn man ἀποκτείνειν im Gesetzestext als kausativ und die Verbindung ἀποκτείνειν καὶ ἀπάγειν als Hendiadyoin betrachtet, das gleichzeitig ein Hysteronproteron ist: ‚durch die Maßnahme der Apagoge (sc. von den dazu allein befugten Thesmotheten) töten lassen'; vgl. Canevaro 2013a, 48. Eine derart kryptische Formulierung ist in einem Gesetz, in dem es jedes Missverständnis auszuschließen gilt, kaum vorstellbar – wohl aber, dass Dem. darauf spekulierte, zumindest einen Teil der Jury auf diese Weise täuschen zu können.

In die Irre führt der Kläger die Geschworenen auch mit seiner eigenwilligen Deutung des Einschubs „wie es auf dem Axon steht" (ὡς ἐν τῷ ἄξονι εἴρηται), der als Apposition zum gesamten vorausgegangenen Teil des Gesetzes und nicht als modale Bestimmung zum Verb „abführen" (ἀπάγειν) zu verstehen ist (vgl. Komm. zu §31 ἀλλὰ πῶς; "ὡς ἐν τῷ ἄξονι εἴρηται"). Anders als der Kläger glauben machen will, ordnet das Gesetz also nicht ausdrücklich die Abführung zu den Thesmotheten an. Damit wird der auf dieser Basis konstruierte Widerspruch zum Antrag hinfällig. Da auch das Gesetz den ‚Zielort' des Abführens nicht explizit festlegt, kann der Wortlaut des Antrags, der Tatverdächtige solle abgeführt werden dürfen (ἀγώγιμον εἶναι), nicht mit der Erlaubnis, ihn an einen beliebigen Ort zu bringen und dort nach Gutdünken mit ihm zu verfahren, gleichgesetzt werden. Vgl. dazu auch Komm. zu §35 ἐν γε τῷ ποιεῖν ἀγώγιμον πάνθ' ὅσα ἀπείρηκεν ὁ νόμος δέδωκας.

Der Kläger führt sodann (§§34–36) einen weiteren Punkt an, in dem der Antrag gegen das Gesetz verstoße: Das Gesetz lege fest, wie und wo der überführte Mörder zu bestrafen sei, und schließe andere Arten und Orte der Bestrafung ausdrücklich aus. Der Antragsteller hingegen treffe keine derartigen Bestimmungen, sondern sage im Gegenteil: „Wenn jemand Charidemos tötet, soll er von überall abgeführt werden können." In Form zweier rhetorischer Fragen, die er an Aristokrates persönlich richtet, bündelt der Kläger pointiert die vermeintlichen Widersprüche zwischen Gesetz und Antrag: „Obwohl die Gesetze nicht einmal die Verurteilten außerhalb des Heimatlandes festzunehmen erlauben, lässt du jemanden ohne Urteil aus dem gesamten Gebiet der Bundesgenossen abführen? Und obwohl die Gesetze den Mörder sogar im Heimatland ins eigene Haus zu verschleppen verbieten, gibst du dazu die Erlaubnis?" Ergänzend tritt die Überlegung hinzu, dass die unbeschränkte Erlaubnis der Festnahme indirekt auch die Erlaubnis zur im Gesetz ausdrücklich verbotenen Wergeldforderung, zur Misshandlung und zur eigenhändigen Tötung in sich schließe. Die Gesetzwidrigkeit des Antrags sei eindeutig dadurch erwiesen, dass Aristokrates, obwohl er sprachlich zwischen dem des Mordes Beschuldigten und dem des Mordes Überführten hätte differenzieren können, für den Beschuldigten eine Strafe anordne, die das Gesetz nicht einmal für den Überführten vorsehe. Das, was zwischen Beschuldigung und Überführung liege, nämlich der Prozess, werde im Antrag an keiner Stelle erwähnt (§§34–36).

Die Konstruktion eines Gegensatzes zwischen der örtlichen Beschränkung des Zugriffs auf das Heimatland des Opfers und der Freigabe zur Festnahme im gesamten Gebiet der Bundesgenossen fällt bei näherer Betrachtung in sich zusammen: Gegenstand des Gesetzes ist nicht die unmittelbare Strafe für das Tötungsdelikt, sondern die Strafe für den Fall, dass ein wegen

Mordes zum Exil Verurteilter ohne Erlaubnis heimkehrt. Die Sanktionsmöglichkeit muss zwangsläufig auf das Heimatland beschränkt sein, weil nur der Aufenthalt dort überhaupt einen Straftatbestand darstellt. Der Antrag hingegen betrifft einen mutmaßlichen Mörder, der sich durch Flucht dem ihm drohenden Strafverfahren zu entziehen versucht. Festgelegt wird nicht die Strafe für den Mord, sondern die zur Ergreifung des Verdächtigen zulässigen Maßnahmen. Daher ist auch der Vorwurf verfehlt, Aristokrates verweigere dem Tatverdächtigen einen Prozess – allenfalls versäumt er es, einen solchen ausdrücklich anzuordnen (vgl. dazu die Einleitung zu §§22–27).

Für einen besseren Überblick seien die wesentlichen Schwächen der Argumentation noch einmal in aller Kürze zusammengefasst:

(1) Selbstjustiz verstößt nicht grundsätzlich gegen geltendes Recht. Dass das Gesetz neben der Festnahme auch die Tötung des verurteilten Mörders erlaubt, muss vom Kläger stillschweigend so umgedeutet werden, als sei die Verbindung ‚töten und abführen' als einheitliche Handlung im Sinne von ‚den Thesmotheten zur Vollstreckung der Todesstrafe zuführen' zu verstehen.

(2) Das Gesetz enthält ebenso wenig wie der Antrag eine explizite Angabe, wem der Gefangene auszuhändigen sei. Damit entbehren die aus diesem vermeintlichen Defizit des Antrags abgeleiteten Folgerungen, der Tatverdächtige werde der Willkür der Rächer und Misshandlungen von der Art ausgeliefert, wie sie das Gesetz ausdrücklich verbiete, der Grundlage.

(3) Die Bestimmungen darüber, wo der Mörder bzw. der Tatverdächtige festgenommen werden dürfen, sind nicht vergleichbar, da sich das Gesetz auf einen bereits verbannten Mörder bezieht, der sich nur durch den Aufenthalt im Heimatland des Opfers strafbar macht, während es im Antrag darum geht, wie man eines flüchtigen Tatverdächtigen habhaft wird – sc. um ihn dann vor Gericht zu stellen.

(4) Dass im Antrag über den Tatverdächtigen eine Strafe verhängt werde, ohne ihm einen Prozess zu gewähren, ist sachlich falsch. Es bedarf der ungerechtfertigten Gleichsetzung des Ausdrucks ‚abgeführt werden dürfen' (ἀγώγιμον εἶναι) mit der Aussage ‚zu sich selbst abführen' (ὡς αὑτὸν ἄγειν, §32), die wiederum in die Vorstellung mündet, der persönliche Feind könne eine beliebige Bestrafung vornehmen (κύριον τῆς τιμωρίας … τὸν ἐχθρὸν γίγνεσθαι, §32), um den Antrag als einen Freibrief für Selbstjustiz deuten zu können.

§28

στρεβλοῦν, αἰκίσασθαι, χρήματα πράξασθαι: Das Verb στρεβλόω leitet sich von στρέβλη (‚Seilwinde') ab und bezeichnet in übertragener Bedeutung das Foltern durch Überstrecken und Ausrenken der Glieder, wie man es vor allem bei Verhören von Sklaven praktizierte. Die Prozedur ist besonders qualvoll bei langsamer, aber stetiger Steigerung der Schmerzen, was durch den Infinitiv des Präsensstammes abgebildet wird. αἰκίζειν ist ein allgemeinerer Ausdruck für Misshandlung und Folter.

αἰκίσασθαι und χρήματα πράξασθαι haben im folgenden Gesetz ihre genauen Entsprechungen in λυμαίνεσθαι und ἀποινᾶν. στρεβλοῦν dürfte von Dem. hinzugesetzt worden sein, um in der Vorstellung der Zuhörer ein konkretes Bild davon zu erzeugen, welchen extremen Grad von Grausamkeit der Antrag (vermeintlich) zulässt. Dieses Bild wirkt umso erschreckender, als eine solche Misshandlung, wie unmittelbar zuvor konstatiert wurde, auch einen Unschuldigen treffen könnte (τὸν οὐδ' εἰ πεποίηκέ πω φανερόν).

καίτοι: Zu adversativem καίτοι vgl. Denn. GP 556ff. und bei Dem. z.B. 18,108.171.

πάντα ταῦτ' ἀπείρηκεν ... μηδὲ ... ἐξεῖναι ποιεῖν: πάντα ταῦτα wird von den Hörern zunächst direkt mit ἀπείρηκεν verbunden worden sein; erst im weiteren Verlauf zeigt sich, dass der Akkusativ, proleptisch vorangestellt, zu ποιεῖν gehört. Diese Wortstellung lässt das Publikum den Kern der Aussage gleich zu Beginn des Satzes erfassen; der gegen die Erwartung angeschlossene Infinitiv überrascht mit einer Steigerung dieser Aussage: Strafen, die der Antragsteller für nicht verurteilte Angeklagte zulässt, verbietet das Gesetz sogar für überführte Mörder.

Der verneinte Infinitiv wie üblich nach Verben des Verbietens; vgl. KG II 208. Zum eigentlich redundanten Zusatz von ἐξεῖναι vgl. Hyp. Phil. fr. 15b,2, 8-12 Jensen ἐν νόμωι γράψας [ὁ] δῆ-|μος ἀπεῖπεν μήτε [λ]έ-|γειν ἐξεῖναι [μηδενὶ] κα-|κῶς Ἁρμόδιον καὶ Ἀρ[ισ-|τογείτονα μήτ' ...

ἄντικρυς: Dem. verwendet dieses Wort, besonders in den Reden 19, 23 und 24, relativ häufig; bei den anderen Rednern findet es sich je nur einmal bei Isaios (11,23) und Lysias (13,78).

ὁ κάτωθεν νόμος: Die räumliche Angabe kann sich natürlich nicht auf das in der schriftlichen Fassung der Rede ‚unten' zitierte Gesetz beziehen;

zudem fehlt ein überzeugender Beleg dafür, dass κάτωθεν von Demosthenes im gleichen Sinne wie κάτω verwendet wird (vgl. 2,10; 22,72 [= 24,180], wo jeweils die Vorstellung des Ausgangspunktes zumindest durchschimmert). Die wahrscheinlich richtige Erklärung bietet Westermann: „κάτωθεν bezieht sich ... auf die betreffende Stelle der Schrift, in welcher die zur Verlesung vor Gericht bestimmten Gesetze vom Redner zusammengestellt waren, ist aber ebenso wenig hier als 2,10 ... u. 22,72 ... = κάτω, sondern bezeichnet die Stelle, wo das Gesetz steht, zugleich als die, von welcher her es zu entlehnen ist: das Gesetz von unten." D.h.: das Gesetz, das unterhalb des zuerst verlesenen notiert war; ὁ κάτωθεν νόμος entspricht also τὸν μετὰ ταῦτα νόμον.

τοὺς ... δεδογμένους ἀνδροφόνους: „those who have been found guilty of homicide", LSJ s.v. δοκέω II.5. Wie es zu dieser Bedeutung kommt, erklärt Weber: „ δεδογμένους i.e. περὶ ὧν ἔδοξεν, ὅτι εἰσὶν ἀνδροφόνοι". Eine exakte Parallele fehlt. τοὺς δεδειγμένους ἀνδροφόνους (Υ) ist ohne Erklärung verständlich, macht sich aber gerade dadurch als lectio facilior verdächtig.

λέγε δ': Die Handschrift A bietet λέγε δή (einhellig überliefert in §44 und §86), wogegen hier aber allein schon der Hiat (δὴ αὐτοῖς) spricht. Außerdem fällt an den beiden anderen Stellen der Übergang zu einem neuen Gesetz mit dem Übergang zu einem neuen Punkt in der Beweisführung zusammen (zu „connective" δή vgl. Denn. GP 238 und Komm. zu §22 λαβὲ δή), während hier der neue Gedanke durch die Paraphrase des Gesetzes bereits eingeführt ist und dieser Paraphrase der Originaltext (ὁ νόμος αὐτός) als Beleg an die Seite gestellt wird. Zum Ausdruck dieses schwach adversativen Verhältnisses bedarf es der Partikel δέ.

ἐξεῖναι: Zum Infinitiv vgl. Komm. zu §22 Δικάζειν δὲ.

ἀποκτείνειν ... καὶ ἀπάγειν: Die beiden Verfahrensweisen sind als alternative Möglichkeiten zu verstehen (vgl. die Einleitung zu §§28–36). Die Verwendung von καί im Sinne von ἤ (vgl. Denn. GP 292 [8]) wird hier durch das übergeordnete ἐξεῖναι erleichtert: ‚Es ist erlaubt zu töten u n d es ist erlaubt abzuführen' entspricht ‚Es ist erlaubt, zu töten oder abzuführen'. Vgl. 24,113 εἰ δέ τις νύκτωρ ὁτιοῦν κλέπτοι, τοῦτον ἐξεῖναι καὶ ἀποκτεῖναι καὶ τρῶσαι διώκοντα καὶ ἀπαγαγεῖν τοῖς ἕνδεκα; ähnlich Lys. 12,26: ἐπειδὴ δὲ ἐπὶ σοὶ μόνῳ ἐγένετο καὶ σῶσαι Πολέμαρχον καὶ μή, εἰς τὸ δεσμωτήριον ἀπήγαγες.

ἐν τῇ ἡμεδαπῇ: Sc. γῇ. Das vom Stamm des Pronomens der 1. Pers. Pl. (ἡμεδ-) gebildete Adjektiv ἡμεδαπός findet sich recht häufig noch in Inschriften des 5. Jh.; vgl. IG I³ 52,4; 372,2; 376,32; 378,22; 383,238 (Canevaro 2013a, 49 Anm. 43); selten in literarischen Texten (z.B. Aristoph. Pax 220).

ὡς ἐν τῷ ἄξονι ἀγορεύει: Zur Erklärung des Einschubs vgl. die Einleitung zu §§28–36.

Über die Beschaffenheit des als Axon bezeichneten Schriftträgers geben die antiken Zeugnisse kein eindeutiges Bild. Auf der Grundlage einer statistischen Auswertung aller Quellen kommt Davis 2011 zu dem Ergebnis, dass es sich um hölzerne, um eine Achse drehbare Quader handelte, die auf den vier Längsseiten beschriftet waren (ähnlich bereits Stroud 1979, 41). Ihr alleiniger Verwendungszweck sei die Aufzeichnung der sogenannten ‚solonischen‘ Gesetze gewesen, in die die drakontischen inkorporiert waren. Mit diesen Aufzeichnungen habe man am Ende des 5. Jh. begonnen, das erste Gesetz der Sammlung sei das hier zitierte. Als Aufstellungsort der Axones vermutet Davis (2011, 20) das Metroon. Die oft im gleichen Zusammenhang erwähnten Kyrbeis (vgl. z.B. Plut. Sol. 25,1f.) seien hingegen dreiseitige, ebenfalls hölzerne, in der gesamten griechischen Welt gebräuchliche Gebilde gewesen, auf denen neben Gesetzen auch andere Texte fixiert worden seien.

Die einzelnen Axones waren durchnummeriert. So trägt die Aufzeichnung der drakontischen Blutschuldgesetze aus dem Jahr 409/08 die Überschrift πρῶτος Ἄχσον (IG I³ 104,10), in Z. 56 schloss sich vielleicht die Überschrift [δεύτ]ερος [Ἄχσον] an. Da man zunächst annahm, der hier zitierte Passus sei Teil der in IG I³ 104 unter der Überschrift πρῶτος ἄχσον erhaltenen Gesetze zur Tötung ohne Vorsatz, ergänzte Cobet ἐν τῷ ⟨α′⟩ ἄξονι. Stroud 1968, 55 hält es für möglich, dass die Inschrift das Gesetz, wenn auch nicht im selben Wortlaut wie in der *Aristocratea*, so doch wenigstens sinngemäß enthielt, und lässt Cobets Ergänzung daher unangefochten. Da aber zum einen die Zugehörigkeit des Gesetzes zum Bereich der nicht vorsätzlichen Tötung unsicher ist (vgl. die Einleitung zu §§28–36), zum anderen das Zahlzeichen nicht nur in §28, sondern auch in §31 fehlt, man also an zwei Stellen denselben Fehler annehmen müsste, sollte der überlieferte Text beibehalten werden. Die Angabe ἐν τῷ ἄξονι ist z.B. dann ausreichend, wenn die ‚Novellen‘ ihrerseits unter einer Überschrift notiert wurden, die den Axon angab, auf den sie sich bezogen oder, wie Carawan 1998, 91 Anm. 9, annimmt, als eine Art Präambel dem jeweiligen Axon vorausgingen.

ἀποινᾶν: Das seltene Verb findet sich sonst nur noch [Eur.] Rhes. 177, dort im Medium in der Bedeutung ‚freikaufen lassen'. Im homerischen Epos ist die ποινή das Sühnegeld, mit dem sich ein Mörder bei den Verwandten seines Opfers von der diesen obliegenden Blutrache freikaufen kann (vgl. Il. 9,633; 18,498–500). Das davon abgeleitete (τὰ) ἄποινα bedeutet ‚Lösegeld' oder ‚Buße', ist also nicht, wie in §33 erklärt (vgl. Komm. zu τὰ γὰρ χρήματα ἄποινα ὠνόμαζον οἱ παλαιοί), nur ein anderes Wort für χρήματα, sondern bezeichnet Geld, das für einen bestimmten Zweck, zur Auslösung oder zur Strafe, bezahlt wird. Richtig ist, dass der Ausdruck der archaischen Sprache angehört; er wird von Homer, Herodot und gelegentlich von den Tragikern verwendet, in der attischen Prosa ist er außer Plat. leg. 862c2 nicht belegt.

ἤ: ‚andernfalls'; in einer Gesetzesformel auch Plut. Sol. 21,2 ζῶντα δὲ κακῶς λέγειν ἐκώλυσε (sc. Solon) ... ἢ τρεῖς δραχμὰς τῷ ἰδιώτῃ, δύο δ' ἄλλας ἀποτίνειν εἰς τὸ δημόσιον ἔταξε. Vgl. ferner Plut. Sol. 24,1; IG I³ 84,10.

διπλοῦν ὀφείλειν ὅσον: ‚doppelt schuldig sein, was'; vgl. 21,43 οἱ περὶ τῆς βλάβης οὗτοι νόμοι πάντες, ... ἂν μὲν ἑκὼν βλάψῃ, διπλοῦν, ἂν δ' ἄκων, ἁπλοῦν τὸ βλάβος κελεύουσιν ἐκτίνειν.

{εἰσφέρειν δὲ τοὺς ἄρχοντας}: Zur Tilgung der beiden folgenden Sätze vgl. die Einleitung zu §§28–36.

Beschrieben wird hier wohl das Verfahren gegen diejenigen, die den Mörder misshandeln oder erpressen, nicht gegen den Mörder selbst (Weber, Weil, Westermann).

Dem überlieferten Text ist schwer ein Sinn abzugewinnen. Subjekt zu εἰσφέρειν wären die Archonten; für deren Aufgabe, eine Strafsache an das zuständige Gericht zu verweisen, war jedoch der feste Terminus εἰσάγειν etabliert; vgl. Lipsius 55 und z.B. Dem. 21,47. Wenn man annähme, dass hier ausnahmsweise εἰσφέρειν im Sinne von εἰσάγειν gebraucht ist, bleibt die Schwierigkeit, τῷ βουλομένῳ unterzubringen: „Die Archonten bringen die Sache für jeden, der das möchte, vor Gericht (?)". Vgl. Canevaro 2013a, 53f. Das syntaktische Problem wird durch Schellings Ergänzung εἰσφέρειν δὲ ⟨εἰς⟩ τοὺς ἄρχοντας zwar weitgehend behoben (gedanklich zu ergänzen ist ein übergeordnetes ἐξεῖναι), das semantische Problem bleibt aber bestehen. Wenn nicht die Archonten, sondern ὁ βουλόμενος Subjekt zu εἰσφέρειν ist, müsste das Verb die Einreichung der schriftlichen Klage (d.h.

εἰσφέρειν = γράφεσθαι, εἰσάγειν oder ἀποφέρειν) bezeichnen. Diese Bedeutung ist aber für εἰσφέρειν nicht belegt. (Canevaro 2013a, 55 sieht in Plat. leg. 772c1–2 ἑκάστας τὰς ἀρχὰς εἰς τοὺς νομοφύλακας εἰσφερούσας „a perfect parallel"; dort bedeutet εἰσφέρειν aber ‚vorschlagen', als Objekt sind Maßnahmen zur Optimierung der Gesetze zu ergänzen.) Wenn der Passus nachträglich von nicht allzu sachkundiger Hand hinzugefügt wurde, lässt sich die Wortwahl als terminologische Unsicherheit des Interpolators erklären.

Die neun Archonten, der Archon Eponymos, der Archon Basileus, der Archon Polemarchos sowie das Kollegium der sechs Thesmotheten, waren in archaischer Zeit die wichtigsten Beamten in Athen (Thuk. 1,126,8), mit der Einführung der demokratischen Verfassung verringerte sich ihr Einfluss. Dem Archon Eponymos unterstanden familienrechtliche Angelegenheiten; dem Archon Basileus als dem Oberpriester des Staates Klagen wegen Religionsfrevels, Körperverletzung und Mordes, dem Archon Polemarchos in erster Linie die privaten Rechtsangelegenheiten der Metoiken (vgl. Lipsius 57–66). Die Thesmotheten bestimmten die Tage, an denen Gerichtsverhandlungen stattfanden und wiesen die Richterkollegien den einzelnen Behörden zu. Was genau in den Bereich ihrer Jurisdiktion fiel, ist schwer zu bestimmen; vgl. Lipsius 69ff.

{ὧν ἕκαστοι δικασταί εἰσιν}: Vgl. zu dieser Formel lex ap. [Dem.] 43,71 τὰς δὲ δίκας εἶναι περὶ τούτων πρὸς τοὺς ἄρχοντας, ὧν ἕκαστοι δικασταί εἰσιν. Hier bezeichnet der Begriff δικασταί in seiner ursprünglichen Bedeutung die Behörde; vgl. Komm. zu §22 δικάζειν.

{τῷ βουλομένῳ}: Im Zuge seiner Gesetzesreform führte Solon in Athen die Popularklage ein, die es jedem athenischen Bürger, auch wenn er von einem Verbrechen nicht persönlich betroffen war, erlaubte, Anklage zu erheben (τὸ ἐξεῖναι τῷ βουλομένῳ τιμωρ[εῖ]ν ὑπὲρ τῶν ἀδικουμένων, Aristot. Ath. pol. 9,1). Der Ausdruck ὁ βουλόμενος ist in diesem Zusammenhang terminologisch; vgl. Dem. 51,19; Isokr. 20,2; Isaios 3,47; 6,3; 11,25; And. 1,84.

{τὴν δ' ἡλιαίαν διαγιγνώσκειν}: Die Heliaia, das Volksgericht, wurde von Solon eingeführt; vgl. Aristot. Ath. pol. 9,1; pol. 2,12. 1273b41–1274a3 sowie die Einleitung zu §§28–36.

§29

Ἠκούσατε μὲν τοῦ νόμου: Zum Fehlen der verbindenden Partikel vgl. Komm. zu §23 ἠκούσατε μὲν τοῦ τε νόμου καὶ τοῦ ψηφίσματος.

σκέψασθε ... καὶ θεωρήσατε, ὡς καλῶς καὶ σφόδρ᾽ εὐσεβῶς: Zur Vorwegnahme der Bewertung vgl. Komm. zu §19 σκοπεῖσθε ὡς δίκαια ἐρῶ. Zur Verbindung von ὡς mit zwei Adverbien, von denen das zweite durch σφόδρα verstärkt wird, finden sich bei Dem. nur wenige Parallelen (23,82.129; 24,34), bei den übrigen attischen Rednern gar keine. Zu εὐσεβῶς vgl. Komm. zu §25 ὑπὲρ εὐσεβείας ὅλης τῆς πόλεως.

Nach demselben Schema wie hier wird die Überleitung zur genaueren Betrachtung des Gesetzes auch an anderen Stellen mit einem Lob des Gesetzgebers verknüpft: §37 ὄψεσθε γὰρ ὡς ἅπαντ᾽ εὐλαβῶς διώρισε καὶ νομίμως, §54 σκέψασθε ὡς ὁσίως καὶ καλῶς ἕκαστα διεῖλεν, §60 θεάσασθε πρὸς Διὸς ὡς εὖ, §82 σκέψασθε γὰρ ὡς νομίμως καὶ σφόδρα ἀνθρωπίνως κεῖται. Der Kläger bezeugt damit zum einen, wie es sich für einen guten Bürger gehört, seinen Respekt vor der allseits anerkannten Autorität Drakons (während er seinem Gegner in §62 eben diesen Respekt abspricht) und gibt zum anderen durch sein überschwängliches Lob der in den Gesetzen zum Ausdruck gebrachten Rechtsauffassung den Maßstab vor, nach dem ein Antrag, der diesen Gesetzen widerspricht, zu bewerten ist.

τὸν νόμον: Objekt sowohl zu ὁ τιθείς als auch zu ἔθηκεν.

τοῦτον ἀνδροφόνον λέγει ... πρὶν ἂν ἐξελεγχθεὶς ἁλῷ: Der Kläger mag darauf anspielen, dass es den justiziablen Tatbestand der Beleidigung (κακηγορία) erfüllte, jemanden als Mörder zu bezeichnen, ohne dass dessen Schuld erwiesen war oder bewiesen werden konnte. Wie der von Lysias verfassten Anklagerede gegen Theomnestos wegen Beleidigung zu entnehmen ist, war der im betreffenden Gesetzestext gewählte Begriff für ‚Mörder' ἀνδροφόνος, und Theomnestos plante, sich in seiner Verteidigung darauf zu berufen, nicht exakt diesen Begriff verwendet zu haben: ἐρεῖ δέ, ... ὡς οὐκ ἔστι τῶν ἀπορρήτων, ἐάν τις εἴπῃ τὸν πατέρα ἀπεκτονέναι· τὸν γὰρ νόμον οὐ ταῦτ᾽ ἀπαγορεύειν, ἀλλ᾽ ἀνδροφόνον οὐκ ἐᾶν λέγειν (Lys. 10,6). Die Absurdität dieser Argumentation liegt auf der Hand.

Ebensowenig wie Lys. 10,6 berechtigt unsere Stelle zu dem Schluss, dass ἀνδροφόνος ein fester juristischer Terminus für einen rechtskräftig verurteilten Mörder war (so LSJ s.v. II „as a law term: one convicted of manslaughter, homicide", Gagarin 1981, 59). Wäre der Begriff in diesem

Sinne etabliert gewesen, bedürfte es nicht der in §30 gegebenen Erklärung. Vgl. die Anwendung der Bezeichnung auf einen nicht überführten Mörder Lys. 13,81 sowie Lipsius 325 Anm. 30; 943 Anm. 4 und Kästle 2012, 29. Die Feststellung, dass es im vorliegenden Gesetz, anders als in dem zuvor zitierten, nicht um des Mordes Beschuldigte, sondern um überführte Mörder geht, ist gleichwohl richtig; sie kann aber nur aus dem jeweiligen Zusammenhang, nicht aus der Formulierung hergeleitet werden. Der Kläger erbringt damit den Nachweis für seine in §28 aufgestellte Behauptung (πάντα ταῦτ' ... μηδὲ τοὺς ἑαλωκότας καὶ δεδογμένους ἀνδροφόνους ἐξεῖναι πcιεῖν).

τὸν ἑαλωκότα ἤδη τῇ ψήφῳ: Zu ψῆφος vgl. Komm. zu §19 τὴν ψῆφον. Zum gesamten Ausdruck (‚durch das Votum der Richter verurteilt') vgl. 24,137 τοὺς ἑαλωκότας καὶ ψήφῳ κεκριμένους. Zur Nachstellung des Adverbs (statt des grammatikalisch ‚korrekten' τὸν ἤδη ἑαλωκότα) vgl. KG I 617,2 (unten) sowie z.B. §137 τῶν γεγενημένων πρότερον.

ὑπὸ ταύτῃ τῇ προσηγορίᾳ: Eine exakte Parallele für diesen Ausdruck fehlt; annähernd vergleichbar ist Plat. rep. 511b1f. μανθάνω ... ὅτι τὸ ὑπὸ ταῖς γεωμετρίαις τε καὶ ταῖς ταύτης ἀδελφαῖς τέχναις λέγεις (‚das, was unter die Kategorie ... fällt'). Zu dieser Verwendung von ὑπό c. dat. vgl. LSJ s.v. B.II.3.

§30

ἔν τε τῷ προτέρῳ νόμῳ καὶ τούτῳ: D.h. bei vergleichender Betrachtung beider Gesetze, nicht in jedem der beiden Gesetze für sich genommen. Dadurch, dass die Präposition vor τούτῳ nicht wiederholt wird, sind beide Begriffe zu einer Einheit verbunden (vgl. KG I 548f.). Die von F gebotene Variante ἐν τούτῳ würde diese Einheit auflösen.

Zur Stellung von τε hinter der beiden Gliedern gemeinsamen Präposition vgl. KG II 245 Anm. 5 u. bei Dem. z.B. 21,126 ὅσα μὲν τοίνυν εἴς τε τὴν λειτουργίαν καὶ τὸ σῶμα ὑβρίσθην; 15,10; 23,170.

ἦν αἰτία τὸ πρᾶγμα: τὸ πρᾶγμα = ‚die Sache, um die es geht', das ‚Thema'; bei den Rednern zumeist in der Wendung πρὸς τὸ πρᾶγμα (‚zur Sache'; Dem. 54,26; 57,64) und ἔξω τοῦ πράγματος (‚nicht zum Thema';

Dem. 57,33.63.66). Für diese Bedeutung in Verbindung mit einem Prädikatsnomen, wie hier, findet sich bei Demosthenes (und, soweit ich sehe, auch bei den anderen Rednern) keine Parallele.

ἔνοχος τῷ προσρήματι τούτῳ: ἔνοχος (= ἐνεχόμενος, vgl. LSJ s.v.), wird in der Regel mit dem Gesetz, der Klage oder Strafe verbunden, der jemand unterliegt; mit einer (unvorteilhaften) Benennung, wie an unserer Stelle, auch Dem. 19,246 (mit 250) λογογράφους τοίνυν καὶ σοφιστὰς ἀποκαλῶν τοὺς ἄλλους καὶ ὑβρίζειν πειρώμενος αὐτὸς ἐξελεγχθήσεται τούτοις ὧν ἔνοχος ... (250) εἶτ᾽ οὐ σὺ σοφιστής; ... οὐ σὺ λογογράφος;

τὴν τιμωρίαν ἔγραψεν: Genaugenommen wird im Gesetz nicht die Strafe für das Vergehen selbst festgelegt, sondern die Maßnahmen für den Fall, dass der Verurteilte sich den Anordnungen des Gerichts nicht fügt.

περὶ μὲν δὴ τῶν ἑαλωκότων ἂν λέγοι: Der Potentialis gibt der Feststellung eine höflich-bescheidene Note; vgl. KG I 233 zur Vorliebe der Attiker für diese Ausdrucksweise.

λέγει δὲ τί;: Diese und die folgenden Fragen bilden ein pseudo-dialogisches Element, das die Ausführungen beleben und die Zuhörer zu aktiver geistiger Teilnahme animieren soll. Vgl. Blass, AB 173. Zu der für Demosthenes typischen, bei den anderen Rednern so nicht anzutreffenden Endstellung des Fragepronomens vgl. Wankel zu 18,205 διαφέρει δὲ τί (S. 952), Rehdantz, Index II s.v. τίς sowie im folgenden §31 τοῦτο δ᾽ ἐστὶν τί und §32 διαφέρει δὲ τί.

§31

πολλοῦ γε καὶ δεῖ: Zu γε in negativen Antworten auf rhetorische Fragen vgl. Denn. GP 132. Zum gesamten Ausdruck πολλοῦ γε καὶ δεῖ / δέω, der von Dem. sehr häufig, von den übrigen Rednern kaum verwendet wird, vgl. 5,24; 9,19; 10,3; 14,38; 18,47.300.308; 19,100.158.190.307; 20,58.106; 21,71.123; [Dem.] 25,84. Vgl. auch Rehdantz, Index II s.v. δέω u. Wankel zu 18,47 (S. 331). γε καί bildet keine feste Partikelverbindung, sondern γε hebt das vorausgehende Wort hervor, καί das folgende. Vgl. Dem. 27,54 ... εἴπερ γε καὶ τοσοῦτον ἐκεῖνος ἀργύριον οἴκοι κατέλιπεν.

ἀλλὰ πῶς; "ὡς ἐν τῷ ἄξονι εἴρηται": Der Einschub ὡς ἐν τῷ ἄξονι εἴρηται bezieht sich im Gesetzestext nicht, wie der Kläger hier zu vermitteln versucht, als modale Bestimmung auf die Verben oder gar allein auf ἀπάγειν, sondern ist Apposition zum gesamten vorausgehenden Teil des Gesetzes. Das aus dieser bewussten Fehlinterpretation abgeleitete Ergebnis ist zwar offenbar korrekt (vgl. unten, Komm. zu οἱ θεσμοθέται τοὺς ἐπὶ φόνῳ φεύγοντας κύριοι θανάτῳ ζημιῶσαί εἰσιν), nicht richtig ist aber, dass das Gesetz dies a u s d r ü c k l i c h vorschreibt. Welchen Zweck der Kläger hier verfolgt, erschließt sich erst, wenn er dem Gesetz den Antrag gegenüberstellt (vgl. die Einleitung zu §§28-36).

Den Weg, auf dem er seine Zuhörer in die Irre führt, ebnet der Kläger, indem er an die (nach ἀπάγειν naheliegende) Frage nach dem Wohin (ἆρ' ὡς αὐτόν;) mit Übergang von präpositionalem zu adverbialem ὡς die (nicht in gleichem Maße naheliegende) Frage nach dem Wie anschließt (ἢ ὡς ἂν βούληταί τις;), die er dann mit ἀλλὰ πῶς; aufnimmt. So konstruiert er einen neuen Zusammenhang, in dem ὡς ἐν τῷ ἄξονι εἴρηται zur Antwort auf die gestellte Frage wird.

τοῦτο δ' ἐστὶν τί: Zur Endstellung des Fragepronomens vgl. Komm. zu §30 λέγει δὲ τί;.

οἱ θεσμοθέται τοὺς ἐπὶ φόνῳ φεύγοντας κύριοι θανάτῳ ζημιῶσαί εἰσιν: Dass die Thesmotheten diejenigen waren, denen im Lande angetroffene Exilanten überstellt wurden und die diese dem Henker übergaben, wird bestätigt durch Lykurg. 121 ... τῶν ἐν τῷ πολέμῳ μεταστάντων εἰς Δεκέλειαν κατέγνωσαν (sc. als Vaterlandsverräter) καὶ ἐψηφίσαντο, ἐάν τις αὐτῶν ἐπανιὼν ἁλίσκηται, ἀπαγαγεῖν Ἀθηναίων τὸν βουλόμενον πρὸς τοὺς θεσμοθέτας, παραλαβόντας δὲ παραδοῦναι τῷ ἐπὶ τοῦ ὀρύγματος.

τοὺς ἐπὶ φόνῳ φεύγοντας: Wie sich aus dem Zusammenhang ergibt, heißt φεύγω hier ‚verbannt sein', nicht ‚angeklagt sein'. Der Kläger verwendet den Begriff, dem er in §45 die Bezeichnung für die wegen unabsichtlicher Tötung Verbannten (οἱ ἐξεληλυθότες) ausdrücklich entgegensetzt. Offenbar bezog er also das Gesetz auf die Gruppe derer, die wegen vorsätzlichen Mordes verurteilt waren; zum Problem der Zuordnung vgl. die Einleitung zu §§28-36. Zu φεύγειν ἐπί τινι vgl. Thuk. 1,138,6 οὐ γὰρ ἐξῆν θάπτειν (sc. τὰ ὀστᾶ) ὡς ἐπὶ προδοσίᾳ φεύγοντος; Xen. hell. 4,4,15; Plut. Sol. 19,4.

τὸν ἐκ τῆς ἐκκλησίας ... ἀπαχθέντα: Verkürzter Ausdruck für τὸν ἐν τῇ ἐκκλησίᾳ ... ἐκεῖθεν ἀπαχθέντα. Zur Attraktion der Präposition vgl. KG I 546: Es werden hier im prägnanten Sinne „zwei Momente – das der Ruhe und das der Bewegung – zusammengefasst und verschmolzen". Vgl. z.B. auch Dem. 22,52 τοῦτο κατηγοροῦμεν τῶν τριάκοντα, ὅτι τοὺς ἐκ τῆς ἀγορᾶς ἀδίκως ἀπῆγον; 9,15 τοὺς ἐκ Σερρείου τείχους καὶ Ἱεροῦ ὄρους στρατιώτας ἐξέβαλλεν; 1,15 τὸν ἐκεῖθεν πόλεμον δεῦρ' ἥξοντα.

Über den Vorfall selbst ist weiter nichts bekannt.

§32

διαφέρει δὲ τί: Zur Wortstellung vgl. Komm. zu §30 λέγει δὲ τί;, zum gesamten Ausdruck, der bei den übrigen Rednern nicht belegt ist (Wankel zu 18,205 [S. 952]) 8,51 (= 10,27); 18,205 (Antwort jeweils mit ὅτι eingeleitet); 24,83.

ὅτι ὁ μὲν ἀπάγων: Eine durch ὅτι verursachte Häufung von Kürzen wird von Dem. offenbar toleriert; vgl. Blass, AB 108 und z.B. 18,49 ὅτι ὁ μάλιστα; 18,113 ὅτι ἐπὶ τῷ.

ἔστι: Zu εἶναι im Sinne von ‚bedeuten' vgl. z.B. Isokr. 5,12 τὸ μὲν ταῖς πανηγύρεσιν ἐνοχλεῖν καὶ πρὸς ἅπαντας λέγειν τοὺς συντρέχοντας ἐν αὐταῖς πρὸς οὐδένα λέγειν ἐστίν.

ἐκείνως μὲν ... οὕτω δέ: Zum Ersatz der Protasis durch ein einzelnes Wort vgl. KG II 483, 3. Hier steht ἐκείνως für εἰ ὡς τοὺς θεσμοθέτας ἀπάγει, οὕτω für εἰ ὡς αὐτὸν ἀπάγει.

ὡς ὁ νόμος τάττει: Vgl. Plat. Lach. 199a2 ὁ νόμος οὕτω τάττει. Dem. 37,59 bietet die Handschrift A οὓς ἐκπίπτειν καὶ φεύγειν ... καὶ τεθνάναι τάττουσιν (προστάττουσιν cett.) οἱ νόμοι, was als lectio difficilior erwägenswert ist. Angesichts dieser Parallele(n) erübrigt sich Cobets Konjektur προστάττει.

δὲ δήπου: „Strictly speaking, the certainty of δή is toned down by the doubtfulness of που. But often the doubt is only assumed, μετ' εἰρωνείας" (Denn. GP 267). So wird auch hier durch die deutlich erkennbare Ironie jeder Zweifel an der Gültigkeit der Aussage ausgeschlossen. Die Kombination δὲ δήπου ist verhältnismäßig selten (vgl. Denn. GP 268); bei Dem. findet sie sich noch 19,279; 20,100.101; 21,60; 23,124; 57,53 und, unserer Stelle sehr ähnlich, 45,26 πλεῖστον δὲ δήπου κεχώρισται τό τ' εἶναι καὶ τὸ τοῦτον φάσκειν.

διαφέρει τὸν νόμον κύριον τῆς τιμωρίας ἢ τὸν ἐχθρὸν γίγνεσθαι: Zum komparativen ἤ bei διαφέρει vgl. KG II 301f. und Dem. 22,55 (= 24,167) τί δοῦλον ἢ ἐλεύθερον εἶναι διαφέρει; Xen. mem. 2,1,17; 3,7,7 etc.

§33

ταῦτα δέ ἐστιν τί;: Vgl. Komm. zu §30 λέγει δὲ τί;.

γνώριμον οἶδ' ὅτι πᾶσιν: Zum formelhaften Ausdruck οἶδ' ὅτι, der ohne Einfluss auf die Konstruktion bleibt, vgl. KG II 353f. und 368 Anm. 1; bei Dem. z.B. 6,29 οὔτ' ἂν ὑμεῖς οἶδ' ὅτι ἐπαύσασθε πολεμοῦντες; 6,30; 9,1; 18,171.293; 19,7.9.206.304.309.312; 21,65 etc. An unserer Stelle ist die Struktur komplexer, da sich οἶδ' ὅτι nicht unmittelbar auf das Prädikat (λέγει) bezieht, sondern durch γνώριμον πᾶσιν zu einem vollständigen Ausdruck erweitert wird, der als ganzer parenthetisch in den Satz eingeschoben ist.

μαστιγοῦν: Das Verb leitet sich von μάστιξ (Peitsche) ab und bezeichnet wie στρεβλοῦν in §28 eine Misshandlung, der vor allem Sklaven ausgesetzt waren.

τὰ γὰρ χρήματα ἄποινα ὠνόμαζον οἱ παλαιοί: Zu ähnlichen Erklärungen der archaischen Gesetzessprache bei den Rednern vgl. §39 (ἐφορία ἀγορά) sowie Lys. 10,16ff.; zur Ungenauigkeit der Definition vgl. Komm. zu §28 ἀποινᾶν.

Der Text folgt hier dem Zitat unserer Stelle bei Theon, progymn. p. 81,21f. Sp. (ob dieses Zeugnis auf eine uns verlorene Handschrift oder auf eine stillschweigende Korrektur durch Theon selbst zurückgeht, ist freilich ungewiss). Die Codices bieten die Wortstellung τὰ γὰρ ἄποινα χρήματα ὠνόμαζον οἱ παλαιοί. Dass ein Prädikativum (hier ἄποινα) den Artikel bei sich hat, ist gerade in Verbindung mit einem Verb des Nennens nicht ungewöhnlich, doch muss dann auch beim Subjekt, auf das es sich bezieht, der Artikel stehen, sofern dieses nicht ein Personal- oder Demonstrativpronomen ist (vgl. KG I 592f. Anm. 4 und 5 sowie z.B. Plat. Gorg. 489e7f.

τοὺς βελτίους καὶ κρείττους πότερον τοὺς φρονιμωτέρους λέγεις ἢ ἄλλους τινάς;). Zudem ergibt sich mit τὰ γὰρ ἀπ- ein vermeidbarer Tribrachys. Weil, der den handschriftlich überlieferten Text hält, versteht τὰ ἄποινα im Sinne von ‚der Begriff ἄποινα' (zu diesem Gebrauch des Artikels vgl. KG I 31 Anm. 1) als inneren Akkusativ (‚mit dem Begriff ἀπ. benannten die Alten das Geld') und verweist auf Xen. mem. 3,14,7 ἔλεγε δὲ καὶ ὡς τὸ εὐωχεῖσθαι ἐν τῇ Ἀθηναίων γλώττῃ ἐσθίειν καλοῖτο (εὐωχεῖσθαι ... τὸ ἐσθίειν Korais : τὸ ἐσθίειν ... εὐωχεῖσθαι Reiske). Aber auch bei dieser Erklärung vermisst man den Artikel bei χρήματα. Gegen die Tilgung des gesamten Satzes, wie sie Dobree vorschlägt, spricht die Balance innerhalb des τὸ-μὲν-τὸ-δὲ-Gefüges: Nach der relativ ausführlichen Exegese des kaum erklärungsbedürftigen ersten Begriffs (vgl. γνώριμον οἶδ' ὅτι πᾶσιν) würde es seltsam anmuten, wenn der Kläger den schwierigeren Teil wesentlich knapper abhandelte.

§34

τὸν ἀνδρόφονον καὶ τὸν ἑαλωκότα ἤδη: Zum Anschluss einer näheren Bestimmung durch καί vgl. Denn. GP 291 u. KG II 246f.

Die Prolepse hebt die entscheidenden Begriffe hervor. Den Geschworenen soll präsent bleiben, dass das Gesetz bereits überführte Mörder betrifft, damit sich der zu Beginn (§28) und am Ende (§§35f.) des Abschnitts beschriebene doppelte Kontrast zum Antrag des Aristokrates ergibt: Aristokrates verhängt über nicht verurteilte Verdächtige härtere Strafen als der Gesetzgeber über erwiesene Mörder.

ἤδη ist auf τὸν ἑαλωκότα zu beziehen; zur Wortstellung vgl. §29 τὸν ἑαλωκότα ἤδη τῇ ψήφῳ mit Komm. z.St.

διώρισεν: Das Aktiv von διορίζειν verwendet Dem. mit Ausnahme von 19,235 und 21,114 ausschließlich für die Formulierung von Bestimmungen in Gesetzen und Dekreten; vgl. 18,275; 19,7; 20,29.158; 23,37.45.74; 24,43.88 sowie Wankel zu 18,114 (S. 620). Hier und unten (πολλοῦ γε δεῖ διώρισεν) dringt stärker als sonst die Grundbedeutung ‚eine Grenze ziehen' durch; der Gesetzgeber definiert klar den Rahmen, innerhalb dessen die Strafen angewendet werden dürfen, während der Antragsteller, sei es bewusst oder aus Nachlässigkeit, die Strafgewalt zu beschränken versäumt.

ὡς κολαστέον καὶ οὔ, τὴν τοῦ πεπονθότος εἰπὼν πατρίδα: Über die Art und Weise der Bestrafung wurde in §§31–33 ausführlich gesprochen, der Ort war bislang nicht Gegenstand der Erläuterung und muss kurz in Erinnerung gerufen werden, weil er im Folgenden eine Rolle spielt.

Zu ὁ πεπονθώς (‚Opfer') vgl. Komm. zu §25 ἐπειδήπερ ἡμεῖς τιμωρήσομεν τῷ πεπονθότι.

καὶ περὶ τοῦ μηδέν᾽ ἄλλον τρόπον ἢ τοῦτον μηδ᾽ ἄλλοθι πλὴν ἐνταῦθα ἄντικρυς εἴρηκεν: Nach den positiven Bestimmungen (ὡς κολαστέον καὶ οὗ) werden die negativen Bestimmungen zusammengefasst, allerdings nicht ganz korrekt: Richtig ist, dass das Gesetz mit λυμαίνεσθαι δὲ μή, μηδὲ ἀποινᾶν bestimmte andere Formen der Bestrafung ausdrücklich verbietet, nicht aber a u s d r ü c k l i c h einen anderen Ort. Dieses Verbot ist lediglich aus der positiven Bestimmung ἐν τῇ ἡμεδαπῇ zu erschließen.

Zu ἄντικρυς vgl. Komm. zu §28 ἄντικρυς.

πολλοῦ γε δεῖ διώρισεν: Ähnlich wie οἶδ᾽ ὅτι (vgl. Komm. zu §33 γνώριμον οἶδ᾽ ὅτι πᾶσιν) kann auch πολλοῦ δεῖ als formelhafter Ausdruck wie ein Adverb (‚keineswegs') verwendet werden; vgl. KG II 206 Anm. 5 (dort speziell zu οὐδὲ πολλοῦ δεῖ) und Plat. symp. 203c6f. πρῶτον μὲν πένης ἀεί ἐστι, καὶ πολλοῦ δεῖ ἁπαλός τε καὶ καλός. Bei Dem. findet sich sonst nur die durch οὐδέ verstärkte Form, bis auf 20,20 immer parenthetisch eine vorausgegangene Verneinung bekräftigend (8,42; 9,23; 19,30.202; 54,40).

ὅς γε: Zur kausalen Bedeutung von γε vgl. KG II 175,7, speziell zur Verbindung mit einem Relativpronomen 175f., 9. Denniston ordnet diesen Gebrauch von γε der Oberkategorie „limitative" zu: „γε denotes that the speaker or writer is not concerned with what might or might not be true apart from the qualification laid down in the subordinate clause" (Denn. GP 141). Wie Denniston 140 selbst einräumt, ist die Trennlinie zwischen emphatischer und limitativer Bedeutung von γε schwer zu ziehen; es wäre zu überlegen, ob hier nicht doch die emphatische Nuance überwiegt (‚der ja'; ‚da er doch').

πάντα τούτοις τἀναντία: Die Gegensatzpaare sind ‚überführter Mörder – noch nicht verurteilter Verdächtiger' und ‚lokale und modale Beschränkung des Strafvollzugs – unbeschränkter Strafvollzug'.

πανταχόθεν: Im Antrag steht ἐκ τῶν συμμάχων (§16) oder ἐκ τῆς συμμαχίδος (§35). πανταχόθεν wird deshalb von Weil getilgt. Da der Kläger das Zitat aber mit der Ankündigung einleitet, der Antrag ordne gegenüber dem Gesetz πάντα τἀναντία an, ist ein Gegensatz zu der im Gesetz gegebenen

Ortsbeschränkung kaum verzichtbar. πανταχόθεν ist als rhetorische Übertreibung tolerabel, zumal im mündlichen Vortrag nicht durch Setzung von Anführungszeichen zwischen wörtlichem Zitat und sinngemäßer Paraphrase unterschieden wurde. Es ist denkbar, dass durch diese Übertreibung ganz bewusst versucht wird, den Widerspruch des Aristokrates herauszufordern, um sich, scheinbar spontan improvisierend, mit der Nachfrage τί λέγεις; an ihn persönlich wenden zu können. Bleibt die erwünschte Reaktion aus, lässt sich der vorbereitete Text gleichwohl verwenden. τί λέγεις; wäre dann allgemein auf den Antrag bezogen und erhielte die Färbung „Was sagst du da eigentlich?" „Ist das etwa dein Ernst?". Vgl. dazu 21,195, wo sich die gleiche Abfolge von provokanter Aussage, der Frage τί λέγεις; und zwei rhetorischen Fragen, die das empörende Verhalten des Meidias anprangern, findet.

§35

τί λέγεις;: Nachdem der Kläger zuvor einen fiktiven Dialog mit dem Publikum geführt hat, wendet er sich nun Aristokrates zu. Der Adressatenwechsel schafft Aufmerksamkeit für den entscheidenden letzten Argumentationsschritt, den direkten Vergleich zwischen dem Gesetz und dem Antrag. Vgl. auch Komm. zu §34 πανταχόθεν.

σὺ γράφεις ... σὺ δίδως: Dass eine Satzfrage nicht durch eine Fragepartikel eingeleitet wird, ist im Griechischen selten; es kommt vor allem dann vor, wenn, wie hier, „mit einem gewissen Affekte gefragt wird" (KG II 523). Die Betonung liegt in beiden Fragen auf σύ.

σὺ γράφεις ... τινα ἀγώγιμον: Zu ἀγώγιμον ist εἶναι gedanklich zu ergänzen; zu γράφειν mit A.c.I. vgl. Komm. zu §42 τούτους ἐκδότους τις εἶναι γράφει.

ἄνευ κρίσεώς: Vgl. die Einleitung zu §§28–36 und zu §§22–27.

οὐδ' ... κελευόντων: Die Verneinung hebt in diesem Fall den Begriff des Wortes so auf, „dass er in den entgegengesetzten übergeht" (KG II 182,3); οὐ κελεύω bedeutet also hier ‚verbieten'.

οὐδ' ἐν τῇ ἡμεδαπῇ ἄγειν: Der Kläger bezieht sich wohl auf die Anordnung, den in der Heimat gefassten Mörder den Thesmotheten zu übergeben; ἄγειν steht also für ὡς αὐτὸν ἄγειν (Westermann).

σὺ δίδως ἄγειν;: Nur die Handschrift A hat σὺ δίδως ἄγειν πανταχόθεν, was von Dilts übernommen wird. Versteht man aber ἄγειν im Sinne von ὡς αὐτὸν ἄγειν (siehe oben), ist die Herkunftsangabe überflüssig. πανταχόθεν wird auch nicht als Gegensatz zu οὐδ' ἐν τῇ ἡμεδαπῇ benötigt, denn während in der ersten Frage der Ort der Handlung den Unterschied ausmacht, geht es in der zweiten Frage um die Handlung an sich (hervorgehoben durch die Wiederholung von ἄγειν): ‚Was das Gesetz nur im Heimatland erlaubt, erlaubst du weit darüber hinaus, was das Gesetz sogar im Heimatland (= überall) verbietet, (genau das) erlaubst du.'

καὶ μὴν ... γε: καὶ μὴν markiert den Übergang zu einer neuen Stufe der Argumentation (vgl. Denn. GP 351f.; zur Kombination mit γε auch 120): Bisher wurden die expliziten Bestimmungen des Antrags dem Gesetz gegenübergestellt, jetzt werden die Widersprüche aufgezeigt, die implizit in der unbeschränkten Zulassung der Festnahme (ἐν τῷ ποιεῖν ἀγώγιμον) enthalten sind. Der Ausdruck, auf dem das Hauptgewicht der Aussage liegt, wird durch γε hervorgehoben.

ἔν γε τῷ ποιεῖν ἀγώγιμον πάνθ' ὅσα ἀπείρηκεν ὁ νόμος δέδωκας: Diese Folgerung ergibt sich aus dem Verständnis von ἀγώγιμον ποιεῖν im Sinne von διδόναι ὡς αὐτὸν ἄγειν in Kombination mit der in §32 evozierten Vorstellung, die Abführung ins eigene Haus sei gleichbedeutend mit dem Recht, mit dem Gefangenen nach eigenem Gutdünken zu verfahren. Dass die Zuhörer diese Assoziationskette überhaupt nachvollziehen konnten, wurde möglicherweise durch die zivilrechtliche Bedeutung des Begriffs ἀγώγιμος erleichtert (vgl. Einleitung, Kap. 3). In vorsolonischer Zeit verfielen Schuldner, die das geliehene Geld nicht zum festgesetzten Termin zurückzahlten, der Schuldknechtschaft, hafteten dem Gläubiger also mit Leib und Leben; sie wurden, so der juristische Terminus, ἀγώγιμοι (ἐπὶ τοῖς σώμασιν). Vgl. Aristot. Ath. pol. 2,2 ἦν γὰρ αὐτ[ῶν] ἡ πολιτεία τοῖς τε ἄλλοις ὀλιγαρχικ[ὴ] πᾶσι, καὶ δὴ καὶ ἐδούλευον οἱ πένητες τοῖς πλουσίοις καὶ αὐτοὶ καὶ τὰ τέκνα καὶ αἱ γυναῖκες. ... κατὰ ταύτην γὰρ τὴν μίσθωσιν ἠργάζοντο τῶν πλουσίων τοὺς ἀγρούς. ἡ δὲ πᾶσα γῆ δι' ὀλίγων ἦν· καὶ εἰ μὴ τὰς μισθώσεις ἀποδιδοῖεν, ἀγώγιμοι καὶ αὐτοὶ καὶ οἱ παῖδες ἐγίγνοντο. καὶ οἱ δανεισμοὶ πᾶσιν ἐπὶ τοῖς σώμασιν ἦσαν μέχρι Σόλωνος; Plut. Sol. 13,4 ἅπας μὲν γὰρ ὁ δῆμος ἦν ὑπόχρεως τῶν πλουσίων. ἢ γὰρ ἐγεώργουν ἐκείνοις ἔκτα τῶν γινομένων τελοῦντες, ἐκτημόριοι προσαγορευόμενοι καὶ θῆτες, ἢ χρέα λαμβάνοντες ἐπὶ τοῖς σώμασιν ἀγώγιμοι τοῖς δανείζουσιν ἦσαν, οἱ μὲν αὐτοῦ δουλεύοντες, οἱ δ' ἐπὶ τὴν ξένην πιπρασκόμενοι. Obwohl diese Praxis im 4. Jh. nicht mehr existierte, scheint die sie bezeichnende Bedeutungsvariante des Begriffs ἀγώγιμος bis ins 1. Jh. präsent geblieben zu sein. Sowohl Diodor als auch Dionys von Halikarnass verwenden ἀγώγιμος in diesem Sinne ohne weitere Erläuterung; vgl. z.B. Diod. 1,79,5 μέμφονται δέ τινες οὐκ ἀλόγως τοῖς πλείστοις τῶν παρὰ τοῖς Ἕλλησι νομοθετῶν, οἵτινες ὅπλα μὲν καὶ ἄροτρον καὶ ἄλλα τῶν ἀναγκαιοτάτων ἐκώλυσαν ἐνέχυρα λαμβάνεσθαι πρὸς δάνειον, τοὺς δὲ τούτοις χρησομένους συνεχώρησαν ἀγωγίμους εἶναι; Dion. Hal. ant. 5,64,2 τί δ' ἡμῖν ἔσται πλέον, ἐὰν νικήσωμεν τοὺς ἔξωθεν πολεμίους, εἰ τοῖς δανεισταῖς ἀγώγιμοι πρὸς τὰ χρέα γενησόμεθα καὶ τῇ πόλει τὴν ἡγεμονίαν κατασκευάσαντες αὐτοὶ μηδὲ τὴν ἐλευθερίαν τοῖς σώμασι φυλάξαι δυνησόμεθα;

Zu ἐν c. dat. in instrumentaler Bedeutung vgl. Komm. zu §23 ἐν ᾗ.

†κακοῦν ἔχοντα,† αὐτὸν ἀποκτιννύναι: Der auffällige Widerspruch zwischen dem Wortlaut des Gesetzestextes und der hier erhobenen Behauptung, der Gesetzgeber verbiete die eigenhändige Tötung (αὐτὸν [Subjektsakkusativ] ἀποκτιννύναι), löst sich auf, wenn es dem Kläger tatsächlich gelungen sein sollte, die Geschworenen von seiner (impliziten) Interpretation zu überzeugen, wonach das Gesetz nicht Tötung und Apagoge als alternative Maßnahmen zur Wahl stellt, sondern die Apagoge zu den für die Todesstrafe zuständigen Thesmotheten anordnet.

κακοῦν ἔχοντα wirkt nach ζῶντα λυμαίνεσθαι recht matt, steuert keinen neuen Aspekt bei und sprengt als viertes Glied das bei Aufzählungen beliebte Trikolon. Tilgt man mit van Herwerden κακοῦν, das sich als eine in den Text eingedrungene Glosse zu λυμαίνεσθαι erklären ließe, träte ἔχοντα zu αὐτὸν ἀποκτιννύναι (dieser Bezug wurde auch im Codex F sowie von den Herausgebern vor Blass durch entsprechende Interpunktion hergestellt). ἔχοντα kann jedoch kaum etwas anderes heißen als ‚wenn man ihn (gefangen) hat' bzw. ‚wenn man ihn in Gewahrsam hat' und liefert damit keine wesentliche Zusatzinformation. Zu erwägen wäre die Möglichkeit, dass eine Korruptel vorliegt, die von κακοῦν bis ἔχοντα reicht und hinter der sich ein aussagekräftigerer Partizipialausdruck verbirgt als ἔχοντα. Zu denken wäre etwa an einen der Bestimmung ἐν τῇ ἡμεδαπῇ entgegengesetzten Begriff der Abwesenheit vom Heimatland (z.B. κἄλλοθ' ἔχοντα, κἀποδημοῦντα, κἀκτοπίζοντα), der die Aussage auch für diejenigen, die der eigenwilligen Gesetzesinterpretation des Klägers nicht folgen mochten, akzeptabel machte.

ἀποκτιννύναι: Demosthenes verwendet im Präsens fast regelmäßig ἀποκτιννύναι, in den anderen Tempora ἀποκτείνειν. Der präsentische Infinitiv ἀποκτείνειν findet sich im Corpus Demosthenicum lediglich 23,30 im Zitat des Gesetzestextes und 23,217.

§36

μᾶλλον: Der Komparativ δεινότερα zeigt an, dass μᾶλλον zu παράνομα, nicht etwa zu ἐλεγχθείη, gehört.

δεινότερ': Vgl. Komm. zu §25 δεινὸν. Zur Kombination mit παράνομος vgl. Dem. 22,49 (= 24,161) ψηφίσματα δ' εἶπεν ἐν ὑμῖν δεινὰ καὶ παράνομα.

{ἢ τοῦτον τὸν τρόπον}: Der adverbiale Ausdruck müsste die Vergleichsbasis zu δεινότερα bilden, was aber seinerseits kein Adverb ist. So ergibt sich die disparate Verbindung ‚Wie könnte jemand überführt werden, Unerhörteres zu beantragen als auf diese Weise'. Mit großer Wahrscheinlichkeit liegt eine Interpolation vor, die auf einem Missverständnis des Textes beruht. Der Interpolator bezog fälschlich μᾶλλον auf ἐλεγχθείη (‚Wie könnte einer eher überführt werden ...') und vermisste das zweite Glied des Vergleichs, das er dann selbst in Korrespondenz zu πῶς hinzufügte. Tilgt man ἢ τοῦτον τὸν τρόπον, ist die Vergleichsbasis ein aus dem unmittelbar anschließenden ὅς gedanklich zu ergänzendes σοῦ. Zu dieser Konstruktion vgl. Isokr. 19,34 καίτοι, ὦ ἄνδρες Αἰγινῆται, πῶς ἄν τις ἄμεινον ἢ μᾶλλον συμφερόντως περὶ τῶν αὑτοῦ πραγμάτων ἐβουλεύσατο; ὃς οὔτ' ἔρημον τὸν οἶκον κατέλιπεν τοῖς τε φίλοις χάριν ἀπέδωκεν; Lys. 30,24f. τίς ἐλάττω τὴν πόλιν ἀγαθὰ πεποίηκεν ἢ πλείω ἠδίκηκεν; ὃς καὶ τῶν ὁσίων καὶ τῶν ἱερῶν ἀναγραφεὺς γενόμενος εἰς ἀμφότερα ταῦτα ἡμάρτηκεν; Lys. 13,77 καίτοι πῶς ἂν γένοιτο ἄνθρωπος μιαρώτερος, ὅστις εἰδὼς ὅτι εἰσί τινες ἐπὶ Φυλῇ ... ἐτόλμησεν ἐλθεῖν ὡς τούτους; Antiph. 6,47 πῶς ἂν ἄνθρωποι σχετλιώτεροι ἢ ἀνομώτεροι γένοιντο; οἵτινες ἅπερ αὐτοὶ σφᾶς αὐτοὺς οὐκ ἔπεισαν, ταῦθ' ὑμᾶς ἀξιοῦσι πεῖσαι; And. 1,23 ἀλλὰ γὰρ λόγον ἀνοσιώτερον καὶ ἀπιστότερον οὐδεὶς πώποτ' ἐγὼ εἰπόντας οἶδα, οἳ τοῦτο μόνον ἡγήσαντο δεῖν, τολμῆσαι κατηγορῆσαι; ähnlich, allerdings mit expliziter Nennung der Vergleichsgröße, Dem. 24,90 καίτοι πῶς ἂν ἀσυμφορώτερος ὑμῖν τούτου γένοιτο νόμος ἢ κάκιον ἔχων; ὃς πρῶτον μὲν περὶ τῶν ἐκ τοῦ παρεληλυθότος χρόνου κριθέντων ἐναντία τοῖς ὑφ' ὑμῶν ἐγνωσμένοις προστάττει ...;

δυοῖν ὑποκειμένων ὀνομάτων: LSJ s.v. ὑπόκειμαι II.1 legen dem Verb an unserer Stelle eine sehr spezielle Bedeutung bei: „two phrases being prescribed, having legal sanction". Der Kern des Vorwurfs gegen Aristokrates ist aber nicht, dass er nicht die ‚vorgeschriebenen' Termini benutzt, sondern dass er den in Kombination mit der Fortsetzung des Antrags ‚falschen' wählt, obwohl ihm der ‚richtige' zur Verfügung stand. ὑποκεῖσθαι hat hier also eher die Bedeutung ‚(als Grundlage) vorhanden sein', ‚zur Verfügung stehen' wie z.B. Dem. 14,3 νομίζω συμφέρειν ὑμῖν τὴν μὲν ἀρχὴν τοῦ πολέμου τηρεῖν, ὅπως ἴση καὶ δικαία γενήσεται, παρασκευάζεσθαι δ' ἃ προσήκει πάντα καὶ τοῦθ' ὑποκεῖσθαι.

Nach KG I 70f. steht im Attischen bei δυοῖν das Nomen öfter im Dual als im Plural (bei δύο verhält es sich umgekehrt), die Kombination mit dem Plural ist aber nicht ausgeschlossen; vgl. Dem. 5,23 πλεονεκτημάτων δυοῖν; 39,40. Der nur von der Handschrift F gebotene Dual ὑποκειμένοιν ὀνομάτοιν dürfte daher eine nachträgliche Angleichung an die Regel sein.

Zu ὄνομα vgl. Komm. zu §26 πάντα τὰ τοιαῦτα ὀνόματα ... καὶ τὰ τοιαῦτα πάντα.

ἐάν τις ἀνδροφόνος ᾖ: Diese Formulierung wäre im konkreten Fall wohl gar nicht anzuwenden gewesen, da der Antrag ausschließlich den potenziellen Mörder des Charidemos betraf, die Verbindung ἀνδροφόνος τινός (‚jmds. Mörder') aber, soweit dies aus den Belegen ersichtlich ist, nicht möglich ist.

τὴν δὲ τιμωρίαν ... ταύτην: Der Kläger führt die Zuhörer durch den Begriff der ‚Strafe' bewusst in die Irre, da der Antrag nicht die Bestrafung für den Mord, sondern nur die zur Ergreifung des Mörders zulässigen Mittel bestimmt (vgl. die Einleitung zu §§28–36). Dies ebnet den Weg für den Vorwurf, der Antragsteller habe den zwischen Beschuldigung und Überführung obligatorischen Prozess übergangen.

Zum rekapitulierenden Demonstrativum nach einem Relativsatz vgl. KG I 660f. und Dem. 28,6 αὐτὴν δὲ τὴν διαθήκην, δι' ἧς καὶ τούτων ὧν ἐσημήναντο γραμμάτων καὶ τῶν ἄλλων ἁπάντων χρημάτων ἐγίγνοντο κύριοι ..., ταύτην δ' οὐκ ἐσημήναντο.

μέσον γάρ ἐστιν αἰτίας καὶ ἐλέγχου κρίσις: Zur kontrastierenden Definition der Begriffe αἰτία und ἔλεγχος (‚[bloße] Beschuldigung' vs. ‚Überführung durch Beweise') vgl. Dem. 22,22 αἰτία μὲν γάρ ἐστιν, ὅταν τις ψιλῷ χρησάμενος λόγῳ μὴ παράσχηται πίστιν ὧν λέγει, ἔλεγχος δέ, ὅταν ὧν ἄν εἴπῃ τις καὶ τἀληθὲς ὁμοῦ δείξῃ.

ἣν οὐδαμοῦ γέγραφεν οὗτος ἐν τῷ ψηφίσματι: Der Antragsteller setzte es wahrscheinlich als selbstverständlich voraus, dass der gefasste Verdächtige vor Gericht zu stellen sei.

Zum Demonstrativum οὗτος in Bezug auf den anwesenden Prozessgegner vgl. KG I 645.

§§37–43: Gesetz 3

Das nächste Gesetz besagt, dass derjenige, der einen Mörder töte oder seine Tötung verursache, obwohl sich dieser von der Versammlung an der Landesgrenze, von den athletischen Wettkämpfen und den Festen der Amphiktyonie fernhalte, derselben Bestrafung unterliege wie jemand, der einen athenischen Staatsbürger getötet habe. Das Urteil werde von den Epheten gesprochen.

Anders als bei den beiden zuvor zitierten Gesetzen besteht hier kein Grund zu der Annahme, dass es sich nicht um das drakontische Original handelt. (Zu Indizien für eine frühe Abfassungszeit vgl. Komm. zu §37 διαγιγνώσκειν δὲ τοὺς ἐφέτας.) Der Text bildet die Vorlage zur Ergänzung der stark beschädigten Zeilen 26–29 von IG I³ 104: ... ἐὰν δ]έ [τ]ις τ-|ὸ[ν ἀν]δρ[οφόνον κτένει ἒ αἴτιος εἶ φόνο, ἀπεχόμενον ἀγορᾶ]ς ἐφο-|ρί[α]ς κ[α]ὶ [ἄθλον καὶ *h*ιερὸν Ἀμφικτυονικόν, *h*όσπερ τὸν Ἀθεν]αῖον κ-|[τένα]γ[τα, ἐν τοῖς αὐτοῖς ἐνέχεσθαι· διαγιγνόσκεν δὲ τὸς] ἐ[φ]έτα[ς].

Sowohl oberhalb als auch unterhalb dieser Zeilen fehlt in der Inschrift so viel Text, dass der Zusammenhang nicht sicher rekonstruiert werden kann. Offenbar legt der Passus fest, wo die Strafverfolgung durch die Verwandten des Opfers ihre Grenzen hat und die Tötung des Täters ihrerseits strafbar ist. Ex negativo ergibt sich, dass der verbannte Mörder sich nicht nur vom Heimatland seines Opfers, sondern auch von polisübergreifenden Versammlungen außerhalb des Bannkreises fernzuhalten hat. Dabei ging es wahrscheinlich darum, die Gefahr eines Zusammentreffens des Mörders mit den Angehörigen des Getöteten auszuschließen (vgl. Komm. zu §40 ὅσων τῷ παθόντι ζῶντι μετῆν, τούτων εἴργει τὸν δεδρακότα). Bei den athletischen Wettkämpfen, die zu Ehren der Götter veranstaltet wurden, und bei den Opferfeiern der Amphiktyonen könnte auch der Aspekt der Befleckung eine Rolle gespielt haben (dazu eher skeptisch MacDowell 1963, 142–150; vgl. aber auch Parker 1983, 118ff.). Hielt der exilierte Mörder sich aber an die Auflagen, so genoss er den vollen Schutz des Gesetzes.

Der Kläger entnimmt dem verlesenen Text die Überzeugung des Gesetzgebers, dass ein wegen eines Tötungsdelikts Verbannter zwar von der Heimat seines Opfers ferngehalten werden müsse, nicht aber an jedem beliebigen Ort getötet werden dürfe, und erkennt darin eine allgemeine humanitäre Erwägung: Würden nämlich die Athener diejenigen töten, die anderswo Zuflucht gefunden haben, so wären auch die, die in Athen Schutz suchten, ihres Lebens nicht sicher. Dies beraubte die vom Schicksal geschlagenen Flüchtlinge (vgl. dazu Komm. zu §39 τοῖς ἀτυχοῦσιν ... τῶν ἀτυχημάτων) ihrer einzigen verbliebenen Rettung, die darin bestehe, wenigstens im Lande derer, denen sie kein Leid zugefügt haben, ohne Angst zu leben. Damit dies nicht geschehe und damit die Bestrafung für die unglücklichen Verfehlungen nicht unbegrenzt sei, habe der Gesetzgeber entsprechende Vorkehrungen getroffen.

Anschließend durchmustert der Kläger den Wortlaut des Gesetzes im Detail: Wenn der Gesetzgeber schreibe, der Verbannte habe sich von der ‚Grenzversammlung' ferngehalten, so meine er damit die Landesgrenze. Von den Feiern der Amphiktyonie sei der Mörder ausgeschlossen, weil ihm alles, woran sein Opfer Anteil hatte, verwehrt sein solle. Aus dem gleichen Grund sei ihm auch der Besuch der panhellenischen Wettkämpfe untersagt. Werde er aber außerhalb der genannten Bereiche getötet, sei dies so zu ahnden wie die Tötung eines athenischen Bürgers.

Der Kläger vollzieht den letzten Argumentationsschritt, indem er die Diskrepanz zwischen der bestehenden Rechtslage und dem Antrag des Aristokrates aufzeigt: Während der Gesetzgeber den Verbannten unter bestimmten Auflagen ein Leben in Sicherheit garantiere, beraube sie Aristokrates der Vergebung, die ihnen von seiten derer zustehe, die kein Unrecht erlitten haben – und dies, obwohl man angesichts der Unvorhersehbarkeit des Schicksals nicht wisse, ob man nicht einmal selbst der Vergebung bedürfen werde.

Anders als bei den zuvor zitierten Gesetzen belässt es der Kläger nicht bei dem Nachweis, dass der Antrag im Widerspruch zu geltendem Recht stehe, sondern warnt darüber hinaus vor der Gefahr, die im Falle der Umsetzung dem Antragsteller persönlich drohe: Wenn nämlich jemand den

Mörder des Charidemos, sollte dieser Mord denn tatsächlich geschehen, in der Verbannung töte, so werde nicht nur er der Blutgerichtsbarkeit anheimfallen, sondern auch Aristokrates als derjenige, der die Tat durch seinen Antrag verschuldet habe. Dadurch wiederum gerate die gesamte Polisgemeinschaft in ein Dilemma: Wenn man, sollte es zur Anwendung des Beschlusses kommen, die Schuldigen gewähren lasse, werde man mit Unreinen verkehren; wenn man aber gegen sie vorgehe, werde man gezwungen sein, dem eigenen Beschluss zuwider zu handeln. Was durch die Ablehnung des Antrags gewonnen werde, sei folglich alles andere als unbedeutend.

Zu Recht erkennt der Kläger im zitierten Gesetz die Absicht des Gesetzgebers, auch überführten Mördern die Chance auf einen ‚Neuanfang' in der Fremde zu gewähren. Falsch ist jedoch die Behauptung, dass der Antrag des Aristokrates gegen dieses Gesetz und das ihm zugrundeliegende Prinzip der Vergebung verstoße. Aristokrates erlaubt nicht die Tötung eines exilierten Mörders in der gesamten griechischen Welt, sondern nur die Festnahme eines Mordverdächtigen innerhalb des Gebietes der Bundesgenossen.

Um die Zuhörer von einer rationalen Durchdringung der Argumentation abzulenken, versucht sie der Kläger emotional zu involvieren: erstens, indem er Mitgefühl für die Täter weckt (vgl. Komm. zu §39 τοῖς ἀτυχοῦσιν ... τῶν ἀτυχημάτων), zweitens, indem er zu bedenken gibt, dass angesichts der Unberechenbarkeit des Schicksals keiner der Zuhörer wissen könne, ob er nicht eines Tages selbst der Gnade bedürfen werde, die Aristokrates verweigere (vgl. Komm. zu §42 ὅτῳ ποτὲ τῶν πάντων ἀπόκειται ἄδηλον ὄν, μὴ προδήλου τῆς ἐπιούσης τύχης οὔσης ἑκάστῳ), und drittens, indem er seinen Mitbürgern für den Fall der praktischen Umsetzung des Beschlusses ein Szenario voraussagt, das ihnen nur die Wahl zwischen zwei Übeln lässt.

§37

Λέγε: Vgl. Komm. zu §22 λέγε.

τοὺς ἐφεξῆς νόμους: Zum attributiven ἐφεξῆς (‚darauffolgend') vgl. neben §86 auch 24,53; 28,11.13; 37,26.

τὸν ἀνδροφόνον: Gemeint ist der überführte Mörder, der zur Verbannung verurteilt wurde oder sich der Todesstrafe durch freiwilliges Exil entzogen hat; vgl. §38 τὸν πεφευγότα ἐπ' αἰτίᾳ φόνου καὶ ἑαλωκότα und die Einleitung zu §28–36 sowie Gagarin 1981, 59.

κτείνῃ ἢ αἴτιος ᾖ φόνου: Zur Bestrafung der indirekten Urheberschaft an einem Verbrechen vgl. And. 1,94 οὗτος ὁ νόμος καὶ πρότερον ἦν ⟨καὶ⟩ ὡς καλῶς ἔχων καὶ νῦν ἔστι, καὶ χρῆσθε αὐτῷ, τὸν βουλεύσαντα ἐν τῷ αὐτῷ ἐνέχεσθαι καὶ τὸν τῇ χειρὶ ἐργασάμενον; Plat. leg. 872a; Luk. Tyrann. 12. Ein ähnlicher Gedanke ergäbe sich auch IG I³ 104, Z. 11ff. mit dem auf Wolff 1946 basierenden Ergänzungsvorschlag Strouds: δ]ι|κάζειν δὲ τὸς βασιλέας αἴτιο[ν] φόγ[ο] ε[ἴτε τὸν αὐτόχερα εἴτ]ε [β]ολ|εύσαντα (Stroud 1968, 45 u. 47; Carawan 1998, 33 [zur Begründung vgl. 69] setzt einen Punkt nach βασιλέας).

Während Lipsius 125 den αἴτιος mit dem βουλεύσας praktisch gleichsetzt, spricht sich Carawan 1998, 43f. für die Differenzierung ‚(unabsichtlich) verursachen' vs. ‚planen' aus und erklärt zu unserer Stelle: „He who is 'liable for the killing' is not simply the planner or instigator, but anyone subject to any remedy or sanction resulting from the killing. The provision is clearly crafted so as to include those who claim to kill justifiably but who arguably violated the laws protecting the exile; it might also include those who undertook to abduct or drive off the exile or otherwise acted against him without intending to kill, but whose actions had unintentionally led to his death." Das zuletzt entworfene Szenario wirkt freilich etwas konstruiert. Ausführlich zum Rechtsbegriff der Bouleusis Gagarin 1990.

ἀγορᾶς ἐφορίας καὶ ἄθλων καὶ ἱερῶν Ἀμφικτυονικῶν: Wenn das Gesetz von Drakon, und damit Ende des 7. Jh., verfasst wurde, sollte man den Begriff ἀγορά nicht auf die Bedeutung ‚Markt' verengen (wie u.a. Gagarin 1981, 59 und Vince in der Loeb-Übersetzung), die für diese Zeit nicht sicher belegt ist (vgl. LSJ s.v. II.2). Ursprünglich heißt ἀγορά (von ἀγείρω) ‚Versammlung' oder ‚Versammlungsplatz', womit die in §39 vom Kläger gegebene Erklärung (ἐνταῦθα ... τἀρχαῖα συνῇσαν οἱ πρόσχωροι) harmoniert; vgl. auch Kolb 1996, 267. Der Zweck dieser Zusammenkünfte kann natürlich auch der Austausch von Waren gewesen sein, muss sich darin aber nicht erschöpft haben. Ebenfalls in diese Richtung deuten die Angaben der Lexikographen, die freilich auf einer Interpretation des Demosthenes-Textes und nicht auf der Kenntnis externer Quellen beruhen mögen; vgl. Harpokration s.v. ἐφορία (ε 175): ἡ ἐπὶ τῶν ὅρων γιγνομένη προαγόρευσις, ὡς Δημοσθένης διδάσκει ἐν τῷ Κατ' Ἀριστοκράτους καὶ

Θεόφραστος ἐν γ´ Νόμων; Photius α 237 s.v. ἀγορὰ ἐφορεία: Ἡ σύνοδος ἡ πρὸς τοῖς κοινοῖς ὅροις γινομένη τῶν ἀστυγειτόνων· οὗ οἱ ὅμοροι συνιόντες περὶ τῶν κοινῶν ἐβουλεύοντο; ε 2462 s.v. ἐφορία: ἀγορὰ Ἀθήνησιν οὕτω λεγομένη sowie ε 2464 s.v. ἐφορ{ε}ία: ἡ ἐπὶ τῶν ὅρων γινομένη προαγόρευσις, ὡς Δημοσθένης ἐν τῷ κατὰ Ἀριστοκράτους. Es ist nicht auszuschließen, dass schon Demosthenes die exakte Bedeutung des Begriffs unklar war; vgl. Canevaro 2013a, 56; Harris 2018, 41f. Anm. 67.

Bei den ἆθλοι ist an überregionale Wettkämpfe, wohl auch an die Olympischen Spiele, zu denken. Latte 1933, 286–7, bezweifelt zwar, dass die Athener außerhalb ihres politischen Einflussbereichs (so z.B. in Olympia) über den Verbannten bestimmen konnten, und bezieht deshalb das Adjektiv Ἀμφικτυονικῶν auch auf ἄθλων, doch dürfte der Ausschluss verurteilter Mörder von religiösen Festlichkeiten, wie es die Sportwettkämpfe waren, in der gesamten griechischen Welt eine Selbstverständlichkeit gewesen sein; vgl. Ziehen 1939, 6 und 16.

Zu den ἱερὰ Ἀμφικτυονικά gibt es, abgesehen davon, dass der Ermordete an ihnen hatte teilnehmen dürfen, in der Rede keine nähere Erläuterung. LSJ s.v. Ἀμφικτυονικός erklären den nur hier vorkommenden Ausdruck mit „offerings *made at their meetings*"; vgl. dazu Strabon 9,4,17: ... Δήμητρος ἱερόν, ἐν ᾧ κατὰ πᾶσαν Πυλαίαν θυσίαν ἐτέλουν οἱ Ἀμφικτύονες. Während Strabon aber von der pyläisch-delphischen Amphiktyonie spricht, dürfte Drakon die Amphiktyonie von Kalauria im Blick gehabt haben, der Athen im 7. Jh. angehörte (vgl. Tausend 1992, 13–15). Gegen die Auffassung des Adjektivs im engeren Wortsinn wendet sich Ruschenbusch 2010, 47: Ἀμφικτυονικά sei „hier wohl nicht auf Kultgemeinschaften, sondern auf die Umwohner zu beziehen, die Grenznachbarn".

Zu der vor Befleckung zu schützenden Trias ἀγορά, ἆθλα, ἱερά vgl. auch Plat. leg. 868a6–b1: ὅστις δ' ἂν τῶν ἀποκτεινάντων πάντων μὴ πείθηται τῷ νόμῳ, ἀλλ' ἀκάθαρτος ὢν ἀγοράν τε καὶ ἆθλα καὶ τὰ ἄλλα ἱερὰ μιαίνῃ ... Dort ist allerdings mit ἀγορά eindeutig der Marktplatz gemeint. Etwas anders Antiph. 6,4 ἀνάγκη γάρ ... νόμῳ εἴργεσθαι πόλεως ἱερῶν ἀγώνων θυσιῶν, ἅπερ μέγιστα καὶ παλαιότατα τοῖς ἀνθρώποις.

ὥσπερ τὸν Ἀθηναῖον κτείναντα: Der Artikel ist mit Ἀθηναῖον, nicht mit dem Partizip zu verbinden; er bezeichnet hier die Gattung (vgl. KG I 589), wie häufig in der Gesetzessprache; vgl. Aristoph. Av. 1035f. ἐὰν δ' ὁ Νεφελοκοκκυγιεὺς τὸν Ἀθηναῖον ἀδικῇ; Aischin. 1,163 ἔπειτα οὐ καταλευσθήσεται ὁ μισθούμενος τὸν Ἀθηναῖον παρὰ τοὺς νόμους und Philostrat. Vit. Soph. 1,16 πόλεμον Λακωνικὸν ⟨προ⟩ειπὼν ἐς πάντας, εἴ τις τὸν (codd. : τιν' coni. Boter, übernommen von Stefec) Ἀθηναῖον φεύγοντα δέξαιτο. In den von Koch 1989, 549–550 zusammengestellten inschriftlich erhaltenen Proxeniedekreten, die eine ähnlich lautende Formel enthalten, ist der Völkername hingegen nie mit einem Artikel versehen; die Bestimmung, dass der Mörder eines Gastfreundes so bestraft werden solle, als habe er einen Athener getötet, wird zumeist mit dem Indefinitpronomen und dem Genitiv Plural ausgedrückt; vgl. z.B. IG I³ 19 ... [ὅς ἐὰν Ἀθεναί]ον τις ἀποθά[νει]; IG I³ 156 ... καθάπερ ἐάν τις Ἀθεναίον ἀποθάνει; IG I³ 57 [καθάπερ ἤν τις] Ἀθηναίων [τινὰ ἀποκτένῃ].

ἐν τοῖς αὐτοῖς ἐνέχεσθαι: Vgl. [Dem.] 50,49 οἱ γὰρ νόμοι οὐκ ἐῶσιν ὑποδέχεσθαι τῶν φευγόντων οὐδένα ἢ ἐν τοῖς αὐτοῖς κελεύουσιν ἐνέχεσθαι τὸν ὑποδεχόμενον τοὺς φεύγοντας; Lys. 1,32 und And. 1,94 (zitiert oben zu κτείνῃ ἢ αἴτιος ᾖ φόνου). Die Parallelen erweisen van Herwerdens Tilgung der Präposition ἐν (hier und in §38) als unnötig, zumal auch die Länge der Lücke in der Inschrift keinen klaren Anhaltspunkt dafür liefert (vgl. Canevaro 2013a, Anm. 85). Freilich findet sich ebenfalls die Konstruktion mit bloßem Dativ; vgl. neben §42, wo Dem. möglicherweise den Gleichklang ὠνόμασεν ἐν vermeiden wollte, z.B. Dem. 51,11 ἐὰν μὲν πένης ὢν τις δι' ἔνδειαν ἁμάρτῃ, τοῖς ἐσχάτοις ἐπιτιμίοις ἐνέξεται.

διαγιγνώσκειν δὲ τοὺς ἐφέτας: Die Formel findet sich auch in IG I³ 104,13. Zu διαγιγνώσκειν vgl. Komm. zu §22 Δικάζειν δὲ.

Über das Amt der Epheten besitzen wir kaum verlässliche Informationen. Einigkeit herrscht darüber, dass sie für Tötungsdelikte zuständig waren. Die antiken Quellen grenzen ihren Aufgabenbereich mehr oder weniger explizit von dem des Areopag ab: Harpokration s.v. ἐφέται ordnet sie nur den Gerichtsstätten beim Palladion, beim Prytaneion, beim Delphinion und in Phreatto zu; das bei Plut. Sol. 19,4 überlieferte solonische Gesetz differenziert zwischen dem Urteil des Areopags, der Epheten und des Prytaneions; ähnlich zu verstehen ist Pollux 8,125: ἐδίκαζον δὲ [sc. οἱ ἐφέται] τοῖς ἐφ' αἵματι διωκομένοις ἐν τοῖς πέντε δικαστηρίοις. Σόλων δ' αὐτοῖς προσκατέστησε τὴν ἐξ Ἀρείου πάγου βουλήν. Nur mit Vorbehalt gehört hierher Aristot. Ath. pol. 57,4 δικάζουσι δ' οἱ λαχόντες τα[ῦτ' ἐφέται] πλὴν τῶν ἐν Ἀρείου πάγῳ γιγνομένων, da dort der entscheidende Begriff ergänzt wurde.

Der Zusammenhang, in dem die Epheten im vorliegenden Gesetz erwähnt werden, fügt sich jedoch nicht in das skizzierte Bild (vgl. auch Carawan 1998, 161f.; Canevaro 2013a, 56f.). Das Gesetz betrifft einen Fall vorsätzlicher Tötung, der genauso behandelt werden soll wie die Ermordung eines Atheners. Für derartige Fälle war, zumindest zur Abfassungszeit der

Rede und wohl auch schon unter Solon (vgl. Plut. Sol. 19,4, Pollux 8,125 sowie Lipsius 121), eindeutig der Areopag zuständig (vgl. §22 sowie Carawan 1998, 161). Daraus lässt sich folgern, dass erstens das zitierte Gesetz aus vorsolonischer Zeit stammt (andernfalls würde nämlich, wie in §22, explizit der Areopag genannt sein) und dass zweitens die Epheten damals auch über Fälle vorsätzlicher Tötung entschieden.

Τουτονὶ δεῖ μαθεῖν ὑμᾶς ... τὸν νόμον τί ποτ' ἐβούλεθ' ὁ θείς: In der Regel wird bei der Prolepse das Subjekt des Nebensatzes zum Objekt des Hauptsatzes gemacht, seltener das Objekt des Nebensatzes (vgl. KG II 577–579 mit Anm. 3 und z.B. Aristoph. Nub. 1185f. οὐ γάρ, οἶμαι, τὸν νόμον / ἴσασιν ὀρθῶς ὅ τι νοεῖ). Hier wird in besonders kühner Anwendung des Stilmittels das Objekt des substantivierten Partizips in den Hauptsatz vorgezogen, um durch das Demonstrativum einen unmittelbaren Bezug zum verlesenen Gesetz herzustellen.

ὄψεσθε γὰρ ὡς ἅπαντ' εὐλαβῶς διώρισε καὶ νομίμως: Zum vorweggenommenen Urteil vgl. Komm. zu §19 σκοπεῖσθε ὡς δίκαια ἐρῶ; zu διώρισε vgl. Komm. zu §34 διώρισεν.

Das Adverb νομίμως begegnet innerhalb des Corpus Demosthenicum ausschließlich in unserer Rede (§§ 37, 41, 70, 82), von den übrigen Rednern verwenden es nur Antiphon und Isokrates.

§38

ἀποκτείνῃ: Der Kläger ersetzt bei der Wiedergabe des Gesetzestextes das Simplex κτείνῃ durch das in klassischer Prosa übliche Kompositum. Dass die Anpassung an die sprachliche Norm im juristischen Kontext nicht zwingend notwendig ist, zeigen neben §38 (κτείναντα), §41 und §53 Lys. 10,11 ὁ μὲν γὰρ διώκων ὡς ἔκτεινε διόμνυται, ὁ δὲ φεύγων ὡς οὐκ ἔκτεινεν sowie Plat. Euthyphr. 4b9, Prot. 322d5 (vgl. Manuwald 1999 z.St. [S. 199]), leg. 871e1; vgl. auch LSJ s.v. κτείνω 1. und 2.

τὸν πεφευγότα ἐπ' αἰτίᾳ φόνου: Die chronologische Abfolge der Ereignisse – vor Gericht gestanden haben (πεφευγέναι), überführt sein (ἑαλωκέναι), sich der Strafe durch Flucht entziehen (φυγεῖν καὶ σωθῆναι) – sowie die Verbindung mit αἰτία sprechen auf den ersten Blick dafür, φεύγειν hier im Sinne von ‚angeklagt sein' zu verstehen (so auch Gagarin 1981, 121).

Jedoch gibt es keine eindeutige Parallele für φεύγειν ἐπί τινι in dieser Bedeutung, dafür zahlreiche in der Bedeutung ‚verbannt sein wegen etw.'; vgl. neben §77 z.B. Thuk. 1,138,6 οὐ γὰρ ἐξῆν θάπτειν ὡς ἐπὶ προδοσίᾳ φεύγοντος; And. 1,18.25 (letztere Stelle ist bei LSJ s.v. φεύγω IV.1 zwar unter der Bedeutung ‚to be accused' aufgeführt, vgl. aber MacDowell 1962 z.St. [S. 80]) und wahrscheinlich auch Dem. 21,105 ... λιποταξίου γραφὴν ἡλωκέναι καὶ ἐφ' αἵματι φεύγειν καὶ μόνον οὐ προσηλῶσθαι (vgl. MacDowell 1990 z.St. [S. 332]). Man hat also wohl αἰτία nicht im Sinne von ‚Beschuldigung', sondern, auf die Formulierung αἴτιος φόνου im Gesetzestext rekurrierend, im Sinne von ‚Verantwortlichkeit' aufzufassen. τὸν πεφευγότα ... καὶ ἑαλωκότα bildet dann ein Hysteronproteron, durch welches „der in der natürlichen Ordnung nachfolgende Begriff oder Gedanke als der gewichtigere, als der Hauptbegriff oder Hauptgedanke dargestellt" wird (KG II 603,4).

ἅπαξ: „without any notion of number" (LSJ s.v. II) im Sinne von ‚wenn **erst einmal** ein bestimmter Zustand hergestellt ist' wie z.B. 8,17 εἰ δ' ἅπαξ διαλυθήσεται (sc. τὸ στράτευμα), τί ποιήσομεν, ἂν ἐπὶ Χερρόνησον ἴῃ;

τοῦ παθόντος: Vgl. Komm. zu §25 ἐπειδήπερ ἡμεῖς τιμωρήσομεν τῷ πεπονθότι.

δίκαιον ... οὐχ ὅσιον: Die beiden Adjektive konstituieren einen gesteigerten Gegensatz: ‚gerecht nach menschlichem Gesetz – (nicht nur ungerecht nach menschlichem Gesetz, sondern) gegen göttliches Recht verstoßend'. Vgl. auch Komm. zu §74 ὅσιον. Der Kläger evoziert hier den Gedanken an das sakrale Asylrecht, wonach jedem, der in einer heiligen Stätte Zuflucht suchte, körperliche Unversehrtheit garantiert wurde; vgl. Chaniotis 1997, 143f. Das staatliche Asylrecht dürfte sich aus dem sakralen entwickelt haben; vgl. Thür 1997a, 143.

πανταχοῦ: ἁπανταχοῦ (SFY) ist bei Dem. sonst nicht belegt und würde ohne Not einen Tribrachys erzeugen.

ἑτέρωσε: = ἄλλοσε wie Plat. leg. 708b6; bei den Rednern gibt es keine Belege für diese Bedeutung ([Dem.] 17,16 ist ἑτέρωσε Konjektur für ἑτέρωθι).

ἀποκτιννύωμεν: Vgl. Komm. zu §35 ἀποκτιννύναι.

§39

τοῖς ἀτυχοῦσιν ... τῶν ἀτυχημάτων: Um dem Recht auf sicheres Exil für Mörder bei den Zuhörern Billigung zu verschaffen, muss Mitgefühl für die Täter geweckt werden. Der Kläger bezeichnet sie daher euphemistisch als ἀτυχοῦντες, ‚Unglückliche' (vgl. auch Dem. 21,60 und 22,55), ihre Vergehen als ἀτυχήματα, ‚Unglücksfälle'. Aristoteles wendet diesen Begriff auf Schädigungen anderer an, die ohne böse Absicht verübt werden: ἀτυχήματα μὲν ⟨γὰρ⟩ ὅσα παράλογα καὶ μὴ ἀπὸ μοχθηρίας (rhet. 1,13. 1374b6f., vgl. auch eth. Nic. 5,8. 1135b16f.), und auch im allgemeinen Sprachgebrauch dürfte man mit ἀτυχήματα Taten assoziiert haben, die per se weniger hart bestraft wurden, z.B. die in die Zuständigkeit des Palladions fallenden ἀκούσιοι φόνοι (vgl. §§71–73). Durch die geschickte Verengung des Blickwinkels auf diese mildere Form der Verfehlung erscheint die Forderung, einer maßlosen Bestrafung zu wehren, umso berechtigter.

Weber, der die von A (ante correctionem) anstelle von ἀτυχήματα gebotene Lesart ἀδικήματα entschieden verteidigt, u.a. mit dem Argument, dass ἀτυχήματα nicht mit Strafen (τιμωρίαι) belegt werden dürften („nam τὰ ἀδικήματα postulant vindictam legibus debitam, τὰ ἀτυχήματα autem miserationem et veniam, ut ad ea non pertinuerit τῆς τιμωρίας notio", S. 204), verkennt die Absicht des Demosthenes, gerade durch dieses Paradoxon bei den Geschworenen für das Recht auf Gnade und Verzeihung zu werben.

ἔστι δ' αὕτη τίς: Vgl. Komm. zu §30 λέγει δὲ τί;.

ἐκ τῆς τῶν πεπονθότων μεταστάντα εἰς τὴν τῶν μηδὲν ἠδικημένων ἀδεῶς μετοικεῖν: Der Gedanke, dass ein Täter im Lande derer, die von seiner Tat nicht betroffen sind, in Frieden leben kann, findet sich auch bei Lykurg. 133, der die beispiellose Niedertracht des Leokrates u.a. dadurch erwiesen sieht, dass selbst Mörder leichter Aufnahme in anderen Städten finden als dieser: τοιγαροῦν οὐδεμία πόλις αὐτὸν [sc. Leokrates] εἴασε παρ' αὑτῇ μετοικεῖν, ἀλλὰ μᾶλλον τῶν ἀνδροφόνων ἤλαυνεν, εἰκότως. οἱ μὲν γὰρ φόνου φεύγοντες εἰς ἑτέραν πόλιν μεταστάντες οὐκ ἔχουσιν ἐχθροὺς τοὺς ὑποδεξαμένους, τοῦτον δὲ τίς ἂν ὑποδέξαιτο πόλις;

Das substantivierte Partizip (τῶν ἠδικημένων) wird hier mit μή verneint, da nicht bestimmte Personen, sondern eine Gattung (‚solche Leute, welche ...') bezeichnet wird; vgl. KG II 201f. Anm. 4.

ἵνα δὴ μὴ τοῦτο ᾖ: τοῦτο greift nicht den Inhalt des unmittelbar voraufgehenden Satzes auf, sondern bezieht sich weiter zurück auf ἡ μόνη λοιπὴ … σωτηρία διαφθαρήσεται.

ἀπέραντοι: Das Wort kommt sonst weder bei Demosthenes noch bei den anderen Rednern vor, wohl aber in der Dichtung und im Spätwerk Platons. Die Hebung der Stilebene macht die Aussage eindrücklicher.

φησὶν: Zu parenthetischem φάναι in Sätzen, die bereits durch ein Verb des Sagens eingeleitet wurden, vgl. LSJ s.v. φημί II.4. sowie z.B. Dem. 8,74 καὶ λέγων εἶπεν οὕτω πως· "εἰπέ μοι, βουλεύεσθε", ἔφη, "Θηβαίους ἔχοντες ἐν νήσῳ, τί χρήσεσθε καὶ τί δεῖ ποιεῖν;", 9,44 ἐν τοῖς φονικοῖς γέγραπτει νόμοις … "καὶ ἄτιμος" φησὶ "τεθνάτω" und Lys. 13,50 ἡ κρίσις … διαρρήδην λέγει "διότι" φησὶν "ἔδοξε τἀληθῆ εἰσαγγεῖλαι". Durch den Einschub von φησίν wird an unserer Stelle der Begriff hervorgehoben, den es in der Folge zu erklären gilt.

τί τοῦτο λέγων; τῶν ὁρίων τῆς χώρας: Diese Interpretation ist zweifelhaft. Bei ἀγορὰ ἐφορία handelt es sich nicht um eine bloße Ortsbezeichnung (dass der Verbannte die Grenze zu seiner Heimat nicht übertreten darf, versteht sich von selbst), sondern, wie auch die Verbindung mit ἆθλα καὶ ἱερὰ Ἀμφικτυονικά erkennen lässt, um ein E r e i g n i s, an dem teilzuhaben ihm untersagt ist.

Plastow 2020, 38 macht darauf aufmerksam, dass die Erklärung des offenbar nicht mehr gängigen Begriffs auf subtile Weise das Alter des Gesetzes und sein unverändertes Fortbestehen – beides autoritätsstiftende Faktoren – ins Bewusstsein ruft.

τἀρχαῖα: Der früheste weitere Beleg für den adverbial verwendeten Plural findet sich zwar erst bei Ael. Arist. or. 6, p. 38,23f. Jebb ὥσπερ Προμηθεὺς τἀρχαῖα λέγεται συμπλάσαι τὸν ἄνθρωπον, doch scheint angesichts der Numerusindifferenz anderer Adverbialbildungen in klassischer Prosa (z.B. τὸ νῦν / τὰ νῦν; τὸ τελευταῖον / τὰ τελευταῖα; τοὐναντίον / τἀναντία) die von Cobet vorgeschlagene Änderung zu dem besser belegten τἀρχαῖον nicht notwendig.

§40

πάλιν: Vgl. MacDowell zu Dem. 21,33 (S. 251): „often used by D. to mean 'also', introducing the next in a series of similar items". So auch §§47, 55, 105 u.ö.

ὅσων τῷ παθόντι ζῶντι μετῆν, τούτων εἴργει τὸν δεδρακότα: Zu dem hier unterstellten Motiv des Gesetzgebers vgl. unten zu καὶ ὁσίων καὶ ἱερῶν. In Wirklichkeit dürfte die Bestimmung in erster Linie den Zweck gehabt haben, den Mörder „von Orten fernzuhalten, die von den Anverwandten des Toten regelmäßig aufgesucht wurden" (Latte 1933, 287; ebenso Canevaro 2013a, 56).

πρῶτον μὲν ... εἶτα: Bei der Gliederung πρῶτον μέν ... εἶτα/ἔπειτα fehlt in der Regel das korrespondierende δέ; vgl. KG II 271f.

καὶ ὁσίων καὶ ἱερῶν: ὅσιος heißt, wenn es nicht als Gegenbegriff zu δίκαιος, sondern zu ἱερός fungiert, ‚profan'. Vgl. die komplementäre Verbindung beider Adjektive Thuk. 2,52,3 ἐς ὀλιγωρίαν ἐτράποντο καὶ ἱερῶν καὶ ὁσίων ὁμοίως, Isokr. 7,66 κοσμήσασαν τὴν πόλιν καὶ τοῖς ἱεροῖς καὶ τοῖς ὁσίοις und Dem. 24,9 τῶν ἱερῶν μὲν χρημάτων τοὺς θεούς, τῶν ὁσίων δὲ τὴν πόλιν ἀποστερεῖ.

Konkrete Beispiele für ὅσια καὶ ἱερά zählt Dem. 20,158 auf: ὁ Δράκων φοβερὸν κατασκευάζων καὶ δεινὸν τό τινα αὐτόχειρα ἄλλον ἄλλου γίγνεσθαι καὶ γράφων χέρνιβος εἴργεσθαι τὸν ἀνδροφόνον, σπονδῶν, κρατήρων, ἱερῶν, ἀγορᾶς, πάντα τἆλλα διελθὼν οἷς μάλιστ' ἄν τινας ᾤετ' ἐπισχεῖν τοῦ τοιοῦτόν τι ποιεῖν ... Vgl. auch Soph. OT 236–243. Während das Hauptmotiv für die Anordnungen des sophokleischen Ödipus die religiöse Furcht vor Befleckung ist (vgl. V. 241ff. ... ὡς μιάσματος / τοῦδ' ἡμὶν ὄντος, ὡς τὸ Πυθικὸν θεοῦ / μαντεῖον ἐξέφηνεν ἀρτίως ἐμοί), erkennt Demosthenes in Drakons Gesetzen das Bemühen um Abschreckung (20,158) bzw. Rache (23,40: ὅσων τῷ παθόντι ζῶντι μετῆν, τούτων εἴργει τὸν δεδρακότα). Zu den drei Elementen Rache, Reinigung und Abschreckung ausführlich MacDowell 1963, 141–150 und Kremmydas 2012, 442ff. zu Dem. 20,158.

τὴν ἐφορίαν ἀγορὰν ὅρον προσγράψας: Vgl. Komm. zu §39 τί τοῦτο λέγων; τῶν ὁρίων τῆς χώρας.

ἧς εἴργεσθαί φησιν: Zu εἴργεσθαι ist als Subjektsakkusativ τὸν δεδρακότα zu ergänzen. Der Bezug des Relativums auf das Substantiv statt auf das näher stehende Prädikativum ist im Griechischen eher die Regel als die Ausnahme; vgl. KG I 77,5.

οἱ κατὰ τὴν Ἑλλάδα ἀγῶνες: Der Kläger mag hier neben den erstmals für das Jahr 776 bezeugten Olympischen Spielen auch an die Pythien (Delphi), die Isthmien (Korinth) und die Nemeen (Nemea) denken, die allerdings jeweils erst für das 6. Jh., also nach Drakon, historisch belegt sind.

§41

τούτων: Anders als im unmittelbar voraufgehenden Satz steht das Demonstrativum hier für alle im Gesetz genannten Versammlungen.

ἂν δ᾽ ἔξω τούτων κτείνῃ τις αὐτὸν ἄλλοθι, τὴν αὐτὴν ... κτείνῃ: Die Aussage bildet den Gegensatz zum wohlweislich nicht explizit formulierten Gedanken „Es ist erlaubt, den verbannten Mörder zu töten, wenn er sich bei den genannten Ereignissen zeigt." In das Bewusstsein der Zuhörer soll sich möglichst ungetrübt einprägen, dass dem Gesetzgeber (ganz anders als Aristokrates) daran gelegen sei, den Mörder vor Übergriffen zu schützen.

Die adverbialen Bestimmungen ἔξω τούτων und ἄλλοθι rahmen den Satzkern; sie markieren eindringlich das Recht des verbannten Mörders auf Unversehrtheit als den Regelfall.

τὴν αὐτὴν ὑπὲρ αὐτοῦ δίκην δέδωκεν: Zu δέδωκεν ist als Subjekt ὁ τὸν νόμον θείς zu ergänzen. Mit ὑπὲρ αὐτοῦ kann entweder das Opfer, in dessen Interesse die Strafe verhängt wird (vgl. z.B. Dem. 21,20), oder das Vergehen, dem die Strafe gilt (vgl. z.B. Dem. 21,111), bezeichnet sein. Der Präpositionalausdruck kommt in unserer Rede in ganz ähnlichem Zusammenhang auch in §§46, 54, 59 und 89 vor, wobei in §46 der Bezug auf eine Person kaum möglich, in §89 hingegen sehr wahrscheinlich ist. Da an unserer Stelle das Opfer und sein rechtlicher Status im Mittelpunkt stehen, ist das Demonstrativum eher als Maskulinum denn als Neutrum aufzufassen; ähnlich Dem. 21,46 ... κἂν εἰς δοῦλον ὑβρίζῃ τις, ὁμοίως ἔδωκεν ὑπὲρ τούτου γραφήν.

ἥνπερ: Sc. δέδωκεν.

τὸν Ἀθηναῖον: Vgl. Komm. zu §37 ὥσπερ τὸν Ἀθηναῖον κτείναντα.

τὸν γὰρ φυγάδα... ᾧ κατέστησεν αὐτὸν ἐκεῖνος ἔνοχον: Der in Verbannung lebende Mörder gilt nicht mehr als Bürger Athens; er ist ein ‚Staatenloser' (vgl. Antiph. 2,2,9 ... φυγὼν γέρων καὶ ἄπολις ὢν ἐπὶ ξενίας πτωχεύσω) und wird daher nicht mit dem Ethnikon Ἀθηναῖος angesprochen. Das ist jedoch nicht gleichbedeutend mit dem Verlust sämtlicher Rechte, sondern er genießt – vorausgesetzt, er hält sich an die Auflagen – gesetzlichen Schutz vor potenziellen Rächern dergestalt, dass der Mord an ihm wie der Mord an einem Athener bestraft wird.

Warum der Kläger so großen Wert auf die Feststellung legt, dass der Verbannte nicht mit dem Namen seiner Heimatstadt, sondern mit der Benennung seines Vergehens belegt wird, leuchtet nicht unmittelbar ein. Möglicherweise soll suggeriert werden, dass die Nationalität des getöteten Mörders keine Rolle spiele, Aristokrates als Urheber des Dekrets also auch dann, wenn der Mörder des Charidemos kein Athener wäre (sondern z.B. ein Thraker aus dem Kreis der Kersobleptes-Gegner), im Falle der Blutrache an diesem genauso hart bestraft würde, als hätte er die Ermordung eines Atheners verschuldet.

Zur Strafe für die Tötung eines Fremden vgl. Komm. zu §23 πότερα ξένος ἢ μέτοικος ἢ πολίτης.

τὸ τῆς πόλεως οὐ προσεῖπεν ὄνομα: Zum inneren Akkusativ vgl. KG I 321 sowie Xen. oik. 7,3 καλοῦσί με τοῦτο τὸ ὄνομα, Plat. rep. 471d1 ἀνακαλοῦντες ταῦτα τὰ ὀνόματα ἑαυτούς.

ἔνοχον: Vgl. Komm. zu §30 ἔνοχος τῷ προσρήματι τούτῳ.

"ἄν τις ἀποκτείνῃ" φησὶ "τὸν ἀνδροφόνον": Die Worte bilden einen vollständigen Pentameter. Zur Vermeidung von Versen in der Prosa vgl. Komm. zu §1 λογίζομαι καὶ σκοπῶ. Im mündlichen Vortrag wurde der Rhythmus wahrscheinlich durch eine nach dem Einschub φησὶ eingelegte Pause kaschiert.

εἰργόμενον: „Der Akkusativ ist noch von ἄν τις ἀποκτείνῃ abhängig zu denken" (Westermann).

νομίμως: Zum Adverb vgl. Komm. zu §37 νομίμως. Der Gesetzgeber gebietet jeglicher Willkür Einhalt und verfolgt das Delikt gemäß dem bestehenden Strafkatalog der Stadt Athen.

ἀνομοίως: Das Adverb verwendet Dem. nur hier; auch von den anderen Rednern wird es kaum gebraucht (einziger Beleg ist Isokr. 15,148). Worin die ‚Unähnlichkeit' besteht, wird in den Paragraphen 42 und 43 näher ausgeführt: Während das Gesetz einen Mörder unter bestimmten Bedingungen (er lebt in Verbannung und hält sich fern von dem, was ihm verboten ist) vor der Blutrache schütze, verlange der Antrag seine Auslieferung sogar aus dem Gebiet der Bundesgenossen, ohne ausdrücklich seine Tötung durch diejenigen, denen er ausgeliefert wird, unter Strafe zu stellen (vgl. §42). Dadurch mache sich Aristokrates als Urheber des Antrags mittelbar des Mordes schuldig und unterliege der Blutgerichtsbarkeit (vgl. §43).

§42

καίτοι πῶς οὐχὶ: Zum folgernden καίτοι vgl. Komm. zu §15 καίτοι. Zu πῶς οὐ in affirmativer Bedeutung (= lat. *nonne*) vgl. KG II 522 Anm. 9. Die Verbindung καίτοι πῶς οὐ findet sich sehr häufig bei Demosthenes, Isokrates und Lysias; insbesondere καίτοι πῶς οὐ δεινόν wird mit Vorliebe von Dem. verwendet, vgl. 19,146; 21,120; 24,30; 27,28.64.

δεινὸν: Vgl. Komm. zu §25 δεινὸν.

ὁ νόμος δέδωκεν: Vgl. §75 ὡς οἱ νόμοι διδόασιν.

τούτους ἐκδότους τις εἶναι γράφει: ‚... einer beantragt, dass sie ausgeliefert werden sollen'. Der Begriff des Sollens liegt im übergeordneten Verb γράφειν und muss im abhängigen A.c.I. nicht eigens ausgedrückt werden; vgl. z.B. Dem. 1,19 σὺ γράφεις ταῦτ' εἶναι στρατιωτικά; und 18,25 ἔγραψα ... ἀποπλεῖν τὴν ταχίστην τοὺς πρέσβεις; ebenso 23,119, ähnlich 23,35 und 143.

Inhaltlich bezieht sich der Kläger auf den Passus im Antrag, demzufolge jeder Staat und jeder Privatmann, der den mutmaßlichen Mörder dem Zugriff seiner Verfolger entzieht, aus dem Bündnis ausgeschlossen werden soll (vgl. §§85 und 91), und setzt dies mit der Verpflichtung, den Gesuchten auszuliefern, gleich.

τῆς συγγνώμης ... τοῖς ἀτυχοῦσιν: Zu τοῖς ἀτυχοῦσιν vgl. Komm. zu §39 τοῖς ἀτυχοῦσιν ... τῶν ἀτυχημάτων. Wieder legt der Kläger den Gedanken an eine nicht beabsichtigte Straftat nahe, um den Anspruch auf

Vergebung (συγγνώμη) zu rechtfertigen. Vgl. den von Demosthenes selbst stichwortartig formulierten Grundsatz 18,274 ἀδικεῖ τις ἑκών· ὀργὴν καὶ τιμωρίαν κατὰ τούτου. ἐξήμαρτέ τις ἄκων· συγγνώμην ἀντὶ τῆς τιμωρίας τούτῳ. Vgl. auch Wankel zu 18,275 τοῖς ἀγράφοις νομίμοις καὶ τοῖς ἀνθρωπίνοις ἤθεσιν (S. 1189f.).

τῶν ἔξω τῶν ἐγκλημάτων ὄντων: Wie sich eindeutig aus dem Zusammenhang ergibt, ist nicht im Sinne eines Gegensatzes zu ἐν ἐγκλήματι γίγνεσθαι (z.B. Dem. 18,251) an diejenigen zu denken, denen kein Vorwurf gemacht wird, sondern an diejenigen, die selbst keinen Grund zur Klage haben, da sie von den dem Mörder zur Last gelegten Taten nicht betroffen sind. τῶν ἔξω τῶν ἐγκλημάτων ὄντων entspricht also τῶν μηδὲν ἠδικημένων (§39). Zu einer ähnlichen Verwendung von ἔγκλημα vgl. 1,7 ἐπειδὴ δὲ ἐκ τῶν πρὸς αὐτοὺς ἐγκλημάτων μισοῦσι (sc. die Olynthier), βεβαίαν εἰκὸς τὴν ἔχθραν αὐτοὺς ὑπὲρ ὧν φοβοῦνται καὶ πεπόνθασιν ἔχειν.

ὅτῳ ποτὲ τῶν πάντων ἀπόκειται ἄδηλον ὄν, μὴ προδήλου τῆς ἐπιούσης τύχης οὔσης ἑκάστῳ: Der Nachweis der Gesetzwidrigkeit des Antrags scheint in dieser gnomischen Mahnung seinen Abschluss zu finden. Der Gedanke, dass sich angesichts der Unberechenbarkeit des Schicksals niemand sicher sein kann, nicht eines Tages selbst der Vergebung zu bedürfen, soll bei den Geschworenen mitfühlende Identifikation mit den Betroffenen auslösen. Zugleich bildet die Aussage ein Bindeglied zu der im Folgenden angesprochenen Person des Aristokrates, insofern sie sich als implizite Drohung verstehen lässt: Sollte der Mörder des Charidemos getötet werden, so fände sich Aristokrates, der in seinem Antrag das Recht auf Gnade verweigert, als Angeklagter in einem Mordprozess unversehens in der Rolle dessen wieder, der selbst auf Gnade hoffen muss, und würde damit zum lebenden Beweis für die allgemeingültige Wahrheit, die er nun ignoriert.

τῶν πάντων: Demosthenes verbindet den partitiven Genitiv von πᾶς im Vergleich zu anderen Rednern auffällig oft mit dem Artikel (6,10; 8,11; 10,1.11.30.31.49; 15,4; 16,14 etc.).

ἀπόκειται: ‚vorrätig sein', ‚(für einen bestimmten Verwendungszweck) bereitliegen'; vgl. 54,21 τοῖς δι᾽ ἡλικίαν {ἢ νεότητα} τούτων τι πράττουσι τούτοις ἀποκεῖσθαι προσήκει τὰς τοιαύτας καταφυγάς. Der bildliche Ausdruck wird treffend erklärt von Weber 209: „συγγνώμη enim cogitatur tanquam thesaurus sepositus, quem quis suo tempore repetere et in usum revocare possit." Vgl. auch Diod. 13,31,1 οὐκ ἔστιν οὖν τούτοις δίκαιος ἀποκείμενος ἔλεος· αὐτοὶ γὰρ αὐτὸν ἐπὶ τῶν ἰδίων ἀκληρημάτων ἀνῃρήκασι.

μὴ προδήλου τῆς ἐπιούσης τύχης οὔσης ἑκάστῳ: Zum Gedanken vgl. 20,162 τὸ μέλλον ἄδηλον πᾶσιν ἀνθρώποις (Westermann); ganz ähnlich 15,21 sowie Eur. Alk. 785 τὸ τῆς τύχης γὰρ ἀφανὲς οἷ προβήσεται und Men. Aspis 248/9 τὸ τῆς τύχης ἄδηλον.
Die Verneinung steht unter dem Einfluss des εἰ-Satzes. Zu προδήλου vgl. Komm. zu §12 πρόδηλος; zu ἐπιέναι im Sinne von ‚zukommen auf ...' vgl. 10,31 οὐδενὸς τῶν πάντων οὕτως ὡς χρημάτων δεῖ τῇ πόλει πρὸς τὰ νῦν ἐπιόντα πράγματα.

καὶ νυνὶ: Unter Zurücktreten des zeitlichen Aspekts zur Einleitung einer Folgerung auch 21,87; 54,27; 57,55.

τὸν ἀποκτείνοντα ... ὄντως: Beide Begriffe werden durch eine doppelte Prolepse hervorgehoben: Das Objekt des ἐάν-Satzes wird diesem nicht nur vorangestellt, sondern von ihm durch den Einschub eines weiteren Bedingungssatzes getrennt, aus dem wiederum ὄντως proleptisch herausgelöst ist.

ἂν ἄρα: KG II 324,10: „... die mit εἰ ἄρα, ἐὰν ἄρα eingeleiteten Bedingungssätze haben ... meist a b l e h n e n d e n Sinn, insofern der Redende auf das Unwahrscheinliche oder Unerwünschte einer Annahme hindeutet." Vgl. auch LSJ s.v. ἄρα B.6: „in hypothetical clauses, to indicate the improbability of the supposition". In dieser Bedeutung bei Dem. auch 16,3.31; 19,195; 20,125; 23,59.207; 24,155; 41,20. Nicht ganz den Punkt trifft die Erklärung von Denniston, GP 37: „ἄρα in a conditional protasis denotes that the hypothesis is one of which the possibility has only just been realized: 'If, after all'."

τῶν νομίμων εἰργόμενον: Die gleiche Formel findet sich Aristot. Ath. pol. 57,2 (zu den Aufgaben des Archon Basileus) λαγχάνονται δὲ καὶ αἱ τοῦ φόνου δίκαι πᾶσαι πρὸς τοῦτον, καὶ ὁ προαγορεύων εἴργεσθαι τῶν νομίμων οὗτός ἐστιν; Antiph. 6,34 παρεσκευάζοντο αἰτιᾶσθαι καὶ προαγορεύειν εἴργεσθαι τῶν νομίμων; Plat. leg. 871a2–5 ὃς ἂν ἐκ προνοίας τε καὶ ἀδίκως ὁντιναοῦν τῶν ἐμφυλίων αὐτόχειρ κτείνῃ, πρῶτον μὲν τῶν νομίμων εἰργέσθω, μήτε ἱερὰ μήτε ἀγορὰν μήτε λιμένας μήτε ἄλλον κοινὸν σύλλογον μηδένα μιαίνων und 873b1–2. Unter τὰ νόμιμα dürften angesichts der Dem. 20,158 (zitiert im Komm. zu §40 καὶ ὁσίων καὶ ἱερῶν) und Plat. leg. 871a2–5 (siehe oben) aufgezählten Beispiele nicht die "legal rights" (LSJ s.v. II.2) zu verstehen sein, sondern vielmehr das, was das Gesetz (dem Verbannten zu meiden) vorschreibt; vgl. Kells 1965, 206 „the things from which the law proscribes the killer" und Rhodes 1981 zu Aristot. Ath. pol. 57,2 (S. 641) „εἴργεσθαι τῶν νομίμων means 'to be excluded from the things specified in the laws'".

§43

ἔνοχοι μὲν αὐτοὶ ... ἔνοχος δὲ σύ: Die Anapher, die prägnante Kürze des zweiten Satzglieds und die unvermittelte persönliche Anrede des Prozessgegners steigern den Effekt der bedrohlichen Prognose, die Aristokrates erschrecken und zu dem Wunsch bekehren soll, sein eigener Antrag möge zurückgewiesen werden.

Zu ἔνοχος vgl. Komm. zu §30 ἔνοχος τῷ προσρήματι τούτῳ.

καὶ γάρ: καί verleiht der Begründung Nachdruck, vgl. Denn. GP 108f.

τούτων συμβάντων: D.h., wenn Charidemos ermordet und sein Mörder gemäß der durch den Beschluss erteilten Erlaubnis getötet wurde.

οὐ καθαροῖς οὖσιν: Zur Umkehrung des Begriffs in sein Gegenteil (nicht nur ‚nicht rein', sondern ‚unrein') durch die Verneinung οὐ vgl. KG II 182,3 sowie §35 οὐδ' ... κελευόντων.

εἰ δ' ἐπέξιμεν ..., ἀναγκασθησόμεθα: Die Voraussetzung ist auch hier: τούτων συμβάντων (siehe oben). Zu ἐπέξειμι i.S.v. ‚(juristisch) gegen jmdn. vorgehen' vgl. LSJ s.v. II.1 sowie z.B. Dem. 21,118.120.216; 23,80.

ἆρά γε: „γε adds liveliness and emphasis to the question" (Denn. GP 50). Für Dem. lässt sich hinzufügen, dass ἆρά γε an allen Stellen bis auf 23,122 eine rhetorische Frage einleitet, auf die eine negative Antwort erwartet wird; vgl. 3,27; 19,63.307; 24,94; 39,18.

τὸ τυχόν: ‚x-beliebig', ‚geringfügig', ‚unbedeutend'; kombiniert mit μικρός auch [Dem.] 11,7 μικρὰ πρόφασις καὶ τὸ τυχὸν πταῖσμα ταχέως αὐτὰ διέσεισε καὶ κατέλυσεν und Lykurg. 37 ἆρ' ὑμῖν δοκοῦσι μικροὶ καὶ οἱ τυχόντες φόβοι τότε τὴν πόλιν κατασχεῖν;

λῦσαι: Da das Dekret nie in Kraft getreten ist, kann es auch nicht im eigentlichen Sinne ‚aufgehoben' werden. λύειν meint hier also die offizielle Zurückweisung des Antrags wegen Gesetzeswidrigkeit.

§§44–50: Gesetz 4

Das Gesetz besagt, dass jeder, der einem außer Landes gegangenen Mörder, dessen Vermögen nicht konfisziert wurde, über die Landesgrenzen hinaus zusetze oder seinen Besitz an Lebendigem oder nicht Lebendigem raube [dazu siehe unten], die gleiche Strafe zu verbüßen habe, mit der diese Delikte geahndet würden, wenn er sie im eigenen Lande verübte.

In der Inschrift IG I³ 104 finden sich keine Spuren dieser Bestimmung, was ihre Zugehörigkeit zum drakontischen Corpus – sei es als Teil der Originalfassung, sei es als späterer Zusatz (so die Vermutung von Canevaro 2013a, 58f.) – aber nicht ausschließt. Damit fehlt jedoch ein Kontext, der das Verständnis zu erleichtern geeignet wäre. Probleme bereiten vor allem die Verben *phérein* (φέρειν) und *ágein* (ἄγειν), insofern umstritten ist, ob sie entweder (1), wie in dieser Kombination häufig (vgl. das in §60 zitierte Gesetz sowie Komm. zu §44 ἐλαύνῃ ἢ φέρῃ ἢ ἄγῃ), einen einzigen auf den B e s i t z des Mörders zu beziehenden Begriff bilden (‚[Gegenstände] forttragen und [Lebewesen] wegtreiben' = ‚plündern', ‚berauben') oder ob sie (2) separat aufzufassen und auf die P e r s o n des Mörders zu beziehen sind, wobei dann wiederum zu entscheiden wäre, ob *phérein* (2a) ‚berauben' (wie z.B. Thuk. 1,7) oder (2b) ‚verschleppen' bedeutet. Für (1) sprechen sich neben älteren Kommentatoren wie Wolf auch Carawan 1998, 78 und Canevaro 2013a, 61 aus; für (2a) u.a. Weil; für (2b) u.a. Weber („Tres autem modi distinguuntur, quibus turbatio egressi fieret, vel agitando vel portando vel ducendo", p. 212) und MacDowell 1963, 121.

Der Kläger will die Formulierung eindeutig nicht im Sinne von (1) verstehen, sondern behandelt *ágein* als eigenständigen Begriff, während er auf *phérein* nach dem Zitat in §46 überhaupt nicht mehr eingeht. Freilich ist er dabei von einem bestimmten Interesse geleitet: Ihm kommt es darauf an, einen möglichst eklatanten Widerspruch zwischen dem Gesetz und dem

Antrag des Aristokrates herzustellen; dies gelingt durch eine Auslegung des Gesetzes, wonach Aristokrates das, was das Gesetz verbiete (*ágein*), mit fast denselben Worten erlaube (*agógimon eínai*); vgl. zu dieser Argumentationsstrategie Komm. zu §26 ἐάν τις ἀποκτείνῃ und den Umgang mit dem Verb *apágein* in §§30–31. Um an unserer Stelle *ágein* in seinem Sinne umdeuten zu können, muss es der Kläger aus der Verbindung mit *phérein* lösen; vgl. zur schrittweisen ‚Verformung' des Begriffs Komm. zu §46 ἐκ ... ταύτης ... ἐλαύνειν καὶ ἄγειν, Komm. zu §48 ἄγειν und Komm. zu §49 ἄγειν ... ἄξει ... εἰς τὴν τοῦ παθόντος βίᾳ πατρίδα. Man hat also, um es vorsichtig zu formulieren, auch hier mit der Möglichkeit zu rechnen, dass es sich bei der Erklärung des Klägers um eine bewusste Fehlinterpretation handelt; vgl. Canevaro 2013a, 29 und 61.

Bei objektiver Betrachtung leuchtet nicht recht ein, warum das Verbot, einen Verbannten über die Landesgrenzen hinaus zu verfolgen und dort festzunehmen, speziell für diejenigen ausgesprochen werden sollte, die im Besitz ihres Vermögens bleiben – es müsste für alle, die im Exil leben, ohne Unterschied gelten. Das Verbot, das Eigentum eines unter Wahrung seines Besitzes Verbannten anzutasten, also die Auffassung der Verben *phérein* und *ágein* im Sinne der Möglichkeit (1), ergäbe hingegen Sinn. Zudem wäre eine nachvollziehbare Abstufung gegenüber der zuvor behandelten Tätergruppe gegeben: Wer (sc. wegen vorsätzlichen Mordes; vgl. Komm. zu §45 τῶν γὰρ ἐκ προνοίας δεδήμευται τὰ ὄντα) zu lebenslanger Verbannung unter Verlust seines Vermögens verurteilt wurde, genösse gleichwohl noch den Schutz seiner Person; wer (sc. wegen unabsichtlicher Tötung) zu einer befristeten Verbannung unter Wahrung seines Vermögens verurteilt wurde, genösse neben dem Schutz der Person auch den Schutz seines Besitzes. Beide Gesetze dienten somit dem Schutz des rechtskräftig verurteilten Mörders vor Racheakten, die über die vom Gericht verhängte Strafe hinausgehen.

Bei seiner Ausdeutung des Gesetzes erklärt der Kläger zunächst, auf welche Gruppe von Mördern es sich beziehe. Die Formulierung „derer, die außer Landes gegangen sind" sowie der Zusatz „deren Vermögen nicht konfisziert wurde" seien sichere Indizien dafür, dass es um Delinquenten gehe, die ohne Vorsatz getötet haben. Die erwähnte Grenze sei die des Heimatlandes des Opfers, aus dem den Mörder zu vertreiben erlaubt sei, nicht aber darüber hinaus. Wer dem zuwiderhandele, werde so bestraft, als hätte er sich gegen einen in Athen ansässigen Mitbürger vergangen.

Aus dem so verstandenen Gesetzestext präpariert der Kläger zwei Elemente heraus, die zu beachten Aristokrates versäumt habe: (1) die Begleitumstände des Tötungsdelikts bzw. das Motiv des Täters und (2) das Verbot, einen Verbannten gewaltsam in sein Heimatland zurückzuführen. Der zweite Punkt ergibt sich aus einer mutwilligen Fehlinterpretation des Gesetzestextes, der erste aus einer unsachgemäßen Verlagerung seines Aussageschwerpunkts: Im Gesetz wird ebenso wenig wie im Antrag des Aristokrates das Motiv des T ä t e r s (hier diejenigen, die einen verbannten Mörder berauben; dort der potenzielle Mörder des Charidemos) a u s - d r ü c k l i c h berücksichtigt; es sind lediglich aus Angaben, die einem anderen Zweck dienen, die Begleitumstände zu e r s c h l i e ß e n , unter denen die Verbannten, die hier als O p f e r des unter Strafe gestellten Delikts figurieren, seinerzeit zu Mördern wurden. Grundsätzlich ist aber die Feststellung, dass die Bestrafung von Tötungsdelikten nach attischem Recht auch davon abhing, unter welchen Umständen die Tat verübt wurde, völlig korrekt, wie die in §53 und §60 zitierten Gesetze belegen. Umso verwunderlicher ist es, warum der Kläger diesen Aspekt schon hier, wo er dem Gesetzestext nur mit großer Mühe abzuringen ist, einbringt.

Wohl auch, um von der Schwäche der Argumentation abzulenken, versucht der Kläger die Aufmerksamkeit der Zuhörer durch eine lebendige szenische Einlage, eine imaginierte Befragung des Aristokrates, in deren Verlauf dieser wie in einem echten Dialog in der zweiten Person angesprochen wird, zu binden: Würde man Aristokrates fragen, ob er genau wisse, dass Charidemos einem Mord zum Opfer fallen werde, so werde er das verneinen müssen. Erst recht werde er nicht behaupten können, zu wissen, unter welchen Umständen ein solcher Mord geschehen werde. Angesichts dieser Ungewissheit hätte Aristokrates unbedingt klar definieren müssen, unter welchen Bedingungen sein Beschluss in Kraft treten solle, damit dem Täter sein gesetzlich verbürgtes Recht zuteilwerde. Keinesfalls hätte er auf die bloße Nennung der Anschuldigung die Erlaubnis zur Festnahme folgen lassen dürfen. Damit habe er keine Grenze für die Bestrafung bestehen lassen, obwohl das Gesetz eindeutig die Verfolgung jenseits der Landesgrenze verbiete. Und nicht nur dies: Auch die A b f ü h r u n g des Mörders jenseits der Landesgrenze sei ausdrücklich untersagt. Der Antrag hingegen erlaube, einen Mörder, der ohne Vorsatz gehandelt hat, gewaltsam in das Land des Opfers abzuführen, nachdem er ausgeliefert wurde. Aristokrates setze sich damit über alles Menschliche hinweg und lasse das Motiv unberücksichtigt, welches für die moralische Bewertung einer jeden Tat ausschlaggebend sei. Auch in anderen Gesetzen werde der Nennung der Tat stets präzisierend hinzugefügt, unter welchen Umständen sie begangen wurde, weil davon die Strafwürdigkeit des Vergehens abhänge. Aristokrates hingegen habe keinerlei derartige Präzisierung vorgenommen.

§44

Λέγε: Vgl. Komm. zu §22 λέγε.

τῶν ἐξεληλυθόθων: Wohl nicht ganz korrekt ist die Erklärung bei LSJ s.v. ἐξέρχομαι I.1.d: „of an accused person, *withdraw from the country* to avoid trial". Wer sich dem Prozess durch Flucht entzieht, fürchtet die Todesstrafe, hat also einen vorsätzlichen Mord begangen, was wiederum mit dem Verlust des Vermögens einhergeht (vgl. §45 τῶν γὰρ ἐκ προνοίας δεδήμευται τὰ ὄντα mit Komm. z.St.). Eher dürften hier, wie es auch der Kläger interpretiert, diejenigen gemeint sein, die wegen nicht beabsichtigter Tötung von den Richtern des Palladions dazu verurteilt wurden, das Land für eine bestimmte Zeit zu verlassen (vgl. §§71–73). Das Verb ἐξέρχεσθαι ist in dieser spezifischen Bedeutung nur hier belegt; es handelt sich offenbar nicht, wie der Kläger suggerieren möchte (vgl. §45), um einen etablierten juristischen Terminus.

ἐπίτιμα: Als ἐπίτιμος wird in der Regel die Person bezeichnet, die im vollen Besitz ihrer bürgerlichen Rechte ist. Die ungewöhnliche Verbindung mit einer Sache erklärt sich als Analogie zur Verwendung von ἄτιμος (vgl. Komm. zu §62 ἄτιμον εἶναι).

πέρα ὅρου: Die Verbannten befinden sich bereits im Exil (vgl. das Perfekt ἐξεληλυθόθων), folglich handelt es sich nicht um eine Richtungs-, sondern um eine Ortsangabe (‚jenseits der Grenze'). Anders versteht Phillips 2008, 79 den Passus. Er übersetzt „if anyone drives, carries, or leads across the border [into Attica] one of the killers ...". Der Sinn dieser Bestimmung sei, „to prevent overzealous relatives of the victim from forcibly repatriating an exiled killer so as to declare him in trespass and punish him accordingly" (Ähnliches ist bereits bei Weber, S. 212, mit Verweis auf Plat. leg. 866d angedeutet). Zum einen ist aber auch bei dieser Auslegung nicht ersichtlich, warum das Verbot auf eine bestimmte Gruppe von Verbannten beschränkt sein sollte, zum anderen verträgt sich damit nicht die Festsetzung des Strafmaßes auf τὰ ἴσα, ὅσα περ ἂν ἐν τῇ ἡμεδαπῇ δράσῃ, da es sich bei der Verschleppung eines verbannten Mörders n a c h Attika um ein Delikt handelt, das schwerlich im Heimatland, also i n Attika, verübt werden kann.

Dass sich der Vergleich auf „a kidnapping within Attica" bezieht, wie Phillips, der Problematik gewahr, annimmt (79 Anm. 60), ist angesichts der wesentlichen Verschiedenheit der Vergehen wenig plausibel: Im einen Fall besteht der Rechtsverstoß darin, jemanden durch das Mittel einer gewaltsamen Entführung gegen dessen Willen zum Straftäter zu machen, im anderen Fall in der Entführung an sich.

ἐλαύνῃ ἢ φέρῃ ἢ ἄγῃ: Zur Bedeutung der Verben φέρειν und ἄγειν vgl. die Einleitung zu §§44–50. Zu ἄγειν καὶ φέρειν mit dem Akk. der beraubten Person vgl. Hdt. 1,166,1; 3,39,4; 6,90; 9,31,5; Isokr. 6,74; Xen. an. 2,6,5. Zu φέρειν καὶ ἄγειν anstelle der üblichen Wortfolge ἄγειν καὶ φέρειν vgl. LSJ s.v. ἄγω I 3 sowie neben §60 ἐὰν φέροντα ἢ ἄγοντα ... κτείνῃ Plat. leg. 884a2f. τῶν ἀλλοτρίων μηδένα μηδὲν φέρειν μηδὲ ἄγειν; Hdt. 1,88,3; 3,39,4; Xen. hell. 3,2,2.

Wenn die Annahme zutrifft, dass die Verben φέρειν und ἄγειν hier einen Gesamtbegriff bilden, den der Kläger sinnwidrig zerlegt, um das Verb ἄγειν isoliert im Sinne seines Argumentationsziels umdeuten zu können, erübrigt sich die von van Herwerden vorgeschlagene und von Westermann mit der Begründung, die Kombination der Verben lege – irreführenderweise – die Bedeutung ‚plündern' nahe, für erwägenswert befundene Tilgung von ἢ φέρῃ, die zudem durch das Zitat in §46 erschwert würde, da man an zwei Stellen dieselbe Interpolation annehmen müsste.

τὰ ἴσα ὀφείλειν ὅσα περ ἂν ἐν τῇ ἡμεδαπῇ δράσῃ: Zur Angabe der drohenden Sanktionierung mittels der Gleichstellung mit Vergehen, für die ein bestimmtes Strafmaß bereits fixiert ist, vgl. §37 ὥσπερ τὸν Ἀθηναῖον κτείναντα, ἐν τοῖς αὐτοῖς ἐνέχεσθαι. Das quantitative (τὰ ἴσα ὀφείλειν) ὅσα deutet auf eine Geldstrafe hin; vgl. §28 διπλοῦν ὀφείλειν ὅσον ἂν καταβλάψῃ. Zu ἡμεδαπῇ vgl. Komm. zu §28 ἐν τῇ ἡμεδαπῇ.

ἀνθρωπίνως: ‚in einer der condicio humana angemessenen Weise'; hier wie auch 23,70.82 und 45,67 ‚menschlich' i.S.v. ‚menschenfreundlich'; 23,58 hingegen ‚wie es Menschen zu tun geziemt'.

§45

τῶν μεθεστηκότων: Zum Anschluss an den vorhergehenden Genitiv vgl. 8,24 παρ' Ἐρυθραίων καὶ παρ' ὧν ἂν ἕκαστοι δύνωνται, τούτων τῶν τὴν

Ἀσίαν οἰκούντων λέγω, χρήματα λαμβάνουσιν; 19,152 (Weber). Zu μεθίσταμαι i.S.v. ‚verbannt werden' vgl. [Dem.] 26,6 Ἀριστείδην μέν γέ φασιν ὑπὸ τῶν προγόνων μετασταθέντα ἐν Αἰγίνῃ διατρίβειν, ἕως ὁ δῆμος αὐτὸν κατεδέξατο.

φευγόντων: F und Y bieten das Perfekt πεφευγότων, das vermutlich aus einer Angleichung an ἐξεληλυθότων entstanden ist (Weber).

Da der Kläger in §72 und §73 das Exil der wegen nicht vorsätzlicher Tötung Verurteilten selbst als φεύγειν bezeichnet, muss man die Differenzierung wohl in dem Sinne verstehen, dass φεύγειν den Oberbegriff bildet, während durch ἐξέρχεσθαι die Untergruppe eindeutig bestimmt wird; vgl. Weil z.St.

διορίζειν: Vgl. Komm. zu §34 διώρισεν.

τῶν γὰρ ἐκ προνοίας δεδήμευται τὰ ὄντα: Zur Sache vgl. Dem. 21,43 οἱ φονικοὶ (sc. νόμοι) τοὺς μὲν ἐκ προνοίας ἀποκτιννύντας θανάτῳ καὶ ἀειφυγίᾳ καὶ δημεύσει τῶν ὑπαρχόντων ζημιοῦσιν, τοὺς δ' ἀκουσίως αἰδέσεως καὶ φιλανθρωπίας πολλῆς ἠξίωσαν. Dass das Vermögen derer, die wegen unbeabsichtigter Tötung verurteilt wurden, unangetastet blieb, bezeugt nach Harpokration (o 42) nicht nur Dem. an unserer Stelle, sondern auch Theophrast im dreizehnten Buch der *Nomoi* (ὅτι οἱ ἁλόντες ἐπ' ἀκουσίῳ φόνῳ †φρόντωνα† εἶχον εἰς διοίκησιν τῶν ἰδίων, Δημοσθένης ἐν τῷ κατ' Ἀριστοκράτους ὑποσημαίνει καὶ Θεόφραστος ἐν τῷ ιγ' τῶν Νόμων δηλοῖ). Die Erklärung des Klägers braucht also in diesem Punkt nicht angezweifelt zu werden.

τῶν ἀκουσίων: Zur Verwendung des Adjektivs in Verbindung mit Personen vgl. Dem. 14,40 τοὺς Ἕλληνας ὁρᾷ δεομένους ἤτοι τινὸς ἑκουσίου ἢ ἀκουσίου διαλλακτοῦ. Die Angabe bei LSJ s.v. ἀεκούσιος II, wonach in Bezug auf Personen nur das Adverb gebräuchlich sei, ist entsprechend zu modifizieren. In der Regel ist das zugehörige Substantiv aber auch bei Demosthenes eine Sache; vgl. 23,45.71.72.73.77; 37,58.59; 38,21.22; 56,43.

§46

λέγει δὲ τί; ... τοῦτο δέ ἐστιν τί: Vgl. Komm. zu §30 λέγει δὲ τί;.

ἢ φέρῃ: Zu der von van Herwerden vorgeschlagenen Tilgung vgl. Komm. zu §44 ἐλαύνῃ ἢ φέρῃ ἢ ἄγῃ.

τὸ "πέρα ὅρου": Zum Artikel beim Zitat eines Wortes oder einer Wortgruppe vgl. KG I 596f.,7 und z.B. Dem. 18,88 τὸ δ᾽ "ὑμεῖς" ὅταν λέγω, τὴν πόλιν λέγω; 24,147 τὸ "οὐδὲ δήσω Ἀθηναίων οὐδένα" u. Lys. 13,85 εἰ μὲν τὸ "ἐπ᾽ αὐτοφόρῳ" μὴ προσεγέγραπτο ...

ἔστι ... ὅρος ... εἴργεσθαι: Zum prädikativen Infinitiv bei Begriffsbestimmungen vgl. KG II 4 (b) u. Aristoph. Plut. 552 πτωχοῦ μὲν γὰρ βίος, ὃν σὺ λέγεις, ζῆν ἐστιν μηδὲν ἔχοντα. In der Formulierung fließen die Gedanken τὸ ὅρος ἐστὶν ὅρος τῆς ... πατρίδος und χρὴ τοὺς ἀνδροφόνους ... εἴργεσθαι ineinander.

τῆς τοῦ παθόντος εἴργεσθαι πατρίδος: Wie auch in §49 tritt zwischen παθόντος und πατρίδα ein Wort – möglicherweise, um die aufdringliche Alliteration zu vermeiden. Zu τοῦ παθόντος vgl. Komm. zu §25 ἐπειδήπερ ἡμεῖς τιμωρήσομεν τῷ πεπονθότι.

ἐκ ... ταύτης ... ἐλαύνειν καὶ ἄγειν: In Verbindung mit der Präposition nehmen die Verben, abweichend vom Gesetzestext, die Bedeutung ‚verjagen' und ‚wegführen' an. Das Verb ἄγειν wird aus seiner Junktur mit φέρειν gelöst, womit die Voraussetzung für die Umdeutung geschaffen ist, die der Kläger in §49 durchführt.

ἐὰν ... ποιῇ, ... ἔδωκεν: ἔδωκεν ist als gnomischer Aorist aufzufassen und daher wie ein Haupttempus mit einem konjunktivischen Bedingungssatz kombiniert; vgl. KG I 160f. sowie z.B. Dem. 23,78 κἂν μὲν ἁλῷ, ... ἔδωκε und 206 ἂν δὲ καὶ καταψηφίσησθέ του, πέντε καὶ εἴκοσι δραχμῶν ἐτιμήσατε.

τὴν αὐτὴν ἔδωκεν ὑπὲρ αὐτοῦ δίκην: Vgl. Komm. zu §41 τὴν αὐτὴν ὑπὲρ αὐτοῦ δίκην δέδωκεν.

ἥνπερ ἄν: Sc. ἔδωκεν (hier irreal).

εἰ μένοντα ἠδίκει {οἴκοι}: Blass tilgt οἴκοι unter Verweis auf den 24,149 zitierten Passus des Heliasteneids: οὐδὲ τοὺς φεύγοντας κατάξω οὐδὲ ὧν θάνατος κατέγνωσται οὐδὲ τοὺς μένοντας ἐξελῶ παρὰ τοὺς νόμους τοὺς κειμένους ... ; vgl. auch IG I³ 14,27f. Offenbar ist also οἱ μένοντες in der

Gesetzessprache ein etablierter Gegenbegriff zu οἱ φεύγοντες. Eine zusätzliche adverbiale Bestimmung ist nicht nur entbehrlich, sondern an unserer Stelle angesichts des Hiats sowie der Wiederholung von οἴκοι im folgenden Partizipialgefüge sogar störend.

ἂν οἴκοι δράσῃ: Vgl. Komm. zu §44 ἂν ἐν τῇ ἡμεδαπῇ δράσῃ.

§47

εὔηθες: Das Adjektiv wird von den Rednern kaum in seiner positiven Bedeutung ‚gutmütig‘, sondern überwiegend abschätzig im Sinne von ‚naiv‘, ‚einfältig‘ bzw. ‚töricht‘, ‚dumm‘ gebraucht; vgl. Dem. 1,15; 8,44 (= 10,15); 9,10.47.73 20,6.145; 23,100; 39,27) sowie Rehdantz, Index II s.v. ‚Thorheit‘, S. 137.

Mit der Aufforderung, die Frage nicht für dumm zu halten, signalisiert der Kläger, dass sie eigentlich dumm ist, weil die Antwort auf der Hand liegt. Damit beugt er zum einen jedem Zweifel an der Stringenz seiner Argumentation vor und zeigt zum anderen, mit wie großer Unbedachtheit Aristokrates seinen Antrag formuliert hat.

εἰ οἶδεν εἴ τις ἀποκτενεῖ Χαρίδημον: Diese Frage scheint auf den ersten Blick für die Beurteilung des Antrags irrelevant zu sein, da Aristokrates gar nicht behauptet, dass Charidemos eines gewaltsamen Todes sterben wird. Sie bereitet aber ein a-fortiori-Argument vor: Wenn Aristokrates nicht einmal weiß, ob Charidemos überhaupt ermordet werden wird, kann er erst recht nicht die näheren Umstände einer solchen Tat kennen. Wenn aber nicht sicher ist, dass Charidemos nicht unter Umständen ermordet wird, die die im Antrag beschriebene Behandlung des Mörders dem Gesetz nach verbieten, hätte Aristokrates die Gültigkeit des Beschlusses ausdrücklich auf die Fälle beschränken müssen, die ihn mit dem Gesetz in Einklang stehen lassen.

οὐκ ἄν, οἶμαι, φαίη: Das parenthetische οἶμαι ist hier, wie nicht selten bei Dem., ironisch, also nicht im relativierenden Sinne einer bloß subjektiven Einschätzung verwendet; vgl. in unserer Rede noch §§100, 122, 171 sowie Wankel zu 18,46 (S. 325). Zu οὔ φημι i.S.v. ‚nein sagen‘ vgl. LSJ s.v. φημί und Plat. Phaid. 117e6–118a1 ὁ δοὺς τὸ φάρμακον ... σφόδρα πιέσας αὐτοῦ τὸν πόδα ἤρετο εἰ αἰσθάνοιτο, ὁ δ' (sc. Sokrates) οὐκ ἔφη.

θήσομεν τοίνυν ἀποκτενεῖν: Zu ἀποκτενεῖν ist das Indefinitpronomen τινά als Subjektsakkusativ zu ergänzen.

ἑκὼν ἢ ἄκων: Sc. ἀποκτενεῖ. In der disjunktiven Frage steht beim ersten Glied häufig kein Fragewort; vgl. KG II 532 Anm. 11.

Der Kläger verwendet die Begriffe ἑκών und ἐκ προνοίας als Synonyme; vgl. zu dieser im allgemeinen Sprachgebrauch üblichen Gleichsetzung MacDowell zu 21,43 (S. 258f.): „In English usage an act may be committed intentionally but without forethought, for example if a man suddenly loses his temper. But in Athenian law this distinction is not made." Einen Unterschied zwischen ἐκ προνοίας (‚in böser Absicht') und ἑκών (‚absichtlich') will Carawan 1998, 38ff. erkennen und beruft sich dabei auf Aristot. eth. Eud. 1226b35ff. ἀνάγκη τὸ μὲν προαιρετὸν ἅπαν ἑκούσιον εἶναι, τὸ δ᾽ ἑκούσιον μὴ προαιρετόν ... καλῶς διορίζονται οἳ τῶν παθημάτων τὰ μὲν ἑκούσια, τὰ δ᾽ ἀκούσια, τὰ δ᾽ ἐκ προνοίας νομοθετοῦσιν. Möglicherweise liest aber Aristoteles hier eine subtilere Differenzierung in die Gesetzestexte hinein, als von ihren Urhebern intendiert war.

οὐκ ἔνεστ᾽ εἰπεῖν ὡς οἶσθα: Nach der durch den Einschub von οἶμαι und den Potentialis betont vorsichtig formulierten subjektiven Erwartung οὐκ ἄν, οἶμαι, φαίη wird der Ton an diesem entscheidenden Punkt der Argumentation bestimmter: Der Kläger konfrontiert Aristokrates in direkter Anrede mit einem unumstößlichen Faktum.

§48

γε δήπου: Zu δήπου vgl. Komm. zu §32 δὲ δήπου. γε betont das vorausgehende ταῦτα. Die Verbindung γε δήπου findet sich bei Dem. sonst nur noch 55,18 οὐ γὰρ ἐκπιεῖν γε δήπου με Καλλικλῆς αὐτὸ προσαναγκάσει.

ἀδίκως ἢ δικαίως: Ein Beispiel für eine gerechtfertigte Tötung gibt das in §60 zitierte Gesetz.

ἵν᾽ ... ὑπῆρχε: ἵνα steht hier mit dem Indikativ einer historischen Zeitform, weil der Inhalt des Hauptsatzes nicht verwirklicht wurde und der Finalsatz somit eine „nicht erreichte oder nicht zu erreichende Absicht" beschreibt (KG II 388,7).

ὅτῳ: Der Dativ des Urhebers anstelle von ὑπό c. gen. wird gewöhnlich mit Verben im Perfektstamm verbunden, selten mit Verben anderer Zeitformen (vgl. KG I 422 [c]). Hier könnte der Dativ auch instrumental aufzufassen sein (vgl. KG I 436).

τὰ ἐκ τῶν νόμων ... δίκαια: ‚das vom Gesetz festgeschriebene Recht'; zum attributiven Gebrauch des Präpositionalausdrucks vgl. Komm. zu §27 τὸ διωρισμένον ἐκ τοῦ νόμου δικαστήριον.

μὴ μὰ Δί': Zum Asyndeton bei Gegensätzen vgl. KG II 293,4 (a) fin. sowie 342,4 und z.B. §60 δηλοῖ τῷ πάσχοντι διδοὺς τὴν ἐξουσίαν, οὐκ ἄλλῳ τινί; 18,192. Zur Beteuerungsformel vgl. Komm. zu §5 ἐγὼ γοῦν (ὀμνύω τοὺς θεοὺς ἅπαντας) ἀπώκνησ' ἄν, εὖ ἴστε.

αὐτὸ τὸ τῆς αἰτίας ὄνομ': Die Formulierung ist geeignet, gedächtnisstarke Zuhörer an die These des Klägers zu erinnern, wonach der Gesetzgeber eben diese Verknüpfung einer Beschuldigung mit einer Bestrafung für nicht rechtens gehalten habe; vgl. §26 οὐ δὴ δεῖν ᾤετο τῷ τῆς αἰτίας ὀνόματι τιμωρίαν προσγράφειν, ἀλλὰ κρίσιν.

αὐτό hat hier die Bedeutung ‚allein' (vgl. KG I 652f. Anm. 2) wie auch in §75 ἀόριστον εἰπὼν αὐτὴν τὴν αἰτίαν und §220 τὸ τῆς αἰτίας ὄνομα αὐτὸ γράψας (Westermann); vgl. z.B. auch Xen. mem. 3,14,3 ἐάν τις ἄνευ τοῦ σίτου τὸ ὄψον αὐτὸ ἐσθίῃ. Für die von Schäfer vorgeschlagene Tilgung besteht keine Veranlassung.

λέλοιπας: ‚hast du bestehen lassen', nicht τέθηκας (‚hast du gesetzt'), da der Antrag des Aristokrates als Zerstörung eines erhaltenswerten Zustands, nicht als konstruktive Leistung wahrgenommen werden soll.

ὅρον ... πέρα ὅρων: Wortspiel mit dem Substantiv, das erst in seiner abstrakten (vgl. auch 23,113; 37,58 [= 38,21]), dann in seiner konkreten Bedeutung verwendet wird.

τῷ γράμματι τούτῳ: Der Plural γράμματα bezeichnet i.d.R. ein schriftliches Dokument (vgl. LSJ s.v. III), der Singular einen Passus daraus (vgl. bei Dem. 20,69; 24,147; 45,28.34).

σαφῶς οὑτωσί: Zur Wortstellung vgl. Komm. zu §1 ἑτοίμως οὕτως.

παντᾰχόθεν: Rhetorische Übertreibung (wie schon in §34); der Antrag begrenzt das Recht, den Mörder zu fassen, auf das Gebiet der Bundesgenossen (vgl. §16).

ἄγειν: Während der Kläger ἄγειν in §46 noch eindeutig im Sinne von ‚wegtreiben', ‚vertreiben' verwendet hat, lässt der über ein dem Aristokrates fälschlich untergeschobenes, aber bereits im Bewusstsein der Zuhörer verankertes Schlüsselwort (παντᾰχόθεν; vgl. §34) hergestellte Bezug zum Antrag hier auch an die Verbringung an einen Ort denken. Der entscheidende Argumentationsschritt, demzufolge das Gesetz ausdrücklich verbietet, was Aristokrates erlaubt, nämlich die Abführung des Mörders in sein Heimatland, ist damit vorbereitet.

§49

οὐ μόνον οὐκ ἐλαύνειν ..., ἀλλ' οὐδ' ἄγειν ἐᾷ: So die Lesart von AFY. Dilts entscheidet sich für den von S gebotenen Text, wo οὐ μόνον fehlt. Während bei ersterer Formulierung das zweite Glied eine Steigerung gegenüber dem ersten darstellen k a n n , aber nicht m u s s (vgl. KG II 257,2), wird durch οὐκ ... ἀλλ' οὐδέ (‚nicht ..., ja nicht einmal') nachdrücklich die schwächere Aussage durch eine stärkere überboten (vgl. KG II 261,5 u. Xen. mem. 2,3,8 τὸν μέντοι καὶ λόγῳ καὶ ἔργῳ πειρώμενον ἐμὲ ἀνιᾶν οὐκ ἂν δυναίμην οὔτ' εὖ λέγειν οὔτ' εὖ ποιεῖν, ἀλλ' οὐδὲ πειράσομαι). Dass das Verbot des ἄγειν gegenüber dem Verbot des ἐλαύνειν eine Steigerung darstellen soll, leuchtet nicht recht ein, stellt doch die Abführung als Gefangener den stärkeren Eingriff in die persönlichen Freiheitsrechte dar als die Vertreibung. Aus dieser Erwägung erklärt sich Weils Konjektur οὐκ ἄγειν ..., ἀλλ' οὐδ' ἐλαύνειν ἐᾷ, gegen die jedoch einzuwenden ist, dass ἀλλ' οὐδ' ἐλαύνειν ἐᾷ nach τοῦ νόμου ... λέγοντος μὴ ... ἐλαύνειν keinerlei neue Information, geschweige denn einen argumentativen Fortschritt bringt. Beides leistet hingegen der in AFY überlieferte Text. Am Ende von §48 wurde ein Gegensatz zwischen dem vom Gesetz verbotenen πέρα ὅρων ἐλαύνειν und dem vom Antrag erlaubten παντᾰχόθεν ἄγειν konstruiert, was voraussetzt, dass das, was das Gesetz für die Vertreibung vorschreibt, a fortiori auch für die Festnahme gelten muss. Der folgende Satz verfestigt nun die Gewissheit, dass sich Aristokrates im Widerspruch zum Gesetz befindet: Dies geht nämlich nicht nur i m p l i z i t aus dem Verbot des πέρα ὅρων ἐλαύνειν hervor, sondern es wird (scheinbar) sogar e x p l i z i t das Gegenteil von dem verfügt, was Aristokrates beantragt (μὴ πέρα ὅρων ἄγειν vs.

ἐκ τῶν συμμάχων ἀγώγιμον εἶναι). Der Ausfall von οὐ μόνον vor οὐκ in S lässt sich leicht durch einen saut du même au même erklären.

ἄγειν ... ἄξει ... εἰς τὴν τοῦ παθόντος βίᾳ πατρίδα: Die sukzessive Umdeutung von ἄγειν hat ihr Ziel erreicht: Durch die Gegenüberstellung entsteht der Eindruck, das Gesetz verbiete ausdrücklich das, was Aristokrates erlaubt.
Zu ἄγειν in der Bedeutung ‚als Gefangenen abführen' vgl. Plat. leg. 914e3 ἀγέτω τὸν ἑαυτοῦ δοῦλον ὁ βουλόμενος.

ἄξει τὸν ἄκοντα ἀπεκτονότα: Der Kläger konstruiert fiktiv den Fall, der gegen das Gesetz zu verstoßen scheint. Dass sich das Gesetz auf den bereits verurteilten Mörder, der Antrag aber auf den noch zu ergreifenden Mörder bezieht, wird dabei unterschlagen.

ἔκδοτον λαβών: Zu der dem Antrag entnommenen ‚Auslieferungspflicht' vgl. Komm. zu §42 τούτους ἐκδότους τις εἶναι γράφει.

τὴν τοῦ παθόντος βίᾳ πατρίδα: Zur Wortstellung vgl. Komm. zu §46 τῆς τοῦ παθόντος εἴργεσθαι πατρίδος.

πάντα συγχεῖς τἀνθρώπινα: τἀνθρώπινα bezeichnet hier entweder die – vielgestaltigen – menschlichen Geschicke (vgl. 18,308 πολλὰ δὲ τἀνθρώπινα; ganz ähnlich 39,14), die Aristokrates nach Ansicht des Klägers durch die allzu pauschale Formulierung seines Antrags unterschiedslos ‚in einen Topf wirft' (wörtliche Bedeutung von συγχεῖν), oder den „ordo rerum humanarum" (Weber), d.h. die Grundsätze der Menschlichkeit (vgl. §44 ἀνθρωπίνως), die Aristokrates durch die Aufhebung der den Rächern gesetzten Grenze verletzt (übertragene Bedeutung von συγχεῖν; vgl. Komm. zu §62 αἴτιος ... συγχυθῆναι). Vermutlich hat ein Muttersprachler zur Zeit des Demosthenes die Trennlinie zwischen beiden Auffassungen weniger scharf empfunden. Es wurde deshalb eine Übersetzung gewählt, die die Ambiguität bestehen lässt.

πρόφασιν: Der facettenreiche Begriff πρόφασις bezeichnet hier den zu einer Handlung veranlassenden Beweggrund, der sich belastend oder entlastend auf deren moralische bzw. strafrechtliche Bewertung auswirken und so gegebenenfalls als (Mittel der) Rechtfertigung in der Öffentlichkeit dienen kann; vgl. Schäublin 1971, 135 und zur Problematik der adäquaten Übersetzung im Lichte der in §50 folgenden Beispiele Pearson 1952, 213:

„'Motive' fits some of the distinctions which Demosthenes makes, but not all of them; we have to think of the defence he may make himself ..., of the occasion and the excuse it gives him, as well as of his intention. This is an admirable passage to illustrate the full range of meaning of *prophasis*." Eine ausführliche Studie zum Begriff bietet Rawlings 1975.

μεθ' ἧς: wörtl. ‚in Verbindung mit welchem', d.h. über die Tat kann nicht isoliert von der Motivation des Täters geurteilt werden.

§50

ἐπὶ τῶν φονικῶν: Sc. νόμων.

"ἄν τις τύπτῃ" ... "ἑκὼν ἀδίκως": Die Beispiele aus den Bereichen der δίκη αἰκίας, δίκη κακηγορίας, δίκη φόνου und δίκη βλάβης werden ohne verbindende Partikel aneinandergereiht, was der Aufzählung, zusätzlich verstärkt durch die Anapher, einen ‚einhämmernden' Charakter verleiht. Vgl. zum Asyndeton mit Anapher Denniston 1952, 115f. und Dem. 8,65 οὐκ ἦν ἀσφαλὲς λέγειν ἐν Ὀλύνθῳ ... οὐκ ἦν ἀσφαλὲς λέγειν ἐν Θετταλίᾳ ... οὐκ ἦν ἐν Θήβαις ἀσφαλές ...

Die These, die zu beweisen ist, dass nämlich alle Gesetze eines gemeinsam haben, wird durch die fast identische syntaktische Struktur der einzelnen Glieder auch sprachlich untermauert. Auf die jeweils mit ἄν τις eingeleitete Protasis, die das Delikt benennt, folgt ein die näheren Umstände beschreibender Zusatz, darauf die mit ὡς eingeleitete Begründung, wonach für den Fall, dass (jeweils εἴ γε) die Begleitumstände den im Zusatz genannten nicht entsprechen, auch die strafrechtliche Bewertung der Tat eine gänzlich andere ist. Die einzige strukturelle Variante besteht darin, dass im ersten Glied φησιν zwischen ἄν-Satz und Präzisierung eingeschoben ist, im zweiten Glied προσέθηκεν zwischen Präzisierung und Begründung tritt und im dritten Glied ein entsprechendes Verb ganz fehlt. Das vierte Glied weicht stärker ab, insofern es auf die bloße Angabe von Delikt und Präzisierung reduziert ist.

Da sich die Ankündigung des Klägers so verstehen lässt, als wolle er Beispiele für andere Gesetze a u ß e r denen, die Tötungsdelikte betreffen, aufzählen (ὁρᾶτε γὰρ ὡς ἐπὶ πάντων, οὐκ ἐπὶ τῶν φονικῶν μόνον, οὕτω τοῦτ' ἔχει), nahm Weil Anstoß am dritten Glied und schlug τρώσῃ für ἀποκτείνῃ vor. Abgesehen davon, dass die Verschreibung nicht leicht zu erklären ist, erscheint ein weiteres Beispiel für Körperverletzung nach ἄν τις

τύπτῃ ... als entbehrlich. Die Einbeziehung der Gesetzesformel für Mord in die Aufzählung irritiert vor allem deshalb, weil noch ein weiteres Beispiel folgt. Markierte das dritte Glied den Abschluss der Reihe, hätte es die sinnvolle Funktion, zum eigentlichen Thema zurückzuführen und die Verbindung zum Text des Antrags herzustellen. Es ist daher zu erwägen, ἄν τις καταβλάψῃ τινα, ἑκὼν ἀδίκως zu athetieren. Es könnte sich um ein Zitat aus einem Gesetzestext handeln, welches, da es zu dem vorgegebenen Muster passte, als Randnotiz vermerkt wurde und im Laufe der Überlieferung in den Text eingedrungen ist. Durch die Tilgung ergäben sich folgende Vorteile:
1. Die Beispielreihe wird auf die klassische Dreizahl reduziert.
2. Alle aufgeführten Beispiele haben dieselbe syntaktische Struktur.
3. Das dritte Glied wirkt nicht deplaziert, sondern bildet die Kontrastfolie, von der sich der Antrag des Aristokrates deutlich erkennbar abhebt, weil dort auf dieselbe Protasis (ἄν τις ἀποκτείνῃ) eben keine Präzisierung folgt. (Zur Methode, die Gesetzwidrigkeit des Antrags durch die Zuspitzung auf Gegensätze im Wortlaut offenkundig zu machen, vgl. Komm. zu §26 ἐάν τις ἀποκτείνῃ).
4. Die drei konkret benannten Bedingungen für straffreies Handeln in Z. 19 lassen sich in umgekehrter Reihenfolge den zuvor angeführten Beispielen zuordnen: κἂν ἄκων: 3. Glied; κἂν δικαίως: 2. Glied; κἂν ἀμυνόμενος: 1. Glied.

"ἄν τις τύπτῃ τινά" ... οὐκ ἀδικεῖ: Zum Gesetz vgl. Antiph. 4,4,7 τῷ μὲν γὰρ ἄρξαντι πανταχοῦ μεγάλα ἐπιτίμια ἐπίκειται, τῷ δὲ ἀμυνομένῳ οὐδαμοῦ οὐδὲν ἐπιτίμιον γέγραπται mit Gagarin 1997 z.St.

ἄρχων χειρῶν ἀδίκων: Die Formulierung findet sich mit einiger Sicherheit schon im drakontischen Gesetzestext (IG I³ 104, Z. 33f. [ἄρχον]τα χειρῶν ἀ[δίκων]); sie ist der terminus technicus für das Führen des ersten Schlages bei einer gewalttätigen Auseinandersetzung; vgl. LSJ s.v. χείρ IV und z.B. [Dem.] 47,7.8.15 u.ö.; Lys. 4,11; Antiph. 4,2,1.

ἀδικεῖ: Das Präsens bezeichnet hier eine Handlung, die zwar der Vergangenheit angehört, in ihrer Wirkung aber weiter fortdauert; vgl. KG I 135,4 und speziell zu ἀδικῶ I 136c: „= ἄδικός εἰμι bin im Unrechte, daher sowohl thue Unrecht, als auch habe Unrecht gethan".

"ἄν τις κακῶς ἀγορεύῃ" ... προσῆκον: Zum Gesetz vgl. Lys. 10,30 ὁ νομοθέτης οὐδεμίαν ὀργῇ συγγνώμην δίδωσιν, ἀλλὰ ζημιοῖ τὸν λέγοντα, ἐὰν μὴ ἀποφαίνῃ ὥς ἐστιν ἀληθῆ τὰ εἰρημένα.

κακῶς ἀγορεύῃ: Das weitaus häufiger belegte Synonym ist κακῶς λέγειν. κακῶς ἀγορεύειν scheint der Gesetzessprache anzugehören, worauf neben unserer Stelle Aischin. 1,35 (im Zitat eines Gesetzes) und Plut. Sol. 21,1 ὁ κωλύων νόμος τὸν τεθνηκότα κακῶς ἀγορεύειν hindeuten.

πανταχοῦ: Auch die Folgerung aus den aufgezählten Beispielen wird asyndetisch angeschlossen. πανταχοῦ nimmt ἐπὶ πάντων vom Beginn des Paragraphen auf und schließt den Argumentationskreis.

βεβαιοῦσαν: wörtl. ‚stärken‘, ‚festigen‘; hier ‚präzisieren‘, ‚näher bestimmen‘.

ἀλλ' οὐ σοί: Vgl. 18,82 ἀλλ' οὐ σύ, ἀλλὰ βοᾷς μὲν ἔχων ... mit Wankel z.St.: „Bei D. findet sich dieser Typus des Ausfalls, bei dem die Ellipse den besonderen Effekt macht, öfter: ‚andere tun das und das‘, ἀλλ' οὐ Μειδίας, ἀλλὰ ... 21,200, ebenso 166; 24,115; Aesch. 1,163; nicht im Angriff auf den Gegner, sondern mit suggestivem Appell an die Richter Antipho 1,13" (S. 465). Vgl. auch §89 ἀλλ' οὐκ Ἀριστοκράτης, ἀλλὰ ...; mit Prädikat §§75.81.

Bei σοί handelt es sich um eine spezielle Form des Dativus iudicantis (‚gemäß der Darstellung von‘ = ‚bei‘); vgl. KG I 422 Anm. 21 und Plat. rep. 389e4f. οἷα καὶ Ὁμήρῳ Διομήδης λέγει; Aristot. pol. 8,5. 1339b7f. οὐ γὰρ ὁ Ζεὺς αὐτὸς ἀείδει καὶ κιθαρίζει τοῖς ποιηταῖς. Die Varianten παρὰ σοί (S[c]F[c]) und συ (A) dürften auf der Unkenntnis dieser Verwendungsweise des Dativs beruhende Korrekturversuche sein.

ἀλλ' ἁπλῶς: ‚einfach‘ i.S.v. ‚ohne weiteren Zusatz‘ wie, in gleichem Zusammenhang, 20,29.

§§51–52: Gesetz 5

Dem Gesetz zufolge dürfen diejenigen, die einen Verbannten anzeigen, der dorthin zurückkehrt, wohin zurückzukehren ihm verboten ist, nicht wegen Mordes zur Rechenschaft gezogen werden.

Auch dieser Text ist in der Inschrift IG I³ 104 nicht sicher zu lokalisieren (vgl. Canevaro 2013a, 62ff.). Westermann vermutete, dass sich das Gesetz im drakontischen Corpus komplementär an das in §37 verlesene angeschlossen habe: Wer den Tod eines verbannten Mörders, der sich an die Auflagen hält, verursacht, wird des Mordes angeklagt; wer hingegen einen verbannten Mörder, der gegen die Auflagen verstößt, anzeigt und dadurch seine Tötung verursacht, darf dafür nicht gerichtlich belangt werden. Die auf dem Stein an der betreffenden Stelle zu entziffernden Buchstaben sprechen klar gegen diese physische Lokalisierung, was einen inhaltlichen Zusammenhang im Sinne einer „specification *ex abundanti cautela*" (Canevaro 2013a, 64) aber nicht ausschließt. Es könnte sich wiederum um einen späteren Zusatz zum drakontischen Corpus handeln.

Da im Gesetzestext (anders als in der Paraphrase des Klägers) allgemein von φεύγοντες, nicht speziell von verbannten Mördern, die Rede ist, mag die Klausel aber auch einen viel weiteren Bezugsrahmen haben; vgl. Phillips 2008, 122f.: „'Exiles' [φεύγοντας] includes but is not limited to exiled killers."

Der Kläger lenkt den Blick auf zwei Bestimmungen, aus denen er einen Widerspruch zum Antrag des Aristokrates ableiten zu können meint: Das Gesetz erlaube (1) ausdrücklich die Anzeige, nicht aber, wie Aristokrates, die eigenmächtige Festnahme und Abführung des Mörders, und es erlaube (2) die Anzeige nur für den Fall, dass der Mörder an einen Ort zurückkehre, an den er nicht zurückkehren dürfe. Damit sei, wie das Verb ‚zurückkehren' eindeutig erkennen lasse, die Polis gemeint, aus der der Betreffende verbannt wurde; ein Zugriff an anderen Orten sei folglich untersagt.

Die ex negativo geschöpfte Argumentation ist in beiden Punkten labil: (1a) Dass die Erlaubnis der Anzeige das Verbot der ‚privaten' Festnahme impliziere, ergibt sich nicht mit Notwendigkeit und ist mit dem in §28 zitierten Gesetz nur dann vereinbar, wenn man bei jenem die ihrerseits zweifelhafte Interpretation des Einschubs ὡς ἐν τῷ ἄξονι ἀγορεύει, die der Kläger in §§31f. vorgetragen hat, zugrunde legt (vgl. Komm. zu §31 ἀλλὰ πῶς; "ὡς ἐν τῷ ἄξονι εἴρηται"). (1b) Selbst wenn man beide Gesetze im Sinne des Klägers versteht, ergibt sich nur dann ein Gegensatz zum Antrag, wenn man aus der von Aristokrates formulierten Bestimmung, der Mörder sei *agógimos,* die Erlaubnis ableitet, ihn zu sich nach Hause zu verschleppen (vgl. die Einleitung zu §§28–36 und Komm. zu §51 οὐκ αὐτὸν ἀγώγιμον οἴχεσθαι λαβόντα). (2) Das Gesetz bezieht sich auf den mit Verbannung belegten Mörder, der Antrag des Aristokrates hingegen auf den noch nicht vor Gericht gestellten flüchtigen Mordverdächtigen (vgl. die Einleitung zu §§28–36).

§51

μηδαμοῦ: D.h. vor keinem der Blutgerichtshöfe; vgl. Weil z.St. und Canevaro 2013a, 64.

ἐνδεικνύντων: Wollte man eine mit Atimie belegte Person, die gegen die gesetzlichen Auflagen verstieß, ihrer Strafe zuführen, standen, was der Kläger wohlweislich verschweigt, zwei alternative Mittel zu Gebote: die Apagoge oder die Endeixis. Zum Unterschied zwischen beiden Verfahren vgl. Lipsius 331: „Während bei der Apagoge sich der Ankläger selbst der Person des Beklagten versichert, um dessen Verhaftung durch die Behörde herbeizuführen, ist das Eigentümliche der Endeixis dies, daß der Ankläger durch seine Klagschrift, die gleichfalls ἔνδειξις heißt, den Gerichtsvorstand veranlaßt, den Angeklagten zur Haft zu bringen oder Bürgen zu fordern." Vgl. auch Harpokration s.v. ἔνδειξις: εἶδος δίκης δημοσίας, ὑφ᾽ ἣν τοὺς ἐκ τῶν νόμων εἰργομένους τινῶν ἢ τόπων ἢ πράξεων, εἰ μὴ ἀπέχοιντο αὐτῶν, ὑπῆγον. Der Wortlaut des Gesetzestextes erleichtert es dem Kläger, die Möglichkeit der Apagoge zugunsten der Endeixis auszublenden.

Ὁ μὲν νόμος ἐστὶν οὗτος Δράκοντος: Die Nennung des (vermeintlichen) Urhebers vertritt hier die sonst der Exegese vorausgeschickte positive Bewertung des Gesetzes. Der Name Drakons soll bei den Zuhörern Ehrfurcht erwecken und das Gewicht der gegen den Antrag des Aristokrates in die Waagschale geworfenen Gesetzeszitate erhöhen.

Die ausdrückliche Zuweisung des Gesetzes an Drakon durch den Kläger bietet allerdings keine Gewähr, dass es tatsächlich von Drakon selbst stammt. Im Allgemeinen wurde, wenn man von dem „Gesetz Drakons" oder dem „Gesetz Solons" sprach, nicht zwischen der ‚Urfassung' und späteren Ergänzungen bzw. Revisionen unterschieden; vgl. Hansen 1995, 170.

καὶ οἱ ἄλλοι δέ: Zu καὶ ... δέ vgl. Denn. GP 199: „This is a natural enough combination, the former particle denoting that something is added, the latter that what is added is distinct from what precedes." An unserer Stelle entspricht dies eher einem betonten „und a u c h" (vgl. den Verweis auf Jebb zu Soph. Phil. 1362 bei Denn. GP 199 Anm. 1) als einem kontrastierenden „aber auch". Ähnlich Dem. 21,26 ἐγὼ δὲ ἓν μὲν ἐκεῖνο εὖ οἶδα, καὶ ὑμᾶς δὲ εἰδέναι χρή ... Nach Rehdantz, Index II s.v. καὶ γὰρ (S. 92) findet sich diese Partikelkombination bei Dem. signifikant häufiger als bei anderen Rednern.

παρεγραψάμην: Bei einem Paranomieprozess notierte der Kläger neben (παρά) dem Text des Antrags den Text der Gesetze, zu denen der Antrag seiner Auffassung nach in Widerspruch stand. παραγράφεσθαι ist der juristische Terminus für die Herstellung einer solchen Synopse (vgl. LSJ s.v. II.1), die während des Prozesses auf einer Tafel ausgestellt war (vgl. Aischin. 3,200 und Wankel zu 18,111 [S. 598]).

"κατὰ τῶν ἐνδεικνύντων" φησὶ "τοὺς κατιόντας ἀνδροφόνους": Der Gesetzestext ist hier, anders als an anderen durch eingeschobenes φησίν als Zitat markierten Stellen, nicht im exakten Wortlaut wiedergegeben. Mit der (zulässigen) Verengung des Oberbegriffs (φεύγοντας) auf die spezielle Tätergruppe der Mörder (ἀνδροφόνους) stellt der Kläger den Anschluss an die zuvor verlesenen Gesetze her. Die Umformulierung ermöglicht es außerdem, φησίν zum Zwecke der Hervorhebung genau zwischen den beiden Begriffen (ἐνδεικνύναι und κατέρχεσθαι) zu platzieren, auf die sich die folgende Argumentation stützt.

ἐνταυθοῖ: So A und F (jeweils post correctionem); S und Y haben ἐνταυθί. Eine Entscheidung ist nicht leicht zu treffen. Die Wortbedeutung ist nahezu dieselbe, und Aussagen zum Sprachgebrauch des Dem. werden dadurch erschwert, dass auch an anderen Stellen die Handschriften in gleicher Weise divergieren (15,22; 19,81.311; 24,82; 37,33). ἐνταυθοῖ ist einhellig überliefert in 20,106; 23,66; 27,54; 41,20.24; ἐνταυθί lediglich in der wohl unechten Rede 48 (§50). Dieser Befund mag darauf hindeuten, dass Dem. eher ἐνταυθοῖ zu verwenden pflegte.

δύο δηλοῖ δίκαια, ... ὅτι: ὅτι heißt hier ‚was die Tatsache betrifft, dass', ‚insofern, als'; vgl. LSJ s.v. A.IV und Plat. Prot. 330e7f. τὰ μὲν ἄλλα ὀρθῶς ἤκουσας, ὅτι δὲ καὶ ἐμὲ οἴει εἰπεῖν τοῦτο, παρήκουσας.

ἃ παρ' ἀμφότερα: Zu der in der Prosa seltenen Stellung der Präposition zwischen dem Substantiv (hier vertreten durch das Relativpronomen) und einem attributiven Adjektiv vgl. KG I 554f. Anm. 5. In der Anastrophe müsste eigentlich πάρα akzentuiert werden, bei Elision des Schlussvokals kann aber sowohl πάρ' als auch παρ' geschrieben werden; vgl. LSJ s.v. παρά D.

ὅτι τε ... καὶ ὅτι: Laut Denn. GP 512 findet sich τε ... καί selten bei Anaphern; ein weiterer Beleg ist Dem. 3,1 ὅταν τε εἰς τὰ πράγματα ἀποβλέψω καὶ ὅταν πρὸς τοὺς λόγους.

οὐκ αὐτὸν ἀγώγιμον οἴχεσθαι λαβόντα: αὐτόν bezieht sich als Prädikativum auf das Subjekt des Infinitivs: Man darf den Mörder anzeigen, damit er von der zuständigen Behörde festgenommen werde, man darf ihn aber nicht s e l b s t festnehmen und mit ihm ‚verschwinden' (sc. um an ihm Selbstjustiz zu üben). Zur Bewertung des Arguments vgl. die Einleitung zu §§51–52.

καὶ αὐτὸ τοῦτο: καί fungiert hier als „particle of emphasis" (Denn. GP 317); Plat. apol. 24e2 (Nachfrage auf die Aussage hin, dass die Gesetze die Menschen besser machen) ἀλλ᾿ οὐ τοῦτο ἐρωτῶ, ὦ βέλτιστε, ἀλλὰ τίς ἄνθρωπος (sc. αὐτοὺς βελτίους ποιεῖ), ὅστις πρῶτον καὶ αὐτὸ τοῦτο οἶδε, τοὺς νόμους; und Dem. 8,55 (vorausgegangen ist die Aufforderung, nicht die für die Rettung notwendigen Ausgaben für schlimm zu halten, sondern das, was passiert, wenn man diese Ausgaben nicht zu leisten bereit ist) καίτοι ἔγωγ᾿ ἀγανακτῶ καὶ αὐτὸ τοῦτο ..., εἰ τὰ μὲν χρήματα λυπεῖ τινὰς ὑμῶν εἰ διαρπασθήσεται, ἃ καὶ φυλάττειν καὶ κολάζειν τοὺς ἀδικοῦντας ἐφ᾿ ὑμῖν ἐστι, τὴν δ᾿ Ἑλλάδα πᾶσαν οὑτωσὶ Φίλιππος ἐφεξῆς ἁρπάζων οὐ λυπεῖ.

§52

ἐξ ἧς ἂν φεύγῃ τις πόλεως: = εἰς τὴν πόλιν, ἐξ ἧς ἂν φεύγῃ τις. Zur Umstellung des übergeordneten Substantivs in den Relativsatz vgl. KG II 416ff.

καὶ σφόδρα: Zu verstärkendem καί bei Adverbien vgl. KG II 254 und Denn. GP 318, zu καὶ σφόδρα bei Dem. 23,99; 19,173.

τοῦτο δ᾿ οὐκ ἔστ᾿ ἐπενεγκεῖν ἄλλῃ πόλει τοὔνομα: τοὔνομα ist nur in der korrigierten Fassung von S, als Notiz eines Schreibers in F und im Papyrus P. Mich. III 142 (2. Jh. n.Chr.) überliefert. Die bisherigen Herausgeber haben die Variante nicht in den Text aufgenommen, wahrscheinlich, weil die Ergänzung als zu naheliegend empfunden wurde; vgl. z.B. Weber: „Frequens est ἐπενεγκεῖν τινι τοὔνομα, hinc τοὔνομα additum in duobus libris." Aber ist die Hinzufügung wirklich leichter zu erklären als die Auslassung?

Die Verwendung von ὄνομα in Bezug auf einen mehrere Wörter umfassenden Ausdruck ist selten, hat aber gerade bei Dem. Parallelen (vgl. Komm. zu §26 πάντα τὰ τοιαῦτα ὀνόματα ... καὶ τὰ τοιαῦτα πάντα). ἐπενεγκεῖν τινι τοὔνομα bedeutet in der Regel ‚etw./jmdn. mit einem Namen belegen', ‚benennen', an unserer Stelle aber ‚anwenden auf', ‚beziehen auf'. Der Interpolator hätte sich all dessen bewusst sein müssen und sich zudem für eine sehr ungewöhnliche Wortstellung entschieden. Das ist nicht auszuschließen; wahrscheinlicher ist aber, dass in einer späteren Phase der Überlieferung diese sprachlich anspruchsvolle Formulierung für Irritationen und für die ‚Glättung' des Textes durch Auslassung sorgten.

ἢν ἂν φεύγῃ τις: Zu φεύγω c. acc. statt mit ἐκ c. gen. i.S.v. ‚verbannt sein' vgl. Thuk. 5,26,5 συνέβη μοι φεύγειν τὴν ἐμαυτοῦ ἔτη εἴκοσι μετὰ τὴν ἐς Ἀμφίπολιν στρατηγίαν u. Xen. Kyr. 3,1,24.

ὅθεν ... εἰς ταύτην: Zur durchaus üblichen Verwendung des adverbialen Relativpronomens (ὅθεν) anstelle des adjektivischen Relativums mit Präposition (ἐξ ἧς) vgl. KG II 401 Anm. 3.

μηδ' ... τὴν ἀρχήν: Vgl. Hdt. 3,39,4 τῷ γὰρ φίλῳ ἔφη χαριεῖσθαι μᾶλλον ἀποδιδοὺς τὰ ἔλαβε ἢ ἀρχὴν μηδὲ λαβών sowie 1,193,3; 2,95,3; 6,33,3. Demosthenes verbindet das adverbiale τὴν ἀρχήν mit der zusammengesetzten Negation οὐδέ/μηδέ 22,5.9; 24,120, mit einfachem οὐ/μή 22,32; 23,2.93. An unserer Stelle passt die emphatischere Verneinung (‚gar nicht erst') sehr gut, so dass der in der Mehrzahl der Handschriften überlieferten Lesart μηδ' der Vorzug vor μή (A) gebührt. Zu τὴν ἀρχήν vgl. Komm. zu §2 τὴν ἀρχὴν ἴσως ἂν οὐκ ἐξηπάτησθε.

καὶ ταύτην: ‚und zwar', vgl. KG I 647,8 u. z.B. Xen. oik. 2,5 ξένους προσήκει σοι πολλοὺς δέχεσθαι, καὶ τούτους μεγαλοπρεπῶς.

κἀντεῦθεν, ὅποι ...: Nämlich ἐκ τῶν συμμάχων (vgl. §16).

§§53–59: Gesetz 6

Das Gesetz besagt, dass die Tötung eines Menschen in bestimmten Fällen nicht strafrechtlich geahndet werde: wenn sie ohne Absicht bei einem sportlichen Wettkampf geschehe oder auf der Straße, wenn man jemanden zu Fall bringe (?), oder im Krieg aufgrund einer Verwechslung oder wenn jemand beim unerlaubten sexuellen Verkehr mit den nächsten weiblichen Verwandten ertappt werde.

Der für die genannten Fälle zuständige Gerichtshof war das Delphinion. Vgl. dazu neben Dem. 23,74 auch Aristot. Ath. pol. 57,3: „Wenn jemand zugibt, getötet zu haben, aber behauptet, dies sei nicht wider das Gesetz geschehen, z.B. weil er einen Ehebrecher erwischt hat oder im Krieg (den anderen) nicht erkannt hat oder bei einem Sportwettkampf um den Sieg rang, dann wird über diesen beim Delphinion Recht gesprochen." (ἐὰν δ' ἀποκτεῖναι μέν τις ὁμολογῆι, φῆι δὲ κατὰ τοὺς νόμους, ο[ἷο]ν μοιχὸν λαβὼν ἢ ἐν πολέμωι ἀγνοήσας ἢ ἐν ἄθλωι ἀγωνιζόμενος, τούτωι ἐπὶ Δελφινίωι δικάζουσιν.) Mit MacDowell 1963, 71 hat man sich das Prozedere wohl folgendermaßen vorzustellen: Wird jemand des Mordes angeklagt und gibt zwar die Tötung zu, beruft sich aber darauf, dass diese nicht strafwürdig sei, so wird sein Fall nicht vor dem Areopag verhandelt, sondern direkt an das Delphinion verwiesen. Die Richter haben dann darüber zu entscheiden, ob tatsächlich die Bedingungen für eine nicht widerrechtliche Tötung gegeben waren.

Drerup 1898, 276f. nahm Anstoß an der unklaren Formulierung „auf der Straße / auf dem Weg niederwerfend" (*en hodṓ kathelṓn* / ἐν ὁδῷ καθελών; siehe unten Komm. z.St.) und erwog alternativ zu einer Konjektur den Gedanken, dass der Kläger, der den Passus in seinen Erläuterungen nicht erwähnt, im Prozess eine Revision des Gesetzes (die auch der Paraphrase in der *Athenaion Politeia*, in der sich kein Element findet, welches *en hodṓ kathelṓn* entspricht, zugrundeliegen könnte) verlesen ließ, während der antike Herausgeber versehentlich eine ältere Fassung einlegte. In jüngerer Zeit wurde dieser Gedanke von Carawan aufgegriffen. Auch er meint, dass das zitierte Gesetz ein anderes sei als das, worüber der Kläger spreche, vermutet aber im Unterschied zu Drerup, dass anstelle des drakontischen Originals, auf das sich der Kläger beziehe, ein späteres Gesetz in den Text geraten sei (Carawan 1998, 94). Zwischen dem eingelegten Gesetz und den Ausführungen des Klägers sieht Carawan folgende Widersprüche (92–95):

(1) *en hodṓ kathelṓn* passe (a), wie auch immer man es auffasse, inhaltlich nicht zu den drei anderen genannten Situationen und werde (b) vom Kläger nicht erwähnt.

(2) Bei der Formulierung „bei sportlichen Wettkämpfen ohne Absicht" (*en áthlois ákōn* / ἐν ἄθλοις ἄκων) errege der Zusatz „ohne Absicht" (*ákōn* / ἄκων) Verdacht, da die Erläuterungen des Klägers zu diesem Punkt nicht erkennen ließen, dass der Aspekt des Vorsatzes eine Rolle spiele.

(3) Im Gesetzestext bedeute μὴ φεύγειν (mḗ pheúgein) ‚nicht verbannt werden', der Kläger aber beziehe sich offenbar auf ein Gesetz, demzufolge der Mörder nicht einmal vor Gericht gestellt werde.

Keiner dieser Einwände wiegt jedoch so schwer, dass man tatsächlich annehmen müsste, dem Kläger habe ein anderes Gesetz vorgelegen. Im Einzelnen lässt sich entgegnen:

ad (1a): Versteht man en hodṓ kathelṓn im Sinne eines ‚Verkehrsunfalls' (vgl. Komm. zu §53 ἐν ὁδῷ καθελών), fügt es sich nahtlos in die Reihe der beiden anderen Unfallgeschehen im Sport bzw. im Krieg ein.

ad (1b): Dass der Kläger auf ein Element der Aufzählung nicht eingeht, bedeutet nicht zwingend, dass es nicht Teil des Gesetzestextes war. Dies gilt hier umso mehr, als die Gesamtaussage des Gesetzes (‚Es gibt Fälle, in denen die Tötung eines Menschen erlaubt ist'), nicht aber jeder einzelne dieser Fälle dem Antrag des Aristokrates gegenübergestellt wird.

ad (2): In den Erläuterungen des Klägers spielt der Aspekt des Vorsatzes sehr wohl eine Rolle (vgl. §54 ἐσκέψατο ... τὴν τοῦ δεδρακότος διάνοιαν), wenn auch der Begriff ἄκων (ákōn) nicht wörtlich zitiert wird. Der Kläger geht zu Recht davon aus, dass das Ziel eines sportlichen Wettkampfs im Normalfall nicht darin liegt, den Gegner zu töten, sondern ihn zu besiegen, und dass der Gesetzgeber eben diesen Sachverhalt berücksichtigt habe. Der Zusatz ἄκων (ákōn), der im Gesetzestext eine kondizionale Färbung hat, um den zumindest theoretisch denkbaren Fall auszuschließen, dass ein Athlet seinen Konkurrenten absichtlich tötet, wird vom Kläger, der nur den ‚Normalfall' in den Blick nimmt, kausal gedeutet.

ad (3): Keiner der vom Kläger verwendeten Formulierungen („kein Unrecht getan haben" [οὐκ ἀδικεῖν, §54], „frei von Befleckung sein" [εἶναι καθαρόν, §55], „nicht bestraft werden" [οὐ δίκην ὑπέχειν, §55; vgl. Komm. z.St.], „der Bestrafung entheben" [ἀθῷον ποιεῖν, §55]) ist eindeutig zu entnehmen, dass der Delinquent n i c h t vor Gericht gestellt wird. Es wird lediglich darauf verzichtet, durch eine Erklärung des doppeldeutigen Ausdrucks μὴ φεύγειν (mḗ pheúgein) die Zuhörer daran zu hindern, das Gesetz in diesem den eigenen Zwecken durchaus zuträglichen Sinne misszuverstehen: So gelingt es, die Tat des Mörders als strafrechtlich noch folgenloser erscheinen zu lassen, als sie tatsächlich ist. Unter diesem Gesichtspunkt spricht sogar mehr dafür als dagegen, dass dem Kläger ein Gesetzestext mit den Worten μὴ φεύγειν (mḗ pheúgein) vorlag.

Wir dürfen somit vorsichtig annehmen, dass der Kläger sich auf den Gesetzestext bezieht, der uns in den Handschriften überliefert ist. Ob dieses Gesetz von Drakon stammt, ist nicht sicher zu entscheiden. Dass sich in den lesbaren Abschnitten von IG I³ 104 keine Spuren des Textes finden, ist zunächst einmal nur ein fehlender Beweis für seine drakontische Provenienz, nicht aber ein Beweis dagegen. Ein Indiz dafür, dass die Bestimmung zumindest als drakontisch galt, bietet Lys. 1,30f.: Euphiletos verteidigt sich unter Berufung auf ein Gesetz, bei dem es sich höchstwahrscheinlich um das hier zitierte handelt (vgl. Todd 2007, 126f.). Der Gesetzgeber sehe beim Ehebruch mit einer rechtmäßigen Gattin und beim ‚Ehebruch' mit einer Konkubine (*Pallakḗ* / παλλακή) dieselbe Strafe für den Täter vor, obwohl die *Pallakaí* von geringerem Wert seien (der Zusatz „die er zur Zeugung frei geborener Kinder hat" [ἣν ἂν ἐπὶ ἐλευθέροις παισὶν ἔχῃ] wird wohlweislich unterschlagen). Gäbe es eine noch schlimmere Strafe als den Tod, hätte er diese über den Ehebruch mit verheirateten Frauen verhängt. Bei Plut. Sol. 17,4 wiederum wird Drakon die Aussage zugeschrieben, er habe für so viele Delikte die Todesstrafe verhängt, weil er schon die geringen für dieser Strafe würdig hielt, für die größeren aber keine schlimmere Strafe zu Gebote stand. Unabhängig davon, ob Lysias auf das vermeintliche Diktum Drakons anspielt (vgl. Todd 2007 zu Lys. 1,31 εἴ τινα ... μείζω τιμωρίαν) oder ob es – m.E. wahrscheinlicher – umgekehrt Drakon aufgrund der Lysias-Stelle in den Mund gelegt wurde, zeigt sich, dass Drakon offenbar mit dem von Euphiletos zitierten Gesetzgeber identifiziert wurde.

Der Kläger stellt zu Beginn seiner Einlassungen fest, Aristokrates habe sich zu keinem Gesetz in größeren Widerspruch gebracht als zu diesem, da der Rechtsgrundsatz, dass die Tötung eines Menschen in bestimmten Fällen straffrei bleibe, in keiner Weise in den Antrag eingeflossen sei. Die Bestimmungen des Gesetzgebers werden im einzelnen begründet: Komme jemand bei einem sportlichen Wettkampf zu Tode, sei dafür nicht der Kontrahent verantwortlich zu machen, der seinen Gegner habe besiegen, aber nicht töten wollen, sondern das Opfer selbst, das die eigenen Kräfte überschätzt habe. Töte jemand in der guten Absicht, einen Feind zu vernichten, gebühre ihm nicht Strafe, sondern Vergebung. Besonders berechtigt sei es schließlich, die Tötung derer zu erlauben, die sich nach Art von Feinden an denen vergriffen, für deren Schutz man auch im Krieg zu kämpfen pflege. Angesichts der vielen Fälle, in denen das Gesetz erlaube, andere zu töten, wäre es ungeheuerlich, wenn man allein den Charidemos sogar in diesen Fällen nicht töten dürfte.

Nachdem der Kläger dargelegt hat, dass der Antrag mit dem verlesenen Gesetz nicht vereinbar sei, stellt er den Geschworenen ein Szenario vor Augen, in dem diese von den Konsequenzen ihrer Entscheidung ganz persönlich betroffen sein könnten: Sollte Charidemos Thrakien den Rücken kehren und sich als Privatmann z.B. in Athen niederlassen, könne er im Schutze des Beschlusses jeden Bürger nach Belieben drangsalieren, ohne mit der Gegenwehr rechnen zu müssen, die das Gesetz in solchen Fällen erlaubt. Möglichen Zweifeln daran, dass dies Wirklichkeit werden könnte, hält der Kläger entgegen, dass für die Ermordung des Charidemos dasselbe gelte. Da sich der Antrag auf ein zukünftiges Ereignis beziehe, dessen Eintreten ungewiss sei, solle auf dieser beiden Prozessparteien gemeinsamen Basis im Bewusstsein der sich daraus ergebenden Unsicherheit zum Zwecke eines Gedankenspiels angenommen werden, dass sowohl das eine als auch das andere geschehen könnte. Das nunmehr legitimierte Gedankenspiel wird klar verständlich und einprägsam in Form einer streng parallel konstruierten Antithese durchgeführt: Werde der Antrag abgelehnt, so stünden für den Fall, dass Charidemos etwas zustoße, die gesetzlich vorgesehenen Strafen zur Verfügung. Werde der Antrag angenommen, so seien für den Fall, dass Charidemos Unrecht begehe, seine Opfer der gesetzlich vorgesehenen Möglichkeiten der Bestrafung beraubt. Daraus folge, dass der Antrag zum einen gegen die Gesetze verstoße und dass es zum anderen von praktischem Nutzen sei, ihn nicht in Kraft treten zu lassen.

Diese Darstellung fordert weniger den Einwand heraus, dass das Eintreten des entworfenen Szenarios sehr unwahrscheinlich ist – worauf der Kläger, möglicherweise um von der eigentlichen Schwäche des Arguments abzulenken, ausführlich eingeht –, sondern eher ist zu beanstanden, dass die Ohnmacht gegenüber Charidemos stark überzeichnet wird: Sollte er sich eines Unrechts schuldig machen, hätten die Geschädigten selbstverständlich die Möglichkeit, gerichtlich gegen ihn vorzugehen und ihn der vom Gesetz vorgesehenen Bestrafung zuzuführen. Davon, dass der Beschluss ihm umfassende Immunität verliehe und man stillschweigend jegliche Misshandlung erdulden müsste (σιγῶντα ἐᾶν αὐτὸν ὑβρίζειν), kann also keine Rede sein.

§53

ἐν ἄθλοις ἄκων: Es ist hier, wie es auch der Kläger in §54 tut, vor allem an Kampfsportarten wie Boxen, Ringen und Pankration zu denken, die durchaus mit dem Tod eines der beiden Kontrahenten enden konnten. So schildern Pausanias 8,40,1–2 und Philostr. Eik. 2,6 den besonders eindrucksvollen Auftritt des Pankratiasten Arrhichion, der im Sterben seinen Gegner noch so effektiv verletzte, dass er postum zum Sieger erklärt wurde. Ebenfalls bei Pausanias (6,9,6) wird ein gewisser Kleomedes erwähnt, der seinen Gegner im Boxkampf getötet habe und, da ihm der Sieg wegen unrechtmäßiger Kampfführung aberkannt wurde, dem Wahnsinn verfallen sei. Bei beiden Episoden gilt das Interesse der Autoren nicht vorrangig dem tödlichen Ausgang der Kämpfe, sondern den kuriosen Begleitumständen. Dies lässt darauf schließen, dass der Tod eines Athleten nicht so außergewöhnlich war, um an sich als berichtenswert zu gelten; vgl. auch Sext. Emp. hypotyp. 3,212 οἱ ἀθληταὶ δὲ τύπτοντες ἐλευθέρους ἄνδρας, πολλάκις ⟨δὲ⟩ καὶ ἀναιροῦντες, τιμῶν καὶ στεφάνων ἀξιοῦνται. Demgegenüber dürfte die unabsichtliche Tötung durch einen Speerwurf, deren juristische Beurteilung Antiphon (Tetral. 2) anhand eines fiktiven, Perikles und Protagoras laut Plut. Perikl. 36,5 anhand eines realen Beispiels (skeptisch dazu Stadter 1989 z.St.) diskutiert haben, einen extrem seltenen Ausnahmefall dargestellt haben. Vgl. MacDowell 1963, 74.

†ἦ ἐν ὁδῷ καθελών†: Der Ausdruck gibt Rätsel auf. Harpokration o2 s.v. ὁδός erklärt zu unserer Stelle: Δημοσθένης ἐν τῷ Κατ' Ἀριστοκράτους φησίν· ἦ ἐν ὁδῷ καθελών, ἀντὶ τοῦ ἐν λόχῳ καὶ ἐνέδρᾳ. τοιοῦτον δὲ εἶναι καὶ τὸ Ὁμηρικόν φασι, ἦ ὁδὸν ἐλθέμεναι (meine Hervorhebung). Er denkt also an die Überwältigung von Wegelagerern. Die homerische ‚Parallele' Il. 1,151 vermag diese Deutung aber keineswegs zu stützen, da es dort um Botengänge oder militärische Unternehmungen und nicht um Überfälle aus dem Hinterhalt geht; vgl. BK z.St. sowie Sosin 2016, 157f. Hinzu kommen zwei weitere Probleme. Zum einen müsste καθελών für ἀνελών oder ἀποκτείνας stehen, woraus sich für den gesamten Satz die redundante Kombination ἐάν τις ἀποκτείνῃ ... ἀποκτείνας ergäbe (vgl. Drerup 1898, 276), ohne dass ein mildernder Umstand, wie in ἄκων und ἀγνοήσας, angegeben wäre (vgl. Sosin 2016, 160). Zum anderen handelte es sich um eine Situation der Selbstverteidigung bei einem Raubüberfall, die durch ein eigenes Gesetz (vgl. §60) geregelt war (vgl. MacDowell 1963, 75; Sosin 2016, 165; Carawan 1998, 92 Anm. 12 zieht aus der Angabe bei Harpokration eine mir unverständliche Folgerung: „The phrase thus suggests retributive killing, describing the action of the attacker, not of one acting in defence.").

Möglicherweise betrifft die Bestimmung ‚Verkehrsunfälle', bei denen jemand vom Pferd bzw. vom Wagen gerissen wird, oder auch Überholmanöver mit tödlichem Ausgang, wie Sosin 2016 vermutet. Aber auch hierfür fehlen Belege.

Drerup 1898, 277 schlägt die Konjektur ἐν ὅπλῳ vor und verweist auf die Plat. leg. 865a3–b2 unter den Beispielen für unabsichtliche Tötung genannten militärischen Übungen: εἴ τις ἐν ἀγῶνι καὶ ἄθλοις δημοσίοις ἄκων, εἴτε παραχρῆμα εἴτε καὶ ἐν ὑστέροις χρόνοις ἐκ τῶν πληγῶν, ἀπέκτεινέν τινα φίλιον, ἢ κατὰ πόλεμον ὡσαύτως ἢ κατὰ μελέτην τὴν πρὸς πόλεμον, ποιουμένων ἄσκησιν [τῶν ἀρχόντων] ψιλοῖς σώμασιν ἢ μετά τινων ὅπλων ἀπομιμουμένων τὴν πολεμικὴν πρᾶξιν, καθαρθεὶς κατὰ τὸν ἐκ Δελφῶν κομισθέντα περὶ τούτων νόμον ἔστω καθαρός. Eine Athetese des Ausdrucks verwirft Drerup, denn „auch ein Interpolator müßte sich irgendetwas dabei gedacht haben" (277).

Vielleicht hat man schon im 4. Jh. diesen Passus des Gesetzes nicht mehr verstanden, und das Schweigen des Demosthenes (sowie des Verfassers der *Athenaion Politeia*) erklärt sich schlicht daraus (vgl. Drerup 1898, 277, dem sich Weil z.St. und Canevaro 2013a, 69 anschließen).

ἐν πολέμῳ ἀγνοήσας: Zur Gefahr des Eigenbeschusses ('friendly fire') in unübersichtlichen Kampfsituationen vgl. z.B. Thuk. 4,96,3 (Niederlage der Athener gegen die Boioter beim Delion 424/23) καί τινες καὶ τῶν Ἀθηναίων διὰ τὴν κύκλωσιν ταραχθέντες ἠγνόησάν τε καὶ ἀπέκτειναν ἀλλήλους mit Hornblower z.St.: „A reminder that Greeks did not wear uniforms; though blazons on shields (like the famously frightening letter 'lambda' for 'Lakedaimonioi', i.e. Spartans) would sometimes enable you to tell friends from enemies."

ἐπὶ δάμαρτι: Vgl. Lys. 1,30 αὐτῷ τῷ δικαστηρίῳ τῷ ἐξ Ἀρείου πάγου ... διαρρήδην εἴρηται τούτου μὴ καταγιγνώσκειν φόνου, ὃς ἂν ἐπὶ δάμαρτι τῇ ἑαυτοῦ μοιχὸν λαβὼν ταύτην τὴν τιμωρίαν ποιήσηται.

Mit δάμαρ greift der Gesetzgeber (wie auch in der lex ap. Dem. 46,18) auf ein sonst nur in der Dichtung gebräuchliches Wort zurück, zu dem es in der Prosa keine exakte Entsprechung, sondern nur Umschreibungen gibt (vgl. z.B. Lys. 1,31 γαμεταὶ γυναῖκες mit Todd 2007 z.St.).

Der Formulierung ἐπὶ δάμαρτι war offenbar unmissverständlich der juristisch ausschlaggebende Sachverhalt zu entnehmen, dass der Täter beim Geschlechtsverkehr, also in flagranti, angetroffen werden musste. Dabei stellt sich die Frage, ob die Präposition ἐπί 'auf' oder 'bei' bedeutet, nur für den Übersetzer; zur Diskussion darüber vgl. Harris 1990, 372, der für 'auf' plädiert, und Carey 1995, 409 Anm. 9, der die erweiterte Bedeutung 'bei' vorzieht. Beim Muttersprachler dürfte sich im gegebenen Zusammenhang eher ein Gesamtbild der Szene eingestellt haben, ohne dass die verschiedenen Nuancen von ἐπί bewusst differenziert wurden.

ἐπὶ παλλακῇ, ἣν ἂν ἐπὶ ἐλευθέροις παισὶν ἔχῃ: Der Begriff παλλακή bezeichnete im homerischen Epos die Nebenfrau, die in der Regel als Sklavin im Haus lebte, deren mit dem Hausherrn gezeugte Kinder aber offenbar den Status von Freien haben und sogar, wenn auch mit erbrechtlichen Nachteilen gegenüber ihren von der Gattin geborenen Halbgeschwistern, in die Familie des Vaters aufgenommen werden konnten (Erdmann 1949, 226 unter Verweis auf Od. 4,10–14; 14,199–204). Im Laufe der Zeit etablierte sich jedoch die Verbindung mit einer einzigen Frau als die gesellschaftliche Norm (vgl. Erdmann 1949, 226f.), weshalb Erdmann vermutet, dass sich die in den homerischen Epen bezeugte Möglichkeit, mit einer Nebenfrau freie Kinder zu zeugen, zwar bis in die Abfassungszeit des Gesetzes (welches er Drakon zuschreibt) erhalten habe, dass aber mit der schwindenden Akzeptanz polygamer Verhältnisse die Zeugung freier Kinder mit (unfreien) Nebenfrauen nicht mehr möglich und der entsprechende Passus somit obsolet war (Erdmann 1949, 228f.). Der Gesetzgeber hätte in diesem Fall jedoch entweder redundant formuliert oder die praktische Umsetzbarkeit seiner Bestimmung nicht hinreichend bedacht: Erhielt jedes Kind eines freien Vaters und einer nicht freien Mutter den Status eines Freien, so ist der Zusatz ἣν ἂν ἐπὶ ἐλευθέροις παισὶν ἔχῃ überflüssig. Oblag es der Entscheidung des Vaters, ob sein mit einer παλλακή gezeugtes Kind frei sein solle oder nicht, so ergibt sich die Schwierigkeit, wie man, wenn es zur Tötung eines ‚Ehebrechers' gekommen war, im Nachhinein ermitteln wollte, mit welcher ‚Zielsetzung' der Hausherr mit seiner Konkubine verkehrte. Man würde eher eine vor Gericht überprüfbare Bedingung, wie etwa ἐξ ἧς ἤδη ἐλεύθεροι παῖδες αὐτῷ ἐγένοντο, erwarten (vgl. Harrison 1968, 14 Anm. 1 und de Vries 1927, 45).

Andere Forscher postulieren die Gültigkeit des Passus für das 4. Jh., das den Begriff der παλλακή durchaus noch kennt. So erklärt Silver 2018 die παλλακία als eine seit archaischer Zeit im Wesentlichen unverändert bestehende legale Nebenform der legitimen Ehe: Die παλλακή gehe durch Verkauf in den Besitz ihres Partners über und werde so, unabhängig von ihrem Status vor der Verbindung, zu einer (privilegierten) Sklavin („slave-wife"), die für ihren Mann einen zweiten Haushalt führe. Ihre Kinder seien zwar als Nothoi vom väterlichen Erbe ausgeschlossen, aber gleichwohl frei geboren und berechtigt, sich als athenische Bürger registrieren zu lassen (nach Inkrafttreten des perikleischen Bürgerrechtsgesetzes 451 freilich nur unter der Voraussetzung, dass die Mutter Athenerin war); vgl. Silver 2018, 1–6, 19 und passim. Wenn die παλλακία eine so klar geregelte Institution war, stellt sich jedoch die Frage, warum es im Gesetz des Zusatzes ἣν ἂν ἐπὶ ἐλευθέροις παισὶν ἔχῃ bedurfte, zumal Silver der Annahme zuneigt, dass hiermit nicht eine Abgrenzung von „other *pallakai* who were *not* kept (legally designated / registered) for the procreation of free (*eleutheros*) children" vorgenommen, sondern die παλλακή als solche definiert werde: „Demosthenes is *defining* the *pallake*, as a slave woman whose children are free not, as would be expected for a slave, slaves" (19 mit Anm. 2) – eine Interpretation, die im übrigen mit dem griechischen Text (Relativsatz mit ἄν und Konjunktiv) nicht vereinbar ist.

Den bislang überzeugendsten Lösungsvorschlag bietet Sealey 1984: Ausgehend von der auf Aristot. Ath. pol. 42,1 gestützten Annahme, dass der Begriff ἐλεύθερος gleichbedeutend mit ‚Stadtbürger' verwendet werde (Sealey 1984, 115), schließt er auf eine alternativ zur Ehe bestehende staatlich legitimierte Partnerschaft, nämlich die Verbindung mit einer παλλακή, die die jeweils gültigen Voraussetzungen dafür erfüllte, dass die von ihr geborenen Nachkommen das athenische Bürgerrecht erhielten. Diese Möglichkeit sei vor allem für die ärmeren Bürger attraktiv gewesen, die keine Mitgift für ihre Töchter aufbringen konnten (Sealey 1984, 117; auch für Frauen, die keinen männlichen Vormund hatten, kam statt der Ehe nur die παλλακία in Frage, vgl. Sommerstein 2014, 12). Dadurch wäre erklärt, warum dem Gesetzgeber daran gelegen ist, Sexualverkehr der παλλακή mit einem anderen als dem mit ihr verbundenen Mann zu verhindern: Die Stadt möchte größtmögliche Gewissheit darüber, dass ein Sohn, der die Aufnahme in das Demenregister beantragt, tatsächlich das leibliche Kind seiner Eltern ist.

τούτων ἕνεκα μὴ φεύγειν κτείναντα: Die Wortstellung legt nahe, τούτων ἕνεκα mit μὴ φεύγειν zu verbinden, was jedoch das folgende κτείναντα zu einem recht ungelenken Zusatz macht („... dass er deshalb nicht verbannt wird, wenn er getötet hat / als einer, der getötet hat"). Es ist daher eher ein Hyperbaton anzunehmen und τούτων ἕνεκα als Zusammenfassung der Motive für die Tötung auf κτείναντα zu beziehen.

Der Papyrus P. Mich. III 142 hat τὸν κτείνοντα anstelle von κτείναντα, was vermutlich auf den Wunsch des Schreibers zurückgeht, einen Subjektsakkusativ im A.c.I. herzustellen. Dieselbe Tendenz zur ‚Vervollständigung' der Syntax zeigt sich in §52, Z. 12, wo τις zu κατίῃ und wohl auch ἀνδροφόνος (nur die letzten drei Buchstaben sind lesbar) zu ἀγώγιμος ἔστω hinzugefügt ist.

μὴ φεύγειν: Sowohl der Sprachgebrauch im drakontischen Gesetzeswerk (vgl. IG I³ 104, Z. 11) als auch die Zuordnung der genannten Fälle zum Delphinion Aristot. Ath. pol. 57,3 lassen mit einiger Sicherheit darauf schließen, dass φεύγειν hier ‚verbannt werden' und nicht ‚angeklagt werden' meint.

σαφῶς οὑτωσὶ: Vgl. Komm. zu §1 ἑτοίμως οὕτως.

ἐφ' οἷς ἐξεῖναι κτεῖναι: Der in der Gesetzessprache häufig verwendete imperativische Infinitiv (vgl. KG II 22f.) wird hier in den abhängigen Nebensatz übernommen. Vgl. neben 23,60 und 74 auch 20,158 ἔθηκεν (sc. Drakon) ἐφ' οἷς ἐξεῖναι ἀποκτιννύναι sowie 36,25 und 38,5. Wie die Parallelstellen zeigen, gehört κτεῖναι in Abhängigkeit von ἐξεῖναι zum Relativsatz; zu διδόντος ist es aus dem Zusammenhang zu ergänzen. Zum Gebrauch des Simplex κτεῖναι vgl. Komm. zu §38 ἀποκτείνῃ.

οὐδὲν ὑπειπὼν ὅπως: ὑπειπεῖν hier ‚(dazu) erklären/bemerken' wie auch §60 und §217. Vgl. zu dieser Bedeutung Thuk. 1,90,4 und 2,102,5 mit Classen/Steup z.St.

§54

καίτοι: Zu „continuative" καίτοι vgl. Denn. GP 559ff.; in Verbindung mit dem Imperativ bei Dem. z.B. auch 3,23 καίτοι σκέψασθε ..., ἅ τις ἂν κεφάλαια εἰπεῖν ἔχοι ...

σκέψασθε ὡς ὁσίως καὶ καλῶς ...: Zum Lob des Gesetzgebers vgl. Komm. zu §29 σκέψασθε ... καὶ θεωρήσατε, ὡς καλῶς καὶ σφοδρ' εὐσεβῶς; zu ὁσίως vgl. Komm. zu §74 ὅσιον sowie zu §25 ὑπὲρ εὐσεβείας ὅλης τῆς πόλεως.

διεῖλεν ὁ ... διελών: Zum Verb διαιρέω (‚differenziert festlegen') für das Verfassen von Gesetzestexten vgl. 23,79; 20,29 und 45,45.

ἐξ ἀρχῆς: eigtl. ‚von Anfang an'; hier ‚am Anfang' zur Bezeichnung der ‚Gründerväter' der Gesetze wie 18,6 ὥσπερ οἱ νόμοι κελεύουσιν, οὓς ὁ τιθεὶς ἐξ ἀρχῆς Σόλων ...; 23,70.73; ferner 4,14; 8,59; 9,25; 18,24 etc.

ὥρισεν: ὁρίζω ist wie διορίζω „vox propria für Bestimmungen von Gesetzen" (Wankel zu 18,114 [S. 620]). Vgl. auch Komm. zu §34 διώρισεν.

ἔστι δ' αὕτη τίς;: Zur Wortstellung vgl. Komm. zu §30 λέγει δὲ τί;.

ἀσθενέστερος ἦν ... ἐνεγκεῖν: Bei Adjektiven des Mangels, der Schwäche etc. kann auf den Positiv ein Infinitiv ohne Vergleichspartikel folgen (KG II 10f.; vgl. z.B. Thuk. 2,61,2 ταπεινὴ ὑμῶν ἡ διάνοια ἐγκαρτερεῖν ἃ ἔγνωτε), während beim Komparativ eigentlich eine Anbindung des Infinitivs durch ἤ oder ἢ ὥστε erforderlich ist (KG II 503 mit Anm. 1). Eine Parallele findet sich Eur. Cycl. 635f. ἡμεῖς μέν ἐσμεν μακροτέρῳ πρὸ τῶν θυρῶν / ἑστῶτες ὠθεῖν ἐς τὸν ὀφθαλμὸν τὸ πῦρ, wo allerdings von Blaydes die Ergänzung eines mit Synizese zu lesenden ἤ vor ὠθεῖν vorgeschlagen wird. Die von Seaford 1984 z.St. angegebenen Parallelen Eur. Heraclid. 744 und Hdt. 6,109,1 sind nicht ganz einschlägig, da dort jeweils der Positiv, nicht der Komparativ vorausgeht. Angesichts der dünnen Beleglage könnte man auch an unserer Stelle die Ergänzung von ἤ hinter ἦν erwägen (Vorschlag von Bernd Manuwald).

ἑαυτῷ τοῦ πάθους αἴτιον: Um die juristische Straffreiheit mit den Vorstellungen der Zuhörer von moralischer Schuldlosigkeit zur Deckung zu bringen, ist der Kläger darauf bedacht, keinerlei Mitleid mit den Opfern aufkommen zu lassen. Der Athlet ist wegen Selbstüberschätzung, der Ehebrecher wegen feindseliger Handlungen selbst für sein Schicksal verantwortlich; die Tragik des vom eigenen Kameraden getöteten Soldaten wird nur als Tragik des Täters wahrgenommen (vgl. Komm. zu §55 εἰ γὰρ ἐγώ τινα τῶν ἐναντίων οἰηθεὶς εἶναι διέφθειρα).

τιμωρίαν οὐκ ἔδωκεν ὑπὲρ αὐτοῦ: Vgl. Komm. zu §41 τὴν αὐτὴν ὑπὲρ αὐτοῦ δίκην δέδωκεν.

§55

πάλιν: Vgl. Komm. zu §40 πάλιν.

εἰ γὰρ ἐγώ τινα τῶν ἐναντίων οἰηθεὶς εἶναι διέφθειρα: Der grausame Gedanke, dass das Opfer in diesem Fall ein völlig unschuldiger Kriegskamerad ist, bleibt hinter dem identitätslosen τινα verborgen; das Mitgefühl wird sofort auf den Täter gelenkt, der hier sicher nicht zufällig in der ersten Person spricht.

οὐ δίκην ὑπέχειν, ἀλλὰ συγγνώμης τυχεῖν: Aus dem Gegensatz συγγνώμης τυχεῖν ergibt sich, dass δίκην ὑπέχειν hier nicht ‚sich vor Gericht verantworten' (so Carawan 1998, 94), sondern ‚bestraft werden' (wie Dem. 6,37; 19,281; 22,29; 23,78; 24,206) heißt. Zum Recht auf Vergebung bei unabsichtlichen Verfehlungen vgl. Komm. zu §42 τῆς συγγνώμης ... τοῖς ἀτυχοῦσιν.

ἐπὶ τούτων: τούτων ist entweder der Genitiv des Femininums, der in Verbindung mit ἐπί in der Bedeutung ‚auf', ‚bei' mit dem Dativ austauschbar ist (vgl. LSJ s.v. B I), oder der Genitiv des Neutrums, woraus sich die allgemeinere Angabe ‚in solchen Fällen' (vgl. LSJ s.v. A III 3) ergäbe. Eine Angleichung des Kasus an den Gesetzestext, wie von Taylor mit ⟨τινι⟩ τούτων vorgeschlagen, ist nicht notwendig.

§56

μὴ πάσχωσιν ὑβριστικὸν μηδ' ἀσελγὲς μηδέν: Zu einer Definition von ὕβρις als Demütigung anderer, die den Täter mit Freude an der eigenen Überlegenheit erfüllt, vgl. Aristot. rhet. 2,2. 1378b23–28 ἔστι γὰρ ὕβρις τὸ πράττειν καὶ λέγειν ἐφ' οἷς αἰσχύνη ἔστι τῷ πάσχοντι, μὴ ἵνα τι γίγνηται αὐτῷ ἄλλο ἢ ὅ τι ἐγένετο, ἀλλ' ὅπως ἡσθῇ ... αἴτιον δὲ τῆς ἡδονῆς τοῖς ὑβρίζουσιν, ὅτι οἴονται κακῶς δρῶντες αὐτοὶ ὑπερέχειν μᾶλλον. Damit eng verwandt ist die ἀσέλγεια, ein ebenfalls auf Anmaßung und mangelnden Respekt gegründetes rücksichtslos-aggressives Verhalten. Zur Kombination der beiden Begriffe bei Dem. vgl. 21,1.67.76.81.217; 24,143; 54,4.13. 25.

Umschrieben werden hier Vergewaltigungen von Frauen im Krieg, wie sie zur ‚Belohnung' der Sieger und zur Demütigung der Besiegten seit ältester Zeit verübt zu werden pflegen; vgl. z.B. Il. 2,232f.; 2,354f. sowie zur Bedeutung des Schutzes von Frauen (und Kindern) Il. 17,222–224 ... ἐνθάδ' ἀφ' ὑμετέρων πολίων ἤγειρα ἕκαστον / ... ἵνα μοι Τρώων ἀλόχους καὶ νήπια τέκνα / προφρονέως ῥύοισθε φιλοπτολέμων ὑπ' Ἀχαιῶν. Weiteres bei Doblhofer 1994, 23ff.

Der Kläger verengt den Fokus unter Ausblendung der Möglichkeit eines mit Zustimmung der Frau vollzogenen Sexualaktes bewusst auf Vergewaltigungen, um die Sonderstellung dieses Passus des Gesetzes (vgl. §55 πάντων γε ὀρθότατα ... τοῦτον ἀφιείς) eindrucksvoller begründen zu können: Die Tat ist, anders als in den zuvor genannten, auf ein Missgeschick zurückgehenden Fällen, nicht nur verzeihlich, sondern erscheint geradezu als lobenswert, da sie in die Nähe eines Verhaltens gerückt wird, das als heldenhaft gilt. Dass die Abwehr eines bewaffneten Feindes im Krieg nicht unbedingt mit der Tötung eines nackten Mannes im Bett vergleichbar ist, dürften die Zuhörer bei dieser raffinierten Präsentation nicht sofort erfasst haben.

Anders, als der Kläger suggeriert, wird die eigentliche Absicht des Gesetzgebers weniger auf den Schutz der Frauen vor Entehrung als auf die Bewahrung der „bloodlines" einer Familie gerichtet gewesen sein; vgl. Ogden 1997, 26.

τοὺς φιλίους: So die Korrektur von Bekker. Die Handschriften haben τοὺς φίλους, während in Z. 14 die Überlieferung in φίλων (AY) und φιλίων (SF) gespalten ist. Der Gegenbegriff zu πολέμιος ist φίλιος (vgl. LSJ s.v. φίλιος I), was eine weniger herzliche Beziehung ausdrückt als φίλος und somit an unserer Stelle gut passt. Die Verschreibung des selteneren Adjektivs zum weitaus häufigeren konnte leicht unterlaufen.

εἰς αὐτοὺς ... διαφθείρωσιν: Der von den weiblichen Familienmitgliedern ausgehende Gedanke wird ins Allgemeine erweitert; daher εἰς αὐτούς statt εἰς αὐτάς. Angesichts dieser Generalisierung meint διαφθείρω hier wohl nicht speziell die Verführung einer Frau (wie z.B. Lys. 1,16), sondern ‚vernichten‘, wie man es von Feinden im Krieg, aber eben nicht aus den ‚eigenen Reihen‘ erwartet.

οὐ γένος ἐστὶν φιλίων καὶ πολεμίων: Mit γένος ist hier die natürliche, qua Geburt gegebene Herkunft bezeichnet, die jemanden automatisch und i.d.R. unabänderlich einer bestimmten Gruppe angehören lässt; vgl. z.B. 23,24 ἡμῖν τοῖς γένει πολίταις oder Wendungen wie Ἕλλην γένος εἰμί (Hdt. 9,45,2). Was die Gruppe der Freunde oder Feinde anbelangt, gibt es eine solche ‚von Natur aus‘ bestehende Zugehörigkeit nicht. οὐ γένος ἐστὶ φιλίων καὶ πολεμίων entspricht also sinngemäß οὐδείς ἐστι γένει/φύσει φίλιος ἢ πολέμιος.

τὰ πραττόμενα ἐξεργάζεται τούτων ἑκάτερον: Zu ἐξεργάζεσθαι mit persönlichem Objekt vgl. Xen. symp. 4,60 εἰ δέ τις καὶ ὅλῃ τῇ πόλει ἀρέσκοντας δύναιτο ἀποδεικνύναι, οὐχ οὗτος παντελῶς ἂν ἤδη ἀγαθὸς μαστροπὸς εἴη; σαφῶς γε νὴ Δία, πάντες εἶπον. οὐκοῦν εἴ τις τοιούτους δύναιτο ἐξεργάζεσθαι ὧν προστατοίη, δικαίως ἂν μέγα φρονοίη ἐπὶ τῇ τέχνῃ καὶ δικαίως ἂν πολὺν μισθὸν λαμβάνοι;

οὔκουν: Die Handschriften akzentuieren οὐκοῦν. Das von Dem. geschriebene OYKOYN lässt vier verschiedene Interpretationen zu (vgl. KG II 163–167, zusammenfassend 167 Anm. 1):
1. οὐκοῦν fragend: *nonne igitur?*
2. οὐκοῦν positiv folgernd: *ergo, igitur*
3. οὔκουν (leidenschaftlich) fragend: *non? non igitur?*
4. οὔκουν negativ folgernd: *non ergo, non igitur*
Möglichkeit 4 ist aus inhaltlichen Gründen auszuschließen. Möglichkeit 1 gehört nach KG II 166 „der ruhigen und gemässigten Rede an, namentlich den Sokratischen Gesprächen bei Xenophon und Plato, in denen aus eingeräumten Sätzen Folgerungen gezogen werden", was dem Temperament der demosthenischen Rede nicht ganz gerecht wird. Wenig eindringlich und zu dem emphatischen δεινόν, welches Dem. mit Vorliebe in empörten Fragen zu verwenden pflegt (vgl. 19,146; 20,12.156; 21,61 [mit MacDowell z.St.]; 21,120; 23,61; 24,30.58.74.99 etc.), in einem gewissen Missverhältnis stehend ist Möglichkeit 2, für die sich Dilts entscheidet (21,61 übernimmt er jedoch in ganz ähnlichem Zusammenhang Buttmanns Korrektur zu οὔκουν [οὐκοῦν codd.] δεινόν ... καὶ σχέτλιον). Man sollte daher dem Vorschlag von Denn. GP 433 folgend οὔκουν schreiben und als Frage interpungieren. Die Aufeinanderfolge zweier rhetorischer Fragen ist ohne Anstoß (vgl. z.B. 23,119–21), zumal hier die erste einen Gedanken abschließt, die zweite einen neuen Gedanken einleitet.

ἀποκτιννύναι: Vgl. Komm. zu §35 ἀποκτιννύναι.

ἐπὶ τούτοις: Sc. im Falle einer von ihm verübten Vergewaltigung oder anderer feindseliger Handlungen.

ἐξέσται ἀποκτεῖναι: Dilts tilgt ἀποκτεῖναι mit Blass, der sich vermutlich an dem vermeidbaren Hiat störte. Zwar ist der Infinitiv auf den ersten Blick entbehrlich, doch scheint der auf den konkreten Einzelfall verweisende Aorist dem präsentischen Infinitiv ἀποκτιννύναι mit Bedacht gegenübergestellt zu sein, um den Kontrast zwischen der üblichen Verfahrensweise und der Sonderbehandlung des Charidemos zusätzlich hervorzuheben. Dieser Effekt könnte Dem. so wichtig gewesen sein, dass er dafür ausnahmsweise die Elision des auslautenden -αι erlaubte; vgl. dazu Blass, AB 102 mit Anm. 3, wo als Parallelen z.B. 8,22.23.35; 18,114.160; 20,158 angeführt werden. Vgl. außerdem 24,123 ἐξουσία ἔσται ἐξαμαρτεῖν.

§57

φέρε: Die Einleitung der rhetorischen Frage mit φέρε verleiht den Ausführungen ein dialogisches Element. Es ist kennzeichnend für den lebendigen Stil des Dem., dass er von diesem Mittel sehr viel häufiger Gebrauch macht als andere Redner (17 Belege gegenüber je nur 2 bei Isokrates, Aischines, Lysias und Isaios). Zur Verwendung des Singulars bei der Anrede an mehrere Personen vgl. KG I 84,4 (α).

ἂν δέ τι συμβῇ τοιοῦτον οἷον ἴσως ἤδη τῳ καὶ ἄλλῳ: Der vage Ausdruck umschreibt euphemistisch die Absetzung des Charidemos und seine Degradierung vom mächtigen militärischen Befehlshaber zum Privatmann. Mit dem Hinweis auf Präzedenzfälle beugt der Kläger dem möglichen Einwand vor, seine Hypothese sei realitätsfern. Ein Schicksal, wie es hier angedeutet wird, widerfuhr z.B. dem Iphikrates, der sowohl in Athen als auch bei Kotys in Ungnade fiel (vgl. §132).

Zur Stellung der Partikel im Nebensatz statt hinter φέρε vgl. 20,38; 23,124; 39,10.16. Zur Wortstellung τῳ καὶ ἄλλῳ vgl. 24,51 εἰ περί του καὶ ἄλλου und 24,96 εἴπερ τις καὶ ἄλλος.

εἰς πόλιν: Der Vergleich mit §138 und das unbestimmte που sprechen dafür, dass nicht, wie Weber annimmt, die Stadt Athen gemeint ist (zum fehlenden Artikel vgl. KG I 602f. und z.B. Thuk. 8,67 ἔστι δὲ ἱερὸν Ποσειδῶνος ἔξω πόλεως), sondern jede beliebige Stadt, in der Recht und Gesetz herrschen (so übersetzt Vince „come and live in a civilized community"). Natürlich soll bei den Geschworenen gleichwohl die Vorstellung geweckt werden, dass sich Charidemos auch in ihrer Stadt niederlassen und sie persönlich die Konsequenzen ihres Abstimmungsverhaltens spüren lassen könnte: Nähmen sie den Antrag des Aristokrates an, wären sie dann, durch eigenes Verschulden, der Willkür des Charidemos wehrlos ausgeliefert.

τῆς ... ἐξουσίας: Gemeint ist die Verfügungsgewalt über die Söldnertruppen und die daraus erwachsende Machtposition.

δι' ἧς πολλὰ ποιεῖ τῶν ἀπειρημένων ὑπὸ τῶν νόμων: Das Verhalten des Charidemos wird im zweiten Teil der Rede einer ausführlichen Kritik unterzogen; hier muss die bloße Behauptung von Gesetzesverstößen genügen, um die Erwartung, Charidemos werde ‚aus Gewohnheit' auch in Zukunft so agieren, plausibel erscheinen zu lassen.

ποιεῖ ... πράττειν: „Ersteres bezeichnet die That in ihrer Ausführung, letzteres die Thätigkeit an sich. Vgl. 3,16 πρᾶξαι δυνήσεσθε νῦν, ἐὰν ὀρθῶς ποιῆτε; 4,20 ἐπὶ τῷ πράττειν οὐδὲ τὰ μικρὰ ποιεῖτε; 9,15 τοιαῦτα πράττων τί ἐποίει;" (Westermann). Die Grenze zwischen beiden Verben lässt sich freilich nicht immer so klar ziehen.

ταῖς ἐπιθυμίαις: Mit dieser Wortwahl (vgl. auch das folgende ὑβρίζειν) hält der Kläger, ohne es explizit auszusprechen, die Vorstellung wach, Charidemos könnte sich sexueller Übergriffe schuldig machen; vgl. Harris 2018, 49 Anm. 90. Er lenkt damit die Phantasie der Zuhörer auf ein Vergehen, dessen sich nicht erwehren zu dürfen die größtmögliche Verletzung ihrer Selbstachtung bedeuten würde.

ἄλλο τι ἤ: Elliptischer Ausdruck für ἄλλο τί ἐστιν/γίγνεται ἤ = *nonne*; vgl. KG II 529,11.

ὑβρίζειν: Vgl. Komm. zu §56 μὴ πάσχωσιν ὑβριστικὸν μηδ' ἀσελγὲς μηδέν.

οὐδὲ τιμωρίαν λαβεῖν ἣν δίδωσιν ὁ νόμος: Da kein Artikel vor τιμωρίαν gesetzt ist, versteht der Zuhörer zunächst allgemein ‚Rache nehmen', ‚bestrafen', was sachlich falsch, aber für die Argumentation vorteilhaft ist; erst im Relativsatz erfolgt die Präzisierung, die den gesamten Ausdruck zu einer Paraphrase von ἀποκτεῖναι macht. Beim Publikum könnte diese Formulierung den vom Kläger gewünschten Eindruck hinterlassen haben, der Antrag lasse keinerlei Bestrafung des Charidemos zu.

§58

καὶ μήν: „καὶ μήν often introduces a new argument, a new item in a series or a new point of any kind" (Denn. GP 351f.); vgl. auch §141.

ὑπολαμβάνει: ‚entgegnen', ‚einwenden' wie z.B. 20,146; 22,4.10; 23,93; 24,154.

ποῦ δὲ γένοιτ' ἂν ταῦτα: Die Partikel δέ zeigt, dass eine direkte Frage zitiert wird. Man setzt also besser hinter ὑπολαμβάνει einen Hochpunkt und das Zitat in Anführungszeichen (ebenso im Folgenden Hochpunkt hinter λέγειν und die Frage in Anführungszeichen). Vgl. 9,16 καὶ μηδεὶς εἴπῃ·

„τί δὲ ταῦτ' ἐστιν ...;" und 45,26 ἀλλ' εὐθὺς ἄν εἶπε· „τί δ' ἡμεῖς ἴσμεν ...".
Zu modalem ποῦ („wie?") vgl. LSJ s.v. II und bei Dem. z.B. 37,41 ποῦ γάρ
ἐστιν δίκαιον;

τίς δ' ἂν ἀποκτείναι Χαρίδημον;: Mit dieser Gegenfrage ist der Einwand nicht gänzlich entkräftet: Auf die Annahme der Ermordung des Charidemos stützt sich keine weiterführende Argumentation. Tritt der Fall nicht ein, kommt der Beschluss nicht zur Anwendung. Lässt sich hingegen die Annahme des Klägers als abwegig erweisen, so wird der darauf aufbauenden Argumentation der Boden entzogen.

ἀλλὰ μὴ τοῦτο σκοπῶμεν: Auf eine Diskussion darüber, welche der beiden Annahmen sich mit größerer Wahrscheinlichkeit bewahrheitet, möchte sich der Kläger nicht einlassen. Würde er nachzuweisen versuchen, dass mit einer Ermordung des Charidemos kaum zu rechnen ist, müsste er sich fragen lassen, warum er so vehement gegen den Antrag eintritt. Ihm geht es an dieser Stelle darum, die Hypothesen beider Parteien am Maßstab ihres gemeinsamen Zukunftsbezugs zu nivellieren, um sie als gleichberechtigte Elemente für seine Argumentation in §59 verwenden zu können.

τὸ φεῦγον ψήφισμα: Für die Verwendung von φεύγω in Bezug auf eine Sache scheint dies der einzige Beleg zu sein; vgl. LSJ s.v. IV 1 fin. Westermann führt zum Vergleich 18,222 τὰ ψηφίσματα τὰ ἀποπεφευγότα an.

τὸ μὲν τοῦ μέλλοντος ἔσεσθαι: Zur Umschreibung eines Begriffs durch den neutralen Artikel mit attributivem Genitiv vgl. KG I 268f.; zur Vorliebe des Dem. für diese auch bei Thukydides häufig anzutreffende Ausdrucksweise vgl. Blass, AB 88; bei Dem. vgl. z.B. 4,45 τὸ τῶν θεῶν εὐμενὲς καὶ τὸ τῆς τύχης συναγωνίζεται sowie 4,12.28.32.

ὑποθέντες ἀνθρωπίνως τὰς ἐλπίδας: ἐλπίδας ὑποτιθέναι heißt hier nicht, wie der Eintrag bei LSJ s.v. ὑποτίθημι suggeriert, ,Hoffnungen wecken', sondern ,Erwartungen zugrundelegen', um auf dieser Basis ein Gedankenspiel durchzuführen, wie es in §59 geschieht. Im Bewusstsein, dass die Überlegungen sich auf zukünftige Ereignisse richten, soll man dabei ἀνθρωπίνως, d.h. auf eine den begrenzten Möglichkeiten des für die Zukunft blinden Menschen (vgl. z.B. Theognis 1077) angemessene, vorsichtig-bescheidene Weise vorgehen. Vgl. 18,252, wo Dem. ankündigt, er werde ἀληθέστερον καὶ ἀνθρωπινώτερον über das – für die Menschen ebenfalls nicht vorhersehbare – Schicksal sprechen als Aischines, der dies ὑπερηφάνως, ‚überheblich‘, getan habe. (Wankel [S. 1110] versteht das Adverb dort allerdings im Sinne von φιλανθρώπως.)

τάχ' ἄν, εἰ τύχοι: Derselbe Pleonasmus findet sich auch 15,16; 23,143; 24,36; 36,55; außerhalb des Corpus Demosthenicum nur noch Ael. Arist. or. 29, p. 369,2 Jebb und [Dion. Hal.] ars rhet. 6,4 (p. 280,16 Us./R.).
Zu τυγχάνω ohne Partizip vgl. KG II 573: „hierzu ist ursprünglich das Partizip aus dem Hauptsatze zu entnehmen; doch sind derartige Wendungen allmählich rein formelhaft geworden".

καὶ τούτων κἀκείνων: Im konkreten Fall heißt das: sowohl die eigene Annahme (Charidemos verstößt gegen das Gesetz) als auch die der Gegenseite (Charidemos wird ermordet).

§59

λύσασι ... ἐῶσι: Sc. ἡμῖν. Zu λύειν vgl. Komm. zu §43 λῦσαι.

ἂν ἄρα ... ἂν ἄρα: Vgl. Komm. zu §42 ἂν ἄρα. An der ersten Stelle markiert ἄρα das Eintreten der Bedingung als eher unwahrscheinlich, an der zweiten als nicht erwünscht („wenn, was wir nicht hoffen wollen, ...").

συμβῇ τι παθεῖν ἐκείνῳ: Euphemistische Umschreibung für ἀποθανεῖν ὑπό τινος. Der Zusatz von παθεῖν ist eigentlich entbehrlich, betont aber den Gegensatz zwischen Charidemos als passivem Opfer hier und als aktivem Täter im zweiten Teil der Antithese.

ὑπὲρ αὐτοῦ: Vgl. Komm. zu §41 τὴν αὐτὴν ὑπὲρ αὐτοῦ δίκην δέδωκεν. Das korrespondierende τοῖς ὑβριζομένοις spricht dafür, αὐτοῦ hier als Genitiv der Person aufzufassen.

ζῶν: Auch dieser Zusatz ist scheinbar überflüssig, enthält aber einen Seitenhieb auf den Antragsteller, der bei allen Vorkehrungen gegen eine mögliche Ermordung des Charidemos die nicht ganz unwesentliche Sorge um dessen Aktivitäten zu Lebzeiten völlig außer Acht gelassen hat.

ἡ μετὰ τῶν νόμων δίκη: Wieder wird der falsche Eindruck evoziert, dass Charidemos durch den Antrag vor jeder Form der Strafverfolgung geschützt sei. Die Präposition μετά (‚im Bunde mit') tritt nicht nur aus Gründen der Variatio an die Stelle von κατά c. acc. (‚gemäß'), sondern transportiert auch unterschwellig die Warnung, sich nicht gegen die ‚richtige Seite' zu stellen; vgl. Plat. apol. 32b8–c2 μετὰ τοῦ νόμου καὶ τοῦ δικαίου ᾤμην μᾶλλόν με δεῖν διακινδυνεύειν ἢ μεθ' ὑμῶν γενέσθαι μὴ δίκαια βουλευομένων und Thuk. 3,82,6 οὐ γὰρ μετὰ τῶν κειμένων νόμων ὠφελίας αἱ τοιαῦται ξύνοδοι, ἀλλὰ παρὰ τοὺς καθεστῶτας πλεονεξίᾳ.

καὶ ἐναντίον ἐστὶ τοῖς νόμοις τὸ ψήφισμα καὶ λῦσαι συμφέρει: Ersteres wurde in §§53–56 nachgewiesen, letzteres in §§57–59.

§§60–61: Gesetz 7

Dem Gesetz zufolge darf derjenige, der auf der Stelle in Selbstverteidigung jemanden tötet, der ihn widerrechtlich mit Gewalt zu berauben versucht, nicht bestraft werden.

Der Passus hatte seinen Platz mit hoher Wahrscheinlichkeit in den Zeilen 37–38 der Inschrift IG I³ 104. Wie in §44 dürfte mit φέρειν ἢ ἄγειν der Raub des (leblosen bzw. lebendigen) Eigentums gemeint sein (so Weber; Westermann; Stroud 1968, 57; MacDowell 1963, 76; Canevaro 2013a, 70 u.a.), nicht die Entführung zum Zwecke einer Lösegeldzahlung, wie es Gagarin 1978, 113 (und in der Folge Carawan 1998, 91) unter Berufung auf die Erläuterungen des Klägers in §61 auffasst. Zum einen sind die vom Kläger gebotenen Interpretationen grundsätzlich wenig geeignet, den tatsächlichen Sinn der Gesetzestexte zuverlässig zu erhellen, zum anderen deutet im konkreten Fall nichts darauf hin, dass der Kläger das Gesetz im Sinne Gagarins verstanden wissen wollte; eher scheint er an eine Form der Schutzgelderpressung zu denken (vgl. Komm. zu §61 πάντες οἱ στράτευμ' ἔχοντες ... ἄγουσι καὶ φέρουσι χρήματ' αἰτοῦντες sowie Canevaro 2013a, Anm. 133).

Der Kläger lobt die Präzision des Gesetzestextes, der durch den Zusatz „auf der Stelle" die Möglichkeit eines geplanten Mordes ausschließe und durch den Zusatz „in Selbstverteidigung" das Recht zur Tötung auf das Opfer beschränke, während der Antragsteller nicht im geringsten zwischen erlaubter und unerlaubter Tötung differenziere.

Auf die mögliche Frage, wen Charidemos wohl widerrechtlich mit Gewalt berauben werde, gibt der Kläger die entschiedene Antwort, dass jeder gefährdet sei, da alle Heerführer die Unterlegenen durch Geldforderungen zu berauben pflegten. Es verstoße nicht nur gegen das geschriebene Gesetz, sondern auch gegen das für alle Menschen geltende natürliche Recht, wenn die Selbstverteidigung gegen einen gewalttätigen Räuber nicht erlaubt sei – was gegeben wäre, wenn man Charidemos auch in einer solchen Situation nicht töten dürfe, sondern wenn derjenige, der ihn bei einem Überfall töte, der Festnahme ausgesetzt sein werde, obwohl ihm das Gesetz unter diesen Umständen Straffreiheit gewähre.

§60

φέροντα ἢ ἄγοντα: Zur Reihenfolge der Verben vgl. Komm. zu §44 ἐλαύνῃ ἢ φέρῃ ἢ ἄγῃ.

νηποινεὶ τεθνάναι: Als Subjektsakkusativ ist das Objekt des Nebensatzes zu ergänzen, das dort seinerseits als Bezugswort der Prädikativa φέροντα ἢ ἄγοντα hinzugedacht werden muss. Diese grammatikalische Härte sowie die Konjunktion καί zu Beginn des Zitats lassen vermuten, dass der Passus aus seinem syntaktischen Zusammenhang gerissen ist.

Das Adverb νηποινεί findet sich vor allem in der Gesetzessprache; in Verbindung mit τεθνάναι auch And. 1,95 ὃς ἂν ἄρξῃ ἐν τῇ πόλει τῆς δημοκρατίας καταλυθείσης, νηποινεὶ τεθνάναι; Plat. leg. 874c2f. ἐὰν ἐλευθέραν γυναῖκα βιάζηταί τις ἢ παῖδα περὶ τὰ ἀφροδίσια, νηποινὶ τεθνάτω; Xen. Hier. 3,3; SIG 194,10 (= Tod 150). Zur umstrittenen Frage, inwieweit im Begriff νηποινεί die Vorstellung der ποινή im Sinne eines Wergeldes mitschwingt und welche Rückschlüsse dies auf die Rechtspraxis zu drakontischer Zeit zulässt, vgl. Velissaropoulos-Karakostas 1991 und Carawan 1991.

Ἀλλὰ ταῦτα ἐφ' οἷς ἐξεῖναι κτείνειν: Der Plural bezieht sich auf die einzelnen Elemente, die in der Protasis genannt werden (φέροντα ἢ ἄγοντα; βίᾳ; ἀδίκως; εὐθύς; ἀμυνόμενος). Freilich rechtfertigt nicht jedes einzelne dieser Elemente, sondern nur ihr gleichzeitiges Zusammentreffen die Tötung. Zum Infinitiv im Relativsatz vgl. Komm. zu §53 ἐφ' οἷς ἐξεῖναι κτεῖναι.

ἄγοντα ἢ φέροντα: Im Zitat des Gesetzes stellt der Kläger die in dieser Verbindung übliche Wortfolge her. Vgl. Komm. zu §44 ἐλαύνῃ ἢ φέρῃ ἢ ἄγῃ.

κελεύει: Dilts übernimmt Dobrees Tilgung, die durch das Fehlen von κελεύει in der Handschrift T gestützt wird. Das wörtliche Zitat muss nicht zwingend von einem Verb des Sagens begleitet sein. Hier ergibt sich aber durch die Athetese das Problem, dass das Adverb εὖ im folgenden Satz seines Bezugswortes beraubt und vom Hörer eine gedankliche Ergänzung, etwa von γέγραπται, gefordert wird. Zwar könnte gerade dies zu einer ‚Korrektur' durch spätere Bearbeiter geführt haben, doch hätte es dann näher gelegen, das Verb hinter ὡς εὖ zu ergänzen.

Zur Verbindung ὁ νόμος κελεύει vgl. z.B. Aristot. Ath. pol. 53,5 ὁ γὰρ νόμος ... ἄτιμον εἶναι κελεύει.

θεάσασθε πρὸς Διὸς ὡς εὖ: Zur vorweggenommenen Bewertung vgl. Komm. zu §19 σκοπεῖσθε ὡς δίκαια ἐρῶ; zur Anrufung des Zeus vgl. Komm. zu §5 ἐγὼ γοῦν (ὀμνύω τοὺς θεοὺς ἅπαντας) ἀπώκνησ' ἄν, εὖ ἴστε; zu θεάσασθε vgl. Komm. zu §24 θεάσασθε δὴ ... ὡς ἁπλῶς καὶ δικαίως χρήσομαι τῷ λόγῳ.

τὸ "εὐθὺς" ..., τῷ δὲ "ἀμυνόμενος" γράψαι: Durch die Separierung und Einzelerklärung der Begriffe verschwimmt ein wenig, dass im Gesetz durch εὐθὺς ἀμυνόμενος die klassische Notwehrsituation beschrieben wird, nämlich der Moment, in dem der eigene Besitz oder gar die eigene Person akut bedroht sind und die Gewaltanwendung gegen den Angreifer aus einem S e l b s t s c h u t z r e f l e x hervorgeht.

Zu τὸ εὐθὺς vgl. Komm. zu §46 τὸ "πέρα ὅρου".

ἀφεῖλε τὸν τοῦ βουλεύσασθαί τι κακὸν χρόνον: Wörtl. ‚er hat die Zeit weggenommen, einen bösen Plan zu fassen', d.h. der Gesetzgeber hat durch den Zusatz „auf der Stelle" die Möglichkeit ausgeschlossen, dass es sich bei der Tötung um einen von langer Hand vorbereiteten Mord handelt. Dieser Aspekt war offenbar auch bei der Tötung eines Ehebrechers von Bedeutung, wie sich der Verteidigungsstrategie des Euphiletos entnehmen lässt, der gegen den Vorwurf ankämpfen muss, Eratosthenes gezielt in eine Falle gelockt zu haben (Lys. 1,37–46).

τῷ δὲ "ἀμυνόμενος" γράψαι δηλοῖ τῷ πάσχοντι διδοὺς τὴν ἐξουσίαν, οὐκ ἄλλῳ τινί: Die Erklärung trifft nicht ganz den Punkt: Mit ἀμυνόμενος wird das Recht zur Tötung nicht in erster Linie auf eine Person, sondern auf eine Situation, nämlich die der Selbstverteidigung, beschränkt.

Zu τῷ πάσχοντι vgl. Komm. zu §25 ἐπειδήπερ ἡμεῖς τιμωρήσομεν τῷ πεπονθότι; zum asyndetischen Anschluss von οὐκ ἄλλῳ τινί vgl. Komm. zu §48 μὴ μὰ Δί'.

ἀποκτιννύναι: Vgl. Komm. zu §35 ἀποκτιννύναι.

ἁπλῶς: Vgl. Komm. zu §50 ἀλλ' ἁπλῶς.

κἂν ὡς οἱ νόμοι διδόασιν: Zur Formulierung vgl. §50 κἂν ἐφ' οἷς διδόασιν οἱ νόμοι.

Die Handschrift A bietet κἂν δικαίως κἂν ὡς οἱ νόμοι διδόασιν, was von Dilts und anderen zu Recht als Übernahme aus §75 verdächtigt wird. Während dort mit δικαίως auf die vor dem Delphinion verhandelten Fälle Bezug genommen wird, bei denen darüber zu befinden ist, ob der Angeklagte in Übereinstimmung mit dem Gesetz (ἐννόμως, §74) getötet hat, fehlt ein solcher Bezugspunkt an unserer Stelle.

§61

ἀλλὰ νὴ Δία: Die Einleitung einer Hypophora durch (ironisierendes) (ἀλλὰ) νὴ Δία findet sich bei Dem. sehr häufig (vgl. Schol. zu Dem. 24,99 [198b Dilts]: τῷ γὰρ 'νὴ Δία' πανταχοῦ ὁ ῥήτωρ ἐπὶ διασυρμῷ χρῆται), bei den anderen Rednern seltener. Vgl. Wankel zu Dem. 18,101 μνησικακεῖν νὴ Δία (S. 548) und zu 18,117 νὴ Δί' ἀλλ' ἀδίκως ἦρξα (S. 629f.) sowie Rehdantz, Index I s.v. ὑποφορά.

συκοφαντοῦμεν τὸ πρᾶγμα: Zu unterschiedlichen Erklärungen der ursprünglichen Bedeutung des aus σῦκον und φαίνω zusammengesetzten Verbs vgl. LSJ s.v. συκοφάντης fin. Bei den attischen Rednern bezeichnet der stark negativ konnotierte Begriff jede Art von Denunziation, böswilliger Verleumdung und pedantischer Krittelei. Objekt ist in der Regel eine Person; zur selteneren Verbindung mit einer Sache vgl. Dem. 18,192 ... τὴν προαίρεσίν μοι σκόπει τῆς πολιτείας, μὴ τὰ συμβάντα συκοφάντει.

τίνα γὰρ οἴσει ἢ ἄξει βίᾳ ἀδίκως Χαρίδημος: Die Stoßrichtung des vorweggenommenen Einwandes ist die gleiche wie in §58: Die Bedenken des Klägers werden als realitätsfern abgetan.

ἴστε γὰρ δήπου τοῦθ᾽ ὅτι: Diese Formel, die die folgende Aussage vorab für allgemein anerkannt und somit für unanfechtbar erklärt, findet sich bei Dem. „überaus häufig (vor allem in den Reden 19–21 und 23; selten in den Staatsreden: 2,25; 5,20; 8,11.74 ...), bei den übrigen Rednern in dieser Form, mit dem suggestiven δήπου, sehr selten" (Wankel zu 18,249 ἴστε γὰρ δήπου καὶ μέμνησθε [S. 1094f.]). Vgl. allein in unserer Rede §§67, 118, 130, 139, 182. Zu δήπου vgl. Komm. zu §32 δὲ δήπου.

πάντες οἱ στράτευμ᾽ ἔχοντες ... ἄγουσι καὶ φέρουσι χρήματ᾽ αἰτοῦντες: Im Kontext des Gesetzes drängt sich zunächst die Vorstellung von marodierenden Soldaten auf, die auf ihrem Marsch durch Feindesland die Bevölkerung ausplündern. Gerade im 4. Jh. verschärften sich die Schwierigkeiten, das Militär unter Kontrolle zu halten, da an die Stelle der Bürgersoldaten zunehmend aus dem Ausland angeworbene Söldner traten, die sich ausschließlich von materiellen Interessen leiten ließen.
Der Zusatz χρήματ᾽ αἰτοῦντες und der ausdrückliche Bezug auf die Heerführer (οἱ στράτευμ᾽ ἔχοντες) lassen jedoch auch an eine subtilere Form des Raubs denken (vgl. Westermann z.St.): Von der Gewohnheit der Strategen, sich durch die Übernahme von Schutzaufgaben ‚Nebeneinkünfte' zu beschaffen, berichtet Demosthenes 8,24f.: πάντες ὅσοι ποτ᾽ ἐκπεπλεύκασι παρ᾽ ὑμῶν στρατηγοί ... καὶ παρὰ Χίων καὶ παρ᾽ Ἐρυθραίων καὶ παρ᾽ ὧν ἂν ἕκαστοι δύνωνται, τούτων τῶν τὴν Ἀσίαν οἰκούντων λέγω, χρήματα λαμβάνουσιν. ... καὶ διδόασιν οἱ διδόντες οὔτε τὰ μικρὰ οὔτε τὰ πολλὰ ἀντ᾽ οὐδενός (οὐ γὰρ οὕτω μαίνονται), ἀλλ᾽ ὠνούμενοι μὴ ἀδικεῖσθαι τοὺς παρ᾽ αὐτῶν ἐκπλέοντας ἐμπόρους, μὴ συλᾶσθαι, παραπέμπεσθαι τὰ πλοῖα τὰ αὐτῶν, τὰ τοιαῦτα. φασὶ δ᾽ εὐνοίας διδόναι, καὶ τοῦτο τοὔνομ᾽ ἔχει τὰ λήμματα ταῦτα. Der Weg von derartigen ‚Dienstleistungen' zur Erpressung ist nicht weit. Sollte der Kläger auf diese Praktiken anspielen wollen, entfernt er sich allerdings erheblich von der im Gesetz beschriebenen Situation eines Raubüberfalls.

εἶτ᾽ οὐ δεινόν: εἶτα (‚dann') bezeichnet hier nicht die einfache zeitliche Folge (= ‚danach'), sondern die „nicht erwartete, widersprechende Folge" (= ‚und dann, obwohl es sich so verhält'); vgl. KG II 281,6. Zur Einleitung einer rhetorischen Frage in unserer Rede auch §109 und §174; weitere Stellen bei Rehdantz, Index II, s.v. εἶτα, wo der Gebrauch bei Dem. näher beschrieben wird: „... überall schwankt der Ausdruck zwischen Frage und Ausruf, überall mit dem Affekt des Unwillens, daß diese logische Inkonsequenz möglich sei, welche meistens noch durch eine enthymematische Antithese dargelegt ist". Zu δεινόν vgl. Komm. zu §25 δεινὸν.

ὦ γῆ καὶ θεοί: Diese affektvolle Verbindung findet sich häufig im Corpus Demosthenicum (14 Belege); in Kombination mit elliptischem δεινόν auch 18,139, 45,73 und [Dem.] 39,21 (vgl. Wankel zu 18,139 δεινόν μέν, ὦ γῆ καὶ θεοί [S. 755]); bei den übrigen Rednern nur noch (in der erweiterten Form ὦ γῆ καὶ θεοὶ καὶ δαίμονες καὶ ἄνθρωποι) Aischin. 3,137. Aus der Zeit vor Dem. vgl. Soph. El. 67 ὦ πατρῷα γῆ θεοί τ' ἐγχώριοι u. Phil. 1040 ὦ πατρῷα γῆ θεοί τ' ἐπόψιοι.

οὐ μόνον παρὰ τὸν γεγραμμένον νόμον, ἀλλὰ καὶ παρὰ τὸν κοινὸν ἁπάντων ἀνθρώπων: Aristoteles unterscheidet rhet. 1,13. 1373b4–9 zwischen dem ἴδιος νόμος, den die Menschen sich selbst setzen und der entweder ἄγραφος oder γεγραμμένος sein kann, und dem κοινὸς νόμος, der naturgegeben ist und keiner ausdrücklichen Übereinkunft bedarf. An anderer Stelle (rhet. 1,10. 1368b7–9) setzt er jedoch den ἴδιος νόμος mit dem γεγραμμένος νόμος und den κοινὸς νόμος mit dem ἄγραφος νόμος gleich. In diesem komplementären Sinne ist unsere Stelle zu verstehen: Der Antrag widerspricht sowohl dem von Menschen gemachten als auch dem von Natur aus bestehenden Gesetz und damit der Totalität des Rechtsgedankens. Vgl. 18,275 φανήσεται ταῦτα πάντα οὕτως οὐ μόνον τοῖς νόμοις, ἀλλὰ καὶ ἡ φύσις αὐτὴ τοῖς ἀγράφοις νομίμοις καὶ τοῖς ἀνθρωπίνοις ἤθεσιν διώρικεν mit Wankel z.St. (S. 1188f.).

ἐν πολεμίου μοίρᾳ: Die Formulierung tritt hier steigernd an die Stelle von ἀδίκως; die Gleichsetzung des Räubers mit einem Kriegsfeind lässt die Legitimation der Tötung als noch selbstverständlicher erscheinen. Vgl. §56.

ἀμύνεσθαι: A und F (post correctionem) haben den Aorist ἀμύνασθαι, vermutlich beeinflusst durch das scheinbar parallele ἀποκτεῖναι im folgenden Konditionalsatz. Während aber dort die Fokussierung auf den speziellen Fall den Aorist verlangt, ist hier, bei der Formulierung einer allgemeinen Regel, der Präsensstamm gefordert.

εἴ γε: Zu ergänzen ist „(was gegeben ist), wenn ...". Um den Verstoß gegen das Gesetz noch augenfälliger zu machen, schickt der Kläger zunächst die allgemeine Bestimmung voraus (τὸν ἄγοντα ἢ φέροντα ... μὴ ἐξεῖναι ... ἀμύνεσθαι), die sich aus der konkret auf Charidemos bezogenen Bestimmung abstrahieren ließe, wenn (εἴ γε) diese in Kraft träte. Durch γε erhält der Bedingungssatz eine stärkere Betonung („wenn denn", „wenn wirklich"; vgl. LSJ s.v. γε II 3).

ληζόμενος: Das Verb, das hier verstärkend zu ἀδικῶν und βίᾳ tritt, findet sich bei Dem. sonst nur noch in §148 unserer Rede.

§§62: Gesetz 8

Das Gesetz verhängt über denjenigen, der als Amtsträger oder Privatperson diese Satzung aufhebt oder sie verändert, sowie über seine Kinder und seinen Besitz die Atimie.

Der Kläger wirft Aristokrates vor, ohne Respekt vor dem Gesetzgeber, dem offenkundig viel daran gelegen war, dass seine Bestimmungen Bestand haben, genau das zu tun, was das Gesetz verbiete. Denn außerhalb der vorgeschriebenen Gerichtshöfe und der Grenzen, von denen sich der Täter fernzuhalten habe, Strafen zu verhängen und ihn ohne Anhörung auszuliefern, sei nichts anderes als ‚verändern'; in jedem Punkt genau das Gegenteil dessen zu beantragen, was in den Gesetzen geschrieben stehe, sei nichts anderes als ‚aufheben'.

§62

αἴτιος ... συγχυθῆναι: Die Konstruktion von αἴτιος mit dem Infinitiv findet sich sowohl in der älteren Prosa bei Herodot (2,26,1; 3,12,4) als auch noch bei Antiphon (5,23) und Lysias (13,82). Mithin besteht keine Veranlassung, hier und/oder unten, im Zitat des Gesetzes, mit Lambinus τοῦ vor τὸν θεσμὸν zu ergänzen. Zu συγχεῖν, hier in der übertragenen Bedeutung ‚außer Kraft setzen', ‚verletzen' (siehe dazu Komm. zu §49 πάντα συγχεῖς τἀνθρώπινα), vgl. 21,173; 23,71; 24,91.

θεσμὸν: Der Begriff gehört der archaischen Sprache an und wird häufig auf die Gesetze Drakons angewendet; vgl. And. 1,81 τέως δὲ χρῆσθαι τοῖς Σόλωνος νόμοις καὶ τοῖς Δράκοντος θεσμοῖς; 1,83; Aristot. Ath. pol. 4,1;

7,1. An unserer Stelle bezeichnet der Singular nicht ein einzelnes Gesetz, sondern das als Einheit begriffene Corpus (vgl. Weil z.St.).

μεταποιήσῃ: Der einzige weitere Beleg für dieses Verb bei den Rednern findet sich Dem. 18,121 νόμους μεταποιῶν; vgl. Wankel z.St. (S. 653).

ἄτιμον εἶναι: Hansen 1976, 54 definiert die Atimie als „the typical penalty for failure to perform civil duties or abuse of civil rights". Das Spektrum der Vergehen, die mit Atimie geahndet werden, reicht vom Versäumnis, beim Staat geliehenes Geld zurückzuzahlen, über Feigheit vor dem Feind bis hin zum Versuch, die Demokratie zu stürzen (eine detaillierte Auflistung findet sich bei Hansen 1976, 72). Als Bedrohung des Staates wurden auch Eingriffe in das geltende Gesetzeswerk aufgefasst; die Bestrafung erstreckte sich in solchen Fällen, wie bei Bestechung, Unterschlagung und Umsturzversuchen, oft auch auf die Nachkommen der Täter; vgl. Hansen 1976, 73 sowie IG I³ 46, 24–29 ἐ]ὰν δέ τις ἐπιφσεφίζει παρὰ τὲ[ν στέλ]-|[εν ἒ ῥρέ]τορ ἀγορεύει ἒ προσκαλε̃σθα[ι ἐγχερ]-|[εῖ ἀφαι]ρε̃σθαι ἒ λύεν τι τõν hεφσεφι[σμένον], | [ἄτιμον] ἔναι αὐτὸν καὶ παῖδας τὸς ἐχς [ἐκένο] | [καὶ τὰ χ]ρέματα δεμόσια ἔναι καὶ τε̃ς [θεο̃ τὸ ἐ]-|[πιδέκα]τον.

In archaischer Zeit bedeutete die Atimie den umfassenden Verlust der bürgerlichen Rechte; vieles spricht dafür, dass sogar die Tötung eines Atimos straffrei blieb (vgl. Hansen 1976, 75). Für das 4. Jh. ist der Vollzug dieser extremen Form der Ächtung, auch angesichts des sehr unterschiedlichen Schweregrades der Vergehen, die die Atimie nach sich zogen, kaum noch denkbar (vgl. Hansen 1976, 58); gleichwohl waren die Einschränkungen für den Atimos gravierend: Er durfte öffentliche Stätten wie die Agora, die Heiligtümer und die Amtsgebäude nicht betreten und war von der Teilnahme an den Volksversammlungen, von der Ausübung politischer Ämter und von dem Recht, seine Interessen vor Gericht zu vertreten, ausgeschlossen (vgl. Hansen 1976, 61f.).

Der Kläger macht von dem Umstand, dass die von Drakon vorgesehene Bestrafung ursprünglich noch härter war, als sie zu seiner Zeit vollzogen wurde, in seiner Argumentation keinen Gebrauch. Dies stützt Hansens Vermutung, man habe im 4. Jh. den Begriff Atimie, auch in archaischen Gesetzen, nur noch im Sinne der zeitgenössischen Praxis einer ‚milderen' Entrechtung verstanden (vgl. Hansen 1976, 80, der als zusätzlichen Beleg Aristot. Ath. pol. 16,10 anführt, wo als Beweis für die ‚Milde' der früheren Gesetzgebung geltend gemacht wird, dass der Versuch, eine Tyrannis zu errichten, ‚nur' mit der Atimie bestraft wurde).

καὶ παῖδας: Zur Ausweitung der Atimie auf die Nachkommen vgl. neben IG I³ 46, 27 (zitiert oben zu ἄτιμον εἶναι) Hansen 1976, 71f.

Taylors Tilgung von ἀτίμους nach παῖδας wird gestützt durch die Parallele in der lex ap. Dem. 21,113 ἐάν τις Ἀθηναίων λαμβάνῃ παρά τινος ... ἄτιμος ἔστω καὶ παῖδες καὶ τὰ ἐκείνου (zur Frage der Echtheit vgl. MacDowell z.St. [S. 337]).

τὰ ἐκείνου: Sc. ἄτιμα (vgl. Komm. zu §44 ἐπίτιμα). Der Formulierung liegt die Vorstellung zugrunde, dass auch das Eigentum selbst insofern der Atimie verfällt, als es nicht mehr unter dem Schutz des Gesetzes steht und dem ungestraften Zugriff von jedermann ausgesetzt ist (vgl. Hansen 1976, 77f.; MacDowell zu 21,113 [S.337]). Im 4. Jh. dürfte dies gleichbedeutend mit der Konfiszierung des Vermögens durch den Staat gewesen sein, weshalb in jüngeren Gesetzen das Adjektiv δημόσια an die Stelle von ἄτιμα tritt.

Ἠκούσατε μὲν τοῦ νόμου λέγοντος ἄντικρυς: So fast wörtlich auch 37,19 ἀκούετε, ὦ ἄνδρες δικασταί, τοῦ νόμου λέγοντος ἄντικρυς (= 38,18). Trotz der Parallelen ist an unserer Stelle μὲν mit der Mehrzahl der Handschriften gegen A zu halten. Der Kläger hebt wie in §29 mit ἠκούσατε μὲν τοῦ νόμου an, fährt aber nicht mit σκέψασθε δέ, ὅσην πρόνοιαν εἶχε oder Ähnlichem fort, sondern geht zur direkten Frage über, in der die Aufforderung, sich über das Gehörte ein Urteil zu bilden, nur implizit enthalten ist. Diese Inkonzinnität mag zum Wegfall von μὲν in A geführt haben. Zu ἄντικρυς vgl. Komm. zu §28 ἄντικρυς.

μήτε ... μήτ' αὖ: Zu αὖ in bloßer Anreihung vgl. z.B. Isokr. 15,150 μηδὲν δέομαι μήτε κληροῦσθαι τῶν ἀρχῶν μήτε λαμβάνειν, ἃ τοῖς ἄλλοις ἡ πόλις δίδωσιν, μήτ' αὖ φεύγειν δίκας μήτε διώκειν sowie Dem. 48,2. Häufiger bildet das mit οὔτ' αὖ / μήτ' αὖ angeschlossene Glied einen mehr oder weniger ausgeprägten Gegensatz zum voraufgehenden, wie z.B. Eur. Hipp. 1115 δόξα δὲ μήτ' ἀτρεκὴς μήτ' αὖ παράσημος ἐνείη; Aristot. eth. Nic. 9,10. 1170b22f. μήτ' ἄφιλον εἶναι μήτ' αὖ πολύφιλον; mit schwächerer Kontrastierung Plat. Charm. 158e1f. μήτε σὺ ... μήτ' αὖ ἐγώ; Plat. Prot. 338a4; Dem. 27,49.

Ἀριστοκράτης οὑτοσὶ μικρὰ φροντίσας αὐτοῦ μεταποιεῖ καὶ συγχεῖ: Da Aristokrates keine Gesetzesänderung anstrebt, handelt er de iure dem drakontischen Verbot nicht zuwider. Daher kann der Kläger ihm keine persönliche Bestrafung androhen, wie er es etwa in §43 getan hat. Stattdessen bemüht er sich um den Nachweis, dass Aristokrates de facto genau das tut, was das Gesetz untersagt, und versucht ihn zusätzlich zu diskreditieren, indem er dieses Verhalten als Zeichen mangelnden Respekts vor dem hoch angesehenen Gesetzgeber auslegt.

τί γὰρ ἄλλ' ἐστὶν τὸ μεταποιεῖν ... τί δ' ἄλλο τὸ συγχεῖν ἢ ὅταν ...: Da die Unterscheidung zwischen συγχεῖν („aufheben') und μεταποιεῖν („verändern') nur auf direkte Eingriffe in das bestehende Gesetzeswerk sinnvoll anzuwenden ist, Aristokrates einen solchen Eingriff aber gar nicht vornimmt, fällt es dem Kläger merklich schwer, eine klare Trennlinie zwischen beiden Begriffen zu ziehen. Die einzelnen konkreten Verstöße gegen das geltende Recht konstituieren das μεταποιεῖν, die Summe dieser selben Verstöße das συγχεῖν. In der gesprochenen Rede, die dem Zuhörer nicht viel Zeit zur Reflexion lässt, dürfte diese inhaltliche Schwäche aber vollständig vom rhetorischen Effekt überlagert worden sein, der sich aus der Auffächerung von Aristokrates' Fehlverhalten in gleich zwei strafwürdige Vergehen ergibt.

Zum Anschluss mit (ἀλλ') ἢ ὅταν vgl. [Dem.] 25,68 ὁ δ' ἀναιδὴς ἐκ τίνος ὠνομάσθη τῶν ἄλλων ἀλλ' ἢ ὅταν τὰ μήτ' ὄντα μήτ' ἂν γενόμενα, ταῦτα τολμᾷ λέγειν δι' ἀναισχυντίαν ...;

ἔξω τῶν τεταγμένων δικαστηρίων: Dieser Punkt wurde bei der Erläuterung des in §22 zitierten Gesetzes bereits berührt (vgl. bes. §27 παραβὰς τὸ διωρισμένον ἐκ τοῦ νόμου δικαστήριον). Eine ausführliche Darlegung folgt in §§63–81.

ὅρων, ὧν εἴργεσθαι δεῖ: Die Immunität des (verurteilten!) Täters außerhalb bestimmter Gebiete war Gegenstand von §§37–52. Mit εἴργεσθαι greift der Kläger möglicherweise bewusst das Schlüsselwort dieses Abschnitts auf (vgl. §§38, 40, 41, 42, 46), um zu gewährleisten, dass die Zuhörer den richtigen Bezug herstellen. Ein Anstoß, der zur Tilgung des Relativsatzes, wie von Dobree vorgeschlagen, berechtigte, ist nicht zu erkennen.

λόγου τυχεῖν: Vgl. Komm. zu §4 λόγου τυχεῖν.

ἐκδότους ποιῇ: Vgl. Komm. zu §42 τούτους ἐκδότους τις εἶναι γράφει.

ἑξῆς οὑτωσὶ: Zur Wortstellung vgl. Komm. zu §1 ἑτοίμως οὕτως.
ἑξῆς bzw. ἐφεξῆς (,der Reihe nach') nähern sich in Verbindung mit einer Form von πᾶς der Bedeutung ,ohne Ausnahme' an. Vgl. LSJ s.v. ἐφεξῆς II 1 und LSJ Suppl. s.v. ἑξῆς I 1 b sowie Thuk. 7,29,4 τοὺς ἀνθρώπους ἐφόνευον φειδόμενοι οὔτε πρεσβυτέρας οὔτε νεωτέρας ἡλικίας, ἀλλὰ πάντας ἑξῆς, ὅτῳ ἐντύχοιεν, καὶ παῖδας καὶ γυναῖκας κτείνοντες; Xen. hell. 4,6,4 εἶπεν ὡς ... δῃώσει πᾶσαν τὴν γῆν αὐτῶν ἐφεξῆς καὶ παραλείψει οὐδέν und bei Dem. 8,55 (= 10,57) τὴν ... Ἑλλάδα πᾶσαν οὑτωσὶ Φίλιππος ἐφεξῆς ἁρπάζων. 9,69 χρὴ καὶ ναύτην καὶ κυβερνήτην καὶ πάντα ἄνδρα ἑξῆς προθύμους εἶναι; 24,70 τούτων ... οὐδ' ὁτιοῦν οὗτος ἔχων ὁ νόμος φανήσεται, τἀναντία δ' ἑξῆς πάντα.

§§63–81: Die fünf Blutgerichtshöfe

Das gleichförmige, für die Zuhörer womöglich ermüdend wirkende Schema der Verlesung und Kommentierung einzelner Gesetze wird vom Kläger mit einem Exkurs zu den fünf Blutgerichtshöfen durchbrochen, der in seinem mehr erzählenden als argumentierenden Duktus und seinem patriotischen Grundton das Publikum zu entspannen und zu erbauen geeignet ist. Dabei behält der Kläger freilich stets das Ziel im Blick, Aristokrates – nach wie vor auf der Grundlage der maliziösen Interpretation des Antrags als eines Freibriefs zur Selbstjustiz – die Missachtung geltender Rechtsnormen nachzuweisen. Die vermeintlichen ,Verstöße' gegen die an den einzelnen Gerichtshöfen üblichen Verfahrensweisen lassen sich kurz wie folgt zusammenfassen:

– Beim Areopag verhindere die feierliche Vereidigung des Anklägers, dass leichtfertig Beschuldigungen erhoben würden; die Bestrafung des für schuldig befundenen Täters werde nicht dem Ankläger überlassen, sondern sei den staatlichen Behörden vorbehalten; der Täter erhalte die Möglichkeit, sich dem Todesurteil durch freiwilliges Exil zu entziehen. Aristokrates hingegen biete die Gelegenheit zu haltlosen Verleumdungen und gebe den mutmaßlichen Mörder schutzlos der Willkür seiner Verfolger preis.

– Beim Palladion werde der Ankläger ebenfalls vereidigt, der Beklagte erhalte das Recht auf Verteidigung und ein richterliches Urteil; die Strafe sei der Schwere der Schuld angepasst, und es bestehe die Möglichkeit der Vergebung. Nichts davon finde sich im Antrag des Aristokrates.

– Beim Delphinion zeige sich, dass es Tötungsdelikte gebe, die nicht gegen das Gesetz verstießen, also ,gerecht' seien (vgl. dazu Komm. zu §74 δίκαιόν τιν' εἶναι φόνον). Diese Möglichkeit werde von Aristokrates gänzlich unberücksichtigt gelassen.

– Beim Prytaneion werde sogar Gegenständen das Recht auf einen ordentlichen Prozess eingeräumt, während Aristokrates dies einem Menschen, dem es noch viel mehr zustehe, verweigere.

– Die in Phreatto geübte Praxis dokumentiere, dass das Recht auf einen Prozess sogar einschlägig Vorbestraften nicht verwehrt werde, obwohl es dazu komplizierter Vorkehrungen bedürfe. Aristokrates verweigere dieses Recht auch bislang untadeligen Personen ohne Berücksichtigung der Tatumstände.

– Das Verfahren der *Apagōgḗ* unterliege festen Regularien: Der mutmaßliche Mörder werde ins Gefängnis verbracht und erhalte einen ordentlichen Prozess; der Ankläger riskiere im Fall einer haltlosen Beschuldigung eine hohe Geldstrafe. Aristokrates gestatte die Bezichtigung Unschuldiger, überlasse den noch nicht überführten Mörder der Willkür seiner Verfolger und bestrafe zu allem Überfluss auch noch diejenigen ohne vorherigen Prozess, die dieses Unrecht zu verhindern suchten.

§§63–64: Überleitung

Der Kläger bringt die Verlesung der einzelnen Gesetze in Form einer Praeteritio zum Abschluss und leitet gleichzeitig zu einem neuen Abschnitt über: Aristokrates habe gegen viele weitere Gesetze verstoßen, die aufgrund ihrer Menge nicht alle angeführt, sondern zusammenfassend behandelt werden sollen. Sämtliche Anordnungen, die das Verfahren an den Blutgerichtshöfen betreffen, wie die Vorladung, die Anhörung von Zeugen, die Vereidigung der Prozessparteien, habe der Angeklagte übergangen, indem er der Beschuldigung unmittelbar die Festsetzung der Strafe, und noch dazu einer gesetzwidrigen Strafe, habe folgen lassen.

Den theoretisch denkbaren Einwand, die gesetzlichen Bestimmungen seien schlecht und ungerecht, der Antrag des Aristokrates aber gut und gerecht, kontert der Kläger mit der Behauptung des Gegenteils: Nichts sei schlimmer als der Antrag, keine Gerichtsstätte sei ehrwürdiger und gerechter als die der Athener. Die Begründung dieser Behauptung, die der Stadt zur Ehre und den Zuhörern zur Freude gereichen werde, solle von der Verleihung des Bürgerrechts an Charidemos ihren Ausgang nehmen.

Die Ausführungen zu den fünf Gerichtshöfen hätten sich nahtlos an die Behauptung ihrer Vorrangstellung in der Welt anschließen lassen. Indem der Kläger den Umweg über das dem Charidemos verliehene Geschenk des Bürgerrechts wählt, hält er die Geschworenen dazu an, das Folgende auch im Hinblick darauf zu betrachten, welch kostbare Privilegien Charidemos bereits genießt. So schwingt im Lob der eigenen Stadt, die so vorzügliche Einrichtungen zu bieten hat, untergründig die Aussage mit, dass es für Charidemos eine hinreichende Ehre sei, an diesen Einrichtungen partizipieren zu dürfen; und mit dem Stolz auf ihre Stadt sollen die Zuhörer die selbstbewusste Überzeugung verknüpfen, ihm über das Bürgerrecht hinaus keine weitere Gefälligkeit schuldig zu sein.

§63

οὐ ... τούτους μόνον τοὺς νόμους: Zur Platzierung des hervorzuhebenden Begriffs zwischen οὐ und μόνον vgl. auch 19,273 ὑμᾶς ... οὐ καθ' ἕν τι μόνον τοὺς προγόνους μιμουμένους ὀρθῶς ἂν ποιεῖν, ἀλλὰ καὶ κατὰ πάντα ὅσα ἔπραττον ἐφεξῆς sowie 2,31; 6,21; 9,57; 15,13; 16,18; 19,118.276 etc.

παραβέβηκεν: In Verbindung mit νόμον bedeutet παραβαίνειν in der Regel ‚übertreten', ‚verletzen', womit ein klarer Verstoß gegen das Gesetz, also ein strafbares Vergehen bezeichnet wird. Aristokrates kann man allenfalls vorhalten, bei der Formulierung seines Antrags auf die bestehende Rechtslage nicht ausdrücklich Bezug genommen zu haben. Mit der Wahl des Verbs gelingt es dem Kläger, den Sachverhalt durchaus korrekt wiederzugeben – wenn man παραβαίνειν in seiner Grundbedeutung ‚übergehen', ‚unberücksichtigt lassen' versteht –, zugleich aber zu suggerieren, dass sich Aristokrates eines veritablen Gesetzesbruchs schuldig gemacht habe, und somit den Prozessgegner zu kriminalisieren. Gleiches gilt für das Verb ὑπερβαίνειν im folgenden Satz.

παραγεγράμμεθα: Vgl. Komm. zu §51 παρεγραψάμην.

ἐν κεφαλαίῳ: Das κεφάλαιον ist die ‚Hauptsache'; ἐν κεφαλαίῳ zu sprechen bedeutet also, statt längerer Ausführungen das Wesentliche kurz zusammenzufassen; vgl. bei Dem. 8,76; 20,163; 24,5; 32,13.

καλεῖσθαι: Zur prägnanten Bedeutung ‚vor Gericht bringen' vgl. LSJ s.v. καλέω I.4 und z.B. Aristoph. Nub. 1221; Vesp. 1445; Av. 1046.

διόμνυσθαι: διόμνυσθαι bezeichnet im engeren Sinne als juristischer Terminus technicus das Ablegen des Schwures, der vor einem Mordprozess sowohl vom Kläger als auch vom Beklagten zu leisten ist. Für den Areopag und das Palladion ist diese Form der Vereidigung sicher belegt (vgl. §67 und §71 sowie Antiph. 5,11; [Dem.] 47,70; 59,9f.), über das Verfahren bei den anderen Blutgerichtshöfen sind wir nicht unterrichtet (vgl. MacDowell 1963, 92; Vermutungen äußern Bonner/Smith 1968, II 169–171).

Wann die Vereidigung stattfand, ist umstritten. Lipsius 831 nimmt unter Berufung auf Antiph. 5,11 (der Kläger verpflichtet sich, nur zum Thema zu sprechen) und Antiph. 6,14 (die Zuhörer beim Prozess waren Zeugen der Vereidigung) an, dass die Streitparteien unmittelbar vor Beginn der Verhandlung den Schwur leisteten. Carawan 1998, 140–142 hält hingegen die Vereidigung in einem der Vorverfahren (προδικασίαι) für wahrscheinlicher, da man erstens bei der zur Zeremonie gehörenden Schlachtung der Tiere auf bestimmte Tage festgelegt war (vgl. §68), während Mordprozesse, soweit wir wissen, nicht an feste Termine gebunden waren, und da zweitens der gesamte Akt so viel Zeit in Anspruch genommen haben dürfte, dass am selben Tag kaum ein vollständiger Prozess hätte folgen können. Die von Lipsius angeführten Antiphon-Stellen bringt Carawan durch die Annahme einer Wiederholung der Eidesformel unmittelbar vor Beginn der Verhandlung mit seiner Position in Einklang (ähnlich schon Bonner/Smith 1968, II 167–169; ebenfalls den Vorverfahren zugeordnet wird die Diomosie von Thür 1997b, 619).

Der Kläger schwor, dass er als Verwandter zur Klage berechtigt sei ([Dem.] 47,72), dass der Beklagte die ihm zur Last gelegte Tat begangen habe (Lys. 10,11) und dass er nur zur Sache sprechen werde (Antiph. 5,11); der Beklagte schwor, dass er die Tat nicht begangen habe (Antiph. 6,16; Lys. 10,11). Vgl. dazu auch Bonner/Smith 1968, II 166.

Später wurde der Begriff διόμνυσθαι auf die Vereidigung von Zeugen (Lys. 4,4) und auf feierliche Schwüre im Allgemeinen (Dem. 18,286) ausgeweitet; vgl. Bonner/Smith 1968, II 166f. und 165 Anm. 6; Thür 1997b, 619.

πάντας ... καὶ πᾶσιν: Das Polyptoton unterstreicht den Ausdruck der Totalität.

οὐ κλῆσις, {οὐ κρίσις,} οὐ μαρτυρία συνειδότος, οὐ διωμοσία: Die Substantive nehmen die Verben καλεῖσθαι, μαρτυρεῖν und διόμνυσθαι in gleicher Reihenfolge auf. Das nicht in diese Reihe gehörende Element οὐ κρίσις ist mit Reiske als Interpolation zu tilgen, welche durch §36 inspiriert sein könnte: Auch dort wurde Aristokrates vorgeworfen, die Beschuldigung unmittelbar mit der Strafe verknüpft zu haben, ohne das zu berücksichtigen was dazwischen liegt: μέσον γάρ ἐστιν αἰτίας καὶ ἐλέγχου κρίσις, ἣν οὐδαμοῦ γέγραφεν οὗτος ἐν τῷ ψηφίσματι.

ἀπ' αἰτίας εὐθύς: Zu ἀπό in der Bedeutung ‚gleich nach' vgl. Thuk. 3,112,2 ὁ δὲ Δημοσθένης δειπνήσας ἐχώρει ... ἀπὸ ἑσπέρας εὐθύς; 8,27,6; 8,82,3; ohne verstärkendes εὐθύς 4,30,2; 7,29,2; 7,43,2; 8,25,4. Der Übergang von der räumlichen zur zeitlichen Bedeutung lässt sich in der bei Herodot häufigen Verbindung ἀπὸ δείπνου (1,126,3; 1,133,2; 2,78; 5,18,2) nachvollziehen (‚von der Mahlzeit weg' = ‚unmittelbar nach der Mahlzeit'). Völlig in den Hintergrund getreten ist die räumliche Vorstellung Antiph. 1,17, wo ἀπό und μετά austauschbar sind: ἐβουλεύετο ἡ ἄνθρωπος ὅπως ἂν αὐτοῖς τὸ φάρμακον δοίη, πότερα πρὸ δείπνου ἢ ἀπὸ δείπνου. ἔδοξεν οὖν αὐτῇ βουλευομένῃ βέλτιον εἶναι μετὰ δεῖπνον δοῦναι.

καὶ αὕτη: Vgl. Komm. zu §52 καὶ ταύτην.

καίτοι: Die an den Gerichtshöfen auf Grundlage der Gesetze herrschende Praxis wird, den Ausgangspunkt (ὁπόσοι νόμοι ... ὑπερβέβηκε) ringkompositorisch wieder aufnehmend, mit dem Antrag des Aristokrates kontrastiert. καίτοι hat daher adversative Bedeutung; vgl. Denn. GP 556ff. Anders Weil z.St.: „Cette conjonction sert ici à insister sur un nouveau point plutôt qu'à faire une objection."

ἐπὶ πέντε δικαστηρίοις: Die fünf Gerichtshöfe sind der Areopag (§§65–70), das Palladion (§§71–73), das Delphinion (§§74–75), das Prytaneion (§76) und ‚in Phreatto' (§§77–79).

§64

νὴ Δί' ... ἀλλά: Vgl. Komm. zu §61 ἀλλὰ νὴ Δία. Zu der bei den Rednern auf Demosthenes beschränkten Wortfolge νὴ Δί' ἀλλά vgl. 18,117 νὴ Δία ἀλλ' ἀδίκως ἦρξα mit Wankel z.St. (S. 629).

δεινότερον: Vgl. Komm. zu §25 δεινόν.

τῶν πάντων: Vgl. Komm. zu §42 τῶν πάντων.

ἃ καὶ ζῆλόν τινα καὶ τιμὴν φέρει τῇ πόλει ῥηθέντα: ζῆλος hat hier die erstmals bei Hesiod, theog. 384 belegte Bedeutung ‚Ruhm'; bezeichnet wird also nicht der Neid bzw. der Ehrgeiz, sondern der Gegenstand von Neid und Ehrgeiz; vgl. West z.St. und Wankel zu 18,120 (S. 639f.). Wankel bemerkt des weiteren: „In Prosa kommt das Subst. zuerst bei Demokrit und Lysias vor, bei den Rednern mit Ausnahme von D. fast nur in Epitaphien. ... Der gewöhnlichen Stillage gehört es auch bei D. noch nicht an, es kommt dreimal im Epitaphios vor" (S. 640). Neben jenen drei Stellen (60,6.24.33) ist zu ζῆλος im Sinne von ‚Ruhm' noch 18,120.217.273 zu vergleichen, darunter in Verbindung mit τιμή 60,33 und 18,273. Dagegen bezeichnet ζῆλος 22,73 (= 24,181); 23,126 und 24,182 die (positive) politische Ambition, 9,39 den Neid.

ἡδίους ἔσεσθε ἀκούσαντες: Westermann, Weil und Weber erklären den Ausdruck in Analogie zu βελτίων/κρείττων/ἀμείνων εἰμί c. part. (‚es ist besser, dass ich ...'; vgl. KG II 60,9) als gleichbedeutend mit ἥδιον ἔσται ὑμῖν ἀκοῦσαι, wobei der komparativische Sinn weitgehend zurücktritt (vgl. Weils Paraphrase „vous aurez plaisir à l'entendre" und KG II 307 oben). Eine exakte Parallele fehlt allerdings. Der Vergleich mit Plut. Cam. 32,8 (τοῦτο δὴ τότε τῶν ἄλλων ἀπολωλότων ἀνευρόντες διαπεφευγὸς τὴν φθορὰν ἡδίους ἐγένοντο ταῖς ἐλπίσιν ὑπὲρ τῆς Ῥώμης) lässt es auch als möglich erscheinen, ἡδύς direkt auf die Personen zu beziehen.

ἄρξομαι δ' ἐντεῦθεν, ὅθεν μάλιστα μαθήσεσθε: Die Ankündigung, den für das Verständnis der Ausführungen optimalen Ausgangspunkt zu wählen, es den Zuhörern also rücksichtsvollerweise so einfach wie möglich machen zu wollen, ist bei den Rednern geradezu formelhaft; vgl. Dem. 27,3 ὅθεν οὖν ῥᾷστα μαθήσεσθε περὶ αὐτῶν, ἐντεῦθεν ὑμᾶς καὶ ἐγὼ πρῶτον πειράσομαι διδάσκειν; 29,5; 30,5; Isaios 1,8; 10,3; Lys. 13,4; Isokr. 19,4.

ἐπὶ τὴν δωρεὰν ἐπανελθών: Zu ἐπανέρχεσθαι in der Bedeutung ‚(in der Rede) zurückkommen auf' vgl. bei Dem. 18,42.66.102.163.211; 19,315; 21,196.

§§65–70: Der Areopag

Der Kläger leitet vom gewählten Ausgangspunkt zur Vorstellung der einzelnen Gerichtshöfe über: Durch die Verleihung des Bürgerrechts an Charidemos lasse die Stadt ihn an allen Einrichtungen teilhaben, darunter an der für Athen eigentümlichsten und ehrwürdigsten, dem Gericht auf dem

Areopag. Über diese Stätte gebe es sowohl märchenhafte Geschichten als auch historisch verbürgte Fakten zu berichten, von denen ein oder zwei vorgetragen werden sollten, um einen Eindruck zu vermitteln.

In alter Zeit habe sich der Areopag dadurch ausgezeichnet, dass allein hier die Götter bereit waren, gegeneinander vor Gericht zu ziehen und füreinander Recht zu sprechen, wie es der Sage nach in den Prozessen des Poseidon gegen Ares und der Eumeniden gegen Orest geschehen sein soll. Später sei die Zuständigkeit des Areopags für Bluttaten unter allen Regierungsformen unangetastet geblieben; alle seien sich bewusst, dass die Rechtsprinzipien, die man selbst aufstelle, notwendig hinter denen des Areopags zurückblieben. Auch sei der Areopag das einzige Gericht, dessen Urteil von den unterlegenen Parteien nie als ungerecht erwiesen wurde.

Durch die Umgehung des Areopags und der dort verhängten rechtmäßigen Strafen habe der Antragsteller Charidemos die Erlaubnis erteilt, zu Lebzeiten zu tun, was er wolle, und seinen Angehörigen im Falle seines Todes die Gelegenheit gegeben, falsche Beschuldigungen zu erheben. Vor dem Areopag als der vom Gesetz für Mordprozesse vorgesehenen Instanz leiste nämlich der Kläger einen Eid bei der Strafe der Auslöschung seiner selbst und seiner Familie, und das nicht auf irgendeine beliebige Weise, sondern unter Berührung der Opferstücke eines Ebers, eines Widders und eines Stieres, die unter strenger Wahrung der religiösen Bestimmungen geschlachtet wurden. Die Prüfung seiner Glaubwürdigkeit erübrige sich dadurch nicht; werde er als Lügner entlarvt, hätten er und seine Familie die Folgen des Meineids zu tragen. Werde hingegen der Angeklagte des Mordes überführt, erhalte der Kläger gleichwohl nicht das Recht, ihn zu bestrafen, sondern dies obliege den Gesetzen und den dafür zuständigen Beamten. Dem Kläger bleibe die Genugtuung, die Strafe vollzogen zu sehen. Für den Angeklagten gelte hinsichtlich der Vereidigung dasselbe wie für den Kläger. Ihm stehe es aber frei, nach seiner ersten Rede vor Gericht das Land zu verlassen, woran ihn niemand hindern dürfe. Diese Praxis gehe darauf zurück, dass diejenigen, die zu Beginn die Rechtsnormen konstituierten (seien es Heroen oder seien es Götter gewesen), das Leid der unglücklichen Straftäter im Rahmen des Zulässigen zu erleichtern suchten.

All dies habe Aristokrates missachtet, denn nichts davon finde sich in seinem Antrag.

§65

καὶ ἱερῶν καὶ ὁσίων καὶ νομίμων καὶ πάντων ὅσων περ αὐτοῖς μέτεστιν ἡμῖν: Zu καὶ ἱερῶν καὶ ὁσίων vgl. Komm. zu §40 καὶ ὁσίων καὶ ἱερῶν; zur summarischen Zusammenfassung der Einzelbegriffe am Ende einer Aufzählung vgl. 23,79 ὅπως λόγου καὶ κρίσεως καὶ πάντων ὁπόσ᾽ ἐστὶ δίκαια τεύξονται; 23,85; 18,86,148; 21,92 (Westermann).

πολλὰ μὲν ... ἓν δ᾽ οὖν: Zu den Charakteristika der Partikelkombination δ᾽ οὖν (im Kontrast zu δὲ δή) vgl. Denn. GP 460: „(1) In δ᾽ οὖν, δέ almost always, I think, has some contrasting force, and is hardly ever purely copulative, as sometimes in δὲ δή ... (2) Whereas δή added to δέ merely sharpens a contrast or stresses an addition, οὖν marks the opposed idea as essential." So wird hier die Aufmerksamkeit auf das für die vorausgegangene allgemeine Aussage besonders repräsentative Einzelbeispiel gelenkt; ähnlich Dem. 22,13 οἶον πολλὰ μὲν ἄν τις ἔχοι λέγειν καὶ παλαιὰ καὶ καινά· ἃ δ᾽ οὖν πᾶσιν μάλιστα ἀκοῦσαι γνώριμα ...

τὸ ἐν Ἀρείῳ πάγῳ δικαστήριον: Der nach seiner Versammlungsstätte auf dem Areshügel benannte Rat der Areopagiten setzte sich aus ehemaligen Archonten zusammen, die nach Prüfung ihrer Amtsführung dem Gremium auf Lebenszeit angehörten (Aristot. Ath. pol. 3,6; 60,3; Plut. Sol. 19,1). Schätzungen zufolge umfasste der Rat etwa 150, überwiegend ältere, Mitglieder (Hansen 1995, 300). Ursprünglich hatte der Areopag weitreichende politische Kontrollfunktionen (vgl. Aristot. Ath. pol. 8,4, wo er als ἐπίσκοπος τῆς πολιτείας bezeichnet wird), die 462 durch die Reformen des Ephialtes radikal beschnitten wurden (Aristot. Ath. pol. 25,2). Unter der Herrschaft der Dreißig wurde der Areopag vorübergehend in seine alten Rechte eingesetzt (Aristot. Ath. pol. 35,2), die er nach der Wiederherstellung der Demokratie abermals verlor. Im Verlaufe des 4. Jhs. erhielten die Areopagiten durch die Einführung neuer Rechtsverfahren wieder größere Machtbefugnisse (Hansen 1995, 301f.). Nie aber wurde dem Areopag die Zuständigkeit für die Verhandlung von Tötungsdelikten entzogen (vgl. §66). Die Richter genossen höchstes Ansehen, was damit zusammenhängen mag, dass sie, anders als die Geschworenen an den übrigen Gerichtshöfen, als ehemalige Archonten allesamt über Erfahrungen in der Administration verfügten und als Amtsträger auf Lebenszeit in ihrer Urteilsfindung von der Gunst des Volkes unabhängig waren. Auch ist, obwohl die relativ wenigen Mitglieder des Gremiums in der Stadt bekannt waren, nicht ein einziger Fall von Bestechlichkeit bezeugt; vgl. MacDowell 1963, 41f.

ὑπὲρ οὗ ... ὅσα περὶ: Zum Wechsel von ὑπέρ und περί vgl. Komm. zu §1 ὑπὲρ ... περὶ.

παραδεδομένα καὶ μυθώδη: Das Begriffspaar bildet den Gegensatz zu ὧν αὐτοὶ μάρτυρές ἐσμεν (‚tradierte Erzählung' vs. ‚selbst erlebte Wirklichkeit'). Als Bezeichnung für etwas, das zwar durch seine gefällige Form den Geschmack der Menge trifft, aber nicht Gegenstand seriöser Beschäftigung sein sollte, hat μυθώδης oft einen abschätzigen Beiklang; vgl. z.B. Thuk. 1,21,1; 1,22,4; Isokr. 2,48; 4,28; 12,1.237. Der Kläger lässt eine gewisse Distanz zu derartigen Erzählungen indirekt dadurch erkennen, dass er sich wiederholt auf das bloße Hörensagen beruft (§66 ὡς ἡμῖν ἀκούειν παραδέδοται; ibd. ὡς λόγος).

ὧν αὐτοὶ μάρτυρές ἐσμεν: Vgl. Komm. zu §66 οὐχὶ τύραννος, οὐκ ὀλιγαρχία, οὐ δημοκρατία.

ὡσπερεὶ δείγματος ἕνεκ': Ein δεῖγμα ist etwas, das man als Probe vorzeigt, z.B. auf dem Markt; vgl. Isokr. 15,54, der angesichts der beschränkten Redezeit nicht sein gesamtes Werk zum Vortrag bringen kann und deshalb eine repräsentative ‚Kostprobe' geben will: ὥσπερ δὲ τῶν καρπῶν ἐξενεγκεῖν ἑκάστου δεῖγμα πειράσομαι.

§66

τὰ παλαιά: Für die adverbiale Verwendung ist sonst nur der Singular τὸ παλαιόν belegt (vgl. z.B. Hdt. 1,171,2; Plat. Krat. 401c8; Lykurg. 61). Westermann möchte daher sowohl τὰ παλαιά als auch τὰ ὕστερον als Nominative verstehen, zu denen ταῦτά ἐστιν gedanklich zu ergänzen sei; „ἐν μόνῳ usw. giebt zu τὰ παλαιά den Inhalt, gerade wie unten τοῦτο μόνον usw. zu τὰ ὕστερον". Es stellt sich dann aber die Frage, warum Dem. anstelle des sehr umständlichen τοῦτο μὲν τοίνυν τὰ παλαιά (sc. ταῦτά ἐστιν) nicht gleich τὰ μὲν τοίνυν παλαιά (sc. τάδ' ἐστίν) geschrieben hat. Auch fügt sich die Gliederung durch knappe Schlagwörter nicht recht in den erzählenden Duktus der Passage. Eher ist also τὰ παλαιά adverbial aufzufassen; vgl. τἀρχαῖα in §39 mit Komm. z.St. und Thuk. 3,55,1, wo der Akk. der Beziehung gewissermaßen auf der Schwelle zum Übergang in einen adverbialen Akkusativ steht: καὶ τὰ μὲν παλαιὰ καὶ μέγιστα τοιοῦτοι ἠξιώσαμεν εἶναι, πολέμιοι δὲ ἐγενόμεθα ὕστερον.

δίκας φόνου θεοὶ καὶ δοῦναι καὶ λαβεῖν ἠξίωσαν καὶ δικασταὶ γενέσθαι διενεχθεῖσιν ἀλλήλοις: Die Formulierung umschreibt die umfassende Akzeptanz des Areopags durch die Götter, die sich sowohl in der Rolle einer Prozesspartei dem Urteil unterwerfen als auch in der Rolle der Richter das Urteil fällen. Als Beleg für beides hätte die Klage Poseidons gegen Ares genügt, über die ebenfalls Götter entschieden. Um aber beide Areopagprozesse mit göttlicher Beteiligung erwähnen zu können, spaltet der Redner die Beweisführung in zwei Komponenten auf: Der Prozess gegen Ares dient als Beispiel für Götter als Kläger und Beklagte, der Prozess gegen Orest dient als Beispiel für Götter als Richter.

Zu δίκας καὶ δοῦναι καὶ λαβεῖν in der Bedeutung ‚einen Prozess führen' vgl. Hdt. 5,83,1 ... Αἰγινῆται Ἐπιδαυρίων ἤκουον τά τε ἄλλα καὶ δίκας διαβαίνοντες ἐς Ἐπίδαυρον ἐδίδοσάν τε καὶ ἐλάμβανον παρ' ἀλλήλων οἱ Αἰγινῆται.

θεοί: Abweichend vom Deutschen steht im Griechischen kein Artikel, wenn (ohne weitere Bestimmung oder Begrenzung) die Gattung bezeichnet wird; vgl. KG I 589 und z.B. Dem. 18,153 ἐπέσχον ἐκεῖνοι ... θεῶν τινὸς εὐνοίᾳ πρὸς ὑμᾶς.

ὡς λόγος: Vgl. Komm. zu §65 παραδεδομένα καὶ μυθώδη. Ebenfalls im Zusammenhang mit Göttersagen findet sich der Einschub Plat. Krat. 396b7; symp. 196d2; Kritias 120d8.

λαβεῖν μὲν ... οἱ δώδεκα θεοί: Beide Prozesse nennt exemplarisch auch Paus. 1,28,5. Vgl. ferner Hellanikos, FGrHist 4 F 169, der die mythologischen Verhandlungen vor dem Areopag in eine zeitliche Reihenfolge bringt und zwischen den ersten Prozess gegen Ares und den letzten gegen Orest die Klagen des Kephalos wegen Prokris und des Daidalos wegen Thalos einordnet.

Das Lob des Areopags sollte Demosthenes etwa dreißig Jahre später einholen. Mit exakt den beiden hier angeführten Beispielen wird er, vermutlich nicht zufällig, in der von Deinarch für seine Ankläger verfassten Rede konfrontiert, als er sich im sogenannten Harpalos-Prozess vor der Heliaia gegen den Vorwurf der Bestechlichkeit zu verteidigen hat (323 v.Chr.). Er selbst hatte zuvor angeregt, den Areopag mit einer Untersuchung des Falles zu betrauen, und wollte sogar die Todesstrafe auf sich nehmen, sollte er überführt werden (vgl. Dein. 1,1). Sechs Monate später veröffentlichte der Areopag eine Liste derer, die Geschenke von Harpalos empfangen hatten. Auf dieser Liste fand sich auch der Name des Demosthenes. Deinarch ruft nun die Geschworenen (und indirekt den Demosthenes) dazu auf, das Urteil des Areopags so zu respektieren, wie es auch die Götter taten: κρίσ⌈εως⌉ Ποσειδῶν ἀποτυχὼν τῆς ὑπὲρ Ἁλιρροθίου πρὸς Ἄρη γενομένης ἐνέμεινεν· ⟨ἐνέμειναν⟩ αὐταὶ αἱ σεμναὶ θεαὶ τῇ πρὸς Ὀρέστην ἐν τούτῳ τῷ συνεδρίῳ κρίσει γενομένῃ καὶ τῇ τούτου ἀληθείᾳ συνοίκους ἑαυτὰς εἰς τὸν λοιπὸν χρόνον κατέστησαν. ὑμεῖς δὲ τί ποιήσεθ᾽ οἱ πάντων εἶναι φάσκοντες εὐσεβέστατοι; τὴν τοῦ συνεδρίου γνώμην ἄκυρον καταστήσετε τῇ Δημοσθένους ἐπακολουθήσαντες πονηρίᾳ; οὐκ, ἐὰν σωφρονῆτ᾽, ὦ Ἀθηναῖοι. (Dein. 1,87)

λαβεῖν μὲν Ποσειδῶν ὑπὲρ Ἁλιρροθίου τοῦ υἱοῦ παρὰ Ἄρεως: Halirrhothios, Sohn des Poseidon und der Euryte, wurde von Ares getötet, weil er sich an dessen Tochter Alkippe vergriffen hatte (Apollod. 3,14,2; Paus. 1,21,4). Poseidon klagte Ares des Mordes an, und zur Gerichtsverhandlung versammelten sich die zwölf olympischen Götter (Apollod. ibd.) auf dem Hügel westlich der Akropolis, der, so eine Version der Sage, seitdem Areshügel, Ἄρειος πάγος, heißt (Paus. 1,28,5; Eur. El. 1258; zu alternativen Erklärungen des Namens vgl. Wachsmuth 1895, 627). Der Prozess endete mit dem Freispruch des Ares (Apollod. ibd.; Dein. 1,87).

Mit (δίκας) λαβεῖν wird der Gesamtbegriff δίκας καὶ δοῦναι καὶ λαβεῖν aus der Perspektive des Klägers aufgegriffen.

Ποσειδῶν ... οἱ δώδεκα θεοί: Die Handschriften überliefern einhellig den Nominativ οἱ δώδεκα θεοί; in Y ist ein Apostroph nach dem ν von Ποσειδῶν zu erkennen; A hat die alternative Akkusativform Ποσειδῶ (vgl. Aristoph. Lys. 1165). Blass schreibt nach dem Zitat bei Hermogenes Ποσειδῶν᾽ ... τοὺς δώδεκα θεούς, was Dilts in seine Ausgabe aufnimmt. Die Infinitive wären damit von ὡς λόγος abhängig zu denken, was eine sachliche Schwierigkeit mit sich bringt: Da der Aorist λαβεῖν kaum ingressiv verstanden werden kann, muss er eine vollendete Handlung bezeichnen. Ares wurde aber freigesprochen, d.h. Poseidon hat das Erwirken einer Bestrafung eben n i c h t erfolgreich zum Abschluss gebracht. Die Überlieferung sollte also gehalten werden. Die Infinitive hängen dann von ἠξίωσαν ab, und als Objekt einer auf einen konkreten Einzelfall bezogenen Willensäußerung ist der Aorist λαβεῖν ohne Anstoß.

δικάσαι δ᾽ Εὐμενίσιν καὶ Ὀρέστῃ οἱ δώδεκα θεοί: Bei Aischylos sind die Richter im Prozess gegen Orest nicht die zwölf olympischen Götter, sondern von Athene ausgewählte Bürger der Stadt (vgl. Eum. 487). Es dürfte sich hierbei aber um eine Neuerung des Aischylos gegenüber der Tradition handeln (vgl. Lesky 1939, 982). Eur. Or. 1650ff. sind es Götter, die das Urteil fällen (... θεοὶ δέ σοι δίκης βραβῆς / πάγοισιν ἐν Ἀρείοισιν εὐσεβεστάτην / ψῆφον διοίσουσ', ἔνθα νικῆσαί σε χρῆ), und auch Eur. El. 1258–1266 scheint, wie im Prozess gegen Ares, eine Jury aus Göttern vorausgesetzt zu werden. Dass Orest von Göttern freigesprochen wurde, wird für die Argumentation noch einmal in §74 nutzbar gemacht: Da das göttliche Urteil als unfehlbar zu gelten hat, ist auch die aus diesem Urteil abgeleitete Gesetzgebung über jeden Zweifel erhaben – und derjenige, der wie Aristokrates dagegen verstößt, eindeutig im Unrecht.

Zu δικάζειν mit dem Dativ der Person(en), über die gerichtet wird, vgl. z.B. Dem. 19,335.

τὰ δ' ὕστερον: τὰ δέ korrespondiert sowohl, in seiner adverbialen Funktion, mit τοῦτο μὲν (Z. 20; zur Abwandlung des zweiten Gliedes vgl. KG II 265 Anm. 2), als auch, in der Form, mit dem näher stehenden τὰ μέν.

οὐχὶ τύραννος, οὐκ ὀλιγαρχία, οὐ δημοκρατία: Die Tyrannenherrschaft in Athen fand mit der Flucht des Peisistratiden Hippias im Jahr 510 v.Chr. ihr Ende. Die kurzen Phasen der Oligarchie in den Jahren 411 und 404/03 liegen zur Abfassungszeit der Rede immerhin auch schon länger als ein halbes Jahrhundert zurück. Die Anwesenden sind also nicht alle im strengen Wortsinn ‚Zeugen' (μάρτυρες) dieser Ereignisse, sondern insoweit, als sie noch direkten Kontakt zu Zeitzeugen haben oder hatten.

Dilts schreibt mit Y οὐ statt οὐχὶ im ersten Glied; warum dieser Lesart gegen die Mehrheit der Handschriften der Vorzug gebühren sollte, will aber nicht recht einleuchten. Wohl finden wir in mit Negation eingeleiteten anaphorischen Reihungen bei Dem. überwiegend οὐ(κ/χ), für οὐχί im ersten Glied gibt es aber durchaus Parallelen: vgl. 8,64 οὐχὶ Φωκέας, οὐ Πύλας, οὐχὶ τὰ ἐπὶ Θρᾴκης ...; (= 10,65) und 36,53 οὐχὶ Τιμομάχου κατηγόρεις; οὐχὶ (οὐ F) Καλλίππου τοῦ νῦν ὄντος ἐν Σικελίᾳ; οὐ πάλιν Μένωνος; οὐκ Αὐτοκλέους; οὐ Τιμοθέου; οὐκ ἄλλων πολλῶν; Zu dem im Vergleich mit anderen Rednern häufigen Gebrauch der Form οὐχί bei Dem. vgl. Hajdú 2002 zu 10,65 (S. 410).

ἀσθενέστερον ... τὸ δίκαιον εὑρεῖν: Als etwas, das von Menschen gefunden werden und mehr oder weniger ‚Kraft', d.h. Autorität, haben kann, meint τὸ δίκαιον hier nicht das objektiv Gerechte, sondern das Recht, wie es sich in der jeweiligen Gesetzgebung bzw. Rechtsprechung manifestiert.

Die Ansicht, den Areopag durch keine andere Institution adäquat ersetzen zu können, dürfte in der Tat allgemeiner Konsens gewesen sein; vgl. die Äußerungen höchster Wertschätzung bei Lykurg. 12 (zitiert unten zu οὐδεὶς ... ἐξήλεγξεν ὡς ἀδίκως ἐδικάσθη τὰ κριθέντα); Xen. mem. 3,5,20; Aischin. 1,92.

ἐνταυθοῖ: Zu den Konjekturen ἐνταυθὶ (Weil) und ἐνταῦθα (Dindorf) vgl. Komm. zu §51 ἐνταυθοῖ.

οὐδεὶς ... ἐξήλεγξεν ὡς ἀδίκως ἐδικάσθη τὰ κριθέντα: Ein ähnliches Indiz für die hohe Akzeptanz, die die Urteile des Areopags genossen, führt Lykurg. 12 an: ... τὸ ἐν Ἀρείῳ πάγῳ συνέδριον, ὃ τοσοῦτον διαφέρει τῶν ἄλλων δικαστηρίων ὥστε καὶ παρ' αὐτοῖς ὁμολογεῖσθαι τοῖς ἁλισκομένοις δικαίαν ποιεῖσθαι τὴν κρίσιν.

Bei ἐξελέγχειν in der Bedeutung ‚darlegen', ‚beweisen' schwingt häufig die Vorstellung mit, dass durch die Beweisführung eine andere Position (hier das Urteil des Areopags) widerlegt wird. So z.B., durch den Objektsakkusativ verdeutlicht, Plat. Gorg. 482b2–4 ἢ οὖν ἐκείνην (sc. τὴν φιλοσοφίαν) ἐξέλεγχον ... ὡς οὐ τὸ ἀδικεῖν ἐστιν καὶ ἀδικοῦντα δίκην μὴ διδόναι ἁπάντων ἔσχατον κακῶν („refute her by proving that ...", Dodds z.St.).

§67

ταύτην ... τὴν φυλακὴν: Der Areopag garantiert die Wahrung des bestehenden Rechts (vgl. Vince: „this safeguard of justice") und, wie der Kläger im Folgenden ausführt, ganz konkret den Schutz der Bürger vor falschen Anschuldigungen und gesetzwidriger Bestrafung.

ζῶντι μὲν ἐξουσίαν γέγραφεν τῷ Χαριδήμῳ ποιεῖν ὅ τι ἂν βούληται: Die Aussage ist stark überspitzt. Sie benennt nicht den Inhalt des Antrags, sondern die mittelbare Wirkung, die sich, gemäß der vorangegangenen Argumentation des Klägers, daraus ergeben könnte: Da dem potenziellen Mörder des Charidemos von Aristokrates, anders als vom Gesetzgeber, selbst dann keine Straffreiheit zugestanden wird, wenn er zum Zwecke der Verteidigung seiner Angehörigen oder seines Besitzes handelt (vgl. §57 und §61), mag das Risiko für Charidemos, direkt bei der Verübung eines Verbrechens getötet zu werden, gemindert sein. Der Antrag hindert aber niemanden daran, Charidemos durch eine Anzeige auf dem Rechtsweg seiner Strafe zuzuführen. Dieser ist also durchaus nicht, wie der Kläger suggeriert, dem Zugriff des Gesetzes vollständig entzogen, so dass er tun könnte, „was immer er will".

Zu ἐξουσίαν γράφειν/διδόναι mit dem bloßen Infinitiv (statt mit dem Genitiv des substantivierten Infinitivs wie in §15) vgl. KG II 6,2; zum Fehlen des Artikels in formelhaften Wendungen vgl. KG I 604 (c); zu beidem [Dem.] 13,17 καὶ ψηφίζεσθαι καὶ ἄλλο ὅ τι ἂν βούλησθε ποιεῖν ὑμῖν ἐξουσίαν καὶ ἄδειαν παρασκευάσουσιν.

παθόντος δέ τι: Vgl. Komm. zu §7 ἄν τι πάθῃ.

τοῖς οἰκείοις: Wie andere Privatklagen durfte auch eine Mordanklage (δίκη φόνου) allem Anschein nach ausschließlich von den persönlich Betroffenen, in diesem Fall von den nächsten Verwandten des Opfers, erhoben werden; vgl. neben Lipsius 243 u. 600 die ausführliche Diskussion der Frage bei Gagarin 1979, der die Initiative der Verwandten zumindest als den Regelfall und somit als „legal expectation" betrachtet.

συκοφαντίαν δέδωκεν: „has given them an *opportunity for chicane*" (LSJ s.v. συκοφαντία). Folgender Gedankengang des Klägers liegt zugrunde: Da der Antrag keinen Prozess vor dem Areopag vorschreibt und somit die durch die Selbstverfluchungsformel bekräftigte Vereidigung der Prozessparteien auf die Wahrheit entfällt, können die Angehörigen nach Belieben falsche Beschuldigungen erheben, ohne Konsequenzen fürchten zu müssen.

Zu συκοφαντία vgl. Komm. zu §61 συκοφαντοῦμεν τὸ πρᾶγμα.

σκέψασθε γὰρ οὑτωσί: Vgl. z.B. 10,37; 18,48.300; 19,53.257.278; 22,60; 57,33 sowie Wankel zu 18,48 (S. 333): „Diese kurzen, syntaktisch verselbständigten Aufforderungen zur Betrachtung (Überlegung) des Folgenden (ohne ὅτι-Satz, abhängigem Fragesatz) sind bei D. besonders häufig und Element seines lebhaften Stils. ... bei anderen Rednern selten und fast immer, im Gegensatz zu D., mit Anrede, was die Aufforderung verbindlicher macht."

ἴστε δήπου τοῦθ' ἅπαντες, ὅτι: Vgl. Komm. zu §61 ἴστε γὰρ δήπου τοῦθ' ὅτι.

ὅτι ἐν Ἀρείῳ πάγῳ, οὗ: Zur Häufung der Kürzen vgl. Komm. zu §32 ὅτι ὁ μὲν ἀπάγων. Der Hiat ist am Kolonende zulässig; vgl. Blass, AB 101 und 122.

οὗ δίδωσιν ὁ νόμος καὶ κελεύει: Anstelle eines σχῆμα κατ᾽ ἄρσιν καὶ θέσιν (οὐ μόνον δίδωσιν, ἀλλὰ καὶ κελεύει), wird hier der steigernde Begriff schlecht beigeordnet. Vgl. Denn. GP 291f. („καί with a sense of climax").

διομεῖται: Vgl. Komm. zu §63 διόμνυσθαι. Zum Futur hier und im Folgenden vgl. KG I 171,3: „... bei Anführung eines allgemeinen Gedankens, einer Sentenz ... findet sich zuweilen das Futur gebraucht, jedoch nur dann, wenn zugleich eine Hinweisung auf die Zukunft ausgedrückt werden soll" und Antiph. 6,4 καὶ ἄν τις κτείνῃ τινὰ ... τὸ θεῖον δεδιὼς ἁγνεύει τε ἑαυτὸν καὶ ἀφέξεται ὧν εἴρηται ἐν τῷ νόμῳ. Die Schilderung des üblichen Ablaufs gewinnt durch die Wahl des Tempus an Konkretheit und damit an Lebendigkeit („Stellt euch vor, jemand klagt vor dem Areopag: Dann wird – wie immer – Folgendes passieren.").

κατ᾽ ἐξωλείας αὑτοῦ καὶ γένους καὶ οἰκίας: Zum Wortlaut der Selbstverfluchungsformel bei der Diomosie vgl. Antiph. 5,11 τοῦτο δὲ δέον διομόσασθαι ὅρκον τὸν μέγιστον καὶ ἰσχυρότατον, ἐξώλειαν σαυτῷ καὶ γένει καὶ οἰκίᾳ τῇ σῇ ἐπαρώμενον und [Dem.] 59,10 διομοσάμενος ὡς ἔκτεινεν Ἀπολλόδωρος τὴν γυναῖκα αὐτοχειρίᾳ, ἐξώλειαν αὑτῷ καὶ γένει καὶ οἰκίᾳ ἐπαρασάμενος. Zu κατά c. gen. in Schwurformeln vgl. KG I 476: Der Eid wird gesprochen, „indem der Schwörende die Hand herabsenkt auf das Opfertier, das er beim Schwure berührt". Vgl. bei Dem. 21,119 ὤμνυε ... κατ᾽ ἐξωλείας μηδὲν εἰρηκέναι περὶ αὐτοῦ φλαῦρον; 21,121; 54,40; 57,22.

ὅ τινα αἰτιώμενος εἰργάσθαι τι τοιοῦτον: Den Eid müssen beide Prozessparteien leisten (vgl. §69 τῷ δὲ φεύγοντι τὰ μὲν τῆς διωμοσίας ταὐτά). Es wird hier zunächst nur der Ankläger in den Blick genommen, um zu begründen, inwiefern Aristokrates durch die Umgehung des Areopags falschen Beschuldigungen Vorschub leistet.

§68

εἶτ᾽: Zum fehlenden δέ vgl. Komm. zu §40 πρῶτον μὲν ... εἶτα.

τὸν τυχόντα τρόπον τοῦτο ποιήσει: Die Handschriften bieten τὸν τυχόντα τιν᾽ ὅρκον τοῦτο (τοῦτον F) ποιήσει, was so nicht zu halten ist. (Westermanns Erklärung „τοῦτο ποιήσει = διομεῖται, wovon τὸν ὅρκον abhängt" scheitert daran, dass die Position des Objekts, die τὸν ὅρκον in Abhängigkeit von διομεῖται einnehmen kann, bei τοῦτο ποιήσει bereits besetzt ist; anders verhält es sich bei den von Westermann angeführten Parallelen Dem. 20,126 und Thuk. 2,49,5.) Butcher tilgt τοῦτο ποιήσει; Korrekturbedarf besteht aber auch bei der kaum akzeptablen Kombination von Artikel und Indefinitpronomen (τὸν ... τινα). Dilts übernimmt daher zu Recht Bernards Konjektur τρόπον für τιν᾽ ὅρκον, die auch mit dem Folgenden besser harmoniert als der überlieferte Text: Nicht der Eid an sich ist einzigartig, sondern die Umstände, unter denen er abgelegt wird. Die Verschreibung zu ὅρκον konnte im gegebenen Zusammenhang leicht unterlaufen.

Zu τὸν τυχόντα vgl. Komm. zu §43 τὸ τυχόν.

ὃν οὐδεὶς ὄμνυσιν ὑπὲρ οὐδενὸς ἄλλου: Die Ausnahmestellung von Mordprozessen hebt auch Antiph. 5,88 hervor: Die Modalitäten unterschieden sich deshalb so sehr von denen anderer Verfahren, weil es in diesen Fällen von besonderer Wichtigkeit sei, einerseits dem Opfer durch ein richtiges Urteil Genugtuung zu verschaffen und sich andererseits nicht durch einen irrtümlichen Schuldspruch gegen Götter und Gesetze zu verfehlen: αὐτῶν δὲ τούτων ἕνεκα οἵ τε νόμοι καὶ αἱ διωμοσίαι καὶ τὰ τόμια καὶ αἱ προρρήσεις, καὶ τἆλλα ὁπόσα γίγνεται τῶν δικῶν ἕνεκα τοῦ φόνου, πολὺ διαφέροντά ἐστιν ἢ καὶ ἐπὶ τοῖς ἄλλοις, ὅτι καὶ αὐτὰ τὰ πράγματα, περὶ ὧν οἱ κίνδυνοι, περὶ πλείστου ἐστὶν ὀρθῶς γιγνώσκεσθαι· ὀρθῶς μὲν γὰρ γνωσθέντα τιμωρία ἐστὶ τῷ ἀδικηθέντι, φονέα δὲ τὸν μὴ αἴτιον ψηφισθῆναι ἁμαρτία καὶ ἀσέβειά ἐστιν εἴς τε τοὺς θεοὺς καὶ εἰς τοὺς νόμους.

στὰς ἐπὶ τῶν τομίων κάπρου καὶ κριοῦ καὶ ταύρου: Nach Stengel 1910, 78–85 handelt es sich bei den τόμια um die Geschlechtsteile der männlichen Opfertiere, auf die der Schwörende mit nackten Füßen tritt (vgl. auch Stengel 1914, 95). Dabei verweise die Kastration der Tiere auf die Auslöschung der Familie des Schwörenden im Falle eines Meineids (Burkert 2011, 378; Scharff 2016, 63). Der Gedanke, dass das Ritual seine Außergewöhnlichkeit auch aus der speziellen Beschaffenheit der Opferstücke bezog, ist attraktiv, ein eindeutiger Beleg für diese Theorie fehlt jedoch. τόμια sind von der Wortbedeutung her durch Schneiden (τέμνειν) entstandene Stücke, wobei sowohl an Z e r schneiden als auch an A b schneiden (vgl. ὁ τομίας: ‚der Kastrierte') gedacht werden kann. Andere halten daher die τόμια schlicht für die einzelnen Stücke des geschlachteten und zerlegten Opfertiers; vgl. Casabona 1966, 220–225; Harris 2018, 54 Anm. 109.

Zur Formulierung ἵστασθαι ἐπὶ τῶν τομίων vgl. Dion. Hal. ant. 5,1,3; 7,50,1; Paus. 3,20,9; zum Schwur auf τόμια Aristoph. Lys. 186; Aristot. Ath. pol. 55,5; Aischin. 2,87; Paus. 4,15,8; 5,24,9.11.

Zur Opferung von Eber, Widder und Stier, der sog. Trittoia, bei Vereidigungszeremonien vgl. Schol. Hom. Il. 19,197a πρὸς δὲ τὰ ὅρκια τρισὶν ἐχρῶντο Ἀττικοὶ κάπρῳ κριῷ ταύρῳ und Xen. an. 2,2,9 ταῦτα δὲ ὤμοσαν σφάξαντες ταῦρον [add. καὶ λύκον (λῦκον E) C₂ cet.] καὶ κάπρον καὶ κριόν sowie Ziehen 1939b, 328–330. Die Trias von Eber, Widder und Stier findet sich in der röm. Religion beim apotreptischen Ritus der Suovetaurilia wieder.

καὶ τούτων: Vgl. Komm. zu §52 καὶ ταύτην.

ἐν αἷς ἡμέραις: Zur Umstellung des Bezugsworts in den Relativsatz vgl. KG II 416ff. und z.B. Plat. Prot. 318d1–2 Ἱπποκράτης ὅδε Πρωταγόρᾳ συγγενόμενος, ᾗ ἂν αὐτῷ ἡμέρᾳ συγγένηται, βελτίων ἄπεισι γενόμενος.

ἐκ τοῦ χρόνου καὶ ἐκ τῶν μεταχειριζομένων: Die beiden Glieder des Relativsatzes werden chiastisch aufgenommen. Zur übertragenen Verwendung von ἐκ i.S.v. ‚von ... her gesehen', ‚was ... betrifft' findet sich bei LSJ s.v. keine exakte Parallele.

τὴν ἐπιορκίαν ἀπενεγκάμενος τοῖς αὑτοῦ παισὶν καὶ τῷ γένει: Ganz ähnlich 15,220 καὶ μὴ ... ὑπὲρ ὧν οὗτοι δεδωροδοκήκασιν ὑμεῖς τὴν ἀρὰν καὶ τὴν ἐπιορκίαν οἴκαδ' εἰσενέγκασθε (ἀπενέγκασθε FY, was angesichts unserer Parallelstelle vielleicht zu bevorzugen wäre). Die Folgen des Meineids erstrecken sich auf die ganze Familie, sei es, dass sie zusammen mit dem Meineidigen, sei es, dass sie an seiner Statt bestraft wird; vgl. die Selbstverfluchungsformel sowie Lykurg. 79 τοὺς δὲ θεοὺς οὔτ' ἂν ἐπιορκήσας τις λάθοι οὔτ' ἂν ἐκφύγοι τὴν ἀπ' αὐτῶν τιμωρίαν, ἀλλ' εἰ μὴ αὐτός, οἱ παῖδές γε καὶ τὸ γένος ἅπαν τὸ τοῦ ἐπιορκήσαντος μεγάλοις ἀτυχήμασι περιπίπτει (Westermann); Hes. erg. 282–285; Thgn. 200ff. (vgl. Solon, frg. 13, 29–32 West).

Zu ἀποφέρεσθαι ‚für sich davontragen', ‚heimtragen' vgl. Eur. Phoen. 1161f. (über den vor Theben gefallenen Sohn der Atalante) οὐδ' ἀποίσεται βίον / τῇ καλλιτόξῳ μητρὶ Μαινάλου κόρῃ. In Verbindung mit ἐπιορκίαν hat das Verb eine bittere Note. Zum prägnanten Gebrauch von ἐπιορκία (‚Schuld/Schande des Meineids') vgl. KG I 13,6.

πλέον οὐδ' ὁτιοῦν ἕξει: Der Kläger führt die Konsequenzen des Meineids nicht explizit aus, sondern begnügt sich mit einer Litotes, die durch das Echo der Selbstverfluchungsformel (τοῖς αὑτοῦ παισὶν καὶ τῷ γένει) einen hinreichend finsteren Klang erhält.

Die emphatische Verbindung οὐδ' ὁτιοῦν findet sich im Corpus Demosthenicum überdurchschnittlich häufig: 78 Belegen (davon allein 12 in der *Aristocratea*) stehen zwei Belege bei Isaios (8,23; 11,28), einer bei Deinarch (1,35; vielleicht eine bewusste Imitation) und jeweils kein einziger bei Lysias, Isokrates und Aischines gegenüber.

§69

οὐδ' οὕτω κύριος γίγνεται τοῦ ἁλόντος, ἀλλ' ἐκείνου ... οἱ νόμοι κύριοι κολάσαι: οὕτω nimmt epanaleptisch die in der Protasis formulierte Bedingung wieder auf („auch unter diesen Umständen'); vgl. 18,199; 21,117. 169; 22,44; 29,2; 37,8 und Wankel zu 18,199 (S. 932) mit weiteren Belegen bei den attischen Rednern.

Zur Konstruktion ἐκείνου οἱ νόμοι κύριοι κολάσαι (anstelle von οἱ νόμοι κύριοι ἐκεῖνον κολάσαι) vgl. KG II 575: „Wenn in Einem Satze neben dem Verbum *finitum* auch das Verbum *infinitum* steht, so konstruiren [sic!] die Griechen häufig das Substantiv, das der Rektion des Verbi *infiniti* unterworfen sein sollte, mit dem Verbum *finitum*" sowie 19,137 ἐπύθετ' αὐτὸν τεθνεῶτα καὶ οὐδὲ τοῦ ζῆν ὄντα κύριον αὐτῷ βεβαιῶσαι u. 23,209 τῷ κυρίῳ τῶν φόρων γενομένῳ τάξαι Ἀριστείδῃ. (Paulsen 1999 zu 19,137 [S. 170] erklärt die Konstruktion unter Verweis auf Shilleto und Weil anders: Der Genitiv hänge direkt von κύριος ab, der Infinitiv sei konsekutiv – ὥστε c. inf. entsprechend – aufzufassen.)

Zum Gedanken und zur Formulierung vgl. §32 διαφέρει τὸν νόμον κύριον τῆς τιμωρίας ἢ τὸν ἐχθρὸν γίγνεσθαι.

οἷς προστέτακται: Den Verurteilten im Gefängnis zu bewachen und ihn der Hinrichtung zuzuführen war Aufgabe der Elfmänner; vgl. Lipsius 75 und Aristot. Ath. pol. 52,1.

τῷ δὲ ἐπιδεῖν διδόντα δίκην ἔξεστιν ... τὸν ἁλόντα: Das Rachebedürfnis des Klägers wird dadurch befriedigt, dass er sich von der rechtmäßigen Bestrafung des Täters überzeugen kann (nicht aber dadurch, dass er selbst die Strafe vollzieht).

Im Vergleich zum Simplex drückt das Kompositum ἐπιδεῖν eine größere persönliche Anteilnahme des Betrachters aus (,dabei zusehen', ,miterleben'); vgl. LSJ s.v. ἐπεῖδον sowie Dem. 18,205; Lys. 18,5; Isokr. 4,96. Die auffällige Wortstellung dürfte dem Bestreben geschuldet sein, den Gleichklang διδόντα – ἁλόντα zu meiden. Zum kühnen Umgang des Demosthenes mit Hyperbata vgl. Komm. zu §4 τι ... ἀγαθόν.

πέρα δ' οὐδὲν τούτου: Die Trennung der Präposition von ihrem Substantiv ist in der Prosa nur in bestimmten Fällen üblich, etwa dann, wenn Partikeln, Adverbien, darunter das fast adverbial verwendete οἶμαι, oder attributive Bestimmungen eingeschoben werden; vgl. KG I 552ff. und im Corpus Demosthenicum z.B. Dem. 21,139 πρὸς ἔτι ἕτεροι τούτοις; [Dem.] 48,15 χιλίας δραχμὰς χωρίς που κειμένας τοῦ ἄλλου ἀργυρίου (Westermann) sowie unten, §70 παρ' ἑνὸς τούτου δικαστηρίου καὶ τοὺς γεγραμμένους νόμους ...

τὰ ... τῆς διωμοσίας: Zur Umschreibung eines Begriffs durch den neutralen Artikel und den Genitiv vgl. Komm. zu §58 τὸ μὲν τοῦ μέλλοντος ἔσεσθαι.

τὸν πρότερον δ' ἔξεστιν εἰπόντα λόγον μεταστῆναι: Zu dieser Möglichkeit vgl. auch Antiph. 5,13 und 4,4,1. Bei der Verhandlung von Tötungsdelikten hielten die Prozessparteien jeweils zwei Reden in der Reihenfolge Kläger – Beklagter – Kläger – Beklagter (vgl. die antiphontischen Tetralogien). Der Angeklagte hatte nach seiner ersten Rede also auch schon eine Rede des Klägers gehört und musste auf dieser Grundlage abwägen: Hielt er seine Verurteilung für wahrscheinlich, war das Exil im Vergleich zur Todesstrafe die günstigere Alternative; durch die Flucht brachte sich der Angeklagte aber um die Chance auf einen Freispruch. Wollte er sich diese Chance erhalten, musste er sich dem Urteilsspruch der Richter ausliefern und damit das Risiko auf sich nehmen, dass ihn statt der Freiheit der Tod erwartete; für eine Flucht war es n a c h der Urteilsverkündung zu spät. Vgl. dazu MacDowell 1963, 114f., der treffend bemerkt: „The system contained a large element of gambling" (115).

§70

οἱ ταῦτ' ἐξ ἀρχῆς τὰ νόμιμα διαθέντες: Zu διατιθέναι von der Konstituierung einer bestimmten Ordnung durch höhere Mächte vgl. Xen. mem.

2,1,27 ᾗπερ οἱ θεοὶ διέθεσαν τὰ ὄντα, διηγήσομαι μετ' ἀληθείας. Zu ἐξ ἀρχῆς vgl. Komm. zu §54 ἐξ ἀρχῆς.

οὐκ ἐπέθεντο τοῖς ἀτυχήσασιν, ἀλλ' ἀνθρωπίνως ἐπεκούφισαν … τὰς συμφοράς: Mit ἀτυχήσασιν übernimmt Dilts Weils Korrektur für das in den Handschriften und dem Papyrus P.Rain III 47 (4./5. Jh.) überlieferte ἀτυχήμασιν, das in der Tat schwer zu halten ist. Die bei LSJ s.v. ἐπιτίθημι B.III.2 auf der Grundlage der Überlieferung gegebene Erklärung „ἐ. … τοῖς ἀτυχήμασι … take advantage of them" ist nicht nur inhaltlich (inwiefern sollten die Götter von menschlichem Unglück profitieren?), sondern auch sprachlich problematisch. Als einzige Parallele für diese Bedeutung des Verbs wird Isokr. 2,3 angeführt, wo Isokrates als einen von mehreren Faktoren, die zur Erziehung der gewöhnlichen Menschen (im Unterschied zu Herrschern) beitragen, die offene Kritik von Freunden und Feinden nennt: τὸ φανερῶς ἐξεῖναι τοῖς τε φίλοις ἐπιπλῆξαι καὶ τοῖς ἐχθροῖς ἐπιθέσθαι ταῖς ἀλλήλων ἁμαρτίαις. ταῖς ἁμαρτίαις ist gemeinsames Objekt von ἐπιπλῆξαι und ἐπιθέσθαι, und bei beiden Handlungen liegt der Nutzen nicht auf der Seite der Kritiker, sondern des Kritisierten, der, auf seine Fehler aufmerksam gemacht, diese künftig vermeiden kann. ἐπιπλῆξαι bezeichnet dabei die den Freunden, ἐπιθέσθαι die den Feinden gemäße Form der Kritik (‚tadeln' – ‚attackieren'). Näher kommt der eigentlichen Wortbedeutung ‚attackieren', ‚über … herfallen' die Übersetzung von Vince: „they … did not treat evil fortune with severity", die jedoch verschleiert, dass das logische Objekt des Angriffs nicht die Sache, sondern die Person ist. Die minimale Korrektur zu ἀτυχήσασιν bringt daher eine deutliche Verbesserung: Die Götter fallen nicht (rachsüchtig) über die, denen eine Verfehlung unterlaufen ist, her, sondern lindern deren Unglück, soweit dies angesichts des Vergehens vertretbar ist. Mit der Korrektur erübrigt sich auch die Überlegung, ob τὰς συμφοράς als redundante Wiederholung von ἀτυχήμασιν mit Rosenberg zu tilgen ist.

Zu ἀτυχήσασιν vgl. Komm. zu §39 τοῖς ἀτυχοῦσιν … τῶν ἀτυχημάτων und Komm. zu §42 τῆς συγγνώμης … τοῖς ἀτυχοῦσιν. Zu ἐπικουφίζειν mit dem Akkusativ der Sache, die jemanden bedrückt, vgl. Xen. Kyr. 1,6,25 ἐπικουφίζει τι ἡ τιμὴ τοὺς πόνους τῷ ἄρχοντι.

Während der Kläger die Rechtspraxis, dem Angeklagten die Flucht zu ermöglichen, auf die von höheren Mächten erlassenen Gebote der Menschlichkeit zurückführt, um Aristokrates auch den Verstoß gegen die ungeschriebenen Gesetze vorwerfen zu können, vermutet MacDowell 1963,115 ein pragmatischeres Motiv: Der Ursprung dieser Praxis liege nicht „in a humane belief that a guilty man should be allowed to choose exile in place

of death, but in the fact that it was not practicable in early times for the law to pursue a man beyond the boundaries of the state, or else possibly in the belief that the state was not polluted by a man who had left it". Der ersten Erklärung ist entgegenzuhalten, dass man den Mörder, wenn auch nicht über die Landesgrenzen verfolgen, so doch immerhin an der Flucht hätte hindern können. Relevanter dürfte der zweite Punkt gewesen sein: Die Polisgemeinschaft musste sich sowohl aus Gründen der religiösen Reinheit als auch der persönlichen Sicherheit des Mörders entledigen, und dieses Ziel wird durch lebenslange Verbannung ebenso erreicht wie durch die physische Vernichtung.

εἰς ὅσον εἶχε καλῶς: wörtl. ‚bis zu dem Grad, bis zu welchem es sich gut verhielt'; d.h. die Menschlichkeit hat ihre Grenze dort, wo sie mit der Gerechtigkeit, die für jedes Vergehen eine angemessene Buße fordert, kollidiert.

ταῦτα μέντοι: Zu μέντοι vgl. Denn. GP 407f.: „Marking a new stage in the march of thought. In particular, μέντοι often follows a demonstrative at the opening of a sentence which expresses the importance or relevance of someone or something mentioned in the previous sentence."

νομίμως: Vgl. Komm. zu §37 ὄψεσθε γὰρ ὡς ἅπαντ' εὐλαβῶς διώρισε καὶ νομίμως.

παραβεβηκώς: Vgl. Komm. zu §63 παραβέβηκεν.

οὐδ' ὁτιοῦν: Vgl. Komm. zu §68 πλέον οὐδ' ὁτιοῦν ἕξει.

παρ' ἑνὸς τούτου δικαστηρίου καὶ {παρὰ} τοὺς γεγραμμένους νόμους καὶ ⟨τὰ⟩ ἄγραφα νόμιμα τὸ ψήφισμα εἴρηται: Zwischen die Präposition παρά und die von ihr regierten Akkusative (τοὺς γεγραμμένους νόμους und ⟨τὰ⟩ ἄγραφα νόμιμα) tritt ein von diesen Akkusativen abhängiger Genitiv, der sich aus Subjekt (τούτου) und Prädikat (ἑνὸς δικαστηρίου) zusammensetzt (zur Trennung der Präposition von ihrem Bezugswort vgl. Komm. zu §69 πέρα δ' οὐδὲν τούτου). Diese komplizierte Struktur hat in der Überlieferung Spuren der Verwirrung hinterlassen. In A ist der Artikel zu δικαστηρίου ergänzt, wodurch τούτου τοῦ δικαστηρίου zum Subjekt wird (vgl. KG I 628f. Anm. 6a). Inhaltlich ändert sich dadurch nichts, die Variante ohne Artikel ist aber als lectio difficilior vorzuziehen. Eine simplere Syntax ist auch in F mit dem Akkusativ παρ' ἓν τοῦτο δικαστήριον (δικαστηρίου Fᶜ) und, in unvollständiger Ausführung, in Y mit παρ' ἑνὸς τοῦτο τὸ δικαστήριον hergestellt.

Sämtliche Handschriften wiederholen παρά vor τοὺς γεγραμμένους νόμους, was in F und Y entbehrlich, in A und S sprachlich unmöglich und daher mit Reiske zu tilgen ist. Der Fehler geht offenbar der Spaltung der Handschriften in τούτου δικαστηρίου und τοῦτο δικαστήριον voraus. Wenn im ursprünglichen Text, wie wir vermuten, der Genitiv stand, lässt sich der Fehler als Korrekturversuch eines Schreibers erklären, der den Genitiv fälschlich von παρά abhängig machte und dann die Präposition vor dem Akkusativ vermisste. Denkbar wäre auch, dass eine in margine notierte ‚Lesehilfe', die die Zugehörigkeit von παρά zu den Akkusativen erklärte, als Anweisung, παρά im Text zu ergänzen, fehlinterpretiert wurde.

Dilts übernimmt Reiskes Ergänzung von τά vor ἄγραφα. Der überlieferte Text wird verteidigt von Westermann, unter Verweis auf Dem. 2,9 τὰ χωρία καὶ λιμένας καὶ τὰ τοιαῦτα προειληφέναι und Lykurg. 141 τοῖς ὑμετέροις αὐτῶν παισὶν καὶ γυναιξίν. Nach KG I 611 kann der Artikel bei Gliedern einer Aufzählung fehlen, wenn „die einzelnen Begriffe als zu einer **Gesamtvorstellung** verbunden betrachtet" werden. Mit einer solchen Auffassung steht jedoch an unserer Stelle die Verbindung der beiden Glieder durch καί ... καί im Widerspruch, die gerade die Selbstständigkeit der einzelnen Begriffe hervorhebt; vgl. KG II 249. (Kein Gegenbeweis ist Plat. Gorg. 469e4–6 καὶ τά γε Ἀθηναίων νεώρια καὶ τριήρεις [αἱ τριήρεις Schäfer; in der Ausgabe von Burnet versehentlich nicht als Konjektur ausgewiesen] καὶ τὰ πλοῖα πάντα καὶ τὰ δημόσια καὶ τὰ ἴδια, da dort καί ... καί nicht νεώρια und τριήρεις, sondern den **Gesamt**begriff τὰ νεώρια καὶ τριήρεις mit den folgenden, jeweils durch den Artikel als selbstständig markierten Gliedern verbindet; vgl. Dodds z.St. sowie KG I 612).

Zu den ἄγραφα νόμιμα vgl. Komm. zu §61 οὐ μόνον παρὰ τὸν γεγραμμένον νόμον, ἀλλὰ καὶ παρὰ τὸν κοινὸν ἁπάντων ἀνθρώπων.

§§71–73: Der Gerichtshof beim Palladion

Als einen weiteren Gerichtshof, so der Kläger, habe der Antragsteller den beim Palladion, zuständig für Fälle unabsichtlicher Tötung, übergangen. Auch dort seien bestimmte Elemente des Verfahrens, wie Vereidigung, Anhörung und richterliches Urteil, vorgeschrieben, die im Antrag keinerlei Erwähnung fänden. Werde der Angeklagte schuldig gesprochen, bestimme über das weitere Vorgehen nicht der Kläger, sondern das Gesetz. Als Strafe für unabsichtliche Tötung sehe das Gesetz vor, dass der Verurteilte innerhalb einer festgelegten Zeit auf einem festgelegten Weg das Land verlasse und so lange in der Verbannung lebe, bis ihn einer der Familienangehörigen des Opfers begnadige. Dann sei ihm die Rückkehr unter der Bedingung erlaubt, dass er sich den vorgeschriebenen Reinigungsritualen unterziehe. All diese Bestimmungen, die Veranschlagung einer geringeren Strafe für unabsichtliche Tötung als für absichtlichen Mord, die Zusicherung freien Geleits für den Verbannten, die Anordnung ritueller Reinigung und die Regelung des gesamten Verfahrens durch die Gesetze, seien gut und gerecht – und sie alle habe der Antragsteller missachtet.

§71

Δεύτερον δ' ἕτερον: Zu ἕτερος bei Zahlwörtern vgl. LSJ s.v. I.4.b und [Dem.] 58,6 ἔστι δὲ ταῦτα (sc. die gesetzliche Regelung bei Anklagen) ... ἐὰν ἐπεξιών τις μὴ μεταλάβῃ τὸ πέμπτον μέρος τῶν ψήφων χιλίας ἀποτίνειν, κἂν μὴ ἐπεξίῃ γ' ... χιλίας ἑτέρας.

συγχέων: Vgl. Komm. zu §49 πάντα συγχεῖς τἀνθρώπινα.

τὸ ἐπὶ Παλλαδίῳ: Unter dem Namen Palladion ist inschriftlich sowohl ein Tempel der Athena (IG I³ 369,73.90) als auch des Zeus (IG II² 1096, 3177, 5055) bezeugt. Ob es sich um zwei benachbarte oder um ein örtlich vereinigtes Gebäude handelte, ist nicht geklärt. Der Bericht des Kleidemos (FGrHist 323 F 18 = Plut. Thes. 27,3–5) legt nahe, dass sich das Palladion außerhalb der Stadtmauern im hügeligen Gebiet westlich des Stadions befand (vgl. Judeich 1905, 421). Die Mordprozesse wurden nicht innerhalb des Tempels, sondern, wie beim Areopag, unter freiem Himmel beim Palladion abgehalten, weshalb die Gerichtsstätte ἐπὶ Παλλαδίῳ heißt (vgl. MacDowell 1963, 58).

Paus. 1,28,8–9 berichtet, dass der erste Prozess beim Palladion gegen Demophon geführt worden sei: Auf dem Heimweg aus Troja seien Diomedes und seine Gefährten in der falschen Annahme, es handle sich um feindliches Gebiet, bei Phaleron in Attika angelandet, dort von Demophon, der sie für fremde Eindringlinge hielt, angegriffen und des aus Troja entführten Palladions beraubt worden. In den Wirren des nächtlichen Gefechts habe Demophon versehentlich einen Athener durch die Tritte seines Pferdes tödlich verletzt und sich dann wegen dieses Delikts vor dem Gerichtshof beim Palladion verantworten müssen. Vgl. zu dieser Sage auch den

Komm. zu §72 ἕν τισιν εἰρημένοις χρόνοις ἀπελθεῖν τακτὴν ὁδόν. Eine leicht abweichende Version bietet Pollux 8,118f.

Beim Palladion wurden nicht nur Fälle unbeabsichtigter Tötung verhandelt, sondern auch die Planung eines Mordes sowie Tötungsdelikte an Sklaven, Metöken und Fremden; vgl. Aristot. Ath. pol. 57,3 τῶν δ' ἀκουσίων καὶ βουλεύσεως κἂν οἰκέτην ἀποκτείνηι τις ἢ μέτοικον ἢ ξένον οἱ ἐπὶ Πα[λ]λαδίωι.

τοὺς παρὰ τούτῳ νόμους παραβαίνων: Vgl. Komm. zu §63 παραβέβηκεν.

γνῶσις τοῦ δικαστηρίου: Derselbe Ausdruck findet sich bei Dem. 18,224; 24,78 sowie [Dem.] 25,28; γνῶσις bedeutet jeweils ‚Entscheidung' (18,224 sollte daher bei LSJ s.v. γνῶσις nicht unter I.1 „*inquiry, investigation*", sondern unter I.2 „*result of investigation, decision*" eingeordnet werden). Die Verwendung des Substantivs im juristischen Sinne ist bei den übrigen Rednern selten; vgl. Wankel zu 18,224 (S. 1019).

ὧν οὐδέν ἐστιν ἐν τῷ τούτου ψηφίσματι: Vgl. §70 ἓν γὰρ οὐδ' ὁτιοῦν ἔνι τούτων ἐν τῷ ψηφίσματι τῷ τούτου.

οὔθ' ὁ διώκων τοῦ δεδρακότος κύριος ...: Vgl. §69 οὐδ' οὕτως κύριος γίγνεται τοῦ ἁλόντος ...

§72

ἁλόντα ἐπ' ἀκουσίῳ φόνῳ: Zum Präpositionalausdruck anstelle des üblicheren Genitivs (wie z.B. Dem. 37,59) bei Verben des gerichtlichen Verfahrens vgl. KG I 382 Anm. 11.

ἕν τισιν εἰρημένοις χρόνοις ἀπελθεῖν τακτὴν ὁδόν: Dazu MacDowell 1963, 121: „... we have no evidence to show what the period and the route were, nor even whether they were the same in every instance." Eine bedenkenswerte Theorie zur τακτὴ ὁδός entwickelt Walter Burkert: Um sich von der Blutschuld zu reinigen, habe Demophon (siehe oben, Komm. zu §71 τὸ ἐπὶ Παλλαδίῳ) das Palladion nach Phaleron ans Meer gebracht, es dort gewaschen und es dann in den für Athena errichteten Tempel zurückgeführt (vgl. Schol. Patm. Dem. 23,71 τὸ Παλλάδιον τὸ ἐκ Τροίας κεκομισμένον ὑπὸ τῶν Ἀργείων τῶν περὶ Διομήδην λαβὼν ὁ Δημοφῶν καὶ καταγαγὼν ἐπὶ θάλαττον καὶ ἁγνίσας διὰ τοὺς φόνους ἱδρύσατο ἐν τούτῳ τῷ τόπῳ). Dieses Ritual sei alljährlich von den Epheben wiederholt worden, und auf demselben Weg, den das Bild beim Prozessionszug nach Phaleron nahm, habe sich auch der vom Gericht beim Palladion Verurteilte in die Verbannung begeben müssen (Burkert 1970, 367f. und 2011, 127).

αἰδέσηταί τις: αἰδεῖσθαι ist hier juristischer Terminus technicus für das Erbarmen, das die Familienangehörigen des Opfers dem Täter entgegenbringen und das zu seiner Begnadigung führt. Zum Begriff vgl. Dem. 37,59 (= 38,22) καὶ τοῦθ' οὕτω τὸ δίκαιον ἐν πᾶσιν ἰσχύει, ὥστ', ἐὰν ἑλών τις ἀκουσίου φόνου καὶ σαφῶς ἐπιδείξας μὴ καθαρόν, μέτα ταῦτ' αἰδέσηται καὶ ἀφῇ, οὐκέτ' ἐκβαλεῖν κύριος τὸν αὐτόν ἐστιν.

Einhellig überliefert ist αἰδέσηταί τινα, was möglicherweise auf die Korrektur eines Schreibers zurückgeht, der mit dem terminologischen Gebrauch von αἰδεῖσθαι nicht vertraut war und das Verb nur in der geläufigeren Bedeutung ‚Scheu/Ehrfurcht empfinden' kannte. Ihm mochte es sachlich abwegig erschienen sein, dass die Scheu auf Seiten der Opfer, und nicht des Täters, liegen sollte. Die einfachste Emendation ist die Änderung von τινα zu τις (Lambinus). Weitergehende Eingriffe, wie sie von Dilts (αἰδέσηταί τις αὐτὸν) oder Blass (αἰδεσθῇ παρὰ) erwogen wurden, sind nicht zwingend erforderlich.

τῶν ἐν γένει: Diese Umschreibung für συγγενεῖς ist abgesehen von Dem. 57,28 (60,7 heißt γένος in derselben Wendung eher ‚Volk' als ‚Familie') in der Prosa ungebräuchlich; vgl. aber Soph. OT 1430f. τοῖς ἐν γένει γὰρ τἀγγεννῆ μάλισθ' ὁρᾶν / μόνοις τ' ἀκούειν εὐσεβῶς ἔχει κακά.

τοῦ πεπονθότος: Vgl. Komm. zu §25 ἐπειδήπερ ἡμεῖς τιμωρήσομεν τῷ πεπονθότι.

ἥκειν: Zur prägnanten Bedeutung ‚(aus dem Exil) zurückkehren' vgl. LSJ s.v. I.3, And. 2,13 πυθόμενοι δέ τινές με ἥκοντα τῶν τετρακοσίων ἐζήτουν τε παραχρῆμα καὶ λαβόντες ἤγαγον εἰς τὴν βουλήν sowie die Kritik des aristophanischen Euripides am redundanten Stil des Aischylos Ran. 1156f. "ἥκω γὰρ εἰς γῆν" φησι "καὶ κατέρχομαι" / ἥκειν δὲ ταὐτόν ἐστι τῷ "κατέρχομαι".

ἔστιν ὃν τρόπον: ‚auf gewisse Weise'; ἔστιν in Kombination mit einem Relativpronomen (KG II 403f.) bzw. einem relativen Adverb (KG II 405

Anm. 9) wird so sehr als feste Formel empfunden, dass es ohne Rücksicht auf die Syntax wie das jeweils entsprechende Indefinitpronomen bzw. indefinite Adverb gebraucht werden kann. Vgl. z.B. Plat. Alk. II 143c1–3 εἴ γε μὴ προσθείημεν τὴν ἔστιν ὧν τε ἄγνοιαν (= τὴν ἄγνοιάν τινων) καὶ ἔστιν οἷς (= τισι) καὶ ἔχουσί πως ἀγαθόν, ὥσπερ ἐκείνοις κακόν.

ὃν ἂν τύχῃ: Zu τυγχάνω ohne Partizip vgl. Komm. zu §58 τάχ᾽ ἄν, εἰ τύχοι.

ἄττα: Diese Form von τινά, mit der sich eine Häufung von Kürzen vermeiden lässt, findet sich im Corpus Demosthenicum [Dem.] 35,31; [Dem.] 45,13 (ἄλλ᾽ ἄττα); 3,32; [Dem.] 13,25 (ὁποῖ᾽ ἄττα); 22,8; 55,19 (ἕτερ᾽ ἄττα) und 37,33 (πόλλ᾽ ἄττα).

διείρηκεν: Vgl. Dem. 20,28 μηδένα εἶναι τριηραρχίας ἀτελῆ διείρηκεν (διῄρηκεν Ft^c) ὁ νόμος und 20,29 μὴ διειρῆσθαι (SFY : διῃρῆσθαι A) δὲ ὅτου ἀτελῆ. Die Stellen stützen sich gegenseitig, so dass Dobrees Korrektur zu διῄρηκεν nicht notwendig ist. Einhellig überliefert ist das Verb in ganz ähnlichem Kontext zudem Plat. leg. 809d7–e1 ταῦτα οὔπω σοι πάντα ἱκανῶς ... παρὰ τοῦ νομοθέτου διείρηται, 813a1 u.ö.

§73

καὶ γάρ: Vgl. Komm. zu §43 καὶ γάρ.

τὸ ... τάξαι ..., τὸ ... προστάττειν ...: Für die Möglichkeit, einen substantivierten Infinitiv durch eine Fülle von Ergänzungen zu einem komplexen syntaktischen Gebilde anwachsen zu lassen, bietet der Stil des Demosthenes besonders kühne Beispiele; vgl. KG II 38 und, mit extrem weiter Sperrung von Artikel und zugehörigem Infinitiv, 19,55 τὸ γὰρ πρὸς ἄνδρα θνητὸν καὶ διὰ καιρούς τινας ἰσχύοντα γράφοντας εἰρήνην ἀθάνατον συνθέσθαι τὴν κατὰ τῆς πόλεως αἰσχύνην.

ἀσφάλειαν ἀπελθεῖν: Zum bloßen Infinitiv in Abhängigkeit von ἀσφάλεια vgl. Xen. Kyr. 7,4,5 ... ἀσφάλειαν ἐργάζεσθαι ... τὴν γῆν.

οὕτω: Zur Aufnahme eines Partizipialausdrucks durch οὕτω vgl. KG II 83 Anm. 5 und bei Dem. 18,7 ... παρασχὼν αὑτὸν ἴσον καὶ κοινὸν ἀμφοτέροις ἀκροατὴν οὕτω τὴν διάγνωσιν ποιήσεται περὶ ἁπάντων.

ὀρθῶς ἐστιν ἔχον: Die Umschreibung des einfachen Verbs durch eine Form von εἶναι mit Partizip findet sich nach KG I 39 Anm. 3 insbesondere dann, „wenn das Partizip in der Weise eines Adjektivs (oft auch in Verbindung mit Adjektiven) dem Subjekte ein charakteristisches Merkmal, eine dauernde Eigenschaft, einen bleibenden Zustand beilegt"; vgl. Rehdantz, Index II s.v. ‚Participium' (S. 119) und MacDowell zu 21,119 (S. 341). Der Kläger verleiht also durch diese Ausdrucksweise dem Inhalt seiner Aussage zeitlose Gültigkeit. Vgl. bei Dem. 2,26; 10,28; 18,13; 20,18; 21,119; 22,73 (= 24,181); 31,11.

τὸ τὸν κατιόνθ' ὁσιοῦν καὶ καθαίρεσθαι νομίμοις τισί: καθαίρεσθαι ist nicht Medium, sondern Passiv wie in §71. Wer sich durch eine Bluttat befleckt hatte, konnte sich nicht selbst reinigen, sondern bedurfte der Hilfe eines Sachverständigen (vgl. Burkert 2011, 129). ὁσιοῦν ist absolut im Sinne von ‚die religiösen Pflichten erfüllen' aufzufassen (vgl. LSJ s.v. 2 und Parker 1983, 121: ὁσιόω „conveys the idea of restoring religious normality").

Wie die rituelle Reinigung von Mördern in Athen ablief, ist nicht in allen Einzelheiten bekannt; einiges lässt sich aber aus literarischen Darstellungen und inschriftlichen Zeugnissen zum Sakralrecht der Städte Kyrene (SEG ix 72) und Selinous (publiziert von Jameson/Jordan/Kotansky 1993; vgl. auch Robertson 2010) erschließen. So war es offenbar ein fester Bestandteil der Zeremonie, den Mörder mit Blut zu benetzen (vgl. Heraklit 22 B 5 DK καθαίρονται δ' ἄλλῳ αἵματι μιαινόμενοι, οἷον εἴ τις εἰς πηλὸν ἐμβὰς πηλῷ ἀπονίζοιτο). Apoll. Rhod. 4,704ff. schlachtet Kirke zur Entsühnung von Jason und Medea ein Ferkel und lässt dessen Blut über die Hände der Mörder rinnen; Aischyl. Eum. 449f. und 452 spricht Orest von der reinigenden Kraft des Blutes, und auch in der lex sacra von Selinous wird ein Ferkelopfer erwähnt. „Das Wesentliche ... scheint zu sein, dass der Blutbefleckte nochmals mit Blut in Berührung kommt: Dies ist eine demonstrative und darum harmlose Wiederholung des Blutvergießens, wobei die Folge, die sichtbare Befleckung, demonstrativ beseitigt werden kann; so wird das Geschehen nicht verdrängt, sondern bewältigt" (Burkert 2011, 130). Bis zur Reinigung war dem Mörder Schweigen auferlegt (Apoll. Rhod. 4,693; Aischyl. Eum. 448; Burkert 2011, 130). Das Reinigungsgesetz stammte nach Plat. leg. 865b1f. aus Delphi (καθαρθεὶς κατὰ τὸν ἐκ Δελφῶν κομισθέντα περὶ τούτων νόμον ἔστω καθαρός [sc. ὁ ἄκων ἀποκτείνας]); die Entsühnung von Mördern zählte aber nicht zu den festen kultischen Aufgaben Apolls und seiner Priester (Parker 1983, 139).

δικαίως οὕτω: Vgl. Komm. zu §1 ἑτοίμως οὕτως.

διορισθέντα: Vgl. Komm. zu §34 διώρισεν.

ἐξ ἀρχῆς: Vgl. Komm. zu §54 ἐξ ἀρχῆς.

ταῦτα μὲν δὴ δύο τηλικαῦτα καὶ τοιαῦτα δικαστήρια: Da der Artikel vor δικαστήρια fehlt, ist ταῦτα Subjekt und δικαστήρια Prädikat (vgl. Komm. zu §70 παρ' ἑνὸς τούτου δικαστηρίου καὶ {παρὰ} τοὺς γεγραμμένους νόμους καὶ ⟨τὰ⟩ ἄγραφα νόμιμα τὸ ψήφισμα εἴρηται). τηλικοῦτος heißt bei Dem. sonst nie ‚so alt'. In Verbindung mit einer Form von τοιοῦτος bildet es an allen anderen Stellen ein Hendiadyoin (‚von derartiger Dimension'); vgl. 19,44.64.94.124.240.295; 20,51; 21,96.105; 23,207. Es dürfte somit auch hier kein Bezug auf das Alter der Gerichtshöfe vorliegen, zumal dieser Aspekt hinreichend durch das folgende νόμιμα ἐκ παντὸς τοῦ χρόνου παραδεδόμενα zur Geltung kommt (pace Vince, der übersetzt: „So we have now two tribunals, of great antiquity and high character ..."; ähnlich auch Harris 2018, 56).

ἐκ παντὸς τοῦ χρόνου: „ ‚von jeher', d.h. von Anfang an und seither immer, ohne daß der Anfangspunkt genau fixiert würde ... D. liebt diesen unbestimmten Ausdruck, der sich für rhetorische Effekte nutzen ließ; ... bei anderen Rednern findet sich diese Wendung nicht" (Wankel zu 18,26 [S. 248f.]). Vgl. Dem. 18,26.66.203; 20,141; 36,16; 37,60; 38,22.

ὑπερπεπήδηκεν: ὑπερπηδᾶν stellt gegenüber ὑπερβαίνειν und παραβαίνειν insofern eine Steigerung dar, als der Verstoß mit einer größeren Energieleistung verbunden ist und somit unzweifelhaft mutwillig begangen wird. Vgl. Hyp. Lyc. 12 καὶ ἐμὲ μὲν αἰτιᾷ ἐν τῇ εἰσαγγελίᾳ καταλύειν τὸν δῆμον π α ρ α β α ί ν ο ν τ α τοὺς νόμους, αὐτὸς δ' ὑ π ε ρ π η δ ή σ α ς ἅπαντας τοὺς νόμους εἰσαγγελίαν δέδωκας ὑπὲρ ὧν γραφαὶ πρὸς τοὺς θεσμοθέτας ἐκ τῶν νόμων εἰσίν.

§§74–75: Der Gerichtshof beim Delphinion

Als dritten Gerichtshof gebe es den beim Delphinion, der zuständig sei, wenn jemand zugebe, getötet zu haben, aber behaupte, er habe es in Übereinstimmung mit dem Gesetz getan. Die Gesetzgeber hätten nämlich darüber nachgedacht, ob jede Tötung göttliches Recht verletze oder ob es Tötungsdelikte gebe, auf die das nicht zutreffe. Da Orest als bekennender

Muttermörder von den Göttern freigesprochen wurde, seien sie zu der Ansicht gelangt, es gebe einen gerechten Mord – denn die Götter würden schwerlich ein Urteil fällen, das nicht gerecht sei –, und hätten daraufhin schriftlich festgelegt, unter welchen Bedingungen es erlaubt sei zu töten. Aristokrates hingegen habe keine Ausnahmen gemacht, sondern für den Fall, dass jemand den Charidemos töte, ohne weiteren Zusatz angeordnet, der Täter sei auszuliefern. Dabei gebe es für alle Handlungen und Äußerungen die beiden Attribute ‚gerecht' und ‚ungerecht', die demselben Gegenstand nie gleichzeitig zukommen könnten; vielmehr treffe auf jede Sache jeweils nur eines der beiden Attribute zu, und was sich als ungerecht erweise, gelte als schlecht, was sich als gerecht erweise, als gut. Keinen dieser beiden Begriffe habe der Angeklagte in seinem Antrag verwendet, sondern durch die undifferenzierte Formulierung und die unmittelbare Verknüpfung der Beschuldigung mit ihren Konsequenzen dem Gerichtshof beim Delphinion und seinen Gesetzen zuwidergehandelt.

§74

τρίτον δ' ἕτερον: Vgl. Komm. zu §71 δεύτερον δ' ἕτερον.

ὁ πάντων ἁγιώτατα τούτων ἔχει καὶ φρικωδέστατα: Zur Bezeichnung des Heiligen wird ἅγιος weitaus seltener verwendet als ἱερός. Der indogermanische Wortstamm *hag-* weist „auf Haltung und seelische Bewegung des Menschen, Aufblick, Scheu und Faszination zugleich; *hágion*, parallel zu *semnón* ‚ehrwürdig' und *tímion* ‚geehrt', hebt rühmend besondere Tempel, Feste, Riten hervor, auch im Superlativ, als *hagiótaton*" (Burkert 2011, 404). Vgl. im Corpus Demosthenicum [Dem.] 25,11.35; 59,73.76.77.78. Das Adjektiv φρικώδης findet sich bei Dem. nur hier, bei den Rednern sonst lediglich bei Andokides 1,29, wo es um die einschüchternden Schauergeschichten der Ankläger geht.

Nachdem der Kläger bereits das Gericht auf dem Areopag als πάντων σεμνότατον bezeichnet hat (§65), wirkt der Gebrauch der Superlative hier inflationär – zumal nicht erklärt wird, was genau diesen Gerichtshof vor allen anderen respekteinflößend und schauderhaft macht. Man kann nur vermuten, dass es die Idee eines ‚gerechten Mordes' ist, die die genannten Gefühle hervorruft.

ἄν τις ὁμολογῇ μὲν κτεῖναι, ἐννόμως δὲ φῇ δεδρακέναι: Vor dem Konditionalsatz ist gedanklich „ist zuständig, wenn ..." zu ergänzen.

τοῦτο δ' ἐστὶ τὸ ἐπὶ Δελφινίῳ: Der Artikel steht hier beim Prädikatsnomen, weil es durch diesen zum Substantiv wird; so auch oft bei substantivierten Partizipien, vgl. KG I 592 Anm. 4; 593 Anm. 5 und Gildersleeve §668.

Das neben dem Olympieion im Süden Athens gelegene Delphinion (Paus. 1,19,1; Judeich 1905, 387) war dem Apollon Delphinios und der Artemis Delphinia geweiht. Die Gerichtsstätte befand sich auch hier unter freiem Himmel, beim Delphinion (ἐπὶ Δελφινίῳ). Der Sage nach soll sich als erster Theseus vor diesem Gericht für die Tötung des Pallas und seiner Söhne (Paus. 1,28,10) bzw. der Räuber Skeiron und Sinis (Etym. Magn. 358,56–359,6) verantwortet haben.

Bei der Aufzählung der beim Delphinion verhandelten Tötungsfälle Aristot. Ath. pol. 57,3 (zitiert in der Einleitung zu §§53–59) mögen die ‚Unfälle' beim Sport und im Krieg auf den ersten Blick als deplatziert erscheinen, da sie klassische Beispiele für eine ungewollte Tötung darstellen und damit eigentlich dem Gerichtshof beim Palladion zuzuordnen wären. Das entscheidende Kriterium ist aber, dass der vor dem Delphinion Angeklagte sich von vornherein zu der Tat als solcher bekannte und das Gericht nur darüber zu befinden hatte, ob diese Tat im Kontext ihrer Begleitumstände dem Gesetz nach überhaupt strafbar war oder nicht, während die vor dem Palladion verhandelten Fälle unabsichtlicher Tötung stets eine Bestrafung in Form der Verbannung nach sich zogen, wenn die Täterschaft des Angeklagten erwiesen war (vgl. §72).

δοκοῦσι ... ζητῆσαι τοῦτο πρῶτον ἁπάντων οἱ περὶ τούτων ἐν ἀρχῇ τὰ δίκαια ὁρίσαντες: Während die Anfänge der Gesetzgebung in §70 auf Heroen oder Götter zurückgeführt wurden, sind es hier offenbar Menschen, die ‚am Anfang' die Rechtsgrundsätze festlegten und sich dabei am vorausgehenden Urteil der Götter orientieren, was die Priorität des Gerichts auf dem Areopag voraussetzt. Dass die Frage, ob es einen gerechten Mord gebe, ‚zuallererst' erörtert wurde, ist ebenso wie die Behauptung, der Gerichtshof beim Delphinion errege am meisten Scheu und Schauder, eine rhetorische Übertreibung, für deren Wirkung die inhaltliche und chronologische Konsistenz geopfert wird.

ὦ ἄνδρες δικασταί: Vgl. Komm. zu §1 ὦ ἄνδρες Ἀθηναῖοι. In unserer Rede werden die Geschworenen sonst nur noch in §86, §87 und §215 als ἄνδρες δικασταί angesprochen. Die Hervorhebung ihrer Funktion mag hier dadurch motiviert sein, dass eine Identifikation mit den gesetzgebenden ‚Kollegen' der Frühzeit gestiftet werden soll – was implizit dazu verpflichtet, deren Rechtsauffassung zu teilen.

ὅσιον: Während die geheiligte Sphäre der Götter als ἱερόν bezeichnet wird, ist ὅσιον das, was der Mensch unter Respektierung dieser Grenze tun darf. „So nimmt *hósion* die allgemein ethische Bedeutung des ‚Erlaubten' an, kontrastiert mit *ádikon* ‚ungerecht'; *hósion* und *díkaion* bezeichnen die Pflichten gegenüber Göttern und Menschen oder auch die gleichen Pflichten unter ihrem göttlichen und ihrem zivilen Aspekt" (Burkert 2011, 404). Ein ὅσιος φόνος ist also ein Mord, der das göttliche Recht nicht verletzt und somit keine Sanktionen verlangt.

ἀπεκτονὼς ὁμολογῶν: In der Bedeutung ‚zugeben' steht bei ὁμολογεῖν i.d.R. der Infinitiv. Eine Parallele zur Konstruktion mit dem Partizip findet sich (sofern man ὁμολογοῦντας dort nicht absolut auffasst) 19,293 τοὺς δὲ ἔχοντας (sc. τὰ χρήματα), ὁμολογοῦντας, ἐξελεγχομένους ἐπ' αὐτοφώρῳ ἐπὶ τῷ τῶν συμμάχων ὀλέθρῳ ταῦτα πεποιηκότας, τούτους οὐ κρίνεις ...;

θεῶν δικαστῶν τυχών: Vgl. §66 mit Komm. zu δικάσαι δ' Εὐμενίσιν καὶ Ὀρέστῃ οἱ δώδεκα θεοί. Zu τυγχάνειν τινός mit Prädikativum vgl. Pind. Isth. 4,43 προφρόνων Μοισᾶν τύχοιμεν.

δίκαιόν τιν' εἶναι φόνον: Zum Verhältnis zwischen δίκαιον und ὅσιον vgl. oben, Komm. zu ὅσιον. Während der Kläger zu Beginn noch von ἐννόμως (‚in einer nicht gegen das Gesetz verstoßenden Weise') sprach, lässt er mit dem Adjektiv δίκαιος, eingebettet in das Beispiel des Orest, den Gedanken anklingen, dass eine Tötung nicht nur nicht gesetzwidrig, sondern sogar gerecht sein könne; zum Effekt dieser Bedeutungsverlagerung vgl. Komm. zu §75 κἂν μὲν τὴν ἄδικον φανῇ, πονηρὸν κρίνεται, ἂν δὲ τὴν δικαίαν, χρηστὸν καὶ καλόν.

τά γε μὴ δίκαια: „Das artikulierte Partizip oder Adjektiv wird mit μή negiert, wenn es einen reinen Abstraktbegriff darstellt, daher auch wenn es sich ganz allgemein, ohne Rücksicht auf bestimmte vorliegende Fälle, auf eine Gattung von Personen oder Sachen bezieht" (KG II 201 Anm. 4).

διορίζουσι: Vgl. Komm. zu §34 διώρισεν.

ἐφ' οἷς ἐξεῖναι ἀποκτιννύναι: Zu ἐφ' οἷς ἐξεῖναι vgl. Komm. zu §53 ἐφ' οἷς ἐξεῖναι κτεῖναι; zu ἀποκτιννύναι vgl. Komm. zu §35 ἀποκτιννύναι.

§75

ἀλλ' οὐχ οὗτος οὐδὲν ἀφεῖλεν: Legt man die Vorstellung zugrunde, dass der Gesetzgeber von der Gesamtheit der grundsätzlich strafbaren Tötungsdelikte einige als nicht strafbar ‚ausnimmt', während Aristokrates eben dies nicht tut, bedarf es keiner Korrektur der Überlieferung, wie sie etwa Butcher mit οὐδὲν διεῖλεν vornimmt.

Durch die Wortstellung wird die zu verurteilende Abweichung des Einzelnen von einem allgemein als richtig geltenden Verhalten betont; ganz ähnlich 20,156 ἀλλ' οὐχ οὗτος ἐχρήσατο τούτῳ τῷ μέτρῳ; 21,166.200; 23,81.89; 24,115; 45,56.

ἀλλ' ἁπλῶς, ἐάν τις ἀποκτείνῃ Χαρίδημον, κἂν δικαίως, κἂν ὡς οἱ νόμοι διδόασιν, ἔκδοτον ποιεῖ: Zur Formulierung vgl. §50 und §60. Durch die fast wörtliche Wiederholung sollen sich die für die Urteilsfindung entscheidenden Aussagen bei den Geschworenen einprägen. Zu ἁπλῶς vgl. Komm. zu §50 ἀλλ' ἁπλῶς; zu ἔκδοτον Komm. zu §42 τούτους ἐκδότους τις εἶναι γράφει.

προσθῆκαι: ‚Zusätze', ‚Attribute'; in dieser Bedeutung bei Dem. nur hier, vgl. aber Gal. ad Glauc. XI 74 K. τοῦτο τὸ εἶδος ἀπηνέγκατο τὴν τοῦ γένους προσηγορίαν, ἁπλῶς τε καὶ χωρὶς προσθήκης ἕρπης ὀνομασθέν.

ἡ τοῦ δικαίου καὶ ἀδίκου: „Wenn ein vorausgegangenes mit dem Artikel versehenes Substantiv in einem beigeordneten Satze noch einmal wiederholt werden sollte, so wird in der Regel nur der Artikel gesetzt und das Substantiv weggelassen" (KG II 564 [e]). Zum Fehlen des Artikels vor ἀδίκου vgl. KG I 611: Die beiden Begriffe sind zu einer Gesamtvorstellung verbunden.

πῶς γὰρ ἂν δίκαια ἅμα ταὐτὰ καὶ μὴ γένοιτο;: Der Wechsel vom konträren Gegensatz δίκαιος vs. ἄδικος zum kontradiktorischen δίκαιος vs. μὴ δίκαιος ist logisch zulässig, da alles, was ἄδικος ist, notwendig μὴ δίκαιος ist – umgekehrt gilt dies aber nicht.

Die Verneinung bezieht sich nicht auf das Prädikat, sondern auf das Adjektiv δίκαια, daher steht μή statt οὐ. Vgl. Plat. Krat. 429d4f., wo μή zu τὸ ὄν gehört: πῶς γὰρ ἂν ... λέγων γέ τις τοῦτο ὃ λέγει, μὴ τὸ ὂν λέγοι; (KG II 186). Zu μή beim Adjektiv vgl. Komm. zu §74 τά γε μὴ δίκαια. Der Zusatz von ἅμα (‚gleichzeitig') ist notwendig, weil dieselbe Handlung in verschiedenen Situationen durchaus unterschiedlich zu bewerten sein kann. γένοιτο ist hier fast gleichbedeutend mit εἴη; die Nuance des Entstehens schwingt allenfalls untergründig mit (etwa ‚wie könnte wohl der Fall eintreten, dass ...'). Vgl. 15,18 οὐ γάρ ἔσθ' ὅπως ὀλίγοι πολλοῖς καὶ ζητοῦντες ἄρχειν τοῖς μετ' ἰσηγορίας ζῆν ᾑρημένοις εὖνοι γένοιντ' ἄν.

τὴν ἑτέραν δ' ἕκαστον ἔχον δοκιμάζεται: Da es zahlreiche Handlungen gibt, die an sich weder gerecht noch ungerecht sind (z.B. Essen, Schlafen, Spazierengehen), ist die Aussage sachlich nur dann korrekt, wenn man sie in dem Sinne auffasst, dass einer jeden Sache nicht notwendig eins der beiden Attribute zukommt, sondern, wenn überhaupt, n u r eins von beiden.
Zu δοκιμάζειν mit dem Partizip in der Bedeutung ‚erweisen als' vgl. KG II 72,16 und z.B. Lys. 31,34 οὐ γὰρ ἄλλοις τισὶν ὑμᾶς δεῖ περὶ τῶν ἀξίων ὄντων βουλεύειν τεκμηρίοις χρῆσθαι ἢ ὑμῖν αὐτοῖς, ὁποῖοί τινες ὄντες αὐτοὶ περὶ τὴν πόλιν ἐδοκιμάσθητε. Zu τὴν ἑτέραν vgl. Eur. Phoen. 951f. τοῖνδ' ἑλοῦ δυοῖν ποτμοῖν / τὸν ἕτερον.

κἂν μὲν τὴν ἄδικον φανῇ, πονηρὸν κρίνεται, ἂν δὲ τὴν δικαίαν, χρηστὸν καὶ καλόν: Zu φανῇ ist gedanklich ἔχον zu ergänzen.
Indem der Kläger sein Räsonnement auf eine abstrakte Ebene führt, evoziert er durch die Koppelung der Begriffe δίκαιος und χρηστὸς καὶ καλός die Vorstellung, dass ein ‚gerechter Mord' nicht nur nicht negativ, sondern sogar positiv zu bewerten ist. Das Versäumnis des Aristokrates, solche Fälle ausdrücklich von seinen Anordnungen auszunehmen, wiegt vor diesem Hintergrund umso schwerer, da die Gefahr besteht, dass eine ‚gute Tat' wie ein Verbrechen geahndet wird.

αὐτὴν τὴν αἰτίαν: Zu αὐτός in der Bedeutung ‚allein', ‚nur' vgl. Komm. zu §48 αὐτὸ τὸ τῆς αἰτίας ὄνομ'.

§76: Der Gerichtshof beim Prytaneion

Als vierten Gerichtshof gebe es den beim Prytaneion, zuständig für den Fall, dass jemand von einem Gegenstand erschlagen wurde und der Täter nicht greifbar sei, wohl aber der Gegenstand. Wenn es nun gegen heiliges Recht verstoße, Sachen ein gerichtliches Urteil zu verwehren, dann habe dies doch wohl erst recht für jemanden zu gelten, der unter Umständen nicht einmal Unrecht getan habe und selbst dann, wenn er Unrecht getan habe, immerhin ein Mensch sei.

§76

ἄλλο: Variiert hier und in §77 das zuvor verwendete ἕτερον (§§71 u. 74).

τὸ ἐπὶ Πρυτανείῳ: Das Prytaneion barg den Staatsherd und war Amtslokal der Prytanen, die dort nicht nur ihre Sitzungen abhielten, sondern auch gemeinsam die Mahlzeiten einnahmen. Für verdiente Mitbürger, herausragende Sportler und Staatsgäste war die Speisung im Prytaneion eine Form der Ehrbezeugung; vgl. Miller 1978, 4–11; Osborne 1981 sowie z.B. Plat. apol. 36d; Dem. 20,120; 23,130; IG I³ 131; Aristoph. Equ. 280f.; 573ff. Wo genau sich das Gebäude befand, ist bis heute umstritten; zu neueren Forschungen vgl. Schmalz 2006 (Hagia Aikaterini nahe des Lysikrates-Monuments?) und Kavvadias/Matthaiou 2014 (Tripodenstraße östlich der Höhle der Aglauros?).

Die Gerichtsstätte beim Prytaneion geht nach Paus. 1,28,10 auf die Zeit des Erechtheus zurück: Damals habe zum ersten Mal der Ochsentöter am Altar des Zeus Polieus einen Ochsen getötet. Er selbst sei unter Zurücklassung des Beils ins Exil gegangen, das Beil aber sei vor Gericht gestellt und freigesprochen worden. Dieses Aition deckt sich mit den Angaben des Demosthenes, das Gericht beim Prytaneion sei dann zuständig, wenn der menschliche Urheber eines Tötungsdelikts unbekannt oder nicht greifbar sei, die ‚Tatwaffe‘ aber vorliege. Befanden die Richter den Gegenstand für schuldig, so musste er aus Attika fortgeschafft werden; vgl. Aischin. 3,244; Paus. 6,11,6 und MacDowell 1963, 88.

τοῦτο δ' ἐστὶν ἐὰν ...: A hat τοῦτο δ' ἐστὶν ⟨τί;⟩, was auf die Korrektur eines Schreibers zurückgehen dürfte, der sich an dem Anakoluth störte. Die Brachylogie τοῦτό ἐστιν ἐὰν hat aber in §74 eine Parallele (vgl. Komm. zu ἄν τις ὁμολογῇ μὲν κτεῖναι, ἐννόμως δὲ φῇ δεδρακέναι), und die syntaktisch inkonzinne Aufnahme des dem Kondizionalsatz übergeordneten Gedankens mit τούτοις ἐνταῦθα λαγχάνεται ist durchaus tolerabel.

εἰδῇ: Als Gegenbegriff zu ἀγνοῇ ist εἰδῇ dem in A und Y überlieferten ἴδῃ vorzuziehen.

τούτοις ἐνταῦθα λαγχάνεται: λαγχάνειν (δίκην) τινί heißt ‚die Erlaubnis für einen Prozess gegen jmdn. erhalten‘; hier unpersönlich ‚es wird gegen diese Dinge ein Prozess eingeleitet‘; vgl. LSJ s.v. I 3.

εἰ τοίνυν ...: Die Existenz eines Gerichtshofs, der sogar gegen Sachen Strafverfahren anstrengt, zeugt in erster Linie davon, dass die Tötung eines Menschen in Athen als ein schwerwiegendes Verbrechen galt, das unter allen Umständen gesühnt werden musste. Durch eine leichte Akzentverlagerung rückt der Kläger den für seine Argumentation verwertbaren Aspekt in den Fokus: Nicht darauf, dass sogar Sachen bestraft werden, soll sich der Blick der Zuhörer richten, sondern darauf, dass sogar Sachen nicht ohne vorherigen Prozess bestraft werden.

μὴ μετεχόντων: Zur Verneinung des substantivierten Partizips mit μή vgl. Komm. zu §74 τά γε μὴ δίκαια.

οὐδέν ἐσθ᾿ ὅσιον: Im Kondizionalsatz wird häufig dann mit οὐ statt μή verneint, wenn εἰ eine faktische oder, wie hier, eine kausale Nuance hat; vgl. KG II 190 und bei Dem. z.B. 22,41 πῶς οὐκ ἀδικεῖ, εἰ, παρὸν ἐξαμαρτάνειν μέλλοντας ἀποτρέπειν, τοῦτο ... οὐκ ἐποίει;
οὐδέν ἐστ᾿ ὅσιον ... ἐάν entspricht οὐκ ἐστ᾿ ὅσιόν τι ... ἐάν wie z.B. Dem. 1,20 ἄνευ τούτων οὐδὲν ἔστι γενέσθαι τῶν δεόντων. Zu ὅσιον vgl. Komm. zu §74 ὅσιον.

ἦ που ... γε: Zu dieser Partikelkombination bei einem a-fortiori-Argument vgl. Denn. GP 281f. und im Corpus Demosthenicum Dem. 23,79; 24,53; [Dem.] 61,30.

τόν γε ἀδικοῦντα: Zum Präsens vgl. Komm. zu §50 ἀδικεῖ.

ἐὰν τύχῃ: Zu τυγχάνω ohne Partizip vgl. Komm. zu §58 τάχ᾿ ἄν, εἰ τύχοι.

θήσω δὲ ἀδικοῦντα: Der Kläger geht großzügig von der für den Gegner günstigsten Voraussetzung aus, um zu demonstrieren, dass dieser selbst dann noch im Unrecht ist. Zu τίθημι vgl. 20,20.21; 23,47.85.

{τῇ τύχῃ}: Westermann, der den überlieferten Text hält, erklärt: „Die τύχη geht auf den Vorzug, welchen der Mensch vor dem leb- und vernunftlosen Wesen hat" (ähnlich Weber z.St. „μετειληφότα τῇ τύχῃ idem est quod εὐτετυχηκότα"). Die Formulierung μετειληφότα τῆς αὐτῆς ἡμῖν φύσεως ist jedoch kein bloßes Synonym zu ἄνθρωπον ὄντα, sondern zielt auf eine solidaritätsstiftende Identifikation mit dem Betroffenen ab. Die zusätzliche Information, dass dieser seine Zugehörigkeit zur menschlichen Gemeinschaft einer ‚glücklichen Fügung' verdankt, ist in diesem Zusammenhang zumindest überflüssig, wenn nicht gar störend. Das Eindringen des Substantivs mag durch das vorausgehende, in der Vorlage vielleicht unmittelbar in der Zeile darüber stehende (ἐὰν) τύχῃ verursacht worden sein (so Taylor, auf den die Tilgung zurückgeht).

δεινὸν: Vgl. Komm. zu §25 δεινὸν.

§§77–79: Der Gerichtshof ‚in Phreatto'

Als fünften Gerichtshof habe Aristokrates den ‚in Phreatto' übergangen, der dann anzurufen sei, wenn jemand, der wegen unabsichtlicher Tötung in Verbannung lebe, eines danach begangenen vorsätzlichen Mordes angeklagt werde. Der Gesetzgeber habe sich nicht zu einer der beiden einander entgegengesetzten, aber gleichermaßen rechtswidrigen Reaktionen verleiten lassen, die die spezielle Situation des Beschuldigten auslösen könnte: Weder lasse er die Sache auf sich beruhen, weil ein Prozess durch die Bedingungen der Verbannung erschwert werde, noch halte er den Angeklagten allein aufgrund seiner früheren Verfehlungen auch im aktuellen Fall für schuldig. Stattdessen habe der Gesetzgeber einen Weg gefunden, den Forderungen des göttlichen Rechts nach einem ordentlichen Prozess nachzukommen: Er habe den Richtern einen Ort am Meer, ‚in Phreatto' genannt, angewiesen, dem sich der Angeklagte zu Wasser nähern könne. Ohne das Land zu berühren, halte dieser seine Verteidigungsrede; die Richter hörten vom Ufer aus zu und sprächen ihr Urteil. Werde der Angeklagte schuldig gesprochen, büße er die Strafe für vorsätzlichen Mord, werde er freigesprochen, nur die wegen der früheren Tötung verhängte.

Auf diese Regelung sei solche Mühe verwandt worden, weil der Gesetzgeber der Ansicht gewesen sei, es verstoße gleichermaßen gegen göttliches Recht, einen Schuldigen nicht zur Rechenschaft zu ziehen wie einen Unschuldigen auszuliefern, bevor ein Urteil gesprochen wurde. Wenn man nun sogar für Angeklagte, die bereits früher einer Bluttat für schuldig befunden wurden, so großen Aufwand betreibe, um ihnen bei späteren Beschuldigungen einen Prozess und alles, was ihnen von Rechts wegen zustehe, zu ermöglichen, sei es erst recht im Falle eines Mannes, dem weder Schuld noch Vorsatz nachgewiesen seien, ganz und gar ungeheuerlich, seine Auslieferung an die Kläger zu beantragen.

§77

θεάσασθε: Vgl. Komm. zu §24 θεάσασθε δὴ ... ὡς ἁπλῶς καὶ δικαίως χρήσομαι τῷ λόγῳ.

τὸ ἐν Φρεαττοῖ: S bietet hier und in §78 ἐν φρεαττοῦ, Y hat in §78 ἐν Φρεάτου. Harpokration s.v. ἐν Φρεάτου (ε 61) verweist auf die von Theophrast geäußerte Vermutung, dass der Gerichtshof nach einem Heros namens Phreattos benannt sei. Endgültige Gewissheit über die richtige Schreibweise ist aber nicht zu erlangen; vgl. MacDowell 1963, 82f.

Judeich 1905, 384 vermutet den Ort der Gerichtsstätte östlich vom Zea-Hafen „an der Südspitze der zum Serangeion gerechneten Felsküste". Angesichts der sehr speziellen Umstände, die einen Prozess in Phreatto erforderten, dürfte das Gericht selten zusammengetreten sein; vgl. Latte 1941, 760, der chronologische Rückschlüsse zieht: „Das ganze Verfahren ist dadurch interessant, daß es in eine Zeit zurückweist, in der der Staat noch nicht die Macht hatte, den Zurückkehrenden vor der Rache der Verwandten zu schützen (sonst wäre die Gewährung freien Geleites ein einfacherer Weg gewesen, als die Form der Verhandlung). Ebenso konnte ein Fall, daß ein landflüchtiger Totschläger andere Athener erschlug, am ehesten in einer Zeit eintreten, in der die Bluträcher ihm in der Fremde nachstellten; nur unter dieser Voraussetzung möchte der Anlaß häufig genug sein, um eine allgemeine gesetzliche Regelung zu erfordern. In historischer Zeit ist uns natürlich kein Beispiel bekannt."

Zu diesem Gericht vgl. auch Aristot. Ath. pol. 57,3 ἐὰν δὲ φεύγων φυγὴν ὧν αἰδέσις ἐστιν, αἰτίαν ἔχ[ηι] ἀποκτεῖναι ἢ τρῶσαί τινα, τούτωι δ' ἐν Φρεάτου δικάζουσιν· ὁ δ' ἀπολογεῖται προσορμισάμενος ἐν πλοίωι und Paus. 1,28,11 ἔστι δὲ τοῦ Πειραιῶς πρὸς θαλάσσῃ Φρεαττύς· ἐνταῦθα οἱ πεφευγότες, ἢν ἀπελθόντας ἕτερον ἐπιλάβῃ σφᾶς ἔγκλημα, πρὸς ἀκροωμένους ἐκ τῆς γῆς ἀπὸ νεὼς ἀπολογοῦνται. Τεῦκρον πρῶτον λόγος ἔχει Τελαμῶνι οὕτως ἀπολογήσασθαι μηδὲν ἐς τὸν Αἴαντος θάνατον εἰργάσθαι. Ob Pausanias mit dem Verweis auf Teuker, der erstens nicht in Athen, sondern auf Salamis an Land gehen wollte und zweitens nicht aufgrund einer ‚Vorstrafe' von Telamon daran gehindert wurde, wirklich ein Aition für die athenische Gerichtsstätte geben wollte (so Schwenn 1934, 1129), geht aus der Stelle nicht eindeutig hervor. Vielleicht ging es ihm lediglich um ein Beispiel für eine vom Schiff aus gehaltene Verteidigungsrede.

δίκας ὑπέχειν: ‚sich vor Gericht verantworten' wie in §84; mit dem Singular δίκην 19,95; 23,27; in klarer Abgrenzung zu δίκην δοῦναι 54,42 ἄξιον ... μισεῖν τοὺς πρὸ μὲν τῶν ἁμαρτημάτων θρασεῖς καὶ προπετεῖς, ἐν δὲ τῷ δίκην ὑπέχειν ἀναισχύντους καὶ πονηρούς, καὶ μήτε δόξης μήτ' ἔθους μήτ' ἄλλου μηδενὸς φροντίζοντας πρὸς τὸ μὴ δοῦναι δίκην. Zur Bedeutung ‚bestraft werden' vgl. 23,55 mit Komm. zu οὐ δίκην ὑπέχειν, ἀλλὰ συγγνώμης τυχεῖν. Zu weiteren Belegen für beide Bedeutungen vgl. Komm. zu §82 δίκας ... ὑπόχωσιν.

ᾐδεσμένων: Vgl. Komm. zu §72 αἰδέσηταί τις.

οὐχ ὅτι: Die von S und F[a] gebotene Variante οὐδ' ὅτι scheidet aus, da οὐδὲ ... οὐδέ nach KG II 294,5 nicht in der gleichen Bedeutung wie οὔτε ... οὔτε verwendet wird, sondern entweder das erste οὐδέ adverbial (‚auch nicht', ‚nicht einmal') und das zweite kopulativ ist oder beide zwar kopulativ sind, aber nicht aufeinander hinweisen. In letzterem Fall schließt οὐδὲ ... οὐδέ an eine vorausgehende Verneinung an.

In S ist οὐδ' ὅτι zu οὐ διότι korrigiert; diese Lesart bietet auch Y. Die naheliegende Vermutung, dass Demosthenes vor Wörtern, die nur mit einem Konsonanten anlauten, den Tribrachys διότι grundsätzlich meidet, bestätigt sich nicht; vgl. 4,22; 20,119; 31,7; 41,23; 55,18.34. Nicht an allen diesen Stellen lässt sich die Verwendung von διότι dadurch erklären, dass mit ὅτι ein Hiat entstanden wäre (vgl. 4,22; 20,119). Der Wechsel von ὅτι und διότι in parallelen Satzgliedern ist ebenfalls belegt (23,150, wo allerdings διότι der Hiatmeidung dient), so dass die von S[c] und Y gebotene Variante nicht grundsätzlich auszuschließen ist. Die Verbindung οὐ διότι findet sich bei Dem. aber sonst nirgends.

τι τοιοῦτον: Sc. ein Tötungsdelikt.

καὶ δή: „In apodosi, καὶ δή denotes the instant and dramatic following of the apodosis upon the protasis" (Denn. GP 253 vi). Vgl. Dem. 18,276 ... ὡς ἐὰν πρότερός τις εἴπῃ τὰ προσόνθ' ἑαυτῷ περὶ ἄλλου, καὶ δὴ ταῦθ' οὕτως ἔχοντα.

§78

τό ... εὐσεβὲς εὗρεν ὅπως ἔσται: wörtl. ‚er fand das Fromme, wie es sein wird'.

κἀκεῖνον οὐκ ἀπεστέρησε λόγου καὶ κρίσεως: Vgl. §76 ἀνόσιον καὶ δεινὸν ἄνευ λόγου καὶ ψήφου ποιεῖν ἔκδοτον (sc. ἄνθρωπόν τινα).

τῆς χώρας ... τόπον τινὰ: τόπος bezeichnet hier, *pace* Rehdantz, Index II s.v., eine konkrete Örtlichkeit. Anders Dem. 4,31 δοκεῖτε δέ μοι πολὺ βέλτιον ἂν περὶ τοῦ πολέμου καὶ ὅλης τῆς παρασκευῆς βουλεύσασθαι, εἰ τὸν τόπον ... τῆς χώρας, πρὸς ἣν πολεμεῖτε, ἐνθυμηθείητε, wo τόπος soviel wie ‚geographische Lage' heißt (ähnlich auch 23,182 τῷ τόπῳ). Χώρα meint im gegebenen Kontext allgemein das ‚Gebiet', während γῆ (δικάζουσιν ἐν τῇ γῇ) den Gegensatz zu θάλαττα bildet.

ἐπὶ θαλάττῃ: Da der Standort der Richter beschrieben wird, heißt ἐπί hier ‚bei', nicht ‚auf'. Der Artikel kann bei „Gattungsnamen, welche zugleich als Eigennamen oder an der Stelle derselben gebraucht werden" fehlen (KG I 602 [b]); vgl. z.B. 23,155; 18,230.301; 19,218.

τῆς γῆς οὐχ ἁπτόμενος: Nach Pollux 8,120 ging diese Bestimmung sogar so weit, dass das Schiff weder durch eine Landungsbrücke noch durch einen Anker in physischen Kontakt mit dem Festland geraten durfte (τὸν ἐν αἰτίᾳ προσπλεύσαντα τῆς γῆς οὐ προσαπτόμενον ἀπὸ τῆς νεὼς ἐχρῆν ἀπολογεῖσθαι, μήτ' ἀποβάθραν μήτ' ἄγκυραν εἰς τὴν γῆν βαλλόμενον).

ἐν τῇ γῇ: ‚an Land' wie Dem. 32,16 τί οὐχ, ὥσπερ οἱ ἄλλοι, τὰ δίκαι' ἐλάμβανες ἐν τῇ γῇ (= vor der Ausfahrt des Schiffes);

κἂν μὲν ἁλῷ, ... ἔδωκε: Zur Verbindung des gnomischen Aorists mit einem konjunktivischen Bedingungssatz vgl. Komm. zu §46 ἐὰν ... ποιῇ, ... ἔδωκεν.

τὴν δ' ἐπι τῷ πρότερον φόνῳ {φυγὴν} ὑπέχει: φυγὴν wird zu Recht von Dobree getilgt. Die Formulierung ist ungleich geschmeidiger, wenn sowohl ταύτης μὲν als auch τὴν δὲ das vorausgehende δίκην aufnehmen. Zudem findet sich der Ausdruck φυγὴν ὑπέχειν bei Demosthenes sonst nicht. Der Zusatz erklärt sich, ebenso wie das von A gebotene δίκην, leicht als Versuch, den elliptischen Ausdruck zu vervollständigen.

§79

τίνος οὖν ποτε: Zu ποτέ in der emphatischen Frage vgl. KG II 518 Anm. 3.

διεσπούδασται: Das ohnehin schon ein besonders eifriges Tun bezeichnende σπουδάζειν wird durch das Präfix διά zusätzlich verstärkt; vgl. LSJ s.v. διά D.V und bei Dem. 20,157 τί μάλιστ᾽ ἐν ἅπασι διεσπούδασται τοῖς νόμοις; und 23,182.

ἀσέβημ᾽: Das gegen die Götter gerichtete ἀσέβημα wiegt schwerer als das gegen den Menschen gerichtete ἀδίκημα; vgl. Dem. 21,104 ἀλλ᾽ ὃ καὶ δεινόν ... καὶ σχέτλιον καὶ κοινὸν ἔμοιγ᾽ ἀσέβημα, οὐκ ἀδίκημα μόνον, τούτῳ πεπρᾶχθαι δοκεῖ, τοῦτ᾽ ἐρῶ.

διαιρῶν: Vgl. Komm. zu § 54 διεῖλεν ὁ ... διελών.

ἐᾶν: Zur Bedeutung ‚in Ruhe lassen‘, ‚unbehelligt lassen‘ im Sinne eines Verzichts auf eine Anklage vor Gericht vgl. 37,57 ... ὅτ᾽ Εὐέργῳ προῃροῦ λαγχάνειν, εἴασας ἐμέ und [Dem.] 58,43.

ἐκδιδόναι: Mit dem Gedanken an die Auslieferung wird die Verbindung zum Antrag des Aristokrates hergestellt; vgl. §42 mit Komm. zu τούτους ἐκδότους τις εἶναι γράφει. Zu dem Rechtsgrundsatz, dass über die Bestrafung eines Verbrechers allein das Gesetz, und nicht der Ankläger entscheidet, vgl. neben §32 auch Dem. 21,30.

πρὸ δίκης: Natürlich ist es nicht weniger falsch, n a c h dem Prozess den Unschuldigen seinen Anklägern auszuliefern. Der Verstoß gegen die strenge Logik berechtigt aber nicht dazu, mit Weil πρὸ δίκης zu athetieren. In der Formulierung verschmelzen zwei Gedanken: Es ist (1) grundsätzlich nicht richtig, über den Umgang mit einem Beschuldigten zu entscheiden, bevor / ohne dass ein Prozess stattgefunden hat, (2) weil dies im schlimmsten Fall zu dem ἀσέβημα führen könnte, dass der Schuldige ungestraft bleibt, der Unschuldige aber eine Strafe erleidet. Damit wird die in §§71f. ausgeführte Überlegung wieder aufgenommen, wonach der von der εὐσέβεια geforderte Mittelweg zwischen Verzicht auf Strafverfolgung und Vorverurteilung darin zu finden ist, dem Angeklagten das Recht auf Verteidigung und ein richterliches Urteil, also das Recht auf einen ordentlichen Prozess, zu gewähren. Dass Aristokrates dieses Recht nicht ausdrücklich in seinem Antrag erwähnt, ist die Basis der Paranomieklage; tilgt man πρὸ δίκης, beraubt man die Argumentation ihres Leitmotivs.

καίτοι: Zu folgerndem καίτοι vgl. Denn. GP 561ff.

ἦ που ... γε: Vgl. Komm. zu §76 ἦ που ... γε.

πότερον ... πότερ': Vgl. Komm. zu §16 πότερ' ἡμῖν συμφέροντα ἢ οὔ.

πάνδεινον: In der klassischen attischen Prosa ist der Gebrauch dieses sehr emphatischen Adjektivs auf Platon (polit. 290b3; rep. 605c8 und 610d5) und Demosthenes (19,55.120.127.209; 22,43; 37,39; 54,33) beschränkt.

τοῖς ἐγκαλοῦσιν: In der Handschrift A folgt αὐτοῖς πρὸ δίκης. Hier ist der Zusatz von πρὸ δίκης überflüssig, da bereits durch μήθ' ἑαλωκότος μήτ' ἐγνωσμένου, πότερον ... ausgedrückt ist, dass noch kein Prozess stattgefunden hat.

§§80–81: Die *Apagōgé*

Und noch eine sechste Möglichkeit der Bestrafung habe der Antragsteller übergangen. Wenn jemand die genannten Verfahrensweisen nicht kenne oder die Fristen, vor dem jeweiligen Gerichtshof Klage zu erheben, verstrichen seien oder er aus einem anderen Grund diese Wege der Klage nicht beschreiten wolle, den Mörder aber an den heiligen Stätten und auf der Agora umhergehen sehe, dann sei es möglich, ihn ins Gefängnis abzuführen, nicht aber zu sich nach Hause oder wohin man wolle, wie es der Antragsteller gestattet habe. Und im Gefängnis geschehe dem Angeklagten kein Leid, bevor nicht das Urteil über ihn gesprochen sei, sondern er büße, wenn er überführt worden sei, die Todesstrafe, der Kläger aber zahle, wenn er nicht mindestens ein Fünftel der Stimmen erhalte, 1000 Drachmen.

Aristokrates hingegen habe nicht dies beantragt, sondern lasse zu, dass der Kläger ungestraft Beschuldigungen erheben könne, der Angeklagte aber auf der Stelle ausgeliefert werde. Schreite eine Einzelperson oder eine ganze Stadt gegen die Aufhebung der genannten Rechtsgrundsätze und gegen die Entmachtung der genannten Gerichtshöfe, deren Autorität immerhin auf die Götter zurückgehe, ein und entziehe den rechtswidrig Behandelten dem Zugriff seiner Verfolger, sehe der Antragsteller ihren

Ausschluss aus dem Bündnis vor und gewähre auch ihr keinen ordentlichen Prozess, sondern bestrafe sie sofort.

Das vom Kläger beschriebene Verfahren wird gemeinhin als eine Form der *Apagōgḗ* (ἀπαγωγή) betrachtet. In bestimmten Fällen war es erlaubt, einen Straftäter auf der Stelle festzunehmen und zu den zuständigen Behörden, in der Regel den Elfmännern, abzuführen (ἀπάγειν; *apágein*), damit diese ihn, wenn er die Tat gestand, sofort exekutierten oder ihn, wenn er die Tat leugnete, bis zu dem von der Heliaia zu fällenden Urteil in Gewahrsam nahmen (vgl. Aristot. Ath. pol. 52,1). Zur Anwendung kam dieses Mittel gegen Verbrecher (κακοῦργοι; *kakoúrgoi*), die man auf frischer Tat ertappte, wobei vornehmlich an Diebe zu denken ist (vgl. Isaios 4,28; Dem. 45,81), sowie gegen mit Atimie belegte Personen (ἄτιμοι; *átimoi*), die ihrem Status zuwiderhandelten (vgl. Dem. 23,31; lex ap. Dem. 24,105 [zu Zweifeln an der Echtheit dieses Dokuments vgl. Canevaro 2013b]). Erkennt man an unserer Stelle nicht mit Lipsius 325 eine Nebenform der *Apagōgḗ* gegen *átimoi*, gesellen sich dazu als dritte Gruppe ‚Mörder' bzw. der Tötung Verdächtigte, gegen die – aus welchen Gründen auch immer – kein Verfahren vor einem der Blutgerichtshöfe eingeleitet worden war. Literarisch bezeugte Fälle von Tötungsdelikten, die auf der Grundlage einer *Apagōgḗ* vor Gericht verhandelt wurden, sind die Prozesse gegen Euxitheos (Antiph. or. 5) und Agoratos (Lys. or. 13). Ein in sich schlüssiges Bild, wem unter welchen Bedingungen die *Apagōgḗ* einer wodurch als Mörder kenntlichen Person erlaubt war, ergibt sich aus unseren Quellen leider nicht.

Während die ‚reguläre' Mordanklage (δίκη φόνου; *Díkē phónou*) mit großer Wahrscheinlichkeit nur von den nächsten Verwandten des Opfers erhoben werden durfte (vgl. Komm. zu §67 τοῖς οἰκείοις), scheint dies bei der *Apagōgḗ* nicht der Fall gewesen zu sein (für eine jedem Bürger erlaubte öffentliche Mordanklage [γραφὴ φόνου; *Graphḗ phónou*] in Zusammenhang mit der *Apagōgḗ* spricht sich MacDowell 1963, 133–135 aus; Hansen 1976, 111f. sieht zwar abweichend von MacDowell in *Graphḗ phónou* und *Apagōgḗ* zwei jeweils eigene Verfahren, stimmt mit ihm aber darin überein, dass diese jedermann einleiten durfte; anders Evjen 1970). Unsere Stelle gibt dazu keine explizite Auskunft, doch als Indiz dafür, dass es sich bei dem durch die *Apagōgḗ* eingeleiteten Verfahren um eine jedem Bürger freistehende öffentliche Klage (γραφή; *graphḗ*) handelte, wird die Erwähnung der Geldstrafe für den Kläger bei Verfehlung eines Fünftels der Richterstimmen betrachtet, die ihm in einem Privatprozess (δίκη; *díkē*) nicht drohte (MacDowell 1963, 133; gegen den daraus gezogenen Schluss, *Apagōgḗ* und *Graphḗ phónou* seien identisch, Hansen 1976, 111). Zusätzlich ließe sich die Überlegung ins Feld führen, ob Demosthenes, wenn ausschließlich die Angehörigen des Opfers zur *Apagōgḗ* eines mutmaßlichen Mörders berechtigt gewesen wären, diesen Umstand nicht für die Argumentation genutzt hätte – als eine weitere gesetzliche Bestimmung, über die sich Aristokrates hinwegsetze, indem er durch die nicht weiter spezifizierte Formulierung ἀγώγιμον εἶναι (*agṓgimon eínai*) j e d e r m a n n die *Apagōgḗ* erlaube.

Als Bedingung für die Anwendung der *Apagōgḗ* wird unserer Stelle entnommen, dass der mutmaßliche Mörder beim Besuch der Heiligtümer oder der Agora ertappt werden musste; zu den mit dieser Annahme verbundenen Schwierigkeiten vgl. Komm. zu §80 τὸν ἀνδροφόνον δ᾽ ὁρᾷ περιόντα ἐν τοῖς ἱεροῖς καὶ κατὰ τὴν ἀγοράν.

Der vom Kläger als ‚Mörder' (ἀνδροφόνος, §80) Bezeichnete ist, da er weder verurteilt (zur inkonsequenten Verwendung des Begriffs vgl. Komm. zu §29 τοῦτον ἀνδροφόνον λέγει ... πρὶν ἂν ἐξελεγχθεὶς ἁλῷ) noch auch nur angeklagt wurde, eigentlich ein Mordverdächtiger bzw. mutmaßlicher Mörder. Die Benennung mag aus der Perspektive dessen gewählt sein, der die *Apagōgḗ* vollzog: Da er bei einer leichtfertig erhobenen Klage eine hohe Geldstrafe riskierte, stand für ihn die Schuld dessen, den er inhaftieren ließ, in der Regel zweifelsfrei fest.

§80

παραβάς: Vgl. Komm. zu §63 παραβέβηκεν.

πάντα ταὐτά: Gemeint sind die Möglichkeiten einer ‚regulären' Klage bei den genannten fünf Gerichtshöfen und der jeweilige formale Ablauf des Verfahrens.

παρεληλύθασιν οἱ χρόνοι ἐν οἷς ἔδει τούτων ἕκαστα ποιεῖν: Angesichts des Folgenden (vgl. bes. ἐὰν μὲν ἁλῷ, θανάτῳ ζημιωθήσεται) lässt sich aus der Formulierung kaum mit Westermann u.a. auf die Existenz einer Verjährungsfrist (προθεσμία) für Tötungsdelikte schließen. Solche Fristen sind zwar für Schuld-, Vormundschafts- und Erbschaftsklagen belegt (vgl. Lipsius 852; Dem. 38,17; [Dem.] 34,26), für ein Sakraldelikt wie die Entfernung eines heiligen Ölbaums aber ausdrücklich ausgeschlossen (Lys. 7,17). Mit hoher Wahrscheinlichkeit galt dies auch für Bluttaten (vgl. Lipsius 853; MacDowell 1963,10; Carey 1989 zu Lys. 3,39; anders Phillips 2008, 106f. Anm. 64, der jedoch die von MacDowell a.a.O. gegen die Verjährung angeführten Belege Lys. 13,83 und Antiph. 1,30 nicht überzeugend zu entkräften vermag). MacDowell a.a.O. (vgl. auch Hansen 1976, 101) bezieht daher unsere Stelle auf eine andere Frist: Nach Antiph. 6,42 muss der Archon Basileus, nachdem er eine Mordklage angenommen hat, drei Vorprozesse (προδικασίαι) in drei aufeinanderfolgenden Monaten führen, bevor der Fall vor Gericht entschieden wird. Da es ihm nicht erlaubt ist, einen Mordprozess nach Ablauf seiner Amtszeit seinem Nachfolger zu überantworten, ergibt sich ein Problem, wenn in den letzten drei Monaten des Jahres eine solche Klage eingereicht wird. Eine sprachliche Beobachtung könnte diese Theorie stützen: Wo Demosthenes von endgültiger Verjährung spricht, verwendet er nicht das Verb παρέρχεσθαι, sondern ἐξέρχεσθαι (vgl. 20,144 und 23,104).

δι᾽ ἄλλο τι οὐχὶ βούλεται: Die Formulierung ist logisch nicht ganz korrekt, da kein weiterer Grund für das Nicht-Wollen, sondern das Nicht-Wollen als ein weiterer möglicher Grund für die Wahl der *Apagōgḗ* anstelle des üblichen Rechtswegs angeführt wird.

Die Negation οὐ in der kondizionalen Protasis erklärt sich wohl aus der engen Anbindung an das Verb; vgl. Goodwin, MT §384 (anders KG II 190, die unsere Stelle unter den Beispielen für οὐ in einander antithetisch gegenübergestellten Gliedern einer Protasis anführen; das antithetische Verhältnis ist aber hier wenig markant).

ἐπεξιέναι: Vgl. Komm. zu §43 εἰ δ᾽ ἐπέξιμεν ... ἀναγκασθησόμεθα.

τὸν ἀνδροφόνον δ᾽ ὁρᾷ περιόντα ἐν τοῖς ἱεροῖς καὶ κατὰ τὴν ἀγοράν: Auf diese Worte stützt sich die in der Forschung einhellig akzeptierte Annahme, dass die *Apagōgḗ* eines des Mordes Verdächtigten nur dann möglich gewesen sei, wenn man ihn beim Betreten eines Heiligtums oder der Agora ertappte (vgl. Lipsius 324f.; MacDowell 1963, 132; Hansen 1976, 100; Gagarin 1979, 315; Carawan 1998, 334; Evjen 1970, 408 u. 410; Volonaki 2000, 151f.). Diese Bedingung scheint jedoch in unseren übrigen Zeugnissen zur *Apagōgḗ* bei Tötungsvorwurf (Lykurg. 112 sowie vor allem Antiph. or. 5 und Lys. or. 13) keinerlei Rolle zu spielen und ist zudem juristisch problematisch, insofern jemand, den man einer Tat beschuldigt, nicht wegen dieser Tat, sondern wegen einer Handlung, die ihm verboten wäre, wenn er der Tat überführt würde, verhaftet werden könnte (ausführlicher dazu Zajonz 2014). Bei genauerer Betrachtung muss der Text selbst auch gar nicht zwingend in diesem Sinne verstanden werden. Die ersten drei Glieder des εἰ-Satzes (εἰ πάντα ταὐτά τις ἠγνόηκεν, ἢ καὶ παρεληλύθασιν οἱ χρόνοι ἐν οἷς ἔδει τούτων ἕκαστα ποιεῖν, ἢ δι' ἄλλο τι οὐχὶ βούλεται τούτους τοὺς τρόπους ἐπεξιέναι) nennen keine Bedingung für die Zulässigkeit der *Apagōgḗ*, sondern mögliche Situationen, in denen jemand einer Alternative zur Klage vor einem der fünf Blutgerichtshöfe bedürfen könnte. Das mit δέ angeschlossene vierte Glied unter Annahme einer Bedeutungsverschiebung als Bedingung aufzufassen (εἰ ... τὸν ἀνδροφόνον ... ὁρᾷ περιόντ' ἐν τοῖς ἱεροῖς καὶ κατὰ τὴν ἀγοράν, ἀπάγειν ἔξεστιν εἰς τὸ δεσμωτήριον), ist nicht unbedingt der nächstliegende Gedanke. Eher würde man vermuten, dass die Situationsbeschreibung fortgesetzt bzw. komplementär präzisiert wird. Es ist daher zu überlegen, ob hier tatsächlich eine objektive Bedingung für die Zulässigkeit der *Apagōgḗ* oder nicht eher eine subjektive Motivation, die jemanden zur Anwendung dieser Maßnahme veranlassen könnte, formuliert ist: Wenn eine Person, die mutmaßlich eine Bluttat verübt hat, sich ungeniert in der Öffentlichkeit zeigt – zumal an Orten, die ‚Unreinen' verboten sind –, mag sich das akute Bedürfnis einstellen, die Stadt vor Befleckung zu bewahren, indem man die Bewegungsfreiheit des mutmaßlichen Mörders einschränkt – wozu der Gesetzgeber das Mittel der *Apagōgḗ* bereitstellt. Diese Auffassung wird auch durch die Wortwahl gestützt: (1) περιέναι bezeichnet nicht das einmalige Betreten eines Ortes, sondern das ziellose ‚Herumlaufen', ‚Herumspazieren' (vgl. bei Dem. z.B. 21,104 κατὰ τὴν ἀγορὰν περιὼν ἀσεβεῖς καὶ δεινοὺς λόγους ἐτόλμα περὶ ἐμοῦ λέγειν; 4,10.48; 18,158; 19,2.188.189.229.242; 21,36). (2) Obwohl zahlreiche Verben für den Vorgang des ‚Ertappens' zur Verfügung stehen (καταλαμβάνειν, αἱρεῖν, φωρᾶν), wählt der Kläger das unspezifische ὁρᾶν, welches in seiner Grundbedeutung nicht mehr als die visuelle Wahrnehmung bezeichnet. (3) In Verbindung mit der Ortsangabe ἐν τοῖς ἱεροῖς καὶ κατὰ τὴν ἀγοράν (anstelle von ἐν τοῖς ἱεροῖς ἢ κατὰ τὴν ἀγοράν) ergibt sich die Gesamtvorstellung von einem mutmaßlichen Mörder, der nicht bei einer einmaligen Grenzübertretung ertappt, sondern bei der dauerhaften Teilnahme am öffentlichen Leben beobachtet wird.

Für das Partizip von περιέναι ist die Schreibweise περιών (mit Elision des Schlussvokals von περί) sowohl inschriftlich belegt als auch in vielen Codices überliefert; vgl. LSJ s.v. περίειμι. Für Dem. bot diese Form die Möglichkeit, einen Tribrachys zu vermeiden.

οὐκ οἴκαδε οὐδ' ὅποι βούλεται, ὥσπερ σὺ δέδωκας: Vgl. §§31f. Zur asyndetischen Anreihung des Gegensatzes vgl. Komm. zu §48 μὴ μὰ Δί'.

οὐδ' ὁτιοῦν: Vgl. Komm. zu §68 πλέον οὐδ' ὁτιοῦν ἕξει.

θανάτῳ ζημιωθήσεται: Die durch eine *Apagōgḗ* eingeleiteten Prozesse waren eigentlich ἀγῶνες τιμητοί, d.h. das Strafmaß wurde nach dem Schuldspruch in einer weiteren Abstimmung von den Geschworenen festgelegt. Man muss unsere Stelle nicht zwingend so auslegen, als sei das Verfahren der τίμησις in Mordfällen grundsätzlich nicht angewandt worden, sondern es ist denkbar, dass es sich zwar formal um einen ἀγὼν τιμητός handelte, die Strafe aber aufgrund der Schwere des Delikts de facto keine andere sein konnte als die Hinrichtung. Vgl. Gagarin 1979, 315.

χιλίας προσοφλήσει: Zu προσοφλισκάνω vgl. LSJ s.v. 2 „*lose one's suit and incur a penalty besides*" (meine Hervorhebung). Die Ellipse von δραχμαί bei χιλίαι ist nicht selten; vgl. LSJ s.v. χίλιοι 3 sowie Dem. 22,21.26.27.28; 24,3.7.

Erhielt der Ankläger in einem öffentlichen Prozess weniger als ein Fünftel der Richterstimmen, wurde er nicht nur mit der besagten Geldstrafe belegt, sondern verlor auch das Recht, jemals wieder in einem Fall gleicher Art Klage zu erheben; vgl. Hansen 1995, 199.

§81

ἀλλ' οὐχ οὗτος ἔγραψε ταῦτα: Vgl. Komm. zu §75 ἀλλ' οὐχ οὗτος οὐδὲν ἀφεῖλεν.

τὸν μὲν ἀθῷον αἰτιᾶσθαι: τὸν μὲν ist Subjektsakkusativ, ἀθῷον das zugehörige Prädikativum.

Im Unterschied zum *Apagōgḗ*-Verfahren sieht der Antrag des Aristokrates für denjenigen, der den Mörder des Charidemos anzeigt, nicht explizit eine Bestrafung für den Fall vor, dass sich die Beschuldigung als haltlos erweisen sollte. Vgl. auch §67 mit Komm. zu συκοφαντίαν δέδωκεν, wo derselbe Effekt für die Umgehung des Areopags und der Vereidigungspflicht konstatiert wird.

τὸν δὲ ἄκριτον παραχρῆμα ἐκδίδοσθαι: Vgl. §27 ἄκριτον τοῖς ἐπαιτιασαμένοις παρέδωκεν ὅ τι ἂν βούλωνται χρῆσθαι τὸν οὐδ' εἰ πεποίηκέ πω φανερόν.

ἐὰν δέ τις ... τοσούτοις νομίμοις ἀναιρουμένοις ... τοσούτοις δικαστηρίοις καταλυομένοις ... βοηθήσῃ: Wörtl.: ‚wenn einer all den Rechtsgrundsätzen, wenn sie aufgehoben werden, und all den Gerichtshöfen, wenn sie entmachtet werden, zu Hilfe kommt' = ‚wenn einer gegen die Aufhebung ... und Entmachtung ... einschreitet'. Zum Participium coniunctum im Sinne eines substantivierten Infinitivs bzw. eines Verbalsubstantivs vgl. KG II 78 Anm. 1, Schwyzer II 404 und z.B. Lys. 1,7 (sc. ἡ μήτηρ) πάντων τῶν κακῶν ἀποθανοῦσα (= durch ihren Tod) αἰτία μοι γεγένηται; Thuk. 3,20,1 τῷ ... σίτῳ ἐπιλειπόντι (= wegen des Mangels an) ἐπιέζοντο sowie Dem. 18,32 διὰ τούτους οὐχὶ πεισθέντας (= wegen der Missachtung) τῷ ἐμῷ ψηφίσματι mit Wankel z.St. (S. 268): „Die ‚ab urbe condita-Konstruktion' des prädikativen Partizips ist bei den Rednern nicht eben häufig ..., aber weder bei ihnen noch überhaupt im Griechischen so selten, wie man früher angenommen hat; sehr häufig ist sie bei Thukydides." Ausführlich dazu Jones 1939.

Der Kläger bezieht sich hier auf den Passus des Antrags, demzufolge jeder, der dem Verfolgten Unterschlupf gewährt, aus dem Bündnis auszuschließen sei (vgl. §91 ἐὰν δέ τις ἀφέληται ἢ πόλις ἢ ἰδιώτης, ἔκσπονδος ἔστω). Unabhängig davon, ob der Zufluchtsuchende schuldig oder unschuldig ist, wird seine Aufnahme als Verteidigung des geltenden Rechts interpretiert. Dass die als solche stilisierten Beschützer und Wahrer der Gesetze ihrerseits ohne ordentlichen Prozess bestraft werden sollen, bildet den Gipfel der Rechtswidrigkeit und den wirkungsvollen Abschluss des Exkurses.

ἃ θεοὶ κατέδειξαν: Zur Sache vgl. §66; zum Fehlen des Artikels vor θεοὶ und ἄνθρωποι vgl. Komm. zu §66 θεοί.

παρανομούμενον: Das seltene Passiv findet sich im Corpus Demosthenicum noch 54,2 und [Dem.] 35,45; 44,31.

οὐδὲ ... οὐδὲ: Das erste οὐδέ ist adverbial (‚auch nicht'), das zweite konnektiv; vgl. KG II 294,5 und Komm. zu §77 οὐχ ὅτι.

πῶς ἂν ἢ δεινότερον γένοιτο ἢ παρανομώτερον τούτου ψήφισμα;: Ganz ähnlich 24,90 πῶς ἂν ἀσυμφορώτερος ὑμῖν τούτου γένοιτο νόμος ἢ κάκιον ἔχων; Zu γένοιτο vgl. Komm. zu §75 πῶς γὰρ ἂν δίκαια ἅμα ταὐτὰ καὶ μὴ γένοιτο; fin.

§§82–85: Gesetz 9

Im Anschluss an die Ausführungen zu den einzelnen Blutgerichtshöfen wird ein weiteres Gesetz verlesen: Sei jemand eines gewaltsamen Todes gestorben, hätten seine Verwandten das Recht auf Geiselnahme, bis die Gegenseite sich entweder für den Mord zur Rechenschaft ziehen lasse oder den Mörder herausgebe. Die Geiselnahme dürfe sich auf bis zu drei Personen erstrecken, nicht darüber hinaus.

Das hier zitierte Gesetz, von dem sich in IG I³ 104 keine Spuren finden, ist unser einziges Zeugnis zur Anwendung der *Androlēpsía* (ἀνδροληψία) im Zusammenhang mit Tötungsdelikten. Da der Kontext fehlt, lässt sich der genaue Inhalt nicht zweifelsfrei erfassen. Unklar ist (1), auf welche spezielle Situation sich das Gesetz bezieht, (2), wen man sich als Subjekt der Verben ‚sich zur Rechenschaft ziehen lassen' (δίκας ὑπόσχωσιν; *díkas hypóschōsin*) und ‚herausgeben' (ἐκδῶσιν; *ekdósin*) vorzustellen hat, und (3), was ‚sich für den Mord zur Rechenschaft ziehen lassen' (δίκας τοῦ φόνου ὑπέχειν; *díkas toú phónou hypéchein*) konkret meint. Die Erklärungen der Lexikographen (Harpokration s.v. ἀνδροληψία [α 132], Pollux 8,50–51; Leg. Seg. pp. 213,20–214,2 Bekker; Suda s.v. ἀνδροληψία καὶ ἀνδρολήψιον) scheinen sich nicht aus einer über Demosthenes hinausgehenden Quelle zu speisen, haben also lediglich den Wert von Interpretationen (vgl. Lipsius 267 Anm. 8; Bravo 1982, 132; Phillips 2008, 243). Allein bei Pollux findet sich mit dem Zusatz ὁ δὲ ἀδίκως ἀνδροληψίᾳ κεχρημένος οὐκ ἀνεύθυνος ἦν („Wer aber unrechtmäßig die *Androlēpsía* anwendete, musste sich dafür verantworten") ein Element, das sich nicht unmittelbar aus dem Demosthenes-Text ableiten lässt.

Sowohl die Lexikographen als auch die moderne Forschung beziehen das Gesetz mehrheitlich auf den Fall, dass ein Athener in einer fremden Stadt getötet wurde und diese Stadt den Täter nicht ausliefert. Im Zuge der Strafverfolgung sei es den Verwandten des Opfers erlaubt, bis zu drei Bürger des Staates, dem der Mörder angehört bzw. in dem der Mörder sich aufhält, als Geiseln zu nehmen (Lipsius 267; MacDowell 1963, 27ff.; Canevaro 2013a, 73f.; zur Ausdehnung der athenischen Rechtsordnung auf andere Staaten vgl. Einleitung, S. 18 mit Anm. 76). Subjekt von ‚sich zur Rechenschaft ziehen lassen' (δίκας ὑπόσχωσιν) und ‚herausgeben' (ἐκδῶσιν) wären somit die Bürger einer anderen Stadt. Aber was bedeutet dann ‚sich für den Mord zur Rechenschaft ziehen lassen' (δίκας τοῦ φόνου ὑπέχειν)? MacDowell 1963, 29f. weist zu Recht Lipsius' Auslegung, dass der betreffende Staat „die Mörder ... zur gerichtlichen Verantwortung zog" (Lipsius

267), aus sprachlichen Gründen zurück: δίκας ὑπέχειν heißt nicht ‚jmdm. den Prozess machen', sondern ‚sich einem Prozess unterziehen'. Seine eigene Erklärung, wonach der Staat, dessen Bürger als Geiseln genommen worden sind, vor Gericht zu beweisen habe, dass man den Mörder nicht beherberge (MacDowell 1963, 30), ist jedoch sprachlich ebenso problematisch, da der Gegenstand des Prozesses ausdrücklich mit δίκας τοῦ φόνου ὑπόσχωσιν (‚sich für den Mord zur Rechenschaft ziehen lassen') angegeben ist (vgl. Bravo 1982, 143f.). Bravo 1982, 144 setzt mit allzu großer Selbstverständlichkeit die im Gesetz formulierte Aussage „jusqu'à ce que la cité des meurtriers se soit soumise à un procès judicaire portant sur l'homicide" mit der Aussage „jusqu'à ce que la cité des meurtriers ait accordé aux parents du tué la possibilité d'intenter aux meurtriers un procès pour homicide" gleich. Dem Wortlaut des Gesetzes am nächsten kommt Phillips' Interpretation, wonach sich die Polis, die die Auslieferung verweigere, stellvertretend für den Mörder in Athen vor Gericht zu verantworten habe. Phillips räumt allerdings selbst ein, dass unklar bleibt, wie ein solcher Prozess praktisch durchgeführt worden sein mag und welche Bestrafung die angeklagte Stadt zu gewärtigen hatte (Phillips 2008, 247). Seine Datierung des Gesetzes in das 5. Jh. und die Annahme, es sei noch während des Zweiten Attischen Seebunds gültig gewesen (Phillips 2008, 245ff.), wirft zudem die Frage auf, warum sich aus einer an literarischen Zeugnissen vergleichsweise reichen Zeit keine einzige Spur von der Anwendung dieses Rechtsmittels erhalten hat.

Allen bisher referierten Positionen ist gemeinsam, dass das Gesetz auf einen im Ausland verübten Mord bezogen und δίκας (*díkas*) im Sinne von ‚Prozess' verstanden wird.

Eine grundsätzlich andere Auffassung vertritt Ruschenbusch 1960, 142: „Der Blutschuldige hat sich dem Zugriff der Angehörigen (sc. des Opfers) entzogen. Um nun die Zahlung des Wergeldes oder die Auslieferung des Täters zu erzwingen, greifen die Verfolgungsberechtigten zu Repressalien gegen die Angehörigen des Täters. Das Gesetz behandelt die Tötung auf *athenischem* Gebiet, und die Beschränkung der Androlepsia ist zu verstehen als ein Bestreben des Gesetzgebers, die Fehde einzuschränken und den Landfrieden zu sichern." Der von Phillips 2008, 244 unter Berufung auf MacDowell 1963, 28–30 erhobene Einwand, die Zahlung von Wergeld sei durch die drakontische Rechtsprechung aufgehoben worden, entbehrt einer zuverlässigen sachlichen Grundlage; vgl. Carawan 1998, 150–154 und Heitsch 1984, 12. Ebenso wenig verfängt Bravos sprachliches Argument: „le sens technique de δίκας ὑπέχειν est celui de 'se soumettre à un procès judicaire'" (Bravo 1982, 143). Die Grundbedeutung von δίκας ὑπέχειν (díkas hypéchein) ist ‚sich verantworten', ‚sich zur Rechenschaft ziehen lassen', was konkret sowohl ‚büßen' als auch ‚sich einem Gerichtsprozess stellen' heißen kann (vgl. Komm. zu §82 δίκας ... ὑπόσχωσιν). Im Hinblick auf die praktische Durchführung erscheint Ruschenbuschs Erklärung plausibler: Bezöge sich das Gesetz auf einen im Ausland an einem Athener verübten Mord, müssten die Angehörigen des Opfers entweder darauf hoffen, dass sich Bürger des betreffenden Staates zufällig in Athen aufhalten, oder aber sich selbst auf die beschwerliche Reise machen, Geiseln nehmen und diese nach Athen schaffen. Im Vergleich dazu dürfte die Festnahme von Bürgern der eigenen Stadt wesentlich einfacher zu realisieren gewesen sein. Es spricht also wenig dagegen und vieles dafür, das Gesetz mit Ruschenbusch folgendermaßen zu verstehen: Im Falle eines Tötungsdelikts ist es der Familie des Opfers erlaubt, diejenigen, die den Täter widerrechtlich der Strafverfolgung entziehen, durch die Gefangennahme von bis zu drei (ihnen nahestehenden) Personen solange unter Druck zu setzen, bis sie entweder (materielle) Genugtuung für das Verbrechen leisten oder den Täter herausgeben.

Der Kläger präsentiert eine sehr eigenwillige Interpretation des Gesetzestextes: Mit dem Wort ‚gewaltsam' habe der Gesetzgeber signalisieren wollen, dass von einer ‚ungerechten' Tötung die Rede sei. Außerdem wird dem Gesetz die Festlegung einer bestimmten Reihenfolge der Maßnahmen entnommen: Zuerst werde Buße / ein Prozess verlangt, im Falle der Verweigerung die Auslieferung des Mörders, und erst wenn dies beides nicht erfolge, sei die Geiselnahme erlaubt. Gegen das zitierte Gesetz verstoße Aristokrates, indem er (1) die Umstände der Tötung nicht näher definiere, (2) die Auslieferung fordere, bevor er Buße / einen Prozess verlangt habe, und (3) diejenigen verschone, die den Mörder innerhalb des Gebietes, in dem der Mord verübt wurde, der Verfolgung entzögen, während er die, die den Schutzflehenden im Ausland aufnähmen, mit dem Ausschluss aus dem Bündnis bestrafe.

Die Ausführungen des Klägers tragen zum besseren Verständnis des Gesetzes wenig bei, da sie ausschließlich darauf abzielen, einen möglichst großen Widerspruch zum Antrag des Aristokrates zu konstruieren. Aristokrates hatte für den Fall, dass eine Stadt oder eine Privatperson den Mörder des Charidemos der Strafverfolgung entziehe, als Sanktion den Ausschluss der betreffenden Stadt aus dem Bündnis angeordnet (vgl. §91 ... ἐάν δέ τις ἀφέληται ἢ πόλις ἢ ἰδιώτης, ἔκσπονδος ἔστω). Das Gesetz bietet sich insofern scheinbar für einen Vergleich an, als eine ähnliche Situation, die verweigerte Herausgabe bzw. Auslieferung eines Mörders, zugrundeliegt. Von diesem Anknüpfungspunkt aus geht der Kläger in seiner Interpretation jedoch eigene Wege. Er macht zum Subjekt von ὑπόσχωσιν (*hypóschōsin*) in §84 und §85 (οὗτοι), παρ' οἷς ἂν τὸ πάθος γένηται („diejenigen, bei denen die Tat geschah"), bei der Rekapitulation seiner Argumente in §218 (οὗτοι), παρ' οἷς ἂν ὁ δράσας ᾖ („diejenigen, bei denen sich der Täter aufhält"). Vor allem ersteres mag die Lexikographen zu dem Schluss verleitet haben, dass an ein im Ausland verübtes Verbrechen zu denken sei; im Gesetz selbst findet sich darauf aber kein Hinweis. Was der Kläger damit genau meint, bleibt unklar (vgl. Komm. zu §84 παρ' οἷς ἂν τὸ πάθος γένηται); wichtig für ihn ist allein, den Eindruck zu vermitteln, dass das Gesetz die Maßnahme der *Androlēpsía* nur gegen diejenigen zulasse, die den Mörder widerrechtlich der Festnahme entziehen, während Aristokrates auch diejenigen nicht (ausdrücklich) von der Bestrafung ausnehme, die den Täter als Schutzflehenden aufnehmen, wie es das Recht nicht nur erlaube, sondern sogar gebiete (vgl. Komm. zu §85 τούτους μὲν ... τούς δὲ).

Ebenfalls im Vagen lässt der Kläger sein Verständnis der Wendung δίκας ὑπέχειν (*díkas hypéchein*). Wie die Zusammenfassung in §85 zeigt, wo eindeutig von einem Prozess die Rede ist (τῷ μηδεμίαν κρίσιν εἰπεῖν; „indem er keinen Prozess erwähnt"), scheint er die Ambiguität des δίκη-Begriffs ganz bewusst aufrecht zu erhalten, um Aristokrates abermals das Versäumnis, ausdrücklich einen Prozess anzuordnen, vorwerfen zu können. Vorbereitet wird dies durch die Aussage „Dann hat er, noch bevor er verlangt hat, Vergeltung zu erhalten, sofort geschrieben, er [sc. der mutmaßliche Täter] solle abgeführt werden können" (εἶτα πρὸ τοῦ δίκην ἀξιῶσαι λαβεῖν εὐθὺς ἔγραψεν ἀγώγιμον εἶναι, §84, vgl. auch den Kommentar z.St.). Dieser Punkt hat, anders als der Kläger suggeriert, keine direkte Entsprechung im Gesetz, da es dort nicht, wie im Antrag, um die Freigabe zur Festnahme (ἀγώγιμον εἶναι), sondern um die Forderung einer Herausgabe geht und sich das wie auch immer zu verstehende δίκην ἀξιῶσαι λαβεῖν (‚Vergeltung verlangen') mithin an die Beschützer des Täters, nicht an diesen selbst richtet. Offenbar ist es der hier benannte Vorgang, der in §85 in der entscheidend abgewandelten Form κρίσιν εἰπεῖν (‚einen Prozess erwähnen') wieder aufgenommen und wie ein zusätzlich im Gesetz aufgeführtes Element δίκας αἰτεῖν (‚einen Prozess fordern'), was wohl – aus der Perspektive der Rächer – der Formulierung δίκας ὑπέχειν (‚sich zur Rechenschaft ziehen lassen') im Gesetzestext entspricht, zur Seite gestellt wird. Den letzten Schritt in die Richtung der für sein Argumentationsziel günstigen Auslegung von δίκη im Sinne von κρίσις (‚Prozess') vollzieht der Kläger in der Peroratio, wo alle verlesenen Gesetze noch einmal rekapituliert werden. Dort ersetzt er δίκας αἰτεῖν (,Rechenschaft fordern') kurzerhand durch κρίσιν αἰτεῖν (,einen Prozess fordern') (οὐδεμίαν κρίσιν οὔτ' αὐτὸς εἰπὼν οὔτε παρ' ὧν ἀξιοῖ λαβεῖν αἰτήσας, §217; vgl. Komm. z.St.). Aus alldem kann aber weder darauf geschlossen werden, was das Gesetz eigentlich aussagt, noch auch nur, wie es der Kläger, respektive Demosthenes, wirklich verstand.

Aus der Summe dieser und weiterer kühner Texterklärungen (vgl. dazu die einzelnen Lemmata) ergibt sich für das Verhältnis zwischen Gesetz und Dekret, wie es der Kläger sehen will, folgendes: Das Gesetz ,bestrafe' diejenigen, die jemanden, der (1) unberechtigterweise getötet habe (erschlossen aus βιαίῳ θανάτῳ) und von dem (2) bereits Vergeltung gefordert worden sei (Bezug zum Gesetzestext unklar), (3) rechtswidrig (im Gesetz nicht ausdrücklich gesagt, aber als selbstverständlich vorauszusetzen) der Strafverfolgung entziehen, mit *Andrŏlēpsia*, nachdem sie zuerst die Forderung nach (4) Genugtuung (δίκας ὑποσχεῖν), dann die Forderung nach (5) Herausgabe des Mörders (τοὺς ἀποκτείναντας ἐκδοῦναι) verweigert hätten. Im Gegensatz dazu schließe die Formulierung des Dekrets nicht den Fall aus, dass Menschen oder Städte, die jemanden, der (1) berechtigterweise getötet habe und (2) noch nicht vor Gericht geladen worden sei, (3) nach geltendem Recht als Schutzflehenden aufnähmen, sofort mit Ausschluss aus dem Bündnis bestraft würden, ohne dass sie zuvor dazu aufgefordert würden, (4) Genugtuung zu leisten und (5) den Mörder auszuliefern.

Die ,Interpretationsfreiheiten', die sich der Kläger auch bei diesem Gesetz erlaubt, könnten ein weiteres Indiz dafür sein, dass es sich um ein drakontisches Gesetz handelt, welches der Weisung seines Urhebers gemäß (vgl. §62) zwar formal noch in Kraft war, aufgrund der veränderten Zeitumstände aber keine Anwendung mehr fand. Unter dieser Voraussetzung wird der Bezug auf Mordtaten, die von Ausländern im Ausland gegen Athener verübt wurden, noch unwahrscheinlicher, da das drakontische Corpus, soweit es den zugegebenermaßen sehr spärlichen Zeugnissen zu entnehmen ist, ausschließlich die innerathenische Strafverfolgung regelte.

§82

Ἆρά τις ἡμῖν ἔτι λοιπός ἐστι νόμος; δεῖξον.: Ganz im Einklang mit seiner Selbstcharakterisierung als eher unerfahrener Redner (vgl. §§4f.) gibt sich der Kläger den Anschein, als habe ihn seine Begeisterung für die

Rechtsinstitutionen der Stadt vorübergehend aus dem Konzept gebracht. Der kleine ‚Aussetzer' lockert die Rede auf, lässt den Kläger menschlich-sympathisch wirken und nimmt den Geschworenen den Argwohn, von einem professionellen Überredungskünstler manipuliert zu werden. So schon Weber z.St. („Quae dicendi forma ut iucundam facit orationem et varietate delectat, ita etiam in animis eorum qui audiunt, levat suspicionem, se posse eloquentia decipi"), der zu dieser Strategie auf Hermogenes, meth. 17 verweist: Ἐν δὲ τῇ δικανικῇ, κἂν ἐσκεμμένος ἥκῃς, προσποιοῦ αὐτόθεν λέγειν, ὅπερ ποιοῦσι πάντες οἱ παλαιοί· γράψαντες γὰρ πάντες ὑποκρίνονται σχεδιάζειν – διὰ τί; ὅτι ὁ δικαστὴς ὑποπτεύει τὸν ῥήτορα καὶ δέδοικε, μὴ ἐξαπατηθῇ τῇ δυνάμει τῆς ῥητορικῆς. αὐτὸ τοίνυν τοῦτό ἐστι τέχνη τοῦ ῥήτορος τὸ δοκεῖν αὐτόθεν λέγειν, ἵνα καὶ οὕτως ὁ δικαστὴς παραχθῇ. Zu ähnlichen Vorspiegelungen unvorbereiteten Redens vgl. bei Dem. 21,110 τουτὶ γὰρ αὖ μικροῦ παρῆλθέ με εἰπεῖν; 19,234; 20,84; 23,87 sowie [Dem.] 40,58.

Zu den von den Prozessparteien zusammengestellten Dossiers, die dem Gerichtsdiener zur Verlesung vorlagen, vgl. Einleitung, Kap. 6.

λέγε: Vgl. Komm. zu §22 λέγε.

βιαίῳ θανάτῳ: Vgl. Hdt. 7,170,1 λέγεται γὰρ Μίνων κατὰ ζήτησιν Δαιδάλου ἀπικόμενον ἐς Σικανίην τὴν νῦν Σικελίην καλευμένην ἀποθανεῖν βιαίῳ θανάτῳ; Plat. rep. 566b1–3 ἐὰν δὲ ἀδύνατοι ἐκβάλλειν αὐτὸν (sc. den Tyrannen) ὦσιν ἢ ἀποκτεῖναι διαβάλλοντες τῇ πόλει, βιαίῳ δὴ θανάτῳ ἐπιβουλεύουσιν ἀποκτεινύναι λάθρᾳ. Die Zitate zeigen, dass βιαίως nicht ohne Weiteres mit ἀδίκως gleichzusetzen ist, wie der Kläger in §83 behauptet. Wenn jemand eines gewaltsamen Todes stirbt, bedeutet dies nicht zwingend, dass er diesen Tod nicht verdient hätte.

ὑπὲρ τούτου: Im gegebenen Kontext, vor allem in Verbindung mit τοῖς προσήκουσιν, ist hier eher an den Genitiv des Maskulinums als an den des Neutrums zu denken. Vgl. auch Bravo 1982, 139f. Zur Problematik vgl. Komm. zu §41 τὴν αὐτὴν ὑπὲρ αὐτοῦ δίκην δέδωκεν.

τὰς ἀνδροληψίας ... τὴν ... ἀνδροληψίαν: Durch den Plural werden die konkreten Einzelfälle in den Blick genommen (‚immer wenn ..., sind jeweils Geiselnahmen erlaubt'), während der Singular die Maßnahme als Abstraktum bezeichnet; vgl. KG I 17. Anders Bravo 1982, 142, der unter ἀνδροληψίαι ‚le droit de prendre des hommes', unter ἀνδροληψία ‚la prise d'hommes' verstehen will, überzeugende Belege für eine solche Interpretation des Numerus aber schuldig bleibt.

ἕως ἄν ...: Die zeitliche Bedeutung geht hier in eine finale über (,so lange, bis dadurch erreicht ist, dass ...'); vgl. Goodwin, MT §614 und z.B. Isokr. 6,74 (φημὶ χρῆναι) ἄγειν καὶ φέρειν τοὺς πολεμίους καὶ κατὰ γῆν καὶ κατὰ θάλατταν, ἕως ἂν παύσωνται τῶν ἡμετέρων ἀμφισβητοῦντες.

δίκας ... ὑπόσχωσιν: δίκας (oder δίκην) ὑπέχειν (,sich zur Rechenschaft ziehen lassen') wird sowohl im Sinne von ,Genugtuung leisten', ,büßen' (Hdt. 2,118,3 [bei LSJ s.v. δίκη IV.3 fälschlich unter der Bedeutung ,stand trial' eingeordnet]; Isokr. 20,17; Dem. 23,55; Polyb. 5,42,6) als auch im Sinne von ,sich einem Prozess stellen' (Dem. 23,77; Plat. leg. 762a6f.; 909c5f.; Dion. Hal. ant. 5,61,5; Polyb. 16,27,2) verwendet. Zur Bedeutung an unserer Stelle vgl. die Einleitung zu §§82–85.

μέχρι τριῶν: Sc. ἀνθρώπων.

καλῶς καὶ δικαίως: Zur Verbindung der Adverbien vgl. 19,331; 20,98; 23,169; 24,38 und Roschatt 1896, 31.

σκέψασθε ... ὡς νομίμως καὶ σφόδρα ἀνθρωπίνως κεῖται: Zur vorweggenommenen Bewertung vgl. Komm. zu §19 σκοπεῖσθε ὡς δίκαια ἐρῶ; zur Verbindung von ὡς mit zwei Adverbien, von denen das zweite durch σφόδρα verstärkt wird, vgl. Komm. zu §29 σκέψασθε ... καὶ θεωρήσατε, ὡς καλῶς καὶ σφόδρ' εὐσεβῶς. Zu ἀνθρωπίνως vgl. Komm. zu §44 ἀνθρωπίνως.

Dass ein νόμος sich νομίμως verhält, sollte sich eigentlich von selbst verstehen; hier ist wohl an die Übereinstimmung mit dem allgemeinen Rechtsempfinden im Sinne des κοινὸς πάντων ἀνθρώπων νόμος zu denken (vgl. §85 und §61 mit Komm. z.St.).

§83

πρῶτον μὲν δή: Zum μέν-solitarium vgl. Denn. GP 380ff., speziell zur Kombination mit πρῶτον 382 (iv).

τὸ "βιαίως": Vgl. Komm. zu §46 τὸ "πέρα ὅρου".

σύμβολον: ‚(Erkennungs)zeichen'; dass sich ausgerechnet die Gesetzessprache anstelle eindeutiger Formulierungen entschlüsselungsbedürftiger ‚Zeichen' bedienen sollte, die auf das eigentlich Gemeinte hinweisen, ist ebenso abwegig wie die auf der Grundlage dieser Annahme vorgenommene Gleichsetzung von βιαίως mit ἀδίκως. Vgl. Komm. zu §82 βιαίῳ θανάτῳ. Zum möglichen Motiv für diese ‚Interpretation' des Gesetzestextes vgl. Komm. zu §85 οὐκοῦν καὶ ... παρὰ τοῦτον εἴρηκε τὸν νόμον.

σκοπεῖσθε ὡς καλῶς: Vgl. Komm. zu §19 σκοπεῖσθε ὡς δίκαια ἐρῶ.

πρότερον μὲν ... μετὰ ταῦτα δέ: Weder, dass die Geiselnahme erst dann erlaubt ist, wenn zuvor erhobene Forderungen nicht erfüllt wurden, noch, dass bei diesen Forderungen das δίκας ὑπέχειν zeitliche Priorität vor dem ἐκδοῦναι hat, ist dem Gesetzestext zu entnehmen. Der Zweck dieser Manipulation scheint zu sein, Aristokrates vorwerfen zu können, die hier vermeintlich vorgegebene Reihenfolge nicht eingehalten zu haben (vgl. Komm. zu §84 εἶτα πρὸ τοῦ δίκην ἀξιῶσαι λαβεῖν εὐθὺς ἔγραψεν ἀγώγιμον εἶναι).

τὸ ἀνδρολήψιόν: Lipsius 267 Anm. 10 sieht den Unterschied zu dem im Gesetz verwendeten Begriff ἀνδροληψία darin, „dass ἀνδρολήψιον das Recht, ἀνδροληψία die diesem gemäß ausgeübte Handlung bezeichnet".

παρὰ τοίνυν ὅλον τοῦτον τὸν νόμον εἴρηται τὸ ψήφισμα: In Wirklichkeit hat kaum eines der zitierten Gesetze so wenige Berührungspunkte mit dem Antrag des Aristokrates wie dieses. Vgl. Komm. zu §85 οὐκοῦν καὶ ... παρὰ τοῦτον εἴρηκε τὸν νόμον.

§84

πρῶτον μὲν ... οὐδέν: Zum Vorwurf vgl. §50.

ὅλως: „Das ... Adverb ..., das für Steigerung, Zusammenfassung bzw. Generalisierung vielfältig verwendbar war, ist sehr häufig bei D. ...; es wird auch von Isokr. und Aisch. öfter gebraucht, sonst bei den Rednern nur noch zweimal von Lykurg" (Wankel zu 18,190 [S. 901]; Wankels Klassifizierung von ὅμως als „junge[s] Adverb (erst 4. Jh.)" stehen die Belege Archil. fr. 330,3 W. und Thgn. 73 entgegen). Zum generalisierenden Gebrauch vgl.

z.B. Dem. 21,46 ἐπειδὴ δ' εὗρεν οὐκ ἐπιτήδειον (sc. τὸ πρᾶγμα), μήτε πρὸς δοῦλον μήθ' ὅλως ἐξεῖναι πράττειν ἐπέταξεν; 21,65.101; 9,38.

εἶτα: Zum fehlenden δέ vgl. Komm. zu §40 πρῶτον μὲν ... εἶτα.

εἶτα πρὸ τοῦ δίκην ἀξιῶσαι λαβεῖν εὐθὺς ἔγραψεν ἀγώγιμον εἶναι: Ein Widerspruch zum Gesetzestext liegt objektiv nicht vor, da sich das Gesetz nicht auf die Situation der Festnahme, sondern auf die einer Herausgabeforderung bezieht (vgl. die Einleitung zu §§82–85). Der Kläger versucht diesen Sachverhalt zu verschleiern, indem er – offenbar unter Anknüpfung an seine eigenwillige Paraphrase des Gesetzes, wonach z u - e r s t Genugtuung zu fordern, d a n n die Auslieferung zu verlangen sei (vgl. Komm. zu §83 πρότερον μὲν ... μετὰ ταῦτα δέ) – erstens ἐκδοῦναι bzw. ἔκδοτον εἶναι mit ἀπαγαγεῖν bzw. ἀγώγιμον εἶναι gleichsetzt, zweitens zum Adressaten der Forderung nach Genugtuung nicht, wie es das Gesetz vorsieht, die Beschützer des Mörders, sondern den Mörder selbst macht und drittens auf der ‚richtigen' Reihenfolge insistiert (πρὸ τοῦ ... εὐθὺς ...). Auf diesem Weg gelangt er zu demselben Vorwurf, den er in ähnlicher Formulierung bereits in §27 gegen Aristokrates erhoben hatte: ἀνελὼν τὸ δίκην ὑπέχειν ἀγώγιμον εὐθὺς ἐποίησεν. Der Wendung δίκην ὑπέχειν entspricht hier in Umkehrung der Perspektive δίκην λαβεῖν; den gesamten Ausdruck δίκην ἀξιῶσαι λαβεῖν (wörtl. ‚Vergeltung fordern') möchte der Kläger offenbar im Sinne von ‚vor Gericht zitieren' verstanden wissen, wie es, nunmehr unmissverständlich auf einen Prozess bezogen, in §85 rekapituliert wird (τῷ μηδεμίαν κρίσιν εἰπεῖν). Dass bei δίκην ἀξιῶσαι λαβεῖν tatsächlich der Gedanke an eine gerichtliche Auseinandersetzung mitschwingen kann, zeigt sich z.B. 18,279 μηδενὸς δὲ ἀδικήματος πώποτε δημοσίου, προσθήσω δὲ μήδ' ἰδίου, δίκην ἀξιώσαντα λαβεῖν παρ' ἐμοῦ μήθ' ὑπὲρ τῆς πόλεως μήθ' ὑπὲρ αὑτοῦ, στεφάνου καὶ ἐπαίνου κατηγορίαν ἥκειν συνεσκευασμένον καὶ τοσουτουσὶ λόγους ἀνηλωκέναι ἰδίας ἔχθρας καὶ φθόνου καὶ μικροψυχίας ἐστὶ σημεῖον, οὐδενὸς χρηστοῦ. Vgl. auch die formelhafte Verbindung mit δίκην διδόναι in §66: δίκας φόνου θεοὶ καὶ δοῦναι καὶ λαβεῖν ἠξίωσαν καὶ δικασταὶ γενέσθαι διενεχθεῖσιν ἀλλήλοις.

παρ' οἷς ἂν τὸ πάθος γένηται: Es scheinen diejenigen gemeint zu sein, die den Mörder innerhalb des Gebietes (sei es ein anderer Staat, sei es ein Ort innerhalb Attikas), in dem der Mord verübt wurde, widerrechtlich der Bestrafung entziehen und mit denen im Folgenden (§85) diejenigen kontrastiert werden, die einem Schutzflehenden im Ausland Zuflucht gewähren. Wenn in §218 auf dieselben Personen als (οὗτοι), παρ' οἷς ἂν ὁ δράσας ᾗ rekurriert wird, so liegt darin kein Widerspruch (wie MacDowell 1963, 29 meint); vielmehr ergänzen die beiden Umschreibungen einander komplementär: Es handelt sich um diejenigen, in deren Stadt das Verbrechen geschah und bei denen der Täter sich aufhält – was in dieser Kombination strafbar ist. Für die Bewertung der Argumentation ist zu beachten, dass der Personenkreis, gegen den das Mittel der ἀνδροληψία angewendet werden darf, nur vom Kläger, nicht aber vom Gesetzgeber definiert wird.

Zu τὸ πάθος (,das Verbrechen') vgl. §27.

κατὰ τούτων: Aus dem sehr unbestimmt gehaltenen Ausdruck geht nicht hervor, ob aus den Reihen derer, die den Mörder beherbergen, Geiseln genommen werden oder ob die Geiselnahme in dem Sinne ,gegen sie' gerichtet ist, dass sie durch die Entführung ihnen nahestehender Personen unter Druck gesetzt werden.

τὸ ἀνδρολήψιον: Vgl. Komm. zu §83 τὸ ἀνδρολήψιόν.

§85

τούτους μὲν … τοὺς δὲ: Um den Eindruck zu verfestigen, dass Aristokrates genau das Gegenteil von dem anordnet, was der Gesetzgeber für richtig hält, differenziert der Kläger zwischen denen, die einen flüchtigen Mörder der gerechten Strafverfolgung entziehen (τούτους μέν), und denen, die einem schutzflehenden Flüchtling Aufnahme gewähren (τοὺς δέ). Den Unterschied konstituiert allein der Ort, an dem sich der Mörder aufhält: Innerhalb des Gebietes, in dem der Mord verübt wurde, darf man dem Täter keinen Unterschlupf geben; außerhalb jenes Gebietes ist es ein Gebot der Menschlichkeit und Frömmigkeit (vgl. unten, Komm. zu ἐὰν μὴ τὸν ἱκέτην ἔκδοτον διδῶσιν), einem Schutzflehenden Zuflucht zu gewähren.

Der Vorwurf gegen Aristokrates ist rhetorisch geschickt präsentiert, aber sachlich haltlos: Dass sich diejenigen, die dem Mörder innerhalb Attikas Hilfe leisten, strafbar machen, ist selbstverständlich und muss von Aristokrates nicht im Antrag festgehalten werden. Dem Kläger gelingt hier eine doppelte Verdrehung der Tatsachen: Implizit folgert er (fälschlich) aus der Nicht-Erwähnung der inländischen Beschützer des Mörders, dass für diese keine Bestrafung vorgesehen sei, verschleiert aber diesen bewussten Fehlschluss, indem er die Straffreiheit als ein Faktum darstellt, zu dem die Nicht-Erwähnung noch eine Steigerung bilde (καὶ οὐδὲ …). Im zweiten Teil des Satzes konstruiert er den Extremfall (θήσω γὰρ οὕτω), dass das Dekret auch einen bereits im Exil befindlichen Flüchtling (τὸν ἤδη πεφευγότα) treffen könne. Die Anweisung des Aristokrates gilt aber nicht, wie der Kläger suggeriert, unlimitiert (vgl. unten τῷ πανταχόθεν διδόναι λαβεῖν), sondern schließt lediglich das Territorium der Bundesgenossen mit ein. Eine solche Ausweitung des Bannkreises per Dekret scheint nicht ungewöhnlich gewesen zu sein; sie ist z.B. Xen. hell. 7,3,11 für Theben belegt (ἀναμνήσθητε ὅτι καὶ ἐψηφίσασθε δήπου τοὺς φυγάδας ἀγωγίμους εἶναι ἐκ πασῶν τῶν συμμαχίδων) und für Athen inschriftlich in IG II² 24 fr. b (390/89 v.Chr.) ... καὶ] ἐάν τις ἀποκτε[ίνη]ι Ἄρχ[ιππον ἢ Ἵππα]-|[ρχον τ]ὸν Ἀρχίππο ἀδελ[φὸν], φεύγ[εν τὴν πόλιν] | [τ]ὴν Ἀθηναίων καὶ τὰ[ς ἄλλ]ας πόλ[ες, ὁπόσαι Ἀθ]-|ηναίων ἐσὶν σύμμαχο[ι ...

ἀθώους παρῆκε: Zu παρίημι („unbeachtet lassen') in Verbindung mit einem proleptischen prädikativen Adjektiv vgl. Plat. leg. 754a4 μὴ τοίνυν γιγνώσκοντές γε παρῶμεν αὐτὸ ἄρρητον.

Der Kläger scheint hier die ἀνδροληψία als eine Strafmaßnahme darstellen zu wollen. In Wirklichkeit ist sie ein Druckmittel, um die Herausgabe des Mörders zu erzwingen.

οὐδὲ λόγον πεποίηται περὶ αὐτῶν οὐδένα: Zu λόγον ποιεῖσθαι περί τινος i.S.v. ‚sich äußern über' vgl. bei Dem. 3,2; 20,58.99 (mit ὑπέρ statt περί); dagegen heißt λόγον ποιεῖσθαί τινος ‚Wert legen auf', ‚sich kümmern um'; vgl. Dem. 6,8; 28,16; 36,52; 54,6.

θήσω γὰρ οὕτω: Der Kläger will zeigen, welche Folgen die nachlässige Formulierung des Dekrets im äußersten Fall haben kann, und wählt daher das markante Beispiel des Schutzflehenden. Zu τίθημι vgl. Komm. zu §76 θήσω δὲ ἀδικοῦντα.

τοὺς ... {τοὺς} ὑποδεξαμένους: Zur Sperrung von Artikel und Substantiv bzw. Partizip vgl. Denniston 1952, 52f., der als weitere Beispiele Dem. 2,15; 5,5; 6,29; 18,146.254; 19,1.17.186; 23,190.201 anführt. Zum Hyperbaton bei Dem. vgl. auch Komm. zu §69 τῷ δ' ἐπιδεῖν διδόντα δίκην ἔξεστιν ... τὸν ἁλόντα fin. Der zusätzliche Artikel vor ὑποδεξαμένους geht möglicherweise auf eine den syntaktischen Bezug erklärende Notiz zurück, die in den Text eingedrungen ist.

κατὰ τὸν κοινὸν ἁπάντων ἀνθρώπων νόμον: Vgl. dazu §38f., §42 und Komm. zu §61 οὐ μόνον παρὰ τὸν γεγραμμένον νόμον, ἀλλὰ καὶ παρὰ τὸν κοινὸν ἁπάντων ἀνθρώπων.

νόμον, ὃς κεῖται τὸν φεύγοντα δέχεσθαι: Zu νόμος κεῖται mit Inf. bzw. A.c.I. vgl. Antiph. 5,10 ἀνταποθανεῖν τοῦ νόμου κειμένου τὸν ἀποκτείναντα, Xen. mem. 4,4,16 (= Antiph. Soph. frg. 44a10) πανταχοῦ ἐν τῇ Ἑλλάδι νόμος κεῖται τοὺς πολίτας ὀμνύναι ὁμονοήσειν und Isaios 6,9 οὑτοσὶ ὁ νόμος ... κοινὸς ἄπασι κεῖται, ἐξεῖναι τὰ ἑαυτοῦ διαθέσθαι, ἐὰν μὴ παῖδες ὦσι γνήσιοι ἄρρενες. An all diesen Stellen ist der Infinitiv jedoch als erklärender Zusatz zum Substantiv νόμος zu verstehen (‚es gibt die Vorschrift / den Brauch, zu ...'; vgl. KG II 4), während ihn Dem. hier vom Verb abhängen lässt, auf das die Semantik des Substantivs gewissermaßen ‚abfärbt': κεῖται (eigtl. ‚besteht') nimmt so die Bedeutung ‚besagt', ‚schreibt vor' an.

ἐὰν μὴ τὸν ἱκέτην ἔκδοτον διδῶσιν: Mit dem Begriff ἱκέτης hebt der Kläger das Geschehen in eine religiöse Sphäre. Der Schutzflehende begibt sich in die Obhut der Götter, indem er den Altar eines Heiligtums aufsucht oder auf andere Weise eine physische Verbindung mit einem heiligen Gegenstand herstellt (vgl. Traulsen 2004, 138ff.). Seine Abweisung oder gar Misshandlung kommt einem Sakrileg gleich; vgl. Traulsen 2004, 160 sowie Plat. leg. 730a4–9 ξενικῶν δ' αὖ καὶ ἐπιχωρίων ἁμαρτημάτων τὸ περὶ τοὺς ἱκέτας μέγιστον γίγνεται ἁμάρτημα ἑκάστοις· μεθ' οὗ γὰρ ἱκετεύσας μάρτυρος ὁ ἱκέτης θεοῦ ἔτυχεν ὁμολογιῶν, φύλαξ διαφέρων οὗτος τοῦ παθόντος γίγνεται, ὥστ' οὐκ ἄν ποτε ἀτιμώρητος πάθοι ὁ τυχὼν ὧν ἔπαθε; Paus. 7,25,1 φαίνεται δὲ καὶ ὁ θεὸς παραινῶν ὁ ἐν Δωδώνῃ νέμειν ἐς ἱκέτας αἰδῶ. Ἀθηναίοις γὰρ ... ἀφίκετο παρὰ τοῦ ἐν Δωδώνῃ Διὸς τὰ ἔπη τάδε· φράζεο δ' Ἀρειόν τε πάγον βωμούς τε θυώδεις / Εὐμενίδων, ὅθι χρὴ Λακεδαιμονίους ⟨σ'⟩ ἱκετεῦσαι / δουρὶ πιεζομένους. τοὺς μὴ σὺ κτεῖνε σιδήρῳ, μηδ' ἱκέτας ἀδικεῖν· ἱκέται δ' ἱεροί τε καὶ ἁγνοί und den im gegebenen Zusammenhang scherzhaften, aber die Konvention widerspiegelnden Ausspruch des Xenokrates τὸν ἱκέτην δεῖν μὴ ἐκδιδόναι (Diog. Laert. 4,10). Der Antrag des Aristokrates erhält durch die Erzeugung solcher Assoziationen die Dimension eines religiösen Frevels.

οὐκοῦν καὶ ... παρὰ τοῦτον εἴρηκε τὸν νόμον: Das zitierte Gesetz bildet den Abschluss der Reihe von φονικοὶ νόμοι (vgl. §86). Dem Kläger ist das Bestreben anzumerken, mit der Aufzählung der vermeintlichen Verstöße des Aristokrates gegen dieses Gesetz gleichzeitig eine Bilanz seiner bisheriger Ausführungen zu ziehen, wobei er die Kongruenz an einigen Punkten erzwingen muss:
 (1) μὴ προσθεῖναι πῶς, ἐὰν ἀποκτείνῃ weist auf §50, §§53ff. und §60 zurück; der Bezug zum vorliegenden Gesetz wird mit Gewalt hergestellt (vgl. Komm. zu §83 τὸ σύμβολον).

(2) μηδεμίαν κρίσιν εἰπεῖν ruft die Erläuterungen zu dem in §22 zitierten Gesetz in Erinnerung; der Kläger schiebt diesen Aspekt dem vorliegenden Gesetz gewissermaßen unter, ohne darüber Rechenschaft abzulegen, auf welche Stelle im Text er sich eigentlich bezieht (vgl. Komm. zu §84 εἶτα πρὸ τοῦ δίκην ἀξιῶσαι λαβεῖν εὐθὺς ἔγραψεν ἀγώγιμον εἶναι).

(3) πανταχόθεν διδόναι λαβεῖν wurde zu §28 thematisiert; ein direkter Widerspruch zum vorliegenden Gesetz besteht nicht, sondern wird erst durch die Erläuterungen in §85 (vgl. Komm. zu τούτους μὲν ... τούς δὲ) und durch die konsequente Nichtbeachtung der von Aristokrates vorgenommenen Beschränkung auf das Gebiet der Bundesgenossen konstruiert.

καὶ πᾶσιν: Zum zusammenfassenden Abschluss einer Aufzählung vgl. Komm. zu §65 καὶ ἱερῶν καὶ ὁσίων καὶ νομίμων καὶ πάντων ὅσων περ αὐτοῖς μέτεστιν.

§86: Gesetz 10

Das folgende Gesetz untersagt, ein Gesetz zu erlassen, welches nur für eine einzelne Person und nicht für alle Athener gleichermaßen gilt. Da Dekrete (*Psēphísmata*) in Übereinstimmung mit den Gesetzen (*Nómoi*) stehen müssten, habe Aristokrates mit seinem exklusiv auf Charidemos bezogenen Antrag gegen das Gesetz verstoßen.

Das gleiche Gesetz wird auch Dem. 24,59, [Dem.] 46,12 und, zusammen mit weiteren Bestimmungen, And. 1,87 zitiert (in der Ausgabe von Dilts/Murphy [Oxford 2018] mit Tilgungsklammern versehen):

ἀγράφῳ δὲ νόμῳ τὰς ἀρχὰς μὴ χρῆσθαι μηδὲ περὶ ἑνός. ψήφισμα δὲ μηδὲν μήτε βουλῆς μήτε δήμου νόμου κυριώτερον εἶναι. μηδὲ ἐπ' ἀνδρὶ νόμον ἐξεῖναι θεῖναι, ἐὰν μὴ τὸν αὐτὸν ἐπὶ πᾶσιν Ἀθηναίοις, ἐὰν μὴ ἑξακισχιλίοις δόξῃ κρύβδην ψηφιζομένοις.

In keiner Angelegenheit dürfen die Behörden ein Gesetz anwenden, das nicht schriftlich fixiert ist. Kein Dekret, weder des Rates noch des Volkes, darf höhere Gültigkeit haben als ein Gesetz. Und es ist nicht erlaubt, ein Gesetz gegen eine Einzelperson zu erlassen, wenn nicht dasselbe für alle Athener gilt, sofern es nicht sechstausend Bürger in geheimer Abstimmung beschließen.

Der Auszug gehört zu den ‚Metagesetzen', die im Zuge der Revision und Kodifikation des attischen Rechts Ende des 5. Jhs. zur Regelung der Gesetzgebungsprinzipien erlassen wurden; vgl. Hansen 1995, 172 u. 176. Das vollständige Zitat bei Andokides zeigt, dass auf Einzelpersonen bezogene *Nómoi* unter bestimmten Bedingungen zulässig waren (Hansen 1995, 179 nennt drei solcher Gesetze: IG II² 222,41–6; 330,18–23; Syll.³ 298,35–41). Im Regelfall schrieben *Nómoi* aber generelle Normen fest, die für alle Bürger gleichermaßen galten. Eben dies war es, was *Nómoi* grundsätzlich von *Psēphísmata* unterschied: Ein Dekret durfte sehr wohl exklusiv eine (meist namentlich benannte) Einzelperson betreffen, wie es, um ein Beispiel von vielen zu nennen, auch um das Jahr 336 der Fall war, als Ktesiphon beantragte, Demosthenes mit dem goldenen Kranz zu ehren.

Die Plumpheit des Täuschungsversuchs verwundert, zumal der Kläger nur wenig später (§88) mehrere auf Einzelpersonen bezogene Ehrendekrete verlesen lässt, wodurch die Rechtmäßigkeit dieser Praxis für alle erkennbar erwiesen wird – sofern er nicht durch eine entsprechende Selektion der vorgetragenen Passagen darüber hinwegzutäuschen vermochte; vgl. Komm. zu §88 αὐτὸ τοῦτο ἐξείλεκται.

§86

Λέγε δὴ τὸν ἐφεξῆς: Vgl. Komm. zu §37 τοὺς ἐφεξῆς νόμους.

ἐπ' ἀνδρὶ ... θεῖναι: Hier neutral ‚mit Blick auf einen Einzelnen erlassen'; ἐπί c. dat. bezeichnet häufiger ein Ziel im feindlichen Sinne (vgl. KG I 503), so z.B. in der ganz ähnlichen Wendung Plat. leg. 853c1f. τούτων ἀποτροπῆς τε ἕνεκα καὶ γενομένων κολάσεως τιθέναι ἐπ' αὐτοῖς νόμους; vgl. auch Dem. 24,70 ὅλος ἐξ ἀρχῆς ... ἐφ' ὑμῖν κεῖται (sc. ὁ νόμος).

ὦ ἄνδρες δικασταί: Vgl. Komm. zu §74 ὦ ἄνδρες δικασταί. Zur relativ häufigen Verwendung der seltenen Anrede nach der Verlesung von Gesetzen (wie auch unten, §87) Martin 2006, 81.

οὐδ' ὁτιοῦν δ': In der Verbindung οὐδέ ... δέ ist οὐδέ adverbial aufzufassen, δέ bildet die verbindende Partikel; vgl. Denn. GP 203. Zu οὐδ' ὁτιοῦν vgl. Komm. zu §68 πλέον οὐδ' ὁτιοῦν ἕξει.

εἴπερ καὶ ἄλλος τις: ‚wenn denn irgendein anderes (sc. Gesetz nicht weniger gut ist)'. Der Bedingungssatz drückt aus, „dass das im Hauptsatze ausgesprochene Prädikat einer Person oder Sache mehr als irgendeiner anderen zukomme" (KG II 573); gewöhnlich fehlt in diesen Fällen das Prädikat im Nebensatz. Vgl. bei Dem. z.B. 24,96 ἔστιν ὑμῖν κύριος νόμος, καλῶς εἴπερ τις καὶ ἄλλος κείμενος ...

ὁπότε: Zur Verwendung der temporalen Konjunktion in kausalem Sinne vgl. KG II 460 und bei Dem. in der Schlussfolgerung zum gleichen Gesetz 24,59 οὐκοῦν ὁπότε εἰσίν τινες οὓς ἀφορίζεις, οὐκ ἂν ἔτι εἴης ἐπὶ πᾶσι τὸν αὐτὸν (sc. νόμον) τεθεικώς.

κατὰ τοὺς νόμους: Die Formulierung ist doppeldeutig. κατὰ τοὺς νόμους meint gewöhnlich ‚gesetzesgemäß', d.h. ‚so, wie es die Gesetze vorschreiben'. Es kann aber auch ‚nach Art der Gesetze' heißen (vgl. Soph. Ai. 777 οὐ κατ' ἄνθρωπον φρονῶν). Der Kläger bereitet so den Trugschluss vor, dass ein Dekret, das nicht den für Gesetze geltenden Bestimmungen entspricht, gesetzwidrig sei.

οὐ γὰρ δήπου ... εἰρηκὼς εἴη: Der Kläger versucht, die Unrichtigkeit seiner Aussage dadurch zu verschleiern, dass er sie als unbestreitbare Selbstverständlichkeit präsentiert. Zum suggestiven δήπου vgl. Komm. zu §61 ἴστε γὰρ δήπου τοῦθ' ὅτι; zur Sache vgl. oben, Einleitung zu §86.

§87: Gesetz 11

Das Gesetz schreibt vor, dass kein Dekret des Volkes oder des Rates höhere Geltung haben dürfe als die Gesetze.

Die systematische Unterscheidung zwischen *Nómoi* als dauerhaften, generellen Normen und *Psēphísmata* als situations- oder personenbezogenen Einzelnormen erfolgte erst mit der Gesetzesrevision Ende des 5. Jhs.; vgl. dazu ausführlich Quass 1971 und Hansen 1978. Während über *Psēphísmata* weiterhin in der Volksversammlung entschieden wurde, ging die Gesetzgebung auf das zu diesem Zwecke eingesetzte Gremium der Nomotheten über; vgl. Hansen 1995, 173. Durch die Festschreibung des Primats dauerhafter Normen (*Nómoi*) gegenüber ephemeren Beschlüssen (*Psēphísmata*) wird der politische Einfluss des für vorübergehende Stimmungen und Demagogie anfälligen Volkes reduziert und somit die Verfassung stabilisiert; zur skeptischen Haltung gegenüber *Psēphísmata* im Unterschied zu *Nómoi* vgl. Aischin. 1,177f. und Aristot. pol. 4,4. 1292a6–11.

Das Gesetz wurde nach Hansen 1978, 324 (= 1995, 180) auf zwei Arten wirksam: „(a) If a new *nomos* was in conflict with previous *psephismata*, the *psephismata* were automatically null and void. (b) If a new *psephisma* was in conflict with any of the *nomoi* in force, the *psephisma* must be indicted as unconstitutional and rescinded by the court through a γραφὴ παρανόμων."

Der Kläger wirft Aristokrates vor, auch dieses Gesetz offenkundig missachtet zu haben, da sich in der Beantragung eines gesetzwidrigen Beschlusses nichts anderes als der Anspruch äußere, ein Dekret über das Gesetz zu stellen.

Tatsächlich würde nur ein Antrag, der ausdrücklich den Vorrang eines *Pséphisma* gegenüber einem *Nómos* forderte, gegen das zitierte Gesetz verstoßen. Der Antrag des Aristokrates enthält eine solche Forderung nicht. Deshalb muss der Kläger den Umweg über den vermeintlich implizit erhobenen Anspruch wählen. Die Logik der Beweisführung krankt unter anderem daran, dass die Gesetzwidrigkeit des Antrags, über die im laufenden Prozess erst noch zu befinden ist, bereits als Faktum vorausgesetzt und in Form einer petitio principii der Argumentation zugrunde gelegt wird.

§87

ἢ οὗτοι πάντες εἰσίν;: Vgl. Komm. zu §82 Ἆρά τις ἡμῖν ἔτι λοιπός ἐστι νόμος; δεῖξον.

Ψήφισμα ... μήτε βουλῆς μήτε δήμου: Dekrete konnten auch vom Rat allein, ohne Zustimmung durch die Volksversammlung, erlassen werden. Allerdings scheint diese Befugnis auf Angelegenheiten von geringerer Bedeutung beschränkt gewesen zu sein; über Anträge, die maßgebliche politische Fragen betrafen, wurde vom gesamten Volk entschieden. Vgl. Hansen 1995, 265.

ὑπείληφά: Zur Bezeichnung einer bis in die Gegenwart fortdauernden, zur Gewissheit verfestigten Vermutung durch das Perfekt von ὑπολαμβάνω vgl. auch Dem. 18,123.269; 19,3; 23,6.122 u.ö.

κατέκλεισεν: ‚einschließen', hier im Sinne von ‚(er)zwingen', ‚festlegen'; in Verbindung mit νόμῳ Dem. 4,33 ἂν ... πᾶσαν τὴν δύναμιν νόμῳ κατακλείσητε ἐπὶ τῷ πολέμῳ μένειν; And. 3,7.

ἴδιον πρᾶγμα: Vgl. Komm. zu §89 ἴδιόν τι.

τοῦτον τί τις ἄλλο ποιεῖν φήσει πλὴν …: Vgl. zur Formulierung 21,55 τὸν οὖν εἴς τινα τούτων … ὑβρίζοντα ἐπ᾽ ἔχθρᾳ … τοῦτον ἄλλο τι πλὴν ἀσεβεῖν φήσομεν;
  Zur rhetorischen Instrumentalisierung dieses Gesetzes in anderem Zusammenhang vgl. auch Dem. 24,30 καίτοι πῶς οὐ δεινὸν … εἰδότα … οὐκ ἐῶνθ᾽ ἕτερον νόμον ψήφισμα οὐδέν, οὐδ᾽ ἂν ἔννομον ᾖ, νόμου κυριώτερον εἶναι, γράψαι καὶ θεῖναι νόμον ὑμῖν κατὰ ψήφισμα, ὃ καὶ αὐτὸ παρὰ τοὺς νόμους εἰρημένον ᾔδει; und Hyp. Ath. 22 καὶ ὁ [μὲν Σόλων οὐδ᾽] ὃ δικαίως ἔγραφεν ψήφ[ισμά τις τῶν γε νόμων] οἴεται δεῖν κυριώ[τερον εἶναι, σὺ δὲ οἴει τ]ὰς ἀδίκους συνθ[ήκας δεῖν κρατεῖν πάντων τ]ῶν νόμων.

§§88–89: Musterdekrete

Durch die Verlesung von Dekreten, die für die aus seiner Sicht ‚wahren' Wohltäter der Stadt beschlossen wurden, möchte der Kläger demonstrieren, dass man einen Antrag mit Leichtigkeit gesetzeskonform formulieren könne, sofern man die aufrichtige Absicht habe, jemanden mit der Teilhabe an den Bürgerrechten zu ehren – und dies nicht nur zum Vorwand nehme, um der Stadt zu schaden. Mit der in den ‚vorbildlichen' Dekreten verwendeten Formel „Es soll dieselbe Strafe gelten, wie wenn jemand einen Athener tötet" sei die Autorität der Gesetze gewahrt und zugleich ihre Ehrwürdigkeit zum Ausdruck gebracht, da der Teilhabe an ihnen der Rang eines Geschenks zugemessen werde. Im Gegensatz dazu zeige Aristokrates seine Verachtung der Gesetze, indem er, als wären sie nichts wert, etwas Eigenes anordne. Auch lasse er das Bürgerrecht als geringfügiges Privileg erscheinen, da er Charidemos in der Meinung, ihm gebühre eine darüber hinausgehende Ehre, ermögliche, ohne Angst vor Sanktionen zu tun, was immer er wolle.

Die vom Kläger als musterhaft zitierte Schutzklausel findet sich so oder ähnlich in zahlreichen inschriftlich überlieferten Ehrendekreten, z.B. IG I³ 19,7–11; I³ 27,13–17; I³ 28,13–16; I³ 57,9–12; I³ 91,13–20; I³ 156,13–17; I³ 161,3–6; I³ 162,9–12; I³ 164,23–27; I³ 228,9–14; II² 32,9–14; II² 38,3–6; II² 226,34–40 (zusammengestellt von Koch 1989, 549–551; vgl. auch de Ste Croix 1961, 276 Anm. 1; Henry 1983, 168–171). Mehrheitlich handelt es sich um Proxeniedekrete, und damit um Ehrungen für Nicht-Athener. Der einzige Adressat, der über das Bürgerrecht verfügte, ist der Molosserkönig

Arybbas (IG II² 226; um 343/42). Für einen Ehrenbürger, der ohnehin vor dem Gesetz als Athener galt, stellte die Zusicherung, seine Ermordung wie die eines Atheners zu ahnden, kein zusätzliches Privileg, sondern allenfalls eine Bekräftigung seines Status dar. Zur Ehrung des Charidemos kam die vom Kläger favorisierte Formulierung daher kaum in Frage (vgl. Vorndran 1922, 11; Koch 1989, 552). Dementsprechend läuft der Vorwurf gegen Aristokrates nicht, wie es in §88 noch den Anschein hat, darauf hinaus, dass er den Antrag anders hätte formulieren müssen, sondern darauf, dass er ihn gar nicht hätte stellen dürfen, da Charidemos qua Bürgerrecht alle legalen Privilegien genieße und sich in jeder darüber hinausgehenden Gefälligkeit eine Geringschätzung dieses Bürgerrechts offenbare. Geschickt spricht der Kläger die patriotischen Gefühle seiner Zuhörer an, die sich durch Aristokrates in ihrem Stolz auf die Verfassung gekränkt fühlen sollen.

§88

ἓν ἢ δύο ψηφίσματα: Vgl. Dem. 18,95 ἓν ἢ δύο βούλομαι τῶν καθ᾽ ὑμᾶς πεπραγμένων καλῶν τῇ πόλει διεξελθεῖν und Wankel z.St. (S. 513): „Der Ausdruck εἷς καὶ (ἢ) δύο für ‚(nur) wenige‘ ist alt und sehr geläufig, vgl. die Beispiele bei Rehdantz, Index II s.v. (zwei der Homerzitate stimmen nicht) ... Die Wendung hat hier, wie oft bei der Ankündigung von Beispielen, prodiorthotische Funktion."

τοῖς ὡς ἀληθῶς εὐεργέταις: Indem der Kläger die ‚wahren‘ Wohltäter ausdrücklich von Charidemos abgrenzt, ruft er seine Ankündigung in Erinnerung, ihn als Feind der Stadt zu entlarven (§6 οἴομαι δείξειν οὐ μόνον οὐκ εὐεργέτην, ἀλλὰ καὶ κακονούστατον ἀνθρώπων ἁπάντων καὶ πολὺ τἀναντία ἢ προσῆκεν ὑπειλημμένον), und weist zugleich voraus auf den dritten Teil seiner Rede.

Zu ὡς ἀληθῶς vgl. Komm. zu §3 ὡς ἀληθῶς δὲ τὴν δικαίαν καὶ βεβαίαν φυλακὴν.

μεταδοῦναι τῶν ἡμῖν ὑπαρχόντων: Gemeint ist die partielle oder vollständige Teilhabe an den Bürgerrechten.

διὰ τοῦ ταῦτα δοκεῖν ποιεῖν βούληται κακουργεῖν καὶ παρακρούεσθαι: Auch dieser Gedanke knüpft fast wörtlich an das Proömium an; vgl. zu παρακρούεσθαι §1 παρακρουσθέντας (mit Komm.), zu κακουργεῖν §2 τὰ κεκακουργημένα, zur Diskrepanz zwischen Schein und Sein §3 δοκεῖν μὲν ... ὡς ἀληθῶς δέ.

μακρὸν ἀκούειν: „Adjektive, besonders die, welche einen Mangel oder eine Schwäche bezeichnen, werden auch im Positive in komparativischem Sinne mit dem Infinitive gebraucht ..., wenn die durch sie ausgedrückte Eigenschaft im Missverhältnisse zu der damit verbundenen Handlung steht" (KG II 503 Anm. 2; vgl. auch KG II 11). Vgl. And. 2,15 δεσμά τε ὕστερον καὶ κακὰ ὅσα τε καὶ οἷα τῷ σώματι ἠνεσχόμην, μακρὸν ἂν εἴη μοι λέγειν; Lys. 14,28 ὅσα μὲν οὖν ... ἡμάρτηκε, μακρὸν ἂν εἴη λέγειν.

αὐτὸ τοῦτο ἐξείλεκται: Möglicherweise gelang es dem Kläger durch eine geschickte Kürzung der Texte, ihren Bezug auf Einzelpersonen (und damit den Widerspruch zu seinen eigenen Ausführungen in §86) zu kaschieren. Die eigennützige Maßnahme ließ sich sogar noch als rücksichtsvolles Zugeständnis an die Konzentrationsfähigkeit des Publikums verkaufen.

περὶ οὗ τούτου κατηγορῶ: Zur Angabe des Bereichs, auf den sich ein Vorwurf bezieht, durch κατηγορεῖν περί τινος vgl. And. 1,110 κατηγόρησαν δέ μου καὶ περὶ τῆς ἱκετηρίας ὡς καταθείην ἐγὼ ἐν τῷ Ἐλευσινίῳ und Thuk. 8,85,2 κατηγορήσαντα τῶν ... Μιλησίων περὶ τοῦ φρουρίου. Im Unterschied dazu bezeichnet der Objektsakkusativ den konkreten Inhalt des Vorwurfs, z.B. κατηγορεῖν τινος ἁμαρτήματα wie Lys. 25,5.

§89

ὑπὲρ αὐτοῦ: Angesichts der Formulierung in IG II² 226,38–40 (τὰς αὐτὰς τιμω⟨ρ⟩ίας αἵ[περ] [κ]αὶ ὑπὲρ τῶν ἄλλων εἰσ[ὶν] Ἀθηναίων) bezeichnet das Pronomen wohl auch hier nicht die Sache, sondern die Person, in deren Interesse Vergeltung geübt wird. Zur Problematik vgl. Komm. zu §41 τὴν αὐτὴν ὑπὲρ αὐτοῦ δίκην δέδωκεν.

τὸν Ἀθηναῖον: Zum Artikel vgl. Komm. zu §37 ὥσπερ τὸν Ἀθηναῖον κτείναντα.

ἐῶντες ... ἀποφαίνοντες: Constructio ad sensum; die Partizipien werden angeschlossen, als wäre das Prädikat nicht φησίν, sondern das sinngleiche γεγράφασιν.

οἵ γε: Vgl. Komm. zu §34 ὅς γε.

ἐν δωρεᾶς ... τάξει: Während die Wendung ἐν τάξει τινός oft schlicht mit ‚als etwas' wiedergegeben werden kann, bewahrt hier der Begriff τάξις im Sinne von ‚Rang', ‚Stellung' sein Eigengewicht; ähnlich (allerdings mit dem Artikel) 18,63 πότερον αὐτὴν (sc. τὴν πόλιν) ἐχρῆν ... τὸ φρόνημα ἀφεῖσαν καὶ τὴν ἀξίαν τὴν αὑτῆς ἐν τῇ Θετταλῶν καὶ Δολόπων τάξει συγκατακτᾶσθαι Φιλίππῳ τὴν τῶν Ἑλλήνων ἀρχήν; vgl. auch Wankel z.St. (S. 382).

ἀλλ' οὐκ Ἀριστοκράτης, ἀλλά: Vgl. Komm. zu §50 ἀλλ' οὐ σοί.

προπηλακίζει: „apparently from πήλαξ = πηλός, though neither πήλαξ nor the simple πηλακίζω certainly existed" (LSJ s.v.), also eigentlich ‚mit Dreck bewerfen'. Zum Wortgebrauch vgl. Wankel zu 18,47 (S. 332f.): „Dieses Verbum ... kommt in der Kranzrede nur noch §256 vor, ist aber bei D. nicht selten ... Die Notiz „frequ. in Att. Prose" bei Lidd./Sc. s.v. ist einzuschränken. Häufig ist das Verbum außer im Corp. Dem. nur bei Platon; bei Thuk. z.B. nur zweimal ..., nur einmal bei Xenophon." Besonders oft verwendet Dem. das Verb – was angesichts der dem Prozessgegner vorgeworfenen Umgangsformen wenig verwundert – in der Rede *Gegen Meidias* (21,7.61.66.72.109.131.195.219); in unserer Rede noch §120 und §201.

ὡς γοῦν οὐδενὸς ἀξίων ὄντων: Zu γοῦν bei der Begründung einer Feststellung („part proof") vgl. Denn. GP 451 und Komm. zu §5 γοῦν; zur Verwendung in einer Parenthese Denn. GP 453. Zum Fehlen des (aus dem Zusammenhang leicht zu ergänzenden) Substantivs im Genitivus absolutus vgl. KG II 81 Anm. 2.

In S ist ὄντων ausgelassen; diese Variante wird von Butcher unter Verweis auf 20,47 (εἰ γάρ... ἡμεῖς ... οἱ λόγῳ ταῦτ' ἀκούοντες ὡς ἀναξίων ἀφαιρησόμεθα) übernommen. Zwar kann das Partizip von εἶναι gerade bei Adjektiven wegfallen (vgl. KG II 101f.), eine exakte Parallele zu unserer Stelle, wo im Genitivus absolutus zusätzlich das Subjekt fehlt, scheint es aber nicht zu geben. Dem. 20,47 handelt es sich um ein Participium coniunctum (ἀναξίων ist Objekt zu ἀφαιρησόμεθα); Xen. an. 7,8,11 (ἵνα μὴ μεταδοῖεν τὸ μέρος ὡς ἑτοίμων δὴ χρημάτων [sc. ὄντων]) ist das Subjekt im gen. abs. ausgedrückt, und absolute Akkusative wie z.B. Thuk. 2,35,1 (ἐπαινοῦσι τὸν προσθέντα τῷ νόμῳ τὸν λόγον τόνδε, ὡς καλὸν [sc. ὄν] ἐπὶ τοῖς ἐκ τῶν πολέμων θαπτομένοις ἀγορεύεσθαι αὐτοῖς) sind als unpersönliche Ausdrücke nicht vergleichbar.

ἴδιόν τι: Die Bedeutung von ἴδιος durchläuft innerhalb der Paragraphen 86–89 einen Wandel: In §86 zielt der Vorwurf des Klägers darauf ab, dass Aristokrates einen ausschließlich auf eine Einzelperson bezogenen Antrag stellt (ἰδίᾳ τι γράφειν). Unmittelbar nach der Verlesung anderer für Einzelpersonen beschlossener Ehrendekrete kann dieser Vorwurf schwerlich in unveränderter Form erneuert werden. Der Kläger setzt daher einen anderen Akzent: Da Aristokrates offenbar die Gesetze für nicht gut genug halte, versuche er, sein eigenes Recht zu schaffen (ἴδιόν τι γράφειν). In §86 grenzt also ἰδίᾳ Charidemos von den übrigen Athenern ab, in §89 ἴδιον den Antrag des Aristokrates von den bestehenden Gesetzen. Die Formulierung in §87, κατέκλεισεν ἴδιον πρᾶγμα ψηφίσματι, lässt sich in beide Richtungen auslegen und bereitet somit die Bedeutungsverschiebung vor.

τὴν δωρεὰν ἐν ᾗ τὴν πολιτείαν δεδώκατε: S hat ᾗ. Die Lesart ἐν ᾗ, die sich in A, Y und als Notiz des Schreibers in F findet, könnte als Übernahme aus §23 (τὴν γὰρ τοῦ δήμου δωρεάν, ἐν ᾗ πολίτης γέγονεν) verdächtigt werden; vgl. zu solchen Übernahmen, von denen allein die Handschrift S weitgehend frei ist, Wankel 68. Anders als der bloße instrumentale Dativ transportiert der Präpositionalausdruck jedoch die hier erwünschte Vorstellung, dass die Staatsbürgerschaft a l s Geschenk (vgl. ἐν δωρεᾶς τάξει) verliehen wird. Zu ἐν c. dat. im modalen Sinne vgl. KG I 466; zu ἐν δωρεᾷ (‚als Geschenk') vgl. Polyb. 1,31;6; 6,39,15 u.ö. Die Auslassung von ἐν nach δωρεὰν ist leicht als Schreibfehler zu erklären (‚saut du même au même').

Statt τὴν πολιτείαν haben F(γρ) und Y τῆς πολιτείας. Grammatikalisch ist der partitive Genitiv bei διδόναι möglich (KG I 345 Anm. 2), und der Ausdruck einer ‚Teilhabe' an den Bürgerrechten ließe sich auch inhaltlich rechtfertigen (vgl. §88 μεταδοῦναι τῶν ἡμῖν ὑπαρχόντων, §89 τὸ τούτων μεταδοῦναι). Bei Dem. findet sich jedoch kein Beleg für die Wendung διδόναι τῆς πολιτείας, wohl aber für διδόναι τὴν πολιτείαν (20,84; 23,199.200).

ὡς ἀγαπώντων τοῦθ' ὑμῶν καὶ προσοφειλόντων χάριν αὐτῷ: ἀγαπᾶν heißt hier nicht, wie sonst häufig bei Dem., ‚sich mit etw. begnügen', ‚sich mit etw. zufriedengeben', sondern ‚etw. schätzen', ‚sich an etw. erfreuen'; vgl. 3,30 ἀγαπητὸν ἦν παρὰ τοῦ δήμου τῶν ἄλλων ἑκάστῳ καὶ τιμῆς καὶ ἀρχῆς καὶ ἀγαθοῦ τινος μεταλαβεῖν. So erklärt Westermann zu ὡς ἀγαπώντων τοῦθ' ὑμῶν: „als ob e u c h dies (τὸ δεδωκέναι τὴν πολιτείαν Χαριδήμῳ) ein Bedürfnis wäre, i h r euch deshalb glücklich schätztet. 'Euch' und 'Ihr' sind besonders zu betonen." Im Verb ἀγαπᾶν liegt auch in dieser Bedeutung eine gewisse Demut, die an Selbsterniedrigung grenzen kann; vgl. dazu 3,31 ὑμεῖς δ' ὁ δῆμος ἐκνενευρισμένοι καὶ περιῃρημένοι χρήματα, συμμάχους, ἐν ὑπηρέτου καὶ προσθήκης μέρει γεγένησθε, ἀγαπῶντες ἐὰν μεταδιδῶσι θεωρικῶν ὑμῖν ἢ Βοηδρόμια πέμψωσιν οὗτοι (sc. οἱ πολιτευόμενοι), καὶ τὸ πάντων ἀνδρειότατον, τῶν ὑμετέρων αὐτῶν χάριν προσοφείλετε.

καὶ πρὸς φυλάττειν: Zum adverbialen Gebrauch von πρός vgl. LSJ s.v. D und bei Dem. z.B. 27,68 ... ἡμᾶς τοὺς πολὺν χρόνον ὧν ὁ πατὴρ ἡμῖν κατέλιπεν στερομένους καὶ πρὸς ὑπὸ τούτων ὑβριζομένους. Die richtige Schreibweise hat Reiske hergestellt; in den Codices herrscht Verwirrung (προσφυλάττειν SY : πρός, φυλάττειν F : προσέτι φυλάττειν A).

ὅπως ἀδεῶς ὅ τι ἂν βούληται ποιῇ: Diese Wirkung des Antrags wird in §15 angedeutet und in §57 erläutert; zum Wahrheitsgehalt der Aussage vgl. die Einleitung zu §53–59 (am Ende).

§§90–99: Occupatio

Zum Abschluss des ‚juristischen' Teils des Paranomienachweises versucht der Kläger, drei mögliche Gegenargumente des Aristokrates vorausgreifend zu entkräften:
1. (§§90–91): A. wird leugnen, dass kein ordentlicher Prozess vorgesehen ist. Widerlegung: Hätte er einen Prozess vorgesehen, wäre das ausdrücklich im Antrag erwähnt.
2. (§§92–94): A. wird geltend machen, dass der Antrag ohnehin nicht mehr rechtswirksam sei, der Stadt also keinerlei Schaden widerfahre, wenn er nicht bestraft werde. Widerlegung: Sprechen die Geschworenen A. frei, ebnet man dessen Gesinnungsgenossen den Weg für weitere Anträge.
3. (§§95–99): A. wird sich darauf berufen, dass bereits ähnliche Beschlüsse für andere Personen gefasst wurden. Widerlegung: Auch diese Beschlüsse waren rechtswidrig.

Zum Mittel der Occupatio vgl. Hermogenes, meth. 23, der drei Quellen unterscheidet, auf die sich die Redner bei der Vorwegnahme der gegnerischen Argumente zu stützen pflegen, nämlich Wissen, Vermutung und mündliche Mitteilung:

Ὁ κατηγορῶν τὰς τοῦ μέλλοντος ἀποκρίνεσθαι οὐχ ἁπλῶς προτείνει προτάσεις, ἀλλὰ κατὰ τρόπους τρεῖς, ἐπιστήμην, δόξαν, ἀκοήν· ἐπιστήμην μὲν ‘οἶδα, ὅπερ νὴ Δία ἐρεῖ' καὶ ὅσα τοιαῦτα, δόξαν δὲ οἷον ‘τάχα τοίνυν ἴσως ἐρεῖ', ὡς ἀμφιβάλλων περὶ τῆς προτάσεως, ἀκοὴν δὲ ὡς ἀκούων περὶ τῆς προτάσεως 'πυνθάνομαι τοίνυν μέλλειν αὐτὸν λέγειν'.

Der Kläger stellt die Behauptungen dessen, der ihm entgegnen wird, nicht einfach, sondern in drei Formen vor: Wissen, Vermutung, Hörensagen. Wissen: „Ich weiß, was er, beim Zeus, sagen wird" und all solche Formulierungen; Vermutung: „Er wird nun vielleicht sagen", so als sei er nicht sicher hinsichtlich der Behauptung; Hörensagen: So als habe er von der Behauptung gehört „Ich habe erfahren, dass er sagen wird".

Zumindest die ersten beiden Formen sind an unserer Stelle realisiert (vgl. οὐκ ἀγνοῶ §90; οἴομαι §92), und sieht man in οὐδ' ἐκεῖνό με λέληθεν (§95) einen Hinweis auf kursierende Informationen zur Verteidigungsstrategie des Aristokrates, tritt als dritte das Hörensagen (ἀκοή) hinzu.

§§90–91: Erstes Argument der Verteidigung

Aristokrates werde nicht bestreiten können, dass sein Antrag gegen die Gesetze verstoße; die schlimmste Verfehlung von allen aber, nämlich keinen Prozess vorzusehen, werde er der Kritik zu entziehen versuchen. Es lasse sich aber anhand des Antrags beweisen, dass auch Aristokrates selbst keinen Prozess erwarte. Er ordne nämlich an, eine Stadt oder eine Privatperson aus dem Bündnis auszuschließen, wenn sie den Täter dem Zugriff entziehe. Hätte er einen Prozess vorgesehen, wäre der Antrag anders formuliert: Unter Strafe gestellt wäre nicht bereits die Aufnahme des Täters an sich, sondern erst die Weigerung der Aufnehmenden, den Täter zum Zwecke einer gerichtlichen Untersuchung herauszugeben.

Der Paranomienachweis beruht auf dem fragilen Fundament der lediglich e silentio hergeleiteten Prämisse, dass Aristokrates dem Mörder des Charidemos ein ordentliches Gerichtsverfahren verweigere. Sollte es Aristokrates gelingen, diesen Vorwurf zu entkräften, geriete die gesamte Argumentation der Anklage ins Wanken. Der Kläger versucht, diesen Zusammenhang unkenntlich zu machen, indem er die Rechtswidrigkeit des Antrags für bereits erwiesen erklärt und somit den Einwand des Aristokrates als einen vom Gesamtkomplex der Paranomiefrage isolierbaren Einzelaspekt erscheinen lässt (vgl. unten Komm. zu οὐκ ἀγνοῶ ... ὅτι ὡς μὲν ... οὐχ ἕξει δεῖξαι).

§90

Οὐκ ἀγνοῶ ... ὅτι ὡς μὲν ... οὐχ ἕξει δεῖξαι: Das Argument des Aristokrates wird von vornherein marginalisiert, indem der Kläger es als den Strohhalm einführt, an den der Gegner sich in einer für ihn aussichtslosen Situation, in der die wesentliche Frage bereits zu seinen Ungunsten entschieden ist, klammert. Ganz ähnlich z.B. 22,17.59; 23,95.100; 24,187.

δεινότατον: Vgl. Komm. zu §25 δεινόν.

τὸ ... ποιῆσαι: Zum substantivierten Infinitiv als epexegetischer Apposition vgl. KG II 43,5.

ὑφαιρεῖσθαι: ‚heimlich an sich nehmen'; im übertragenen Sinne bei Dem. auch 19,242 τοὺς δικαστὰς ἀπαγαγὼν ἀπὸ τῆς ὑποθέσεως ᾠχόμην τὸ πρᾶγμ' αὐτῶν ὑφελόμενος. Mit der Verwendung dieses negativ besetzten Verbs wird die zu erwartende Gegendarstellung des Aristokrates schon im Voraus als Verschleierung des wahren Sachverhalts diskreditiert.

ἐκ δὲ τοῦ ψηφίσματος αὐτοῦ δείξω σαφῶς: Der Kläger verspricht hier mehr als er halten kann, denn der ‚Textbeleg' beschränkt sich, wie bereits zuvor, auf die Interpretation des Umstands, dass etwas n i c h t im Text steht.

§91

ἢ πόλις ἢ ἰδιώτης: Die Kombination der Begriffe ‚staatliche Gemeinschaft' – ‚einzelnes Individuum' ist geradezu formelhaft, wenn es den gesamten Bereich politischer und sozialer Interaktion zu erfassen gilt; vgl. z.B. Aischin. 3,158; Plat. symp. 178d3; Gorg. 507d4f.; rep. 495b6, 536a5f.; leg. 636e1f., 645b4, 864a2; Thuk. 4,114,3.

ἀφαιρεθέντα ... ἀφελομένων ... ἐξείλοντο: Der wiederholten Aufnahme des von Aristokrates verwendeten Verbs ἀφαιρεῖσθαι (zuletzt durch das synonyme ἐξαιρεῖσθαι) liegt möglicherweise eine manipulative Absicht zugrunde. Als juristischer Terminus technicus bezeichnet ἀφαιρεῖσθαι / ἐξαιρεῖσθαι (εἰς ἐλευθερίαν) das rechtlich zulässige Vorgehen dessen, „der den von einem anderen als Sklaven in Anspruch Genommenen vor der Abführung in die Sklaverei durch die Behauptung bewahrt, er sei ein Freier" (Lipsius 639). Darüber, ob die ἀφαίρεσις zu Recht vorgenommen wurde, entscheidet das Gericht (δίκη ἀφαιρέσεως). Vielleicht hoffte der Kläger darauf, dass die Legalität dieses Verfahrens im Bewusstsein der Zuhörer auf die Form der ἀφαίρεσις, um die es im Antrag des Aristokrates geht, gleichsam abfärbte und die Forderung, die ἀφαίρεσις als solche zu bestrafen, intuitiv als gesetzwidrig empfunden wurde.

παράσχῃ εἰς κρίσιν: Vgl. Aischin. 2,117 ἠξίουν ... τὰς ... πόλεις παρεχούσας εἰς κρίσιν τοὺς ἀδικήσαντας ἀζημίους εἶναι; ähnlich Lys. 13,23 ἄγειν μὲν τὸν Ἀγόρατον οὐκ ἔφασαν (sc. Νικίας καὶ Νικομένης) προήσεσθαι, ἀφῃροῦντο δὲ καὶ ἠγγυῶντο καὶ ὡμολόγουν παρέξειν εἰς τὴν βουλήν.

ὅλως: Vgl. Komm. zu §84 ὅλως.

καὶ μὴ ἀφῃρεῖτο: Zur Bekräftigung einer Aussage durch die Hinzufügung des verneinten Gegenteils vgl. 20,138 εἰ δὲ τοῦτο φεύξονται καὶ μὴ 'θελήσουσι ποιεῖν; [Dem.] 35,42 δανείζεσθαι ἐν τῷ ἐμπορίῳ ναυτικὰ χρήματα καὶ ταῦτ' ἀποστερεῖν καὶ μὴ ἀποδιδόναι. Für das in S und F (ante corr.) anstelle von καὶ überlieferte ἢ spricht angesichts dieser Parallelen wenig, zumal es zum Verständnis einiger gedanklicher Ergänzungen bedürfte: „si daret facultatem causae cognoscendae, aut, ut verius dicam, nisi datam a Legislatore eriperet" (Schäfer, p. 81).

προσέγραψεν: Vgl. Komm. zu §26 τιμωρίαν προσγράφειν.

§§92–94: Zweites Argument der Verteidigung

Der Kläger nimmt ein weiteres zu erwartendes Argument des Aristokrates vorweg: Das Probouleuma sei nicht mehr gültig; er könne also ohne jeden Schaden für die Stadt freigesprochen werden.

Dagegen sei einzuwenden, dass Aristokrates seinen Antrag ursprünglich nicht gestellt habe, damit er unwirksam sei und somit keinen Schaden anrichte (dann hätte er ihn nämlich gar nicht erst stellen müssen), sondern damit die Volksversammlung der Täuschung aufsitze und seine Parteifreunde ihre gegen die Interessen Athens gerichtete Politik betreiben könnten. Dies verhindert zu haben, sei allein das Verdienst der Ankläger, und wofür man diesen Dank schulde, dürfe der Gegenseite nicht zur Entlastung dienen.

Zudem sei Aristokrates allenfalls dann zuzustimmen, wenn es niemanden gäbe, der es ihm in Zukunft gleichtun wollte. Da es derer aber viele gebe, müsse der Antrag offiziell zurückgewiesen werden, damit er nicht erneut eingebracht werde und dann ohne Widerstand die Instanzen passiere. Nicht darauf, ob das Probouleuma unwirksam sei oder nicht, habe man den Blick zu richten, sondern darauf, dass man, wenn man jetzt den Aristokrates freispreche, jedem, der künftig der Stadt schaden wolle, den Weg ebne.

Die Argumentation ist in sich schlüssig, beruht aber auf der Voraussetzung, dass der Antrag des Aristokrates der Stadt schade und deshalb ‚Nachahmungstäter' eine Bedrohung darstellten.

§92

ταύτῃ: ‚auf diesem Wege'; d.h. der Betrug liegt nicht in der Aussage, dass der Beschluss nicht rechtskräftig ist, sondern in der Folgerung, die daraus gezogen wird.

προβούλευμα γάρ ἐστιν ...: Vgl. Komm. zu §14 προβούλευμα.
Indem der Kläger die Argumentation des Aristokrates nicht durch die Verwendung des A.c.I. als indirekte Rede kennzeichnet, schafft er eine fiktive Dialogsituation zwischen dem Angeklagten und den Geschworenen (vgl. §93 οἶμαι δεῖν ὑμᾶς ὑπολαμβάνειν). Die Darstellung gewinnt so an Lebendigkeit und Dramatik.

ὁ νόμος δ' ἐπέτεια κελεύει τὰ τῆς βουλῆς εἶναι ψηφίσματα: Offenbar war es so, dass ein Probouleuma, wenn es nicht innerhalb eines Jahres von der Volksversammlung bestätigt wurde, verfiel (vgl. dazu Einleitung, S. 31 mit Anm. 116). Sofern es nicht für rechtswidrig befunden worden war, konnte es aber neu beantragt werden. Von unserer Stelle unabhängige weitere Belege für diese Regelung finden sich nicht. Ein vergleichbarer Fall liegt mit der Paranomieklage gegen Ktesiphon vor: Aischines hatte gegen den Antrag, Demosthenes den goldenen Kranz zu verleihen, noch vor der Abstimmung in der Volksversammlung Hypomosie eingelegt; der Antrag hatte demnach den Status eines Probouleumas. Zum Prozess kam es erst sechs Jahre später. Keine der beiden Parteien erwähnt jedoch, dass der Antrag inzwischen obsolet ist, sondern es wird im Gegenteil die Vorstellung aufrechterhalten, es ginge aktuell noch um die Frage der Bekränzung. Dies ist angesichts der hier erwähnten Verjährungsfrist wohl so zu deuten, dass bei einer Niederlage des Aischines, wie sie dann auch tatsächlich eintrat, eine erneute Vorlage des Antrags als gewiss galt. Ob Demosthenes den Kranz schließlich erhielt, ist allerdings nicht bekannt. Vgl. dazu Wankel 40f.

ἥ γε πόλις: Zu der (seltenen) Verwendung von emphatischem γε in der Apodosis vgl. Denn. GP 126 (9). Der Kläger legt Aristokrates den Gedanken in den Mund, dass es bei der Beurteilung des Falles in erster Linie auf das Wohl der Stadt ankomme, welches selbst dann nicht in Gefahr sei, wenn er freigesprochen werde. Genau dies wird in §94 widerlegt.

κατὰ τὸ ψήφισμα τοῦτο: Zu κατά in kausalem Sinne (= lat. *propter, per*) vgl. KG I 479.

§93

πρὸς ταῦτ' ... ὑπολαμβάνειν: ‚darauf erwidern'; vgl. Dem. 22,4 προσέχετε τὸν νοῦν οἷς ἐρῶ, ἵνα ἀκούσαντες ἐμοῦ πρὸς ἕκαστον τῶν ὑπὸ τούτου ῥηθησομένων ἔχηθ' ὑπολαμβάνειν ἃ δεῖ.

ἵνα ... συμβῇ ... διαπράξαιντό: Der Wechsel von Konjunktiv und Optativ im Finalsatz sollte nicht überinterpretiert werden; vgl. KG II 387 u. Goodwin, MT §321. Westermanns Erklärung, der Konjunktiv bezeichne „den thatsächlichen Erfolg, der Optativ die dem Subjekt vorschwebende Absicht", lässt sich aus der Funktion der Modi nicht ableiten. Diese markieren eher unterschiedliche Perspektiven: Mit dem Konjunktiv formuliert der Kläger die Absicht des Aristokrates von dessen Standpunkt in der Vergangenheit aus, während der Optativ sie aus der Distanz der Gegenwart wiedergibt; vgl. KG II 387 und II 381f. Die Wirkung des Konjunktivs in Finalsätzen nach einem Nebentempus beschreibt Goodwin, MT §321: „The subjunctive thus used for the optative makes the language more vivid, by introducing more nearly the original form of thought of the person whose purpose is stated." Zum statistischen Verhältnis zwischen Konjunktiv und Optativ bei verschiedenen Autoren (Demosthenes 40:40); vgl. Goodwin, MT §320 Anm. 1.

μηδὲν ἀηδές: Zu diesem Euphemismus vgl. 24,31 ἄδειαν τοῦ μή τι παθεῖν ἀηδὲς ἢ δεινόν.

τὴν ἀρχὴν: Vgl. Komm. zu §2 τὴν ἀρχὴν ἴσως ἂν οὐκ ἐξηπάτησθε.

ἐξαπατηθέντων ὑμῶν: D.h. wenn die Volksversammlung dem Antrag zugestimmt hätte. Der Kläger setzt an die Stelle der objektiven Aussage (χειροτονησάντων ὑμῶν) die subjektiv wertende.

χρόνους ἐμποιήσαντες: Vgl. Dem. 9,71 ... ἵνα ... χρόνους γ' ἐμποιῆτε τοῖς πράγμασιν; 36,2 sowie Men. Dysk. 186f. τὸ μὲν χρόνον γὰρ ἐμποιεῖν τῷ πράγματι / ἀποδοκιμάζω.

καὶ δι' οὓς ἄκυρόν ἐστιν: καὶ sollte gegen Schäfer gehalten werden: Die Aufzählung bildet, der Chronologie folgend, eine Klimax hin zum entscheidenden Ergebnis (ἄκυρόν ἐστιν), als dessen unmittelbare Urheber sich darzustellen den Anspruch der Ankläger auf Dank am wirkungsvollsten untermauert.

Zur inkonzinnen Fortsetzung des substantivierten Partizips durch einen Relativsatz vgl. 24,215 οἵ τε τοὺς ἀδικοῦντας τιμωρούμενοι καὶ ὅσοι τοῖς ἐπιεικέσι τιμάς τινας διδόασιν und 37,17 τὰ μὲν δὴ γεγενημένα καὶ περὶ ὧν οἴσετε τὴν ψῆφον καὶ δι' ἃ τὴν δίκην συκοφαντούμενος παρεγραψάμην μὴ εἰσαγώγιμον εἶναι ταῦτ' ἐστίν. Ähnlich mit attributivem Partizip 23,104 γεγονὸς καὶ ὃ πάντες ἐπίστασθε πρᾶγμα ὑμᾶς ὑπομνήσω und 18,35 τίνες οὖν ἦσαν οἱ παρὰ τούτου λόγοι τότε ῥηθέντες καὶ δι' οὓς ἀπαντ' ἀπώλετο;

ἄτοπον δὴ γένοιτ' ἄν, εἰ ...: Vgl. 32,23 πῶς γὰρ οὐκ αἰσχρὸν καὶ δεινὸν ἂν γένοιτο, εἰ Κεφαλλῆνες ... Ein Unterschied zwischen γένοιτο und εἴη, wie es Dem. in ganz ähnlichen Wendungen z.B. 18,114 und 19,267 gebraucht, ist hier noch weniger auszumachen als in §75 und §81.

ὑπάρχειν ... ὑπάρξειεν: Die Paronomasie unterstreicht die Paradoxie des Gedankens.

Die von A für ὑπάρξειεν gebotene Variante ὑπάρξει verdient als lectio difficilior Beachtung. Zur Kombination von Optativ + ἄν in der Apodosis mit Ind. Fut. in der Protasis vgl. KG II 467f. (b), Goodwin, MT §505 und z.B. Dem. 1,26; 18,114; Lys. 7,41; 13,94. Vielleicht sind die beiden Buchstaben aber auch nur durch einen Schreibfehler ausgefallen.

§94

τοίνυν: „Introducing a fresh item in a series: a new example or a new argument"; Denn. GP 575. Zur Verbindung ἔτι τοίνυν ebd. 576.

οὐδ' ἁπλοῦν τοῦθ' οὕτως ἐστίν: Zur Wortstellung vgl. Komm. zu §1 ἑτοίμως οὕτως.

ὥς τις οἴεται: Vgl. Thuk. 3,13,5 οὐ γὰρ ἐν τῇ Ἀττικῇ ἔσται ὁ πόλεμος, ὥς τις οἴεται, ἀλλὰ δι' ἣν ἡ Ἀττικὴ ὠφελεῖται und Cass. Dio 52,11,3–12,2 τό τινα ἀφθόνως εὐεργετεῖν ἔχειν ... ἐστιν ... πρῶτον μὲν οὐκ ἀντάξιον τῶν ἄλλων τῶν ἀτοπωτέρων ... ἔπειτα δ' οὐδ' ἁπλοῦν, ὥς τις οἴεται.

ἴσως ἂν ἧττον ἦν δεινόν: So der Text von A. Die Handschriften divergieren stark. F und Y bieten das sinnlose ἴσως ἂν ἧττον ἦν τοῦτο, S hat ἴσως ἂν ἦν τοῦτο. Es hat den Anschein, als handle es sich bei den Varianten in A und S um zwei unterschiedliche Versuche, die in F und Y bewahrte Korruptel zu heilen: S tilgt ἧττον, A ersetzt τοῦτο durch ein Adjektiv, welches ἧττον eine adverbiale Funktion zuweist.

Dilts gibt der Lesart von S den Vorzug. ἔστιν τοῦτο ist in der Bedeutung ‚dies ist der Fall' im Corpus Demosthenicum belegt ([Dem.] 25,86 οὔτε γὰρ ἔστιν μήτε γένοιτο τοῦτο), allerdings wirkt der Ausdruck an der Parallelstelle in Verbindung mit γένοιτο weniger hart. Daneben gibt es mit Aischyl. Sept. 663 (τάχ' ἂν τόδ' ἦν) nur einen poetischen Beleg. Entscheidend ist aber eine inhaltliche Erwägung: Nach dem Text von S ergäbe sich die Aussage „dann wäre dies vielleicht der Fall", d.h. die Sache wäre so einfach, wie man denkt. Es ist dem Kläger kaum zuzutrauen, das Vergehen des Aristokrates derart zu verharmlosen (so auch Weber z.St.). Viel eher trifft die Lesart von A den richtigen Gedanken: Das schlimme Tun des Aristokrates könnte unter bestimmten Bedingungen allenfalls etwas weniger schlimm erscheinen. Ganz ähnlich 23,128 εἰ μὲν γὰρ ἐπ' ἄλλο τι ταύτην τὴν ἄδειαν ἐλάμβανε ... ἢ τὰ Κερσοβλέπτου πράγματα, ἧττον ἂν ἦν δεινόν. νῦν δὲ ... Vgl. auch 21,214; 23,138; [Dem.] 25,30 sowie Dion. Hal. ant. 6,6,2 und Dion Chrys. 31,100; 45,6; 66,26.

Die Entscheidung für die von A gebotene Variante erfolgt in dem Bewusstsein, dass diese wahrscheinlich nicht auf direkte Überlieferung, sondern auf die Konjektur des Schreibers zurückgeht.

οὐχὶ καλῶς ἔχει: Die Verneinung mit οὐχί ist in dieser Verbindung bei Dem. die Regel; vgl. 2,3; 19,321; 20,8.98; 21,206; 23,98.132. οὐ καλῶς ἔχειν findet sich nur 24,24.

λῦσαι τὸ ψήφισμα: Vgl. Komm. zu §43 λῦσαι.

τίς γὰρ οὐ γράψει θαρρῶν πάλιν ...;: Diese Erwägung ist berechtigt. Bleibt der Antrag unbeanstandet, ebnet dies den Weg für einen Erfolg im ‚zweiten Anlauf': Die Parteifreunde des Aristokrates werden sich ermutigt fühlen, denselben Beschluss noch einmal zu beantragen, die Ratsmitglieder werden keinen Grund sehen, ihn nicht zur Abstimmung zuzulassen (ἐπιψηφίζειν), und Gegner des Antrags werden es für aussichtslos halten, Klage zu erheben.

Das Partizip θαρρῶν (bzw. θαρρήσας) findet sich häufig in der Alltagssprache (Aristophanes, Platon) mit dem Imperativ verbunden. Dem Gebrauch an unserer Stelle am nächsten kommen Xen. an. 5,7,33 ἀγορὰν δὲ τίς ἄξει θαρρῶν, ἢν περὶ τὰ μέγιστα τοιαῦτα ἐξαμαρτάνοντες φαινώμεθα; und hell. 7,3,6 εἰ οὖν οὗτοι μὴ δώσουσι τὴν ἐσχάτην δίκην, τίς ποτε πρὸς τὴν πόλιν θαρρῶν πορεύσεται; Da die rhetorischen Fragen nicht negiert sind, hat dort θαρρῶν mit verb. fin. allerdings eher die Bedeutung ‚wagen zu ...'.

ἀποπεφευγός: „Das Verbum ist in diesem Sinne nur bei Personen gewöhnlich" (Wankel zu 18,222 [S. 1015] τὰ ψηφίσματα τὰ τότε μὲν ἀποπεφευγότα). Vgl. auch Komm. zu §58 τὸ φεῦγον ψήφισμα.

οὐ ... τοῦτο σκεπτέον, εἰ ... ἀλλ' ἐκεῖνο, ὅτι: Der Wechsel zwischen εἰ und ὅτι unterstützt die Aussage: Der Aspekt, den der Kläger als irrelevant bewertet wissen möchte, wird in Form einer indirekten Frage formuliert – nicht, als ob die Ungültigkeit des Antrags tatsächlich noch der Prüfung bedürfte, sondern um zu demonstrieren, dass die Fragestellung als solche, ganz unabhängig von der Antwort, ohne Belang für die Entscheidungsfindung ist. Im Kontrast dazu erhält das Faktum, als welches der Kläger seine ‚Prophezeiung' für die Zukunft präsentiert, ein umso größeres argumentatives Gewicht.

In F und Y ist ὁρᾶν zu ἐκεῖνο ergänzt; vgl. aber z.B. Dem. 21,46 οὐ γὰρ ὅστις ὁ πάσχων ᾤετο δεῖν σκοπεῖν, ἀλλὰ τὸ πρᾶγμα, ὁποῖόν τι τὸ γιγνόμενον; 20,10.41 (Weber).

νῦν ἐὰν ἀποψηφίσησθε: Durch die Prolepse des mit αὖθις korrespondierenden νῦν wird eindringlich die Bedeutung der gegenwärtigen Entscheidung für die Zukunft hervorgehoben (ähnlich 21,201 ποῦ ληφθήσεται, νῦν ἐὰν διακρούσηται;). Der Kläger nimmt die in §92 dem Aristokrates in den Mund gelegte Protasis fast wörtlich wieder auf und verkehrt in der Apodosis dessen Aussage in ihr Gegenteil.

§§95–99: Drittes Argument der Verteidigung

Außerdem werde Aristokrates zu seiner Verteidigung geltend machen, dass bereits viele vergleichbare Dekrete für andere Personen beschlossen wurden. Dies sei jedoch kein Beweis für die Rechtmäßigkeit seines eigenen Antrags, da auch rechtswidrige Beschlüsse die Instanzen passieren könnten; z.B. dann, wenn niemand eine Paranomieklage erhebe oder die Kläger nicht in der Lage seien, sich vor Gericht durchzusetzen. In letzterem Fall verstießen die Geschworenen nicht gegen ihren Eid, sofern sie nach bestem Wissen im Sinne der Gerechtigkeit entschieden; ein Mangel an Wissen sei nämlich nicht strafbar. Vielmehr treffe denjenigen der Fluch, der bei der Darstellung der Tatsachen wissentlich betrüge. Die Geschworenen werden deshalb dazu angehalten, den Verweis des Aristokrates auf frühere Beschlüsse nicht gelten zu lassen, stattdessen von ihm zu verlangen, die Rechtmäßigkeit des aktuell zur Debatte stehenden Antrags zu beweisen, und, wenn dies dem Beklagten nicht gelinge, ihrem eigenen Urteilsvermögen zu vertrauen.

Der Abschnitt endet mit einer an den Angeklagten gerichteten Apostrophe, die den eigentlich auf die Geschworenen zielenden Appell enthält, die Fehler ihrer Vorgänger nicht zu wiederholen: Es sei ein unverschämtes Ansinnen, für gesetzwidriges Handeln Straffreiheit zu beanspruchen, nur weil dies zuvor schon anderen gelungen sei. Um Nachahmer abzuschrecken, sei es im Gegenteil umso mehr geboten, Aristokrates zu verurteilen.

Sich auf Präzedenzfälle berufen zu können, ist ein klarer Vorteil für die Verteidigung – was den Kläger auf glattes Parkett zwingt: Er muss die Rechtmäßigkeit der früheren Beschlüsse bestreiten, ohne die für ihre Genehmigung zuständigen Instanzen und deren Repräsentanten, darunter die Geschworenen der Heliaia, zu kränken (zu den dafür nötigen Winkelzügen vgl. Komm. zu §96 γνώμῃ τῇ δικαιοτάτῃ δικάσειν). Die Möglichkeit von ‚Justizirrtümern' in der Vergangenheit ist grundsätzlich nicht auszuschließen, die Forderung des Klägers, den aktuellen Fall isoliert für sich zu beurteilen (§98), mithin durchaus legitim. Das Manöver wird gekrönt von einem geradezu genialen Zug der Vorwärtsverteidigung, wenn am Ende einer der stärksten Trümpfe des Aristokrates, die gerichtlich bestätigte Rechtmäßigkeit vergleichbarer Dekrete, in ein Argument für seine Verurteilung verkehrt wird.

§95

οὐ τοίνυν οὐδ': Zur Form des Übergangs vgl. bei Dem. z.B. 18,244; 20,7; 23,123.135.

ὅτι ἁπλῆν μὲν οὐδὲ δικαίαν οὐδ' ἡντινοῦν ἀπολογίαν Ἀριστοκράτης ἕξει λέγειν: Zu ἁπλοῦς und seiner Verbindung mit δίκαιος vgl. Komm. zu §24 θεάσασθε δὴ ... ὡς ἁπλῶς καὶ δικαίως χρήσομαι τῷ λόγῳ sowie 19,201 ... οὐδ' ἕξει δικαίαν οὐδ' ἁπλῆν εἰπεῖν ἀπολογίαν οὐδεμίαν (ähnlich 19,203) und 22,4 νῦν δ' οἶδα σαφῶς ὅτι οὗτος ἁπλοῦν μὲν οὐδὲ δίκαιον οὐδὲν ἂν εἰπεῖν ἔχοι, ἐξαπατᾶν δ' ὑμᾶς πειράσεται.

ἁπλῆν ist nicht verneint, weil οὐδ' ἡντινοῦν einem verstärkten οὐδεμίαν entspricht; vgl. 22,4.

παραγωγὰς: Das Substantiv findet sich im Corpus Demosthenicum noch 23,219; 30.26 und [Dem.] 40,21; bei den anderen Rednern ist es, anders als das Verb παράγειν, nicht belegt. Die Angabe bei LSJ s.v. παραγωγή II.1 „freq. in Oratt." ist entsprechend zu korrigieren.

ὡς ἄρα: In der indirekten Rede signalisiert ἄρα eine Distanz zum Gesagten, „either, at the most, actual scepticism, or, at the least, the disclaiming of responsibility for the accuracy of the statement. ... ὡς ἄρα ... is peculiarly common in Demosthenes, with whom the sceptical sense preponderates strongly" (Denn. GP 38); vgl. 8,4.57; 10,60; 18,22.131; 20,24.112.145. Zu weiteren Beispielen vgl. Rehdantz, Index II s.v. ἄρα sowie KG II 324,9.

πολλὰ ... ψηφίσματα πολλοῖς: Das dem Aristokrates in den Mund gelegte, durch das Substantiv zur dreifachen Alliteration verstärkte Polyptoton wird kurz darauf mit den gleichen stilistischen Mitteln gekontert: πολλαὶ ... προφάσεις ... πολλάκις.

πολλαὶ γὰρ προφάσεις εἰσὶν δι' ἃς πολλάκις ὑμεῖς ἐξηπάτησθε: D.h. die Beschlüsse, auf die sich Aristokrates beruft, sind das Ergebnis gelungener Täuschungsversuche der damaligen Antragsteller und somit als Beweismittel für die Rechtmäßigkeit seines Antrags ohne Wert.

Zur Anfälligkeit des Volkes für solche Täuschungsversuche vgl. 20,3 διὰ τὸ ῥᾳδίως ἐξαπατᾶσθαι τὸν δῆμον, διὰ τοῦθ' οὕτως ἔθηκε τὸν νόμον und ψηφίσματα πολλὰ πολλάκις ἐξηπατηθέντες κεχειροτονήκατε; vgl. auch Kremmydas z.St. (S. 184 u. 185).

§96

οἷον: Die Beispiele knüpfen nicht an den unmittelbar vorausgehenden Satz, sondern an die Behauptung an, dass die geltenden Dekrete nicht als Beweis für die Rechtmäßigkeit eines vergleichbaren Antrags taugen.

τῶν ἑαλωκότων ψηφισμάτων: Objekt von αἱρέω (‚überführen', ‚verurteilen') sind gewöhnlich Personen; zur Verbindung mit einer Sache vgl. Isokr. 18,15 ... τούτῳ σημεῖον ἦν, ὡς ἡ δίαιτα οὐ γέγονεν, ἑλόντι τὰ διαμαρτυρηθέντα.

παρ' ὑμῖν: D.h. vor der Heliaia – im Gegensatz zur Volksversammlung, die den Anträgen schon zugestimmt hatte.

δήπουθεν: Dem. verwendet δήπουθεν fast regelmäßig anstelle von δήπου vor vokalischem Anlaut (vgl. LSJ s.v.); Ausnahmen: δήποθεν vor Konsonant 19,243 und (am Satzende) 27,59; δήπου vor Vokal (außer am Satz- oder Kolonende) 20,30 (wo A eine Hiat vermeidende Wortstellung bietet), 54,44 (wo A das wahrscheinlich richtige δήπουθεν hat) und 56,43, daneben nur in den als unecht geltenden Reden [Dem.] 7,3; 17,19; 40,23; 47,16.77.78; 49,52. Bei den anderen att. Rednern findet sich δήπουθεν sehr viel seltener als bei Dem. (Isaios viermal, Lysias einmal).

καὶ μὴν ... γ': Hier, anders als in §35, adversativ; vgl. Denn. GP 357 (8) sowie z.B. Dem. 18,73.

ἢ καθυφέντων τῶν κατηγόρων ἢ μὴ δυνηθέντων μηδὲν διδάξαι: Das Argument des Aristokrates stellt den Kläger vor die heikle Aufgabe, erklären zu müssen, wie es zur Verabschiedung rechtswidriger Beschlüsse kommen konnte, ohne dabei die Heliaia als eine der Instanzen, die eben

dies verhindern sollen, dem Vorwurf des Versagens und die seinerzeit verantwortlichen Geschworenen dem Vorwurf des Eidbruchs auszusetzen. Deshalb werden die Ursachen für die Fehlurteile bei den Klägern gesucht.
Zu καθυφέντων vgl. Wankel zu 18,107 (S. 575): „Im Corp. Dem. kommt καθυφεῖναι öfter geradezu als Terminus für das Fallenlassen einer Klage vor, vgl. mit dem Objekt τὸν ἀγῶνα 21,39.151; entsprechend zu ergänzen in 23,96 ...; außerhalb des Corp. Dem. ist das Verbum in der klassischen Literatur selten." Meist schwingt, wie auch hier, der Tadel mit, die gerechte Sache nicht mit der nötigen Konsequenz verfolgt zu haben.

ἀπέφυγεν: Vgl. Komm. zu §94 ἀποπεφευγός.

οὐκ ἄρ' εὐορκοῦσιν οἱ δικάσαντες αὐτό;: Der Kläger schafft sich mit dieser Frage die Möglichkeit, die damaligen Geschworenen ausdrücklich von jeder Schuld freizusprechen (vgl. oben, Komm. zu ἢ καθυφέντων τῶν κατηγόρων ἢ μὴ δυνηθέντων μηδὲν διδάξαι).
Zu εὐορκοῦσιν vgl. Komm. zu §19 μηδ' ἀποστερήσῃ διὰ τοῦτο ... ἑαυτὸν τοῦ θέσθαι τὴν ψῆφον εὔορκον. Das folgernde ἄρα, das in der Prosa erst bei Platon begegnet, hat bei Dem. stets einen kolloquialen Ton (Denn. GP 41).

γνώμῃ τῇ δικαιοτάτῃ δικάσειν: Der Kläger spielt hier wohl auf einen (in der in ihrer Echtheit umstrittenen Einlage Dem. 24,149–151 allerdings nicht enthaltenen) Passus des Heliasteneids an, demzufolge die Geschworenen in Fragen, die nicht durch Gesetze geregelt waren, „nach bester Erwägung im Sinne der Gerechtigkeit" (Fränkel 1878, 454) zu entscheiden hatten. Vgl. Pollux 8,122 ὁ δ' ὅρκος ἦν τῶν δικαστῶν περὶ μὲν ὧν νόμοι εἰσίν, κατὰ τοὺς νόμους ψηφιεῖσθαι, περὶ δὲ ὧν μή εἰσι, γνώμῃ τῇ δικαιοτάτῃ und die Reflexe dieses Grundsatzes bei Dem. 39,40 ὧν γ' ἂν μὴ ὦσι νόμοι, γνώμῃ τῇ δικαιοτάτῃ δικάσειν ὀμωμόκατε; 20,118 ὀμωμοκότες κατὰ τοὺς νόμους δικάσειν ἥκετε ... καὶ περὶ ὧν ἂν νόμοι μὴ ὦσιν, γνώμῃ τῇ δικαιοτάτῃ κρίνειν (ähnlich 57,63 und 21,4); Aristot. rhet. 1,15. 1375a29f. und pol. 3,16. 1287a26. Zweifel daran, dass der Zusatz περὶ ὧν ἂν νόμοι μὴ ὦσιν, der nur von Demosthenes und (möglicherweise in Abhängigkeit von diesem) von Pollux zitiert wird, tatsächlich Teil des Eides war, wie sie z.B. Mirhady 2007 äußert, werden von Harris 2013, 104f. durch den Verweis auf ähnliche Formulierungen in inschriftlich erhaltenen Gesetzen aus anderen Teilen Griechenlands in überzeugender Weise ausgeräumt.

Um jeden Vorwurf von den Geschworenen fernzuhalten, verschweigt der Kläger wohlweislich den ersten Teil der Eidesformel. Da es in Paranomieprozessen per definitionem um den Verstoß gegen bestehende Gesetze ging, dürfte das Urteil weitestgehend objektiv κατὰ τοὺς νόμους zu fällen gewesen sein (vgl. §2 εἰ βούλεσθε ... κατὰ τοὺς νόμους δικαίως κρῖναι τὴν γραφήν); die subjektivere, auf die von den Prozessparteien gebotenen Informationen angewiesene Instanz der δικαιοτάτη γνώμη musste hier also gar nicht zum Einsatz kommen.

ἡ ... τῆς γνώμης δόξα: Im Text des Eides ist die γνώμη das Organ der Urteilsfindung, das in höchstem Grade dem Prinzip der Gerechtigkeit verpflichtet sein, sich also ausschließlich am Maßstab des Rechts orientieren soll. Die Argumentation des Klägers beruht hingegen darauf, γνώμη im Sinne von ‚Erkenntnis', ‚Wissen' zu verstehen (vgl. §97 παρ' ἃ γιγνώσκει; εἰ γὰρ ἠγνόησεν; συνεῖναι). Daher ist der schwierige Ausdruck m.E. mit ‚was er erkannt zu haben / zu wissen glaubt' wiederzugeben. Der Kläger verschiebt damit die Bedeutung des Begriffs γνώμη hin zu der faktischen Basis, auf die sich das Urteil gründet: das – vermeintliche – Erkennen des objektiven Sachverhalts, wie er sich den Aussagen der Prozessparteien zufolge darstellt. Dabei wird unterschlagen, dass es auch Aufgabe der γνώμη ist, die gegebenen Informationen kritisch reflektierend zu verarbeiten, ihre Plausibilität zu prüfen und eben nicht leichthin allem Glauben zu schenken, was jemand zur Durchsetzung seiner eigenen Interessen vorbringt.

Anders die Erklärung von Reiske, ind. 181, der sich Weber, Weil und Westermann anschließen: „ἡ δὲ τῆς γνώμης δόξα (id est δόξασις) ... visum illud mentis, quod sententiam pronuntiandam concipit quasi et format in mente" – demnach wäre also die γνώμη das zu verkündende Urteil, die δόξα die Einschätzung, auf die sich dieses Urteil gründet (ähnlich Harris: „the decision made by their judgment").

ὅτε τοίνυν κατὰ ταύτην ἔθεντο τὴν ψῆφον: In der Handschrift F ist am Rand τὴν γνώμην διὰ λόγου notiert, was Dilts im Apparat als varia lectio zu ψῆφον interpretiert. Eher handelt sich aber wohl um eine Erklärung (oder Ergänzung?) zu ταύτην.

εὐσεβοῦσιν: Das Verb entspricht inhaltlich εὐορκοῦσιν. Zur religiösen Dimension gerichtlicher Entscheidungen vgl. Komm. zu §25 ὑπὲρ εὐσεβείας ὅλης τῆς πόλεως.

§97

ἄδικον πρόφασιν: Wie Thukydides verwendet Dem. den Begriff πρόφασις sowohl abwertend im Sinne von ‚Scheingrund', ‚Vorwand' (vgl. §95) als auch in der neutralen Bedeutung ‚Grund', ‚Motiv' (vgl. z.B. 20,97). Hier liegt die neutrale Bedeutung vor, die erst durch die Verbindung mit ἄδικος negativ gefärbt wird: Die Kritik an Motiven wie Abneigung und Sympathie richtet sich nicht darauf, dass sie nur vorgeschoben sind, sondern darauf, dass sie sich nicht am Gerechtigkeitsprinzip orientieren.

δίκην οὐκ ὀφείλει δοῦναι: Zu ὀφείλειν mit dem Infinitiv vgl. Komm. zu §183 οὐ συμπαρασκευάσαι ... ὀφείλετε.

ἀλλ' εἴ τις εἰδὼς ἐκείνους προδέδωκεν ἢ ἐξαπατᾷ: Der Kläger hat dargelegt, dass ein Geschworener, solange er nach bestem Wissen entscheide, seinem Eid treu bleibe (sc. auch wenn die Entscheidung aufgrund unzureichenden Wissens falsch sei) – denn für einen Mangel an Wissen dürfe niemand bestraft werden. Die Einleitung des Kondizionalsatzes mit ἀλλά lässt erwarten, dass nun die Bedingungen genannt werden, unter denen sich ein Geschworener des Eidbruchs schuldig macht. Das mit ἠγνόησεν kontrastierende Partizip εἰδώς scheint diese Erwartung zunächst zu bestätigen, bevor durch das Objekt ἐκείνους, das sich nur auf die Geschworenen beziehen kann, die Verlagerung des Fokus auf diejenigen markiert wird, die durch ihre Einlassungen das Faktenwissen schaffen, auf dessen Basis die Geschworenen ihr Urteil fällen.

In erster Linie wendet sich der Kläger also mit einer impliziten Drohung gegen Aristokrates, dem er wiederholt die mit dem Fluch belegten Täuschungsabsichten unterstellt hat. Die Einführung des Gedankens in Form eines leichten Aprosdoketons lässt jedoch noch eine zweite, subtilere Verständnisebene entstehen: Legte der Sprecher nach εἰδώς eine Pause ein, könnte dies bewirkt haben, dass die Geschworenen sich für einen Moment angesprochen fühlten, die Aussage entsprechend ‚weiterdachten' und an die Strafe, die auch ihnen im Falle einer bewussten Fehlentscheidung drohte, erinnert wurden – ohne dass der Kläger dies ausdrücklich zur Sprache bringen musste.

Der Verwendung des Verbs προδιδόναι liegt die (stark idealisierte) Vorstellung zugrunde, dass zwischen den Geschworenen und den Prozessparteien eine Art von Vertrag bestehe: In ihren Reden legen Kläger und Beklagte den Sachverhalt vollständig und wahrheitsgemäß dar, die Geschworenen urteilen objektiv auf der Grundlage dieser Informationen.

Werden von einer der Prozessparteien Tatsachen bewusst verschwiegen oder verfälscht, ist dies insofern als ‚Verrat' anzusehen, als man die Geschworenen bei der Urteilsfindung „im Stich lässt" (so die Übersetzung von Westermann). Zur übertragenen Bedeutung von προδιδόναι finden sich Parallelen in der Rede *Gegen Meidias*. Auch dort will Demosthenes einen ‚Pakt' zwischen den Athenern, die ihn zum Prozess gedrängt haben, und sich selbst, der er das Risiko der Anklage auf sich genommen hat, erkennen, den einseitig aufzukündigen einen Verrat darstelle. Vgl. 21,216 οὐ προὔδωκα οὔθ' ὑμᾶς οὔτ' ἐμαυτόν, 21,222 μηδαμῶς, ὦ ἄνδρες δικασταί, μὴ προδῶτε μήτ' ἐμὲ μήθ' ὑμᾶς αὐτοὺς μήτε τοὺς νόμους und MacDowell zu 21,216 (S. 418).

ἔνοχος τῇ ἀρᾷ: Gemeint ist nicht die Selbstverfluchungsformel des Heliasteneides (vgl. 24,151 ἐπαρᾶσθαι ἐξώλειαν ἑαυτῷ καὶ οἰκίᾳ τῇ ἑαυτοῦ, εἴ τι τούτων παραβαίνοι; zur Frage der Echtheit vgl. Komm. zu §19 μηδ' ἀποστερήσῃ διὰ τοῦτο ... ἑαυτὸν τοῦ θέσθαι τὴν ψῆφον εὔορκον), an den die Prozessparteien nicht gebunden waren, sondern der Fluch, den der Herold in Verbindung mit einem Gebet zu Beginn einer jeden Versammlung aussprach.

καταρᾶται καθ' ἑκάστην ἐκκλησίαν ὁ κῆρυξ ...: Die Fluchformel ist nicht überliefert, ihr ungefährer Inhalt lässt sich aber aus Zitaten erschließen; vgl. Busolt/Swoboda I 518f.: „(sc. der Herold) verfluchte diejenigen, die durch ihre Reden Rat und Volk täuschen, ihre Versprechungen nicht halten, Bestechungen geben oder annehmen würden, ferner diejenigen, die aus eigennütziger Absicht in gemeinschädlicher Weise die Eide übertreten, die Volksbeschlüsse und Gesetze zu ändern suchen, Münzen und Maße fälschen, Staatsgeheimnisse dem Feinde verraten, für sich oder andere die Tyrannis erstreben und mit den Medern verhandeln sollten"; vgl. auch Wankel zu 18,130 (S. 707) und Rhodes 1972, 36f. Neben der Parodie bei Aristoph. Thesm. 331–351 vgl. Dem. 19,70; 20,100; Dein. 2,16 und speziell zum Aspekt des Betrugs durch Reden wider bessere Einsicht Dem. 18,282 καίτοι τίς ὁ τὴν πόλιν ἐξαπατῶν; οὐχ ὁ μὴ λέγων ἃ φρονεῖ; τῷ δ' ὁ κῆρυξ καταρᾶται δικαίως; οὐ τῷ τοιούτῳ; und Dein. 1,46f. ... ταῖς ἀραῖς ταῖς ἐν τῇ πόλει γιγνομέναις ἔνοχος καθέστηκεν ... ἐξηπατηκὼς ... τὸν δῆμον καὶ τὴν βουλὴν παρὰ τὴν ἀρὰν {καὶ} ἕτερα μὲν λέγων, ἕτερα δὲ φρονῶν.

ἢ βουλὴν ἢ δῆμον ἢ τὴν ἡλιαίαν: „Der Artikel hebt den Begriff als für den vorliegenden Fall von besonderer Bedeutung hervor" (Westermann

z.St.); vgl. z.B. auch 15,17 (sc. πολέμους πεπολεμήκατε) πρὸς μὲν τοὺς δήμους ... ἢ περὶ γῆς μέρους ἢ ὅρων ἢ φιλοτιμίας [FY^a : φιλονεικίας SAY^{corr}; vgl. Radicke 1995 z.St.] ἢ τῆς ἡγεμονίας.
In den übrigen Quellen werden nur die Rats- und Volksversammlungen in Verbindung mit dem Fluch des Herolds genannt (vgl. Busolt/Swoboda I 518f.). Da in diesen Gremien jedes Ratsmitglied bzw. jeder Bürger ein potenzieller Redner war, erscheint die ‚kollektive' Verpflichtung auf bestimmte Grundsätze sinnvoller als bei Sitzungen des Volksgerichts, wo nur die Vertreter der beiden Prozessparteien zu Wort kamen. Eine den realen Gegebenheiten zuwiderlaufende Erweiterung der Aufzählung wäre bei Dem. nicht ohne Parallele: So bezieht er in 20,100 ein aller Wahrscheinlichkeit nach nur für die Ekklesia geltendes Gesetz im Interesse seiner Argumentation auch auf den Rat und das Gericht; vgl. Kremmydas z.St. (S. 364f.).

§98

μὴ δὴ τοῦθ' ὑμῖν ἐᾶτε λέγειν ...: δή ist hier folgernd: Aus der Erkenntnis, dass frühere Beschlüsse möglicherweise aufgrund einer Täuschung der damaligen Heliasten in Kraft gesetzt wurden, sollen die Geschworenen die Konsequenz ziehen, sich nun nicht ihrerseits durch die Berufung auf eben diese Beschlüsse täuschen zu lassen.

Ähnliche Appelle finden sich auch 19,82; 20,166f.; 21,28.40. MacDowell bemerkt zu 21,28 (S. 249): „These passages do not mean that a jury had authority to direct a speaker what to say and what to omit, but that the jurors might make such an uproar that it was hard for him to continue speaking on a particular point." Zwar war in gewissem Umfang mit vernehmbaren Reaktionen der Zuhörerschaft während der Reden zu rechnen (vgl. Bers 1985), doch sollte unsere Stelle nicht allzu wörtlich als Aufforderung aufgefasst werden, die Ausführungen des Angeklagten tatsächlich zu unterbrechen. Es handelt sich um eine rhetorische Finesse, die durch sich selbst wirkt: Die Geschworenen werden instruiert, welche Ansprüche sie an die Argumentation des Aristokrates zu stellen haben, und Aristokrates wird unter Druck gesetzt, diese Ansprüche zu erfüllen.

ἀλλ' ὡς: Zu ergänzen ist ein zu μὴ ἐᾶτε komplementärer Imperativ wie z.B. ἀξιοῦτε; so auch 19,82 μὴ δὴ ταῦτα λέγειν αὐτὸν ἐᾶτε, ἀλλ' ὡς οὐκ ἀπολώλασι Φωκεῖς δεικνύναι ἢ ὡς οὐχ ὑπέσχετο σώσειν αὐτοὺς Φίλιππον.

γίγνεσθαι: A hat γενέσθαι, was die Aussage auf den konkreten Einzelfall verengt. Der präsentische Infinitiv wird gestützt durch die enge Parallele 22,7 σὺ δὴ μὴ λέγε ὡς γέγονε τοῦτο πολλάκις, ἀλλ᾽ ὡς οὕτω προσήκει γίγνεσθαι.

ὡς ἕτεροι δικάσαντες ἐκύρωσαν ἐκεῖνα: Ähnliche Anträge waren also nicht nur von der Volksversammlung beschlossen, sondern auch schon in Paranomieverfahren ausdrücklich für rechtens befunden worden.

Die Formulierung ist kein eindeutiger Beweis für Hansens These, wonach ein Beschlussantrag, wenn die Paranomieklage vor der Heliaia scheiterte, automatisch in Kraft trat und es keiner erneuten Abstimmung in der Ekklesia bedurfte (siehe Einleitung, S. 13 Anm. 56). Der Kläger mag hier auf Dekrete anspielen, die erst nach der Annahme durch die Ekklesia angefochten wurden und bei einer Zurückweisung des Paranomievorwurfs durch die Geschworenen automatisch Gültigkeit erlangten, oder das formale Prozedere verkürzt wiedergeben.

οὐχὶ καλῶς ἔχειν: Vgl. Komm. zu §94 οὐχὶ καλῶς ἔχει.

τὴν ἑτέρων ἀπάτην κυριωτέραν ποιήσασθαι τῆς ὑμετέρας αὐτῶν γνώμης: Abermals werden die Geschworenen an ihre Verpflichtung erinnert, nach bestem Wissen zu entscheiden. Die Alternative lässt diese Verpflichtung umso dringlicher erscheinen: Der selbst gewonnenen Einsicht steht das durch Täuschung verursachte Fehlurteil anderer gegenüber. Der Logik der Antithese gemäß ist ἑτέρων als Gen. obi. (~ ἑτέρων δικασάντων) zu betrachten.

§99

καὶ σφόδρ᾽: Vgl. Komm. zu §52 καὶ σφόδρα.

οὐ γὰρ εἴ τι … ἄλλος οὐ γράψει: Der gleiche Gedanke ist in der drei Jahre zuvor verfassten Rede *Gegen Androtion* (22,7) ausgeführt, dort allerdings rhetorisch weniger kunstvoll ausgestaltet. Statt οὐ … διὰ τοῦτ᾽ ἀποφεύγειν σοι προσήκει findet sich der zumindest formal vorsichtigere Potentialis οὐ … διὰ τοῦτ᾽ ἀποφεύγοις ἂν δικαίως; die Entgegensetzung ἀλλὰ πολλῷ μᾶλλον ἁλίσκοιο in 22,7 ist an unserer Stelle durch die Zusätze τοὐναντίον und διὰ ταῦτα kraftvoll erweitert; der Vergleichssatz ὥσπερ … εἴ τις … ἑάλω, σὺ … οὐκ ἂν ἔγραψας, οὕτως ἐὰν σὺ … ἁλῷς, ἄλλος οὐ γράψει hat gegenüber der früheren Fassung ὥσπερ ... εἴ τις ... προήλω, σὺ ... οὐκ ἂν ἔγραψας, οὕτως ἂν σὺ ... δίκην δῷς, ἄλλος οὐ γράψει dadurch an Prägnanz gewonnen, dass die chiastische Anordnung der Subjekte mit der streng parallelen Anordnung der Verben kombiniert ist.

Dass mit einer Strafe für den Prozessgegner zugleich auch der öffentlichen Ordnung qua Abschreckung möglicher Nachahmer gedient wäre, lässt die Unterstützung der eigenen Sache geradezu als Dienst am Gemeinwohl erscheinen. Vgl. dazu auch 21,37: τίς γὰρ οὐκ οἶδεν ὑμῶν τοῦ μὲν πολλὰ τοιαῦτα γίγνεσθαι τὸ μὴ κολάζεσθαι τοὺς ἐξαμαρτάνοντας αἴτιον ὄν, τοῦ δὲ μηδένα ὑβρίζειν τὸ λοιπὸν τὸ δίκην τὸν ἀεὶ ληφθέντα ἣν προσήκει διδόναι μόνον αἴτιον ἂν γενόμενον; εἰ μὲν τοίνυν ἀποτρέψαι συμφέρει τοὺς ἄλλους, τοῦτον καὶ δι' ἐκεῖνα κολαστέον, καὶ μᾶλλόν γε ὅσῳπερ ἂν ᾖ πλείω καὶ μείζω· εἰ δὲ παροξῦναι καὶ τοῦτον καὶ πάντας, ἐατέον.

διὰ τοῦτ' ... διὰ ταῦτα: Durch die Wiederholung wird betont, dass exakt der Umstand, den Aristokrates zu seinen Gunsten geltend machen möchte, zu seinen Ungunsten gewertet werden müsse.

Überleitung (§§100–101)

Der Kläger leitet zum zweiten Hauptteil der Argumentatio über: dem Nachweis, dass das Dekret den Athenern nicht, wie Aristokrates vielleicht behaupten werde, nützen, sondern ganz im Gegenteil schaden würde – und dies nicht nur den Geschworenen, die mit einem Urteil zugunsten des Aristokrates gegen das Gesetz verstießen und die Konsequenzen eines Eidbruchs zu tragen hätten.

Der Übergang zum neuen Themenkomplex ist besonders elegant, da die Berufung auf die Vorteilhaftigkeit des Dekrets auch als ein viertes von der Verteidigung zu erwartendes Argument betrachtet werden kann, so dass die beiden Redeteile gewissermaßen ineinander verzahnt sind. Außerdem lenkt der Kläger den möglichen Vorwurf, einen außerhalb des eigentlichen Themas liegenden Aspekt in aller Breite abzuhandeln (ἔξω τοῦ πράγματος λέγειν), geschickt auf seinen Prozessgegner zurück. (Vgl. zu dieser Strategie z.B. 18,9.50.59; dort freilich jeweils ganz explizit.)

§100

Ὡς μὲν τοίνυν ... λέγειν αὐτὸν ἕξειν: Vgl. Komm. zu §90 οὐκ ἀγνοῶ ... ὅτι ὡς μὲν ... οὐχ ἕξει δεῖξαι.

γραφὴν ἀγωνιζόμενον παρανόμων: Zum inneren Akk. bei ἀγωνίζεσθαι vgl. z.B. Lys. 3,20 δίκας ἰδίας ᾔσθετο (sc. ἐμὲ) κακῶς ἀγωνισάμενον ἐξ ἀντιδόσεως.

καὶ ταύτῃ βιαζόμενον: Im Kontext des Überzeugens mit Worten bedeutet βιάζεσθαι, eine Position gegen jeden Widerstand durchzusetzen (‚vehement behaupten', ‚auf etw. bestehen', ‚etw. durchboxen'); vgl. 21,205 ... βουλόμενοι ... ἐπηρεάζειν ἐμοὶ διὰ τὴν ἰδίαν ἔχθραν, ἣν οὗτος αὐτῷ πρὸς ἐμέ, ἄν τ' ἐγὼ φῶ ἄν τε μὴ φῶ, φησὶν εἶναι καὶ βιάζεται; 20,144 μηδὲν οὖν φιλονίκει, Λεπτίνη, μηδὲ βιάζου τοιοῦτον δι' οὗ μήτ' αὐτὸς δόξεις βελτίων εἶναι μήθ' οἱ πεισθέντες σοι; Plat. soph. 241d6 u. 246b8; etwas anders wohl 21,40 μὴ τοίνυν ἐᾶτε ταῦτ' αὐτὸν λέγειν μηδ', ἂν βιάζηται (wenn er darauf besteht [sc. zu sprechen]), πείθεσθε ὡς δίκαιόν τι λέγοντι. An unserer Stelle ist als Objekt gedanklich ‚seine Sache' oder Ähnliches zu ergänzen. (Whiston scheint diese Funktion ταύτῃ zuweisen zu wollen [„insisting upon this"], was aber wohl sprachlich nicht möglich ist; vgl. die bei LSJ s.v. οὗτος C.VIII.4.b zur Bedeutung „in this point, herein" aufgeführten Belege

Aristoph. Plut. 572 μηδὲν ταύτῃ γε κομήσῃς und Xen. Hieron 7,12 καὶ ταύτῃ ἀθλιώτατόν ἐστιν ἡ τυρρανίς· οὐδὲ γὰρ ἀπαλλαγῆναι δυντατὸν αὐτῆς ἐστιν, wo ταύτῃ jeweils eine kausale Nuance hat.)
Der folgende Akkusativ εὐήθη ... λόγον ist Apposition zu dem Objekt von λέγειν (ὡς ... γέγραφεν); vgl. KG I 284,6 und Plat. Gorg. 507e1–3 ... οὐκ ἐπιθυμίας ἐῶντα ἀκολάστους εἶναι καὶ ταύτας ἐπιχειροῦντα πληροῦν, ἀνήνυτον κακόν. Theoretisch wäre es auch möglich, εὐήθη ... λόγον als Akkusativobjekt zu βιάζεσθαι aufzufassen. Gegen diese Alternative sprechen jedoch inhaltliche Gründe: ‚Mit aller Gewalt durchsetzen' will der Angeklagte nicht das ‚Nützlichkeitsargument' selbst, sondern – unter Zuhilfenahme dieses Arguments – seinen Freispruch.

εὐήθη μέν ... μᾶλλον δὲ ἀναιδῆ λόγον: Es handelt sich nicht um eine Correctio (bei dieser wird das erste Glied – gemäß der Fiktion einer s p o n - t a n e n Selbstverbesserung – nie mit μέν eingeleitet), sondern um die Prädikation einer zweiten Eigenschaft, die dem Objekt in noch höherem Grade zukommt als die zuerst genannte, jene aber nicht aufhebt.

Zu εὐήθη vgl. Komm. zu §47 εὔηθες.

§101

κατὰ τἄλλα πάντα: Zu κατά in der Bedeutung ‚hinsichtlich', ‚betreffs' vgl. KG I 479.

ᾗ γε ὀμωμοκότας κατὰ τοὺς νόμους δικάσειν ὑμᾶς: Zu ᾗ (‚insofern, als') vgl. Xen. mem. 2,1,18 οὐ δοκεῖ σοι τῶν τοιούτων διαφέρειν τὰ ἑκούσια τῶν ἀκουσίων, ᾗ ὁ ἑκὼν πεινῶν φάγοι ἂν ὁπότε βούλοιτο ... τῷ δ' ἐξ ἀνάγκης ταῦτα πάσχοντι οὐκ ἔξεστιν ὁπόταν βούληται παύεσθαι;

In dem Dem. 24,149ff. überlieferten Text des Heliasteneids (zur Echtheitsdiskussion vgl. Komm. zu §19 μηδ' ἀποστερήσῃ διὰ τοῦτο ... ἑαυτὸν τοῦ θέσθαι τὴν ψῆφον εὔορκον) heißt es gleich zu Beginn ψηφιοῦμαι κατὰ τοὺς νόμους καὶ τὰ ψηφίσματα τοῦ δήμου τοῦ Ἀθηναίων καὶ τῆς βουλῆς τῶν πεντακοσίων; ganz ähnlich Dem. 19,179. Vgl. außerdem Aischin. 3,6; Lys. 22,7; Isaios 11,6; Isokr. 19,15; Dem. 18,121; 20,118; 21,42; [Dem.] 58,25 (Westermann).

δικαίως δεῖξαι γεγραμμένα: Das Adverb ist vom Partizip um der Hervorhebung willen getrennt; vgl. z.B. 18,61 u. 144.

ἀσύμφορα: Vgl. Komm. zu §18 ἀσύμφορον.

εἴπερ: Zur kausalen Färbung des Kondizionalsatzes vgl. KG II 481: „Häufig wird statt eines grundangebenden Adverbialsatzes mit ἐπεί, ἐπειδή ein konditionaler Adverbialsatz mit εἰ (wie auch im Deutschen oft wenn st. weil, da) gebraucht, wenn man den Grund nicht auf einen bestimmten Fall beziehen, sondern ihn als einen allgemein gültigen bezeichnen will."

"οὐ μὴν ἀλλ' ἔχει τιν' ὅμως ἡ ἀναίδεια αὕτη λόγον": οὐ μὴν ἀλλά „normally denotes that what is being said cannot be gainsaid, however strong the arguments to the contrary: marking, in fact, the deliberate surmounting of an obstacle recognized as considerable" (Denn. GP 28). Dabei liegt im elliptischen οὐ μήν ursprünglich eine nicht näher bestimmte Zurückweisung (,und doch ist das nicht ausschlaggebend, sondern ...'; ,dessen ungeachtet'; ,gleichwohl'); vgl. z.B. 2,22: εἰ δέ τις ὑμῶν ... τὸν Φίλιππον εὐτυχοῦντα ὁρῶν ταύτῃ φοβερὸν προσπολεμῆσαι νομίζει, σώφρονος μὲν ἀνθρώπου λογισμῷ χρῆται· ... οὐ μὴν ἀλλ' ἔγωγε, εἴ τις αἵρεσίν μοι δοίη, τὴν τῆς ἡμετέρας πόλεως τύχην ἂν ἑλοίμην; 1,4; 5,3, 10,35; 14,33; 16,3; 19,203 u.ö. Die Partikelkombination findet sich bei Demosthenes und Isokrates häufig, bei den übrigen attischen Rednern sonst nur noch einmal bei Lykurg. 124 (Denn. GP 29).

Die starke Entgegensetzung zum zuvor Gesagten fügt sich nur dann sinnvoll in den Kontext, wenn man sie als einen der Gegenpartei (oder deren Sympathisanten) in den Mund gelegten Einwand versteht (zuletzt richtig erkannt von Harris 2018). Der Kläger selbst würde dem kurz zuvor als εὐήθης qualifizierten Argument kaum λόγος zubilligen; auch wäre die Anbindung des folgenden Satzes mit τοίνυν logisch nicht nachvollziehbar. In welche sprachlichen Kalamitäten die bisher übliche Auffasung, es liege eine Meinungsäußerung des Sprechers vor, führt, zeigt die Übersetzung von Vince, der οὐ μὴν ἀλλά gar nicht wiedergibt und τοίνυν zu einer Adversativpartikel umdeuten muss: „At the same time the plea, though impertinent, has reason in it; but not a reason which Aristokrates will be able to submit to you."

Das Demonstrativum markiert den Begriff ἀναίδεια als Zitat, welches höhnisch-ironisch aufgegriffen wird wie z.B. Soph. OT 1067 Io: καὶ μὴν φρονοῦσά γ' εὖ τὰ λῷστα σοι λέγω. / Οι: τὰ λῷστα τοίνυν ταῦτά μ' ἀλγύνει πάλαι.

τούτῳ τοίνυν οὐδ' οὗτος ἐνέσται πρὸς ὑμᾶς ὁ λόγος: Ganz ähnlich 24,188 ἐγὼ δὲ τὸν λόγον ἡγοῦμαι τοῦτον οὐδὲ καθ' ἓν λέγειν ἐνεῖναι τούτῳ; 6,13; 21,41.

τοίνυν: „Marking a fresh step in the march of thought" (Denn. GP 574), im Englischen gern eingeleitet durch ‚well', dem unser ‚nun' nur unvollkommen entspricht.

Nachdem der Kläger dem ‚Nützlichkeitsargument' zunächst auf formaler Ebene begegnet ist (‚Auf die Gesetze vereidigte Geschworene zur Annahme eines rechtswidrigen Antrags zu bewegen, ist grundsätzlich schädlich'), folgt nun, angestoßen durch den vorweggenommenen Einwand, die inhaltliche Auseinandersetzung mit dem konkreten Antrag des Aristokrates.

ἐναντίον ὄν: konzessiv: Obwohl der Antrag in so hohem Maße rechtswidrig ist, wird seine Rechtswidrigkeit von seiner Schädlichkeit sogar noch übertroffen. Das Kriterium des Nutzens ist also nicht nur nicht geeignet, den Makel des Gesetzesverstoßes zu kompensieren, sondern führt auf einen weiteren, noch gewichtigeren Makel.

2. Die Schädlichkeit des Antrags (§§102–143)

Um den Antrag als schädlich zu erweisen, macht der Kläger im Wesentlichen drei Aspekte geltend:
1) Mit dem Dekret würde das Machtgleichgewicht in Thrakien gestört, und dies sei für Athen angesichts der Unberechenbarkeit des Kersobleptes bedrohlich.
2) Da politische Freundschaften erfahrungsgemäß instabil seien und aus Verbündeten mit der Zeit nicht selten Feinde würden, sei grundsätzlich davon abzuraten, jemandem per Dekret Schutz zu garantieren, insbesondere aber dann, wenn er wie Charidemos und Kersobleptes alles andere als harmlos und vertrauenswürdig sei.
3) Gewährte man Charidemos das von Aristokrates beantragte Privileg, müsste man es auch anderen Despoten und ihren Handlangern zugestehen, womit Athen seine freiheitlichen Ideale verraten und seinen guten Ruf in der griechischen Welt verlieren würde.

Die Punkte 2) und 3) werden in der Argumentation nicht klar voneinander abgegrenzt: Mit §118 wird Punkt 2) auf allgemeiner Ebene ausgeführt, in §§123–124 klingt Punkt 3) an; der ‚Bedingungskatalog' für das Privileg einer Schutzgarantie (§125) leitet den Gedanken dann aber über das Motiv der Zuverlässigkeit (vgl. ὡς οὐδὲ πιστὸς εἰς τὸν ἔπειτα χρόνον mit §122 οὕτω πιστεύειν ὥστε …) zu Punkt 2) zurück, indem der Kläger nun auf den konkreten Fall bezogen erklärt, warum von Charidemos und Kersobleptes keinerlei Loyalität zu erwarten sei. §§138–143 nehmen schließlich Punkt 3) wieder auf. Die Punkte 1) und 2) wiederum sind durch die Person des Kersobleptes miteinander verbunden.

Durch die Verflechtung der Argumentationsstränge kommt jeweils e i n Gedanke z w e i f a c h zur Geltung, was, ebenso wie die zahlreichen als Belege oder Handlungsmuster aufgebotenen historischen Exempla, dazu dient, die Fülle der vom Antrag ausgehenden Gefahren möglichst erdrückend erscheinen zu lassen. Vielleicht erhoffte sich der Kläger auch, die Aufmerksamkeit der Zuhörer dadurch so binden zu können, dass sie eine wesentliche Schwäche seiner Ausführungen übersahen: Ein Dekret musste nicht für alle Ewigkeit Bestand haben, sondern konnte durch Abstimmung in der Volksversammlung jederzeit aufgehoben bzw. durch ein anderes ersetzt werden. Es war also durchaus möglich, auf Veränderungen der politischen Situation zu reagieren – womit vor allem Punkt 2) an Überzeugungskraft einbüßt.

§§102–109: Destabilisierung des Machtgleichgewichts durch das Dekret

Wie es für Athen von Vorteil sei, wenn es zu Theben und Sparta jeweils starke Gegenspieler gebe, so sei es für die auf der Chersones angesiedelten Mitbürger von Vorteil, wenn sich die Machthaber in Thrakien gegenseitig niederhielten. Der Antrag des Aristokrates aber verschiebe das Gleichgewicht klar zugunsten des Kersobleptes. Einen ähnlichen Fehler habe man schon einmal im Falle des von Kotys abgefallenen Thrakerfürsten Miltokythes begangen: Auch diesen habe man durch ein Dekret so sehr verunsichert, dass er seinen Widerstand aufgegeben habe. Genauso werde man, falls der Antrag in Kraft trete, die thrakischen Könige verprellen, die dann nicht mehr als Verbündete gegen Kersobleptes zurückzugewinnen seien. Wie man sich in der gegebenen Situation richtig verhalte, könne man am Beispiel der Olynthier sehen, die von Philipp genau zu dem Zeitpunkt abgerückt seien, als er zu mächtig wurde, um noch vertrauenswürdig zu sein.

§102

βούλομαι δ' ἤδη καὶ …: Zur Übergangsformel vgl. 18,53 βούλομαι τοίνυν ἤδη καὶ περὶ τῆς γραφῆς αὐτῆς ἀπολογήσασθαι und 23,144 βούλομαι τοίνυν ἤδη καὶ τὰ πεπραγμένα ἐξετάσαι τῷ Χαριδήμῳ διὰ βραχέων. Die Parallelen sprechen gegen das als varia lectio in F überlieferte βούλομαι δὲ δὴ.

ὡς διὰ βραχυτάτου λόγου: Zur Stellung der Präposition zwischen ὡς und dem Superlativ vgl. KG I 27 sowie z.B. Dem. 18,288 ὡς παρ' οἰκειοτάτῳ und 19,257 ὡς μετὰ πλείστης συγγνώμης.

ἴσθ' ὅτι συμφέρει τῇ πόλει μήτε Θηβαίους μήτε Λακεδαιμονίους ἰσχύειν: Das Erstarken eines der beiden Rivalen zu verhindern, ist ein Leitgedanke der Rede *Für die Megalopoliten* (vgl. unten, Komm. zu ἄλλους τινὰς), in der Demosthenes dazu rät, sich im Konflikt der (mit den Thebanern verbündeten) Arkader und der Lakedaimonier auf die Seite der Arkader zu stellen, damit diese weiterhin ein Gegengewicht zum spartanischen Machtstreben bilden. Vgl. bes. 16,4 οὐκοῦν οὐδ' ἂν εἷς ἀντείποι ὡς οὐ συμφέρει τῇ πόλει καὶ Λακεδαιμονίους ἀσθενεῖς εἶναι καὶ Θηβαίους τουτουσί und 16,31 οὐκ ἔσονται μείζους τοῦ δέοντος οἱ Λακεδαιμόνιοι τούτους ἔχοντες ἀντιπάλους τοὺς Ἀρκάδας ἐγγὺς οἰκοῦντας.

τοῖς μὲν Φοκέας ἀντιπάλους: Die Feindschaft zwischen Phokern und Thebanern reicht bis ins 5. Jh. zurück, als die Phoker böotisches Territorium in Besitz zu nehmen versuchten. Der Konflikt setzte sich im Kampf um die Führungsrolle in der Amphiktyonie fort und kam im sog. Dritten Heiligen Krieg (356–346), in dem die Phoker von Sparta und Athen unterstützt wurden, offen zum Ausbruch. Im Frühjahr 352, also kurz vor dem Prozess gegen Aristokrates, hatte Philipp von Makedonien den Phokern in der Schlacht auf dem Krokusfeld eine schwere Niederlage bereitet. Zur komplizierten Chronologie des Krieges vgl. Buckler 1989.

ἄλλους τινὰς: Gemeint sind die Argiver, die Arkader und die Messenier. Nach der Niederlage Spartas bei Leuktra gründete Epameinondas 371 Megalopolis als Hauptstadt eines unabhängigen Arkadiens, 369 Messene als Hauptstadt eines unabhängigen Messeniens. Um die Spartaner an der Rückgewinnung der verlorenen Gebiete und der Wiederherstellung ihrer Vormacht zu hindern, schlossen die Athener Defensivbündnisse mit den von Sparta bedrohten Staaten (Xen. hell. 7,4,2–3; Isokr. 7,10; Paus. 4,28,2). Wahrscheinlich zu Beginn des Jahres 352 (Schaefer, I 519) war in der Volksversammlung erbittert über ein Hilfsgesuch der Megalopoliten gestritten worden. Demosthenes hatte dabei eine vermittelnde Position zwischen der prothebanischen und der prospartanischen Partei eingenommen. Der Kläger nennt die Gegner Spartas möglicherweise deshalb nicht beim Namen, weil er bei den Geschworenen keine negativen Emotionen wecken möchte.

§103

ταὐτὸ ... τοῦτο: So A und F^c; S, F^a und Y haben die Wortstellung τοῦτο ... ταὐτὸ, die bei Dem. singulär wäre. Demgegenüber findet sich ταὐτὸ ... τοῦτο 18,195; 19,138; 20,73.117.138; 21,33.39; 22,70; 23,109; 24,142.178 (ebenso ταὐτὰ ταῦτα 19,190.241.261; 36,12.48; 39,31); zu vergleichen ist insbesondere 19,138, wo τοῦτο, wie an unserer Stelle, den Inhalt des vorausgegangenen Satzes aufgreift. Diese Parallele wurde offenbar von Weber übersehen, der die Lesart von S und Y mit dem Argument „in τοῦτο vis sententiae posita est" verteidigt.

τοῖς Χερρόνησον οἰκοῦσι τῶν πολιτῶν: Athen hatte zuletzt im Jahr 353 Kleruchen auf die Chersones entsandt (vgl. Diod. 16,34,4). Der Appell, für die Sicherheit der Siedler Sorge zu tragen, mag umso wirksamer gewesen sein, da man diese Menschen noch persönlich kannte.

τῷ μὲν ἡγουμένῳ τῶν Κερσοβλέπτου πραγμάτων: i.e. Charidemos. Zu πραγμάτων ἡγεῖσθαι vgl. Isokr. 15,309 τὸ καλῶν καὶ μεγάλων ἡγήσασθαι πραγμάτων (sc. ἐν τοῖς καὶ τῇ φύσει καὶ ταῖς μελέταις ὑπερέχουσιν ἔνεστιν).

τοῖς δὲ τῶν ἑτέρων βασιλέων στρατηγοῖς: Vgl. §10: Die Söhne des Berisades werden von Athenodoros unterstützt, Amadokos von Simon und Bianor.

φόβον καὶ δέος: Ammonios, diff. 128 Nickau definiert den Unterschied folgendermaßen: δέος μέν ... ἐστι πολυχρόνιος κακοῦ ὑπόνοια, φόβος δὲ παραυτίκα πτόησις (vgl. im Deutschen ‚Angst und Schrecken'). Hier werden beide Begriffe als einander verstärkende Synonyme gebraucht; vgl. auch Dem. 21,124 mit MacDowell z.St. (S. 345) und [Lys.] 20,8.

μή τιν' αἰτίαν ἔχωσι: Athenodoros wäre als gebürtiger Athener, Simon und Bianor wären als athenische Ehrenbürger von der Anwendung des Dekrets betroffen; vgl. §12.

τοὺς μὲν ... τὸν δ': „In der Verbindung ὁ μέν ... ὁ δέ wird ὁ μέν oft auf das nähere, ὁ δέ auf das entferntere der vorangehenden Substantive bezogen" (KG II 264 Anm. 1). Hier kommt die Besonderheit hinzu, dass das Bezugswort jeweils der attributive Genitiv ist, d.h. τοὺς μέν bezeichnet Amadokos und die Söhne des Berisades, τὸν δέ Kersobleptes.

ἕνα ὄντα: Vgl. §9 παραδοῦναι ... ἑνὶ τῷ Κερσοβλέπτῃ τὴν ἀρχὴν ἅπασαν, §15 εἷς ... πᾶσαν ὑφ' αὑτῷ ποιήσεται τὴν ἀρχήν und ibd. τῷ ... ἑνὶ πράττοντι τὴν ἀρχήν. Der für die Argumentation konstitutive Gedanke, dass sich das Machtgleichgewicht nicht zugunsten eines Einzelnen verlagern dürfe, wird den Zuhörern immer wieder ins Bewusstsein gerufen.

§104

ἵνα δὲ μὴ πάνυ θαυμάζητε: θαυμάζειν hier in der Bedeutung ‚sich verwundert/zweifelnd fragen' wie Dem. 19,25 τοῦ χάριν δὴ ταῦθ' ὑπέμνησα ...; ... ἵνα μηδεὶς ὑμῶν ... "εἶτα τότ' οὐκ ἔλεγες παραχρῆμα ταῦτα οὐδ' ἐδίδασκες ἡμᾶς;" θαυμάζῃ; ähnlich 23,110.145. Im Finalsatz ist verneintes πάνυ beim Verb selten, vgl. aber Lukian, Par. 40 ἵνα τοίνυν μὴ πάνυ θαυμάζῃς.

γεγονὸς καὶ ὃ πάντες ἐπίστασθε πρᾶγμα: γεγονὸς πρᾶγμα vom historischen Exemplum auch §141. Zur Verbindung von attributivem Partizip und Relativsatz vgl. Komm. zu §93 καὶ δι' οὓς ἄκυρόν ἐστιν.

ὅτε Μιλτοκύθης ἀπέστη Κότυος: 362 v.Chr. war der Thrakerfürst Miltokythes von Kotys abgefallen, hatte Gesandte mit einem Hilfsgesuch nach Athen geschickt und als Gegenleistung die Rückgabe der Chersones angeboten ([Dem.] 50,5). Die Athener beschlossen zunächst, Miltokythes zu unterstützen, ließen sich aber von einem Brief des Kotys, der offenbar verlockende Zusagen machte, umstimmen (Dem. 23,114f.). Welche konkreten Anweisungen das daraufhin erlassene Dekret enthielt und wer der Antragsteller war, ist nicht bekannt. Vgl. Einleitung, S. 8; Schaefer, I 153; Geyer 1932, 1708; Heskel 1997, 81–83; Liddel 2020, 300 (zu D71).

Die verbindende Partikel fehlt wie in §141 nach einer ganz ähnlichen Ankündigung; vgl. Denniston 1952, 110.

τοῦ πολέμου: Gemeint ist der Krieg um die Chersones, dessen Beginn mit der Entsendung des Timotheos 366 anzusetzen ist; vgl. Einleitung, S. 6.

ἀπηλλαγμένου ... Ἐργοφίλου: Ergophilos wurde wegen Erfolglosigkeit als Stratege abgesetzt (vermutlich hatte er Sestos und Krithote an Miltokythes verloren; vgl. Dem. 19,180 sowie Heskel 1997, 85ff.). Im anschließenden Prozess soll er nach Aristot. rhet. 2,3. 1380b11–13 der Todesstrafe allein deshalb entgangen sein, weil die Athener am Tag zuvor ihr Rachebedürfnis bereits durch das Todesurteil gegen den ebenfalls angeklagten Kallisthenes befriedigt hatten.

Αὐτοκλέους: Autokles, Sohn des Strombichides, war einer der acht athenischen Gesandten, die 371 am Friedenskongress in Sparta teilnahmen (Xen. hell. 6,3,2.7–9). 368/67 unterstützte er Alexander von Pherai gegen Theben mit einer Flotte von 30 Schiffen (Diod. 15,71,3). Wegen seines Misserfolgs in Thrakien wurde er, wie sein Vorgänger Ergophilos, des Verrats angeklagt. Von der Klageschrift des Hypereides sind Fragmente erhalten (Hyper. 11, frg. 55–65 Blass), auch Apollodor war auf der Seite der Kläger am Prozess beteiligt (Dem. 36,53). Vgl. Judeich 1896, 2598.

τοῦ ... ὄρους τοῦ ἱεροῦ: Das Gebirge und der gleichnamige befestigte Kultort (daher θησαυροί) liegen an der Küste der Propontis beim heutigen Tekirdağ. Die Einnahme von Hieron Oros durch Philipp wird Aischin. 2,90 als ein entscheidender Erfolg im Kampf gegen Kersobleptes erwähnt, was vom strategischen Gewicht des Ortes zeugt.

καὶ γάρ τοι: Die Partikelkombination findet sich fast ausschließlich bei den Rednern (Denn. GP 113). Ihre Bedeutung entspricht dem konsekutiven τοιγάρτοι, wobei die Ersetzung von τοι durch καί „may be due to the need to express the καί-notion which is often present in consecutive clauses and sometimes expressed (διὰ ταῦτα καὶ, δι' ὃ δὴ καὶ, german "denn auch"), generally when the evidence of the consequence is to be shown" (van Bennekom 1962, 393).

οἱ δὲ χρόνοι κατὰ τοῦ τὸ ψήφισμα εἰπόντος τῆς γραφῆς ἐξεληλύθεσαν: Zur Sache vgl. Einleitung, S. 12 mit Anm. 45: Ein Antragsteller war persönlich nicht mehr durch ein Paranomieverfahren zu belangen, wenn nicht innerhalb eines Jahres nach der Antragstellung bzw. der Annahme des Antrags Klage erhoben wurde.
 Zu ἐξέρχεσθαι (‚ablaufen') vgl. neben 20,144 ἐξῆλθον οἱ χρόνοι Xen. hell. 5,2,2 ἐλέγοντο δὲ καὶ αἱ σπονδαὶ ἐξεληλυθέναι. Zum Genitiv bei χρόνοι (‚Termin/Frist für ...) vgl. 21,112 χρόνοι τούτοις τοῦ δίκην ὑπέχειν οὓς ἂν αὐτοὶ βούλωνται δίδονται.

τὰ ... πράγματ' ἀπωλώλει τῇ πόλει: Mit der Einnahme von Hieron Oros hatte Kotys den Aufstand des Miltokythes praktisch niedergeschlagen. Er konnte nun seine ganze Kraft der Rückgewinnung der Chersones widmen; 360 eroberte er Sestos und Krithote. Insofern kann das den Miltokythes verunsichernde Dekret als der maßgebliche Auslöser dafür betrachtet werden, dass den Athenern die Chersones wieder verloren ging (vgl. Heskel 1997, 84). Der angekündigte Beweis für die enorme Tragweite der in der Volksversammlung gefassten Beschlüsse ist somit erbracht.
 Zum Ausdruck vgl. 19,59 πάντα τἀκεῖ πράγματ' ἀπωλώλει; 4,46 τὰ δὲ πράγματα ἐκ τούτων ἀπόλωλεν.

§105

λύσετε: Vgl. Komm. zu §43 λῦσαι.

θαυμαστὴ ... ἀθυμία: θαυμαστός hier nicht in der Bedeutung ‚erstaunlich', ‚überraschend', sondern, sich dem Sinn von θαυμαστὸν ὅσον/ἡλίκον (wie z.B. 24,122; 19,24) annähernd, ‚außerordentlich', ‚gewaltig'; vgl. 5,13;

10,46; 23,106. Zu ἀθυμία als Bezeichnung einer durch enttäuschte Erwartungen verursachten Verzagtheit vgl. neben §194 auch 1,21 ... ἐπιὼν ἅπαντα τότε ἤλπιζε τὰ πράγματα ἀναιρήσεσθαι, κᾆτα διέψευσται. τοῦτο δὴ πρῶτον αὐτὸν ταράττει ... καὶ πολλὴν ἀθυμίαν αὐτῷ παρέχει.

παρεῶσθαι: Die Lesart von S^c wird gegen παρεωρᾶσθαι (S^{a}AFY) gestützt durch die ganz ähnliche Verwendung des Verbs 2,18 εἰ δέ τις σώφρων ἢ δίκαιος ἄλλως ..., παρεῶσθαι (SAFBY : παρεωρᾶσθαι vulg. [nach Butchers Apparat]) καὶ ἐν οὐδενὸς εἶναι μέρει (sc. ἔφη).

§106

φέρε: Vgl. Komm. zu §57 φέρε.

ἐπ᾽ ἐκείνους ἴμεν: Zur Bedeutung ‚jmdn. (um etw.) angehen'; ‚sich (mit einer Bitte) an jmdn. wenden' vgl. Plat. Hipp. mai. 281a3–5 ἡ γὰρ Ἦλις ὅταν τι δέηται διαπράξασθαι πρός τινα τῶν πόλεων ἀεὶ ἐπὶ πρῶτον ἐμὲ ἔρχεται τῶν πολιτῶν αἱρουμένη πρεσβευτήν.

ὅτι: Zur Einleitung der direkten Rede mit ὅτι, das in seiner Funktion einem Doppelpunkt entspricht, vgl. KG II 366f., 4.
 Das belebende Mittel der Ethopoiie setzt Dem. gern ein; vgl. z.B. 8,20. 35–37; 18,40; 19,22; 20,39; 21,49. Die Beschwerde der thrakischen Könige hier in Form einer längeren direkten Rede vorzutragen, ist psychologisch geschickt. Die Zuhörer erleben im fiktiven Vorgriff ganz unmittelbar die beschämende Situation, die sie im Falle einer ‚falschen' Entscheidung erwartet.

φόβον ... θαυμαστὸν: Vgl. Komm. zu §105 θαυμαστὴ ... ἀθυμία.

ὑπὲρ ἡμῶν αὐτῶν ἀμυνώμεθα: Der intensivierende Zusatz des Reflexivums bei dem an sich schon reflexiven ἀμύνεσθαι ist selten; vgl. aber 24,94 ἂν δ᾽ ὑπὲρ ὑμῶν αὐτῶν ἀμύνεσθαι δέῃ.

τοῖς ὑμῖν συμφέρουσι καὶ ἡμῖν: Um die Verweigerung ihrer Unterstützung zu begründen, brauchten sich die thrakischen Könige nur auf die Verletzung ihrer eigenen Interessen zu berufen. Mit dem wiederholten Hinweis darauf, dass sich die Athener auch und vor allem (ὑμῖν und weiter unten περὶ ὑμᾶς αὐτοὺς sind jeweils vorangestellt) selbst schaden, legt der

Kläger den fiktiven Sprechern seine eigene, für die aktuelle Entscheidungssituation ausschlaggebende Ansicht in den Mund.

εἰπέ μοι: Zum Singular vgl. Komm. zu §57 φέρε (fin.). Die direkte Anrede setzt die mit φέρε eingeleitete Fiktion eines Dialogs fort; der Zuhörer sieht sich stärker genötigt, die rhetorische Frage für sich zu beantworten. Vgl. Zakowski 2014, 188.

ταῦτ' ἐὰν λέγωσιν, οὐ δικαιότερ' ἡμῶν ἐροῦσιν; ἔγωγ' οἶμαι: D.h. in der imaginierten Diskussion mit den thrakischen Königen wären die Athener argumentativ unterlegen. Zu δίκαια bzw. δικαιότερα λέγειν bei der Bewertung von Argumenten, insbesondere vor Gericht, vgl. Aristoph. Nub. 1398; Isaios 5,8; 6,3; Dem. 30,3; [Dem.] 43,34.

Indem der Kläger die rhetorische Frage nur für seine Person beantwortet, fordert er die Zuhörer implizit auf, ihm beizupflichten, lässt ihnen dabei aber, wie ein guter Pädagoge, die Trotz verhütende Illusion, nicht bevormundet zu werden. Ganz ähnlich im Anschluss an eine fiktive direkte Rede 20,39 οὐ δικαιότερ' ἡμῶν ἐρεῖ; ἐμοὶ γοῦν δοκεῖ; vgl. auch 8,37 ἂν ταῦτα λέγωσιν, τί ἐροῦμεν ἢ τί φήσομεν, Ἀθηναῖοι; ἐγὼ μὲν γὰρ οὐχ ὁρῶ.

§107

Καὶ μὴν οὐδ' ἐκεῖνό γ': Zu καὶ μὴν ... γέ vgl. Komm. zu §35 καὶ μὴν ... γε, zur Kombination mit οὐδέ vgl. z.B. 8,16; 18,68; 24,60.67.

ὅτι νὴ Δί' εἰκότως ἐφενακίσθητε καὶ παρεκρούσθητε: Die Betonung liegt auf εἰκότως. Die Athener könnten, nachdem sie das Fehlurteil gefällt und als solches erkannt haben, zu der Ausrede Zuflucht nehmen wollen, man sei der Täuschung ‚begreiflicherweise' erlegen, d.h. die Betrugsabsicht sei schwer zu durchschauen gewesen. Dieser Ausrede entzieht der Kläger in der Folge den Boden.

Zur Einleitung einer Hypophora mit νὴ Δία vgl. Komm. zu §61 ἀλλὰ νὴ Δία. Hier ist die Beteuerungsformel der direkten Rede in die indirekte Rede übernommen worden. Zu εἰκότως (‚erwartungsgemäß', ‚verständlicherweise') vgl. [Dem.] 43,10 καὶ τοῦτον τὸν τρόπον ἐπιβουλευσάντων καὶ συναγωνιζομένων ἀλλήλοις ἐφ' ἡμᾶς ... εἰκότως, οἶμαι, οἱ δικασταὶ ἐξηπατήθησαν. Zu φενακίζειν vgl. Komm. zu §20 τὸν τρόπον ὃν πεφενάκισθε ὑπ' αὐτοῦ; zur Verbindung mit παρακρούεσθαι vgl. 20,88; 24,209; 29,36; 31,12 sowie [Dem.] 25,38.

ἐφ᾽ ὑμῶν αὐτῶν: Zum hier vorliegenden Gebrauch von ἐπί c. gen. vgl. KG I 497f.: „etwas an, bei, nach einem Gegenstande e i n s e h e n, b e u r t e i l e n, s a g e n, z e i g e n" und z.B. Dem. 2,1 ἐπὶ πολλῶν μὲν ἄν τις ἰδεῖν ... δοκεῖ μοι τὴν παρὰ τῶν θεῶν εὔνοιαν φανερὰν γιγνομένην τῇ πόλει; Isokr. 6,41.44.

Ὀλυνθίους τουτουσί: Das Demonstrativum fungiert als „auf das zunächst liegende und jedermann bekannte Beispiel hinweisend" (Westermann); vgl. KG I 645, 5.

τί ... πῶς: Zur Verschachtelung der Fragen vgl. z.B. 21,143 ᾧ σκέψασθε τίνων εὐεργεσιῶν ὑπαρχουσῶν καὶ ποίων τινῶν πρὸς τὸν δῆμον πῶς ἐχρήσαντο ὑμῶν οἱ πρόγονοι und 21,175 τί πεποιηκότες αὐτῶν ἔνιοι τίνος ὀργῆς τετυχήκασι παρ᾽ ὑμῶν (Westermann).

ἐκεῖνος ἐκείνοις: Polyptoton wie z.B. 18,288 ἕκαστος ἑκάστῳ; vgl. auch Blass, AB 164: „Die Figur dient hier dazu, das Zusammengehörige und anderm Entgegengesetzte enger zusammenzuschliessen."

Ποτείδαιαν: Mitte der 60er-Jahre des 4. Jhs. hatte Timotheos das chalkidische Poteidaia erobert und von athenischen Kleruchen besiedeln lassen ([Dem.] 7,10). 356 wurde die Stadt neben Amphipolis und Pydna von Philipp eingenommen, der sie zerstörte, die athenischen Siedler ihres Besitzes beraubt nach Hause schickte und das Territorium den Olynthiern zur Bekräftigung des neu geschlossenen Bündnisses schenkte (Dem. 6,20; [Dem.] 7,9f.; Diod. 16,8,3–5). Die Olynthier konnten sich daran freilich nur für kurze Zeit erfreuen: 353 wurden sie von Philipp wieder aus dem Gebiet vertrieben (Dem. 6,20f.), woraufhin sie den Friedensschluss und das Bündnis mit Athen suchten (Dem. 3,7). Konkret bitten die Olynthier Athen aber erst im Jahr 349 um Unterstützung – für deren Bewilligung sich Demosthenes in den drei Olynthischen Reden energisch einsetzt.

ἀποστερεῖν: Zur Bedeutung ‚vorenthalten' vgl. 18,112; 21,142; 45,5 sowie [Dem.] 34,27.

ὥσπερ ὑμῖν Κερσοβλέπτης Χερρόνησον: Der Kläger bezieht sich hier auf den 357 von Chares ausgehandelten Vertrag, in welchem Kersobleptes, von seinen Gegnern in die Enge getrieben, Athen die Städte der Chersones mit Ausnahme von Kardia zusprach; siehe §173.

πρὸς ὑμᾶς πολεμῶν: Mit der Einnahme von Amphipolis und Pydna brach Philipp das 358 geschlossene Friedensabkommen mit Athen, welches jedoch zunächst keine nennenswerte Gegenwehr zeigte.

χρήματα πολλὰ ἀναλώσας: Dies wird wohl erwähnt, weil dadurch der Verzicht auf den Ertrag der Aufwendungen umso generöser erscheint.

§108

ἀλλ' ὅμως ἐκεῖνοι ...: Der Gedankengang ist folgender: Obwohl die Großzügigkeit Philipps, da sie nicht einer Notlage entsprang, viel eher Vertrauen zu schaffen geeignet war als das erzwungene Zugeständnis des Kersobleptes, sind die Olynthier vorsichtig geblieben und haben sich nicht per Ehrendekret der Möglichkeit beraubt, bei veränderter Lage gegebenenfalls auch in Philipps Gegnern Verbündete zu finden. ὅμως bezieht sich also weniger auf das mit μέν eingeleitete Kolon als auf den gesamten Satz.

τηλικοῦτον: τηλικοῦτος hat die neutrale Grundbedeutung ‚von diesem Alter', ‚von dieser Größe'. Meist wird es im Sinne von ‚so alt' bzw. (bei Dem. ausschließlich; vgl. Komm. zu §73 ταῦτα μὲν δὴ δύο τηλικαῦτα καὶ τοιαῦτα δικαστήρια) ‚so groß' verwendet, zuweilen aber auch im entgegengesetzten Sinn ‚so jung' oder, wie hier, ‚so gering'; vgl. LSJ s.v. und z.B. Isokr. 12,70 ἡμῖν ... συνέπεσε περὶ νησύδρια τοιαῦτα καὶ τηλικαῦτα τὸ μέγεθος ἐξαμαρτεῖν.

καὶ πιστὸς ὑπῆρχεν: καὶ fehlt in A. In konsekutiven Nebensätzen findet sich jedoch nicht selten ein die Folge betonendes καί (vgl. Denn. GP 299,4), so dass der mehrheitlich überlieferte Text als lectio difficilior zu favorisieren ist.

Durch die Wahl des Verbs ὑπάρχειν (‚zur Verfügung stehen') anstelle von εἶναι wird die Vorstellung eines allzeit verlässlichen Beistandes noch verstärkt; vgl. 19,54 τούτους μαλακοὺς ἐποίησε τὸ τὸν Φίλιππον ὑπάρχειν αὐτοῖς πεισθῆναι u. 19,118.

μείζω τῆς πρὸς αὐτοὺς πίστεως: = μείζω ἢ ὥστε πιστὸν εἶναι. Zur Zusammenfassung eines den Vergleichsgegenstand zu einem Komparativ bildenden Gedankens in einem einzigen Substantiv vgl. KG II 314,7 und z.B. Thuk. 1,84,3 ἀμαθέστερον τῶν νόμων τῆς ὑπεροψίας παιδευόμενοι (= ἀμαθέστερον ἢ ὥστε ὑπερορᾶν τῶν νόμων).

§109

εἶτ᾽: Vgl. Komm. zu §61 εἶτ᾽ οὐ δεινόν.

ὑμεῖς δὲ ὄντες Ἀθηναῖοι: Zu ganz ähnlichen Appellen an den Nationalstolz der Athener, mit betonendem Zusatz des Partizips von εἶναι, vgl. 15,23 εἶτ᾽ οὐκ αἰσχρόν, ὦ ἄνδρες Ἀθηναῖοι, εἰ τὸ μὲν Ἀργείων πλῆθος οὐκ ἐφοβήθη τὴν Λακεδαιμονίων ἀρχὴν ἐν ἐκείνοις τοῖς καιροῖς οὐδὲ τὴν ῥώμην, ὑμεῖς δ᾽ ὄντες Ἀθηναῖοι βάρβαρον ἄνθρωπον, καὶ ταῦτα γυναῖκα, φοβήσεσθε; 18,68 τῷ μὲν ἐν Πέλλῃ τραφέντι ... τοσαύτην μεγαλοψυχίαν προσῆκεν ἐγγενέσθαι ..., ὑμῖν δ᾽ οὖσιν Ἀθηναίοις ... τοσαύτην κακίαν ὑπάρξαι und 32,23 πῶς γὰρ οὐκ αἰσχρὸν καὶ δεινὸν ἂν γένοιτο, εἰ Κεφαλλῆνες μέν, ὅπως τοῖς Ἀθηναίοις σωθῇ τὰ χρήματα, δεῦρο πλεῖν τὴν ναῦν ἔκριναν, ὑμεῖς δ᾽ ὄντες Ἀθηναῖοι τὰ τῶν πολιτῶν τοῖς καταποντίσαι βουληθεῖσιν δοῦναι γνοίητε ...; Siehe auch Wankel zu 18,68 (S. 403) und Radicke 1995 zu 15,23 (S. 131), der für den anspornenden Vergleich der Athener mit anderen Völkern noch 6,27; 20,81; 23,212–14 und [Dem.] ep. 3,11 anführt. Ähnlich Isokr. 8,50.

ταὐτὸ τοῦτο οὐχὶ ποιήσετε;: Zum Futur als Ausdruck des Wollens bzw. der Bereitschaft vgl. KG I 173f. und z.B. Dem. 8,23 εἰ γὰρ μήτε εἰσοίσετε μήτ᾽ αὐτοὶ στρατεύσεσθε μήτε τῶν κοινῶν ἀφέξεσθε ..., οὐκ ἔχω τί λέγω.

τοὺς περὶ πραγμάτων ἐπίστασθαι βουλεύσασθαι δοκοῦντας {προέχειν}: Der überlieferte Text lässt sich nicht halten, da die Konstruktion von προέχειν mit dem Infinitiv ohne Parallele ist. Blass schreibt τῷ statt τούς, Wolf ergänzt τῷ nach τούς, und Cobet tilgt προέχειν. Wenn auch die Häufung von Infinitiven im Griechischen grundsätzlich ohne Anstoß ist (vgl. z.B. 15,28 προσήκειν οἶμαι παραινεῖν κατάγειν; 19,277; 23,122), so wirkt doch die Formulierung προέχειν τῷ ἐπίστασθαι βουλεύσασθαι (‚darin herausragen, sich darauf zu verstehen, Entscheidungen zu fällen') sehr umständlich. Attraktiv ist daher die Lösung von Cobet, zumal mit ἐπίστασθαι c. inf. durchaus ein ‚Expertenwissen' bezeichnet werden kann, das eine Überlegenheit gegenüber anderen konstituiert; vgl. z.B. [Dem.] 25,41 (Androtion beeinflusst die Versammlungsteilnehmer durch Beschimpfungen) οὐχὶ μὰ Δία τοὺς λέγοντας (οὗτοι μὲν γὰρ ἐπίστανται τούτῳ διαβαπτίζεσθαι), ἀλλὰ τοὺς ἰδιώτας καὶ τοὺς ἀπείρους; vgl. auch 39,14. Dass man einen expliziteren Ausdruck der Überlegenheit vermisste, mag zu dem nachträglichen, grammatikalisch nicht konsequent eingebundenen Zusatz von προέχειν geführt haben.

Der Gebrauch von πράγματα ohne Artikel ist, sofern nicht die Bedeutung ‚Schwierigkeiten' vorliegt oder ein Attribut hinzutritt, selten. Vgl. bei Dem. 1,3 δεινὸς ἄνθρωπος πράγμασι χρῆσθαι und, dem Gebrauch an unserer Stelle sehr ähnlich, 3,18 ὅταν περὶ πραγμάτων προτεθῇ σκοπεῖν.

ὀφθῆναι: Es besteht kein wesentlicher Bedeutungsunterschied zu φαίνεσθαι c. part. Die Verben finden sich nebeneinander z.B. 18,93f.; 20,138; 22,66; 24,173; vgl. Wankel zu 18,93 (S. 502). Der Kontrast zwischen Schein und Sein wird hier ausdrücklich um die Dimension der Außenwahrnehmung erweitert: Die Athener werden ihrem Nimbus (δοκοῦντας) in ihrem realen Verhalten für alle klar erkennbar (ὀφθῆναι) nicht gerecht – der Verlust von Ansehen und Respekt ist die unausweichliche Folge. Da das Dekret auch die Bundesgenossen betraf, wäre es tatsächlich über die Grenzen Athens hinaus publik geworden.

§§110–117: Zurückweisung des möglichen Einwands, von Kersobleptes gehe kein Risiko aus

Nachdem der Kläger davor gewarnt hat, Verbündete zu schwächen, die man im Falle feindseliger Handlungen des Kersobleptes noch brauchen werde, entkräftet er den möglichen Einwand der Verteidigung, von Kersobleptes gehe keine Bedrohung aus, da die Einnahme der Chersones ihm keinerlei Vorteil bringe. Eine solche Argumentation verkenne den menschlichen Faktor der Gier, wie er sich beispielsweise bei Philipp und Kotys gezeigt habe. Gerade im Erfolg mache die Aussicht auf noch größeren Gewinn blind für alle Risiken, und das Handeln orientiere sich nicht mehr am Maßstab der Vernunft. Deshalb sollten die Athener nach Art des Philokrates in der Schwäche des Feindes die einzige Versicherung gegen Angriffe erkennen.

§110

Ἀκούω: Zum Präsens bei „Handlungen, die zwar der Vergangenheit angehören, aber in ihren Wirkungen noch im Augenblicke des Sprechens fortdauern" vgl. KG I 135,4.

Beide Prozessparteien, insbesondere aber die Kläger, die die erste Rede zu halten hatten, konnten sich einen Vorteil verschaffen, wenn sie vorab

an Informationen über die Strategie des Gegners gelangten. Auf solche Informationen berufen sich die Redner häufig (vgl. bei Dem. z.B. 19,72.80. 202.221.332; 20,145; 21,24; 22,17; 24,144.187), und es ist durchaus denkbar, dass Personen aus dem Umfeld der Prozessbeteiligten nicht immer Diskretion wahrten. Oft mag aber auch nur eine Vermutung zugrunde liegen, die in die Form der Gewissheit gekleidet wird. Vgl. dazu Dorjahn 1935 sowie die Einleitung zu §§90–99.

Ἀριστόμαχος: Aristomachos hatte zu Beginn des Krieges als Parteigänger des Kersobleptes darum geworben, Charidemos zum Strategen zu wählen; vgl. §13.

οὐκ ἔστιν ὅπως ποτὲ Κερσοβλέπτης αἱρήσεται Χερρόνησον ἀποστερεῖν ἐπιχειρῶν ἐχθρὸς ὑμῖν εἶναι: Der Kläger präsentiert das Argument so, wie es die Gegenseite wohl formulieren würde. Zum Objekt von αἱρήσεται wird nicht, wie es der Logik entspräche, die Einnahme der Chersones gemacht, sondern die daraus resultierende, nicht wünschenswerte Folge. Das lässt die Vorstellung, Kersobleptes könne sich für diese Option entscheiden, umso abwegiger erscheinen. Dass es aber sogar für den freiwilligen Verzicht auf die Freundschaft der Athener eine historische Parallele gibt, zeigt der Kläger dann am Beispiel Philipps (§§112f.).

ἐκ μέν γε ἐκείνης: Zu μέν γε vgl. Denn. GP 159f.: „This combination is a natural one, the effect of γε being to concentrate attention momentarily on the μέν clause, with a deliberate temporary exclusion of the δέ clause ... The commonest (in Demosthenes almost the only) use of μέν γε is at the beginning of a sentence, as a quasi-connective, introducing a reason, explanation, or instance, and approximating to μὲν γάρ or μὲν οὖν in force." Vgl. bei Dem. 14,29.30.40; 16,10; 18,180.189.200; 19,252; 20,23; 21,73 etc.

οὐκ ἔστιν ὑπὲρ τριάκοντα τάλαντα ἡ πρόσοδος: Die indirekte Rede geht, wie häufig im Griechischen, nahtlos in die direkte über; vgl. KG II 556f.
 Der Kläger spricht hier von den Einnahmen aus Hafenzöllen, mit denen die Händler belegt wurden.

τῶν ἐμπορίων, ἃ τότ' ἂν κλεισθείη: Zum Begriff ἐμπόριον vgl. Hansen 1997, 98: „[I]n the Classical period an *emporion* was primarily that part of a *polis* which was set off for foreign trade and placed in or next to the harbour; but if the port was the most important part of the *polis*, or if it suited

the context, then the whole settlement could be classified as an *emporion*." Hier sind die Handelshäfen der im Herrschaftsgebiet des Kersobleptes liegenden Städte gemeint, die im Kriegsfall von den Athenern blockiert würden.

τί βουλόμενος: Das formelhafte Partizip wird nicht selten in rhetorischen Fragen eingesetzt, um eine Handlung als zu irrational zu erweisen, als dass sie in der Vergangenheit geschehen bzw. für die Zukunft zu erwarten sein könnte, vgl. Dem. 18,24 τί γὰρ καὶ βουλόμενοι μεταπέμπεσθ' ἂν αὐτοὺς ἐν τούτῳ τῷ καιρῷ; Lys. 1,45 τί ἂν οὖν βουλόμενος ἐγὼ τοιοῦτον κίνδυνον ἐκινδύνευον; Plat. Phaid. 63a5f. τί γὰρ ἂν βουλόμενοι ἄνδρες σοφοὶ ὡς ἀληθῶς δεσπότας ἀμείνους αὑτῶν φεύγοιεν ...;

τὰ πλείω: Der Artikel erklärt sich aus der Vorstellung eines Ganzen, von dem der konkrete Besitz des Kersobleptes im Vergleich zu den μικρά den größeren Teil ausmacht; vgl. KG I 636 und Xen. an. 7,6,16 εἰ ἐδίδου, ἐπὶ τούτῳ ἂν ἐδίδου, ὅπως ἐμοὶ δοὺς μεῖον μὴ ἀποδοίη ὑμῖν τὸ πλεῖον.

θαυμάζειν: Vgl. Komm. zu §104 ἵνα δὲ μὴ πάνυ θαυμάζητε.

§111

ἐγὼ δ' οὐκ ἀπορῶ μὲν εἰπεῖν πολλὰ ...: Zu dieser Form der Paraleipsis, die häufig auch als Abschluss einer Reihe von Argumenten eingesetzt wird, vgl. z.B. 18,50.100.138.258.264; 20,33.52.107; 21,116.132. Da ein Redner, zumindest vor Gericht, nicht durch Zwischenfragen genötigt werden kann, die übergangenen Punkte doch noch konkret zu benennen, ist es mit diesem rhetorischen Mittel gefahrlos möglich, die Beweislage erdrückender erscheinen zu lassen, als sie tatsächlich ist; vgl. Wankel zu 18,138 (S. 749).

ἅ μοι δοκεῖ μᾶλλον ἄν τις ἰδὼν ἀπιστεῖν εἰκότως: Die ungewöhnliche Wortstellung erklärt sich zum Teil aus rhythmischen Erwägungen. Rückt man das regierende Verb enger an das Relativum, entsteht entweder ein Hiat (ἃ ἰδών) oder ein Tribrachys (ἅ τις ἰδών). Das Hyperbaton μᾶλλον ἄν ... εἰκότως lässt sich hingegen nicht auf rhythmische Zwänge zurückführen, sondern dürfte den Zweck haben, εἰκότως durch die isolierte Endstellung hervorzuheben; vgl. dazu Blass, AB 142f. Zur Verbindung μᾶλλον ἂν εἰκότως („mit größerer Berechtigung") vgl. bei Dem. 18,223; 19,297; 24,53. 171.198; 31,9.

οὐ μὴν ἀλλ': Vgl. Komm. zu §101 "οὐ μὴν ἀλλ' ἔχει τιν' ὅμως ἡ ἀναίδεια αὕτη λόγον" sowie, in ähnlichem Kontext, [Dem.] 60,15 πολλὰ τοίνυν ἔχων εἰπεῖν ὧν οἴδε πράξαντες δικαίως ἐπαινεθήσονται ... ἀπορῶ τί πρῶτον εἴπω. ... οὐ μὴν ἀλλὰ πειράσομαι τὴν αὐτὴν ποιήσασθαι τοῦ λόγου τάξιν ἥπερ ὑπῆρξεν τοῦ βίου τούτοις. Zu οὐ μὴν ἀλλά nach vorausgehendem μέν vgl. Denn. GP 29 und bei Dem. z.B. 14,33; 19,201.

ὃ μάλιστα πρόχειρον ἔχω: Ähnlich 24,1 ὅσα λυμανεῖται (sc. das Gesetz) ... τάχα δὴ καθ' ἕκαστον ἀκούοντες ἐμοῦ μαθήσεσθε, ἓν δ', ὃ μέγιστον ἔχω καὶ προχειρότατον πρὸς ὑμᾶς εἰπεῖν, οὐκ ἀποτρέψομαι. Zu πρόχειρον (‚bei/auf der Hand liegend'; ‚naheliegend'; ‚offensichtlich') vgl. auch 19,187; 20,112; 22,51 (= 24,163); 23,113; 24,76.

ἴστε δήπου Φίλιππον ... τουτονὶ τὸν Μακεδόνα: Zu ἴστε δήπου vgl. Komm. zu §61 ἴστε γὰρ δήπου τοῦθ' ὅτι; ohne Partikel auch §67.
Nachdem von Philipp bereits in §107 die Rede war, wirkt die förmliche Einführung merkwürdig. Westermann vermutet, dass mit τὸν Μακεδόνα eine Randglosse in den Text eingedrungen sei. Die Athetese würde aber eine sehr ungewöhnliche Wortstellung erzeugen, indem die Anrede zwischen das (dann nicht mehr zur Apposition gehörende) Demonstrativum und sein Bezugswort Φίλιππον träte. Außerdem bliebe mit ἴστε δήπου immer noch ein Element, das eigentlich nur bei erstmaliger Erwähnung am Platze ist. Es ist die Möglichkeit in Erwägung zu ziehen, dass Dem. den Abschnitt 107–109, der ja auf recht aktuelle Entwicklungen Bezug nimmt, zu einem späteren Zeitpunkt in die Rede eingefügt und eine entsprechende Anpassung von §111 versäumt hat.

ἐλυσιτέλει: Der Kläger zitiert, wie mit ἀλυσιτελές in §114, das den Gegnern in den Mund gelegte λυσιτελήσειν (§110).

Ἀμφιπόλεως: Vgl. Komm. zu §116 Ἀμφίπολιν ... Ποτείδαιαν. Dass Philipp mit allen Mitteln Amphipolis in seinen Besitz zu bringen trachtete, ist kein besonders treffendes Beispiel für irrationale Gier. Die Stadt war von herausragender geostrategischer Bedeutung, mit ihrer Einnahme verfolgte Philipp einen wohlkalkulierten Plan. Vgl. Diod. 16,8,3 ἡ δὲ πόλις αὕτη κειμένη κατὰ τῆς Θράκης καὶ τῶν σύνεγγυς τόπων εὐφυῶς πολλὰ συνεβάλετο τῷ Φιλίππῳ πρὸς αὔξησιν und Liv. 45,30,3 *pars prima* (sc. *Macedoniae*) ... *habet ... multas frugum proprietates et metalla et opportunitatem Amphipolis, quae obiecta claudit omnes ab oriente sole in Macedoniam aditus.* Ähnliches gilt freilich auch für die Chersones, die demjenigen, der zugleich über das gegenüberliegende Festland herrscht, die vollständige Kontrolle über den Zugang zum Hellespont sichert – die ausschließlich auf den materiellen Gewinn bezogene Rechnung der Gegenpartei wäre also auch in diesem Punkt angreifbar.

φίλοις ... τοῖς πατρικοῖς: Philipps Vater Amyntas III. hatte Athen durch die Adoption des Iphikrates seine Reverenz erwiesen (Aischin. 2,26–28), außerdem gemeinsam mit anderen griechischen Poleis die Ansprüche der Athener auf Amphipolis anerkannt und seine Hilfe bei der Rückgewinnung der Stadt zugesagt; vgl. Aischin. 2,32. Bei welcher Gelegenheit es zu der von Aischines erwähnten Anerkennung der Besitzansprüche kam, ist umstritten. Für das Jahr 371 sprechen sich u.a. Schaefer, I 74 (Kongress in Sparta) und Heskel 1997, 39 u. 53 (Kongress in Athen) aus; für das Jahr 369 (Kongress in Athen) Cargill 1981, 86 Anm. 8; grundsätzliche Zweifel an einer formalen Anerkennung äußert Jehne 1992.

αὐτῷ: In der Regel wird in einem mehrgliedrigen Adjektivsatz das Relativum nur dann durch ein Demonstrativum vertreten, wenn sein Kasus wechselt; vgl. KG II 431f. In seltenen Fällen geschieht dies aber auch bei Kasusgleichheit, vgl. KG II 433. Hier dürfte die Wiederaufnahme des Bezugswortes durch die Länge des Satzes bedingt sein.

Θετταλοῖς, οἳ τὸν πάτερ' αὐτοῦ ποτ' ἐξέβαλον: In den uns überlieferten Quellen findet sich darauf kein Hinweis. Nach Diod. 14,92,3 wurde Amyntas 393/92 von den Illyriern vertrieben, während die Thessaler ihm sogar zur Rückkehr auf den Thron verhalfen. Auf diese Vertreibung spielt wohl auch Isokr. 6,46 an; vgl. Zingg 2017, 567.

Philipp kämpfte im Dritten Heiligen Krieg für die Thessaler und errang 352 in der Schlacht auf dem Krokusfeld einen bedeutenden Sieg über die Phoker (Diod. 16,35).

§112

ἄνευ γὰρ τούτου: Vgl. dazu Fox 1890, 123f.: „Die sinnverwandten uneigentlichen Präpositionen χωρίς und ἄνευ mit dem Grundbegriff der Trennung, des Ausschlusses, bezeichnen bald das Außerachtlassen einer Sache, welche für jetzt neben einer anderen nicht weiter berücksichtigt oder doch nicht hervorgehoben werden soll (‚außer, noch außer, abgesehen von, geschweige des oder davon, daß, ohne zu erwähnen, mitzurechnen, in Anschlag zu bringen'; wie χωρίς bei D. 2,4; 3,8; 18,24; 20,25; ἄνευ 23,112; 24,59); bald das (objektive) Nichtvorhanden- oder Ausgeschlossensein einer Sache gegenüber einer anderen, mit der dieselbe vereint sein könnte oder sollte, oder auch unvereinbar ist („ohne, sonder' wie bei D. χωρίς 18,201 – cf. ep. 3,8; ἄνευ 16,1; 1,20; 18,132; 23,25) – χωρίς steht häufiger in der ersten, ἄνευ in der zweiten Bedeutung." Es liegt an unserer Stelle der seltenere Fall vor, dass ἄνευ im erstgenannten Sinne verwendet wird.

Inhaltlich bezieht sich das Demonstrativum auf das jeweilige Verhältnis zu Philipps Vater, zu dem als weiterer Aspekt die sehr unterschiedlich ausgeprägte Verlässlichkeit der beiden Volksgruppen im Allgemeinen hinzutritt. γάρ begründet αἱρετώτερον (§111).

Θετταλοὶ δὲ οὐδένα πώποθ' ὄντιν' οὔ: Zur invertierten Attraktion bei οὐδεὶς ὅστις und speziell zur Verschmelzung der Redensart οὐδεὶς ὅστις οὐ zu einem Pronomen, das als Ganzes dekliniert wird (οὐδενὸς ὅτου, οὐδενὶ ὅτῳ, οὐδένα ὅντινα) vgl. KG II 414f., 5 sowie z.B. Dem. 18,200 περὶ ὧν οὐδένα κίνδυνον ὅντινα οὐχ ὑπέμειναν οἱ πρόγονοι.

Die Treulosigkeit der Thessaler war sprichwörtlich. Vgl. Schol. zu Aristoph. Plut. 521 (F. Dübner, Scholia Graeca in Aristophanem, Paris 1877), wo eine Verbindung zum Thessaler Jason hergestellt wird: διαβάλλονται δὲ οἱ Θετταλοὶ ὡς ἀνδραποδισταὶ καὶ αἰσχροκερδεῖς καὶ ἄπιστοι· ἀεὶ γὰρ τὰ Θετταλῶν ἄπιστα, ἡ παροιμία φησίν. καὶ Εὐριπίδης ἐν Ἰνοῖ· πολλοὶ παρῆσαν, ἀλλ' ἄπιστοι Θετταλοί. δῆλον δὲ καὶ ἀπὸ Ἰάσονος, ὃς ἠνδραπόδισε τὴν Μήδειαν. Dem. spielt auf das Sprichwort auch 1,22 an: ταῦτα γὰρ [sc. τὰ τῶν Θετταλῶν] ἄπιστα μὲν ἦν δήπου φύσει καὶ ἀεὶ πᾶσιν ἀνθρώποις. 18,43 beschimpft er die Thessaler als κατάπτυστοι. Vgl. auch die ethnische Charakterisierung bei [Dion. Hal.] ars rhet. 11,5 (p. 379,3–4 Us./R.) Ἕλλην Θετταλός· διπλοῦς καὶ ποικίλος sowie zu weiterer Literatur Wankel zu 18,43 (S. 303). Tatsächlich gehörten die thessalischen Aleuaden, denen sich das Volk notgedrungen anschloss, zu den ersten, die sich den Persern unterwarfen und den Zug des Xerxes unterstützten (Hdt. 7,130.172). 457 liefen die mit Athen verbündeten thessalischen Reiter bei Tanagra zu den Spartanern über (Thuk. 1,107,7). Ihr extrem schlechter Ruf ist gleichwohl nicht ganz verhältnismäßig, wie Westlake 1935, 44f. konstatiert: „Thessalians were also notorious for their treachery, though they do not seem to have been conspicuously less trustworthy than their fellow Greeks. This accusation, which ... dates only from the close of the fifth century, must have been originally lodged by the Athenians when disappointed by the paltry results of their Thessalian alliance."

§113

τί δή ποτ' αἴτιον;: Zu ποτέ in Fragen vgl. Komm. zu §8 τί ποτ' ἐστί; in Kombination mit emphatischem δή bei Dem. u.a. auch 3,30; 19,290; 20,21; 21,44; 24,6.75.

Dilts schreibt mit dem Papyrus (Π$_{459}$) τὸ αἴτιον, was sich durch Parallelen wie 3,30; 8,56; 19,208 und 32,10 stützen lässt. An unserer Stelle erzeugt die Hinzufügung des Artikels allerdings einen Tribrachys (ποτε τὸ), der zwar durch Krasis (ταἴτιον) zu eliminieren, viel leichter aber durch den Verzicht auf den Artikel zu vermeiden wäre. Daher empfiehlt es sich, der handschriftlichen Überlieferung zu folgen. Zum Fehlen des Artikels vgl. 9,36 τί οὖν αἴτιον τουτωνί; und 9,63 τί οὖν ποτ' αἴτιον; (SFYΠ$_{918}$: τὸ αἴτιον A). 9,63 entscheidet sich Dilts für die Variante ohne Artikel.

οὐ γὰρ δὴ ... γε: Vgl. Denn. GP 243 (2): „Usually ... these combinations ... are used for clearing the ground by ruling out at least one possibility: 'certainly not', 'certainly not, at any rate'." Der Kläger wehrt den Gedanken ab, seine Erklärung könnte überflüssig sein: ‚(sc. Ich stelle diese Frage zu Recht), denn die Antwort liegt ja durchaus nicht auf der Hand.' Zu dieser Partikelkombination vgl. bei Dem. 19,120 ἀπόκριναι γὰρ δεῦρο ἀναστάς μοι. οὐ γὰρ δὴ δι' ἀπειρίαν γε οὐ φήσεις ἔχειν ὅ τι εἴπῃς; 6,12; 24,120; 29,14; 36,21; 55,25; οὐ γὰρ δήπου ... γε 20,35.

οὑτωσὶ πρόχειρον: Zu οὕτως ‚einfach so', vgl. LSJ s.v. IV; zu πρόχειρον vgl. Komm. zu §111 ἃ μάλιστα πρόχειρον ἔχω.

δυοῖν ἀγαθοῖν ὄντοιν: Die Genitive sind wohl nicht absolut, sondern von ἡ κτῆσις abhängig zu denken; zur Syntax vgl. 20,25 τῇ πόλει δυοῖν ἀγαθοῖν ὄντοιν (ὄντοιν om. S^{ac}Y^{ac}), πλούτου καὶ τοῦ πρὸς ἅπαντας πιστεύεσθαι, ἐστὶ τὸ τῆς πίστεως ὑπάρχον (Westermann).

τοῦ μὲν ἡγουμένου καὶ μεγίστου πάντων, τοῦ εὐτυχεῖν: Zur alles beherrschenden Rolle des Glücks vgl. Dem. 2,22 μεγάλη γὰρ ῥοπή, μᾶλλον δὲ τὸ ὅλον ἡ τύχη παρὰ πάντ' ἐστὶ τὰ τῶν ἀνθρώπων πράγματα und 5,11 ... δι' εὐτυχίαν, ἣν συμπάσης ἐγὼ τῆς ἐν ἀνθρώποις οὔσης δεινότητος καὶ σοφίας ὁρῶ κρατοῦσαν; weitere Stellen bei Rehdantz, Index I s.v. Γνώμη.

οὐχ ἅμα ἡ κτῆσις παραγίγνεται τοῖς ἀνθρώποις: Von einigen Kommentatoren (Weber, Westermann) wird zu diesem Gedanken Eupolis, fr. 219 K.-A. (= Athen. 10. 425b) angeführt: ὦ πόλις, πόλις, ὡς εὐτυχὴς εἶ μᾶλλον ἢ καλῶς φρονεῖς. Das Zitat bezieht sich auf das Phänomen, dass den Athenern, so falsch auch ihre politischen Entscheidungen sein mögen, am Ende meist die Tyche zu Hilfe kommt; vgl. dazu auch Aristoph. Ekkl. 473–75; Nub. 587–89 (Weber) sowie Wankel zu 18,253 (S. 1111), der bei Dem. auf 1,10; 2,1 und 4,12 verweist. An unserer Stelle geht es jedoch darum, dass das Glück das Urteilsvermögen zu trüben und zu Selbstüberschätzung zu verleiten pflegt. Zu diesem Motiv vgl. z.B. Isokr. 5,53 (über das Schicksal der Thebaner): καλλίστην γὰρ μάχην νικήσαντες καὶ δόξαν ἐξ αὐτῆς μεγίστην λαβόντες, διὰ τὸ μὴ καλῶς χρῆσθαι ταῖς εὐτυχίαις οὐδὲν βέλτιον πράττουσι τῶν ἡττηθέντων καὶ δυστυχησάντων. Isokrates ist freilich überzeugt, dass man bei entsprechender Charakterbildung sehr wohl auch im Glück Maß und Vernunft bewahren kann, vgl. 12,32 (sc. πεπαιδευμένους καλῶ) ... τέταρτον, ὅπερ μέγιστον, τοὺς μὴ διαφθειρομένους ὑπὸ τῶν εὐπραγιῶν μηδ᾽ ἐξισταμένους αὑτῶν μηδ᾽ ὑπερηφάνους γιγνομένους, ἀλλ᾽ ἐμμένοντας τῇ τάξει τῇ τῶν εὖ φρονούντων καὶ μὴ μᾶλλον χαίροντας τοῖς διὰ τύχην ὑπάρξασιν ἀγαθοῖς ἢ τοῖς διὰ τὴν αὑτῶν φύσιν καὶ φρόνησιν ἐξ ἀρχῆς γιγνομένοις. Diese popularphilosophische Position dürfte, wenn auch der *Panathenaikos* zur Zeit des Prozesses noch nicht geschrieben war, in Athen gängige Münze gewesen sein. Ob der Kläger mit seiner These, Erfolg führe grundsätzlich zu Verblendung und Gier nach mehr (vgl. οὐδ᾽ ἔχει τῶν εὖ πραττόντων οὐδεὶς ...), alle Zuhörer überzeugen konnte, ist daher fraglich – auch wenn die Empirie ihm Recht geben mochte.

πολλοὶ πολλάκις: Vgl. 18,257 πολλῶν πολλάκις und 20,3 πολλὰ πολλάκις; ähnlich auch 2,24; 19,6; 20,166; 23,95.124; 24,91.135; 55,20.

§114

καὶ τί δεῖ ... ἀλλ᾽: Zu ἀλλά im Anschluss an eine rhetorische Frage, die eine Negation impliziert, vgl. Denn. GP 5 und KG II 283,4 sowie z.B. 9,25 καὶ τί δεῖ τοὺς ἄλλους λέγειν; ἀλλ᾽ ἡμεῖς αὐτοὶ ...; 9,59; 23,121; 57,61.

Κότυς: Kotys, Sohn des Seuthes, wurde Mitte der 80er-Jahre des 4. Jhs. König der Odrysen und dehnte seine Herrschaft in der Folge über ganz Thrakien aus. In die Phase der Machterweiterung und -konsolidierung dürften die erwähnten inneren Zwistigkeiten fallen, die Kotys zunächst an einem guten Verhältnis zu Athen interessiert sein ließen. Er verheiratete seine Schwester mit dem Athener Iphikrates (vgl. Komm. zu §129 ὅτι κηδεστὴς ἦν Ἰφικράτει τὸν αὐτὸν τρόπον ὅνπερ Χαριδήμῳ Κερσοβλέπτης; eine Beschreibung der Hochzeitsfeier gibt Anaxandrides, frg. 42 K.-A.) und erhielt das Bürgerrecht (Dem. 23,118). Konflikte mit Athen ergaben sich bald darauf durch die beiderseitigen Ansprüche auf die Chersones (Dem. 23,104). Davies, APF 3737, S. 249f. datiert die Heirat um 386, die Verleihung des Bürgerrechts nach 384 (vgl. dazu auch Komm. zu §118 τὸν Κότυν ποτ' ἐκεῖνον ἐποιήσασθε πολίτην).

ἀλυσιτελὲς: Vgl. Komm. zu §111 ἐλυσιτέλει.

ἐπειδὴ δ' ὑφ' αὑτῷ τὴν Θρᾴκην ἔχοι: Das einhellig überlieferte ἔχοι hat bei früheren Herausgebern für Irritationen gesorgt, da sich der Gewinn der Herrschaft über Thrakien, anders als die Machtkämpfe mit den Konkurrenten, nur schwer als ein iteratives Geschehen betrachten lässt (vgl. Westermann). Weber und Westermann gaben deshalb dem von Wolf konjizierten εἶχεν, das auch der Papyrus (ante correctionem) bietet, den Vorzug und erklärten den Optativ als eine mechanische Angleichung an den ersten Teil der Antithese. Wahrscheinlich ist aber an die Wiederherstellung der Kontrolle über Thrakien nach dem Aufstand des Miltokythes gedacht, worauf sich auch die im Folgenden zitieren Briefe beziehen (vgl. Rosenberg; Heskel 1997, 83). Da der Kläger eine Gesetzmäßigkeit, also einen replizierbaren empirischen Befund, sichtbar machen möchte, mag er den Optativ mit bewusster Übertreibung gewählt haben. Zu ἐπειδή mit dem iterativen Optativ im (gegenüber dem Aorist selteneren) Präsens vgl. Dem. 21,151 ἐπειδή με μὴ πείθοιεν, ... οὐκ ἐτόλμων λέγειν; Xen. an. 4,7,10 ἐπειδὴ δὲ οἱ λίθοι φέροιντο, ἀνέχαζεν εὐπετῶς.

κατελάμβανε ... ἀμήχανον ἦν: Zum Asyndeton, das die blitzartige Aufeinanderfolge der Ereignisse betont und somit die Unabwendbarkeit des resultierenden Unglücks suggeriert, vgl. 19,76 πέντε γὰρ ἡμέραι γεγόνασι μόναι, ἐν αἷς οὗτος ἀπήγγειλε τὰ ψευδῆ, ὑμεῖς ἐπιστεύσατε, οἱ Φωκεῖς ἐπύθοντο, ἐνέδωκαν ἑαυτούς, ἀπώλοντο (Westermann).

μεθύων ἐπαρῴνει μάλιστα μὲν εἰς αὑτόν: Übermäßiger Alkoholkonsum ist, neben der Verblendung durch Erfolg oder Gier, ein weiterer Faktor, der gewöhnlich zum Verlust der Selbstkontrolle und somit zu unberechenbarem, irrationalem Verhalten führt, welches darin gipfelt, dass man sich selbst schadet. Mit einem Staatsmann, der zu derartigem Kontrollverlust neigt, ist entsprechend vorsichtig umzugehen.

Athenaios 12. 531F–532A berichtet, Kotys habe betrunken Hochzeit mit der Göttin Athene feiern wollen und die Diener, die ihm die unerfreuliche Meldung überbrachten, die Braut sei noch nicht eingetroffen, im Zorn getötet. Auch habe er seine eigene Gattin aus Eifersucht auf bestialische Weise ermordet, worauf mit ἐπαρῴνει εἰς αὑτόν angespielt sein könnte.

Zur Trunkenheit als Mittel der negativen Charakterisierung von Personen vgl. z.B. Lys. 3,6.11.12.18f. und bei Dem. 2,19; 19,196–198; 54,3–7. Je nach Beweisziel kann der Alkoholrausch jedoch auch als ‚mildernder Umstand' ins Feld geführt werden; vgl. Dem. 21,38.73.180 sowie Carey/Reid 1985 zu Dem. 54,3 (S. 78) und McKay 1953, 863–865.

Zur Definition von παροινία vgl. Xen. symp. 6,2 τὸ τοίνυν παρ᾽ οἶνον λυπεῖν τοὺς συνόντας, τοῦτ᾽ ἐγὼ κρίνω παροινίαν; zur doppelten Augmentierung von παροινέω Schwyzer I 656, 5c; zur Konstruktion mit εἰς τινά Dem. 22,62 u. 54,4; zur (pleonastischen) Kombination mit μεθύω Xen. an. 5,8,4 ἀλλὰ μεθύων ἐπαρῴνησα.

εἶτα καὶ εἰς ὑμᾶς: εἶτα bezeichnet hier, korrespondierend mit μάλιστα, keine Zeit-, sondern eine Rangfolge; vgl. bei Dem. 18,153 und 20,1 sowie 18,267 u. 24,7 (dort μάλιστα μὲν ... ἔπειτα). Anders als im Apparat von Dilts verzeichnet, ist auch in den Handschriften S und Y ὑμᾶς (nicht ἡμᾶς) überliefert.

τὴν χώραν ἐποιεῖθ᾽ ἑαυτοῦ: Zu ποιεῖσθαί τι ἑαυτοῦ vgl. KG I 375f. („zu dem Seinigen machen, sich zuschreiben, anmassen") und Hdt. 1,129,1 ὁ δέ μιν προσιδὼν ἀντείρετο, εἰ ἑωυτοῦ ποιέεται τὸ Κύρου ἔργον; Soph. Ant. 546f. μή 'μοι θάνῃς σὺ κοινὰ μηδ᾽ ἃ μὴ 'θίγες / ποιοῦ σεαυτῆς; Plat. Hipp. min. 372c5ff. οὐ γὰρ πώποτε ἔξαρνος ἐγενόμην μαθών τι, ἐμαυτοῦ ποιούμενος τὸ μάθημα εἶναι ὡς εὕρημα, Xen. Ag. 1,33 ἅμα δὲ καὶ κηρύγματι ἐδήλου τοὺς μὲν ἐλευθερίας δεομένους ὡς πρὸς σύμμαχον αὐτὸν παρεῖναι· εἰ δέ τινες τὴν Ἀσίαν ἑαυτῶν ποιοῦνται, πρὸς τοὺς ἐλευθεροῦντας διακρινουμένους ἐν ὅπλοις παρεῖναι. Auf die Unkenntnis dieses recht seltenen Ausdrucks dürfte die ‚Korrektur' zu ἐποιεῖθ᾽ ὑφ᾽ ἑαυτῷ in A zurückgehen.

τῶν γὰρ ... διαπράξεται: D.h. wer um des eigenen Vorteils willen vor nichts zurückschreckt, hat nur das Ziel vor Augen und blendet den beschwerlichen Weg dorthin aus. Nur wenig später (wohl Ende des Jahres 352) kritisiert Demosthenes seine Landsleute, weil sie Philipp gegenüber das entgegengesetzte Verhalten an den Tag legten, indem sie um den Preis des eigenen Erfolgs Unannehmlichkeiten mieden: αἰσχρόν ἐστι ... ἅπαντ᾽ ἀναβαλλομένους ἃ ἂν ᾖ δυσχερῆ πάντων ὑστερεῖν τῶν ἔργων (4,38).

Eine ähnliche Formulierung, allerdings bezogen auf Angehörige des kriminellen Milieus, verwendet Aischines 1,191 οὐ γὰρ τὴν αἰσχύνην οὐδ᾽ ἃ πείσονται λογίζονται, ἀλλ᾽ ἐφ᾽ οἷς κατορθώσαντες εὐφρανθήσονται, τούτοις κεκήληνται.

§115

τοῦτον τὸν τρόπον ... ὅπως: Hier zeigt sich noch der ursprünglich relativische Charakter der mit ὅπως eingeleiteten Nebensätze der Wirkung (‚auf die Weise auf welche ...'); vgl. KG II 374 Anm. 3.

ἂν μὲν ἃ χρὴ περὶ ὑμῶν γιγνώσκῃ: D.h. wenn Kersobleptes den gebührenden Respekt vor der Macht der Athener zeigt und sich entsprechend verhält; vgl. §114 ᾐσθάνετο ὡς ἀλυσιτελὲς τὸ τῇ πόλει πολεμεῖν.

ἀδικήσεται: F und Y haben ἀδικηθήσεται, welches im klassischen Attisch jedoch noch nicht für das Passiv verwendet wird, vgl. MacDowell zu 21,30 (S. 250); zur allmählichen Ausbildung der Futurformen auf -θησομαι Schwyzer I 756 u. 763. Zur Spaltung der Handschriften vgl. auch 20,164 und 21,220. 21,30 ist hingegen einhellig die ‚mediale' Variante überliefert.

ἂν δὲ ἀλόγως ἀδικεῖν ἐπιχειρῇ: Rosenberg tilgt ἀδικεῖν, wodurch das Verb ἐπιχειρεῖν die Bedeutung ‚angreifen' annimmt. Ohne weitere Präzisierung müsste man dann an einen Angriff auf Athen selbst denken – diese Gefahr geht aber von Kersobleptes nicht aus. Zu befürchten ist vielmehr der durch ἀδικεῖν zutreffend beschriebene Rechtsbruch, die im Besitz Athens befindlichen Städte auf der Chersones für sich zu beanspruchen.

μὴ μείζων ἔσται τοῦ δίκην δοῦναι: Vgl. Komm. zu §108 μείζω τῆς πρὸς αὐτοὺς πίστεως.

ὅτε ἀφειστήκει Μιλτοκύθης: Vgl. Komm. zu §104 ὅτε Μιλτοκύθης ἀπέστη Κότυος.

{ὅτε}: Die Konjunktion würde statt des Partizips ἔχων das finite Verb erfordern und ist daher als eine durch das vorausgehende ἢν ὅτε ἀφειστήκει beeinflusste Verschreibung zu tilgen.

Τιμομάχῳ: Timomachos aus Acharnai ging wenig rühmlich in die athenische Militärgeschichte ein. 367 gelang es ihm nicht, die Thebaner unter der Führung des Epameinondas am Durchgang durch das Oneiongebirge und somit am Einfall auf die Peloponnes zu hindern (Xen. hell. 7,1,41). 361 war er mit der athenischen Flotte zum Schutz der Chersones auf Thasos stationiert und ließ seinen nach Methone in die Verbannung gegangenen Schwager Kallistratos auf dessen Bitte hin mit einem Kriegsschiff nach Thasos bringen ([Dem.] 50,46ff.). Nach Athen zurückgekehrt, wurde er im Jahr 360 wegen Verrats verurteilt (Dem. 19,180). Vgl. Reincke 1936, 1291–92.

ἐξεῖλεν: ἐξαιρεῖν bedeutet hier ‚wegnehmen' wie 2,7; 8,44 und nicht, wie bei LSJ s.v. III.2.b verzeichnet, ‚destroy'.

ΕΠΙΣΤΟΛΑΙ: Mit den Briefen gibt der Kläger je ein Beispiel für die beiden in §114 beschriebenen Situationen: die der Schwäche zur Zeit der Rebellion des Miltokythes und die der Stärke nach dem Wiedergewinn der Herrschaft über Thrakien. Zum ersten Brief vgl. Komm. zu §104 ὅτε Μιλτοκύθης ἀπέστη Κότυος; der zweite Brief, über dessen offenbar von frecher Überheblichkeit zeugenden Inhalt nichts Konkretes bekannt ist, dürfte Timomachos während seines Kommandos 361/60 erreicht haben, nachdem Kotys Hieron Oros erobert hatte, die Einnahme von Sestos aber noch bevorstand; vgl. Heskel 1997, 82f.

§116

παράδειγμα: Hier, wie häufig, in der prägnanten Bedeutung ‚warnendes Beispiel'; vgl. bei Dem. u.a. 6,19; 19,101.263.343; 21,76.97.227; 24,101 sowie Thuk. 4,92,4; 3,39,3; 6,77,1.

ἂν ἐμοὶ πείθησθε: S und F^a haben ἂν ἐμοὶ μὴ πεισθῆτε, Y ἂν ἐμοὶ μὴ πείθησθε, wozu Westermann erklärt: „ἐμοί betont im Gegensatz zu der vergegenwärtigten Erfahrung: wenn ihr euch durch m i c h, durch mein Wort nicht überzeugen lasst." Das vom Kläger angeführte historische Beispiel kann jedoch nicht als selbstständiges Beweismittel von der Argumentation geschieden werden, sondern ist deren Bestandteil (vgl. Weber). Trotz der eigentümlichen Stellung des Kondizionalsatzes zwischen den beiden zusammengehörenden Beispielen (die vielleicht die Erinnerung an Philipps

Betrug als spontane Ergänzung erscheinen lassen soll; vgl. Whiston) ist daher der Variante ohne Verneinung, die sich auch im Papyrus findet und die sinngemäß in §117 (ἂν ἐμοὶ χρῆσθε συμβούλῳ) aufgenommen wird, der Vorzug zu geben. Die Ursache für die Verschreibung könnte eine Dittographie (ἐμοί μοι) gewesen sein, die dann zu ἐμοὶ μὴ (in B, einer Abschrift von F, zu ἐμοὶ μὲν) korrigiert wurde. Oder aber es handelt sich um die Konjektur eines Schreibers, der dem Einschub in seiner überlieferten Form aufgrund der ungewöhnlichen Wortstellung keinen Sinn abzugewinnen vermochte.

Die Entscheidung zwischen dem Aorist πεισθῆτε (SF Π₄₅₉) und dem Präsens πείθησθε (AY) ist nicht ganz einfach. An vergleichbaren Stellen des Corpus Demosthenicum ist der Aorist überliefert (vgl. 6,6; 8,10; 15,9; 18,176 sowie exord. 10,2; 18,1; 23,1), in §143 sind die Handschriften gespalten. Für den Aorist könnte sprechen, dass es Dem. hier um einen konkreten Überzeugungsakt, nicht um dauerhaftes Vertrauen geht. Allerdings scheint gerade bei der Kombination der Phrase mit einem auf eine durative Handlung bzw. Haltung zielenden imperativischen Futur das Präsens im Sinne eines fortdauernden Befolgens des Ratschlags (etwa ‚Beherzigen') üblicher zu sein; vgl. Plat. apol. 31a3 ἐὰν ἐμοὶ πείθησθε, φείσεσθέ μου; Euthyd. 304a3 ἄν γέ μοι πείθησθε, εὐλαβήσεσθε; Lys. 34,5 ὥστ', ἐὰν ἔμοιγε πείθησθε, οὐ τοὺς εὐεργέτας ... τῆς πατρίδος ἀποστερήσετε οὐδὲ τοὺς λόγους πιστοτέρους τῶν ἔργων οὐδὲ τὰ μέλλοντα τῶν γεγενημένων νομιεῖτε; vielleicht auch Isokr. 8,116 ἢν οὖν ἐμοὶ πείθησθε (ΛΠΣ vulg. : πεισθῆτε ΓΕπ82), παυσάμενοι τοῦ παντάπασιν εἰκῇ βουλεύεσθαι προσέξετε τὸν νοῦν ὑμῖν αὐτοῖς καὶ τῇ πόλει; Plat. Tht. 168b2; Euthyd. 284d8; Gorg. 505d4; leg. 888c8f.; Isokr. 11,49; 15,137; Xen. Kyr. 2,2,15.

Zu Dilts' Apparat ist zu ergänzen, dass Cobet 1876, 537 nicht nur (das bei Dem. sonst nicht belegte) πίθησθε statt πείθησθε schreiben, sondern den gesamten Kondizionalsatz hinter Ποτείδαιαν προσαφείλετο versetzen möchte.

Ἀμφίπολιν ... Ποτείδαιαν: Nach Thuk. 4,102 wurde Amphipolis im Jahr 437/36 von athenischen Kolonisten unter der Führung des Hagnon besiedelt. Die Vorzüge der Stadt bestanden in ihrer strategisch günstigen Lage am Fluss Strymon, ihrem waldreichen Umland, das Holz für den Schiffsbau bereithielt, sowie ihrer Nähe zu den Gold- und Silberminen des Pangaios-Gebirges. 424/23 gelang Brasidas die Einnahme von Amphipolis, da das aus Thasos herbeigerufene Entsatzheer des Thukydides zu spät kam (Thuk. 4,103–106). Nach einem gescheiterten Rückeroberungsversuch Kleons im Jahr 422 (Thuk. 5,6–12) wurde die Stadt im Vertrag des Nikiasfriedens 421 wieder Athen zugesprochen (Thuk. 5,18,5), was jedoch bei den Einwohnern auf heftigen Widerstand stieß (Thuk. 5,21,2). In den 60er-Jahren des 4. Jhs. unterwarfen sich die Amphipoliten dem Makedonenkönig Perdikkas III., dem älteren Bruder und Vorgänger Philipps. Als Philipp die Regentschaft übernahm, zog er zunächst die Besatzung aus Amphipolis ab, begann aber 357 mit einer neuerlichen Belagerung. Die Amphipoliten ersuchten daraufhin ihre Mutterstadt Athen um Hilfe – und wurden abgewiesen. Zwischen Athen und Philipp war nämlich – so wurde es zumindest in Athen kolportiert – unter Umgehung der Volksversammlung ein geheimes Abkommen vereinbart worden, wonach Philipp den Athenern Amphipolis zu übergeben versprach, wenn er im Gegenzug die Stadt Pydna erhalte (Dem. spricht 2,6 kryptisch von τὸ θρυλούμενον ἀπόρρητον ἐκεῖνο; deutlicher äußert sich Theopomp FGrHist 115 F 30a καὶ πέμπει πρὸς τὸν Φίλιππον πρεσβευτὰς Ἀντιφῶντα καὶ Χαρίδημον [es ist fraglich, ob dieser Charidemos mit dem Söldnerführer identisch ist; vgl. Komm. zu BNJ 115 F 30a] πράξοντας καὶ περὶ φιλίας, οἳ παραγενόμενοι συμπείθειν αὐτὸν ἐπεχείρουν ἐν ἀπορρήτωι συμπράττειν Ἀθηναίοις, ὅπως ἂν λάβωσιν Ἀμφίπολιν, ὑπισχνούμενοι Πύδναν. οἱ δὲ πρέσβεις οἱ τῶν Ἀθηναίων εἰς μὲν τὸν δῆμον οὐδὲν ἀπήγγελλον, βουλόμενοι λανθάνειν τοὺς Πυδναίους ἐκδιδόναι μέλλοντες ἐκείνους, ἐν ἀπορρήτωι δὲ μετὰ τῆς βουλῆς ἔπραττον; zu Philipps Versprechen, den Athenern Amphipolis zu übergeben, vgl. auch [Dem.] 7,27). Philipp brach das Abkommen, indem er nicht nur Amphipolis behielt, sondern neben Pydna auch das von Athenern besiedelte Poteidaia in seine Gewalt brachte.

Zweifel an einem ‚geheimen Abkommen' äußerte zuletzt Worthington 2013, 63: Es handle sich bei dieser Darstellung um eine Erfindung mit dem Ziel, das Vertrauen in Philipp zu zerstören. Vgl. auch de Ste Croix 1963; Bengtson/Werner 1975, Nr. 298.

ἵν' ὑμῖν παραδῷ: Mit der Wahl des Konjunktivs anstelle des nach einem Nebentempus üblicheren Optativs versetzt der Kläger sein Publikum quasi in die geschilderte Situation hinein, die Szene tritt ihnen dadurch lebendiger vor Augen. Vgl. KG II 381 (c) u. Goodwin, MT §§318–321, bes. §321: „The subjunctive thus used for the optative makes the language more vivid, by introducing more nearly the original form of thought of the person whose purpose is stated."

βουλήσεσθ': Zum Futur als höfliche Form des Befehls vgl. KG I 176,6: „Der Redende spricht damit die zuversichtliche Erwartung aus, dass der Angeredete das Verlangte thun wird." Beispiele sind oben zu ἄν ἐμοὶ πείθησθε angeführt.

Φιλοκράτην τὸν Ἐφιάλτου: Xen. hell. 4,8,24 wird ein Philokrates, Sohn des Ephialtes, erwähnt, der 390/89 als Stratege mit zehn Trieren zur Unterstützung des Königs Euagoras nach Kypros fuhr, vom Spartaner Teleutias überfallen wurde und sämtliche Schiffe verlor. Dass dieser mit dem hier erwähnten Philokrates identisch ist, ist zu vermuten, aber nicht sicher zu erweisen. Über die vom Kläger geschilderte Situation ist nichts Weiteres bekannt. Vgl. Schäfer 1938, 2495f.

Dion Chrys. 74,11f. legt die hier dem Philokrates zugeschriebene Äußerung in anderem Zusammenhang und leicht abgewandelter Form einem Lakedaimonier in den Mund: ὁ Λάκων, ἐν ὁμιλίαις τινῶν συντιθεμένων αὐτῷ καὶ ἀξιούντων παρ' αὐτῶν λαμβάνειν ἣν ἂν προαιρῆται πίστιν ὑπὲρ τῆς φιλίας, μίαν ἔφη πίστιν εἶναι τὸ ἐὰν θέλωσιν ἀδικῆσαι μὴ δύνασθαι, τὰς δὲ λοιπὰς πάσας εὐήθεις καὶ τελέως ἀσθενεῖς. ταύτην μόνην παρὰ τῶν πολλῶν τὴν πίστιν δεῖ λαμβάνειν, ἑτέραν δὲ οὐδεμίαν. ἡ γὰρ ἐκ τῶν λόγων καὶ τῆς συνηθείας καὶ τῶν ὅρκων καὶ τοῦ γένους καταγέλαστος.

§117

καὶ γάρ: Zum ‚emphatischen' καί vgl. Komm. zu §43 καὶ γάρ sowie Denn. GP 108f.

ἐξαπατώντων τι τῶν Λακεδαιμονίων: Zum Akkusativ der Sache bei ἐξαπατάω vgl. Dem. 20,5 u. 8,63 (Westermann) sowie Xen. Kyr. 3,1,19. Den Spartanern wurde von athenischer Seite eine geradezu habituelle Verschlagenheit nachgesagt, vgl. Hdt. 9,54,1; Eur. Andr. 445ff.; Aristoph. Pax 1067f.

προτεινόντων πίστιν ... λαμβάνειν: Zum Infinitiv bei προτείνω vgl. Xen. oik. 5,8 προτείνουσα προσιόντι λαβεῖν ὅ τι χρῄζει.

εἰ δείξειαν ὅπως ... μὴ δυνήσονται: In dieser Konstruktion bedeutet δεικνύναι nicht ‚beweisen, dass', sondern ‚zeigen, wie'; vgl. 24,106 ὁ δὲ (sc. Timokrates) καὶ τοῖς γεγενημένοις πονηροῖς, ὅπως μὴ δώσουσι δίκην, ὁδὸν δείκνυσι. Zur Verneinung mit μή vgl. KG II 374f. Anm. 3: Folgt nach relativischem ὅπως der Ind. Fut., „so wird ein erstrebtes Ziel ausgesprochen, daher die Negation μή."

ἐπεὶ ... εἰδέναι: Zum Infinitiv in Nebensätzen der oratio obliqua vgl. KG II 550,5.

ὅτι γ': In ganz ähnlichem Zusammenhang 23,183 ὀφείλετε ... σκοπεῖν, ὅπως μὴ γενήσεται, ἐπεὶ ὅτι γε οὐδ' ἂν ὁντινοῦν καιρὸν παρείη, δεδήλωκεν.

ταύτην ... φυλάξετε τὴν πίστιν: In ganz ähnlicher Weise preist Dem. das Misstrauen als Schutz insbesondere gegen Alleinherrscher 6,23f.: ἔστι τοίνυν νὴ Δία, ἔφην ἐγώ, παντοδαπὰ εὑρημένα ταῖς πόλεσι πρὸς φυλακὴν καὶ σωτηρίαν, οἷον χαρακώματα καὶ τείχη καὶ τάφροι καὶ τἄλλ' ὅσα τοιαῦτα. ... ἓν δέ τι κοινὸν ἡ φύσις τῶν εὖ φρονούντων ἐν αὑτῇ κέκτηται φυλακτήριον, ὃ πᾶσι μέν ἐστ' ἀγαθὸν καὶ σωτήριον, μάλιστα δὲ τοῖς πλήθεσι πρὸς τοὺς τυράννους. τί οὖν ἐστι τοῦτο; ἀπιστία. ταύτην φυλάττετε, ταύτης ἀντέχεσθε· ἂν ταύτην σῴζητε, οὐδὲν μὴ δεινὸν πάθητε.

ἂν ἐμοὶ χρῆσθε συμβούλῳ: Zum Präsens vgl. Komm. zu §116 ἂν ἐμοὶ πείθησθε; zur Redewendung Dem. 18,47; 22,77 (= 24,185); [Isokr.] 1,35; Dein. 2,14.

τοῦτον τὸν Θρᾷκα: Das Demonstrativum hat hier eine verächtliche Nuance; vgl. LSJ s.v. οὗτος C.I.3. und z.B. Plat. Gorg. 470d5f. Ἀρχέλαον δήπου τοῦτον τὸν Περδίκκου ὁρᾷς ἄρχοντα Μακεδονίας; mit Dodds z.St. (S. 242): „the effect of the pronoun (= Latin *iste*) is uncomplimentary".

μὴ βουλήσεσθε: Auch wenn das Futur eine Aufforderung ausdrückt, ist die Verneinung üblicherweise οὐ; „nur selten wird der imperativische Sinn mit μή hervorgehoben" (KG I 176,6).

εἰ πάσης ἄρξειε Θρᾴκης: Die Formulierung stellt die Analogie zum Beispiel des Kotys her (vgl. §114 ἐπειδὴ δ' ὑφ' αὑτῷ τὴν Θρᾴκην ἔχοι, §115 πᾶσαν ἔχων τὴν ἀρχήν); vor dem Hintergrund der geschilderten historischen Erfahrungen reicht es hier aus, die Folgen allzu großer Machtfülle nur anzudeuten.

§§118-122: Politische Freunde könnten eines Tages zu Feinden werden

Abgesehen vom konkreten Fall, so der Kläger, sei von Ehrendekreten der Art, wie sie Aristokrates für Charidemos beantragt habe, grundsätzlich abzuraten. Zu schnell wandle sich die politische Lage, und aus Freunden würden Feinde – so geschehen z.B. im Falle von Kotys, Alexander von Pherai und Philipp von Makedonien.

§118

ὅτι τοίνυν ... καὶ τοῦτ' ἐκ πολλῶν ῥᾴδιον γνῶναι: Diese Form des Übergangs zu einem neuen Gesichtspunkt findet sich bei Dem. häufig, vgl. z.B. 22,20.44.65; 23,138; 24,91; 38,21 und, als engste Parallele, 20,11 ὅτι τοίνυν οὐδ' ἐστὶν ὅλως, ὦ ἄνδρες Ἀθηναῖοι, τοῦ ἤθους τοῦ ὑμετέρου κύριον ποιῆσαι τοιοῦτον νόμον, καὶ τοῦτο πειράσομαι δεῖξαι διὰ βραχέων.

ὅλως: Hier wohl nicht in der Bedeutung ‚ganz und gar', sondern ‚grundsätzlich', d.h. unabhängig von der zuvor beschriebenen speziellen politischen Situation. Vgl. auch Komm. zu §84 ὅλως.

ὑγιαινόντων: Von geistiger Gesundheit auch 9,20; 24,74 und 8,36 (dort Wortspiel mit dem körperlichen und dem geistigen Aspekt).

δωρεάς: Vgl. Komm. zu §23 τὴν γὰρ τοῦ δήμου δωρεάν ... κυρίαν αὐτῷ δίκαιόν ἐστιν εἶναι fin.

ἴστε γὰρ δήπου: Vgl. Komm. zu §61 ἴστε γὰρ δήπου τοῦθ' ὅτι.

τὸν Κότυν ποτ' ἐκεῖνον ἐποιήσασθε πολίτην: Allgemein zur Verleihung des Bürgerrechts vgl. Komm. zu §23 τὴν γὰρ τοῦ δήμου δωρεάν ... κυρίαν αὐτῷ δίκαιόν ἐστιν εἶναι. Kotys erhielt diese Ehrung wohl kurz nach seinem Regierungsantritt 384/83, „perhaps as a way of securing safe passage for the grain supply of the Black Sea area" (Liddel 2020, 200 [zu D43]).

δῆλον ὡς: Elliptisch für δῆλον (ὄν, ὅτι τοῦτο ἐποιήσατε) ὡς; vgl. [Dem.] 7,33 ἃ γράφειν (sc. ἔφη) ἂν ἤδη, εἰ ᾔδει τὴν εἰρήνην ἐσομένην, δῆλον ὡς προκεχειρισμένων καὶ ἑτοίμων ὄντων τῶν ἀγαθῶν, ἃ ἐμέλλομεν πείσεσθαι τῆς εἰρήνης γενομένης und, mit finalem ὡς, Dem. 56,4 οὐδὲν ἧττον εἰσελήλυθεν πρὸς ὑμᾶς, δῆλον ὡς ζημιώσων ἡμᾶς τῇ ἐπωβελίᾳ.

ἡγούμενοι: In AFY folgt καὶ φίλον, im Papyrus Π$_{459}$ ist φίλον (nachträglich?) eingeklammert, was auf eine recht frühe Spaltung der Überlieferung weist. Für die Lesart von S spricht der insgesamt sehr gedrängte, auf Stichworte reduzierte Stil der Passage, zu dem eine Erweiterung durch ein entbehrliches Synonym nicht unbedingt passt. Die nachträgliche Ergänzung von καὶ φίλον ließe sich damit erklären, dass man den direkten Gegenbegriff zu ἐχθρός vermisste (zum Gegensatzpaar vgl. z.B. 18,35; 15,33).

καὶ μὴν καί: In dieser Verbindung scheint bei μήν die emphatische Nuance zu dominieren (,und noch dazu'); vgl. 3,12; 14,40; 18,108; 20,82.

χρυσοῖς στεφάνοις ἐστεφανοῦτε: Analog zu den Siegern gymnischer und musischer Agone wurden verdiente Persönlichkeiten in Athen zunächst mit einem Olivenkranz ausgezeichnet (nach Val. Max. 2,6,5 war Perikles der erste, dem diese Ehre zuteil wurde); später dann mit einem, auch materiell wertvollen, goldenen Kranz. Im Verlauf des 4. Jhs. entwickelte sich die Verleihung von Kränzen an auswärtige Herrscher zu einem probaten Mittel der Bündnispolitik, so dass Aischines, freilich nicht ohne Übertreibung, die Entwertung dieser Auszeichnung konstatierte: τότε (sc. im Jahr 403) μὲν γὰρ ἦν ὁ τοῦ θαλλοῦ στέφανος τίμιος, νυνὶ δὲ καὶ ὁ χρυσοῦς καταπεφρόνηται (3,187). Vgl. Blech 1982, 153–161; Ganszyniec 1922, 1599f.

Der Plural und das Imperfekt deuten an, dass Kotys sogar mehrfach einen goldenen Kranz erhielt; möglicherweise handelt es sich aber um eine Übertreibung des Klägers.

οὐκ ἄν: Elliptisch für οὐκ ἄν (ἐποιήσασθε τοῦτο), zudem asyndetisch angereiht. Bei Dem. findet sich dafür keine Parallele, wohl aber im platonischen Dialog in Anknüpfung an eine Aussage des Gesprächspartners: Plat. soph. 255d3, Hipp. mai. 294d5, rep. 402d10 (jeweils gefolgt von εἴ γε).

§119

ἐπειδὴ πονηρὸς καὶ θεοῖς ἐχθρὸς ἦν καὶ μεγάλα ὑμᾶς ἠδίκει: Mit der Konjunktion ἐπεί/ἐπειδή werden Temporalsätze eingeleitet, deren Handlung der des Hauptsatzes vorausgeht (KG II 445,1 [b]); das Prädikat des Nebensatzes steht dementsprechend in der Regel im Aorist (Goodwin, MT §59). In Verbindung mit dem Imperfekt wird eine andauernde Handlung unter Hervorhebung ihres Eintretens bezeichnet (vgl. LSJ s.v. ἐπεί A.I.1).

Bei dieser Aufzählung erscheint das Unrecht, das die Athener erfuhren, nicht als singuläres Vergehen des Kotys, sondern als eine Manifestation seines grundsätzlich schlechten Charakters, was der Freude über seine Ermordung größere Legitimation verleiht.

Zu θεοῖς ἐχθρός vgl. Wankel zu 18,46 (S. 327): „... das Prädikat θεοῖς ἐχθρός gebraucht D. sehr oft (und häufig gekoppelt mit einem oder mehreren anderen), besonders in der Gesandtschaftsrede (19,61.95.197.223.250.

268.315), aber auch sonst nicht selten; in Ps.-Demosthenica nur 25,66; 58,66; nicht bei den übrigen Rednern. Es ist bei D. bloßes Schimpfwort ...; darin trifft sich der Redner mit der Komödie."

τοὺς ἀποκτείναντας ἐκεῖνον Πύθωνα καὶ Ἡρακλείδην: Nach Aristot. pol. 5,10. 1311b20–22 rächten Python und Herakleides aus dem thrakischen Ainos mit dem Mord an Kotys ihren Vater: Πύθων δὲ καὶ Ἡρακλείδης οἱ Αἴνιοι Κότυν διέφθειραν τῷ πατρὶ τιμωροῦντες. Die Tat lässt sich auf den Herbst 360 datieren; vgl. Kahrstedt 1954, 70 u. Heskel 1997, 60. Die Brüder flohen nach Athen, wo sie späteren Quellen zufolge in ihrer Jugend Platon gehört haben sollen (Plut. adv. Colot. 1126C; Diog. Laert. 3,46). Zu Python vgl. auch Komm. zu §127 τἀκείνου φρονεῖ.

χρυσοῖς στεφάνοις ἐστεφανώσατε: Die wörtliche Wiederholung unterstreicht die völlige Umkehrung der Situation: Die Ermordung des durch goldene Kränze Geehrten wird von den Athenern wenig später mit goldenen Kränzen honoriert.

ἔγραψέ τις ... ἔκδοτον αὐτὸν εἶναι: Zu dem aus γράφειν zu entnehmenden Begriff des Sollens vgl. Komm. zu §42 τούτους ἐκδότους τις εἶναι γράφει.

πότερα ἐξέδοτ' ἄν ... ἤ ...: A hat πότερα, die übrigen Handschriften πότερον. Zum Vorzug der elisionsfähigen Variante vgl. Komm. zu §16 πότερ' ἡμῖν συμφέροντα ἢ οὔ.

Das hier vom Kläger konstruierte Dilemma, sich für eine von zwei nicht wünschenswerten Alternativen entscheiden zu müssen, ist nicht so unausweichlich, wie suggeriert wird, da man den Beschluss angesichts des veränderten Verhältnisses zu Kotys hätte aufheben können.

§120

τί δ': Überleitung zu einem neuen Punkt, vgl. Denn. GP 176 (c): „'And what (of this that follows)?'". Ebenso Dem. 19,104.231.294.309.330; 20,119.

Ἀλέξανδρον ἐκεῖνον τὸν Θετταλόν: Alexander, Sohn des Polydoros, wurde, nachdem er den Mörder seines Vaters, dessen Bruder Polyphron, seinerseits ermordet hatte, im Jahr 369 Tyrann von Pherai (Xen. hell.

6,4,33ff.). Er trachtete seine Herrschaft über Thessalien auszudehnen, woran ihn zunächst Alexander II. von Makedonien, dann die Thebaner unter Führung des Pelopidas zu hindern versuchten. 368 ließ er Pelopidas, der in diplomatischer Mission unterwegs war, gefangen nehmen. Erst im folgenden Jahr gelang Epameinondas die Befreiung seines Landsmanns (Diod. 15,71,2; Plut. Pelop. 27ff.; zur Datierung Schaefer, I 92 mit Anm. 3).

Alexander unterhielt anfänglich gute Beziehungen zu Athen (Diod. 15,71,3; Plut. Pelop. 31,6 Ἀθηναῖοι ... μισθοδότην Ἀλέξανδρον εἶχον καὶ χαλκοῦν ἵστασαν ὡς εὐεργέτην), provozierte aber nach der Schlacht von Mantineia durch Raubzüge im ägäischen Meer ein gegen ihn gerichtetes Bündnis zwischen Athen und den thessalischen Städten (Xen. hell. 6,4,35; IG II² 116). Sein Charakter wird in den Quellen als der eines typischen Tyrannen gezeichnet: Er ist verschlagen, ungerecht, grausam, zuchtlos und habgierig (Xen. hell. 6,4,35, Plut. Pelop. 26,2; 28,2.5; 29,4f.). Angesichts dieser Eigenschaften verwundert es nicht, dass er schließlich (um das Jahr 359) auf Betreiben seiner eigenen Gattin von deren Brüdern ermordet worden sein soll (Xen. hell. 6,4,35ff.; Diod. 16,14,1). Vgl. Kaerst 1893, 1408–1409.

Mit dem Beispiel Alexanders erinnert der Kläger an eine besonders eklatante politische Fehleinschätzung der Athener. Indirekt wirft er, ohne ihn beim Namen nennen zu müssen, ein denkbar ungünstiges Licht auf Charidemos, der als Begünstigter des zur Debatte stehenden Antrags den Vergleichspunkt zu Alexander bildet.

Das Pronomen ἐκεῖνος weist auf die genannte Person als eine bekannte oder berüchtigte hin; vgl. KG I 650,13 u. bei Dem. z.B. 3,21; 18,219; 21,62; 23,202. Der Akkusativ erklärt sich als das proleptisch aus dem ἄν-Satz herausgezogene Objekt, das aber durch den langen Einschub so weit von seinem Bezugsrahmen entfernt ist, dass es schließlich noch einmal wiederholt werden muss.

Πελοπίδαν: Der Thebaner Pelopidas, Sohn des Hippokles, hatte während der spartanischen Besatzung der Kadmeia in Athen Zuflucht gefunden und von dort aus den Widerstand organisiert, der 379 in der Vertreibung der Besatzer ein erfolgreiches Ende fand (Xen. hell. 7,1,35; Plut. Pelop. 5ff.). 375 und 371 führte Pelopidas die sogenannte ‚Heilige Schar' zum Sieg über die Spartaner in den Schlachten bei Tegyra bzw. Leuktra. Mehrfach wird er von den Thessalern gegen Alexandros von Pherai zur Hilfe gerufen. Nach Gefangenschaft und Befreiung (siehe das vorige Lemma) besiegt er Alexandros 364 bei Kynoskephalai, wird aber selbst tödlich verwundet (Diod. 15,80,5; Plut. Pelop. 32,7). Vgl. Reincke 1937, 375–380.

Pelopidas gehörte zwar als Thebaner einer zu jener Zeit mit Athen verfeindeten Polis an, hätte aber als überzeugter Demokrat und integrer Charakter den Athenern näherstehen müssen als der grausame Tyrann von Pherai. Seine Erwähnung trägt zusätzlich dazu bei, den damaligen Freundschaftsbund mit Alexandros als Irrweg erscheinen zu lassen.

ὡς οὐδείς: ‚wie (sonst) keiner'; zum verkürzten Ausdruck vgl. KG II 573.

ὥστε παρ' ὑμῶν στρατηγὸν αἰτεῖν, ἐβοηθεῖτε δ' αὐτῷ: Nach Diodor 15,71,3 bat Alexandros, als die Thebaner ein Heer zur Befreiung des Pelopidas sandten, die Athener um Unterstützung. Die schickten sofort dreißig Schiffe und tausend Soldaten unter der Führung des Autokles.

πάντ' ἦν Ἀλέξανδρος: Vgl. KG I 63,1: „πάντα εἶναί τινι u. ἅπαντα ‚tanti ab aliquo fieri, ut ei omnium instar sis (Einem Alles sein, gelten)'". Ebenfalls den Tadel ‚verblendeter' Begeisterung impliziert Dem. 18,43 οἱ μὲν κατάπτυστοι Θετταλοὶ καὶ ἀναίσθητοι Θηβαῖοι φίλον, εὐεργέτην, σωτῆρα τὸν Φίλιππον ἡγοῦντο· πάντ' ἐκεῖνος ἦν αὐτοῖς (vgl. dazu auch Wankel, S. 307).

πρὸς Διός: Vgl. Komm. zu §5 ἐγὼ γοῦν (ὀμνύω τοὺς θεοὺς ἅπαντας) ἀπώκνησ' ἄν, εὖ ἴστε fin.

εἴ τις ἔγραψεν ... ἀγώγιμον εἶναι: Vgl. Komm. zu §42 τούτους ἐκδότους ... εἶναι.

ὧν μετὰ ταῦθ' ὕβρισεν καὶ προὐπηλάκισεν: 362 hatte Alexander die Kykladeninsel Tenos eingenommen und ihre Bewohner versklavt ([Dem.] 50,4), im Jahr darauf die Raubzüge in der Ägäis fortgesetzt. Als er die mit Athen verbündete Insel Peparethos (nördliche Sporaden, heute Skopelos) belagerte, entsandten die Athener Hilfstruppen unter der Führung des Leosthenes. Alexander siegte in der Seeschlacht und kaperte mehrere attische Trieren (Diod. 15,95,2; Dem. 51,8). Nach Polyain. 6,2,2 entsandte er gleich darauf Schiffe in den Piräus, um den Markt zu überfallen. Bevor die völlig überraschten Athener reagieren konnten, bemächtigten sich Alexanders Leute der Münzen an den Wechseltischen und kamen mit ihrer Beute davon. Vgl. Schaefer, I 130ff.

Zum Verb προπηλακίζειν vgl. Komm. zu §89 προπηλακίζει, zur Verbindung mit ὑβρίζειν 9,60; 21,7; 22,58; 36,47.

§121

τί δὲ τἆλλα λέγοι τις ἄν; ἀλλ᾽ ...: Zu ἀλλά im Anschluss an eine rhetorische Frage vgl. Komm. zu §114 καὶ τί δεῖ ... ἀλλ᾽.

ὁ μάλιστα δοκῶν νῦν ἡμῖν ἐχθρὸς εἶναι Φίλιππος οὑτοσί: Aus δοκῶν ergibt sich, dass ἐχθρός nicht im passiven („verhasst"), sondern im aktiven Sinne („hassend, feindlich") aufzufassen ist; vgl. 10,11 Φίλιππος ... κακόνους μέν ἐστι καὶ ἐχθρὸς ὅλῃ τῇ πόλει.

Nachdem die Athener wichtige nordgriechische Städte wie Amphipolis, Poteidaia, Pydna und Methone an Philipp verloren hatten, erweiterte dieser seinen Einflussbereich nach Süden, was mancher in Athen als Bedrohung empfand: Von den Aleuaden gegen die Tyrannen von Pherai zu Hilfe gerufen, wurde Philipp als Gegner der mit den Tyrannen verbündeten Phoker, auf deren Seite auch die Athener kämpften, in den Dritten Heiligen Krieg involviert. Nach seinem Sieg über die Phoker auf dem Krokusfeld 352 ließ er in Pherai und Pegasai makedonische Besatzungen stationieren; Thessalien wurde dem Oberbefehl Makedoniens unterstellt. Noch im selben Jahr versuchte Philipp, die Thermopylen zu passieren, wurde aber von den Athenern daran gehindert. Demosthenes und andere schürten daraufhin die Furcht vor einem weiteren Vordringen Philipps nach Attika und auf die Peloponnes. Vgl. Will 2013, 70–76.

Ἀργαῖον: Nach dem Tod des Perdikkas 359 war Philipp II. als Thronfolger nicht unangefochten. Mit ihm rivalisierten Pausanias, unterstützt vom thrakischen König, und Argaios, der nach der Vertreibung des Amyntas für zwei Jahre König von Makedonien gewesen sein soll, mit Hilfe der Athener, die in der Hoffnung, Amphipolis zurückzugewinnen, ihren Strategen Mantias mit 3000 Hopliten und einer Flotte entsandten. Philipp reduzierte zunächst durch seinen freiwilligen Rückzug aus Amphipolis die Motivation der Athener, sich für Argaios einzusetzen. Bei Methone besiegte er die Truppen des Argaios, zeigte aber im Triumph Milde, indem er die Gefangenen, darunter auch athenische Soldaten, freiließ (Diod. 16,2–3).

κατάγοντας: Präsens de conatu; in κατάγειν („aus dem Exil heimführen"), ist der – gegen Philipp gerichtete – Zweck der ‚Heimführung', die Einsetzung des Argaios als König, nur angedeutet. Der Kläger verschleiert dadurch das volle Ausmaß von Philipps Großzügigkeit.

ἀφῆκε μὲν αὐτούς: Mit dem Pronomen („selbst") wird die Unterscheidung zwischen den Personen und ihrem Besitz betont; darin, dass Philipp sogar letzteren unangetastet ließ, liegt eine Steigerung. Zu αὐτός bei der Bezeichnung der „Person selbst im Ggs. zu den dazu gehörigen Sachen" vgl. KG I 652 Anm. 1 und z.B. Il. 5,450 αὐτῷ τ' Αἰνείᾳ ἴκελον καὶ τεύχεσι τοῖον.

τὴν πατρικὴν φιλίαν ἀνανεοῦσθαι: Vgl. Komm. zu §111 φίλοις ... τοῖς πατρικοῖς.

τούτων: Gemeint sind Ehrungen, wie sie Freunden und Wohltätern der Athener zuteil werden.

καλήν γ' ὕβριν ἦμεν ἂν ὑβρισμένοι: Zur figura etymologica vgl. Eur. Bacch. 1297 ὕβριν ⟨γ'⟩ ὑβρισθείς; Suppl. 512; Herc. 708; Hel. 785; Iph. A. 961; Dion. Hal. ant. 8,4,2; 8,53,2; 11,41,2. Zu dem durch γε hervorgehobenen ironischen καλός vgl. Denn. GP 128 sowie Dem. 9,65 καλήν γ' οἱ πολλοὶ νῦν ἀπειλήφασιν Ὠρειτῶν χάριν (Westermann); 23,161.186; in der Kombination mit ὕβρις liegt zudem ein Oxymoron vor, vgl. dazu z.B. Eur. Med. 514f. καλόν γ' ὄνειδος τῷ νεωστὶ νυμφίῳ / πτωχοὺς ἀλᾶσθαι παῖδας ἥ τ' ἔσωσά σε; Soph. OT 1035.

§122

ἆρά γε: Vgl. Komm. zu §43 ἆρά γε.

ὁρᾶτε καὶ καταμανθάνετε: Aufspaltung des Begriffs der Einsicht in seine sinnliche und seine geistige Komponente; vgl. 1,12 λογίζεταί τις ὑμῶν ... καὶ θεωρεῖ; 6,33 ὁρᾶτε καὶ εὖ εἰδῆτε; 8,18 ὁρᾶτε καὶ λογίζεσθε; 20,98 ἀκούετε καὶ καταμανθάνετε; 23,178 ὁρᾶτε καὶ συνίετε.

ἡλίκην ἂν ὠφληκότες ἦτε παράνοιαν: Zu ὀφλισκάνω τι vom Vorwurf, den jemand verdient oder auf sich zieht, vgl. LSJ s.v. II 2 und bei Dem. z.B. 4,42 αἰσχύνην καὶ ἀνανδρίαν καὶ πάντα τὰ αἴσχιστα ὠφληκότες ἂν ἦμεν; 1,26; 2,3. Der resultative Charakter des Perfekts tritt in der Umschreibung durch Partizip und Kopula noch stärker hervor; vgl. §143 sowie 19,97; 21,80.104; 22,2 etc.

παράνοια verwendet Dem. sonst nur noch 9,54; 14,39; 19,260; 20,155 (dort emendiert Lambin zu παρανομίας, was Dilts übernimmt), jeweils von einem ans Pathologische grenzenden Grad von Unverstand. Das Substantiv findet sich auch bei den übrigen Rednern selten: dreimal bei Isaios (1,19.50; 9,36), zweimal bei Aischines (3,156.251) je einmal bei Andokides (2,10) und Lykurg (144).

ἐτυγχάνετε ἐψηφισμένοι: τυγχάνειν c. part. hier zur Betonung der „Faktizität des im Partizip Ausgedrückten" (Manuwald zu Plat. Prot. 313c4f. [S. 121]).

ἔστι γὰρ οὐχ ὑγιαινόντων ... ἀνθρώπων: Die Worte, die diesen Abschnitt der Argumentation eingeleitet haben, schließen ihn auch ab. Die in §118 auf die konkrete Situation bezogene Aussage („Es ist unvernünftig, solche Beschlüsse zu fassen') geht nun in einer allgemeinen Maxime auf („Es ist unvernünftig, sich in Zuneigung und Hass so zu verhalten, als seien die Verhältnisse unveränderlich').

ὅταν τινὰ ... κωλῦσαι: Zum Gedanken vgl. Soph. Ai. 679–83: ὅ τ᾽ ἐχθρὸς ἡμῖν ἐς τοσόνδ᾽ ἐχθαρτέος, / ὡς καὶ φιλήσων αὖθις, ἔς τε τὸν φίλον / τοσαῦθ᾽ ὑπουργῶν ὠφελεῖν βουλήσομαι, / ὡς αἰὲν οὐ μενοῦντα· τοῖς πολλοῖσι γὰρ / βροτῶν ἄπιστός ἐσθ᾽ ἑταιρείας λιμήν. Sophokles greift damit vermutlich ein von Diog. Laert. 1,87 überliefertes Zitat des Bias von Priene auf: ἔλεγέ τε τὸν βίον οὕτω ⟨δεῖν⟩ μετρεῖν ὡς καὶ πολὺν καὶ ὀλίγον χρόνον βιωσομένους, καὶ φιλεῖν ὡς καὶ μισήσοντας· τοὺς γὰρ πλείστους εἶναι κακούς; vgl. auch Aristot. rhet. 2,13. 1389b23ff. und 2,21. 1395a26f. sowie Westermann und Jebb, Appendix zu Soph. Ai. 679ff. (S. 231). Der Kläger bettet seinen Standpunkt hier also in den Kontext einer geläufigen Lebensweisheit ein.

ὑπειλήφωσι: Zum Perfekt vgl. Komm. zu §87 ὑπείληφά.

παυσάμενος: Sc. ἐχθρὸς ὤν.

τὸ ποιεῖν ἐξεῖναι ταῦτα κωλῦσαι: Zur Häufung der Infinitive vgl. 15,28 προσήκειν οἶμαι παραινεῖν κατάγειν und 19,277 τὸ πιστευθῆναι προλαβόντα παρ᾽ ὑμῶν εἰς τὸ μείζω δύνασθαι κακουργεῖν καταχρῆσθαι. Zum Bezug des Plurals auf einen singularischen Begriff (hier φίλος εἶναι), um diesen „in seinem ganzen Umfange, in seiner ganzen Allgemeinheit darzustellen", vgl. KG I 67 Anm.

ἄχρι τούτου ... ὑπερβάλλοντας: Zum Partizip als Ergänzung eines vorausgegangenen Demonstrativums vgl. KG II 63,14 und z.B. And. 3,13 διὰ τάδε δεῖν πολεμεῖν, ἢ ἀδικουμένους ἢ βοηθοῦντας ἠδικημένοις.

§§123–124: Despoten zu schützen, wäre eine Schande für Athen

Sollte das Dekret zugunsten des Charidemos beschlossen werden, könnten unzählige andere zu Recht dasselbe Privileg für sich beanspruchen, darunter zwielichtige Gestalten, mit denen man allein aus machtstrategischem Kalkül paktiere. Dann werde sich das demokratische Athen, das seine Vormachtstellung mit der Verteidigung der Freiheit aller Griechen legitimiere, zum Leibwächter auch von Despoten machen.

§123

οὐ τοίνυν ... οὐδ': Vgl. Komm. zu §95 οὐ τοίνυν οὐδ'.

ὅσοις πέρ ἐστι καὶ ἡτισοῦν εὐεργεσίας πρόφασις: Im Vorgriff auf den dritten Teil der Rede fällt der Kläger schon hier, indirekt, ein vernichtendes Urteil über Charidemos: Der Kreis derer, deren Verdienste denen des Charidemos die Waage halten, umfasst nicht nur die, die tatsächlich eine Wohltat vorzuweisen haben, sondern sogar die, die das auch nur irgendwie von sich behaupten – unabhängig davon, ob diese Behauptung der Wahrheit entspricht oder nicht. Der Beschluss zugunsten des Charidemos würde somit die Maßstäbe verderben und zu einer ‚Inflation' der Ehrungen führen.
 Zu πρόφασις vgl. Komm. zu §97 ἄδικον πρόφασιν.

εἰ βούλεσθε: ‚wenn ihr (konkrete Beispiele hören) wollt'; vgl. 22,13 οἷον πολλὰ μὲν ἄν τις ἔχοι λέγειν καὶ παλαιὰ καὶ καινά· ἃ δ' οὖν πᾶσι μάλιστα ἀκοῦσαι γνώριμα, τοῦτο μέν, εἰ βούλεσθε, οἱ τὰ προπύλαια καὶ τὸν Παρθενῶνα οἰκοδομήσαντες ἐκεῖνοι (Westermann).

Σίμων, Βιάνωρ, Ἀθηνόδωρος: Zu den Personen siehe §10.

ἄλλοι μυρίοι: „Das hyperbolische μυρίος liebt D. (sehr oft auch bei Platon); es ist selten bei den übrigen Rednern: [D.] 25,23.47; Isoc. 12,136; 15,80;

Aesch. 2,164" (Wankel zu 18,100 [S. 545]). Der asyndetische Anschluss unterstützt den durch die Hyperbel vermittelten Eindruck, die Aufzählung könne unendlich fortgesetzt werden. Vgl. 18,219 ... Καλλίστρατος ἐκεῖνος, Ἀριστοφῶν, Κέφαλος, Θρασύβουλος, ἕτεροι μυρίοι; 9,52; 10,10; 19,228. Zur Akzentuierung von μυρίος vgl. LSJ s.v. III: „acc. to Gramm., μυρίος (parox.) is the indefinite, μύριος (proparox.) the definite number ...; but this distin. is not observed in codd."

εἰ μὲν τοίνυν πᾶσι ψηφιούμεθα ταῦτα: Das Demonstrativum nimmt τούτων wieder auf. Die Akzentuierung ταὐτά (Y), die von früheren Herausgebern (Weber, Westermann, Weil) favorisiert wurde, betont zu sehr den Aspekt der Gleichbehandlung, während hier eher die Art der Ehrung und ihre für die Athener beschämenden Konsequenzen im Vordergrund stehen.

λήσομεν: (sc. ἡμᾶς αὐτούς), vgl. Plat. Gorg. 487d2 λήσετε διαφθαρέντες; Tht. 164d1; Aristoph. Vesp. 517.

ὡς ἔοικε: Vgl. Komm. zu §23 ὡς ἔοικε.

μισθοφόρων ἔργον ἀνθρώπων ποιοῦντες ... δορυφοροῦντες: Sowohl der Begriff des μισθοφόρος als auch der des δορυφορεῖν hatte für die Athener einen negativen Klang. Der μισθοφόρος genoss als jemand, der sich selbst und seine Loyalität an den jeweils Meistbietenden verkaufte, wenig Ansehen. Besonders verächtlich äußert sich Isokrates 8,44 πόλεμον μὲν μικροῦ δεῖν πρὸς ἅπαντας ἀνθρώπους ἀναιρούμεθα, πρὸς δὲ τοῦτον οὐχ ἡμᾶς αὐτοὺς ἀσκοῦμεν, ἀλλ' ἀνθρώπους αἱρούμεθα τοὺς μὲν ἀπόλιδας, τοὺς δ' αὐτομόλους, τοὺς δ' ἐκ τῶν ἄλλων κακουργιῶν συνερρυηκότας, οἷς ὁπόταν τις διδῷ πλείω μισθόν, μετ' ἐκείνων ἐφ' ἡμᾶς ἀκολουθήσουσιν; zum geringen ‚Sozialprestige' vgl. auch Isokr. 5,55 u. Plat. rep. 575b1ff., zur mangelnden Verlässlichkeit von Söldnertruppen Dem. 4,24 ἐξ οὗ δ' αὐτὰ καθ' αὑτὰ τὰ ξενικὰ ὑμῖν στρατεύεται, τοὺς φίλους νικᾷ καὶ τοὺς συμμάχους, οἱ δ' ἐχθροὶ μείζους τοῦ δέοντος γεγόνασιν. καὶ παρακύψαντα ἐπὶ τὸν τῆς πόλεως πόλεμον, πρὸς Ἀρτάβαζον καὶ πανταχοῖ μᾶλλον οἴχεται πλέοντα, ὁ δὲ στρατηγὸς ἀκολουθεῖ, εἰκότως· οὐ γάρ ἐστιν ἄρχειν μὴ διδόντα μισθόν. Ausführlich dazu Burckhardt 1996, 79f., 85f. und 147. Ebenso suspekt war der Demokratie die Leibgarde (δορυφόροι), mit der sich ausländische Herrscher und Tyrannen zu umgeben pflegten. Vgl. Hdt. 1,90,1; 1,98,2 u.ö.; Thuk. 1,130,1 (maliziös von der ‚ungriechischen' Lebensweise des Pausanias); 6,56,2; 6,57,1.4 (von der Leibgarde des Hippias).

Zu μισθοφόροι ἄνδρες im Sinne von δορυφόροι vgl. Isokr. 8,112: Das Leben von Alleinherrschern berge so viele Gefahren, ὥστ᾽ ἀναγκάζεσθαι ... παρακατατίθεσθαι ... τὴν τῶν σωμάτων σωτηρίαν μισθοφόροις ἀνθρώποις, οὓς οὐδὲ πώποτ᾽ εἶδον.

εἰ δὲ τῷ μέν, τοῖς δ᾽ οὔ: Zur Negation οὐ in der kondizionalen Protasis vgl. Goodwin, MT §387: „When two clauses introduced by μέν and δέ depend upon a *single* εἰ which precedes them both, οὐ is used even more frequently than μή; as such clauses have their own construction independently of the εἰ, which merely introduces each of them *as a whole*, not affecting the construction of particular words." Vgl. auch KG II 190 und z.B. 15,24 εἰ δὲ τὸν μὲν ὡς φαῦλον οὐκ ἀμυνούμεθα, τῷ δὲ ὡς φοβερῷ πάνθ᾽ ὑπείξομεν, πρὸς τίνας ... παραταξόμεθα;

οἱ μὴ τυχόντες: Zur Verneinung vgl. Komm. zu §39 ἐκ τῆς τῶν πεπονθότων μεταστάντα εἰς τὴν τῶν μηδὲν ἠδικημένων ἀδεῶς μετοικεῖν fin.

§124

φέρ᾽: Vgl. Komm. zu §57 φέρε.

δὲ δή: Vgl. Komm. zu §12 ὁ δὲ δή. Die folgenden Beispiele stellen insofern eine Steigerung dar, als Simon, Bianor und Athenodoros die breite Masse derer repräsentieren, die keine geringeren Verdienste vorzuweisen haben als Charidemos und unmöglich alle unter Schutz gestellt werden können, während bei Menestratos, Phayllos und ihresgleichen das Hindernis nicht in der Quantität, sondern der Qualität der Personen besteht: Alleinherrscher, die ihr eigenes Volk unterdrücken, dürfen unter keinen Umständen den Schutz eines demokratischen Staates genießen, der seinen Führungsanspruch mit der Verteidigung der Freiheit legitimiert.

Μενέστρατος ... ὁ Ἐρετριεύς: Über Menestratos ist sonst nichts bekannt. Offenbar herrschte er zur Abfassungszeit der Rede über Eretria auf Euboia. Die Stadt unterhielt mit Athen ein freundschaftliches Verhältnis, nachdem die Athener 357 bei der Vertreibung thebanischer Truppen von der Insel maßgebliche Hilfe geleistet hatten. Bereits 351 war das Bündnis jedoch wieder bedroht, da Philipp versuchte, die Athener bei den Einwohnern von Euboia in Misskredit zu bringen (vgl. Dem. 4,37 und das Scholion z.St.).

Φάυλλος ὁ Φωκεύς: Phayllos war der Bruder des Onomarchos, der nach dem Tod des Philomelos 354 den Oberbefehl im Phokischen Krieg führte (Diod. 16,35). Anders als Philomelos trugen die Brüder keine Scheu, Tempelschätze zu rauben und mit tyrannischer Willkür zu agieren (Diod. 16,33; Paus. 10,2,3; 10,7,1). 352 trat Phayllos die Nachfolge des Onomarchos an. In diese Zeit fällt die Verteidigung der Thermopylen gegen Philipp, die in erster Linie der Unterstützung der mit Phokis verbündeten Athener zu verdanken war. Vgl. Schaefer, I 502ff. und II 180ff.; Stier 1938, 1902f.; Schmitz 2000, 759.

δυνάστης: Dem. verwendet dieses Wort sonst nicht; hier war ihm wohl an der Vermeidung des eindeutig negativ besetzten τύραννος gelegen (Westermann).

δὲ δήπου: Vgl. Komm. zu §32 δὲ δήπου.

πολλοῖς ... πολλάκις: Vgl. Komm. zu §113 πολλοὶ πολλάκις; zur Separierung durch dazwischentretende Wörter vgl. 2,24; 20,166; 24,210.

διὰ καιρούς τινας: Vgl. Dem. 19,55 πρὸς ἄνδρα θνητὸν καὶ διὰ καιρούς τινας ἰσχύοντα; Dion. Hal. ant. 5,77,3 μία ... τελευταίας σωτηρίας ἐλπίς, ὅταν ἀπορραγῶσιν ἅπασαι διὰ καιρούς τινας, ἡ τοῦ δικτάτορος ἀρχή. Mit dem Hinweis auf den καιρός, das Zufällige, das der Mensch nicht beeinflussen kann, suggeriert der Kläger, dass sich viele Bündnisse gewissermaßen zwangsläufig ergeben, was „die schlechte Gesellschaft" (Westermann) entschuldigen soll. Zugleich erinnert die hier dem καιρός zugewiesene Rolle an den §§118–122 entwickelten Gedanken, dass die Beziehungen zwischen Staaten und Menschen einem permanenten Wandel unterworfen sind. Vgl. Weil z.St.: „Les circonstances, plus que les affinités naturelles et les principes politiques, décident des alliances entre les États."

"ψηφιούμεθα νὴ Δία": Zur Beteuerungsformel vgl. neben dem Komm. zu §61 ἀλλὰ νὴ Δία auch MacDowell zu Dem. 21,41 (S. 256): „idiomatically used to mark a hypothetical reply, so also in 88, 98, 99, 149, 160, 222. The speaker's own retort is then often introduced by ἀλλά." An unserer Stelle wird ἀλλά durch καί vertreten. Der Kläger lockt die Zuhörer durch das Frage-und-Antwort-Spiel gewissermaßen in die Falle: Ehe sie sich versehen, hat ihre Arglosigkeit sie in ein Dilemma manövriert. Vgl. außer den genannten Parallelen in der *Midiana* auch 8,17; nachgeahmt [Dem.] 25,73.77.

καὶ τί φήσομεν ... {καλόν}: Cobet tilgt zu Recht καλόν. Weder für καλόν τι φάναι im Sinne von ‚etwas Rühmliches sagen' gibt es eine befriedigende Parallele (18,251, angeführt von Westermann, ist nicht vergleichbar) noch für die eventuell auch denkbare Auffassung als A.c.I. (‚Inwiefern werden wir sagen [können], dass es ehrenhaft sei, wenn ...). Dagegen ist τί φήσομεν / τί φήσετε ohne Zusatz bei Dem. sehr gut belegt; vgl. 8,37.59 (= 10,61); 20.83; 21,98; 24,58.205.

τῶν Ἑλλήνων ἐπ' ἐλευθερίᾳ προεστάναι φάσκοντες: Zu ἐπί bei der Angabe des erstrebten Ziels vgl. KG I 502f.; speziell zur Verbindung ἐπ' ἐλευθερίᾳ vgl. Thuk. 6,83,2 καὶ οὐ καλλιεπούμεθα ὡς ἢ τὸν βάρβαρον μόνοι καθελόντες εἰκότως ἄρχομεν ἢ ἐπ' ἐλευθερίᾳ τῇ τῶνδε (sc. der Ionier) μᾶλλον ἢ τῶν ξυμπάντων τε καὶ τῇ ἡμετέρᾳ αὐτῶν κινδυνεύσαντες; Isokr. 5,139; And. 3,18 und [Dem.] 59,32.

προεστάναι (wörtl. ‚jmdm. vorstehen') bezeichnet hier eine Führungsposition, die ihre Inhaber zum Schutz der ihnen Anvertrauten verpflichtet. Ähnlich 19,64 τηλικούτων μέντοι καὶ τοιούτων πραγμάτων κύριος εἷς ἀνὴρ (sc. Philipp) γέγονε διὰ τούτους, οὔσης τῆς Ἀθηναίων πόλεως, ᾗ προεστάναι τῶν Ἑλλήνων πάτριον καὶ μηδὲν τοιοῦτον περιορᾶν γιγνόμενον, 10,50 und 15,30 ἔσται δὲ ταῦτα (sc. τὰ δίκαια ποιεῖν), ἐὰν ὑποληφθῆτε κοινοὶ προστάται τῆς πάντων ἐλευθερίας εἶναι. Vgl. Wankel zu 18,200 (S. 933) und Radicke 1995 zu 15,30 (S. 156), der zum Stolz der Athener auf den (von ihren Vorfahren geführten) Kampf für die Freiheit aller Griechen neben den Epitaphien auf Lys. 34,11 und Isokr. 4,52.83 verweist. Vgl. außerdem Dem. 18,66.

τοὺς ἰδίᾳ δυνάμεις ἐπὶ τοῖς πλήθεσι κεκτημένους δορυφοροῦντες: Hier bezeichnet ἐπί das Ziel im feindlichen Sinne, d.h. den Gegner, den man treffen will; vgl. KG I 503 sowie bei Dem. 6,19; 23,137; 24,70.123 (Westermann).

Das kontrastierende ἰδίᾳ deutet darauf hin, dass mit πλῆθος nicht, wie 6,24, „das ‚regierende Volk' ..., demokratisch regierte Staaten" (Rosenberg), sondern eher das vom Alleinherrscher in seinem eigenen Staat unterdrückte Volk gemeint ist, mit dem sich Athen als Vorkämpferin der Demokratie eigentlich solidarisieren müsste. Zu τὰ πλήθη im Sinne von οἱ πολλοί vgl. 18,46 mit Wankel z.St. (S. 325).

Die Doppelmoral, die darin liegt, den eigenen Führungsanspruch auf die Verteidigung demokratischer Werte wie Freiheit und Rechtsstaatlichkeit zu gründen, zugleich aber, wann immer es opportun ist, mit Machthabern zu paktieren, die diese Werte mit Füßen treten, hat, wie man sieht, eine lange Tradition.

... φανούμεθα;: Nach φανούμεθα hat A ἐγὼ μὲν οὐχ ὁρῶ (in F als varia lectio notiert), F und Y haben ἐγὼ μὲν οὐκ ἔχω. Dass auf eine rhetorische Frage eine (eigentlich entbehrliche) Antwort folgt, ist bei Dem. nicht ungewöhnlich; häufig findet sich ἔγωγε / ἐγὼ μὲν (γὰρ) οὐχ ὁρῶ (3,8; 8,37; 16,13; 18,284; 20,28; 21,158; 23,137; auf die Frage τί φήσομεν 8,37). Für ἐγὼ μὲν οὐκ ἔχω gibt es in dieser Verwendung keine Parallele. Dass ein im Original vorhandenes ἐγὼ μὲν οὐχ ὁρῶ in einem Zweig der Überlieferung ausfällt, in einem anderen zu ἐγὼ μὲν οὐκ ἔχω verschrieben wird, ist weniger wahrscheinlich, als dass sich ein Kopist durch das scheinbare Fehlen einer Antwort zu einer Ergänzung veranlasst sah. Westermann verweist dazu auf 21,201, wo in A ebenfalls eine Antwort auf eine rhetorische Frage überliefert ist (zu den Eigenheiten der Handschrift A vgl. Einleitung, Kap. 7). Die Spaltung der Überlieferung erklärt sich entweder durch zwei unabhängig voneinander durchgeführte ‚Emendationen' oder durch die Korrektur der ursprünglichen Ergänzung ἐγὼ μὲν οὐκ ἔχω zu dem für Demosthenes typischen ἐγὼ μὲν οὐχ ὁρῶ in einem Teil der Handschriften.

§125: ‚Bedingungskatalog' mit Überleitung zum konkreten Fall

Wenn man denn überhaupt jemandem eine solche Protektion zuteil werden lasse – wovon grundsätzlich abzuraten sei –, müssten drei Bedingungen erfüllt sein: Wer die Ehrung empfange, dürfe erstens nie ein Unrecht getan haben, zweitens dazu selbst dann nicht in der Lage sein, wenn er es wolle, und drittens damit lediglich vor Misshandlungen geschützt, aber nicht in die Lage versetzt werden, ohne Angst vor Bestrafung andere zu misshandeln.

Aus diesen Kriterien greift der Kläger das zweite heraus und kündigt den Nachweis an, dass Charidemos nicht zu trauen sei.

§125

ὡς ἔγωγε οὔ φημι: Die verneinte Form des nicht seltenen ὡς ἐγώ φημι (wie ich meine/behaupte) findet sich bei Dem. nur hier. ὡς verweist auf die bereits geäußerte Ansicht und nähert sich zugleich der Funktion eines Relativums an, welches den Inhalt des vorausgehenden Satzes aufnimmt („was ich, wie gesagt, ...'); vgl. 4,18 ... εἰ μὴ ποιήσαιτ' ἂν τοῦτο, ὡς ἔγωγέ φημι δεῖν, ...

πρῶτον μὲν τῷ μηδὲν ἠδικηκότι ..., δεύτερον δὲ μηδ'... δυνησομένῳ: Der überlieferte Text scheint aufgrund des asymmetrischen Bezugs von πρῶτον μέν und δεύτερον δέ korrupt zu sein. Das syntaktische Gleichgewicht lässt sich durch die Versetzung von τῷ vor πρῶτον μέν (Weil), durch die Tilgung von τῷ (Cobet) oder durch die Ergänzung von τῷ hinter δεύτερον δέ (Lambin) herstellen. Cobet tilgt in der Konsequenz auch τούτῳ δοτέον, was insgesamt einen recht großen Eingriff in den Text darstellt. Übernimmt man, wie Dilts, die Lösung von Lambin, ist die Aussage so zu verstehen, als sei nicht die Kombination aller drei genannten Eigenschaften in einer Person, sondern alternativ lediglich eine der Eigenschaften Bedingung für die Ehrung – was mit der rigiden Haltung des Klägers nicht harmoniert. Eine Konjektur ist aber vielleicht gar nicht notwendig. Der Anschluss des letzten Gliedes in Form eines Relativsatzes und das redundante τούτῳ δοτέον zeigen, dass Dem. hier keine ausgefeilte Periodisierung, sondern eher den Eindruck von Spontaneität erstrebte und es dabei mit der logisch korrekten Wortstellung nicht allzu genau nahm. Ähnlich ‚regelwidrig' formuliert Polyb. 18,18,14 οὔτ' ἐπιλαβόμενον ἐκσπάσαι ῥᾴδιον (sc. τὰς κεραίας) διὰ τὸ πρῶτον μὲν πάσας τὰς προσβολὰς σχεδὸν αὐτοκράτορα τὴν ἐκ τῆς γῆς δύναμιν ἔχειν, δεύτερον δὲ τῷ τὸν μίαν ἐπισπώμενον κεραίαν πολλοὺς ἀναγκάζεσθαι πειθομένους ἅμα βαστάζειν ... Vgl. in unserer Rede auch §11 εἰ πρῶτον μέν, ἄν τις αὐτὸν ἀποκτείνῃ, ψήφισμα ὑμέτερον γένοιτο ἀγώγιμον εἶναι· δεύτερον δέ, εἰ χειροτονηθείη στρατηγὸς ὑφ' ὑμῶν.

μηδ' ἂν ἀδικεῖν βούληται δυνησομένῳ: Der in §117 ausgeführte Gedanke klingt hier wieder an.

ἔπειθ': Zum fehlenden δέ vgl. Komm. zu §40 πρῶτον μέν ... εἶτα.

ὡς ἀληθῶς: In dieser nur locker in die Syntax eingebundenen emphatisch-bekräftigenden Verwendung („wahrhaftig!') ist ὡς ἀληθῶς seinem wahrscheinlichen Ursprung als Ausruf (siehe Komm. zu §3 ὡς ἀληθῶς δὲ τὴν δικαίαν καὶ βεβαίαν φυλακὴν) noch recht nahe. Vgl. 19,85 ὃ δέ ... πλείστην ὕβριν ὡς ἀληθῶς ἔχει κατὰ τῆς πόλεως καὶ ἁπάντων ὑμῶν, τοῦτ᾽ ἀκούσατέ μου; 20,82; 24,76.85.200.204. Zum Gebrauch in rhetorischen Fragen vgl. Komm. zu §136 ὡς ἀληθῶς.

ὑπὲρ τοῦ ... ἐπὶ τῷ: Zum Wechsel der Präpositionen vgl. Komm. zu §1 ὑπὲρ ... περὶ sowie speziell zum Wechsel von ὑπέρ und ἐπί 9,34 οὐ μόνον δ᾽ ἐφ᾽ οἷς ἡ Ἑλλὰς ὑβρίζεται ὑπ᾽ αὐτοῦ, οὐδεὶς ἀμύνεται, ἀλλ᾽ οὐδ᾽ ὑπὲρ ὧν αὐτὸς ἕκαστος ἀδικεῖται.

ὑπὲρ τοῦ μὴ παθεῖν: Die Ergänzung von τι nach μή (Markland) liegt angesichts des wenige Zeilen später folgenden ἵνα μή τι πάθῃ nahe, doch lässt sich an unserer Stelle aus dem entgegengesetzten κακῶς ποιεῖν das Adverb κακῶς zu παθεῖν hinzudenken (im mündlichen Vortrag kann dies durch entsprechende Betonung der Infinitive unterstützt werden), so dass ein Objekt nicht zwingend erforderlich ist.

εὑρισκόμενος: Rosenbergs Aussage, in diesem Verb liege „der Begriff des ‚unverdienten‘, bloß dem Glück zuzuschreibenden Zuteilwerdens", ist angesichts des neutralen Gebrauchs an zahlreichen Stellen der *Leptinea* (vgl. 20,45.56.67.79.85 u.ö.) nicht zu halten.

τούτῳ δοτέον: Zum zurückweisenden Demonstrativum vgl. KG I 660,4. Zu den Partizipien ließ sich δοτέον aus dem vorangegangenen εἰ-Satz ergänzen; nach dem längeren Relativsatz stellt der Kläger, mit leichtem Bruch der syntaktischen Geschlossenheit, den Bezug noch einmal verdeutlichend her.

ὅτι ... ἐάσω: Zu dieser Form der Paraleipsis vgl. 20,2.99; 21,103; 38,25. Dass Charidemos Athen in der Vergangenheit Schaden zugefügt hat, wird im dritten Teil der Rede ausführlich dargelegt; dass er nicht zu denen gehört, die des Schutzes bedürfen, wird als selbstverständlich vorausgesetzt – aus dem zuvor Gesagten hallt dabei die Unterstellung, er werde das Dekret zu üblen Zwecken missbrauchen (ἐπὶ τῷ ποιεῖν μετ᾽ ἀδείας ἑτέρους κακῶς) unausgesprochen nach, ohne näher begründet werden zu müssen.

ἀναμαρτήτων: Das Adjektiv findet sich bei Dem. nur hier und auch bei den übrigen Rednern selten: im Corp. Dem. noch 61,21 (Adverb), einmal bei Aischines (1,183), sechsmal bei Antiphon, dreimal bei Isokrates.

τῶν ἵνα μή τι πάθῃ ταῦτα εὑρισκομένων: „Der Redner scheint den Singular deshalb zu setzen, weil das ihm vorschwebende Bild des Charidemos alle übrigen, welche in die nämliche Kategorie gehören, in den Hintergrund drängt." (Westermann)

σκοπεῖτε, ἄν ...: Der Kläger erwartet selbstverständlich keine negative Antwort; es handelt sich um eine ‚bescheidenere' Form der vorweggenommenen Wertung. Vgl. Komm. zu §19 σκοπεῖσθε ὡς δίκαια ἐρῶ sowie 18,233 καὶ σκοπεῖτε, εἰ δικαίως χρήσομαι τῷ λόγῳ mit Wankel z.St. (S. 1041).
Zu ἄν mit dem Konjunktiv in (futurisch aufzufassenden) abhängigen Fragen vgl. KG I 223f. Anm. 6: „Sie [sc. die Fragesätze] bringen nach Verben der Überlegung ... zum Ausdrucke, dass man überlegt, ob (εἰ) oder wie (ὅπως) man unter Umständen (κέν, ἄν) handeln werde." Vgl. 20,74 μηδεὶς φθόνῳ τὸ μέλλον ἀκούσῃ, ἀλλ' ἂν ἀληθὲς ᾖ σκοπείτω, 20,146; 24,13; 39,13.

§§126–137: Die gegenwärtigen politischen Freunde Charidemos und Kersobleptes könnten eines Tages zu Feinden werden

Der Kläger begründet, warum man Charidemos nicht trauen dürfe: Opportunisten wie ihn, die sich keinen ideellen Werten verpflichtet fühlten, ziehe es jeweils dorthin, wo sie den größten persönlichen Vorteil vermuteten. Dies habe man zum Beispiel bei Python, dem Mörder des Kotys, gesehen, der nur so lange ein Freund Athens gewesen sei, wie es ihm nützte, und nun auf der Seite Philipps stehe.
Und selbst unter der – nicht gegebenen – Voraussetzung, dass Charidemos die genannten Kriterien erfüllte, verböte sich das Ehrendekret, weil es in erster Linie Kersobleptes zugutekäme. Die mögliche Entwicklung sei im Verhältnis Iphikrates-Kotys quasi präfiguriert: Iphikrates, mit Kotys durch Heirat verwandt und athenischer Ehrenbürger, habe sich gegen Athen auf die Seite des Kotys gestellt, von diesem aber keinerlei Dankbarkeit erfahren und sei am Ende völlig isoliert gewesen. Ebenso könne Kersobleptes die dem Charidemos gewährte Immunität für seine Zwecke nutzen, diesen fallen lassen, sobald er zu ausreichender Stärke gelangt sei, und sich Athen entgegenstellen. Falls Charidemos dies voraussehe, sei ihm aufgrund seiner Hinterlist, falls er arglos sei, zum eigenen Schutz die Ehrung zu verweigern. Dass nämlich Kersobleptes mehr Rücksicht auf ihn nehmen werde als Kotys auf Iphikrates, sei angesichts seines Naturells nicht zu erwarten.

§126

τῶν ἡμετέρων ἐθῶν καὶ νόμων: Zur geläufigen Verbindung der beiden Begriffe, die für die Rahmenbedingungen der gesellschaftlichen Organisation einer Polis stehen, vgl. z.B. Dem. 20,105; Plat. leg. 680a6f.793d1; Xen. mem. 3,9,1; Polyb. 6,47,1; Dion. Hal. ant. 1,8,2; 7,56,4; 10,55,5; zum Stolz der Athener auf ihre ἔθη und νόμοι Lykurg. 75 ἐγκώμιον γὰρ νὴ τὴν Ἀθηνᾶν εἰσι τῆς πόλεως οἱ παλαιοὶ νόμοι καὶ τὰ ἔθη τῶν ἐξ ἀρχῆς ταῦτα κατασκευασάντων. οἷς ἂν προσέχητε, τὰ δίκαια ποιήσετε καὶ πᾶσιν ἀνθρώποις σεμνοὶ καὶ ἄξιοι τῆς πόλεως δόξετ᾽ εἶναι.

αὐτοὺς: Zur zurückweisenden Verwendung der Formen von αὐτός vgl. KG I 660,4 sowie Xen. an. 1,9,29 καὶ οὗτος δὴ ὃν ᾤετο πιστόν οἱ εἶναι ταχὺ αὐτὸν ηὗρε Κύρῳ φιλαίτερον ἢ ἑαυτῷ; [Dem.] 7,45; Aischin. 3,249. Vgl. auch Komm. zu §128 αὐτὸν εὑρίσκω.

ἂν τυγχάνειν: τυγχάνειν „ist Inf. des Imperfekts, welches mit ἄν verbunden das wiederholte Vorkommen, das Pflegen ausdrückt" (Westermann); vgl. ergänzend KG I 211: „Während ... beim Imperfekt (ohne ἄν) die wiederholten Handlungen als e i n zusammenhängendes Ganzes erscheinen ..., hebt das Präteritum mit ἄν die e i n z e l n e n Fälle, in denen die Handlung sich wiederholte, hervor". Ähnlich 9,48 ἀκούω Λακεδαιμονίους τότε καὶ πάντας τοὺς ἄλλους τέτταρας μῆνας ἢ πέντε ... ἐμβαλόντας ἄν καὶ κακώσαντας τὴν χώραν ... ἀναχωρεῖν ἐπ᾽ οἴκου πάλιν.

τούτων: Zum Bezug des Plurals auf einen singularischen Begriff (hier πολίτην γενέσθαι) vgl. Komm. zu §122 τὸ ποιεῖν ἐξεῖναι ταῦτα κωλῦσαι.

παρ᾽ ἡμῖν οἰκεῖν: Dazu im Gegensatz steht die ‚Heimatlosigkeit' des Charidemos; vgl. §138 Χαριδήμῳ τῷ πόλιν μὲν οὐδ᾽ ἡντινοῦν οἰκοῦντι.

ὅσους ... εἰσέρχεται: So S; AFY haben den grammatikalisch ebenso möglichen Dativ ὅσοις. Eine Entscheidung ist schwierig, da es bei Dem. zur persönlichen Konstruktion keine Parallele gibt (unpers. 19,33; 23,188, jeweils mit dem Dativ). Die Herausgeber folgen hier der zuverlässigeren Handschrift.

Dass Charidemos der hier genannten Gruppe zuzurechnen ist, ergibt sich aus dem Umkehrschluss: Er lebt nicht in Athen, obwohl er zum Ehrenbürger ernannt wurde; ergo ist ihm an den vortrefflichen Einrichtungen der Stadt nichts gelegen.

τούτων μὲν μηδενὸς: Gemeint sind ἔθη und νόμοι.

ἀγαπῶσιν: Hier bezeichnet ἀγαπᾶν, korrespondierend mit ἐπιθυμία und ζῆλος, ein aktives Wünschen, Erstreben; vgl. 18,109 οὔτε γὰρ ἐν τῇ πόλει τὰς παρὰ τῶν πλουσίων χάριτας μᾶλλον ἢ τὰ τῶν πολλῶν δίκαια εἱλόμην οὔτε ἐν τοῖς Ἑλληνικοῖς τὰ Φιλίππου δῶρα καὶ τὴν ξενίαν ἠγάπησα ἀντὶ τῶν κοινῇ πᾶσι τοῖς Ἕλλησι συμφερόντων.

δοκεῖν: Hier nicht ‚scheinen' im Sinne eines falschen Eindrucks, sondern neutral ‚gelten'; vgl. LSJ s.v. II 5.

τούτους δ': Zu δέ im Nachsatz, besonders im zweiten Teil eines antithetischen Satzpaares, vgl. KG II 277f. sowie Hdt. 7,159 εἰ μὲν βούλεαι βοηθέειν τῇ Ἑλλάδι, ἴσθι ἀρξόμενος ὑπὸ Λακεδαιμονίων· εἰ δ᾽ ἄρα μὴ δικαιοῖς ἄρχεσθαι, σὺ δὲ μηδὲ βοηθέειν.

οὐδ' ὁτιοῦν ὑμῶν φροντίσαντας: Wie häufig bei den Personalpronomina ist die Überlieferung uneinheitlich; S und Y haben ἡμῶν. Die Entscheidung wird durch die Wiederholung im folgenden Paragraphen erleichtert, die ihren vollen Effekt nur bei wörtlicher Übereinstimmung entfaltet. Für ὑμῶν spricht zudem, dass die direkte, exklusive Adressierung des Publikums jedem einzelnen Zuhörer ein persönlicheres und somit schmerzlicheres Empfinden der in der Undankbarkeit liegenden Kränkung vermittelt.

Zu οὐδ' ὁτιοῦν vgl. Komm. zu §68 πλέον οὐδ' ὁτιοῦν ἕξει.

ἐκείνην θεραπεύσειν: Sc. τὴν πλεονεξίαν. θεραπεύειν τι hat hier, wie oft, die negative Färbung des ‚Umschmeichelns' um den Preis der Selbsterniedrigung. Vgl. Dem. 18,307; 19,226 und Thuk. 3,56,3 εἰ γὰρ τῷ αὐτίκα χρησίμῳ ὑμῶν τε καὶ ἐκείνων πολεμίῳ τὸ δίκαιον λήψεσθε, τοῦ μὲν ὀρθοῦ φανεῖσθε οὐκ ἀληθεῖς κριταὶ ὄντες, τὸ δὲ ξυμφέρον μᾶλλον θεραπεύοντες.

§127

... ὑμεῖς πρὸς ὃ ταῦτ' ἐγὼ βλέπων λέγω: Das Hyperbaton rückt die beiden aufeinander bezogenen Inhalte, das konkrete Beispiel (ὅ) und die allgemeine Aussage (ταῦτα), eng aneinander. An dieser Achse ‚gespiegelt' sind die ebenfalls korrespondierenden Personalpronomina. A bietet die vereinfachte Wortstellung ... ὑμεῖς πρὸς ἃ βλέπων ἐγὼ ταῦτα λέγω. (Zu den Eigenheiten der Handschrift A vgl. Einleitung, Kap. 7.)

Πύθων: Vgl. Komm. zu §119 τοὺς ἀποκτείναντας ἐκεῖνον Πύθωνα καὶ Ἡρακλείδην.

εὐθὺς ἀπεκτονώς: Zu εὐθύς beim Partizip („sobald') vgl. KG II 82 Anm. 4.

ἀπελθεῖν: In diesem Verb liegt weniger Dramatik als in φυγεῖν. Pythons Entscheidung erscheint dadurch nicht als eine überstürzt aus der Not heraus getroffene, sondern als eine unter kühler Abwägung der eigenen Interessen rational kalkulierte – was sich in das Charakterbild fügt, das der Kläger von ihm entwerfen möchte.

ὅποι τύχοι: Vgl. Komm. zu §58 τάχ' ἄν, εἰ τύχοι.

ἐπειδὴ δὲ οἴεται: Das Präsens ist bei temporalem ἐπειδή ungewöhnlich, lässt sich aber in Analogie zu den Verben der Wahrnehmung (vgl. KG I 135) dadurch erklären, dass die Verbalhandlung in der Gegenwart fortdauert („er gelangte zu der Ansicht und ist jetzt der Meinung'). Vgl. auch Komm. zu §119 ἐπειδὴ πονηρὸς καὶ θεοῖς ἐχθρὸς ἦν καὶ μεγάλα ὑμᾶς ἠδίκει.

οὐδ' ὁτιοῦν ὑμῶν φροντίσας: Die refrainartige Wiederholung aus §126 (Ende) macht sinnfällig, wie exakt sich die Einschätzung des Klägers bereits in der politischen Realität bewahrheitet hat.

τἀκείνου φρονεῖ: Aufgrund dieser Bemerkung identifiziert Schaefer, I 157 und II 375f. den Mörder des Kotys mit dem Redner Python aus Byzanz, der im Dienst Philipps stand und 343 als Gesandter dessen Politik gegen die antimakedonische Partei in Athen zu verteidigen suchte (vgl. [Dem.] 7,20; Dem. 18,136). Dem widerspricht Schmitt 1963, 611, da „in keinem der zahlreichen, meist polemischen Hinweise auf P. von Byzanz die Identität [sc. mit Python von Ainos] erwähnt oder gar der ‚Verrat' an Athen gebrandmarkt" werde. Hinzu kommt, dass Python von Byzanz als Schüler des Isokrates gilt, während Python von Ainos in seiner Jugend Platon gehört haben soll (vgl. Komm. zu §119 τοὺς ἀποκτείναντας ἐκεῖνον Πύθωνα καὶ Ἡρακλείδην). Handelte es sich um dieselbe Person, so würde die jeweils eindeutige Zuordnung zu einem der konkurrierenden Lehrer verwundern.

οὐ γὰρ ἔστιν, οὐκ ἔστιν: Vgl. 2,10; 4,46; 8,61; 18,24; 19,296; 21,46. In der Prosa wird das Stilmittel der Epanadiplosis außer von Platon nur von Deinarch und Demosthenes, selten auch von Aischines angewandt; vgl.

Denniston 1952, 90f. und Wankel zu 18,24 (S. 237f.). Zur Wirkung vgl. den Kommentar von Rehdantz/Blass zu 2,10: „Die aus tiefster Seele brechende Überzeugung des Redners prägt sich in der Figur der Epizeuxis od. Epanadiplosis aus, indem der einmalige Ausdruck, der zum V e r s t ä n d n i s wohl ausreichte, doch dem G e f ü h l des Redners nicht genugtut, das sich deshalb in der Wiederholung Luft macht. Daher ist der zweite Ausdruck anders zu betonen, hier stärker, wie in unserm ‚unmöglich, ja unmöglich'."

ἐπὶ τῇ τοῦ πλεονεκτεῖν προαιρέσει: Zu ἐπί τινι (‚auf der Grundlage von') vgl. KG I 501 (c). προαίρεσις bezeichnet hier die bewusste, auf ein Ziel gerichtete Entscheidung für eine Handlung bzw. ein handlungsleitendes Prinzip (‚Grundsatz', ‚Maxime'); vgl. Dem. 23,141; [Isokr.] 1,9. Häufig verwendet Dem. den Begriff in Verbindung mit πολιτεία für seinen politischen Standpunkt; vgl. 18,59.93.192 sowie Kullmann 1943, 47f. und Wankel zu 18,93 (S. 500f.) u. 18,192 (S. 907f.).

προπιστεύσαντα: Das seltene Kompositum findet sich vor Dem. nur Xen. Ag. 4,4. Die Kenntnis unserer Stelle verrät Dion. Hal. ant. 11,20,6 κρείττων γὰρ ἡ πρόνοια τῆς μεταμελείας καὶ τὸ μὴ πιστεύειν τοῖς πονηροῖς σωφρονέστερον τοῦ προπιστεύσαντας κατηγορεῖν.

§128

τοὐναντίον ἢ τἀληθὲς ἔχει: Wörtl. ‚ganz anders als sich die Wahrheit verhält'. So die Lesart von A, die den Vorzug hat, bei Dem. belegt zu sein: vgl. 20,114 ὡς δὲ τἀληθές τ' ἔχει καὶ δίκαιόν ἐστι λέγειν, ἐγὼ πρὸς ὑμᾶς ἐρῶ; ebenso z.B. Plat. leg. 861d3f. οὕτως οἰόμενον ἔχειν τἀληθές; rep. 368c5–7 διερευνήσασθαι ... περὶ τῆς ὠφελίας αὐτοῖν τἀληθὲς ποτέρως ἔχει; 382d1f. διὰ τὸ μὴ εἰδέναι ὅπῃ τἀληθὲς ἔχει περὶ τῶν παλαιῶν; 581e1 τοῦ εἰδέναι τἀληθὲς ὅπῃ ἔχει. Das in den übrigen Handschriften überlieferte τἀληθὲς ὑπάρχει ist hingegen im hier geforderten Sinn ohne Parallele. Auch ist der Ausdruck aufgrund der nicht exakt mit εἶναι identischen Semantik von ὑπάρχειν sehr schwerfällig (‚ganz anders als die Wahrheit vorhanden ist'). Für einen adverbialen Gebrauch von τἀληθὲς (‚wirklich'), mit dem ὑπάρχει gut harmonieren würde, fehlen einschlägige Belege.

Zu τοὐναντίον ἢ vgl. Komm. zu §6 τἀναντία ἢ ... ὑπειλημμένον; mit vollständigem Satz nach ἢ Thuk. 7,80,1 ἐδόκει ... ἀπάγειν τὴν στρατιάν, μηκέτι τὴν αὐτὴν ὁδόν, ᾗ διενοήθησαν, ἀλλὰ τοὐναντίον ἢ οἱ Συρακόσιοι ἐτήρουν.

θείημεν ... ἔχει: Der Optativ in der Protasis wird mit dem Indikativ in der Apodosis kombiniert, „wenn der ungewissen und unentschiedenen Bedingung die Folge als eine bestimmte Behauptung ... entgegengesetzt wird" (KG II 478). Da die Konstruktion im Deutschen nicht exakt nachzuahmen ist, wurde in der Übersetzung die Umschreibung ‚würde ... definitiv' gewählt.

σπουδαῖον: Dem. verwendet das Adjektiv im Zusammenhang mit öffentlichen Ehrungen auch 20,75.113.114; anders als in ἀγαθός schwingt in σπουδαῖος der Begriff des erfolgreichen Bemühens, des unermüdlichen Engagements mit, das eine Belohnung verdient. Zur Verbindung mit περί vgl. 16,19 ὅσῳ ἂν σπουδαιοτέρους τούτους (sc. die Megalopoliten) περὶ Θηβαίους γεγενημένους ἀποδείξωσι (sc. die prolakedaimonischen Redner), τοσούτῳ πλείονος ὀργῆς αὐτοὶ δικαίως ἂν τυγχάνοιεν.

σχήσειν: Futur des Aoriststammes (vgl. KG I 170), daher ingressiv ‚annehmen', nicht ‚haben' (= ἕξειν).

ἐπ' ἄλλο τι ... ἢ τὰ Κερσοβλέπτου πράγματα: Die Präposition beim zweiten Glied einer Vergleichung wird insbesondere von den Attikern oft weggelassen; vgl. KG I 551,6 und z.B. Dem. 5,14; 9,15.63; 16,19.

τὴν ἐκ τοῦ ψηφίσματος: Der Zusatz wurde von van Herwerden als Interpolation verdächtigt; vgl. auch Westermann: „sieht allerdings einer nachhelfenden Randbemerkung sehr ähnlich (Herwerden)". In der Tat wirkt die Apposition angesichts des kurz darauf folgenden τῇ διὰ τοῦ ψηφίσματος πλεονεξίᾳ etwas penetrant, und ohne sie wäre der Bezug von τὰ K. πράγματα auf ἐπί klarer. Andererseits könnte Dem., da die erwähnte ἄδεια nicht der eigentliche Gegenstand, sondern die vom Kläger befürchtete Folge des Dekrets ist, es für nötig gehalten haben, diesen Zusammenhang noch einmal ausdrücklich in Erinnerung zu rufen.

καταχρήσεται: Das Verb dürfte bewusst gewählt sein, da es sowohl ‚gebrauchen' als auch ‚missbrauchen' heißen kann und der Kläger letztere Bedeutung mitverstanden wissen wollte. Vgl. 19,277 und 18,150 mit Wankel z.St. (S. 808), der auf die seltene Verwendung von καταχρῆσθαι im ‚echten' Dem. und bei den anderen Rednern, abgesehen von Isokrates, hinweist.

λογιζόμενος: Die Feststellung erhält durch den expliziten Zusatz, aus rationaler Überlegung hervorgegangen zu sein, größere Autorität; vgl. §135 und [Dem.] 11,8 καὶ πολλάκις εὑρίσκω λογιζόμενος ...

αὐτὸν εὑρίσκω: So SAFY; zum zurückweisenden Pronomen vgl. Komm. zu §126 αὐτοὺς. Dilts übernimmt hier das von Blass konjizierte τοῦτον, während er, nicht ganz konsequent, in §126, wo Blass, der sich offenbar grundsätzlich an epanaleptischen Formen von αὐτός störte, ἅμα τούτους für ἅμα τ᾽ αὐτοὺς vorgeschlagen hatte (nicht im Apparat von Dilts verzeichnet, vgl. aber die Ausgabe von Weil), der Überlieferung folgt.

§129

σκέψασθε δὲ ὡς δικαίως ... καὶ σφόδρα γε εἰκότως: Vgl. Komm. zu §19 σκοπεῖσθε ὡς δίκαια ἐρῶ und zu §29 σκέψασθε ... καὶ θεωρήσατε, ὡς καλῶς καὶ σφόδρ᾽ εὐσεβῶς.

σκοπῶ ... ὁρῶ: Mit der Wahl der Verben suggeriert der Kläger, dass er objektiv evidente, durch bloßes Hinschauen erkennbare Fakten benennt. Dies gilt zwar für die Aussage zur Verwandtschaft, aber nicht unbedingt für das Urteil über den Wert der jeweiligen Leistungen, dem eine subjektive Einschätzung zugrunde liegt.

ὅτι κηδεστὴς ἦν Ἰφικράτει τὸν αὐτὸν τρόπον ὅνπερ Χαριδήμῳ Κερσοβλέπτης: Der Begriff κηδεστής bezeichnet allgemein den angeheirateten Verwandten, sei es der Schwiegersohn, Schwiegervater, Schwager oder Stiefvater. τὸν αὐτὸν τρόπον muss nicht zwingend bedeuten, dass das Verwandtschaftsverhältnis in beiden Fällen exakt das gleiche war (vgl. Westermann, Weil). Da aber Kotys (König etwa 384 bis 360) und Iphikrates (geb. 415) wohl etwa gleich alt waren, sind Zweifel an den späten Zeugnissen des Nepos (Iph. 3,4) und des Athenaios (4,6. 131A) angebracht, wonach Iphikrates die Tocher des Kotys geheiratet habe. Eher war er wohl der Schwager des Kotys, wie Charidemos der Schwager des Kersobleptes war; vgl. Davies, APF 7737, S. 249–50; Kremmydas 2012, 335; Harris 1989, 267 Anm. 15. Nicht nachvollziehbar ist der von Heskel 1997, 138 Anm. 49 aus den Angaben bei Nepos und Athenaios in Kombination mit einer engen Auslegung von τὸν αὐτὸν τρόπον gezogene Schluss, Charidemos sei der Schwiegersohn des Kersobleptes gewesen; dagegen spricht der Umstand, dass Kersobleptes bei der Regierungsübernahme noch ein sehr junger

Mann war (μειρακύλλιον, siehe §163 mit Komm. z.St.), der kaum eine Tochter im heiratsfähigen Alter gehabt haben dürfte. Vgl. auch Anon. in Hermog. VII 942,19f. W.: τῷ δὲ Κερσοβλέπτῃ καὶ γαμβρὸς ἦν Χαρίδημος ἐπὶ ἀδελφῇ.

Ἰφικράτει: Iphikrates aus Rhamnous hat sich als General vielfach ausgezeichnet: Unter anderem reformierte er die Bewaffnung des Fußvolks und vernichtete im Korinthischen Krieg eine spartanische Mora fast vollständig (Dem. 23,198; [Dem.] 13,22; Aischin. 3,243; Dein. 1,75; Xen. hell. 4,5,13–17; Nep. Iph. 1,3–4; 2,3). Nach Abschluss des Königsfriedens 387/86 trat er erstmals in den Dienst des Kotys; in diese Zeit dürfte auch die Heirat mit dessen Schwester fallen (vgl. Davies, APF 7737, S. 250; Kahrstedt 1916, 2019). Ab 374/73 übernahm er wieder militärische Aufgaben für Athen, unter anderem Mitte der 60er-Jahre ein Kommando in der Nordägäis (vgl. §149 mit Komm.). Nach seiner Abberufung und einem erneuten Rückzug nach Thrakien kämpfte er 357/56 gemeinsam mit seinem Kontrahenten Timotheos im Bundesgenossenkrieg, unterlag in der Schlacht von Embata und wurde in Athen des Hochverrats angeklagt. Iphikrates wurde freigesprochen, starb aber kurz nach dem Prozess. Vgl. Davies, APF 7737, S. 249f.; zu den militärischen Kommandos ausführlich Pritchett 1974, 62–72.

Als ein besonderes Verdienst des Iphikrates um Kotys wird [Aristot.] oec. 2,26 die Finanzierung von Truppen über planmäßigen Getreideanbau und -verkauf erwähnt: Ἰφικράτης Ἀθηναῖος, Κότυος συναγαγόντος στρατιώτας, ἐπόρισεν αὐτῷ χρήματα τρόπον τοιοῦτον· ἐκέλευσε τῶν ἀνθρώπων ὧν ἦρχε προστάξαι κατασπεῖραι αὐτῷ γῆν τριῶν μεδίμνων. τούτου δὲ πραχθέντος συνελέγη σίτου πολὺ πλῆθος. καταγαγὼν οὖν ἐπὶ τὰ ἐμπόρια ἀπέδοτο, καὶ εὐπόρησε χρημάτων.

§130

ἴστε δήπου τοῦτ' ... ὅτι: Vgl. Komm. zu §61 ἴστε γὰρ δήπου τοῦθ' ὅτι; in direktem Anschluss an die Aufforderung σκέψασθε οὑτωσί auch §67.

χαλκῆς εἰκόνος οὔσης παρ' ὑμῖν Ἰφικράτει καὶ σιτήσεως ἐν πρυτανείῳ: Mit der Aufstellung einer Bronzestatue und dem Anrecht auf Speisung im Prytaneion wurden Iphikrates die höchsten Ehren zuteil, die die athenische Bürgerschaft zu verleihen hatte; vgl. Henry 1983, 275 u. 294f., Osborne, Nat. I/II 159; Liddel 2020 I 239ff. [zu D54] und Komm. zu §76 τὸ ἐπὶ Πρυτανείῳ. Gegen den damaligen Antrag legte Harmodios, ein

Nachfahre des Tyrannenmörders, Klage ein. Die von einigen dem Lysias zugeschriebene Verteidigungsrede wird von Dionys von Halikarnass (Lys. 12) auf das Jahr 371 datiert, als Iphikrates seine militärischen Ämter niederlegte und zum Privatmann wurde. Da Lysias zu diesem Zeitpunkt bereits seit sieben Jahren tot war, spricht Dionys ihm die Autorschaft ab und vermutet, die Rede stamme vom Angeklagten selbst (vgl. die Fragmente 41a–49 in der Lysias-Ausgabe von Carey [Oxford 2007]). Die Statue des Iphikrates war zur Zeit des Pausanias auf der Akropolis am Eingang des Parthenon zu sehen (Paus. 1,24,7); ob diese sehr exponierte Stelle auch der ursprüngliche Standort war, ist freilich unsicher; vgl. Kremmydas 2012, 336.

δωρεῶν καὶ τιμῶν ἄλλων: Z.B. Bekränzung, Atelie und Prohedrie (Westermann); vgl. Aischin. 2,80 τὰς εἰκόνας ἵστατε καὶ τὰς προεδρίας καὶ τοὺς στεφάνους καὶ τὰς ἐν πρυτανείῳ σιτήσεις δίδοτε οὐ τοῖς τὴν εἰρήνην ἀπαγγείλασιν, ἀλλὰ τοῖς τὴν μάχην νικήσασιν.

εὐδαίμων: D.h. man hätte eigentlich Zufriedenheit und Dankbarkeit von Iphikrates erwarten dürfen – eine Haltung, die ihm Dem. an anderer Stelle, freilich auch in anderem Zusammenhang, durchaus zuerkennt: ἠνείχετο (sc. Iphikrates) καὶ νικῶντα καὶ στεφανούμενον τὸν ἐχθρὸν ὁρῶν. εἰκότως· ἐν ᾗ γὰρ αὐτὸς εὐδαίμων ᾔδει γεγονὼς πολιτείᾳ, ταύτῃ συγχωρεῖν τὰ τοιαῦτα ἠξίου (21,63). Das Beispiel zeigt, wie flexibel die Darstellung historischer Personen und Ereignisse von den Rednern dem jeweiligen Argumentationsziel untergeordnet wird.

ὅμως ἐτόλμησεν ὑπὲρ τῶν Κότυος πραγμάτων ἐναντία τοῖς ὑμετέροις στρατηγοῖς ναυμαχεῖν: Mit großer Wahrscheinlichkeit war der Grund für den ‚Seitenwechsel' des Iphikrates seine Absetzung als Stratege in der nördlichen Ägäis und der Prozess, der ihm infolge der Apocheirotonia in Athen drohte (vgl. §149 und insbesondere den Komm. zu ἀποστράτηγον ἐποιήσατε). Der Kläger verschweigt dies geflissentlich; zum einen, um seinen Zuhörern den impliziten Vorwurf zu ersparen, den Abfall ihres Strategen selbst verschuldet zu haben, zum anderen, weil der Umstand, dass Iphikrates sich in einer Notsituation befand, die Verpflichtung des Kotys, ihm für seine Hilfe dankbar zu sein, relativiert. Im Vergleich mit Kersobleptes kommt es aber genau auf diesen Aspekt, den notorischen Undank der ‚Barbarenfürsten', an.

Wann, wo und aus welchem Anlass die genannte Seeschlacht stattfand, ist unsicher. Überwiegend datiert man sie in die späten 360er-Jahre (Schaefer, I 157; Höckh 1891, 98; Harris 1989, 266 Anm. 11). Heskel 1997, 92 grenzt das Datum enger auf 361 ein. Sie vermutet, die Auseinandersetzung falle in die Phase der Rebellion des Miltokythes, als Athen keiner der beiden Parteien offen die Unterstützung versagen wollte (vgl. Komm. zu §104 ὅτε Μιλτοκύθης ἀπέστη Κότυος). So habe Iphikrates ungestraft auf der Seite des offiziell noch mit Athen befreundeten Kotys gegen athenische Strategen kämpfen können, die zur Unterstützung des Miltokythes ausgesandt worden waren.

Pritchett 1974, 65 Anm. 31 ordnet das Ereignis hingegen (mit Kahrstedt 1916, 2019) dem ersten Thrakien-Aufenthalt des Iphikrates in den 80er-Jahren zu, mahnt aber zugleich Skepsis gegenüber der Darstellung des Dem. an (66): „Demosthenes' reference to the naval battle seems to show that Iphikrates was in service with Kotys, although we should like to know more about a fleet of ships based in some part of this wild Thrakian land which could challenge that of the Athenians; and one would welcome a better authority than that of the orator, who frequently twisted facts. There is no implication that Iphikrates was in Athenian service at the time. Rather, like many Athenians, he was serving abroad and may have unwittingly become engaged in some naval skirmish. The silence of all other sources is noteworthy. The most we can conclude is that Iphikrates would lend his aid to Kotys in defensive warfare but retired from his service when Kotys began to attack Athenian possessions in the Chersonese."

ναυμαχεῖν lässt sich wie μάχεσθαι mit dem bloßen Dativ oder mit πρός c. acc. verbinden (vgl. Hdt. 2,161,2; Xen. hell. 2,1,14); der Zusatz von ἐναντία betont den Aspekt der hier als Skandalon empfundenen Gegnerschaft, ähnlich And. 1,101 οὐδ᾽ ἐναυμάχησας ἐναντία τῇ πόλει ...; Vgl. auch §150 ἵνα τἀναντία τῇ πόλει πολεμῇ.

εἰ μὴ μετριωτέραν ἔσχετε τὴν ὀργὴν ὑμεῖς τῆς ἐκείνου προπετείας: Vgl. 51,9 εἰ δὲ μὴ μετριωτέραν ἔσχετε τὴν ὀργὴν τῆς ἐκείνων πονηρίας, οὐδὲν αὐτοὺς ἐκώλυε τεθνάναι. Zu dem verkürzten Ausdruck vgl. Komm. zu §108 μεῖζω τῆς πρὸς αὐτοὺς πίστεως. Der Genitiv τῆς ἐκείνου προπετείας steht eher für ἢ ὥστε τῇ ἐκείνου προπετείᾳ προσήκειν (vgl. Isokr. 12,16 νεώτερα καὶ βαρύτερα λέγειν τῆς ἡλικίας und Thuk. 6,89,5 τῆς δὲ ὑπαρχούσης ἀκολασίας ἐπειρώμεθα μετριώτεροι ἐς τὰ πολιτικὰ εἶναι mit Classen/Steup z.St.: „wir ... suchten Maß zu halten trotz der Zuchtlosigkeit") als für ἢ ἐκεῖνος τὴν προπέτειαν, wie es Vince („If your resentment had not been more restrained than his impetuosity"), Westermann („und hättet ihr euren Unwillen nicht besser als er seine Verwegenheit gezügelt") und zuletzt auch Harris 2018 („If you had not shown more moderation in your anger than he did in his rashness") verstehen.

προπέτεια, wörtl. ‚Vorwärtsneigung', übertragen ‚Ungestüm', ‚Unbesonnenheit', ‚Frechheit', ist bei Dem. 22,63 mit θρασύτης verbunden (das Adjektiv 54,42 mit θρασύς); sonst kommt das Substantiv nur noch 19,251; 21,38 vor. Es ist auch bei den übrigen Rednern selten.

§131

λαβὼν ἔργῳ ... πεῖραν: Der Zusatz von ἔργῳ (‚durch die Tat', ‚in der Praxis') bei πεῖραν λαμβάνειν/διδόναι etc. findet sich im Corpus Demosthenicum relativ häufig (16,29; 18,107; 23,179; [Dem.] 25,42; 26,21), bei den anderen Rednern hingegen nie. Der Artikel bei ἔργῳ fehlt in solchen Wendungen, da weniger an eine einzelne konkrete Tat als an das Handeln im Gegensatz zum bloßen Reden (λόγῳ) gedacht ist. Für den wahren Charakter eines Menschen sind seine Taten der weitaus verlässlichere Indikator als seine Worte; in ἔργῳ ist hier daher auch der Begriff des Eindeutigen/Unzweifelhaften enthalten.

ἐπειδὴ βεβαίως ἡγήσατο σῶς εἶναι: Dies war der Fall, als sich Kotys des Heiligen Berges bemächtigt und die Rebellion des Miltokythes niedergeschlagen hatte (vgl. §104).

οὐχ ... καὶ: Die beiden verneinten Glieder werden so enger aneinander gebunden als durch οὐχ ... οὐδέ oder durch οὔτε ... οὔτε; sie fallen hier sogar inhaltlich zusammen: Der Dank des Kotys hätte darin bestehen können, Iphikrates zur Versöhnung mit Athen zu verhelfen (vgl. Westermann).

συγγνώμης ἐπὶ τοῖς πεπραγμένοις: Die Konstruktion mit ἐπί c. dat. anstelle des üblicheren Genitivs findet sich bis auf Aristot. eth. Nic. 3,1. 1109b31f., wo die ursprüngliche kausale Bedeutung noch klarer zu erkennen ist, sonst nur bei späteren Autoren, vgl. Polyb. 20,9,9; 23,16,5; Diod. 11,26,1; 17,73,6; 31,8,1; 34/35,19,1; Dion. Hal. ant. 9,36,2.

τὰ λοιπὰ τῶν ὑμετέρων χωρίων: Es handelt sich insbesondere um die Städte Krithote und Elaious, vgl. §158.

§132

τὴν ... βαρβαρικὴν δύναμιν ... τοῦ βαρβάρου: Aus griechischer Sicht unterteilte sich die Welt in Hellenen und Barbaren, wobei letzteren seit den Perserkriegen ein ganzer Katalog negativer Eigenschaften wie Feigheit, Grausamkeit, Treulosigkeit und allgemeiner zivilisatorischer Unterlegenheit zugeschrieben wurde. Diese Ressentiments ruft der Kläger hier mit einem einzigen Wort zur Diskreditierung des Kotys auf. Vgl. Dauge 1981, 10–13.

τὸν Χαρίδημον τοῦτον προσμισθωσάμενος: Der Kläger lässt beiläufig einfließen, dass Charidemos damals g e g e n Athen engagiert war.

ὥστε ἀπελθόντα εἰς Ἄντισσαν οἰκεῖν καὶ πάλιν εἰς Δρῦν: Das antike Antissa lag an der Nordwestküste der Insel Lesbos; die Stadt trat 375 dem Zweiten Attischen Seebund bei.

Die genaue Lage von Drys ist unbekannt. Hekataios (FGrHist 1 F 160f.) erwähnt sie als thrakische Stadt; IG I³ 77 col. V 29–31 wird sie παρὰ Σέρραιον lokalisiert; Ps.-Skylax 67 bezeichnet sie als (wohl zu Samothrake gehöriges?) ἐμπόριον. Während des Korinthischen Krieges wird der Spartaner Ischolaos in Drys von Chabrias belagert (Polyain. 2,22,3), was für eine gewisse strategische Bedeutung der Stadt spricht. Vom Rückzug des Iphikrates nach Drys, das er selbst gegründet haben soll, berichtet auch Theopomp (FGrHist 115 F 161). Vgl. Loukopoulou/Parissaki/Psoma/Zournatzi 2005, 501–504; Zahrnt 2008, 87–120, bes. 92 und 106; Archibald 2010.

In welchem Zusammenhang die beiden Zufluchtsorte miteinander stehen, bleibt unklar; vgl. Pritchett 1974, 67: „Demosthenes does not account for the itinerary of Iphikrates or explain why he went to Lesbos. Did he go to Lesbos, recruit colonists, and then colonize Drys? It seems unlikely that Kotys would have permitted this after their estrangement. Presumably, the katoikia at Drys had been founded earlier with the sanction of Kotys, and Iphikrates after withdrawing from Thrake nonetheless felt safe to return."

ὡς μὲν ὑμᾶς οὐχὶ καλῶς ἔχειν ἐλθεῖν ... παρ' ἐκείνῳ δ' οὐκ ἀσφαλὲς εἶναι μένειν: Der Parallelismus, der wegen der gesperrten Wortstellung besonders ins Auge fällt, bildet das Dilemma stilistisch ab: Beide Möglichkeiten sind dem Iphikrates gleichermaßen verbaut.

τοῦ Θρᾳκὸς καὶ τοῦ βαρβάρου: Zur nachdrücklichen Wiederholung des Artikels bei der mehrgliedrigen Bezeichnung desselben Gegenstandes vgl.

KG I 612f. u. Antiph. 1,21 τῷ τεθνεῶτι ὑμᾶς κελεύω καὶ τῷ ἠδικημένῳ ... τιμωροὺς γενέσθαι; bei Dem. z.B. 1,25; 19,160.280; 23,150.

§133

ἐκ τῆς τῷ Χαριδήμῳ νῦν ἀδείας κατασκευαζομένης: Zur Trennung des nachgestellten Partizips von seinen näheren Bestimmungen vgl. z.B. Dem. 18,35 τίνες οὖν ἦσαν οἱ παρὰ τούτου λόγοι τότε ῥηθέντες; 18,82 οἱ ... παρὰ τοῦ Κλειτάρχου καὶ τοῦ Φιλιστίδου τότε πρέσβεις δεῦρ' ἀφικνούμενοι; 18,98 τὴν τότε Θηβαίοις ῥώμην καὶ δόξαν ὑπάρχουσαν; 18,126 διὰ τὰς ὑπὸ τούτου βλασφημίας εἰρημένας; 15,32; 19,65; 20,55.76 und zu weiteren Beispielen Vahlen 1911, 215–218. Die prädikative Nuance des Partizips, die KG I 624 für diese Wortstellung konstatieren, ist hier so gut wie vollständig verblasst; auf κατασκευαζομένης liegt lediglich eine besondere Betonung. Vgl. auch Wankel zu 18,35 (S. 274f.) mit weiterer Literatur.

νεωτερίζῃ δέ τι καὶ κινῇ πρὸς ὑμᾶς: Zum inneren Akk. bei νεωτερίζειν vgl. [Dem.] 12,6; 47,51; Thuk. 1,58,1; 1,102,3; 2,3,1 u.ö.; zu Bedeutung Classen/Steup zu Thuk. 1,58,1: „νεωτερίζειν von jedem Verlassen der bestehenden Ordnung, vorzugsweise von feindseligen, harten, gewaltsamen Maßregeln". Eine ähnlich negative Konnotation hat der Begriff des ‚Bewegens' in κινεῖν, das meist eine Veränderung zum Negativen bezeichnet; vgl. bei Dem. 9,24; 19,174; 21,72; 22,71 (= 24,179). Dass das Neue bei den Griechen tendenziell als bedrohlich aufgefasst wurde, spiegelt sich auch in der Verwendung von νεόν τι im Sinne einer unheilvollen Neuigkeit; vgl. z.B. Eur. Bacch. 362; Soph. Phil. 1229; Aischyl. Suppl. 1016 u.ö.

ἐξαρκεῖ τοῦθ' ὑμῖν, ἐὰν Χαρίδημος ἐξαπατηθῇ, ...: „Wird der Umstand, daß Charidemos der Getäuschte ist, der Schaden des Charidemos euch darüber trösten, daß ihr selbst dem Thraker die Gewalt gegen euch in die Hände gegeben habt?" (Westermann). Das Motiv für die Schadenfreude ergibt sich in dem vom Kläger entworfenen Szenario daraus, dass Charidemos Kersobleptes die von Athen verliehenen Privilegien zum Zwecke der Machterweiterung missbrauchen ließ (ἐκ τῆς ... ἀδείας ... αὐξηθείς).

κατεσκευακέναι: κατασκευάζειν mit dem Akk. der Person und prädikativem Adjektiv verwendet Dem. sonst nur noch 54,14 in der von unserer Stelle zu unterscheidenden Bedeutung ‚konstruieren', ‚erdichten'. Hier wird vermutlich bewusst der Anklang an das vorausgegangene κατασκευαζομένης gesucht, um die faktische Identität der Handlungen zu unterstreichen: Indem man Charidemos Immunität verschafft, verschafft man Kersobleptes Stärke.

ἐγὼ μὲν οὐκ ἀξιῶ: Zum μέν-solitarium beim Pronomen, „implicitly contrasted with other persons and things", vgl. Denn. GP 381 (ii) sowie Rehdantz, Index II s.v. μέν, der speziell auf Formeln wie die vorliegende verweist, „durch welche die Subjektivität der auszusprechenden Ansicht, häufig im Ausdruck der Bescheidenheit, hervorgehoben wird". Zum absoluten Gebrauch des Verbs ἀξιόω vgl. LSJ s.v. IV 2 und Dem. 18,255; 20,12.

καὶ γάρ: καί verleiht der Begründung Nachdruck, vgl. Denn. GP 108f.

εἰ μὲν αἰσθάνεται ταῦτα καὶ προορᾷ Χαρίδημος: Gemeint ist der Umstand, dass Kersobleptes Charidemos als Mittel zur Konsolidierung seiner eigenen, für Athen potenziell bedrohlichen Macht einsetzen wird. Zur Verbindung der beiden Verben vgl. 18,40 μηδ' ὁτιοῦν προορᾶν τῶν μετὰ ταῦτα μηδ' αἰσθάνεσθαι.

εἶθ': ‚und dann trotzdem', d.h. Charidemos bemüht sich um das Dekret, obwohl er ahnt, dass Kersobleptes zum Schaden Athens davon Gebrauch machen wird. Zu εἶτα vgl. KG II 281 und Komm. zu §61 εἶτ' οὐ δεινόν; zum asyndetischen Anschluss von (temporalem) εἶτα innerhalb des Nebensatzes 1,12 εἰ δὲ προησόμεθ', ὦ ἄνδρες Ἀθηναῖοι, καὶ τούτους τοὺς ἀνθρώπους, εἶτ' Ὄλυνθον ἐκεῖνος καταστρέψεται, φρασάτω τις ἐμοὶ τί τὸ κωλῦον ἔτ' αὐτὸν ἔσται βαδίζειν ὅποι βούλεται.

§134

ὑπείληφεν: Zum Perfekt vgl. Komm. zu §87 ὑπείληφά.

ἔστι γὰρ φίλων ἀγαθῶν ...: Nach einem ähnlichen Kriterium werden [Isokr.] 1,30 echte Freunde von Schmeichlern unterschieden: ἂν ἀποδέχῃ τῶν φίλων τοὺς πρὸς τὸ φαυλότατον χαριζομένους, οὐχ ἕξεις ἐν τῷ βίῳ τοὺς πρὸς τὸ βέλτιστον ἀπεχθανομένους.

αὐτὸς ... ἐκείνου: Der Wechsel vom Plural zum Singular ist durch ἀμφοῖν vorbereitet.

πρὸς τὸ καλῶς ἔχον τίθεσθαι: Vgl. zur Formulierung Xen. Kyr. 3,2,30 ἐξέσται ἡμῖν ... πρὸς τὸ ἡμέτερον συμφέρον πάντα τίθεσθαι.

μὴ τὴν ἤδη χάριν τοῦ μετὰ ταῦτα χρόνου παντὸς περὶ πλείονος ἡγεῖσθαι: Die χάρις besteht in der durch die Gefälligkeit (χαρίζεσθαι) erworbenen Gunst des Freundes; ähnlich beschreibt Dem. 3,22 das Wirken der Demagogen: ἐξ οὗ δ᾽ οἱ διερωτῶντες ὑμᾶς οὗτοι πεφήνασι ῥήτορες "τί βούλεσθε;" "τί γράψω;" "τί ὑμῖν χαρίσωμαι;", προπέποται τῆς παραυτίκας χάριτος τὰ τῆς πόλεως πράγματα; vgl. auch 8,70.

Der Genitiv ist mit der Mehrzahl der Kommentatoren (Schäfer, Weber, Westermann) im Sinne von τῆς (χάριτος) τοῦ μετὰ ταῦτα χρόνου zu verstehen. Das Fehlen des Artikels τῆς ist ungewöhnlich; vgl. aber Dem. 24,120 διαφέρει δὲ τοσοῦτον αὐτῶν ἡ ἱεροσυλία τῶν ἄλλων (i.e. τῆς τῶν ἄλλων), ὅτι τὴν ἀρχὴν οὐδὲ ἀνήνεγκαν εἰς τὴν ἀκρόπολιν, δέον αὐτούς und Antiph. 2,4,7 τοῦ δὲ θεράποντος πῶς χρὴ πιστοτέραν τὴν μαρτυρίαν ἢ τῶν ἐλευθέρων (i.e. τὴν τῶν ἐλευθέρων) ἡγεῖσθαι;. Hier wie dort wird die Härte des Ausdrucks durch die unmittelbare Nähe des übergeordneten Substantivs zum abhängigen Genitiv gemildert; vgl. KG I 612.

§135

οὐ τοίνυν οὐδ᾽: Vgl. Komm. zu §95 οὐ τοίνυν οὐδ᾽.

λογιζόμενος: Vgl. Komm. zu §128 λογιζόμενος.

εἰ καὶ βάρβαρος καὶ ἄπιστος ὁ Κερσοβλέπτης: Der Kläger zitiert hier das Argument der Gegner, die dem negativen Urteil über Kersobleptes zwar grundsätzlich zustimmen, ihm aber einen derartig perfiden Umgang mit Charidemos nicht zutrauen. Zu βάρβαρος vgl. Komm. zu §132 τὴν ... βαρβαρικὴν δύναμιν ... τοῦ βαρβάρου.

προνοηθείη ... μὴ ... ἀδικῆσαι: Die Konstruktion von προνοεῖσθαι mit μή c. inf. ist ungewöhnlich; Dem. verwendet sonst (ὅπως) μή mit ind. fut.; vgl. 20,43f.; 45,34; exord. 41,1.

§136

ὁ μέν γε ... οὗτος δ': Gemeint sind Kotys (ὁ μέν) und Kersobleptes (οὗτος δ'). Zu ὁ μέν γε vgl. Komm. zu §110 ἐκ μέν γε ἐκείνης.

εἰκόνας: Hier wohl genereller Plural (Westermann).

ὀλίγου δέω λέγειν: Zu dieser Formel vgl. KG II 36 (e) und bei Dem. 14,25; 15,19; 19,180; 20,76.

ὧν ἄνευ: Zur Stellung von ἄνευ hinter dem Relativum vgl. Xen. hell. 7,1,3; Kyr. 6,1,14; regelmäßig bei Aristoteles; dgg. ἄνευ ὧν bzw. οὗ Thuk. 5,63,4; Plat. Phaid. 99b3; rep. 528b8.

ἐπεστράφη: Zur Bedeutung ‚sich kümmern um' vgl. 10,9 οὐδὲν ἐφροντίσατε οὐδ' ἐπεστράφητε οὐδὲν τούτων.

ὡς ἀληθῶς: Dem. verwendet ὡς ἀληθῶς gern emphatisch-parenthetisch in rhetorischen Fragen; vgl. 16,26 τί γὰρ ὡς ἀληθῶς ἔσται πέρας ...; 18,260 ... ἐφ οἷς τίς οὐκ ἂν ὡς ἀληθῶς αὐτὸν εὐδαιμονίσειε; 19,229 καὶ γὰρ ὡς ἀληθῶς τίς ἔσται λόγος περὶ ὑμῶν, εἰ τοῦτον ἀφήσετε; 21,109 τί γὰρ ὡς ἀληθῶς πέρας ἂν φήσειέ τις εἶναι κακίας ...;. Davon zu unterscheiden sind Fälle, in denen ὡς ἀληθῶς zum Verb gehört (z.B. 10,75 τίς ὡς ἀληθῶς ὑπὲρ τῶν βελτίστων [sc. λέγει]; 18,294). Bei anderen Autoren findet sich dieser Gebrauch selten (Plat. Krat. 397e2; Aristoxenos, harm. 61); bis auf Dem. verwenden die attischen Redner ὡς ἀληθῶς überhaupt recht sparsam (ein Beleg bei Aischines, fünf bei Isokrates). Zur möglichen Entstehung von ὡς ἀληθῶς vgl. Komm. zu §3 ὡς ἀληθῶς δὲ τὴν δικαίαν καὶ βεβαίαν φυλακὴν.

τίνος ἂν καὶ: Vgl. Denn. GP 313 (b): „καί, following an interrogative, denotes that the question cuts at the foundations of the problem under consideration. A question is put which, it is implied, cannot be answered, or cannot be satisfactorily answered: so that the discussion of any further, consequential, question does not arise." Vgl. auch [Dem.] 47,29 τί γὰρ ἂν καὶ ἀντέλεγον αὐτῷ ...;

λόγον σχοίη: Zu λόγον ἔχειν (‚(be)achten', ‚berücksichtigen'); vgl. 18,199 ... οὐδ' οὕτως ἀποστατέον τῇ πόλει τούτων ἦν, εἴπερ ἢ δόξης ἢ προγόνων ἢ τοῦ μέλλοντος αἰῶνος εἶχε λόγον; Lykurg. 107.

μὴ {τίνος} Χαρίδημον ἀποστερήσῃ: Das zweite, redundante Fragepronomen wird zu Recht von Taylor getilgt. Es mag von einem Leser oder Schreiber hinzugefügt worden sein, der die syntaktische Verschränkung (τίνος abhängig von ἀποστερήσῃ im Nebensatz) nicht erkannte und das an den Anfang gestellte τίνος irrtümlich mit λόγον σχοίη verband (zur Konstruktion mit dem Genitiv vgl. 18,199, zitiert im vorigen Lemma).

οὐδ' ὁτιοῦν ἐστι γάρ: Zu οὐδ' ὁτιοῦν vgl. Komm. zu §68 πλέον οὐδ' ὁτιοῦν ἕξει, zum extrem weit nachgestellten γάρ (in A ‚normalisiert' zu οὐδ' ὁτιοῦν γάρ ἐστι) Denn. GP 98 und [Dem.] 59,55 οὐ πολλῷ χρόνῳ γὰρ ὕστερον.

οὐ παῖδες, οὐκ εἰκών, οὐ συγγενεῖς, οὐκ ἀλλ' οὐδέν: Das Asyndeton mit verallgemeinerndem letzten Glied spiegelt die entsprechende rhetorische Figur im ersten Teil der Antithese (τιμάς, σίτησιν, εἰκόνες κτλ.); hierdurch sowie durch die anaphorisch wiederholte Negation wird ein Kontrast betont, der in dieser Schärfe nicht besteht: Auch Charidemos genießt als Ehrenbürger und als ein mit dem goldenen Kranz ausgezeichneter Wohltäter (vgl. §145) τιμαί in Athen, die ihm zu rauben Kersobleptes (theoretisch) Bedenken tragen könnte.

Zur effektvollen Anapher von οὐ in asyndetisch angereihten Gliedern vgl. bei Dem. 3,16f.; 4,44; 8,64.74; 9,34f. (jeweils in rhetorischen Fragen) sowie Lys. 6,30 καὶ τὸν ἄνδρα οὐ δῆμος, οὐκ ὀλιγαρχία, οὐ τύραννος, οὐ πόλις ἐθέλει δέξασθαι διὰ τέλους.

§137

καὶ μήν: Hier wird mit καὶ μήν nicht zu einem neuen Punkt übergeleitet (vgl. Komm. zu §58 καὶ μήν), sondern μήν gibt der Frage, in der das Fazit aus den vorangegangenen Überlegungen gezogen wird, zusätzliche Emphase; vgl. Denn. GP 332.

μήτε ... τε: Zur Verknüpfung eines negativen Satzes mit einem positiven durch οὔτε ... τε bzw. μήτε ... τε vgl. KG II 291,3 und Weber z.St.: „Particulam μήτε sequitur τε, sententia affirmative formata, ut maiorem accipiat vim quam si per negationem expressa esset." Ähnlich Thuk. 1,126,6 ... οὔτε ἐκεῖνος ἔτι κατενόησε τό τε μαντεῖον οὐκ ἐδήλου.

τῶν γεγενημένων πρότερον: Zur Nachstellung des Adverbs vgl. Komm. zu §29 τὸν ἑαλωκότα ἤδη τῇ ψήφῳ.

παρὰ γνώμην καὶ φύσιν: Da beide Begriffe zu einer Einheit verbunden sind, muss γνώμην wie φύσιν auf Kersobleptes bezogen werden; παρὰ γνώμην heißt hier also nicht ‚entgegen der (allgemeinen) Erwartung', sondern ‚entgegen seiner Denkweise'.

ἁπλῶς καὶ κομιδῇ τετυφωμένως οὕτως: Zu κομιδῇ vgl. Wankel 18,295 (S. 1246): „Dieses Adverb hat seinen umgangssprachlichen Charakter (vgl. den Gebrauch in der Komödie) nie ganz verloren. Neben Platon ist es erst bei D. häufiger, im Gegensatz zu allen anderen Rednern ... D. verwendet das Adverb gern zur Steigerung in der Verbindung zweier Adjektive, wie an unserer Stelle [sc. ἀσθενῆ τὰ Φιλίππου πράγματα καὶ κομιδῇ μικρά], vgl. 5,25 [sc. εὔηθες καὶ κομιδῇ σχέτλιον]; 23,201, bei Adverbien 137." Dieser Gebrauch von κομιδῇ legt es nahe, ἁπλῶς und τετυφωμένως als syntaktisch gleichgeordnet aufzufassen (so versteht es offenbar auch Wankel), und nicht, wie sämtliche Kommentatoren, ἁπλῶς καὶ κομιδῇ (in dieser Kombination ohne Parallele) als adverbiales Hendiadyoin auf τετυφωμένως zu beziehen (Westermann übersetzt „so ganz und gar thöricht"; ähnlich Vince: „in sheer absolute stupidity"; Harris 2018: „out of simple and absolute stupidity").

ἁπλῶς, das Dem. meist im positiven Sinne von ‚einfach', ‚ehrlich' verwendet, bedeutet hier ‚einfältig', ‚unbedacht' wie 24,157 οὐ γὰρ ἁπλῶς οὐδ' ὅπως ἔτυχον ποιοῦσι κακῶς ὑμᾶς, ἀλλ' ἐσκεμμένως καὶ τοῦτ' αὐτὸ πράττοντες; Isokr. 4,16 ὅστις οὖν οἴεται τοὺς ἄλλους κοινῇ τι πράξειν ἀγαθόν, πρὶν ἂν τοὺς προεστῶτας αὐτῶν διαλλάξῃ, λίαν ἁπλῶς ἔχει καὶ πόρρω τῶν πραγμάτων ἐστίν.

Das Verb τυφόω, zumeist und von Dem. ausschließlich im Perfekt Passiv verwendet (9,20; 18,11; 19,219; 21,116; 23,184; 24,158), leitet sich von dem seinerseits auf τύφομαι (‚rauchen', ‚qualmen') zurückgehenden Substantiv τῦφος her, welches eine bestimmte Art von Fieber bezeichnet, das geistige Verwirrung auslöst. Vgl. Frisk u. Chantraine s.v. τύφομαι. Die Metapher findet sich bei den anderen attischen Rednern nicht.

Zur Stellung von οὕτως vgl. Komm. zu §1 ἑτοίμως οὕτως.

καὶ ταῦτα ἐφ' ἡμῖν ὄντα: Zu καὶ ταῦτα (‚und zwar') beim konzessiven Partizip vgl. KG II 85 Anm. 8 und z.B. Dem. 8,55 ἀγανακτῶ ... εἰ ... τὴν ... Ἑλλάδα πᾶσαν οὑτωσὶ Φίλιππος ἐφεξῆς ἁρπάζων οὐ λυπεῖ (sc. ὑμᾶς), καὶ ταῦτ' ἐφ' ὑμᾶς ἁρπάζων; Plat. rep. 404b11–c1 [sc. Ὅμηρος] ἐν ταῖς τῶν ἡρώων ἑστιάσεσιν οὔτε ἰχθύσιν αὐτοὺς ἑστιᾷ, καὶ ταῦτα ἐπὶ θαλάττῃ ἐν Ἑλλησπόντῳ ὄντας. Zu ἐπί mit dem Dativ vgl. Komm. zu §124 τοὺς ἰδίᾳ δυνάμεις ἐπὶ τοῖς πλήθεσιν κεκτημένους δορυφοροῦντες.

ἐγὼ μὲν οὐχ ὁρῶ: Zur Beantwortung der rhetorischen Frage vgl. Komm. zu §124 ... φανούμεθα; sowie Wankel zu 18,284 (S. 1213): „Dieser Typus der Antwort auf eine Selbstfrage ist dem D. eigen, bei anderen Rednern ist nur eine ausgeführte Form vergleichbar: ἐγὼ μὲν οὐδεμίαν ὁρῶ τηλικαύτην οὖσαν βοήθειαν Lycurg. 57." Zur Wirkung vgl. Komm. zu §106 ταῦτ' ἐὰν λέγωσιν, οὐ δικαιότερ' ἡμῶν ἐροῦσιν; ἔγωγ' οἶμαι.

Die in einigen Handschriften (S^cAF) überlieferte Lesart ἐγὼ μὲν γὰρ οὐχ ὁρῶ ist nicht ohne Parallelen (vgl. 8,37 [γὰρ om. A]; 21,158 [γὰρ om. A]), aber deutlich seltener. Während der Sprecher in der Variante ohne γάρ schlicht die Frage für seine Person beantwortet, verlagert sich in der Variante mit γάρ der Akzent auf die Begründung der Frage (etwa ‚Sagt ihr es mir, denn i c h vermag es nicht zu erkennen'). Der Unterschied ist marginal. Die textkritische Entscheidung kann sich hier also nicht auf inhaltliche Kriterien, sondern lediglich auf die statistische Wahrscheinlichkeit stützen.

Der Kläger hat nunmehr systematisch jede Möglichkeit einer Rücksichtnahme des Kersobleptes ausgeschlossen: Er sei von Natur aus nicht vertrauenswürdig, habe in der Vergangenheit bewiesen, dass er dieser Natur gemäß zu handeln pflege, und werde auch durch die aktuelle Lage der Dinge nicht veranlasst, davon abzuweichen.

§§138–143: Das Dekret schadet dem Ansehen Athens in der griechischen Welt

Was zu Beginn des Abschnitts bereits anklang (vgl. §124), wird nun vom Kläger konkreter ausgeführt: Die Stadt werde ihre Ideale verraten, wenn sie einem im Dienste eines Alleinherrschers stehenden Söldnerführer die Möglichkeit eröffne, im Schutze eines von den Athenern beschlossenen Dekrets freie griechische Städte zu knechten.

Den Appell an das Ehrgefühl seiner Mitbürger beschließt der Kläger mit einem weiteren historischen Vergleich: Wie Charidemos gemeinsam mit Kersobleptes habe auch Philiskos gemeinsam mit Ariobarzanes seinerzeit das Bürgerrecht erhalten und, im Charakter dem Charidemos ähnlich, gleichwohl schwere Verbrechen gegen griechische Städte verübt. Dafür sei er zu Recht von zwei Lampsakenern getötet worden, die sich daraufhin auf Lesbos niederließen. Hätte nun für Philiskos ein ähnliches Dekret existiert wie das für Charidemos beantragte, hätte man die beiden nicht vor den Rächern des Philiskos schützen dürfen. Es wäre aber für eine Stadt, in der Tyrannenmörder mit höchsten Ehren bedacht werden, eine Schande, Männer, die andernorts für die Freiheit kämpften, per Dekret dem Untergang zu weihen.

§138

ἄνευ τοῦ τοῖς πράγμασι μὴ συμφέρειν τὸ ψήφισμα: Vgl. Komm. zu §112 ἄνευ γὰρ τούτου; zur Verbindung mit dem substantivierten Infinitiv Dem. 18,89 ἄνευ τοῦ καλὴν δόξαν ἐνεγκεῖν mit Wankel z.St. (S. 490): „ἄνευ mit Inf. kommt bei den Rednern nur im Corp. Dem. vor"; 18,150; [Dem.] 13,7.

τοῖς πράγμασι συμφέρειν heißt allgemein ‚der Sache dienlich sein' (vgl. z.B. Isokr. 4,74), hier ist speziell von der politischen Sache, vom unmittelbaren praktischen politischen Nutzen im Unterschied zum ideellen Wert des Ansehens (δόξα) die Rede; ähnlich exord. 39,1 λογιζομένους ὅτι πρὸς μὲν τὰ παρόντ' ἀθύμως ἔχειν οὔτε τοῖς πράγμασι συμφέρον οὔθ' ὑμῶν ἄξιόν ἐστιν.

πόλιν οἰκοῦντί τῳ καὶ νόμοις πολιτευομένῳ: „der einen festen Wohnsitz hat, in einer gesetzmäßig regierten Stadt" (Westermann). Zu πόλις in der prägnanten Bedeutung ‚freiheitlich verfasster Staat' (wie πολιτεία in §141) vgl. LSJ s.v. III 2 und Dem. 18,246 mit Wankel z.St. (S. 1083).

Zu νόμοις πολιτεύεσθαι vgl. [Dem.] 46,13 ὁ μὲν νόμος οὑτοσὶ τοῖς αὐτοῖς νόμοις πολιτεύεσθαι ἡμᾶς κελεύει; Diod. 14,33,6 διόπερ Ἀθηναῖοι ... ἐκομίσαντο τὴν πατρίδα καὶ τὸ λοιπὸν τοῖς ἰδίοις νόμοις ἐπολιτεύοντο; Dem. 10,4 ἐν ἐλευθερίᾳ καὶ νόμοις ἐξ ἴσου πολιτεύεσθαι (sofern dort nicht die Präposition auch auf νόμοις zu beziehen ist).

δεινὸν ὂν ἧττον ἂν ἦν αἰσχρόν: In αἰσχρός tritt der moralische Aspekt stärker hervor als in δεινός; Dem. kombiniert beide Begriffe aber an anderen Stellen ohne erkennbaren Bedeutungsunterschied zur wechselseitigen Verstärkung (vgl. 23,143; 24,87; 32,23), so dass hier wohl kein Artunterschied (‚zwar schlimm, aber immerhin weniger schändlich'), sondern nur ein Gradunterschied (‚zwar schlimm, aber weniger schändlich') bezeichnet wird. Die Formulierung ist daher vergleichbar mit 8,30 καὶ τὸ μὲν τούτων τινὰς εἶναι τοιούτους δεινὸν ὂν οὐ δεινόν ἐστι; 9,55 καὶ οὐχὶ πω τοῦτο δεινὸν καίπερ ὂν δεινόν und 21,72 οὐδὲ τὸ τύπτεσθαι τοῖς ἐλευθέροις ἐστὶ δεινὸν καίπερ ὂν δεινόν, ἀλλὰ τὸ ἐφ' ὕβρει (nachgeahmt bei Cass. Dio 59,10,2 ἦν δὲ οὐ τὸ πλῆθος τῶν ἀπολλυμένων οὕτω τι δεινὸν καίπερ δεινὸν ὄν, ἀλλ' ὅτι τοῖς ... φόνοις αὐτῶν ὑπερέχαιρε ... und Philo Jud., de decal. 72 καὶ οὔπω τοῦτο δεινόν, καίτοι δεινὸν ὄν, ἀλλ' ἐκεῖνο παγχάλεπον ...). Vgl. auch Rehdantz, Index II s.v. δεινὸν ὂν οὐ δεινόν ἐστι.

τῷ πόλιν μὲν οὐδ' ἡντινοῦν οἰκοῦντι: Zu οὐδ' ἡντινοῦν vgl. Komm. zu §68 πλέον οὐδ' ὁτιοῦν ἕξει. Charidemos bewohnt nicht nur keine von Gesetzen gelenkte (griechische) Stadt, sondern gar keine.

Θρᾳκὶ δὲ ἀνθρώπῳ {βασιλεῖ} στρατηγοῦντι: Da die βασιλεία des Kersobleptes im folgenden Satzglied Erwähnung findet, ist βασιλεῖ, das sehr leicht als Glosse zu Θρᾳκὶ ἀνθρώπῳ in den Text geraten sein kann, mit Cobet zu tilgen. Der abfällige Beiklang von Θρᾳκὶ ἀνθρώπῳ entfaltet sich ohne den Zusatz wesentlich stärker, und außerdem ergibt sich ein besser ausbalancierter Gegensatz zu πόλιν οἰκοῦντί τῳ καὶ νόμοις πολιτευομένῳ: Charidemos bewohnt keine zivilisierte griechische Stadt (πόλις), sondern ist im Dienst für einen Thraker, der als Barbar gilt (vgl. §135), ständig unterwegs; er unterliegt nicht den in einem Rechtsstaat geltenden Gesetzen (νόμοι), sondern tut im Namen einer autokratischen Herrschaft Unrecht.

§139

ἴστε γὰρ δήπου τοῦθ' ὅτι: Vgl. Komm. zu §61 ἴστε γὰρ δήπου τοῦθ' ὅτι.

ξεναγοῦντες: Das Verb ξεναγεῖν ist sehr selten; in der Bedeutung ‚Söldner führen' noch §148 sowie Xen. hell. 4,3,15.17; Ag. 2,11; an anderen Stellen, darunter Plat. Phaidr. 230c5 u. 7, im Sinne von ‚einen (Orts-)Fremden führen'.

πάντων ... ἐχθροί: Die Nennung des den Genitiv regierenden Substantivs wird extrem lange verzögert. Der Begriff ἐχθροί ist somit dreifach betont: durch das Hyperbaton, den unmittelbar vorausgehenden retardierenden Einschub (εἰ δεῖ ...) und die Endstellung im Satz.

Zu der von fremden Söldnerführern insbesondere bei unzureichender Bezahlung ausgehenden Gefahr, sich mit ‚privaten' Eroberungen schadlos zu halten, vgl. Dem. 2,28; 4,24; 8,24f. und Komm. zu §61 πάντες οἱ στράτευμ' ἔχοντες ... ἄγουσι καὶ φέρουσι χρήματ' αἰτοῦντες.

ὅσοι περ νόμοις οἰκεῖν βούλονται τὴν αὑτῶν ὄντες ἐλεύθεροι: Die durch die Wortstellung hervorgehobenen Begriffe ‚Gesetz' und ‚Freiheit' konstituieren auch 10,4 (zitiert zu §138 πόλιν οἰκοῦντί τῳ καὶ νόμοις πολιτευομένῳ) das Idealbild der griechischen Polis. Zu νόμοις οἰκεῖν vgl. ebenfalls den Komm. zu §138 πόλιν οἰκοῦντί τῳ καὶ νόμοις πολιτευομένῳ.

περιέρχονται κατὰ πᾶσαν χώραν: Zu περιέρχεσθαι κατά von einer ziellosen Bewegung über einen Raum hin vgl. Aristoph. Lys. 558 περιέρχονται κατὰ τὴν ἀγοράν. Der Ausdruck evoziert hier die Vorstellung einer marodierenden Horde.

καλὸν ἢ πρέπον: Formen von πρέπειν verwendet Dem. selten, zusammen mit καλόν aber auch 20,8 οὔτε γὰρ ἄλλως καλὸν οὔθ' ὑμῖν πρέπον.

ἕνεκα τῆς ἑαυτοῦ πλεονεξίας: Um der Parallelität mit ὑπὲρ τῆς ἑαυτῶν ἐλευθερίας willen steht ἕνεκα hier vor dem Genitiv; diese Stellung ist aber auch sonst bei Dem. gelegentlich anzutreffen 27,45; 36,33 (Hiatmeidung); 57,60 (Hiatmeidung).

οἷς ἂν τύχῃ: Zu τυγχάνω ohne Partizip vgl. Komm. zu §58 τάχ' ἄν, εἰ τύχοι.

εἴργεσθαι τῆς ὑμετέρας συμμαχίας: Aus dem Bündnis ausgeschlossen werden dem Antrag gemäß diejenigen, die dem Mörder des Charidemos Unterschlupf gewähren; vgl. Komm. zu §81 ἐὰν δέ τις ... βοηθήσῃ.

προειρηκέναι: Zu προλέγειν/προειπεῖν i.S.v. ‚vorschreiben', ‚festlegen' vgl. Lykurg. 4 ὁ μὲν γὰρ νόμος πέφυκε προλέγειν ἃ μὴ δεῖ πράττειν und Plat. rep. 551a12–b3 νόμον τίθενται ... προειπόντες ἀρχῶν μὴ μετέχειν ᾧ ἂν μὴ ᾖ οὐσία εἰς τὸ ταχθὲν τίμημα.

§140

ἐγὼ μὲν οὐχ ὑπολαμβάνω ...: Ganz ähnlich 20,138 ἐγὼ μὲν γὰρ οὐχ ὑπολαμβάνω ταῦτα καλῶς ἔχειν οὐδέ γ' ἀξίως ὑμῶν.

πῶς γὰρ οὐκ αἰσχρὸν: Zur affirmativen Bedeutung von πῶς οὐ vgl. Komm. zu §42 καίτοι πῶς οὐχὶ.

Λακεδαιμονίοις μὲν ἐγκαλεῖν, ὅτι ... βασιλεύς: Der Kläger bezieht sich hier auf den 387/86 von Antalkidas und dem persischen Satrapen Tiribazos ausgehandelten sogenannten ‚Königsfrieden', der Athen harte Bedingungen aufzwang: Die griechischen Städte in Kleinasien sowie die Inseln Klazomenai und Zypern fielen an den Großkönig, alle übrigen griechischen Städte mit Ausnahme von Lemnos, Imbros und Skyros, die in athenischer Hand blieben, wurden autonom (vgl. die Wiedergabe des königlichen Schreibens bei Xen. hell. 5,1,31; Diod. 14,110,3). Zur negativen Bewertung dieses Friedens als eines von den Spartanern verübten Verrats an den kleinasiatischen Griechen vgl. Isokr. 12,105ff.; 4,175 u. Dem. 15,29. Alle Quellen sind zusammengefasst bei Bengtson/Werner 1975, Nr. 242. Ein (spekulativer) Rekonstruktionsversuch des Vertragstextes findet sich bei von Scala 1898, Nr. 121.

ἔγραψαν ἐξεῖναι δρᾶσαι πᾶν ὅ τι ἂν θέλῃ βασιλεύς: Vgl. Isokr. 12,106f. οὐ μικρὸν μέρος αὐτῷ [sc. βασιλεῖ] τῶν Ἑλλήνων παρέδωκαν [sc. Λακεδαιμόνιοι], ἀλλὰ πάντας τοὺς τὴν Ἀσίαν οἰκοῦντας, διαρρήδην γράψαντες χρῆσθαι τοῦθ' ὅ τι ἂν αὐτὸς βούληται sowie Ael. Arist. 412,7–9. 20f.24f. Jebb. Demnach war eine ähnliche Formulierung, wie sie sich an unserer Stelle findet, Teil des Vertragstextes. Blass 1888, 285ff. vermutet aufgrund der Verwendung der Verben δρᾶν anstelle von ποιεῖν und θέλειν im Sinne von βούλεσθαι, dass Dem. hier den dorischen Wortlaut des Vertrags zitiere. Formen von δράω sind jedoch auch im Attischen geläufig (vgl. Snell 1930, 152), und Dem. 14,13 (ὁρῶν ὑμῖν χιλίους ἱππέας, ὁπλίτας δὲ ὅσους ἂν θέλῃ τις) hat ἐθέλειν eine ähnliche Bedeutung wie an unserer Stelle (vgl. auch Xen. an. 5,7,27; Lys. 1,6). Snell 1930, 153 legt in Abgrenzung von anderen Verben des Tuns dar, dass δρᾶν „das subjektive Moment der Verantwortung enthält", woraus sich auch seine Verwendung zur Bezeichnung des Täters im strafrechtlichen Sinne erklärt; vgl. bei Dem. 20,158; 21,43.104; 23,25(bis).32.40.46.54.69.71.74.79.84.218; 37,59. Anders als das neutralere χρῆσθαι bei Isokrates suggeriert δρᾶν somit die Vorstellung von S c h a n d t a t e n, die sich, ohne explizit ausgedrückt werden zu müssen, auf das von Kersobleptes zu erwartende Handeln überträgt. Die Wortwahl an dieser Stelle dürfte also eher semantisch als dialektal begründet sein.

Ob im Vertrag tatsächlich mit solcher Direktheit ausgesprochen war, dass der Großkönig mit den kleinasiatischen Griechen nach Gutdünken verfahren durfte, wie Dem. es darstellt und Isokrates es verstanden wissen will (das Dativobjekt zu χρῆσθαι fehlt, wird aber intuitiv aus dem vorangegangenen Text, der nicht als Zitat markiert ist, ergänzt), ist ungewiss. Möglicherweise verzerren beide Redner, um die den Griechen von den

Spartanern angetane Schmach noch größer erscheinen zu lassen, einen Passus, der in etwa der Thuk. 8,58,2 zitierten, diplomatischer formulierten Bestimmung des dritten Vertrages zwischen Tissaphernes und Sparta entsprach: χώραν τὴν βασιλέως, ὅση τῆς Ἀσίας ἐστί, βασιλέως εἶναι· καὶ περὶ τῆς χώρας τῆς ἑαυτοῦ βουλευέτω βασιλεύς, ὅπως βούλεται.

Χαρίδημος ἔσεσθαι: A hat ἔσεσθαι Χαρίδημος; Weil tilgt Χαρίδημος, da die Nennung des Namens seiner Ansicht nach den Bezug des folgenden ἐκείνου auf Kersobleptes störe. Charidemos ist jedoch als Subjekt des Nebensatzes unverzichtbar, weil er das gedankliche Bindeglied zwischen dem Antrag und seinen Auswirkungen bildet: Nicht Kersobleptes selbst, sondern sein ‚Werkzeug' Charidemos stellt die unmittelbare Bedrohung für die griechischen Städte dar (vgl. §139), und da diese Bedrohung mit der Machtfülle des Charidemos wächst (vgl. ὅσων περ ἂν οἴηται κρείττων ... ἔσεσθαι), gilt es, die Freiheiten des Söldnerführers nicht zu erweitern – wie es durch das Dekret geschähe –, sondern zu begrenzen. Vgl. außerdem §61 πάντες οἱ στράτευμ' ἔχοντες, ὧν ἂν οἴωνται κρείττους ἔσεσθαι, ἄγουσι καὶ φέρουσι χρήματ' αἰτοῦντες mit Komm. z.St.

Den eigentlichen Gegenbegriff zu dem durch Endstellung hervorgehobenen βασιλεύς bildet jedoch Κερσοβλέπτῃ, weshalb zum einen der Bezugspunkt von ἐκείνου eindeutig ist (so richtig Blass 1888, 288), zum anderen das von Blass ibd. vorgebrachte Argument zugunsten der Lesart von A, wonach die in den übrigen Handschriften überlieferte Wortstellung den „scharfen Gegensatz" zwischen dem Großkönig und Charidemos abstumpfe, nicht greift.

οὐ γὰρ ἄλλο τι ποιεῖ τὸ ψήφισμα τουτί: A bietet οὐ γὰρ ἄλλο τι τὸ ψήφισμα ποιεῖ ἢ τοῦτο. Der Hiat wäre tolerabel (vgl. Blass, AB 101f. und z.B. §21 ποιοῦμαι ἢ οὔ, §61 οἴσει ἢ ἄξει, §129 Ἰφικράτει ἤ), gegen die Variante spricht aber, dass die Conclusio durch den Wegfall des den zentralen Begiff ψήφισμα hervorhebenden Demonstrativums einiges an Eindringlichkeit einbüßen würde. Zum Fehlen des Vergleichsglieds vgl. z.B. Dem. 19,220 οὐ γὰρ ἔγωγ' οἶδ' ὅ τι χρὴ λέγειν ἄλλο.

ὅτε: ‚da ja'; zur kausalen Verwendung vgl. LSJ s.v. B; KG II 460,1 und bei Dem. z.B. 1,1 ὅτε τοίνυν τοῦθ' οὕτως ἔχει, προσήκει προθύμως ἐθέλειν ἀκούειν τῶν βουλομένων συμβουλεύειν; 14,7; 20,24.28. Die von Blass 1888, 288 favorisierte Lesart der Handschrift Y οὗ γε „(ubi = in quo)" lässt sich zwar mit διείρηται, schwerlich aber mit ἐπήρηται vereinbaren.

διείρηται: So SFY; A hat διῄρηται, was Dilts übernimmt. Vgl. aber Komm. zu §72 διείρηκεν.

τί πρακτέον ἢ μή: Zur Verneinung vgl. KG II 192 Anm. 2: „In abhängigen sogenannten Nominalfragen (eingeleitet durch wer, wie u.a.) steht μή, wenn das Prädikat des ersten Gliedes nicht wiederholt wird, sondern ergänzt werden muss, aber sowohl οὔ als μή, wenn es wiederholt wird." Z.B. 20,163 λογίσασθε πρὸς ὑμᾶς αὐτούς, τί συμβήσεται καταψηφισαμένοις ὑμῖν τοῦ νόμου καὶ τί μή.

πᾶσι δέ, ἄν τις ἀμύνηται: Zu kollektivem τις, das mit einem Plural im übergeordneten Satz korrespondiert, vgl. KG I 54 und bei Dem. u.a. 2,18; 9,61; 18,99.277 (Rehdantz, Index II s.v. τις).

τοσοῦτος ἐπήρτηται φόβος: Vgl. Dem. 18,324 τὴν ταχίστην ἀπαλλαγὴν τῶν ἐπηρτημένων φόβων δότε; Aischin. 1,175 φόβους ἐπήρτησα τοῖς ἀκροωμένοις; Diod. 31,5,2; Cass. Dio 44,53,6; 73,2,3.

§141

Καὶ μήν: Vgl. Komm. zu §58 καὶ μήν.

γεγονός τι πρᾶγμα: Vom historischen Exemplum wie in §104.

ὑμεῖς ἐποιήσασθε ... Ἀριοβαρζάνην πολίτην καὶ δι' ἐκεῖνον Φιλίσκον: Zum Fehlen der verbindenden Partikel vgl. §104 und Denniston 1952, 110.

Ariobarzanes, Satrap von Phrygien, erhob sich 367/66 gegen Artaxerxes II. und erhielt zunächst Unterstützung aus Athen durch eine von Timotheos befehligte Flotte (Dem. 15,9). Zum Dank überließ Ariobarzanes Athen daraufhin die Städte Sestos und Krithote auf der Chersones (Isokr. 15,112; Nep. Tim. 1,3; zur Glaubwürdigkeit des Nepos in diesem Punkt Radicke 1995, 176ff.). Ob die Verleihung des Bürgerrechts in direktem Zusammenhang mit dieser Übergabe stand oder bereits zu einem früheren Zeitpunkt stattgefunden hatte, ist ungewiss (vgl. Radicke 1995, 178 Anm. 281; Liddel 2020, I 266 [zu D59]: „possibly 368"). Nach dem Scheitern des Aufstands 362/61 wurde Ariobarzanes von seinem eigenen Sohn Mithridates an den Großkönig ausgeliefert und gekreuzigt (Xen. Kyr. 8,8,4).

Philiskos aus Abydos war als Hyparch des Ariobarzanes am Hellespont stationiert. Er versuchte 368 im Konflikt zwischen Theben und Sparta zu vermitteln. Als Theben sich beim Streitpunkt Messenien nicht kompromissbereit zeigte, unterstützte er die Lakedaimonier mit dem Geld des Ariobarzanes (Xen. hell. 7,1,27). Es ist zu vermuten, dass er in dieser Zeit auch in Athen für die Sache des Ariobarzanes warb (vgl. Heskel 1997, 124f.). Für seine Gewalttaten gegen die griechischen Städte ist Demosthenes die einzige Quelle.

Dass das Bürgerrecht gewissermaßen ‚im Paket' an einen Hauptbefehlshaber und seine Helfer verliehen wurde, scheint keine Seltenheit gewesen zu sein; vgl. 20,84; 23,202.203 und Liddel 2020, I 265f.

ἔν τισι καιροῖς καὶ χρόνοις: Der Begriff καιρός weist mehr auf die Umstände, die Situation, χρόνος auf den Zeitpunkt bzw. im Plural auf den Zeitraum, die Phase; vgl. Ammon. Diff. 260,3ff. ὁ μὲν καιρὸς δηλοῖ ποιότητα χρόνου, οἷον ὅτε πόλεμος ἦν, χρόνος δὲ ποσότητα, οἷον πρὸ δέκα χρόνων ἢ μετὰ δέκα ἔτη. Zur Kombination der beiden Begriffe vgl. Dem. 3,16; 24,15; [Dem.] 59,35; ep. 2,3.

In der Formulierung ist, wie in §124 (πολλοῖς δὲ δήπου διὰ καιρούς τινας πολλάκις φίλοι γιγνόμεθα), angedeutet, dass die Ehrung nicht Ausdruck persönlicher Hochachtung, sondern Mittel zum politischen Zweck war. Die Parallele zu Charidemos ist evident, was eine Entwicklung nach dem Muster des historischen Exemplums umso plausibler erscheinen lässt.

ὧν δ' ὅμοιος ἐκεῖνος τούτῳ τῇ προαιρέσει τοῦ βίου: Mit dieser scheinbar beiläufigen Bemerkung erzielt der Kläger eine erhebliche Wirkung: Alle im Folgenden aufgezählten Schandtaten des Philiskos werden die Zuhörer unwillkürlich auf Charidemos projizieren – obwohl er sich bislang nichts derartiges hat zuschulden kommen lassen.

Zu προαίρεσις vgl. Komm. zu §127 ἐπὶ τῇ τοῦ πλεονεκτεῖν προαιρέσει.

διὰ τῆς Ἀριοβαρζάνου δυνάμεως πόλεις κατελάμβανεν Ἑλληνίδας: Das wörtliche Echo der Paragraphen 138 (διὰ τῆς ἐκείνου βασιλείας) und 139 (πόλεις καταλαμβάνοντες Ἑλληνίδας) unterstreicht die Ähnlichkeit zwischen Philiskos und Charidemos; auch hierdurch wird die Beweiskraft des historischen Beispiels verstärkt (vgl. oben, Komm. zu ἔν τισι καιροῖς καὶ χρόνοις).

παῖδας ἐλευθέρους ἀδικῶν καὶ γυναῖκας ὑβρίζων: Die Verbindung παῖδες καὶ γυναῖκες (stereotyp in dieser Reihenfolge, vgl. Wankel zu 18,215

[S. 990]) bildet an den meisten Stellen eine durch die gemeinsame Eigenschaft der Wehrlosigkeit konstituierte Einheit, was jedoch nicht dazu berechtigt, mit Reiske ἀδικῶν zu tilgen. Die Aussage, Philiskos habe πολλὰ καὶ δεινά verübt, wird wirkungsvoller durch die Nennung mehrerer ‚Handlungen' belegt. Zudem entsteht durch die Abfolge ἀδικῶν, ὑβρίζων und πάντα ποιῶν κτλ. eine Klimax. Vgl. Isokr. 4,114 ... ἔτι δὲ παίδων ὕβρεις καὶ γυναικῶν αἰσχύνας καὶ χρημάτων ἁρπαγὰς τίς ἂν δύναιτο διεξελθεῖν;

πάντα ποιῶν, ὅσ' ἂν ἄνθρωπος ποιήσειεν ἄνευ νόμων καὶ τῶν ἐν πολιτείᾳ καλῶν τεθραμμένος: Indem der Kläger das Beispiel des Philiskos in den Zusammenhang einer allgemeinen Gesetzmäßigkeit stellt, drängt er den Zuhörern die von ihm gewünschten Rückschlüsse auf das von Charidemos zu erwartende Verhalten auf: Wenn jeder, der ohne Gesetz und freiheitliche Staatsordnung aufgewachsen ist, zu entsprechend ‚barbarischem' Verhalten neigt, dann gilt das zwangsläufig auch für Charidemos, der in §139 mit nicht zufälligem wörtlichen Anklang als das Gegenbild eines πόλιν οἰκῶν καὶ νόμοις πολιτευόμενος gezeichnet wurde.

Das beim Optativ nicht entbehrliche ἄν ist in den Handschriften SAY offenbar durch Haplographie ausgefallen. Zu πολιτεία in der Bedeutung ‚Demokratie' vgl. z.B. Dem. 1,5; 4,48; 6,21; 8,40.43; 9,26; 15,19.20; 18,65. Vgl. Harp. s.v. πολιτεία (π 77): ἰδίως εἰώθασιν τῷ ὀνόματι χρῆσθαι οἱ ῥήτορες ἐπὶ τῆς δημοκρατίας; Aristot. pol. 4,13. 1297b24f.; 5,7. 1307a16; Rehdantz, Index II s.v. πολιτεία. Mit τὰ ἐν πολιτείᾳ καλά, wörtl. ‚die guten Dinge in der Demokratie', dürfte der Kläger sämtliche Einrichtungen meinen, die ‚Recht und Ordnung' im Sinne der Verfassung gewährleisten und den Bürgern so den Rahmen einer gesitteten Lebensführung vorgeben.

εἰς ἐξουσίαν ἐλθών: Was es im Falle des Charidemos unbedingt zu vermeiden gilt, steht mit warnendem Unterton nachdrücklich am Ende des Satzes.

§142

Λαμψάκῳ: Die wohlhabende Hafenstadt Lampsakos lag gegenüber der Chersones am nördlichen Ausgang der Dardanellen (heute Lapsaki in der Türkei) und damit in dem von Philiskos verwalteten Teil der Satrapie des Ariobarzanes.

τινὲς ἄνθρωποι γίγνονται δύο: Anders als das statische εἶναι akzentuiert γίγνεσθαι das allmähliche ‚Sich-Herausbilden', ‚In-Erscheinung-Treten' der Personen, welches hier das Parallelgeschehen zu den Missetaten des Philiskos bildet. Ähnlich Plat. leg. 710d3f. ἐάν ποτέ τινες δύο ἄρχοντες γίγνωνται τοιοῦτοι.

Den Gebrauch des Indefinitums beim Zahlwort an unserer Stelle rechnen KG I 664 den Fällen zu, „wo der Begriff der Unbestimmtheit nicht der Zahl, sondern dem damit verbundenen Substantive zukommt, wo also τὶς, wie *quidam*, sich enger an das Substantiv anschliesst, während die Zahl die Geltung einer Apposition hat". Die Substantive sind aber durchaus nicht unbestimmt, und die Isolierung des Zahlworts als Apposition („gewisse Leute, zwei"; KG ibd.) gibt diesem zu viel Gewicht. Es wäre daher zu erwägen, ob das Indefinitum hier (und an anderen Stellen wie z.B. Dem. 20,145 τρεῖς σέ τινες γραψάμενοι πρότεροι τοῦδε οὐκ ἐπεξῆλθον; Plat. leg. 693d2f.; rep. 601d1; anders leg. 710d3f., siehe oben) nicht vielmehr anzeigt, dass an bestimmte Personen gedacht ist. Vgl. den Gebrauch von εἰσίν τινες οἵ im Unterschied zu εἰσὶν οἵ (KG II 404).

αὐτῶν θατέρῳ, τῷ δὲ: So die Lesart von A (post corr.). SFY haben αὐτῷ, θατέρῳ δὲ, was nicht zu halten ist. Weil liest ὄνομα τῷ, θατέρῳ δὲ und beruft sich zur Verwendung des bloßen Artikels im Sinne von τῷ μέν auf Plat. leg. 701e7f. οὐ συνήνεγκεν οὔτε τοῖς οὔτε τοῖς. Der demonstrative Gebrauch des Artikels ist jedoch in der Prosa sehr selten, und an den wenigen Belegstellen ist das korrespondierende Glied stets ebenfalls der bloße Artikel; vgl. KG I 583 u. 584 (b); bei Dem. im umgangssprachlichen Zitat 18,243 εἰ ... (sc. ἰατρός τις) ἀκολουθῶν ἐπὶ τὸ μνῆμα διεξίοι· "εἰ τὸ καὶ τὸ ἐποίησεν ἄνθρωπος οὑτοσί, οὐκ ἂν ἀπέθανεν" und ganz ähnlich 9,68.

τοῖς παρ' ἡμῖν: Ob die Zuhörer hier konkret an Harmodios und Aristogeiton (so Westermann) oder an die allgemeine Tyrannenfeindlichkeit der Athener dachten, ist nicht zu klären. In jedem Fall erhöht der Vergleich ihre Bereitschaft, die Ermordung des Philiskos als Heldentat zu empfinden.

ἀποκτιννύασι: Heskel 1997, 117 setzt die Ermordung des Philiskos um 363 an und rekonstruiert die Abfolge der Ereignisse folgendermaßen: Thersagoras und Exekestos erwirkten durch ihr Attentat die vorübergehende Befreiung ihrer Heimatstadt Lampsakos, welche aber von Ariobarzanes zurückerobert wurde. Daraufhin siedelten die beiden nach Lesbos über.

Zum Verb vgl. Komm. zu §35 ἀποκτιννύναι.

τὴν αὐτῶν πατρίδα οἰόμενοι δεῖν ἐλευθεροῦν: Wieder wird das historische Beispiel durch wörtliche Anklänge mit der aktuellen Situation verwoben; vgl. §139 τοῖς δ' ὑπὲρ τῆς ἑαυτῶν ἐλευθερίας ἀμυνομένοις und ὅσοι … οἰκεῖν βούλονται τὴν αὐτῶν ὄντες ἐλεύθεροι.

τῶν … ὑπὲρ Φιλίσκου λεγόντων: λέγειν ὑπέρ τινος häufig bei Dem. zur Bezeichnung der (politischen) Parteinahme für jmdn.; vgl. 5,7; 8,64.66; 9,53. 55.57.63 u.ö.

ἐμισθοδότει … τοῖς ἐν Περίνθῳ ξένοις: Die Hafenstadt Perinth (das spätere Herakleia und heutige Marmara Ereğlisi) lag an der thrakischen Küste der Propontis. Sie war seit 377 Mitglied des Zweiten Attischen Seebundes (IG II² 43,34) und wurde 367/66 von Kotys bedroht ([Aristot.] oec. 2,27). Unsere Stelle ist wohl so zu deuten, dass Philiskos (im Auftrag des Ariobarzanes) die Söldner bezahlte, die im Interesse Athens die Stadt gegen Kotys verteidigten (vgl. Schaefer, I 98). Da der Kläger von einer Zeit spricht, in der Philiskos (wie aktuell Charidemos) Athen nützlich war und Fürsprecher in der Stadt hatte, ist die Annahme von Heskel 1997, 114, es sei hier die Eroberung Perinths durch Philiskos, also eine g e g e n Athen gerichtete Handlung, beschrieben, wenig plausibel.

Zur Lage der Stadt und ihrer terrassierten Bebauung vgl. Diod. 16,76,1f. ἡ γὰρ Πέρινθος κεῖται μὲν παρὰ θάλατταν ἐπί τινος αὐχένος ὑψηλοῦ χερρονήσου σταδιαῖον ἐχούσης τὸν αὐχένα, τὰς δ' οἰκίας ἔχει πεπυκνωμένας καὶ τοῖς ὕψεσι διαφερούσας. αὗται δὲ ταῖς οἰκοδομαῖς αἰεὶ κατὰ τὴν εἰς τὸν λόφον ἀνάβασιν ἀλλήλων ὑπερέχουσι καὶ τὸ σχῆμα τῆς ὅλης πόλεως θεατροειδὲς ἀποτελοῦσι.

πρὸς Διός: Vgl. Komm. zu §5 ἐγὼ γοῦν (ὀμνύω τοὺς θεοὺς ἅπαντας) ἀπώκνησ' ἄν, εὖ ἴστε.

§143

ἧκε: Das vorangestellte Prädikat im Singular bewirkt eine gewisse Hervorhebung der zuerst genannten Person; im folgenden Plural werden beide Subjekte zusammengefasst. Vgl. KG I 79 u. z.B. Xen. an. 2,3,17 ἧκε Τισσαφέρνης καὶ ὁ τῆς βασιλέως γυναικὸς ἀδελφὸς καὶ ἄλλοι Πέρσαι τρεῖς.

Λέσβον: Lesbos war Mitglied des Zweiten Attischen Seebundes und zählte somit zu den σύμμαχοι.

ἐφήπτετό: Imperfekt de conatu; es ist an den Fall gedacht, dass die Rächer des Philiskos auf Lesbos erscheinen und die Herausgabe des Mörders fordern. Das Verb findet sich bei Dem. nur hier. Zur Bedeutung ‚sich jmds. bemächtigen', ‚(gewaltsam) ergreifen' vgl. Soph. OC 859.

ἐξεδίδοντ' ἄν: Das Imperfekt beschreibt nicht die tatsächlich vollzogene Herausgabe, sondern das ‚Auslieferungsangebot' bzw. hier die bestehende Auslieferungspflicht. Zum Präsensstamm von δίδωμι vgl. KG I 140,7.

ὑπὸ τοῦ ὑμετέρου ψηφίσματος: Durch die Wahl der Präposition wird betont, dass das Dekret für die Auslieferung (und die daraus resultierende Schmach) ursächlich gewesen wäre. Diese Nuance geht in der Übersetzung von Vince („in pursuance of your decree"), die eher einem κατά c. acc. entspricht, verloren.

Das von Wolf für ἡμετέρου konjizierte ὑμετέρου passt wesentlich besser zu dem an das Gewissen der Zuhörer appellierenden, warnend-anklagenden Grundton.

πῶς οὖν οὐκ αἰσχρὸν: Zur affirmativen Bedeutung von πῶς οὐ vgl. Komm. zu §42 καίτοι πῶς οὐχὶ.

ἦτε πεποιηκότες: Zur Umschreibung durch Partizip und Kopula vgl. Komm. zu §122 ἡλίκην ἂν ὠφληκότες ἦτε παράνοιαν.

τοὺς μὲν παρ' ὑμῖν τοιοῦτό τι πράξαντας χαλκοῦς ἱστάντες καὶ ταῖς μεγίσταις δωρεαῖς τιμῶντες ἐφαίνεσθε: An den Panathenäen des Jahres 514 ermordeten Harmodios und Aristogeiton den Peisistratossohn Hipparchos, den Bruder des regierenden Tyrannen Hippias (Thuk. 6,54–59). Nach Thuk. 6,54 waren weniger politische als persönliche Motive, nämlich die Versuche des Hipparchos, Harmodios seinen Geliebten Aristogeiton abspenstig zu machen, für das Attentat ausschlaggebend, und der ‚Tyrannenmord' führte nicht unmittelbar zum Sturz der Peisistratiden, die erst 510 durch spartanische Intervention vertrieben wurden (Thuk. 6,53). Gleichwohl galten Harmodios und Aristogeiton im kollektiven Gedächtnis der Athener als heldenhafte Befreier, ihre Tat als Grundstein zur Errichtung der Demokratie (Aischin. 1,140). Die Statuen, die ihnen zu Ehren auf der Agora aufgestellt worden waren, verbrachte Xerxes 480 nach Susa (Paus. 1,8,5); 477/76 wurde in der Werkstatt von Kritios und Nesiotes mit der in römischer Marmorkopie erhaltenen berühmten Tyrannenmördergruppe (Nationalmuseum in Neapel) Ersatz geschaffen. Bis zum Ausgang des 5.

Jhs. blieben dies die einzigen Standbilder von Sterblichen auf der Agora (vgl. Shear 2007, 94). Zudem wurden Harmodios und Aristogeiton mit religiösen Zeremonien geehrt (Aristot. Ath. pol. 58,1; Dem. 19,280), ihre Nachkommen waren von nicht-militärischen Leiturgien befreit und hatten ein Anrecht auf Speisung im Prytaneion (Dem. 20,18; Dein. 1,101; IG I³ 131).

Zu δωρεά vgl. Komm. zu §23 τὴν γὰρ τοῦ δήμου δωρεάν ... κυρίαν αὐτῷ δίκαιόν ἐστιν εἶναι fin.

χαλκοῦς ἱστάντες: Die Konstruktion mit dem bloßen Akk. der Person (‚jmdn. als bronzenen aufstellen' = ‚eine Bronzestatue von jmdm. aufstellen') ist die übliche; vgl. LSJ s.v. χάλκεος 1.b und Hdt. 9,81,1; And. 1,38; Dem. 19,261.272.330; [Dem.] 26,23.

ὑπὲρ τῆς αὐτῶν πατρίδος: In ὑπέρ liegt, anders als in περί, die Vorstellung des schützenden Eintretens für eine Sache oder Person.

ἐπ' ἐκείνου ... ἐπὶ τούτου: Sc. Philiskos (ἐπ' ἐκείνου) und Charidemos (ἐπὶ τούτου).

εὖ ποιοῦν: Eine Partizipialform von εὖ/καλῶς ποιεῖν, die die Bewertung eines Geschehens durch den Sprecher ausdrückt, bezieht sich gewöhnlich auf ein aktiv handelndes Subjekt (wie z.B. 23,163 τὸν ... Κότυν, εὖ ποιῶν, ... ἀποκτίννυσιν ὁ Πύθων; abstrakter 10,38 ἡ τύχη, καλῶς ποιοῦσα, πολλὰ πεποίηκε τὰ κοινά), kann aber, dem Wortsinn von ποιεῖν zum Trotz, auch mit einem Subjekt kongruieren, das nicht aktiv handelt (wie z.B. Aristoph. Pax 271f. εὖ ... ποιῶν / ἀπόλωλ' ἐκεῖνος κἂν δέοντι τῇ πόλει); in diesen Fällen nimmt das Partizip einen adverbialen Charakter an (‚glücklicherweise'). Unserer Stelle am nächsten kommen die späten Belege bei Greg. Naz. or. 43,12 ὅπερ οὖν ἐκείνῳ συμβέβηκεν εὖ ποιοῦν οἴκοθεν ἔχοντι τῆς ἀρετῆς τὸ παράδειγμα, πρὸς ὃ βλέπων εὐθὺς ἄριστος ἦν und or. 42,23 ἐπειδὴ τὸ ἐξεῖναι ποιεῖν εὖ ποιοῦν ἀντεστράφη. Vgl. auch die ausführliche Darstellung bei Rehdantz, Index II s.v. Participium.

φενακισθεῖσιν: Zum Verb vgl. Komm. zu §20 τὸν τρόπον ὃν πεφενάκισθε ὑπ' αὐτοῦ fin.

αἰσχύνην ὀφλεῖν: Vgl. Komm. zu §122 ἡλίκην ἂν ὠφληκότες ἦτε παράνοιαν.

Butcher erwägt, αἰσχύνην ὀφλεῖν zu tilgen, wodurch jedoch das Partizip seine Funktion als prädikative Bestimmung zum Infinitiv verlöre und unter gedanklicher Ergänzung einer Negation direkt auf ὑμῖν bezogen werden müsste (‚das ist euch nicht passiert, weil ihr euch nicht habt täuschen lassen'). Grammatikalisch glatter und mit der Wiederholung des Signalworts αἰσχύνη in seiner Aussage eindringlicher ist der überlieferte Text. Zum epexegetischen Infinitiv nach präparativem Demonstrativum vgl. KG I 658f.

ἂν ἐμοὶ πείθησθε: Vgl. Komm. zu §116 ἂν ἐμοὶ πείθησθε. (Dilts' Entscheidung, hier Cobets Korrektur zu übernehmen, in §116 hingegen nicht, erscheint nicht ganz konsequent.)

φυλάξεσθε: Das Futur kommt hier einer Aufforderung gleich; vgl. KG I 176,6 und Komm. zu §116 βουλήσεσθ'.

ὡρισμένου: Vgl. Komm. zu §34 διώρισεν.

ἁπλῶς: Vgl. Komm. zu §24 θεάσασθε δὴ ... ὡς ἁπλῶς καὶ δικαίως χρήσομαι τῷ λόγῳ.

τάχ' ἄν, εἰ τύχοι, καὶ τοιοῦτόν τι συμβαίη: Nachdem der Kläger bei seinen Zuhörern ein Gefühl der Erleichterung darüber erzeugt hat, im Fall des Philiskos einer gewaltigen Schmach entgangen zu sein, dürfte der Gedanke, mit dem Dekret für Charidemos genau diese glücklich vermiedene Situation nun fahrlässig heraufzubeschwören, einen spontanen Abwehrreflex ausgelöst haben. Dass sich der Kläger durch eine betont vorsichtige Formulierung (τάχ' ἄν, εἰ τύχοι) und das vage τοιοῦτόν τι den Anschein gibt, das drohende Unheil lieber gar nicht benennen zu wollen, gibt erst recht Anlass zur Beunruhigung.

Zu καί vgl. Denn. GP 321: „Sometimes καί contrasts the objective reality of an idea with its subjective reality or with the unreality of something else ... This use of καί has not been adequately recognized." Vgl. Thuk. 6,11,3 νῦν μὲν γὰρ κἂν ἔλθοιεν ἴσως Λακεδαιμονίοις ἕκαστοι χάριτι, ἐκείνως δ' οὐκ εἰκὸς ἀρχὴν ἐπ' ἀρχὴν στρατεῦσαι (‚jetzt besteht die r e a l e Gefahr ...'); Plat. Prot. 328e6–329a3 εἰ μέν τις περὶ αὐτῶν τούτων συγγένοιτο ὁτῳοῦν τῶν δημηγόρων, τάχ' ἂν καὶ τοιούτους λόγους ἀκούσειεν. ... εἰ δὲ ἐπανέροιτό τινά τι ... (‚... könnte vielleicht t a t s ä c h l i c h solche Reden hören'). An unserer Stelle bildet den Kontrast der Fall, in dem die Schmach verhütet werden konnte (ἐπ' ἐκείνου μέν ...).

Zu τάχ' ἄν, εἰ τύχοι vgl. Komm. zu §58 τάχ' ἄν, εἰ τύχοι. Die starke Betonung der Ungewissheit ist hier ironisch: Eine gerechtfertigte Gewalttat gegen Charidemos ist, so die Überzeugung des Klägers, angesichts seines Charakters alles andere als unwahrscheinlich. Der ausführlichen Beschreibung dieses Charakters ist der folgende dritte Hauptteil der Rede gewidmet, so dass sich ein fließender Übergang ergibt.

Überleitung (§§144–147)

Der Kläger kündigt den Nachweis an, dass Charidemos angesichts seiner Taten keinen Schutz, sondern vielmehr eine Bestrafung verdiene. Die früheren Ehrungen, die dieser Einschätzung zu widersprechen schienen, gründeten allein auf Betrug, für den die Athener ihr inkonsequentes Verhalten anfällig mache: Obwohl sie zu Recht diejenigen politischen Redner verabscheuten, die gegen Bezahlung fremde Interessen vertreten, schenkten sie deren Worten nichtsdestoweniger Glauben. Genau dies sei auch im Fall des Charidemos geschehen.

Dem Bild, das der Kläger im dritten Teil seiner Rede von Charidemos entwerfen möchte, steht dessen hohes Ansehen in der Öffentlichkeit entgegen. Dieses Hindernis gilt es zunächst aus dem Weg zu räumen, um die Zuhörer aufnahmefähig für eine ‚alternative Wahrheit' zu machen. Der Schlüssel dazu liegt im Vorwurf der Täuschung, deren Gelingen sich leicht mit dem durch Bestechungsgeld beflügelten Eifer der Täuschenden und der habituellen Gutgläubigkeit der Getäuschten plausibel machen lässt. Mit großer Raffinesse platziert der Kläger die vernichtende Unterstellung, die Fürsprecher des Charidemos würden für ihre wahrheitswidrigen Lobpreisungen von thrakischer Seite bezahlt, im vordergründigen Kontext einer Kritik an den eigenen Mitbürgern. Indem er diese Kritik zunächst ganz allgemein formuliert und erst abschließend die Verbindung zum aktuellen Fall herstellt, gelingt es ihm, die Gegenseite zu diskreditieren, ohne sie ausdrücklich der Bestechlichkeit zu bezichtigen und über die abweichende Beurteilung des Charidemos hinausgehende Beweise für diese Anschuldigung erbringen zu müssen.

§144

Βούλομαι τοίνυν ἤδη καὶ τὰ πεπραγμένα ἐξετάσαι τῷ Χαριδήμῳ: Ganz ähnlich zur Einleitung eines neuen Abschnitts 18,53 βούλομαι τοίνυν ἤδη καὶ περὶ τῆς γραφῆς αὐτῆς ἀπολογήσασθαι καὶ διεξελθεῖν τὰ πεπραγμέν᾽ ἐμαυτῷ.

τὴν ὑπερβολὴν τῆς ἀναιδείας: wörtl. ‚das (über das Maß) Hinausgehende an Schamlosigkeit'. ὑπερβολή mit dem Genitiv einer verwerflichen Eigenschaft verwendet Dem. mit Vorliebe, um einen gesteigerten Grad der Empörung zum Ausdruck zu bringen; vgl. z.B. 18,212; 20,36; 21,109.119; 22,52; 23,201; 24,164.

ἓν δ' ὑμῖν ἐκεῖνο ὑπισχνοῦμαι: Der Zusatz von ἕν hebt das Folgende stärker hervor; vgl. 21,26 ἐγὼ δὲ ἓν μὲν ἐκεῖνο εὖ οἶδα; 5,13; 15,2 (mit Radicke 1995 z.St. [S. 71]); 18,140; 20,11; 24,1.

καί μου μηδεὶς ἀχθεσθῇ τῇ ὑποσχέσει: Vgl. dazu das Zitat aus Aquil. Rom. 1 bei Rehdantz, Index I s.v. Prodiorthosis: „haec figura ubi aliquid necessarium dictu at insuave audientibus et odiosum nobis dicturi sumus praemunit" sowie Dem. 3,10; 5,15; 10,54; 19,227; 21,58; 57,50; Lys. 21,16; Plat. apol. 31e1; Lykurg. 128.

Zur auffallenden Trennung von Possessivum und zugehörigem Substantiv vgl. Dem. 18,199 καί μου πρὸς Διὸς καὶ θεῶν μηδεὶς τὴν ὑπερβολὴν θαυμάσῃ; vgl. auch Rehdantz, Index I s.v. ὑπερβατόν.

δίκην δόντ' ἂν δικαίως τὴν μεγίστην: Das Provokationspotenzial der Aussage erhöht sich schrittweise: Würde Charidemos seinem Verhalten entsprechend behandelt, erhielte er keinen Schutz, sondern vielmehr eine Bestrafung – und dies zu Recht – und zwar die härteste.

εἴπερ ... κολάζοιντ' ἄν: Zu ἄν mit Optativ in der Protasis vgl. KG II 481: „Häufig wird statt eines grundangebenden Adverbialsatzes mit ἐπεί, ἐπειδή ein k o n d i t i o n a l e r Adverbialsatz mit εἰ ... gebraucht, wenn man den Grund nicht auf einen bestimmten Fall beziehen, sondern ihn als einen allgemein gültigen bezeichnen will. ... Da in solchen Konditionalsätzen ebenso wie in Sätzen mit ἐπεί eine B e h a u p t u n g ausgesprochen wird, so ... werden die Modusformen angewendet, durch welche auch in Hauptsätzen eine B e h a u p t u n g ausgedrückt wird: der I n d i k a t i v , der O p t a t i v mit ἄν ... und der I n d i k a t i v d e r h i s t o r . Ztf. mit ἄν."

φενακίζοντες: Vgl. Komm. zu §20 τὸν τρόπον ὃν πεφενάκισθε ὑπ' αὐτοῦ fin.

διὰ παντός: Sc. τοῦ χρόνου; vgl. 18,110.219; mit Hinzufügung des Substantivs 20,142; 23,169.175.

§145

πρῶτον μὲν ... εἶτα πάλιν: Vgl. Lys. 13,86; Aristot. pol. 4,3. 1289b28f. πάλιν hat keine adversative Bedeutung, sondern hebt lediglich das Aufeinanderfolgen der Ereignisse hervor.

πολίτης γέγονεν ... χρυσοῖς στεφάνοις ὡς εὐεργέτης ἐστεφάνωται: Die Perfektformen betonen den nunmehr unabänderlichen Status des Charidemos. Zur Verleihung des Bürgerrechts vgl. Komm. zu §23 τὴν γὰρ τοῦ δήμου δωρεάν ... κυρίαν αὐτῷ δίκαιόν ἐστιν εἶναι; zu den Bekränzungen IG II² 1496,28–39.

ἄνθρωπος: verächtlich, vgl. KG I 598 (c) fin. und bei Dem. z.B. 1,3.23; 3,16; 4,9.50; 18,139.243.

θαυμάζειν ... εἰ: Vgl. Komm. zu §104 ἵνα δὲ μὴ πάνυ θαυμάζητε.
Angesichts der erheblichen Diskrepanz zwischen der Einschätzung des Charidemos, wie sie einerseits der Kläger vornimmt und wie sie sich andererseits in den Ehrungen durch die Stadt manifestiert, mag sich der Zuhörer verwundert fragen, ob er sich tatsächlich so in einem Menschen hat täuschen können – und sich dabei einen Rest von Hoffnung erhalten, dass vielleicht doch nicht er selbst, sondern der Kläger falsch liegen könnte. Diese Hoffnung wird ihm gleich im nächsten Satz genommen.

τὰ τηλικαῦτα ... ἐξηπάτησθε: ἐξαπατᾶν kann mit dem doppelten Akkusativ der Sache und der Person konstruiert werden (vgl. z.B. Xen. Kyr. 3,1,19 ἃ μὲν ἐβουλήθης ἐξαπατῆσαι αὐτόν). Bei der Umwandlung ins Passiv bleibt der Akkusativ der Sache erhalten; vgl. KG I 326 Anm. 7.

εὖ τοίνυν ἴστε ... ὅτι ἐξηπάτησθε: Mit ἐξηπάτησθε wird das Schlüsselwort wiederholt. In recht kühner Weise setzt der Kläger die Tatsache, dass man sich hat täuschen lassen, unter Vorwegnahme des Resultats der folgenden Beweisführung als gegeben voraus.

δι' ἅ γε: Zum seltenen emphatischen Gebrauch der Partikel γε beim Relativum vgl. Denn. GP 123: „The particle which normally stresses a relative relation is δή, and γε but rarely takes over this function". Vgl. bei Dem. z.B. noch 54,33 ὑφ' οὗ γε πρώτου ἐπλήγην ... τούτῳ καὶ δικάζομαι. (Vgl. auch Komm. zu §34 ὅς γε.)

εἰκότως: Dem zweifelnden θαυμάζειν wird mit dieser Bemerkung vollständig der Boden entzogen: Dass die Athener sich haben täuschen lassen, sei angesichts ihrer Verhaltensweise durchaus nicht verwunderlich, sondern nur folgerichtig.

πολλὰ γιγνώσκοντες ὀρθῶς ὑμεῖς οὐ διὰ τέλους αὐτοῖς χρῆσθε: Ein Missverhältnis zwischen Erkenntnisfähigkeit und der Bereitschaft zu praktischer Umsetzung diagnostiziert Dem. bei seinen Mitbürgern auch 3,3: πέπεισμα. γὰρ ἐξ ὧν παρὼν καὶ ἀκούων σύνοιδα τὰ πλείω τῶν πραγμάτων ἡμᾶς ἐκπεφευγέναι τῷ μὴ βούλεσθαι τὰ δέοντα ποιεῖν ἢ τῷ μὴ συνιέναι.

Zu διὰ τέλους ('bis zum Ende', 'durchgängig') vgl. KG I 481 und LSJ s.v. τέλος II.2.c.

§146

οἷον τί λέγω: Wörtl. ‚Womit ich was meine?' = ‚Was meine ich damit?'; vgl. Plat. Tht. 207a2 οἷον τί λέγεις, ὦ Σώκρατες;

Westermann hingegen erklärt: „zum Beispiel – was sage ich doch? Der Redner thut, als könne er aus der grossen Zahl der sich aufdrängenden Beispiele nicht gleich das rechte finden"; ähnlich schon Schäfer und Weber, vgl. auch die Übersetzung von Vince: „I mean this for instance". Der Gedankengang fordert aber nicht beliebige Beispiele für das vom Kläger beschriebene Verhalten der Athener, sondern die Erklärung, inwiefern dieses Verhalten im konkreten Fall die falsche Einschätzung des Charidemus begünstigt hat. Den Punkt trifft Weil: „L'orateur ne cite pas un exemple, il précise"; richtig auch Harris 2018: „What sort of thing I am talking about?" Zum Übergang eines mit einem Relativpronomen eingeleiteten Satzes in eine direkte Frage vgl. KG II 519 und §214 ὅτι τί; mit Komm. z.St.

ἐθνῶν: In Bezug auf einen Berufsstand auch Xen. symp. 3,6 οἶσθά τι οὖν ἔθνος, ἔφη, ἠλιθιώτερον ῥαψῳδῶν;. Dem. 21,131 ist eher die Bevölkerungsgruppe im Sinne einer ‚Gesellschaftsschicht' bezeichnet; vgl. MacDowell z.St. (S. 349).

τοὺς ἐκ τῶν ἀργυρείων: Zur Präposition (‚die aus den Minen Kommenden' = ‚die in den Minen Arbeitenden') vgl. Hyp. fr. 29 τοὺς δούλους τοὺς ἐκ τῶν ἔργων τῶν ἀργυρείων; Theophr. lap. 59 καταδεῖξαι δέ φασιν καὶ εὑρεῖν τὴν ἐργασίαν Καλλίαν τινὰ Ἀθηναῖον ἐκ τῶν ἀργυρείων.

ἀλλ' εἰ τοὺς ... εἰωθότας εἴποι τις ... συμφήσαιτ' ἄν: Der Kläger hätte den Satz einfach mit ἀλλὰ τοὺς ... εἰωθότας vervollständigen können, wählt aber die der Erwartung zuwiderlaufende wortreichere Variante, um die durch die Reihe der negativen Antworten ohnehin schon spannungssteigernd retardierte ‚Auflösung' noch effektvoller in Szene zu setzen. Zugleich vermeidet er, den Zuhörern einen Mangel an urbaner Dezenz zu unterstellen, indem er ihnen das vernichtende Urteil über die Berufsredner nicht direkt in den Mund legt, sondern sie nur der Meinungsäußerung eines anonymen Einzelnen zustimmen lässt.

τοὺς ἐπὶ μισθῷ λέγειν καὶ γράφειν εἰωθότας: Die Verbindung λέγειν καὶ γράφειν beschreibt die Tätigkeit des vor der Volksversammlung auftretenden politischen Ratgebers in ihrer natürlichen Reihenfolge (einen Standpunkt formulieren und dann einen entsprechenden Antrag stellen); vgl. z.B. 18,66.86.173 (erweitert 18,88.302.307) und Wankel zu 18,66 (S. 394). Dieser für demokratische Entscheidungsprozesse konstitutiven Tätigkeit, der ja auch Demosthenes selbst nachging, haftet keinerlei Makel an, sofern die Redner für ihre persönliche Überzeugung eintreten. Ganz anders verhält es sich, wenn jemand im Verdacht steht, sich gegen Bezahlung (‚ἐπὶ μισθῷ') für fremde, die Polis schädigende Interessen einspannen zu lassen – und so ist es ein probates Mittel der politischen Debatte, dem Gegner genau dies zu unterstellen, wie es z.B. Demosthenes in der Gesandtschaftsrede (or. 19) fast durchgängig tut (vgl. Paulsen 1999, 479ff.). Zur Schwierigkeit, auf der Grundlage der Rednertexte zwischen bloßer Verleumdung und historischer Realität zu unterscheiden, vgl. Wankel 1982. Der Bestechungsvorwurf gegen Strategen und Redner wird in §184 wiederholt; vgl. dort den Komm. zu μικρὰ ἀναλίσκων ἰδίᾳ.

εὖ οἶδ' ὅτι: Der Einschub lässt sich hier zwar noch in die Syntax integrieren, nähert sich aber schon dem formelhaften adverbialen Gebrauch (‚gewiss', ‚sicher') an. Vgl. KG II 368 Anm. 1.

§147

οὓς γὰρ πονηροτάτους νομίζετε πάντων ...: Der Gedanke findet sich in ganz ähnlicher Formulierung 51,21 παρὰ γὰρ τῶν λεγόντων, οὓς ἴστε ἐπὶ μισθῷ τοῦτο πράττοντας, πυνθάνεσθε ποῖόν τιν' ἕκαστον δεῖ νομίζειν, οὐκ αὐτοὶ θεωρεῖτε. καίτοι πῶς οὐκ ἄτοπον τούτους μὲν αὐτοὺς πονηροτάτους τῶν πολιτῶν νομίζειν, τοὺς δ' ὑπὸ τούτων ἐπαινουμένους χρηστοὺς ἡγεῖσθαι;

Vor πονηροτάτους steht in A und F αὐτοί, in S ist von erster Hand ὑμεῖς αὐτοί nachträglich eingefügt, Y hat αὖ. Warum eigens betont werden sollte, dass die Athener **selbst** schlecht über die Berufsredner denken, ist aus dem Zusammenhang nicht ersichtlich. Auch Dobrees Konjektur αὐτούς, die durch die Parallele 51,21 nahegelegt wird, erweist sich bei genauerer Betrachtung als wenig überzeugend. Anders als an unserer Stelle ergibt sich 51,21 nämlich eine klare Antithese: Die Redner selbst werden denen gegenübergestellt, die von ihnen gelobt werden. Dilts verzichtet mit Recht ganz auf den Zusatz. Dieser erklärt sich möglicherweise als missglückte Angleichung an 51,21, wo man αὐτούς, beeinflusst durch das vorangehende οὐκ αὐτοὶ θεωρεῖτε, irrtümlich für einen Subjektsakkusativ halten könnte.

περὶ τοῦ ποῖόν τιν' ἕκαστον χρὴ νομίζειν: Zur Substantivierung des Fragesatzes vgl. KG I 596,7 und bei Dem. 3,2; 9,7; 10,6; 18,1.178; 19,94; 20,99; 23,148. Bei den anderen Rednern findet sich die Konstruktion nicht; vgl. Wankel zu 18,1 (S. 113). Die Frage ποῖόν τινα zielt auf die Einschätzung des Charakters wie z.B. auch Hdt. 3,34,2 κοῖόν μέ τινα νομίζουσι Πέρσαι εἶναι ἄνδρα τίνας τε λόγους περὶ ἐμέο ποιεῦνται;

ὃν ἄν: Sc. τοιοῦτον λέγειν oder τοιοῦτον νομίζεσθαι.

καὶ χρηστὸν καὶ πονηρὸν: Vgl. KG II 248,4: καί wird zuweilen auch da verwendet, „wo man ἤ, oder, erwarten sollte, indem nicht zwei Eigenschaften zugleich einem Gegenstande erteilt werden, sondern nur eine von beiden, je nach Lage der Sache ... Pl. civ. 411,a τοῦ δὲ ἀναρμόστου (ἡ ψυχή) δειλὴ καὶ ἄγροικος; feige oder roh".

δίκαιον καὶ ἀληθές: Zur Verbindung der beiden Begriffe vgl. Wankel zu 18,17 (S. 195), der bei den Rednern auf Dem. 8,38 u. 18,271; Isokr. 15,132, Dein. 1,1 sowie für Weiteres auf Hommel 1969 verweist.

3. Die Unangemessenheit des Antrags (§§148–186)

§§148–152: Charidemos unterstützte die Gegner Athens im Kampf um Amphipolis

Was Charidemos als einfacher Soldat zum Schaden Athens getan habe, will der Kläger außer Betracht lassen. Als Söldnerführer im Dienste des Iphikrates aber habe er nach dessen Absetzung unter Missachtung eines Beschlusses des athenischen Volkes die ihm zur Verwahrung anvertrauten Geiseln der Amphipoliten herausgegeben und so die Einnahme von Amphipolis sabotiert. Statt sich Timotheos anzuschließen, habe er sich zunächst zu Kotys begeben, dann die Olynthier im Kampf um Amphipolis unterstützen wollen. Auf dem Weg dorthin von den Athenern aufgegriffen, sei er (notgedrungen) wieder auf ihre Seite gewechselt. Eigentlich hätte Charidemos der Stadt dafür dankbar sein müssen, dass er von einer Strafe für seinen Verrat verschont blieb; stattdessen habe die Stadt ihn, als ob sie ihm Dank schulde, mit Ehrungen überhäuft.

Der Kläger vermengt die historischen Fakten mit seiner subjektiven Deutung der Motive der handelnden Personen, um das Bild des Charidemos in den dunkelsten Farben zu zeichnen (vgl. z.B. Komm. zu §148 τὸ ἀπ' ἀρχῆς ἐναντία ἐστράτευται τῇ πόλει; zu §149 ἐπειδὴ τὸν μὲν Ἰφικράτην ... Τιμόθεον δὲ ...; zu §149 ἔδωκε φυλάττειν αὐτῷ ... παρέδωκεν Ἀμφιπολίταις). Er begnügt sich nicht damit, ihn als den allein von materiellen Interessen geleiteten Berufssoldaten darzustellen, der er wahrscheinlich war, sondern stilisiert ihn zu einem geradezu fanatischen Gegner Athens, der gezielt nach Gelegenheiten suchte, der Stadt zu schaden. So betont er mehrfach, dass sich Charidemos den jeweiligen Feinden Athens zuwandte (§149 ὃν ἀκριβῶς ᾔδει τῶν ὄντων ἀνθρώπων ἐχθρότατ' ὑμῖν διακείμενον; §150 Ὀλυνθίοις τοῖς ὑμετέροις ἐχθροῖς; πρὸς Κότυν ἐχθρὸν ὄνθ' ὑμῖν), und führt dessen Entscheidungen ebenso ausdrücklich wie ausschließlich auf den Wunsch zurück, die Athener zu bekämpfen (§150 ἐπειδὴ ... οὐδὲν εἶχε ποιεῖν ὑμᾶς ἐκεῖ κακόν, μισθοῖ πάλιν αὐτὸν ...; πλέων ἐκεῖσε ... ἵνα τἀναντία τῇ πόλει πολεμῇ).

§148

Ὅσα μὲν δὴ ... ἀλλ' ἐῶ ταῦτα: Ein Musterbeispiel für eine Praeteritio: Indem ausdrücklich gesagt wird, was n i c h t in die Bewertung einfließen soll, ist der genannte Aspekt unwillkürlich im Bewusstsein der Zuhörer verankert. Dass es dem Kläger in der Begründung gelingt, seinen ‚Verzicht' als einen Akt der Gerechtigkeit und der humanen Nachsicht erscheinen zu lassen, ist eine zusätzliche Pointe.

ἐν σφενδονήτου καὶ ψιλοῦ μέρει: Die Leichtbewaffneten und unter ihnen insbesondere die Schleuderer waren in der militärischen Hierarchie weit unten angesiedelt; vgl. Xen. Kyr. 7,4,15 καὶ πάντας δὲ τοὺς ἀόπλους τῶν ὑποχειρίων γενομένων σφενδονᾶν ἠνάγκαζε μελετᾶν, νομίζων τοῦτο τὸ ὅπλον δουλικώτατον εἶναι· σὺν μὲν γὰρ ἄλλῃ δυνάμει μάλα ἔστιν ἔνθα ἰσχυρῶς ὠφελοῦσι σφενδονῆται παρόντες, αὐτοὶ δὲ καθ' αὑτοὺς οὐδ' ἂν οἱ πάντες σφενδονῆται μείνειαν πάνυ ὀλίγους ὁμόσε ἰόντας σὺν ὅπλοις ἀγχεμάχοις. Zu dem geringen Ansehen der Schleuderer dürfte überdies beigetragen haben, dass ihre Ausrüstung nicht viel kostete, die Waffengattung also für Menschen aus ärmlichen Verhältnissen prädestiniert war; vgl. Best 1969, 128 und Snodgrass 1967, 84.

Die Wiederholung der Wendung ἐν μέρει τινός im selben Satz scheint tolerabel. Eine, wenn auch nicht ganz so auffällige, Doppelung findet sich 21,165.166. Cobets Konjektur ἐν τάξει bedarf es somit nicht.

τὸ ἀπ' ἀρχῆς ἐναντία ἐστράτευται τῇ πόλει: Als Einwohner von Oreos, dem früheren Hestiaia, wuchs Charidemos in einer Stadt auf, die nach dem Peloponnesischen Krieg mit Sparta verbündet war und sich wiederholter Angriffe Athens, wie z.B. dem des Chabrias 377/76, erwehren musste; vgl. Diod. 15,30, zur möglichen Beteiligung des jungen Charidemos an den Kampfhandlungen zur Abwehr des Chabrias vgl. Davies, APF 571. Eine dezidiert antiathenische Geisteshaltung, die der Kläger implizit zu unterstellen versucht, lässt sich daraus freilich nicht ableiten; so auch Bianco 2014, 9f.: „In ogni modo è comprensibile che un abitante di Oreo si sia opposto, per terra e forse per mare, all'attacco di Cabria e dunque l'attività iniziale di Caridemo non può essere bollata come antiateniese per ostilità personale." Dass Charidemos später in den Dienst des Atheners Iphikrates tritt, spricht vielmehr für seine ‚ideologische' Unabhängigkeit; vgl. Bianco 2014, 10.

Zum adverbialen Ausdruck τὸ ἀπ' ἀρχῆς vgl. 19,315; sonst verwendet Dem. τὸ κατ' ἀρχάς (1,12; 2,6; 9,21; 19,303) oder τὸ ἐξ ἀρχῆς (32,11.12).

λῃστικόν ποτε πλοῖον ἔχων ἐλῄζετο τοὺς ὑμετέρους συμμάχους: Zwar berichtet Thukydides (1,5), die Seeräuberei sei in früheren Zeiten ein durchaus ehrenwertes ‚Gewerbe' gewesen, doch zeigt die Formulierung, es habe noch keine Schande gebracht (οὐκ ἔχοντός πω αἰσχύνην τούτου τοῦ ἔργου, 1,5,1), dass sich diese Einschätzung gewandelt hat. Den eindeutig negativen Aspekt des ‚Räuberischen' hebt der Kläger durch die zweifache Verwendung des entsprechenden Wortstamms hervor (λῃστικόν, ἐλῄζετο), um Charidemos als habgierigen Verbrecher zu brandmarken. Die Grenze zwischen Seeräuberei und militärischen Aktionen zur See ist allerdings schwer zu ziehen (vgl. De Souza 1999, 31ff.), und mit einiger Sicherheit handelte Charidemos in dem hier genannten Fall nicht als Teil einer im eigenen materiellen Interesse agierenden Bande, sondern im Dienste einer Kriegspartei, was die Dinge in anderem Licht erscheinen lässt. Denn auch athenische Strategen bedienten sich im Krieg zuweilen der Piraterie (vgl. Xen. hell. 4,8,35; Dem. 4,23 und 18,145 mit Wankel z.St. [S. 787f.]), und die Anwendung solcher Methoden durch andere wurde gern geduldet, solange dies dem Interesse Athens zuträglich war; vgl. [Dem.] 12,5 und De Souza 1999, 36ff.

αἱ ἀναγκαῖαι χρεῖαι: Vgl. [Dem.] 45,67 καὶ μήν, ὦ ἄνδρες Ἀθηναῖοι, μᾶλλον ἄξιον ὀργίλως ἔχειν τοῖς μετ' εὐπορίας πονηροῖς ἢ τοῖς μετ' ἐνδείας. τοῖς μὲν γὰρ ἡ τῆς χρείας ἀνάγκη φέρει τινὰ συγγνώμην παρὰ τοῖς ἀνθρωπίνως λογιζομένοις. Die materielle Not lässt das Nachdenken über die ethischen Aspekte des eigenen Handelns – verzeihlicherweise – in den Hintergrund treten (oder pointierter ausgedrückt: „Erst kommt das Fressen, dann kommt die Moral"). Weil verweist auf Thuk. 3,82,2, dort freilich ist der Zusammenhang ein anderer: ἐν μὲν γὰρ εἰρήνῃ καὶ ἀγαθοῖς πράγμασιν αἵ τε πόλεις καὶ οἱ ἰδιῶται ἀμείνους τὰς γνώμας ἔχουσι διὰ τὸ μὴ ἐς ἀκουσίους ἀνάγκας πίπτειν· ὁ δὲ πόλεμος ὑφελὼν τὴν εὐπορίαν τοῦ καθ' ἡμέραν βίαιος διδάσκαλος καὶ πρὸς τὰ παρόντα τὰς ὀργὰς τῶν πολλῶν ὁμοιοῖ.

Die Nachsicht des Klägers hat den Beigeschmack von gönnerhafter Herablassung und transportiert zugleich die Botschaft, dass Charidemos aus sehr ärmlichen Verhältnissen stammt. Das in der rhetorischen Invektive beliebte Motiv der niederen bzw. ungewissen Herkunft (vgl. z.B. Dem. 18,129 mit Wankel, S. 688f., und Süß 1910, 247) wird in §213 noch einmal aufgegriffen.

τοὺς τοῦ τί πρακτέον ἢ μὴ λογισμούς: Zum substantivierten Fragesatz vgl. Komm. zu §147 περὶ τοῦ ποῖόν τιν' ἕκαστον χρὴ νομίζειν.

ἀκριβολογεῖσθαι: Von unangebrachter, der Situation nicht angemessener Pedanterie auch 18,240 und 19,182 (F : ἀκριβῶς λογίσησθε SAY); positiv 18,21. Das Verb, das zuerst bei Platon belegt ist (Krat. 415a1; rep. 340e2 und 403d3) begegnet bei den Rednern sonst nur noch Aischin. 1,40; vgl. Wankel zu 18,21 (S. 217), der für weitere Details auf Kurz 1970 verweist.

ἀλλ' ὅθεν ἀρξάμενος ξεναγῶν ἤδη ... ἐποίει: Es ist ἀρξάμενος mit ὅθεν zu verbinden („womit beginnend ...' = ,was als erstes ..."); vgl. [Dem.] 35,27 εὐθὺς ἀπ' ἀρχῆς ἀρξάμενοι ἐκακοτέχνουν (Weber) sowie den resümierenden Abschluss des hier angekündigten Abschnitts in §152 καὶ τὰ μὲν πρῶτα τοιαῦτ' ἐστὶν τῶν ἔργων τῶν Χαριδήμου, μετὰ ταῦτα δ' ἄλλα θεάσασθε. Rosenberg gibt ἀλλ' ὅθεν mit „seitdem er aber" wieder, erklärt jedoch nicht, wie sich daran der Hauptsatz anschließen soll (richtig hingegen Westermanns Übersetzung). Vince bezieht ἀρξάμενος offenbar auf ξεναγῶν („at the outset of his career as an mercenary officer"), muss dann aber ὅθεν wie ἅ übersetzen und ἤδη ganz ignorieren (ähnlich Harris 2018).

τινων ἄρχων στρατιωτῶν: Das Indefinitum verleiht der Aussage einen verächtlichen Unterton.

§149

ἓν μὲν ἁπάντων πρῶτον: Syntaktisch ungebunden vorangestellt: ,Ch. hat zuallererst eines (sc. gemacht), nämlich ...'. Ähnlich z.B. 21,4 ἃ δ' ἐν ὑμῖν μετὰ ταῦτά ἐσθ' ὑπόλοιπα, ὅσῳ πλείοσιν οὗτος ἠνώχληκε ..., τοσούτῳ μᾶλλον ἐλπίζω ... Zu ἕν vgl. Komm. zu §144 ἓν δ' ὑμῖν ἐκεῖνο ὑπισχνοῦμαι. Inhaltlich bezieht sich ἕν auf die gesamte in §§149–152 geschilderte Episode, die ihrerseits durch πρῶτον μέν, δεύτερον δέ (§149) und μετὰ ταῦτα (§150) chronologisch gegliedert ist.

Ἰφικράτους: Zu Iphikrates vgl. Komm. zu §129 Ἰφικράτει.

ἐπειδὴ τὸν μὲν Ἰφικράτην ... Τιμόθεον δὲ ...: Die Ablösung des Iphikrates durch Timotheos erfolgte um das Jahr 364. Ein Anhaltspunkt für die Datierung ist die Eroberung von Samos durch Timotheos (siehe das folgende Lemma), die wahrscheinlich in das Jahr 365 fällt (vgl. Radicke 1995, 169–172). Wenn Charidemos mehr als drei Jahre lang im Dienst des Iphikrates stand und, wie anzunehmen ist, zu Beginn des Kommandos verpflichtet wurde, ergibt sich für die Aussendung des Iphikrates gegen Amphipolis das Jahr 368. Dies stimmt mit der Angabe bei Aischin. 2,26ff. überein, Iphikrates sei unmittelbar nach der Ermordung von Philipps Bruder Alexander (nach Diod. 15,71,1 im Jahr 368/67) nach Amphipolis geschickt worden.

Nach seiner Absetzung zog sich Iphikrates, wahrscheinlich, um einem in Athen drohenden Prozess zu entgehen (vgl. unten, Komm. zu ἀποστράτηγον ἐποιήσατε), zu seinem Schwager Kotys zurück; chronologisch schließen sich die in §§130–132 geschilderten Begebenheiten an. Dies lässt der Kläger hier bewusst unerwähnt, da es das Verhalten des Charidemos in ein ambivalenteres Licht rücken würde: Sein ‚Überlaufen' zu Kotys wäre nämlich nicht mehr als reiner Akt der Böswilligkeit gegen Athen, sondern auch als ein Akt der Loyalität gegenüber seinem ‚Dienstherrn' Iphikrates zu deuten.

ἀποστράτηγον ἐποιήσατε: Pollux 1,128 paraphrasiert das nur hier und Plut. Marc. 22,9 verwendete Substantiv ἀποστράτηγοι mit ἀποχειροτονηθέντες. Wird ein Magistrat in der Ekklesia durch eine Abstimmung per Handzeichen abgesetzt (sog. Apocheirotonia), schließt sich ein Gerichtsverfahren gegen ihn an (vgl. Aristot. Ath. pol. 61,2 [zitiert im Komm. zu §167 ἀπεχειροτονήσατε ... τὸν στρατηγόν] und Hansen 1995, 229). Aus dem Umstand, dass von einem solchen Verfahren gegen Iphikrates nichts bekannt ist, folgert Kallet 1983, 244f., es habe sich in diesem Fall nicht um eine Apocheirotonia gehandelt. Vielmehr habe ἀποστράτηγος, wie sehr viel später bei Plutarch, die Bedeutung „retired general". Welchen Vorgang dann ἀποστράτηγον ποιεῖν bezeichnen soll, vermag Kallet jedoch nicht befriedigend zu erklären („The verb ἐποιήσατε ... does imply that Iphikrates' command ended because of a vote of the assembly, rather than of his own accord", 244; dass Iphikrates von den Athenern zu Kotys geschickt wurde, um in Kooperation mit Timotheos dort athenische Interessen zu vertreten, wie Kallet 1983, 248 meint, ist wenig wahrscheinlich; vgl. Harris 1989). Plausibler ist die überwiegend vertretene und entschieden von Harris 1989 gegen Kallet verfochtene Annahme, Iphikrates sei wegen anhaltender Erfolglosigkeit unter der Anschuldigung der Bestechung oder des Verrats abberufen worden; von einem Prozess sei deshalb nichts bekannt, weil Iphikrates nicht nach Athen zurückkehrte, sondern sich zu seinem Schwager Kotys nach Thrakien zurückzog. Gleichwohl bleibt die Frage, warum der Kläger statt des gewöhnlichen ἀπεχειροτονήσατε die Umschreibung ἀποστράτηγον ἐποιήσατε wählt. Denkbar wäre, dass er mit der Meidung des Fachterminus auch die den ‚Verrat' des Charidemos relativierende Erinnerung an das durch den drohenden Prozess motivierte Überlaufen des Iphikrates zu Kotys unterdrücken wollte; vgl. oben, Komm. zu ἐπειδὴ τὸν μὲν Ἰφικράτην ... Τιμόθεον δὲ ...

Heskel 1997, 46 scheint den Grund für die Absetzung in der Übergabe der Geiseln an Charidemos sehen zu wollen. Diese Entscheidung erwies sich aber erst dann als fatal für Athen, als Charidemos den Amphipoliten die Gefangenen zurückgab – und dies geschah n a c h der Absetzung des Iphikrates (ἐπειδὴ τὸν μὲν Ἰφικράτην ἀποστράτηγον ἐποιήσατε).

Τιμόθεον: Timotheos, Sohn des Konon, umfuhr als Stratege Mitte der 70er-Jahre die Peloponnes, warb Mitglieder für den Zweiten Attischen Seebund an und eroberte die Insel Kerkyra (Isokr. 15,109; Xen. hell. 5,4,64; Dem. 23,198; Dein. 1,75). Für seine Verdienste wurde er mit einem Standbild auf der Agora geehrt (Paus. 1,3,2; Nep. Timoth. 2,3), verlor aber 373 infolge eines Verratsprozesses, den Kallistratos und Iphikrates gegen ihn angestrengt hatten, das Strategenamt ([Dem.] 49,9f.). Im Zuge eines Hilfskommandos für den persischen Satrapen Ariobarzanes eroberte er 366 Samos, begab sich dann zur Chersones, wo er sich der Städte Sestos und Krithote bemächtigte (Isokr. 15,111f.), und übernahm bald darauf den Posten des Iphikrates in der Nordägäis. Bei dem Versuch, Amphipolis zu erobern, hatte er ebenso wenig Erfolg wie sein Vorgänger. 360 wurde er deswegen von Apollodor angeklagt (Dem. 36,53), fiel aber nicht dauerhaft in Ungnade, sondern bekleidete im Bundesgenossenkrieg u.a. gemeinsam mit Iphikrates wieder das Strategenamt. Nach der Niederlage bei Embata wurde er wegen Verrats verurteilt (Isokr. 15,129), verließ Athen und starb 355/54 in Chalkis (Nep. Timoth. 3,5). Vgl. Klee 1937, 1324–1329; Schaefer, I 24f., 57f., 61 und die ausführliche Würdigung, die Isokrates seinem Freund – im Zuge der Selbstverteidigung – zuteilwerden lässt (15,101–139): Er preist ihn als den Idealtypus eines Strategen, körperlich zwar nicht sonderlich robust, dafür aber mit klarem Urteilsvermögen bei allen militärischen Entscheidungen und fähig, sein Heer auch ohne finanzielle Unterstützung aus der Heimat zu versorgen. Durch Vertrauenswürdigkeit und Milde im Umgang mit den anderen griechischen Städten habe er Athens guten Ruf befördert, zu seinem eigenen Schaden aber versäumt, das athenische Volk durch Schmeichelei für sich zu gewinnen.

ἐπ᾽ Ἀμφίπολιν καὶ Χερρόνησον: ἐπί im feindlichen Sinne („gegen', „zur Eroberung von'). Zu Amphipolis vgl. Komm. zu §116 Ἀμφίπολιν ... Ποτείδαιαν.

οὓς παρ᾽ Ἁρπάλου λαβών: Harpalos ist ein makedonischer Name; über die Identität des hier erwähnten Harpalos ist nichts bekannt. Ebenso liegen die genaueren Umstände der ‚Geiselaffäre' im Dunkeln. Heskel 1997, 44 vermutet, dass Harpalos Führer einer makedonischen Gesandtschaft gewesen sei, die im Auftrag des Ptolemaios ein Bündnis mit den Amphipoliten ausgehandelt und zur Bekräftigung dieses Bündnisses Geiseln erhalten habe. Ob sich Iphikrates dieser Geiseln gewaltsam bemächtigt oder sie (durch Verrat?) von Harpalos empfangen habe, lässt Heskel offen, da das Verb λαμβάνειν beides bezeichnen könne (Heskel 1997, 45). In Kombination mit παρά ist aber eher an letztere Möglichkeit zu denken (so auch Schaefer, II 13).

ἔδωκε φυλάττειν αὐτῷ ... παρέδωκεν Ἀμφιπολίταις: Nach dem vom Kläger entworfenen Bild hatte Iphikrates die Geiseln (vermutlich bis zum Eintreffen seines Nachfolgers) dem Charidemos zur Bewachung anvertraut, der diese dann eigenmächtig und entgegen dem Befehl, sie nach Athen zu verbringen, den Amphipoliten übergab. Wir wissen allerdings nicht, inwieweit diese Darstellung die Tatsachen zu Ungunsten des Charidemos verfälscht. Anlass zu einer gewissen Skepsis gibt der Umstand, dass sich Timotheos gleich wieder um die Dienste des Charidemos bemühte, was nach einem solchen Vertrauensbruch eher ungewöhnlich ist; vgl. Vorndran 1922, 21, der sich Belochs Vermutung anschließt, Iphikrates könnte aus Verärgerung über seine Abberufung die Geiseln selbst freigelassen haben (Beloch 1884, 155).

καὶ τοῦ μὴ λαβεῖν Ἀμφίπολιν τοῦτ' ἐμποδὼν κατέστη: Athen hätte mit den Geiseln ein wirksames Druckmittel gegen die Amphipoliten in der Hand gehabt; dass aber der Verlust dieses Druckmittels letztlich die Einnahme der Stadt verhinderte, ist eine Übertreibung des Klägers mit dem Ziel, Charidemos zum ‚Sündenbock' zu machen. Wären die Geiseln tatsächlich von kriegsentscheidender Bedeutung gewesen, stellt sich die Frage, warum Iphikrates ausgerechnet zu dem Zeitpunkt abberufen wurde, als er kurz davorstand, die Amphipoliten in die Knie zu zwingen. Vgl. auch Harris 2018, 83 Anm. 182 „This explanation is implausible. ... It is more likely that the Athenian failure to take Amphipolis in these years was caused by Olynthian support for Amphipolis."

Zur Verneinung des substantivierten Infinitivs in Abhängigkeit von einem Begriff des Hinderns vgl. KG II 217 (l), zum (selteneren) Genitiv in dieser Konstruktion vgl. ebd. 218 (o) und Xen. Kyr. 2,4,23 οὓς ... μὴ δύναιντο λαμβάνειν ἀποσοβοῦντες ἂν ἐμποδὼν γίγνοιντο τοῦ μὴ ὁρᾶν αὐτοὺς τὸ ὅλον στράτευμά σου.

μισθουμένου: Präsens de conatu.

μισθοῖ: Sc. ἑαυτὸν καὶ τὸ στράτευμα.

τριακοντόρους: Bei der Triakontoros handelt es sich um ein etwa 18 Meter langes Schiff, das mit zwei Reihen von je fünfzehn Ruderern besetzt war und auch über Segelvorrichtungen verfügte. In der athenischen Flotte scheint dieser Schiffstyp weniger für den Kampf zur See (vgl. aber Polyaen. 3,9,63) denn als Begleit- oder Avisofahrzeug verwendet worden zu sein. Vgl. Miltner 1934, 2378f.; Casson ²1991, 77 u. 91.

τῶν ὄντων ἀνθρώπων: Der emphatische Ausdruck findet sich nur bei Dem., vgl. 5,5; 8,58; 19,319; 21,195; 22,1; 36,43.

§150

ἐπειδὴ τὸν πρὸς Ἀμφίπολιν πόλεμον πρότερον πολεμεῖν εἵλετο Τιμόθεος τοῦ πρὸς Χερρόνησον: Diese Angabe steht scheinbar im Widerspruch zu Isokr. 15,112, wonach Timotheos nach der Eroberung von Samos die Städte Sestos und Krithote auf der Chersones einnahm bzw. erhielt (das dort verwendete Verb ἔλαβε lässt beide Deutungen zu). Waren die Städte ein Geschenk des Ariobarzanes, wie Nepos, Timoth. 1,3–2,1 berichtet, löst sich der Widerspruch auf. Aber auch, wenn man dem Zeugnis des Nepos mit Schaefer, I 101 Anm. 5 misstraut, sind die Aussagen nicht unvereinbar. Es ist möglich, dass Iphikrates erst abberufen wurde, als Timotheos sich bereits auf der Chersones aufhielt, seine dortigen Unternehmungen also noch nicht Teil des neuen Kommandos waren (vgl. die Argumentation von Radicke 1995, 172 gegen Buckler 1980, 166f. und 256f.).

Statt εἵλετο haben A und wahrscheinlich auch der Papyrus Π₈₈₃ (Dilts: „ut videtur") προείλετο, wodurch die auffällige Häufung von p-Lauten fortgesetzt würde. Der Papyrus hat allerdings auch das inhaltlich wenig sinnvolle πάλιν statt πρότερον, so dass προείλετο syntaktisch gefordert ist, um den Genitiv anschließen zu können. Möglicherweise ist das Kompositum aus einem Überlieferungszweig, der πάλιν hatte, als varia lectio in A eingedrungen.

οὐδὲν εἶχε ποιεῖν ὑμᾶς ἐκεῖ κακόν: Subjekt ist Charidemos.

Ὀλυνθίοις τοῖς ὑμετέροις ἐχθροῖς καὶ τοῖς ἔχουσιν Ἀμφίπολιν κατ' ἐκεῖνον τὸν χρόνον: Während beim Eintreffen des Iphikrates Amphipolis noch unabhängig war (vgl. Aischin. 2,27 ἐχειροτόνησαν Ἀθηναῖοι στρατηγὸν ἐπ' Ἀμφίπολιν Ἰφικράτην, Ἀμφιπολιτῶν αὐτῶν ἐχόντων τὴν πόλιν καὶ τὴν χώραν τότε καρπουμένων), suchten die Amphipoliten unter dem zunehmenden Druck der Athener nach Bündnispartnern bzw. Schutzmächten. Dass Artaxerxes um 366 seinen Beistand aufkündigte (Dem. 19,137), dürfte die Bemühungen intensiviert und die Amphipoliten schließlich in die Arme der Olynthier getrieben haben (vgl. Heskel 1997, 44–46). Das Verhältnis zwischen Athen und Olynth war seit dem Abfall Olynths zu Beginn des Peloponnesischen Krieges gespannt.

Zur Wiederholung des Artikels vgl. Komm. zu §132 τοῦ Θρᾳκὸς καὶ τοῦ βαρβάρου.

ἐκ Καρδίας ἀναχθείς: Das antike Kardia wird auf der Thrakien zugewandten, d.h. nordwestlichen, Seite der Chersones in Höhe der Landenge lokalisiert, die genaue Lage der Stadt ist aber unsicher; vgl. Kahrstedt 1954, 10ff.; Oberhummer 1919, 1932f.

ἵνα τἀναντία τῇ πόλει πολεμῇ: Zur Betonung des Aspekts der feindlichen Konfrontation durch τἀναντία vgl. §130 ὅμως ἐτόλμησεν ὑπὲρ τῶν Κότυος πραγμάτων ἐναντία τοῖς ὑμετέροις στρατηγοῖς ναυμαχεῖν mit Komm. z.St. (fin.).

διὰ τὸν παρόντα δὲ καιρὸν: δέ nimmt normalerweise die zweite Position im Satz ein, was hier einen Tribrachys erzeugt hätte. Für die Nachstellung der Partikel hinter Präposition, Artikel und Substantiv führt Denn. GP 186 (3) Belege an, nicht jedoch für die hier vorliegende Reihenfolge Präposition, Artikel, Attribut, Partikel, Substantiv. Vgl. aber z.B. Isokr. 15,69 διὰ τὴν αὐτὴν δὲ ταύτην πρόφασιν.

διὰ ... τὸ δεῖν ξένων: Der Kläger muss erklären, warum Charidemos, obwohl er sich Athen gegenüber angeblich so viel hat zuschulden kommen lassen, nicht nur nicht dafür bestraft, sondern sogar wieder als Söldnerführer angeworben wurde. Ob seine Erklärung zutrifft oder ob der Umgang der athenischen Militärführung mit Charidemos eher davon zeugt, dass die hier vorgetragene Interpretation seines Verhaltens eben nicht die communis opinio war, bleibt Spekulation.

Das in einigen Handschriften (S^(yp)AF^(yp)) überlieferte δεῖσθαι bedürfte, da es stets persönlich konstruiert wird, eines Subjektsakkusativs (τὴν πόλιν o.Ä.); vgl. Weber z.St.

ὅτι ... καὶ διότι: Ein Wechsel von ὅτι und διότι findet sich sonst bei Dem. zwar nicht (lediglich als varia lectio in §77, vgl. Komm. zu οὐχ, ὅτι), wohl aber z.B. Hdt. 3,74,1; 6,75,3; Xen. symp. 8,19.

ηὐτομόλησεν: Von einem ‚Überlaufen' im eigentlichen Sinne kann keine Rede sein, da Charidemos Söldnerführer im Dienste des Iphikrates und nicht Angehöriger des zur Loyalität gegenüber der eigenen Polis verpflichteten athenischen Heeres war; vgl. auch Weil u. Rosenberg z.St.

πίστεις δοὺς καὶ λαβών: Der Begriff πίστις (LSJ s.v. II: *that which gives confidence*) wird des öfteren (präzisierend) mit ὅρκος kombiniert (Hdt. 3,74,2; 9,92,1; 9,106,4; Antiph. 6,25; And. 1,107; Aristot. rhet. 1,14. 1375a10), aber auch, wie hier, selbst im Sinne von ὅρκος verwendet; vgl. Thuk. 5,30,3; Isokr. 6,20; 10,40; 12,104 sowie den synonymen Gebrauch beider Termini in §154 λαβὼν δὲ πίστεις καὶ δούς, ὀλιγωρήσας τῶν ὅρκων καὶ παραβὰς αὐτούς.

§151

ὧν ... ἀντὶ τούτων ... αὐτῷ στεφάνους καὶ πολιτείαν ... δέδωκε: Die Staatsbürgerschaft erhielt Charidemos wahrscheinlich für die Zugeständnisse, die er Athen in dem 357 mit Chares ausgehandelten Vertrag bezüglich der Chersones machte (vgl. Komm. zu §23 τὴν γὰρ τοῦ δήμου δωρεὰν ... κυρίαν αὐτῷ δίκαιόν ἐστιν εἶναι). Durch die relativische Verflechtung der zeitlich weit auseinanderliegenden Ereignisstränge erweckt der Kläger ganz bewusst den sachlich falschen, in seiner Paradoxie aber rhetorisch effektvollen Eindruck, die Athener hätten sich dem Charidemos exakt für das dankbar erwiesen, wofür eigentlich e r i h n e n Dank geschuldet hätte. Relativum und Bezugswort sind aber inhaltlich nicht deckungsgleich, sondern ὧν steht dafür, dass Charidemos von Athen statt einer Strafe eine ‚zweite Chance' erhielt, τούτων für die Verdienste, die er sich Jahre später auf diplomatischem Parkett erwarb. (Wie diese ‚Verdienste' zu bewerten sind, führt der Kläger in §§163–178 aus.)

οὐκ ἀπολωλότα: Überläufer wurden in Athen wegen Verrats (προδοσία) auf dem Weg der Eisangelie angeklagt und im Falle eines Schuldspruchs mit dem Tod bestraft (Lipsius 377–80 und 191). Als Söldner unterlag Charidemos diesem Gesetz aber nicht (vgl. auch Komm. zu §150 ηὐτομόλησεν), schuldete den Athenern also für seine ‚Verschonung' nicht die Dankbarkeit, die der Kläger von ihm fordert.

καὶ ὅτι ταῦτ' ἀληθῆ λέγω: Der ὅτι-Satz erklärt sich nicht als Kurzform für das z.B. 23,174 ausgeschriebene ἵνα εἰδῆτε, ὅτι ..., sondern hängt von dem in der Aufforderung zum Verlesen des Dokuments enthaltenen Begriff des Zeugnisses ab: „lies (als Beweis dafür), dass ..." Vgl., mit leichter Kritik an der KG II 371 Anm. 4 gegebenen Erklärung, Wankel zu Dem. 18,37 (S. 286f.), der auf Gebauer, Anh. zu Lysias 242–244 verweist. Bei Dem. vgl. u.a. 18,135.137; 19,146.161.165.170; 20,115; 21,121.174.

τὴν Ἰφικράτους ἐπιστολὴν καὶ τὴν Τιμοθέου, καὶ μετὰ ταῦτα τὴν μαρτυρίαν ταυτηνί: Die Rekonstruktion des Inhalts der Briefe und der Zeugenaussage ist spekulativ. Geht man davon aus, dass der Kläger die zu verlesenden Dokumente gemäß der chronologischen Abfolge der in ihnen thematisierten Ereignisse aufzählt (was nicht zwingend der Fall sein muss), könnte im Brief des Iphikrates, als Reaktion auf das Psephisma, das die Verbringung der Geiseln nach Athen anordnete, ihre Übergabe an Charidemos, im Brief des Timotheos ihre Rückgabe an die Amphipoliten mitgeteilt worden sein (so Weber, Weil, Westermann). Über die weiteren Aktivitäten des Charidemos könnten dann diejenigen Zeugnis abgelegt haben, die ihn auf dem Weg von Thrakien nach Olynth abgefangen hatten.

οὐ λόγους οὐδ' αἰτίας: Zu λόγοι in der prägnanten Bedeutung ‚leere Worte' vgl. 8,13; 20,101; 30,34. Eine Definition von αἰτία im Sinne einer haltlosen Anschuldigung gibt Dem. 22,22 αἰτία μὲν γάρ ἐστιν, ὅταν τις ψιλῷ χρησάμενος λόγῳ μὴ παράσχηται πίστιν, ὧν λέγει, ἔλεγχος δέ, ὅταν ὧν ἂν εἴπῃ τις καὶ τἀληθὲς ὁμοῦ δείξῃ (Westermann). Mit Wankel zu 18,7 (S. 140) ist davor zu warnen, den Gebrauch von αἰτία bei Dem. auf diese Bedeutung beschränkt zu sehen. Der Begriff ist eine vox media und kann sowohl die falsche als auch die begründete Anschuldigung bezeichnen. Die negative Färbung ergibt sich bei Dem. in der Regel durch die Verbindung mit einem entsprechenden Adjektiv (ψευδής, z.B. 18,141; κενή, z.B. 18,143) oder Substantiv (βλασφημία, z.B. 18,34; λοιδορία, z.B. 18,15).

S und Y haben αἰτίαν statt αἰτίας, doch findet sich bei Dem. sonst nie der Singular von αἰτία mit dem Plural eines sinnverwandten Substantivs kombiniert (vgl. 18,7.34; 19,29; 22,21; 36,61; 57,17).

ἀλήθειαν οὖσαν ὧν λέγω: = ἀλήθειαν οὖσαν τούτων ἃ λέγω; wörtl. ‚Ihr werdet sehen, ... dass es eine Wirklichkeit dessen gibt, was ich sage', d.h.

‚Ihr werdet sehen, ... dass das, was ich sage, der Realität entspricht'. Zum Genitiv bei ἀλήθεια vgl. Thuk. 2,41,2 καὶ ὡς οὐ λόγων ἐν τῷ παρόντι κόμπος τάδε μᾶλλον ἢ ἔργων ἐστὶν ἀλήθεια (‚faktische Wahrheit'), αὐτὴ ἡ δύναμις τῆς πόλεως, ἣν ἀπὸ τῶνδε τῶν τρόπων ἐκτησάμεθα, σημαίνει; Antiph. 2,4,1 πιστεύων δὲ τῇ ὑμετέρᾳ γνώμῃ τῇ τε ἀληθείᾳ τῶν ἐξ ἐμοῦ πραχθέντων (‚was ich w i r k l i c h getan habe'); 3,2,3 τὸ γὰρ μειράκιον ... ἔβαλε μέν, οὐκ ἀπέκτεινε δὲ οὐδένα κατά γε τὴν ἀλήθειαν ὧν ἔπραξεν.

λέγε {τὴν μαρτυρίαν}. ΨΗΦΙΣΜΑ ΕΠΙΣΤΟΛΑΙ ΜΑΡΤΥΡΙΑ: Der handschriftliche Befund ist verwirrend. In S und Y folgt auf λέγε als Objekt τὴν μαρτυρίαν, in A und F τὴν ἐπιστολήν. Da die Zeugenaussage ausdrücklich n a c h den anderen Dokumente verlesen werden soll (μετὰ ταῦτα τὴν μαρτυρίαν ταυτηνί), ist die Lesart von S und Y auszuschließen. An der in A und F überlieferten Variante stört wiederum, dass nach der Ankündigung von vier Dokumenten, darunter zwei Briefen, zur Verlesung ‚des Briefes' aufgefordert wird, als wäre diese Bezeichnung eindeutig und umfassend. Sodann bieten SYF die ‚Platzhalter' Ψήφισμα Ἐπιστολή Μαρτυρία, A Ἐπιστολή Ψήφισμα Μαρτυρία – man vermisst jeweils die Erwähnung des zweiten Briefes. Durch einen relativ geringfügigen Eingriff in den Text, die Tilgung des Objekts nach λέγε und die Herstellung des Plurals Ἐπιστολαί in SYF, schafft Reiske Übereinstimmung mit der vorausgegangenen Aufzählung des Klägers. Es bleibt allerdings rätselhaft, warum sich ausgerechnet das Nächstliegende in keinem Zweig der Überlieferung erhalten hat.

Über die Genese der Fehler lässt sich nur spekulieren. Der Singular Ἐπιστολή, der sich in allen Handschriften findet, könnte seinen Ursprung in der (unvollständigen) Zusammenfassung in §152 haben (Hinweis von Stephan Schröder). Eine gewisse innere Konsistenz im Irrtum weist die Handschrift A auf, die in §152 ἐκ τῆς ἐπιστολῆς καὶ τοῦ ψηφίσματος καὶ τῆς μαρτυρίας bietet (vgl. unten, Komm. z.St.), wodurch die ‚Platzhalter', wenn auch nicht der Ankündigung des Klägers, so doch zumindest seinem Resümee in Numerus und Reihenfolge entsprechen. In F mag der in der ‚Platzhalterzeile' fehlende Brief im Objekt von λέγε zu finden sein, an welches dann nur noch die weiteren Zeugnisse angereiht wurden. Unerklärlich bleibt die Interpolation von τὴν μαρτυρίαν in S und Y. Die Variationsbreite in der Überlieferung deutet darauf hin, dass es sich bei den ‚Platzhaltern' um relativ späte Ergänzungen handelt.

§152

ἐκεῖσε: D.h. zu Kotys auf die Chersones.

ἐμίσθωσεν ... μισθῶσαι: In dem Verb liegt einige Verächtlichkeit (vgl. Komm. zu §123 μισθοφόρων ἔργον ἀνθρώπων ποιοῦντες ... δορυφοροῦντες), es ist wohl in maliziöser Absicht wiederholt. μισθῶσαι sollte also keinesfalls mit van Herwerden getilgt werden, zumal dadurch ein Tribrachys entstünde.

δεῦρο: Gemeint ist nicht Athen, sondern Olynth. δεῦρο drückt nur allgemein den Gegensatz zu ἐκεῖσε aus (‚an diesen Ort – an jenen Ort'); vgl. zum Begriffspaar Eur. Phoen. 265f. ὧν οὕνεκ' ὄμμα πανταχῇ διοιστέον / κἀκεῖσε καὶ τὸ δεῦρο, μὴ δόλος τις ᾖ; Phoen. 312; Hel. 1141.

ἐκ τῆς ἐπιστολῆς: Sc. des Timotheos. Der Singular stützt die Vermutung, dass der Brief des Iphikrates die Übergabe der Geiseln an Charidemos zum Inhalt hatte, während Timotheos ihren Verlust meldete; deshalb war nur sein Brief geeignet, die Schuld des Charidemos am Scheitern vor Amphipolis zu ‚beweisen' (ὅτι ... τοῦ μὴ λαβεῖν Ἀμφίπολιν πάντων οὗτος αἰτιώτατός ἐστιν).

Der in A und F^c nach ἐκ τῆς ἐπιστολῆς überlieferte Zusatz καὶ τοῦ ψηφίσματος dürfte dem Bemühen eines Abschreibers geschuldet sein, eine möglichst exakte Entsprechung zu den vom Kläger in §151 aufgezählten Zeugnissen herzustellen. Für die im Resümee genannten Vergehen des Charidemos ist das Psephisma jedoch, ebenso wie der Brief des Iphikrates, ohne unmittelbaren Beweiswert.

§§153–162: Charidemos brach sein Versprechen, die Chersones für Athen zurückzugewinnen

Nachdem Charidemos aus dem Dienst des Timotheos geschieden sei, habe er sich von den Schwägern des zu jener Zeit in Gefangenschaft befindlichen Artabazos anwerben lassen, unter Missachtung der mit ihnen getroffenen Vereinbarungen auf eigene Faust Städte in der Troas eingenommen und sich schließlich durch eine strategische Fehlentscheidung selbst in Bedrängnis gebracht. Um der Belagerung durch den inzwischen wieder freigelassenen Artabazos zu entkommen, habe er in einem an Kephisodotos gerichteten Brief die Athener um Hilfe ersucht und ihnen versprochen, die Chersones für sie zurückzugewinnen. Angesichts des drohenden Einschreitens der Athener hätten die Schwäger des Artabazos diesen dazu überreden können, Charidemos unter freiem Geleit abziehen zu lassen. Daraufhin habe sich Charidemos um sein Versprechen nicht mehr gekümmert, sondern im Gegenteil als Militärführer des Kotys den Athenern weitere Teile der Chersones zu nehmen versucht. Dass dies von vornherein sein Plan gewesen sei, beweise die von ihm auf dem Weg zur Chersones gewählte Route über die Dardanellen von Abydos nach Sestos – beide Städte hätten ihm nämlich keine Aufnahme gewährt, wenn sie nicht sicher gewesen wären, dass er seine Parteinahme für Athen nur vortäusche.

Charidemos wird seine Mithilfe bei der Einnahme der Chersones als Gegenleistung für die von Athen erbetenen Trieren versprochen haben. Nachdem es ihm auch ohne athenische Unterstützung (ob diese überhaupt erfolgt wäre, lässt der Kläger bezeichnenderweise offen) gelungen war, Kleinasien zu verlassen, gab es objektiv keinen Grund, dieses Versprechen zu erfüllen (vgl. Heskel 1997, 152f.). Das gilt umso mehr, falls ihm die Athener sogar die Hilfe verweigert haben sollten.

Die Unterstellung, Charidemos habe von Anfang an gelogen, lässt sich schwer beweisen. Der Ausgangs- und Zielpunkt seiner Überfahrt auf die Chersones sind dafür jedenfalls keine sicheren Indizien. Zwischen Abydos und Sestos sind die Dardanellen besonders schmal, so dass sich der Übergang an dieser Stelle allein schon aufgrund der kurzen Fahrtstrecke anbot. Das Argument, die betreffenden Städte hätten Charidemos den Zutritt verwehrt, wenn sie seine den Athenern gegebene Zusage, bei der Rückgewinnung der Chersones zu helfen, ernst genommen hätten, setzt voraus, dass den Einwohnern von Abydos und Sestos der Inhalt des Briefes an Kephisodotos bekannt war, was Charidemos aber zu verhindern gewusst haben dürfte.

§153

χρόνου γὰρ διελθόντος καὶ τοῦ πολέμου πρὸς Κότυν ὄντος ἤδη: Die geschilderten Ereignisse fallen in das Jahr 360/59 (vgl. unten zu Κηφισόδοτον).

μᾶλλον δ': Dies ist die typische Einleitung einer Correctio, vgl. z.B. 1,19; 2,2; 3,14.

Κηφισόδοτον: Nach Schol. Aischin. 3,51 (nr. 112 Dilts) wurde Kephisodotos im Jahr 360/59 zum Strategen gewählt. Auf der Fahrt zum Hellespont (vgl. §§163ff.) befand er sich gemeinsam mit Demosthenes an Bord des von diesem als Trierarchen gestellten Schiffes (Aischin. 3,51f.). Nach dem unglücklichen Ausgang der Mission wurde er vor Gericht gestellt und zu einer hohen Geldstrafe verurteilt (vgl. §167); zu den Klägern zählten Demosthenes (Aischin. 3,52) und wahrscheinlich auch Euthykles, der ebenfalls als Trierarch vor Ort war; vgl. Komm. zu §5 ὅτ᾽ ἔπλευσα τριηραρχῶν εἰς Ἑλλήσποντον. Über das in unserer Rede und von Aischines a.O. Berichtete gehen unsere Informationen über Kephisodotos nicht hinaus; vgl. Mittelhaus 1921, 230f.; PA 8313.

ὑπ᾽ αὐτοῦ γε: Das einschränkende γε (om. A) ist wichtig, da die Athener im Allgemeinen als allzu leichtgläubig und täuschungsanfällig galten; vgl. Komm. zu §95 πολλαὶ γὰρ προφάσεις εἰσὶν δι᾽ ἃς πολλάκις ὑμεῖς ἐξηπάτησθε und §145. Wenn also, wie der Kläger unterstellt, Charidemos selbst die Athener nicht für naiv genug hielt, ihm weiterhin zu vertrauen, so sagt das einiges über die Offensichtlichkeit seiner Verfehlungen aus – und macht es den Zuhörern so gut wie unmöglich, die Dinge anders zu beurteilen.

οὐκ ἄν: Die Handschriften haben οὐδ᾽ ἄν („nicht einmal', ‚auch nicht'), was, da es sich auf das unmittelbar folgende ἐξαπατηθῆναι beziehen müsste, inhaltlich schlecht passt. Dobree korrigiert zu οὐκ ἄν, Weil zu οὐδὲν ἄν (übernommen von Dilts, der versehentlich ἄν auslässt). Zugunsten von οὐκ ἄν spricht, dass der Schwerpunkt der Aussage auf οὕτω σφόδρα ἡγεῖτο liegt und mit οὐδέν („in keiner Beziehung', ‚keineswegs') ein zweiter emphatischer Ausdruck an einer für die Argumentation unwesentlichen Stelle die Aufmerksamkeit distrahieren und die Wirkung verwässern würde.

συνειδὼς ἃ πεποίηκεν: Der Umstand, dass sich Charidemos an Kephisodotos wandte, lässt sich kaum als Indiz für dessen Schuldbewusstsein und damit als implizites Schuldeingeständnis deuten. Für Söldnerführer dürfte der offizielle Ansprechpartner stets der Stratege, nicht das Volk gewesen sein (vgl. Weil u. Westermann z.St.).

Χερρόνησον ὑπέσχετο τῇ πόλει κομιεῖσθαι: Nach dem Abzug des Timotheos (363) hatte Kotys nach und nach wieder auf der Chersones Fuß fassen können. Unter anderen scheiterte der in §104 erwähnte Ergophilos daran, die athenischen Besitzungen zurückzugewinnen. Vgl. dazu Schaefer, I 152ff.

Zu κομιεῖσθαι vgl. Komm. zu §14 Ἀμφίπολιν κομίσασθαι.

τὸ πρᾶγμ' οἷον ἦν τὸ περὶ τὴν ἐπιστολήν: van Herwerden tilgt τὸ περὶ τὴν ἐπιστολήν. Dass es sich um eine Glosse handelt, kann nicht mit Sicherheit ausgeschlossen werden, der an dieser Stelle schwer vermeidbare Tribrachys bildet allerdings kein Verdachtsmoment; vgl. die Parallelen 23,151 τὸ περὶ τῶν ὁμήρων und 19,267 τὸ περὶ τῶν Ὀλυνθίων. Man könnte den holprigen Duktus aber auch als ein bewusst eingesetztes Stilmittel betrachten: Die Wortstellung mit Prolepse und Hyperbaton simuliert die spontane, sich in sukzessiven Präzisierungen überschlagende Rede: „die Sache, wie sie sich verhielt, die mit dem Brief". Zur nachgeschobenen Präzisierung vgl. z.B. [Dem.] 25,77 ἀλλὰ νὴ Δία, εἰ ταῦτ' ἐστὶν αὐτῷ δυσχερῆ τὰ περὶ τὸν πατέρα, εἰς τὸν ἑαυτοῦ βίον καταφεύξεται ὡς σώφρονα καὶ μέτριον.

θεωρῆσαι: „θεωρ. bezeichnet im Verhältnis zu ὁρᾶν das ‚sorgfältige' Betrachten, im Verhältnis zu σκοπεῖν das Gewinnen der Ansicht aus ‚Thatsachen'." (Rosenberg)

τἀνθρώπου: Vgl. Komm. zu §145 ἄνθρωπος.

§154

ἐκεῖνος ὡς: Das Asyndeton ist nach der Ankündigung des Berichts nicht ungewöhnlich; vgl. Denniston 1952, 110.

ἀπόμισθος: Hier ‚aus dem Dienst entlassen' wie Xen. hell. 6,2,16 (dagegen ‚ohne Sold' Dem. 4,46). Die Tätigkeit des Charidemos für Timotheos endete vermutlich nach der Niederlage des Alkimachos bei Amphipolis 364 (Heskel 1997, 118).

διὰ τὴν σύλληψιν τὴν Ἀρταβάζῳ συμβᾶσαν τότε ὑπ' Αὐτοφραδάτου: Artabazos, Statthalter von Daskyleion, wurde im Zuge des Satrapenaufstands an der asiatischen Westküste von Autophradates, dem Statthalter Lydiens, gefangengenommen. Die genaue Datierung ist strittig (Heskel 1997, 121: 364; Sealey 1993, 82: um 362; Weiskopf 1989, 62: 360).

τοῖς Ἀρταβάζου κηδεσταῖς: Die Gattin des Artabazos war die Schwester der Rhodier Mentor und Memnon; vgl. Diod. 16,52,4. Die Brüder dienten ihrem Schwager als Söldnerführer und warben nach dessen Gefangennahme Charidemos als Helfer an.

λαβὼν δὲ πίστεις καὶ δούς: Vgl. Komm. zu §150 πίστεις δοὺς καὶ λαβών.

ὀλιγωρήσας τῶν ὅρκων καὶ παραβὰς αὐτούς: van Herwerden möchte auch hier den Text straffen und tilgt παραβὰς αὐτούς. Die beiden Partizipien bilden aber zum einen ein gut ausbalanciertes Gegenstück zu λαβὼν πίστεις καὶ δούς, zum anderen steht der erweiterte Ausdruck ganz im Einklang mit dem Ziel des Klägers, den Eid- und Vertrauensbruch des Charidemos möglichst breit auszumalen.

ὡς ἂν πρὸς φίλον: Sc. εἶεν. Zum Fehlen des Verbs bei ὡς ἄν vgl. KG I 243,4 und bei Dem. z.B. 1,21 οὐδ' ὡς ἂν κάλλιστα (sc. ἔχοι) αὐτῷ τὰ παρόντα ἔχει;, 18,291; 19,156; 21,14; 24,79.

Indem der Kläger die auf die Verbindlichkeit der Eide gegründete Arglosigkeit der Bevölkerung hervorhebt, lässt er das Vorgehen des Charidemos als besonders perfide erscheinen.

Σκῆψιν καὶ Κεβρῆνα καὶ Ἴλιον αὐτῶν: Die drei Orte lagen in der Troas. Memnon und Mentor hatten sie offenbar von Artabazos als Lehen erhalten. Vgl. dazu im Einzelnen Cook 1973, 345–347 (Skepsis), 327–344 (Kebren) und 92–103 (Ilion).

Über die Einnahme von Ilion berichten Ain. Takt. 24,3–14; Polyain. 3,14 und (mit einer kurzen Erwähnung) Plut. Sert. 1,6. Demnach hat Charidemos die Stadt durch eine Kriegslist gewonnen, was nicht unbedingt die Version des Klägers stützt, die Bewohner des Landes seien ihm völlig schutzlos ausgeliefert gewesen.

§155

πρᾶγμ' ἔπαθεν τοιοῦτον οἷον οὐχ ὅτι στρατηγὸς ἂν ἠγνόησέ τις εἶναι φάσκων: Der überlieferte Text bereitet Schwierigkeiten. Inhaltlich geht es darum, dass Charidemos einen strategischen Fehler begeht, d.h. den Ernst der Lage verkennt und dadurch in Bedrängnis gerät. Im Sinne der falschen Einschätzung einer Situation ist πρᾶγμα ἀγνοεῖν Dem. 18,174 belegt: τοὺς μὲν ὡς ὑπαρχόντων Θηβαίων Φιλίππῳ λίαν θορυβουμένους ἀγνοεῖν τὰ παρόντα πράγμαθ' ἡγοῦμαι. Aber kann πρᾶγμα an unserer Stelle, zumal in Verbindung mit ἔπαθεν, ‚Situation' bedeuten? Eher würde man die Formulierung im Sinne von ‚ihm widerfuhr etwas' (vgl. 21,17 πράγματα αἴσχιστ' ἂν ἐπάθομεν) auffassen. So verstand es offenbar auch Dobree, der ἠγνόησε tilgt (übernommen von Dilts). Im Relativsatz wäre dann gedanklich ἔπαθεν zu ergänzen. Es fragt sich jedoch, wie es zu der Interpolation gekommen sein könnte. Wenn ein Prädikat im Relativsatz vermisst wurde, lag es viel näher, ἔπαθεν einzufügen. Auch setzt die Interpolation einiges Sprachgefühl voraus, da die implizite Verneinung des ersten Gliedes (vgl. das folgende Lemma) erkannt werden musste. Es ist Demosthenes zuzutrauen, dass er dem Wunsch, das Dilemma des Charidemos ausdrücklich auf dessen kognitive Fehlleistung, also auf eigenes Verschulden, zurückzuführen, die strenge syntaktische Logik geopfert hat, indem er das Objekt οἷον (sc. πρᾶγμα) statt von z.B. ἔπαθεν δι' ἄγνοιαν direkt von ἠγνόησε abhängen ließ. Der Akzent verlagert sich dadurch vom passiven Erleben im übergeordneten Satz hin zum aktiven Verursachen im Nebensatz, und genau darauf richtet sich die Häme des Klägers: Nicht einmal ein militärischer Laie hätte die Lage so falsch eingeschätzt wie Charidemos. Das vernichtende Urteil impliziert die Warnung, die strategischen Kompetenzen des Charidemos nicht zu überschätzen – sowohl, was seine bisherigen Einsätze anbelangt, als auch mit Blick auf die von Aristomachos geforderte Übertragung eines weiteren Kommandos (vgl. §14).

οὐχ ὅτι ... ἀλλ' οὐδ': Der elliptische Ausdruck steht für οὐ λέγω ὅτι und bedeutet ‚ich sage nicht, dass ...‚ sondern'; dabei muss „nach der Verschiedenheit des Verhältnisses, in dem die so verbundenen Begriffe zu einander stehen, bald durch n i c h t n u r ... s o n d e r n a u c h, bald durch n i c h t n u r n i c h t ... s o n d e r n a u c h übersetzt werden. Das erste Glied mit οὐχ ὅτι ... drückt überall etwas S c h w ä c h e r e s, das zweite mit ἀλλά überall etwas S t ä r k e r e s (eine S t e i g e r u n g) aus." (KG II 258; speziell zu οὐχ ὅτι ... ἀλλ' οὐδέ vgl. auch KG II 259 [c]: „die Negation des ersten Gliedes wird nicht ausgedrückt, da sie sich aus dem zweiten von selbst ergiebt."). Vgl. 24,7 ἐγὼ δ', εἰ κατώρθωσεν ἐκεῖνος ἦν ἐπ' ἔμ' ἦλθεν ὁδόν, οὐχ ὅτι τῶν ὄντων ἂν ἀπεστερήμην, ἀλλ' οὐδ' ἂν ἔζων.

στρατηγὸς ... τις εἶναι φάσκων: Der Kläger würdigt Charidemos zusätzlich dadurch herab, dass er an ihn nicht einmal den Maßstab eines ‚echten', sondern nur den eines ‚vorgeblichen' Strategen anlegt.

ὁ τυχών: Vgl. Komm. zu §43 τὸ τυχόν.

οὐδ' ὁτιοῦν: Vgl. Komm. zu §68 πλέον οὐδ' ὁτιοῦν ἕξει.

ἐπὶ θαλάττῃ: Zum Fehlen des Artikels vgl. Komm. zu §78 ἐπὶ θαλάττῃ.

οὐδ' ὅθεν: Die Feststellung, dass Charidemos keinen Zugang zum Meer und damit zu den Haupthandelsplätzen hatte, zielt zwar bereits auf das Problem der Getreideversorgung ab, dennoch ist es allzu pedantisch, deshalb mit Cobet οὐδ' zu tilgen, um beide Elemente zu e i n e m Gedanken zusammenzuführen. Dem Kläger geht es darum, die Ausweglosigkeit der Lage, in der sich Charidemos befand, als so eindeutig erscheinen zu lassen, dass ihre Verkennung grotesk wirkt. Diesen Zweck erfüllt das die Totalität der Aporie abbildende Trikolon bestens: Das Getreide konnte nicht direkt am Hafen erworben werden, u n d es gab auch keine andere Bezugsquelle (etwa durch befreundete Staaten, wie sie Artabazos zur Verfügung stand), u n d es waren auch keine Vorräte in den eigenen Stellungen vorhanden.

ἄν ... εὐπόρησε: Potentialis der Vergangenheit; vgl. KG I 212f. Der in A überlieferte Optativ εὐπορήσειε dürfte eine Vereinfachung zum geläufigeren Potentialis der Gegenwart darstellen.

ἐπειδή γε ἀδικεῖν ἔγνω: D.h. nachdem die (grundsätzlich falsche) Entscheidung, Unrecht zu tun, nun einmal (ἐπειδή γε) gefallen war, hätte Charidemos dies auch auf eine für ihn weniger riskante Weise, nämlich durch Plünderung und sofortigen Abzug, realisieren können. Mit γε wird der Inhalt des Kausalsatzes als unabänderliche Voraussetzung markiert, aus der sich, wie auch immer man sie bewerten mag, das Weitere ergibt; vgl. 18,261 ἐπειδὴ δ' εἰς τοὺς δημότας ἐνεγράφης ὁπωσδήποτε (ἐῶ γὰρ τοῦτο), ἐπειδὴ γ' ἐνεγράφης, εὐθέως τὸ κάλλιστον ἐξελέξω τῶν ἔργων, γραμματεύειν καὶ ὑπηρετεῖν τοῖς ἀρχιδίοις (mit Wankel z.St. [S. 1149f.]); 21,91 und Denn. GP 141f.

ἐκ τῆς ἄνωθεν Φρυγίας καὶ Λυδίας καὶ Παφλαγονίας οἰκείας οὔσης: ἄνωθεν anstelle von ἄνω „lehnt sich an den Begriff des Zuführens an" (Westermann); vgl. zur Attraktion des Ortsadverbiums KG I 546f. Anm. 1 sowie Aristeid. hier. log. 4, 323,20ff. Jebb ἦν δὲ ἡγεμὼν τῆς Ἀσίας τότε ἀνὴρ καὶ μάλα τῶν γνωρίμων Σεβῆρος τῶν ἀπὸ τῆς ἄνωθεν Φρυγίας.

Mit dem ‚oberen' Phrygien dürfte das hellespontische Phrygien, das gewöhnlich Φρυγία ἐφ' Ἑλλησπόντῳ oder Φρυγία μικρά genannt wird (vgl. Ruge 1941, 801f.), also die Satrapie des Artabazos, gemeint sein. Die Bezeichnung ἡ ἄνω Φρυγία ist nach Dem. erst wieder bei Diodor (20,108,3) belegt; vgl. auch Plut. Them. 30,1 u. Eum. 8,7. Lydien und Paphlagonien fielen wohl nicht in den unmittelbaren Einflussbereich des Artabazos (anders Harris 2018, 85 Anm. 188), gehörten aber als Teile des Perserreiches gewissermaßen ‚zur Familie', was für Artabazos einen entscheidenden Vorteil gegenüber dem völlig isolierten Charidemos bedeutete. Das Partizip ist auf alle drei Substantive zu beziehen, die durch den gemeinsamen Artikel zu einer Einheit zusammengefasst sind (vgl. KG I 611).

οὐδ' ὁτιοῦν ἄλλο πλὴν πολιορκία περιειστήκει: Zu πλήν anstelle von ἤ nach οὐδὲν ἄλλο u.ä. vgl. KG II 304 Anm. 5. Die Alliteration hebt das für Charidemos fatale Faktum hervor.

§156

αἰσθόμενος ... λογισμὸν λαβὼν ... εἶδεν ... συνείς ... γνούς: Die Häufung von Verben der geistigen Wahrnehmung ist auffällig. Das so erzeugte Bild einer ‚Gedankenkaskade' veranschaulicht die Bedrängnis des Charidemos, dem die genaue Analyse der eigenen Situation nur einen einzigen Ausweg eröffnet.

Von den finanziellen Nöten des Charidemos in der Auseinandersetzung mit Artabazos berichtet [Aristot.] oik. 2,30: Er habe seine Soldaten nicht mehr bezahlen können und sich mit Hilfe einer List der Besitztümer wohlhabender Einwohner bemächtigt.

οὗ ἦν κακοῦ: Zum partitiven Genitiv bei Ortsadverbien vgl. KG I 340 (c); vgl. auch Lys. 13,36 ἅπαντες γὰρ ἤδη ἐγνωκότες ἦτε οὗ ἦν κακοῦ ἡ πόλις; Hyp. Ath. 10 (col. 4) ὡς δ' ᾐσθόμην οὗ ἦν κακοῦ.

λογισμὸν λαβών: Zu λογισμὸν λαμβάνειν (‚eine Berechnung/Erwägung anstellen') vgl. Dion. Hal. ant. 1,46,2 λογισμὸν δὲ τὸν εἰκότα περὶ τοῦ μέλλοντος λαμβάνων, ὡς ἀμήχανον εἴη πρᾶγμα σῶσαι πόλιν ... (= Hellanikos 104 F 31,22); mit dem Genitiv dessen, was in Rechnung gestellt bzw. bei der Erwägung berücksichtigt wird, Men. Sam. 419f. ... παύσεθ' οὗτος ἀπομανείς / ὅταν λογισμὸν ὧν ποιεῖ νυνὶ λάβῃ u. Dion. Hal. ant. 5,15,2 ὁμοίῳ δ' ἀμφότεροι θυμῷ φερόμενοι καὶ λογισμὸν οὐχ ὧν πείσονται λαβόντες, ἀλλ' ὧν ἐβούλοντο δρᾶσαι ...

ληφθήσεται: Im gegebenen Zusammenhang ist weniger an die Festnahme der Person als an die Einnahme der von Charidemos gehaltenen Stellung zu denken; vgl. zu dieser Bedeutung in persönlicher Konstruktion 9,17 ὁ γὰρ οἷς ἂν ἐγὼ ληφθείην, ταῦτα πράττων καὶ κατασκευαζόμενος, οὗτος ἐμοὶ πολεμεῖ, κἂν μήπω βάλλῃ μηδὲ τοξεύῃ.

κἂν μηδενὶ ... γε: Zur Verbindung κἂν μή ... γε („wenn schon nicht ..., so doch gewiss ...') vgl. bei Dem. z.B. 18,272.292 (mit Wankel z.St. [S. 1239f.]).

ἔστι δ' αὕτη τίς;: Zur Endstellung des Fragepronomens vgl. Komm. zu §30 λέγει δὲ τί;.

εἴτε χρὴ φιλανθρωπία λέγειν εἴθ' ὅ τι δήποτε: S und F haben φιλανθρωπία, die übrigen Handschriften das syntaktisch ‚korrekte' φιλανθρωπίαν (so auch Dilts). Die lectio difficilior wird aber gestützt durch 21,69 ἐμοὶ δ', ὅς εἴτε τις ... βούλεται νομίσαι μανείς (S : μανίαν S^{γρ}FY : μανίᾳ A) ... εἴτε καὶ φιλοτιμίᾳ χορηγὸς ὑπέστην, wozu MacDowell (S. 287) auf 21,83 (ταύτης λέγω) verweist und erklärt: „it is as if the word were a direct quotation from a person's speech or thought. This reading, though found only in S, should be preferred to μανίᾳ and μανίαν, which are easily explained as attempts to regularize the construction." Freilich finden sich bei Dem. auch Parallelen für den Akkusativ in vergleichbaren Fällen, z.B. 18,20 ἡ τῶν ἄλλων Ἑλλήνων, εἴτε χρὴ κακίαν εἴτ' ἄγνοιαν εἴτε καὶ ἀμφότερα ταῦτ' εἰπεῖν.

Die Athener reklamierten mit Stolz für sich, im Interesse der Gerechtigkeit stets ‚selbstlos' für die Schwachen und Unterdrückten einzutreten; vgl. Wankel zu 18,97 (S. 526ff.) sowie z.B. Dem. 10,46; 15,22; 16,15; 18,66; 24,171; [Lys.] 2,12.22.67; Isokr. 4,52f.; 8,30.137; Xen. hell. 6,5,45; mit leichter Kritik Plat. Menex. 244e1-3 καὶ δὴ καὶ εἴ τις βούλοιτο τῆς πόλεως κατηγορῆσαι δικαίως, τοῦτ' ἂν μόνον λέγων ὀρθῶς ἂν κατηγοροῖ, ὡς ἀεὶ λίαν φιλοικτίρμων ἐστὶ καὶ τοῦ ἥττονος θεραπίς. Im Falle des Charidemos hält der Kläger dieses an sich positiv zu bewertende Verhalten für deplatziert, wie er durch die Figur der Diaporesis/Dubitatio unausgesprochen zu erkennen gibt: Hinter ὅ τι δήποτε verbirgt sich ein Begriff wie etwa εὐήθεια, eine blauäugige Gutmütigkeit, die allen Menschen (vgl. ἥπερ ἅπαντας ἀνθρώπους σῴζει), also auch unverdientermaßen den schlechten, entgegengebracht wird.

Zum Begriff der φιλανθρωπία vgl. bei Dem. z.B. noch 20,109 μεῖζον ... Θηβαῖοι φρονοῦσιν ἐπ' ὠμότητι καὶ πονηρίᾳ ἢ ὑμεῖς ἐπὶ φιλανθρωπίᾳ καὶ τῷ τὰ δίκαια βούλεσθαι; allgemein Dover 1974, 201–205; vgl. auch Wankel zu 18,5 (S. 134f.) sowie Christ 2013.

τὴν ἐπιστολήν: Der bestimmte Artikel verweist zurück auf die Erwähnung des Briefes in §153.

ἧς ἄξιόν ἐστι ἀκοῦσαι: Zum Genitiv der Sache bei ἀκούειν in der Bedeutung ‚anhören' vgl. KG I 359 Anm. 6.

κομιεῖσθαι: Vgl. Komm. zu §14 Ἀμφίπολιν κομίσασθαι.

διὰ τοῦ τὸν Κηφισόδοτον δοκεῖν ἐχθρὸν ὄντα τοῦ Κότυος καὶ τοῦ Ἰφικράτους ταῦτα βούλεσθαι: Folgt man streng der syntaktischen Struktur, ist das Mittel, dessen sich Charidemos bedient, nicht unmittelbar der Wille des Kephisodotos, sondern der Anschein des Wollens (διὰ τοῦ δοκεῖν ... βούλεσθαι); so auch die Mehrheit der Übersetzungen: „mit Beziehung auf sein angebliches Einverständniß mit Kephisodotos" (Westermann); „on the pretence that such was also the wish of Cephisodotus" (Vince); „col monstrare Cefisodoto ... di potere" (Volpis); „by ... giving the impression that Cephisodotus ... had this intention" (Harris). Aber inwiefern vermittelt Charidemos einen Eindruck von den Absichten des Kephisodotos (abgesehen von der sprachlichen Schwierigkeit, persönlich konstruiertem δοκεῖν diesen Sinn zu unterlegen)? Eher dürfte er sich an Kephisodotos gewandt haben, weil er aufgrund der bekannten persönlichen Animositäten eben diesen Wunsch in ihm vermutete und darin einen geeigneten Ansatzpunkt für seine ‚Überzeugungsarbeit' sah. Das Hauptgewicht der Aussage ist daher wohl auf βούλεσθαι zu legen, auch wenn es syntaktisch untergeordnet ist.

ἀποδρᾶναι: „Dieses Verbum bezeichnet im Vergleich zu den Kompositis von τρέχειν und φεύγειν das schimpfliche Ausreißen, Sich aus dem Staube machen" (Westermann).

§157

παραυτά: Das Adverb findet sich im Corpus Demosthenicum und bei den anderen Rednern sonst nicht.

ἐξηλέγχθη τὸ πρᾶγμ' ἐπ' αὐτοφώρῳ: Gemeint ist, dass das folgende Verhalten des Charidemos seinen Brief an Kephisodotos eindeutig als Täuschungsmanöver entlarvt.

Gegenstand des ἐξελέγχειν ist gewöhnlich eine Person; zum Bezug auf eine Sache (‚ans Licht bringen' / ‚sichtbar machen') vgl. Pind. O. 10,53ff. ὁ ... ἐξελέγχων μόνος ἀλάθειαν ἐτήτυμον Χρόνος u. Thuk. 3,64,4 ἃ δὲ ἡ φύσις αἰεὶ ἐβούλετο, ἐξηλέγχθη ἐς τὸ ἀληθές.

ἐπ' αὐτοφώρῳ, eigtl. ‚auf frischer Tat', ist hier in der erweiterten Bedeutung ‚offensichtlich' verwendet; vgl. LSJ s.v. αὐτόφωρος II.2. φανερῶς, das in S und Y hinter ἐξηλέγχθη überliefert ist, dürfte als erklärende Glosse zu ἐπ' αὐτοφώρῳ in den Text geraten sein.

ἄνθρωποι νέοι καὶ κεχρημένοι ἀπροσδοκήτῳ εὐτυχίᾳ τῇ τοῦ Ἀρταβάζου κηδείᾳ: Die Apposition bietet eine psychologische Erklärung für das Verhalten der beiden Männer an: Wegen ihrer Jugend noch unerfahren und eher zufällig an die Macht gelangt, wollen sie ihr unverhofftes Glück nicht ohne Not aufs Spiel setzen.

ἀφέσθαι: So die Korrektur Cobets, überliefert ist ἀφεῖσθαι. Der resultative Aspekt wäre hier wenig sinnvoll (*pace* Weber), außerdem ist ein medial gebrauchtes Perfekt von ἀφίεσθαι sonst nicht belegt; vgl. Jebb zu Soph. Ant. 1165.

ὑπόσπονδον: Wörtl. ‚unter dem Schutze einer durch Trankopfer (σπονδαί) besiegelten vertraglichen Vereinbarung'. Vgl. Komm. zu §158 διὰ τὰς σπονδάς.

§158

ἐφ' αὐτοῦ: D.h. ohne die von Athen zum Schutz angeforderten Trieren.

διὰ τὰς σπονδάς: Die σπονδή ist ein den Göttern dargebrachtes Trankopfer, mit dem man ihren Schutz – für sich selbst oder andere – erbat. In der Entwicklung des Begriffs war es „von da ... kein großer Schritt hin zum Schutz von gefährdeten Personen, der vertraglich in der Form von Spondai verbürgt wurde: Sei es in der Form des Geleitschutzes oder eines ungefährdeten Auszugs bei Kapitulationen" (Baltrusch 1994, 100).

οὐχ ὑπομενεῖ Κότυς αὐτὸν ἐπιόντα: ὑπομένειν hier, anders als §155, in der Bedeutung ‚standhalten' wie Plat. Menex. 241a3f. οἵα ἐπιόντα ὑπέμειναν κατά τε γῆν καὶ κατὰ θάλατταν.

τὴν Χερρόνησον ὅπως κομιεῖσθε ὑμεῖς συμπρᾶξαι: Es muss keine Prolepse angenommen werden, da συμπράττειν mit dem Akkusativ der Sache konstruiert wird, bei der jemand behilflich ist bzw. zu der jemand verhilft; vgl. Eur. Iph. T. 979f. ἀλλ' ἥνπερ ἡμῖν ὥρισεν σωτηρίαν / σύμπραξον und, unserer Stelle sehr ähnlich, Xen. hell. 4,6,14 ἤλπιζον γὰρ Ναύπακτον αὐτοῖς συμπράξειν ὥστ' ἀπολαβεῖν.

Κριθώτην καὶ Ἐλαιοῦντα: Elaious lag, strategisch günstig, an der Südspitze der Chersones. Die genaue Lokalisierung von Krithote ist unsicher, die antiken Zeugnisse lassen es an der Südküste östlich von Aigospotamoi und westlich von Paktye vermuten; vgl. Isaac 1986, 191.

ἔπεμπε: Imperfekt, da nicht nur an den Moment des Absendens, sondern an den gesamten Prozess des Ersinnens und Abfassens gedacht ist.

ἐφενάκιζεν: Vgl. Komm. zu §20 τὸν τρόπον ὃν πεφενάκισθε ὑπ' αὐτοῦ fin.

ἀπὸ τῆς διαβάσεως ἣν ἐποιήσατο: Der Formulierung ‚an der Überfahrt, die er machte' lässt sich unschwer die Bedeutung ‚an der von ihm gewählten Form der Überfahrt' entnehmen. Dobrees Konjektur ᾗ für ἣν ist daher überflüssig.

ἐκ γὰρ Ἀβύδου ... εἰς Σηστὸν διέβαινεν: Nach Hdt. 7,34 betrug die Entfernung von Abydos zum gegenüberliegenden Ufer, einem Punkt zwischen den Städten Sestos und Madytos, nur sieben Stadien. Hier soll Xerxes die Brücke über den Hellespont errichtet haben (Hdt. 7,33ff.), und der Sage nach durchschwamm Leander die Meerenge von Abydos nach Sestos, wo seine Geliebte Hero auf ihn wartete. Die Häfen der beiden Städte waren nach Strabo (591C8f.) 30 Stadien voneinander entfernt, der Schiffsverkehr verlief wegen der starken Strömung über andere Anlegeplätze in der Nähe (nordöstlich von Abydos und südwestlich von Sestos), die auch Charidemos genutzt haben dürfte.

Ἀβύδου τῆς τὸν ἅπαντα χρόνον ὑμῖν ἐχθρᾶς καὶ ὅθεν ἦσαν οἱ Σηστὸν καταλαβόντες: Sestos wurde 478 von den Athenern erobert (Hdt. 9,114–119; Thuk. 1,89,2) und entwickelte sich politisch wie wirtschaftlich zu einer Rivalin von Abydos. Beide Städte gehörten dem Attisch-Delischen Seebund an, Abydos aber fiel im Jahr 411 von Athen ab (Thuk. 8,62,1) und wurde zu einem Stützpunkt der peloponnesischen Alliierten, während die Athener von Sestos aus die Chersones verteidigten. 360 (vermutlich mit der hier erwähnten Hilfe der Abydener) vorübergehend von Kotys besetzt, wurde Sestos 353 von Chares zurückgewonnen, ist also zum Zeitpunkt des Prozesses gegen Aristokrates in athenischer Hand; vgl. Diod. 16,34,3.

Über die Eroberung von Sestos durch die Einwohner von Abydos berichtet nur ein einziges Zeugnis, das zudem von sehr zweifelhaftem historischen Wert ist: Nach Polyain. 1,37 pflegte Theodoros, der Kommandant von Sestos, ein Loch in der Stadtmauer zu nutzen, um seine Geliebte zu besuchen. Vom Wein berauscht, erzählte er seinem Freund Kleon davon. Kleon verriet das Geheimnis an die Abydener, die in einer mondlosen Nacht, als Theodoros bei seiner Geliebten weilte, durch die geheime Maueröffnung in die Stadt eindrangen und Sestos einnahmen. Zu welcher Zeit dies geschah, ist ungewiss. Schaefers Vermutung, Polyainos beschreibe die Eroberung im Jahr 360 und habe dem Kommandanten irrtümlich den Namen Theodoros statt Theotimos (so belegt bei Hypereid. Eux. 1) zugewiesen, bleibt Spekulation; vgl. Schaefer 1864, 609–610. Zur möglichen Mitwirkung des Abydeners Iphiades an der Einnahme von Sestos vgl. Komm. zu §176 τὸν Ἰφιάδου ... υἱόν.

εἰς Σηστὸν ..., ἦν: Zum Genus vgl. Steph. Byz. s.v. Σηστός: ἀρσενικῶς παρ' Ἐφόρῳ, οἱ δ' Ἀθηναῖοι ἐν τῇ Σηστῷ φασιν. Vgl. auch Thuk. 1,89,2 mit dem Scholion z.St.

§159

ὑποδέχεσθαι: Das Verb ist gebräuchlich für die Schutz gewährende Aufnahme Verfolgter (vgl. Thuk. 3,111,4; 6,34,4; Xen. hell. 4,8,21). Indem der Kläger durch die Wortwahl den Gedanken an politisches Asyl anklingen lässt, übersteigert er die Bedeutung der ‚Aufnahme' des Charidemos, die doch nur darin bestand, dass er die Häfen der beiden Städte benutzen durfte.

τοὺς ἐν τῇ Σηστῷ: Das Ethnikon Σήστιοι wird hier möglicherweise nicht verwendet, weil der Kläger „neben den Bürgern an die eingesickerten Parteigänger des Kotys, die genannten Abydener und sicher auch Thraker" denkt (Kahrstedt 1954, 27 Anm. 77).

ὑμᾶς παρέχειν τὴν ἀσφάλειαν: Nämlich durch Bereitstellung der von Charidemos geforderten Trieren.

διαβάντος δέ: Sc. τοῦ στρατεύματος. Zum Fehlen eines aus dem Zusammenhang leicht zu ergänzenden Substantivs im gen. abs. vgl. KG II 81 Anm. 2.

ὅπερ συνέβη δόντος Ἀρταβάζου τὴν ἄδειαν: Der Relativsatz bezieht sich auf den Inhalt des folgenden A.c.I., ähnlich Dem. 6,9 τοὺς δὲ Θηβαίους ἡγεῖτο, ὅπερ συνέβη, ἀντὶ τῶν ἑαυτοῖς γιγνομένων τὰ λοιπὰ ἐάσειν ὅπως βούλεται πράττειν ἑαυτόν; 15,12. Zu solchen Einschüben, die der Formulierung einer Erwartung/Vermutung die Feststellung ihres Eintreffens/Zutreffens voranschicken, vgl. Rehdantz, Index I s.v. Παρεμβολή und Wankel zu 18,26 (S. 249).

Auf die vom ursprünglichen Plan abweichenden Umstände ausdrücklich hinzuweisen, wirkt auf den ersten Blick nicht unbedingt geschickt: Die Abwesenheit der Athener machte es für Charidemos zweifellos leichter, sein Heer Kotys und den diesen unterstützenden Sestiern zur Verfügung zu stellen; ob er genauso gehandelt hätte, wenn er seine sichere Überfahrt dem Geleitschutz der Athener zu verdanken gehabt hätte, ist nicht sicher (vgl. die Einleitung zu §§153–162). Der Kläger scheint hier den möglichen Einwand in der bewährten Manier der Vorwärtsverteidigung für die Stützung seiner These vereinnahmen zu wollen, so als könne das, was nach der Zusicherung freien Geleits durch Artabazos geschah, ein Beweis für den unter ganz anderen Vorzeichen geschlossenen Pakt zwischen Charidemos und den Sestiern sein. Es fragt sich dennoch, ob ὅπερ συνέβη ohne den erklärenden Genitivus absolutus an dieser Stelle nicht wirkungsvoller gewesen wäre.

ὅτι τοίνυν οὕτω ταῦτ' ἔχει: Vgl. Komm. zu §151 καὶ ὅτι ταῦτ' ἀληθῆ λέγω und Wankel zu 18,115 (S. 627): „Die vorliegende Variation mit τοίνυν kommt fast nur bei D. vor."

A hat die Wortstellung ταῦθ' οὕτως, die dem Adverb weniger Gewicht gibt. Im direkten Anschluss an die ‚Interpretation' des Geschehens passt aber gerade die Hervorhebung von οὕτω sehr gut („Dass es s o ist, wie ich sage"); vgl. auch Weber z.St.: „οὕτω primum locum hic obtineat necesse est, ubi orator rationem fraudis, qua Charidemus usus sit, testimoniis confirmare vult". Der Schreiber von A mag die Wortstellung an das folgende ὅτι ταῦθ' οὕτως ἔχει angeglichen haben, zerstört aber damit die vermutlich beabsichtigte Variatio.

παρὰ τῶν ἀρχόντων τῶν ἐκ Χερρονήσου: Bei den hier erwähnten Archonten handelt es sich um Vertreter der athenischen Staatsmacht, die in verbündeten Städten oder besetzten Gebieten stationiert wurden; sie sind von den innerathenischen Beamten gleichen Namens zu unterscheiden; vgl. Schuller 1974, 42ff.

ΕΠΙΣΤΟΛΗ: Absender des Briefes dürfte einer der Archonten gewesen sein, der über die Ereignisse Bericht erstattete. Wie die Fortsetzung zeigt, enthielt der Brief Informationen zur Überfahrt des Charidemos, darunter die Angabe von Start- und Zielpunkt.

§160

ὅθεν οἷ: Zur Verbindung zweier Fragewörter in einem Satz vgl. KG II 521f.

τὰς ὑπερβολὰς ὧν ... ἔγραψεν ἐπαίνων: Zu ὑπερβολή m. gen. vgl. Komm. zu §144 τὴν ὑπερβολὴν τῆς ἀναιδείας. Zur Attraktion des Relativums in Verbindung mit der (beim Genitiv seltenen) Umstellung des übergeordneten Substantivs in den Relativsatz vgl. KG II 407,2 und 416ff.

Anstelle des von Reiske hergestellten ἐπαίνων {καὶ} haben die Handschriften ἐπαίνων καὶ. Genitiv zu ὑπερβολάς wäre dann ein allgemeines τούτων (das durch Attraktion zu ὧν wird), und die drei Partizipien würden aneinandergereiht, wodurch der Vorwurf des maßlosen Eigenlobs an Prägnanz verlöre: „Und haltet euch die Übertreibung vor Augen, die in dem liegt, was er euch über sich selbst geschrieben hat, indem er lobt (wen oder was?) und das eine usw." Die falsche Akzentuierung hat ihren Ursprung möglicherweise in der ungewöhnlichen Stellung des Substantivs, die den Schreiber irritierte und ihn vor λέγων und ὑπισχνούμενος ein weiteres Partizip vermuten ließ.

αὐτὸς περὶ αὑτοῦ: Der Zusatz des Nominativs wirkt verstärkend; vgl. KG I 561.

ΕΠΙΣΤΟΛΗ: Mutmaßlich wird Charidemos in diesem Brief an seine militärischen Einsätze im Dienste Athens erinnert, sich weiterer Akte der Loyalität (wie z.B. der Abweisung der Gesandten Alexanders; vgl. §162) gerühmt und seine Hilfe beim Rückgewinn der Chersones versprochen haben. Ihn auf diesem Wege mit einer eigenen Darstellung seiner Leistungen ‚zu Wort kommen' zu lassen, birgt eine gewisse Gefahr, welcher der Kläger dadurch begegnet, dass er das Selbstlob des Charidemos ins Lächerliche zieht und den Fokus auf das gebrochene Versprechen lenkt.

§161

Καλά γε, οὐ γάρ;: „als Zwischenfrage in ironischen Sätzen stets hinter dem durch γε gehobenen Hauptbegriffe" (Westermann), vgl. Wankel zu 18,136 (S. 738f.), Denn. GP 86 zu οὐ γάρ und 129f. zu γε („exclamatory") sowie bei Dem. 18,136; 19,253; 21,209; 22,73 (= 24,181); 23,162.186. ([Dem.] 59,110 fehlt γε.)

νῦν δέ: „den Gegensatz der Wirklichkeit zu einem bloss angenommenen Falle einleitend" (KG II 117,2).

ἔγραφεν: Zum Imperfekt vgl. Komm. zu §158 ἔπεμπε.

ἐξαπατῶν: Die Möglichkeit, dass Charidemos, wenn er die Hilfe der Athener in Anspruch genommen hätte, seinem Wort treu geblieben wäre, wird nicht in Betracht gezogen.

ΕΠΙΣΤΟΛΗ: Dieser und die folgenden Briefe enthalten Berichte der auf der Chersones stationierten athenischen Archonten, die eine Anspannung der Gefahrenlage meldeten. Inwieweit sie Charidemos ausdrücklich dafür verantwortlich machten, ist ungewiss; vgl. Harris 2018, 87 Anm. 194.

τοῦ ... ὑποσχομένου Χαριδήμου: Das attributive Partizip ist vorangestellt, um die Aufmerksamkeit auf die von Charidemos geweckte freudige Erwartung zu fokussieren und den Spannungsbogen dann, nach kurzer Retardierung durch den Einschub φησὶν ὁ ἄρχων Κριθώτης, jäh in die mit der Erwartung erheblich kontrastierende Realität abstürzen zu lassen. Der Zuhörer durchlebt in diesem Satz noch einmal den schmerzlichen Gefühlsumschwung von großer Hoffnung zu tiefer Enttäuschung.

Dass nach dem substantivierten Partizip noch der Eigenname genannt wird, tut der Wirkung der Formulierung keinen Abbruch. Es besteht daher keine Veranlassung, mit Weil Χαριδήμου zu tilgen.

τῶν πρότερον: Sc. κινδύνων; wörtl. ‚als die früheren Gefahren'.

ἐπιδείξας: Der Ausdruck ἐξ ἐπιστολῆς zeigt an, dass hier, anders als beim Brief des Charidemos, nur Auszüge verlesen werden. ἐπιδείξας ist deshalb wohl als Aufforderung des Klägers an den Gerichtsdiener zu verstehen, ihm das Dokument zunächst vorzulegen, um sich die zu zitierende Stelle zeigen zu lassen (so Reiske, Weil, Westermann).

§162

γάρ που: Diese Partikelkombination findet sich sehr häufig bei Platon (in „appeals for assent"; Denn. GP 494), bei Dem. sonst nirgends.

πεφενάκικεν: Mit der Wahl des Perfekts, das nicht das vergangene Ereignis des Betrogenwerdens, sondern den in der Gegenwart fortbestehenden Zustand des Betrogenseins in den Blick nimmt, wird den Zuhörern suggeriert, dass sie auch den Groll gegen Charidemos dauerhaft bewahren müssen.

Ἀλεξάνδρου πρεσβευσαμένου: Zu Alexander von Pherai vgl. Komm. zu §120 Ἀλέξανδρον ἐκεῖνον τὸν Θετταλόν und ὧν μετὰ ταῦθ' ὕβρισεν καὶ προὐπηλάκισεν. Die Gesandtschaft steht wahrscheinlich in Zusammenhang mit Alexanders Raubzügen in der Ägäis (362/61), für die er Charidemos anwerben wollte; vgl. Schaefer, I 131 Anm. 2.

προσεδέξατο: Zum Terminus vgl. Thuk. 2,12,2 κήρυκα καὶ πρεσβείαν μὴ προσδέχεσθαι; 5,80,1.

τοῖς λῃσταῖς ... τοῖς παρ' ἐκείνου ταὐτὰ πράττων: Vgl. §167, wo es von Charidemos heißt: ἐβοήθει ... τοῖς λῃσταῖς καὶ καταποντισταῖς.

εὔνους γε, οὐ γάρ;: Vgl. Komm. zu §161 Καλά γε, οὐ γάρ;

ἁπλῶς: Zur ethischen Bedeutung von ἁπλῶς vgl. Komm. zu §24 θεάσασθε δὴ ... ὡς ἁπλῶς καὶ δικαίως χρήσομαι τῷ λόγῳ. Zur Kombination mit Ausdrücken des Wohlwollens vgl. 18,276 ἁπλῶς καὶ μετ' εὐνοίας; 10,76 ἁπλῶς, εὐνοίᾳ; 23,181 μετὰ πάσης δ' ἀληθείας ἁπλῶς εὐνοεῖν; 23,194 εἰ μετ' ἀληθείας ἁπλῶς ἦν ἡμῖν φίλος.

ἐπιστείλας ... ἐξαπατήσας: Der kommentierende Partizipialausdruck hat sich syntaktisch weitgehend verselbständigt, ähnlich 21,204 τοιαῦτα ὑβρίζων καὶ τὴν ἀπὸ τῆς ψυχῆς πικρίαν καὶ κακόνοιαν ... φανερὰν ἐπὶ τοῦ καιροῦ καθιστάς.

§§163–178: Charidemos nutzte Schwächephasen Athens gnadenlos aus

Nach der Ermordung des Kotys habe Charidemos, da Kersobleptes noch sehr jung gewesen sei, die politischen Geschäfte geführt. Und obwohl Kephisodotos, dem er zuvor in verzweifelter Lage seine Rettung anvertraut hatte, als Stratege nach Thrakien gekommen sei, habe er nicht – wie es sich für einen wahren Freund gehört hätte – den Athenern die Chersones zurückgegeben, sondern erbittert gegen sie Krieg geführt. So habe Kephisodotos unter ungünstigen Bedingungen den Vertrag mit Charidemos geschlossen, der in Athen zu seiner Absetzung und beinahe zu seiner Hinrichtung führte.

Auf die von Charidemos verschuldete grausame Ermordung des Miltokythes hin sei es zum Bündnis zwischen Berisades, Amadokos und Athenodoros gekommen. Aus Furcht vor einem drohenden Krieg habe Charidemos einem von Athenodoros aufgesetzten, für Athen vorteilhaften Vertrag zugestimmt, dies aber unter Bruch seines Eides geleugnet, als Athenodoros wegen Geldmangels sein Heer auflösen musste und die Athener ihren Strategen Chabrias mit nur einem Schiff zum Hellespont sandten. Der daraufhin von Chabrias in schwächerer Position ausgehandelte Vertrag sei wiederum für Athen nicht akzeptabel gewesen. Erst als Chares, begleitet von einem Söldnerheer und in Anwesenheit athenischer Gesandter sowie der thrakischen Könige, starken Druck auf Charidemos ausgeübt habe, sei es zu einer zufriedenstellenden Einigung gekommen.

Dieser wendungsreiche Ablauf lasse klar erkennen, dass alles, was Charidemos für Athen getan habe, nicht einem aufrichtigen Gefühl der Verbundenheit, sondern jeweils einer Notlage, die keine andere Option zugelassen habe, entsprungen sei.

Ob der Einfluss des Charidemos auf die Regierungsgeschäfte wirklich so groß war, wie der Kläger ihn darstellt, ist fraglich. Und selbst wenn er es gewesen wäre, hätten die Athener keinen Anspruch darauf gehabt, dass Charidemos, der in erster Linie dem Kersobleptes zu Loyalität verpflichtet war, ihn zu ihren Gunsten geltend machte. Vgl. Bianco 2014, 19.

§163

Οὐ τοίνυν ἐκ τούτων πω δῆλόν ἐσθ', οὕτω σαφῶς δῆλον ὄν: Natürlich ist der Kläger nicht wirklich der Ansicht, seine bisherigen Beweise ließen noch Zweifel am Charakter des Charidemos zu – das stellt er durch den

Zusatz οὕτω σαφῶς δῆλον ὄν ausdrücklich klar. Der Akzent liegt vielmehr darauf, dass das Folgende das bereits Gesagte an Beweiskraft n o c h ü b e r t r i f f t, die Wahrheit also gewissermaßen offensichtlicher als nur offensichtlich machen wird.

Zu οὐ δῆλόν ἐστιν ... δῆλον ὄν vgl. die ähnlichen Paradoxa der Form δεινὸν ὄν οὐ δεινόν ἐστιν, zitiert im Komm. zu §138 δεινὸν ὄν ἧττον ἄν ἦν αἰσχρόν.

ὡς οὐδὲν πιστόν ἐσθ' ὧν ἐκεῖνός φησιν ⟨καὶ⟩ προσποιεῖται τῇ πόλει προσέχειν: Die Herausgeber haben entweder (anstelle des in A und Y überlieferten ἤ) καὶ vor προσποιεῖται ergänzt (Dindorf, Westermann) oder mit van Herwerden προσποιεῖται getilgt (Butcher, Dilts u.a.). Bei der Tilgung entsteht das Problem, wie das zu ὧν attrahierte Akkusativobjekt in die Syntax einzubinden ist. Transitives προσέχειν im Sinne von ‚anbieten' (LSJ s.v. 1) ergibt eine umständliche und nicht ganz logische Aussage (‚nichts von dem, was er der Stadt anzubieten behauptet, ist glaubwürdig' statt einfach ‚nichts von dem, was er der Stadt verspricht, ist glaubwürdig'), und zu προσέχειν im (gebräuchlicheren) Sinne von ‚jmdm. seine Aufmerksamkeit zuwenden', ‚jmdm. zugetan sein' (vgl. §184 ὡς εὐεργέτῃ προσέχειν τὸν νοῦν mit Komm. z.St.) ist der Objektsakkusativ τὸν νοῦν gedanklich zu ergänzen, so dass sich (*pace* Weil) ein weiterer Akkusativ kaum sinnvoll unterbringen lässt (‚nichts von dem, hinsichtlich dessen er sich der Stadt zuzuwenden behauptet'?). Diese Schwierigkeit löst sich auf, wenn man προσποιεῖται durch καὶ anschließt und als zweiten Teil des ὡς-Satzes (nicht des Relativsatzes) versteht: „... dass nichts von dem, was er sagt, glaubwürdig ist und dass er (nur) vorgibt, der Stadt zugetan zu sein'.

Die Überlieferungslage lässt jedoch auch den Verdacht zu, dass es sich bei προσποιεῖται τῇ πόλει προσέχειν um eine konkretisierende Glosse zu ὧν ἐκεῖνός φησιν handeln könnte, zumal das Urteil des Klägers prägnanter und vernichtender wäre, wenn er die Glaubwürdigkeit des Charidemos ganz allgemein und nicht nur in Bezug auf sein Verhältnis zu Athen in Abrede stellte.

τὸν μὲν γὰρ Κότυν ...: Mit wenigen kurzen Sätzen wird eine Kulisse skizziert, die für die Athener verheißungsvoll anmuten musste: Der Feind, Kotys, war tot, sein Nachfolger noch ohne politisches Gewicht, die Macht lag de facto in den Händen des vermeintlich mit Athen sympathisierenden Charidemos.

εὖ ποιῶν: Vgl. Komm. zu §143 εὖ ποιοῦν.

ἀποκτίννυσιν: Vgl. Komm. zu §35 ἀποκτιννύναι.

ὁ Πύθων: Vgl. Komm. zu §119 τοὺς ἀποκτείναντας ἐκεῖνον Πύθωνα καὶ Ἡρακλείδην. Herakleides wird hier nicht genannt; dass Python bei der Ermordung des Kotys die führende Rolle innehatte, deutet sich auch §119 in der Formulierung τὸν Πύθωνα καὶ τὸν ἀδελφόν an.

μειρακύλλιον: Die Deminutivform von μειράκιον (das seinerseits Deminutiv von μεῖραξ ist) findet sich im Attischen neben Dem. 21,78 sonst nur in der Komödie (frühester Beleg ist Aristoph. Ran. 89); der Ausdruck entstammt dem kolloquialen, familiären Gebrauch (vgl. dazu Leumann 1953, 214–216). Plat. rep. 497e9f. siedelt das Alter des μειράκιον zwischen παῖς und ἀνήρ an, also etwa zwischen dem 14. und dem 20. Lebensjahr. Zu den Altersbezeichnungen im Griechischen vgl. auch Manuwald 1999 zu Plat. Prot. 315d8 (S. 137) und ausführlich Boll 1931, 89–145.

Wie alt Kersobleptes war, lässt sich nur ungefähr bestimmen. 21,78 wendet Dem. die Bezeichnung μειρακύλλιον auf sich selbst als etwa Zwanzigjährigen an (vgl. MacDowell z.St.), wobei ihm freilich daran gelegen ist, durch eine gewisse Übertreibung seine Unerfahrenheit zu betonen. Auch an unserer Stelle empfiehlt sich ein vorsichtiger Umgang mit der Angabe: Je ‚unmündiger' der Kläger den Kersobleptes erscheinen lässt, desto mehr Verantwortung fällt Charidemos für die gegen Athen gerichtete Politik des Thrakerkönigs zu (vgl. Vorndran 1922, 29f.). Man wird sich Kersobleptes beim Tod seines Vaters wohl als jungen Mann vorzustellen haben, der schon alt genug war, formal die Herrschaft zu übernehmen, aber noch nicht erfahren genug, sie allein auszuüben.

τῶν ... πραγμάτων κύριος: Vgl. Dem. 19,137.321; Isokr. 3,20; 5,87; 7,65; ep. 9,13. Der Ausdruck bezeichnet denjenigen, der, auch unabhängig von einem offiziellen Mandat oder Amt, das Geschehen dominiert, ‚das Sagen hat'.

ἧκε δὲ Κηφισόδοτος στρατηγῶν ... καὶ αἱ τριήρεις: Dass Kephisodotos in der feindlichen Absicht ‚gekommen' war, die Chersones zu erobern, wird durch die euphemistische Wortwahl kaschiert. Mit στρατηγῶν und τριήρεις wird zwar militärisches Vokabular verwendet, bemerkenswert ist aber, dass zum einen der Stratege sogleich als derjenige in Erinnerung gerufen wird, an den sich Charidemos in seiner Not gewandt hatte, und dass zum anderen die Kriegsschiffe nicht etwa als Angriffswaffen dem Strategen funktional zugeordnet werden (etwa ἧκε ἔχων τριήρεις), sondern als

zweites Subjekt quasi eigenständige ‚Besucher' sind, die ausschließlich in ihrer Eigenschaft als die potentiellen Retter von einst in Erscheinung treten.
    Das Kommando des Kephisodotos wird vom Scholion zu Aischin. 3,51 (112 Dilts) auf das Jahr 359 datiert.

αὐτὸς ἔπεμψε: van Herwerdens Konjektur οὗτος für αὐτός ist unnötig. Dass Kephisodotos Adressat des Briefes war, will der Kläger als Zeichen besonderer persönlicher Verbundenheit verstanden wissen. So wie in §164 die aus eigenem Antrieb und bewusst getroffene Wahl des Freundes mit αὐτὸς ἑαυτοῦ φίλον προείλετο beschrieben wird, betont hier αὐτός die selbstbestimmte, freie Entscheidung, gerade Kephisodotos die eigene Rettung anzuvertrauen.

ὅτ' ἦν ἄδηλα τὰ τῆς σωτηρίας αὐτῷ: Die Umschreibung mit Artikel und Genitiv drückt aus, dass für Charidemos nicht nur ungewiss war, d a s s er gerettet werden würde (ἄδηλος ἡ σωτηρία), sondern auch, u n t e r w e l c h e n U m s t ä n d e n diese Rettung vonstatten gehen würde (ἄδηλα τὰ τῆς σωτηρίας) – nämlich ohne die Hilfe der Athener.

§164

τί δὴ προσῆκεν: In der Handschrift A ist ποιῆσαι hinter φίλον ergänzt. Für das Fehlen des Infinitivs bei προσήκειν gibt es jedoch Parallelen. Zu vergleichen ist insbesondere Isokr. 15,119, wo, genau wie an unserer Stelle, die Konstruktion durch die Antwort vervollständigt wird, die aus einem ohne verbindende Partikel angeschlossenen Infinitivsatz besteht: τί προσήκει τὸν στρατηγὸν τὸν ἀγαθόν; στρατόπεδον συναγαγεῖν ἁρμόττον τῷ πολέμῳ τῷ παρόντι. Anders verhält es sich z.B. Dem. 18,180 πάντα ὅσα προσῆκε τὸν ἀγαθὸν πολίτην ἔπραττον (ähnlich [Dem.] 11,19) und Thuk. 2,46,2 νῦν δὲ ἀπολοφυράμενοι ὃν προσήκει ἑκάστῳ ἄπιτε, wo der Infinitiv jeweils aus einer Verbform des übergeordneten Satzes zu ergänzen ist.

τὸν ὡς ἀληθῶς ἁπλοῦν καὶ φίλον: Sc. wie es Charidemos den Athenern gegenüber zu sein behauptete. Zu ἁπλοῦν vgl. Komm. zu §24 θεάσασθε δὴ ... ὡς ἁπλῶς καὶ δικαίως χρήσομαι τῷ λόγῳ.

παρόντος μὲν στρατηγοῦ ... τῶν πραγμάτων: Die Fakten sind aus dem vorigen Paragraphen bereits bekannt. Während sie dort jedoch noch relativ neutral (zur subtilen Manipulation der Wahrnehmung vgl. Komm. zu §163 ἧκε δὲ Κηφισόδοτος στρατηγῶν ... καὶ αἱ τριήρεις) die veränderte Situation beschreiben, rückt der Kläger sie hier durch die vorangestellte Leitfrage, wie Charidemos sich als wahrer Freund hätte verhalten müssen, in eine etwas andere Perspektive, nämlich in die des Charidemos: Wie die neue Konstellation für die Athener ein Anlass zur Hoffnung war, so war sie für Charidemos die ideale Gelegenheit, seine Loyalität zu beweisen.

οὐχ ὧν ἐκεῖνος ἔφησεν ἂν αὐτῷ φθονεῖν: Zu denken wäre etwa an Timotheos, der auf Charidemos sicher nicht gut zu sprechen war.

αὐτὸς ἑαυτοῦ φίλον προείλετο: Die Eigenständigkeit und Bewusstheit der Wahl wird sowohl durch αὐτός als auch durch das Kompositum προαιρεῖσθαι (‚jmdm. den Vorzug [sc. vor anderen möglichen Kandidaten] geben') betont.

Über das persönliche Verhältnis zwischen Charidemos und Kephisodotos wissen wir aus anderen Quellen nichts. Der Kläger scheint hier allein in dem Umstand, dass sich Charidemos in seiner Notlage an Kephisodotos wandte, die Bekundung eines besonderen Freundschafts- und Vertrauensverhältnisses erkennen zu wollen, was sicher unzulässig ist. Charidemos hatte nur eine beschränkte ‚Auswahl' unter zehn Strategen, von denen einige bereits mit anderen Aufgaben betraut gewesen sein dürften. Möglicherweise war Kephisodotos sogar schon für ein Kommando am Hellespont vorgesehen, als ihn der Brief des Charidemos erreichte (so Heskel 1997, 55); in diesem Fall wäre er der einzig mögliche Adressat für das Anliegen des Charidemos gewesen.

ἐπεπόμφει: Mit der Wahl des resultativen Aspekts drückt der Kläger aus, dass Charidemos sich durch seinen Bittbrief dauerhaft dem Kephisodotos (und damit den Athenern) verpflichtet hat.

καθιστάναι τὸν βασιλέα τῆς Θρᾴκης: Sc. einen König, der den Athenern genehm gewesen wäre und ihre Gebietsansprüche auf der Chersones anerkannt hätte.

καιροῦ τοιούτου λαβόμενον: Zu καιροῦ λαβέσθαι (‚eine Gelegenheit ergreifen') vgl. Isaios 2,28 καιροῦ λαβόμενος ... διεκώλυε τὸ χωρίον πραθῆναι. Im Unterschied dazu hat καιρὸν λαβεῖν bei Dem. die Bedeutung ‚eine

Gelegenheit erhalten', vgl. 1,24; 6,18; 8,60 (= 10,62); 24,8. Bei anderen Autoren kann jedoch auch das Aktiv das Ergreifen einer Gelegenheit bezeichnen, vgl. Aischyl. Sept. 65 καιρὸν ὅστις ὤκιστος λαβέ.

§165

ἔγωγ' ἂν φαίην: Als Antwort auf eine rhetorische Frage nach dem προσῆκον auch Dem. 20,28 und 45,65.

πολλοῦ γε δεῖ: Gewöhnlich verwendet Dem. in der Antwort auf eine rhetorische Frage das emphatischere πολλοῦ γε καὶ δεῖ (vgl. Komm. zu §31 πολλοῦ γε καὶ δεῖ), was auch hier in A und F überliefert ist. Gestützt wird die Variante ohne καί jedoch durch 29,40, wo ein Teil der Handschriften ebenfalls πολλοῦ γε δεῖ bietet.

ἀλλὰ τὸν μὲν ἅπαντα χρόνον μῆνας ἑπτά: Dass die allgemeine und die konkrete Zeitangabe unverbunden nebeneinander gestellt werden, ist ungewöhnlich (am ehesten vergleichbar ist Ios. ant. Iud. 1,309 τοῦτον ἅπαντα τὸν χρόνον, ἔτη δ' ἐστὶν εἴκοσιν, ...). Zusammen mit διάγειν c. part. (siehe dazu das folgende Lemma) ergibt sich daraus eine starke Betonung der über einen langen Zeitraum permanent praktizierten Feindseligkeit – was vielleicht darüber hinwegtäuschen soll, dass der Kläger im Folgenden lediglich von z w e i kriegsähnlichen Konfrontationen mit Charidemos berichten kann.

Zu (ἀλλὰ ...) μέν vgl. Denn. GP 377, (4) (i): „The μέν clause is contrasted with what precedes, not with what follows." Ähnlich Xen. mem. 1,2,2 πῶς οὖν αὐτὸς ὢν τοιοῦτος ἄλλους ἂν ἢ ἀσεβεῖς ἢ παρανόμους ... ἐποίησεν; ἀλλ' ἔπαυσε μὲν τούτων πολλούς ...

διήγαγεν ἡμᾶς πολεμῶν: Die Mehrzahl der Handschriften hat ἡμᾶς; A bietet ἡμῖν. Die Verbindung von πολεμεῖν mit dem Akkusativ statt mit dem Dativ findet sich zwar bei späteren Autoren (z.B. Polyb. 1,15,1.10; Diod. 4,61,3; 4,66,1), im klassischen Attisch aber gibt es nur einen einzigen einhellig überlieferten Beleg: Dein. 1,36 οἱ πολεμήσαντες τὴν πόλιν, wo freilich die Herausgeber zu τῇ πόλει korrigieren. Weil hält ἡμᾶς, indem er es als Objekt zu διήγαγεν auffasst und die Aussage ironisch versteht: „il nous amusa en nous faisant la guerre ... Charidème amusa les Athéniens, non par des négociations, de fausses protestations d'amitié, mais – chose extraordinaire – par des actes d'hostilité ... Malgré cela, Céphisodote attaindait toujours l'accomplissement des promesses de Charidème: de là l'ironique διήγαγεν ἡμᾶς". Zu transitivem διάγειν (wörtl. ‚durchbringen') in der Bedeutung ‚versorgen', ‚unterhalten' bzw. ‚bei Laune halten', ‚hinhalten' vgl. Dem. 8,26 ἀφ' ὧν ἀγείρει καὶ προσαιτεῖ καὶ δανείζεται, ἀπὸ τούτων διάγει (sc. τοὺς στρατιώτας); 18,89 ὁ γὰρ τότε ἐνστὰς πόλεμος ... ἐν πᾶσι τοῖς κατὰ τὸν βίον ἀφθονωτέροις καὶ εὐωνοτέροις διῆγεν ὑμᾶς τῆς νῦν εἰρήνης; exord. 53,4 νῦν δὲ δραχμῇ καὶ χοῖ καὶ τέτταρσιν ὀβολοῖς ὥσπερ ἀσθενοῦντα τὸν δῆμον διάγουσιν und Xen. an. 1,2,11 τοῖς στρατιώταις ὠφείλετο μισθὸς πλέον ἢ τριῶν μηνῶν, καὶ πολλάκις ἰόντες ἐπὶ τὰς θύρας ἀπήτουν. ὁ δὲ ἐλπίδας λέγων διῆγε (sc. αὐτούς); Luk. Phal. 1, 3 τὸν δῆμον ἐν θέαις καὶ διανομαῖς καὶ πανηγύρεσι καὶ δημοθοινίας διῆγον. Weils Erklärung vermag jedoch nicht gänzlich zu überzeugen. Läuft die Darstellung des Klägers tatsächlich darauf hinaus, dass Kephisodotos während der gesamten sieben Monate auf die versprochene Hilfe des Charidemos hoffte, sich also ‚hinhalten' ließ? Eher ist der Text doch so zu verstehen, dass Charidemos mit dem Überfall in Perinth sein wahres Gesicht zeigte (ἐκ προφανοῦς ἐχθρὸς ὤν) und Kephisodotos von da an nur noch um Schadensbegrenzung bemüht sein konnte, wie sie in den für Athen ungünstigen Verträgen schließlich Gestalt annahm (vgl. §167). Auch lässt πολλοῦ γε δεῖ als Antwort auf die Frage, ob Charidemos etwas von dem getan habe, was sich eigentlich für ihn gehört hätte, einen schärferen Kontrast zu diesem ‚korrekten' Verhalten erwarten. Der perfekte Gegensatz zur sofortigen Übergabe des Landes (ἀποδοῦναι τὴν χώραν εὐθέως ὑμῖν) als Bezeugung des guten Willens (δηλῶσαι ὡς εἶχεν εὐνοϊκῶς ὑμῖν) wäre der ausdauernde Widerstand in offener Feindschaft. Genau das ist ausgedrückt, wenn man ἡμᾶς als Objekt nicht zu διήγαγεν, sondern zu πολεμῶν versteht, was zudem den sprachlichen Vorzug mit sich bringt, dass τὸν ἅπαντα χρόνον μῆνας ἑπτά nicht, wie bei Weil, als Akkusativ der zeitlichen Ausdehnung, sondern, in Übereinstimmung mit zahlreichen Parallelstellen, als Akkusativobjekt zu διήγαγεν fungiert; vgl. z.B. [Dem.] 40,43 ἕνδεκα ἔτη διῆγαγε κακουργῶν; Isokr. 4,151 ἅπαντα δὲ τὸν χρόνον διάγουσιν εἰς μὲν τοὺς ὑβρίζοντες, τοῖς δὲ δουλεύοντες; 4,167 μὴ πάντα τὸν χρόνον δυστυχοῦντες διαγάγωσιν; Xen. hell. 7,2,12; Plat. Menex. 248b5; rep. 363c6f., 417b2f., 548a2 etc. Mit ἡμᾶς läge dann entweder eine durch den späteren Sprachgebrauch begünstigte Verschreibung oder aber, m.E. wahrscheinlicher, ein früher Beleg für πολεμεῖν c. acc. vor, den der Schreiber von A zur lectio facilior korrigiert hat (so auch Weber z.St.). Für letzteres bietet der Dem. 14,4 in S überlieferte Text eine Parallele: (sc. δέδια,) μὴ τούτους (τούτοις AFY) μετ' ἐκείνου πολεμεῖν ἀναγκασθῶμεν, ὑπὲρ ὧν προνοούμεθα. Nicht ganz vergleichbar ist 10,31 οὗτοι μισοῦσι καὶ πολεμοῦσι Φίλιππον (S :

φιλίππῳ AF^aY), da hier der seltene Fall gegeben sein könnte, dass der Kasus durch das weiter entfernte Verb bestimmt wird; vgl. KG II 563 Anm. 1 und Plat. Prot. 327a6f. (so wird anders als 14,4 der Akkusativ hier von den Herausgebern gehalten; vgl. zur textkritischen Entscheidung auch Hajdú zu Dem. 10,31 [S. 262f.]).

ἐκ προφανοῦς: Bei Dem. nur hier, klassisch häufiger mit Artikel (ἐκ/ἀπὸ τοῦ προφανοῦς); ohne Artikel bei Plutarch (Alex. 31,11) und Aelius Aristides (or. 34, p. 438,2 Jebb; or. 45, p. 4,20 Jebb).

οὐδὲ λόγον φιλάνθρωπον διδούς: Die Betonung liegt auf λόγον, der gesamte Ausdruck erklärt ἐκ προφανοῦς: Nicht einmal mit Worten bemühte sich Charidemos, den Schein der freundlichen Gesinnung zu wahren. Zum Begriff φιλανθρωπία vgl. Komm. zu §156 εἴτε χρὴ φιλανθρωπία λέγειν εἴθ᾽ ὅ τι δήποτε, zur φιλανθρωπία in der Diplomatie (insbesondere Philipps) vgl. Wankel zu 18,298 (S. 1265f.).

κατ᾽ ἀρχὰς: Sofern kein Tribrachys entsteht (wie 19,87), schreibt Dem. sonst τὸ κατ᾽ ἀρχάς; vgl. 1,12; 2,6; 9,21; 19,303. Ausnahmen finden sich neben unserer Stelle nur in den wahrscheinlich nicht von Demosthenes stammenden Reden 33,9 und 61,32.

Πέρινθον: Vgl. Komm. zu §142 ἐμισθοδότει ... τοῖς ἐν Περίνθῳ ξένοις.

ὅπως συμμείξαιμεν αὐτῷ καὶ περὶ τούτων εἰς λόγους ἔλθοιμεν: Kephisodotos ist also, nach der Darstellung des Klägers, zu diesem Zeitpunkt noch völlig arglos und zuversichtlich, mit Charidemos über die in §164 genannten Punkte (περὶ τούτων) Einigkeit zu erzielen.

ἀριστοποιουμένους φυλάξας τοὺς στρατιώτας: Charidemos wartete, bis die Seeleute an Land gegangen waren, um sich ihrer Schiffe zu bemächtigen. Zu φυλάττειν mit a.c.p. im Sinne von ‚(einen Zeitpunkt) abpassen' vgl. Hdt. 9,110,2 φυλάξασα δὲ τὸν ἄνδρα τὸν ἑωυτῆς Ξέρξην βασιλήιον δεῖπνον προτιθέμενον ... φυλάξασα ἡ Ἄμηστρις χρηίζει ...; mit bloßem Akkusativ Dem. 4,31; 21,86; außerdem 18,308 φυλάττει, πηνίκα.

Das ἄριστον ist im eigentlichen Wortsinne das ‚Frühessen' (vgl. auch Od. 16,2 ἐντύνοντ᾽ ἄριστον ἅμ᾽ ἠοῖ), konnte aber auch mit dem Mittagessen zusammenfallen (vgl. Il. 24,124 mit BK z.St.; Thuk. 4,90,3; 7,81,1) Zur Etymologie vgl. Frisk I 140: „Zusammenbildung aus einem Lokativ ἆρι (aus *αἴερ-ι, s. ἦρι) und der Schwundstufe der Wurzel ἐδ- 'essen' ... vermittels eines το-Suffixes: *αἰερι-δ-τον".

τὰ σκάφη: Das vornehmlich in der Dichtung verwendete Substantiv findet sich bei den Rednern äußerst selten. Dem. gebraucht es zur Bezeichnung des Schiffes im rein materiellen Sinne, d.h. des bloßen Transportmittels ohne Besatzung (vgl. 9,69; 14,22). Eine mit unserer Stelle vergleichbare Differenzierung zwischen dem σκάφος als der materiellen ‚Hülle' und der Schiffsmannschaft nimmt Thuk. 1,50,1 vor: τῆς δὲ τροπῆς γενομένης οἱ Κορίνθιοι τὰ σκάφη μὲν οὐχ εἷλκον ἀναδούμενοι τῶν νεῶν ἃς καταδύσειαν, πρὸς δὲ τοὺς ἀνθρώπους ἐτράποντο φονεύειν διεκπλέοντες μᾶλλον ἢ ζωγρεῖν

κατήραξε δ' εἰς τὴν θάλατταν: D.h. die Seeleute retteten sich in ungeordneter Flucht vor den herandrängenden Angreifern ins Meer; zu einem ähnlichen Gebrauch des Verbs vgl. Hdt. 9,69,2 τοὺς δὲ λοιποὺς κατήραξαν διώκοντες εἰς τὸν Κιθαιρῶνα und Thuk. 7,6,3 τὸ ἄλλο στράτευμα νικηθὲν ὑπὸ τῶν Συρακοσίων κατηράχθη ἐς τὰ τειχίσματα. Man wird sich vorzustellen haben, dass die Athener nicht panisch ins Wasser sprangen, sondern zu ihren Schiffen liefen und eilig in See stachen, wo sie der Bedrohung durch Reiter und Leichtbewaffnete entzogen waren. Die Formulierung lässt aber der Phantasie auch Raum für die dramatischere Variante.

ἱππέας ἔχων καὶ ψιλούς τινας: Mit dem Hinweis, dass Charidemos mit einer kleinen ‚Armee' angetreten sei, rechtfertigt der Kläger den hyperbolischen Begriff des πολεμεῖν, den er für dessen Aktivitäten gewählt hat.

§166

τόπον οὐδένα οὐδὲ χωρίον: τόπος bezeichnet allgemeiner das Gebiet, χωρίον einen klar umrissenen, meist befestigten Ort; vgl. die Verwendung von χωρίον in §158 und Rehdantz, Index II s.v. τόπος.

"νὴ Δί', ἀμυνόμενος γάρ": Zu νὴ Δία vgl. Komm. zu §61 ἀλλὰ νὴ Δία; zu γάρ Westermann z.St.: „γάρ dient dem in νὴ Δία liegenden Widerspruch des gedachten Gegners zur Begründung, wie 20,56 νὴ Δί' ἀνάξιοι γάρ τινες τῶν εὑρημένων ταῦτ' ἦσαν."

Ἀλωπεκόννησον: Die Stadt lag auf der Westseite der Chersones, nach Ps.-Skymnos 705–7 zwischen Limnai und Elaious, bei der heutigen Bucht Suvla.

ἀκρωτήριον δ' ἀνέχον πρὸς τὴν Ἴμβρον: Zur intransitiven Verwendung von ἀνέχειν vgl. Thuk. 4,53,3 (über die Insel Kythera): πᾶσα γὰρ ἀνέχει πρὸς τὸ Σικελικὸν καὶ Κρητικὸν πέλαγος.

λῃστῶν ... καὶ καταποντιστῶν: Vgl. Komm. zu §148 λῃστικόν ποτε πλοῖον ἔχων ἐλῄζετο τοὺς ὑμετέρους συμμάχους und zum Begriff καταποντισταί Westermann: „sogen. weil die Piraten die ausgeplünderten Schiffe oft samt der gefangenen Mannschaft ins Meer versenkten. Isokr. 4,115 u. wie hier τοὺς καταποντιστὰς καὶ λῃστάς 12,226."

μεστὴ: μεστός ist überwiegend mit einem negativ besetzten Begriff dessen, wovon etw. oder jmd. voll ist, verbunden; vgl. bei Dem. 2,14; 10,70.76; 18,48. 112.308; 19,206.218; 22,31; in ironisch-abfälligem Ton 18,217; 19,48; ohne pejorative Nuance hingegen nur 19,17 und 55,15.

§167

πορευθεὶς διὰ Χερρονήσου πάσης τῆς ὑμετέρας: Auf dem Landweg musste Charidemos von Thrakien aus die Chersones der Länge nach durchqueren. Dass die gesamte Chersones, wie durch die Stellung von πάσης zusätzlich hervorgehoben wird, den Athenern gehörte, war zu jener Zeit nur deren Anspruch, aber nicht politisches Faktum. Die Suggestion, Charidemos sei mit seinem Heer in athenisches Territorium eingedrungen, festigt das in §165 entworfene Bild eines regelrechten Krieges.

πρότερον ... ἤ: Die zeitliche Bedeutung geht, wie auch im deutschen ‚eher ... als' (franz. ‚plus tôt – plutôt'), fließend in die graduelle über; ähnlich 57,70 πρότερον γὰρ ἢ προλείπειν τούτους ... ἀποκτείναιμ' ἂν ἐμαυτόν; 16,5 σκεπτέον τοίνυν μὴ πρότερον τούσδε γενέσθαι φοβεροὺς καὶ μεγάλους ἐάσωμεν ἢ 'κεῖνοι μικροὶ γεγενήσονται.

προσκαθήμενος: Gemeint ist nicht die Belagerung im militärischen Sinne (wie z.B. 15,9), sondern die ständige bedrängende Nähe des Charidemos, durch die Kephisodotos in seiner Bewegungs- und Handlungsfreiheit eingeschränkt wird. ‚Im Nacken sitzen' gibt die im Verb enthaltene physische

Komponente vielleicht etwas besser wieder als das von LSJ s.v. II.1 für unsere Stelle vorgeschlagene *„keep a close watch upon"*.

ἔπεισε καὶ ἠνάγκασε: Hendiadyoin (‚überredete durch Zwang'), vgl. 18,13 ἐτραγῴδει καὶ διεξῄει (‚schilderte mit theatralischem Pathos'); 9,62 ἄρχουσι καὶ τυραννοῦσι (‚herrschen als Despoten'); 23,179 κολακεύων καὶ φενακίζων (‚durch Schmeichelei täuschend' bzw. ‚in trügerischer Absicht schmeichelnd') und allgemein zur Tendenz des Griechischen, die Kombination zweier Verben der Verwendung eines Adverbs vorzuziehen, Denniston 1952, 62f.

Die Besonderheit an unserer Stelle besteht darin, dass das πείθειν als solches eigentlich die Anwendung von Gewalt (vgl. Xen. an. 5,5,11; Kyr. 6,1,34) oder Zwang (vgl. [Plat.] Hipparch. 232b3f.) ausschließt, die beiden Verben mithin ein Oxymoron bilden. Der Kläger zielt damit auf eine zumindest partielle Entlastung des Kephisodotos zu Ungunsten des Charidemos ab: Der Stratege ließ sich nicht ohne Not zu einem unvorteilhaften Vertrag überreden, wie es in Athen den Anschein haben mochte, sondern hatte aufgrund des von Charidemos ausgeübten Drucks die schlechtere Verhandlungsposition.

ὡμολογήκει καὶ ὑπέσχητό: Das Perfekt betont die durch die früheren Absprachen bestehende Verpflichtung. Der von A und F gebotene Aorist ὑπέσχετο ist daher eindeutig die schlechtere Variante.

γράφει ... τὰς συνθήκας ταύτας τὰς πρὸς Κηφισόδοτον: Es ist hier nicht von einem Vertragsabschluss die Rede, sondern von der schriftlichen Fixierung vertraglicher Bestimmungen (daher γράφει), die der athenischen Volksversammlung zur Abstimmung vorzulegen waren; vgl. Heuß 1995, 360 u. 386 sowie Komm. zu §10 παραβὰς τοὺς ὅρκους καὶ τὰς συνθήκας, ἃς μεθ' ὑμῶν ἐποιήσατο, ... ἐξέφερεν πόλεμον. In diesem Fall lehnten die Athener den Vertrag ab; vgl. §169 mit Komm. zu ὑμῖν δ' οὐκ ἐδόκουν καλῶς ἔχειν οὐδὲ δικαίως αἱ πρὸς ἐκεῖνον γραφεῖσαι συνθῆκαι.

In A und F fehlt τὰς nach ταύτας; vgl. aber 19,17 ἐπειδὴ πάλιν ἥκομεν ἐκ τῆς πρεσβείας ταύτης τῆς ἐπὶ τοὺς ὅρκους; 19,53 τό τε ψήφισμα τοῦτ' ἔλαβον τὸ τοῦ Φιλοκράτους; 19,150 ἡ μὲν εἰρήνη τέλος εἶχεν αὕτη ἡ τοῦ Φιλοκράτους sowie Westermann z.St.: „Der Artikel bezeichnet das Bündnis als einen historisch wohlbekannten Gegenstand, als in den öffentlichen Debatten stehenden Ausdruck".

Über die genauen Inhalte des Vertrags ist nichts bekannt.

ἀπεχειροτονήσατε ... τὸν στρατηγόν: Einen wegen schlechter Amtsführung abberufenen Strategen erwartete ein Eisangelie-Prozess, in dem zunächst über die Schuldfrage entschieden wurde und im Falle eines Schuldspruchs in einer zweiten Abstimmung über das Strafmaß (sog. ἀγὼν τιμητός); vgl. Aristot. Ath. pol. 61,2 κἄν τινα ἀποχειροτονήσωσιν, κρίνουσιν ἐν τῷ δικαστηρίῳ, κἂν μὲν ἁλῷ, τιμῶσιν ὅ τι χρὴ παθεῖν ἢ ἀποτεῖσαι, ἂν δ᾽ ἀποφύγῃ πάλιν ἄρχει.

Nach Aischin. 3,52 soll Demosthenes selbst zu den Anklägern gehört haben. Schaefer, I 453 zieht dies unter Verweis auf die Schonung, die dem Kephisodotos an unserer Stelle zuteil wird, in Zweifel. Es ist hier allerdings das Argumentationsziel in Rechnung zu stellen: Der Zorn der Zuhörer soll sich ungeteilt gegen Charidemos richten und nicht durch ein zweites Feindbild abgelenkt werden.

πέντε ταλάντοις δ᾽ ἐζημιώσατε: Die Summe wird durch eine andere zeitgenössische Quelle, die *Atthis* des Androtion, bestätigt; vgl. Harpokr. s.v. Κηφισόδοτος (κ 56): Ἀνδροτίων ἐν πέμπτῃ Ἀτθίδος [= FGrHist 324 F 19] ἱστορεῖ ὡς Ἀλωπεκόννησον πολιορκῶν ἀπεχειροτονήθη καὶ κριθεὶς ἑάλω καὶ ἀπέτισε πέντε τάλαντα.

Ein Talent entspricht 60 Minen bzw. 6000 Drachmen. Über den Durchschnittsverdienst eines Atheners im 5. Jh. lässt sich keine sichere Aussage treffen, als Anhaltspunkt mag aber dienen, dass Geschworene (wohl zur Kompensation des Verdienstausfalls am Gerichtstag) drei Obolen erhielten (vgl. Aristoph. Equ. 255; Vesp. 609.690 u.ö.). Nach Thuk. 6,31,3 (vgl. auch 6,8,1) betrug der Sold für Seeleute während des Peloponnesischen Krieges eine Drachme (= sechs Obolen) pro Tag. (Der Thuk. 8,45,2 erwähnte Tagessatz von drei Obolen dürfte sich aus den Sparmaßnahmen nach 413 erklären; vgl. Hornblower 2008 z.St.) Die von den Richtern festgesetzte Geldstrafe ist also hoch (vgl. auch Dem. 19,180, wo Kephisodotos unter verurteilten Strategen, die χρήματα πάμπολλα zu zahlen hatten, genannt wird), aber nicht exorbitant: Hdt. 6,136,3 berichtet, dass Miltiades nach der gescheiterten Expedition gegen Paros das Zehnfache entrichten musste.

τρεῖς δὲ μόναι ψῆφοι διήνεγκαν τὸ μὴ θανάτου τιμῆσαι: wörtl. ‚nur drei Stimmen bildeten den Unterschied zur Verhängung der Todesstrafe'. Zu τό c. inf. statt des bloßen Infinitivs vgl. KG II 43ff.; zur Verneinung des Infinitivs nach einem negativen Verb (in διήνεγκαν liegt der Gedanke des Verhinderns) KG II 217, (l). Vgl. auch Dem. 20,135 οὐδὲ γὰρ ἀμφισβήτησις καταλείπεται τὸ μὴ ταῦτα ποιεῖν; 23,205; 24,69.

Zu der Anzahl von drei Stimmen vgl. Komm. zu §205 Κίμωνα ... ἐξέπραξαν fin.

§168

καίτοι: Zu logisch folgerndem καίτοι vgl. Denn. GP 561ff.; eine rhetorische Frage einleitend auch 23,15.42.

πηλίκην τινὰ χρὴ νομίζειν ... ταύτην τὴν ἀλογίαν: πηλίκος ist in der attischen Prosa selten; bei den Rednern, neben Isokr. 20,3 (siehe unten), sonst nur noch Dem. 19,284.340; 23,210. Zur Verbindung des Fragepronomens mit dem Indefinitum vgl. Isokr. 20,3 καίτοι πηλίκας τινὰς χρὴ ποιεῖσθαι τὰς τιμωρίας, Plat. Men. 82d8f. πειρῶ μοι εἰπεῖν πηλίκη τις ἔσται ἐκείνου ἡ γραμμὴ ἑκάστη u. 85a4f. πηλίκον τί ἐστιν τοῦτο τὸ χωρίον.
Dobree tilgt τὴν. Hält man den Artikel, ist nur πηλίκην τινὰ Prädikatsnomen (‚für eine wie große soll man diese Absurdität halten'), ohne den Artikel ist πηλίκην τινα ἀλογίαν Prädikatsnomen (‚für eine wie große Absurdität soll man das halten'); im ersten Fall liegt der Ton mehr auf πηλίκην, im zweiten mehr auf ἀλογίαν. Der inhaltliche Unterschied ist so marginal, dass ein Eingriff in den überlieferten Text nicht gerechtfertigt erscheint – zumal Dobree seinen Vorschlag ausschließlich mit Parallelen untermauert, in denen als Prädikatsnomen zum Demonstrativum allein das Substantiv in Frage kommt (Hdt. 4,65,2; Dem. 9,9; 24,152), das Fehlen des Artikels also, anders als an unserer Stelle, die Regel ist.

διὰ τὰς αὐτὰς πράξεις τὸν μὲν ... τὸν δ': Die Antithese ist sehr kühn, wenn nicht gar dreist. Charidemos verdankt sein Ansehen bei den Athenern nicht dem Vertrag mit Kephisodotos, sondern seiner Vermittlung zwischen Kersobleptes und Athen bei den Verhandlungen über die Chersones 357 (vgl. Komm. zu §23 τὴν γὰρ τοῦ δήμου δωρεάν ... κυρίαν αὐτῷ δίκαιόν ἐστιν εἶναι). Man könnte also allenfalls sagen, dass er trotz seiner früheren Taten einige Jahre später und unter veränderten politischen Verhältnissen mit Ehrungen bedacht wurde. Den im Prinzip identischen ‚Trick' hat der Kläger bereits in §151 angewandt; vgl. dort den Komm. zu ὧν ... ἀντὶ τούτων ... αὐτῷ στεφάνους καὶ πολιτείαν ... δέδωκε.

πικρκῶς οὕτως: Vgl. Komm. zu §1 ἑτοίμως οὕτως.

ὅτι τοίνυν ταῦτ' ἀληθῆ λέγω: Vgl. Komm. zu §151 καὶ ὅτι ταῦτ' ἀληθῆ λέγω.

ἐκρίνεθ' ὑμεῖς καὶ ἀπεχειροτονεῖτε καὶ ὠργίζεσθε: Der Kläger zählt die Reaktionen in umgekehrter chronologischer Reihung auf, so als wolle er seinen Zuhörern die Erinnerung dadurch erleichtern, dass er die Kausalkette vom jüngsten Ereignis ausgehend zurückverfolgt. Auffällig ist die Verwendung des Imperfekts, welches die Handlung als solche, ohne Rücksicht auf ihren Abschluss, in den Blick nimmt und dem Zuhörer „das handelnde S u b j e k t in seiner damaligen S i t u a t i o n vor die Augen" stellt (KG I 144).

τοὺς τριηράρχους: Zu diesen zählte auch Demosthenes (vgl. Aischin. 3,52). Der Verfasser der Anklageschrift trat also möglicherweise als Zeuge für seine eigene Darstellung der Ereignisse auf.

§169

ὑμῖν δ' οὐκ ἐδόκουν καλῶς ἔχειν οὐδὲ δικαίως αἱ πρὸς ἐκεῖνον γραφεῖσαι συνθῆκαι: Die Formulierung dürfte die Aufhebung des Vertrags durch das Votum der athenischen Volksversammlung umschreiben; auf dieses Ereignis wird in §172 verwiesen, wo es heißt ἀπεχειροτονήσατε κ α ὶ ταύτας πάλιν τὰς συνθήκας. Zum Plural συνθῆκαι vgl. Komm. zu §167 γράφει ... τὰς συνθήκας ταύτας τὰς πρὸς Κηφισόδοτον.

Μιλτοκύθην ... προδοθέντα ὑπὸ τοῦ Σμικυθίωνος: Zu Miltokythes vgl. Komm. zu §104 ὅτε Μιλτοκύθης ἀπέστη Κότυος. Nachdem Miltokythes mit seinem Aufstand gegen Kotys im Jahr 363 gescheitert war, unternahm er 359 einen erneuten Versuch, diesmal gegen den jungen Kersobleptes. Einige wenige Informationen liefert der leider stark beschädigte Pap. Berol. inv. 5008 (siehe Gibson 2002, 158), in dem Theopomp zitiert wird (= FGrHist 115 F 307). Demnach hat Miltokythes unter Vermittlung der Kotys-Mörder Herakleides und Python ein Heer versammelt und seinem Gegner anfänglich schweren Schaden zufügen können. In den folgenden Zeilen ist der Name Smikythion zu erkennen (Σμι]κυθίωνος στρατιώτας), der Zusammenhang fehlt allerdings. Von einer Auslieferung an die Kardianer durch Charidemos wird nichts erwähnt; vielmehr scheint nach Theopomp Kersobleptes die Ermordung des Miltokythes veranlasst zu haben. So wird das Zitat eingeleitet mit den Worten ὅτι] δὲ ὑπὸ Κερσοβλέπτου ἁλοὺς Μιλτοκύ[θης ἐτελεύτησε]ν, φη[σὶ καὶ] Θεόπομπος („dass Miltokythes von Kersobleptes gefangen genommen und getötet [?] wurde, berichtet auch Theopomp"), und später heißt es ἀπῆχθαι πρὸς τὸν Κερσοβλέπτην („... dass er [Miltokythes?] zu Kersobleptes abgeführt worden sei"; sowohl Gibson als auch Morison [BNJ] übersetzen ἀπῆχθαι irrtümlich mit „have become hated" bzw. „was hated"). Der Verrat des Smikythion wird, sofern die Ergänzung des Papyrus korrekt ist, als Gegenstand des zweiten Buchs der *Philippika* des Anaximenes erwähnt: Ἀναξιμ[ένης] ... ἱστορεῖ ... τὴν π[ροδοσίαν τὴν ὑπὸ τοῦ Σμι]κυθίωνος (= FGrHist 72 F 5–6).

Mit der angesichts der dürftigen Quellenlage gebotenen Vorsicht lässt sich also sagen, dass die vom Kläger dem Charidemos zugeschriebene zentrale Rolle bei der Ermordung des Miltokythes nicht bei allen Historikern Niederschlag findet.

τὸν διὰ παντὸς εὔνουν ὑμῖν τοῦ χρόνου ... Καρδιανοῖς τοῖς ὑμετέροις ἐχθροῖς: Der Racheakt, den – dem Kläger zufolge – Charidemos im Interesse seines Dienstherrn Kersobleptes vollzog, richtete sich in erster Linie gegen die Person des Miltokythes. Indem der Kläger das jeweilige Verhältnis der beteiligten Parteien zu Athen hervorhebt, gibt er dem innerthrakischen Konflikt die außenpolitische Dimension eines – von Charidemos ausgehenden – Affronts gegen die Athener.

Kardia, die größte Stadt der Chersones (vgl. Dem. 9,35), lag am westlichen Ende der von Miltiades quer über die Halbinsel errichteten Mauer und war damit von besonderer strategischer Bedeutung (vgl. §182). Nachdem sie während des Peloponnesischen Krieges noch als Flottenstützpunkt für Athen gedient hatte (Xen. hell. 1,1,11), bezog sie in der Folgezeit regelmäßig gegen Athen Stellung. Zunächst schloss sie sich den thrakischen Herrschern an, später Philipp II. (vgl. Dem. 5,25; 19,174; [Dem.] 7,43f.).

ὁ χρηστὸς οὗτος Χαρίδημος: Ironisch wie 3,27; 18,30.89.318; ähnlich 19,175; 22,32.47 (Westermann).

οὐκ ὄντος νομίμου τοῖς Θρᾳξὶν ἀλλήλους ἀποκτιννύναι: Über unsere Stelle hinausgehende Belege für diese angebliche Sitte fehlen. Nicht befolgt wurde sie jedenfalls z.B. von Python und Herakleides, die als Thraker den Thraker Kotys töteten; vgl. Komm. zu §119 τοὺς ἀποκτείναντας ἐκεῖνον Πύθωνα καὶ Ἡρακλείδην.

πρὸς Κερσοβλέπτην ἂν ἀχθῇ: Nach dieser Darstellung wurde Miltokythes dem Kersobleptes also gar nicht erst vorgeführt, was dem Bericht bei Theopomp widerspricht.

εἰς τὸ πέλαγος: Wo Dem. πέλαγος statt des üblicheren θάλαττα verwendet, schwingt stets die Vorstellung des Bedrohlichen, Gefährlichen mit; vgl. 32,2.4 (ἐν τῷ πελάγει ἀπώλετο); vgl. auch [Dem.] 34,31; 58,54.

τὸν μὲν υἱὸν ἀπέσφαξαν, ἐκεῖνον δ' ἐπιδόντα τὸν υἱὸν ἀποσφαττόμενον κατεπόντισαν: Der Kläger malt die Brutalität der Kardianer, die die ‚mittelbare' Brutalität des Charidemos reflektieren soll, drastisch aus. Mit ἀποσφάζειν (‚abschlachten') wählt er einen Ausdruck, der an Tiere denken lässt, denen bei der Schlachtung bzw. Opferung die Kehle durchtrennt wird. Dieses Verb nimmt er im steigernden zweiten Kolon noch einmal auf, um in gedrängter Kürze drei dem Miltokythes angetane Grausamkeiten ineinander zu verschachteln: Die animalische Tötung des Sohnes, die psychischen Qualen des Vaters, der den Vorgang in seinem gesamten Verlauf (ausgedrückt durch das präsentische Partizip ἀποσφαττόμενον) mitansehen musste, und schließlich die Tötung des Miltokythes durch Ertränken, was bei den Griechen als barbarisch empfunden wurde (vgl. Isokr. 12,122 und Schulthess 1919, 2480–2482).

§170

χαλεπῶς ἐνεγκόντων ἐπὶ τούτοις: Üblicher ist die Konstruktion mit dem Akkusativ als direktem Objekt zu φέρειν (vgl. LSJ s.v. φέρω A.III.2); zu der an andere Verben der Gemütsstimmung angelehnten Verbindung mit ἐπί c. dat. vgl. 21,108; 45,82; 54,15.

συστραφέντων: „Saepe dictum est de militibus, qui dissipati congregantur, vid. Xenoph. Anab. I,10,6 [v.l. in D; Marchant druckt στραφέντες]; tum etiam de iis, qui ad novi aliquid suscipiendum coeunt. Philipp. III,60" (Weber).

Der Kläger suggeriert einen kausalen Zusammenhang zwischen der Ermordung des Miltokythes und der Vereinigung der beiden Könige gegen Kersobleptes, wodurch diese (und auch der mit ihnen paktierende Athenodoros) auf der moralisch ‚richtigen' Seite verortet werden. In Wirklichkeit dürfte das Bündnis rein machtpolitisch motiviert gewesen sein; vgl. Harris 2018, 90f. Anm. 200.

τοῦ τε Βηρισάδου καὶ τοῦ Ἀμαδόκου: Vgl. §8 mit Komm. zu Βηρισάδην καὶ Ἀμάδοκον καὶ Κερσοβλέπτην.

Ἀθηνόδωρος: Vgl. Komm. zu §10 Ἀθηνόδωρος.

πρὸς τούτους: Sc. Berisades und Amadokos.

οἶος ἦν πολεμεῖν: S (nach Korrektur) und F haben οἷός τ᾽ ἦν. Nach Harpokration s.v. οἷος εἶ καὶ οἷός τε εἶ (ο 11) bezeichnet οἷος ohne τε das Wollen/Entschlossensein (dazu auch LSJ s.v. III.1.b), οἷος mit τε das Können (οἷος εἶ καὶ οἷός τε εἶ· τὸ μὲν χωρὶς τοῦ τέ σημαίνει τὸ βούλει καὶ προῄρησαι, τὸ δὲ σὺν τῷ τέ τὸ δύνασαι). Weber zweifelt diese Definition an und möchte den Unterschied stattdessen darin erkennen, dass οἷος ohne τε eine naturgegebene, dauerhafte Fähigkeit, οἷος mit τε eine situative, temporäre Fähigkeit bezeichne; folgerichtig entscheidet er sich für die Lesart οἷός τ᾽ ἦν. Webers Erklärung lässt sich jedoch, z.B. mit Blick auf [Dem.] 44,19 (siehe unten), nicht halten. Das Richtige trifft eher Harpokration, wenn auch seine Unterscheidung etwas zu kategorisch ist: In οἷός εἰμι liegt zunächst einmal nur der Begriff einer Beschaffenheit bzw. Verfassung, die ein bestimmtes Geschehen (ausgedrückt durch den Infinitiv) zur Folge haben kann. Dabei bleibt offen, ob sich die Folge als ein Können oder ein Wollen aus der Beschaffenheit ergibt; vgl. Xen. mem. 2,9,4 οὐ γὰρ ἦν οἷος ἀπὸ παντὸς κερδαίνειν (‚er war keiner, der ...'); hell. 2,3,45 εἶπεν ὡς ἐγώ εἰμι οἷος ἀεί ποτε μεταβάλλεσθαι; Dem. 4,9 οὐχ οἷός ἐστιν ἔχων ἃ κατέστραπται μένειν ἐπὶ τούτων; [Dem.] 44,19 ὁ Μειδυλίδης ἠγανάκτει τε τῷ γεγενημένῳ καὶ οἷος ἦν ἐπεξιέναι τῷ Λεωκράτει; [Dem.] 52,10 οἷος οὖν εἰμι καὶ ἐγὼ τὰ ἐνθάδε αὐτὸς ἀξιοῦν λαμβάνειν; vielleicht auch Dem. 21,85 τὸ μὲν οὖν πρῶτον οἷος ἦν (S : οἷός τε ἦν AFYS^c) πείθειν αὐτόν. Die Hinzufügung von τε wirkt eigentlich nur bekräftigend (‚wie beschaffen man auch / eben / nun einmal sein muss, um ...'; vgl. KG II 237), doch scheint sich im Sprachgebrauch die Wendung οἷός τέ εἰμι auf den Aspekt des Könnens / der Eignung verengt zu haben. An unserer Stelle spricht für die Lesart οἷος ἦν nicht nur, dass sie als lectio difficilior zu gelten hat, sondern auch ihr breiteres Bedeutungsspektrum: Die Reaktion des Kersobleptes, das sofortige Einlenken aus Angst, ist besser motiviert, wenn Athenodoros zum Krieg entschlossen und nicht nur dazu in der Lage war. Genau dieses Verständnis erlaubt die Variante ohne τε.

{καθ'} ἃς ἀναγκάζει τὸν Κερσοβλέπτην ὀμόσαι: Der Apparat von Dilts („καθ' ἃς om. S^{a}FY") ist an dieser Stelle zu korrigieren. In F und Y fehlt καθ' ἃς nicht. In S ist hinter συν am Zeilenende in kleinerer Schrift θηκας ergänzt worden, καθ' ἃς am Beginn der nächsten Zeile scheint in Rasur zu stehen; dies deutet darauf hin, dass der Kopist zunächst συν|θήκας ἀναγκάζει geschrieben hatte. A bietet ἐν αἷς, was auch in F als Variante in margine notiert ist.

Sowohl mit καθ' ἃς als auch mit ἐν αἷς ergibt sich eine Konstruktion, in der von ὀμόσαι statt des üblichen Infinitivs des Futurs Infinitive im Präsens (εἶναι) bzw. Aorist (ἀποδοῦναι) abhängen; vgl. dazu KG I 195ff. Anm. 7 mit dem Hinweis, dass „hierfür die Belege nur selten auftreten und vielfach die Annahme von Textverderbnissen naheliegt" (S. 196). Der ungewöhnliche Tempusgebrauch in Kombination mit der Überlieferungslage schafft Raum für eine zugegebenermaßen etwas gewagte Spekulation: Möglicherweise stand im Originaltext συνθήκας ἃς ἀναγκάζει κτλ. Das Relativum fiel im Verlauf der Überlieferung durch Haplographie aus und die Schreiber versuchten auf unterschiedliche Weise durch Konjektur die Syntax zu bereinigen. ἃς wäre dann direkt von ὀμόσαι abhängig (vgl. §171 ἃς μὲν ὤμοσε ... συνθήκας; 18,32 ἐπειδὴ γὰρ ὤμοσε τὴν εἰρήνην; 9,16) und der Relativsatz endete mit βασιλέας. Die Infinitive erklärten sich als ergänzende Apposition zu συνθήκας (‚dass nämlich ... soll'; vgl. §172 ἐψηφίσασθε ψήφισμα ... ἑλέσθαι πρέσβεις). Die wesentlichen Informationen, nämlich die offizielle Ratifizierung des Vertrags durch Beeidigung und die Vertragsinhalte, erhielten durch die schärfere syntaktische Abtrennung jeweils mehr Eigengewicht.

Zu den Modalitäten eines Vertragsabschlusses vgl. Komm. zu §10 παραβὰς τοὺς ὅρκους καὶ τὰς συνθήκας, ἃς μεθ' ὑμῶν ἐποιήσατο ... ἐξέφερεν πόλεμον, fin.

ὀμόσαι πρός τε ὑμᾶς καὶ τοὺς βασιλέας: Die Formulierung erweckt den Eindruck, als hätten die Athener, wie es das Protokoll vorsah, eine die Gesamtbevölkerung repräsentierende Kommission von Exhorkisten nach Thrakien entsandt, um Kersobleptes den Eid abzunehmen; zum Verfahren vgl. Heuß 1934, 20 = 1995, 346. Siehe aber Komm. zu §172 ἐξ ὑμῶν αὐτῶν.

Zur Stellung von τε hinter der beiden Gliedern gemeinsamen Präposition vgl. Komm. zu §30 ἔν τε τῷ προτέρῳ νόμῳ καὶ τούτῳ.

εἶναι μὲν τὴν ἀρχὴν κοινὴν τῆς Θρᾴκης εἰς τρεῖς διῃρημένην: Die Begriffe ‚gemeinsam' und ‚aufgeteilt' sind auf den ersten Blick schwer miteinander zu vereinbaren (vgl. Weil, Rosenberg). Die Formulierung ist aber durchaus verständlich, wenn man κοινή nicht in dem Sinne auffasst, dass die Herrschaft gemeinschaftlich über ganz Thrakien ausgeübt wurde, sondern in dem Sinne, dass mit ihrer Teilung keiner der Prätendenten von ihr ausgeschlossen war – was eine ausdrückliche Zurückweisung des von Kersobleptes erhobenen Anspruchs auf die alleinige Thronfolge darstellt.

τὴν χώραν: Sc. die Chersones.

§171

ἐν ἀρχαιρεσίαις: Das Amt der Strategen und anderer militärischer Befehlshaber wurde in Athen nicht durch das Los, sondern durch Wahlen in der Volksversammlung (ἀρχαιρεσίαι) vergeben, die alljährlich zum nächstmöglichen Zeitpunkt nach der sechsten Prytanie (d.i. im Februar) stattfanden; vgl. Aristot. Ath. pol. 44,4 u. Hansen 1995, 242f.

Da die Angabe ἐν ἀρχαιρεσίαις für das mit dem Prozedere vertraute athenische Publikum eigentlich überflüssig war, vermutet Westermann, dass Chabrias nicht als einer der regulären zehn Strategen, sondern als außerordentlicher Befehlshaber ernannt wurde. Dies scheine „zufällig gerade mit den Magistratswahlen zusammengefallen zu sein, und diesen Umstand erwähnt der Redner, da er als außergewöhnlich wohl den Zuhörern noch im Andenken war". Schaefer, I 162 Anm. 1 kommt zu dem genau entgegengesetzten Schluss: Durch den Zusatz ἐν ἀρχαιρεσίαις sei gesichert, dass Chabrias zu einem der zehn regulären Strategen gewählt worden sei (ebenso Weil).

Χαβρίαν: Chabrias war einer der renommiertesten athenischen Feldherrn. 389/88 löste er Iphikrates als Söldnerführer auf der Peloponnes ab (Dem. 4,24), zwei Jahre später unterstützte er mit großem Erfolg den König Euagoras bei der Eroberung Zyperns, danach den ägyptischen König gegen die Perser (Dem. 20,76). 380 wurde er auf Druck der Perser nach Athen zurückberufen und siegte 376 in der Seeschlacht bei Naxos über die Spartaner, wofür er in seiner Heimatstadt mit den höchsten Ehren bedacht wurde (Dem. 20,77.84–86; Xen. hell. 5,4,61). 367/66 musste sich Chabrias im Prozess um die Einnahme von Oropos durch die Thebaner vor Gericht verantworten, wurde aber freigesprochen (Dem. 21,64). Nach einem weiteren Einsatz in Ägypten kehrte er 359 nach Athen zurück und wurde zur Chersones entsandt. 358/57 (oder 357/56; vgl. Develin 1989, 275) fand er im Bundesgenossenkrieg den Tod. Zur militärischen Vita vgl. ausführlich Pritchett 1974, 72–77. Anders als der ernste und disziplinierte Timotheos scheint Chabrias ein den Freuden des Lebens zugetaner Gemütsmensch gewesen zu sein; vgl. Plut. Phok. 6 und [Dem.] 59,33.

τῷ μὲν Ἀθηνοδώρῳ ... τῷ Χαβρίᾳ δὲ: Üblicherweise steht δέ zwischen Artikel und Substantiv, es kann aber auch hinter das Substantiv treten; vgl. KG II 267 und z.B. 6,20 τὴν μὲν ἔχθραν τὴν πρὸς ἡμᾶς αὐτὸς ἀνῄρητο, τὴν χώραν δ' ἐκείνοις ἐδεδώκει καρποῦσθαι; 10,71; 21,18.173; 24,111. Die Umstellung im Papyrus zu τῷ δ[ὲ Χαβρίᾳ] und die Auslassung von τῷ in A sind als Versuche zu sehen, die Wortfolge zu ‚normalisieren'.

Ἀθηνοδώρῳ ... χρήματα οὐκ ἔχοντι παρ' ὑμῶν: Athenodor war formal zwar nicht für Athen, sondern für Berisades im Einsatz, gleichwohl wäre es im Interesse der Athener gewesen, ihn materiell zu unterstützen.

συνέβη: Der fatalistisch anmutende unpersönliche Ausdruck verschleiert, dass für das Scheitern der Mission die politischen Fehlentscheidungen der Athener, die ihre Strategen mit unzureichenden Mitteln ausstatteten, ganz wesentlich mitverantwortlich waren. Wie im Falle des Kephisodotos (vgl. Komm. zu §167 ἔπεισε καὶ ἠνάγκασε und ἀπεχειροτονήσατε ... τὸν στρατηγόν) hält der Kläger auch hier die Kritik an seinen Landsleuten weitgehend zurück (sie klingt an in χρήματα οὐκ ἔχοντι παρ' ὑμῶν und μίαν ναῦν μόνην), um Charidemos als den alleinigen Missetäter zu exponieren.

ἀφορμήν: ἀφορμή bezeichnet den Ausgangspunkt sowie die Mittel, mit denen man eine Unternehmung beginnen kann; im militärischen Zusammenhang auch Dem. 20,68 στρατηγῶν βασιλεῖ παρ' ὑμῶν οὐδ' ἡντινοῦν ἀφορμὴν λαβὼν κατεναυμάχησεν Λακεδαιμονίους; vgl. Wankel zu 18,233 (S. 1040).

οὗτος ὁ Χαρίδημος: Zum verächtlichen Ton des Demonstrativums vgl. Komm. zu §117 τοῦτον τὸν Θρᾷκα.

ἃς ... συνθήκας ἔξαρνος γίγνεται: Zu ἔξαρνος mit dem Akkusativ vgl. Plat. Charm. 158c7–9 εἶπεν γὰρ ὅτι οὐ ῥᾴδιον εἴη ... οὔθ' ὁμολογεῖν οὔτε ἐξάρνῳ εἶναι τὰ ἐρωτώμενα.

καὶ τὸν Κερσοβλέπτην ἀρνεῖσθαι πείθει: Seinem Argumentationsziel gemäß weist der Kläger Charidemos die Rolle der treibenden Kraft beim Vertragsbruch zu. Kersobleptes, dessen Charakter im zweiten Teil der Rede, wo es die Angst vor seiner möglichen Alleinherrschaft über Thrakien zu schüren galt, noch in den düstersten Farben gezeichnet worden war, verblasst hier zu einem in seiner Urteilsbildung noch nicht gefestigten jungen Mann, der sich der Dominanz des Charidemos beugt. Das uneinheitliche Bild lässt sich freilich dadurch rechtfertigen, dass Kersobleptes inzwischen sieben Jahre älter ist.

οὐκ ἔχων δ᾽ ἐκεῖνος, οἶμαι, δύναμιν: Zum ironischen Gebrauch von οἶμαι in Parenthese vgl. Komm. zu §47 οὐκ ἄν, οἶμαι, φαίη. Der Einschub bezieht sich hier nicht auf die unzweifelhafte Tatsache, dass Chabrias mit nur einem Schiff anreiste, sondern darauf, dass dieser Umstand der Grund für das schlechte Verhandlungsergebnis war.

§172

ἐν τῷ δήμῳ: ‚in der Volksversammlung'; zu dieser Bedeutung von δῆμος vgl. LSJ s.v. III.3.

τῶν συνθηκῶν ἀναγνωσθεισῶν: A und Y haben παραναγνωσθεισῶν. Das Kompositum bezeichnet das vergleichende ‚Nebeneinanderlesen' von Dokumenten. Es ist durchaus vorstellbar, dass die Gegner des von Chabrias ausgehandelten Vertrags auch den Vertrag des Athenodoros verlesen ließen, um durch den Kontrast die Empörung zu steigern. Vgl. zu dieser Methode Isokr. 4,120 μάλιστα δ᾽ ἄν τις συνίδοι τὸ μέγεθος τῆς μεταβολῆς, εἰ παραναγνοίη τὰς συνθήκας τάς τ᾽ ἐφ᾽ ἡμῶν γενομένας καὶ τὰς νῦν ἀναγεγραμμένας. (Der Kläger geht in der Folge ebenso vor, vgl. §§175f.) Würde man aber συνθηκῶν hier als echten Plural auffassen, wäre der Bezug des folgenden ταύτας τὰς συνθήκας auf den aktuellen Vertrag nicht eindeutig. Weber versteht παραναγιγνώσκειν im Sinne von ‚dabei verlesen' und verweist dazu auf Polyb. 2,12,4 τὰ πεπραγμένα διεξῆλθον καὶ τὰς συνθήκας παρανέγνωσαν. Klassische Belege für diese Verwendung fehlen jedoch. ἀναγνωσθεισῶν ist somit als die weniger problematische Lesart vorzuziehen, wobei, wie Weber zu Recht einwendet, das Zustandekommen der in A und Y überlieferten Variante schwer zu erklären ist (interpretierender ‚Verbesserungsversuch' eines Schreibers aufgrund der Annahme eines echten Plurals? [Vorschlag von Bernd Manuwald]).

Γλαύκωνος εἰπόντος: εἰπεῖν ist das übliche Verb für die Beantragung eines Dekrets oder Gesetzes, vgl. z.B. IG I³ 52,2; 65,8; 75,4f.

πρέσβεις δέκα ἄνδρας: Athenische Gesandtschaften bestanden in der Regel aus drei, fünf oder zehn Personen, wobei sich die Anzahl der Gesandten nicht zwangsläufig nach der Bedeutung der Mission bemaß; vgl. Mosley 1973, 55–57.

ἐξ ὑμῶν αὐτῶν: Der ausdrückliche Verweis auf die Aussendung ‚eigener' Leute deutet darauf hin, dass bei der ersten Vereidigung keine offiziellen Vertreter Athens anwesend waren, sondern man die Angelegenheit ganz dem Athenodoros überlassen hatte. Dies würde bedeuten, dass rein formal kein Vertrag zwischen Kersobleptes und Athen, sondern nur zwischen Kersobleptes und den von Athenodoros unterstützten Thronprätendenten bestand.

ἂν μὲν ἐμμένῃ ταῖς πρὸς Ἀθηνόδωρον συνθήκαις ὁ Κερσοβλέπτης: ἂν μὲν ἐμμένῃ ist in F und als Korrektur von erster Hand in S überliefert, A hat ἂν ἐμμένῃ. ὁ Κερσοβλέπτης findet sich in A, F und als Korrektur von erster Hand in S. Dilts übernimmt die Lesart von Y ἐν μὲν ταῖς πρὸς Ἀθηνόδωρον συνθήκαις, die er, seiner Interpunktion nach zu urteilen, als parenthetischen Ersatz für eine Protasis verstehen will („sie sollten ihn – [wenn es] auf der Grundlage der mit A. vereinbarten Bestimmungen [geschieht] – wieder vereidigen'). Ähnlich Weil: „ἐν μὲν ταῖς πρὸς Ἀθηνόδωρον συνθήκαις: il faut faire une petite pause après ces mots, et sous-entendre «si Charidème les reconnaît»". Sowohl die schiefe Korrespondenz zwischen ἐν μὲν und εἰ δὲ μή als auch der Umstand, dass ausgerechnet die entscheidende Aussage in Form einer (unvollständigen) Parenthese präsentiert wird, lassen stark an dem von Y gebotenen Text zweifeln. Außerdem wäre, wenn man Y folgte, der Name des Kersobleptes nicht genannt, das Pronomen αὐτόν folglich nicht eindeutig zuzuordnen. Zwar wird sogar von einigen Herausgebern, die sich für die Variante mit Kondizionalsatz entscheiden, ὁ Κερσοβλέπτης mit der Begründung getilgt, der Kläger wolle Charidemos als den führenden Akteur darstellen (Westermann, zögerlich Weber), doch geht es hier um den offiziellen Vertragspartner, und dies ist Kersobleptes (vgl. Weber sowie §170 ἀναγκάζει τὸν Κερσοβλέπτην ὀμόσαι). Auch würde ein eventueller Krieg nicht gegen Charidemos, sondern gegen Kersobleptes geführt werden; auf diesen muss also πρὸς ἐκεῖνον bezogen werden, was nicht möglich wäre, wenn sein Name nicht zuvor genannt würde. Es spricht also vieles für die von F gebotene Variante. Die Auslassung von ἐμμένῃ (vielleicht ursprünglich ἐνμένῃ geschrieben) in S und Y lässt sich leicht durch die Haplographie bzw. saut du même au même begünstigende

Buchstabenfolge (E)ANMENENMENH erklären. Nachdem das Verb in diesen Handschriften ausgefallen war, ging auch das Subjekt ὁ Κερσοβλέπτης verloren.

ἀπολαβεῖν τοὺς ὅρκους: Zum Terminus vgl. 5,9; 18,25.27; 19,36.164; Aischin. 2,98.101.103.114; Wankel zu 18,25 (S. 246) sowie Schmitt 1969, im Index der Wörter der Vertragssprache s.v. ὅρκος.

πρὸς δ' ἐκεῖνον: Die (nicht adäquat ins Deutsche übertragbare) Prolepse ermöglicht die direkte Gegenüberstellung der beiden Parteien (παρὰ μὲν τοῖν δυοῖν βασιλέοιν ... πρὸς δ' ἐκεῖνον).

βουλεύεσθαι: Sc. mit Amadokos und Berisades. Kersobleptes soll also vor die Wahl gestellt werden, entweder die Gültigkeit des alten Vertrags anzuerkennen oder den Krieg führen zu müssen, zu dessen Abwendung er jenen Vertrag geschlossen hatte (vgl. §§170 u. 175).

§173

συμβαίνει τοῖς χρόνοις εἰς τοῦθ' ὑπηγμένα τὰ πράγματα ἤδη ... ὥστ' ἐβοηθοῦμεν εἰς Εὔβοιαν ...: Der Passus weist einige sprachliche Besonderheiten auf. So findet sich die Konstruktion von συμβαίνει mit dem Partizip (anstelle des Infinitivs) zwar vereinzelt bei Herodot (1,82,3; 9,101,2; mit gleichbedeutendem συμπίπτειν 5,36,1; 9,101,1) und bei Platon (u.a. Menex. 237c4; Phil. 42d3; Krat. 412a7; mit συμπίπτειν Phil. 47d3 u. rep. 402d1f.), bei Dem. aber sonst nie. An den Parallelstellen bewahrt der Ausdruck jeweils die Bedeutung des zeitlichen oder sachlichen Zusammentreffens; vgl. Stein zu Hdt. 5,36,1. Das legt nahe, τοῖς χρόνοις im Sinne einer zusätzlichen Betonung des Aspekts der Gleichzeitigkeit mit συμβαίνει zu verbinden („traf zeitlich zusammen'; anders Whiston [„as time slipped away"] und Harris 2018 [„time passed"]).

Das Verb ὑπάγειν, das bei den übrigen Rednern selten ist (nur Lys. 6,19; Isokr. 5,1.91; Aischin. 1,178), verwendet Dem. im Sinne eines unvermerkten, allmählichen Hinführens (in der Regel zu etwas Schlechtem) oder eines böswilligen Verführens; vgl. 18,188 εἰς ἔχθραν καὶ μῖσος καὶ ἀπιστίαν τῶν πόλεων ὑπηγμένων ὑπὸ τούτων mit Wankel z.St. (S. 896); 15,19 mit Radicke 1995 z.St. (S. 121); 5,10; 6,31; 8,62 (= 10,64); 14,35; 19,53; 21,66; 22,32; 36,35; 54,19 und als (scheinbar) engste Parallele zu unserer Stelle 9,1 εἰς τοῦθ' ὑπἠγμένα πάντα τὰ πράγματα καὶ προειμένα ὁρῶ, ὥστε δέδοικα μὴ βλάσφημον μὲν εἰπεῖν, ἀληθὲς δ' ᾖ· εἰ καὶ λέγειν ἅπαντες ἐβούλοντο οἱ παριόντες καὶ χειροτονεῖν ὑμεῖς ἐξ ὧν ὡς φαυλότατα ἔμελλε τὰ πράγμαθ' ἕξειν, οὐκ ἂν ἡγοῦμαι δύνασθαι χεῖρον ἢ νῦν διατεθῆναι. Die dort beschriebene Situation ist, wie Dem. in der Folge ausführt, durch die Bequemlichkeit der Athener und den Opportunismus der Politiker, die dieser Bequemlichkeit zu Gefallen reden, entstanden. προειμένα dürfte dabei auf ersteres, ὑπηγμένα auf letzteres zielen. Im Unterschied dazu ist an unserer Stelle weder zu erkennen, wer oder was als Urheber des ὑπάγεσθαι im Hintergrund steht, noch, inwiefern das im ὥστε-Satz ausgedrückte Resultat ein nicht wünschenswertes ist (dazu siehe unten). Wir haben hier also wohl eine neutrale Verwendung des Verbs ὑπάγειν anzunehmen, bei der der Aspekt einer sich für die Betroffenen unmerklich vollziehenden Fügung dominiert, während die Konnotation des ‚Verführens' bzw. ‚Fehlleitens' ganz zurücktritt. Am nächsten kommt diesem Wortgebrauch 19,258 διακρουόμενος πάντα τὸν ἔμπροσθεν χρόνον εἰσελθεῖν εἰς τοιοῦτον ὑπῆκται καιρόν, ἐν ᾧ ... (vgl. Paulsen 1999 z.St. [S. 253]: „*er wurde unvermerkt dazu gebracht ...*, sc. εἰσελθεῖν, durch die göttliche Vorsehung").

Nicht ganz klar ist der innere Zusammenhang zwischen den Ereignissen in Thrakien, dem Einsatz auf Euboia und dem Auftreten des Chares. Weil meint, die Erwähnung der Euboia-Mission, die die athenischen Truppen band, diene als Erklärung dafür, dass keine Bürgersoldaten zum Hellespont entsandt werden konnten, weshalb die Rückkehr des Chares ein Glücksfall war („Démosthène rappelle ce fait pour expliquer pourquoi on n'envoya point de soldats citoyens dans l'Hellespont. En l'absence de ces derniers, l'arrivée de Charès avec ses mercenaires était une bonne fortune."; ähnlich Volpis z.St.). Demnach wäre Chares w ä h r e n d der Euboia-Mission zurückgekehrt – woher, ist unbekannt. Andere sehen eine Ereigniskette: Chares sei n a c h dem Erfolg auf Euboia mit dem Söldnerheer nach Athen zurückgekehrt und dann zum Hellespont entsandt worden (vgl. z.B. Wankel 1988, 200, Sealey 1993, 104 und Welwei 2011, 371). Die Quellenlage lässt keine sichere Entscheidung zu. Dass Dem. 21,174 Diokles als Unterhändler des Friedensschlusses genannt wird, schließt eine Beteiligung des Chares an der Intervention in Euboia nicht aus (vgl. Pritchett 1974, 77; Peake 1997, 161). Umgekehrt ist die Anwesenheit des Chares bei der Beeidung des Bündnisvertrags mit Karystos ohne große Aussagekraft, da daran alle Strategen teilnahmen (IG II^2 124 = Tod 153). Das zeitgenössische Publikum wird mit dem Hergang so gut vertraut gewesen sein, dass die vom Kläger aufgerufenen Stichworte ihren Zweck erfüllten.

Was der Kläger im Kern vermitteln wollte, erschließt sich uns auch leidlich ohne die exakte Kenntnis der historischen Fakten: Das Zustandekommen des von Chares ausgehandelten, für Athen günstigen Vertrages ist nicht etwa der Konzilianz des Charidemos – der dafür mit dem Bürgerrecht belohnt wurde – zu verdanken, sondern dem zufällig mit den von Charidemos in hinterhältiger Absicht verschleppten Verhandlungen zusammenfallenden Zeitgeschehen, das Athen in die Karten spielte. Mit Chares und seinem Heer verfügte man, anders als seinerzeit Athenodoros und Chabrias (vgl. §171), wieder über eine militärische Drohkulisse, die den eigenen Forderungen Nachdruck zu verleihen geeignet war. Zusätzlich dürfte der Erfolg auf Euboia als Demonstration der Handlungsfähigkeit und Schlagkraft Athens seine einschüchternde Wirkung auf die thrakischen Gegenspieler nicht verfehlt haben. Allein diese für Charidemos desperate Konstellation war es – so gibt der Kläger zu verstehen –, die ihn zum Einlenken bewegte.

διατριβόντων τούτων: Subjekt sind, wie aus dem zweiten Glied des gen. abs. (οὐδὲν ἁπλοῦν οὐδὲ δίκαιον ὑμῖν ἐθελόντων πρᾶξαι) hervorgeht, Kersobleptes und Charidemos, nicht die zuvor erwähnten Gesandten.

διατριβόντων ist in S von erster Hand korrigiert, die übrigen Handschriften haben τριβόντων. Das Simplex findet sich in der in unserem Zusammenhang geforderten Bedeutung ‚Zeit vergeuden‘ ohne den Zusatz von χρόνον o.ä. zwar bei Aischylos, Ag. 1056, nie aber bei den Rednern; Dem. selbst verwendet es nur an einer einzigen Stelle, 18,258, und dort in anderem Sinne: τὸ μέλαν τρίβων. διατρίβειν hingegen ist als Intransitivum geläufig, wenn auch bei Dem. sonst mit dem Partizip kombiniert; vgl. 1,9 ἵνα μὴ καθ᾽ ἕκαστα λέγων διατρίβω; 27,53 ἀπολογούμενος περὶ αὐτῶν διατρίβοιμι. Eine recht enge Parallele zu unserer Stelle bietet Plut. malign. Her. 871e, wo es mit Bezug auf Hdt. 9,7f. heißt: (sc. die Lakedaimoner) ἠμέλουν ἤδη τῶν ἄλλων καὶ περιεώρων, ἑορτάζοντες οἴκοι καὶ τοὺς πρέσβεις τῶν Ἀθηναίων κατειρωνευόμενοι καὶ διατρίβοντες.

Der Ausfall des Präpositionalsuffixes mag durch das vorausgehende ἤδη begünstigt worden sein (so Weber z.St.).

οὐδὲν ἁπλοῦν οὐδὲ δίκαιον ὑμῖν ἐθελόντων πρᾶξαι: Zur Kombination von ἁπλοῦν und δίκαιον vgl. Komm. zu §24 θεάσασθε δὴ ... ὡς ἁπλῶς καὶ δικαίως χρήσομαι τῷ λόγῳ. Zu πράττειν (τι) τινί (‚in jmds. Interesse handeln‘; ‚etw. für jmdn. tun‘) vgl. 4,46 οὐ γὰρ ἔστιν, οὐκ ἔστιν ἕνα ἄνδρα δυνηθῆναί ποτε ταῦθ᾽ ὑμῖν πρᾶξαι πάντα ὅσα βούλεσθε; 18,86 πάντ᾽ ἀνωμολόγημαι τὰ ἄριστα πράττειν τῇ πόλει; 22,71 (= 24,179).

ἐβοηθοῦμεν εἰς Εὔβοιαν: Das Ereignis fällt in den Sommer 357; ob an das Ende des Archontenjahres 358/57 oder an den Anfang von 357/56, ist unsicher; vgl. Wankel 1988, 199–200. Auf Euboia war es zu inneren Konflikten zwischen den Städten gekommen, und während die einen von den Thebanern unterstützt wurden, riefen die anderen, namentlich die Einwohner von Eretria, die Athener zu Hilfe (Diod. 16,7,2; vgl. Schaefer, I 162 mit Anm. 2 sowie zu Eretria IG II² 125 = Tod 154). Diese entsandten auf eine flammende Rede des Timotheos hin (Dem. 8,74) innerhalb von wenigen Tagen Hilfstruppen. Nach weiteren knapp 30 Tagen waren die Thebaner und ihre Verbündeten geschlagen (Dem. 22,14; Aischin. 3,85). Das schnelle, entschlossene Handeln der Athener in dieser Angelegenheit wird von Demosthenes, der damals eine Trierarchie leistete (21,161), mehrfach lobend hervorgehoben (1,8; 4,17; 22,14).

Zu βοηθεῖν mit Richtungsangabe vgl. z.B. 4,41 ἐκεῖσε βοηθεῖν ψηφίζεσθε.

καὶ Χάρης ἧκεν ἔχων τοὺς ξένους: Zum (unklaren) Zusammenhang mit der Euboia-Mission vgl. oben, Komm. zu συμβαίνει τοῖς χρόνοις εἰς τοῦθ' ὑπηγμένα τὰ πράγματα ἤδη ... ὥστ' ἐβοηθοῦμεν εἰς Εὔβοιαν ...

Die militärische Karriere des Chares hatte Licht und Schatten. Im Bundesgenossenkrieg, dessen Beginn wohl wenig später im gleichen Jahr anzusetzen ist (vgl. Radicke 1995, 20f. Anm. 53), erlitt er 356 bei Embata eine schwere Niederlage, für die er seine Kollegen Timotheos und Iphikrates vor Gericht brachte. Um sein Heer finanzieren zu können, verbündete er sich mit dem phrygischen Satrapen Artabazus (Diod. 16,21f.). Nach Beendigung des Krieges eroberte er 353 Sestos für Athen zurück, wo anschließend Kleruchen angesiedelt wurden (Diod. 16,34,3). 348 erreichte sein Entsatzheer zu spät das von Philipp belagerte Olynth. Wie aus Aischin. 2,71 und Dem. 19,332 hervorgeht, wurde Chares aufgrund seiner eigenwilligen Amtsführung mehrfach angeklagt, aber nie verurteilt.

Zu ἥκω im Sinne von ‚zurückkehren' vgl. Dem. 1,8 ὅθ' ἥκομεν Εὐβοεῦσιν βεβοηθηκότες.

στρατηγὸς ... αὐτοκράτωρ: Der στρατηγὸς αὐτοκράτωρ war im Unterschied zum ‚normalen' Strategen, der von den staatlichen Institutionen präzise Handlungsanweisungen erhielt, zu selbstständigen Entscheidungen ohne Rücksprache mit der politischen Führung bevollmächtigt; vgl. Pritchett 1974, 42; Kahrstedt 1936, 265f.

ὑφ' ὑμῶν: In ἐξέπλει ist die Vorstellung des Ausgesandt-Werdens enthalten (= ἐξεπέμφθη), wodurch sich die Angabe des Urhebers durch ὑπό c. gen. erklärt. Vgl. Xen. an. 3,4,11 ἀπώλυσαν τὴν ἀρχὴν ὑπὸ Περσῶν (= ἀπεστερήθησαν), Kyr. 6,1,39 ὑπὸ τῶν φίλων οἶδα ὅτι ὡς σὲ πεφευγὼς λόγον ἂν [παρ]έχοιμι u. KG I 522. Für die Möglichkeit, ὑφ' ὑμῶν auf ein gedanklich zu στρατηγός zu ergänzendes αἱρηθείς zu beziehen, findet sich kein Beleg.

οὕτω γράφει: D.h. unter den dergestalt zu Athens Gunsten veränderten Umständen. Nur durch Zwang (vgl. §174 ἐκ προσαγωγῆς) findet sich Charidemos bereit, einen – in des Klägers Augen – gerechten Vertrag zu schließen. Zu οὕτω im Sinne von ‚unter diesen Umständen/Voraussetzungen' vgl. z.B. 19,332 ἔστω γὰρ πάντα τἀληθῆ λέξειν περὶ αὐτοῦ τουτονί. καὶ οὕτω τοίνυν κομιδῇ γέλως ἐστὶ κατηγορεῖν ἐκείνου τουτονί; 21,169.179.

Vorbereitet durch τούτων ... ἐθελόντων, das an Kersobleptes u n d Charidemos denken ließ, fokussiert der Kläger den Blick hier wieder auf die Person des Charidemos. Da es die Vermittlung des besagten Vertrages mit Chares ist, für die Charidemos in Athen als Wohltäter gefeiert wird, versteht sich für die Zuhörer auch ohne ausdrückliche Nennung seines Namens, von wem die Rede ist.

συνθήκας πρὸς τὸν Χάρητα: Textfragmente eines Vertrages zwischen Athen und den thrakischen Königen Berisades, Amadokos und Kersebleptes sind in einer auf der Akropolis gefundenen Inschrift (IG II² 126) erhalten:

[....11..... βο]ι[η]θε[ῖν ....20.........]
[....9.... κα]ὶ οἱ σύμμα[χοι ....17........]
[....11.....]ν Μηδόδοκ[ος? ....18........]
[... περὶ δὲ τ]ῶμ πόλεων ὅσ[αι ἐγράφησαν ἐν ταῖς στ]-
[ήλαις τελοῦ]σαι Βηρισάδε[ι ἢ Ἀμαδόκωι ἢ Κερσεβλ]-   5
[έπτηι τοὺς] φόρους καὶ Ἀθην[αίοις ὑποτελεῖς ὑπά]-
[ρχουσι, ἐὰ]μ μὴ ἀποδῶσιν Ἀθη[ναίοις αἱ πόλεις τὸς]
[φόρους, πρ]άττειν Βηρισάδην [καὶ Ἀμάδοκην καὶ Κε]-
[ρσεβλέπτ]ην κατὰ τὸ δυνατόν. κ[αὶ ἐάν που Βηρισάδ]-
[ει ἢ Ἀμαδόκ]ωι ἢ Κερσεβλέπτηι μὴ [ἀποδῶσι τοὺς φό]-   10
[ρους αἱ πόλε]ς, πράττειν Ἀθηναίου[ς καὶ τῶν ἀρχόν]-
[των τοὺς ἀεὶ ἐ]πὶ τῆι δυνάμει ὄντας [κατὰ τὸ δυνατ]-
[όν· τὰς δὲ πόλει]ς τὰς Ἑλληνίδας τὰς ἐ[ν Χερρονήσω]-
[ι ὑποτελούσας Β]ηρισάδει καὶ Ἀμαδόκ[ωι καὶ Κερσ]-
[εβλέπτηι τὸμ φό]ρον τὸμ πάτριον καὶ Ἀ[θηναίοις τ]-   15

[ἣν σύνταξιν, ἐλε]υθέρας εἶναι καὶ αὐτονό[μους συ]-
[μμάχους οὔσας Ἀ]θηναίοις καθὰ ὤμοσαν κα[ὶ Βηρισ]-
[άδει καὶ Ἀμαδόκω]ι καὶ Κερσεβλέπτηι· ἐὰν [δέ τις τ]-
[ῶν πόλεων ἀφιστῆ]ται ἀπ' Ἀθηναίων, βο[ηθεῖν Βηρισ]-
[άδην καὶ Ἀμάδοκον] καὶ Κερσεβλέπτ[ην καθότι ἂν ἐ]-   20
[παγγέλλωσι Ἀθηναῖοι]· ἐὰν δὲ ....16........

Dieser Vertrag wird allgemein mit dem hier erwähnten identifiziert. Im ersten Absatz geht es um nicht näher bezeichnete Poleis, die sowohl den thrakischen Königen als auch den Athenern tributpflichtig sind. Die Vertragspartner werden verpflichtet, sich nötigenfalls gegenseitig bei der Eintreibung der Zahlungen zu unterstützen. Der zweite Absatz betrifft eine zweite Kategorie von Poleis, nämlich die „griechischen" (πόλει]ς τὰς Ἑλληνίδας, Z. 13). Auch diese sind sowohl der thrakischen Krone (in Form eines sog. πάτριος φόρος; Z. 15) als auch den Athenern (in Form des Bundesbeitrags?; Z. 16 ist σύνταξιν ergänzt) zahlungspflichtig, haben ansonsten aber den Status freier und autonomer Bundesgenossen (ἐλε]υθέρας εἶναι καὶ αὐτονό[μους συμμάχους οὔσας Ἀ]θηναίοις, Z. 16f.). Sollten diese Städte von Athen abfallen, verpflichten sich die thrakischen Könige zur Hilfeleistung. Es wird also „eine Art Condominium" (Kahrstedt 1954, 30) über die Chersones vereinbart, wobei Kardia als thrakischer, Elaious und Kritothe als athenischer Besitz wahrscheinlich ausgenommen waren (Kahrstedt 1954, 30). Mit der Anerkennung der Autonomie der übrigen Poleis verzichtete Athen auf die Kolonisierung der Chersones. Zum Vertrag vgl. Höck 1891, 104f.; Foucart 1909, 95–97; Tod 1948, 151–154; Kahrstedt 1954, 28–31; Cargill 1981, 90; Tvetkova 2007, 666f.

ἔργῳ: Vgl. Komm. zu §131 λαβὼν ἔργῳ ... πεῖραν.

καιροφυλακεῖ τὴν πόλιν: wörtl. ‚belauert die Stadt auf eine günstige Gelegenheit hin', d.h. ‚lauert auf die Gelegenheit, die Lage der Stadt zu seinem Vorteil auszunutzen'. Vgl. Hyp. Phil. 8 φανεροὶ ἐγένεσθε καιροφυλακοῦντες τὴν πόλιν, εἴ ποτε δοθήσεται ἐξουσία λέγειν τι ἢ πράττειν κατὰ τοῦ δήμου.

§174

εἶθ': Vgl. Komm. zu §61 εἶτ' οὐ δεινόν.

ὃν ὁρᾶτε ... ὑμῖν φίλον: Zum Fehlen des Partizips von εἶναι bei prädikativen Adjektiven vgl. KG II 101f.

ἐκ προσαγωγῆς: Harpokration s.v. ἐκ προσαγωγῆς (ε 29): ἀντὶ τοῦ πρὸς ἀνάγκην καὶ οὐκ ἐκ φύσεως οὐδ' ἁπλοϊκῶς.

οὕτω ... εὐνοίας ἔχοντα: Die Konstruktion erklärt sich als Analogie zur Verwendung des Genitivs bei Adverbien des Ortes und der Qualität, vgl. KG I 382f. sowie Dem. 18,277 ὡς γὰρ ἂν ὑμεῖς ἀποδέξησθε καὶ πρὸς ἕκαστον ἔχητ' εὐνοίας, οὕτως ὁ λέγων ἔδοξε φρονεῖν; Thuk. 1,22,3 οἱ παρόντες τοῖς ἔργοις ἑκάστοις οὐ ταὐτὰ περὶ τῶν αὐτῶν ἔλεγον, ἀλλ' ὡς ἑκατέρων τις εὐνοίας ἢ μνήμης ἔχοι; Xen. hell. 2,1,14; Plat. Gorg. 470e6f.

καὶ ταῦτα: Zur Bedeutung ‚und zwar' vgl. Komm. zu §52 καὶ ταύτην. Hier liegt in καί eine Steigerung (‚und das auch noch'); vgl. KG II 246f., 2.

οὐκ ἄρ' ὀρθῶς ἐγνώκατε: Folgerndes ἄρα hat bei Dem. stets einen kolloquialen Ton; vgl. Denn. GP 41. Im Anschluss an eine rhetorische Frage auch 20,57 ὅταν μὲν οὖν εὖ πάσχειν δέῃ, τὸν βουλόμενον εὖ ποιεῖν ἡμᾶς ἐάσομεν, ἐπειδὰν δὲ πάθωμεν, τότε τὴν ἀξίαν τοῦ ποιήσαντος σκεψόμεθα; οὐκ ἄρ' ὀρθῶς βουλευσόμεθα.

τὴν ἐπιστολήν, ἣ μετὰ τὰς πρώτας συνθήκας ἦλθεν: Gemeint ist der mit Kephisodotos ausgehandelte Vertrag. Über den Inhalt des Briefes, dessen Absender nicht genannt ist, lässt sich nur spekulieren. Eher als um die Vertragsinhalte (Weber, Whiston) dürfte es um das auf die Absetzung des Kephisodotos folgende Geschehen, nämlich die Ermordung des Miltokythes, gegangen sein (Weil, Westermann).

τὴν παρὰ Βηρισάδου: Gegenstand dieses Briefes war wahrscheinlich das Bündnis, das Berisades und Amadokos nach der Ermordung des Miltokythes mit den Athenern gegen Kersobleptes schlossen, vgl. §175 u. §170.

§175

τοῖς βασιλεῦσι τοῖν δυοῖν: So S und Y; A hat τοῖν βασιλέοιν τοῖν δυοῖν, F τοῖν δυοῖν βασιλέοιν; Dilts tilgt mit Baiter und Sauppe τοῖν δυοῖν. Die Verbindung von δυοῖν mit einem Substantiv im Plural ist möglich; vgl. KG I 70f. und bei Dem. 5,23 τῆς πυλαίας δ' ἐπεθύμουν καὶ τῶν ἐν Δελφοῖς, πλεονεκτημάτων δυοῖν, κύριοι γενέσθαι u. 39,32 ταὐτὸν ὄνομα τοῖς αὑτοῦ παισὶν ἔθετο δυοῖν. Da Amadokos und Berisades von Kersobleptes abzugrenzen sind (vgl. §172), sollte der von S und Y gebotene Text gehalten werden. Die Varianten in A und F dürften Versuche darstellen, den scheinbaren Grammatikfehler der Vorlage zu korrigieren.

παράκρουσιν: Der ‚Betrug' besteht aus Sicht des Klägers darin, dass das Zustandekommen und die Inhalte des Vertrages allem zuwiderliefen, was Charidemos zuvor versprochen hatte; vgl. §167 πρότερον ... ἔπεισε καὶ ἠνάγκασε ... ἢ αὐτὸς ... ἐπείσθη ὧν ὡμολογήκει καὶ ὑπέσχητό τι πρᾶξαι.
Während das Verb παρακρούεσθαι bei Dem. häufig verwendet wird (vgl. Komm. zu §1 παρακρουσθέντας), findet sich das Substantiv sonst nur noch 24,194; die übrigen attischen Redner gebrauchen es gar nicht.

ἔργῳ: Vgl. Komm. zu §131 λαβὼν ἔργῳ ... πεῖραν.

διὰ παντὸς τοῦ χρόνου ... εὐνούστατον ... τοῖς ὑμετέροις ἐχθροῖς Καρδιανοῖς: Der Kläger nimmt die in §169 gewählte Formulierung wörtlich auf, um Charidemos' Parteinahme für die ‚falsche' Seite (und die sich daraus ergebenden Rückschlüsse auf seine wahre Gesinnung) in das Bewusstsein seiner Zuhörer einzubrennen.

πῶς οὐ: Zur affirmativen Bedeutung von πῶς οὐ vgl. Komm. zu §42 καίτοι πῶς οὐχὶ.

δεῖγμα ... ἐξέφερεν: Zur Wendung δεῖγμα ἐκφέρειν vgl. bei Dem. 18,291; 19,12; 21,183 sowie Wankel zu 18,291 (S. 1238f.), der zur Metapher der ‚Warenprobe' auf Isokr. 15,54 verweist: ὥσπερ δὲ τῶν καρπῶν, ἐξενεγκεῖν ἑκάστου (sc. τῶν λόγων) δεῖγμα πειράσομαι. Die ursprüngliche Vorstellung, der Öffentlichkeit zu Werbungszwecken eine Probe von sich oder seinen Produkten darzubieten, ist bei Dem. hier und an den anderen Belegstellen ironisch in ihr Gegenteil verkehrt.

ΣΥΝΘΗΚΑΙ: Zum Vertragsinhalt vgl. §170.

§176

Ταῦτα ... συνθέμενος: Zu diesem Terminus für vertragliche Übereinkünfte vgl. Thuk. 3,114,4 ταῦτα ξυνθέμενοι διέλυσαν τὸν πόλεμον.

τὸν ὅρκον ὃν ὑμεῖς ἠκούσατε: Der Kläger bezieht sich auf den von ihm referierten Inhalt des Eides (§170), nicht auf die Vereidigung selbst, bei der die Zuhörer nicht anwesend waren.

εἶδεν ... παρέδωκεν ... ἐποίησεν: Das Subjekt wird hier und im Folgenden nicht ausdrücklich genannt. Die offizielle Amtsgewalt lag bei Kersobleptes, die Zuhörer sollen aber Charidemos als den verantwortlichen Akteur imaginieren.

τὸν Ἰφιάδου ... υἱὸν: Ein Iphiades wird Aristot. pol. 5,6. 1306a31 als Haupt einer Hetairie in Abydos genannt; nach Ain. Takt. 28,6f. war er Stratege von Abydos. Wenn es der Sohn jenes Iphiades war, der sich als Geisel ‚für Sestos' (vgl. §177) in thrakischer Hand befand, könnte dies im Zusammenhang mit der Eroberung von Sestos durch Abydener stehen (vgl. §158). Man vermutet, dass Iphiades die Gruppe der Besatzer angeführt und den Thrakern seinen Sohn „als Unterpfand für die Treue der Sestier" (Westermann) übergeben hatte; vgl. auch Weber. Ausführlich zur Funktion von (freiwillig gestellten) Geiseln als Loyalitätsgarantie Amit 1970, 143f. Hätten die Thraker den Sohn des Iphiades den Athenern übergeben, wäre dies ein gewaltiger Vertrauensbruch gewesen, insofern man eine von Verbündeten als Unterpfand gestellte Geisel den Feinden von Abydos als Erpressungsinstrument überlassen hätte.

§177

τέλη καὶ δεκάτας: τέλη ist der allgemeine Begriff für Abgaben an den Staat; mit δεκάτη (zehnter Teil) wird der Wegezoll bezeichnet, der 10 Prozent des Wertes der ausgeführten Waren beträgt. Vgl. dazu Dem. 20,60, wo dieselbe Praxis für Byzanz, ein anderes ‚Nadelöhr' auf dem Weg zum Schwarzen Meer, beschrieben wird: (Archebios und Herakleides, Angehörige der pro-athenischen Partei in Byzanz), οἳ Βυζάντιον παραδόντες Θρασυβούλῳ κυρίους ὑμᾶς ἐποίησαν τοῦ Ἑλλησπόντου, ὥστε τὴν δεκάτην ἀποδόσθαι καὶ χρημάτων εὐπορήσαντας Λακεδαιμονίους ἀναγκάσαι τοιαύτην, οἵαν ὑμῖν ἐδόκει, ποιήσασθαι τὴν εἰρήνην. Eher als zwei unterschiedliche Gebühren (Whiston: „port-dues and ad valorem duties"; ähnlich Vince) bezeichnen τέλη und δεκάται inhaltlich dasselbe (Weil). Der Kläger lässt durch die Doppelung der Begriffe die von Charidemos erhobenen Ansprüche als noch größer erscheinen.

καὶ πάλιν: Vgl. Komm. zu §40 πάλιν.

ὡς αὐτοῦ τῆς χώρας οὔσης: Die Anmaßung ist eine zweifache: Charidemos ignoriert nicht nur den athenischen Gebietsanspruch, sondern auch den Status seines ‚Vorgesetzten' Kersobleptes.

δεκατηλόγους: Das Substantiv findet sich außerhalb der lexikalischen Fachliteratur (Harpokration, Pollux) nur hier.

τὸν υἱὸν τὸν Ἰφιάδου: S und Y haben τὸν υἱὸν τοῦ Ἰφιάδου; der vermeidbare Hiat ist jedoch verdächtig.

οὐδ' ὑπισχνεῖται: Das bloße Versprechen ist unverbindlicher als der beeidigte Schwur, und noch nicht einmal dazu ist Charidemos noch bereit.

ΨΗΦΙΣΜΑ: Inhalt ist die von Glaukon beantragte Ablehnung des Vertragsentwurfs in der Volksversammlung (vgl. §172).

§178

οὐδ' ὁτιοῦν: Vgl. Komm. zu §68 πλέον οὐδ' ὁτιοῦν ἕξει.

οἱ δ' ἕτεροι: Sc. Amadokos und Berisades.

σκοπεῖτε εἰ ἄρα ὑμῖν δοκοῦσι μηδὲν ἐγκαλεῖν: Da nicht die Athener, sondern Amadokos und Berisades die eigentlichen Vertragspartner des Kersobleptes waren, steht hier ihre Reaktion im Vordergrund.
 ὑμῖν ist mit δοκοῦσι zu verbinden, nicht mit ἐγκαλεῖν, zu welchem man sich als Objekt Κερσοβλέπτῃ bzw. Χαριδήμῳ hinzuzudenken hat. Zu μηδέν im Sinne von ‚nichts von Gewicht' vgl. KG I 664 Anm. 1 und Xen. Kyr. 8,3,20 ἢν τις ὑμᾶς διδάσκῃ τι τούτων τῶν παρεπομένων, ὃς μὲν ἂν μηδὲν δοκῇ ὑμῖν λέγειν, μὴ προσέχετε αὐτῷ τὸν νοῦν.

Ἆρα γ' ὁρᾶτε καὶ συνίετε: In S und Y fehlt Ἆρα γ'. Die ähnliche Formulierung in §122, auf die Dilts im Apparat verweist, beweist noch nicht, dass es sich auch hier um eine Frage handeln muss; wohl aber spricht der Gedankengang dafür: Wäre ὡς ἄνω καὶ κάτω Gegenstand einer Feststellung, wirkte die Wiederholung πάντ' ἄνω καὶ κάτω ... ἔπραξεν redundant. Anders verhält es sich mit der Abfolge von (rhetorischer) Frage, Aufzählung von Fakten, die die in der Fragestellung suggerierte Aussage untermauern, und abschließender Feststellung, dass die suggerierte Aussage zutrifft.

Die emphatische Doppelung von Verben der Wahrnehmung ist für Dem. durchaus typisch (vgl. Rehdantz, Index I s.v. Erweiterung; Roschatt 1896, 6f. sowie z.B. Dem. 6,33; 18,248; 19,204), so dass keine Veranlassung besteht, mit Cobet ὁρᾶτε καὶ zu tilgen.

ὡς ἄνω καὶ κάτω: Die Wendung ἄνω (καὶ) κάτω findet sich bei den attischen Rednern außer bei Dem. nur noch in der Demosthenes-Imitation, häufig aber bei Euripides, Platon und in der Komödie; vgl. Wankel zu 18,111 (S. 597f.). Dem. 2,16 wird mit ἄνω καὶ κάτω das räumliche Auf und Ab beschrieben, 4,41 tritt der Aspekt des Kopflosen, Ungeordneten hinzu. Vollends metaphorisch ist der Gebrauch 9,36; 18,111; 21,91 sowie 19,261 zur Bezeichnung eines verwirrenden Durcheinanders bzw. auf den Kopf gestellter Verhältnisse (vgl. im Deutschen ‚drunter und drüber'). An unserer Stelle geht es um ein Durcheinander im Sinne eines ‚Hin und Her': Die ἀπιστία des Charidemos besteht darin, dass er im politischen Umgang mit Athen keinen festen Kurs hält, sondern je nach Lage der Dinge mal Entgegenkommen, mal Kompromisslosigkeit an den Tag legt. Zu dieser ‚horizontalen' Bedeutung von ἄνω (καὶ) κάτω vgl. Verdenius 1964, 387 sowie Dein. 1,17 διαμείνας ἐπὶ τῆς ⟨αὐτῆς⟩ πολιτείας καὶ οὐκ ἄνω καὶ κάτω μεταβαλλόμενος ὥσπερ σύ u. Plat. rep. 508d8f. ... δοξάζει τε καὶ ἀμβλυώττει ἄνω καὶ κάτω τὰς δόξας μεταβάλλον, καὶ ἔοικεν αὖ νοῦν οὐκ ἔχοντι.

Als Subjekt, das man zwar nicht unmittelbar aus dem übergeordneten Satz ergänzen, aber der dem Artikel inhärenten possessiven Bedeutung (seine Schlechtigkeit und seine Unzuverlässigkeit) entnehmen kann, hat man sich also Charidemos zu denken. Anders Westermann, der, m.E. den Kern der Aussage verfehlend, ἄνω καὶ κάτω hier (anders als weiter unten) im Sinne von ‚überall' versteht und auf πονηρία und ἀπιστία bezieht: „Ihr sehet, vorn und hinten nichts als Bosheit und Wortbrüchigkeit".

πάντ' ἄνω καὶ κάτω {πεποίηκεν}: Cobet sieht πάντ' ἄνω καὶ κάτω als eigenständigen Ausdruck („*omnia susque deque*") an, der keines Verbs bedürfe, und tilgt deshalb πεποίηκεν. Seiner Begründung lässt sich 9,36 ἄνω καὶ κάτω πεποίηκε πάντα τὰ πράγματα entgegenhalten, die Berechtigung der Tilgung an sich bleibt davon aber unberührt. Das resultative Perfekt hätte man, wie 9,36, im Sinne von ‚er hat ein Durcheinander angerichtet' zu verstehen, was jedoch nicht das ist, was der Kläger Charidemos in erster Linie vorwirft. Vielmehr bildet ἄνω καὶ κάτω den Gegensatz zu ἁπλῶς und beschreibt die sprunghaften Strategiewechsel, die die Unaufrichtigkeit des

Charidemos offensichtlich machen (vgl. das vorige Lemma). πάντ' ἄνω καὶ κάτω ist also entweder analog zu ἁπλῶς mit ἔπραξεν zu verbinden oder steht als eine Art Ausruf für sich (,Ein ständiges Hin und Her!').

οὐδὲν ἁπλῶς οὐδὲ δικαίως: Vgl. Komm. zu §24 θεάσασθε δὴ ... ὡς ἁπλῶς καὶ δικαίως χρήσομαι τῷ λόγῳ.

§§179–183: Weitere Indizien für die schlechten Absichten des Charidemos

Sobald die athenischen Truppen vom Hellespont abgezogen seien, habe Kersobleptes bzw. Charidemos Berisades und Amadokos zu stürzen versucht. Das Dekret hätte ihm – wäre nicht Paranomieklage erhoben worden – sehr dabei geholfen, da es den Strategen der Könige die Hände gebunden hätte.

Von den feindseligen Absichten des Charidemos zeuge außerdem, dass er sich mit dem strategisch günstig gelegenen Kardia bewusst eine Operationsbasis für einen Krieg gegen Athen gesichert habe.

§179

κολακεύων καὶ φενακίζων: Zum Hendiadyoin vgl. Komm. zu §167 ἔπεισε καὶ ἠνάγκασε; zu φενακίζειν vgl. Komm. zu §20 τὸν τρόπον ὃν πεφενάκισθε ὑπ' αὐτοῦ.

ἐπεὶ δὲ εἶδε τάχιστα: Zur Wortstellung vgl. Lys. 13,78 ἐπειδὴ δὲ εἶδον αὐτὸν τάχιστα; Hdt. 4,43,7; 7,172,1; Xen. an. 7,2,6 u.ö.

Als Subjekt kommt im Folgenden eigentlich nicht mehr Charidemos, sondern nur noch Kersobleptes in Frage. Durch den nahtlosen Übergang lässt der Kläger beide quasi zu e i n e r Person verschmelzen, womit er die ‚Angriffsfläche' des Charidemos um die dem Kersobleptes anzulastenden Vergehen vergrößert.

τὸν Ἑλλήσποντον ἔρημον δυνάμεως: Während des Bundesgenossenkrieges 357–355 war die athenische Flotte im Hellespont präsent. Der Kläger gerät mit dieser Zeitangabe in einen gewissen Widerspruch zu seinem Bericht in §10, wo er suggeriert, Kersobleptes habe sich unmittelbar nach dem Tod des Berisades, der um 356 zu datieren ist, über den Vertrag hinweggesetzt. Allzu großes Vertrauen sollte man keiner der beiden Darstellungen schenken, da sie jeweils im Interesse eines bestimmten Beweiszieles stehen: Während in §10 gezeigt werden soll, dass eine Störung des Machtgleichgewichts in Thrakien die athenischen Interessen auf der Chersones bedrohe, geht es dem Kläger hier darum, das neu entflammte Machtstreben des Kersobleptes auf das Fehlen einer athenischen Drohkulisse zurückzuführen, um seine Unzuverlässigkeit zu demonstrieren.

ἐνεχείρει καταλύειν καὶ ἀπαλλάξαι τοὺς δύο {τῆς ἀρχῆς} καὶ πᾶσαν ὑφ' ἑαυτῷ ποιήσασθαι τὴν ἀρχήν: Zu καταλύειν in Verbindung mit Personen (‚absetzen') vgl. neben 23,9 auch Thuk. 1,122,3 τοὺς ... ἐν μιᾷ (sc. πόλει) μονάρχους ἀξιοῦμεν καταλύειν. ἀπαλλάττειν mit Akk. bedeutet ‚loswerden'; vgl. Dem. 24,37 ἂν ἀπαλλάξῃ τὸν ἐπιστάντα; And. 1,122; Isaios 5,28; Lys. 29,1. Ein Genitiv ist bei beiden Verben entbehrlich. Um die unschöne Wiederholung des Substantivs zu vermeiden, empfiehlt sich deshalb die Tilgung von τῆς ἀρχῆς (Dobree) sehr viel eher als die von τὴν ἀρχήν (Blass).

Auffällig ist der Wechsel zwischen Präsens- und Aoriststamm. Ersterer bezeichnet das fortwährende Bemühen, letzter das Resultat dieses Bemühens (vgl. Weber z.St.).

Unter ‚den zwei' Königen hat man, wie in §15 (vgl. Komm. zu τοῖν δυοῖν), die beiden mit Kersobleptes konkurrierenden ‚Herrscherhäuser' zu verstehen.

Die Formulierung insgesamt erinnert sicher nicht zufällig an die zu Beginn der Rede der Partei des Aristokrates unterstellten Absichten: βουλόμενοί ... καταλῦσαι μὲν τοὺς ἑτέρους βασιλέας, παραδοῦναι δ' ἑνὶ τῷ Κερσοβλέπτῃ τὴν ἀρχὴν ἅπασαν (§9).

ἔργῳ πεῖραν ἔχων: Vgl. Komm. zu §131 λαβὼν ἔργῳ ... πεῖραν. Bei den Vertragsverhandlungen mit Athenodoros und wohl auch mit Chares bekam Kersobleptes zu spüren, dass die beiden anderen thrakischen Könige einen Machtfaktor darstellten, der seine eigene Position gegenüber Athen schwächte. Die hier dem Kersobleptes zugeschriebene Einsicht möchte der Kläger unter Umkehrung der Perspektive auch bei seinen Zuhörern verankern: Will man das für die Chersones Erreichte bewahren, darf man das Kräftegleichgewicht in Thrakien nicht gefährden.

τῶν πρὸς ὑμᾶς οὐδὲν μὴ δυνηθῇ ... λῦσαι: Zu οὐ μή mit Konj. vgl. KG II 221f. Der gedanklich zu ergänzende Begriff der Besorgnis ist mit der Zeit so sehr in den Hintergrund getreten, dass statt οὐ (sc. φόβος o.ä.), μή τις/τι auch (der syntaktischen Logik zuwider) οὐδείς/οὐδὲν μή geschrieben wird; vgl. bei Dem. 4,44 οὐδέποτ' οὐδὲν ἡμῖν μὴ γένηται τῶν δεόντων; 6,24; 18,246; 22,39.

Die Argumentation über den Umweg einer in den innerthrakischen Machtkampf hineininterpretierten athenfeindlichen Absicht zeigt, dass der Kläger Kersobleptes offenbar keinen unmittelbaren Verstoß gegen die mit Athen getroffenen Vereinbarungen vorwerfen konnte.

§180

εὕρετο: Vgl. Komm. zu §125 εὑρισκόμενος.

εἰ μὴ δι' ἡμᾶς: Zur attischen Formel εἰ μὴ διά („wenn nicht durch das Verdienst oder die Schuld einer Sache oder Person, nämlich: e t w a s v e r - e i t e l t w o r d e n w ä r e") vgl. KG I 484f. und bei Dem. z.B. 19,74.90.

ὁ Βιάνωρ, ὁ Σίμων, ὁ Ἀθηνόδωρος: Bianor und Simon unterstützten den Berisades, Athenodor den Amadokos. Vgl. §10 mit Komm.

φοβούμενοι τὴν διὰ τοῦ ψηφίσματος συκοφαντίαν: Vgl. §12 u. §15, wo dieser Gedanke bereits ausgeführt wurde.

ταύτης τῆς ἐξουσίας ἀπολαύσας: Vgl. Komm. zu §67 ζῶντι μὲν ἐξουσίαν γέγραφεν τῷ Χαριδήμῳ ποιεῖν ὅ τι ἂν βούληται.

ὑπῆρχεν: ‚wäre da/vorhanden als'; das Verb ist nachdrücklicher als die bloße Kopula εἶναι.

§181

ὁρμητήριον: Vgl. zu dem in der klassischen Prosa seltenen Wort Dem. 19,326 ὁρμητήρι' ἐφ' ὑμᾶς ἐν Εὐβοίᾳ Φίλιππος προσκατασκευάζεται; 19,219 sowie Isokr. 4,162.

τετηρημένον: Vgl. 18,89 ... τῆς νῦν εἰρήνης, ἣν οὗτοι (sc. die Makedonenfreunde) κατὰ τῆς πατρίδος τηροῦσιν, wozu Wankel (S. 493) bemerkt, τηρεῖν habe „häufig eine peiorative Nuance" und werde „vom feindlichen

Belauern, von der bösen Absicht gebraucht". So schwingt auch hier im Verb die bedrohliche Vorstellung berechnender Hinterlist mit.

τὴν Καρδιανῶν πόλιν: Vgl. Komm. zu §169 τὸν διὰ παντὸς εὔνουν ὑμῖν τοῦ χρόνου ... Καρδιανοῖς τοῖς ὑμετέροις ἐχθροῖς.

ἣν ἐν ἁπάσαις μὲν ταῖς συνθήκαις ἐξαίρετον αὐτῷ γέγραφεν, τὸ τελευταῖον δὲ καὶ φανερῶς αὐτὴν ἀφείλετο παρ' ὑμῶν: Die Steigerung liegt in φανερῶς: Anders als die mit Kephisodotos, Athenodoros und Chabrias ausgehandelten Verträge wurde der des Chares tatsächlich rechtskräftig und machte den Verlust von Kardia zur politischen Realität. Das Gewicht dieser Feststellung wird grammatikalisch dadurch erhöht, dass sich der δέ-Teil des Relativsatzes durch das nach ἣν eigentlich überflüssige αὐτὴν quasi zu einem Hauptsatz verselbständigt; vgl. auch Komm. zu §111 αὐτῷ.

ἐξαίρετον heißt wörtlich ‚(aus der Menge) herausgenommen' (vgl. 9,50; [Dem.] 40 14.60.61), woraus sich die Bedeutung des Exklusiven, jemandem individuell Vorbehaltenen ergibt (vgl. 18,281; 19,247; 20,157; Aischin. 3,89 sowie Isokr. 6,20 τὴν μὲν ἰδίαν χώραν εἰς τὸ κοινὸν τοῖς συνακολουθοῦσιν ἔδοσαν, τὴν δὲ βασιλείαν ἐξαίρετον αὐτοῖς παρ' ἐκείνων ἔλαβον).

Zu ἀφαιρεῖσθαι tritt gewöhnlich der bloße Genitiv des Besitzers. Durch den Zusatz der Präposition παρά wird der Blick stärker auf die ‚Opfer' und auf den Bruch des – aus Sicht des Klägers – rechtmäßigen Besitzverhältnisses gelenkt: Kardia gehörte eigentlich den Athenern, und Charidemos riss es ‚von ihnen weg' an sich. In Wirklichkeit hatten die Athener die einst von Miltiades neu besiedelte Stadt vermutlich bereits während des Peloponnesischen Krieges verloren und danach nicht mehr zurückgewinnen können (vgl. Kahrstedt 1954, 6 und 23; zuletzt als in athenischer Hand erwähnt bei Xen. hell. 1,1,11 [um 410 v.Chr.]).

ἀπηλλαγμένοις: Vom Ablegen einer Gesinnung bzw. Verhaltensweise auch 3,33 ἐὰν οὖν ἀλλὰ νῦν γ' ἔτι ἀπαλλαγέντες τούτων τῶν ἐθῶν ἐθελήσητε στρατεύεσθαι καὶ πράττειν ἀξίως ὑμῶν αὐτῶν und 39,11 καὶ πότερ' ἂν βελτίους εἴημεν τῶν ὑπαρχουσῶν δυσκολιῶν ἀπαλλαττόμενοι ἢ καινὰς ἔχθρας καὶ βλασφημίας ποιούμενοι;

περὶ ἡμῶν τι φρονεῖν ἄδικον: Zu ἄδικόν τι φρονεῖν (‚ein Unrecht im Schilde führen', ‚auf Böses sinnen') vgl. Xen. Kyr. 8,7,23 εἰ δὲ εἰς ἀλλήλους ἄδικόν τι φρονήσετε, ἐκ πάντων ἀνθρώπων τὸ ἀξιόπιστοι εἶναι ἀποβαλεῖτε und [Dem.] ep. 3,8 οὐδὲν πώποθ' ηὑρέθη περὶ ὑμᾶς οὔτε φρονῶν οὔτε ποιῶν ἄδικον. Zur Konstruktion mit περί τινος in ähnlicher Bedeutung (‚gesinnt sein gegen') vgl. 15,21 ἔπειτα καὶ δίκαιον, ὦ ἄνδρες Ἀθηναῖοι, δημοκρατουμένους αὐτοὺς τοιαῦτα φρονοῦντας φαίνεσθαι περὶ τῶν ἀτυχούντων δήμων, οἷάπερ ἂν τοὺς ἄλλους ἀξιώσαιτε φρονεῖν περὶ ὑμῶν, εἴ ποτε, ὃ μὴ γένοιτο, τοιοῦτό τι συμβαίη.

μετὰ πάσης δ' ἀληθείας ἁπλῶς: Die pleonastische Betonung der Ehrlichkeit (zu ἁπλῶς vgl. Komm. zu §24 θεάσασθε δὴ ... ὡς ἁπλῶς καὶ δικαίως χρήσομαι τῷ λόγῳ) schafft einen scharfen Kontrast zu der dem Charidemos unterstellten Hinterlist.

καταλείπειν: Zur Bedeutung ‚zurückbehalten' vgl. Xen. mem. 1,1,8 τὰ δὲ μέγιστα ... ἔφη τοὺς θεοὺς ἑαυτοῖς καταλείπεσθαι.

τοῦ πρὸς ἡμᾶς πολέμου: Weil: „χρήσιμον τοῦ ... πολέμου équivaut à πρὸς πόλεμον. Emploi rare du génitif de relation." Vgl. dazu KG I 371,9. Die Konstruktion χρήσιμός τινος (‚nützlich für') scheint allerdings sonst nicht belegt zu sein. Der Genitiv ist deshalb eher abhängig von ὁρμητήριον zu denken; vgl. Dion. Hal. ant. 3,57,2 αὕτη γὰρ ἡ πόλις ὁρμητήριον αὐτοῖς ἔσεσθαι κράτιστον ἐδόκει τοῦ κατὰ Ῥωμαίων πολέμου; 6,3,1; Cass. Dio 40,38,3; 47,27,1 u.ö.

§182

ἴστε γὰρ δήπου τοῦτο ... ὅτι: Vgl. Komm. zu §61 ἴστε γὰρ δήπου τοῦθ' ὅτι.

ἀφιγμένοι: Von Besuchern eines Ortes auch 19,158 (sc. τοὺς ὅρκους ἔλαβον) ... ἐν τῷ πανδοκείῳ τῷ πρὸ τοῦ Διοσκουρείου (εἴ τις ὑμῶν εἰς Φερὰς ἀφῖκται, οἶδεν ὃ λέγω); 16,1; [Dem.] 33,5.

ἐχούσης ὡς ἔχει: Wie die Fortsetzung zeigt, zielt der Kläger hier nicht auf die Einstellung der Bewohner, sondern auf die geographische Lage der Stadt ab; vgl. Weber, Rosenberg.

εἰ γενήσεται τὰ πρὸς τοὺς Θρᾷκας εὐτρεπῆ τῷ Κερσοβλέπτῃ: Der Kläger drückt sich hier recht vage aus. τὰ πρὸς τοὺς Θρᾷκας (sc. Amadokos und Berisades, vgl. §175) bezeichnet die im Machtanspruch der beiden thrakischen Könige bestehende Problematik für Kersobleptes, in der Formulierung εἰ γενήσεται εὐτρεπῆ τῷ Κερσοβλέπτῃ deutet sich die Möglichkeit an, dass Kersobleptes nicht einmal selbst aktiv werden muss, sondern ohne eigene Anstrengung von den politischen Fehlentscheidungen der Athener profitieren könnte.

εὐτρεπής ist bei Dem. sonst synonym mit ἕτοιμος (4,18; 18,32; 21,112); hier bedeutet es ‚geordnet' wie εὐτρεπίζειν 1,13 πάνθ' ὃν ἐβούλετο εὐτρεπίσας τρόπον ᾤχετ' εἰς Θρᾴκην. Zum Wortgebrauch vgl. Wankel zu 18,32 (S. 269): „Das Adjektiv εὐτρεπής und das Verbum εὐτρεπίζειν kommen vor D. in Prosa sehr selten vor ... Beide Wörter verwendet D. recht oft (nur in den politischen Reden und den politischen Prozeßreden), sonst kein Redner (auch Platon nicht)."

παρ' ἡμέραν: ‚im Laufe eines Tages'; vgl. KG I 513. Ähnlich 8,70 οἱ τῆς παρ' ἡμέραν (einen Tag während) χάριτος τὰ μέγιστα τῆς πόλεως ἀπολωλεκότες.

βαδίζειν: 19,164 und 181 bildet βαδίζειν den Gegensatz zu πλεῖν. Auch hier liegt der Schwerpunkt der Aussage darauf, dass Kersobleptes, wenn man ihn bei Kardia nicht aufhält, von Thrakien aus mit dem Fußheer die Chersones in Besitz nehmen kann – anders als die Athener, die auf ihre Flotte angewiesen sind. Rosenbergs Gedanke, in βαδίζειν sei „das ‚Gemächliche' ausgedrückt", liegt eher fern, zumal mit παρ' ἡμέραν alles andere als Gemächlichkeit assoziiert ist.

Χαλκὶς... τῆς Εὐβοίας ... Χερρονήσου ... ἡ Καρδιανῶν πόλις: Zum partitiven Genitiv des Landes/Gebietes bei der Nennung eines ihm angehörenden Ortes vgl. KG I 338.

Das antike Chalkis lag an der schmalsten Stelle des Euripos, der Meerenge zwischen Euboia und dem Festland. Nach ihrem Abfall von Athen im Jahr 411 errichteten die Chalkidier eine Brücke über den Euripos, um sich den Rückhalt der Boioter gegen Athen zu sichern (Diod. 13,47,3). Chalkis bildete somit das ‚Eingangstor' nach Euboia, genau wie Kardia den Zugang zur Chersones auf dem Landweg kontrollierte.

Zur ‚didaktischen' Methode, das Unbekannte durch den Vergleich mit Bekanntem zu erklären, verweist Westermann auf Hdt. 4,99,4f.

πρὸς τῆς Βοιωτίας κεῖται ... κεῖται πρὸς τῆς Θρᾴκης: Während im Deutschen die Lage von Orten in der Regel vom Standpunkt des Betrachters ausgehend bezeichnet wird ('nach ... hin'), ist im Griechischen auch die umgekehrte Perspektive ('von ... her') möglich; vgl. KG I 515.

ἣν ὄν: Das direkte Zusammentreffen zweier Relativpronomina ist selten; vgl. aber 20,97 πρόφασις ... δι᾽ ἣν ὃν ἂν ὑμῖν δοκῇ κωλύσετ᾽ ἔχειν τὴν δωρεάν.

διεσπούδασται: Vgl. Komm. zu §79 διεσπούδασται.

§183

οὐ συμπαρασκευάσαι ... ὀφείλετε: „The use of ὀφείλω with an infinitive, meaning 'ought', is less rare in Attic prose than might be supposed from a reading of LSJ ὀφείλω II.1"; so MacDowell zu Dem. 21,98 (S. 320) mit Verweis auf unsere Stelle sowie auf 2,8; 21,166; 22,64; 23,97; 24,170 und exord. 45,2. Entsprechend heißt οὐκ ὀφείλειν hier 'nicht sollen', wie z.B. auch Polyb. 9,29,12 διόπερ οὐκ ἐπὶ τοσοῦτον ἀγαπᾶν ὀφείλετε Μακεδόνας, ὅτι κυριεύσαντες τῆς πόλεως οὐ διήρπασαν, ἐφ᾽ ὅσον ἐχθροὺς νομίζειν καὶ μισεῖν, ὅτι δυναμένους ὑμᾶς ἡγεῖσθαι τῆς Ἑλλάδος πλεονάκις ἤδη κεκωλύκασι.

οὐδ᾽ ... ὁντινοῦν: Vgl. Komm. zu §68 πλέον οὐδ᾽ ὁτιοῦν ἕξει.

Φιλίππου γὰρ εἰς Μαρώνειαν ἐλθόντος ἔπεμψε ... πίστεις δοὺς ἐκείνῳ καὶ Παμμένει: Nachdem zunächst Chares den Artabazos im Kampf gegen die aufständischen Satrapen unterstützt hatte, dann aber nach Athen zurückberufen worden war, rief Artabazos die Thebaner um Hilfe an, die daraufhin ihren Feldherrn Pammenes mit einem Heer von 5000 Söldnern nach Asien entsandten (Diod. 16,34,1). Trotz bedeutender militärischer Erfolge (Diod. ibd.; Polyain. 5,16,2) wurde Pammenes vorübergehend von Artabazos gefangengenommen, kehrte aber dann nach Theben zurück.

Philipp hatte als Geisel im Hause des Pammenes gelebt (Plut. Pelop. 26,5), woraus eine enge Freundschaft erwuchs. Von Philipps Eroberung der thrakischen Küstenstädte Abdera und Maroneia, letztere seit 377 dem Attischen Seebund angehörig, berichtet auch Polyain. 4,2,22, umstritten ist jedoch die Datierung. Schaefer, I 441ff. vermutet, Philipp habe Pammenes auf dem Weg nach Asien begleitet und setzt die hier geschilderten Ereignisse in das Jahr 354. Kahrstaedt 1954, 50 hingegen hält es für wahrscheinlicher, dass Philipp und Pammenes erst 352, auf dem Rückweg des Pammenes aus Asien, bei Maroneia zusammentrafen. Vgl. Th. Lenschau 1949, 298f.

Zu πίστεις δούς vgl. Komm. zu §150 πίστεις δούς καὶ λαβὼν. Hier hat man wohl an Loyalitätsversicherungen im Zusammenhang eines Bündnisangebots zu denken. Von einem zwischen Kersobleptes und Philipp geschlossenen Vertrag findet sich in den historischen Quellen keine Spur; es scheint also, sofern die Aussage des Klägers überhaupt der Wahrheit entspricht, nur die Anbahnung eines Bündnisses gegeben zu haben; vgl. Vorndran 1922, 34f.

Ἀπολλωνίδην: Apollonides von Kardia, der nach [Dem.] 7,39 später von Philipp einen Teil der Chersones als Lehen erhielt.

κρατῶν τῆς χώρας Ἀμάδοκος ἀπεῖπε: Amadokos herrschte also über das Gebiet, das auf dem Weg von Maroneia zur Chersones zu durchqueren war. Bereits ein Jahr später verbündete er sich jedoch mit Philipp gegen Kersobleptes; vgl. Theopomp bei Harpokration s.v. Ἀμάδοκος (α 86) (= FGrHist 115 F 101).

ἐπιβαίνειν: ‚seinen Fuß setzen auf'; ‚betreten' wie 1,12; 19,87.311.

οὐδὲν ἂν ἦν ἐν μέσῳ πολεμεῖν ἡμᾶς πρὸς Καρδιανοὺς ἤδη καὶ Κερσοβλέπτην: Wäre eine Vereinigung mit Philipps Streitkräften möglich gewesen, hätte Kersobleptes es wagen können, einen Krieg gegen Athen zu beginnen. Mit dem Beispiel beweist der Kläger nicht nur, dass Kersobleptes jede Gelegenheit ergreift, um Athen zu schaden, sondern ‚nebenbei' auch, wie wichtig die Rolle der beiden anderen thrakischen Könige ist.

Ob es wirklich der relativ unbedeutende Amadokos allein war, der Philipp Einhalt gebot, darf bezweifelt werden. Eher mag die Präsenz einer athenischen Flotte unter Führung des Chares Philipp zur Umkehr bewogen haben; vgl. Vorndran 1922, 33.

ἐν μέσῳ findet sich in der Bedeutung ‚im Weg', ‚hinderlich' bei Dem. nur hier; vgl. aber Xen. Kyr. 5,2,26 τί δ', ἔφη, ἐν μέσῳ ἐστὶ τοῦ συμμίξαι;

καὶ ὅτι ταῦτ' ἀληθῆ λέγω: Vgl. Komm. zu §151 καὶ ὅτι ταῦτ' ἀληθῆ λέγω.

τὴν Χάρητος ἐπιστολήν: Chares hielt sich zu jener Zeit im thrakischen Gebiet auf 353 besiegte er ein von Adaios, genannt ἀλεκτρυών (‚Hahn'), befehligtes makedonisches Heer bei Kypsela und veranstaltete eine mondäne Siegesfeier in Athen; vgl. Theopomp bei Athen. 12,43. 532de (= FGrHist 115 F 249). Von einem Misserfolg während derselben Mission berichtet Polyain. 4,2,22: Chares sei bei dem Versuch, Philipps Flotte auf dem Rückweg aus Thrakien bei Neapolis (dem heutigen Kavala) aufzulauern, von diesem überlistet worden.

§§184–186: Fazit

Der Kläger fasst prägnant zusammen, was sich aus den vorgetragenen Fakten ergibt: Als einziger von allen, die je ein Ehrengeschenk von den Athenern erhalten hätten, sei Charidemos nicht dafür belohnt worden, dass er Gutes getan habe, sondern dafür, dass er Böses aufgrund äußerer Zwänge unterlassen musste.

§184

Ταῦτα μέντοι: Vgl. Komm. zu §70 ταῦτα μέντοι.

τετυφῶσθαι: Vgl. Komm. zu §137 ἁπλῶς καὶ κομιδῇ τετυφωμένως οὕτως.

προσέχειν τὸν νοῦν: hier ‚hochschätzen', ‚verehren' wie Xen. Kyr. 5,5,40 ὥστε τὸν Κυαξάρην μεταγιγνώσκειν ὡς οὔτε ὁ Κῦρος ἀφίστη αὐτοὺς ἀπ' αὐτοῦ οὔθ' οἱ Μῆδοι ἧττόν τι αὐτῷ προσεῖχον τὸν νοῦν ἢ καὶ πρόσθεν.

ὧν ἀναγκαζόμενος ... χάριν ἐστὶ δίκαιον ὀφείλειν ... οὐδ' ὧν μικρὰ ἀναλίσκων ... : Wie die Relativsätze syntaktisch anzuschließen sind, ist nicht eindeutig. Weil macht das erste Relativum von ἀναγκαζόμενος abhängig. χάριν ὧν (i.e. ἐκείνων ἅ) entspreche χάριν τῶν ἀναγκῶν, ἃς ἀναγκαζόμενος ...: „il n'est pas juste de lui savoir gré des nécessités qui le forcent à nous faire de fallacieuses protestations d'amitié". Das zweite Relativum (wiederum attrahiert aus ἐκείνων ἅ) sei Objekt zu διαπράττεται: „ni lui savoir gré de ce qu'il se procure à prix d'argent des éloges publics". Westermann hingegen konstruiert „τούτων ἅ φησι φενακίζων ὑμᾶς, ἀναγκαζόμενος φίλος εἶναι" und „τούτων ὧν (wofür) διαπράττεται ἐπαίνους αὑτοῦ γράφεσθαι πρὸς ὑμᾶς, μικρὰ ἀναλίσκων".

Es fragt sich, ob der athenische Zuhörer den exakten grammatischen Bezug überhaupt herzustellen suchte oder ob er nicht eher den gesamten

Inhalt der Relativsätze mit dem übergeordneten χάριν ὀφείλειν verband. Eine ähnliche Lockerung der syntaktischen Zusammenhänge liegt 16,13 vor: προσήκει δήπου πλείω χάριν αὐτοὺς ἔχειν ὧν ἐσώθησαν ὑφ' ἡμῶν εἰς τοὺς ἐσχάτους ἐλθόντες κινδύνους ἢ ὧν ἀδικεῖν κωλύονται νῦν ὀργίζεσθαι. Im zweiten Teil entsteht geradezu ein schiefer Sinn, wenn man ‚grammatikalisch korrekt' übersetzt „über die Unrechtstaten zu zürnen, die zu begehen sie gehindert werden" statt „darüber zu zürnen, dass sie an der Verübung von Unrechtstaten gehindert werden". Rösiger z.St. löst ὧν ἐσώθησαν zu τῆς σωτηρίας ἣν ἐσώθησαν auf und paraphrasiert dann völlig zutreffend „dass sie gerettet wurden". Analog dürfte auch unsere Stelle aufzufassen sein, wie auch immer man sich die genaue grammatische Struktur denkt. Der Kläger will sagen: Wie die Freundschaftsbekundungen erlogen sind, so ist der gute Ruf gekauft. Für beides darf man sich nicht erkenntlich zeigen.

φενακίζων: Vgl. Komm. zu §20 τὸν τρόπον ὃν πεφενάκισθε ὑπ' αὐτοῦ.

χάριν ἐστὶ δίκαιον ὀφείλειν {Κερσοβλέπτῃ}: Die Argumentation in diesem Abschnitt (bis §186) zielt darauf ab, jegliche Gunstbezeugung gegenüber Charidemos als unangemessen und schließlich, den Bogen zum eigentlichen Gegenstand der Rede schlagend, die im Antrag des Aristokrates vorgesehene Schutzklausel als Gipfel dieser Unangemessenheit zu erweisen. Der ausdrückliche Bezug auf Kersobleptes stört daher. Hält man auch Χαρίδημος in Z. 9/10 (so Dilts), ergibt sich zudem eine unlogische Aussage: „Man schuldet dem Kersobleptes keinen Dank dafür, dass Charidemos erreicht hat ...".

Zu der Interpolation mag es dadurch gekommen sein, dass man ein Objekt zu χάριν ὀφείλειν vermisste und den im Text zuletzt genannten Namen des Kersobleptes (Z. 3/4) ergänzte.

μικρὰ ἀναλίσκων ἰδίᾳ: Zu ἀναλίσκειν als Terminus für Bestechung vgl. 18,19 τοῖς παρ' ἑκάστοις προδόταις χρήματα ἀναλίσκων und 19,134. Zu dem in der politischen Rhetorik allgegenwärtigen Vorwurf der Bestechung vgl. neben §146 (mit Komm. zu τοὺς ἐπὶ μισθῷ λέγειν καὶ γράφειν εἰωθότας) Kulesza 1995, bes. 65ff.; im Zusammenhang mit Bürgerrechtsverleihungen und Proxenieanträgen Lys. 13,72; Dem. 20,132; 57,59; [Dem.] 59,13; Dein. 1,43f. (Perlmann 1963, 346); eine tabellarische Auflistung bekannter Bestechungsklagen bietet Taylor 2001, 58–61.

καὶ τοῖς στρατηγοῖς καὶ τοῖς ῥήτορσι: Beide Gruppen sind als die politische „Führungsschicht" (Wankel zu 18,170 [S. 857]), die Entscheidungen treffen und lenken konnte, die Hauptadressaten von Bestechungsversuchen; vgl. Dein. 2,26 τί ἂν οἴεσθ' ἐκείνους τοὺς ἄνδρας ποιῆσαι λαβόντας ἢ στρατηγὸν ἢ ῥήτορα πολίτην ἑαυτῶν δῶρα δεχόμενον ἐπὶ τοῖς τῆς πατρίδος συμφέρουσιν; Aristot. rhet. 2,11. 1388b17f. In der zweiten Hälfte des 4. Jhs. differenzierten sich die Tätigkeitsbereiche von Strategen (Militär) und Rednern (Politik), die zuvor nicht selten in Personalunion vertreten wurden (Perikles, Themistokles), stärker aus; vgl. Perlmann 1963, 347 u. 354.

Folgt man der Logik des Klägers, könnte sich Charidemos mit der Bestechung der Strategen eine günstigere Beurteilung seiner militärischen Leistungen, mit der Bestechung der Redner die Ummünzung dieser Leistungen in persönliche Privilegien erkauft haben.

{Χαρίδημος} διαπράττεται: Wenn wir davon ausgehen, dass sich der gesamte Satz auf Charidemos bezieht, ist die Nennung seines Namens erst im zweiten Relativsatz sehr merkwürdig. Zudem entsteht ein vermeidbarer Tribrachys (-σι Χαρι-). Es könnte sich hier um einen Folgefehler aus der ersten Interpolation handeln: Man bemerkte, dass der zweite Teil des Satzes inhaltlich nicht zu Kersobleptes passt, und fügte – statt Κερσοβλέπτῃ zu tilgen – Χαρίδημος hinzu.

τούτων ... ὀργίζεσθαι: Zum Genitiv (statt des üblicheren Dativs oder eines Präpositionalausdrucks) vgl. KG I 388 (b). Die Konstruktion ist hier wahrscheinlich um der Parallelität zum vorangehenden ὧν ἀναγκαζόμενος ... ὧν μικρὰ ἀναλίσκων willen gewählt (Westermann).

§185

εὕρηνται: Vgl. Komm. zu §125 εὑρισκόμενος.

εἷς ἁπάντων τῶν ἄλλων μόνος: Der Kläger zieht alle Register, um die (skandalöse) Singularität des Falles zu betonen: Verstärkend zu μόνος tritt nicht nur εἷς, sondern auch der partitive Genitiv ἁπάντων mit dem pleonastischen Zusatz τῶν ἄλλων. Zur Verbindung μόνος τῶν ἄλλων vgl. bei Dem. 18,196; 20,62; 21,223. Der ursprüngliche separative Sinn hat sich 14,3 erhalten, wo μόνος im Sinne von χωρίς verwendet wird.

ἐφ' οἷς ἐγχειρῶν οὐ δεδύνηται κακῶς ποιῆσαι: Wie in §184 (vgl. Komm. zu ὧν ἀναγκαζόμενος ... χάριν ἐστὶ δίκαιον ὀφείλειν ... οὐδ' ὧν μικρὰ ἀναλίσκων ...) trifft auch hier die grammatikalisch korrekte Wiedergabe (‚für die Untaten, die er in Angriff nahm, aber nicht zu begehen vermochte') nicht ganz den Sinn; gemeint ist ‚dafür, dass er, obwohl er es versuchte, kein Unheil anzurichten vermochte'.

δίκης ... ἀφεῖσθαι: Zu ἀφίεσθαί τινος (‚verzichten auf') vgl. 37,1 οὐκ οἰόμενος δεῖν ἀφεῖσθαι τοῦ δικαίου τούτου (‚dieses Rechtsmittel').

πολίτης, εὐεργέτης, στέφανοι, δωρεαί: „nur ganz lose an δοκεῖ angeschlossen und als Schlagworte halb in der Luft schwebend" (Westermann). Zu πολίτης vgl. Komm. zu §23 τὴν γὰρ τοῦ δήμου δωρεάν ... κυρίαν αὐτῷ δίκαιόν ἐστιν εἶναι; zu στέφανοι vgl. Komm. zu §118 χρυσοῖς στεφάνοις ἐστεφανοῦτε.

Man hat dieser Aufzählung entnehmen wollen, dass Charidemos auch der Titel εὐεργέτης verliehen wurde (Westermann, Weil, Pritchett 1974, 86). Diese Ehre scheint jedoch ‚unterhalb' des Bürgerrechts angesiedelt und ausschließlich für Fremde vorgesehen gewesen zu sein (vgl. Oehler 1907, 980f.). Zwar könnte Charidemos erst zum Euergetes, später dann zum athenischen Bürger proklamiert worden sein, man muss aber auch mit der Möglichkeit rechnen, dass seine Unterstützer in Athen ihn lediglich als ‚Wohltäter' bezeichneten und der Kläger die Zweideutigkeit des Begriffs ausnutzt, um ihn in die Reihe der öffentlichen Ehrungen ‚einzuschmuggeln'.

Das Asyndeton verstärkt den Eindruck der Fülle; vgl. in ähnlichem Kontext 18,80 ἐξ ὧν ὑμῖν μὲν τὰ κάλλιστα, ἔπαινοι, δόξαι, τιμαί, στέφανοι, χάριτες παρὰ τῶν εὖ πεπονθότων ὑπῆρχον; 18,94; 19,62; 20,60.

δι' ἃ τούτοις ἰδίᾳ δίδωσιν: In ἰδίᾳ schwingt hier die Vorstellung des den Blicken der Öffentlichkeit Entzogenen, hinter verschlossenen Türen Geschehenden mit; ähnlich 21,39 ὁ θεσμοθέτης ... φανήσεται ... ἰδίᾳ πεισθεὶς ὁπόσῳ δήποτε ἀργυρίῳ καθυφεὶς τὸν ἀγῶνα.

πεφενακισμένοι: Vgl. Komm. zu §20 τὸν τρόπον ὃν πεφενάκισθε ὑπ' αὐτοῦ.

κάθησθε, τὰ πράγματα θαυμάζοντες: „wie etwa im Theater. Diese Charakteristik der Athener ist sehr herbe" (Westermann). Mit καθῆσθαι im tadelnden Sinne des untätig Herumsitzens beschreibt Dem. des Öfteren die Lethargie seiner Mitbürger; vgl. 2,23.24; 4,9.44; 8,53 (= 10,56); 10,3; kombiniert mit dem Vorwurf, sich als passive Zuhörer an der von den Rednern gebotenen ‚Show' zu ergötzen, 10,75. Tadelnd auch von den athenischen Gesandten, die in Makedonien auf Philipp warteten, statt ihm, um ihm so schnell wie möglich den Eid auf den Friedensvertrag abzunehmen, nachzureisen, 18,30; 19,155.165.166.

§186

φύλακας κατέστησαν ὑμᾶς ..., εἰ μή: Das gedankliche Verhältnis ist eigentlich ein irreales, in der Apodosis erwartet man entsprechend ἄν. Dass die Partikel aus dem zweiten Satzglied (ἄν διεπράττετο) auf das erste zurückwirkt, ist äußerst selten; vgl. KG I 249, die lediglich Dem. 24,7 ἐγὼ δ', εἰ κατώρθωσεν ἐκεῖνος ἣν ἐπ' ἔμ' ἦλθεν ὁδόν, οὐχ ὅτι τῶν ὄντων ἀπεστερήμην (S^{ac}FY : ἄν ἀπεστερήμην S^{pc}A), ἀλλ' οὐδ' ἄν ἔζων und Aischin. 3,217 οὔτε τοὺς εἰρημένους ἐν ὑμῖν λόγους ἐμαυτῷ ἀρρήτους εἶναι βουλοίμην ⟨ἄν⟩ (add. Bekker), οὔτε τὰ αὐτὰ τούτῳ δημηγορήσας δεξαίμην ἄν ζῆν anführen, wo der Abstand zwischen beiden Verben wesentlich geringer ist als an unserer Stelle. In der korrigierten Fassung von S und in F ist ἄν jeweils hinter φύλακας überliefert, wodurch jedoch ein (durch eine andere Wortstellung, z.B. φύλακας ὑμᾶς ἄν κατέστησαν, leicht vermeidbarer) Tribrachys entsteht, der die Ergänzung als Konjektur des Schreibers verdächtig macht. Einige Herausgeber übernehmen daher Cobets Vorschlag κἄν φύλακας κατέστησαν. Westermann hingegen weiß das Fehlen von ἄν plausibel zu erklären: „Bei κατέστησαν schwebte dem Redner nur die Absicht des Antrags vor, die er als thatsächlich hinstellt." Zusätzlich ergibt sich eine psychologische Wirkung, auf die der Kläger spekuliert haben mag: Die Zuhörer werden durch den Überraschungseffekt aufgerüttelt und erleben die (um ein Haar eingetretene) Folge ihrer Naivität für einen Moment als Realität – um dann umso größere Dankbarkeit für diejenigen zu empfinden, die die ‚Katastrophe' im letzten Moment verhindert haben.

Verzichtet man auf die Ergänzung von ἄν, schließt sich die Frage an, ob ein ‚realer' Hauptsatz mit einem irrealen εἰ-Satz zu einer kondizionalen Periode verbunden (und somit der überlieferte Text gehalten) werden kann. KG II 216 zitieren Eur. Hec. 1111–1113 εἰ δὲ μὴ Φρυγῶν / πύργους πεσόντας ᾖσμεν Ἑλλήνων δορί / φόβον παρέσχεν οὐ μέσως ὅδε κτύπος mit der Bemerkung, der Nachsatz sei „nicht eigentl. irreal (die Furcht ist wirklich)". In der Rede, zumal in emotionalen Passagen wie unserer, ist ein Abweichen von der strengen syntaktischen Logik durchaus vorstellbar.

Der harte Anschluss des εἰ-Satzes mag im Vortrag durch eine kurze, die ‚Entwarnung' retardierende Pause gemildert worden sein.

Wesentlich glatter wird die Konstruktion, wenn man mit Weil κεἰ für εἰ liest, wodurch die Protasis dem folgenden Satz zugeordnet wird und eine reguläre irreale Periode entsteht. Da aber die glatteste Lösung nicht notwendig die richtige ist, behalten wir, nicht ganz ohne Zweifel, den überlieferten Text bei.

Der Apparat von Dilts z.St. ist nicht ganz präzise, da die Konjektur Westermann zugeschrieben wird. Dieser griff aber nicht in den Text ein, sondern bemerkte lediglich: „indem er [sc. Dem.] ... sofort die Bedingung εἰ μὴ – ταυτηνί einfügt, giebt er dem Gedanken eine andere Wendung und zugleich die Richtung auf die Ausführung jener Absicht. Correcter würde gewesen sein καὶ εἰ μὴ – ταυτηνί, τοῦ μισθοφόρου usw." Erst Weil nimmt κεἰ unter Berufung auf Westermanns Überlegung in den Text auf.

διὰ τοῦ προβουλεύματος τούτου: Vgl. Komm. zu §14 προβούλευμα.

τὴν γραφὴν ἐποιησάμεθ' ἡμεῖς ταυτηνί: Der Kläger wählt exakt die gleiche Formulierung in §18. Dort markiert das betonte ἡμεῖς den Gegensatz zu den Antragstellern, hier den Gegensatz zur Mehrheit der Athener (ὑμᾶς), die sich widerstandslos von den Politikern manipulieren lassen.

τὸ τοῦ μισθοφόρου καὶ θεραπεύοντος ἐκεῖνον ἔργον ἡ πόλις ἂν διεπράττετο: Die Wendung ἔργον τινὸς διαπράττεσθαι/ποιεῖν etc. wird in der Regel ohne den Artikel bei ἔργον und beim Genitiv verwendet; vgl. neben §123 λήσομεν ... μισθοφόρων ἔργον ἀνθρώπων ποιοῦντες auch 24,68 εἰ γὰρ (sc. ὁ νόμος) ... καλῶς μὲν ἔχοι, μὴ δυνατὸν δέ τι φράζοι, εὐχῆς, οὐ νόμου διαπράττοιτ' ἂν ἔργον sowie Plut. Ag. 36,1 ἔργα μισθοφόρου καὶ ξεναγοῦ διαπραττόμενον. Dobree tilgt daher (gefolgt von Dilts) τὸ τοῦ. Die Genese einer solchen Interpolation bzw. Verschreibung ist aber schwer zu erklären. Zudem ist nicht mit Sicherheit auszuschließen, dass der Artikel jeweils hinzugefügt werden kann (vgl. Weil z.St.), wie es für den Plural belegt ist; vgl. [Dem.] 26,25 εὑρήσετε γὰρ τὴν μὲν (sc. τὴν παρανομίαν) τὰ τῆς μανίας καὶ ἀκρασίας καὶ πλεονεξίας, τοὺς δὲ (sc. τοὺς νόμους) τὰ τῆς φρονήσεως καὶ σωφροσύνης καὶ δικαιοσύνης ἔργα διαπραττομένους und Diod. 16,65,3 Τιμοφάνης ... κατὰ τὴν ἀγορὰν περιῄει οὐ προσποιούμενος ὅτι τύραννός ἐστι, τὰ δὲ τῆς τυραννίδος ἔργα διαπραττόμενος. Der Artikel τοῦ ist notwendig, um das Adjektiv μισθοφόρος und das Partizip θεραπεύων als Substantive kenntlich zu machen (vgl. Weil z.St.).

Zur negativen Konnotation von μισθοφόρος und θεραπεύειν τινά vgl. Komm. zu §123 μισθοφόρων ἔργον ἀνθρώπων ποιοῦντες ... δορυφοροῦντες bzw. zu §8 ὑπέρχεσθαι καὶ θεραπεύειν.

ἐφρούρει Χαρίδημον: Der abrupte asyndetische Anschluss hat Cobet zur Tilgung des kurzen Satzes veranlasst; einen Verdacht äußerte auch Westermann: „sieht fast aus wie ein zur Erklärung der vorhergehenden Worte beigeschriebener Zusatz". Für eine Glosse ist aber die seltene Verwendung von φρουρέω mit einem persönlichen Objekt zu gewählt – es sei denn, man hätte die Formulierung nachträglich aus §210 entlehnt. Außerdem ist es rhetorisch durchaus effektvoll, das zum Vortrag gebrachte Crescendo der Absurditäten athenischer Politik in zwei markanten Worten gipfeln zu lassen, deren letztes der – lange Zeit unausgesprochene – Name des Charidemos ist (vgl. auch Weil im Apparat zur Stelle).

καλόν γέ, οὐ γάρ; ὦ Ζεῦ καὶ θεοί: Zur eingeschobenen Frage vgl. Komm. zu §161 καλά γε, οὐ γάρ; und zur Götteranrufung, hier effektvoll am Schluss einer Argumentationseinheit, vgl. Komm. zu §5 ἐγὼ γοῦν (ὀμνύω τοὺς θεοὺς ἅπαντας) ἀπώκνησ' ἄν, εὖ ἴστε.

μισθὸν λαμβάνων ἐδορυφόρει: Vgl. Komm. zu §123 μισθοφόρων ἔργον ἀνθρώπων ποιοῦντες ... δορυφοροῦντες.

φανῆναι: Zur Bedeutung der Außenwahrnehmung politischer Entscheidungen vgl. Komm. zu §109 ὀφθῆναι. Die Selbsterniedrigung der stolzen Athener wäre für alle Welt sichtbar, worin eine zusätzliche Demütigung läge.

V. Epilog (§§ 187–220)

§§ 187–195: Occupatio

Nachdem der Kläger seine Argumentation zum Abschluss gebracht hat, greift er drei möglichen Einwänden, die seine Gegner erheben könnten, vor. Der erste betrifft seine eigene Person: Man werde ihn vielleicht fragen, warum er sich, wenn er um die Unredlichkeit des Charidemos schon so lange wisse, erst jetzt zu Wort melde. Die Antwort darauf sei, so der Kläger, dass er zum einen keine Chance gesehen habe, sich mit seiner Meinung gegen die Mehrheit durchzusetzen, zum anderen in den bisherigen Ehrungen für Charidemos keine Gefahr für die Stadt erkannt habe. Der Antrag des Aristokrates aber stelle eine solche Gefahr dar, und deshalb empfinde er es als seine patriotische Pflicht, Widerstand zu leisten.

Als zweiter Einwand werde von den Fürsprechern des Charidemos ins Feld geführt, man dürfe früheren Gegnern ihre Missetaten nicht nachtragen. Nach Ansicht des Klägers gilt dieser Grundsatz aber nur dann, wenn in einer Notlage Hilfe zu leisten sei, nicht aber, wenn man dadurch die Macht anderer zum eigenen Schaden erweitere.

Auch das dritte Argument, man werde Charidemos demotivieren, wenn man den Antrag für rechtswidrig befinde, weist der Kläger zurück: Vielmehr werde Charidemos dadurch erkennen, dass er als Betrüger entlarvt sei, und entweder zu lügen aufhören oder der Stadt zum Beweis seiner Aufrichtigkeit wirklich etwas Gutes tun.

§ 187

τί δή ποτε ταῦτ᾽ ... εἴασα: Der Vorwurf, gegen ein angeblich geschehenes Unrecht oder eine als falsch erkannte Entscheidung nicht sofort Klage bzw. Protest erhoben zu haben, ist bei den Rednern beliebt, um den Gegner zu diskreditieren.; vgl. Dem. 18,196; 19,25; 20,139; 22,66; 37,2; Antiph. 6,9.34ff. 44ff.; And. 1,132; Lys. 3,19; 7,42f.

Zu τί δή ποτε vgl. Komm. zu § 113 τί δή ποτ᾽ αἴτιον;.

παρηκολουθηκώς: „Das Verbum kommt übertragen auf die sorgfältige Beobachtung und Prüfung von Vorgängen abgesehen von παρακολουθῶν

... τῷ νοσήματι Pl. R. 406b4–5 (singulär bei Platon) erst im Corp. Dem. vor" (Wankel zu 18,172 [S. 862]). Im Partizip und mit εἰδώς verbunden auch 19,257 ὁ τὰ τούτου πονηρεύματα ἀκριβέστατα εἰδὼς ἐγὼ καὶ παρηκολουθηκὼς ἅπασιν κατηγορῶ und [Dem.] 48,40 τοῖς εἰδόσιν ἀκριβῶς ἅπαντα ταῦτα τὰ πράγμαθ' ὡς ἔχει καὶ παρηκολουθηκόσιν ἐξ ἀρχῆς; vgl. auch [Dem.] ep. 1,4 ὅσα τυγχάνω δι' ἐμπειρίαν καὶ τὸ παρηκολουθηκέναι τοῖς πράγμασιν εἰδώς.

Euthykles bezieht sich hier wohl auf seinen eigenen Militäreinsatz in Thrakien vgl. Komm. zu §5 ὅτ' ἔπλευσα τριηραρχῶν εἰς Ἑλλήσποντον.

εἴασα: Sc. ταῦτα γενέσθαι ('es geschehen ließ'). Zum verkürzten Ausdruck vgl. z.B. 8,36f. δύ' ἐν Εὐβοίᾳ κατέστησε (sc. Philipp) τυράννους, τὸν μὲν ἀπαντικρὺ τῆς Ἀττικῆς ἐπιτειχίσας, τὸν δ' ἐπὶ Σκίαθον, ὑμεῖς δ' οὐδὲ ταῦτ' ἀπελύσασθε, εἰ μηδὲν ἄλλ' ἐβούλεσθε, ἀλλ' εἰάκατε;

ἐποιεῖσθε ... ἐπῃνεῖτε: Das Imperfekt bezeichnet jeweils den noch laufenden, nicht abgeschlossenen Prozess, der durch einen Einspruch hätte beeinflusst werden können.

Zu ἐπαινεῖν bemerkt Westermann: „mittelst Beschluss, wo bei öffentlichen Belobigungen die Formel ἔδοξεν – ἐπαινέσαι τὸν δεῖνα usw. stehend war". Vgl. z.B. auch 19,234 sowie IG I³ 73,23; 80,8; 92,7; 96,2 etc.

ὅλως: Vgl. Komm. zu §84 ὅλως.

ἀνάξιος ... ἠξιοῦτο: Die Paronomasie hebt die (scheinbare) Inkonsequenz des Handelns zusätzlich hervor.

ᾔδειν ... παρῆν ... οὐκ ἀντεῖπον: Das Trikolon kurzer Aussagen wirkt fast wie eine Einlassung vor Gericht: Der ‚Angeklagte' bekennt sich ohne Ausflüchte in den Punkten schuldig, die er nicht bestreiten kann (Schweigen trotz Anwesenheit) oder will (Wissen um Charidemos' wahren Charakter), realisiert damit seinen Vorsatz, nichts als die Wahrheit zu sagen, und schafft so die Vertrauensbasis, der die folgende Schilderung seiner – nicht beweisbaren – Gedankengänge bedarf, um sein Verhalten insgesamt als nachvollziehbar erscheinen zu lassen.

Vom Duktus her ähnlich ist 19,109 ἐπίστευσα, ἐξηπατήθην, ἥμαρτον, ὁμολογῶ (dem Aischines als die Worte in den Mund gelegt, die man eigentlich von ihm erwartet hätte).

§188

εὑρίσκετο: Vgl. Komm. zu §125 εὑρισκόμενος.

μὰ τὸν Δία καὶ θεοὺς πάντας: Zum Gebrauch von Schwurformeln bei Dem. vgl. Komm. zu §5 ἐγὼ γοῦν (ὀμνύω τοὺς θεοὺς ἅπαντας) ἀπώκνησ' ἄν, εὖ ἴστε. Die Erweiterung des umgangssprachlichen und dadurch abgeschwächten νή/μὰ Δία durch den Zusatz καὶ (πάντας) θεούς findet sich bis auf [Aischin.] ep. 11,6 (οὐ γὰρ ἠγνόουν μὰ τὸν Δία καὶ τοὺς ἄλλους θεούς) bei den Rednern ausschließlich im Corpus Demosthenicum; vgl. Rehdantz, Index II s.v. Schwurformeln und Wankel zu 18,129 (S. 703f.).

A hat καὶ τοὺς θεοὺς πάντας, wie auch an anderen Stellen die Formel in einem Teil der Handschriften mit dem Artikel überliefert ist (vgl. z.B. 8,49; 10,7; 18,129; [Dem.] 25,13). Ein Bedeutungsunterschied ist nicht auszumachen; da aber in der verkürzten Fasssung (ohne πάντας bzw. ἄλλους) kein Artikel steht (vgl. 32,10; 36,53; [Dem.] 25,65), ist dieser Variante auch hier der Vorzug zu geben (vgl. Wankel a.a.O. unter Verweis auf Kühnlein 1882).

προὐκαλεῖσθέ τι τοῦ λοιποῦ ποιεῖν ὑμᾶς ἀγαθόν: Mit der erzieherischen Wirkung einer quasi als Vorschuss gewährten Ehre kalkuliert Dem. auch 20,5: Man solle besser auch dem einen oder anderen unverdientermaßen ein Privileg zukommen lassen als gänzlich darauf verzichten, ὅτι ἐκ μὲν τοῦ πλείονας ἢ προσήκει τιμᾶν πολλοὺς εὖ ποιεῖν προκαλεῖσθ' ὑμᾶς, ἐκ δὲ τοῦ μηδενὶ μηδέν, μηδ' ἂν ἄξιος ᾖ, διδόναι, πάντας ἀπείρξετε τοῦ φιλοτιμεῖσθαι. Der Gedanke ist also durchaus nicht aus der Luft gegriffen, zumal wenn, wie der Kläger ausdrücklich hinzufügt, von diesen ‚pädagogischen Maßnahmen' keine absehbare Gefahr ausging (κακὸν δ' οὐδὲν ἑώρων ὑπερφυὲς πεισομένους ὑμᾶς).

Der Genitiv τοῦ λοιποῦ bezeichnet den Zeitraum, innerhalb dessen sich etwas ereignet (‚künftig einmal', ‚in Zukunft'), der Akkusativ τὸ λοιπόν im Unterschied dazu die gesamte Zeitspanne, während der ein Zustand oder ein Geschehen andauert (‚die künftige Zeit über', ‚hinfort'); vgl. KG I 386.

ἐνῆν: Zu ἐνεῖναι in der Bedeutung ‚inbegriffen sein' vgl. 24,146 οὔτε γὰρ ἄν ... τιμᾶν ἐξῆν ὑμῖν ὅ τι χρὴ παθεῖν ἢ ἀποτεῖσαι (ἐν γὰρ τῷ παθεῖν καὶ ὁ δεσμὸς ἔνι· οὐκ ἂν οὖν ἐξῆν δεσμοῦ τιμῆσαι) οὔθ' ...

§189

δι' οὗ ... τούτων μηδενὶ ... ἐξέσται: Vor das Prädikat des Relativsatzes tritt neben der kondizionalen Protasis der von μηδενί abhängige und resümierend durch τούτων wieder aufgenommene (vgl. dazu KG I 660f.) partitive Genitiv mit zahlreichen Ergänzungen. Für die Zuhörer dürfte es eine Herausforderung gewesen sein, dem weit gespannten syntaktischen Bogen zu folgen. Auf jeden Fall wird die Formulierung aber bei ihnen den Eindruck einer sich gewaltig ‚auftürmenden' Bedrohung erzeugt haben, die die in kontrastierender Knappheit im Hauptsatz beschriebene Reaktion des Klägers plausibel erklärt.

εὐτρεπίσηται τοὺς ἐνθάδε ἐξαπατήσοντας: Zu εὐτρεπίζεσθαι in Verbindung mit Personen (‚auf seine Seite bringen'; ‚für sich in Stellung bringen') vgl. 18,175 ἐκεῖνος ὅσους ἢ πεῖσαι χρήμασι Θηβαίων ἢ ἐξαπατῆσαι ἐνῆν ἅπαντας ηὐτρέπισται. Zum Wortgebrauch vgl. Komm. zu §182 εἰ γενήσεται τὰ πρὸς τοὺς Θρᾷκας εὐτρεπῆ τῷ Κερσοβλέπτῃ.

οἷον Ἀθηνόδωρον λέγω: Vgl. Plat. Gorg. 464a4 οἷον τοιόνδε λέγω (‚ich meine z.B. folgendes'), bei Dem. 18,94 δι' ὅντινα δ' ἄλλον ἡ πόλις ἐστεφάνωται, σύμβουλον λέγω καὶ ῥήτορα, πλὴν δι' ἐμέ, οὐδ' ἂν εἷς εἰπεῖν ἔχοι; 22,16.

Ἀρχέβιον τὸν Βυζάντιον: Es handelt sich wahrscheinlich um den gleichen Archebios, der als Angehöriger der pro-athenischen Partei in Byzanz seine Stadt im Jahr 389 gemeinsam mit Herakleides dem Thrasyboulos übergab, später aus seiner Heimat verbannt und von den Athenern mit den höchsten Ehrungen bedacht wurde (Dem. 20,60); vgl. Weber, Westermann, Weil z.St. Freilich muss dieser Archebios zur Abfassungszeit der Rede schon recht alt gewesen sein.

{τοὺς βασιλέας}: Westermann tilgt die Apposition mit Dobree als Glosse (nicht im App. bei Dilts vermerkt). Dass in S und A die Akkusativform βασιλεῖς überliefert ist, die in attischen Inschriften erst ab dem Ende des 4. Jhs. aufkommt (vgl. Threatte II 247f. und z.B. IG II² 495,20; 496,21; 555,3), könnte ein Indiz für ein späteres Eindringen in den Text sein. Auf das nachgestellte τοὺς δύο eine weitere Apposition folgen zu lassen, die für das Verständnis nicht notwendig ist (vgl. §182 τὰ πρὸς τοὺς Θρᾷκας), wirkt stilistisch ungelenk, zumal auf τοὺς βασιλέας keine besondere Betonung liegt.

§190

οἷς ἔμελλεν ἐκεῖνος λαβών ... βλάψειν, ἀντιλέγειν: = ἀντιλέγειν τούτοις, ἃ λαβὼν ἐκεῖνος ἔμελλεν βλάψειν.

μηδὲν ὑπερμέγεθες: Das Adjektiv kommt im Corpus Demosthenicum noch 18,316 und 43,29 vor, bei den übrigen attischen Rednern nur Aischin. 3,7 und Isokr. 9,61.

κακῶς ἰδίᾳ πεπονθότος: D.h. nicht aus sachlichen Gründen (wie es sein sollte), sondern aus persönlichen Motiven der Vergeltung. Der Kläger gibt sich, wie schon im Proömium (vgl. §4f.), als ‚Musterbürger', der allein das Wohl der Stadt im Auge hat.

ἐφ' οἷς ... κατεσκευάζετο: Der erste Teil der Antithese legt nahe, dass Charidemos Subjekt von κατεσκευάζετο ist und man sich als Bezugswort des Relativums die Privilegien/Ehrungen zu denken hat. Da das Ehrendekret nicht verabschiedet wurde, bezeichnet das Imperfekt hier die zu erwartende bzw. beabsichtigte Handlung; vgl. dazu Goodwin, MT §38 („The imperfect sometimes denotes *likelihood, intention,* or *danger* in past time") sowie Antiph. 5,37 ἐψεύδετο μὲν γὰρ ἐπ' ὠφελείᾳ τῇ ἑαυτοῦ, ἐπειδὴ δὲ διὰ τὸ ψεύδεσθαι ἀπώλλυτο, ἡγήσατο τἀληθῆ κατειπὼν διὰ τοῦτο σωθῆναι ἄν. Zur sinistren Konnotation des Verbs vgl. Komm. zu §5 κατασκευάζοντας. Andere interpretieren κατεσκευάζετο als Passiv (Subjekt ist dann μέγα πρᾶγμα ἀλυσιτελές); vgl. Harris 2018: „But to oppose schemes that threaten to damage the city's interest ..." und Westermann: „Da aber, wo's im Werke ist, dem Staate großen Schaden zuzufügen".

ἀλυσιτελές: Vgl. Komm. zu §5 ἀλυσιτελές.

φιλοπόλιδος: Das Adjektiv findet sich bei Dem. selten (20,82 u. 24,127); zur Bedeutung vgl. Canevaro 2016 zu 20,82 (S. 327): „φιλόπολις è termine universalmente positivo nel vocabolario politico dell'epoca, che indica patriottismo e devozione alla città (p. es. Thuc. 2.60.5, 6.92.2, 6.92.4, Dem. 24.127, Ar. *Plut.* 796, 900, 901, Din. 4.31, Lyc. 1.43, Xen. *Ages.* 7.1)."

§191

Ἔστιν τοίνυν τις αὐτοῖς τοιοῦτος λόγος: Zur Einleitung der Prokatalepsis vgl. 16,11 ἔστι τοίνυν τοιοῦτός τις λόγος παρὰ τῶν ἀντιλεγόντων, ὡς ..., ähnlich 19,134; 21,141. Ganz parallel zu unserer Stelle Lib. or. 49,21 ἔστι τοίνυν αὐτοῖς καὶ τοιοῦτός τις λόγος, ὡς ...

Zu τοίνυν vgl. Denn. GP 575: „Introducing a fresh item in a series: a new example or a new argument ... ('further', 'again')".

ὁ Κερσοβλέπτης καὶ Χαρίδημος: Dilts ergänzt mit Schäfer ὁ vor Χαρίδημος (womit sowohl ein Hiat als auch ein Tribrachys erzeugt wird). Der Artikel ist jedoch nicht zwingend notwendig, da durchaus denkbar ist, dass Dem. die beiden Personen, deren Konturen im Verlauf der Rede ohnehin schon unvermerkt ineinander übergegangen sind, hier bewusst als eine Einheit apostrophieren wollte; vgl. dazu KG I 611,2.

νῦν δέ γ' εἰσι φίλοι: Nur in A und F ist γ' εἰσι ergänzt. Die Herausgeber (bis auf Weber) folgen mehrheitlich der Lesart der anderen Handschriften (νῦν δὲ φίλοι), und tatsächlich wirkt die Hinzufügung des Verbs auf den ersten Blick wie eine – für A typische – Vereinfachung. Ein auf Verständniserleichterung abzielender Interpolator hätte aber nicht unbedingt auch noch die Partikel γε hinzugesetzt, die sich in Kombination mit δέ vor allem im lebendigen Dialog (zahlreiche Belege im Drama und bei Platon), aber nur selten in fortlaufender Rede findet; vgl. zur Verwendung und zur Bedeutung („strongly adversative") Denn. GP 155. Unter den Rednern ist wiederum Dem. derjenige, der δέ γε am häufigsten gebraucht. Sofern nicht ein Interpolator mit sehr großem Sprachgefühl am Werk war, deutet die seltene und zugleich für Dem. charakteristische Partikelverbindung auf die Echtheit des von A und F überlieferten Textes hin (vgl. Weber). Auch rhetorisch gewinnt die Formulierung, wenn die Antithese τότε – νῦν durch die Verben im jeweiligen Tempus (ἦσαν – εἰσι) verstärkt wird.

οὐ δὴ δεῖ μνησικακεῖν: Nach einer Aussöhnung jeglichen Groll gegen die früheren Feinde abzulegen (μὴ μνησικακεῖν), wurde nicht nur als innenpolitisches Prinzip nach dem Sturz der Dreißig propagiert (vgl. Xen. hell. 2,4,43 καὶ ὁμόσαντες ὅρκους ἦ μὴν μὴ μνησικακήσειν ἔτι καὶ νῦν ὁμοῦ τε πολιτεύονται καὶ τοῖς ὅρκοις ἐμμένει ὁ δῆμος; Aischin. 2,176; And. 1,90), sondern ging als Versprechen auch in zwischenstaatliche Verträge ein (vgl. IG II² 111,58); vgl. Wankel zu 18,96 (S. 522 u. 524). Dem. beruft sich auf diesen Grundsatz noch 18,95–101 und 15,16.

Zum Übergang von der indirekten in die direkte Rede vgl. KG II 556,5 und z.B. Lys. 32,9.

οὐδὲ γὰρ Λακεδαιμονίους ... οὐδὲ Θηβαίους, οὐδ' Εὐβοέας: Die Lakedaimonier erbaten 369 die Hilfe der Athener, als sie sich, nach der Schlacht von Leuktra geschwächt, einer übermächtigen Allianz aus Thebanern, Arkadiern, Eliern, Argivern und anderen gegenübersahen. Athen entsandte daraufhin zur Unterstützung des früheren Erzrivalen und Gegners im Peloponnesischen Krieg ein Heer unter der Führung des Iphikrates. Vgl. Diod. 15,63,2f., der lobende Worte für den Großmut der Athener findet und dabei die wahren Motive, nämlich die Furcht vor einem weiteren Erstarken Thebens (vgl. Dem. 19,75), nicht in den Blick nimmt; vgl. Wankel zu 18,98 (S. 535f.).

Mit den Thebanern wiederum verbündeten sich die Athener zu Beginn des Korinthischen Krieges (395) gegen die Lakedaimonier. Sie schickten Truppen nach Haliartos und Korinth, obwohl die Thebaner ihnen in der letzten Phase des Peloponnesischen Krieges erheblich zugesetzt und nach Kriegsende die Vernichtung Athens gefordert hatten (Xen. hell. 2,2,19; Isokr. 14,31).

Zur Hilfe für Euboia vgl. Komm. zu §173 ἐβοηθοῦμεν εἰς Εὔβοιαν. Die Einwohner von Eretria hatten im Jahre 411 die Athener verraten und waren zu den Spartanern übergelaufen, in der Folge fiel die gesamte Insel Euboia mit Ausnahme von Oreos von Athen ab (Thuk. 8,95).

Die gleichen historischen Exempla führt Dem. auch 18,96–100, dort ausführlicher und in chronologischer Reihenfolge, an (vgl. auch 16,14). Wankel sieht im Vergleich mit unserer Stelle ein Beispiel dafür, wie flexibel die Redner den Gebrauch solcher Exempla an ihr jeweiliges Argumentationsziel anpassen: „Da (sc. 23,191–193) verwehrt es D. nämlich, und zwar unter Verwendung des Kennworts (μὴ) μνησικακεῖν, das auch für unseren Abschnitt charakteristisch ist, der Gegenseite, ihr Argument zugunsten des Kersobleptes und des Charidemos, daß sie früher zwar Feinde der Stadt gewesen, jetzt aber Freunde und ihr nützlich seien, mit den Beispielen der Hilfe für Spartaner, Thebaner und Euböer zu stützen, also mit den Beispielen, die er hier in der Kranzrede selbst gebraucht" (S. 522). Ein Widerspruch liegt darin jedoch nicht, da Dem. den Grundsatz des μὴ μνησικακεῖν mitsamt der Berufung auf ein entsprechendes Verhalten in der Vergangenheit ausdrücklich für einen bestimmten Fall, nämlich eine akute Notlage der früheren Feinde, zulässt (vgl. §192). Exakt in einem solchen Zusammenhang, zur Rechtfertigung seines Eintretens für die Unterstützung der Einwohner von Byzanz gegen Philipp, verwendet Dem. die Exempla in der

Kranzrede. Die Gegenüberstellung der beiden Passagen eignet sich also nicht als Beweis für die grundsätzlich richtige Feststellung, dass Dem. dieselben historischen Exempla zuweilen recht unterschiedlichen Zwecken dienstbar macht.

οὐδὲ ... οὐκ ἀνεμιμνῃσκόμεθα: Folgt, insbesondere nach einem Zwischensatz, οὐ auf οὐδέ, so wird die Negation in der Regel nicht aufgehoben; vgl. KG II 204 u. Dem. 22,32 ἐν γὰρ ταῖς ὀλιγαρχίαις οὐδ' ἂν ὦσιν ἔτ' Ἀνδροτίωνός τινες αἴσχιον βεβιωκότες οὐκ ἔστι λέγειν κακῶς τοὺς ἄρχοντας; [Dem.] 34,2; Aischin. 3,78.

ἀνεμιμνῃσκόμεθα εἴ τι κακῶς ἐποίησαν ἡμᾶς: Der indirekte Fragesatz deutet das Faktum, d a s s die Lakedaimonier den Athenern Schaden zugefügt haben, nur vornehm an; ähnlich 18,95 εἴ τι δυσχερὲς αὐτοῖς ἐπέπρακτο πρὸς ὑμᾶς ὑπομιμνῄσκων; 18,176 εἴ τι δύσκολον πέπρακται Θηβαίοις πρὸς ἡμᾶς, τούτου μεμνῆσθαι. An unserer Stelle spiegelt die Formulierung treffend die Haltung der Athener wider: Man sah nicht nur über die Missetaten der Feinde hinweg, sondern stellte sich nicht einmal die Frage nach ihrem früheren Verhalten.

§192

ἔν τινι καιρῷ: ‚in einer gewissen/bestimmten Situation'; vgl. §141 ὑμεῖς ἐποιήσασθε ἔν τισι καιροῖς καὶ χρόνοις Ἀριοβαρζάνην πολίτην; Ain. Takt. 29,2 ἅπερ εὐλαβεῖσθαι δεῖ καὶ μὴ ἀφροντίστως αὐτῶν ἔχειν, καὶ μάλιστα τὸν πυλωρὸν ἔν τισι καιροῖς, ὅταν ἔξωθέν τι ἢ ἔσωθεν φοβερὸν ᾖ.

τοιούτου ... μηδενὸς ὄντος: Von einer nicht gegebenen Bedingung auch 20,139 εἰ δὲ μηδενὸς ὄντος τοιούτου τὸν νόμον ποιήσετε κύριον, δόξετε φθονήσαντες, οὐχὶ πονηροὺς λαβόντες ἀφῃρῆσθαι.

ὅπως ... ἐξέσται πραττόντων: Zu πράττειν, ὅπως c. ind. fut. (‚darauf hinarbeiten / sich bemühen, dass ...') vgl. KG II 372ff. und z.B. 3,56.61.

§193

εἰ μὲν ἐχθρὸς ὤν ... φίλος δὲ φήσας: Das in A und F zu φήσας hinzugefügte εἶναι zerstört die Prägnanz der Antithese; vgl. auch Westermann, Weil.

μετεβέβλητο: Vom vollständigen Sinneswandel auch 16,14.15; 19,28.202.

τάχ' ἂν ταὐτά τις ἤκουεν: ἀκούω im Sinne von ‚sich anhören‘, ‚Gehör schenken‘ steht regulär mit dem Objekt der Sache im Genitiv (vgl. KG I 359 Anm. 6); Dem. verwendet nicht nur hier, wo das Objekt durch ein Demonstrativum im Neutr. Pl. vertreten wird, sondern auch in §194 (οὐδ' ἂν οὕτως ᾤμην δεῖν τοῦτον ἀκούειν τὸν λόγον) den Akkusativ.

πλεῖστα καὶ ὑμᾶς ἐξηπάτηκεν: Man erwartet eigentlich ein steigerndes καί vor πλεῖστα (so hergestellt von Butcher). Dass καί dem zu betonenden Wort folgen kann (Westermann), ist nach Denn. GP 327 zweifelhaft. Der in S und Y überlieferte Text (in AF fehlt καί) lässt sich aber halten, wenn man καί als emphatische Hervorhebung der gesamten Aussage versteht (‚hat euch wahrhaftig am meisten betrogen‘); vgl. dazu Denn. GP 321ff. und Komm. zu §143 τάχ' ἄν, εἰ τύχοι, καὶ τοιοῦτόν τι συμβαίη.

εἰ μὴ ... διά γε ταῦτ': ‚wenn nicht ..., so doch wenigstens‘; vgl. 21,202 ἀλλ' ἔγωγε, εἰ μηδενὸς ἕνεκα τῶν ἄλλων, τῶν γε δημηγοριῶν ... τὴν μεγίστην ἂν αὐτὸν δικαίως οἶμαι δίκην δοῦναι und 18,312.
Auffällig ist die Häufung dreier Kürzen in διά γε, zumal im nächsten Satz ein ähnlicher Tribrachys augenscheinlich bewusst gemieden wurde (vgl. das folgende Lemma). Blass übernimmt deshalb das von F gebotene διὰ ταῦτά γε. Bei Dem. finden sich jedoch auch Ausnahmen von der strengen Meidung des Tribrachys; vgl. dazu Denn. GP 148f. und Wankel zu 18,113 (S. 618f.) sowie zu 18,120 (S. 637). So ist 19,179 οὐκοῦν ἡλωκέναι προσήκει παρά γε νοῦν ἔχουσι δικασταῖς, 36,43 ἀλλὰ μὴν περί γε τῆς εὐπορίας und 57,1 δέομαι ... ἀκοῦσαι ... ἐμοῦ ... μετὰ πλείονος εὐνοίας ἢ τούτου ..., εἰ δὲ μή, μετά γε τῆς ἴσης einhellig überliefert. Auf der Grundlage dieser Stellen entscheidet sich Wankel auch 18,113 für die Lesart καὶ διά γε τοῦτο ὀρθῶς ἐπῃνούμην (S : δι' αὐτό γε AF^γρY) und resümiert: „Es hat den Anschein, daß dem Redner eine bestimmte Akzentuierung gelegentlich doch wichtiger war als die Vermeidung der Kürzenhäufung" (S. 619). So könnte an unserer Stelle der Umstand, dass nicht nur ταῦτα als Gegenstück zu ἐκεῖνα, sondern auch ἀπιστεῖν als Gegenstück zu μισεῖν die

Antithese konstituiert, Dem. bewogen haben, γε hinter διά zu setzen, damit nicht das gesamte Gewicht allein auf ταῦτα fällt.

καὶ μὴν περὶ τοῦ γε μὴ μνησικακεῖν: In A und F fehlt γε. Nach καὶ μήν wird aber im Attischen sehr oft das folgende Wort durch γε hervorgehoben; vgl. Denn. GP 352. Gerade Dem. verwendet die Übergangsformel καὶ μήν ... γε im Vergleich zu anderen Rednern besonders häufig; vgl. Wankel zu 18,73 (S. 437).

Die Position von γε dürfte hier auf die Vermeidung eines Tribrachys zurückzuführen sein; vgl. 18,120 καὶ μὴν περὶ τοῦ γ᾽ ἐν τῷ θεάτρῳ κηρύττεσθαι mit 19,7 ἀλλὰ μὴν ὑπέρ γε τοῦ προῖκα ἢ μή („γε nicht direkt nach περί, wohl aber nach ὑπέρ", Wankel zu 18,120 [S. 637]) sowie Denn. GP 148f.

ἐξετάζων ... σκοπῶν: Die Verben sind nicht ganz synonym, sondern enthalten eine zusätzliche Charakterisierung der beiden Typen: Anders als in σκοπεῖν liegt in ἐξετάζειν die Nuance des Akribischen, fast Pedantischen, die dem μνησικακεῖν den Aspekt des bösartigen Eiferns hinzufügt.

§194

ὑπόνοιαν: Im Unterschied zu dem immerhin auf dem anerkannten politischen Prinzip des μὴ μνησικακεῖν beruhenden λόγος der Gegner qualifiziert der Kläger den psychologisierenden Argumentationsansatz gleich im Voraus als bloße Vermutung (ὑπόνοια) ab; vgl. zum pejorativen Gebrauch [Dem.] 48,36 περιὼν προφάσεις ἀτόπους τινὰς καὶ ὑπονοίας καὶ αἰτίας ψευδεῖς ἐπιφέρει und 48,39.

ὡρμηκότα: Aus der Grundbedeutung von ὡρμηκέναι ‚sich auf den Weg (zu einem Ziel) gemacht haben', ergibt sich der übertragene Sinn ‚anstreben', ‚bestrebt sein'; vgl. Radicke 1995 zu 15,11 (S. 98), der zu Recht anmerkt, dass diese Bedeutung bei LSJ s.v. A II 1 „etwas zu kurz kommt", sowie 15,28 πάντων ... τὰ δίκαια ποιεῖν ὡρμηκότων αἰσχρὸν ἡμᾶς μόνους μὴ 'θέλειν und 14,5.

ἀθυμίαν: Vgl. Komm. zu §105 θαυμαστὴ ... ἀθυμία.

καταψηφιούμεθα: Objekt ist der Antrag bzw. der Antragsteller.

ἐγὼ δ'... ὡς ἔχω: Emphatisch mit proleptischem Pronomen auch 8,73 ἐγὼ δ' ὡς ἔχω περὶ τούτων λέξω πρὸς ὑμᾶς καὶ οὐκ ἀποκρύψομαι; ähnlich 2,17.

ἁπλῶς: Vgl. Komm. zu §24 θεάσασθε δὴ ... ὡς ἁπλῶς καὶ δικαίως χρήσομαι τῷ λόγῳ.

πάντα τἀγαθὰ: Dilts und andere tilgen mit Dobree τ vor ἀγαθά. Dobree 1874, 136 verweist zur Begründung auf Aristoph. Ran. 302 τί δ' ἐστί; θάρρει· πάντ' ἀγαθὰ πεπράγαμεν, wo die von A gebotene Variante πάντα τἀγαθὰ aus metrischen Gründen ausscheidet. Da πάντ' ἀγαθὰ dort aber adverbialer Akkusativ zu intransitivem πράττειν und ἀγαθὰ zudem prädikativ verwendet ist ('es geht uns in allem gut'), ist eine Parallele zu unserer Stelle nicht gegeben. Vergleichbar ist hingegen [Dem.] 25,101 ... ἐξὸν εὐφημεῖν καὶ ἅπαντας ἅπασι πάντα τἀγαθὰ εὔχεσθαι; Xen. mem. 2,1,20 (Zitat eines Tetrameters aus Epicharm) τῶν πόνων πωλοῦσιν ἡμῖν πάντα τἀγάθ' οἱ θεοί; Lys. 12,33 ἐπὶ τούτοις ἐστὶ πάντα τὰ κακὰ ἐργασμένοις τὴν πόλιν πάντα τἀγαθὰ περὶ αὑτῶν λέγειν (πάντα κακὰ ... πάντ' ἀγαθὰ Dobree) u.a. Für den überlieferten Text spricht außerdem, dass die durch die Krasis erzeugte Vokallängung (in Kombination mit elidiertem Schlussalpha) einen Tribrachys zu vermeiden hilft.

οὐδ'... οὕτως: Vgl. Komm. zu §69 οὐδ' οὕτω κύριος γίγνεται τοῦ ἁλόντος, ἀλλ' ἐκείνου ... οἱ νόμοι κύριοι κολάσαι.

τοῦτον ἀκούειν τὸν λόγον: Vgl. Komm. zu §193 τάχ' ἂν ταῦτά τις ἤκουεν.

δι' ὃν ὑμῖν προσήκειν: Der Infinitiv im Relativsatz erklärt sich aus dem obliquen Verhältnis, vgl. z.B. auch [Dem.] 60,21 οἶμαι δ' ἂν ... οὐδένα οὔτ' ἀναίσχυντον οὔτε τολμηρὸν οὕτως εἶναι, ὅντιν' ἀντιποιήσεσθαι τῶν πεπραγμένων (Westermann). Zur Freiheit des Griechischen, anders als im Lateinischen den Infinitiv auch in Nebensätzen der oratio obliqua zu verwenden, die innerlich abhängig sind, vgl. KG II 550,5.

ἐπιορκῆσαι καὶ παρ' ἃ φαίνεται δίκαια τὴν ψῆφον θέσθαι: Vgl. Komm. zu §19 μηδ' ἀποστερήσῃ διὰ τοῦτο ... ἑαυτὸν τοῦ θέσθαι τὴν ψῆφον εὔορκον. Dass der Antrag rechtswidrig ist, die Geschworenen also mit seiner Genehmigung gegen ihren Eid verstoßen würden, setzt der Kläger kurzerhand als erwiesen voraus, obwohl es im Prozess um eben diese Streitfrage geht.

ἃ φαίνεται δίκαια: Sc. ὄντα. Zur Weglassung des Partizips vgl. KG II 66f.

§195

φενακίζων: Vgl. Komm. zu §20 τὸν τρόπον ὃν πεφενάκισθε ὑπ᾽ αὐτοῦ.

οὐδ᾽ ὁτιοῦν ὑγιὲς πράττων: Das Bedeutungsspektrum des Adjektivs ὑγιής erstreckt sich von der Bezeichnung der körperlichen über die geistig-moralische Gesundheit bis hin zur übertragenen Anwendung auf Dinge oder Handlungen, denen kein Makel anhaftet. Die metaphorische Verwendung ist bei Dem. und im Corpus Demosthenicum sowie bei Platon, in der Tragödie und Komödie des 5. Jh. verbreitet, bei den anderen attischen Rednern aber deutlich seltener; vgl. Wankel zu 18,23 (S. 235f.). Dem. verwendet das Adjektiv bevorzugt negiert in Verbindung mit Verben des Sagens/Meldens/Tuns im Sinne des moralisch Unsauberen, Unehrlichen, Korrupten; vgl. 18,23.242; 19,12.39.52.171.174.

Zu οὐδ᾽ ὁτιοῦν vgl. Komm. zu §68 πλέον οὐδ᾽ ὁτιοῦν ἕξει; als emphatische Verneinung von ὑγιές auch 19,12.39.174.

ἐξελέγχεται: Da der Kläger überzeugt sein dürfte, den Beweis bereits erbracht zu haben, ist das Präsens im Sinne einer vergangenen, aber in ihrer Wirkung bis in die Gegenwart fortdauernden Handlung zu verstehen; vgl. KG I 135ff.

δυοῖν ἀγαθοῖν θάτερον: Die Wendung δυοῖν θάτερον, oft als Apposition, ist formelhaft; nur selten wird δυοῖν, wie hier, durch ein Adjektiv prädiziert; vgl. Wankel zu 18,139 (S. 763) mit Verweis auf Thuk. 4,28,5 δυοῖν ἀγαθοῖν τοῦ ἑτέρου τεύξεσθαι; Plat. Gorg. 475a5–6.a8–b1; And. 2,7.

αὐτῷ βουλομένῳ πρὸς ὑμᾶς ἔστιν οἰκείως ἔχειν: Vgl. Komm. zu §18 τί ... βουλομένοις ἀκούειν ὑμῖν ἐστιν.

γνοὺς ὅτι τῷ φενακίζειν οὐκέθ᾽ ἃ βούλεται πράξει: Die Aufrichtigkeit von Charidemos' Freundschaftsbezeugungen (vgl. ὡς ἀληθῶς) wird durch diesen Nachsatz umgehend relativiert: Würde Charidemos der Stadt tatsächlich eine Gunst erweisen, dann nur deshalb, weil er diese Taktik als die zur Durchsetzung seiner persönlichen Interessen geeignetere erkannt hat. Der Kläger bleibt damit in der Charakterzeichnung konsistent und beugt gleichzeitig allzu großer Dankbarkeit für eventuelle künftige Gefälligkeiten des Charidemos vor, indem er sie schon ante factum als bloße Mittel zum Zweck entwertet.

καὶ εἰ μηδὲ δι' ἓν τῶν ἄλλων, διὰ τοῦτο: In A und F ist γε hinter διά bzw. hinter τοῦτο eingefügt. Dass Dem. die Partikel in Wendungen wie dieser nicht immer setzt, zeigt 24,202 ἀλλ' εἰ καὶ μηδὲν ἄλλο ἠδίκει, κατὰ τοῦτ' ἄξιός ἐστ' ἀπολωλέναι. 22,37 ist die Überlieferung gespalten: ὥστ' εἰ μηδενὸς ἄλλου ἕνεκα, διὰ (SY : διά γε AF) ταῦτα καταψηφιστέον. Einhellig ohne γε hingegen auch exord. 5,2 βουλοίμην δ' ἂν ὑμᾶς, εἰ καὶ μηδὲ δι' ἓν τῶν ἄλλων, δι' ἐκεῖν' ὑπομεῖναι τοὺς λόγους ἀμφοτέρων und Lys. 30,18 καὶ εἰ μηδὲν δι' ἄλλο, τῆς τύχης ἕνεκα.

§§196–210: Vergleich mit den Vorfahren

Der Kläger vergleicht die gegenwärtige Praxis bei der Vergabe von Ehrengeschenken mit der der Vorfahren. Diese hätten keinen Personenkult betrieben, sondern die militärischen Erfolge ihrer Strategen mit Stolz als Erfolge der Polisgemeinschaft betrachtet. Fremde Wohltäter habe man mit dem Bürgerrecht geehrt, und dies sei als höchste Auszeichnung empfunden worden. In der Gegenwart aber würden die profitgierigen Politiker Ehrungen inflationär auch an Unwürdige vergeben und sie damit entwerten.

Außerdem seien die Bürger in der Vergangenheit, unabhängig von ihren Verdiensten um die Stadt, hart bestraft worden, wenn sie sich über andere erhoben hätten. So seien damals auch die Häuser der berühmten Männer unscheinbar, die öffentlichen Gebäude hingegen prachtvoll gewesen; nun verhalte es sich genau umgekehrt. Während die Staatskasse früher stets gefüllt gewesen sei, bereicherten sich nun einzelne Politiker schamlos auf Kosten der Allgemeinheit – und die Athener seien diesen Leuten zu allem Überfluss auch noch hörig.

Nachdem sich der Exkurs zunehmend zu einem in scharfen Kontrast zur Gegenwart gesetzten Lob der ‚guten alten Zeit' verselbstständigt hat, führt der Kläger zum Ende des Abschnitts die Fäden zusammen und schlägt den Bogen zum eigentlichen Thema, dem Antrag des Aristokrates. Er sieht die Ursache für die beschriebenen negativen Entwicklungen in der Stadt im gesunkenen Selbstwertgefühl der Bürger, wofür er wiederum die Politiker, die Anträge wie den zur Debatte stehenden einbringen, verantwortlich macht, da der von ihnen inszenierte Kult um einzelne Personen den Glauben der Bürger an sich selbst schwäche. Der Kläger unterbreitet seinen Zuhörern, die sich durch die massive Kritik an den gegenwärtigen Zuständen angegriffen fühlen könnten, mit dieser Erklärung zugleich ein Entlastungsangebot: Sie tragen nicht die Schuld an der Misere, sondern sind nur Opfer der Umtriebe eigennütziger Politiker. Auf diese Diagnose folgt der leidenschaftliche Appell, sich aus der Opferrolle zu befreien. Der Kläger führt seinen Zuhörern zunächst vor Augen, dass sie ihrer ideellen und materiellen Güter verlustig gehen, den anderen sogar beim Genuss dieser Güter zusehen müssen, ohne von ihnen irgendeiner Teilhabe gewürdigt zu werden – allein sich betrügen zu lassen, werde ihnen gewährt. In einem zweiten Schritt steigert er das Pathos und konfrontiert die Zuhörer, die auf die Leistungen der Vorfahren ehrfurchtsvoll zurückzublicken angehalten wurden, mit der imaginären Reaktion eben dieser Vorfahren auf die Missstände der Gegenwart. Das soll ein Gefühl der Scham und daraus resultierend den Willen zur Abkehr vom selbsterniedrigenden Verhalten hervorrufen, wie es der Kläger im Beschluss für Charidemos gewissermaßen in nuce repräsentiert sehen will. Damit stilisiert er das richterliche Votum gegen den Antrag des Aristokrates zu einem emanzipatorischen Akt der Bürgerschaft, mit dem die verlorene Würde zurückgewonnen und das Ethos der glorreichen Vergangenheit wiederbelebt wäre.

Die gleiche Kritik an der Inflationierung der Ehrengeschenke im 4. Jh., verknüpft mit dem Lob der Vorfahren, wendet Aischines im Kranzprozess pikanterweise gegen Demosthenes, dem er damit gewissermaßen die Rolle eines Charidemos zuweist; vgl. 3,177f.:

εἰ μὴ καταλύσετε τὰς ἀφθόνους ταύτας δωρεὰς καὶ τοὺς εἰκῇ διδομένους στεφάνους, οὔθ' οἱ τιμώμενοι χάριν ὑμῖν εἴσονται οὔτε τὰ τῆς πόλεως πράγματα ἐπανορθωθήσεται· τοὺς μὲν γὰρ πονηροὺς οὐ μή ποτε βελτίους ποιήσετε, τοὺς δὲ χρηστοὺς εἰς τὴν ἐσχάτην ἀθυμίαν ἐμβαλεῖτε. ... εἰ γάρ τις ὑμᾶς ἐρωτήσειε, πότερον ὑμῖν ἐνδοξοτέρα δοκεῖ ἡ πόλις εἶναι ἐπὶ τῶν νυνὶ καιρῶν ἢ ἐπὶ τῶν προγόνων, ἅπαντες ἂν ὁμολογήσαιτε, ἐπὶ τῶν προγόνων. ἄνδρες δὲ πότερον τότε ἀμείνους ἦσαν ἢ νυνί; τότε μὲν διαφέροντες, νυνὶ δὲ πολλῷ καταδεέστεροι. δωρεαὶ δὲ καὶ στέφανοι καὶ κηρύγματα καὶ σιτήσεις ἐν πρυτανείῳ πότερα τότε ἦσαν πλείους ἢ νυνί; τότε μὲν ἦν σπάνια τὰ καλὰ παρ' ἡμῖν, καὶ τὸ τῆς ἀρετῆς ὄνομα τίμιον· νυνὶ δὲ καταπέπλυται τὸ πρᾶγμα, καὶ τὸ στεφανοῦν ἐξ ἔθους, ἀλλ' οὐκ ἐκ προνοίας ποιεῖσθε.

Wenn ihr nicht von der Praxis dieser maßlosen Geschenke und der willkürlich verliehenen Kränze ablasst, werden weder die Geehrten euch Dank wissen noch die Geschicke der Stadt einen Aufschwung nehmen. Denn gewiss werdet ihr die

Schlechten niemals besser machen, den Guten aber werdet ihr jede Motivation rauben. ... Wenn euch nämlich jemand fragte, ob nach eurem Eindruck die Stadt in der gegenwärtigen Situation oder zur Zeit der Vorfahren ruhmreicher war, würdet ihr wohl alle übereinstimmend sagen: „zur Zeit der Vorfahren". Gab es damals bessere Männer oder jetzt? Damals herausragende, jetzt aber viel schlechtere. Gab es damals mehr Privilegien und Kränze und Proklamationen und öffentliche Speisungen im Prytaneion oder jetzt? Damals waren die Belohnungen rar bei uns, und der Begriff ‚Tugend' hatte einen hohen Preis. Jetzt hingegen ist die Sache entwertet, und ihr nehmt die Bekränzungen aus Gewohnheit, nicht mit Bedacht vor.

Zum Argumentationsschema vgl. Cic. de inv. 2,113: *In praemii autem genere, quid et quantum et quamobrem postuletur et quo et quanto quaeque res praemio digna sit, considerabitur; deinde, apud maiores quibus hominibus et quibus de causis talis honos habitus sit, quaeretur; deinde, ne is honos nimium pervulgetur.* („Wenn es um eine Belohnung geht, wird man überlegen, was und wie viel gefordert wird und aus welchem Grund und welcher und einer wie großen Belohnung eine jede Sache würdig ist; dann wird man fragen, welchen Menschen und aus welchen Gründen eine solche Ehre bei den Vorfahren zuteil wurde; dann [sc. wird man sagen], dass diese Ehre nicht allzu alltäglich werden dürfe.")

§196

τὰς δωρεάς: Vgl. Komm. zu §23 τὴν γὰρ τοῦ δήμου δωρεὰν ... κυρίαν αὐτῷ δίκαιόν ἐστιν εἶναι; zu στέφανοι fin.

τοῖς ὡς ἀληθῶς εὐεργέταις: Der Zusatz ὡς ἀληθῶς legt die Basis für das a-fortiori-Argument: Während die Vorfahren sogar ihre wahren Wohltäter, denen sie nicht weniger als Freiheit, Macht und kulturelle Blüte verdankten, sparsam mit äußeren Ehren bedachten, will man nun mit Charidemos jemanden für quasi sakrosankt erklären, dessen Verdienste um Athen sehr zweifelhaft sind.

ἄμεινον ὑμῶν: Zu ergänzen ist νέμοντας aus dem finiten Verb des vorausgegangenen Satzes. Zu dieser Form der Brachylogie vgl. KG II 565 (h) und z.B. Thuk. 2,86,4 ὡρμίσαντο καὶ αὐτοὶ ... ἐπειδὴ καὶ τοὺς Ἀθηναίους εἶδον (sc. ὁρμισαμένους).

καλὸν τὸ μιμήσασθαι: Zur höflichen Einkleidung der Aufforderung in eine Empfehlung vgl. Soph. Ant. 723 (Haimon zu Kreon) καὶ τῶν λεγόντων εὖ καλὸν τὸ μανθάνειν.

ἐφ' ὑμῖν ἔσται τὸ πράττειν: Zum Futur im Sinne des Sollens oder Dürfens vgl. KG I 173f.
   Der gesamte Ausdruck ist mit Weil im Sinne von ‚Ihr sollt Herren über euer Handeln sein' (d.h. selbstständig Entscheidungen treffen im Gegensatz zum Nachahmen von Vorbildern) zu verstehen; vgl. auch Westermann: „so will ich euch keine Vorschriften machen".
   Das nicht näher bestimmte πράττειν hat unnötig Irritationen ausgelöst: Reiske schlug die Ergänzung ἐφ' ὑμῖν ἔσται ⟨κατὰ⟩ τὸ ⟨δοκοῦν⟩ πράττειν vor, Weber vermutete im Verb die Bedeutung des Fortsetzens einer Handlung („Valet h. l. propria verbi πράττειν significatio, quae est longius prosequi quod iam fuit vel factum est, ab eo non desistere"). Letzteres lässt sich nicht belegen, ersteres stellt einen recht willkürlichen Eingriff in den Text dar, da die Genese der angenommenen Verschreibung kaum zu erklären ist.

Θεμιστοκλέα τὸν τὴν ἐν Σαλαμῖνι ναυμαχίαν νικήσαντα καὶ Μιλτιάδην τὸν ἡγούμενον Μαραθῶνι: Themistokles befehligte die Flotte, die 480 den entscheidenden Sieg über die Perser errang; seinem konsequent gegen alle Widerstände durchgesetzten Schiffsbauprogramm in den 80er-Jahren des 5. Jhs. verdankte Athen den Aufstieg zur führenden Seemacht. Ungeachtet seiner großen Verdienste wurde Themistokles in den 70er-Jahren durch Ostrakismos verbannt und später wegen Hochverrats verurteilt (Plut. Them. 22,4 und 23,1). Er beschloss sein Leben als Exilant im kleinasiatischen Magnesia (Plut. Them. 31,6).
   Miltiades warf als Stratege die nach Attika vorrückenden Perser in der Schlacht bei Marathon 490 zurück. Obwohl der Feldzug des Dareios eine weit geringere Dimension hatte als der seines Sohnes Xerxes knapp zehn Jahre später, wurde der Sieg bei Marathon, den man ohne die Hilfe Spartas erfochten hatte, im kollektiven Gedächtnis der Athener zu einem Meilenstein im Freiheitskampf gegen die Barbaren überhöht.
   Der Kläger zieht hier also zwei der buchstäblich ‚ehrwürdigsten' Helden der athenischen Geschichte als Maßstab heran, um das eklatante Missverhältnis augenfällig zu machen, das darin läge, einem Charidemos zuzubilligen, was man jenen Männern versagte.

Μαραθῶνι: Bei Ortsnamen hat sich der sonst auf die Dichtung beschränkte lokativische Dativ auch in der Prosa erhalten; vgl. KG I 441f. und Wankel zu 18,208 (S. 961), der zur Verbindung mit ἐν Σαλαμῖνι auf Thuk. 1,73,4, [Dem.] 13,21 und Isokr. 5,147 (Γ : ἐν Μαραθῶνι vulgg.) verweist. Hinzufügen lässt sich Plat. Menex. 241b7f. (Wankel spricht sich daher mit gutem Grund für van Herwerdens Konjektur κἂν Σαλαμῖνι [καὶ Σαλαμῖνι codd.] in 19,312 aus, die Dilts nicht übernimmt und im Apparat fälschlich mit κἂν Σαλαμῖνι wiedergibt.)

οὐκ ἴσα τοῖς νῦν στρατηγοῖς ἀγαθὰ εἰργασμένους: Zum Gebrauch von οὐκ ἴσα im Sinne von πολλῷ μείζω (Westermann) vgl. [Dem.] 40,51 τὸν πατέρα τὸν ἐμὸν ... πολλὰ δαπανᾶν ἀναγκάζουσα οὐκ ἴσα δήπου τῆς ἐκείνου οὐσίας ἐμοὶ ἀνήλωκεν.

τοῖς νῦν στρατηγοῖς steht verkürzt für τοῖς ὑπὸ τῶν νῦν στρατηγῶν πεπραγμένοις ἀγαθοῖς; vgl. dazu Komm. zu § 134 μὴ τὴν ἤδη χάριν τοῦ μετὰ ταῦτα χρόνου παντὸς περὶ πλείονος ἡγεῖσθαι.

οὐ χαλκοῦς ἵστασαν: Vgl. Komm. zu §143 χαλκοῦς ἱστάντες.

Die damalige Einstellung der Athener illustriert auch eine Anekdote bei Plutarch, Kim. 8,1: Miltiades sei, als er zur Belohnung für seine Leistungen einen Olivenkranz gefordert habe, in der Ekklesia unter dem Beifall des Volkes von einem gewissen Sochares aus Dekeleia brüsk zurechtgewiesen worden: Erst dann, wenn er die Barbaren ganz allein im Kampf besiegt habe, möge er eine Auszeichnung für sich allein beanspruchen (ὅταν γάρ, ἔφη, μόνος ἀγωνισάμενος, ὦ Μιλτιάδη, νικήσῃς τοὺς βαρβάρους, τότε καὶ τιμᾶσθαι μόνος ἀξίου).

ὑπερηγάπων: Das seltene Verb findet sich in klassischer Zeit nur noch bei Aristot. eth. Nic. 9,7. 1168a1f. und [Aischin.] ep. 5,5.

§197

οὐκ ἄρα: Zum folgernden ἄρα vgl. Komm. zu §96 οὐκ ἄρ' εὐορκοῦσιν οἱ δικάσαντες αὐτό; fin.

σφόδρα γε: Zu γε in einer Antwort im Sinne von ‚doch' vgl. Denn. GP 132 (iii); zur Verbindung mit σφόδρα Plat. symp. 216d4f. ὡς τὸ σχῆμα αὐτοῦ τοῦτο οὐ σιληνῶδες; σφόδρα γε.

προὔκρινον ἐκείνους αὐτῶν ἡγεῖσθαι: προκρίνω (‚vorziehen') kann auch mit dem Infinitiv verbunden werden, dann in der Bedeutung ‚(vor allen anderen) für eine Tätigkeit auswählen'; vgl. Dem. 57,46 προεκρίθην ἐν τοῖς εὐγενεστάτοις κληροῦσθαι τῆς ἱερωσύνης τῷ Ἡρακλεῖ. Ähnlich wie hier ist die Auszeichnung, die die demokratische Wahl in ein Amt darstellt, Plat. apol. 35b1–3 beschrieben: οἱ διαφέροντες Ἀθηναίων εἰς ἀρετήν, οὓς αὐτοὶ ἑαυτῶν ἔν τε ταῖς ἀρχαῖς καὶ ταῖς ἄλλαις τιμαῖς προκρίνουσιν.

σώφροσιν ἀνθρώποις καὶ πρὸς ἀλήθειαν βουλομένοις σκοπεῖν: Die positive Charakterisierung in Abgrenzung zu denjenigen, die des rationalen Denkens weniger fähig sind und sich von Äußerlichkeiten blenden lassen, soll die Zuhörer zur Identifikation mit den ‚Klugen' und deren Sichtweise einladen.

Zu πρὸς (τὴν) ἀλήθειαν (‚mit Blick auf die Fakten / die Realität) vgl. Isokr. 15,134 ἢν γὰρ τούτοις ἀρέσκῃς, ἅπαν ὅ τι ἂν πράξῃς οὐ πρὸς τὴν ἀλήθειαν κρινοῦσιν, ἀλλὰ πρὸς τὸ σοὶ συμφέρον ὑπολήψονται.

τῆς χαλκῆς εἰκόνος: Der Artikel bewahrt hier noch seine ursprüngliche demonstrative Kraft; vgl. KG I 597f., 8.

κεκρίσθαι πρώτους: So die Lesart von SFY, A hat das im Numerus inkongruente πρῶτον, das auf den ersten Blick als lectio difficilior erscheint. Der Übergang vom Plural zum Singular ist nach KG I 87 „häufig, wenn das der unbestimmten und abstrakten Vielheit zukommende Prädikat auf sinnliche und konkrete Weise an dem Einzelnen dargestellt wird, oder wenn der Sing. kollektive Geltung hat"; vgl. z.B. Thuk. 1,120,3 ἀνδρῶν γὰρ σωφρόνων μέν ἐστι, εἰ μὴ ἀδικοῖντο, ἡσυχάζειν, ἀγαθῶν δὲ ἀδικουμένους ... πολεμεῖν ... καὶ μήτε τῇ κατὰ πόλεμον εὐτυχίᾳ ἐπαίρεσθαι μήτε τῷ ἡσύχῳ τῆς εἰρήνης ἡ δ ό μ ε ν ο ν ἀδικεῖσθαι und Plat. Prot. 319d4–6 καὶ τούτοις οὐδεὶς τοῦτο ἐπιπλήττει ὥσπερ τοῖς πρότερον, ὅτι οὐδαμόθεν μ α θ ώ ν, οὐδὲ ὄντος διδασκάλου οὐδενὸς α ὐ τ ῷ, ἔπειτα συμβουλεύειν ἐ π ι χ ε ι ρ ε ῖ. Wie an der letztgenannten Stelle der Singular darin begründet ist, dass sich der Vorwurf jeweils an den Einzelnen richtet (vgl. Manuwald 1999 z.St. [S.163]), so hätte er hier eine gewisse Logik, insofern jeweils nur einer d e r erste sein kann.

Trotz der scheinbar einschlägigen Parallelen ist es aber im gegebenen Zusammenhang (‚kein Kult um Einzelpersonen in der Vergangenheit') zweifelhaft, ob tatsächlich an das agonale Streben nach dem ‚ersten Platz' und nicht eher an die Zugehörigkeit zu einer breiteren Führungsschicht gedacht, der Plural mithin bewusst gewählt ist. Vgl. zu dieser Bedeutung von πρῶτοι LSJ s.v. πρότερος B.I.4 sowie Thuk. 3,65,2 ἄνδρες ὑμῶν οἱ πρῶτοι καὶ χρήμασι καὶ γένει.

§198

καὶ γάρ τοι: Vgl. Komm. zu §104 καὶ γάρ τοι.

τῶν ἔργων ... οὐδενὸς ἀπεστέρησαν ἑαυτούς: D.h. sie haben die Taten als Leistungen des staatlichen Kollektivs, nicht einer einzelnen Führungspersönlichkeit betrachtet. Dass die Athener in der Vergangenheit Wert darauf legten, den Glanz eines Individuums nicht den Glanz der Stadt überstrahlen zu lassen, ruft auch Aischines 3,183–86 lobend in Erinnerung; vgl. bes. 183: Die Athener ließen die in der Schlacht am Strymon siegreichen Strategen Hermen aufstellen, ἐφ᾽ ᾧτε μὴ ἐπιγράφειν τὸ ὄνομα τὸ ἑαυτῶν, ἵνα μὴ τῶν στρατηγῶν, ἀλλὰ τοῦ δήμου δοκῇ εἶναι τὸ ἐπίγραμμα. In der *Leptinea* beurteilt Demosthenes, dem Argumentationsziel der Rede gemäß, persönliche Ehrungen etwas anders: Die namentliche Nennung Konons in einer Inschrift bedeute nicht nur für ihn selbst, sondern auch für die Stadt einen Prestigegewinn (20,69 ἔστι δὲ τοῦτο τὸ γράμμα ... ἐκείνῳ μὲν φιλοτιμία πρὸς ὑμᾶς αὐτούς, ὑμῖν δὲ πρὸς πάντας τοὺς Ἕλληνας· ὅτου γὰρ ἄν τις παρ᾽ ὑμῶν ἀγαθοῦ τοῖς ἄλλοις αἴτιος γένηται, τούτου τὴν δόξαν τὸ τῆς πόλεως ὄνομα καρποῦται).

Die Formulierung ἀποστερεῖν ἑαυτόν τινος ist bei Dem. singulär (sie findet sich lediglich in der Nachahmung unserer Stelle [Dem.] 13,22); die etwas andere Bedeutung ‚sich (einer Pflicht) entziehen' hat sie Antiph. 5,78 οὐκ ἀποστερῶν γε τῶν εἰς τὴν πόλιν ἑαυτὸν οὐδενός. Dieser Befund stellt jedoch keinen triftigen Grund dafür dar, mit Cobet unter recht massivem Eingriff in den Text ἀπέστησαν αὐτοῖς zu schreiben.

τὴν ἐν Σαλαμῖνι ... Μιλτιάδου: Vgl. Komm. zu §196 Θεμιστοκλέα τὸν τὴν ἐν Σαλαμῖνι ναυμαχίαν νικήσαντα καὶ Μιλτιάδην τὸν ἡγούμενον Μαραθῶνι; zu den Ortsangaben vgl. Komm. zu §196 Μαραθῶνι.

ἀλλ᾽ Ἀθηναίων ... ἀλλὰ τῆς πόλεως: Aus dem vorausgehenden οὐδεὶς ... ἂν εἴποι ist jeweils das positive Pendant ἕκαστος λέγει hinzuzudenken. Zu diesem verbreiteten Typus der Brachylogie vgl. KG II 566f.

Κέρκυραν εἷλε Τιμόθεος: Vgl. Komm. zu §149 Τιμόθεον.

Die etwa zur gleichen Zeit wirkenden Strategen Timotheos, Iphikrates und Chabrias werden als ‚Trias' u.a. auch Dem. 20,84, Aischin. 3,243, Dein. 1,75, Aristeid. Lept. p. 170 Jebb, Plut. De glor. Ath. 350F angeführt; ihre militärischen Erfolge sind für das 4. Jh. ähnlich topisch wie die des Miltiades und des Themistokles für das 5. Jh.

τὴν μόραν κατέκοψεν Ἰφικράτης: Vgl. Komm. zu §129 Ἰφικράτει.
Zur Verwendung von κατακόπτω (‚vollständig zerschlagen') im militärischen Zusammenhang vgl. Xen. an. 1,2,25.

τὴν περὶ Νάξον ἐνίκα ναυμαχίαν Χαβρίας: Vgl. Komm. zu §171 Χαβρίαν, speziell zur Schlacht bei Naxos Dem. 20,77; Xen. hell. 5,4,61; Diod. 15,34f.
Zum Aspekt von ἐνίκα vgl. KG I 136f. (c): Wie das Präsens von νικᾶν im Sinne eines resultativen Perfekts verwendet werden kann, so in Bezug auf die Vergangenheit das Imperfekt; ähnlich z.B. 4,24 οἶδα ἀκούων ὅτι Λακεδαιμονίους παραταττόμενοι μεθ' ὑμῶν ἐνίκων οὗτοι οἱ ξένοι.

τῶν τιμῶν ταῖς ὑπερβολαῖς: Zu ὑπερβολή (‚Übermaß') vgl. Komm. zu §144 τὴν ὑπερβολὴν τῆς ἀναιδείας; zur Junktur 20,141 τοσαύτας ὑπερβολὰς τῶν δωρεῶν, αἷς ἀντ' εὖ ποιεῖ, παρέσχηται.
Timotheos wurde mit einem Standbild auf der Agora und anderen Privilegien geehrt (Aischin. 3,243; Paus. 1,3,2; Nepos, Timoth. 2,3; vgl. Liddel 2020 I 217ff. [zu D47]), Iphikrates mit einem Standbild und der Speisung im Prytaneion (Dem. 23,130 mit Komm. z.St.), Chabrias mit einem goldenen Kranz, einem Standbild auf der Agora und Abgabenfreiheit für sich und seine Nachkommen (Dem. 20,75.79.84–86; 24,180; Aischin. 3,243; vgl. Liddel 2020 I 209 [zu D46]).

ἐπ' αὐτοῖς: Vgl. 20,72 λύειν τὰς ἐπὶ τούτοις δοθείσας δωρεάς; 20,80.83.

§199

πολιτικὰς: ‚die Stadtbürger betreffend' (im Gegensatz zu τῶν ξένων); αἱ πολιτικαὶ δωρεαί entspricht also αἱ τῶν πολιτῶν δωρεαί; ganz ähnlich 20,18 αἵ τε τῶν μετοίκων λειτουργίαι καὶ αἱ πολιτικαί.

ἐκεῖνοί τε ... καὶ ἡμεῖς οὐκ ὀρθῶς: Die Verbindung durch τε ... καί ist formal neutraler als die Entgegensetzung durch μέν ... δέ, was dem in der

Aussage liegenden Vorwurf etwas von seiner Schärfe nimmt. Dazu trägt zusätzlich bei, dass der Redner sich selbst in die Kritik einbezieht (ἡμεῖς) und mit dem Stilmittel der Litotes arbeitet (οὐκ ὀρθῶς).
Weber und nach ihm Westermann verweisen zur Verwendung von τε ... καί bei Vergleichen („so ... wie') auf 21,106 τούτοις, οἷς ἐποίει καὶ διεπράττετο, (sc. ὑβρίζει) ἐκεῖνά τε καὶ τὰ λοιπὰ πάντα; vgl. auch Denn. GP 515 sowie Soph. Ant. 1112 αὐτός τ' ἔδησα καὶ παρὼν ἐκλύσομαι mit Jebb z.St.: „= ὥσπερ αὐτὸς ἔδησα, οὕτω καὶ αὐτὸς παρὼν ἐκλύσομαι" und Eur. Hipp. 302f. ἴσον δ' ἄπεσμεν τῶι πρίν· οὔτε γὰρ τότε / λόγοις ἐτέγγεθ' ἥδε νῦν τ' οὐ πείθεται.

τὰς δὲ τῶν ξένων πῶς;: Zur Endstellung des Fragepronomens vgl. Komm. zu §27 ὁ δὲ τὸ ψήφισμα γράφων πῶς; und zu §30 λέγει δὲ τί;.

Μένωνι τῷ Φαρσαλίῳ ... τὸν ἐπ' Ἠιόνι τῇ πρὸς Ἀμφιπόλει πόλεμον: Das westlich des Strymon 25 Stadien von Amphipolis entfernt am Meer gelegene Eion (Thuk. 4,102,4) wird in den uns erhaltenen Quellen zweimal als Schauplatz kriegerischer Handlungen erwähnt: 476 wurde die Stadt von Kimon durch Belagerung den Persern entrissen (Hdt. 7,107; Thuk. 1,98,1), 424 gelang es Thukydides, sie gegen die Streitmacht des Brasidas zu behaupten (Thuk. 4,106,3–107,3). Die Unterstützung durch Menon von Pharsalos ist für keines der beiden Ereignisse an anderer Stelle (mit Ausnahme der Nachahmung [Dem.] 13,23) bezeugt. Da sowohl die beiden Beispiele für den Umgang der Vorfahren mit verdienten Mitbürgern (Miltiades, Themistokles) als auch das zweite Beispiel für die Ehrung von Fremden (Perdikkas) der Zeit der Perserkriege entstammt, dürfte hier eher an das Jahr 476 zu denken sein (so auch Westermann und Osborne, Nat. III/IV 20ff. [T1]). Das historische Exempel wäre dann auch insofern geschickt gewählt, als es die das zuvor Gesagte stützende Erinnerung daran wachrufen könnte, dass es auch Kimon verwehrt wurde, seinen Erfolg für sich persönlich zu reklamieren; vgl. das im Komm. zu §198 τῶν ἔργων ... οὐδενὸς ἀπεστέρησαν ἑαυτούς angeführte Aischines-Zitat.

Unsicher ist, in welcher Beziehung der erwähnte Menon mit dem Menon von Pharsalos steht, der nach Thuk. 2,22,3 im Jahr 431 einen thessalischen Hilfstrupp für die Athener anführte (vgl. Osborne, Nat. III/IV 23 und Hornblower z.St. [I 277]).

Weber, der auf der Grundlage von Harpokration s.v. Ἠιών (η 20) unsere Stelle auf die Operationen des Timotheos gegen Amphipolis in den 60er-Jahren des 4. Jhs. beziehen will (erwogen auch von Whistler), berücksichtigt nicht, dass der Kläger die Praxis der „Vorfahren" (οἱ πάλαι, §196) kaum an nur etwas mehr als zehn Jahre zurückliegenden Ereignissen illustrieren dürfte.

τριακοσίοις δ' ἱππεῦσι πενέσταις: Die Penesten, Leibeigene der in ihr Siedlungsgebiet eingedrungenen Thessaler, werden von den antiken Autoren zumeist in einer Reihe mit den spartanischen Heloten genannt (Plat. leg. 776cd; Aristot. pol. 2,9. 1269a36–38; Theop. FGrHist 115 F 122); Dionys von Halikarnass (ant. 2,9,2) vergleicht sie mit den Theten. Ein Zeugnis für ihre Beteiligung an Kriegseinsätzen findet sich neben unserer Stelle noch Xen. hell. 6,1,11. Näheres zur Herkunft des Namens und zum sozialen Status bei Lotze 1959, 48–53.

Die Thessaler waren berühmt für ihre Pferdezucht und die Qualität ihrer Kavallerie, vgl. Hdt. 7,196; Plat. Men. 70a5f., Hipp. mai. 284a4–6; leg. 625d1f.

πολιτείαν ἔδοσαν: [Dem.] 13,23 heißt es dagegen Μένωνι ... οὐκ ἐψηφίσαντο πολιτείαν, ἀλλ' ἀτέλειαν ἔδωκαν μόνον. Die Autorität dieses Zeugnisses ist jedoch mehr als zweifelhaft (vgl. Blass, AB 401f.), so dass die Verleihung des Bürgerrechts an Menon allgemein als gesichert betrachtet wird (vgl. Osborne, Nat. III/IV 21).

§200

καὶ πάλιν: Vgl. Komm. zu §40 πάλιν.

Περδίκκᾳ: Hier liegt wahrscheinlich ein chronologischer Irrtum vor. Zur Zeit des zweiten Perserkrieges war nämlich nicht Perdikkas (II.), sondern sein Vater Alexander I König von Makedonien. Dieser wurde aufgrund verwandtschaftlicher Beziehungen zu den Persern einerseits und seines Status als Proxenos Athens andererseits von Mardonios ausgesandt, den Athenern ein Bündnisangebot zu unterbreiten (Hdt. 8,136). Alexander, der den Beinamen Φιλέλλην trug (vgl. Harpokration s.v. Ἀλέξανδρος [α 70]), verriet den Griechen vor der Schlacht bei Plataiai den Plan des Mardonios (Hdt. 9,44f.). Dass er die aus Plataiai abziehenden persischen Truppen zu vernichten half, ist möglicherweise [Dem.] 12,21 angedeutet (τῶν αἰχμαλώτων Μήδων ἀπαρχὴν ἀνδριάντα χρυσοῦν ἀνέστησεν εἰς Δελφούς), andernorts aber nicht bezeugt. Umstritten ist auch, ob Alexander das athenische Bürgerrecht erhalten hat (pro: Osborne, Nat. III/IV 108 [PT 124]; contra: Hammond 1979, 101f.). Dies veranlasste Schaefer, IV 93 Anm. 2 zu der Annahme, es sei hier tatsächlich nicht von Alexander die Rede, sondern von einem sonst unbekannten König des oberen Makedonien (vgl. Thuk. 2,99,2), der die Perser auf ihrem Rückweg durch Nordgriechenland (Hdt. 9,89) niederschlug.

τοῦ βαρβάρου: Zum kollektiven Singular bei Völkernamen vgl. KG I 14,2 und Dem. 9,45 ἐκ δὲ τούτων εἰκότως τὰ τῶν Ἑλλήνων ἦν τῷ βαρβάρῳ φοβερά, οὐχ ὁ βάρβαρος τοῖς Ἕλλησιν.

ἐπιστρατείαν: Das Substantiv ist in der klassischen Prosa nur noch Thuk. 2,79,1; Xen. an. 2,4,1 und [Dem.] 13,24 belegt. Häufig verwendet es Pausanias, auch im Zusammenhang mit den Perserkriegen (1,43,3; 2,16,5; 6,2,1 u.ö.).

οὐκ ἐψηφίσαντο ἀγώγιμον: Der Infinitiv εἶναι (hinzugefügt in A) fehlt hier wie in §181 ἦν ἐξαίρετον αὐτῷ γέγραφεν und §217 ἀγώγιμον εὐθὺς ἔγραψεν (Westermann). Speziell zu ψηφίζεσθαι ohne Infinitiv vgl. 32,22 καὶ μὴν οὐδὲ τοῦτ᾿ ἐμέλλομεν ὑμῶν καταγνώσεσθαι, ὡς εἰσαγώγιμον ψηφιεῖσθε τούτῳ τὴν δίκην περὶ τούτων τῶν χρημάτων; 32.23; [Dem.] 34,47 τὸ μὲν ὁμολογούμενον ὑπ᾿ αὐτοῦ τούτου ἄκυρον ποιήσαιτε, τὸ δὲ ἀμφισβητούμενον κύριον ψηφίσαισθε;

βασιλεὺς ὁ Περσῶν: Vgl. 18,202 παρὰ τοῦ Περσῶν βασιλέως sowie [Dem.] 7,29; Aischin. 2,149; 3,163 etc. Es besteht also keine Veranlassung, mit den älteren Herausgebern auf der Grundlage der Handschrift B ὁ Περσῶν zu tilgen. Dem eigentlich redundanten Zusatz könnte hier die Funktion zukommen, durch das angstbesetzte Reizwort ‚Perser' das politisch-militärische Gewicht des Großkönigs zu betonen und damit das Wagnis, sich einen solchen Herrscher zum Feind zu machen, aufzuwerten (vgl. Weber z.St.).

ἐχθρὸς ... ἀπεδέδεικτο: Zur Bedeutung ‚erklärter Feind sein'; ‚offene Feindschaft hegen' vgl. Xen. an. 7,1,26 πολέμιοι ... ἐσόμεθα ἀποδεδειγμένοι Λακεδαιμονίοις καὶ τοῖς συμμάχοις.

καὶ γάρ τοι: Vgl. Komm. zu §104 καὶ γάρ τοι.

τὸ γενέσθαι πολίταις: Die Handschriften A und F bieten den in Bezug auf das Subjekt des substantivierten Infinitivs eigentlich zu erwartenden

Akkusativ πολίτας. Die Attraktion des Kasus an das vorausgehende Bezugswort ist aber (wie auch beim Infinitiv ohne Artikel) durchaus verbreitet; vgl. bei Dem. 20,25 εὔχομαι τοῖς θεοῖς μάλιστα μὲν ἡμῖν καὶ χρήματα πολλὰ γενέσθαι, εἰ δὲ μή, τό γε πιστοῖς εἶναι καὶ βεβαίοις δοκεῖν διαμεῖναι; 18,128; 19,142; 24,69.

§201

προπεπηλάκισται: Vgl. Komm. zu §89 προπηλακίζει.

τὴν ... πονηρίαν: Zum Hyperbaton vgl. Komm. zu §85 τοὺς ... {τοὺς} ὑποδεξαμένους.

τῶν καταράτων καὶ θεοῖς ἐχθρῶν ῥητόρων: Das Schimpfwort κατάρατος verwendet Dem. häufig, wie auch in der Komödie, im Vokativ (18,209.244.290; 24,107.198), bei den übrigen Rednern findet es sich nur in Nachahmung des Dem. bei Dein. 1,47; 2,4.15 sowie [Dem.] 13,32; vgl. Wankel zu 18,209 (S. 967). Zu θεοῖς ἐχθρῶν vgl. Komm. zu §119 ἐπειδὴ πονηρὸς καὶ θεοῖς ἐχθρὸς ἦν καὶ μεγάλα ὑμᾶς ἠδίκει. Zur Beschimpfung der Politiker vgl. §146f. mit Komm. zu §147 οὓς γὰρ πονηροτάτους νομίζετε πάντων ... u. §184.

τοσαύτην ὑπερβολὴν πεποίηνται τῆς αὑτῶν αἰσχροκερδείας: Zu ὑπερβολή mit dem Genitiv vgl. Komm. zu §144 τὴν ὑπερβολὴν τῆς ἀναιδείας; zur Verbindung ὑπερβολὴν ποιεῖσθαι vgl. 22,52 οὗτος τοίνυν τοσαύτην ὑπερβολὴν ἐποιήσατο ἐκείνων τῆς αὑτοῦ βδελυρίας ὥστε ...; ähnlich 24,164; ohne Genitiv im Sinne von ‚so weit gehen, dass ...' 18,190. Mit gleicher Bedeutung verwendet Dem. τοσαύτῃ ὑπερβολῇ χρῆσθαι 18,212.

κομιδῇ: Vgl. Komm. zu §137 ἁπλῶς καὶ κομιδῇ τετυφωμένως οὕτως.

ἐπευωνίζοντες: Das seltene Verb ist hier erstmals belegt.

ἀπὸ τῶν αὐτῶν λημμάτων: Zu ἀπό in der Bedeutung ‚auf der Grundlage von', ‚gestützt auf' vgl. KG I 458 (f), Rehdantz, Index II s.v. ἀπό (S. 49 unten) sowie neben 1,22; 4,29.34; 5,12; 8,26; 18,102 als engste Parallele 3,34 στρατιώτης αὐτὸς ὑπάρχων ἀπὸ τῶν αὐτῶν τούτων λημμάτων. Während aber τῶν αὐτῶν dort einen klaren Bezugspunkt im Kontext hat – es sollen in Kriegszeiten ‚dieselben Einnahmen' als Sold dienen, die im Frieden als

Schaugelder verteilt werden –, ist ein solcher an unserer Stelle nicht explizit genannt. Weil denkt an eine Art ‚Mengenrabatt': „ils comprennent plusieurs dans leurs décrets honorifiques sans en demander plus d'argent, pardessus le marché. Les examples qui suivent viennent à l'appui de cette interprétation." In der Tat deckt sich das in der Folge leitmotivisch wiederholte προστιθέναι mit der Vorstellung von einem Händler, der zur Steigerung des Absatzes (und damit zur Befriedigung seiner αἰσχροκέρδεια) mehrere Artikel zum Preis von einem anbietet bzw. beim Kauf eines Artikels weitere gratis hinzugibt. Weber erkennt den Schwerpunkt der Aussage darin, dass alle Ehren ohne Ansehen ihres Werts zum gleichen (und zwar niedrigen; vgl. ἐπευωνίζοντες) Preis verkauft werden. Bezieht man noch πολλοῖς, das Weber unberücksichtigt lässt, mit in die Erklärung ein, ergibt sich das Gegenbild zum Idealzustand der Vergangenheit: Wurde früher w e n i g e n Personen jeweils nur eine e i n z i g e Ehrung um den Preis einer herausragenden Leistung für die Stadt zuteil, erhalten nun v i e l e Leute a l l e s , was sie wollen, zu einem den Rednern zu entrichtenden niedrigen Einheitspreis, der sich bei entsprechend hohen ‚Verkaufszahlen' zu einem stattlichen Gewinn aufaddiert.

Zu dem gegen die Redner gerichteten Vorwurf der skrupellosen Gier vgl. auch [Dem.] 11,18 ... τῶν παρ' ἡμῖν ῥητόρων τινές, οἳ τὰς παρ' ἐκείνου (sc. Philipp) δωρεὰς οἴκαδε λαμβάνειν νομίζοντες οὐκ ... αἰσθάνονται πάντα καὶ τὰ τῆς πόλεως καὶ τὰ σφῶν αὐτῶν μικροῦ λήμματος πωλοῦντες. Hier wie dort haftet dem Begriff λῆμμα etwas Verächtliches an; vgl. LSJ s.v. I, Rehdantz, Index II s.v. sowie u.a. 3,33; 5,12; 8,25; 19,339; 21,182. Zum damit eng verknüpften Motiv der Bestechlichkeit vgl. Komm. zu §146 τοὺς ἐπὶ μισθῷ λέγειν καὶ γράφειν εἰωθότας und zu §184 μικρὰ ἀναλίσκων ἰδίᾳ.

Von unserer Stelle inspiriert ist wahrscheinlich Philo Jud., gig. 39 πῶς γὰρ οὐκ ἐναργῆ καὶ πρόδηλα τὰ ὀνείδη τῶν λεγόντων μὲν εἶναι σοφῶν, πωλούντων δὲ σοφίαν καὶ ἐπευωνιζόντων, ὥσπερ φασὶ τοὺς ἐν ἀγορᾷ τὰ ὤνια προκηρύττοντας, τοτὲ μὲν μικροῦ λήμματος, τοτὲ δὲ ἡδέος καὶ εὐπαραγώγου λόγου ...

§202

πρῶτον μέν, ἵνα ... πρώτων: Überliefert ist πρῶτον μέν, ἵνα ... πρῶτον, was u.a. von Weber und Westermann gehalten wird. Lobecks Konjektur wird jedoch gestützt durch 21,175 πρῶτον μὲν τοίνυν, ἵνα πρώτης τῆς τελευταίας γεγονυίας μνησθῶ καταγνώσεως (zur Kombination von adverbialem und prädikativem πρῶτον vgl. außerdem 24,19 πρῶτον μὲν οὖν, ὅπερ ἠδίκησε πρῶτον, τοῦτ' ἐρῶ) und schafft ohne großen Eingriff in den Text (die Verwechslung von Omikron und Omega unterläuft leicht) eine größere stilistische Raffinesse, da das direkt auf τελευταίων bezügliche Prädikativum πρώτων das Oxymoron noch prägnanter hervortreten lässt und die redundante Wiederholung des Adverbs durch ein Polyptoton ersetzt wird. Vgl. Eur. Med. 475 ἐκ τῶν δὲ πρώτων πρῶτον ἄρξομαι λέγειν; Hipp. 991f.; Iph. A. 1148.

Ariobarzanes erhielt das Bürgerrecht Ende der 60er-Jahre (vgl. Liddel I 266 [zu D59]). Die Ehrung des Timotheos durch ein Standbild fällt in die Mitte der 70er-Jahre (vgl. Liddel I 221 [zu D47]); Osborne, Nat. III 54 (vgl. auch Liddel I 270 [zu D61]) vermutet jedoch, dass das hier erwähnte, mit der Bürgerrechtsverleihung an Phrasierides und Polysthenes verknüpfte Dekret in Zusammenhang mit der Eroberung von Samos (366/65) steht. In diesem Fall hätte allerdings der Kläger entgegen seiner Ankündigung das ältere Beispiel zuerst genannt.

Ἀριοβαρζάνην ἐκεῖνον: Vgl. Komm. zu §141 ὑμεῖς ἐποιήσασθε ... Ἀριοβαρζάνην πολίτην καὶ δι' ἐκεῖνον Φιλίσκον. ἐκεῖνος verweist auf die bekannte bzw. bereits erwähnte Person; vgl. KG I 650,13.

οὐ μόνον αὐτὸν καὶ τοὺς υἱεῖς τρεῖς ὄντας ... ἀλλὰ καὶ ...: Die sukzessive Ausweitung der Staatsgeschenke auf immer mehr Personen spiegelt sich im kumulativen Aufbau des Satzes wider: Zunächst wird mit Ariobarzanes derjenige genannt, dem die Belohnung eigentlich gilt; schon im ersten Teil des οὐ-μόνον-ἀλλὰ-καί-Gefüges treten zu ihm selbst (αὐτόν) seine Söhne hinzu, deren Anzahl durch die nachgestellte Apposition τρεῖς ὄντας stärker hervorgehoben wird, als dies in attributiver Position (τοὺς τρεῖς υἱεῖς) der Fall wäre. Dann schließlich werden die beiden Abydener erst anonym, am Satzende noch einmal namentlich der Aufzählung hinzugefügt, wodurch sie quasi doppelt präsent sind.

Ἀβυδηνούς: Zur Feindschaft zwischen Athen und Abydos vgl. Komm. zu §158 Ἀβύδου τῆς τὸν ἅπαντα χρόνον ὑμῖν ἐχθρᾶς καὶ ὅθεν ἦσαν οἱ Σηστὸν καταλαβόντες. Der Kläger erwähnt die Herkunft der beiden Ehrenbürger mit Bedacht.

μισαθηναιοτάτους: Das Adjektiv ist sonst nur noch bei Lykurg. 39 belegt. Zu weiteren Beispielen für Komposita mit μισ(ο)- vgl. Pollux 6,172.

προσέθηκαν αὐτῷ: Der Ton ist verächtlich: Die Geehrten sind bloße ‚Anhängsel' der Hauptperson, die als Mittel zum Zweck nicht wegen, sondern trotz ihrer Taten in den Genuss unverdienter Vergünstigungen kommen. Dieser Kategorie wird im folgenden Paragraphen auch Charidemos zugeordnet.

Φιλίσκον καὶ Ἀγαυόν: Zu Philiskos und seinen Schandtaten vgl. §141; über Agauos wissen wir nichts.

πάλιν: Vgl. Komm. zu §40 πάλιν. Die verbindende Partikel δέ fehlt wie nach einem auf πρῶτον μέν folgenden ἔπειτα (vgl. KG II 272 oben).

Τιμοθέου: Vgl. Komm. zu §149 Τιμόθεον.

δόξαντός τι ποιῆσαι τῶν δεόντων ὑμῖν: Das Verdienst des Timotheos wird durch diese Formulierung bagatellisiert, um das Missverhältnis zwischen Leistung und Belohnung möglichst groß erscheinen zu lassen. τὰ δέοντα ist das Notwendige, in einer Situation Erforderliche; es nicht zu tun, ist ein schwerwiegendes Versäumnis (das Dem. seinen Mitbürgern vor allem im Umgang mit Philipp zum Vorwurf macht; vgl. 3,36; 4,2; 9,5.28 etc.), es zu tun, eher eine Selbstverständlichkeit als eine Glanztat (wenn Dem. z.B. 18,212 andeutet, τι τῶν δεόντων bewirkt zu haben, ist das als Understatement zu werten). Und diese unspektakuläre Leistung wird Timotheos nicht einmal als unbestreitbares Faktum zugeschrieben, sondern nur als subjektive Wahrnehmung der Athener (δόξαντός ... ὑμῖν).

ἃ μέγιστα ἦν: Sc. in der Vergangenheit; vgl. §203 ἃ πρὸ τοῦ μεγάλα ἦν.

Φρασιηρίδην καὶ Πολυσθένην: Phrasierides wird [Dem.] 49,43 als Vertrauter des Timotheos erwähnt, der in dessen Auftrag bei der Bank seines Gläubigers die Schuldbücher einsah und eine Kopie anfertigte. Ob er mit dem Trierarchen Phrasierides von Anaphlystos ([Dem.] 50,41) identisch ist, ist ungewiss (pro: Westermann; contra: Weil, jeweis ohne Begründung). Über Polysthenes ist weiter nichts bekannt. Ebenso weiß man weder etwas über die Art der Verfehlungen, auf die der Kläger anspielt, noch über den genauen Grund für die gemeinsame Ehrung mit Timotheos. Vgl. Liddel I 270 (zu D61): „The precise relationship between the honours for Timotheos and those for Phrasierides and Polysthenes is not clear: it is possible that the awards were proposed by the same citizen, or at the same meeting of the assembly, or even that Timotheos requested the honours for them as his associates."

Als einen Mitbegünstigten des Timotheos führt Dem. 20,84 Klearchos, bei dem es sich wahrscheinlich um den Regenten von Herakleia am Bosporus handelt, an (καὶ πάλιν Τιμοθέῳ διδόντες τὴν δωρεὰν δι' ἐκεῖνον ἐδώκατε καὶ Κλεάρχῳ καί τισιν ἄλλοις πολιτείαν). Offenbar war dieser wegen unzureichender Charaktermängel im hier gegebenen Kontext nicht verwendbar.

οὐδ' ἐλευθέρους, ἀλλ' ὀλέθρους: Einige Herausgeber (darunter Dilts) folgen hier den Handschriften A und S (ante corr.), wo ἀλλ' fehlt. Begründet wird dies teils damit, dass ἐλεύθερος und ὄλεθρος keine gegensätzlichen Begriffe seien (vgl. Weber), teils damit, dass die Wirkung des Gleichklangs der beiden Adjektive durch ein dazwischentretendes Wort beeinträchtigt werde (so Westermann, Weil). Wie schon Weber einwandte, liegt aber in ἐλεύθερος auch eine sittlich-zivilisatorische Komponente, die sehr wohl einen Kontrast zu barbarischem Verhalten bilden kann. Ob der klangliche Effekt tatsächlich durch eine einzige zusätzliche Silbe getrübt wird, ist fraglich. Zwar spricht in dieser emotionalen Passage grundsätzlich nichts gegen ein Asyndeton, es besteht aber andererseits auch kein triftiger Grund, sich gegen die besser bezeugte Variante zu entscheiden.

Zum Schimpfwort ὄλεθρος, das sowohl substantivisch als auch adjektivisch verwendet wird, vgl. bei Dem. 9,31; 18,127; 21,209. Daneben gibt es einige Belege in der Komödie (Aristoph. Thesm. 860; Ekkl. 934; Men. Dysk. 366), aber auch in der Prosa (Hdt. 3,142,5); vgl. Wankel zu 18,127 (S. 678f.) und Rehdantz, Index II s.v. Die eigentliche Wortbedeutung ‚Untergang' bzw. ‚Verursacher des Untergangs', ‚Seuche' hat sich zu einer Universalbeschimpfung ausgeweitet; vgl. MacDowell zu 21,209 (S. 414): „used colloquially as term[s] of abuse with no very exact meaning".

τις εὖ φρονῶν: Das Bedeutungsspektrum von εὖ φρονεῖν reicht von der leicht überdurchschnittlichen Lebensklugheit (Dem. 18,48; Eur. Tro. 400) über den ‚gesunden Menschenverstand' (Dem. 19,161; 20,75) bis hin zur Freiheit von einer geistigen Störung im klinischen Sinne (Eur. Bacch. 851; Lykurg. 144). An unserer Stelle repräsentiert der εὖ φρονῶν denjenigen, der urteilt und handelt, wie man es von einem vernünftigen Menschen erwartet. Im Fokus steht dabei weniger das intellektuelle Erkennen des Richtigen als seine praktische Umsetzung, das den Forderungen des Anstands entsprechende Verhalten. Zu dieser ethischen Nuance des εὖ φρονεῖν vgl. Dem. 20,75 ἀλλ' οὐδένα ἀνθρώπων εὖ φρονοῦντ' οἶμαι ταῦτ' ἂν φῆσαι καλῶς ἔχειν; Isokr. 7,54; Eur. Heraclid. 370 und als engste Parallele Dem. 24,7 αἰτιασάμενος γάρ με ἃ καὶ λέγειν ἄν τις ὀκνήσειεν εὖ φρονῶν. (Nur den intellektuellen, von der praktischen Umsetzung ausdrücklich getrennten Aspekt umfasst εὖ φρονεῖν hingegen im berühmten Monolog der Phaidra, Eur. Hipp. 378.)

§203

τὸ τελευταῖον δὲ νῦν: Da die Argumentation auf Charidemos zuläuft, muss abweichend von dem zu Beginn von §202 angekündigten Verfahren der umgekehrten Chronologie Kersobleptes den Schluss- und Höhepunkt der Beispielreihe bilden.

ἐπειδὴ Κερσοβλέπτην ἠξίουν ὧν αὐτοῖς ἐδόκει: Zum Anlass und Zeitpunkt der Ehrung (wahrscheinlich um 357) vgl. Komm. zu §23 τὴν γὰρ τοῦ δήμου δωρεάν ... κυρίαν αὐτῷ δίκαιόν ἐστιν εἶναι.

περὶ τούτων ἦν ἡ σπουδή: Vgl. Komm. zu §1 περὶ τούτου μοί ἐστιν ἅπασα ἡ σπουδή.

τὸν δ' ὅλως οὐδεὶς οἶδεν: Die Partizipialkonstruktion geht unvermittelt in einen Hauptsatz über; zu dieser Form des Anakoluths vgl. Dem. 57,11 ἐβλασφήμει κατ' ἐμοῦ ... μάρτυρα μὲν ὧν κατηγόρησεν οὐδένα παρασχόμενος ..., παρεκελεύετο δὲ τοῖς δημόταις ἀποψηφίζεσθαι; ähnlich 5,11f.; 22,17. In A und F ist der Satzbau durch ein vor οὐδεὶς hinzugefügtes ὄν geglättet, wodurch aber ὅλως isoliert würde. Zu ὅλως vgl. Komm. zu §84 ὅλως.

Εὐδέρκην ὄνομα: Zum adverbialen Akkusativ ὄνομα ('mit Namen') vgl. KG I 317 Anm. 20 und z.B. [Dem.] 25,56 πρὸς γυναῖκά τινα ἔρχεται Ζωβίαν ὄνομα.

τοιγάρτοι: Zu τοιγάρτοι und dem synonymen τοιγαροῦν vgl. Denn. GP 566: „Both particles are strongly emphatic, and sometimes even convey the effect that the logical connexion is regarded as more important than the ideas connected. Hence they approximate in force to διὰ ταῦτα καί, δι' ὃ δὴ καί." Dass zu der folgernd-begründenden Partikel zusätzlich διὰ ταῦτα oder Ähnliches hinzutritt, ist nicht ungewöhnlich; vgl. Thuk. 6,38,3; Isokr. 7,52; And. 1,108; Plat. symp. 179d7.

Bei Dem. findet sich τοιγάρτοι in den echten Reden nur noch 10,4.48 sowie 8,66 als varia lectio zu καὶ γάρ τοι (auch an unserer Stelle hat F καὶ γάρ τοι, was im Apparat von Dilts nicht vermerkt ist), außerdem exord. 35,3; sonst verwendet er τοιγαροῦν (4,36; 10,30; 18,40.134); vgl. Denn. GP 567.

τὸ πρᾶγμα ἤδη καὶ πορρωτέρω βαδίζει: Zur Bezeichnung einer unheilvollen Entwicklung (die es aufzuhalten gilt) ähnlich auch 6,5 ὅπως τὰ παρόντα ... μὴ προελθόντα ἔτι πορρωτέρω λήσει und 6,33 τὸ γὰρ πρᾶγμ' ὁρῶ προβαῖνον.

εἰ μὴ καὶ: So hergestellt von Cobet. Das überlieferte εἰ καὶ μή, das frühere Herausgeber unter Berufung auf die Möglichkeit einer freieren Wortstellung (freilich ohne Anführung von Parallelen) halten wollten, kann kaum anders als konzessiv verstanden werden und ergibt daher im Zusammenhang keinen Sinn.

ὡς ἔοικεν: Vgl. Komm. zu §23 ὡς ἔοικε.

§204

προεληλυθέναι: Zum bildlichen Ausdruck vgl. §203 τὸ πρᾶγμα ἤδη καὶ πορρωτέρω βαδίζει mit Komm. z.St. sowie Dem. 3,3 ὁρᾶτε γὰρ ὡς ἐκ τοῦ πρὸς χάριν δημηγορεῖν ἐνίους εἰς πᾶν προελήλυθε μοχθηρίας τὰ παρόντα u. 4,9; 21,131; 22,74 (= 24,182); 23,210.

εἰ δεῖ μετὰ παρρησίας εἰπεῖν τἀληθῆ: Der Kläger bereitet den recht harschen Vorwurf gegen seine Mitbürger vor, indem er sich zum einen auf das demokratische Ideal der παρρησία, das Recht auf freie Meinungsäußerung, beruft und zum anderen nichts Geringeres als ‚die Wahrheit' (τἀληθῆ) auszusprechen ankündigt (ähnlich 6,31; 8,31f.; 9,3; 10,53.54.76). Im Interesse des Gemeinwesens auch unbequeme Fakten schonungslos zu benennen, zeichnet den guten Polisbürger aus, und daher darf er erwarten, dass ihm dies nicht verübelt wird. Der Einschub fungiert als eine dezente Erinnerung an diese ‚Spielregel' der Demokratie und lässt die Zuhörer zugleich ahnen, dass wenig Schmeichelhaftes folgen wird.

Zur παρρησία vgl. Wankel zu 18,133 (S. 723f.) und Radicke 1995 zu 15,1 (S. 68) mit weiterer Literatur.

οὐδένες: Es steht hier der Plural, weil die Gruppe der Athener mit anderen Gruppen verglichen wird; vgl. Rehdantz, Index I s.v. οὐδείς und Weil z.St.: „nulles gens, ni les orateurs, ni aucune classe d'hommes". Ganz ähnlich 51,21 τοῦ τοίνυν τούτους ἀδίκους εἶναι καὶ θρασεῖς οὐδένες ὑμῶν εἰσιν αἰτιώτεροι.

οὐδὲ γὰρ δίκην ἔτι λαμβάνειν ἐθέλετε παρὰ τῶν ἀδικούντων: Zu der übermäßigen Belohnung geringfügiger Verdienste gesellt sich als gewissermaßen komplementärer Fehler die unzureichende Sanktionierung schwerwiegender Vergehen.

ἐξελήλυθεν: Zur Wortwahl vgl. das Scholion z.St. (nr. 110 Dilts): σφόδρα ἐμφαντικῶς εἶπεν, οἱονεὶ ἀπεδήμησε καὶ 'κατέλειψε τὴν πόλιν'.

καίτοι: Die Partikel stellt hier, unter Abschwächung der adversativen Nuance, den Anschluss zum Vorausgehenden her; vgl. Denn. GP 559f. (2) und zur Verbindung mit dem Imperativ Dem. 3,23 u. Plat. Ion 533c7.

§205

Θεμιστοκλέα λαβόντες μεῖζον αὐτῶν ἀξιοῦντα φρονεῖν ἐξήλασαν ἐκ τῆς πόλεως καὶ μηδισμὸν κατέγνωσαν: Themistokles wurde Ende der 70er-Jahre des 5. Jhs. ostrakisiert, zog sich nach Argos in die Verbannung zurück und wurde wenige Jahre später in Abwesenheit wegen angeblicher Kollaboration mit den Persern des Landesverrats angeklagt. Er entzog sich der Auslieferung an Athen durch die Flucht; über Kerkyra gelangte er mit Hilfe des Molosserkönigs Admetos nach Kleinasien (Thuk. 1,135ff.; Plut. Them. 23f.; speziell zum Vorwurf des Medismos Plut. Them. 21,5 = Timokreon fr. 729 PMG; zur politischen Instrumentalisierung dieses Vorwurfs in der Zeit nach den Perserkriegen McMullin 2001).

Das μεῖζον φρονεῖν τῶν ἄλλων bedroht das demokratische Prinzip der Gleichheit. So beschreibt Isokrates (nicht ohne Sympathie) den Begründer der makedonischen Herrschaft als μεῖζον φρονήσας τῶν αὐτοῦ πολιτῶν καὶ μοναρχίας ἐπιθυμήσας (Isokr. 5,106); vgl. auch Isokr. 12,177 und die Alkibiades von Thukydides in den Mund gelegten Worte οὐδέ γε ἄδικον ἐφ' ἑαυτῷ μέγα φρονοῦντα μὴ ἴσον εἶναι (Thuk. 6,16,4). Das übersteigerte Selbstbewusstsein des Themistokles äußerte sich nach Plut. Them. 22 unter anderem darin, dass er ständig mit seinen Verdiensten prahlte und der Artemis unter Hinzufügung des Beinamens Aristoboule einen Tempel errichten ließ, womit er wenig dezent auf die Qualität seiner eigenen Ratschläge anspielte.

Obwohl die Ostrakisierung des Themistokles keinen konkreten Anlass hatte, sondern auf einer Langzeitbeobachtung seines gesamten Gebarens beruhte, suggeriert die Formulierung λαβόντες μεῖζον ἑαυτῶν ἀξιοῦντα φρονεῖν ein punktuelles ‚Ertappen'; vgl. zu λαμβάνειν c. part. z.B. 21,97; 45,70. Der Kläger erzeugt so den Eindruck, dass die Vorfahren der Entdeckung eines Vergehens die Strafe unverzüglich und konsequent auf dem Fuße folgen ließen – was den Kontrast zu den gegenwärtigen Verhältnissen (vgl. §206) verschärft.

Der etwas umständliche Ausdruck (statt λαβόντες μεῖζον ἑαυτῶν φρονοῦντα) betont die Arroganz des Themistokles: Er hält sich nicht nur für etwas Besseres, sondern betrachtet dies sogar als sein gutes Recht (ἀξιοῦντα).

Κίμωνα, ὅτι τὴν πάτριον μετεκίνησε πολιτείαν ἐφ' ἑαυτοῦ, παρὰ τρεῖς μὲν ἀφεῖσαν ψήφους τὸ μὴ θανάτῳ ζημιῶσαι, πεντήκοντα δὲ τάλαντα ἐξέπραξαν: Die Stelle gibt Rätsel auf. Nach den uns vorliegenden Quellen stand Kimon nur einmal vor Gericht: Weil er nach dem Sieg über die Thasier (um 468) nicht die Gelegenheit wahrgenommen hatte, sein Heer gegen Alexander von Makedonien zu führen, wurde er von seinen politischen Gegnern der Bestechlichkeit angeklagt. Der Prozess endete mit einem Freispruch (Plut. Kim. 14). Als Kimon wenig später den Spartanern militärischen Beistand leistete, nutzten die Demokraten unter Führung des Ephialtes seine Abwesenheit zu einer Umgestaltung der Verfassung, die insbesondere die Befugnisse des Areopags beschnitt (462/61). Nach seiner Rückkehr bemühte sich Kimon um die Wiederherstellung der alten Verhältnisse, wurde aber von seinen Gegnern als Spartanerfreund verleumdet und ostrakisiert (Plut. Kim. 15). Weder zu dem hier beschriebenen Vergehen, nämlich einer Änderung der etablierten Verfassung, noch zu der Strafe findet sich in Kimons Biographie eine Entsprechung. Zu der ungewöhnlich hohen Buße von fünfzig Talenten wurde jedoch Kimons Vater Miltiades verurteilt, wie Herodot 6,136,3 berichtet: προσγενομένου δὲ τοῦ δήμου αὐτῷ κατὰ τὴν ἀπόλυσιν τοῦ θανάτου, ζημιώσαντος δὲ κατὰ τὴν ἀδικίην πεντήκοντα ταλάντοισι, Μιλτιάδης μὲν ... τελευτᾷ, τὰ δὲ πεντήκοντα τάλαντα ἐξέτεισε ὁ παῖς αὐτοῦ Κίμων. Die auffällige inhaltliche und in der antithetischen Gegenüberstellung von Todesstrafe und Geldbuße auch stilistische Übereinstimmung legt den Gedanken nahe, dass Dem. hier Kimon mit Miltiades verwechselt hat. Aber auch in diesem Falle wäre die

Angabe des Vergehens unzutreffend. Nach Herodot hatte Miltiades ohne Offenlegung seiner konkreten Pläne, sondern nur mit dem Versprechen auf große Reichtümer die Volksversammlung überredet, ihm Geld und Schiffe zur Verfügung zu stellen. Er fuhr nach Paros, versuchte die Stadt durch Belagerung zu erpressen, scheiterte kläglich und kehrte schwer verwundet mit leeren Händen heim (Hdt. 6,132–135). Die Anklage dürfte demgemäß auf Betrug (vgl. Hdt. 6,136,1 Μιλτιαδέα ἐδίωκε τῆς Ἀθηναίων ἀπάτης εἵνεκεν u. Lipsius 381 zum Straftatbestand der ἀπάτη τοῦ δήμου) bzw. auf Verrat und Bestechung durch den Großkönig gelautet haben (Nep. Milt. 7; genauer untersucht die Quellen Kinzl 1976, 288, der vermutet, dass die letztlich verhängte Strafe dem unautorisierten Abbruch der Mission galt). Ein eigenmächtiger Eingriff in die S t a a t s o r d n u n g war dies alles jedoch nicht, und zwar weder in die der Athener noch in die der Parier, so dass auch das in Y und S (ante corr.) statt πάτριον gebotene Παρίων nicht weiterführt. (Die Variante kann jedoch als ein Indiz dafür betrachtet werden, dass schon frühe Bearbeiter den Text auf Miltiades bezogen; vgl. Weil z.St.)

Eine befriedigende Lösung des Problems ist noch nicht gefunden. Weber und Westermann nahmen an, dass tatsächlich Kimon gemeint sei. Da aber nicht Kimon, sondern Ephialtes die πάτριος πολιτεία umgestaltet habe, konjiziert Weber παροῦσαν für πάτριον. Westermann hingegen hält am überlieferten Text fest und meint, es sei „an irgend einen Rechtshandel zu denken den seine (sc. Kimons) Gegner von der Fortschrittspartei wegen seiner entschieden oligarchischen Bestrebungen gegen ihn anstifteten". Weil und Rosenberg gehen von einer Verwechslung mit Miltiades aus. Rosenberg schreibt Παρίων für πάτριον und erklärt: „Der Satz mit ὅτι – μετεκίνησε scheint die Härte der Strafe entschuldigen und rechtfertigen zu sollen. Für seinen Versuch gegen Paros hätten ihn die Bürger nicht so streng bestraft, wenn sie darin nicht, wie in anderen seiner Thaten, ein Ü b e r h e b e n und einen Versuch der Tyrannis erblickt hätten." Ähnlich Weil, der jedoch πάτριον beibehält: „Les mots ὅτι τὴν πάτριον μετεκίνησε πολιτείαν ἐφ᾽ ἑαυτοῦ (il voulait changer à son gré le gouvernement établi) indiquent le motif de la condamnation: «etsi crimine Pario est accusatus, tamen alia causa fuit damnationis» [Nep. Milt. 8,1]". Für die Möglichkeit eines historischen Irrtums wird auf §200 (Perdikkas/Alexander) sowie auf die fehlerreiche Passage 21,143–147 (vgl. dazu MacDowell, S. 358ff.) verwiesen. Miltiades und Kimon werden auch von Aischines (2,172) unter Wiederholung eines Fehlers des Andokides (3,3 Μιλτιάδην τὸν Κίμωνος statt Κίμωνα τὸν Μιλτιάδου) verwechselt. Eine solche Verwechslung wäre jedoch an unserer Stelle sehr erstaunlich. Sowohl zuvor, in §196, als auch danach, in §207, bilden Themistokles und Miltiades ein Paar. Für Dem. muss es sich also geradezu aufgedrängt haben, auch hier mit dem Beispiel des Miltiades zu operieren. Dass er es nicht tat, geht daher mit großer Wahrscheinlichkeit auf eine bewusste Entscheidung zurück. Miltiades bot, obwohl sein Lebenswandel durchaus nicht makellos war, offenbar keinen Anstoß, der nicht schon durch Themistokles repräsentiert war (nämlich Anmaßung und Bestechlichkeit). Anders liegt der Fall bei Kimon, der mit seinem offenen Kampf gegen demokratische Elemente in der bestehenden Staatsordnung eine neue Facette strafwürdigen Verhaltens beisteuert. Aber wie lassen sich die sachlichen Widersprüche auflösen? Die erste Schwierigkeit bildet der Aorist μετεκίνησε, da durch den Aspekt normalerweise eine erfolgreich vollendete Handlung beschrieben wird. In seltenen Fällen findet sich der Aorist aber auch, wenn „mit rhetorischer Übertreibung Handlungen, deren Abschluss durch äussere Umstände verhindert wurde, als bereits abgeschlossen hingestellt werden" (KG I 166,12); ein Beispiel aus der Prosa ist Isaios 1,1 ἐκεῖνος γὰρ ζῶν μὲν ἡμῖν κατέλιπε τὴν οὐσίαν, ἀποθανὼν δὲ κινδυνεύειν περὶ αὐτῆς πεποίηκε. Diese Auffassung (die übrigens auch alle anderen Kommentatoren mit Ausnahme Westermanns stillschweigend zugrunde legen) wird gestützt durch das resümierende ἀδικεῖν δ' ἐπιχειροῦσιν οὐκ ἐπέτρεπον am Ende des Paragraphen. Erklärungsbedürftig bleibt dann aber noch der Ausdruck πάτριος πολιτεία, da Kimon – von seinem historischen Standpunkt aus gesehen – diese ja gerade nicht verändern, sondern wiederherstellen wollte. Möglicherweise spricht der Kläger hier aber nicht, wie es korrekt wäre, aus Kimons Perspektive, sondern aus seiner eigenen und der seiner Zuhörer, für die die von Ephialtes reformierte Verfassung die πάτριος πολιτεία ist. Der Anachronismus verzerrt den wahren Sachverhalt, vereinfacht ihn aber auch in der Weise, dass die Zuhörer das Beispiel der Vorfahren und den darin enthaltenen Appell unmittelbar auf ihre eigene Situation übertragen können. Die Botschaft lautet, sich mit aller Härte gegen diejenigen zur Wehr zu setzen, die gegen die bewährten demokratischen Prinzipien von Freiheit und Gleichheit verstoßen. Eine differenziertere Darstellung der politischen Ereignisse um das Jahr 462 hätte die Wirkung dieser Botschaft nur geschwächt. Das dritte Problem schließlich besteht in der angegebenen Art der Bestrafung. Kimon wurde ostrakisiert, was eine Dublette zum Schicksal des Themistokles darstellt. Möglicherweise machte Dem., um die Wiederholung zu vermeiden und eine Vergleichsgröße zu den geringen Geldstrafen der Gegenwart zu schaffen (vgl. §206), mit voller

Absicht eine Anleihe bei der Biographie des Miltiades, was dadurch erleichtert wurde, dass es ja wirklich Kimon war, der das Bußgeld für seinen Vater zahlte.

Die Summe von 50 Talenten (= 300000 Drachmen = 1 800 000 Obolen) ist enorm hoch; vgl. Komm. zu §167 πέντε ταλάντοις δ' ἐζημιώσατε. Zur Zeit des Peloponnesischen Krieges kostete eine Triere mit 200 Ruderern 10 Talente im Monat (vgl. Thuk. 6,8,1); man vermutet daher, dass sich die Strafe nach den Kosten der gescheiterten Paros-Expedition bemaß.

Zu ἐφ' ἑαυτοῦ („wörtl. ‚auf sich selbst gestützt', d.h. ‚auf eigene Faust') vgl. KG I 498 u. [Dem.] 48,18 ἔδησεν τὸν ἄνθρωπον καὶ ἐβασάνισεν αὐτὸς ἐφ' ἑαυτοῦ, ἡμᾶς δ' οὐ παρεκάλεσεν.

Die Junktur πάτριος πολιτεία findet sich auch bei Thrasymachos DK 85 B 1 (p. 324, Z.1); Xen. hell. 3,4,2; Aristot. Ath. pol. 34,3 u. 35,2. Zu μετακινεῖν (‚verändern') vgl. Xen. Lak. pol. 15,1 μόνη γὰρ δὴ αὕτη ἀρχὴ διατελεῖ οἵαπερ ἐξ ἀρχῆς κατεστάθη· τὰς δὲ ἄλλας πολιτείας εὕροι ἄν τις μετακεκινημένας καὶ ἔτι καὶ νῦν μετακινουμένας.

Zu παρά (‚im Abstand von', ‚um eine Differenz von') vgl. KG I 514 u. Dem. 24,138 Φίλιππον ... μικροῦ μὲν ἀπεκτείνατε, χρημάτων δὲ πολλῶν αὐτοῦ ἐκείνου ἀντιτιμωμένου παρ' ὀλίγας ψήφους ἐτιμήσατε; Isaios 3,37. Eine Herleitung dieser Bedeutung versuchen LSJ s.v. C.III.5: „π. τοσοῦτον ἦλθε κίνδυνον = παρῆλθε τοσοῦτον κίνδυνον, *passed over* so much ground within the sphere of danger ...; in such phrases the tmesis was forgotten, and the acc. came to be governed by παρά, which thus came to mean '*by* such and such a margin', '*with* so much *to spare*'".

Zum substantivierten Infinitiv vgl. Komm. zu §167 τρεῖς δὲ μόναι ψῆφοι διήνεγκαν τὸ μὴ θανάτου τιμῆσαι. Dass es hier wie dort (im Falle des Kephisodotos) d r e i Stimmen sind, die den Angeklagten vor der Todesstrafe bewahren, mag ein historischer Zufall sein oder aber zu dem Verdacht berechtigen, dass die Zahl eher dem dramatischen Effekt dient als den Tatsachen entspricht.

Zu dem seltenen Verb ἐκπράττειν (bei Dem. nur hier) vgl. Xen. Lak. pol. 8,4 ἔφοροι οὖν ἱκανοὶ μέν εἰσι ζημιοῦν ὃν ἂν βούλωνται, κύριοι δ' ἐκπράττειν παραχρῆμα, Plat. leg. 774b2.e2 und Eur. Herc. 42f. ... μή ποθ' οἵδ' ἠνδρωμένοι / μήτρωσιν ἐκπράξωσιν αἵματος δίκην. εἰσπράττειν, wie es A und F^{yp} bieten, verwendet Dem. eher vom ‚Eintreiben' ausstehender Zahlungen wie etwa Steuern oder Schulden (vgl. z.B. 21,11; 22,44.45; 24,162); bei ἐπράξαντο (S^{yp}), dem gängigeren Synonym zu ἐξέπραξαν (vgl. Dem. 19,273), dürfte es sich um eine Glosse handeln.

δικαίως: Vgl. Komm. zu §209 εἰκότως.

ἀπεδίδοντο τὴν αὑτῶν ἐλευθερίαν καὶ μεγαλοψυχίαν τῶν ἔργων: Zum gen. pretii vgl. die ähnlichen Wendungen 19,28 τὸ χρημάτων ἀποδόσθαι τἀληθῆ, 8,70 οἱ τῆς παρ' ἡμέραν χάριτος τὰ μέγιστα τῆς πόλεως ἀπολωλεκότες und 19,223 οὐκ ἀνταλλακτέον εἶναί μοι τὴν πρὸς ὑμᾶς φιλοτιμίαν οὐδενὸς κέρδους.

Die Substantive ἐλευθερία und μεγαλοψυχία sind durch den nur einmal gesetzten Artikel zu einer gedanklichen Einheit verbunden (vgl. KG I 611,2), αὑτῶν bezieht sich auf beide; vgl. Xen. an. 3,2,20 περὶ τὰς ἑαυτῶν ψυχὰς καὶ σώματα ἁμαρτήσονται.

Die ἐλευθερία wurde eher durch Kimon, die μεγαλοψυχία eher durch Themistokles bedroht. Letzteren Begriff verwendet Dem. hier im Sinne der von Aristoteles, eth. Nic. 4,7. 1123b1f. gegebenen Definition: δοκεῖ δὴ μεγαλόψυχος εἶναι ὁ μεγάλων αὑτὸν ἀξιῶν ἄξιος ὤν. Aus dem Bewusstsein des eigenen (hohen) Wertes ergibt sich ein dementsprechend würdevolles Auftreten, das Selbstbeherrschung, Nachsicht und Großzügigkeit umfasst. Vgl. Dem. 20,142, wo μεγαλοψυχία gemeinsam mit δικαιοσύνη und ἀρετή genannt wird. Der Begriff kann aber auch die negative Färbung der Selbstüberschätzung annehmen; vgl. dazu 18,68 mit Wankel z.St. (S. 402).

§206

τοὺς τὰ μέγιστ' ἀδικοῦντας καὶ φανερῶς ἐξελεγχομένους: Dobree tilgt καί. Der überlieferte Text ist aber sprachlich nicht zu beanstanden und rhetorisch sogar durchaus effektiv: Die Unangemessenheit der Bestrafung, die der Kläger seinen Mitbürgern vorhält, tritt noch deutlicher zutage, wenn die beiden Faktoren, die ein hartes Urteil geradezu erzwingen – die Schwere des Vergehens und der eindeutige Nachweis der Schuld –, separat und mit gleicher Gewichtung für gegeben erklärt werden. Ließe man mit Dobree ἀδικοῦντας von ἐξελεγχομένους abhängen, träte der wichtige Aspekt der Verübung schlimmster Unrechtstaten hinter den der Überführung zurück.

ἂν ἓν ἢ δύο ἀστεῖα εἴπωσιν: Das Adjektiv ἀστεῖος umfasst alles, was die Kultiviertheit eines Stadtbürgers ausmacht: Umgangsformen, Eleganz und Esprit, letzteres auch im Sinne des geistreichen Witzes (vgl. Aristoph. Ran. 5a). Dass Angeklagte die Geschworenen auch durch Scherze milde zu stimmen versuchten, bezeugt Aristoph. Vesp. 567, wo Philokleon aus dem Gerichtsalltag berichtet: οἱ δὲ σκώπτουσ' ἵν' ἐγὼ γελάσω καὶ τὸν θυμὸν καταθῶμαι. Das zwingt jedoch nicht dazu, den Begriff hier auf die Bedeutung

‚Witze' oder gar „schlechte Witze" (Westermann) zu verengen. Eher sind ‚gewitzte Bemerkungen' gemeint; vgl. auch exord. 32,2 u. 56,2.

παρὰ τῶν φυλετῶν τινες ᾑρημένοι σύνδικοι δεηθῶσιν: Zwar hatten im attischen Rechtswesen Kläger und Beklagte grundsätzlich selbst ihre Sache zu vertreten, doch durften sie sogenannte συνήγοροι oder σύνδικοι als Unterstützer beiziehen; vgl. Lipsius 906–910 u. Hypereid. Eux. 11–13.

Lipsius 115 führt unsere Stelle als Beleg dafür an, dass bisweilen nicht der Kläger/Beklagte selbst, sondern seine Stammesgenossen die σύνδικοι auswählten; er bezieht παρά offenbar im Sinne von ὑπό bzw. eines auktorialen Dativs direkt auf ᾑρημένοι. Es fragt sich aber zum einen, warum die Auswahl von den Phyleten statt von Personen aus dem Verwandten- und Freundeskreis getroffen worden sein sollte, und zum anderen, inwiefern es für die Argumentation von Belang ist, w e r die Fürsprecher benennt. Der Kläger will zeigen, dass es für einen Angeklagten selbst bei ungünstiger Ausgangslage keiner großen Anstrengung bedarf, einen Freispruch zu erwirken. Die einfachste Möglichkeit für jemanden, der einen Rechtsbeistand benötigte, aber dafür keinen gewandten Redner oder einflussreichen Politiker gewinnen konnte, war es, sich an Menschen aus seinem Lebensumfeld – Nachbarn, Freunde, Bekannte – zu wenden. Man könnte also παρά auch als Angabe der Herkunft, des Kreises, aus dem die σύνδικοι rekrutiert werden, auffassen. Damit würde ausgesagt, dass man nicht einmal prominente Unterstützer aufbieten muss, um die Geschworenen zu beeindrucken, sondern dass dafür ‚irgendwelche Leute aus der Nachbarschaft' ausreichen. Zu dieser Praxis vgl. And. 1,150 u. Hyp. Eux. 12.

ἂν δὲ καὶ καταψηφίσησθέ του, πέντε καὶ εἴκοσι δραχμῶν ἐτιμήσατε: [Dem.] 47,43 führt der Sprecher als Beweis seiner Milde an, für seinen Prozessgegner nur ein Bußgeld von 25 Drachmen gefordert zu haben. Der außergewöhnlich hohen Strafe für Kimon/Miltiades steht also eine ungewöhnlich niedrige gegenüber (das Verhältnis von 50 Talenten zu 25 Drachmen beträgt 12 000 zu 1). Wie die Beispiele des Kephisodotos (vgl. §167) und vor allem des Timotheos, der nach Dein. 1,14 (= 3,17) zur Zahlung von 100 Talenten verurteilt wurde, zeigen, ist die Aussage des Klägers polemisch überspitzt; vgl. auch Harris 2018, 102 Anm. 234.

Zur Verbindung des gnomischen Aorists mit einem konjunktivischen Bedingungssatz vgl. Komm. zu §46 ἐὰν ... ποιῇ, ... ἔδωκεν. Zu καί vgl. Denn. GP 303 (a): „εἰ καί often means 'if indeed', 'if really' ('though I should be surprised if it were so')".

καὶ γάρ τοι: Vgl. Komm. zu §104 καὶ γάρ τοι. Die Folgerung ergibt sich nicht aus dem unmittelbar Voraufgehenden, sondern aus dem übergeordneten Gedanken, dass die Vorfahren in ihrem politischen Handeln stets das Wohl des Gemeinwesens, das auf Gleichheit, Gerechtigkeit und der stolzen Identifikation des Einzelnen mit der Polis beruht, im Blick hatten.

τὰ μὲν τῆς πόλεως ἦν εὔπορα καὶ λαμπρὰ δημοσίᾳ, ἰδίᾳ δὲ οὐδεὶς ὑπερεῖχε τῶν πολλῶν: Zu dem hier eingeleiteten Gedanken vgl. auch Dem. 3,25ff. und [Dem.] 13,28ff. Dass wohlhabende Bürger gänzlich auf baulichen Luxus verzichteten, wie es der Kläger darstellt, ist zu relativieren; vgl. Rehdantz/Blass zu 3,26: „Übrigens ist zu berücksichtigen, daß in alter Zeit aller Luxus auf die damals zumeist bewohnten L a n d h ä u s e r verwandt wurde, vgl. Is[okr]. 7,52: μετὰ τοσαύτης ἀσφαλείας διῆγον, ὥστε καλλίους εἶναι καὶ πολυτελεστέρας τὰς οἰκήσεις καὶ τὰς κατασκευὰς τὰς ἐπὶ τῶν ἀγρῶν ἢ τὰς ἐντὸς τείχους." Aber auch innerhalb der Stadt gab es prachtvolle Privatgebäude, wie etwa das Haus des Kallias (vgl. Plat. Prot. 337d6f. und Manuwald 1999, 130).

§207

τεκμήριον δέ: = τοῦτο δὲ τεκμήριόν ἐστι; zum Fehlen des Demonstrativums in dieser und ähnlichen Wendungen (σημεῖον δέ, αἴτιον δέ etc.) vgl. KG I 656,1 und z.B. Dem. 21,35.

τὴν Θεμιστοκλέους μὲν οἰκίαν καὶ τὴν Μιλτιάδου καὶ τῶν τότε λαμπρῶν: Zum Fehlen der nach τεκμήριον δέ u.Ä. eigentlich üblichen Anschlusspartikel γάρ vgl. z.B. 21,35 u. 135.
Beim Bezug eines Attributs auf ein vorausgehendes artikuliertes Substantiv wird der Artikel üblicherweise wiederholt; vgl. KG I 612f. Es ist daher der nur in F überlieferte Artikel vor Μιλτιάδου zu übernehmen. Die beiden letzten Glieder sind zu einer Einheit zusammengefasst wie auch an den Parallelstellen 3,26 und [Dem.] 13,29.

εἴ τις ἄρα ὑμῶν οἶδεν ὁποία ποτ' ἐστίν: In ἄρα drückt sich der Zweifel daran aus, dass der angenommene Fall überhaupt eintritt; vgl. Komm. zu §42 ἂν ἄρα. Zu ποτε vgl. Komm. zu §8 τί ποτ' ἐστί.

τῶν πολλῶν: Verkürzter Ausdruck für τῶν οἰκιῶν τῶν πολλῶν; vgl. §196 τοῖς νῦν στρατηγοῖς mit Komm. zu οὐκ ἴσα τοῖς νῦν στρατηγοῖς ἀγαθὰ εἰργασμένους.

τηλικαῦτα καὶ τοιαῦτα: Zu dieser von Dem. gern verwendeten Verbindung vgl. Komm. zu §73 ταῦτα μὲν δὴ δύο τηλικαῦτα καὶ τοιαῦτα δικαστήρια.

ὥστε μηδενὶ τῶν ἐπιγιγνομένων ὑπερβολὴν λελεῖφθαι: Zu ὑπερβολή im Sinne von ‚Möglichkeit der Überbietung' vgl. Isokr. 4,5 ... ὥστε μηδεμίαν λελεῖφθαι τοῖς ἄλλοις ὑπερβολήν; Dem. 21,119 τοῦτο οὐκ ἔχον ἐστὶ ὑπερβολὴν ἀκαθαρσίας; [Dem.] 25,54.

προπύλαια ταῦτα: Das monumentale Eingangstor zur Akropolis war Teil des perikleischen Bauprogramms, in dem das Selbstbewusstsein Athens nach den Perserkriegen einen sichtbaren Ausdruck fand.
Harpokration s.v. Προπύλαια ταῦτα (π 101) bemerkt, offenbar mit Bezug auf or. 13, die er den Philippischen Reden zurechnet (Δημοσθένης Φιλιππικοῖς), zum Demonstrativum: δύναται μὲν δεικτικῶς λέγεσθαι ἅτε ὁρωμένων τῶν προπυλαίων ἀπὸ τῆς Πυκνός, βέλτιον δὲ ἀναφορικῶς ἀκούειν· ἐπὶ γὰρ τῶν πάνυ γνωρίμων οὕτω λέγειν εἰώθασιν. Auch von der Agora aus waren die Propyläen zu sehen, und da die Heliaia kein geschlossenes Gebäude war (vgl. 18,196 und Thompson/Wycherley 1972, 59), ist auch an unserer Stelle (ebenso wie 22,76; 24,184) die deiktische Auffassung möglich. Zum Fehlen des Artikels vgl. KG I 629 (a).

νεώσοικοι: „Schiffshäuser, heißen die einzelnen Abtheilungen des νεώριον, in denen die einzelnen Schiffe theils gebaut, theils ausgebessert, theils den Winter über trockengelegt und aufbewahrt wurden" (Pape s.v.). Die Schiffshäuser befanden sich in den drei Hafenbecken des Piräus (Kantharos, Zea, Munychia), boten in der zweiten Hälfte des 4. Jhs. Platz für insgesamt 376 Schiffe (vgl. IG II² 1631,252ff.) und waren damit ein manifestes Symbol der athenischen Seemacht.

στοαί: Auch die Stoai, überdachte Hallen mit offener Säulenfront, stellten einen imposanten und repräsentativen Gebäudetypus dar, wovon noch heute die rekonstruierte Stoa des Attalos (die freilich erst im 2. Jh. errichtet wurde) einen Eindruck vermittelt. Zur Zeit des Demosthenes wurde das Bild der Agora von der Königsstoa (στοὰ βασιλεῖος), von der στοὰ ποικίλη und von der Stoa des Zeus Eleutherios geprägt.

§208

τῶν τὰ κοινὰ πραττόντων: Zu dieser Umschreibung für Politiker vgl. 19,99; [Dem.] 26,22; exord. 55,1.

περιουσία: Die vorherrschende Bedeutung ist an dieser Stelle ‚Überfluss' (von περιεῖναι ‚übrig sein'), es schwingt aber auch der Gedanke des eigennützigen Profitstrebens (von περιεῖναι ‚überlegen sein') mit; vgl. dazu 3,26 οὐ γὰρ εἰς περιουσίαν ἐπράττετ' αὐτοῖς τὰ τῆς πόλεως, ἀλλὰ τὸ κοινὸν αὔξειν ἕκαστος ᾤετο δεῖν; 19,79; 21,109.

τινὲς μὲν αὐτῶν ... γῆν δ' ἔνιοι: Zu der durch die chiastische Umstellung der Satzglieder bedingten Position von μέν und δέ vgl. KG II 268,2 und z.B. Xen. an. 3,4,2 ἔπαθε μὲν οὐδέν, πολλὰ δὲ κακὰ ἐνόμιζε ποιῆσαι.

πολλῶν δημοσίων οἰκοδομημάτων: Dilts setzt πολλῶν mit Rosenberg in Tilgungsklammern. Man vermisst dann jedoch den Artikel bei δημοσίων οἰκοδομημάτων, der an den Parallelstellen 3,29 und [Dem.] 13,30, wo πολλῶν jeweils fehlt, steht. Durch die Athetese von πολλῶν ginge zudem der nach π ο λ λ ῶ ν ... οἰκοδομημάτων σεμνοτέρας in πλείων π ά ν τ ω ν ὑμῶν liegende Steigerungseffekt verloren.

δημοσίᾳ δ' ὑμεῖς ἃ μὲν οἰκοδομεῖτε καὶ κονιᾶτε, ὡς μικρὰ καὶ γλίσχρα, αἰσχύνη λέγειν: Die Wortstellung ist auffällig. Mit δημοσίᾳ und ὑμεῖς sind die beiden Begriffe, die ἰδίᾳ und ἑκάστῳ τῶν τὰ κοινὰ πραττόντων entgegengesetzt werden, als plakative ‚Überschrift' proleptisch dem Relativsatz vorangestellt. Dann folgt – gegenläufig zur syntaktischen Hierarchie – jeweils auf den abhängigen Satz der ihm übergeordnete. Dadurch wird die vom Publikum mit Unbehagen erwartete Kritik hinausgezögert, um in allmählichem Crescendo umso vernichtender einzuschlagen. Während im ersten Nebensatz οἰκοδομεῖν noch wertfrei ist, transportiert κονιᾶν schon die Vorstellung oberflächlicher ‚Flickschusterei'. Im ὡς-Satz werden die Makel konkreter benannt, wobei γλίσχρα noch etwas verächtlicher als μικρά wirkt. Abschließend überboten wird dies mit der Aussage, man schäme sich auszusprechen (αἰσχύνη λέγειν), in welch starker Ausprägung (ὡς) sich die genannten Makel zeigten. Wie geschickt der Satz komponiert ist, lässt sich durch den Vergleich mit einer alternativen, ‚gewöhnlicheren' Wortstellung verdeutlichen: αἰσχύνη (ἐστὶν) λέγειν, ὡς μικρὰ καὶ γλίσχρα (ταῦτά ἐστιν), ἃ ὑμεῖς δημοσίᾳ οἰκοδομεῖτε καὶ κονιᾶτε. Spannungsbogen und Steigerungseffekt gehen so vollständig verloren.

Eine fast exakte Parallele zur Wortstellung findet sich 6,3 οἷα ποιεῖ δέ, ὡς δεινά, καὶ τοιαῦτα διεξερχόμεθα.

Ähnlich abfällig äußert sich Dem. 3,29 über die staatliche Bautätigkeit seiner Zeit: καὶ τί ἄν εἰπεῖν τις ἔχοι; τὰς ἐπάλξεις, ἃς κονιῶμεν, καὶ τὰς ὁδούς, ἃς ἐπισκευάζομεν, καὶ κρήνας καὶ λήρους; Dazu Rehdantz/Blass im Kommentar z.St.: „Indem ... D. die verhältnismäßig unwichtigen Dinge mit großer Wichtigkeit hervorhebt, charakterisiert er sie, unerwartet und ohne den Ton zu wechseln, durch καὶ λήρους. ... Denn die Konjunktion καί, die nur Gleichartiges verbinden kann, stellt ohne weiteres alle vorgenannten Objekte auf gleiche Linie mit λήρους."

Für das Verb κονιάω ist unsere Stelle der früheste literarische Beleg.

γλίσχρα: Eigtl. ‚klebrig', aber auch ‚geizig' (von Menschen) und ‚karg', ‚ärmlich' (von Dingen). Das Adjektiv findet sich sonst nicht bei den attischen Rednern (das Adverb noch Dem. 37,38 u. Isokr. 5,142); vgl. aber Plut. Lyc. 17,4 γλίσχρον γὰρ αὐτοῖς ἐστι δεῖπνον, ὅπως δι' αὐτῶν ἀμυνόμενοι τὴν ἔνδειαν ἀναγκάζωνται τολμᾶν καὶ πανουργεῖν.

ἀλλ': ἀλλά korrespondiert mit dem vorausgehenden μέν (ἃ μὲν οἰκοδομεῖτε); vgl. Denn. GP 5f.

Χερρόνησον, Ἀμφίπολιν, δόξαν ἔργων καλῶν: Mit der asyndetischen Reihung wird das am Ende von §207 (ebenfalls zum Lobe der Vorfahren) verwendete Stilmittel wieder aufgegriffen.

Bewusst nennt der Kläger mit der Chersones dasjenige Erbe der Vorfahren, das er durch den Antrag des Aristokrates gefährdet sieht. Er bezieht sich vermutlich nicht auf die erste Besiedlung durch Miltiades den Älteren, sondern auf die Rückgewinnung der Chersones nach den Perserkriegen und ihren Anschluss an den attischen Seebund. Amphipolis wurde 437 von Hagnon gegründet (Thuk. 4,102,3f.).

ἀναλίσκοντες: Das von materiellen Gütern auf den Ruhm übertragene Bild vom ‚Aufzehren' des väterlichen Erbes aus Mangel an eigenen Verdiensten findet sich in ganz ähnlicher Form auch Plat. Menex. 247a6–b7: μάλιστα δ' ἄν νικώμεθα καὶ ὑμεῖς νικῷητε, εἰ παρασκευάσαισθε τῇ τῶν προγόνων δόξῃ μὴ καταχρησόμενοι μηδ' ἀναλώσοντες αὐτήν ... εἶναι μὲν γὰρ τιμὰς γονέων ἐκγόνοις καλὸς θησαυρὸς καὶ μεγαλοπρεπής· χρῆσθαι δὲ καὶ χρημάτων καὶ τιμῶν θησαυρῷ, καὶ μὴ τοῖς ἐκγόνοις παραδιδόναι, αἰσχρὸν καὶ ἄνανδρον, ἀπορίᾳ ἰδίων αὐτοῦ κτημάτων τε καὶ εὐδοξιῶν.

ἀφανίσαι: Vgl. die Mahnung des Nikias Thuk. 7,69,2 ἀξιῶν ... τὰς πατρικὰς ἀρετάς, ὧν ἐπιφανεῖς ἦσαν οἱ πρόγονοι, μὴ ἀφανίζειν.

§209

εἰκότως: Epikritisches εἰκότως (seltener δικαίως) begegnet bei Dem. sehr häufig (vgl. 1,10; 4,24; 18,204.288; 19,52; 20,31; 21,43.63.177 u.ö.), von den anderen Rednern verwendet es nur Lykurg in vergleichbarer Frequenz. Näheres bei Wankel zu 18,204 (S. 944).

τῷ κυρίῳ τῶν φόρων γενομένῳ τάξαι Ἀριστείδῃ: Zur Konstruktion (anstelle von τῷ κυρίῳ γενομένῳ τοὺς φόρους τάξαι) vgl. Komm. zu §69 οὐδ' οὕτω κύριος γίγνεται τοῦ ἁλόντος, ἀλλ' ἐκείνου ... οἱ νόμοι κύριοι κολάσαι.

Aristeides, der als Stratege in der Schlacht bei Marathon (Plut. Arist. 5) und durch andere militärische Erfolge hohes Ansehen bei seinen Mitbürgern gewonnen hatte, wurde 477 mit der Organisation des Delisch-Attischen Seebundes betraut. Für die Staaten, die keine Kriegsschiffe beisteuerten, legte er im Verhältnis zu ihrer jeweiligen wirtschaftlichen Leistungsfähigkeit die Höhe der Tributzahlungen (φόροι) fest (Aischin. 2,23; 3,258; Plut. Arist. 24; Diod. 11,47). Hierbei sowie in seiner sonstigen Lebensführung erwies er sich als Muster an Redlichkeit, was ihm den Beinamen ὁ δίκαιος (‚der Gerechte') eintrug (Plut. Arist. 6,2).

οὐδὲ μιᾷ δραχμῇ πλείω τὰ ὑπάρχοντα ἐγένετο, ἀλλὰ καὶ τελευτήσαντ' αὐτὸν ἔθαψεν ἡ πόλις: Vgl. Plut. Arist. 24,2 πένης μὲν ἐξῆλθεν, ἐπανῆλθε δὲ πενέστερος, οὐ μόνον καθαρῶς καὶ δικαίως, ἀλλὰ καὶ προσφιλῶς πᾶσι καὶ ἁρμονίως τὴν ἀπογραφὴν τῶν χρημάτων ποιησάμενος; Philostr. VA 6,21,5 Ἀριστείδης ἐκεῖνος, ὃν φατε ... πλεύσαντα ἐς τὰς νήσους ὑπὲρ τῶν φόρων ξυμμέτρους τε αὐτοὺς τάξαι καὶ ξὺν τῷ αὐτῷ ἐπανελθεῖν τρίβωνι. Die unvorteilhafte Entwicklung des Privatvermögens während der Amtszeit führt in ganz ähnlichem Zusammenhang auch Isokrates 8,126 als Beweis für die Redlichkeit und Unbestechlichkeit eines Politikers, in diesem Fall des Perikles, an: οὐκ ἐπὶ τὸν ἴδιον χρηματισμὸν ὥρμησεν, ἀλλὰ τὸν μὲν οἶκον ἐλάττω τὸν αὑτοῦ κατέλιπεν ἢ παρὰ τοῦ πατρὸς παρέλαβεν, εἰς δὲ τὴν ἀκρόπολιν ἀνήγαγεν ὀκτακισχίλια τάλαντα χωρὶς τῶν ἱερῶν. Den negativen Kontrast dazu bilden, wie an unserer Stelle, die ἐκ πενήτων πλούσιοι γεγενημένοι (Isokr. 8,124). Vgl. auch die in der Formulierung auffallend ähnliche Aussage über Aemilius Paulus Plut. Aem. 4,4 ἀπολιπὼν τὴν ἐπαρχίαν εἰς Ῥώμην ἐπανῆλθεν, οὐδὲ δραχμῇ μιᾷ γεγονὼς εὐπορώτερος ἀπὸ τῆς στρατείας.

Im zweiten Teil des Satzes suggeriert der Kläger, dass Aristeides nicht genug Geld hinterließ, um seine eigene Bestattung zu finanzieren. Explizit sagt dies Plutarch, Arist. 27,1 (τάφος ἐστὶν αὐτοῦ Φαληροῖ δεικνύμενος ὅν φασι κατασκευάσαι τὴν πόλιν αὐτῷ μηδ' ἐντάφια καταλιπόντι), und fügt hinzu, dass die Stadt auch für die Versorgung seiner Kinder aufkam (vgl. auch Aischin. 3,258). Da Aristeides einer aristokratischen Familie entstammte, ist diese extreme Form von ‚Altersarmut' allerdings wenig glaubhaft (Davies, APF 50–52). Eher ist es wohl so, dass Aristeides aufgrund seiner außerordentlichen Verdienste mit einem Staatsbegräbnis und eventuell mit Privilegien für seine Nachkommen geehrt wurde, woraus sich dann die Legende entwickelte, er sei mittellos gestorben. Zur Zweifelhaftigkeit der Angabe Plutarchs, das Grab des Aristeides habe sich in Phaleron befunden, vgl. Engels 1998, 112 mit Verweis auf Humphreys 1980, 110.

In der römischen Frühgeschichte ist Publius Valerius Publicola zu vergleichen, dem ebenfalls nachgesagt wird, ein so bescheidenes Leben geführt zu haben, dass am Ende das Geld für die eigene Beerdigung fehlte; vgl. Liv. 2,16,7 *P. Valerius omnium consensu princeps belli pacisque artibus ... moritur, gloria ingenti, copiis familiaribus adeo exiguis, ut funeri sumptus deesset; de publico est datus*; Dion. Hal. ant. 5,48,3. Dagegen stellt Plut. Publ. 23,4 das Staatsbegräbnis für Publicola als eine Ehrbezeugung dar: ὁ δὲ δῆμος ὥσπερ οὐδὲν εἰς ζῶντα τῶν ἀξίων πεποιηκώς, ἀλλὰ πᾶσαν ὀφείλων χάριν, ἐψηφίσατο δημοσίᾳ ταφῆναι τὸ σῶμα.

ὑμῖν: Von den aktuellen Zuhörern wird kaum jemand die damaligen Zeiten erlebt haben; das Pronomen bezeichnet die athenischen Bürger im Allgemeinen. Weber zitiert treffend Wolfs Bemerkung zu Dem. 20,12: „Haec est consuetudo Oratorum solennis, populum tamquam perennem aut perpetuam personam alloqui, eique ut ab ipso facta tribuere, quaecumque prioribus temporibus acta essent. τὸ ὑμεῖς ὅταν εἴπω, τὴν πόλιν λέγω [vgl. Ps.-Herodian, De fig. 32, p. 95,20f. Sp.], alicubi dicit noster."

χρήματα ὑπῆρχε κοινῇ πλεῖστα τῶν πάντων Ἑλλήνων: Der Reichtum Athens gründete sich zu großen Teilen auf die Einkünfte aus dem Seebund. Diese betrugen anfangs 460 Talente (Thuk. 1,96,2); Thukydides lässt Perikles für die Zeit vor dem Peloponnesischen Krieg sogar von 600 Talenten sprechen, dazu von angesparten 6000 Talenten geprägten Silbers auf der Akropolis und weiteren Vermögenswerten (Thuk. 2,13,3f.). Genaueren Aufschluss über die Einnahmen geben die Tributlisten (IG I^3 259–290), in denen der von jedem Bundesmitglied für die Göttin Athena zu entrichtende sechzigste Teil des jeweiligen Beitrags verzeichnet ist.

Mit τῶν πάντων Ἑλλήνων ('die gesamte griechische Welt') wird die Vorstellung der Gesamtheit stärker hervorgehoben als durch πάντων τῶν Ἑλλήνων ('alle Griechen'); vgl. KG I 632f., Dem. 14,13 und 15,13 mit Radicke 1995 z.St. (S. 103).

ὁπόσου χρόνου ψηφίσαισθ' ἐξιέναι, τοσούτου μισθὸν ἔχοντες ἐξῆτε: Zu τοσούτου (sc. χρόνου) μισθός ('Sold für so lange Zeit') vgl. Xen. hell. 5,3,25 φυλακὴν καὶ μισθὸν τοῖς φρουροῖς ἓξ μηνῶν κατέλιπε; an. 1,1,10; 1,2,11.12; Thuk. 6,8,1; Isokr. 4,142.153. Der Genitiv ὁπόσου χρόνου erklärt sich als Attraktion eines ursprünglichen Akkusativs an τοσούτου, wobei das übergeordnete Substantiv in den Relativsatz verschoben wird (< μισθὸς τοσούτου χρόνου, ὁπόσον ψηφίσαισθ' ἐξιέναι); vgl KG II 407,2.

Die Formulierung ist nicht ganz präzise, da der Volksbeschluss die Ausstattung des Heeres (Anzahl der Schiffe, Soldaten, Reiter etc.) betraf, nicht aber die – im Voraus nicht absehbare – Dauer der Unternehmung. Darauf hatte die Bevölkerung nur insofern Einfluss, als sie das Heer durch einen entsprechenden Beschluss abberufen konnte. Gemeint ist also: ‚Wie lange auch immer eine durch euren Beschluss getragene militärische Operation dauerte, ...'.

οἱ μὲν τὰ κοινὰ διοικοῦντες ἐκ πτωχῶν εὔποροι: Während an anderen Stellen die Antithese des Typs ἐκ πτωχῶν εὔποροι als „klischeehafter Bestandteil der Invektive" Emporkömmlinge im Allgemeinen bezeichnet (vgl. Wankel zu 18,131 [S. 713]), ist hier eindeutig der Vorwurf der (unrechtmäßigen) Bereicherung ausgesprochen; zur Formulierung vgl. neben Dem. 3,29; 8,66 (= 10,68); 24,124 auch Lys. 1,4; 25,26.30; 27,9; 28,1; Isokr. 8,124 sowie, auf die Verhältnisse der römischen Kaiserzeit übertragen, Tac. Ann. 1,74,2.

τροφὴν: Mit τροφή wählt Dem. ein Substantiv, das auch die Versorgung von Soldaten bezeichnet (vgl. 1,22; 4,19.20.22.23.28; 8,47 [= 10,22]). Durch die Assoziation mit der militärischen Ebene wird der Kontrast zwischen ἄφθονος τροφή und οὐδὲ μιᾶς ἡμέρας ἐφόδια geschärft.

οὐδὲ μιᾶς ἡμέρας ἐφόδι' ἐστὶν: Zum Genitiv vgl. oben, Komm. zu ὁπόσου χρόνου ψηφίσαισθ' ἐξιέναι, τοσούτου μισθὸν ἔχοντες ἐξῆτε.

ἐφόδια sind die gesamten Unterhaltskosten eines Heeres während des Krieges.

ἅμα δεῖ τι ποιεῖν, καὶ πόθεν οὐκ ἔχετε: Zu ἅμα ... καί ('sobald') vgl. KG II 231 und Dem. 4,36 ἅμ' ἀκηκόαμέν τι ... καὶ περὶ χρημάτων πόρου σκοποῦμεν. Zu πόθεν ('aus welchen Mitteln') vgl. 8,22 ... οὔθ' ὅσ' ἂν αὐτὸς αὑτῷ πορίσηται ἐπαινοῦμεν, ἀλλὰ βασκαίνομεν καὶ σκοποῦμεν πόθεν.
Die Finanzfrage wird wenige Jahre später sehr akut, als die Olynthier Athen um militärische Hilfe gegen Philipp bitten. Dem. unterbreitet in den *Olynthischen Reden* den unerhörten Vorschlag, die Schaugelder (Theorika), die seine Mitbürger liebgewonnen hatten, in die Kriegskasse zu überführen; vgl. bes. 1,19–20; 3,10–13.

τότε μὲν γὰρ ὁ δῆμος ἦν δεσπότης τῶν πολιτευομένων, νῦν δ' ὑπηρέτης: Der Gedanke wird 3,30ff. breiter ausgeführt: Früher nahm jeder einzelne Bürger mutig und tatkräftig am politischen Leben teil, nun hat das Volk aus Trägheit den Politikern das Ruder überlassen und erfreut sich dankbar an jeder noch so geringfügigen Vergünstigung, die die Herrschenden ihm zugestehen. Das in der Vergangenheit realisierte Ideal des herrschenden Volkes und der dienenden Politiker beschwört auch Isokrates 7,26: ἐκεῖνοι (sc. die Vorfahren) διεγνωκότες ἦσαν, ὅτι δεῖ τὸν μὲν δῆμον ὥσπερ τύραννον καθιστάναι τὰς ἀρχὰς καὶ κολάζειν τοὺς ἐξαμαρτάνοντας καὶ κρίνειν περὶ τῶν ἀμφισβητουμένων, τοὺς δὲ σχολὴν ἄγειν δυναμένους καὶ βίον ἱκανὸν κεκτημένους ἐπιμελεῖσθαι τῶν κοινῶν ὥσπερ οἰκέτας. Auch in den *Rittern* des Aristophanes wird dem Volk die Rolle des Herrn, den Strategen/Politikern die seiner Diener zugewiesen.

§210

εἶθ' οὗτοι κληρονομοῦσι τῆς ὑμετέρας δόξης καὶ τῶν ἀγαθῶν: Zu der auf immaterielle Güter übertragenen Vorstellung des Erbens (κληρονομεῖν) vgl. [Isokr.] 1,2 πρέπει γὰρ τοὺς παῖδας ὥσπερ τῆς οὐσίας οὕτω καὶ τῆς φιλίας τῆς πατρικῆς κληρονομεῖν; Dem. 19,320 ταύτης γὰρ οὐκέτ' ἐγὼ τῆς αἰσχύνης κληρονομῶ; 24,201; [Dem.] 13,19; 25,100.

ὑμεῖς δ' οὐδ' ὁτιοῦν ἀπολαύετε: ἀπολαύειν wird regulär mit dem Genitiv konstruiert, ὁτιοῦν ist also innerer Akkusativ; vgl. LSJ s.v. ἀπολαύω I.2 und z.B. Aristoph. Nub. 1231 τί γὰρ ἄλλ' ἂν ἀπολαύσαιμι τοῦ μαθήματος;. Zu οὐδ' ὁτιοῦν vgl. Komm. zu §68 πλέον οὐδ' ὁτιοῦν ἕξει.

τῶν ἑτέρων ἀγαθῶν: ἑτέρων ist als possessiver Genitiv abhängig von ἀγαθῶν; vgl. zur Stellung des Pronomens 18,45 διὰ τῶν ἑτέρων κινδύνων mit Wankel z.St. (S. 323f.); 20,95 τοῦ τούτου νόμου sowie KG I 337 Anm. 4, 628 Anm. 4 u. Schwyzer II 135.

οὐδενὸς ἄλλου μετέχοντες ἢ τοῦ ἐξαπατᾶσθαι: Mit der bitteren, bis zum letzten Wort verzögerten Pointe, dass das einzige, in dessen Besitz man gelangt, etwas Unerfreuliches ist, vergleicht Weil Soph. Phil. 282–284 πάντα δὲ σκοπῶν / ηὕρισκον οὐδὲν πλὴν ἀνιᾶσθαι παρόν, / τούτου δὲ πολλὴν εὐμάρειαν und Hor. Sat. 2,5,68f. *invenietque / nil sibi legatum praeter plorare suisque.*

πηλίκον τί ποτ' ἂν στενάξαιεν οἱ ἄνδρες ἐκεῖνοι: πηλίκον τί ist innerer Akkusativ zu στενάξαιεν; zur Verbindung von Fragepronomen und Indefinitum vgl. Komm. zu §168 πηλίκην τινὰ χρὴ νομίζειν ... ταύτην τὴν ἀλογίαν. Zu ποτε in der Frage vgl. Komm. zu §8 τί ποτ' ἐστὶ.

Das der gehobenen Sprache der Dichtung zugehörige στενάζειν findet sich bei den attischen Rednern sonst nur noch zweimal, jeweils in ganz ähnlichem Kontext und im emotionalen Schlussteil der Rede: Dem. 27,69 μέγα δ' ἂν οἶμαι στενάξαι τὸν πατέρ' ἡμῶν, εἰ αἴσθοιτο ... und Aischin. 3,259, wo – möglicherweise in bewusster Anspielung auf unsere Stelle – das Urteil der Vorfahren g e g e n Demosthenes ins Feld geführt wird: Θεμιστοκλέα δὲ καὶ τοὺς ἐν Μαραθῶνι τελευτήσαντας καὶ τοὺς ἐν Πλαταιαῖς καὶ αὐτοὺς τοὺς τάφους τοὺς τῶν προγόνων οὐκ οἴεσθε στενάξειν, εἰ ὁ μετὰ τῶν βαρβάρων ὁμολογῶν τοῖς Ἕλλησιν ἀντιπράττειν στεφανωθήσεται;

Die mutmaßlichen Meinungen und Gefühle Verstorbener angesichts gegenwärtiger Verhältnisse werden schon Il. 7,124f. von Nestor als ‚Orientierungshilfe' bzw. als ein an die Pietät appellierendes Überzeugungsmittel eingesetzt (ὢ πόποι, ἦ μέγα πένθος Ἀχαιΐδα γαῖαν ἱκάνει. / ἦ κε μέγ' οἰμώξειε γέρων ἱππηλάτα Πηλεύς ...; mit unserer Stelle in Parallele gesetzt bei Ps.-Lukian. Dem. Enc. 5). Bei den Rednern vgl. neben den oben zitierten Stellen noch Dem. 19,66; 20,87; Isokr. 9,2; 14,60f.; 19,42; Lykurg. 136; Lys. 12,99f.

Zu dem von Dem. relativ sparsam verwendeten Stilmittel der Prosopopoiie vgl. Blass, AB 177ff.

πολλῶν καὶ καλῶν ἔργων ὑπομνήματα καταλιπόντες: Ob bei ὑπομνήματα an ‚Erinnerungen' (so z.B. Isokr. 4,73) oder an sichtbare Monumente wie die in §207 genannten zu denken ist (so z.B. Dem. 18,68; [Dem.] 59,94; Isokr. 4,156; Aischin. 3,186), ist nicht sicher zu entscheiden. Vgl. auch Wankel zu 18,68 (S. 405).

εἰ ἄρα αἴσθοινθ': In Ermangelung eines sicheren Wissens darüber, mit welchen Sinnesorganen die Toten, wenn überhaupt, die Welt der Lebenden wahrnehmen, wird in diesem Zusammenhang meist das allgemeine αἰσθάνεσθαι (bzw. αἴσθησις) verwendet; vgl. Dem. 19,66; 20,87; 27,69; Isokr. 9,2; 14,61; 19,42; Lykurg. 136.

Zu εἰ ἄρα vgl. Komm. zu §207 εἴ τις ἄρα ὑμῶν οἶδεν ὁποία ποτ' ἐστίν.

ἡ πόλις εἰς ὑπηρέτου σχῆμα καὶ τάξιν προελήλυθεν: Zu τάξις (‚Rang', ‚Position') mit dem Genitiv vgl. 18,258 οἰκέτου τάξιν, οὐκ ἐλευθέρου παιδὸς ἔχων u. [Dem.] 25,4.

Χαρίδημον; οἴμοι: Mit diesen beiden Worten, dem fragend intonierten Namen des Charidemos und dem als ‚Antwort' folgenden, den Zuhörern vornehmlich aus der tragischen Dichtung vertrauten Ausruf der Wehklage (vgl. Blass, AB 176: „mehr mit patriotischem Schmerze als mit rednerischem Staunen"), findet der von starker Leidenschaft geprägte Passus seinen würdigen Abschluss. Zu einem ähnlichen, mit Epanadiplosis des Namens kombinierten Ausruf vgl. 22,78 (= 24,186) ἀλλ' Ἀνδροτίων ὑμῖν πομπείων ἐπισκευαστής, Ἀνδροτίων, ὦ γῆ καὶ θεοί. Dort geht ebenfalls ein mit der Gegenwart kontrastierendes Lob der Vergangenheit voraus, nicht aber die Vorstellung des ‚Aufseufzens' der damaligen Athener, die unserer Stelle eine besondere Raffinesse verleiht: Der Ausruf steht zugleich stellvertretend für die mutmaßliche Reaktion der Vorfahren, der Kläger spricht also mit der Stimme des ‚idealen Polisbürgers' der Vergangenheit – was dem Pathos noch das Gewicht einer geliehenen Autorität hinzufügt.

§§211–214: Vergleich mit anderen Poleis

An den für seine Mitbürger ungünstigen Vergleich mit den Vorfahren schließt der Kläger den Vergleich mit anderen Poleis an, der ebenso ungünstig ausfällt und am Ende zum konkreten Fall zurückführt: Nicht einmal die Oreiten hätten Charidemos, obwohl seine Mutter aus Oreos stamme, das Bürgerrecht zuerkannt – das einstmals stolze Athen aber überhäufe ihn, obwohl er nichts für die Stadt geleistet habe, absurderweise mit Ehrungen.

§211

οὐ τοῦτ' ἐστὶ τὸ δεινόν, εἰ ..., ἀλλ' ὅτι: Zu δεινόν vgl. Komm. zu §25 δεινὸν; zum urbaneren εἰ statt ὅτι vgl. KG II 369,8. Zum Wechsel der Konjunktionen vgl. 24,32 οὐ μόνον κατὰ τοῦτ' ἀδικεῖ, εἰ ..., ἀλλὰ καὶ κατ' ἐκεῖνο, ὅτι ... Hier wie dort steht das bestimmtere ὅτι in dem Satzglied, auf dem die Betonung liegt.

ἀρετῇ: Dem. verwendet diesen Begriff relativ selten (nur etwa 30 Belege in den echten Reden); häufig ist er, wie hier, auf die Vorfahren bezogen; vgl. Wankel zu 18,68 (S. 405) sowie 3,36; 14,1; 15,35; 18,204; 19,312.

πῶς γὰρ οὐκ αἰσχρόν: Zur affirmativen Bedeutung von πῶς οὐ vgl. Komm. zu §42 καίτοι πῶς οὐχὶ.

Zur hier angewandten Methode, den Athenern durch den Vergleich mit dem klügeren Handeln eigentlich als unterlegen empfundener Völker ihr eigenes Fehlverhalten bewusst zu machen und sie durch die so hervorgerufene Scham zu einer Umkehr zu bewegen, vgl. §§107–109 mit Komm. zu §109 ὑμεῖς δὲ ὄντες Ἀθηναῖοι.

Αἰγινήτας μὲν τουτουσί: „indicat pronomen homines notissimos, non sine contemtu (sic!), quem vultu et voce expresserit orator" (Weber). Vgl. 9,12 τοῖς ταλαιπώροις Ὠρείταις τουτουσί; 19,75 τοὺς καταράτους Εὐβοέας τουτουσί und in unserer Rede §117 τοῦτον τὸν Θρᾷκα mit Komm. z.St.

Die Insel Aigina wurde um 459/57 zum Eintritt in den Attischen Seebund gezwungen und mit hohen Abgaben belegt (vgl. Thuk. 1,108,4 mit Hornblower z.St. [I 173]); die Loyalität zu Athen war brüchig (vgl. Thuk. 1,67,2). In den ersten Jahren des Peloponnesischen Krieges wurden die Aigineten vertrieben und durch athenische Kolonisten ersetzt (Thuk. 2,27,1; Plut. Per. 34,2). Darauf ist wahrscheinlich der dem Perikles zugeschriebene Ausspruch zu beziehen, Aigina müsse als die zähe Flüssigkeit im Auge des Piräus entfernt werden (καὶ Περικλῆς τὴν Αἴγιναν ἀφελεῖν ἐκέλευσε, τὴν λήμην τοῦ Πειραιέως, Aristot. rhet. 3,10. 1411a15f.; vgl. auch Plut. Perikl. 8,7 mit Stadter 1989 z.St.).

Λάμπιν: Der Reeder Lampis war für seinen Reichtum, den er sich mühsam aus eigener Kraft erworben hatte, bekannt; vgl. Plut. an sen. resp. ger. 787A ὡς δὲ Λάμπις ὁ ναύκληρος ἐρωτηθεὶς πῶς ἐκτήσατο τὸν πλοῦτον "οὐ χαλεπῶς" ἔφη "τὸν μέγαν, τὸν δὲ βραχὺν ἐπιπόνως καὶ βραδέως" und apopht. Lak. 234EF πρὸς δὲ τὸν μακαρίζοντα Λάμπιν τὸν Αἰγινήτην, διότι ἐδόκει πλουσιώτατος εἶναι ναυκλήρια πολλὰ ἔχων, Λάκων εἶπεν "οὐ προσέχω εὐδαιμονίᾳ ἐκ σχοινίων ἀπηρτημένῃ".

Der hier erwähnte Lampis ist wohl nicht identisch mit dem gleichnamigen Schiffsbesitzer, der in der Rede *Gegen Phormion* eine zentrale Rolle spielt, da jener seinen Wohnsitz in Athen hatte ([Dem.] 34,37), in Aigina also nicht steuerpflichtig sein konnte (vgl. Westermann u. Weil).

κατεσκεύακε τὴν πόλιν αὐτοῖς καὶ τὸ ἐμπόριον: Gewöhnlich steht bei κατασκευάζειν, wenn es sich im Sinne von ‚ausstatten‘ mit einem affizierten Objekt verbindet, ein instrumentaler Dativ oder ein Prädikativum. Zum absoluten Gebrauch vgl. Xen. an. 1,9,19 εἰ δέ τινα ὁρῴη δεινὸν ὄντα οἰκονόμον ἐκ τοῦ δικαίου καὶ κατασκευάζοντά τε ἧς ἄρχοι χώρας καὶ προσόδους ποιοῦντα ..., wo κατασκευάζειν ‚bebauen‘, ‚kultivieren‘ heißt; ähnlich Xen. oik. 4,15.16. Für unseren Zusammenhang ergibt sich die Bedeutung ‚gut ausstatten‘, ‚ausbauen‘. Nicht vergleichbar ist 20,33, weil das Objekt dort ein effiziertes ist: προσκατασκευάσας ἐμπόριον Θευδοσίαν.

μηδέπω καὶ τήμερον: Die Steigerungsformel ist typisch demosthenisch (vgl. 18,190; 21,81.91.157; 30,33; 31,13; 37,46; 45,76), bei anderen Rednern findet sie sich nur vereinzelt (Isaios 11,19; Aischin. 2,139; [Dem.] 33,18); vgl. Wankel zu 18,190 (S. 902).

μόλις: ‚mit Mühe und Not‘; hier nicht auf äußere Widerstände bezogen (‚unter großen Schwierigkeiten‘, wie etwa [Dem.] 34,22.26.40 etc.), sondern auf das innere Widerstreben (‚mit großer Überwindung‘) wie 24,196 τὰ τούτων πολλοστῷ χρόνῳ μόλις ἄκοντας ... κατατιθέναι.

τῆς ἀτελείας ... τῆς τοῦ μετοικίου: Die Metöken waren steuerpflichtig. In Athen betrug die Abgabe pro Jahr zwölf Drachmen für einen Mann und sechs Drachmen für eine Frau; vgl. Harpokration s.v. μετοίκιον (μ 27) und Hansen 1995, 119 u. 121. Die Befreiung von der Steuer (ἀτέλεια) wurde verdienten Personen als öffentliche Ehrung zuteil.

§212

Μεγαρέας τουτουσὶ τοὺς καταράτους: Zum Pronomen vgl. Komm. zu §211 Αἰγινήτας μὲν τουτουσί; zu κατάρατος vgl. Komm. zu §201 τῶν καταράτων καὶ θεοῖς ἐχθρῶν ῥητόρων.

Megara, auf der Landbrücke zwischen Attika und der Peloponnes gelegen, gehörte die meiste Zeit dem Peloponnesischen Bund an. Wiederholt kam es zu Zwistigkeiten mit Athen, u.a. provozierten die Megarer mit der Bebauung heiligen Landes und der Aufnahme entlaufener Sklaven den durch das ‚megarische Psephisma' verhängten Ausschluss vom Handel mit Athen (vgl. Thuk. 1,67,4; 1,139,1f.; Plut. Per. 29,4–31,1 mit Stadter 1989 zu 30,2–3 [S. 274ff.]; Aristoph. Ach. 533f.).

οὕτως εὖ τὰ παρ' αὐτοῖς σεμνύνειν: Das Verb bezeichnet eine sehr starke Verehrung; vgl. 19,238 πολλοὺς γὰρ ὑμῶν μᾶλλον ἀξίους τιμᾶσθαι παρέντες ἡμεῖς ὑμᾶς ἐσεμνύνομεν.

τὰ παρ' αὐτοῖς umfasst alles, was das Leben in der Heimatstadt ausmacht: Verfassung, Gesetze, Bräuche, Sitten usw.

Ἕρμωνα τὸν κυβερνήτην, τὸν μετὰ Λυσάνδρου λαβόντα τριήρεις διακοσίας: Hermon wird Xen. hell. 1,6,32 als Steuermann des Spartaners Kallikratidas in der Seeschlacht bei den Arginusen (406) erwähnt, dort allerdings als Megarer (Ἕρμων Μεγαρεὺς ὁ τῷ Καλλικρατίδᾳ κυβερνῶν; vgl. auch Paus. 10,9,8), woraus man folgern darf, dass er das Bürgerrecht schließlich doch noch erhielt. Woher er ursprünglich stammte, lässt sich nicht ermitteln (vgl. Schröder 1990, 166f.). Ein Standbild Hermons war Teil des berühmten Nauarchendenkmals, das die Spartaner zur Feier ihres Sieges bei Aigospotamoi in Delphi errichten ließen (Paus. 10,9,7).

Nach Xen. hell. 2,1,20 und Diod. 13,105,1 fuhren die Athener mit 180 Schiffen aus, von denen neun (Xen. hell. 2,1,29) oder zehn (Diod. 13,106,6) den Spartanern entkamen. Der Kläger hat also großzügig aufgerundet, um Hermons Verdienst noch größer erscheinen zu lassen.

ὅτ' ἐν Αἰγὸς ποταμοῖς ἠτυχήσαμεν ἡμεῖς: Mit dem Verlust des größten Teils der Flotte in der Seeschlacht bei Aigospotamoi (405) war die Niederlage der Athener im Peloponnesischen Krieg besiegelt; 404 folgte die Kapitulation. Zur euphemistischen Umschreibung einer militärischen Niederlage mit ἀτυχεῖν vgl. 10,47; 18,212; 20,53 (das Substantiv 15,3; 22,15; 23,200).

πεμψάντων Λακεδαιμονίων καὶ κελευόντων ποιήσασθαι πολίτην: Zu einer solchen Forderung sah sich Sparta als Führungsmacht des Peloponnesischen Bundes gegenüber seinen Alliierten berechtigt.

ὅταν αὐτοὺς ἴδωσι Σπαρτιάτην αὐτὸν πεποιημένους, τότε καὶ αὐτοὶ Μεγαρέα ποιήσονται: Die Megarer waren offenbar dafür bekannt,

Fremden nur äußerst selten das Bürgerrecht zu verleihen, wie aus der Plut. de unius 326CD erzählten Anekdote hervorgeht: ὡς φαμεν Ἀλεξάνδρῳ πολιτείαν Μεγαρεῖς ψηφίσασθαι· τοῦ δ' εἰς γέλωτα θεμένου τὴν σπουδὴν αὐτῶν, εἰπεῖν ἐκείνους ὅτι μόνῳ πρότερον τὴν πολιτείαν Ἡρακλεῖ καὶ μετ' ἐκεῖνον αὐτῷ ψηφίσαιντο· τὸν δὲ θαυμάσαντα δέξασθαι τὸ τίμιον ἐν τῷ σπανίῳ τιθέμενον. Die Pointe der Antwort an die Spartaner dürfte darin liegen, dass jene mit dieser Form der Ehrung sogar noch sparsamer verfuhren als die Megarer. So schreibt Herodot 9,35,1, dem Seher Teisamenos von Elis und seinem Bruder sei als einzigen Fremden das spartanische Bürgerrecht zuteil geworden; vgl. Walter 1993, 173 Anm. 142. Herodots Angabe dürfte freilich etwas übertrieben sein. Dass man in früheren Zeiten (ἐπὶ τῶν προτέρων βασιλέων) durchaus Einbürgerungen vorgenommen hatte, um einem Rückgang der Bevölkerungszahl entgegenzuwirken, berichtet Aristot. pcl. 2,9. 1270a34–37.

§213

Ὠρείτας ἐκείνους: Oreos ist der in den attischen Quellen verwendete Name für die im Norden von Euboia gelegene Stadt Hestiaia. Nach der Niederschlagung des euboiischen Aufstands 446 v.Chr. siedelte Athen dort Kolonisten an, die sich nach dem Ende des Peloponnesischen Krieges wieder zurückzogen.

μέρος τέταρτον Εὐβοίας οἰκοῦντας: „nicht an Flächeninhalt, sondern der politischen Einteilung nach" (Westermann). Histiaia/Oreos war einer von vier Verwaltungsbezirken Euboias neben Chalkis, Eretria und Karystos. Zu μέρος τέταρτον im Sinne von ‚einer von vier Teilen' vgl. Pind. Pyth. 12,11 Περσεὺς ὁπότε τρίτον ἄυσεν κασιγνητᾶν μέρος (‚eine der drei Schwestern').

πατὴρ δ' οὐκ ἐρῶ τίς ἢ πόθεν (οὐδὲν γὰρ δεῖ πλείω τῶν ἀναγκαίων αὐτὸν ἐξετάζεσθαι): „Die gefährlichste Art der Hyposiopesis, wobei der Redner, indem er scheinbar den Bescheidenen und Ehrbaren spielt, doch durch gehässige Andeutungen, so viel oder so wenig auch immer dahinter ist, den Zuhörer berechtigt das allerschlimmste zu denken. Vgl. 45,3 καὶ ἔτι πρὸς τούτοις τὴν μητέρα γήμαντος τὴν ἐμὴν ἀποδημοῦντος ἐμοῦ δημοσίᾳ, τριηραρχοῦντος ὑμῖν – ὃν δὲ τρόπον, οὐκ ἴσως καλὸν υἱεῖ περὶ μητρὸς ἀκριβῶς εἰπεῖν u.s.w." (Westermann). Vgl. auch Tiberius, de fig. Dem. 10

(p. 63,3f. Sp.), der zu unserer Stelle bemerkt: οὐδὲν ... ἂν εἶπε τοιοῦτον, οἷον τῇ ὑπονοίᾳ παρέδωκεν.

Mit der Parenthese legt der Kläger eine weitere Gehässigkeit nach: Charidemos sei es gar nicht wert, dass man sich über Gebühr mit ihm und seiner Familie beschäftige. Streng logisch betrachtet schwächt er damit die Wirkung des Innuendos, da er den Grund für sein Schweigen nicht vollständig der Phantasie des Publikums überlässt. Beim einmaligen Hören wird man die Bemerkung aber eher als eine zweite Beleidigung denn als eine Milderung der ersten wahrgenommen haben. Zur Diskreditierung der Eltern als Topos der Invektive vgl. Komm. zu §148 αἱ ἀναγκαῖαι χρεῖαι.

Zum doppelten Akkusativ bei ἐξετάζειν vgl. KG I 324,7 sowie Plat. Gorg. 515b1 ἐάν τίς σε ταῦτα ἐξετάζῃ u. Xen. Kyr. 6,2,35 τὰ ... εἰς τροφὴν δέοντα οἱ ἡγεμόνες τῶν ὁπλοφόρων ἐξετάζετε τοὺς ὑφ' ὑμῖν αὐτοῖς.

τὸ ἥμισυ τοῦ γένους αὐτοῦ συμβαλλομένου τοῦ ἡμίσεος ... οὐκ ἠξιώκασιν: Der Gedanke ist folgender: Charidemos bringt mütterlicherseits die Voraussetzungen für das Bürgerrecht mit, seine Heimatstadt müsste ihm also nur noch ‚die andere Hälfte' dazugeben – und versagt ihm sogar dies. Vor dieser Kontrastfolie springt die Torheit der Athener ins Auge, die Charidemos das Doppelte von dem geschenkt haben, was die Oreiter ihm verweigern (vgl. §214 ὑμεῖς δ' ... πάσης τῆς πόλεως μεταδόντες αὐτῷ).

In Athen wurde 451 durch ein von Perikles eingebrachtes Gesetz die Vollbürgerschaft b e i d e r Elternteile zur Bedingung für das Bürgerrecht der Kinder; zuvor genügte es, wenn der Vater athenischer Bürger war (vgl. Hansen 1995, 52f.). Die von Westermann aus unserer Stelle gezogene Folgerung, dass in Oreos Gleiches galt, ist (auch in Kombination mit Aristot. pol. 3,2. 1275b22f.) nicht zwingend. Ebensogut könnte dort, wie in Athen vor 451, für die Zugehörigkeit zur Bürgerschaft allein der Status des Vaters ausschlaggebend gewesen sein und der Kläger allein um der ‚mathematischen' Pointe willen die heimische Rechtslage auf Oreos übertragen haben.

Die in §211 begonnene und mit Ὠρείτας ἐκείνους fortgesetzte Infinitivkonstruktion mündet anakoluthisch im finiten Verb ἠξιώκασιν.

εἰς τοὺς νόθους ἐκεῖ συντελεῖ, καθάπερ ποτ' ἐνθάδε εἰς Κυνόσαργες οἱ νόθοι: Unter den Begriff νόθοι fallen sowohl Kinder aus illegitimen Verbindungen als auch solche, die aus einer Ehe zwischen athenischen Bürgern und Fremden hervorgehen. Letztere Bedeutung liegt hier vor; dass auch an erstere unweigerlich mitgedacht wird, ist für den Kläger ein willkommener Nebeneffekt.

συντελεῖν bezeichnet eine (gemeinsame) Abgabe, mit εἰς wird ihr Zweck (z.B. συντελοῦσιν εἰς τὸν πόλεμον, Dem. 20,28) oder, wie hier, die Gemeinschaft, als deren Mitglied jemand seinen Beitrag leistet, angegeben (z.B. Isokr. 12,212 εἰς ἄνδρας συντελῶσιν; vgl. auch LSJ s.v. τελέω II.3). εἰς τοὺς νόθους συντελεῖν lässt sich daher auch mit ‚zur Gruppe der Nothoi zählen' wiedergeben.

Gewisse Schwierigkeiten bereitet der folgende Vergleichssatz. Als Prädikat ist aus dem Voraufgehenden συνετέλουν zu ergänzen. Der Ausdruck εἰς Κυνόσαργες συντελεῖν ist noch zweimal bei Plutarch belegt: Amat. 750F εἰ δ' οὖν καὶ τοῦτο τὸ πάθος δεῖ καλεῖν ἔρωτα, θῆλυν καὶ νόθον ὥσπερ εἰς Κυνόσαργες συντελοῦντα τὴν γυναικωνῖτιν und Them. 1,3 διότι (sc. weil Themistokles' Mutter keine Athenerin war, er also auch zu den Nothoi zählte) καὶ τῶν νόθων εἰς Κυνόσαργες συντελούντων – τοῦτο δ' ἐστὶν ἔξω πυλῶν γυμνάσιον Ἡρακλέους, ἐπεὶ κἀκεῖνος οὐκ ἦν γνήσιος ἐν θεοῖς, ἀλλ' ἐνείχετο νοθείᾳ διὰ τὴν μητέρα θνητὴν οὖσαν –, ἔπειθέ τινας ὁ Θεμιστοκλῆς τῶν εὖ γεγονότων νεανίσκων καταβαίνοντας εἰς τὸ Κυνόσαργες ἀλείφεσθαι μετ' αὐτοῦ, καὶ τούτου γενομένου δοκεῖ πανούργως τὸν τῶν νόθων καὶ γνησίων διορισμὸν ἀνελεῖν. Sicher zu entnehmen ist diesen Stellen nur die enge Verbindung der Nothoi mit dem Kynosarges-Gymnasion. Auf welche konkrete Praxis die Umschreibung dieser Zugehörigkeit mit συντελεῖν zurückgeht, ob etwa Gebühren für den Eintritt bzw. die Unterweisung durch einen Trainer zu entrichten waren oder eher an eine sakrale Abgabe für den dort beheimateten Kult des Herakles zu denken ist, lässt sich nicht klären; vgl. Humphreys 1974, 91 u. 92. Auf jeden Fall haftete dem Kynosarges der Odor des Minderwertigen an, was auch in der Fluchformel εἰς Κυνόσαργες (etwa: ‚zur Hölle') seinen Ausdruck fand (vgl. Photius, ε 313). Offenbar will der Kläger Charidemos mit der Nennung dieses Schlüsselworts einen zusätzlichen Hieb versetzen und nimmt dafür eine gewisse Schieflage des Vergleichs in Kauf: Ist zunächst von der Zugehörigkeit eines Individuums zu einer Gruppe die Rede, so geht es im καθάπερ-Satz um die Zugehörigkeit eben dieser Gruppe zu einer bestimmten Institution.

§214

πάσης τῆς πόλεως μεταδόντες αὐτῷ: Der gleiche Umschreibung für die Verleihung des Bürgerrechts findet sich auch Isokr. 14,13, wo sich ein Einwohner von Plataiai an die Athener wendet: τίς γὰρ ἂν πιστεύσειεν εἰς τοῦθ' ἡμᾶς ἀνοίας ἐλθεῖν ὥστε περὶ πλείονος ποιήσασθαι τοὺς ἐξανδραποδισαμένους ἡμῶν τὴν πατρίδα (sc. die Spartaner) μᾶλλον ἢ τοὺς τῆς πόλεως τῆς αὑτῶν μεταδόντας; (sc. die Athener, die nach der Vertreibung der Plataier durch die Thebaner 427 die Flüchtigen bei sich aufnahmen und sie zu ihren Mitbürgern machten).

ὅτι τί;: Sc. ἐποίησε; ‚weil (er) was (geleistet hat)? = ‚aus welchem Grund?'. Vgl. KG II 519: „Eine häufig vorkommende rhetorische Wendung der griechischen Sprache besteht darin, dass ein durch eine Konjunktion oder ein Relativpronomen eingeleiteter Nebensatz plötzlich in einen direkten Fragesatz übergeht, jedoch so, dass die frühere Konstruktion unverändert bleibt"; hier ist der Ausdruck außerdem elliptisch; vgl. KG II 520 u. Aristoph. Nub. 784; Plat. Charm. 161c10 u.ö.

ποίας ἔλαβεν ναῦς ... ἢ ποίαν πόλιν ... ἢ τίνας κινδύνους ... ἢ τίνας ἐχθρούς: Mit vier rhetorischen Fragen, davon je zwei anaphorisch mit demselben Fragepronomen eingeleitet, bringt der Kläger den Geschworenen zu Bewusstsein, dass Charidemos nichts für Athen geleistet hat, was die von Aristokrates beantragte Ehrung rechtfertigen könnte. Zu einem ähnlichen Zweck setzt Dem. die eindringliche Reihung kurzer Fragen auch 18,311 und 19,282 ein (vgl. auch Dein. 1,96, wo das gleiche Stilmittel gegen Dem. gewendet wird). Zum Katalog der Leistungen vgl. Dem. 20,79 und Lys. 12,38f.

δι' ἃς ὑπὸ τῶν ἀπολωλεκότων ἐπιβουλεύεται: Dies setzt der Kläger hinzu, da der Antrag des Aristokrates die Frage aufwirft, wer Charidemos Böses wollen könnte. Einen Grund, ihn vor seinen Feinden zu schützen, hätten die Athener nur dann, wenn er sich im Einsatz für ihre Stadt bei denen verhasst gemacht hätte, die auch Feinde Athens sind.

ποίαν πόλιν παρέδωκεν αἰχμάλωτον λαβών: Das Adjektiv αἰχμάλωτος kann auf Personen ebenso wie auf Gegenstände angewendet werden; zur Verbindung mit πόλις vgl. Isokr. 4,116 πλείους ... πόλεις αἰχμάλωτοι γεγόνασιν ἢ πρὶν τὴν εἰρήνην ἡμᾶς ποιήσασθαι; ähnlich Dem. 20,77 πεντήκοντα μιᾶς δεούσας ἔλαβεν αἰχμαλώτους τριήρεις.

τίνας ἐχθροὺς τοὺς αὐτοὺς ὑμῖν ᾕρηται: Dieselben Freunde und Feinde zu haben, war eine feste Formel in Bündnisverträgen; vgl. Thuk. 1,44,1 μετέγνωσαν Κερκυραίοις ξυμμαχίαν μὲν μὴ ποιήσασθαι ὥστε τοὺς αὐτοὺς ἐχθροὺς καὶ φίλους νομίζειν; 3,70,6; 3,75,1; 7,33,6; Xen. hell. 2,2,20; 5,3,26 u.ö.

οὐδεὶς ἂν εἰπεῖν ἔχοι: Die Handschrift F bietet die stärkere Verneinung οὐδ' ἂν εἷς, der einige Herausgeber (Schäfer, Butcher) unter Verweis auf (scheinbare) Parallelen wie 18,68; 19,312; 24,5 den Vorzug geben. An den genannten Stellen geht es aber jeweils darum, dass sich ‚nicht ein einziger Mensch' findet, der eine bestimmte Aussage bestätigen würde (was die Absurdität der Aussage beweisen soll), während es hier auf die Unmöglichkeit ankommt, überhaupt eine Aussage zu machen. Der Begriff ‚niemand' hat in diesem Zusammenhang weniger Eigengewicht, er bildet als Negation eine engere Einheit mit dem Prädikat. Anders als in den oben angeführten Fällen gewinnt die Aussage nicht an Wirkung, wenn man οὐδείς durch οὐδ' εἷς ersetzt. So verwendet Dem. bei vergleichbaren Formulierungen in Verbindung mit Verben des Könnens auch sonst eher οὐδείς; vgl. 6,11 ἀξίως δ' οὐδεὶς εἰπεῖν δεδύνηται; 8,62 (= 10,64) οὐδ' ἂν εἰπεῖν δύναιτ' οὐδείς, ὅσα ...; 18,235 οὐδεὶς ἂν ἔχοι παρὰ ταῦτ' εἰπεῖν ἀλλ' οὐδέν; 19,274 οὐδεὶς ἂν εἰπεῖν ἔχοι; 21,131 οὐ γὰρ ἂν δύναιτ' οὐδεὶς εἰσάπαξ εἰπεῖν.

§§215-218: Zusammenfassung der juristischen Argumente gegen den Antrag

Der Kläger rekapituliert den ersten Teil seiner Rede, indem er auflistet, gegen welche Gesetze der Antrag verstoße. Damit lenkt er sein Plädoyer auf die juristische Ebene zurück, auf der der Prozess eigentlich angesiedelt ist. Den Geschworenen werden in geschickt verkürzter Form nur die Ergebnisse, nicht aber die zum Teil äußerst fragwürdige Art der Beweisführung ins Gedächtnis gerufen.

§215

παραγεγράμμεθα: Vgl. Komm. zu §51 παρεγραψάμην.

ὦ ἄνδρες δικασταί: Zur Anrede vgl. Komm. zu §74 ὦ ἄνδρες δικασταί. Da der Kläger an dieser Stelle auf die rechtlichen Aspekte seiner Argumentation zurückkommt, spricht er die Geschworenen gezielt in ihrer Rolle als ‚Juristen' an.

βούλομαι μικρὰ πρὸς ὑμᾶς εἰπὼν καταβαίνειν: Die Ankündigung, vor dem Abschluss der Rede (καταβαίνειν = ‚[von der Tribüne] abtreten') noch einen letzten Punkt behandeln zu wollen, ist ein beliebtes rhetorisches Mittel, um das Publikum zu erhöhter Konzentration zu motivieren: Verbunden mit dem Versprechen, bald der Last des Zuhörens enthoben zu sein, wird zu einer letzten Anstrengung aufgefordert. Vgl. u.a. Dem. 20,154 (mit Kremmydas z.St. [S.433]); 21,184 (wo freilich noch 43 Paragraphen folgen); Lys. 12,92; Aischin. 2,183.

ἃ νομίζω μνημονεύοντας ὑμᾶς ἄμεινον φυλάττειν, ἂν παράγειν καὶ φενακίζειν οὗτοι ζητῶσιν: Die Rede der Verteidigung folgte auf die der Anklage, hinterließ bei den Geschworenen also den frischeren Eindruck. Für eine gerechte Urteilsfindung war es daher wichtig, die Argumente des ersten Redners im Gedächtnis zu behalten. Dass die Anklage der Verteidigung pauschal Betrugsabsichten unterstellt, um das Misstrauen der Zuhörer zu schüren und sie zu einer kritischen Prüfung der Gegenargumente zu animieren, ist topisch; vgl. 18,276; 21,204; 22,34.35; 31,12; 32,31 etc. Zum Verb φενακίζειν vgl. Komm. zu §20 τὸν τρόπον ὃν πεφενάκισθε ὑπ' αὐτοῦ.

ἄμεινον ist Adverb zu φυλάττειν, welches hier, anders als am Ende des Paragraphen und in §219, die Bedeutung ‚auf der Hut sein', ‚wachsam sein' hat; vgl. dazu 18,276 φυλάττειν ἐμὲ καὶ τηρεῖν ἐκέλευεν, ὅπως μὴ παρακρούσομαι μηδ' ἐξαπατήσω. Andere (wie z.B. Schäfer und Weber) verstehen ἄμεινον (sc. εἶναι) als einen unpersönlichen Ausdruck, von dem φυλάττειν in der Bedeutung ‚bewahren' abhängt, und nehmen das in A vor ὑμᾶς überlieferte ἂν in den Text auf. Das unpersönliche ἄμεινόν ἐστι ohne Vergleichsglied ist eine Formel der Orakelsprache (vgl. Thuk. 1,118,3; 6,9,1; Hdt. 7,169,1), die auf andere Kontexte übertragen einen feierlich-beschwörenden Ton mitklingen lässt (vgl. Dem. 21,198, wo vermutlich ein Tragödienzitat vorliegt [so MacDowell z.St., S. 406]). Die Aussage ‚Meiner Ansicht nach dürfte es wohl besser sein, wenn ihr diese Worte im Gedächtnis behaltet' wirkt jedoch, auch wenn man mit A den urbaneren Potentialis herstellt, zumindest uncharmant, wenn nicht gar drohend. Fasst man hingegen ἄμεινον adverbial auf, was auch durch die Wortstellung nahegelegt wird, begründet der Kläger seine ‚letzten Worte' mit dem – freilich nicht ganz selbstlosen – Anliegen, den Geschworenen damit zu einem besseren Schutz gegen Betrugsversuche der Verteidiger zu verhelfen. Der Informationswert ist höher, der Ton freundlicher und dem Zweck der Peroratio, die Geschworenen für sich zu gewinnen, angemessener.

ὁ πρῶτος νόμος: Der Kläger bezieht sich hier auf das in §§22–27 vorgestellte Gesetz.

ἄντικρυς: Vgl. Komm. zu §28 ἄντικρυς.

τὴν βουλὴν δικάζειν: Vgl. Komm. zu §22 Δικάζειν δὲ und τὴν βουλὴν τὴν ἐν Ἀρείῳ πάγῳ.

τοῦτο φυλάττετε καὶ μέμνησθε: Hier heißt φυλάττειν ‚im Blick behalten', ‚beachten'; zur Verbindung mit μεμνῆσθαι vgl. 20,163.167; 23,219; 36,61.

§216

μετὰ ταῦτα ὁ δεύτερος νόμος: Der Kläger behält bei der Rekapitulation die Reihenfolge der zitierten Gesetze bei; hier bezieht er sich auf §§28–36.

οὐδὲ τὸν ἑαλωκότα ἀνδροφόνον λυμαίνεσθαι οὐδὲ χρήματα πράττεσθαι: Das erste οὐδὲ hat eine adverbiale (‚nicht einmal'), das zweite eine kopulative Funktion (‚und nicht'); vgl. KG II 294,5. Daraus, dass man „nicht einmal" den überführten Mörder eigenmächtig züchtigen darf, folgt a fortiori, dass dies erst recht für den noch nicht verurteilten Mörder gelten muss.

ὁ δ' ἐν τῷ ποιεῖν ἀγώγιμον πάντα ταῦτα δέδωκεν: Vgl. §35 ἔν γε τῷ ποιεῖν ἀγώγιμον πάνθ' ὅσα ἀπείρηκεν ὁ νόμος δέδωκας mit Komm. z.St.

καὶ τοῦτ': Vgl. Komm. zu § 174 καὶ ταῦτα.

τοῦ πεπονθότος: Zu ὁ πεπονθώς (‚Opfer') vgl. Komm. zu §25 ἐπειδήπερ ἡμεῖς τιμωρήσομεν τῷ πεπονθότι.

ἀγώγιμον αὐτῷ τῷ τὴν αἰτίαν ἐπενεγκόντι δίδωσιν ὡς αὐτόν: Wörtl.: ‚Er gibt (sc. den Mörder/Mordverdächtigen) … als einen, der abgeführt werden darf' = ‚Er erlaubt, … abzuführen'.

Wie bei der Wendung αἰτίαν ἐπάγειν, die Dem. stets im Zusammenhang einer falschen Beschuldigung verwendet (vgl. 18,141 mit Wankel z.St. [S. 773]; 18,143; 21,110.125), im Verb der Begriff der „Bedrohung und Gefährdung" (Wankel) liegt, so ist auch die Verbindung αἰτίαν ἐπιφέρειν nicht mit dem neutralen αἰτιᾶσθαι identisch, sondern verleiht der Beschuldigung die negative Färbung eines feindseligen Angriffs. Als umso unzulässiger sollen es die Zuhörer empfinden, den (möglicherweise aus reiner Böswilligkeit) Beschuldigten seinem Ankläger schutzlos auszuliefern.

τῆς ἀλλοτρίας που: Zum partitiven Genitiv bei Ortsadverbien vgl. KG I 340 (c).

§217

ἔστιν ἐφ' οἷς ἀδικήμασιν δέδωκεν ἀποκτείνειν ὁ νόμος: Zu vergleichen sind hier die in §§53–59 und §§60–61 behandelten Gesetze. So erklärt sich auch der Plural τοῖς νόμοις am Ende des folgenden Satzes.

οὐδὲν ὑπειπών: D.h. ohne eine Bemerkung über die Umstände hinzuzufügen, von denen die Strafbarkeit der Tötung abhängt. Vgl. §53 οὐδὲν ὑπειπὼν ὅπως.

ἄν τις πάθῃ τι τοιοῦτον: Wie die zahlreichen wörtlichen Parallelen (vgl. die einzelnen Lemmata) zeigen, ist der Bezugspunkt der folgenden Ausführungen das in §§82–85 interpretierte Gesetz. Gemeint ist also ‚wenn jemand ermordet wurde', nicht, wie es Whiston versteht, „'in case any man should suffer such a misfortune', i.e. of slaying a man for justifiable cause".

δίκας ὁ νόμος κελεύει αἰτεῖν πρῶτον: Vgl. §83 πρότερον ... ὑποσχεῖν δίκας ἀξιοῖ. Der Kläger möchte δίκας hier offenbar im Sinne von ‚Gerichtsprozess' (vgl. κρίσιν), nicht im Sinne von ‚Vergeltung' verstanden wissen. Mit πρῶτον kontrastiert εὐθὺς (ἀγώγιμον ἔγραψεν). Zur eigenwilligen Deutung des Gesetzestextes vgl. die Einleitung zu §§82–85.

οὐδεμίαν κρίσιν οὔτ' αὐτὸς εἰπὼν οὔτε παρ' ὧν ἀξιοῖ λαβεῖν αἰτήσας: Vgl. §85 τῷ μηδεμίαν κρίσιν εἰπεῖν, καὶ τῷ μὴ δίκας αἰτεῖν ... (παρὰ τοῦτον εἴρηκε τὸν νόμον). Es ist mit Weil, der auf §219 (εἰ γὰρ ἢ τὸν ἀλλοθί που κριθέντα καὶ ἑαλωκότα ὅτι δεῖ κολάζειν ἔγραψεν, ἢ αὐτὸς ἔγραψεν κρίσιν εἰ πεποίηκεν ἢ οὒ καὶ εἰ δικαίως ἢ ἀδίκως, οὐκ ἂν ᾔδει) verweist, analog zu §85 κρίσιν αὐτὸς εἰπὼν auf die Ansetzung eines Prozesses in dem Land, in dem die Tat verübt wurde, zu beziehen, (κρίσιν) παρ' ὧν ἀξιοῖ λαβεῖν αἰτήσας auf die an den den Mörder beherbergenden Staat gerichtete Forderung, diesen dort vor Gericht zu stellen (und im Falle einer Verurteilung zur Bestrafung auszuliefern). Zu παρ' ὧν ἀξιοῖ λαβεῖν hat man demnach als Objekt gedanklich τὸν δράσαντα zu ergänzen. Weber versteht τὸν δράσαντα auch als Objekt zu αἰτήσας, wogegen aber die Stellung von κρίσιν vor den korrespondierenden Negationen οὔτε – οὔτε sowie der Zusatz von αὐτὸς zu εἰπὼν spricht.

ἀγώγιμον εὐθὺς ἔγραψεν: Vgl. §84 πρὸ τοῦ δίκην ἀξιῶσαι λαβεῖν, εὐθὺς ἔγραψεν ἀγώγιμον εἶναι.

κἄν τις ἀφαιρῆται, παραχρῆμα ἔκσπονδον ποιεῖ: Vgl. §85 τοὺς ... ὑποδεξαμένους ἐκσπόνδους εἶναι γράφει, ἐὰν μὴ τὸν ἱκέτην ἔκδοτον διδῶσιν.

§218

τὸ ἀνδρολήψιον: Bezugspunkt ist noch immer das in §§82–85 behandelte Gesetz; zum Begriff vgl. Komm. zu §83 τὸ ἀνδρολήψιόν.

παρ' οἷς ἂν ὁ δράσας ᾖ: Vgl. Komm. zu §84 παρ' οἷς ἂν τὸ πάθος γένηται.

ἂν μὴ διδῶσι δίκας: Wie δίκας ὑπέχειν im Gesetzestext kann auch δίκας διδόναι sowohl im Sinne von ‚büßen' als auch (seltener) im Sinne von ‚sich einem Schiedsgericht stellen' verstanden werden. Zu letzterer Bedeutung vgl. Thuk. 1,28,2 εἰ δέ τι ἀντιποιοῦνται, δίκας ἤθελον δοῦναι ἐν Πελοποννήσῳ ... mit Classen/Steup z.St.: „δίκας δοῦναι (auch c. 85,2. 144,2; 4,118,8; 7,18,2), die eine, aber von seiten des Anbietenden wichtigste Seite des vollständigen δίκας (auch δίκαια c. 37,5 und in der vollen Formel δίκας ἴσας καὶ ὁμοίας 5,27,2. 59,5) διδόναι καὶ δέχεσθαι, den Rechtsweg betreten, sich der richterlichen Entscheidung unterwerfen." Vgl. auch die formelhafte Verbindung mit δίκας καὶ δοῦναι καὶ λαβεῖν in §66 mit Komm. z.St.

ἂν ἀφέληταί τις τὸν ἄγοντα: Zu ἀφέληται ist als Objekt τὸν ἀποκτείναντα hinzuzudenken, d.h. ,wenn jemand den Mörder dem Verfolger entzieht'.

μὴ βουλόμενος πρὸ δίκης ἐκδοῦναι: Nicht zuletzt durch die Wahl des Verbs βούλεσθαι (,wollen') anstelle von ἐθέλειν (,bereit sein') entsteht der

Eindruck, als sei die Auslieferung ‚vor dem Prozess' optional, die Entscheidung, dies nicht zu tun, also legitim.

οὐκ ἐᾷ νόμον, ἂν μὴ τὸν αὐτὸν ἐπὶ πᾶσι τιθῇ τις, εἰσφέρειν: Der Kläger bezieht sich hier auf das in §86 zitierte Gesetz.

Als Subjekt ist ὁ νόμος gedanklich zu ergänzen; zu dieser Ellipse vgl. 24,59 οὐκ ἐᾷ νόμον ἀλλ' ἢ τὸν αὐτὸν τιθέναι κατὰ τῶν πολιτῶν πάντων. Zu ἐπὶ πᾶσι vgl. Komm. zu §86 ἐπ' ἀνδρὶ ... θεῖναι.

ὁ δ' ἐπ' ἀνδρὶ γράφει ψήφισμα ἴδιον: Der Unterschied zwischen Dekreten und Gesetzen besteht gerade darin, dass erstere auf Einzelpersonen bezogen sein dürfen, letztere (in der Regel) nicht. Vgl. die Einleitung zu §86.

οὐκ ἐᾷ ψήφισμα ὁ νόμος κυριώτερον εἶναι νόμου: Bezugspunkt ist das in §87 zitierte Gesetz.

ὁ δ' ὑπαρχόντων τοσούτων νόμων ψήφισμα ποιεῖ κύριον τοὺς νόμους ἀναιρῶν: Zur Argumentation vgl. die Einleitung zu §87. Zum *de conatu* verwendeten Präsens ποιεῖ vgl. KG I 140,7.

In S und A fehlt τοσούτων, welches aber durch die wörtliche Parallele in §87 (ὃς γὰρ ὑπαρχόντων τοσούτων νόμων πάντας ὑπερβὰς τούτους γέγραφεν ...) gestützt wird. Der Ausfall ist angesichts der sehr ähnlichen Endungen von ὑπαρχόντων und τοσούτων leicht als saut du même au même zu erklären.

§§219–220: Abschließender Appell an die Geschworenen

Aller Voraussicht nach wird die Verteidigung darlegen, dass das Dekret nicht, wie der Kläger insinuiert, die direkte Auslieferung des Festgenommenen an Privatpersonen zum Zwecke der Bestrafung, sondern selbstverständlich seine Überstellung an die zuständigen Behörden zum Zwecke der Einleitung eines Gerichtsverfahrens vorsieht (vgl. §90, wo der Kläger die Erwartung äußert, Aristokrates werde sich vor allem gegen den Vorwurf wehren, dem mutmaßlichen Täter einen Prozess zu verweigern). Gegen diese Bedrohung seiner mühsam errichteten Konstruktion bringt der Kläger rhetorische Waffen in Stellung: Die Argumente der Verteidiger werden von vornherein als Betrugsversuche diskreditiert, denen man am besten gar nicht erst Gehör schenke. Durch mehrfache Wiederholung des gleichen Gedankens in verschiedenen Varianten versucht der Kläger den Geschworenen einzuschärfen, zum einzigen Kriterium ihres Urteils den exakten Wortlaut des Dekrets und vor allem das, was darin n i c h t gesagt wird, zu machen.

§219

ταῦτα φυλάττετε καὶ μεμνημένοι κάθησθε: Vgl. Komm. zu §215 ἃ νομίζω μνημονεύοντας ὑμᾶς ἄμεινον φυλάττειν, ἂν παράγειν καὶ φενακίζειν οὗτοι ζητῶσιν und zu τοῦτο φυλάττετε καὶ μέμνησθε.

καθῆσθαι meint hier, anders als in §185, prägnant ‚zu Gericht sitzen'; vgl. LSJ s.v. 2 und neben den dort angeführten Belegstellen And. 1,139, Aristoph. Nub. 208 und Plat. apol. 35c2f. auch Dem. 19,239 προσήκει φροντίζειν ... τῶν ὅρκων, οὓς αὐτοὶ κάθησθε ὀμωμοκότες; 20,165 ἐν δὲ τῇ τῶν καθημένων ὑμῶν ἑνὸς ἑκάστου γνώμῃ und 34,4 οἱ μὲν οὖν νόμοι, καθ' οὓς ὑμεῖς δικασταὶ κάθησθε, οὐχ οὕτως λέγουσιν. Ebenso von der Ratsversammlung, z.B. Dem. 21,116 τῆς δὲ βουλῆς περὶ τούτων καθημένης καὶ σκοπουμένης.

τὰς μὲν παραγωγάς ... χαίρειν ἐᾶτε: Zu παραγωγή vgl. Komm. zu §95 παραγωγὰς; zum topischen Vorwurf an den Prozessgegner, die Geschworenen täuschen zu wollen, vgl. Komm. zu §215 ἃ νομίζω μνημονεύοντας ὑμᾶς ἄμεινον φυλάττειν, ἂν παράγειν καὶ φενακίζειν οὗτοι ζητῶσιν.

χαίρειν ἐᾶν bezeichnet, oft mit verächtlichem Beiklang, das vollständige und endgültige Nicht-Beachten eines für unbedeutend befundenen Gegenstandes. Belege bei den Rednern sind relativ selten (Isokr. 17,29; Lys. 1,36), sehr häufig findet sich die Wendung bei Platon (z.B. Prot. 348a1; Gorg. 472c2, 526d5); im Corpus Demosthenicum sonst nur noch, ebenfalls in der Peroratio, [Dem.] 26,23 ὧν, ἐὰν ἔχητε νοῦν, ἐνθυμούμενοι τοὺς μὲν φάσκοντας τούτους τῷ λόγῳ φιλεῖν ὑμᾶς χαίρειν ἐάσετε, αὐτοὶ δὲ τοῦτο ἐκ παντὸς τρόπου παραφυλάξετε, ὅπως μηδενὶ δώσετε ἐξουσίαν ἀκύρους τοὺς νόμους ποιεῖν.

καὶ μὴ ἐπιτρέπετε λέγειν αὐτοῖς, κελεύετε δὲ δεῖξαι ποῦ γέγραφεν ... ἢ ποῦ γέγραφεν ...: Mit καί wird eine Steigerung bzw. Selbstkorrektur hinzugefügt wie z.B. auch Plat. apol. 23a6f. ἡ ἀνθρωπίνη σοφία ὀλίγου τινὸς ἀξία ἐστὶν καὶ οὐδενός; vgl. KG II 246,2.

Die Reden der Prozessparteien zu unterbrechen, war den Geschworenen nur sehr eingeschränkt möglich, gezielte Zwischenfragen waren gar nicht vorgesehen (vgl. Komm. zu §98 μὴ δὴ τοῦθ' ὑμῖν ἐᾶτε λέγειν …). Der Appell des Klägers zielt also nicht auf eine praktische Realisierung ab, sondern soll die Aufmerksamkeit der Geschworenen auf die vermeintlichen ‚Lücken' im Text des Dekrets fokussieren. Die eindringlich anaphorisch wiederholte Frage ποῦ γέγραφεν richtet sich eigentlich an die Geschworenen selbst: Wenn ihnen bewusst wird, dass die Verteidigung um eine Antwort verlegen sein würde, hat der Kläger sein Ziel erreicht.

κατὰ τούτου τὰς τιμωρίας εἶναι: So der Text von Dilts. Die früheren Herausgeber folgen den Handschriften S (ante corr.) und A, wo εἶναι fehlt. Die von Weber zur Stützung jener Lesart angeführten Stellen 23,53 (καὶ γέγραφεν, οὐδὲν ὑπειπὼν ὅπως, ἄν τις ἀποκτείνῃ, τὴν τιμωρίαν); 67 (ἐξουσίαν γέγραφεν τῷ Χαριδήμῳ ποιεῖν ὅ τι ἂν βούληται); 91 (τότ' ἂν προσέγραψεν κατὰ τῶν ἀφελομένων τὴν τιμωρίαν); 144 (τῆς φυλακῆς … ἣν γέγραφεν οὗτος) eignen sich nicht als Parallelen, da dort jeweils das Substantiv direktes Objekt zu γράφειν ist (‚etw. festlegen', ‚etw. vorsehen'), während hier nicht danach gefragt wird, wo Aristokrates eine Strafe für einen überführten Mörder festgeschrieben hat, sondern wo er die festgeschriebene Strafe ausdrücklich auf den überführten Mörder beschränkt.

εἰ γὰρ ἢ τὸν ἄλλοθί που κριθέντα καὶ ἑαλωκότα: Das Objekt zu κολάζειν ist um der stärkeren Hervorhebung willen proleptisch aus dem ὅτι-Satz herausgezogen worden.

Die Möglichkeit eines ‚woanders' geführten Prozesses ist dem in §82 zitierten Gesetz entnommen; zur Problematik dieser Interpretation vgl. die Einleitung zu §§82–85.

§220

τὸ τῆς αἰτίας ὄνομα αὐτό: Zu ὄνομα vgl. Komm. zu §26 πάντα τὰ τοιαῦτα ὀνόματα … καὶ τὰ τοιαῦτα πάντα, zur Wendung τὸ τῆς αἰτίας ὄνομα ebenfalls §26; zu αὐτό in der Bedeutung ‚allein', ‚nur' vgl. Komm. zu §48 αὐτὸ τὸ τῆς αἰτίας ὄνομ'.

τὸ "καὶ ἁλῷ φόνου": Zum Artikel vgl. Komm. zu §46 τὸ πέρα ὅρου.

"δόξῃ ἀπεκτονέναι": Da es sich um ein Urteil und nicht um einen Beschluss handelt, ist hier die persönliche Konstruktion von δοκεῖν anzunehmen, d.h. Subjekt ist der Beschuldigte. Vgl. LSJ s.v. 5 und §28 τοὺς ἑαλωκότας καὶ δεδογμένους ἀνδροφόνους mit Komm. z.St. Um eine feste juristische Formel scheint es sich aber nicht zu handeln.

"τὰς τιμωρίας εἶναι κατ' αὐτοῦ τὰς αὐτὰς ἅσπερ ἂν τὸν Ἀθηναῖον κτείνῃ": Zur Sache vgl. die Einleitung zu §89; zu τὸν Ἀθηναῖον vgl. Komm. zu §37 ὥσπερ τὸν Ἀθηναῖον κτείναντα.

καὶ πάνθ' ὅσ' ἐστὶ δίκαια: Zum zusammenfassenden Abschluss einer Aufzählung vgl. Komm. zu §65 καὶ ἱερῶν καὶ ὁσίων καὶ νομίμων καὶ πάντων ὅσων περ αὐτοῖς μέτεστιν ἡμῖν.

μὴ φενακίζεσθε, ἀλλ' εὖ ἴστε ὅτι πάντων παρανομώτατα εἴρηκεν: Der abschließende Appell an die Geschworenen ist auf das sachlich Wesentliche reduziert: Sie sollen das Fehlen der aufgezählten Formulierungen im Dekret als unzweifelhaftes Zeichen seiner Gesetzwidrigkeit werten und den folgenden Argumenten der Verteidigung auf der Basis dieses bereits gefassten Urteils mit Ablehnung begegnen.

Zu φενακίζειν vgl. Komm. zu §20 τὸν τρόπον ὃν πεφενάκισθε ὑπ' αὐτοῦ.

F und Y haben πάντων ἀνθρώπων, was Weber mit dem Argument zurückweist, Dem. verbinde den Superlativ des Neutrums entweder n u r mit πάντων (wie 3,16 πάντων αἴσχιστα πεισόμεθα) oder n u r mit ἀνθρώπων (wie 19,50; 27,18.26 [jeweils abverbial]). Diese Regel wird durch 24,187 δεινότατ' ἂν πάθοι πάντων ἀνθρώπων widerlegt. Gegen die Lesart von F und Y spricht aber, dass durch die Hinzufügung von ἀνθρώπων die schöne Alliteration πά-ντων πα-ρανομώτατα zerstört würde (vgl. πά-θοι πά-ντων an der Parallelstelle 24,187). Außerdem ist zu überlegen, ob man in πάντων überhaupt den Genitiv des Maskulinums oder nicht vielmehr den des Neutrums („das Allergesetzwidrigste") zu erkennen hat, wie wohl auch Lys. 13,94 οὕτως ἂν δεινότατα πάντων πάθοιεν u. Plat. leg. 805a4–6 φημί ... πάντων ἀνοητότατα τὰ νῦν ἐν τοῖς παρ' ἡμῖν τόποις γίγνεσθαι. So würde, im Einklang mit dem Gesamttenor der Rede, der Fokus der Kritik mehr auf den Gegenstand der Klage als auf die Person des Angeklagten gerichtet sein.

Zu dem – vom Deutschen abweichenden – Fehlen des Artikels beim Superlativ vgl. KG I 21 und neben den oben zitierten Stellen Isokr. 15,141 ἐτόλμησεν εἰπεῖν πρός με λόγον πάντων σχετλιώτατον.

Literaturverzeichnis

1. Ausgaben, Kommentare und Übersetzungen zur *Aristocratea*

Schäfer
: Apparatus criticus et exegeticus ad Demosthenem, Vinc. Obsopoei, Hier. Wolfii, Io. Taylori et Io. Iac. Reiskii annotationes tenens, commodum in ordinem digestum aliorumque et suis annotationibus auctum edidit Godofredus Henricus Schaefer, tom. IV, London 1827. [Eigene Anmerkungen Schäfers sind zitiert als ‚Schäfer', die der anderen mit dem jeweiligen Namen ‚in: G.H. Schäfer'.]

Weber
: Demosthenis oratio in Aristocratem, graeca emendatiora edidit, apparatu critico, collatione codicis parisini sigmatiae denuo instituta, prolegomenis, commentario perpetuo atque indicibus instruxit Ernestus Guilielmus Weber, Jena 1845.

Westermann
: Ausgewählte Reden des Demosthenes, erkl. v. Anton Westermann, 3. Bd., Rede gegen Aristokrates, Rede gegen Konon, Rede gegen Eubulides, Berlin ²1865.

Westermann, Übersetzung
: Demosthenes' ausgewählte Reden, verdeutscht von Dr. A. Westermann, Bd. 4: Reden gegen Androtion, gegen Aristokrates, gegen Aphobos, gegen Onetor, gegen Konon, gegen Eubulides, Stuttgart 1868.

Whiston
: Demosthenes, with an English Commentary by Robert Whiston, vol. II, London 1868.

Weil
: Les plaidoyers politiques de Démosthène, texte grec publié d'après les traveaux les plus récents de la philologie avec un commentaire critique et explicatif et des notices sur chaque discours par Henri Weil, deuxième série: Androtion – Aristocrate – Timocrate – Aristogiton, Paris 1886.

Rosenberg
: Ausgewählte Reden des Demosthenes, erkl. v. Anton Westermann, 3. Bd., Rede gegen Aristokrates, Rede gegen Konon, Rede gegen Eubulides, 3. verb. Auflage besorgt von Emil Rosenberg, Berlin 1890. [Abweichungen gegenüber der 2. Aufl. zitiert als ‚Rosenberg']

Butcher
: Demosthenis orationes, recognovit brevique adnotatione critica instruxit S.H. Butcher, tomi II pars I, Oxford 1907.

Vince	Demosthenes, Bd. III: Meidias, Androtion, Aristocrates, Timocrates, Aristogeiton I and II, with an English translation by J.H. Vince, Cambridge, Mass. / London 1935 (Loeb Classical Library).
Volpis	Demostene, L'oratione contro Aristocrate, introduzione, traduzione e note di Leone Volpis, Mailand 1940.
Gernet	Demosthenes. Plaidoyers politiques, ii. Contre Midias. Contre Aristocrate, ed. and trans. J. Humbert / L. Gernet, Paris 1959.
Dilts	Demosthenis orationes, recognovit apparatu testimoniorum ornavit adnotatione critica instruxit M.R. Dilts, tom. II, Oxford 2005.
Harris 2018	Demosthenes, Speeches 23–26, translated with introduction and notes by E.M. Harris, Austin, Texas 2018.

2. Monographien und Aufsätze

Amit 1970	Amit, M.: Hostages in Ancient Greek, RIFC 98 (1970) 129–147.
Anastassiou 1966	Anastassiou, A.A.: Zur antiken Wertschätzung der Beredsamkeit des Demosthenes, Diss. Kiel 1966.
Archibald 1998	Archibald, Z.H.: The Odrysian Kingdom of Thrace, Oxford 1998.
Archibald 2010	Archibald, Z.H.: A Lost Continent: The Political Communities of Ancient Thrace, Eirene 46 (2010) 162–167.
Baltrusch 1994	Baltrusch, E.: Symmachie und Spondai. Untersuchungen zum griechischen Völkerrecht der archaischen und klassischen Zeit (8.–5. Jahrhundert v.Chr.), Berlin / New York 1994.
Beck 1998	Beck, H.: Art. ‚Iphikrates', DNP 5 (1998) 1098–1099.
Beloch 1884	Beloch, K.J.: Die Attische Politik seit Perikles, Leipzig 1884.
Beloch 1922	Beloch, K.J.: Griechische Geschichte, Band III, Abteilung 1. Bis auf Aristoteles und die Eroberung Asiens, Berlin / Leipzig ²1922.
Bengtson/Werner 1975	Bengtson, H. / Werner, R.: Die Staatsverträge des Altertums, Bd. 2: Die Verträge der griechisch-römischen Welt von 700–338 v.Chr., München ²1975.
Benseler 1841	Benseler, G.E.: De hiatu in oratoribus atticis et historicis Graecis, Freiburg 1841.

Bers 1985	Bers, V.: Dikastic *Thorubos*, in: Crux. Essays presented to G.E.M. de Ste Croix, ed. by P.A. Cartledge and F.D. Harvey = History of Political Thought 6 (1985) 1–15.
Best 1969	Best, J.: Thracian Peltasts and Their Influence on Greek Warfare, Groningen 1969.
Bianco 2014	Bianco, E.: Caridemo: storia di un *freelance*, Erga – Logoi 2 (2014) 7–29.
BK („Basler Kommentar")	Homers Ilias, Gesamtkommentar. Hrsg. v. J. Latacz u. A. Bierl, München / Leipzig bzw. (ab 2006) Berlin / New York, (ab 2011) Berlin / Boston 2000–.
Blass 1888	Blass, F.: Demosthenische Studien, RhM 43 (1888) 268–290.
Blass, AB	Blass, F.: Die attische Beredsamkeit, Bd. III,1, Leipzig ²1893 (Nachdruck Hildesheim / New York 1979).
Blass/Fuhr 1910	Blass F. / Fuhr, K.: Demosthenes. Ausgewählte Reden für den Schulgebrauch erklärt, Teil II: Die Rede vom Kranz, Leipzig ²1910.
Blech 1982	Blech, M.: Studien zum Kranz bei den Griechen, Berlin / New York 1982.
Bleicken 1995	Bleicken, J.: Die athenische Demokratie, Stuttgart ⁴1995.
Boll 1931	Boll, F.: Die Lebensalter, N. Jbb. 31, 1931, 89–145.
Bonner/Smith 1968	Bonner, R.J. / Smith G.: The Administration of Justice from Homer to Aristotle, 2 Bde., New York 1968 (Nachdruck der Ausgabe Chicago 1930–1938).
Bravo 1982	Bravo, B.: Androlepsiai. La «prise d'hommes» comme vengeance d'un meurtre commis dans une cité étrangère, in: Symposion 1977. Vorträge zur griechischen und hellenistischen Rechtsgeschichte, Köln / Wien 1982, 131–156.
Buckler 1980	Buckler, J.: The Theban Hegemony 371–362 BC, Cambridge, MA 1980.
Buckler 1989	Buckler, J.: Philip II and the Sacred War, Leiden / New York / Kopenhagen / Köln 1989.
Burckhardt 1996	Burckhardt, L.A.: Bürger und Soldaten. Aspekte der politischen und militärischen Rolle athenischer Bürger im Kriegswesen des 4. Jahrhunderts v.Chr., Stuttgart 1996.
Burkert 1970	Burkert, W.: Buzyge und Palladion, ZRGG 22 (1970) 356–368.
Burkert 2011	Burkert, W.: Griechische Religion der archaischen und klassischen Epoche, Stuttgart ²2011.

Busolt/Swoboda	Busolt, G. / Swoboda, H.: Griechische Staatskunde, 2 Bde., München ³1920/26 (HdA IV 1,1).
Canevaro 2013a	Canevaro, M.: The Documents in the Attic Orators: Laws and Decrees in the Public Speeches of the Demosthenic Corpus, Oxford 2013.
Canevaro 2013b	Canevaro, M.: Thieves, Parent Abusers, Draft Dodgers ... and Homicides? The Authenticity of Dem. 24.105, Historia 62 (2013) 25–47.
Canevaro 2016	Canevaro, M.: Demostene, Contro Leptine: Introduzione, Traduzione e Commento Storico, Berlin/Boston 2016.
Canfora 1968	Canfora, L.: Inventario dei manoscritti greci di Demostene, Padua 1968.
Canfora 2014	Canfora, L.: Textgeschichte des Demosthenes im Wandel der Jahrhunderte, in: J. Grusková / H. Bannert, Demosthenica libris manus scriptis tradita. Studien zur Textüberlieferung des Corpus Demosthenicum, Internationales Symposium in Wien, 22.–24. September 2011, Wien 2014, 21–52.
Carawan 1991	Carawan, E.: Response to Julie Velissaropoulos, in: Symposion 1990. Vorträge zur griechischen und hellenistischen Rechtsgeschichte, Köln / Weimar / Wien 1991, 107–114.
Carawan 1998	Carawan, E.: Rhetoric and the Law of Draco, Oxford 1998.
Carawan 2007	Carawan, E.: The Trial of the Arginousai Generals and the Dawn of 'Judicial Review', Dike 10 (2007) 19–56.
Carawan 2020	Carawan, E.: Control of the Laws in the Ancient Democracy at Athens, Baltimore 2020.
Carey 1989	Carey, C.: Lysias. Selected Speeches, ed. by C. Carey, Cambridge 1989.
Carey 1995	Carey, C.: Rape and Adultery in Athenian Law, CQ 45 (1995) 407–417.
Carey/Reid 1985	Carey, C. / R.A. Reid, Demosthenes. Selected Private Speeches. ed. by C. Carey and R.A. Reid, Cambridge 1985.
Cargill 1981	Cargill, J.: The Second Athenian League. Empire or Free Alliance?, Los Angeles / London 1981.
Cargill 1995	Cargill, J.: Athenian Settlements of the Fourth Century B.C., Leiden / New York / Köln 1995.
Cartledge 2000	Cartledge, P.: Art. „Metoikos", DNP 8 (2000) 104–107.
Casabona 1966	Casabona, J.: Recherches sur le vocabulaire des sacrifices en grec, des origines à la fin de l'époque classique, Paris 1966.

Casson 1991	Casson, L.: The Ancient Mariners. Seafarers and Sea Fighters of the Mediterranean in Ancient Times, Princeton ²1991.
Chaniotis 1997	Chaniotis, A.: Art. ‚Asylon', DNP 2 (1997) 143–144.
Chantraine	Chantraine, P.: Dictionnaire étymologique de la langue grecque, 4 Bde., Paris 1968–1980.
Christ 2013	Christ, M.R.: Demosthenes on Philanthrōpia as a Democratic Virtue, CPh 108 (2013) 202–222.
Classen/Steup	Thukydides, erklärt von J. Classen, bearb. v. J. Steup, Berlin ³⁻⁵1892–1922.
Cloché 1932	Cloché, P.: Athènes et Kersobleptès de 357–356 a 353–352, in: Mélanges Gustave Glotz I, Paris 1932, 215–226.
Cobet 1873	Cobet, C.G.: Variae lectiones quibus continentur observationes criticae in scriptores Graecos, Leiden ²1873.
Cobet 1876	Cobet, C.G.: Miscellanea critica, quibus continentur observationes criticae in scriptores graecos, praesertim Homerum et Demosthenem, Leiden 1876.
Cook 1973	Cook, J.M.: The Troad: an Archeological and Topographical Study, Oxford 1973.
Dauge 1981	Dauge, Y.A.: Le barbare, Brüssel 1981.
Davies, APF	Davies, J.K.: Athenian Propertied Families, 600–300 BC, Oxford 1971.
Davis 2011	Davis, G.: *Axones* and *Kyrbeis*: A New Answer to an Old Problem, Historia 60 (2011) 1–35.
Denn. GP	Denniston, J.D.: The Greek Particles, Oxford ²1950.
Denniston 1952	Denniston, J.D.: Greek Prose Style, Oxford 1952.
De Souza 1999	De Souza, P.: Piracy in the Greco-Roman World, Cambridge 1999.
de Ste Croix 1961	de Ste Croix, G.E.M.: Notes on Jurisdiction in the Athenian Empire II, CQ 11 (1961) 268–280.
de Ste Croix 1963	de Ste Croix, G.E.M.: The Alleged Secret Pact between Athens and Philip II Concerning Amphipolis and Pydna, CQ 13 (1963) 110–119.
Develin 1989	Develin, R.: Athenian Officials 684–322 BC, Cambridge 1989.
Doblhofer 1994	Doblhofer, G.: Vergewaltigung in der Antike, Stuttgart / Leipzig 1994.
Dobree 1874	Dobree, P.P.: Adversaria, Bd. II, Cambridge 1874.

Dodds 1959	Dodds, E.R.: Plato, Gorgias, a revised text with introduction and commentary by E.R. Dodds, Oxford 1959 (Paperback 1990).
Dorjahn 1935	Dorjahn, A.P.: Anticipation of Arguments in Athenian Courts, TAPA 66 (1935) 274–295.
Dover 1974	Dover, K.J.: Greek Popular Morality in the Time of Plato and Aristotle, Oxford 1974.
Drerup 1898	Drerup, E.: Über die bei den attischen Rednern eingelegten Urkunden, Neue Jahrbücher für Philologie und Pädagogik Suppl. 24, 1898, 221–365.
Drerup 1916	Drerup, E.: Aus einer alten Advokatenrepublik. Demosthenes und seine Zeit, Paderborn 1916.
Droysen 1833	Droysen, J.G.: Geschichte Alexanders des Großen, Hamburg 1833.
Engels 1998	Engels, J.: Funerum sepulcrorumque magnificentia. Begräbnis- und Grabluxusgesetze in der griechisch-römischen Welt mit einigen Ausblicken auf Einschränkungen des funeralen und sepulkralen Luxus im Mittelalter und in der Neuzeit, Stuttgart 1998.
Engels 2000	Engels, J.: Rez. zu Julia Heskel, The North Aegean Wars, 371–360 B.C., Gnomon 72 (2000) 330–334.
Erdmann 1949	Erdmann, W.: Art. ‚παλλακή', RE XVIII,3 (1949) 226–229.
Evjen 1970	Evjen, H.D.: Ἀπαγωγή and Athenian Homicide Procedures, Revue d'histoire du droit 38 (1970) 403–415.
Foucart 1909	Foucart, P.: Les Athéniens dans la Chersonèse de Thrace au IVe siècle, Paris 1909.
Fox 1890	Fox, W.: Demosthenes' Rede für die Megalopoliten, Freiburg 1890.
Framm 1912	Framm, H.: Quomodo oratores Attici sententiis usi sint, Leipzig 1912.
Franke 1848	Franke, F.: De legum formulis quae in Demosthenis Aristocratea reperiuntur, Meisen 1848.
Fränkel 1878	Fränkel, M.: Der attische Heliasteneid, Hermes 13 (1878) 452–66.
Frisk	Frisk, H.: Griechisches Etymologisches Wörterbuch, 3 Bde., Heidelberg 1954–1972.
Frohberger	Frohberger, H.: Ausgewählte Reden des Lysias. Für den Schulgebrauch erklärt von H. F., 1.Bd., 2. Aufl. bearb. v. G. Gebauer, Leipzig 1880.

Fuhr 1878	Fuhr, K.: Excurse zu den attischen Rednern, RhM 33 (1878) 565–599.
Gagarin 1978	Gagarin, M.: Self-Defense in Athenian Homicide Law, GRBS 19 (1978) 11–120.
Gagarin 1979	Gagarin, M.: The Prosecution of Homicide in Athens, GRBS 20 (1979) 301–323.
Gagarin 1981	Gagarin, M.: Dracon and Early Athenian Homicide Law, New Haven 1981.
Gagarin 1985	Gagarin, M.: Early Greek Law, Berkeley / Los Angeles 1986.
Gagarin 1990	Gagarin, M.: Bouleusis in Athenian Homicide Law, in: Symposion 1988. Vorträge zur griechischen und hellenistischen Rechtsgeschichte, Köln / Weimar / Wien 1990, 81–99.
Gagarin 1997	Gagarin, M. (ed.): Antiphon, The Speeches, Cambridge 1997.
Ganszyniec 1922	Ganszyniec, R.: Art. Kranz, RE XI,2 (1922) 1588–1607.
Garnsey 1988	Garnsey, P.: Famine and Food Supply in the Greco-Roman World: Responses to Risk and Crisis, Cambridge 1988.
Gebauer	Gebauer, G.: Siehe Frohberger, H.: Ausgewählte Reden des Lysias. Für den Schulgebrauch erklärt von H. F., 1.Bd., 2. Aufl. bearb. v. G. Gebauer, Leipzig 1880.
Gerner 1949	Gerner, E.: Παρανόμων γραφή, RE 18 (1949) 1281–1293.
Geyer 1932	Geyer, F.: Art. ‚Miltokythes' (2), RE XV,2 (1932) 1708.
Giannadaki 2014	Giannadaki, I.: The Time Limit (*Prothesmia*) in the *Graphe Paranomon*, Dike 17 (2014) 15–34.
Giannadaki 2020	Giannadaki, I.: A Commentary on Demosthenes' *Against Androtion*. Introduction, Text, and Translation, Oxford 2020.
Gibson 2002	Gibson, C.A.: Interpreting a Classic: Demosthenes and his Ancient Commentators, Berkeley 2002.
Gildersleeve	Gildersleeve, B.L.: Syntax of Classical Greek from Homer to Demosthenes, New York / Cincinnati / Chicago o.J.
Goodwin, MT	Goodwin, W.W.: Syntax of the Moods and Tenses of the Greek Verb, London 1897.
Grusková 2014	Grusková, J.: Paläographisch-kodikologische Betrachtungen zu den *vetustissimi* des Demosthenes unter philologischen Gesichtspunkten, in: J. Grusková / H. Bannert, Demosthenica libris manus scriptis tradita. Studien zur Textüberlieferung des Corpus Demosthenicum, Internationales Symposium in Wien, 22.–24. September 2011, Wien 2014, 263–312.

Hajdú 2002	Hajdú, I.: Kommentar zur 4. Philippischen Rede des Demosthenes, Berlin / New York 2002.
Hammond 1937	Hammond, N.G.L.: Diodorus' Narrative of the Sacred War, JHS 57 (1937) 44–78.
Hammond 1979	Hammond, N.G.L.: A History of Macedonia, vol. II: 550–336 B.C., Oxford 1979.
Hannick 1981	Hannick, J.M.: Note sur la graphè paranomôn, AC 50 (1981) 393–397.
Hansen 1974	Hansen, M.H.: Sovereignty of the People's Court in Athens in the Forth Century B.C. and the Public Actions Against Unconstitutional Propositions, Odense 1974.
Hansen 1976	Hansen, M.H.: Apagoge, Endeixis and Ephegesis against Kakourgoi, Atimoi and Pheugontes, Odense 1976.
Hansen 1978	Hansen, M.H.: *Nomos* and *Psephisma* in Forth Century Athens, GRBS 19 (1978) 315–330.
Hansen 1987	Hansen, M.H.: *Graphe Paranomon* Against *Psephismata* not yet Passed by the *Ekklesia*, C&M 38 (1987) 63–73.
Hansen 1995	Hansen, M.H.: Die Athenische Demokratie im Zeitalter des Demosthenes, Berlin 1995.
Hansen 1997	Hansen, M.H.: Emporion. A Study of the Use and Meaning of the Term in the Archaic and Classical Periods, in: T.H. Nielsen (ed.), Yet More Studies in the Ancient Greek Polis, Stuttgart 1997, 83–105.
Harris 1989	Harris, E.M.: Iphicrates at the Court of Cotys, AJPh 110 (1989) 264–71.
Harris 1990	Harris, E.M.: Did the Athenians Regard Seduction as a Worse Crime than Rape?, CQ 40 (1990) 370–377.
Harris 2013	Harris, E.M.: The Rule of Law in Action in Democratic Athens, Oxford 2013.
Harrison 1968	Harrison, A.R.W: The Law of Athens, vol. I, Oxford 1968.
Heitsch 1980	Heitsch, E.: Recht und Argumentation in Antiphons 6. Rede, Mainz 1980.
Heitsch 1984	Heitsch, E.: *Aidesis* im attischen Strafrecht, Wiesbaden 1984.
Henry 1983	Henry, A.S.: Honours and Privileges in Athenian Decrees. The Principal Formulae of Athenian Honorary Decrees, Hildesheim / New York 1983.
Heskel 1997	Heskel, J.: The North Aegean Wars, 371–360 B.C., Stuttgart 1997.

Heuß 1995	Heuß, A.: Abschluss und Beurkundung des griechischen und römischen Staatsvertrags, in: Gesammelte Schriften, Stuttgart 1995, 340–419 (= Klio 27, 1934, 14–53 und 218–257).
Höckh 1891	Höckh, A.: Das Odrysenreich in Thrakien im fünften und vierten Jahrhundert v.Chr., Hermes 26 (1891) 76–117.
Hommel 1969	Hommel, H.: Wahrheit und Gerechtigkeit. Zur Geschichte und Deutung eines Begriffspaares, A&A 15 (1969) 159–186.
Hornblower	Hornblower, S.: A Commentary on Thucydides, 3 vols., Oxford / New York 1991–2008.
Humphreys 1974	Humphreys, S.C.: The Nothoi of Kynosarges, JHS 94 (1974) 88–95.
Humphreys 1980	Humphreys, S.C.: Family tombs and tomb cult in ancient Athens: tradition or traditionalism?, JHS 100 (1980) 96–126.
Isaac 1986	Isaac, H.: The Greek Settlement in Thrace until the Macedonian Conquest, Leiden 1986.
Jaeger 1939	Jaeger, W.: Demosthenes. Der Staatsmann und sein Werden, Berlin 1939.
Jameson/Jordan/ Kotansky 1993	Jameson, M.J. / Jordan, D.R. / Kotansky, R.D.: A Lex Sacra from Selinous, Durham 1993.
Jehne 1992	Jehne, M.: Die Anerkennung der athenischen Besitzansprüche auf Amphipolis und die Chersones. Zu den Implikationen der Territorialklausel ἔχειν τὴν ἑαυτῶν (χώραν) in Verträgen des 4. Jahrhunderts v. Chr., Historia 41 (1992) 272–282.
Jones 1939	Jones, F.P.: The ab urbe condita Construction in Greek, Baltimore 1939.
Judeich 1896	Judeich, W.: Art. ‚Autokles' (2), RE II,2 (1896) 2598.
Judeich 1905	Judeich, W.: Topographie von Athen, München 1905 (HdA III 2,2).
Kaerst 1893	Kaerst, J.: Art. Alexandros (5), RE I,1 (1893) 1408–1409.
Kästle 2012	Kästle, J.: Recht und Rhetorik in der Rede gegen Theomnestos (Lys. or. 10), RhM 155 (2012) 1–40.
Kahrstedt 1910	Kahrstedt, U.: Forschungen zur Geschichte des ausgehenden fünften und des vierten Jahrhunderts, Berlin 1910.
Kahrstedt 1911	Kahrstedt, U.: Zur politischen Tendenz der Aristokrateia, Hermes 46 (1911) 464–470.
Kahrstedt 1916	Kahrstedt, U.: Art. ‚Iphikrates' (1), RE IX,2 (1916) 2019–2021.

Kahrstedt 1936	Kahrstedt, U.: Untersuchungen zur Magistratur in Athen, 1936.
Kahrstedt 1954	Kahrstedt, U.: Beiträge zur Geschichte der thrakischen Chersones, Baden-Baden 1954.
Kallet 1983	Kallet, L.: Iphikrates, Timotheos, and Athens, 371–360 B.C., GRBS 24 (1983) 239–52.
Kavvadias/ Matthaiou 2014	Kavvadias, G. / A.P. Matthaiou: A New Attic Inscription of the Fifth Century B.C. from the East Slope of the Acropolis, in: A.P. Matthaiou / R.K. Pitt (eds.), Ἀθηναίων ἐπίσκοπος. Studies in Honour of Harold B. Mattingly, Athen 2014, 51–72.
Kells 1965	Kells, J.H.: Rez. zu MacDowell, Athenian Homicide Law in the Age of the Orators, CR 15 (1965) 205–207.
Kelly 1990	Kelly, D.: Charidemos' Citizenship: The Problem of IG ii^2 207; ZPE 83 (1990) 96–109.
KG	Kühner, R.: Ausführliche Grammatik der griechischen Sprache. Teil II: Satzlehre, neu bearb. v. B. Gerth, 2 Bde., Hannover / Leipzig ^{3}1898–1904.
Kinzl 1976	Kinzl, K.H.: Miltiades' Parosexpedition in der Geschichtsschreibung, Hermes 104 (1976) 280–307.
Klee 1937	Klee, K.: Art. ‚Timotheos' (3), RE VI,A,2 (1937) 1324–1329.
Koch 1989	Koch, S.: Verstieß der Antrag des Aristokrates (Dem. 23,91) gegen die Gesetze?, Zeitschrift der Savigny-Stiftung für Rechtsgeschichte 106 (1989) 547–556.
Köhler 1867	Köhler, U.: Attische Inschriften, Hermes 2 (1867) 16–36.
Kolb 1996	Kolb, F.: Art. Agora, DNP 1 (1996) 267–273.
Kremmydas 2012	Kremmydas, C.: Commentary on Demosthenes, Against Leptines. With Introduction, Text and Translation; Oxford 2012.
Kühnlein 1882	Kühnlein, R.: De vi et usu precandi et iurandi formularum apud decem oratores Atticos, Progr. Neustadt an der Hardt 1882.
Kulesza 1995	Kulesza, R.: Die Bestechung im politischen Leben Athens im 5. und 4. Jahrhundert v.Chr., Konstanz 1995.
Kullmann 1943	Kullmann, E.: Beiträge zum aristotelischen Begriff der „Proairesis", Basel 1943.
Kurz 1970	Kurz, D.: AKPIBEIA. Das Ideal der Exaktheit bei den Griechen bis Aristoteles, Göppingen 1970.
Latte 1933	Latte, K.: Art. ‚Mord', RE XVI,1 (1933) 278–289.

Latte 1941	Latte, K.: Art. ‚Phreattys', RE XX,1 (1941) 759–760.
Lausberg 2008	Lausberg, H.: Handbuch der literarischen Rhetorik, Stuttgart ⁴2008.
Lehmann 2004	Lehmann, G.A.: Demosthenes von Athen. Ein Leben für die Freiheit, München 2004.
Lenschau 1949	Lenschau, Th.: Art. ‚Pammenes', RE XVIII,3 (1949) 298–299.
Lesky 1939	Lesky, A.: Art. ‚Orestes' (1), RE XVIII,1 (1939) 966–1010.
Leumann 1953	Leumann, M.: Deminutiva auf -ύλλιον und Personennamen mit Kennvokal ν im Griechischen, Glotta 32 (1953) 214–225.
Liddel 2020	Liddel, P.: Decrees of fourth-century Athens (403/2–322/1 BC), 2 vol., Cambridge 2020.
Lipsius	Lipsius, J.H.: Das attische Recht und Rechtsverfahren, 3 Bde. in einem Band, Leipzig 1905–1915, 2. Nachdruckauflage Hildesheim / Zürich / New York 1984.
Lotze 1959	Lotze, D.: Μεταξὺ ἐλευθέρων καὶ δούλων, Berlin 1959.
Loukopoulou/Parissaki/ Psoma/Zournatzi 2005	Loukopoulou, L.D. / M.-G. Parissaki / S. Psoma / A. Zournatzi (edd.), Inscriptiones antiquae partis Thraciae, quae ad oram maris Aegaei sita est, Athen 2005.
LSJ	Liddell, H. / Scott R.: A Greek-English Lexicon. A new edition, rev. ... by St. Jones / R. McKenzie, Oxford ⁹1940; Revised Supplement, ed. by P.G.W. Glare with the assistance of A.A. Thompson, Oxford 1996.
Manuwald 1999	Manuwald, B.: Platon, Protagoras. Übersetzung und Kommentar von Bernd Manuwald, Göttingen 1999.
MacDowell 1962	MacDowell, D.M.: Andokides, On the Mysteries, ed. with. introd., comm. and app. by Douglas M. MacDowell, Oxford 1962.
MacDowell 1963	MacDowell, D.M.: Athenian Homicide Law in the Age of the Orators, Manchester 1963.
MacDowell 1978	MacDowell, D.M.: The Law in Classical Athens, London 1978.
MacDowell 1990	MacDowell, D.M.: Demosthenes Against Meidias. Ed. with. Introd. and Comm. by Douglas M. MacDowell, Oxford 1990.
MacDowell 2009	MacDowell, D.M.: Demosthenes the Orator; Oxford 2009.
Martin 2006	Martin, G.: Forms of Adress in Athenian Courts, MH 63 (2006) 75–88.
McKay 1953	McKay, P.: Wine and Law in Ancient Times, in: Studies presented to D.M. Robinson, ed. by G.E. Mylonas, St. Louis 1953, 858–867.

McMullin 2001	McMullin, R.M.: Aspects of Medizing: Themistocles, Simonides, and Timocreon of Rhodes, CJ 97 (2001) 55–67.
Meiggs 1972	Meiggs, R.: The Athenian Empire, Oxford 1972.
Miller 1978	Miller, St.G.: The Prytaneion. Its Function and Architectural Form, Berkeley / Los Angeles / London 1978.
Miltner 1937	Miltner, F.: Art. ‚Triakontoros‘, RE VI,A,2 (1937) 2378–2379.
Mirhady 2007	Mirhady, D.C.: The Dikasts' Oath and the Question of Fact, in: A.H. Sommerstein (ed.), The Oath in Greek Society, Bristol 2007.
Mittelhaus 1921	Mittelhaus, K.: Art. ‚Kephisodotos‘ (2), RE XI,1 (1921) 230–231.
Mondrain 2014	Mondrain, B.: Le rôle des quelques manuscrits dans l'histoire du texte de Démosthène, in: J. Grusková / H. Bannert, Demosthenica libris manus scriptis tradita. Studien zur Textüberlieferung des Corpus Demosthenicum, Internationales Symposium in Wien, 22.–24. September 2011, Wien 2014, 199–226.
Mosley 1973	Mosley, D.J.: Envoys and Diplomacy in Ancient Greece, Wiesbaden 1973.
Oberhummer 1919	Oberhummer, E.: Art. ‚Kardia‘, RE X,2 (1919) 1932–1933.
Ogden 1997	Ogden, D.: Rape, Adultery and the Protection of Bloodlines in Classical Athens, in: S. Deacy / K.F. Pierce (edd.), Rape in Antiquity: Sexual Violence in the Greek and Roman Worlds, London 1997, 25–42.
Oehler 1907	Oehler, J.: Art. ‚Euergetes‘ (2), RE VI,1 (1907) 978–981.
Osborne 1981	Osborne, M.J.: Entertainment in the Prytaneion at Athens, ZPE 41 (1981) 153–170.
Osborne, Nat.	Osborne, M.J.: Naturalization in Athens, 4 Bde., Brüssel 1981–1983.
PA	Prosopographia Attica, ed. J. Kirchner, 2 Bde., Berlin 1901–1903.
Papillon 1998	Papillon, T.: Rhetorical Studies in the Aristocratea of Demosthenes, New York 1998.
Parke 1928	Parke, H.W.: When was Charidemus made an Athenian citizen?, CR 42 (1928) 170.
Parker 1983	Parker, R.: Miasma. Pollution and Purification in Early Greek Religion, Oxford 1983.
Pasquali 1934	Pasquali, G.: Storia della tradizione e critica del testo, Florenz 1934.

Paulsen 1999	Paulsen, Th.: Die Parapresbeia-Reden des Demosthenes und des Aischines. Kommentar und Interpretation zu Demosthenes, or. XIX, und Aischines, or. II, Trier 1999.
Peake 1997	Peake, S.: A Note on the Dating of the Social War, G&R 44 (1997) 161–64.
Pearson 1952	Pearson, L.: Prophasis and Aitia, TAPhA 83 (1952) 205–223.
Perlmann 1963	Perlmann, S.: The Politicians in the Athenian Democracy of the Fourth Century B.C., Athenaeum 41 (1963) 327–355.
Phillips 2008	Phillips, D.D.: Avengers of Blood. Homicide in Athenian Law and Custom from Draco to Demosthenes, Stuttgart 2008.
Plastow 2020	Plastow, C.: Homicide in the Attic orators. Rhetoric, Ideology, and Context, London / New York 2020.
Pokorny 1913	Pokorny, E.: Studien zur Griechischen Geschichte im sechsten und fünften Jahrzehnt des vierten Jahrhunderts v.Chr., Greifswald 1913.
Pritchett 1971	Pritchett, W.K.: The Greek State at War, Part I, Berkeley / Los Angeles 1971.
Pritchett 1974	Pritchett, W.K.: The Greek State at War, Part II, Berkeley / Los Angeles / London 1974.
Pritchett 1991	Pritchett, W.K.: The Greek State at War, Part V, Berkeley / Los Angeles / London 1974.
Quass 1971	Quass, F.: Nomos und Psephisma: Untersuchung zum griechischen Staatsrecht, München 1971.
Radford 1901	Radford, R.S.: Personification and the Use of Abstract Subjects in the Attic Orators and Thukydides, Part I, Diss. Baltimore 1901.
Radicke 1995	Radicke, J.: Die Rede des Demosthenes für die Freiheit der Rhodier (or. 15), Stuttgart 1995.
Rawlings 1975	Rawlings, H.R.: A Semantic Study of Prophasis to 400 B.C., Wiesbaden 1975.
Rehdantz, Index	Rehdantz, C.: Demosthenes' neun Philippische Reden für den Schulgebrauch erklärt von C.R., zweites Heft, zweite Abteilung: Indices, vierte verbesserte Auflage besorgt von F. Blass, Leipzig 1886.
Rehdantz / Blass	Rehdantz, C. / F. Blass: Demosthenes. Ausgewählte Reden, I 1, Leipzig ⁹1909 (besorgt von K. Fuhr), I 2,1 ⁶1905, II ²1910 (besorgt von K. Fuhr).
Reincke 1936	Reincke, G.: Art. ‚Timomachos' (3), RE VI A,1 (1936) 1291–92.

Reincke 1937	Reincke, G.: Art. ‚Pelopidas', RE XIX,1 (1937) 375–380.
Reiske, app.	Apparatus critici ad Demosthenem, vol. II, tenens Wolfii, et partim Taylori quoque Annotationes … tum proprias quoque Io. Iacob. Reiske annotationes ad Demosthenem, Leipzig 1774.
Reiske, ind.	Indices operum Demosthenis, confecit I.I. Reiske, Leipzig 1775.
Rhodes 1981	Rhodes, P.J.: A Commentary on the Aristotelian *Athenaion Politeia*, Oxford 1981.
Rhodes 1972	Rhodes, P.J.: The Athenian Boule, Oxford 1972.
Robertson 2010	Robertson, N.: Religion and Reconciliation in Greek Cities. The Sacred Laws of Selinus and Cyrene, Oxford 2010.
Roisman 2006	Roisman, J.: The Rhetoric of Conspiracy in Ancient Athens, Berkeley 2006.
Rösiger	Rösiger, F.: Demosthenes. Ausgewählte Staatsreden, Bd. I: Die hellenischen Reden: Über die Symmorien. Für die Freiheit der Rhodier. Für die Megalopoliten (XIV–XVI). Für den Schulgebrauch erklärt von F. Rösiger, Paderborn 1892.
Roschatt	Roschatt, A.: Die synonymen Verbindungen bei den attischen Rednern, Freiburg 1896.
Ruge 1941	Ruge, W.: Art. ‚Phrygia (Topographie)', RE XX,1 (1941) 781–868.
Ruschenbusch 1960	Ruschenbusch, E.: Φόνος. Zum Recht Drakons und seiner Bedeutung für das Werden des athenischen Staates, Historia 9 (1960) 129–154.
Ruschenbusch 2010	Ruschenbusch, E.: Solon: Das Gesetzeswerk – Fragmente. Übersetzung und Kommentar, Stuttgart 2010.
Samuel 1972	Samuel, A.E.: Greek and Roman Chronology. Calendars and Years in Classical Antiquity, München 1972 (HdA 1,7).
Scafuro 2016	Scafuro, A.C.: Review of M. Canevaro, The Documents in the Attic Orators: Laws and Decrees in the Public Speeches of the Demosthenic Corpus, Grammateion 5 (2016) 73–82.
Schaefer 1864	Schaefer, A.: Die Einnahme von Sestos durch die Abydener, RhM 19 (1864) 609–610.
Schaefer	Schaefer, A.: Demosthenes und seine Zeit, Leipzig, Bd. I ²1885, Bd. II ²1886, Bd. III ²1887, Bd. IV 1888.
Schäfer 1938	Schäfer, H.: Art. ‚Philokrates' (4), RE XIX,2 (1938) 2495–2496.
Scharff 2016	Scharff, S.: Eid und Außenpolitik. Studien zur religiösen Fundierung der Akzeptanz zwischenstaatlicher Vereinbarungen im vorrömischen Griechenland, Stuttgart 2016.

Schäublin 1971	Schäublin, Ch.: Wieder einmal prophasis, MH 28 (1971) 133–144.
Schindel 1963	Schindel, U.: Demosthenes im 18. Jh., München 1963.
Schindel 1987	Schindel, U. (Hrg.): Demosthenes, Darmstadt 1987.
Schmalz 2006	Schmalz, G.: The Athenian Prytaneion Discovered?, Hesperia 75 (2006) 33–81.
Schmitt 1963	Schmitt, H.H.: Art. ‚Python' (4), RE XXIV (1963) 611–613.
Schmitt 1969	Schmitt, H.H.: Die Staatsverträge des Altertums, Bd. 3: Die Verträge der griechisch-römischen Welt von 338 bis 200 v.Chr., München 1969.
Schmitz 2000	Schmitz, W.: Art. Phayllos (1), DNP IX (2000) 759.
Schmitz 2001	Schmitz, W.: „Drakonische Strafen": die Revision der Gesetze Drakons durch Solon und die Blutrache in Athen, Klio 83 (2001) 7–38.
Schöpsdau 2011	Schöpsdau, K. (Hrsg.): Platon, Nomoi (Gesetze), Buch VIII–XII. Übersetzung und Kommentar, Göttingen 2011.
Schröder 1990	Schröder, St.: Plutarchs Schrift De Pythiae oraculis. Text, Einleitung und Kommentar, Stuttgart 1990.
Schuller 1974	Schuller, W.: Die Herrschaft der Athener im Ersten Attischen Seebund, Berlin / New York 1974.
Schulthess 1919	Schulthess, O.: Art. ‚καταποντισμός', RE X,2 (1919) 2480–2482.
Schwenn 1934	Schwenn, F.: Art. ‚Teukros (2)', RE V A,1 (1934) 1123–1131.
Schwyzer	Schwyzer, E.: Griechische Grammatik (HdA II 1). Bd. I: Allgemeiner Teil, Lautlehre, Wortbildung, Flexion, München 1939. Bd. II: Syntax und syntaktische Stilistik, vervollst. u. hrsg. v. A. Debrunner, München 1950. Bd. III: Register, v. D.J. Georgacas, München 1953, ²1960. Bd. IV: Stellenregister, hrsg. v. S. u. Fr. Radt, München 1971, ²1994.
Seaford 1984	Seaford, R.A.: Cyclops of Euripides, ed. with introd. and comm. by R.A.S. Seaford, Oxford 1984.
Sealey 1955	Sealey, R.: Dionysius of Halicarnassus and Some Demosthenic Dates, REG 68 (1955) 77–120.
Sealey 1984	Sealey, R.: On Lawful Concubinage in Athens, Classical Antiquity 3 (1984) 111–133.
Sealey 1993	Sealey, R.: Demosthenes and His Time, New York / Oxford 1993.

Shear 2007	Shear, J.: Cultural Change, Space and the Politics of Commemoration in Athens, in: R. Osborne (ed.), Debating the Athenian Cultural Revolution. Art, Literature, Philosophy, and Politics 430–380 BC, Cambridge 2007, 91–115.
Silver 2018	Silver, M.: Slave-Wives, Single Women and "Bastards" in the Ancient Greek World. Law and Economic Perspectives, Oxford / Philadelphia 2018.
Snell 1930	Snell, B.: Das Bewusstsein von eigenen Entscheidungen im Griechischen, Philologus 85 (1930) 141–158.
Snodgrass 1967	Snodgrass, A.M.: Arms and Armour of the Greeks, London / Southampton 1967.
Sommerstein 2014	Sommerstein, A.H.: Menander and the Pallake, in: Menander in Contexts, ed. by A.H. Sommerstein, New York 2014, 11–23.
Sosin 2016	Sosin, J.D.: Death on a Road (Dem. 23.53), Historia 65 (2016) 155–169.
Stadter 1989	Stadter, Ph.A.: A Commentary on Plutarch's Pericles, Chapel Hill / London 1989.
Stein	Herodotus erklärt von H. Stein, Bd. I,1 Berlin ⁵1883, Bd. I,2 Berlin ⁴1881, Bd. II Berlin ²1868; Bd. III Berlin ²1866; Bd. IV Berlin ⁵1889, Bd. V Berlin ⁵1893.
Stengel 1910	Stengel, P.: Opferbräuche der Griechen, Leipzig 1910.
Stengel 1914	Stengel, P.: Zu den griechischen Schwuropfern, Hermes 49 (1914) 90–101.
Stier 1938	Stier, H.E.: Art. ‚Phayllos' (1), RE XIX,2 (1938) 1902–1903.
Stroud 1968	Stroud, R.S.: Drakon's Law on Homicide, Berkeley / Los Angeles 1968.
Stroud 1979	Stroud, R.S., The Axones and Kyrbeis of Drakon and Solon, Berkeley / Los Angeles 1979.
Süß 1910	Süß, W.: Ethos. Studien zur älteren griechischen Rhetorik, Leipzig 1910.
Swoboda 1905	Swoboda, H.: Beiträge zur Griechischen Rechtsgeschichte, Weimar 1905.
Tausend 1992	Tausend, K.: Amphiktyonie und Symmachie: Formen zwischenstaatlicher Beziehungen im archaischen Griechenland, Stuttgart 1992.
Taylor 2001	Taylor, C.: Bribery in Athenian Politics, Part I: Accusations, Allegations and Slander, G&R 48 (2001) 53–66.

Thiel 1928	Thiel, J.H.: De Antiphontis oratione prima, Mnemosyne 56 (1928) 81–92.
Thompson/ Wycherley 1972	The Athenian Agora. Results of Excavations conducted by The American School of Classical Studies at Athens. Volume XIV: The Agora of Athens: The History, Shape and Uses of an Ancient City Center, by H.A. Thompson and R.E. Wycherley.
Threatte	Threatte, L.: The Grammar of Attic Inscriptions, vol. I: Phonology, Berlin / New York 1980, vol. II: Morphology, Berlin / New York 1996.
Thür 1991	Thür, G.: The Jurisdiction of the Areopagos in Homicide Cases, in: Symposion 1990. Vorträge zur griechischen und hellenistischen Rechtsgeschichte, hrsg. v. M. Gagarin, Köln / Weimar / Wien 1991, 53–72.
Thür 1997a	Thür, G.: ‚Asylia', DNP 2 (1997) 143.
Thür 1997b	Thür, G.: Art. Diomosia, DNP 3 (1997) 619.
Tod 1948	Tod, M.N.: A Selection of Greek Historical Inscriptions, vol. II: from 403 to 323 B.C., Oxford 1948.
Todd 2007	Todd, S.C.: A Commentary on Lysias. Speeches 1–11, Oxford 2007.
Traulsen 2004	Traulsen, Ch.: Das sakrale Asyl in der Alten Welt, Tübingen 2004.
Trevett 2018	Trevett, J.: Authenticity, Composition, Publication, in: The Oxford Handbook of Demosthenes, ed. G. Martin, Oxford 2018, 419–430.
Tvetkova 2007	Tvetkova, J.: "The War Over the Chersones". Zur Chronologie und Periodisierung des athenisch-odrysischen Konflikts um die thrakische Chersones, in: Thrace in the Greco-Roman World, Proceedings of the 10th International Congress of Thracology, Komotini – Alexandroupolis 18–23 October 2005, Athen 2007, 657–668.
Usteri 1903	Usteri, P.: Ächtung und Verbannung im griechischen Recht, Berlin 1903.
Vahlen 1911	Vahlen, J.: Gesammelte philologische Schriften I, Leipzig / Berlin 1911.
van Bennekom 1962	van Bennekom, R.: καὶ γὰρ οὖν and καὶ γὰρ τοι, Mnemosyne 15 (1962) 393–394.
Verdenius 1964	Verdenius, W.J.: Ἄνω καὶ κάτω, Mnemosyne 17 (1964) 387.

Velissaropoulos-Karakostas 1991	Velissaropoulos-Karakostas, J.: Νηποινεὶ τεθνάναι, in: Symposion 1990. Vorträge zur griechischen und hellenistischen Rechtsgeschichte, Köln / Weimar / Wien 1991, 93–105.
Volonaki 2000	Volonaki, E.: «Apagoge» in Homicide Cases, Dike 3 (2000) 147–176.
von Scala 1898	von Scala, R.: Staatsverträge des Altertums, Leipzig 1898.
Vorndran 1922	Vorndran, L.: Die Aristocratea des Demosthenes als Advokatenrede und ihre politische Tendenz, Paderborn 1922.
de Vries 1927	de Vries, M.: Pallake, Amsterdam 1927.
Wachsmuth 1895	Wachsmuth, K.: Art. Ἄρειος πάγος, RE II,1 (1895) 627–628.
Walter 1993	Walter, U.: An der Polis teilhaben. Bürgerstaat und Zugehörigkeit im archaischen Griechenland, Stuttgart 1993.
Wankel	Wankel, H.: Demosthenes, Rede für Ktesiphon über den Kranz, erläutert und mit einer Einleitung versehen von H. W., 2 Bde., Heidelberg 1976.
Wankel 1982	Wankel, H.: Die Korruption in der rednerischen Topik und in der Realität des klassischen Athen, in: W. Schuller (Hg.), Korruption im Altertum. Konstanzer Symposium Oktober 1979, München / Wien 1982, 29–53.
Wankel 1988	Wankel, H.: Demosthenes' erste freiwillige Trierarchie und die Datierung des Euböauntemehmens im Jahre 357, ZPE 71 (1988) 199–200.
Weiskopf 1989	Weiskopf, M.: The So-called "Great Satraps' Revolt", 366–360 B.C.: Concerning Local Instability in the Achaemenid Far West, Stuttgart 1989.
Welwei 2002	Welwei, K.-W.: Art. ‚Xenoi', DNP 12/2 (2002) 616–617.
Welwei 2011	Welwei, K.-W.: Griechische Geschichte. Von den Anfängen bis zum Beginn des Hellenismus, Paderborn 2011.
West 1966	West, M.L.: Hesiod, Theogony, edited with prolegomena and commentary by M.L. West, Oxford 1966.
Westlake 1935	Westlake, H.D.: Thessaly in the Fourth Century B.C., London 1935 (repr. 1969).
Will 2013	Will, W.: Demosthenes, Darmstadt 2013.
Wohl 2018	Wohl, V.: Jurisdiction and Jurisprudence: the Topography of Law in Demosthenes 23 *Against Aristokrates*, in: Use and Abuse of Law in the Athenian Courts, ed. by C. Carey / I. Giannadaki / B. Griffith-Williams, Leiden / Boston 2018, 234–248.

Wolff 1970	Wolff, H.J.: ‚Normenkontrolle' und Gesetzesbegriff in der Attischen Demokratie, Heidelberg 1970.
Worthington 2013	Worthington, I.: Demosthenes of Athens and the Fall of Classical Greece, Oxford 2013.
Wyse	Wyse, W.: The Speeches of Isaeus, Cambridge 1904.
Yunis 1988	Yunis, H.: Law, Politics, and the *Graphe Paranomon* in Fourth-Century Athens, GRBS 29 (1988) 361–382.
Zahrnt 2008	Zahrnt, M.: Gab es in Thrakien zwei Städte namens Mesambria? Überlegungen zur samothrakischen Peraia, in: L.D. Loukopoulou / S. Psoma, Thrakika Zetemata I, Athen 2008, 87–120.
Zajonz 2014	Zajonz, S.: Apagoge bei Tötungsvorwurf. Ein neuer Vorschlag zum Verständnis von Dem. 23,80, RhM 157 (2014) 251–271.
Zakowski 2014	Zakowski, S.: Εἰπέ μοι as a Parenthetical: A Structural and Functional Analysis, from Homer to Menander, GRBS 54 (2014) 154–191.
Ziehen 1937/39	Ziehen, L.: Art. ‚Olympia', RE XVII,2 (1937) 2520–2536 und XVIII,1 (1939) 1–71.
Ziehen 1939	Ziehen, L.: Art. ‚Τρίττοια', RE VII A1 (1939) 328–330.
Zingg 2017	Zingg, E.: Isokrates: Archidamos. Einleitung, Text, Übersetzung und Kommentar, Düsseldorf 2017.

Register

1. Stellen (in Auswahl)

Ael. Arist. orr.
6, p. 38,23f. J.	266
13, p. 173,29 J.	212
29, p. 369,2 J.	310
34, p. 438,2 J.	530
45, p. 4,20 J	530
26, p. 323,20ff. J.	512
54, p. 170 J.	590

Aeschin. Socr.
Alk. fr. 9	201

Ain. Takt.
29,2	578

Aischin. or. 1
2	221
35	288
39	209
40	497
92	333
120	209
141	184
163	261, 288
175	479
177f.	382
178	545
183	454
191	433

Aischin. or. 2
2	173
26ff.	427, 497
32	427
34f.	3 Anm. 6
80	463
87	337
98	545
101	545
103	545
114	545
117	392
139	619
149	593
172	603
176	576
180	3 Anm. 5
183	626

Aischin. or. 3
6	409
7	575
20	219
29	204
33	231
59	209
66	185
70	185
78	578
89	559
117	168
137	316
156	446
158	391
163	593
173	3 Anm. 5
177f.	584f.
183ff.	589
186	616
187	440
200	291
207	209
217	568
243	590
244	354
249	456
251	446
259	616

[Aischin.] ep.
5,5   587
11,6   573

Aischyl. Ag.
1056   547

Aischyl. Eum.
448   347
449f.   347
452   347
487   332

Aischyl. Sept.
65   528
663   396

Aischyl. Suppl.
1016   467

Anaximenes FGrHist 72
F 5–6   537

And. or. 1
9   209
18   264
23   255
25   264
29   349
38   485
81   317
83   317
84   243
87   380
90   576
94   260, 262
95   312
101   464
107   503
108   599
110   386
122   557
132   571
139   631
150   607

And. or. 2
7   582
10   446

13   345
15   386

And. or. 3
3   603
7   383
13   447
18   451

Antiph. or. 1
13   288
17   325
21   209, 467
22   220
30   364

Antiph. 2
2,9   269
4,1   505
4,7   469

Antiph. 3
2,3   505

Antiph. 4
2,1   287
4,1   233, 339
4,7   287

Antiph. or. 5
10   230, 379
11   324bis, 335
13   233, 339
23   317
37   575
78   589
88   227, 336

Antiph. or. 6
4   261, 335
6   227
9   571
14   324
16   324
25   503
34   272
34ff.   571
42   364
44ff.   571

47	195, 255	900	575
		901	575
Apollod.			
3,14,2	331	*Aristoph. Ran.*	
		5a	606
Apoll. Rhod.		89	525
4,693	347	302	581
4,704ff.	347	1156f.	345
Archilochos		*Aristoph. Thesm.*	
330,3 W.	375	331ff.	404
		860	598
Aristoph. Av.			
1035f.	261	*Aristoph. Vesp.*	
1046	323	517	448
		567	606
Aristoph. Ekkl.		609	534
473ff.	430	690	534
934	598	1445	323
Aristoph. Equ.		*Aristot. Ath. pol.*	
255	534	2,2	253
280f.	354	4,1	317
573ff.	354	7,1	214, 318
		16,10	318
Aristoph. Lys.		42,1	301
186	337	52,1	362
558	476	53,5	313
1165	331	55,5	337
		57,2	272
Aristoph. Nub.		57,3	215, 219, 220, 294, 344, 350, 357
207f.	174		
208	631	57,4	262
587ff.	430	61,2	534
784	624		
1185f.	263	*Aristot. eth. Eud.*	
1221	323	1226b35ff.	282
1231	615		
1398	419	*Aristot. eth. Nic.*	
		1109b31f.	465
Aristoph. Pax		1123b1f.	606
169ff.	18 Anm. 77	1135b16f.	265
271f.	485	1168a1f.	587
1067f.	437	1170b22f.	319
Aristoph. Plut.		*Aristot. metaph.*	
552	280	1044b4	165
572	409	1087b28	165
796	575		

Aristot. pol.
1269a36ff.	592
1275b22f.	622
1287a26	401
1289b28f.	489
1292a6ff.	382
1297b24f.	481
1307a16	481
1311b20ff.	441
1339b7f.	288

Aristot. rhet.
1368b6f.	175
1368b7ff.	316
1373b4ff.	316
1374b6f.	265
1375a10	503
1375a29f.	401
1378b23ff.	304
1380b11ff.	416
1388b17f.	566
1389b23ff.	446
1395a26ff.	446
1411a14f.	5 Anm. 10
1411a15f.	618

Athenaios
131A	461
531Fff.	432

Cass. Dio
40,38,3	560
44,53,6	479
47,27,1	560
52,11,3ff.	396
59,10,2	475
73,2,3	479

Cic. de inv.
2,113	585

Dein. or. 1
1	330, 493
6	219
17	555
33	165
35	338
36	528
43f.	565
46f.	404
47	594
75	590
87	331
96	624
111	3 Anm. 5

Dein. or. 2
4	594
14	438
15	594
16	404
26	566

Dein. or. 4
31	575

Dem. or. 1
1	478
2	212, 445
3	423, 490
4	410
5	481
7	271
8	548bis
9	547
10	430
12	445, 468, 495, 530, 563
13	190, 561
15	248, 281
19	270, 507
20	355, 428
21	418, 510
22	428, 594
23	490
24	528
25	467
26	174, 395, 445

Dem. or. 2
1	420, 430
2	174, 507
3	397, 445
4	428
5	212
6	174, 436, 495, 530
7	434
8	562
9	342

10	240, 458	14	227, 302
14	532	17	548
16	555	18	453, 561
17	581	20	212, 308
18	418, 479	22	358
19	432	23	496
22	205, 410, 429	24	448, 590
23	568	28	309
24	430, 450, 568	29	594
25	315	31	359, 530
26	347	32	309
28	194	33	383
31	323	34	594
		36	192, 600, 615
Dem. or. 3		38	165, 433
1	292	41	227, 548, 555
2	378, 493	42	445
3	491, 600	44	471, 558, 568
8	428, 452	45	309
10	489	46	417, 458, 509, 547
12	440	48	365, 481
13	165	50	490
14	507		
16	308, 480, 490, 633	*Dem. or. 5*	
16f.	471	3	208, 410
18	423	4	174
21	442	5	501
22	469	6	164
23	212, 302, 601	7	483
25ff.	608	8	225
26	608, 610	9	545
27	273, 537	10	545
29	610, 611, 614	11	429
30	388, 429bis	11f.	599
30ff.	615	12	594, 595
31	388	13	417, 489
32	346	14	460
33	559, 595	15	489
34	594	20	315
36	597, 618	21	194
56	578	23	256, 551
61	578	24	246
		25	472
Dem. or. 4			
2	597	*Dem. or. 6*	
9	205, 490, 539, 568, 600	3	165, 611
10	365	5	600
11	178	6	212, 227, 435
12	309, 430	7	196

8	378	31f.	600
9	519	32	176
10	271	33	177
11	625	35	306
12	429	35ff.	418
13	411	36	194, 439
18	528	36f.	572
19	434, 451	37	419, 451, 452, 473
20	208, 542	38	493
21	323, 481	40	481
22	190	42	251
23f.	438	43	481
24	451, 558	44	281, 434
27	422	49	573
29	249	51	248
30	249	53	568
31	545, 600	55	292, 321, 472
33	445, 555, 600	56	429
37	231, 304	57	399
		58	501
[Dem.] or. 7		59	302, 451
3	400	60	196, 527
18	195	61	458
20	458	62	545, 625
22	195	63	437
27	436	64	332, 471, 483
29	593	65	190, 286
33	439	66	483, 600, 614
39	211	70	469, 561, 606
45	456	73	581
		74	266, 315, 471
Dem. or. 8		76	323
1	210		
2	167	*Dem. or. 9*	
4	399	1	249, 545
10	435	3	165, 600
11	271, 315	5	597
13	504	7	493
16	419	9	535
17	264, 450	10	281
18	191, 445	12	618
20	418	15	248, 308, 460
22	306, 615	16	308, 540
23	306, 422	17	514
24	278	19	246
24f.	315	20	439
25	595	21	196, 495, 530
26	529, 594	23	251
30	474	24	467

25	302, 430	48	600
26	481	49	271
28	597	50	451
31	598	53	600
34	454	54	489, 600
34f.	471	56	568
36	429, 555bis	57	321
38	376	60	191, 399
39	326	61	451
44	266	62	196, 528
45	593	64	545, 625
47	281	65	332
48	456	67	190
50	559	68	614
52	448	70	532
53	483	71	542
54	445	75	470, 568
55	474, 483	76	522, 532, 600
57	323, 483		
59	430	*[Dem.] or. 11*	
60	443, 538	7	274
61	479	8	461
62	533	18	595
63	429, 460, 483	19	526
65	445		
68	482	*[Dem.] or. 12*	
69	321, 531	5	496
71	395	6	467
73	281	21	592
Dem. or. 10		*[Dem.] or. 13*	
1	271	2	165
3	168, 246, 568	7	474
4	474, 476, 600	17	334
6	493	19	195, 615
7	573	21	587
9	470	22	589
10	196, 448	23	591, 592
11	271, 444	24	593
15	281	25	346
27	248	28ff.	608
28	347	29	608
30	271, 600	30	610
31	271, 272, 529	32	594
35	410		
37	334	*Dem. or. 14*	
38	485	1	618
46	206, 418, 514	3	256, 566
47	620	4	529

5	580	10	424
7	478	11	576
13	477, 614	13	452, 565
18	231	14	271, 577, 579
22	531	15	514, 579
25	470	18	323
29	424	19	460bis
30	424	26	470
33	410, 426	27	210, 228
35	545	28	196
36	199	29	465
38	246	31	272, 413
39	445		
40	279, 424, 440	*[Dem.] or. 17*	
41	173	16	264
		19	400
Dem. or. 15			
1	176	*Dem. or. 18*	
2	489	1	493
3	620	4	173
4	271	6	207, 302
9	6 Anm. 15, 435, 532	7	346, 504
10	245	9	177, 212, 408
11	201, 580	10	209, 210, 224
12	519	11	206
13	323, 614	13	173, 195, 231, 347, 533
16	310, 576	19	565
17	405	20	514
18	353	21	496
19	470, 481, 545	22	399
20	481	23	582
21	272, 560	24	302, 425, 428, 458
22	291, 514	25	270, 545
23	422	26	348
24	449	27	545
26	185	30	537, 568
28	422, 446, 580	32	192, 367, 540, 561
29	477	34	207, 504
30	451	35	395, 439, 467
32	467	37	504
33	439	40	196, 418, 468, 600
34	195	42	326
35	618	43	428, 443
		44	196
Dem. or. 16		45	227, 615
1	428, 560	46	451
3	206, 272, 410	47	246, 438
4	196, 413	48	334, 532, 598
5	532	49	248

50	408, 425	134	219, 600
53	223, 413, 488	135	504
58	224	136	458, 521
59	408, 459	137	504
60	193	138	425
61	409	139	316, 490
63	387	140	489
65	481	141	195, 627
66	326, 348, 451, 492, 514	143	627
68	419, 422, 606, 616, 625	144	409
69	211	145	496
71	196	148	328
73	400	149	211
80	567	150	460, 474
82	288, 467	153	330, 432
86	328, 492, 547	158	365
88	280, 492	160	172, 306
89	474, 529, 537, 558	163	326
93	459	171	249
93f.	423	173	492
94	567, 574	174	510
95	212, 385, 578	175	574
95ff.	576	176	208, 435, 578
96ff.	577	178	493
97	514	180	424, 526
98	467	188	545
99	479	189	424
100	425	190	594, 619
101	314	192	283, 314, 459
102	326, 594	193	228
107	401, 465	195	414
108	440	196	189, 212, 566, 571, 609
109	457	199	338, 470, 489
110	489	200	424, 428
111	555	201	428
112	420, 532	202	593
113	223, 248	203	348
114	306, 395bis	204	618
117	314, 325	205	246, 248, 339
120	326, 580	208	587
121	318, 409	209	594
123	182, 383	211	326
126	181, 467	212	488, 594, 597, 620
127	598	217	326, 532
128	594	219	442, 448, 489
129	496, 573	222	309
131	399	223	425
132	428	224	344
133	219	227	224

229	191, 212	318	537
230	359	324	479
233	209, 225, 455		
235	231, 625	*Dem. or. 19*	
240	496	2	204, 365
242	582	3	383
243	482, 490	4	222
244	399, 594	5	204
246	474, 558	6	430
247	199	7	249, 250, 580
248	555	9	249
251	451	12	552, 582
252	209, 309	17	532, 533
253	430	22	418
255	468	24	417
257	430	25	415, 571
258	425, 547, 617	26	173
260	470	28	579, 606
261	512	29	504
264	425	30	251
267	432	33	456
269	177, 383	36	545
271	493	39	582
272	514	44	348
273	326	47	183
274	271	48	532
275	250, 316	50	633
276	358, 522, 626bis	52	582
277	479, 551	53	334, 533, 545
279	376	54	421
281	559	55	346, 361, 450
282	404	59	417
284	452, 473	61	440
286	324	62	567
288	413, 420	63	273
290	594	64	348, 451
291	510, 552	65	467
292	514	66	616, 617
293	223, 249	67	196
294	470	69	195
295	472	70	231, 404
300	246, 334	72	424
301	227, 359	74	558
302	492	75	618
307	457, 492	76	431
308	246, 530, 532	77	196
311	624	79	610
312	579	80	424
316	575	81	192, 291

Register

82	405bis	201	225, 399, 426
85	453	202	251, 424, 579
87	530, 563	203	399, 410
90	558	204	555
94	173, 348, 493	205	211
95	231, 358, 440	206	249, 532
97	445	208	429
99	610	209	361
100	246	218	359, 532
101	434	219	558
104	441	220	337, 478
109	572	221	424
118	323, 421	223	440, 606
120	361, 429	226	228, 457
124	348	227	489
127	361	228	448
134	565, 576	229	365, 470
137	338, 525	231	441
138	414	234	373, 572
142	594	238	620
146	270, 504	239	631
149	194	240	201, 348
150	533	241	414
155	568	242	365, 391
156	510	243	400
158	246, 560	246	246
160	467	247	559
161	504, 598	250	227, 246, 440
164	545, 561	251	465
165	504, 568	252	194, 424
166	568	253	521
167	192	257	334, 413, 572
170	504	258	546
171	582	260	445
173	292	261	414, 485, 555
174	467, 582	263	434
175	537	267	395, 509
179	409, 579	268	441
180	5 Anm. 10, 470, 534	272	485
181	561	273	323, 605
182	231, 496	274	625
183	204	276	323
187	229, 426	277	422, 446, 460
188	205, 365	278	334
189	365	279	249
190	246, 414	280	467
195	272	281	231bis, 304
196ff.	432	282	624
197	440	284	535

285	227	29	250, 288, 302, 346
286	199	30	400
288	211	33	425, 619
290	429	35	429
293	351	36	488
294	441	38	307
295	348	39	418, 419
296	458	41	397
297	425	43f.	469
303	495, 530	45	454
304	249	47	228, 387
307	246, 273	51	348
309	249, 441	52	425
311	291, 563	53	620
312	249, 587, 618, 625	55	467
315	326, 441, 495	56	454, 531
319	501	57	551
320	615	58	246, 378
321	397, 525	60	567
326	558	62	566
330	441, 485	65	174
331	374	67	454
332	424, 549	68	542
339	595	69	283, 589
340	535	72	590
343	434	73	414
		74	455
Dem. or. 20		75	212, 460, 598
1	225, 432	76	467, 470
2	174, 195, 223, 454	77	624
3	400, 430	79	454, 624
5	437, 573	80	590
6	281	81	422
7	223, 399	82	440, 454, 575
8	397, 476	83	451, 590
10	397	84	373, 388, 480, 590, 598
11	212, 439, 489	85	454
12	468	87	616, 617
13	183	88	419
15	223	95	616
16	174	97	403, 562
17	223	98	374, 397, 445
18	183, 347, 590	99	378, 454, 493
20	251, 355	100	195, 249, 404, 405
21	355, 429	101	249, 504
23	424	105	456
24	399, 478	106	246, 291
25	428, 429, 594	107	425
28	346, 452, 478, 528, 623	109	514

112	204, 399, 426	28	405
113	460	30	360, 433
114	459, 460	33	267, 414
115	504	34	188
117	414	35	608
118	401, 409	36	365
119	358, 441	37	407
120	354	38	432, 465
124	166	39	401, 414, 567
125	196, 272	40	405, 408
126	336	41	411, 450
131	210, 223	42	409
132	565	43	233, 242, 279, 282
135	169, 174, 534	44	429
138	392, 414, 423, 476	46	268, 376, 397, 458
139	571, 578	47	242
141	348, 590	49	418
142	489, 606	55	228, 384
144	12 Anm. 45, 364, 408, 417	58	489
		60	249, 265
145	281, 399, 424, 482	61	228, 306
146	455	62	442
152	207	63	463
154	626	64	192
155	445	65	249, 376
156	228, 352	66	545
157	360, 559	67	304
158	223, 250, 267, 273, 302, 306	69	514
		71	246
162	190, 272	72	467, 475
163	323, 479, 627	73	424, 432
164	433	76	304, 434
165	631	77	212
166	430, 450	78	525
166f.	405	80	445
167	208, 627	81	304, 619
		83	514
Dem. or. 21		85	539
1	304	86	530
4	189, 401, 497	87	272
7	443	90	173
9	192	91	512, 555, 619
11	605	92	174, 328
14	510	96	348
17	511	97	434, 602
18	542	98	451, 562
20	268	101	376
24	208, 424	103	174, 454
26	232, 290, 489	104	228, 360, 365, 445

105	264, 348	198	626
106	591	200	288, 352
108	538	201	398, 452
109	470, 488, 610	202	193, 579
110	174, 192, 373, 627	204	522, 626
111	268	205	408
112	231, 417, 561	206	397
113	319	209	521, 598
116	425, 631	211	204
117	338	214	396
118	273	216	273, 404
119	335, 347, 488, 609	217	304
120	270, 273	220	433
121	335, 504	222	404
123	246	223	566
124	415	227	173, 434
125	627		
126	245	*Dem. or. 22*	
130	205, 206	1	165, 501
131	491, 600, 625	1ff.	164
132	425	2	445
135	608	4	196, 225, 394, 399
139	339	5	168, 195, 293
141	576	7	406bis
142	420	8	346
143	420	9	168, 293
143ff.	603	10	195
144	190	13	328, 447
145	188	14	548
151	401, 431	15	620
152f.	210	16	574
154	209, 210	17	391, 424, 599
157	231, 619	19	205
158	452, 473	20	439
160	212	21	173, 366, 504
165	495	22	183, 257, 504
166	231, 288, 352, 495, 562	26	366
169	338, 549	27	366
173	317, 542	28	366
174	504, 546	29	231, 304
175	181, 420, 595	31	532
179	549	32	168, 293, 537, 545, 578
180	432	34	626
182	595	35	626
183	552	37	583
184	212, 626	39	558
189	173	41	355
195	252, 501	43	361
196	326	44	338, 439, 605

Register 669

45	605	47	195
47	537	48	231
48	205	51	307
49	255	53	199, 259, 355, 425
51	426	57	221
52	248, 488, 594	58	451
55	249, 265	59	380, 382, 428, 630
58	443	60	419
59	391	67	419
60	210, 334	68	224, 569
62	432	69	534, 594
63	465	70	321, 381, 451
64	562	72	221
65	439	74	232, 439
66	423, 571	75	429
70	414	76	426, 454
71	467, 547	78	344
72	240	79	224, 510
73	326, 347, 521	82	291
74	600	83	232, 248
76	609	85	454
77	438	87	474
78	617	88	230, 250
		89	205
Dem. or. 24		90	204, 255, 367
1	426, 489	91	317, 430, 439
2	232	94	273, 418
3	366	96	307, 382
5	323, 625	99	231
6	207, 429	101	434
7	366, 432, 511, 568, 599	105	362
8	528	106	437
9	267	107	594
13	455	111	542
15	480	113	240
16	192	115	288, 352
19	205, 206, 212, 596	120	168, 293, 429, 469
24	397	122	417
25	204	123	306, 451
28	195, 231	124	614
30	270, 384	127	575
31	394	135	430
32	231, 618	137	245
34	227, 244	138	605
36	310	142	414
37	171, 557	143	304
38	205, 374	144	424
43	250	146	573
44	178	147	280, 283

149	280	42	465
149ff.	208, 401, 409	54	609
151	404	56	599
152	228, 535	65	573
155	272	66	441
157	472	68	320
161	255	73	450
162	605	77	450, 509
163	426	84	246
164	488, 594	86	396
167	249	95	173
170	562	100	615
171	425, 514	101	581
173	423		
178	414	*[Dem.] or. 26*	
179	467, 547	6	279
180	240	21	465
181	326, 347, 521	22	610
182	326, 600	23	485, 631
184	609	25	569
185	438		
186	617	*Dem. or. 27*	
187	204, 391, 424, 633	3	167, 326
188	411	12	212
189	173	18	633
191	168	26	633
194	552	28	270
196	619	40	167
198	425, 594	45	476
200	454	49	319
201	178, 615	53	547
202	583	54	246, 291
204	454	59	400
205	451	64	270
206	231, 304	68	389
208	173	69	616, 617
209	419		
210	450	*Dem. or. 28*	
215	395	6	201, 256
		11	259
[Dem.] or. 25		13	259
4	617	16	378
11	349		
13	573	*Dem. or. 29*	
28	344	2	338
30	396	4	208
35	349	5	326
38	419	14	429
41	422	36	419

Register 671

40	528	42	195, 392
		45	367
Dem. or. 30			
2	173	*Dem. or. 36*	
3	419	2	395
5	167, 326	12	414
24	204	16	348
26	399	21	429
33	619	25	302
34	504	33	476
		35	545
Dem. or. 31		43	501, 579
7	358	47	443
9	425	48	414
11	347	52	378
12	419, 626	53	332, 573
13	619	55	310
		61	504, 627
Dem. or. 32			
2	538	*Dem. or. 37*	
4	538	1	567
10	429, 573	2	571
11	495	8	338
12	495	17	395
13	323	26	259
16	359	27	205
22	593	33	291, 346
23	395, 422, 474, 593	38	611
31	626	39	361
		41	309
[Dem.] or. 33		46	619
5	560	57	360
9	530	58	283
18	619	59	248, 344, 345
		60	348
[Dem.] or. 34			
2	578	*Dem. or. 38*	
4	631	5	302
22	619	17	363
26	363, 619	21	283, 439
27	420	22	345, 348
31	538	25	454
40	619		
47	593	*Dem. or. 39*	
		8	231
[Dem.] or. 35		10	307
17	192	11	559
27	497	13	455
31	346	14	422

16	307	65	528
18	273	67	278, 496
21	316	70	602
27	281	73	316
31	414	76	619
32	552	81	362
40	256, 401	82	538
41	207		

[Dem.] or. 46

12	380
13	474
18	299
28	165

[Dem.] or. 40

14	559
21	399
23	400
43	529
51	587
58	373
60	559
61	559

[Dem.] or. 47

7	287
8	287
15	287
16	400
29	470
43	607
51	467
70	324
72	324
77	400
78	400

Dem. or. 41

20	272, 291
23	358
24	291

[Dem.] or. 43

10	419
29	575
34	419
71	243
78	195

[Dem.] or. 48

2	319
13	205
15	339
18	605
36	580
39	580
40	572
50	291

[Dem.] or. 44

19	539
31	367

Dem. or. 45

1	164
3	621
5	420
6	173
9	228
13	346
19	173
26	183, 249, 309
28	283
34	283, 469
45	302
56	352
64	192

[Dem.] or. 49

43	597
52	400

[Dem.] or. 50

41	597
49	262

Dem. or. 51

9	464
11	262
19	243

21	492, 601	55	272
		59	565
[Dem.] or. 52		60	476
10	539	61	430
		63	246, 401
Dem. or. 54		64	245
2	207, 367	66	246
3ff.	432	70	532
4	304, 432		
6	378	[Dem.] or. 58	
13	304	6	343
14	467	25	409
15	538	43	360
18	231	44	173
19	545	54	538
21	271	61	212
25	304	66	441
26	245		
27	272	[Dem.] or. 59	
33	361, 490	9	324
40	251, 335	10	335
42	358, 465	13	565
44	400	21	201
		32	451
Dem. or. 55		35	480
2	172	55	471
15	532	73	349
18	282, 358	76	349
19	346	77	349
20	430	78	349
25	429	94	196, 616
34	358	110	521
Dem. or. 56		[Dem.] or. 60	
4	439	6	326
21	204	7	345
43	400	15	426
		21	581
Dem. or. 57		24	326
1	579	33	326
11	599		
17	504	[Dem.] or. 61	
22	335	21	454
28	345	30	355
33	246, 334	32	530
35	208		
46	588	exord.	
50	489	5,2	583
53	249	10,2	435

12,2	173	*Dion. Hal. ant.*	
18,1	435	1,8,2	456
23,1	435	1,46,2	513
32,2	607	2,9,2	592
35,3	600	3,57,2	560
39,1	474	5,1,3	337
41,1	469	5,15,2	513
45,1	183	5,48,3	613
45,2	562	5,61,5	374
53,4	529	5,64,2	254
55,1	610	5,77,3	450
56,2	210, 607	6,3,1	560
56,3	204	6,6,2	396
		7,50,1	337
[Dem.] ep.		7,56,4	456
1,4	572	8,4,2	445
2,3	480	8,53,2	445
3,8	428, 559	9,36,2	465
3,11	422	10,14,1	186
		10,55,5	456
Diod.		11,20,6	459
1,79,5	254	11,41,2	445
4,61,3	528		
4,66,1	528	*Dion. Hal. ad Amm.*	
11,26,1	465	1,4	29 Anm. 104
13,31,1	272		
14,6,1	21	*Dion. Hal. comp.*	
14,33,6	474	25	165
14,92,3	427		
16,8,3	426	*[Dion. Hal.] ars rhet.*	
16,60,1	19, 21	6,4	310
16,65,3	569	11,5	428
17,14,3	21f.		
17,73,6	465	*Eupolis*	
20,108,3	512	fr. 219 K.-A.	430
31,5,2	479		
31,8,1	465	*Eur. Alk.*	
34/35,19,1	465	785	272
Diog. Laert.		*Eur. Andr.*	
1,87	446	445ff.	437
4,10	379		
		Eur. Bacch.	
Dion Chrys.		362	467
31,100	396	851	598
45,6	396	1297	445
66,26	396		
74,11f.	437	*Eur. Cycl.*	
		635f.	303

Eur. El.			*Eur. Suppl.*	
1258	331		512	445
1258ff.	332			
			Eur. Tro.	
Eur. Hec.			400	598
1111ff.	568			
			Gal. ad Glauc.	
Eur. Hel.			XI 74 K.	352
785	445			
1141	506		*Greg. Naz. orr.*	
			42,23	485
Eur. Herc.			43,12	485
42f.	605			
708	445		*Hellanikos FGrHist 4*	
			F 169	330
Eur. Heracl.				
370	599		*Heraklit*	
744	303		22 B 5 DK	347
Eur. Hipp.			*Hermogenes, meth.*	
302f.	591		17	373
378	599		23	389
991f.	596			
1115	319		*Hdt.*	
			1,82,3	545
Eur. Iph. A.			1,90,1	448
961	445		1,98,2	448
1148	596		1,126,3	325
			1,129,1	432
Eur. Iph. T.			1,133,2	325
979f.	517		1,193,3	293
			1,202,1	201
Eur. Med.			2,26,1	317
475	596		2,78	325
514f.	445		2,95,3	293
			2,118,3	374
Eur. Or.			2,161,2	464
1650ff.	332		2,173,2	165
			3,12,4	317
Eur. Phoen.			3,34,2	493
265f.	506		3,39,4	293
312	506		3,74,1	503
951f.	353		3,74,2	503
1161f.	337		3,115,2	192
			3,142,5	598
[Eur.] Rhes.			4,43,7	556
177	242		4,65,2	535
			4,99,4f.	561
			4,189	192

5,18,2	325	*Ios. ant. Iud.*	
5,36,1	545	1,309	528
5,83,1	330		
6,33,3	293	*Isaios, or. 1*	
6,41,3	201	1	604
6,75,3	503	8	326
6,109,1	303	19	446
6,136,3	534	50	446
7,159	457		
7,169,1	626	*Isaios, or. 2*	
7,170,1	373	28	527
7,172,1	556		
7,178,2	201	*Isaios, or. 3*	
8,142,2	189	37	605
9,35,1	621	47	243
9,54,1	437		
9,69,2	531	*Isaios, or. 4*	
9,81,1	485	2	211
9,92,1	503	11	211
9,101,1	545	24	188
9,101,2	545	28	362
9,106,4	503		
9,110,2	530	*Isaios, or. 5*	
		8	419
Hesiod		28	557
erg. 282ff.	337		
theog. 384	326	*Isaios, or. 6*	
		3	243, 419
Hor. Sat.		9	379
2,5,68f.	616		
		Isaios, or. 8	
Hyp.		23	338
Ath. 10	513		
Ath. 22	384	*Isaios, or. 9*	
Eux. 12	607	36	446
Lyc. 12	348		
Phil. 8	550	*Isaios, or. 10*	
fr. 29	491	3	326
		Isaios, or. 11	
Ilias		6	409
1,151	298	19	619
2,232f.	304	23	239
2,354f.	304	25	243
5,450	445	28	338
7,124f.	616		
9,633	242	*[Isokr.] or.1*	
17,222ff.	304	2	615
18,498ff.	242	9	459
24,124	530		

30	468	*Isokr. or. 6*	
35	438	6	173
		20	503, 559
Isokr. or. 2		21	185
3	340	27	185
48	329	41	420
		44	420
Isokr. or. 3		46	427
20	525	74	374
		97	169
Isokr. or. 4			
1	201	*Isokr. or. 7*	
5	609	26	615
7	173	52	599, 608
16	472	54	599
28	329	65	525
52	451	66	267
52f.	514		
73	616	*Isokr. or. 8*	
74	474	3	209
83	451	30	514
96	339	38	165
114	481	44	448
115	532	50	422
116	624	96	185
120	543	112	449
142	614	116	435
151	529	124	614
153	614	126	612
156	616	137	514
162	558		
167	529	*Isokr. or. 9*	
175	477	2	616, 617
		61	575
Isokr. or. 5			
1	545	*Isokr. or. 10*	
12	173, 248	40	503
53	430		
55	448	*Isokr. or. 11*	
59	173	3	165
65	194	49	435
87	525		
91	545	*Isokr. or. 12*	
106	601	1	329
139	451	16	464
142	611	32	430
147	587	70	421
		104	503
		105ff.	477

107	232	3	535
122	538	17	374
177	601		
212	623	*Isokr. ep.*	
226	532	1,2	209
237	329	9,13	525
Isokr. or. 13		*Lib.*	
2	169	decl. 41,40	212
		ep. 1473,4	212
Isokr. or. 14		or. 1,219	212
12	185	or. 49,21	576
13	623		
17	185	*Liv.*	
23	185	2,16,7	613
60f.	616	45,30,3	426
61	617		
		[Longinus] de subl.	
Isokr. or 15		22,3	173
29	173		
38	3 Anm. 5	*Luk.*	
41	3 Anm. 5	Par. 40	415
54	329, 552	Phal. 1, 3	529
69	502	Tyrann. 12	260
112	6 Anm. 17, 501		
119	526	*Lykurg.*	
132	493	4	476
134	588	12	333bis
137	435	28	209
141	633	37	274
148	270	39	596
150	319	43	575
169	165	57	473
309	415	75	456
		79	337
Isokr. or. 17		107	470
29	631	112	364
		121	247
Isokr. or. 18		124	410
15	400	128	489
		133	265
Isokr. or. 19		136	616, 617
4	326	141	178, 342
15	409	144	446, 598
34	255		
42	616, 617	*Lys. or. 1*	
		4	614
Isokr. or. 20		6	477
2	243	7	367

16	305	38f.	624
30	218, 299	92	626
30f.	296	99f.	616
31	299		
32	262	*Lys. or. 13*	
34	173	4	326
36	631	23	392
37ff.	313	36	513
45	425	50	266
		72	565
[Lys.] or. 2		77	255
12	514	78	239, 556
22	514	81	245
67	514	82	317
		83	364
Lys. or. 3		85	280
6	432	86	489
11	432	94	395, 633
12	432		
18f.	432	*Lys. or. 14*	
19	571	28	386
20	408		
44	178	*Lys. or. 18*	
		5	339
Lys. or. 4			
4	324	*[Lys.] or. 20*	
11	287	8	415
Lys. or. 6		*Lys. or. 21*	
15	218	16	489
19	545		
30	471	*Lys. or. 22*	
32	232	7	409
Lys. or. 7		*Lys. or. 23*	
17	363	5	194
41	395		
42f.	571	*Lys. or. 25*	
		5	386
Lys. or. 10		26	614
6	244	30	614
11	263, 324		
16ff.	249	*Lys. or. 27*	
30	288	9	614
Lys. or. 12		*Lys. or. 28*	
2	177	1	614
26	240		
33	581		

Lys. or. 29		6,9,6	298
1	557	6,11,6	354
		7,25,1	379
Lys. or. 30		8,40,1f.	297
18	583		
24f.	255	*Philo Jud.*	
		de decal. 72	475
Lys. or. 31		gig. 39	595
34	353		
		Philostrat	
Lys. or. 32		Eik. 2,6	297
9	577	Vit. Soph. 1,16	261
Lys. or. 34		*Pind.*	
5	435	Isth. 4,43	351
11	451	O. 10,53ff.	516
		Pyth. 12,11	621
Lys. or. 55			
33	195	*Plat. Alk. II*	
		143c1ff.	346
Men.			
Asp. 248/9	272	*Plat. apol.*	
Dysk. 186f.	395	23a6f.	631
366	598	24e2	292
Sam. 419f.	513	31a3	435
		31e1	489
Nep.		32b8ff.	311
Iph. 3,4	461	35b1ff.	588
Timoth. 1,3ff.	501	35c2f.	631
2,1	7 Anm. 19	36d	354
Odyssee		*Plat. Charm.*	
4,10ff.	300	154c1f.	189
14,199ff.	300	158c7ff.	542
16,2	530	158e1f.	319
		161c10	624
Paus.			
1,21,4	331	*Plat. Euthyd.*	
1,28,5	330, 331	284d8	435
1,28,8f.	343	304a3	435
1,28,10	354		
1,28,11	357	*Plat. Euthyphr.*	
1,43,3	593	4b9	263
2,16,5	593		
3,20,9	337	*Plat. Gorg.*	
4,15,8	337	457d4	208
5,24,9	337	464a4	574
5,24,11	337	469e4ff.	342
6,2,1	593	470d5f.	438

470e6f.	551		708b6	264
472c2	631		710d3f.	482
475a5ff.	582		730a4ff.	379
475a8ff	582		754a4	378
482b2ff.	333		762a6f.	374
487d2	448		772c1f.	243
489e7f.	249		774b2	605
505d4	435		774e2	605
507d4f.	391		776cd	592
507e1ff.	409		793d1	456
515b1	622		805a4ff.	633
526d5	631		809d7ff.	346
			813a1	346
[Plat.] Hipparch.			853c1f.	381
232b3f.	533		861d3f.	459
			862c2	242
Plat. Hipp. mai.			864a2	391
281a3ff.	418		865a3ff.	299
294d5	440		865b1f.	347
			866d	277
Plat. Hipp. min.			868a6ff.	261
372c5ff.	432		871a2ff.	272
			871d3ff.	234
Plat. Ion			871e1	263
533c7	601		872a	260
			873b1f.	273
Plat. Krat.			874c2f.	312
396b3f.	168		888c8f.	435
396b7	330		909c5f.	374
397e2	470		914e3	285
412a7	545			
415a1	496		Plat. Menex.	
429d4f.	352		237c4	545
			241a3f.	516
Plat. Kritias			241b7f.	587
120d8	330		244e1ff.	514
			247a6ff.	611
Plat. Krit.			248b5	529
46d4	170			
			Plat. Men.	
Plat. Lach.			82d8f.	535
199a2	248		85a4f.	535
Plat. leg.			Plat. Phaid.	
636e1f.	391		63a5f.	425
645b4	391		99b3	470
680a6f.	456		117e6ff.	281
693d2f.	482			
701e7f.	482			

Plat. Phil.
42d3	545
47d3	545

Plat. polit.
290b3	361

Plat. Prot.
318d1f.	337
319d4ff.	588
322d5	263
327a6f.	530
328e6ff.	486
330e7f.	291
337d6f.	608
338a4	319
348a1	631

Plat. rep.
340e2	496
348d6	196
363c6f.	529
368c5ff.	459
382d1f.	459
389e4f.	288
402d1f.	545
402d10	440
403d8	497
404b11ff.	472
406b4f.	572
417b2f.	529
471d1	269
495b6	391
497e9f.	525
508d8f.	555
511b1f.	245
528b8	470
536a5f.	391
548a2	529
551a12ff.	476
553d3	165
566bff.	373
575b1ff.	448
581e1	459
601d1	482
605c8	361
610d5	361

Plat. soph.
241d6	408
246b8	408
255d3	440

Plat. symp.
178d3	391
179d7	599
196d2	330
203c6f.	251
216d4f.	587

Plat. Tht.
164d1	448
168b2	435
199c5ff.	200
207a2	491

Plut. mor.
Amat.
750F	623

De glor. Ath.
350F	590

malign. Her.
871E	547

De unius
826CD	621

Plut. vit.
Aem. 4,4	612f.
Ag. 36,1	569
Alex. 31,11	530
Arist. 24,2	612
27,1	613
Cam. 32,8	326
Dem. 4	3 Anm. 6
6ff.	3 Anm. 6
11	3 Anm. 6
Eum. 8,7	513
Kim. 8,1	587
Lyc. 17,4	611
Lys. 27,5	18f., 21
Marc. 22,9	498
Perikl. 8,7	618
36,5	298
Publ. 23,4	613
Sol. 13,4	253
17,1	214
17,4	296

19,4	247, 262		*Soph. El.*	
21,1	288		67	316
21,2	242		374f.	189
24,1	242			
Them. 1,3	623		*Soph. OC*	
30,1	513		859	484
Pollux			*Soph. OT*	
8,118f.	344		1035	445
8,120	359		1067	410
8,122	401		1430f.	345
8,125	262			
			Soph. Phil.	
Polyain.			1040	316
1,37	518		1229	467
			1362	290
Polyb.				
1,15,1	528		*Strabon*	
1,15,10	528		9,4,17	261
1,31,6	388			
2,12,4	543		*Tac. Ann.*	
5,42,6	374		1,74,2	614
6,39,15	388			
6,47,1	456		*Theognis*	
9,29,12	562		73	375
16,27,2	374		200ff.	337
18,18,14	453		1077	309
18,35,1	192			
20,9,9	465		*Theophr. lap.*	
23,16,5	465		59	491
Ps.-Aristid. ars rhet.			*Theopomp FGrHist 115*	
1,12,2,4	24		F 30a	436
			F 122	592
Sext. Emp. hypotyp.			F 307	536
3,212	298			
			Thuk.	
Solon			1,5	495
frg. 13,29ff. W.	337		1,21,1	329
			1,22,3	551
Soph. Ai.			1,22,4	329
679ff.	446		1,28,2	629
777	382		1,44,1	624
			1,50,1	531
Soph. Ant.			1,58,1	467
9f.	189		1,73,4	587
546f.	432		1,77,1	174
723	586		1,84,3	421
1112	591			

1,90,4	302	6,8,1	534, 614
1,102,3	467	6,9,1	626
1,118,3	626	6,11,3	486
1,120,3	588	6,16,4	601
1,122,3	557	6,31,3	534
1,126,6	471	6,34,4	518
1,128,4	201	6,38,3	599
1,130,1	448	6,56,2	448
1,138,6	247, 264	6,57,1	448
2,3,1	467	6,57,4	448
2,12,2	522	6,64,3	197
2,17,2	177	6,68,3	177
2,22,3	591	6,77,1	434
2,35,1	387	6,83,2	451
2,41,2	505	6,89,5	464
2,46,2	526	6,92,2	575
2,49,5	336	6,92,4	575
2,52,3	267	7,6,3	531
2,60,5	575	7,29,2	325
2,61,2	303	7,29,4	321
2,79,1	593	7,33,6	625
2,86,4	585	7,43,2	325
2,102,5	302	7,69,2	612
3,13,5	396	7,80,1	177, 459
3,20,1	367	7,81,1	530
3,39,3	434	8,25,4	325
3,55,1	329	8,27,6	325
3,56,3	457	8,45,2	534
3,64,4	516	8,58,2	478
3,65,2	589	8,67	307
3,70,6	625	8,82,3	325
3,75,1	625	8,85,2	386
3,82,2	496		
3,82,6	311	*Xen. Ag.*	
3,111,4	518	1,33	432
3,112,2	325	4,4	459
3,114,4	552	7,1	575
4,28,5	582		
4,30,2	325	*Xen. an.*	
4,53,3	532	1,1,10	614
4,60,2	196	1,2,11	529, 614
4,90,3	530	1,2,12	614
4,92,4	434	1,2,25	590
4,96,3	299	1,9,19	619
4,114,3	391	1,9,29	456
5,26,5	293	1,10,6	538
5,30,3	503	2,2,9	337
5,63,4	470	2,3,17	483
5,80,1	522	2,4,1	593

3,2,20	606	2,4,23	500
3,4,2	610	3,1,19	437, 490
3,4,11	549	3,1,24	293
4,7,10	431	3,2,30	469
5,5,11	533	5,2,26	563
5,7,27	477	5,5,40	564
5,7,33	397	6,1,14	470
5,8,4	432	6,1,34	533
7,1,26	593	6,1,39	549
7,2,6	556	6,2,35	622
7,6,16	425	7,4,5	346
7,8,11	387	7,4,15	495
		8,3,20	554
[Xen.] Ath. pol.		8,7,23	559
1,16	174		
		Xen. Lak. pol.	
Xen. hell.		8,4	605
2,1,14	464, 551	15,1	605
2,2,20	625		
2,3,45	539	Xen. mem.	
2,4,43	576	1,1,8	560
4,1,41	171	1,2,2	528
4,4,15	247	1,6,13	197
4,6,4	321	2,1,17	249
4,6,14	517	2,1,18	409
4,8,21	518	2,1,20	581
4,8,24	437	2,1,27	339f.
4,8,35	496	2,3,8	284
5,2,2	417	2,9,4	539
5,3,25	614	3,5,20	333
5,3,26	625	3,7,7	249
6,1,11	592	3,9,1	456
6,2,16	509	3,14,3	283
6,5,43	189	3,14,7	250
6,5,45	514	4,4,16	379
7,1,3	470		
7,2,12	529	Xen. oik.	
7,3,6	397	4,15	619
7,3,7ff.	20f.	4,16	619
7,3,11	199, 378	5,8	437
		7,3	269
Xen. Hier.			
3,3	312	Xen. symp.	
7,12	409	3,6	491
		6,2	432
Xen. Kyr.		8,19	503
1,6,16	168		
1,6,25	340	IG I³	
2,2,15	435	14,27f.	280

19	262	207	223
46,24ff.	318	222,41ff.	381
57	262	226	385
84,10	242	330,18ff.	381
104	213, 229, 241, 257, 260, 274, 287, 311	1096	343
		3177	343
131	354	5055	343
156	262		
369	343	*SIG*	
		194,10	312
IG II²			
24 fr. b	378	*Syll.³*	
111,58	576	283,10–15	20
126	549f.	298,35ff.	381

2. Sachen und Personen

Aigina 618
Aigospotamoi 620
Alexander von Pherai 441f.
Amadokos 8f., 17, 26, 30, 182, 549, 563
Amphipolis 4, 7, 10, 16, 27, 426f., 435f.
Amyntas III. 427
Androlēpsía 368ff.
Antissa 466
Apagōgḗ 290, 361ff.
Aphaíresis 391f.
Areopag 215, 326ff.
Ariobarzanes 6, 8, 479f., 499, 501, 596
Aristeides 612f.
Asyl 264
Artabazos 509, 512f., 562
Artaxerxes 5f.
Athenodoros 9, 182, 184, 185, 415, 542, 544
Atimie 318
Berisades 8f., 26, 182, 184
Bestechung 492, 565f.
Bouleusis 260
Bürgerrecht 223, 225, 300f., 620f., 622
Chabrias 466, 495, 541ff., 590
Chalkis 561
Chares 9, 28, 518, 546ff., 564

Delphinion 294, 348ff.
Demochares 35
Díkē phónou 362
Diomosie 324, 335
Drakon 213f., 219, 234, 290, 296
Drys 466
Echinus 33 Anm. 125
Endeixis 290
Epheten 214, 262f.
Eubulos 16
Euthykles 8f., 11, 14f.
Euphron 20f.
Giftmord 220f.
Graphḗ phónou 362f.
Heliasteneid 208, 227, 401
Hermon 620
Hieron Oros 416f.
Hypomosie 11f.
Iphiades 553
Iphikrates 7, 27, 309, 427, 431, 461ff., 497ff., 525ff., 529f., 533f., 548, 577, 590
Kallimachos 34f.
Kallisthenes 416
Kardia 537, 559
Kephisodotos 5, 8f., 14, 174f., 508, 515, 526ff.
Ketriporis 184
Kimon 602ff.
Klagen

Register

- privat/öffentlich 167f.
Königsfrieden 477
Kotys 7f. 182, 416f. 430ff. 439ff.
461ff. 483, 498, 508, 519
Krithote 8
Kynosarges 622f.
Kyrbeis 241
Lampis 618f.
Logograph 2
Megalopoliten 413f.
Megara 620f.
Miltiades 586f. 602ff.
Miltokythes 8, 416, 536f.
Onomarchos 29f.
Oreos 495, 621
Palladion 342ff.
pallakē 300
Pammenes 562f.
Paranomieklage 11ff.
Pelopidas 442f.
Phayllos 29f. 450
Philipp II. 3 Anm. 6, 4f., 11, 16f. 28,
30, 420, 426f., 436, 562f.
Philiskos 480ff.
Phrasierides 597
Piraterie 495f. 532
in Phreatto 356f.
poinē 214, 242, 312
Popularklage 243
Probouleuma 393f.
Prytaneion 353f.
Python 441, 458, 525, 536
Schwurformeln 174
Sestos 5 Anm. 10, 7ff.
Smikythion 536f.
Solon 214
Stichometrie 33f.
Syndikoi 607
Themistokles 586, 601f.
Timomachos 434
Timotheos 6ff., 27, 420, 462, 479,
497ff., 509, 527, 548, 590ff., 596ff.,
607
Tötung
- Bestrafung 213f. 222, 233f. 366
- Vorsatz 214f. 221, 233, 275, 279
Trunkenheit 432
Verjährungsfrist 363f.

3. Sprachliches und Stilistisches

'ab-urbe-condita'-Konstruktion 366f.
Adverb beim Partizip 168
Alliteration 513, 633
ἄν
- Stellung 200f.
- wiederholte Handlung 456
Anakoluth 354, 599, 622
Anapher 471, 624
Anrede 164, 182f., 227, 350, 625
ἀπαρτερεῖν τινός τι 171
ἀπὸ τοῦ ἐναντίου 177
Artikel 168, 176, 182, 188, 194, 197,
261f., 271, 280, 336, 341f., 350,
352, 404f., 425, 449f., 466f., 482,
530, 533, 535, 555, 573, 606, 608
- fehlt 227, 307, 330, 334, 359, 423,
429, 465, 469, 569, 609, 633
- demonstrativ 588
Asyndeton 186, 221, 222, 226f., 283,
286, 416, 430, 440, 448, 468 471,
509, 526, 567, 570, 598, 611
Attraktion
- invertiert 428
- des Ortsadverbiums 512
αὐτός
- zurückweisend 456, 461
Chiasmus 175, 188, 229, 337, 407
Correctio 409
Dativus iudicantis 288
Demonstrativum
- rekapitulierend 256, 454
- verächtlich 438, 618
ἐν m. Gen. 169
Epanadiplosis 458f.
Ethopoiie 418
Euphemismus 178, 265, 307, 310,
394

Fragesatz
– substantiviert 493
– mit zwei Fragewörtern 520
– Endstellung des Fragepronomens 535
Indefinitum 535
– Fragepronomen verbunden mit
 mens 246
Hendiadyoin 165, 172, 194, 236,
 348, 472, 533
Hiat 36f., 170, 197, 306, 335, 358,
 476, 478
Hyperbaton 173, 301, 339, 346, 378,
 425, 457, 509
Hyphora 314
Infinitiv
– in Gesetzestexten 219, 302
– absolut 178
– im Relativsatz 230
– substantiviert 391, 534
– epexegetisch 486
– als Apposition 540
καί
– emphatisch 173, 273
– betont objektive Realität 486
– statt ἤ 493
οἷος / οἷός τε 539
Oxymoron 533, 596
Paraleipsis 425, 454
μέν-solitarium 468

Parallelismus 466
Parataxe 175, 192
ἐπεί / ὅτε 166
Personifizierung 192f.
Pleonasmus 310
Plural
– bzg. auf singul. Begriff 446, 456
Polyptoton 323, 399, 419, 596
Potentialis
– als Aufforderung 172
Prolepse 193, 211, 263, 272, 398,
 509, 545, 610, 632
Prosarhythmus 36 Anm. 141, 165f.,
 193f., 199, 218, 248, 269
τε καί 176f.
τε ... καί 221
τιμωρία 177f.
Tribrachys 36f., 358, 365, 509, 579
Trikolon 512
Verbaladjektiv 224
Verbalaspekt 172; 217, 231, 423,
 435, 484, 536, 538, 557, 575, 582,
 590
Verschränkung 471
Wortstellung 187, 224, 245, 307,
 425, 434f., 467, 476
– Partikel 198, 307, 502, 542, 556
– τε 192, 245